中华人民共和国海船船员适任考试培训教材

船舶辅机

中国海事服务中心组织编写
中华人民共和国海事局审定

大连海事大学出版社
人民交通出版社

图书在版编目(CIP)数据

船舶辅机 / 潘新祥主编．— 大连：大连海事大学出版社；北京：人民交通出版社，2012.6(2019.8 重印)
中华人民共和国海船船员适任考试培训教材
ISBN 978-7-5632-2703-7

Ⅰ.①船… Ⅱ.①潘… Ⅲ.①船舶辅机—职业培训—教材 Ⅳ.①U664.5

中国版本图书馆 CIP 数据核字(2012)第 129133 号

大连海事大学出版社出版

地址:大连市凌海路1号 邮编:116026 电话:0411-84728394 传真:0411-84727996

http://www.dmupress.com E-mail:cbs@dmupress.com

大连金华光彩色印刷有限公司印装 大连海事大学出版社发行

2012 年 6 月第 1 版 2019 年 8 月第 12 次印刷

幅面尺寸:185 mm×260 mm 印张:42 字数:1072 千

责任编辑:姜建军 版式设计:海 大

封面设计:王 艳 责任校对:华云鹏

ISBN 978-7-5632-2703-7 定价:125.00 元

编委会成员

前 言

《中华人民共和国海船船员适任考试和发证规则》(简称11规则)已于2012年3月1日起生效,新的《中华人民共和国海船船员适任考试大纲》也将于2012年7月1日开始实施。为了更好地指导帮助船员进行适任考试前的培训,进一步提高船员适任水平,在交通运输部海事局领导下,中国海事服务中心组织全国有丰富教学、培训经验和航海实际经验的专家共同编写了与《中华人民共和国海船船员适任考试大纲》相适应的培训教材。本教材编写依据STCW公约马尼拉修正案,采用图文并茂的形式,改变了长期以来以文字为主的教材编写方式。本教材的创新模式对今后的船员适任培训具有重要的指导意义。

本套教材知识点紧扣考试大纲,具有权威、准确、系统、实用的特点,重点突出船员适任考前培训和航海实践需掌握的知识,旨在培养船员具备在实践中应用知识的能力,并可作为工具书帮助船员上船工作使用。

本套教材由航海英语、船舶操纵与避碰、航海学、船舶结构与货运、船舶管理(驾驶)、(高级)值班水手业务、高级值班水手英语,轮机英语、船舶动力装置、主推进动力装置、船舶辅机、船舶电气与自动化、船舶管理(轮机)、(高级)值班机工业务、高级值班机工英语,电子电气员英语、船舶电气、船舶机舱自动化、信息技术与通信导航系统、船舶管理(电子电气)、电子技工业务、电子技工英语组成。

本套教材在编写、出版工作中,得到了各直属海事局、航海院校、海员培训机构、航运企业以及人民交通出版社、大连海事大学出版社等单位的关心和大力支持,特致谢意。

中国海事服务中心

2012年3月

编者的话

《船舶辅机》是我国船员考试的培训系列教材之一，是在中国海事服务中心组织指导下，由航海类院校、海事局、航运公司等单位共同承担编写而成。为了便于船员使用，教材严格按照《中华人民共和国海船船员适任考试大纲》的框架组织编写。

本书由大连海事大学潘新祥担任主编，上海海事大学郑学林、大连海事大学任福安担任副主编，中远散运集团有限公司齐嘉、集美大学陈坚、中国海事服务中心张凤羽参与了主要审定工作。

本书主要介绍轮机工程的基础理论知识，一般远洋船舶的各种通用辅机的工作原理、性能特点、典型结构和使用管理要点，以及常见故障的分析和处理方法。本书由大连海事大学辅机教研室、上海海事大学辅机教研室合编，全书共分九章，其中第一章由任福安编写；第二章一～四节由王宝军编写，五～七节由池华方编写；第三、九章由张存有编写；第四、五、六章由郑学林、高建平、陈黄骞、王晓中、刘涛、周俊峰、方青、邓申江、朱雄凌等人编写；第七章由潘新祥、蒋福伟编写；第八章由孙德平编写。邹森、董景明、宋立国、刘立国、高路、崔玉亮、殷业廷、王雪章、王海、王鹏、谷杰然参加了部分编写工作。

本书主要作为船员适任证书考试培训教材，也可供航运技术人员参考之用。在全书的编写过程中，得到了交通运输部海事局以及各大远洋公司及航海院校的大力帮助，在此表示衷心的感谢。

船舶辅机内容繁杂，加之编者水平有限，故书中难免有疏漏之处，请广大读者指正。

编　者

2012 年 3 月

目录

第一章
基础理论知识

第一节　机械制图

一、基础知识

（一）物体的投影及三视图

机械图样是设计和生产过程中的重要文件之一，主要用来指导生产和进行技术交流。机械图样通常是采用各种投影方法来绘制的。

1. 投影法

投影法是指投射线通过物体向选定的面投射，并在该面上得到图形的方法。工程上常用的表达物体的投影法可分为中心投影法和平行投影法，而平行投影法又分为正投影法和斜投影法。所有投射线都从投射中心出发的投影法称为中心投影法，如图 1-1 所示。用中心投影法得到的物体的投影与物体相对于投影面的位置有关，投影不能反映物体的真实大小，但是图形富有立体感。中心投影法类似于用灯光照射物体，通常用于绘制建筑物的透视图。

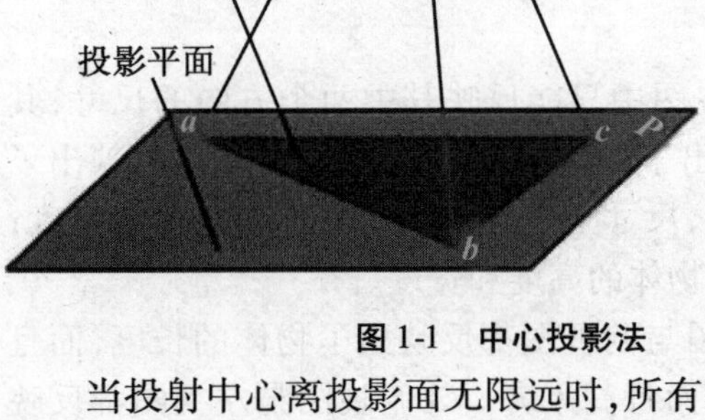

图 1-1　中心投影法

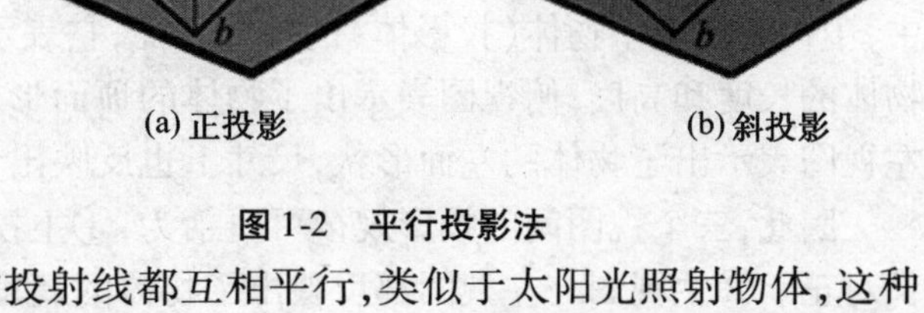

图 1-2　平行投影法

当投射中心离投影面无限远时，所有的投射线都互相平行，类似于太阳光照射物体，这种投射线相互平行的投影法称为平行投影法，如图 1-2 所示。平行投影法根据投射线与投影面之间的空间相对位置关系又可分为正投影法和斜投影法两种。机械图样采用正投影法绘制，而斜投影法用来绘制轴测图。

正投影法：投射线相互平行且投射线垂直于投影面的投影法称为正投影法，由正投影法得到的投影称为正投影，如图 1-2(a)所示。

斜投影法：投射线相互平行且投射线倾斜于投影面的投影法称为斜投影法，由斜投影法得到的投影称为斜投影，如图 1-2(b)所示。

工程图样通常采用正投影法，正投影法具有以下投影规律：

①真实性：真实性是指当直线段平行于投影面时，直线段的投影反映直线段的实长；当平面图形平行于投影面时，平面图形的投影反映平面图形的实形。

②积聚性：积聚性是指当直线段垂直于投影面时，直线段的投影积聚为一个点；当平面图形垂直于投影面时，平面图形的投影积聚为一个直线段。

③类似性：类似性是指当直线段倾斜于投影面时，直线段的投影为缩小的类似形，即直线段的投影仍为直线段，但比实际长度短；当平面图形倾斜于投影面时，平面图形的投影也为缩小的类似形，即平面图形的投影仍为类似的图形，但比实际面积小。

2. 三视图

(1)三视图的形成

由三个相互垂直的投影面组成三投影面体系，这三个投影面分别为：①正立投影面，简称正面，用符号 V 表示。②水平投影面，简称水平面，用符号 H 表示。③侧立投影面，简称侧面，用符号 W 表示。

将物体放在三投影面体系内，用正投影法分别向三个投影面投影，则得到物体的三面投影，即：正面投影（V 面上的投影）、水平投影（H 面上的投影）和侧面投影（W 面上的投影），如图 1-3(a)所示。

在机械制图中，把人的视线设想为一组平行的投射线，则物体在投影面上的投影就称为视图。物体的正面投影，也就是从前向后看物体所画的视图，称为主视图；物体的水平投影，也就是从上向下俯瞰物体所画的视图，称为俯视图；物体的侧面投影，也就是从左向右看物体所画的视图，称为左视图。

为了便于画图，必须将空间的三个相互垂直的投影面展开，如图 1-3(b)所示，使之处于同一平面上，如图 1-3(c)所示，这样便得到物体的三个视图，简称为三视图，如图 1-3(d)所示。V 面上的视图即为主视图，它反映物体的长和高；H 面上的视图即为俯视图，它反映物体的长和宽；W 面上的视图即为左视图，它反映物体的宽和高。

(2)三视图的投影规律

从三视图的形成可以知道，物体的三个视图是一个物体的三面投影，因此，这三个视图之间必然存在着一定的内在联系和规律。

一个物体有长、宽、高三个方向的尺寸，在每个视图中只能反映其中两个方向的尺寸，其中，主视图反映了物体（投影体）的主要特征，它表示出了物体的正面形状，尺寸上也反映出了物体的长度和高度；俯视图表示出了物体的顶面形状，尺寸上也反映出了物体的长度和宽度；左视图表示出了物体的左面形状，尺寸上也反映出了物体的高度和宽度。

因此，三个视图间的投影规律可概括为：①主视图与俯视图都反映出了物体的长度，而且长对正。②主视图与左视图都反映出了物体的高度，而且高平齐。③俯视图与左视图都反映出了物体的宽度，而且宽相等。以上三点也可简单地说成：长对正、高平齐、宽相等。

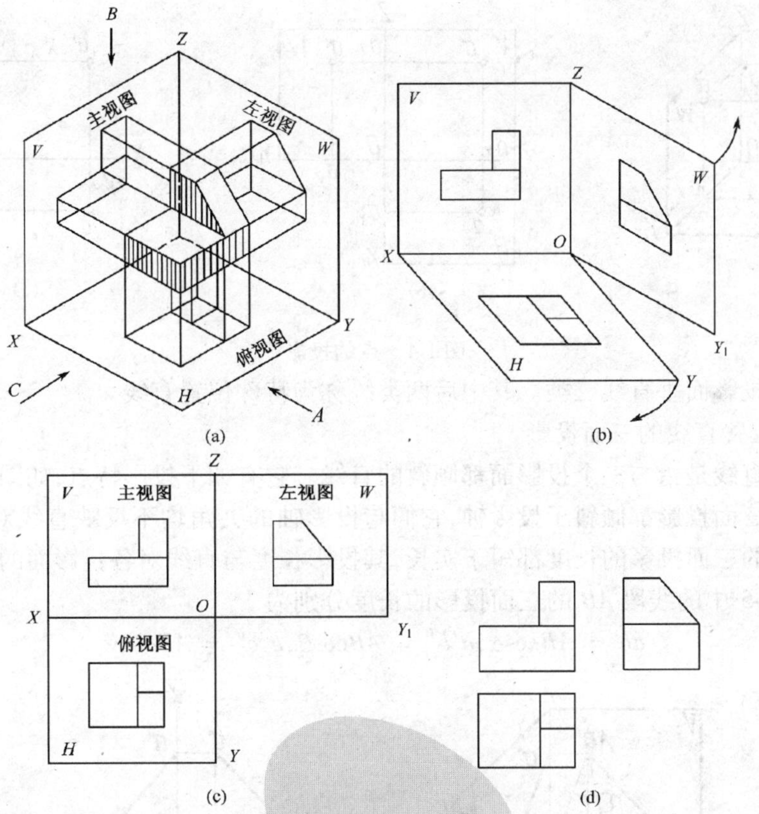

图 1-3　三视图的形成

确定空间点、线、面的位置，需要该点、线、面的两面投影。

(3)三视图与物体六个方位相对位置关系

方位是指物体的上、下、左、右、前、后的位置，分别对应着物体的高度方向、长度方向和宽度方向。方位关系是指物体的三视图与物体的方位之间的关系，具体为：①主视图反映出了物体的左、右与上、下之间的关系。②俯视图反映出了物体的左、右与前、后之间的关系。③左视图反映出了物体的前、后与上、下之间的关系。

在物体的三视图中，俯视图和左视图靠近主视图的一侧是物体的后面，远离主视图的一侧是物体的前面。在物体的三视图中，物体的前面对应于左视图的右侧、俯视图的下方；物体的后面对应于左视图的左侧、俯视图的上方。

3. 点的三面投影

如图 1-4 所示，由空间点 A 分别引垂直于三个投影面 H、V、W 的投射线，与投影面相交，得到 A 点的三个投影 a、a'、a''。空间点的每一个坐标值，反映了该点到某投影面的距离。

由图 1-4 可知，点的三面投影规律为：①点的正面投影与水平投影的连线垂直于 OX，即 $a'a \perp OX$ 轴。②点的正面投影与侧面投影的连线垂直于 OZ 轴，即 $a'a'' \perp OZ$。③点的水平投影与侧面投影具有相同的 y 坐标值。

4. 直线的投影

直线的投影可由属于该直线的两点的投影来确定。一般用直线段的投影来表示直线的投影，即做出直线段上两端点的投影，则该两点的同面投影连线即为直线段的投影。

根据直线在投影面体系中对三个投影面所处的位置不同，可将直线分为一般位置直线、投

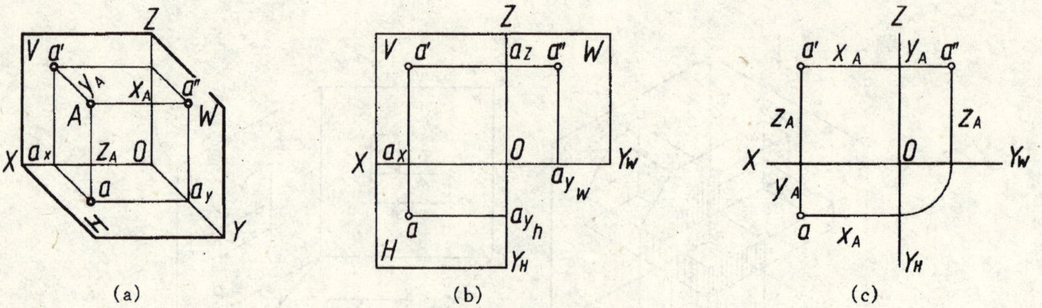

图 1-4　点的投影

影面平行线和投影面垂直线三类。其中后两类统称为特殊位置直线。

（1）一般位置直线的三面投影

一般位置直线是指与三个投影面都倾斜的直线。它有如下投影特点，如图 1-5 所示。

①直线的三面投影都倾斜于投影轴，它们与投影轴的夹角均不反映直线对投影面的真实倾角。②直线的三面投影的长度都短于实长，其投影长度与直线对各投影面的倾角有关。

比如，图 1-5 中的线段 AB 的三面投影的长度分别为

$$ab = AB\cos\alpha, a'b' = AB\cos\beta, a''b'' = AB\cos\gamma$$

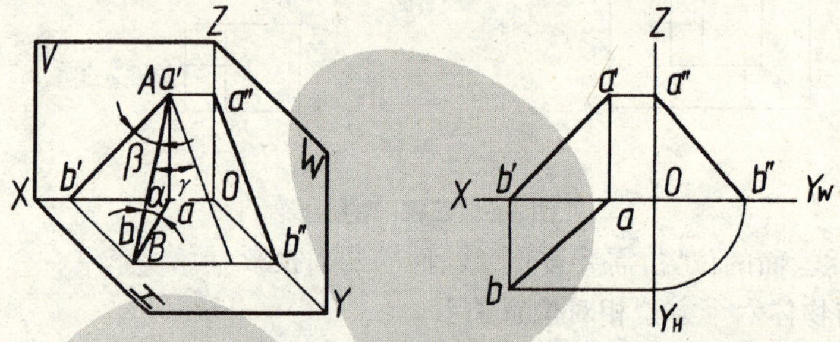

图 1-5　一般位置直线的投影

（2）投影面平行线的三面投影

投影面平行线是指与一个投影面平行、与另外两个投影面都倾斜的直线。投影面平行线可分为三种：①正平线——与正面（V 面）平行的直线称为正平线。②水平线——与水平面（H 面）平行的直线称为水平线。③侧平线——与侧面（W 面）平行的直线称为侧平线。

由于投影面平行线与一个投影面平行，故投影面平行线有如下投影特点：

①投影面平行线在其所平行的投影面上的投影，投影长度反映该空间直线段的实长，投影与相应投影轴的夹角反映该空间直线段与相应投影面的夹角。

②投影面平行线在除其所平行的投影面以外的另两个投影面上的投影，投影长度都小于该空间直线段的实长，投影与投影面上的两投影轴分别垂直、平行。

表 1-1 列出了三种投影面平行线的立体图、投影图及其投影特性。

（3）投影面垂直线的三面投影

投影面垂直线是指与一个投影面垂直、与另外两个投影面则必然都平行的直线。投影面垂直线可分为三种：①正垂线——与正面（V 面）垂直的直线称为正垂线。②铅垂线——与水平面（H 面）垂直的直线称为铅垂线。③侧垂线——与侧面（W 面）垂直的直线称为侧垂线。

表 1-1 投影面平行线及其投影

名称	立体图	投影图	投影特征
正平线	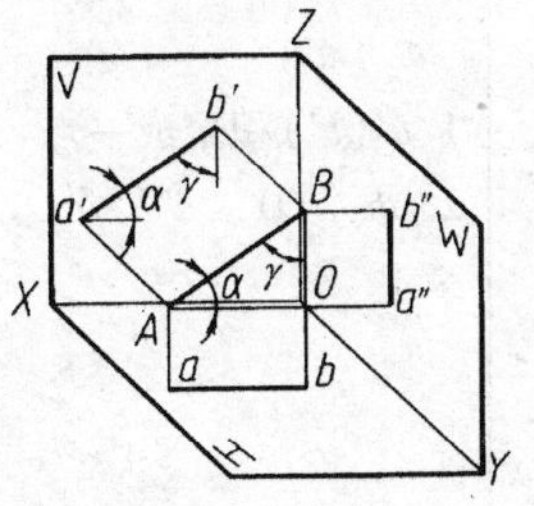	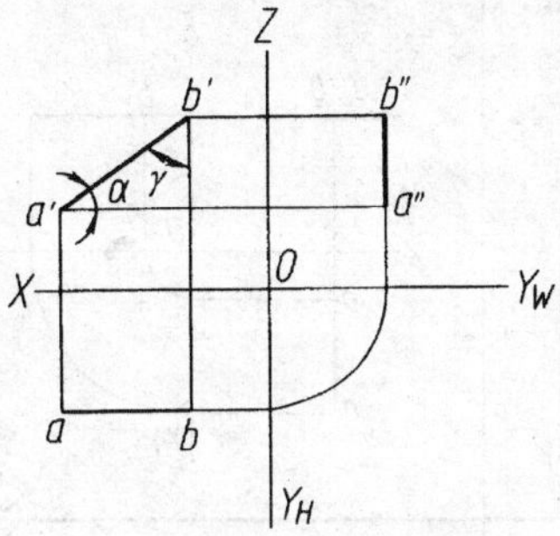	1. $a'b'$反映实长和实际倾角 α、γ 2. ab // OX, $a''b''$ // OZ,长度缩短
水平线	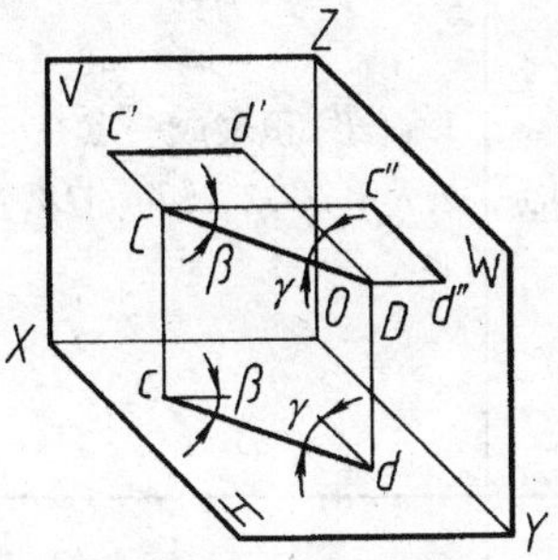	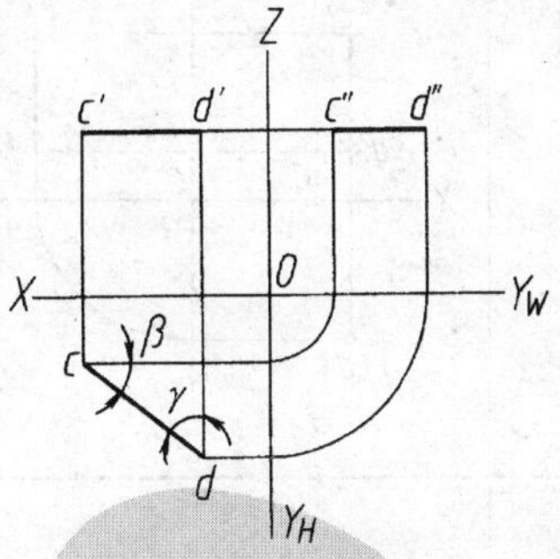	1. cd 反映实长和实际倾角 β、γ 2. $c'd'$ // OX, $c''d''$ // OY_W,长度缩短
侧平线	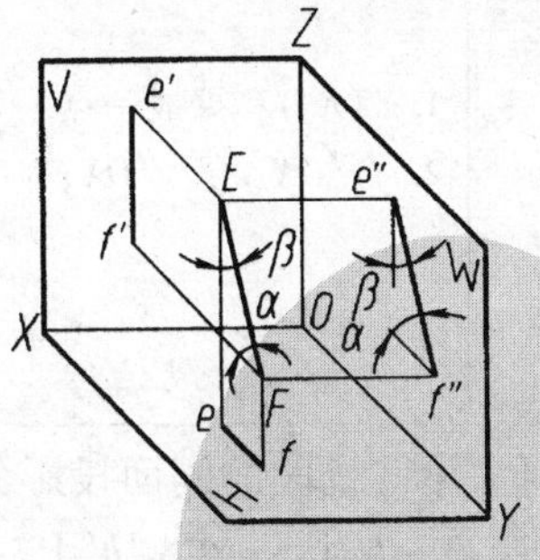	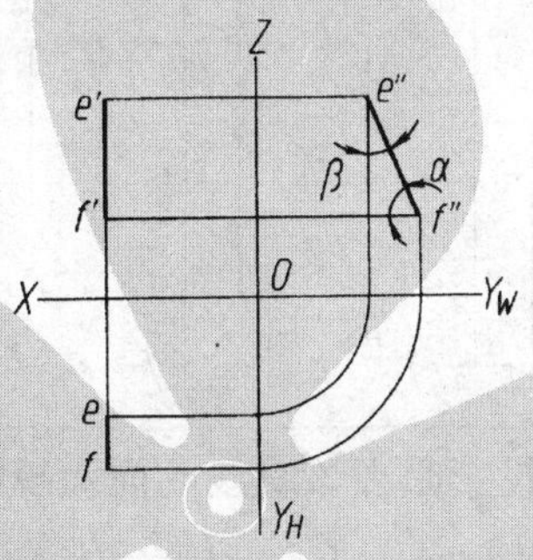	1. $e''f''$反映实长和实际倾角 α、β 2. $e'f'$ // OZ, ef // OY_H,长度缩短

由于投影面垂直线与一个投影面垂直,则与另外两个投影面必然都平行,故投影面垂直线有如下投影特点:

①投影面垂直线在其所垂直的投影面上的投影积聚为点。

②投影面垂直线在其所平行的两个投影面上的投影,投影长度都反映该空间直线段的实长,并垂直或平行于相应的投影轴。

表 1-2 列出了三种投影面垂直线的立体图、投影图及其投影特性。

(4)点与直线的从属关系

点与直线的从属关系有点从属于直线和不从属于直线两种情况。

空间直线段上的点的三面投影具有从属性和定比性。从属性是指空间直线段上的点,其投影必在该直线段的同面投影上。定比性是指空间直线段上的点将空间直线段所分割的两部分线段之比,投影后保持不变。因此,判别点在直线上的方法是:

表 1-2　投影面垂直线及其投影

名称	立体图	投影图	投影特征
正垂线	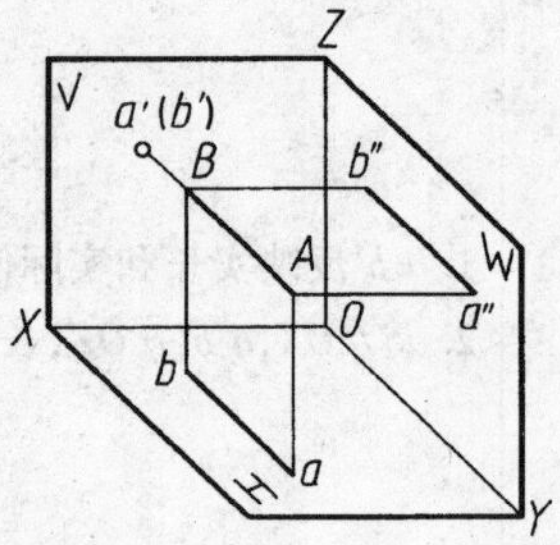	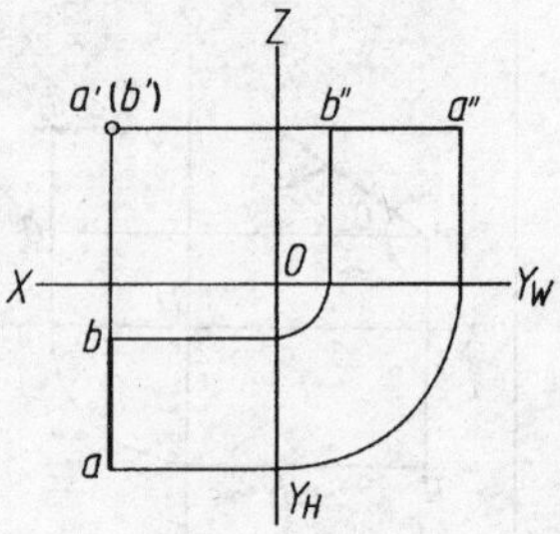	1. $a'(b')$积聚成一点 2. $ab \parallel OY_H$，$a''b'' \parallel OY_W$，都反映实长
铅垂线	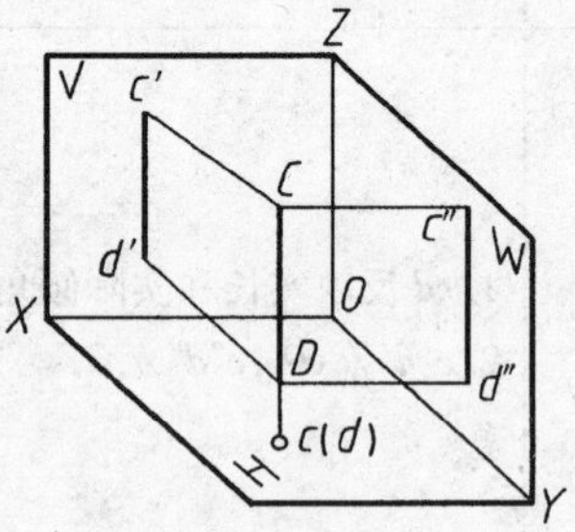	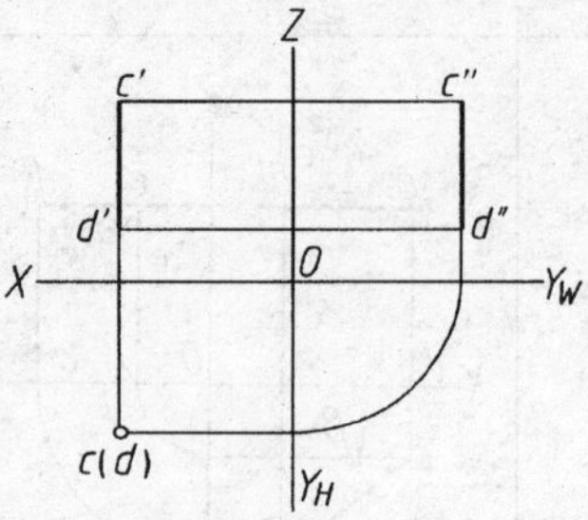	1. $c(d')$积聚成一点 2. $c'd' \parallel OZ$，$c''d'' \parallel OZ$，都反映实长
侧垂线	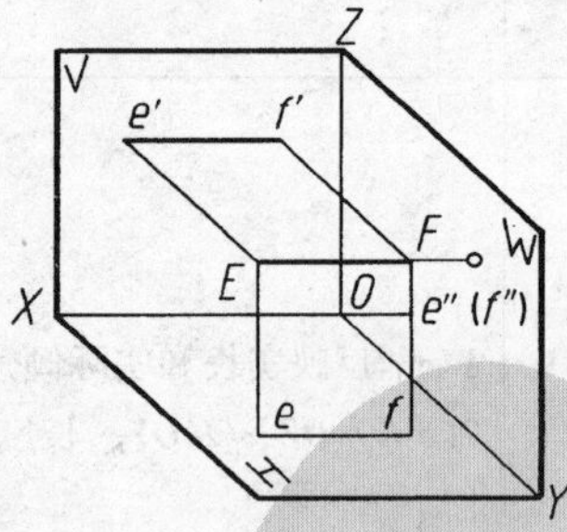	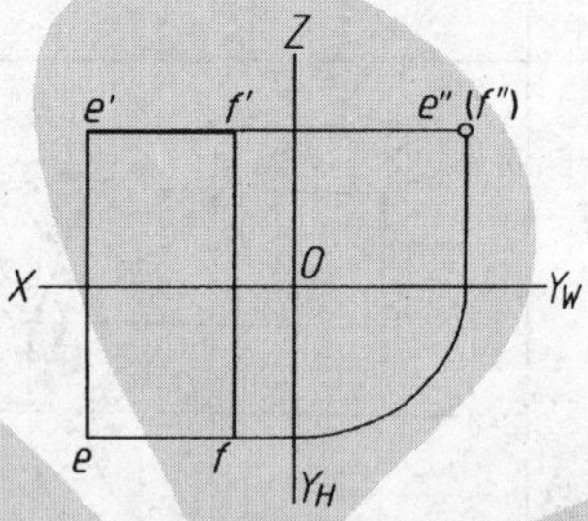	1. $e''(f'')$积聚成一点 2. $ef \parallel OX$，$e'f' \parallel OX$，都反映实长

①若点在直线上，则该点的投影必在该直线的同面投影上，并将线段的同面投影分割成与空间线段相同的比例。如图 1-6 所示，点 C 在直线 AB 上，则 c 在 ab 上、c'在 $a'b'$ 上、c''在 $a''b''$ 上，且

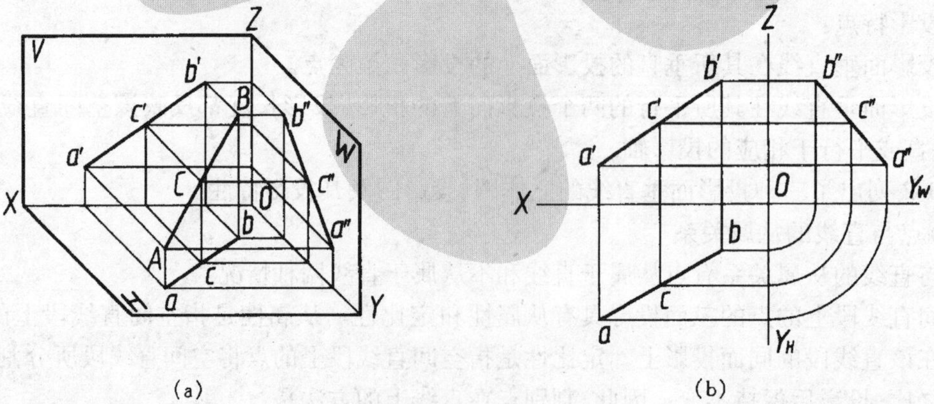

图 1-6　从属于直线的点

$$AC/CB = ac/cb = a'c'/c'b' = a''c''/c''b''$$

②点的投影有一个不在直线的同面投影上，则该点必不在此直线上。

(5)两直线的相对位置

两直线的相对位置有三种情况：相交、平行、交叉（亦称异面）。表 1-3 列出了两直线的这三种情况时的立体图、投影图和投影特性及判断条件。

表 1-3　两直线的相对位置

名称	立体图	投影图	投影特征
相交	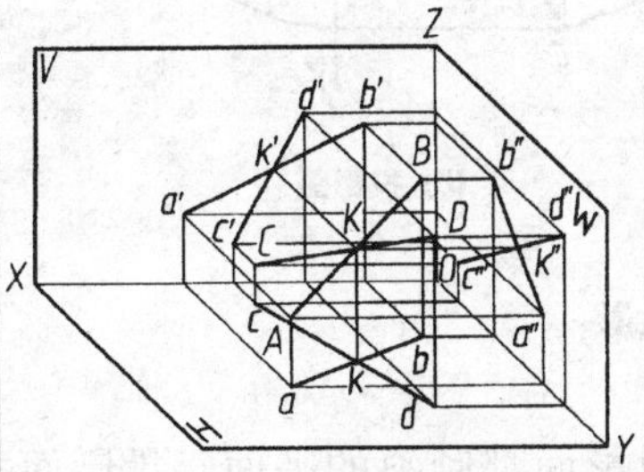	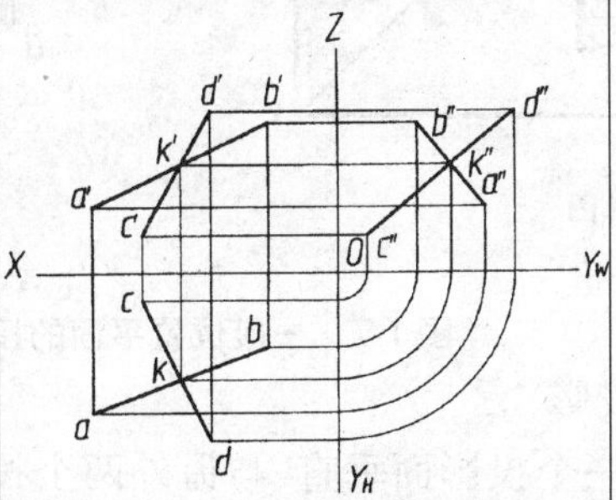	若空间两直线相交，则其同面投影必相交，且交点的投影必符合空间一点的投影规律
平行	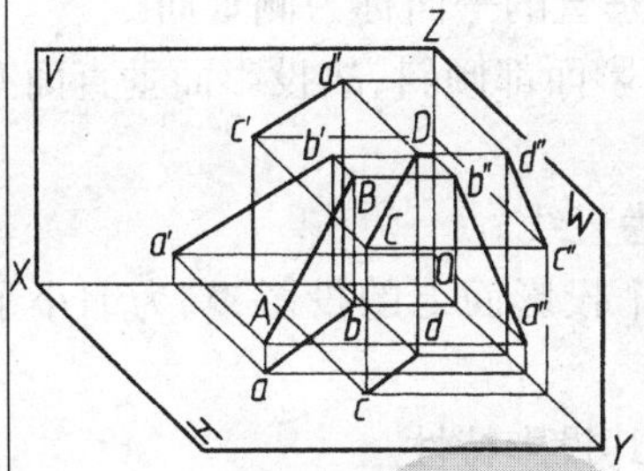	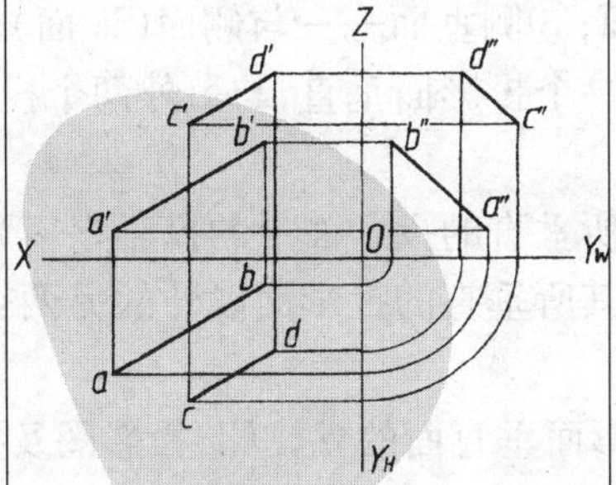	空间两直线平行，则其各同面投影必相互平行；反之亦然
交叉	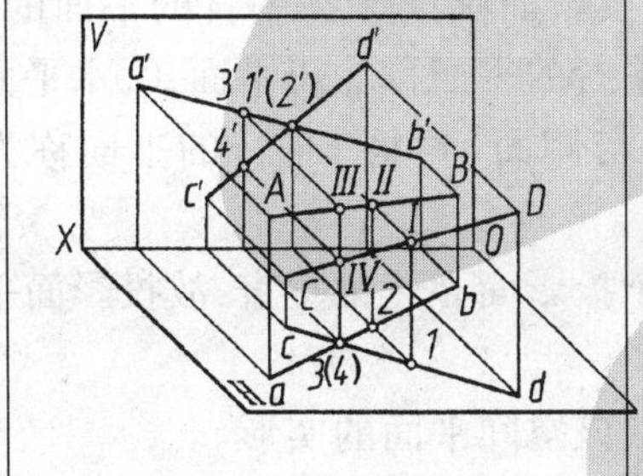	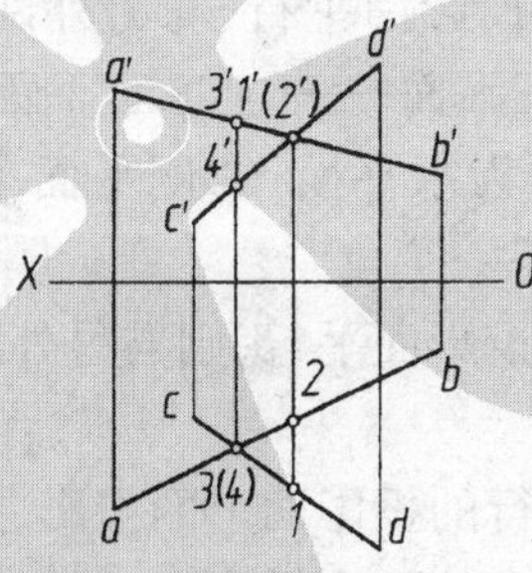	同面投影可能相交，但"交点"不符合空间一个点的投影规律； "交点"是两直线上的一对重影点的投影，可帮助判断两直线的空间位置

5．平面的投影

根据平面在投影面体系中对三个投影面所处的位置不同，可将平面分为一般位置平面、投影面垂直面和投影面平行面三类。其中后两类统称为特殊位置平面。

下面介绍空间各种位置平面的投影特性。

(1)一般位置平面的投影

一般位置平面是指与三个投影面都倾斜的平面。如图 1-7 所示，三角形 *ABC* 倾斜于 *V*、*H*、*W* 面，是一般位置平面。它的三个投影都是△*ABC* 的类似形（边数相等），且均不能直接反映该平面对投影面的真实倾角。由此可得处于一般位置平面的投影特性：三面投影都是缩小了的类似形。

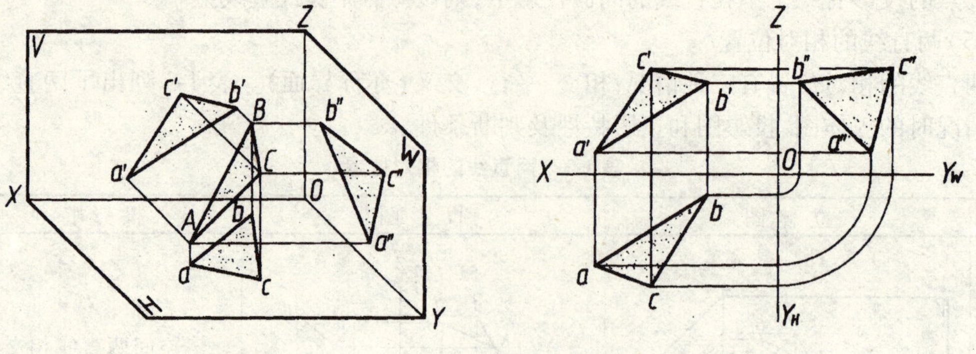

(a) 立体图　　(b) 投影图

图 1-7　一般位置平面的投影

(2)投影面垂直面的投影

投影面垂直面是指与一个投影面垂直、与另外两个投影面都倾斜的平面。投影面垂直面可分为三种:①正垂面——与正面(V面)垂直的平面称为正垂面;②铅垂面——与水平面(H面)垂直的平面称为铅垂面;③侧垂面——与侧面(W面)垂直的平面称为侧垂面。

由于投影面垂直面与一个投影面垂直,与另外两个投影面都倾斜,故投影面垂直面有如下投影特点:

①投影面垂直面在其所垂直的投影面上的投影积聚为直线。

②投影面垂直面在除其所垂直的投影面以外的另两个投影面上的投影,均为缩小了的类似形。

表 1-4 列出了三种投影面垂直面的立体图、投影图及其投影特性。

(3)投影面平行面的投影

投影面平行面是指与一个投影面平行、与另外两个投影面则必然都垂直的平面的平面。投影面平行面可分为三种:①正平面——与正面(V面)平行的平面称为正平面;②水平面——与水平面(H面)平行的平面称为水平面;③侧平面——与侧面(W面)平行的平面称为侧平面。

由于投影面平行面与一个投影面平行,则与另外两个投影面必然都垂直,故投影面平行线有如下投影特点:

①投影面平行面在其所平行的投影面上的投影,反映该空间平面的实形。

②投影面平行面在其所垂直的两个投影面上的投影,都积聚为直线,并垂直或平行于相应的投影轴。

表 1-4 投影面垂直面及其投影

名　称	立 体 图	投 影 图	投 影 特 性
正垂面	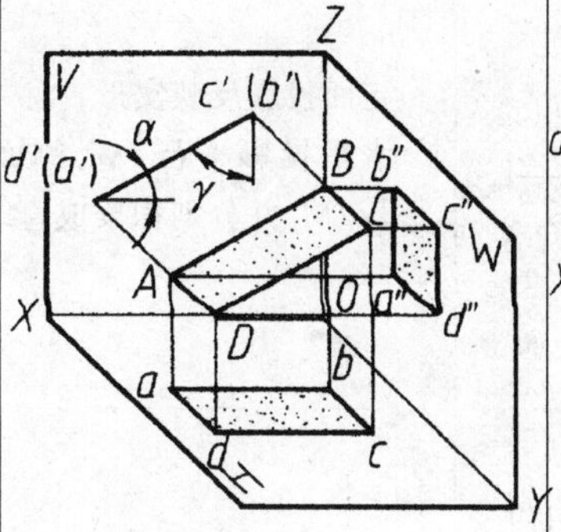	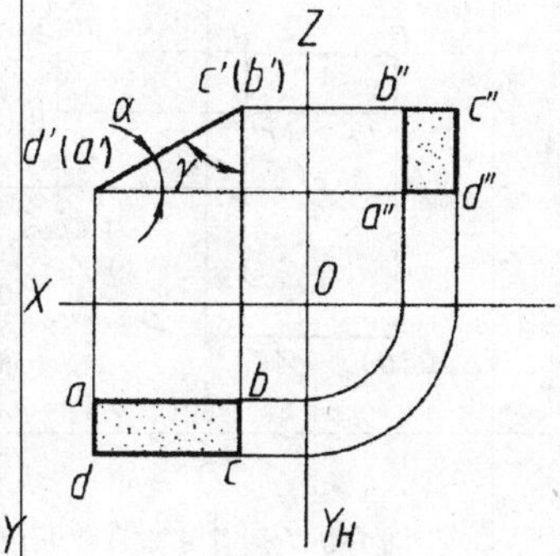	正面投影积聚成直线，并反映真实倾角 水平投影、侧面投影仍为平面图形，面积缩小
铅垂面	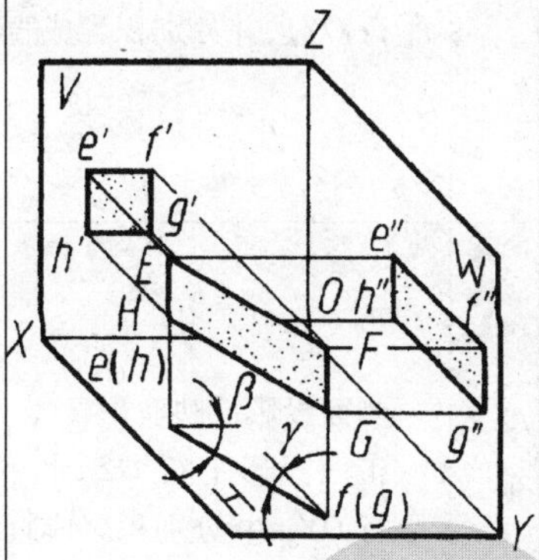	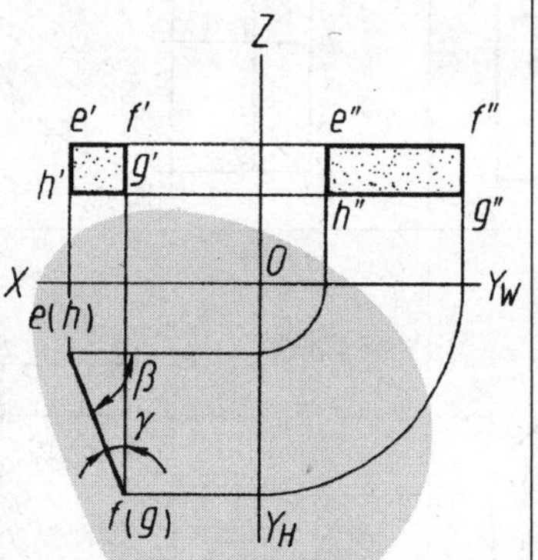	水平投影积聚成直线，并反映真实倾角 正面投影、侧面投影仍为平面图形，面积缩小
侧垂面	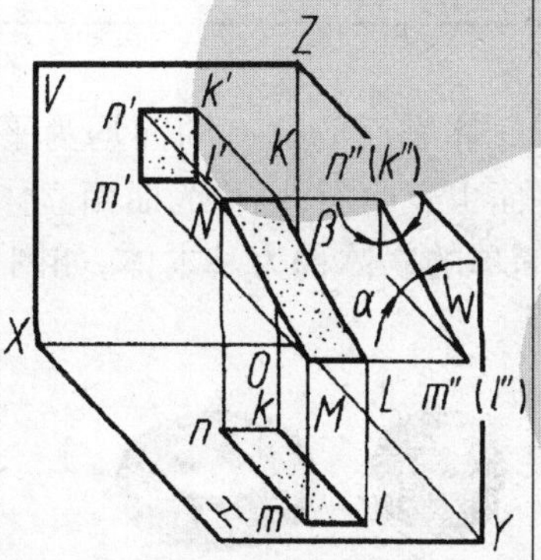	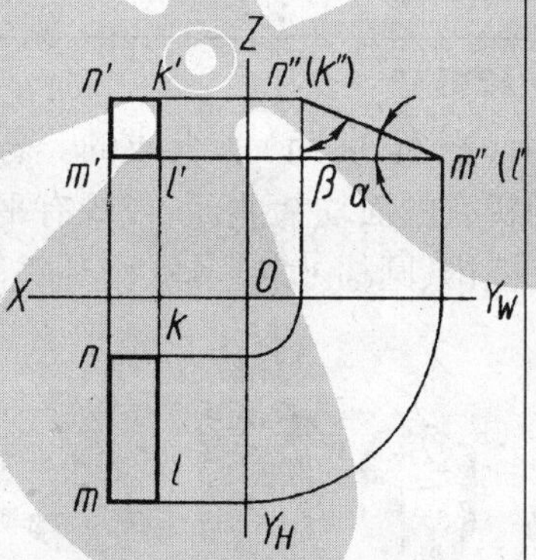	侧面投影积聚成直线，并反映真实倾角 正面投影、水平投影仍为平面图形，面积缩小

表 1-5 列出了三种投影面平行面的立体图、投影图及其投影特性。

表 1-5　投影面平行面及其投影

名称	立体图	投影图	投影特征
正平面	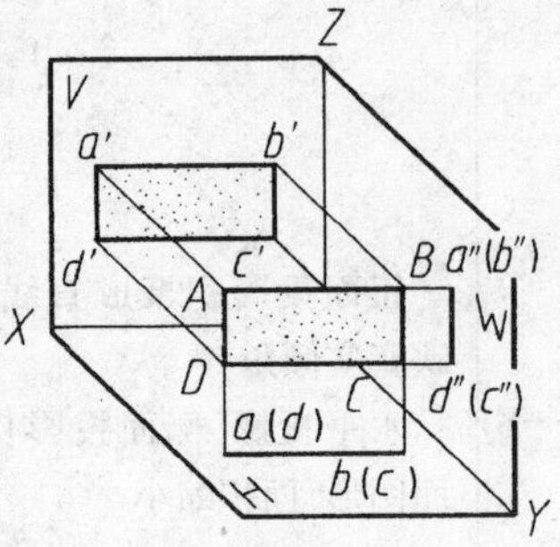	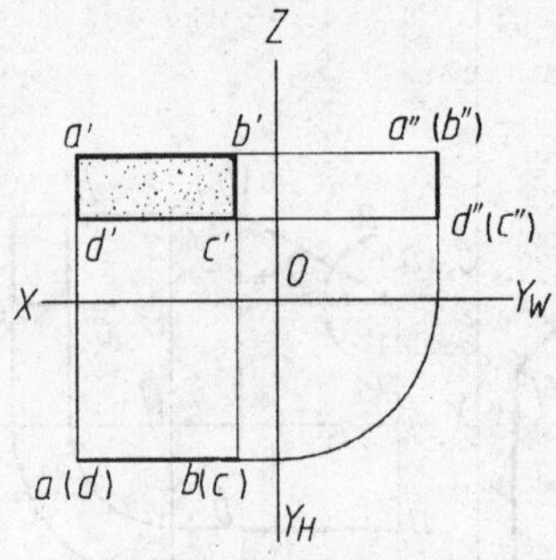	正面投影反映实形；水平投影平行 *OX*，侧面投影平行 *OZ*，并分别积聚成直线
水平面	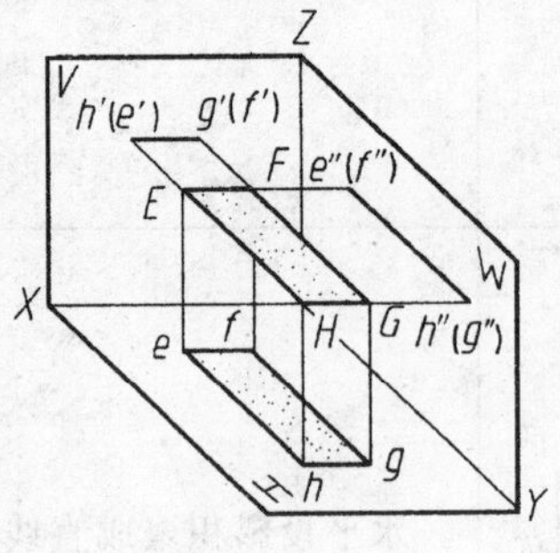	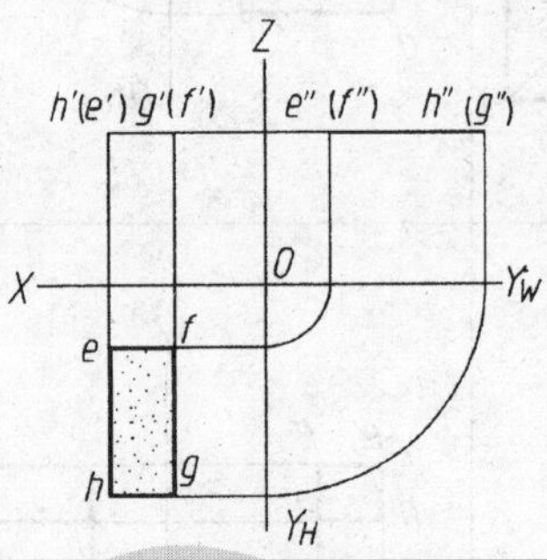	水平投影反映实形；正面投影平行 *OX*，侧面投影平行 OY_W，并分别积聚成直线
侧平面	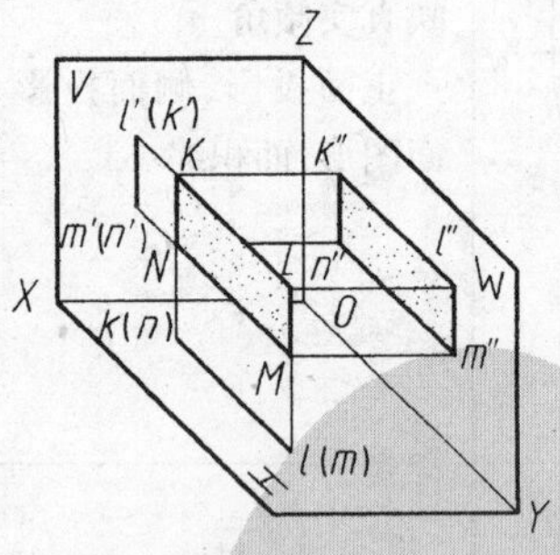	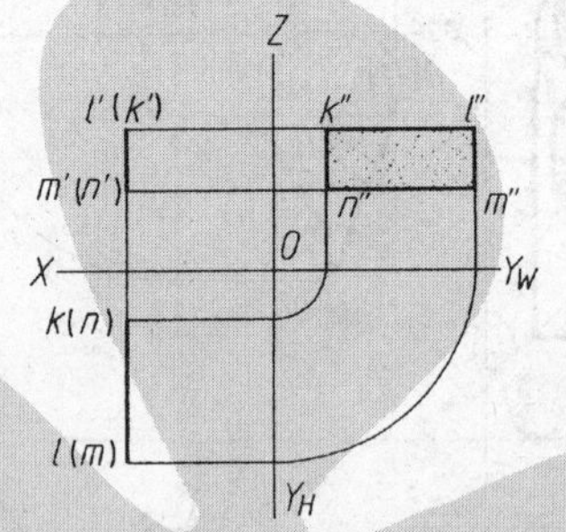	侧面投影反映实形；正面投影平行 *OZ*，水平投影平行 OY_H，并分别积聚成直线

（二）基本体的投影、截切和相交

立体的表面是由若干个面（平面、曲面）所组成的。若立体表面的所有的面均为平面，则称为平面立体；若立体表面的所有的面均为曲面，或既有平面也有曲面，则称为曲面立体。

工程制图中通常把棱柱、棱锥、圆柱、圆锥、球、圆环等简单的立体称为基本体，如图 1-8 所示。

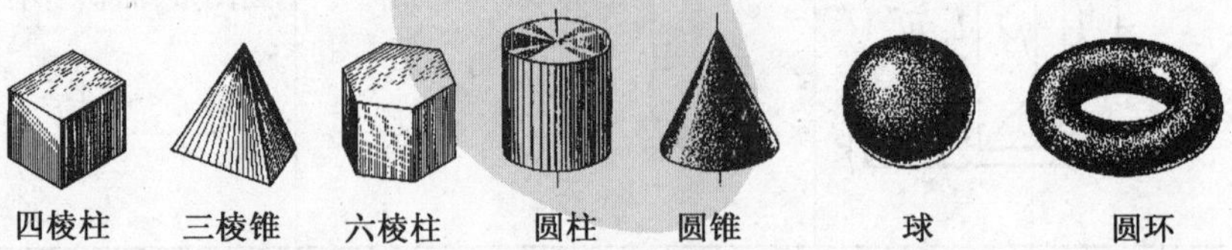

四棱柱　三棱锥　六棱柱　圆柱　圆锥　球　圆环

图 1-8　基本体

1. 平面基本体的投影

（1）平面基本体的画图

常见的平面基本体有棱柱、棱锥、棱台等，见图 1-8。

由于平面基本体的表面是由若干个平面所组成的，所以，平面基本体也就可以看成是由若干个平面图形所围成的，因此，画平面基本体的投影也就是画围成平面基本体的各个平面图形的投影。在三投影面体系中，对于同一个平面基本体，由于各表面相对投影面的位置不同，所以投影的形状也不同，因此，画图时，必须正确分析平面基本体各表面相对于投影面的位置，一般先画投影有积聚性、能反映实形的视图。基本体画图的方法是线面分析法，即通过分析基本体上的线、面的投影来画基本体的三个视图。常见的平面基本体都有一个或两个对称平面，画投影图时，一般都用细点画线将对称平面画出，并超出图形 2 ~ 5 mm，称为对称轴线。当对称轴线与基本体的棱线重合时，由于棱线是基本体表面上的固有的线，所以，棱线应优先画出（实线或虚线）。

（2）平面基本体的读图

所谓读图是指根据已知的投影图，运用正投影原理，对投影图进行分析，边分析边想象，从而构想出投影图所表达的物体的空间形状的过程。

基本体读图的方法也是线面分析法，即通过分析三个视图中的基本体上的线、面的投影关系来构想基本体的空间形状。

平面基本体的表面是由若干个平面多边形所组成的，所以其投影也就是由线段和封闭多边形所组成的，因此，读平面基本体的三视图，应根据线、面的投影知识，分析平面基本体投影图中的这些线段和多边形封闭线框的投影特性及其空间含义。

平面基本体投影图中的每一线段，可能是平面基本体上某一棱线的投影，也可能是有积聚性的某一平面图形的投影。平面基本体投影图中的一个多边形的封闭线框，一般情况下是平面基本体上一个平面的投影，但也可能是一个立体或一个孔的投影。

根据各种位置平面的投影特性，在某一视图上的一个多边形封闭线框，在另两个视图上的对应的投影只能有两种可能，一种可能是类似图形的多边形封闭线框，另一种可能是直线（即该平面有积聚性），即不是类似图形就是直线。

若某一视图上的一个多边形封闭线框，在另两个视图上的对应的投影都是类似的多边形封闭线框，则该多边形封闭线框所代表的平面一定是一般位置平面。

若某一视图上的一个多边形封闭线框，在另两个视图上的对应的投影都是直线段，则该多边形封闭线框所代表的平面一定是与该投影面平行的平面。

若某一视图上的一个多边形封闭线框，在另两个视图上的对应的投影分别是一个类似的多边形封闭线框和一个直线段，则该多边形封闭线框所代表的平面一定是与该投影面垂直的平面。

平面基本体的投影图中，相邻的两个多边形封闭线框，一般情况下是代表两个不同的平面，这两个平面有上下、左右、前后的相对位置的区别。

2. *曲面基本体的投影*

（1）曲面基本体的画图

常见的曲面基本体有圆柱、圆锥、圆球和圆环等，参见图 1-8。常见的曲面基本体也称回转体，它们都可认为是由一动线绕一固定轴线回转而成的。该动线称为母线，母线在回转过程中的每一个具体位置称为素线，在视图中的极限位置的素线称为转向素线（也称为转向轮廓线）。母线上的每一个点绕固定轴线回转而形成的垂直于固定轴线的圆，称为纬线圆。

曲面基本体画图的方法当然也是线面分析法，即通过分析曲面基本体上的线、面的投影来画曲面基本体的三个视图。回转体的那个固定轴线即为曲面基本体的对称轴线，画投影图时，一般应用细点画线将此对称轴画出，并超出图形 2 ~ 5 mm。

(2)曲面基本体的读图

曲面基本体读图的方法当然也是线面分析法,即通过分析三个视图中的曲面基本体上的线、面的投影关系来构想曲面基本体的空间形状。

从回转体的投影图中可以看出,当回转体的轴线垂直于某一投影面时,回转体在与轴线垂直的投影面上的投影,是一个或几个同心圆,即至少有一个投影为圆,因此,将这个投影称为回转体的特征投影;此时,回转体在另外两个投影面上的投影则为全等图形,它们反映了回转体的具体形状,因此,将它们称为定形投影。读回转体的投影图时,无论是否是常见的回转体的投影,都应先找特征投影,然后对照另外两个投影来确定回转体的形状。

若轮廓素线对应的投影是平行于轴线的直线,则其立体形状为圆柱。若轮廓素线对应的投影是与轴线相交的直线,则其立体形状为圆锥。若轮廓素线对应的投影还是圆,且其半径与特征投影的半径相同,则其立体形状为圆球。

3. 平面与立体表面的截切

(1)截交线及其性质

如图 1-9 所示,平面与立体相交并截掉立体的某些部分称为平面对立体的截切;与立体相交的平面称为截平面;截平面与立体表面的交线称为截交线;截交线围成的平面图形称为截断面。

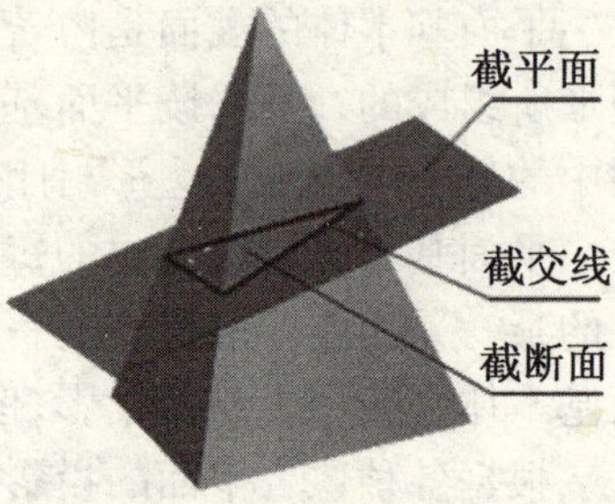

图 1-9　截交线与截断面

截交线有如下的性质:①截交线是截平面与立体表面的共有线,截交线上的点是截平面与立体表面的共有点。②由于立体表面是封闭的,因此,截交线也必定是封闭的。③截交线的形状取决于立体表面的形状和截平面与立体的相对位置。需要强调的是,在画图和读图时必须分清截交线和截交线的投影。

(2)平面立体的截交线

截平面截切平面立体所形成的交线为封闭的平面多边形,该多边形的每个顶点都是截平面与平面立体的每个棱线相交所形成的交点,该多边形的每条边都是截平面与平面立体的棱面或顶面、底面相交所形成的交线。因此,根据截交线的性质,确定平面立体截交线的问题,可归结为确定截平面与平面立体表面的共有点、共有线的问题。

确定截平面与平面立体所形成的截断面的投影,其实质就是确定截平面与平面立体的截交线的投影。通常,确定截平面与平面立体的截交线的投影有两种方法,即棱线法(确定截平面与平面立体棱线之交点的方法)与棱面法(确定截平面与平面立体表面之交线的方法)。

(3)曲面立体的截交线

确定并画出截平面与曲面立体的截交线的一般步骤与方法如下。

①分析截交线的形状。截平面与曲面立体的表面相交,其截交线的形状取决于曲面立体的表面形状以及截平面与曲面立体的相对位置。截平面与曲面立体的截交线一般都是封闭的平面图形,多为封闭的平面曲线图形。

②分析截交线的投影。分析截平面与投影面的相对位置,明确截交线的投影特性(如积聚性、类似性等)。

③画出截交线的投影。由于截交线上的每一点都是截平面与曲面立体的共有点,所以,画截交线投影的基本方法是在曲面体上取若干条辅助线(素线或纬线圆),并确定它们与截平面

的交点，然后判断可见性，最后将这些点的同面投影光滑连接起来，即得到截交线的投影。

如果截交线的投影形状是矩形、三角形或圆等，则截交线的投影就比较容易画出。

如果截交线的投影形状是椭圆等非圆曲线，一般要先确定截交线的大小、范围、虚实分界等重要的特殊点，然后再在这些特殊点之间求出一些中间点，最后光滑地连接起来。

表 1-6、表 1-7 和表 1-8 分别给出了圆柱、圆锥和圆球的截交线形状及投影图。

表 1-6　圆柱的截交线

截平面位置	平行于轴线	垂直于轴线	倾斜于轴线
空间形状			
截交线形状	矩形	圆	椭圆
投 影 图	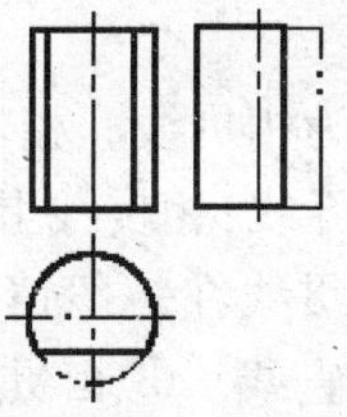	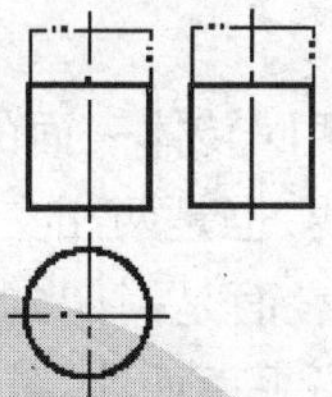	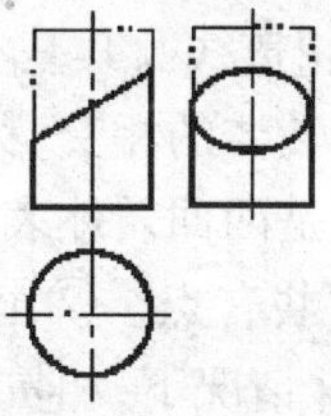

表 1-7　圆锥的截交线

截平面位置	过锥顶	与轴线垂直	倾斜于轴线且 θ > φ	与轴线平行或 θ < φ	平行某一素线
空间形状		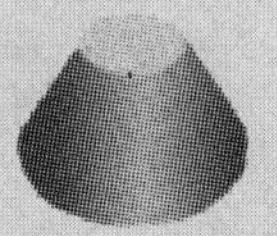			
截交线形状	三角形	圆	椭圆	双曲线和直线	抛物线和直线
投影图	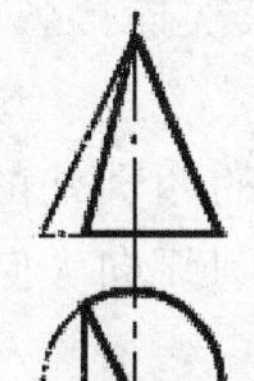	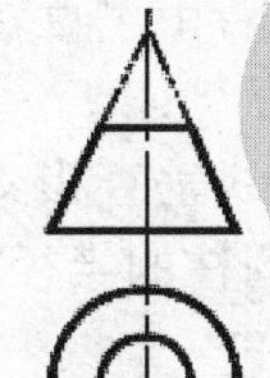	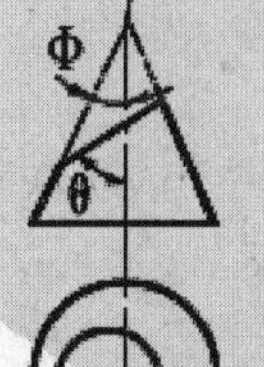	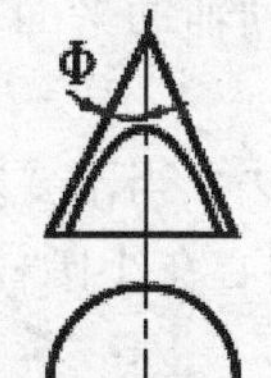	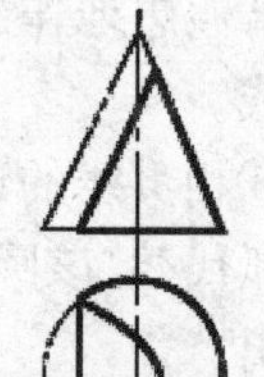

表 1-8 圆球的截交线

截平面位置	与投影面平行（比如水平面）	与投影面垂直（比如正垂面）
空间形状		
截交线形状	圆	
投影图	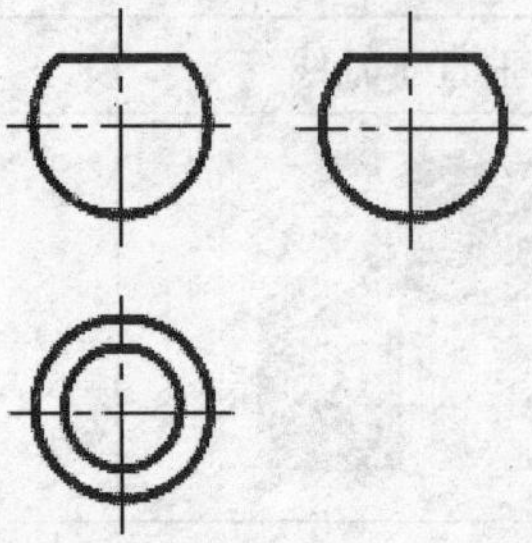	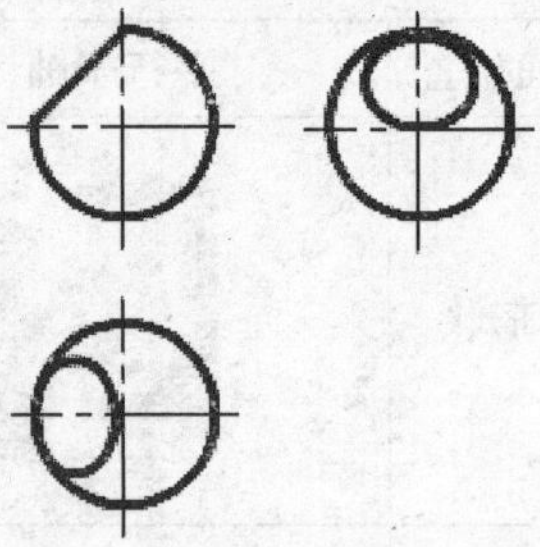

4. 两曲面基本体（回转体）的相交

（1）相贯线及其基本性质

两回转体的相交，称为相贯；两回转体表面的交线，称为相贯线。相贯线有如下基本性质：①相贯线是两回转体表面的共有线，也是两相交立体的分界线；相贯线上的所有点都是两回转体表面的共有点。②由于立体的表面是封闭的，因此，相贯线在一般情况下是封闭的空间曲线；在特殊情况下，相贯线还可能是平面曲线，甚至可能是直线。③相贯线的形状取决于相交的两回转体的各自形状和大小以及两回转体之间的相对位置。

需要强调的是，在画图和读图时必须分清楚相贯线和相贯线的投影。

（2）确定和画出相贯线的方法

①表面取点法。两回转体相交，如果其中有一个是轴线垂直于投影面的圆柱，则相贯线在该投影面上的投影，就积聚在圆柱面在该投影面上的积聚圆周上，这样，就可以在相贯线上取一些点，按前述的回转体表面确定点的方法，确定相贯线上的这些点在其他投影面上的位置，从而确定并画出相贯线在其他投影面上的投影。这种按已知曲面立体表面上的点在某一投影面上的投影，确定其在其他投影面上的投影的方法，称为表面取点法。

②辅助平面法。假想地作一辅助平面，使其与相贯的两回转体相交，然后分别作出辅助平面与两回转体的截交线，这两条截交线的交点必为两回转体表面的共有点，即为相贯线上的点。若假想地作出一系列辅助平面，即可得到相贯线上的若干个点，依次连接各点，就可得到相贯线。

③相贯线的近似画法。当不要求精确画相贯线时，轴线垂直相交的两圆柱的相贯线允许以圆弧代替，该圆弧的圆心在小圆柱的轴线上，半径为大圆柱的半径，圆弧向大圆柱的轴线方向凸出。

（3）轴线垂直相交的两圆柱的相贯线

两轴线互相垂直而相交的圆柱，在零件上是最常见的，它们的相贯线一般有如图 1-10 所示的三种形式。图 1-10（a）表示的是两实心圆柱相交，其中铅垂圆柱的直径较小，而水平圆柱的直径较大，其相贯线是上下对称的两条封闭的空间曲线。图 1-10（b）表示的是圆柱孔与实心圆柱相交，其相贯线也是上下对称的两条封闭的空间曲线。图 1-10（c）表示的是两圆柱孔相交，其相贯线同样是上下对称的两条封闭的空间曲线。因为此相贯线不可见，所以用虚线表

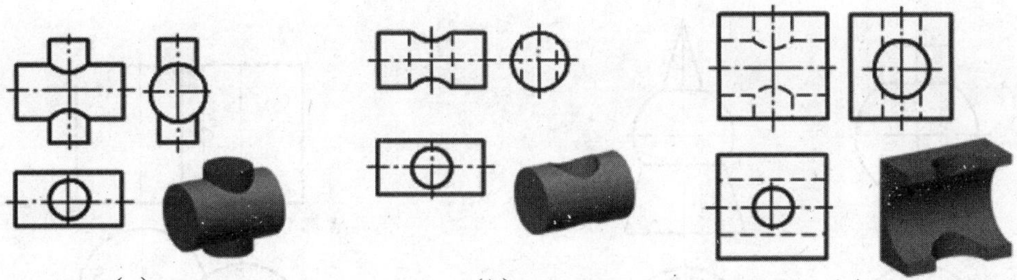

图 1-10　两圆柱相贯线的常见情况

示。

(4)相贯线的特殊情况

在一般情况下,两回转体的相贯线是空间曲线,但在某些特殊情况下,也可能是平面曲线或直线。

①当两个回转体轴线相交,且公切于同一个圆球时,则它们的相贯线为两个椭圆。此时,若这两个回转体轴线都平行于同一个投影面,则它们的相贯线就是垂直于这个投影面的两个椭圆,这两个椭圆(相贯线)在这个投影面上的投影为相交的两条直线。图 1-11 中所示的圆柱与圆柱相交、圆柱与圆锥相交、圆锥与圆锥相交,其轴线都分别相交,且平行于正投影面(V 面),并公切一个圆球,因此,它们的相贯线都是垂直于正投影面(V 面)的两个椭圆;在正投影面(V 面)上,连接它们正面投影的转向轮廓素线的交点,可得到两条相交直线,这两条相交直线即为它们相贯线的正面投影。

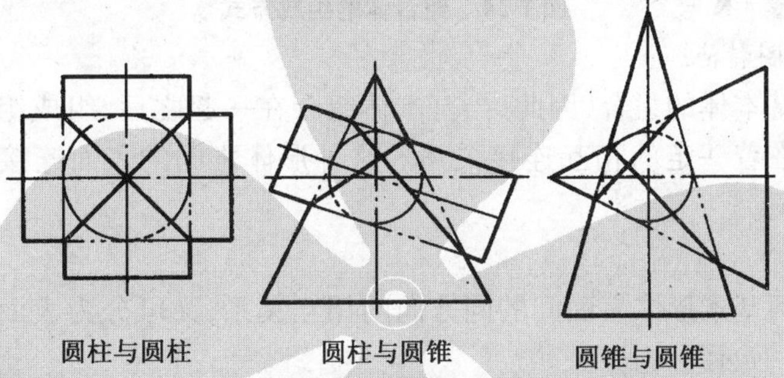

图 1-11　相贯线的特殊情况(1)

②同轴两回转体的相贯线是垂直于轴线的圆。如图 1-12 所示,圆柱与圆球相交、圆锥与圆球相交,其轴线都分别重合,且垂直于水平投影面(H 面),因此,它们的相贯线都是平行于水平投影面(H 面)的两个圆(与轴线垂直)。

③轴线平行的两圆柱的相贯线是两条平行的素线,如图 1-13 所示。

(三)组合体的视图

由两个或更多个基本体所组成的物体称为组合体。

组合体的组成方式是多种多样的,但归纳起来,组合体的组成方式可分为切割和叠加两种基本形式,常见的组合体基本上都是这两种基本形式的综合,如图 1-14 所示。

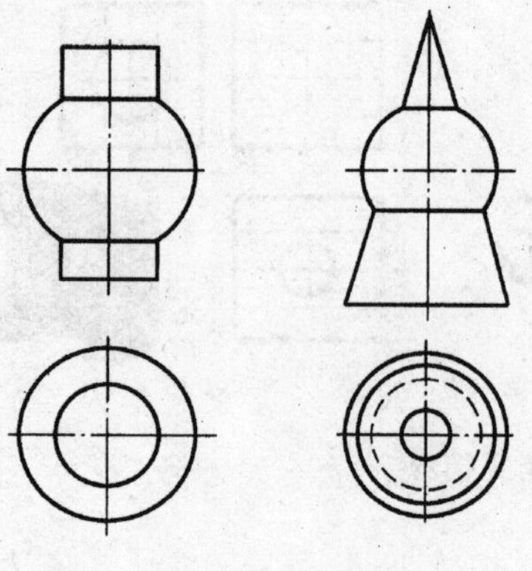

图 1-12　相贯线的特殊情况(2)

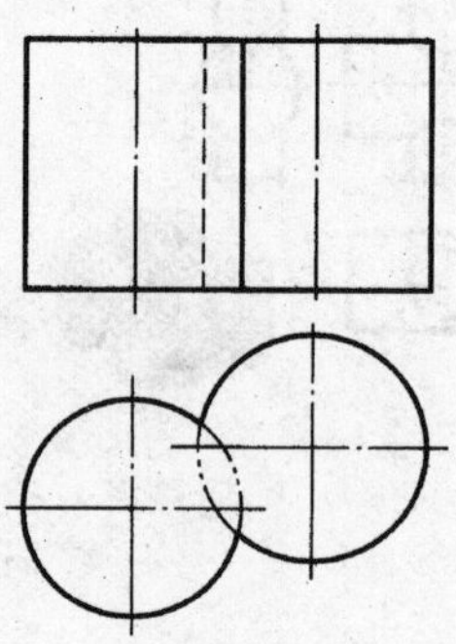

图 1-13　相贯线的特殊情况(3)

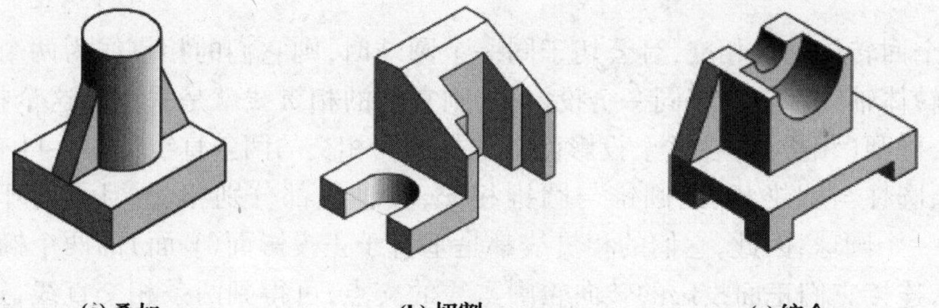

图 1-14　组合体的组成方式

1. 组合体的视图特点

因为组合体是基本体的组合,因此,当基本体组合在一起之后,组成组合体的基本形体的相邻表面之间就存在着一定的相互连接关系。这种形体之间的表面连接关系一般可分为平行、相切、相交等情况。

(1)表面平行

表面平行是指两基本形体表面间的同方向的相互关系,又可分为表面平齐和表面不平齐两种情况,如图 1-15 所示。

当两基本体的表面平齐时,两表面为共面,因而视图上的两基本体之间无分界线;如果两基本体的表面不平齐时,其分界处必然有分界线,在视图上则必须画出分界线。

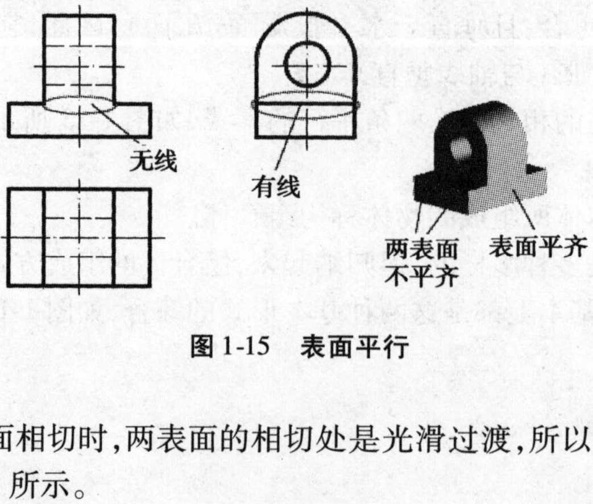

图 1-15　表面平行

(2)表面相切

当两基本形体的表面相切时,两表面的相切处是光滑过渡,所以在视图中,两表面的相切处一般不画线,如图 1-16 所示。

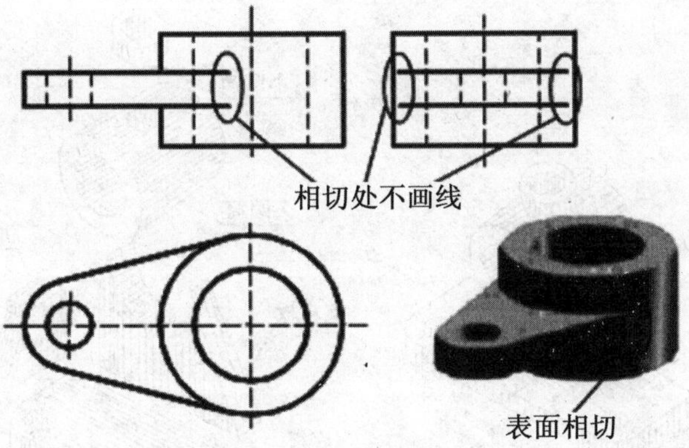

图 1-16　表面相切

(3)表面相交

当两基本形体的表面相交时,相交处会产生不同形式的交线,在视图中则必须画出这些交线的投影,如图 1-17 所示。

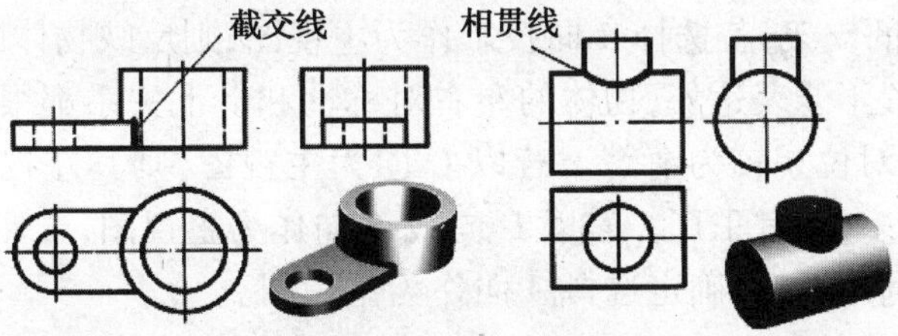

图 1-17　表面相交

2. 组合体及其三视图的形体分析法

形体分析法是解决组合体问题的基本方法。所谓形体分析就是将组合体按照其组成方式分解为若干基本形体,以便弄清楚各基本形体的形状、它们之间的相对位置和表面间的相互关系,这种方法称为形体分析法。在画图、读图和标注尺寸的过程中,常常要运用形体分析法。

3. 画组合体的三视图

画组合体三视图的方法和步骤可分为形体分析、选择视图、选择图纸幅面和比例、按投影规律作图和检查底稿、描深等。

(1)形体分析

形体分析是指先分析组合体是由哪几部分组成的,各组成部分之间的相对位置以及组合形式等。以如图 1-18 所示的支架为例,图中的支架可分解为直立小圆筒、水平大圆筒、支承板、肋板和底板等五部分。其中:①两个圆筒的轴线正交,内、外表面都有相贯线。②支承板的左右、两斜面与大圆筒相切。③肋板的左、右两侧与大圆筒相交,必定有交线。④支承板与底板的后端面平齐,支承板的侧面与底板的侧端面斜交。⑤肋板在底板的中间,它的斜面与底板前端面斜交。⑥大圆筒后端突出支承板一段距离。

(2)选择视图

一组视图最主要的是主视图,一般以最能反映该组合体各部分形状和位置特征的一个视图作为主视图。主视图一经选定,其他视图位置也就确定了。

选择主视图的基本原则是:①使组合体的主要平面或主要轴线与投影面平行或垂直。②能基本反映组合体的总体形状和结构特征,不可见轮廓最少。③尽量减少其他视图中产生的

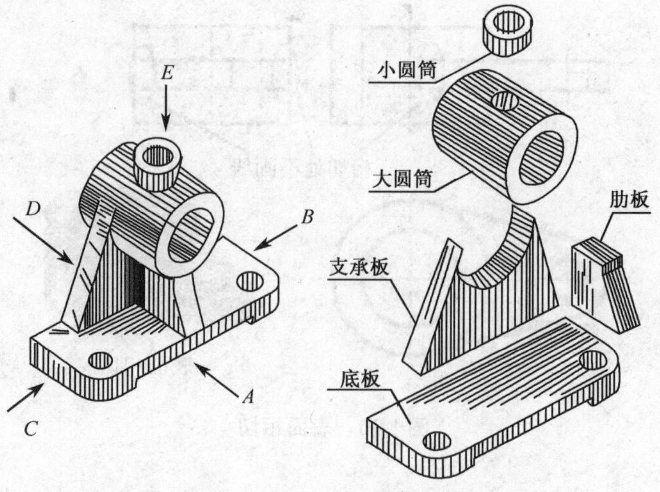

图 1-18　组合体的形体分析

不可见轮廓。

比如图 1-18 所示的支架，若选择 A 向投影作为主视图，则反映物体的形状特征较好，除各基本体的前后相对位置不能表达外，物体的左右对称性和上下关系都很清楚。若以 B 向为主视图，则各基本体的相对位置较为清楚。若以 C 向为主视图，则其左视图中肋板和底板都成为看不见结构，虚线较多，不宜采用。若以 D 向或 E 向作为主视图，显然都不合适。所以综合考虑图面清晰和合理利用图幅，确定选择 A 向作为主视图。

(3)选择图纸幅面和比例

根据组合体的复杂程度和尺寸大小，选择国家标准规定的图幅和比例。并尽量采用 1∶1 的比例。

(4)按投影规律作图

首先布置视图，画作图基准线，根据组合体的总体尺寸通过简单计算将各视图均匀地布置在图框内。各视图位置确定后，用细点画线或细实线画出作图基准线，如图 1-19(a)所示。

画图时，一般先画主要部分和大的形体，后画次要部分和小的形体。每一形体从具有特征的、反映实形的或具有积聚性的视图开始，将三个视图联系起来画。如图 1-19(b)所示，先画底板和水平大圆筒的三视图，再画支承板、肋板和小圆筒，最后画底板上的圆柱孔和圆角。

画图时，每个基本体的视图必须要三个视图同时画。此外，还要特别注意三个视图能正确反映各形体之间的相对位置和各形体表面间的相对关系。如支承板侧面与水平大圆筒的相切关系，就必须根据主视图中的切点位置，画出支承板的俯视图和左视图。

(5)检查底稿、描深

彻底检查所画的底稿，特别是各基本体的结构、相互位置关系，以及有无分界线、可见不可见等，检查无误后，描深成图，如图 1-19(c)所示。

4. 读组合体的三视图

(1)读组合体三视图的基本方法

与画组合体三视图的基本方法一样，读组合体三视图的基本方法也是运用形体分析法，但通常还需辅以线面分析。

组合体的画图方法是利用形体分析法将组合体的各组成形体按它们的相对位置和表面关系画成由线框和线条组成的视图；而读图则是画图的反过程，就是根据组合体的视图，对视图

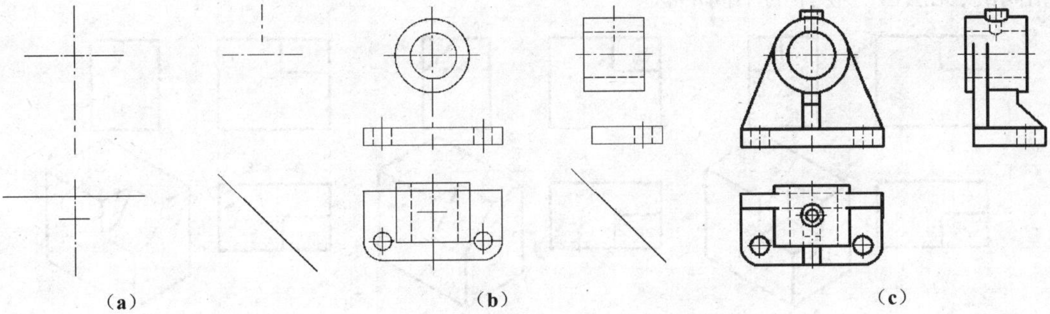

图 1-19　画组合体的三视图

中所画的线框和线条经过分析和想象，得到组合体的形状。

①形体分析。形体分析法是读图的基本方法。一般是从反映物体形状特征的主视图着手，对照其他视图，初步分析出该物体是由哪些基本体以及通过什么连接关系形成的。然后按投影特性逐个找出各基本体在其他视图中的投影，以确定各基本体的形状和它们之间的相对位置，最后综合想象出物体的总体形状。

②线面分析。一般情况下，当一基本体被多个平面切割，形体形状不规则或在某视图中形体结构的投影关系重叠时，应用形体分析法往往难于读懂，这时就需要再辅以线面分析法，即运用线、面投影理论来分析物体的表面形状、面与面的相对位置以及面与面之间的表面交线，并借助立体的概念来想象物体的形状。

（2）读组合体三视图的基本原则

①几个视图联系起来看。一般情况下，一个视图不能完全确定物体的形状。特别是组合体，一个视图不能确定组成组合体的各形体的形状以及相邻表面间的相互关系。所以，看图时必须几个视图联系起来看。比如，物体的主视图均相同，但实际上它们可能是由形状不同的形体位于不同的相对位置，或形状相同的形体位于不同的相对位置所组成的。

图 1-20 所示的五组视图，它们的主视图都相同，但实际上是五种不同形状的物体。

图 1-20　主视图相同的不同形状的物体

②寻找特征视图。所谓特征视图，就是能把物体的形状特征及相对位置反映得最充分的那个视图。找到了这个视图，再配合其他视图，就能较快地认清物体了。

图 1-21 所示的三组三视图中，左视图就是特征视图，而三组视图中的主视图和俯视图都

是相同的，无法区分物体的不同形状。

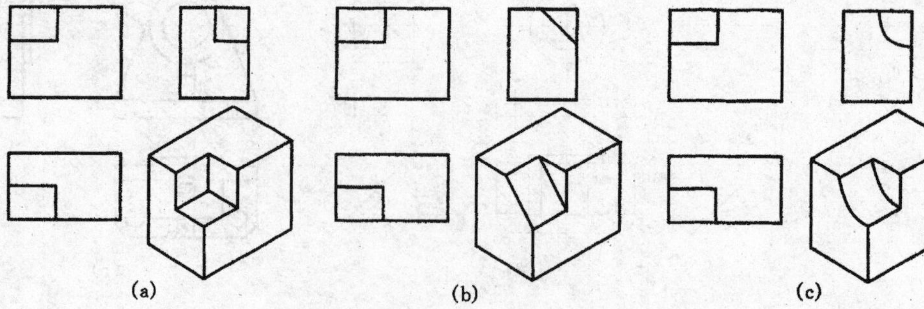

图 1-21　主视图和俯视图都相同的不同形状的物体

但是，由于组合体的组成方式不同，物体的形状特征及相对位置并非总是集中在一个视图上，有时是分散于各个视图上。所以，在读图时，要抓住反映特征较多的视图。

③在形体分析的基础上进行线面分析。读图时，必须以主视图为中心，找出视图间的线框和线条的相互关系，在形体分析的基础上进行线面分析。只有这样，才能明确各组成形体表面之间的关系、相对位置以及基本体的切割情况。

视图中每一个投影面上的每一个封闭线框，都是物体上不与该投影面垂直的一个表面的投影；这个面可能是平面，也可能是曲面，还可能是平面与曲面相切而形成的组合面；这个面可能是外表面，也可能是内表面。当平面图形平行于某投影面时，其在该投影面上的投影则反映实形；当平面图形倾斜于某投影面时，其在该投影面上的投影必是缩小的类似形。利用这一特性，可以想象各面的空间形状。

视图中的任何一条粗实线或虚线，可能是有积聚性的平面或曲面的投影；也可能是两表面（平面、曲面）交线的投影；还可能是曲面的转向轮廓线（或转向素线）。视图中的任何一个封闭线框，可能是物体上某一个平面的反映实形的投影；也可能是物体上某一个面（平面、曲面）投影所得到的缩小了的类似形；还可能是物体上的一个平面与曲面相切而形成的组合面。

（3）组合体读图的一般步骤

①分线框、对投影。从主视图入手，对照其他视图，根据封闭线框将组合体分解为简单的几个部分形体。

②想形体、辨位置。用形体分析法，根据各部分形体在三个视图中的投影，想象出各部分形体的空间形状、具体结构和位置。一般先解决大的、主要的形体，或是明显的形体。

③线面分析攻难点。对形状复杂的部分形体，需要运用线、面投影理论来分析物体的表面形状、面与面的相对位置以及面与面之间的表面交线，并借助立体的概念来想象物体的形状。

④综合起来想整体。按视图中各部分形体的相对位置关系和表面间关系，综合起来想象出物体的整体形状。

（四）视图的尺寸标注

视图只能表达出组合体的形状，要确定组合体上各部分的真实大小及相对位置，必须标注尺寸，而且标注尺寸时应做到以下几点：①正确：所标注的尺寸数值正确，还要符合有关机械制图国家标准的尺寸注法的规定。②完整：尺寸必须标注齐全，不得遗漏，不应重复。③清晰：尺寸布置要整齐、清晰。同一形体的尺寸标注要相对集中，便于看图。

1. 视图上尺寸标注的基本规则

《机械制图·尺寸注法》（GB/T 4458.4-2003）中规定了尺寸注法，其基本规则如下：

(1)机件的真实大小应以图样上所注的尺寸数值为依据,与图形的大小及绘图的准确度无关。

(2)图样中(包括技术要求和其他说明)的尺寸,以毫米(mm)为单位时,不需标注单位符号(或名称),如采用其他单位时,则应注明相应的单位符号(或名称)。

(3)图样中所标注的尺寸,为该图样所示机件的最后完工尺寸,否则应另加说明。

(4)机件的每一尺寸,一般只标注一次,并应标注在反映该结构最清晰的图形上。

2. 尺寸的组成要素

图样中,一个完整的尺寸,一般应由尺寸界线、尺寸线、尺寸数字和尺寸终端等四个尺寸要素构成,如图 1-22 所示。尺寸在图样中的排布要清晰、整齐、匀称。

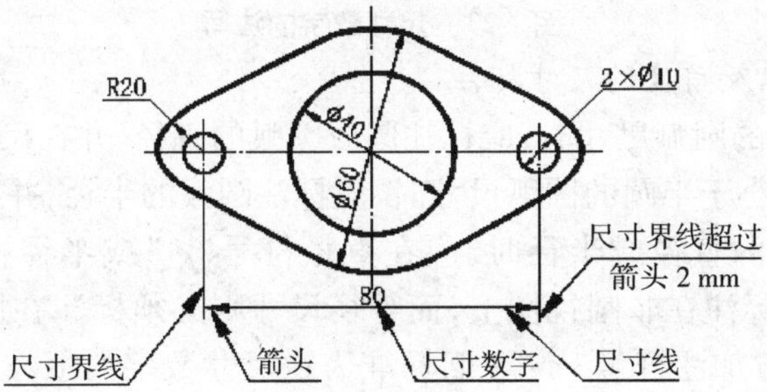

图 1-22　尺寸标注示例

(1)尺寸界线

尺寸界线应自图形的轮廓线、轴线或中心线引出,也可利用轮廓线、轴线或对称中心线作为尺寸界线。尺寸界线一般应与尺寸线垂直,必要时才允许倾斜。尺寸界线用细实线绘制,尺寸界线应超过尺寸线末端 2 ~ 5 mm。在光滑过渡处标注尺寸时,应用细实线将轮廓线延长,从它们的交点处引出尺寸界线,此时的尺寸界线可以不与尺寸线垂直。

(2)尺寸线

尺寸线用细实线绘制。尺寸线不能用其他图线代替,一般也不得与其他图线重合或画在其他图线的延长线上。在标注线性尺寸时,尺寸线应与所标注的线段平行。在标注线性尺寸时,相同方向的尺寸线之间的距离要均匀,并尽量避免与其他尺寸线和尺寸界线相交叉。对于未完整表示的要素,可仅在尺寸线的一端画出箭头,但尺寸线应超过该要素的中心线或断裂处。

(3)尺寸数字

在同一张图上,基本尺寸的字高要一致,字号一般不小于 3.5 号字,不能根据数值的大小而改变字符的大小;字符间隔要均匀,字体应严格按国家标准的规定书写。线性尺寸的数字一般应注写在尺寸线的上方或中断处,水平方向的数字字头朝上,垂直方向的数字字头朝左,倾斜方向数字字头均偏上,如图 1-23(a)所示。线性尺寸的数字应按图 1-23(a)所示的方向注写,为避免产生误解,应尽可能避免在图 1-23(a)所示的 30°(即 12 点前 30°)范围内标注尺寸,当无法避免时,可按图 1-23(b)所示的形式标注。为了保证尺寸数字清晰,任何图线不得通过尺寸数字,当不可避免时,必须将这些图线断开。

(4)尺寸终端

尺寸终端有箭头和斜线两种形式。机械图样中的箭头一般为闭合的实心箭头。在同一张图上,箭头的大小应一致。

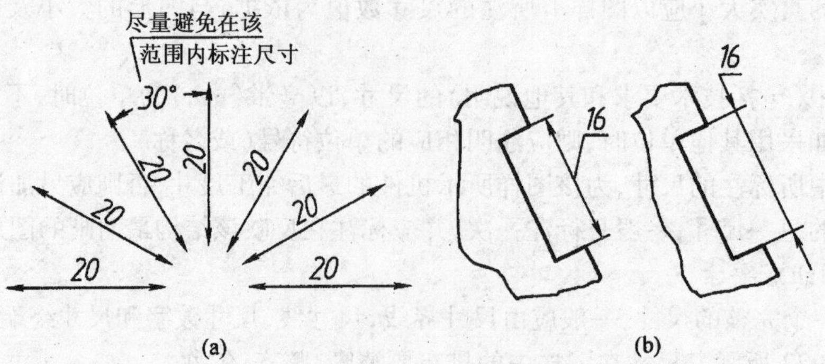

图 1-23 尺寸数字的注写

3. 圆、圆弧、圆球以及角度的尺寸标注

标注圆或大于半圆的圆弧尺寸时，应标注圆或圆弧的直径，并在尺寸数字前加注直径符号“ϕ”。标注等于半圆或小于半圆的圆弧尺寸时，应标注圆弧的半径，并在尺寸数字前加注半径符号“R”。标注圆球面的直径或半径时，应在直径符号“ϕ”或半径符号“R”前再加注符号“S”。直径尺寸应尽量标注在非圆视图上，而半径尺寸则必须标注在圆形视图上。标注弧长时，应在尺寸数字的左方加注符号“⌒”（旧标准为在尺寸数字的上方加注符号“⌒”）。标注角度时，尺寸界线应沿径向引出，尺寸线画成圆弧，尺寸数字要水平书写。

4. 尺寸标注应注意的问题

尺寸标注应注意的问题，如图 1-24 所示。

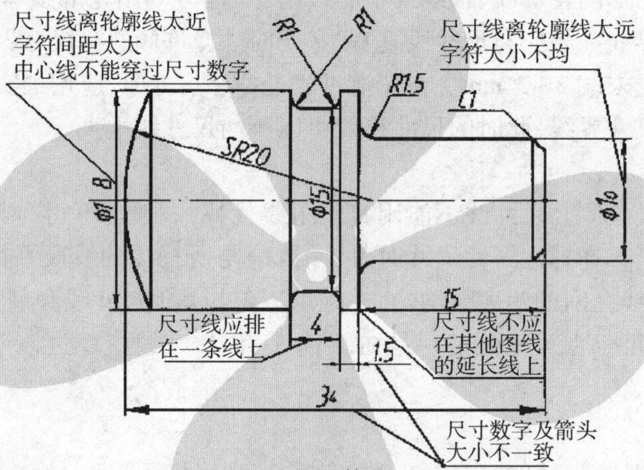

图 1-24 标注尺寸时应注意的问题

5. 基本体的尺寸标注

由于组合体是由基本体经过叠加、切割而成的，所以，要掌握组合体的尺寸标注，必须先熟悉和掌握基本体的尺寸标注方法。常见基本体的尺寸标注方法如图 1-25 所示。

一般情况下，基本体的尺寸均应标出长、宽、高三个方向的尺寸。但是，由于基本体的形状各异，所需尺寸的数量和标注形式也是不同的，并非每个基本体都需要标注出三个方向的尺寸。通常情况下，平面基本体的尺寸标注需要两个视图即可，而回转体的尺寸标注只需一个视图即可。另外，在标注正方形的尺寸时，可在正方形边长尺寸的数字前加注符号“□”，或用 $B\times B$ 的形式，B 为正方形的边长。

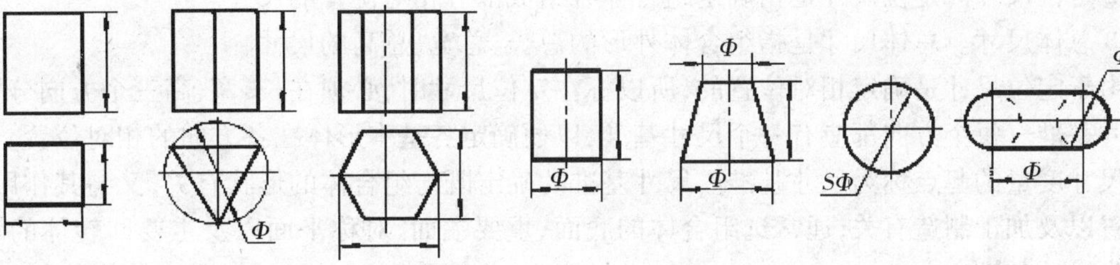

图 1-25 常见基本几何体的尺寸标注

棱柱的尺寸由两部分组成,其一是棱柱底面的定形尺寸,其二是棱柱的高度尺寸。一般情况下,棱柱只需要在两个视图中标注出定形尺寸和高度尺寸即可,另一个视图可以省略不画,参见图 1-25。标注正三棱柱底面的定形尺寸时,只需标注底面正三角形的外接圆直径“ϕ”即可。标注正六棱柱底面的定形尺寸时,只需标注底面正六边形的对角线长度(或对边的距离)即可。

棱锥的尺寸也是由两部分组成的,其一是棱锥底面的定形尺寸,其二是棱锥顶点的定位尺寸。一般情况下,棱锥只需要在两个视图中标注出定形尺寸和定位尺寸即可,另一个视图可以省略不画。同棱柱的尺寸标注类似,标注正三棱锥底面的定形尺寸时,只需标注底面正三角形的外接圆直径“ϕ”即可;标注正六棱锥底面的定形尺寸时,只需标注底面正六边形的对角线长度(或对边的距离)即可。

棱台的尺寸是由三部分组成的,即棱台两底面的定形尺寸和棱台的高度尺寸。同棱柱的尺寸标注类似,一般情况下,棱台也只需要在两个视图中标注出两底面的定形尺寸和高度尺寸即可,另一个视图可以省略不画。

圆柱的尺寸是由两部分组成的,其一是圆柱底面的定形尺寸,其二是圆柱的高度尺寸。一般情况下,圆柱只需要在非圆视图上标注出底面的定形尺寸(底圆的直径)和圆柱的高度尺寸即可,另两个视图可以省略不画,参见图 1-25。

圆锥的尺寸也是由两部分组成的,其一是圆锥底面的定形尺寸,其二是圆锥顶点的定位尺寸。一般情况下,圆锥只需要在非圆视图上标注出底面的定形尺寸(底圆的直径)和圆锥顶点的定位尺寸即可,另两个视图则可以省略不画。

圆台的尺寸是由三部分组成的,即圆台两底面的定形尺寸和圆台的高度尺寸。一般情况下,圆台只需要在非圆视图上标注出两底面的定形尺寸(两底圆的直径)和圆台的高度尺寸即可,另两个视图则可以省略不画,参见图 1-25。

圆球的尺寸只有一个,即圆球的直径。圆球的尺寸标注只需要在一个视图中标注出圆球的直径即可,但在直径符号“ϕ”前必须加注符号“S”,即圆球的直径符号为“$S\phi$”,另两个视图则可以省略不画,参见图 1-25。

圆环的尺寸也是由两部分组成的,其一是圆环的圆母线的直径,其二是圆环的圆母线绕轴线回转的回转直径。圆环的尺寸标注只需要在一个视图中标注出圆环的圆母线直径及其回转直径即可,另两个视图则可以省略不画,参见图 1-25。

6. 组合体的尺寸标注

(1)组合体应标注的尺寸

对于组合体一般应标注出以下三种类型的尺寸。

①定形尺寸。定形尺寸是指确定组合体各组成部分形状大小的尺寸。

②定位尺寸。定位尺寸是指确定组合体各组成部分相对位置的尺寸。

③总体尺寸。总体尺寸是指组合体外形的总长、总宽、总高的尺寸。

由于定位尺寸是确定相对位置的,所以标注定位尺寸时,必须在长、宽、高三个方向分别选出尺寸基准。每个方向都应有一个尺寸基准,以便确定各基本形体在各方向的相对位置。

尺寸度量的起点称为尺寸基准。尺寸基准的确定既与组合体的形状有关,又与其作用、工作位置以及加工制造有关,通常选组合体的底面、重要端面、对称平面以及主要回转体的轴线等作为尺寸基准。

(2)组合体尺寸标注的基本要求

①尺寸标注要完整。为了表达组合体的真实大小,视图中所注的尺寸应完整,既无遗漏,又无重复,而且每个尺寸只能标注一次。需要注意的是,如果组合体的定形尺寸、定位尺寸已经标注完整,再标注总体尺寸就会多余,这时就要对已标注的定形尺寸、定位尺寸进行适当的删减。②尺寸标注要清晰。标注尺寸时,除了要求完整外,为了便于读图,还要求标注得清晰。

(3)切割体和相贯体的尺寸标注

基本形体上的切口、开槽或穿孔等,一般只标注截切平面的定位尺寸和开槽或穿孔的定形尺寸,而不标注截交线的尺寸。两基本形体相贯时,应标注两基本形体的定形尺寸和表示相对位置的定位尺寸,而不应标注相贯线的尺寸。

二、物体的表达方法

(一)视图的种类及其应用

视图主要用于表达机件的外部轮廓、结构、形状。按照《技术制图·图样画法·视图》(GB/T 17451-1998)中的规定,视图分为:基本视图、向视图、局部视图和斜视图等四种。

在视图中一般只画机件的可见部分,必要时才画出其不可见部分。

1. 基本视图

机件向基本投影面投影所得到的视图称为基本视图。根据国家标准的规定,在前述的三个投影面(正投影面、水平投影面、侧投影面)的基础上,再增加三个投影面,构成正六面体方箱,这正六面体方箱的六个面均为基本投影面。

将机件放在正六面体方箱的中间,将机件向六个投影面投影,所得到的六个视图均为基本视图,分别称为主视图、俯视图、左视图、右视图、仰视图、后视图。基本视图的形成、六个基本视图的名称、展开后的位置等如图1-26所示。六个基本视图之间仍然符合"长对正、高平齐、宽相等"的投影规律。

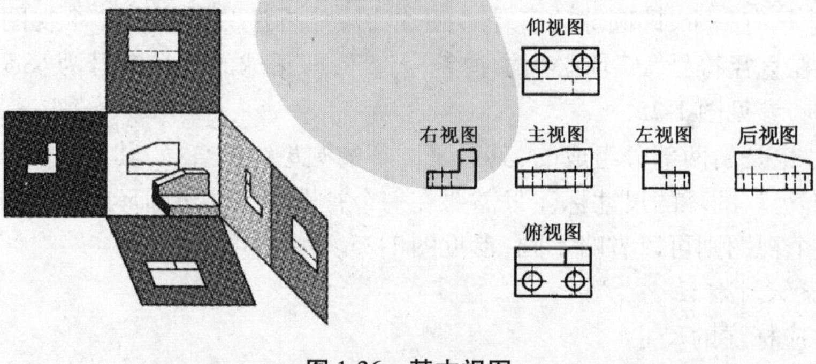

图1-26 基本视图

制图时应根据机件的形状和结构特点,选用其中必要的几个基本视图。当基本视图按图

1-26 配置，而且各视图中间又无其他图形隔开时，视图的名称不做标注。

2. 向视图

在实际制图时，若不能按图 1-26 所示配置视图，或各视图不画在同一张图纸上时，应在视图的上方标出视图的名称“*X*”（这里的“*X*”为大写的拉丁字母代号），并在相应的视图附近用箭头指明投影方向，且注上同样的字母，如图 1-27 所示，这种视图称为向视图。

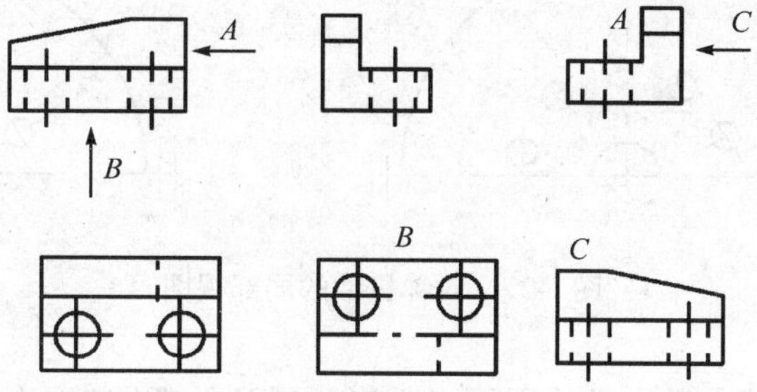

图 1-27　向视图

向视图是可以自由配置的视图。为了合理布置图面或因受图纸幅面限制，可以将视图自由地配置在适当的位置。

3. 局部视图

将机件的某一部分向基本投影面投射所得到的视图，称为局部视图，如图 1-28 所示。为了表达机件的局部形状，而又没有必要画出机件完整的基本视图时，通常可采用局部视图。

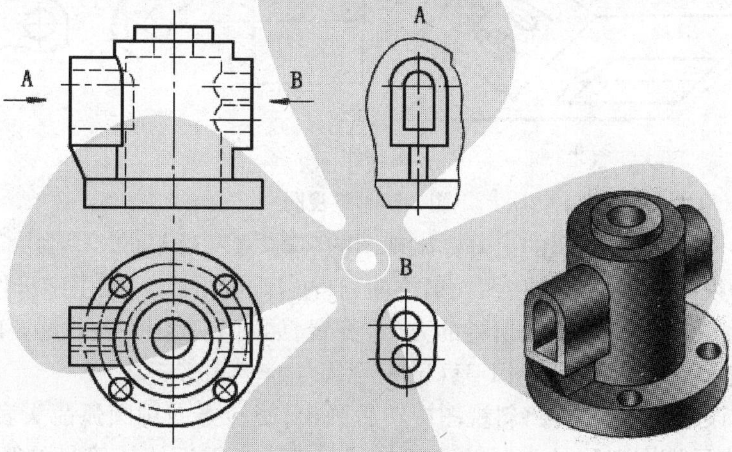

图 1-28　局部视图

局部视图可按基本视图的配置形式配置，也可按向视图的配置形式配置并标注。一般情况下，局部视图按向视图的配置形式配置并标注，在局部视图的上方标出视图的名称“*X*”（这里的“*X*”为大写的拉丁字母代号），并在相应的视图附近用箭头指明投射方向，且注上同样的大写拉丁字母代号“*X*”。局部视图也可按基本视图的配置形式配置，此时，若中间没有其他图形隔开，则不必标注。

局部视图的断裂边界应以波浪线或双折线来表示。因局部视图只画了机件的局部形状，所以，其断裂边界用波浪线或双折线绘出，以表示局部。当所表示的局部结构是完整的且外轮廓又封闭时，断裂边界线可省略不画。当用波浪线作为断裂边界线时，波浪线不应超过断裂机件的轮廓线，同时，应画在机件的实体上，不可画在机件的中空处。

对于对称结构的机件，将其视图只画一半或四分之一的画法也符合局部视图的定义，可将其视为是以细点画线作为断裂边界的局部视图的特殊画法，此时应在细点画线的两端画出两条与其垂直的细实线，如图 1-29 所示。

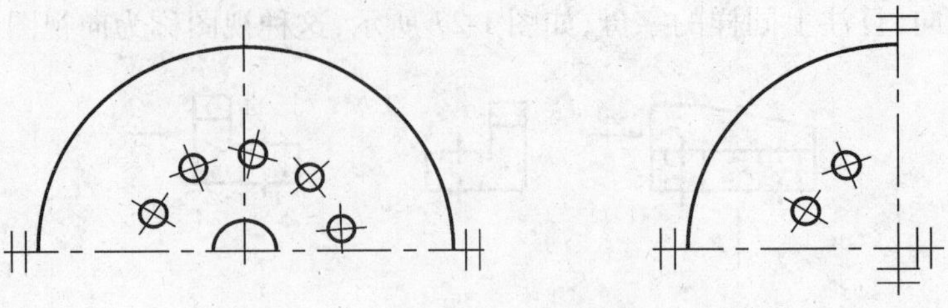

图 1-29　对称机件的局部视图

4. 斜视图

将机件向不平行于基本投影面的平面上投影所得到的视图，称为斜视图，如图 1-30 所示。斜视图主要用于表达机件上倾斜结构的实形，此时，投影平面与机件倾斜表面平行，如图 1-30 中所示 *A* 向。

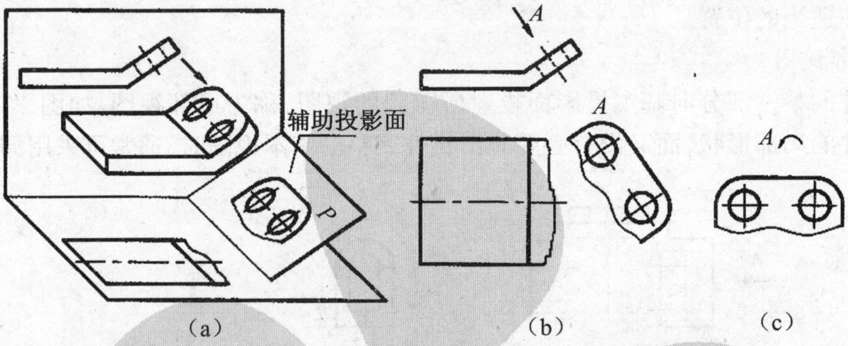

图 1-30　斜视图

需要注意的是，必须在视图的上方标出视图的名称“*X*”（这里的“*X*”为大写的拉丁字母代号），并在相应的视图附近用箭头指明投射方向，且注上同样的大写拉丁字母代号“*X*”。

斜视图一般按投影关系（箭头所指的方向）配置，如图 1-31（a）所示；必要时也可将斜视图平移，配置在其他适当的位置，如图 1-31（b）所示。

在不致引起误解时，也允许将斜视图旋转后画出，旋转方向用圆弧箭头表示，其指向应与旋转方向一致，表示视图名称的大写拉丁字母代号“*X*”应靠近旋转符号的箭头端，如图 1-31（b）所示。

画出局部倾斜结构的斜视图后，通常用波浪线断开，不画其他视图中已表达清楚的部分。当所表示的局部倾斜结构是完整的且外轮廓又封闭时，表示断裂边界的波浪线可不必画出。

（二）剖视图的种类及其应用

1. 剖视图

为了清晰表达机件的内部结构和形状，假想地用一剖切平面剖开机件，将处在观察者与剖切平面之间的部分移去，而将其余部分向投影面投射所得到的图形，称为剖视图，简称剖视。图 1-32 示出了剖视图的形成。

在剖视图中，剖切平面与机件相切的实体剖面区域，应画上与其材料相应的剖面符号。因

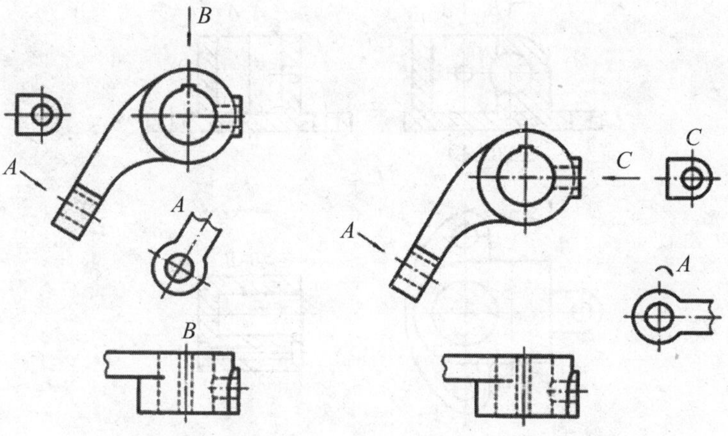

（a）一种布置形式　　（b）另一种布置形式

图 1-31　斜视图的布置形式

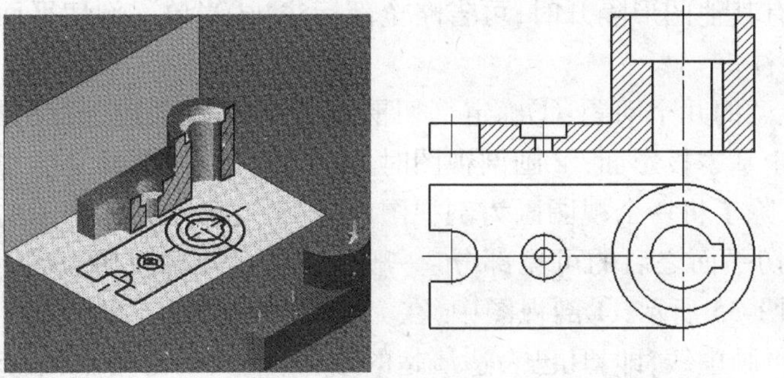

图 1-32　剖视图的形成

机件的材料不同，所画的剖面符号也不相同。画机械图样时，应采用国家标准所规定的剖面符号。在机械图样中，使用最多的是金属材料。国家标准规定，金属材料的剖面符号是相互平行、间隔均匀相等的细实线，这种剖面符号通常称为剖面线。剖面线应以适当角度绘制，一般与主要轮廓或剖面区域的对称线成 45°角，如图 1-33 所示。

非金属材料的剖面符号是相互平行、间隔均匀相等、双向交叉的细实线，这些细实线一般也应与主要轮廓或剖面区域的对称线成 45°角。

图 1-33　剖面线的画法

在剖视图的上方，用大写拉丁字母标出剖视图的名称“$X-X$”；同时在相应的视图上用剖切符号和剖切线表示剖切位置和投射方向，并标注与剖视图名称相向的大写字母“X”。

剖切符号是指表示剖切面的起讫和转折的位置（用短的粗实线表示）及投射方向（用带细实线的箭头表示）的符号，如图 1-34 所示。剖切线是指表示剖切面位置的线（用细点画线表示）。剖切线应画在剖切符号之间，也可省略不画。

此外，如图 1-34 所示：①当剖视图按投影关系配置，中间又无其他图形隔开时，可省略表

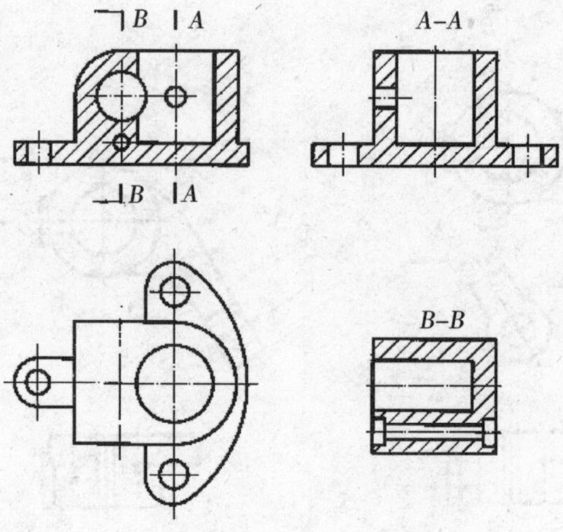

图 1-34 剖视图的标注

示投射方向的箭头;②当单一剖切平面通过机件的对称平面或基本对称平面,且视图按投影关系配置,中间又没有其他图形隔开时,可省略全部标注;③当单一剖切平面的剖切位置明确时,局部剖视图不必标注。

画剖视图应注意的几个问题:①确定剖切平面位置时,一般应选择所需表达的内部结构的对称面,并且平行于基本投影面;②画剖视图时,由于将机件的剖开是假想的,并不是真把机件切掉一部分,所以,除了将一个视图画为剖视图之外,不应影响其他视图的剖切和完整性;③机件剖切后,留在剖切平面之后的可见部分,一般也应向投影面投影,所以,应特别注意空腔中线、面的投影,如图 1-35 所示;④剖视图中,在完整表达机件的形状、结构的前提下,除了必要的虚线外,一般不再画虚线,即:凡已表达清楚的结构,虚线则省略不画;⑤一个机件若有数个剖视(断面)图时,各剖视(断面)图上同种材料的剖面符号的绘制应相同(比如金属材料剖面符号的斜线方向相同、间隔大致相等)。

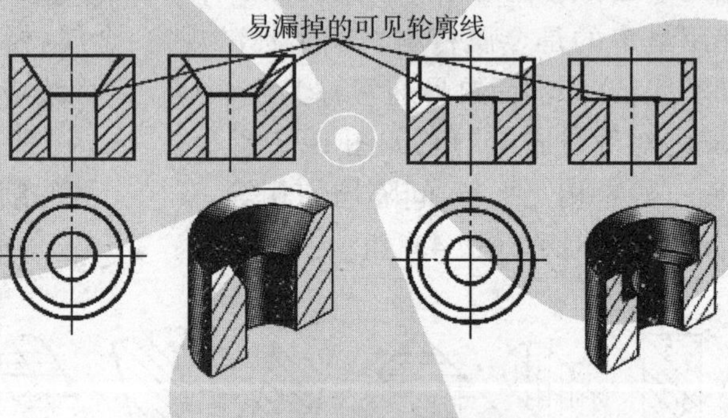

图 1-35 剖视图中易漏的线条

2. 剖切面的种类

(1)单一剖切平面

单一剖切面是指仅用一个剖切平面剖开机件。这种剖切方式应用得较多,比如,图 1-36 中的“$A-A$”剖视图就是用倾斜的单一剖切平面剖切得到的。

由单一剖切面而得剖视图,可按投影关系配置在与剖切符号相对应的位置,也可将剖视图平移至图纸的适当位置,在不致引起误解时,还允许将图形旋转。

(2)几个相互平行的剖切平面

用几个相互平行的平面所形成的阶梯状的剖切面来剖切机件,将被阶梯状的剖切面剖开

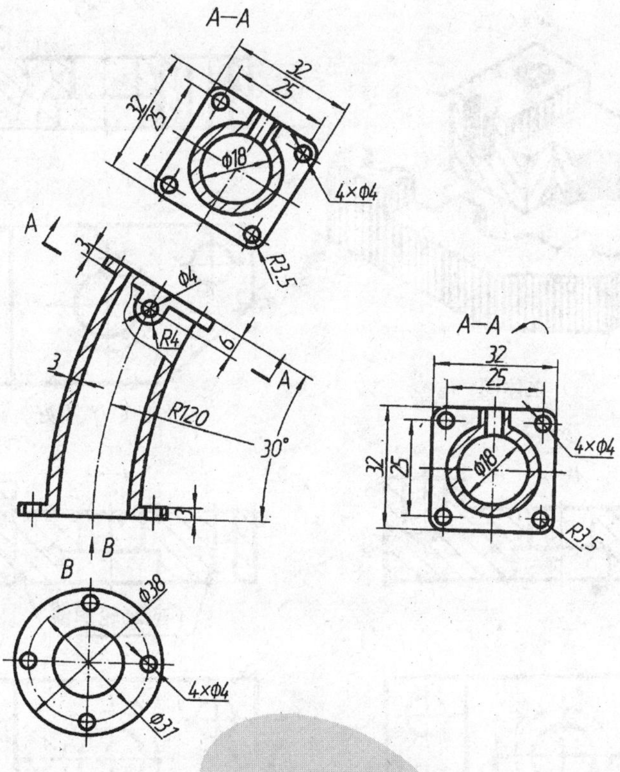

图 1-36 单一剖切面

的结构及其有关部分向同一投影面投影,由此而得到的视图,称为阶梯剖视图,简称为阶梯剖。

当机件上具有几种不同的结构要素(如孔、槽等),且它们的中心线排列在相互平行的平面上时,宜采用几个平行的剖切平面剖切,如图 1-37 所示。阶梯剖视图必须加以标注,其标注方法如图 1-37、图 1-38 所示,但应注意:①剖切符号的转折处不允许与图上的轮廓线重合;②在转折处如因位置有限,且不致引起误解时,可以不注写字母。

另外,在画阶梯剖视图时,还应注意以下几点:①阶梯剖视图上不允许画出剖切平面转折处的分界线,如图 1-37 所示;②阶梯剖视图上不应出现不完整的结构要素,如图 1-37、图 1-38 所示;③只有当不同的孔、槽在剖视图中具有共同的对称中心线或轴线时,才允许剖切平面在孔、槽中心线或轴线转折,如图 1-37、图 1-38 所示,不同的孔、槽各画一半,二者以共同的中心线分界。

(3)几个相交的剖切平面

用几个相交的剖切平面(交线垂直于某一基本投影面)剖开机件,将被倾斜剖切平面剖开的结构及其有关部分旋转至与选定的投影面平行,然后进行投影,由此而得到的视图,称为旋转剖视图,简称为旋转剖。

图 1-39 所示为用两个相交的剖切平面(交线垂直于正投影面)剖开机件,而得到旋转剖视图。需要注意的是,凡是没有被剖切平面剖到的结构,应按原来的位置画出它们的投影。

3. 剖视图的种类

常用的剖视图有七种,即:全剖视图、半剖视图、局部剖视图、斜剖视图、旋转剖视图、阶梯剖视图和复合剖视图。

(1)全剖视图

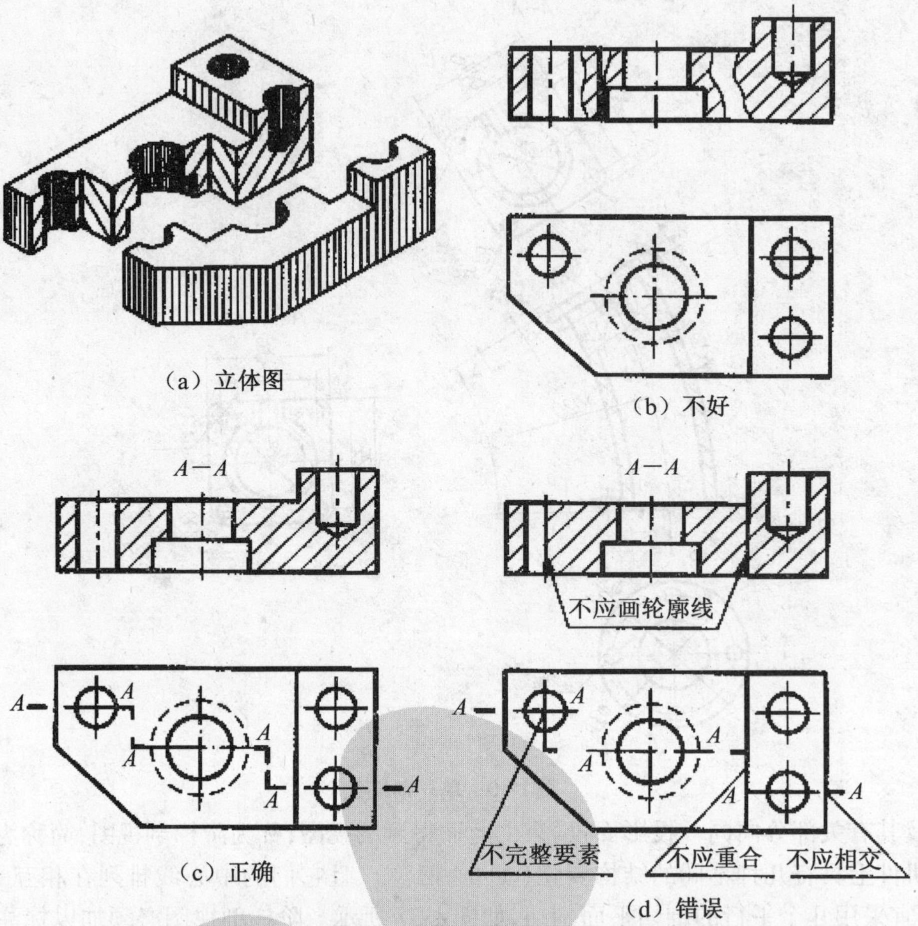

图 1-37 几个平行的剖切面(1)

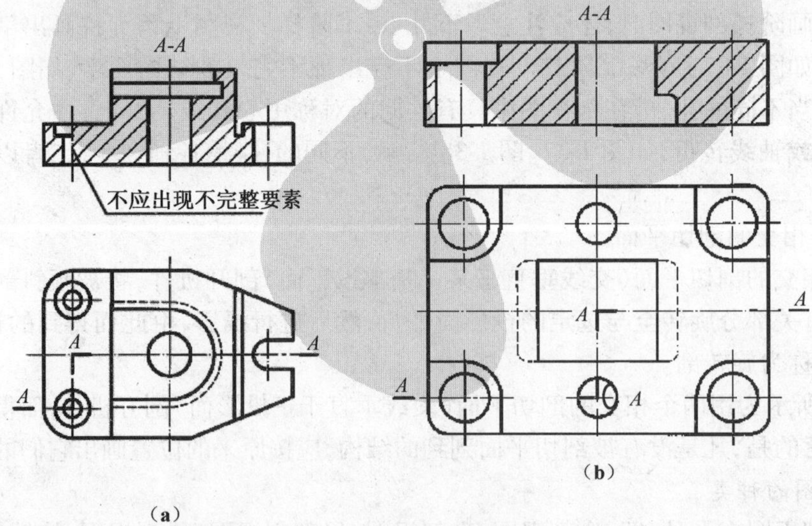

图 1-38 几个平行的剖切面(2)

假想地用剖切面将机件完全剖开所得到的剖视图,称为全剖视图,简称为全剖。全剖视图

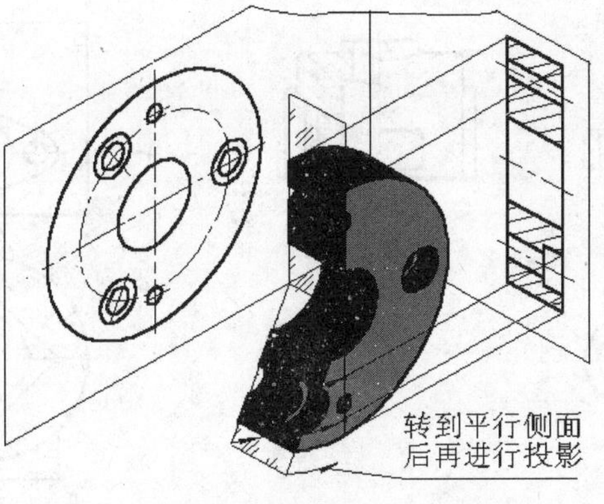

图 1-39　两相交的剖切平面

可以由单一剖切面和其他几种剖切面剖切获得。全剖视图主要用于内部形状比较复杂的不对称机件。

(2)半剖视图

当机件具有对称平面时,在垂直于机件对称平面的投影面上投影所得到的图形,可以以对称轴线为界,一半画成剖视,另一半画成(未剖的)视图,这样得到的图形,称为半剖视图,简称为半剖,如图 1-40 所示。半剖视图的标注,仍符合剖视图的标注规定。

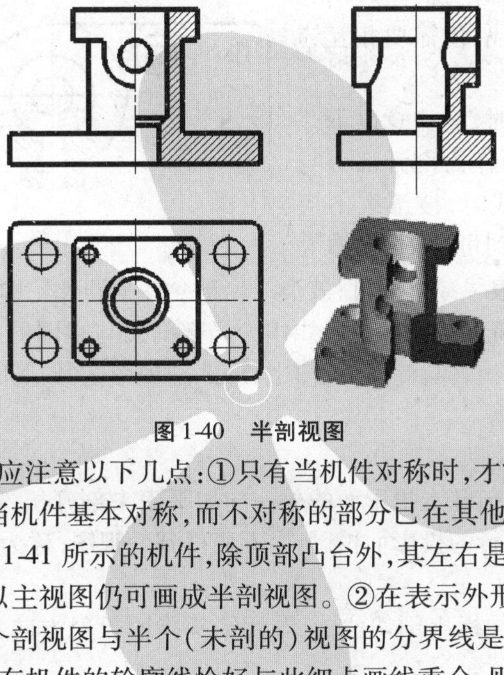

图 1-40　半剖视图

此外,画半剖视图时,应注意以下几点:①只有当机件对称时,才能在与对称面垂直的投影面上作半剖视图。但是,当机件基本对称,而不对称的部分已在其他视图中表达清楚,这时也可以画成半剖视图。如图 1-41 所示的机件,除顶部凸台外,其左右是对称的,而凸台的形状在俯视图中已表示清楚,所以主视图仍可画成半剖视图。②在表示外形的那半个(未剖的)视图中,一般不画虚线。③半个剖视图与半个(未剖的)视图的分界线是对称轴线,不能画成粗实线,应画为细点画线;如果有机件的轮廓线恰好与此细点画线重合,则不能采用半剖视图,此时应采用其他类型的剖视图,比如可采用局部剖视图,如图 1-42 所示。

(3)局部剖视图

假想地用剖切平面剖开机件的某一局部,由此所得的视图,称为局部剖视图,简称为局部剖视,如图 1-43 所示。局部剖视图的标注,仍符合剖视图的标注规定。

一般情况下,局部剖视不需要标注,但要用波浪线或双折线作为剖开部分和未剖部分的分界线。

局部剖视图是一种比较灵活的表达方法,不受图形是否对称的限制。局部剖视图一般用

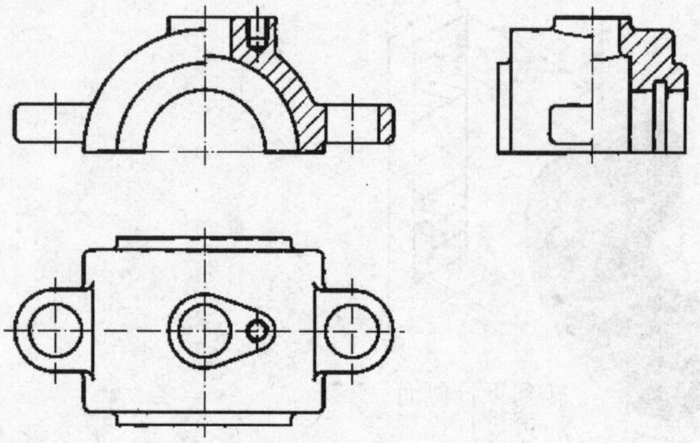

图 1-41　用半剖视图表示基本对称的机件

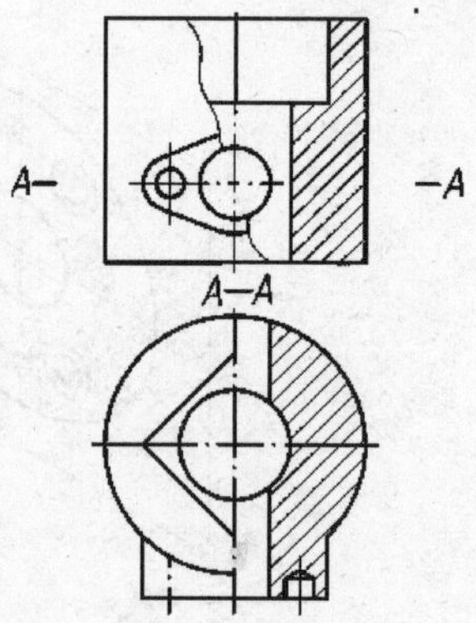

图 1-42　内轮廓线与中心线重合不宜作半剖视图

于:①当机件个别部分的内部结构尚未表达清楚,但又不宜作全剖视时,可采用局部剖视。②当机件的轮廓线与其对称中心线重合而不能采用半剖视时,可采用局部剖视,如图 1-42 所示。③必要时,允许在剖视图中,再作一次简单的局部剖视,这时两者的剖面线应同方向、同间隔,但需要相互错开。

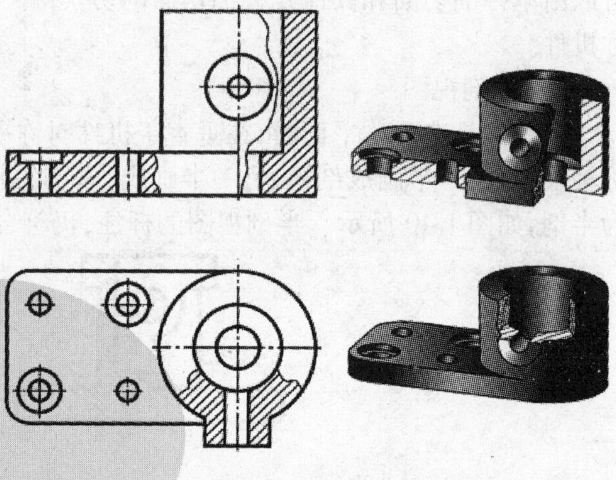

图 1-43　局部剖视图

此外,画局部剖视图时,应注意以下几点:①在局部剖视图中,画作为剖开部分与未剖部分分界线的波浪线时,波浪线不应与其他的图线重合;当遇到可见的孔、槽等空洞结构时,也不应使波浪线穿空而过;波浪线也不允许画到外轮廓线之外。②当被局部剖切的结构为回转体时,允许将该结构的中心线作为局部剖视与视图的分界线。③虽然局部剖视是一种比较灵活的表达方法,但在一个视图中,局部剖视图的数量不宜过多,以免使图形过于破碎。

(4)斜剖视图

假想地用不平行于任何基本投影面的单一剖切平面来剖开机件,然后将剖开的结构及其有关部分向与剖切平面平行的投影面投影,由此而得到的视图,称为斜剖视图,可简称为斜剖。图 1-44 所示即为斜剖视图。

在画斜剖视图时,必须标出剖切位置,并用箭头指明投射方向,注明剖视名称,如图 1-44 所示。

(5)旋转剖视图

假想地用几个相交的剖切平面(交线垂直于某一基本投影面)剖开机件,将被倾斜剖切平面剖开的结构及其有关部分旋转至与选定的投影面平行,然后进行投影,由此而得到的视图,称为旋转剖视图,简称为旋转剖。旋转剖视图如图 1-45 所示。

旋转剖适用于端盖、盘状类的回转体机件。此外,具有明显的回转轴线的机件也常采用旋转剖。国家标准规定,若机件的肋、轮辐以及薄壁等按纵向剖切时,它们不画剖面符号,而用粗实线与相邻部分分开。

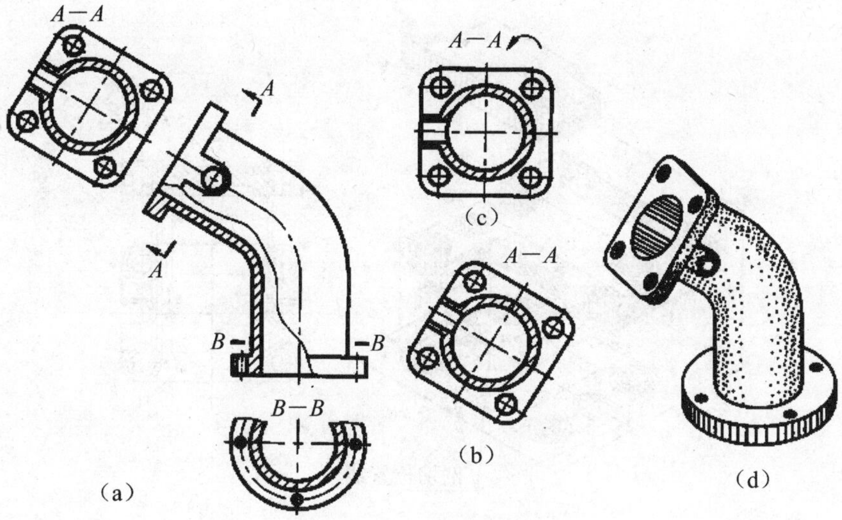

图 1-44 斜剖视图

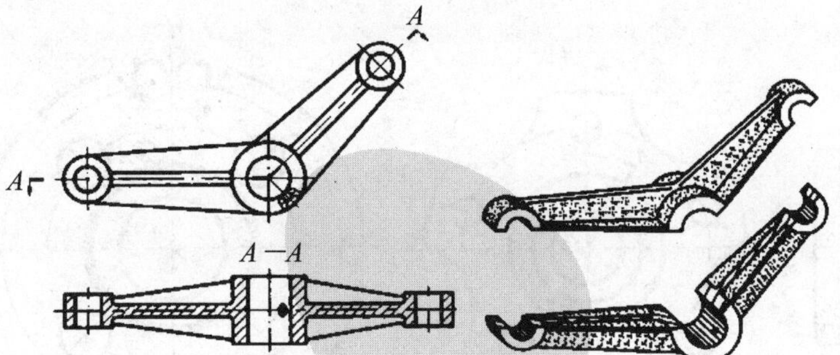

图 1-45 旋转剖视图

(6) 阶梯剖视图

假想地用几个相互平行的平面所形成的阶梯状的剖切面来剖切机件，将被阶梯状的剖切面剖开的结构及其有关部分向同一投影面投影，由此而得到的视图，称为阶梯剖视图，简称为阶梯剖。有些机件的内容层次多，用一个剖切平面不能全部表达内部的结构和形状，若采用阶梯剖，所得到的剖视图就清晰多了。图 1-46 所示为两个平行平面的阶梯剖视图。

(7) 复合剖视图

除旋转剖和阶梯剖以外，其他形式的用组合的剖切平面来剖切机件而得到的视图，称为复合剖视图，简称为复合剖。图 1-47 所示即为复合剖视图。在画复合剖视图时，剖切位置、投影方向、剖视名称等必须全部标注。

4. 剖视图的尺寸标注

视图的尺寸标注的基本原则和方法，同样适用于剖视图，但在剖视图上标注尺寸，还应注意以下几点。

(1) 在同一轴线上的圆柱或圆锥的直径尺寸，一般应尽量标注在剖视图，避免标注在投影为同心圆的视图上。

(2) 当采用半剖视或局部剖视后，有些尺寸不能完整地标注出来，此时可将尺寸线略引过圆心或轴线或对称线，但仍要标注出完整尺寸。

(3) 一般把内部结构尺寸标注在剖视图上，而把外部结构尺寸标注在(未剖的)视图上。

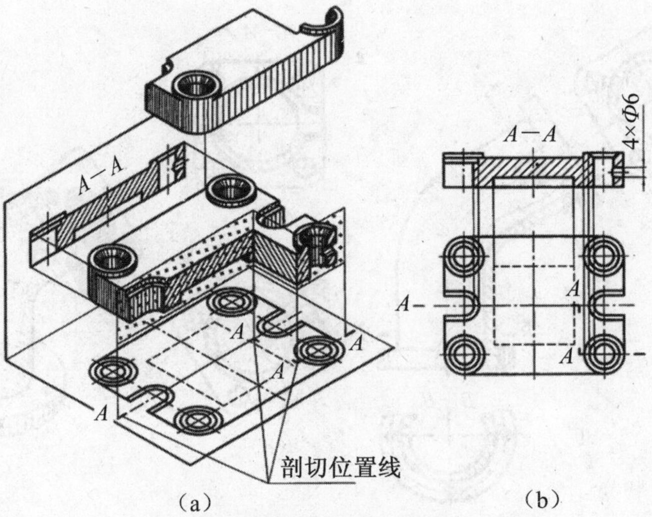

图 1-46　阶梯剖视图

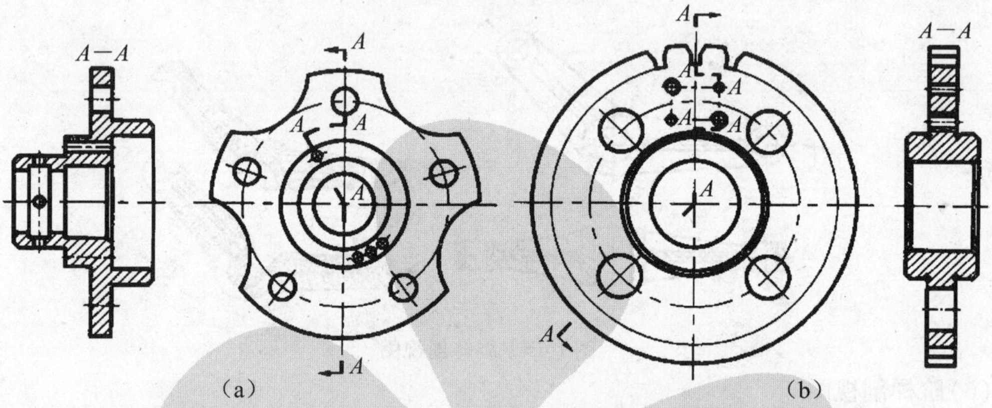

图 1-47　复合剖视图

(4)若必须在剖面线区域内标注尺寸时,则应将剖面线断开以注写尺寸数字。

(三)断面图的种类及其应用

1. 断面图

假想地用一剖切平面将机件的某处断开,仅画出该剖切平面与机件相接触部分的图形,这种图形称为断面图,如图 1-48 所示。

断面图通常用于表达机件上某一部分的断面形状,比如机件上的肋、轮辐、键槽、小孔、杆件以及型材等的断面形状。画断面图时,应特别注意断面图与剖视图之间的区别。断面图只画出机件被剖切处的断面形状;而剖视图除了画出机件被剖切处的断面形状之外,还必须画出机件被剖切后留下部分的投影。机械图样中的断面图可分为移出断面图与重合断面图两类。

2. 移出断面图

画在机件视图之外的断面图形,称为移出断面图,如图 1-48 所示。移出断面的轮廓线用粗实线绘制。为便于看图,移出断面图应尽量画在剖切线的延长线上;必要时,也可以将移出断面图画在其他适当位置(如图 1-48 中的 A - A 断面);在不致引起误解时,也允许将图形旋转。当剖切平面通过由回转面形成的孔或凹坑等结构的轴线时,这些结构应按剖视图画出。

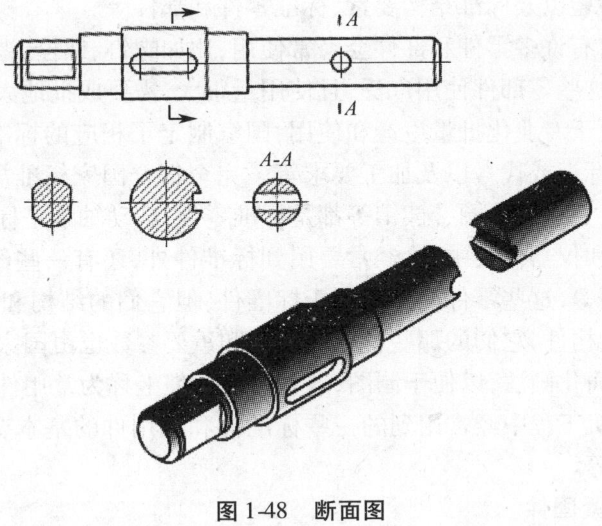

图 1-48　断面图

视图上的移出断面一般应用剖切符号表示剖切位置,用箭头表示投影方向,并注上大写的拉丁字母“X”,在移出断面图的上方,用同样的大写的拉丁字母以“$X-X$”的形式标出相应的名称,如图 1-48 所示。当移出断面图画在剖切线的延长线上时,如对称则不必标注,若不对称则须用剖切符号表示剖切位置和投射方向。当移出断面图按投影关系配置时,则不必标注箭头。当移出断面图配置在其他位置时,若对称则不必标注箭头;若不对称则应画出剖切符号(包括箭头),并用大写字母标注断面图名称。在视图中断处的对称断面图,则不必标注。

3. 重合断面图

画在机件视图之内的断面图形,即将剖切后的断面图形重叠在机件的视图上,这样的断面图称为重合断面图,如图 1-49 所示。因重合断面图是重叠画在视图之上的,所以一般多用在

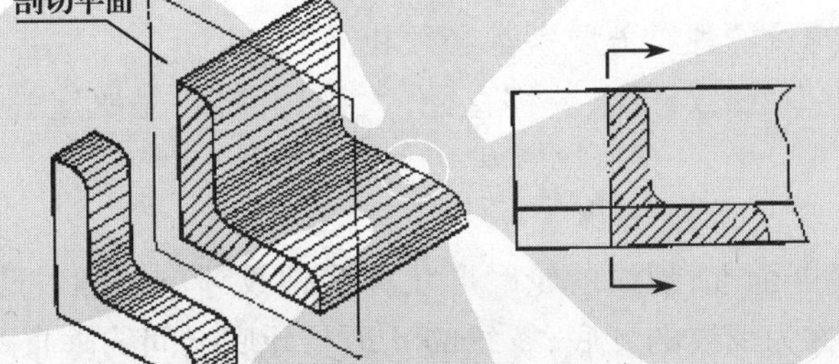

图 1-49　重合断面图

断面形状较简单的情况下。重合断面图的轮廓线用细实线绘制。当机件视图中的轮廓线与重合断面图的轮廓线重叠时,机件视图中的轮廓线仍应连续画出,不可间断。

重合断面标注时,一律不用字母,一般只用剖切符号和箭头分别表示剖切位置和投影方向。当重合断面图为对称图形时,可以省略标注。在不致引起误解的情况下,无论重合断面图是否为对称图形,均可省略标注。

三、标准件和常用件

(一)标准件和常用件的含义

工业标准化程度反映了一个国家工业生产的发展水平。工业标准化涉及的范围较广,包

括材料、尺寸、加工、检验以及标准结构要素、标准零件和部件等。

在机器与设备中，有许多零件和部件会经常使用，比如螺钉、螺栓、螺母、垫圈、键、销、滚动轴承及弹簧等。由于这些零部件使用广泛，且使用量很大，需要成批地大量生产。为了提高产品质量和生产效率，便于专业化批量生产和使用，国家制定了相应的标准，统一规定了它们的结构形式、尺寸系列、标记或代号以及加工要求等。完全符合国家标准规范的零部件，称为标准件。比如螺钉、螺栓、螺母、垫圈、键、销等都是标准零件，滚动轴承是标准部件。

在各种机械设备和仪器仪表中，除经常要用到标准件外，还有一些经常使用的零件，比如齿轮、蜗轮、蜗杆、弹簧等，这些零件虽然不属于标准件，但它们的结构和尺寸部分地实现了标准化，故统称为标准结构件，它们的那些常见的结构和重要参数也由国家标准规定，同时，国家标准还规定了它们的简化画法，以便于制图，这些零件习惯上称为常用件。

下面介绍船舶轮机工程中经常用到的一些标准件和常用件的基本要素、种类、用途、符号及其视图画法与标注等。

（二）螺纹及螺纹紧固件

1. 螺纹的概念

螺纹是指在回转体（如圆柱、圆锥、圆台等）表面上，沿螺旋线所形成的具有相同断面的连续凸起和沟槽。一个平面图形（如三角形、矩形、梯形等）在回转体（如圆柱、圆锥、圆台等）的表面上绕其轴线做螺旋运动，则此平面图形运动所形成的轨迹就是螺纹。

螺纹有内、外之分，在回转体外表面上的螺纹称为外螺纹，在回转体内表面上的螺纹称为内螺纹。螺纹是螺栓、螺钉、螺母等标准件上的主要结构。螺纹的加工方法通常是车削、碾压，或使用丝锥与板牙等螺纹加工工具。

2. 螺纹的基本要素

螺纹的基本要素包括螺纹的牙型、公称直径（大径）、螺距、线数和旋向，称为螺纹五要素。只有将内、外螺纹旋合在一起形成螺纹副，才能起到相应的连接或传动作用。内、外螺纹实现旋合的条件就是内、外螺纹的螺纹五要素都必须相同。

在螺纹的五个要素中，螺纹牙型、公称直径（大径）和螺距是决定螺纹最基本的要素，又称为螺纹的三要素。

（1）牙型

在通过螺纹轴线的断面上，螺纹的轮廓形状称为螺纹牙型。螺纹凸起的顶端称为螺纹的牙顶，螺纹沟槽的底部称为螺纹的牙底，螺纹的牙顶与牙底之间的垂直距离称为牙型高度。相邻两牙侧面间的夹角称为牙型角。牙型有标准牙型和非标准牙型之分。标准牙型包括三角形、梯形、锯齿形等。非标准牙型有方型等。不同牙型的螺纹有不同的用途。常用的标准螺纹主要有三角螺纹、管螺纹、梯形螺纹、锯齿形螺纹等。其中，三角形螺纹最为常见，故称它为普通螺纹（公制普通螺纹牙型角为60°）。

（2）公称直径

螺纹的直径分为大径、中径和小径等三种，如图1-50所示。

螺纹的大径是指与外螺纹牙顶或内螺纹牙底相重合的假想圆柱面的直径。外螺纹的大径用 d 表示，内螺纹的大径用 D 表示。

螺纹的小径是指与外螺纹的牙底或内螺纹牙顶相重合的假想圆柱的直径。外螺纹的小径用 d_1 表示，内螺纹的小径用 D_1 表示。

螺纹的中径是一个设计直径，是一个假想圆柱的直径，该圆柱的母线（称中径线）通过牙

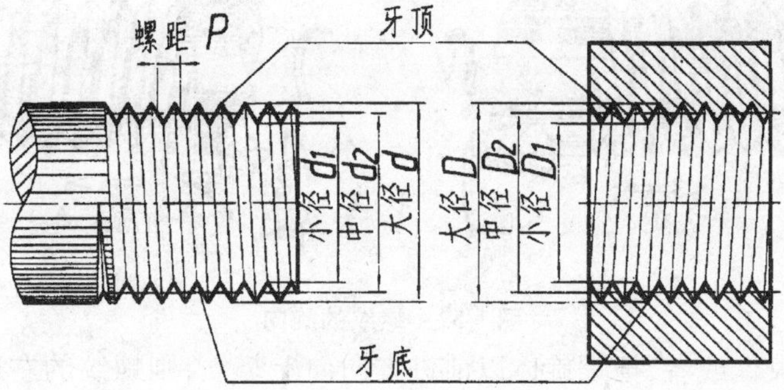

图 1-50　螺纹的各部分名称

型上的沟槽和凸起宽度相等的位置,此假想圆柱称为中径圆柱。外螺纹的中径用 d_2 表示,内螺纹的中径用 D_2 表示。

螺纹的公称直径一般是指螺纹的大径,只有管螺纹是例外。管螺纹的公称直径是指管子的通孔直径。

(3)线数

螺纹有单线螺纹与多线螺纹之分。沿一条螺旋线所形成的螺纹,称为单线螺纹;沿两条或两条以上在轴向等距分布的螺旋线所形成的螺纹,称为多线螺纹,如图 1-51 所示。连接螺纹多为单线螺纹,而传动螺纹常见多线螺纹。线数又称头数,通常用 n 表示。

(4)螺距和导程

相邻两牙在中径线上对应两点间的轴向距离,称为螺距,用 P 表示。同一条螺旋线上的相邻两牙在中径线上对应两点间的轴向距离称为导程,用 L 表示。螺距与导程如图 1-51 所示,二者的关系为:导程(L) = 螺距(P) ×线数(n)。

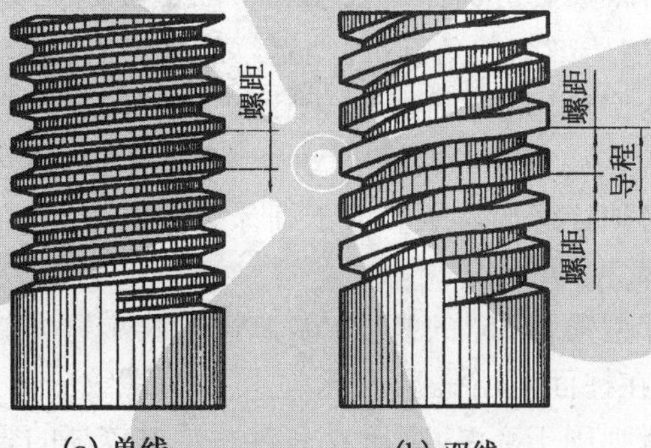

(a) 单线　　(b) 双线

图 1-51　螺纹的线数、螺距和导程

(5)旋向

因螺旋线的旋向有左旋与右旋之分,故螺纹也有左旋螺纹和右旋螺纹之分。螺纹的旋向判别方法与螺旋线的旋向判别方法相同。

如图 1-52 所示,将左手和右手的拇指伸直、其余四指蜷曲,若具有螺纹的螺旋体沿蜷曲四指的指向旋转时,螺旋体向右手拇指所指的方向运动,则为右旋螺纹;螺旋体向左手拇指所指的方向运动,则为左旋螺纹;或者,沿螺旋体的轴线方向看,若螺旋体顺时针方向旋转时螺旋体向前运动(顺时针旋入),则为右旋螺纹;若螺旋体逆时针方向旋转时螺旋体向前运动(逆时针

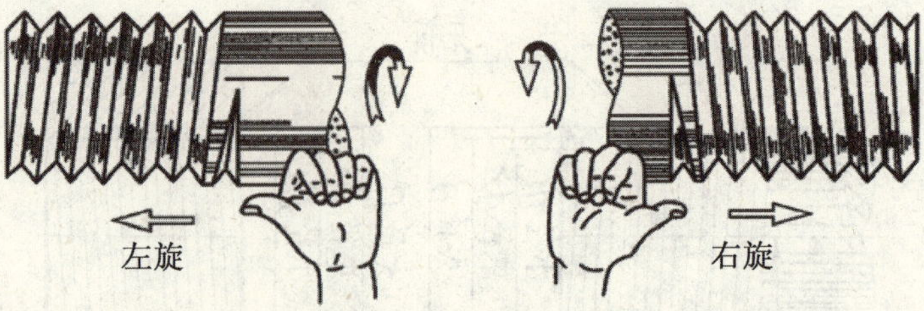

图 1-52　螺纹的旋向

旋入),则为左旋螺纹。或者,把螺旋体以前进方向向上竖立,则螺纹的左边高即为左旋螺纹,螺纹的右边高即为右旋螺纹。工程上常用的是右旋螺纹。右旋螺纹顺时针为拧紧,逆时针为拧松。左旋螺纹在工程上也有其特殊的用途,例如车床主轴与三爪卡盘的连接即为左旋螺纹,其目的是为了防止在旋转过程中出现连接松动或脱离现象。左旋螺纹是顺时针为拧松,逆时针为拧紧。

工程上常用的是单线、右旋的螺纹。

3. 螺纹的种类

由于螺纹的应用极为广泛,因此螺纹的分类方法也有许多种,这里只作简单介绍。

(1)按标准化程度分类

螺纹按其参数的标准化程度分为标准螺纹、特殊螺纹和非标准螺纹。

在螺纹的五个要素中,螺纹牙型、公称直径(大径)和螺距是决定螺纹最基本的要素,(又称为螺纹的三要素),因此,国家标准对螺纹的牙型、公称直径(大径)、螺距作了规定,并且把此三项都符合国家标准的螺纹,称为标准螺纹;把牙型符合标准,而公称直径(大径)和螺距不符合标准的螺纹,称为特殊螺纹;把牙型不符合标准的螺纹,都称为非标准螺纹。

(2)按用途分类

按螺纹的用途,通常可将螺纹分为连接螺纹和传动螺纹两大类。连接螺纹又可分为普通螺纹和管螺纹。连接螺纹的牙型为三角形;传动螺纹的牙型有梯形、锯齿形等。

牙型为等边三角形,牙型角为 60°的螺纹,称为普通螺纹。在普通螺纹中,公称直径相同的螺纹可具有几个不同的螺距。其中,螺距最大的称为粗牙普通螺纹,其余皆称为细牙普通螺纹。在标注细牙螺纹时,必须标注出螺距。由于细牙螺纹比粗牙螺纹的螺距小,所以细牙螺纹多用于细小的精密零件和薄壁零件上。

牙型为等腰三角形,牙型角为 55°的螺纹,称为管螺纹。管螺纹是英制螺纹,公称直径为管子内径。按螺纹是制作在柱面上还是锥面上,还可将管螺纹分为圆柱管螺纹和圆锥管螺纹。前者用于低压场合,而后者则用于高温、高压或密封性要求较高的管连接。

牙型为等腰梯形,牙型角为 30°的螺纹,称为梯形螺纹。梯形螺纹广泛用于传力或传导螺旋,如机床的丝杠、螺旋举重器等。

工作面的牙型斜角为 3°,非工作面的牙型斜角为 30°的螺纹,称为锯齿形螺纹。锯齿形螺纹仅能用于单向受力的传力螺旋。

4. 螺纹的视图

用正投影法表达螺纹结构时,绘图繁琐,也没有必要。为方便绘图和读图,国家标准规定了螺纹视图的画法。

(1)外螺纹

外螺纹的规定画法如图 1-53 所示。

外螺纹的牙顶用粗实线表示，牙底用细实线表示。在外螺纹投影为圆的视图中，表示牙顶圆（大径）的粗实线应完整画出；而表示牙底圆（小径）的细实线只画出约 3/4 圈；螺纹倒角或倒圆的投影省略不画。在外螺纹投影不为圆的视图上，螺纹的倒角或倒圆部分也应画出；牙底的细实线应画入倒角或倒圆内；有效螺纹的终止界限（简称螺纹终止线）用粗实线表示。外螺纹作剖视或断面图表达时，剖面线必须画到表示大径的粗实线处，螺纹终止线只在大小径间画一小段粗实线。采用比例画法时，螺纹的小径可按大径的 0.85 倍绘制。

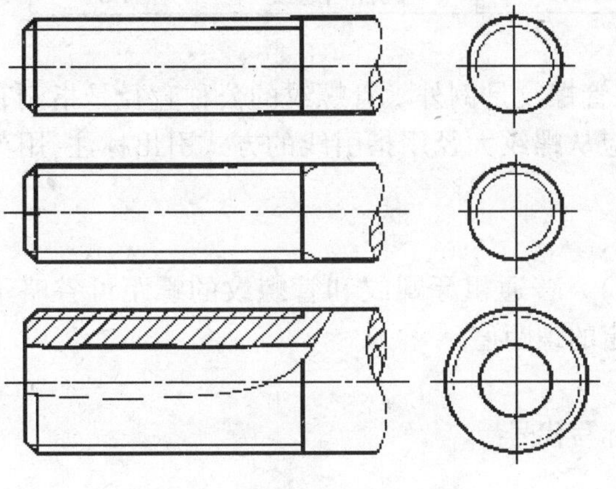

图 1-53　外螺纹的规定画法

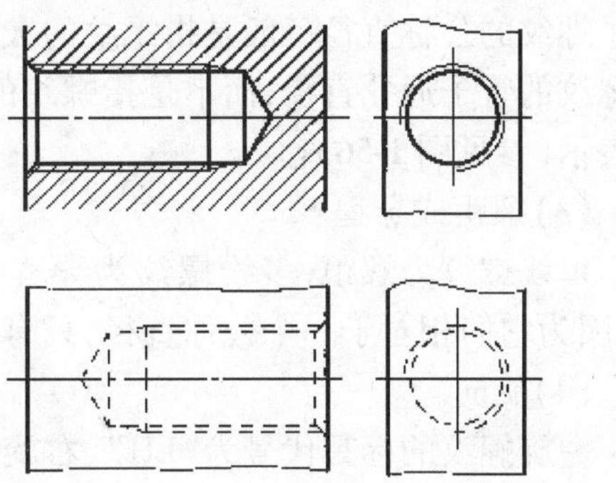

图 1-54　内螺纹的规定画法

（2）内螺纹

内螺纹一般用剖视，内螺纹的规定画法如图 1-54 所示。在剖视图中，内螺纹的牙顶用粗实线表示，牙底用细实线表示。在内螺纹投影为圆的视图中，表示牙顶的圆（小径）应完整画出；而表示牙底的圆（大径）只画出约 3/4 圈；螺纹倒角或倒圆的投影省略不画。在内螺纹投影不为圆的视图上，螺纹的倒角部分也应画出，但表示牙底的线不画入倒角或倒圆内。在剖视图中，有效螺纹的终止界限（简称螺纹终止线）用粗实线表示。内螺纹作剖视或断面图表达时，剖面线必须画到表示小径的粗实线处。采用比例画法时，螺纹的小径可按大径的 0.85 倍绘制。当用视图表示内螺纹时，因内螺纹的所有结构均不可见，所以，所有的线均用细虚线画出。

（3）内、外螺纹的旋合

内、外螺纹旋合的规定画法如图 1-55 所示。内、外螺纹旋合时通常用剖视图表示。在剖视图中，内、外螺纹的旋合部分按外螺纹的画法绘制，其余未旋合部分仍按各自原有的画法绘制。表示内、外螺纹大径的细实线和粗实线，以及表示内、外螺纹小径的粗实线和细实线应分别对齐，与倒角无关。在剖切平面通过螺纹轴线的剖视图中，实心螺杆按不剖绘制。

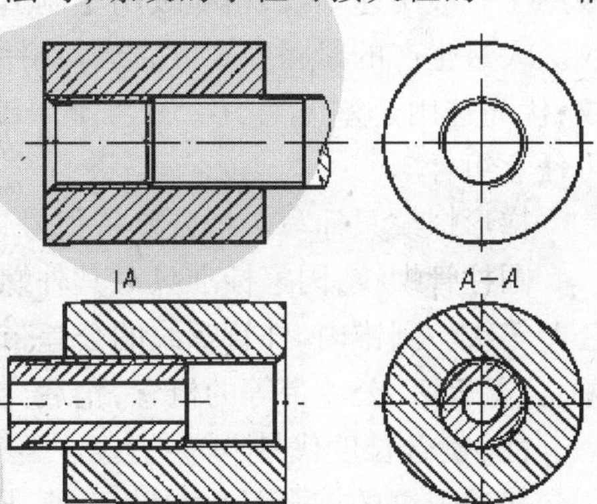

图 1-55　内、外螺纹旋合的规定画法

5. 螺纹的规定标记

螺纹的完整标记内容和一般格式为：

螺纹特征代号 公称直径 × 螺距或导程 旋向 - 螺纹公差带代号 - 旋合长度代号

（1）螺纹特征代号

国家标准规定标准螺纹应在图上标写出相应的特征代号，常用的标准螺纹的特征代号如

表 1-9 所示。

表 1-9 常用标准螺纹的规定符号

<table>
<tr><th>螺纹种类</th><th>特征代号</th><th colspan="2">螺纹种类</th><th>特征代号</th></tr>
<tr><td>普通螺纹</td><td>M</td><td colspan="2">非螺纹密封管螺纹</td><td>G</td></tr>
<tr><td>梯形螺纹</td><td>Tr</td><td rowspan="3">螺纹密封管螺纹</td><td>圆锥外螺纹</td><td>R</td></tr>
<tr><td>锯齿形螺纹</td><td>B</td><td>圆锥内螺纹</td><td>Rc</td></tr>
<tr><td>60°圆锥管螺纹</td><td>NPT</td><td>圆柱内螺纹</td><td>Rp</td></tr>
</table>

(2)公称直径

螺纹的公称直径一般是指螺纹的大径,只有管螺纹是例外。管螺纹的公称直径是指刻有外螺纹的管子通孔直径,而不是指螺纹的大径,应从螺纹大径用指引线的方式引出标注,用英寸表示(参见图 1-56)。

(3)螺距或导程

单线螺纹为螺距;多线螺纹为导程(P 螺距)。普通粗牙螺纹和管螺纹的螺距可省略不标,因为它们相对于一个公称直径,只有一个确定的螺距值。

(4)旋向

左旋螺纹的标写代号为“LH”,右旋螺纹不标写代号。

(5)螺纹公差带代号

螺纹公差带代号是为了说明螺纹允许的尺寸公差,包括中径公差和顶径公差。公差带代号由数字和字母组成,其数字表示公差等级,其字母为表示基本偏差的基本偏差代号,如 6H(内螺纹)、6g(外螺纹)等。

普通螺纹公差带代号是由中径公差带代号和顶径公差带代号两部分组成,当中径和顶径公差带代号相同时,只需标写一次。

为了减少刀具、量具的规格,普通螺纹公差带按短、中、长旋合长度给出了精密、中等和粗糙三种精度,选用时可按下列原则考虑:精密级用于要求配合性质变动较小的精密螺纹;中等级用于一般用途螺纹;粗糙级用于制造螺纹有困难的场合,比如在热轧棒料上和深孔内加工螺纹。大量生产的紧固件螺纹,推荐选用的公差带为 6H(内螺纹)、6g(外螺纹);一般用途的螺纹,优先选用公差带为 6G、5H、6H、7H(内螺纹)以及 4h、6e、6g、6f(外螺纹);内外螺纹公差带可任意组合。

梯形螺纹只标写中径公差带代号,顶径公差带代号不标写。

圆柱管螺纹,国家标准只对其外螺纹规定了 A(精密)、B(粗糙)两级,而内螺纹可不标写公差等级。圆锥内、外管螺纹的公差带代号,国家标准规定可不标写。有关基本偏差、尺寸公差、公差等级、公差带等的概念,稍后介绍。

(6)旋合长度代号

普通螺纹的旋合长度分为三种,即:短旋合、中等旋合、长旋合,其标写代号分别为“S”、“N”、“L”。中等旋合长度时可以不标写旋合长度代号。

6. 螺纹的标注

(1)公制(米制)螺纹的标注

公制(米制)螺纹,如普通螺纹、梯形螺纹等,其标记应直接标注在大径的尺寸线或其引出线上。表 1-10 列举了常用标准螺纹的标注。

表 1-10　普通螺纹的标注方法

螺纹种类	标注内容和方式	图例	说明
粗牙普通螺纹	M10-5g6g-s 短旋合长度 顶径公差带 中径公差带 螺纹大径	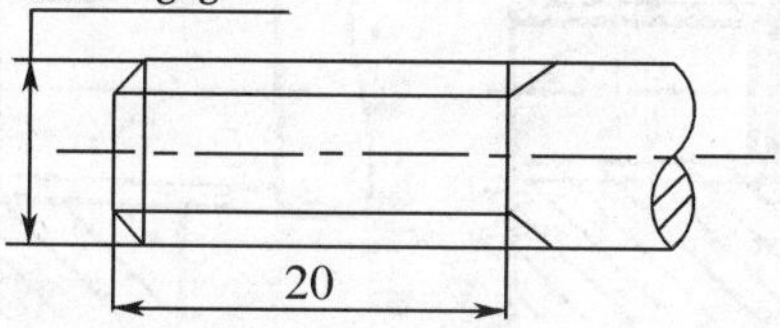 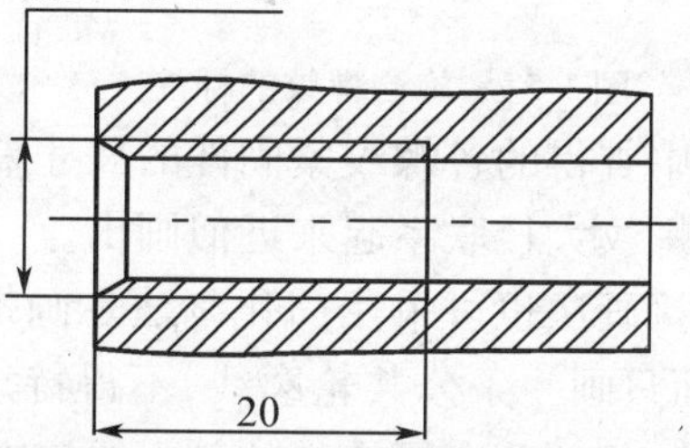	不标写螺距；右旋省略标写，左旋要标写；中径和顶径公差带相同时，只标写一个代号，如 7H；当旋合长度为中等长度时，不标注；图中所注螺纹长度均不包括螺尾
细牙普通螺纹	M10X-6g 螺距	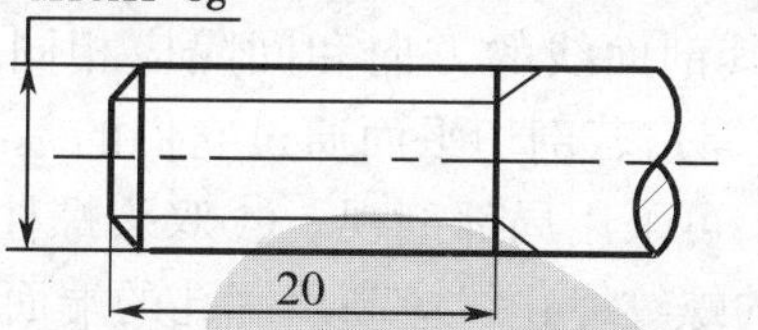	要标写螺距； 其他规定同上

(2)管螺纹的标注

管螺纹必须采用指引线标注，且指引线应从大径引出，管螺纹的标记一律标注在引出线上，如图 1-56 所示。

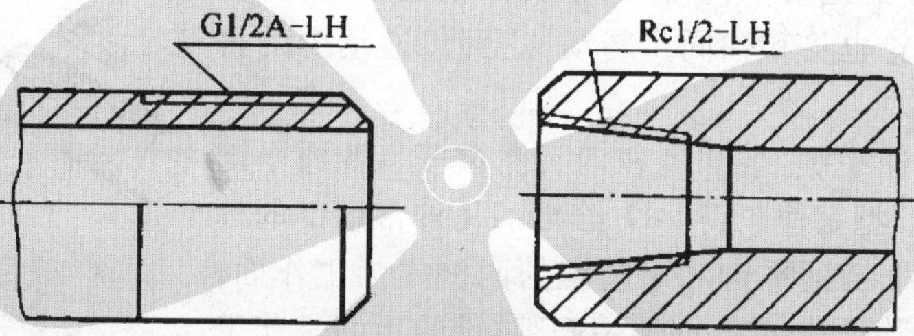

(a)　(b)

图 1-56　管螺纹的标注

(3)特殊螺纹和非标准螺纹的标注

对于非标准螺纹来说，与一般的零件设计相同，不但要画出详细的结构形状，包括螺纹牙型，而且还应标注加工、检验所需要的全部尺寸和有关要求。

(4)旋合螺纹的标注

旋合螺纹在装配图上标注时，应注出螺纹种类、公称直径及内外螺纹的公差带代号，且两公差带代号用斜线分开，斜线前面为内螺纹公差带代号，后面为外螺纹公差带代号，如图 1-57(a)所示。管螺纹在装配图上标注时，必须将内、外螺纹的标记注出，如图 1-57(b)所示。

7. 螺纹紧固件

常见的螺纹紧固件有：螺栓、双头螺柱、螺钉、螺母、垫圈等，它们都属于标准件。螺纹紧固

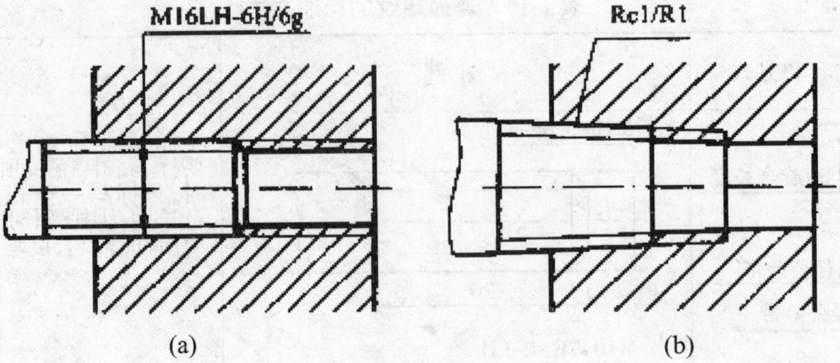

图 1-57　旋合螺纹的标注

件的连接画法可根据从国家标准中查得的各螺纹紧固件的尺寸来画，但通常简化成比例画法，即将螺纹紧固件的各部分尺寸与螺纹大径联系起来近似画出。

在装配图中螺纹紧固件的连接画法也可采用简化画法。画螺纹紧固件的装配图时，应遵守以下规定：①两零件的接触表面只画一条公共轮廓线，不得特意加粗；非接触表面应画两条线，以表示有间隙。②为区分零件，相邻两金属零件的剖面线应方向相反，或者方向一致、间隔不等；而同一零件在各剖视图中其剖面线的方向和间隔应相同。③对于紧固件和实心零件（如螺钉、螺栓、螺母、垫圈、键、销等），若剖切平面通过它们的基本轴线时，则这些零件都按不剖绘制，即仍按外形画出；需要时，可采用局部剖视。④双头螺柱旋入端的螺纹终止线应与机体表面的螺孔端面线平齐；螺钉的螺纹终止线应高出螺孔的端面线。

（三）键

键主要用于轴和轴上的传动零件（如齿轮、皮带轮等）间的连接，实现周向固定，起传递运动和动力的作用。如图 1-58 所示，将键嵌入轴上的键槽中，再把齿轮装在轴上，当轴转动时，通过键连接，齿轮也将和轴同步转动，达到传递动力的目的。

图 1-58　键连接

常用的键有普通平键、半圆键和钩头楔键等。普通平键又有 A 型、B 型和 C 型三种。表 1-11 给出了几种常用键的标记及连接画法示例。普通平键和半圆键的两侧面为工作面，所以在连接画法中，键与键槽侧面不留间隙；键的顶面是非工作面，与轮毂的键槽底面应留有间隙，画有两条线。钩头楔键连接，键的顶面和底面同为工作面，与键槽没有间隙。

（四）销

销主要用于两零件之间的连接和定位，有时也用来传递较小的动力。常用的销有圆柱销、圆锥销和开口销三种。

销的连接画法是按一般投影方法画，图 1-59 中分别给出了圆柱销和圆锥销的连接画法。需要注意，销被横向剖切时应画剖面线，销沿轴线剖切时不画剖面线。

表 1-12 中也给出了常用销的连接画法。用圆柱销和圆锥销连接和定位的两个零件上的销孔是在装配时一起加工的，在零件图上应注明：“装配时作”或“与 × × 件配作”。圆锥销的公称尺寸是指小端直径。圆柱销用于连接两个零件。开口销常要与六角开槽螺母配合使用。

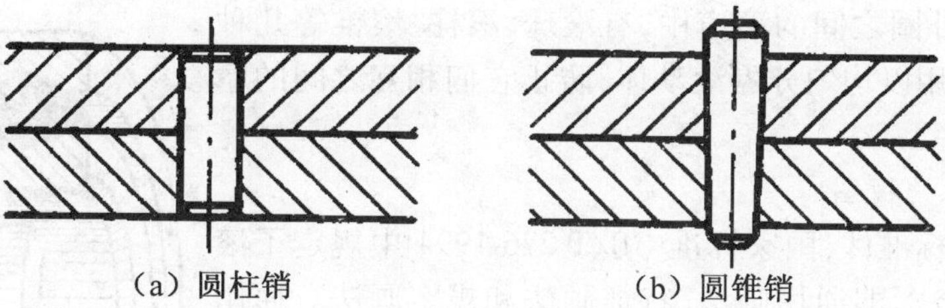

（a）圆柱销　　　　（b）圆锥销

图 1-59　销的连接画法

表 1-11　常用键及其标记示例与连接画法

名称	图　例	标记示例	连接画法
普通平键	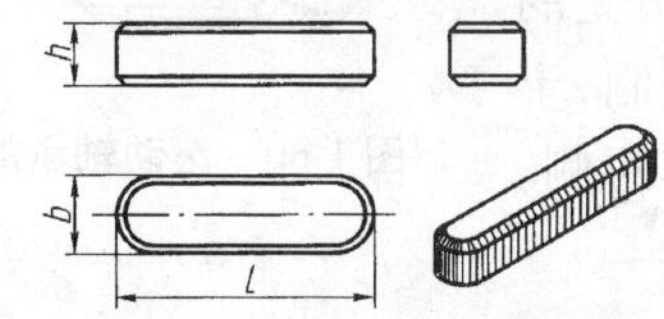	GB/T1096-2003 键 $b\times h\times L$	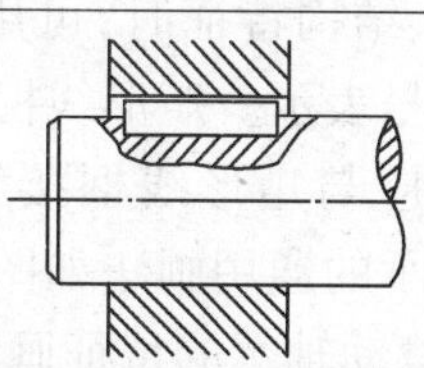
半圆键	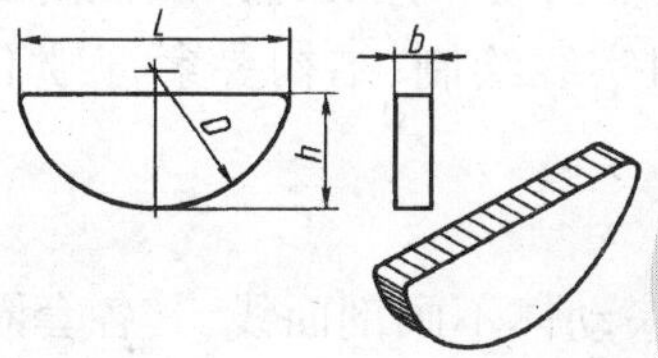	GB/T1099-2003 键 $b\times h\times L$	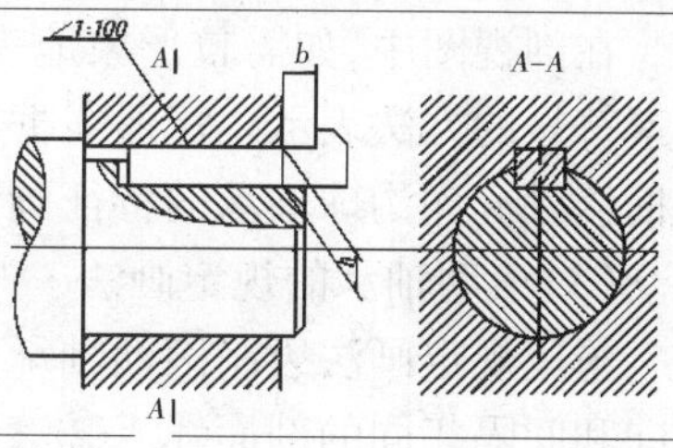
钩头楔键	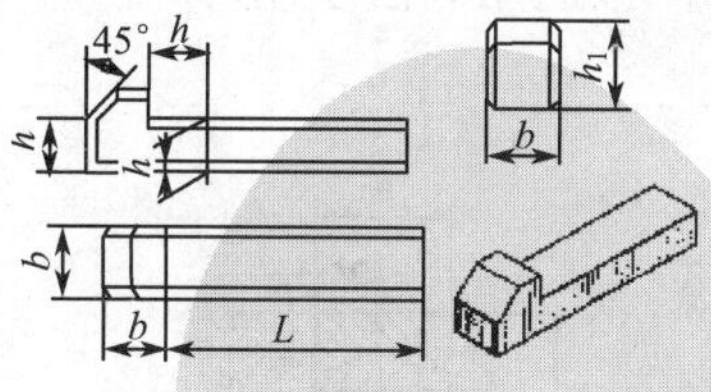	GB/T1096-2003 键 $b\times h\times L$	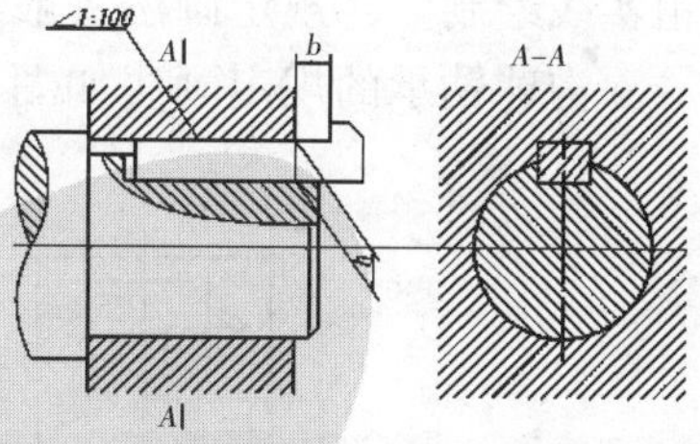

表 1-12　常用销

圆锥销	圆柱销	开口销
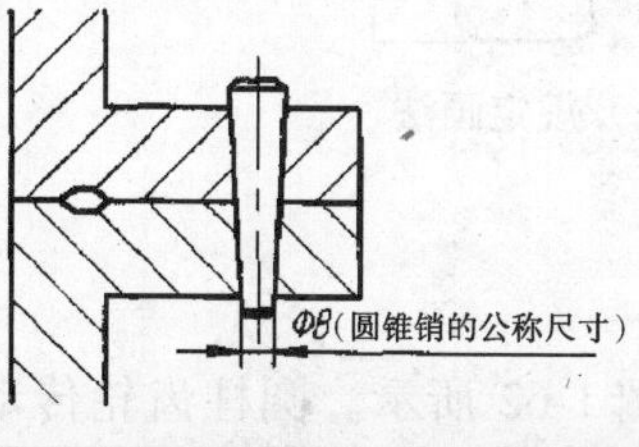	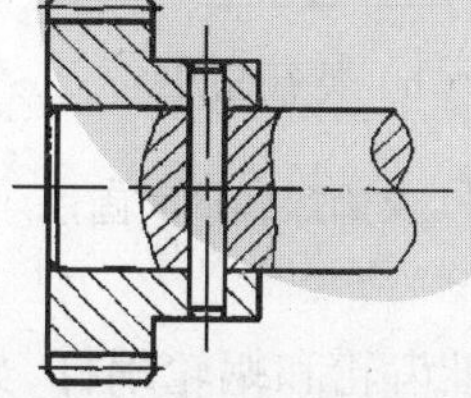	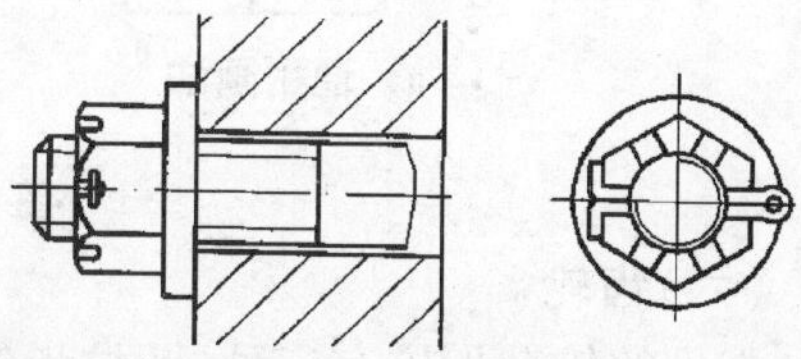

（五）滚动轴承

1. 滚动轴承的结构

滚动轴承的结构一般由外圈、内圈、滚动体和保持架四部分组成，如图 1-60 所示。外圈装在机体或轴承座内，一般固定不动。内圈装在轴上，与轴紧密配合在一起，且随轴一起旋转。

滚动体装在内、外圈之间的滚道中,有滚珠、滚柱、滚锥等几种类型。保持架是用以均匀分隔滚动体,防止它们相互之间的摩擦和碰撞。

2. 滚动轴承的视图

滚动轴承是标准件,国家标准 GB/T 276-1994 中规定了滚动轴承的三种画法,即通用画法、特征画法和规定画法。通用画法和特征画法统称为简化画法,在同一图样中一般只采用其中的一种画法。

(1)滚动轴承的通用画法

在剖视图中,当不需要确切地表示滚动轴承的外形轮廓、载荷特性、结构特征时,可用矩形线框及位于线框中央正立的十字形符号表示。矩形线框和十字形符号均用粗实线绘制,十字符号不应与矩形线框接触。通用画法应绘制在轴的两侧。深沟球轴承的通用画法如图 1-61(a)所示。

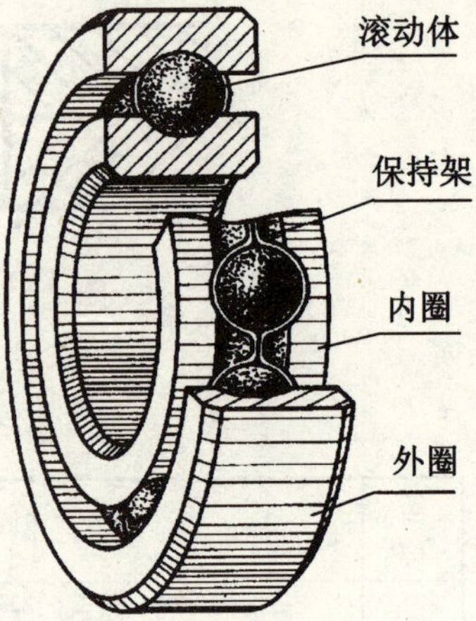

图 1-60 滚动轴承的结构

(2)滚动轴承的特征画法

在剖视图中,如需较形象地表示滚动轴承的结构特征时,可采用在矩形线框内画出其结构要素符号的方法表示。矩形线框和结构要素符号均用粗实线绘制,结构要素符号不应与矩形线框接触。深沟球轴承的特征画法如图 1-61(b)所示。

(3)滚动轴承的规定画法

采用规定画法绘制滚动轴承的剖视图时:①轴承的滚动体不画剖面线,其各套圈等应画成方向和间隔相同的剖面线。②滚动轴承的保持架及倒角等可省略不画。③滚动轴承的轮廓线用粗实线绘制。④规定画法一般绘制在轴的一侧,另一侧按通用画法绘制。

深沟球轴承的规定画法如图 1-61(c)所示。

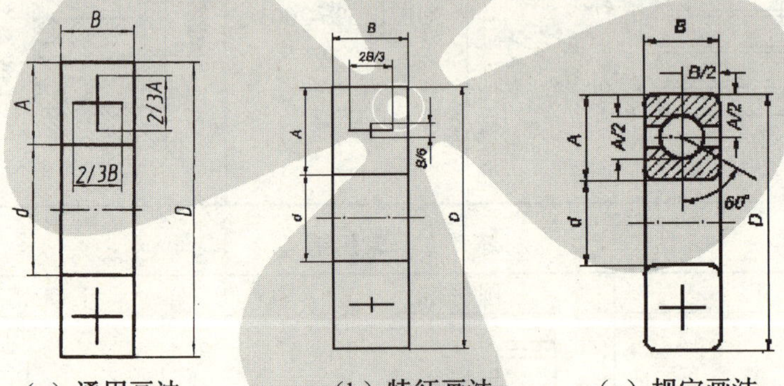

(a)通用画法　(b)特征画法　(c)规定画法

图 1-61 深沟球轴承的画法

(六)齿轮

常见的传动齿轮有三种:圆柱齿轮、锥齿轮和蜗轮蜗杆,如图 1-62 所示。圆柱齿轮传动用于两轴线平行的传动,锥齿轮传动用于两轴线相交的传动,蜗轮蜗杆传动用于两轴线垂直交叉的传动。

1. 直齿圆柱齿轮

(1)直齿圆柱齿轮各部分的名称及参数

（a）圆柱齿轮　（b）圆锥齿轮　（c）蜗杆蜗轮

图 1-62　常见的齿轮传动形式

直齿圆柱齿轮各部分的名称及参数包括：齿数 z、齿顶圆直径 d_a、齿根圆直径 d_f、分度圆直径 d、齿高 h、齿顶高 h_a、齿根高 h_f、齿距 p、齿厚 s、齿槽宽 e、模数 m、齿形角 α 等，如图 1-63 所示。

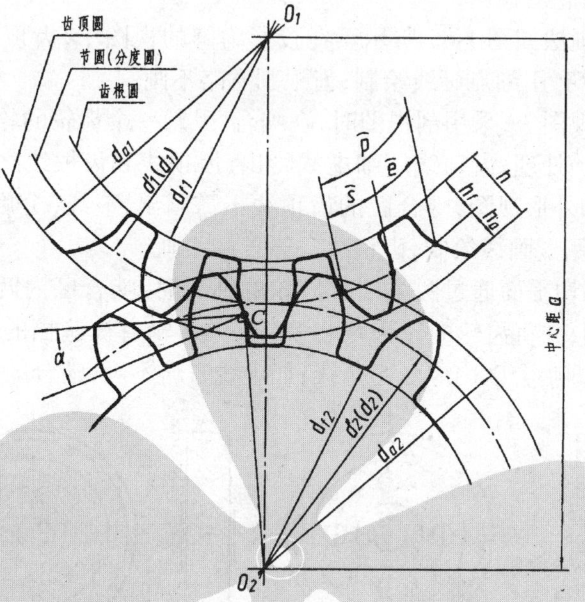

图 1-63　直齿圆柱齿轮各部分名称和代号

已知模数 m 和齿数 z 时，齿轮轮齿的其他参数均可以计算出来，计算公式见表 1-13。

表 1-13　直齿圆柱齿轮各几何要素的尺寸计算

基本几何要素：模数 m；齿数 z		
名称	代号	计算公式
齿距	p	$p=\pi m$
齿顶高	h_a	$h_a=m$
齿根高	h_f	$h_f=1.25\ m$
齿高	h	$h=2.25\ m$
分度圆直径	d	$d=mz$
齿顶圆直径	d_a	$d_a=m(z+2)$
齿根圆直径	d_f	$d_f=m(z-2.5)$

（2）单个直齿圆柱齿轮的视图

单个齿轮的画法如图 1-64 所示。齿顶圆和齿顶线用粗实线；分度圆和分度线用细点画线绘制；齿根圆和齿根线用细实线绘制（也可省略不画）；在剖视图中，齿根线用粗实线绘制；在剖视图中，当剖切平面通过轮齿的轴线时，轮齿一律按不剖绘制。

除轮齿部分外，齿轮的其他部分结构均按真实投影画出。

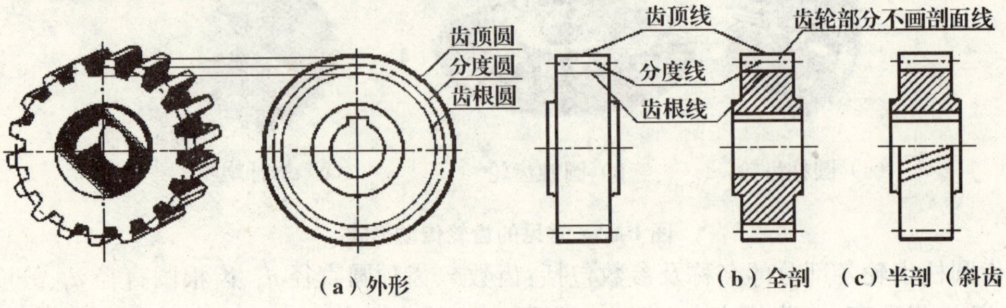

图 1-64　圆柱齿轮的画法

（3）相啮合圆柱齿轮的视图

一对齿轮啮合的画法如图 1-65 所示。在投影为圆的视图中，齿顶圆用粗实线绘制；两齿轮的节圆（分度圆）相切，用细点画线绘制；齿根圆省略不画。

在投影不为圆的视图上，采用剖视图时，在啮合区域，一个齿轮的轮齿用粗实线绘制，另一个齿轮的轮齿按被遮挡处理，齿顶线用细虚线绘出；齿顶线和齿根线之间的缝隙为 0.25m（m 为模数）。若为不剖的外形视图，啮合区的齿顶线不需画出，节线（分度线）用粗实线绘制；其他处的节线（分度线）用点画线绘制，齿根线一律省略不画。

在剖视图中，当剖切平面通过两个啮合齿轮的轴线时，啮合区内两齿轮的节线（分度线）重合，用细点画线绘制；并将齿轮的轮齿用粗实线绘制（轮齿被遮挡的部分用细虚线绘制，细虚线也可省略不画），即啮合区内应画 5 条线；如虚线省略不画，啮合区应画 4 条线。

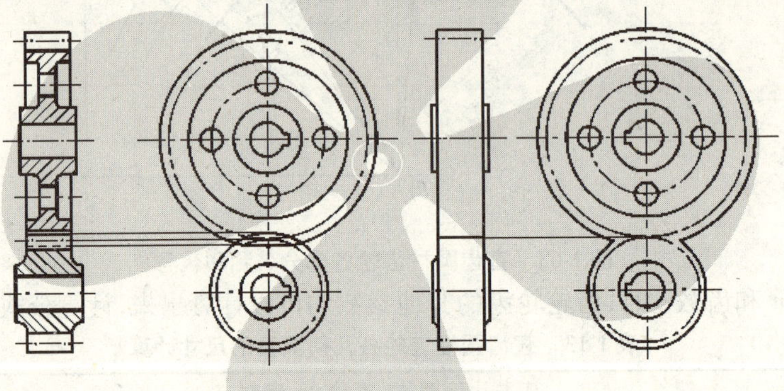

图 1-65　直齿圆柱齿轮啮合画法

2. 斜齿圆柱齿轮

斜齿圆柱齿轮，简称斜齿轮。斜齿轮的齿在一条螺旋线上，螺旋线和轴线的夹角称为螺旋角，用 β 表示。斜齿轮的画法和直齿轮相同。

当需要表示齿轮轮齿方向时，可在平行于轴线的视图中，画三条与齿向一致的互相平行的细实线来表示齿轮轮齿的方向，但直齿不需要表示，如图 1-64（c）所示。

3. 直齿圆锥齿轮

直齿圆锥齿轮的基本形体结构由前锥、顶锥、背锥等组成。直齿圆锥齿轮啮合的画法如图 1-66 所示。安装准确的标准锥齿轮，两分度圆锥相切，两分锥角互为余角，啮合区轮齿的画法同直齿圆柱齿轮。

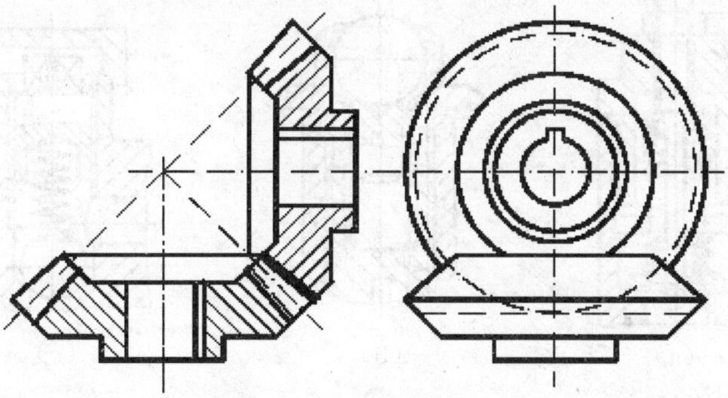

图 1-66　锥齿轮啮合的画法

（七）弹簧

弹簧是机械、电器设备中常用的零件，其种类很多，这里以应用最为广泛的圆柱螺旋压缩弹簧为例说明其画法。

1．圆柱螺旋弹簧的画法

国家标准 GB/T 4459.4-2003 中对弹簧的画法作了规定。

如图 1-67 所示，圆柱螺旋压缩弹簧可画成视图、剖视图和示意图。

（1）在平行于螺旋弹簧轴线的投影面的视图中，弹簧各圈的轮廓规定画成直线。

（2）有效圈数在 4 圈以上的螺旋弹簧中间部分可以省略，此时允许缩短图形的长度。

（3）螺旋弹簧均可画成右旋，不论右旋与左旋，对必须保证的旋向都要在“技术要求”中注明（本条与旧国标不同，旧国标规定，左旋弹簧不管画成左旋或右旋，一律要注出旋向“左”字，右旋可以不注）。

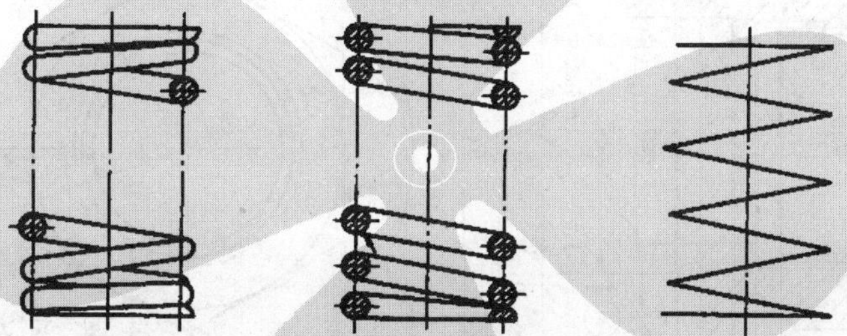

（a）视图　　（b）剖视图　　（c）示意图

图 1-67　圆柱螺旋压缩弹簧的画法

2．装配图中弹簧的简化画法

（1）在装配图中，弹簧被看做实心物体，被弹簧挡住的结构一般不画出，可见部分应从弹簧的外轮廓线或从弹簧钢丝断面的中心线画起，如图 1-68（a）所示。

（2）在剖视图中，当弹簧丝直径在图形上等于或小于 2 mm 时，其剖面可以涂黑，如图 1-68（b）所示；或采用示意画法，如图 1-68（c）所示。

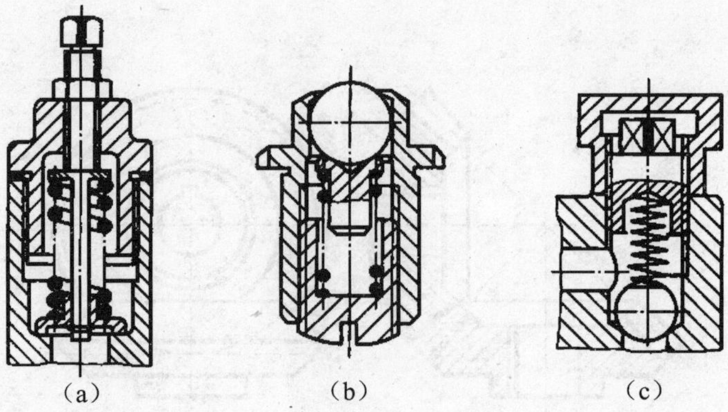

图 1-68　装配图中弹簧的画法

四、零件图

(一) 零件图及其内容

1. 零件图的概念

一台机器或部件都是由一定数量、相互联系的零件装配而成的。生产和检验这些零件所依据的图样称为零件工作图,简称零件图。零件图是表达机械零件结构形状、尺寸和技术要求的图样,是产品设计、制造、检验、维修和管理的依据。图 1-69 所示为一球阀阀盖的零件图。

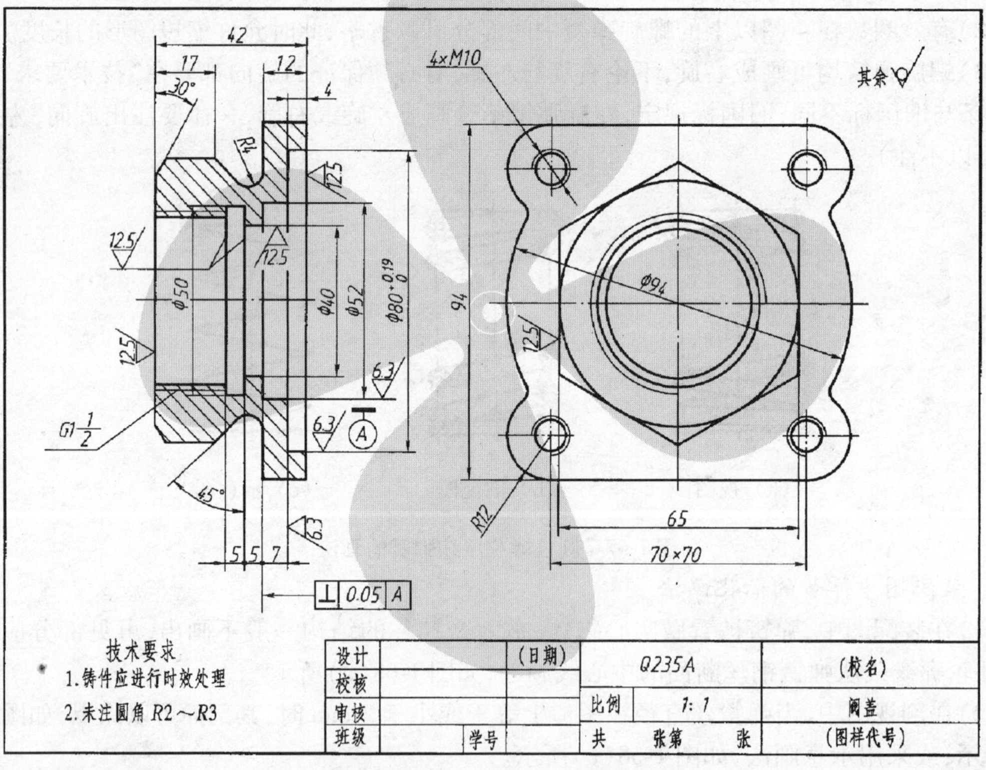

图 1-69　阀盖零件图

2. 零件图的内容

零件图不仅反映了设计者的设计意图,而且表达了零件的各种技术要求,如尺寸精度、表面粗糙度等。工艺部门要根据零件图进行毛坯制造、工艺路线、工艺装备等设计。所以零件图是制造和检验零件的重要依据。图1-69是一球阀阀盖的零件图,从图中可知,一张完整的零件图应包括以下四项主要内容:一组视图、完整的尺寸、技术要求和标题栏。

(1)一组视图

用一组视图,包括视图、剖视图、断面图、局部放大图等,正确、完整、清晰、简便地表达出零件的结构形状。

(2)完整的尺寸

零件图上的尺寸不仅要标注得完整、清晰,而且还要注得合理,能够满足设计意图,适宜于加工制造,便于检验。根据标注的尺寸,要能够唯一确定零件的大小及各部分的相对位置。

(3)技术要求

用文字或符号说明对零件制造、检验等的要求,比如:尺寸公差、表面粗糙度、形状和位置公差、热处理要求等(表面处理、修饰、试验与验收的说明以及铸造圆角、未注倒角、圆角的统一说明等)。零件制造后,要满足这些要求才能算是合格产品。

(4)标题栏

说明零件的名称、材料、数量、比例、图样的编号以及制图、审核人的姓名、日期等。

3. 零件图的视图表达

零件的形状结构要用一组视图来表示,这一组视图并不只限于三个基本视图,可采用各种手段,以最简明的方法将零件的形状和结构表达清楚。零件图的视图表达应在分析零件结构形状特点的基础上,选用适当的表达方法,完整、清晰地表达出零件各部分的结构形状。

主视图的选择是视图表达的关键。

(1)主视图的选择

主视图是一组图形的核心,画图和看图一般都从主视图开始。主视图选择得是否合理,直接关系到看图和画图是否方便,选择时通常应先确定零件的安放位置,再确定主视方向。主视图应符合以下三个原则。

①形状特征最明显。投影方向要能较多地反映零件的形状特征和相互位置特征,能将组成零件的各形体间的相互位置和主要形体的形状、结构表达得最为清楚。

②以加工位置为主视图。应尽可能符合该零件在机床上的主要加工位置,即尽可能按照零件在主要加工工序中的装夹位置选取主视图。

③以工作位置选取主视图。应尽可能按该零件在机器或部件上的工作位置选取主视图,这样容易想象出零件在机器或部件中的作用。

(2)其他视图的选择

在主视图初步确定之后,还要根据需要选择其他视图,比如局部视图、剖视图和断面图等。

一般情况下,对一个零件的形状和结构等的完整描述,仅靠一个主视图是不够的,还需要根据零件中主视图尚未表达清楚的结构形状,确定其他视图的形式、数量和表达方法,两者之间有密切的联系。其他视图的选择应重点考虑以下几点:①根据零件的复杂程度和内外结构的情况,全面考虑所需要的其他视图,比如可选择另外的基本视图或剖视图、断面图、局部视图、斜视图、简化画法等,直到把零件各组成部分的形状和相对位置表达清楚为止。应该注意的是,所选择的每个视图,都应该有其所表达的明确的重点内容,同时,在表达清楚的前提下,所采用的视图的数目应尽可能地少,以避免繁琐和重复。②优先考虑使用基本视图,优先考虑在基本视图上作剖视。③合理布置视图位置,既要使图样清晰匀称、便于标注尺寸及技术要求，又要充分利用图幅，使零件视图的表达方案简明合理。

4. 零件图的尺寸标注

零件图尺寸标注的要求是：正确、完整、清晰、合理。关于尺寸标注的正确、完整和清晰，在前面的“视图的尺寸标注”中已介绍过，下面着重介绍有关尺寸标注的合理性问题。

关于尺寸标注的合理性，是指尺寸标注能保证和满足设计要求和工艺要求。它主要涉及如何正确选择尺寸基准和如何正确配置尺寸链这两个方面的问题。而这两方面的问题又进一步涉及一系列的设计和工艺知识，需要通过今后的学习和实践才能逐渐掌握。以下仅介绍一些基本的知识。

(1)主要尺寸与非主要尺寸

凡直接影响零件使用性能和安装精度的尺寸，称为主要尺寸。主要尺寸包括零件的规格性能尺寸、有配合要求的尺寸、确定位置的尺寸、连接尺寸和安装尺寸等，一般都有公差要求。仅满足零件的机械性能、结构形状和工艺要求等方面的尺寸，称为非主要尺寸。

(2)尺寸基准

尺寸基准就是标注尺寸的起点。根据基准的作用不同，尺寸基准主要分为设计基准和工艺基准，如图1-70所示。

①主要基准。每一零件的长、宽、高三个方向的尺寸都至少有一个尺寸基准。同一方向上可以有多个尺寸基准，其中必定有一个是主要的，称为主要基准，其余的称为辅助基准。

②设计基准。设计基准是根据零件在机器中的作用和结构特点，为保证零件的设计要求而选定的基准。设计基准用于确定零件在机器中的正确位置，比如，零件的轴线、对称面、重要的定位面、重要的端面、底面等常被用作设计基准。

③工艺基准。工艺基准是指零件在加工和测量过程中所依据的基准。工艺基准用于加工制造时确定零件在机床或夹具中位置，以及测量某些尺寸时确定零件在量具中位置。

④基准重合原则。主要基准应与设计基准和工艺基准重合，工艺基准应与设计基准重合，这一原则称为基准重合原则。

一般情况下，应尽量使工艺基准与设计基准相重合，当工艺基准与设计基准不重合时，主要尺寸基准要与设计基准重合，要按设计基准标注尺寸，即在满足设计要求前提下，力求满足工艺要求。零件中，可作为设计基准或工艺基准的线或面主要有：对称平面、主要加工面、安装底面、端面、孔轴的轴线等。

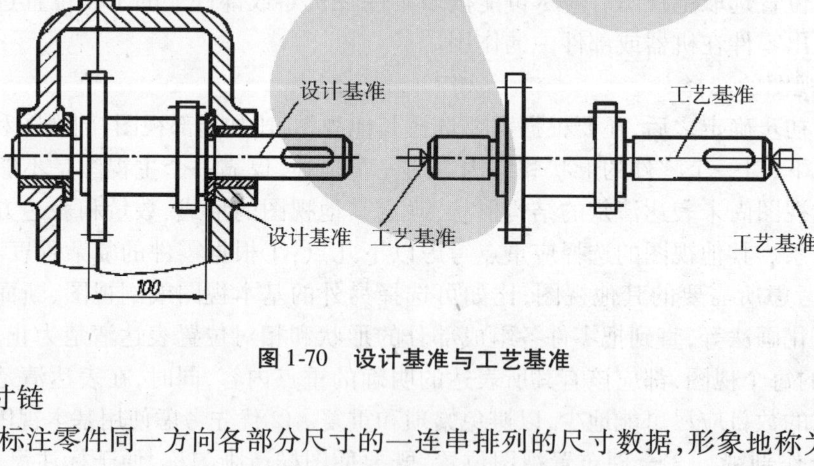

图1-70　设计基准与工艺基准

(3)尺寸链

通常将标注零件同一方向各部分尺寸的一连串排列的尺寸数据，形象地称为尺寸链。这些尺寸的排列形式，也称为尺寸配置，有三种：基准型、连续型和综合型。

①基准型尺寸配置。基准型尺寸配置是指零件同一方向的各部分尺寸，任一尺寸的标注均从基准开始，如图 1-71(a)所示。这种尺寸配置也称为坐标式尺寸排列形式，其优点是任一尺寸的加工误差不影响其他尺寸的加工精度。

②连续型尺寸配置。连续型尺寸配置是指零件同一方向的各部分尺寸按其在零件上位置顺序连续不间断地排列标注，如图 1-71(b)所示。这种尺寸配置也称为链接式尺寸排列形式，其特点是零件某方向的总尺寸误差为该方向的各段尺寸误差之和。

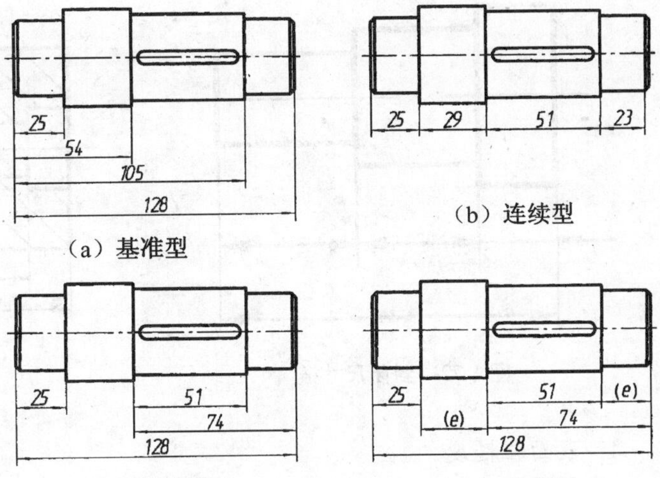

(a) 基准型　(b) 连续型　(c) 综合型　(d) 综合型

图 1-71　尺寸配置的形式

③综合型尺寸配置。所谓综合型尺寸配置是指在标注零件同一方向的各部分尺寸时，选择若干尺寸按基准型配置，再选择若干尺寸按连续型配置，即将基准型尺寸配置和连续型尺寸配置综合应用的一种尺寸配置形式，如图 1-71(c)所示。

在综合型尺寸配置中，在保证尺寸完整、清晰的基础上，应留有几个非重要尺寸空出不标注，如图 1-71(c)所示，这样，各尺寸的加工误差都累加到这几个空出未标注的尺寸[即图 1-71(d)所示的尺寸(e)]上，显然，这种尺寸标注最为合理。

(4)尺寸标注步骤

标注复杂零件的尺寸通常按下述步骤进行：①分析尺寸基准，标注主要形体的定位尺寸；②进行形体分析，标注主要形体结构的定形尺寸及定位尺寸；③进行形体分析，标注次要形体结构的定形尺寸及定位尺寸；④分析整理加工，完成全部尺寸的标注。

(5)合理标注尺寸应注意的问题

①零件图上的重要尺寸必须直接注出，主要尺寸应直接从主要基准标注，以保证要求。

②零件图上不应出现封闭尺寸链。封闭尺寸链是指首尾相接、形成封闭回路的一组尺寸，如图 1-72 所示。因无法同时保证所有尺寸的精度，标注尺寸时不能标注成封闭的尺寸链。

③尺寸标注要符合加工工艺要求，要尽可能按机械加工工序配置尺寸，符合加工过程，并便于测量，如图 1-73 所示。

④尺寸标注要符合制造工艺，适合加工方法的要求。

⑤标注铸件(或锻件)毛坯面的尺寸时，在同一个方向上若有若干个毛坯面，一般只能有一个毛坯面与加工面有联系尺寸，而其他毛坯面则要以该毛坯面为基准标注。

(二)读零件图

清晰正确地读懂零件图，除了要了解零件图所包含的内容、想象出视图所表达的零件的结构形状以及正确理解零件图中所标注的各种尺寸外，还要为能够正确精准地加工出设计所要求的零件，正确理解零件图上的对零件的技术要求。零件图上的技术要求主要包括：表面粗糙度、尺寸公差、表面形状和位置公差、材料及其热处理等。

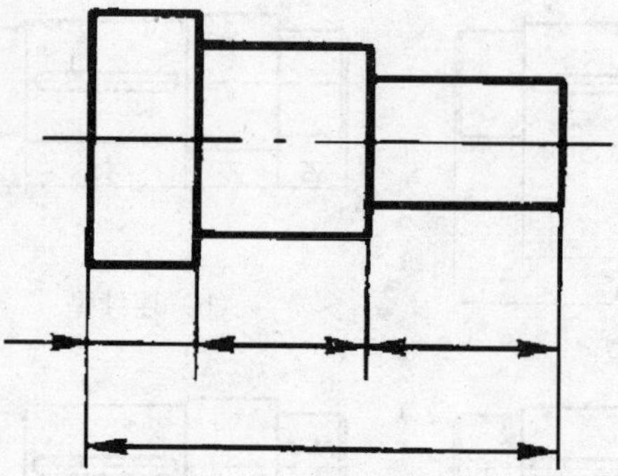

图 1-72　封闭尺寸链

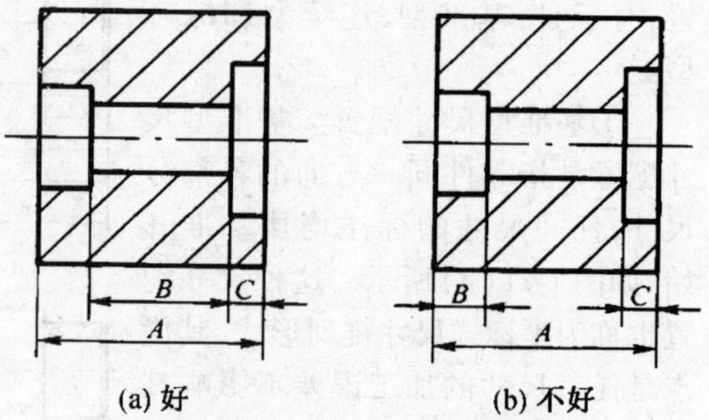

(a) 好　　(b) 不好

图 1-73　尺寸标注要便于测量

1. 表面粗糙度

零件表面无论采用何种加工方法所获得,都不可能绝对光滑,经放大后都存在着微观的高低不平。零件表面上具有较小间距和峰谷所组成的微观几何形状的特征,这种微观的高低不平程度,称为表面粗糙度。

(1)表面粗糙度的评价参数

表征和比较零件表面微观高低不平程度的量,称为表面粗糙度的评价参数,通常从下列三项中选取:①轮廓算术平均偏差,用符号 R_a 表示,单位为微米(μm)。②微观不平度十点高度,用符号 R_z 表示,单位为微米(μm)。③轮廓最大高度,用符号 R_y 表示,单位为微米(μm)。

工程上常采用的是轮廓算术平均偏差 R_a,其定义为在取样长度 L_r 内,被测表面轮廓上各点至基准线之间距离绝对值的算术平均值。显然,轮廓算术平均偏差 R_a 的数值越小,则表示零件表面越光滑;而轮廓算术平均偏差 R_a 的数值越大,则表示零件表面越粗糙。

(2)表面粗糙度的代号

国家标准规定,零件表面粗糙度的代号是由规定的表面粗糙度符号和有关参数值组成。表 1-14 给出了表面粗糙度符号及其意义。表 1-15 给出了表面粗糙度代号的示例及其意义。

表 1-14　表面粗糙度符号

表面粗糙度符号	符号意义及说明
√	基本符号,表示表面可用任何方法获得 当不加注粗糙度参数值或有关说明(例如:表面处理、局部热处理状况)时,仅适用于简化代号标注
	基本符号加一短划,表示表面是用去除材料方法获得(例如:车、铣、钻、磨等)
	基本符号加一小圆,表示表面是用不去除材料方法获得(例如:铸、锻、冲压变形等),或者用于保持原供应状况的表面(包括保持上道工序的状况)
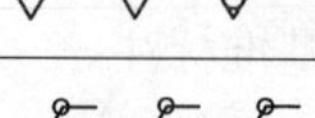	在上述三个符号的长边上均加一横线,用于标注有关参数和说明
	在上述三个符号上均加一小圆,表示所有表面具有相同的表面粗糙度要求

表 1-15 表面粗糙度代号示例

代号示例	示例代号意义
3.2	用任何方法获得的表面粗糙度，R_a 的上限值为 3.2 μm（因轮廓算术平均偏差 R_a 是最常用的表面粗糙度评价参数，故其符号 R_a 可省略不注写，下同）
3.2	用去除材料的方法获得的表面粗糙度，R_a 的上限值为 3.2 μm
3.2	用不去除材料的方法获得的表面粗糙度，R_a 的上限值为 3.2 μm
3.2 max	用任何方法获得的表面粗糙度，R_a 的最大值为 3.2 μm
3.2 max	用去除材料的方法获得的表面粗糙度，R_a 的最大值为 3.2 μm
3.2 max	用不去除材料的方法获得的表面粗糙度，R_a 的最大值为 3.2 μm

(3) 表面粗糙度的标注

在图样中，表面粗糙度代(符)号应标注在零件的可见轮廓线、尺寸线、尺寸界线或它们的延长线上；符号的尖端必须从材料外指向表面；代号中的数字及符号的标注方向必须与尺寸数字方向一致。如图 1-74 所示。

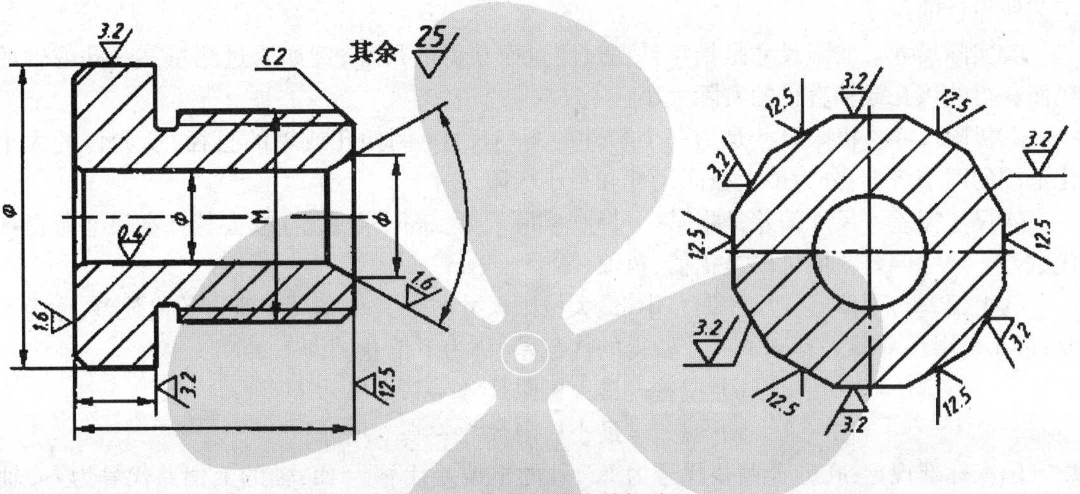

图 1-74 表面粗糙度的标注

在同一图样上，每一表面一般只标注一次代号，并尽可能地标注在该表面的轮廓线上或靠近有关尺寸线上；当地方狭小或不便标注时，代号可以引出标注。

当零件的大部分表面有相同的表面粗糙度要求时，其代(符)号可以统一标注在图样的右上角，并加注“其余”二字，且应比图形上其他代(符)号大 1.4 倍；若零件的所有表面有相同的表面粗糙度要求时，其符号、代号可在图的右上角统一标注，且符号应较一般的代号大 1.4 倍。

此外，需要特别提醒注意：①表面粗糙度评价参数轮廓算术平均偏差 R_a 在代号中用数值表示，单位为微米(μm)。②轮廓算术平均偏差 R_a 的上限值与轮廓算术平均偏差 R_a 的最大值是有区别的，比如表 1-15 中的 3.2 与 3.2 max 的含义是不同的。

2. 尺寸公差

从一批规格尺寸相同的零件(或部件)中，任取一个零(部)件，不经选择或修配，就能顺利装配成完全符合规定要求的产品。零件所具有的这种性质称为零件的互换性。

零件的互换性主要是通过规定零件的尺寸公差、表面形状和位置公差以及表面粗糙度等技术要求来实现的。在实际生产中,为了使零件具有互换性,需要给尺寸一个变动范围,这个尺寸变动范围的大小,称为尺寸公差(简称公差)。

(1)基本术语

与公差有关的基本术语及其含义如下,参见图1-75。

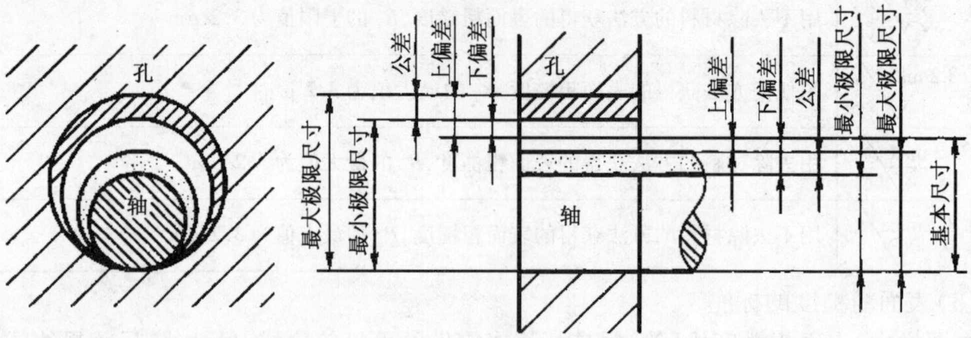

图1-75　与公差有关的基本术语示意图

①基本尺寸。基本尺寸是指一个零件的设计中所给定的尺寸,是根据零件的结构、功用和工艺所设计的尺寸。

②实际尺寸。实际尺寸是指零件通过测量而获得的尺寸,例如通过测量某一孔或轴的直径而获得的该孔或轴直径的实际大小。

③极限尺寸。极限尺寸是指一个零件的某一尺寸(例如孔或轴的直径)所允许的大小变化范围的两个极端,分为最大极限尺寸和最小极限尺寸。

④尺寸偏差。尺寸偏差是指某一尺寸(实际尺寸、极限尺寸等)减去其基本尺寸所得到的代数差。尺寸偏差数值可以是正值、负值、零。

⑤上偏差与下偏差。尺寸偏差中,最大极限尺寸减去其基本尺寸所得的代数差,称为上偏差;最小极限尺寸减去其基本尺寸所得的代数差,称为下偏差。即

$$上偏差 = 最大极限尺寸 - 基本尺寸$$

$$下偏差 = 最小极限尺寸 - 基本尺寸$$

国家标准规定:孔的上偏差代号为ES,孔的下偏差代号为EI;轴的上偏差代号为es,轴的下偏差代号为ei。

⑥基本偏差。基本偏差是指上偏差和下偏差中、绝对值较小的那一个尺寸偏差,即

$$当\ |上偏差| > |下偏差|\ 时,基本偏差 = 下偏差$$

$$当\ |上偏差| < |下偏差|\ 时,基本偏差 = 上偏差$$

由于尺寸偏差为代数值,上偏差和下偏差都有可能是正值或负值,所以基本偏差有正号或负号。

⑦尺寸公差。尺寸公差,简称公差,是允许尺寸的变动量。

尺寸公差是一个不为零、无正负号的数值。

$$尺寸公差 = |最大极限尺寸 - 最小极限尺寸|$$

$$尺寸公差 = |上偏差 - 下偏差|$$

⑧零线。零线是表示基本尺寸的一条直线,以其为基准确定尺寸的偏差。

(2)标准公差

标准公差是由国家标准规定的公差值。标准公差的代号用符号"IT"和数字组成。

标准公差的大小由两个因素决定:一个是公差等级,另一个是基本尺寸。公差等级表示尺寸的精确程度,公差等级的数字越大,表示公差越大,尺寸的精度就越低;公差等级的数字越小,表示公差越小,尺寸的精度也就越高。

国家标准规定,标准公差共分 20 个公差等级,分别为:IT01、IT0、IT1 ~ IT18。在这 20 个标准公差的公差等级中,IT01 的尺寸精度最高,IT18 的尺寸精度最低。一般情况下:IT01 ~ IT4 用于块规和量规;IT5 ~ IT12 用于配合尺寸;IT13 ~ IT18 用于非配合尺寸。

同一基本尺寸的每一公差等级,都有一个确定的标准公差值。基本尺寸相同时,公差等级越小(尺寸精度越高),标准公差值就越小。公差等级相同时,基本尺寸越小,标准公差值就越小。在选用公差等级时,应在保证使用要求的前提下,尽可能选用较低的公差等级,以便降低零部件的加工成本。一般机器的配合尺寸中:孔选用 IT6 ~ IT12;轴选用 IT5 ~ IT12。当公差等级高于 8 级时,孔应选用比轴低一级的公差等级。

(3)公差带和公差带图

公差带是指由代表上偏差与下偏差的二条直线,或是由代表最大极限尺寸与最小极限尺寸的两条直线所限定的一个区域。为了便于分析,一般将公差带与基本尺寸的关系画成简图,称为公差带图,如图 1-76 中的右侧所示。以零线(表示基本尺寸)作为确定偏差的一条基准直线,零线以上称为正偏差,零线以下称为负偏差。

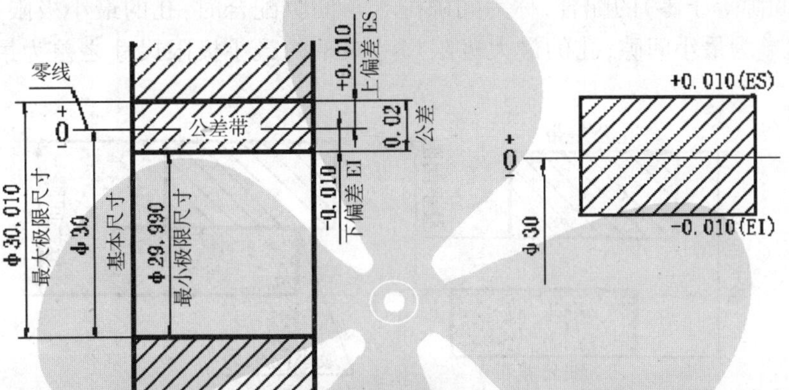

图 1-76 公差带与公差带图

国家标准规定,公差带是由标准公差和基本偏差组成的,标准公差决定公差带的大小(高度),基本偏差确定公差带(相对于零线的)位置。由此,基本偏差也理解为用以确定公差带相对于零线位置的上偏差和下偏差中靠近零线的那个尺寸偏差(上偏差或下偏差)。显然,当公差带位于零线下方时,其基本偏差为上偏差;当公差带位于零线上方时,其基本偏差为下偏差。

国家标准对公差带的选择作了限制,分优先、一般和常用三个层次,这种限制主要是从经济性考虑的。

(4)孔和轴的公差带代号

国家标准分别对孔和轴的基本偏差系列作了规定,各有 28 种,每种基本偏差均用代号表示。孔和轴的基本偏差代号均为拉丁字母或拉丁字母组合,并规定:孔的基本偏差代号均使用大写的拉丁字母,分别为 A、B、C、CD、D、E、EF、F、FG、G、H、J、JS、K、M、N、P、R、S、T、U、V、X、

Y、Z、ZA、ZB、ZC；轴的基本偏差代号均使用小写的拉丁字母，分别为 a、b、c、cd、d、e、ef、f、fg、g、h、j、js、k、m、n、p、r、s、t、u、v、x、y、z、za、zb、zc。

孔和轴的公差带代号，由基本偏差代号和公差等级代号组成，如图 1-77 所示。

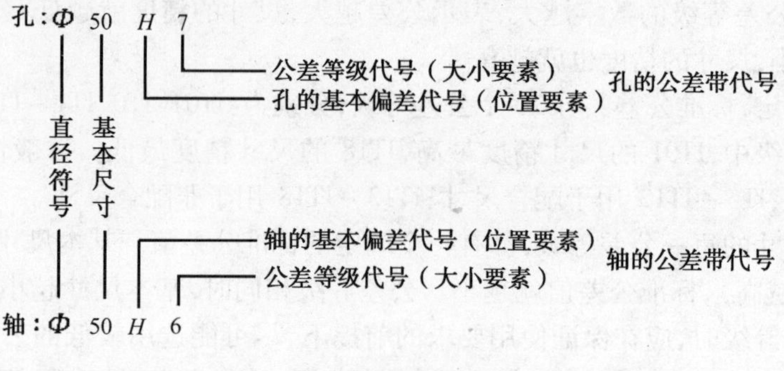

图 1-77　孔和轴的公差带代号

3. 配合

基本尺寸相同、相互结合的孔和轴的公差带之间的关系，称为配合。

(1)配合的分类

根据孔和轴装配时出现间隙和过盈的情况，其配合的性质是不同的，配合分为间隙配合、过盈配合和过渡配合三大类。

①间隙配合。孔的公差带完全在轴的公差带之上，任取其中的一对孔和轴相配，都具有间隙(包括最小间隙等于零)的配合，称为间隙配合。间隙配合时，孔的最小极限尺寸减轴的最大极限尺寸之差为最小间隙；孔的最大极限尺寸减轴的最小极限尺寸之差为最大间隙，如图 1-78 所示。

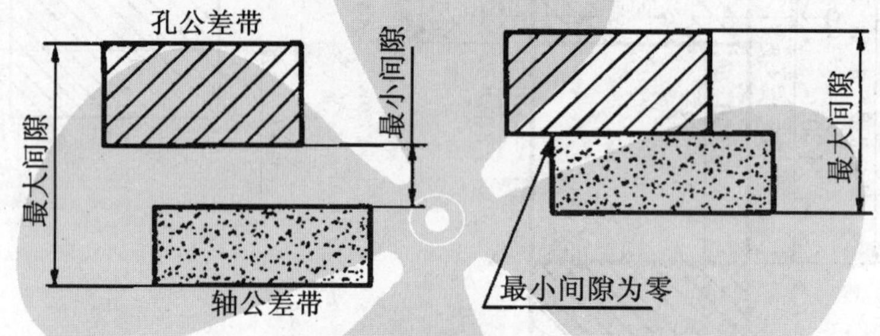

图 1-78　间隙配合

②过盈配合。孔的公差带完全在轴的公差带之下，任取其中的一对孔和轴相配，都具有过盈(包括最小过盈等于零)的配合，称为过盈配合。

过盈配合时，孔的最大极限尺寸减轴的最小极限尺寸之差为最小过盈，孔的最小极限尺寸减轴的最大极限尺寸之差为最大过盈，如图 1-79 所示。

③过渡配合。孔的公差带与轴的公差带相互交叠，任取其中的一对孔和轴相配，可能具有间隙也可能具有过盈的配合，称为过渡配合。过渡配合时，孔的最大极限尺寸减轴的最小极限尺寸之差为最大间隙；孔的最小极限尺寸减轴的最大极限尺寸之差为最大过盈，如图 1-80 所示。

(2)基准配合制度

当基本尺寸确定后，为获得孔与轴的不同配合，可通过改变孔或轴的公差带来实现。但是，若孔和轴两者的公差带都任意变动，则情况的变化太多，不利于零件的设计和制造。

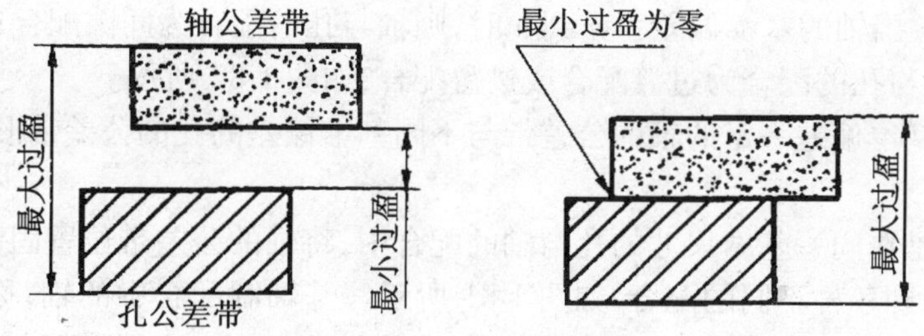

图 1-79　过盈配合

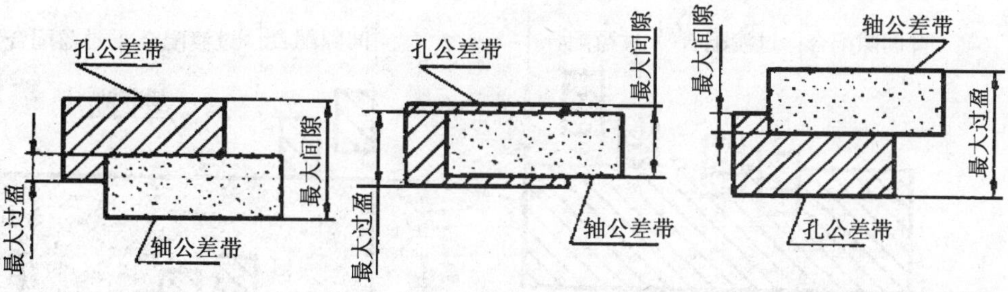

图 1-80　过渡配合

在实际加工生产中,逐渐产生了这样一种配合制度,即在加工相互配合的一对孔和轴时,将其中的一个(孔或轴)定为基准件,另一个零件为非基准件,让基准件的基本偏差不变,而通过改变非基准件的基本偏差来实现不同的配合,这种配合制度就称为基准配合制度。

国家标准规定了两种基准配合制度,即“基孔制配合”和“基轴制配合”,如图 1-81 所示。

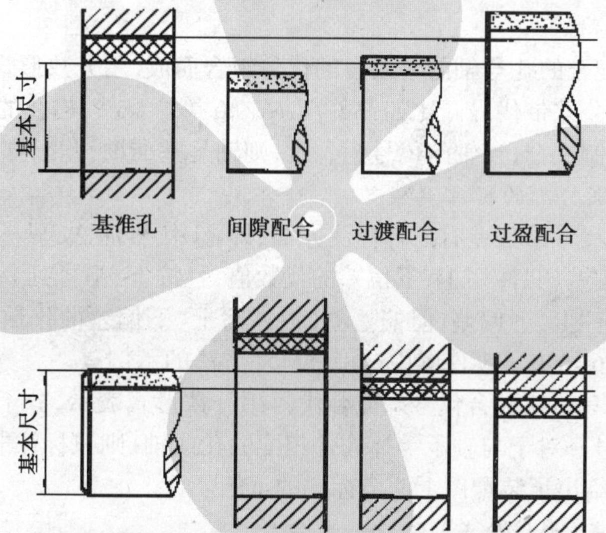

图 1-81　基孔制和基轴制

基孔制是指基本偏差一定的孔的公差带与不同基本偏差的轴的公差带形成各种配合的一种基准配合制度。

基孔制配合是在同一基本尺寸的孔与轴的配合中,将孔的公差带位置固定,通过变动轴的公差带位置,以得到各种不同的配合,如图 1-81 所示。基孔制配合中的孔,称为“基准孔”,其

基本偏差定为 H。当轴的基本偏差为 a 到 h 时,则轴与孔的配合为间隙配合;当轴的基本偏差为 j 到 zc 时,则轴与孔的配合为过渡配合或过盈配合,如图 1-82 所示。

基轴制是指基本偏差一定的轴的公差带与不同基本偏差的孔的公差带形成各种配合的一种基准配合制度。

基轴制配合是在同一基本尺寸的孔与轴的配合中,将轴的公差带位置固定,通过变动孔的公差带位置,以得到各种不同的配合,如图 1-81 所示。基轴制配合中的轴,称为“基准轴”,其基本偏差定为 h。当孔的基本偏差为 A 到 H 时,则孔与轴的配合为间隙配合;当孔的基本偏差为 J 到 ZC 时,则孔与轴的配合为过渡配合或过盈配合,如图 1-82 所示。

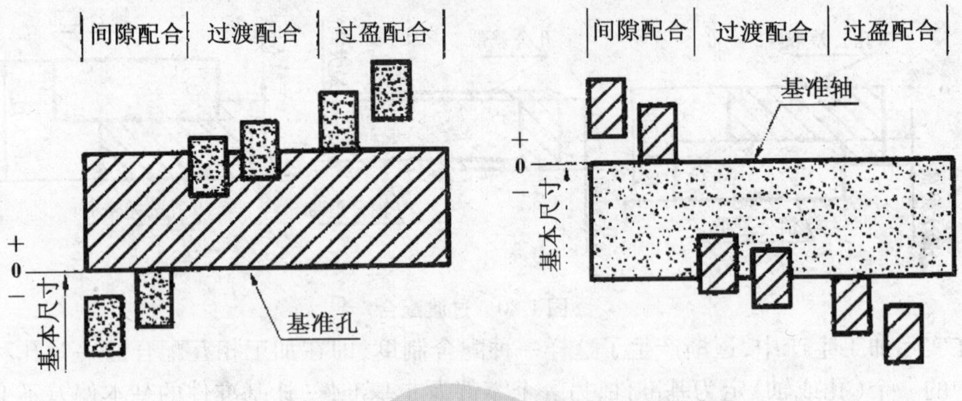

图 1-82　基孔制配合和基轴制配合的公差带示意图

一般情况下,应优先采用基孔制。滚动轴承的外圈与轴承座孔处的配合,采用基轴制;而滚动轴承的内圈与轴的配合,则采用基孔制。

(3)配合代号

配合代号由相互配合的孔与轴的公差带的代号组合而成,用分数形式表示,分子为孔的公差带代号,分母为轴的公差带代号。比如:$H8/f7$、$K7/h6$ 等。显然,当孔的代号为 H 时,则孔为基准孔,此配合是基孔制配合;当轴的代号为 h 时,则轴是基准轴,此配合是基轴制配合。

4. 极限与配合在图样上的标注

在零件图中,线性尺寸的公差有三种标注方法,即:①代号注法:只标注公差带代号;②数值注法:只标注上、下偏差(只注写上、下偏差的代数值,且按上、下排列);③代号数值注法:既标注公差带代号,又标注上、下偏差,但偏差值(只注写上、下偏差的代数值,且按上、下排列)用括号括起来。表 1-16 给出了零件图中这三种标注方法的示例。

在装配图上,一般只标注配合代号。配合代号用分数形式表示,分子为孔的公差带代号,分母为轴的公差带代号。对于与轴承等标准件相配的孔或轴,则只标注非标准件(配合件)的公差带代号。图 1-83 给出了装配图上配合标注的示例。

5. 形状和位置公差(形位公差)

零件经加工后,不仅会产生一定的表面粗糙度和尺寸误差,还会产生一定的形状误差和位置误差,如图 1-84 所示。形状误差是指零件的实际几何要素与其理想几何要素的差异,也就是加工后的零件的实际形状相对其理想形状的误差,如图 1-84(b)所示。位置误差是指零件的相关联的两个几何要素的实际位置相对于其理想位置的差异,比如零件的各表面之间、各轴线之间或表面与轴线之间的实际相对位置与其理想相对位置的误差,如图 1-84(c)所示。

表 1-16　零件图中尺寸公差的标注

		基准孔	轴	孔	基准轴
零件图	代号注法	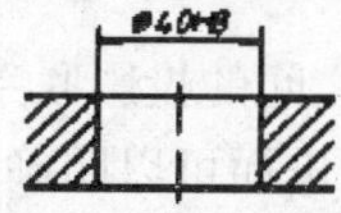		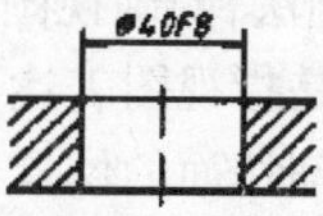	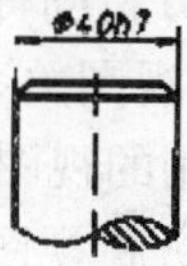
	数值注法	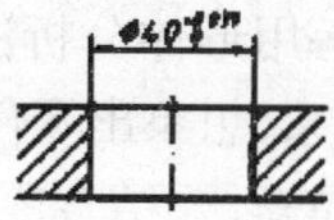	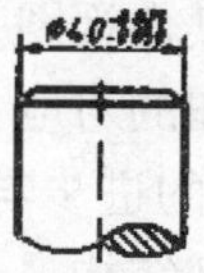	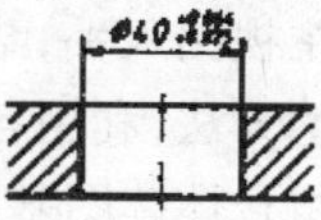	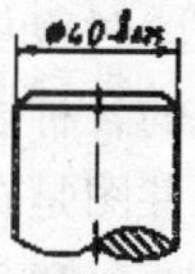
	代号数值注法	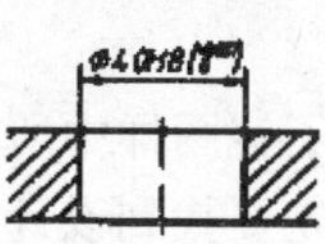	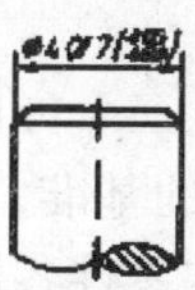		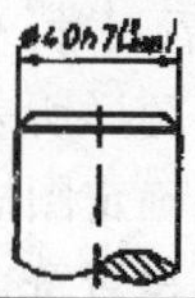

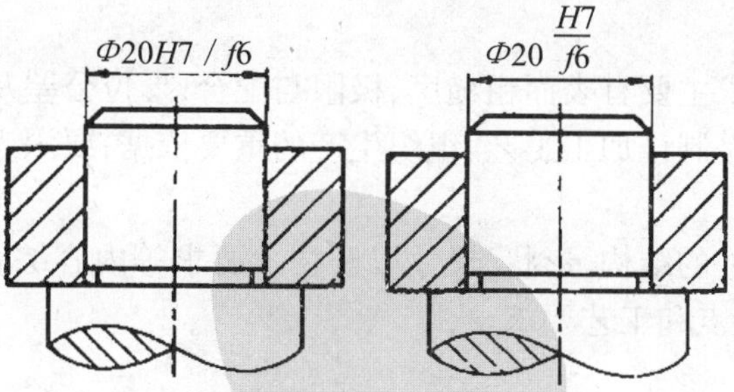

图 1-83　装配图上配合的标注

形状和位置公差，简称形位公差，是指零件的形状误差和位置误差的允许变动量，也就是

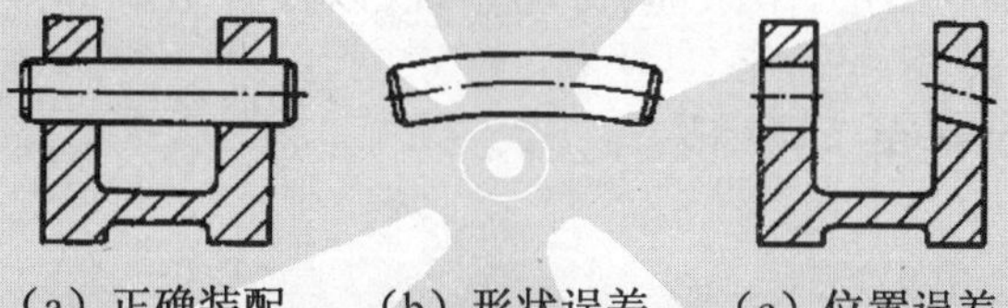

（a）正确装配　（b）形状误差　（c）位置误差

图 1-84　形状误差和位置误差

零件的实际形状和实际位置相对于其理想形状和理想位置的允许变动值。图样中，形位公差采用代号标注，当无法采用代号时，允许在技术要求中用文字说明。

6. 读零件图的目的

读零件图（看零件图）的目的是：①对零件有一个概括的了解，如名称、材料等。②想象出零件的形状。③对零件各部分的大小有大致的了解。④明确零件在设备中的作用及零件各部分的功能。⑤分析出各方向尺寸的主要基准。⑥明确零件制造的主要技术要求。⑦确定正确的加工方法。

7. 读零件图的方法及步骤

读零件图（看零件图）的方法和步骤主要有以下几点。

（1）看标题栏，概括了解

从零件图的标题栏中了解零件的名称、材料、绘图比例等信息,对该零件有一个概括的了解和初步的认识。

(2)分析图样画法,明确视图关系

所谓视图关系是指视图表达方法和各视图之间的投影联系。先分析零件图采用的图样画法,如选用的视图、剖切面的位置及投射方向等,进而可以明确各视图之间的投影联系。

(3)分析视图,想象零件的结构、形状

看视图时应从主视图入手,结合其他视图,运用形体分析法和线面分析法,综合视图表达中所选用的各种表达方法,利用各视图的对应关系,想象出零件的结构及内、外部形状。

读零件图是在组合体读图基础上的进步与提高,要结合零件构形的功能要求及零件的工艺结构,弄清该零件的总体形状和局部结构。

(4)看尺寸,分析尺寸基准

结合图样所表达的零件的形状,从三个方向了解图样中所标注的尺寸,确定各方向的尺寸基准。要确定图样中标注尺寸所选用的基准,首先要找到设计基准,还要看尺寸标注得是否齐全、合理,是否符合标准等。了解、确定零件各部分的定形尺寸、定位尺寸及零件的总体尺寸。

(5)看技术要求

零件图上的技术要求主要有表面粗糙度,极限与配合,形位公差及文字说明的加工、制造、检验等要求。这些要求是制订加工工艺、组织生产的重要依据,要深入分析理解。

(6)综合读图

最后把所读懂的零件的结构、形状、尺寸以及技术要求等内容综合起来,想象出零件的全貌,把握住零件的结构特点和工艺要求。

五、装配图

装配图是表达机器(或部件)的图样,是机械设计和生产中的重要技术文件之一。装配图通常用来表达机器(或部件)的工作原理、传动系统,以及各组成部分(零、部件)间的相互位置、连接方式和装配关系等。

(一)装配图的内容及作用

1. 装配图的内容

装配图通常包含以下内容。

(1)一组视图

综合应用各种表达方法(包括剖视、断面等)的一组视图,用于完整、清晰地表达机器或部件的工作原理、各零件间的装配关系(包括配合关系、连接方式、传动关系及相对位置)以及主要零件的基本结构形状。

图 1-85 所示为滑动轴承装配图,图中采用了三个基本视图,由于结构基本对称,所以三个视图均采用了半剖视,这就比较清楚地表示了轴承盖、轴承座和上下轴衬的装配关系。

(2)必要的尺寸

在装配图中,应标注有与机器(或部件)的性能、规格以及装配、检验、安装等有关的尺寸,如图 1-85 中所标注的尺寸。

(3)技术要求

用文字或符号说明机器(或部件)的性能以及装配、检验、调整、试验使用等所必须满足的技术条件和要求等,如图 1-85 所示。

(4)标题栏

与零件图类似,装配图中的标题栏用于说明所表达的机器(或部件)的名称、规格、图号、比例等以及绘图与审核人员的签名,如图1-85所示。

(5)零件的序号和明细栏

在装配图中,必须对组成机器(或部件)的每个零件进行编号,并指明它们的所在位置,还要在标题栏的上方列出明细栏,写明零件的名称、代号、数量和材料等,如图1-85所示。

装配图中,对每个零件进行编号和指明它们所在位置时,需要注意:①在装配图中,零件的序号应沿水平或垂直方向、按顺时针或逆时针方向排列整齐地依次编号,不能随意交错编号。②指明零件所在位置的序号指引线可以画成折线,但只能曲折一次。③指明零件所在位置的序号指引线,在通过有剖面线的区域时,不应与剖面线平行。

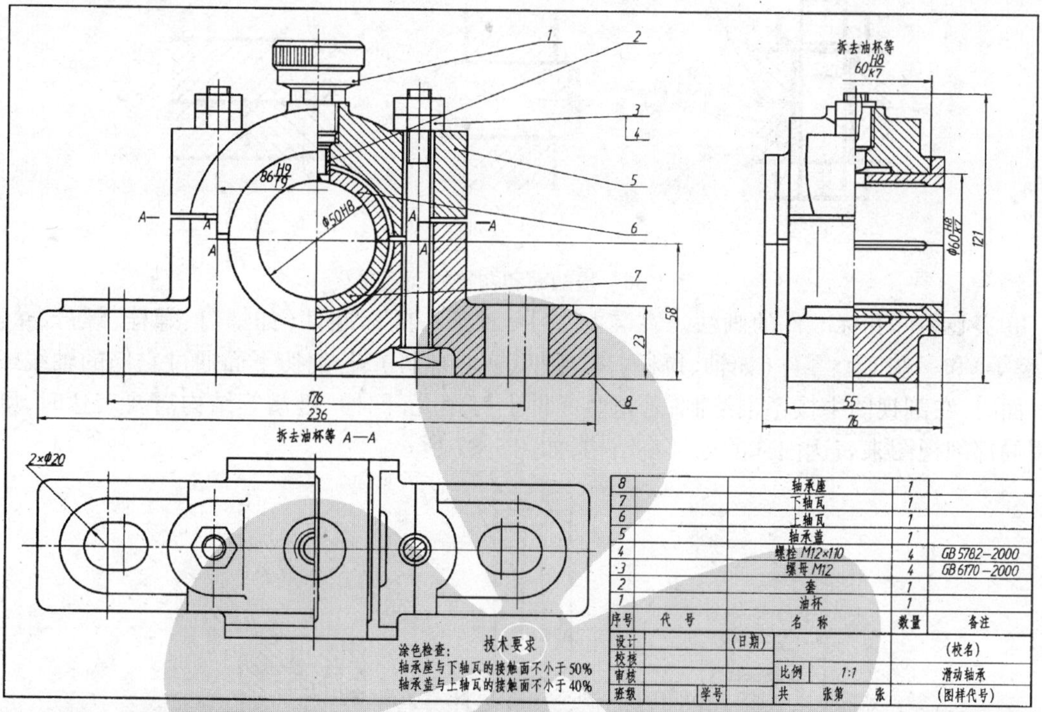

图1-85　滑动轴承装配图

2. 装配图的作用

装配图的主要作用是:①装配图是指导产品制造的重要技术资料。②装配图是零件设计的主要依据。③装配图是机器或部件维修的重要参考资料。④装配图主要表达机器或部件的结构形式、装配关系、工作原理和技术要求。

(二)读装配图

要读懂装配图,除了要了解装配图中所包含的基本内容外,更重要的是要掌握装配图中的视图表达方法和装配图中的所标注尺寸的准确含义。

1. 装配图中的视图表达方法

前面介绍的机件的各种表达方法,如视图、剖视图、断面图及简化画法等,都适用于装配图的表达。但是,由于装配图所表达的对象已不是单个零件,而是机器(或部件),所以,选取表达方法时应从整体考虑。根据装配图的特点,装配图通常有以下几种表达方法。

(1)装配图中的规定画法

①接触面和配合面的画法。在装配图中,相邻两个零件的接触表面,或基本尺寸相同且相互配合的工作面,只画一条轮廓线,但是,如果两相邻零件的基本尺寸不相同,即使间隙很小,也必须画成两条线以表示各自的轮廓,如图1-86(a)、图1-86(b)所示。

②剖面线的画法。在装配图中,相邻的两个或多个零件的剖面线应有所区别。在装配图中,当只是两个零件相邻时,这两个零件的剖面线方向应相反。当多个零件汇集在一起时,任意两个相邻零件的剖面线可采用方向相反的剖面线,或者剖面线方向一致而间距不同,或间距相同而位置错开的画法,如图1-86(c)所示。但是,需要注意的是,在装配图中,同一零件在各剖视图、断面图中的剖面线方向和间距必须一致。

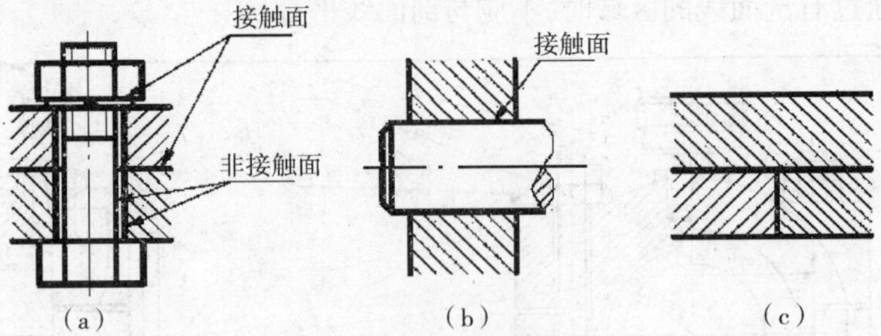

图1-86 接触面和非接触面画法

③实心零件和标准件的画法。在装配图中,对于一些标准件(如螺钉、螺栓、螺母、垫圈、销、键等)和一些实心零件(如轴、拉杆、钩、手柄、实心球等),若剖切平面通过它们的轴线或对称平面时,在剖视图中按不剖绘制;若这些零件上有销孔、凹槽、键槽等结构需要表达时,则可采用局部剖视图来表达内部的局部小结构,如图1-87所示。

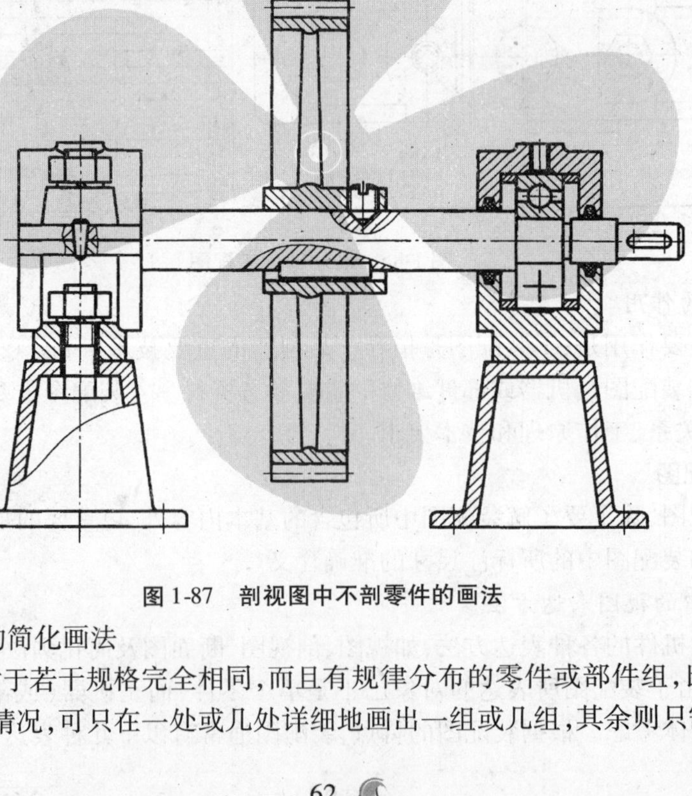

图1-87 剖视图中不剖零件的画法

(2)装配图中的简化画法

在装配图中,对于若干规格完全相同,而且有规律分布的零件或部件组,比如螺栓连接等螺纹紧固件的连接情况,可只在一处或几处详细地画出一组或几组,其余则只需以细点画线表示其中心位置即可，如图 1-88 所示的螺钉的画法。在装配图中，对于零件的工艺结构，如小圆角、倒角、退刀槽、拔模斜度等可以不画，六角螺栓和螺母的头部可以按照简化画法画出，如图 1-88 所示的轴和齿轮等的画法。在装配图中，对于薄的垫片等不易画出的零件可将其涂黑，如图 1-88 所示的垫片的画法。

在装配图中，由于零件之间相互装配，必然会有一些零件的轮廓被另一些零件遮挡，被遮挡的轮廓一般不需要画出（如被弹簧挡住的结构一般不画出，可见部分应从弹簧的外轮廓线或从弹簧钢丝断面的中心线画起）。

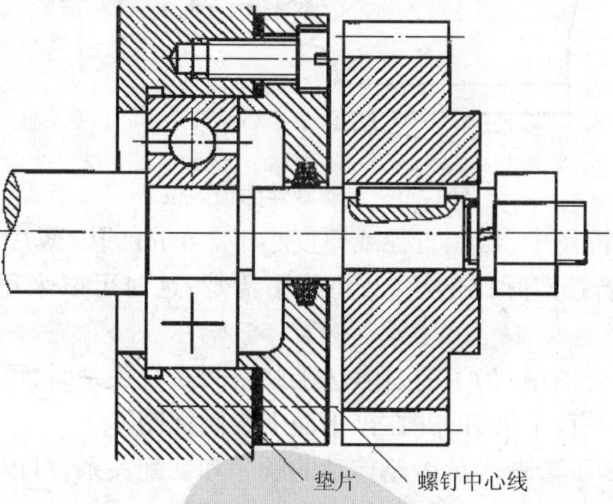

图 1-88 装配图中的简化画法

（3）装配图中的特殊表达方法

①拆卸画法。在装配图中，当某些零件的图形遮住了其后面需要表达的零件，或在某一视图上不需要画出某些零件时，可以假想地沿零件的结合面选取剖切平面进行剖切绘制，也可以假想地将某些零件拆卸后绘制，若需说明可加标注，如“拆去××等”。

②单独画法。在装配图中，若所选择的视图已将大部分零件的形状、结构表达清楚，但仍有少数零件的某些方面还未表达清楚时，可以单独画出这些零件的视图或剖视图，同时标明零件和视图的序号及投影方向，如图 1-89 所示的转子油泵中泵盖的 *B* 向视图。

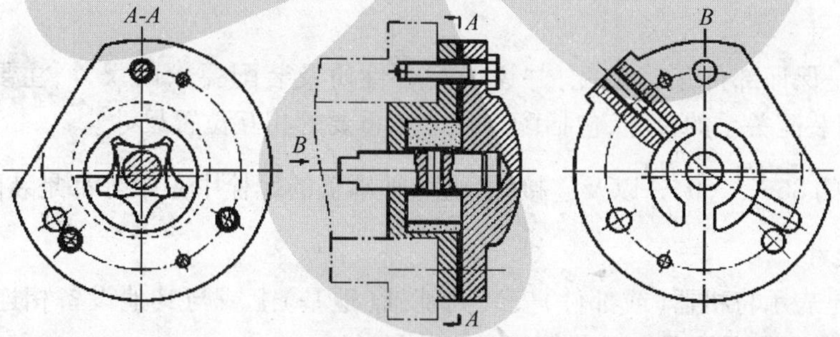

图 1-89 转子油泵

③假想画法。在装配图中，为了表示机器（或部件）的作用，或是为了表示机器（或部件）与相邻的零件或部件的连接关系及安装方法等，可以用细双点画线将与其相邻的其他零件或部件的部分轮廓绘出。

在装配图中，当需要表示运动零件的运动范围或运动的极限位置时，可在运动零件的一个极限位置绘制运动零件的视图，再在该运动零件的另一个极限位置，用细双点画线绘出该运动零件的外形轮廓，如图 1-90 所示的车床尾座手柄。

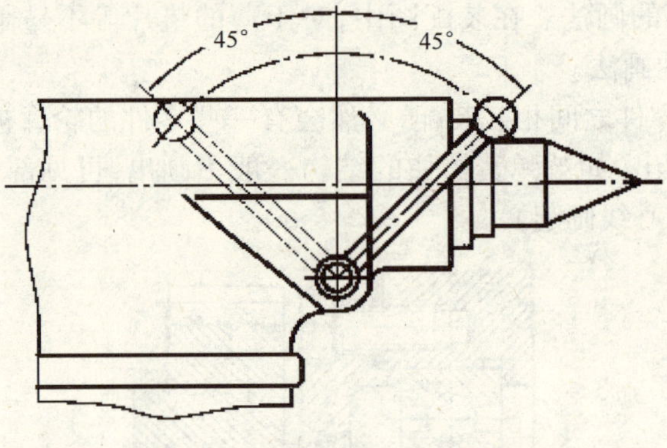

图 1-90 运动零件的极限位置

④夸大画法。在装配图中，绘制直径或厚度小于 2 mm 的孔、薄片、小间隙、细丝弹簧等以及圆锥销(孔)深度时，若按实际比例绘制，将很不清楚，这时可以采用夸大画法，但要按实际尺寸标注。

⑤展开画法。在装配图中，为了清楚表达某些空间重叠关系时，可以假想地将空间重叠关系按一定的顺序在同一平面上展开，并在该平面上绘制视图。

比如多级传动箱，为了清晰表示齿轮传动的顺序和装配关系，可以假想地把空间轴按传动顺序在同一平面上展开，在该平面上画出剖视图。

2. 装配图中标注的尺寸

由于装配图不直接用于制造零件，所以，在装配图中不需要标注出每个零件的全部尺寸，一般只标注与装配、检验、安装、运输和使用等有关的尺寸。在装配图中，一般只标注出特性尺寸(规格尺寸、性能尺寸)、装配尺寸、安装尺寸、外形尺寸和其他重要尺寸等五大类尺寸。

(1)特性尺寸

特性尺寸也称为规格尺寸、性能尺寸。特性尺寸是说明机器(或部件)的规格或性能的尺寸，它是在设计时确定的尺寸，也是了解和选用机器(或部件)时的主要依据。图 1-85 中的 Φ50H8 即为特性尺寸。

(2)装配尺寸

装配尺寸是保证部件正确装配，并说明配合性质及装配要求的尺寸，主要是机器(或部件)中零件之间装配关系的尺寸，包括配合尺寸和重要的相互位置尺寸。

图 1-85 中的 $86\frac{H9}{f9}$、$60\frac{H9}{f9}$以及连接轴承座、轴承盖的螺栓中心距等都是装配尺寸。

(3)安装尺寸

安装尺寸是表示将机器(或部件)安装到基础(地基)上或与其他设备相连时所需要的尺寸。图 1-85 中的地脚螺栓孔的尺寸等就是安装尺寸。

(4)外形尺寸

外形尺寸是表示机器(或部件)的总长、总宽及总高的尺寸，也就是机器(或部件)整体轮廓大小的尺寸。外形尺寸反映了机器(或部件)的体积大小，即该机器(或部件)在包装、运输和安装过程中所占空间的大小。图 1-85 中的 236、121 和 76 即为外形尺寸。

(5)其他重要尺寸

除以上四类尺寸外，在机器（或部件）的装配或使用中必须说明的一些重要尺寸，如运动零件的极限位移尺寸等。

3. 读装配图的目的

读装配图（看装配图）的目的是：①了解机器（或部件）的工作原理和结构特点。②了解机器（或部件）中零件间的装配关系。③分析机器（或部件）的作用及结构、形状。

4. 读装配图的方法及步骤

读装配图（看装配图）的方法和步骤主要如下。

（1）概括了解

了解部件的用途、性能和规格。从装配图的标题栏中可以得到该机器（或部件）的名称。从装配图中所标注的尺寸，结合生产实际知识和产品说明书等有关资料，可以了解该机器（或部件）的用途、适用条件和规格等。

了解部件的组成。从装配图的明细栏以及视图中的序号，可以了解组成该机器（或部件）的零件名称、数量、规格及位置等。

（2）对视图进行初步分析

首先明确装配图的表达方法、投影关系和剖切位置，其次结合图中所标注的尺寸，可以想象出机器（或部件）的主要零件的主要结构形状。

（3）分析工作原理和连接关系

分析机器（或部件）的工作原理和连接关系是读装配图的重要环节。读装配图时，要对装配图中的各视图进行详细的分析，根据其表达手段进一步理解各视图的表达意图。读装配图时，应先从主视图入手，沿各条传动干线，按投影关系找到各个零件的轮廓，并确定它们的准确位置。要先弄清楚运动部件及其运动情况，比如，哪些是运动件、运动形式如何、运动是怎样传递的，等等，再对与其他零件间的连接和固定情况进行分析，找出其固定方式和连接关系等。对固定不动的零件，要弄清楚它们的固定与连接方式，继而分析清楚与其相关的零件在部件中的地位和作用等。

（4）分析零件结构

在分析机器（或部件）的工作原理和传动关系的过程中，对各零件的轮廓及其在机器（或部件）中所起的作用已有了基本了解。此时应对各零件的结构形状准确地加以分析判断，这样也能有助于更深入地理解机器（或部件）的工作原理和性能。一般先从机器（或部件）主要零件开始，然后再看其他零件。

（5）归纳总结

为了加深对装配图所表达的机器（或部件）的正确认识，应在上述分析的基础上进行归纳总结，认真思考下述问题，以达到读装配图的目的和要求：①机器（或部件）的传动系统、润滑方法、密封装置；②机器（或部件）中的零件间的连接、固定、定位和调整；③机器（或部件）的装配关系、拆装方法和顺序；④机器（或部件）的工作原理、性能和使用特点；⑤机器（或部件）的对外连接和安装方式。

第二节　流体力学

流体力学是研究流体的平衡和运动规律以及流体与固体之间相互作用关系的一门科学，是力学的一个重要分支。

一、流体的主要物理性质

流体力学的研究对象是液体和气体，如水、燃油、滑油、空气、燃气和水蒸气等，它们统称为流体。本部分首先介绍流体与固体的主要区别、液体和气体的主要区别，然后介绍作用在流体上的两大力，即质量力和表面力，最后重点介绍流体的主要物理性质，包括流体的密度、比体积、重度、压缩性、膨胀性、黏性、表面张力、含气量及空气分离压等。流体的这些物理力学性质都在不同程度上决定和影响着流体的运动，但每一种性质的影响程度并不是同等的。可能在某些情况下，某种物理性质占支配地位，而在另外一些情况下，却是另外一种性质起主要作用。就一般而论，重力(密度)、黏性力对流体运动的影响起主要作用，而其他物理力学性质，只对个别特殊流动产生影响。

(一)流体与固体的主要区别

流体与固体的主要区别在于流体的易流动性。在力的作用下，一切物体(包括固体、液体和气体)都将出现变形。一个给定的力产生确定的变形，当该力去除后能够消失的变形，称为弹性变形；当该力去除后不能够消失而成为永久的变形，称为塑性变形。无论在多么小的力的作用下，变形都将不断地、无限地增大，这样的变形称为流动。

固体在受外力作用时，只发生一定程度的变形，变形的大小与所受外力的大小成正比，并且只要所受外力的大小保持不变，其变形也就不再增大，所受外力的大小与其发生变形的快慢无关。而流体(液体和气体)则不同，因其分子间的距离较大、内聚力很小，所以受任意微小的剪切力都能连续变形。只要这种力持续作用，流体就将持续变形。只有当外力停止作用，变形才会停止。所以流体的剪切力不是由变形的大小来决定的，而是由变形的快慢所决定的。流体具有容易变形(流动)的特征，这就是流体的易流动性。

(二)液体与气体的主要区别

因为流体具有易流动性，所以流体(液体和气体)没有固定的形状。流体与气体都随着容器形状的不同而改变自身的形状。但是，就液体与气体的比较而言，液体分子间的距离较小、密度较大，因而液体分子内聚力比气体大得多，所以液体虽不能保持固定的形状，但能保持比较固定的体积。当盛有液体的容器的容积大于液体的体积时，液体就不会充满整个容器，而会在容器中形成一定的自由表面。气体不仅没有固定的形状，也没有固定的体积，极易膨胀和压缩，可以任意扩散直到充满容纳它的整个容器。

液体的压缩性和膨胀性都很小，在很大的压强作用下，其体积的变化量甚微。这也是液体和气体的主要区别。液体和气体虽然都属于流体，但两者在流动性和压缩性等方面却有着显著的不同，所以，流体力学基本理论在探求液体和气体的流动规律时，无论在研究内容上还是研究方法上都有所不同。在流体力学研究中，一般都将流体(液体和气体)当做连续介质处理。将流体看做连续介质是一种近似的、宏观的假设。从微观来看，流体和其他物体一样，都是由大量的单个分子组成的，分子之间存在着空隙，并且分子始终在不停地、杂乱无章毫无规律地运动着，因此，流体实际上并非是连续的物质。但是，流体力学不是研究个别分子的微观运动，而是研究流体微团(分子集团)或流体质点的宏观运动。另外，流体力学所研究的实际工程尺寸要比流体分子间的距离大得无法比拟。例如，根据现代物理的研究结果，在标准状态下，每立方厘米的水中大约包含有 3.3×10^{23} 个水分子，相邻分子间的距离约为 3×10^{-8} cm，可见，分子间的距离是非常微小的，在很小的体积中包含有难以计数的分子。所以，在流体力学研究中可以将真实的流体看成是连续一片的、既没有空隙又没有分子运动的一种假想的流体，这就是流体的连续介质假设。

连续介质假设是由瑞士学者欧拉（Euler，1707-1783）在1753年首先提出的。该假设对流体力学的发展起到了巨大的推动作用。长期的科学研究和工程实践表明，利用流体的连续介质假设所得到的流体的运动规律和基本理论，与客观实际是十分吻合的，引入连续介质假设不仅是完全合理的，也是十分必要的。但是，必须指出，流体的连续介质假设对通常所研究的流体空间来说是可行的，但在某些特殊的流体流动的研究中并不适用。例如，当流体分子的平均自由行程与所研究对象的实际工程尺寸为相同或相近的数量级以及水气混合的两相流动等，就不能应用连续介质假设了，而必须从微观上着手进行研究。

（三）作用在流体上的力

任何物体的平衡和运动都是受力作用的结果。因此，在研究流体的力学规律之前，必须首先分析作用在流体上的力的种类和性质。作用在流体上的力通常分为两大类，即质量力和表面力。

1. 质量力

处于某种力场中的流体，所有质点均受与质量成正比的力，这个力称为质量力或体积力，用符号 $\boldsymbol{F}_m$ 表示，其单位为牛（N）。比如，重力、电磁力等都是质量力。

在流体力学中，常采用单位质量的质量力（简称单位质量力）来表示质量力，用符号 $\boldsymbol{f}_m$ 表示，其单位为牛／千克（N/kg），即米／秒^2（m/s^2），与加速度的单位相同。

在流体力学中，单位质量力为已知量，比如，若某流体所受的质量力仅有重力时，质量为 m 的流体所受的质量力为 $\boldsymbol{F}_m = m\boldsymbol{g}$，其单位质量力为 $\boldsymbol{f}_m = \boldsymbol{g}$。

2. 表面力

表面力是指作用在所取流体微团表面上的力。这种力通常是所取流体微团以外的物体通过接触面作用在所取流体微团上的力。例如，大气在液体表面上的压强、流体内摩擦力等都是表面力。在流动的流体中任取一体积为 $\forall$、表面积为 A 的流体微团来分析，则所取流体微团以外的流体通过接触必定对所取流体微团以内的流体有作用力。在所取流体微团表面上点 K 处取一微元面积 ΔA，设作用在它上面的表面力为 $\Delta\boldsymbol{F}$。一般情况下，$\Delta\boldsymbol{F}$ 可以分解为沿法线方向 n 的法向力 ΔP 和沿切线方向 τ 的切向力 ΔD_f。以微元面积 ΔA 分别除上述二分力，并取极限，便可求得作用在点 K 的法向应力（正应力）p 和切向应力（切应力）$\boldsymbol{\tau}$。

由实验得知，流体不能承受拉伸力，故法向应力只能是压应力，称为压强。静止流体或理想流体中不存在切应力，只有压应力压强。切应力和压强的单位均为帕（Pa），即为牛／米^2（N/m^2）。

（四）流体的密度和重度

流体同其他物体一样，具有质量也具有重力。单位体积流体所具有的质量和重力即为流体的密度和重度。流体的密度和重度是流体的两个重要属性。

1. 流体的密度

单位体积流体所具有的质量，称为流体的密度，用符号 ρ 表示，单位为千克／米^3（kg/m^3）。流体的密度 ρ 表示流体在空间的密集程度。

取包围空间某点的微元体积 $\Delta\forall$，其中所包含的流体质量为 Δm，比值 $\Delta m/\Delta\forall$ 即为 $\Delta\forall$ 中流体的平均密度，当 $\Delta\forall \to 0$ 时，即为该点的密度

$$\rho = \lim_{\Delta\forall \to 0} \frac{\Delta m}{\Delta\forall} \quad kg/m^3$$

对空间各点密度相同的均质流体，其密度为

$$\rho = \frac{m}{\forall} \quad kg/m^3$$

式中，ρ 为流体的密度，单位为千克／米^3（kg/m^3）；m 为流体的质量，单位为千克（kg）；$\forall$ 为流体的体积，单位为米^3（m^3）。

单位质量流体所具有的体积，称为流体的比体积（以前称为比容），用符号 v 表示，单位为米^3／千克（m^3/kg）。流体的密度与比体积互为倒数关系，即

$$v = \frac{1}{\rho} \quad m^3/kg$$

2．流体的重度

单位体积流体所具有的重力，称为流体的重度，用符号 γ 表示，单位为牛／米^3（N/m^3）。

取包围空间某点的微元体积 $\Delta\forall$，其中所包含的流体重力为 ΔG，比值 $\Delta G/\Delta\forall$ 即为 $\Delta\forall$ 中流体的平均重度，当 $\Delta\forall \to 0$ 时，即为该点的重度

$$\gamma = \lim_{\Delta\forall \to 0} \frac{\Delta G}{\Delta\forall} \quad N/m^3$$

均质流体的重度为

$$\gamma = \frac{G}{\forall} \quad N/m^3$$

式中，γ 为流体的重度，单位为牛顿／米^3（N/m^3）；G 为均质流体的重量，单位为牛（N）；$\forall$ 为均质流体的体积，单位为米^3（m^3）。

3．流体的重度与密度的关系

重度与密度的关系为

$$\gamma = \rho g$$

式中，g 为重力加速度，单位米／秒^2（m/s^2）。

温度对液体密度的影响很小，一般情况下可以近似地认为液体密度不随温度变化。

工程上一般认为水的密度 ρ 和重度 γ 为常量，常取4℃蒸馏水的 $\rho = 1\,000\ kg/m^3$ 和 $\gamma = 9\,800\ N/m^3$ 作为计算值。

由于一定质量流体的体积随其温度和压强的变化而变化，所以流体的密度和重度均为流体的温度和压强的函数。通常情况下，温度对液体密度的影响很小，一般可以近似地认为液体密度不随温度变化。若流体的密度仅是压强的函数，则称为正压流体。若流体的密度为压强和温度两个变量的函数，则称为斜压流体。

（五）流体的压缩性和膨胀性

1．流体的压缩性

流体分子间有一定的间隙，当温度保持不变，流体所受压强增加时，其体积缩小的性质，称为流体压缩性。流体压缩性的大小用体积压缩系数 β_p 来度量。

体积压缩系数 β_p 定义为：一定质量的流体，当温度保持不变时，压强每增加一个单位压强所引起的流体体积的相对变化量，即

$$\beta_p = -\frac{\Delta\forall/\forall}{\Delta p} \quad Pa^{-1} \tag{1-1}$$

式中，β_p 为流体的体积压缩系数，单位为帕$^{-1}$（Pa^{-1}）；Δp 为流体压强的变化量，单位为帕（Pa）；$\forall$ 为一定质量流体的原有体积，单位为米^3（m^3）；$\Delta\forall$ 为压强变化 Δp 时的流体体积的变化量，

单位为米^3(m^3)。

由于压强增加时,一定质量流体的体积缩小,即Δp与$\Delta\forall$异号,故式(1-1)中加一负号,使流体的体积压缩系数β_p恒为正值。

式(1-1)表明,对于一定质量的流体,同样的压强增量,体积压缩系数β_p值大的流体,其体积变化量大,较易压缩;β_p值小的流体,其体积变化量小,较难压缩。

流体的体积压缩系数β_p也可用流体密度的变化量来表示,即

$$\beta_p = \frac{\Delta\rho}{(\rho + \Delta\rho)\Delta p} \quad \text{Pa}^{-1}$$

式中,ρ为流体原来的密度,单位为千克/米^3(kg/m^3);Δp为流体压强的变化量,单位为帕(Pa);$\Delta\rho$为压强变化Δp时,流体密度的变化量,单位为千克/米^3(kg/m^3)。

工程上常用体积压缩系数β_p的倒数来表示流体的压缩性,称为体积弹性模量,用符号E_v表示,单位为帕(Pa),即

$$E_v = \frac{1}{\beta_p} = -\frac{\Delta p}{\Delta\forall/\forall} \quad \text{Pa}$$

或

$$E_v = \frac{1}{\beta_p} = \frac{(\rho + \Delta\rho)\Delta p}{\Delta\rho} \quad \text{Pa}$$

显然,体积弹性模量E_v值大的流体的压缩性小;E_v值小的流体的压缩性大。

2. 流体的膨胀性

在一定压强下,流体体积(或密度)随温度而改变的性质,称为流体的膨胀性。

流体膨胀性的大小用体积膨胀系数β_T来表示。体积膨胀系数定义为:一定质量的流体,在压强保持不变的情况下,温度每升高一个单位温度所引起的体积的相对变化量,即

$$\beta_T = \frac{\Delta\forall/\forall}{\Delta T} \quad \text{K}^{-1}$$

式中,β_T为流体的体积膨胀系数,单位为负一次方开(K^{-1});ΔT为流体温度的变化量,单位为开(K);$\forall$为一定质量流体的原有体积,单位为米^3(m^3);$\Delta\forall$为温度变化ΔT时流体体积的变化量,单位为米^3(m^3)。

流体的体积膨胀系数β_T也可用流体密度的变化量来表示,即

$$\beta_T = -\frac{\Delta\rho}{(\rho + \Delta\rho)\Delta T} \quad \text{K}^{-1}$$

式中,ρ为流体原来的密度,单位为千克/米^3(kg/m^3);ΔT为流体温度的增加量,单位为开(K);$\Delta\rho$为流体温度增加ΔT时流体密度的变化量,单位为千克/米^3(kg/m^3)。

由于流体的温度增加时,一定质量的流体其体积增加,因而密度减少,即$\Delta\rho$与ΔT异号,故上式中有一负号,使流体的体积膨胀系数β_T恒为正值。

由实验得知,液体的体积膨胀系数非常小。比如,水在一个大气压下,温度在0～10℃范围内变化时,其体积膨胀系数仅为$\beta_T = 1.4\times10^{-5}$ K^{-1};当温度在10～20℃范围内变化时,其体积膨胀系数也仅为$\beta_T = 1.5\times10^{-4}$ K^{-1}。其他液体的体积膨胀系数也很小。在一般的温度变化范围内,液体的密度和重度改变都很小,液体的膨胀系数在大多数工程问题中都忽略不计。

气体膨胀系数都很大,气体体积随温度和压强变化的规律在热力学的理想气体状态方程中有详细讨论,这里不再讨论。

（六）流体的黏滞性

流体的黏滞性是流体所具有的重要属性之一。

当流体在外力作用下，流体微团间出现相对运动时，随之产生一对阻碍流体层间相对运动的摩擦力，称为内摩擦力或黏性力。流体产生内摩擦力的这种性质，称为流体的黏性，或称为流体的黏滞性。流体的黏滞性是由于流体层间的分子内聚力和分子的不规则运动的动量交换而造成的。黏滞性形成了流体的内摩擦，黏性使流体粘附于它所接触的固体壁面上。

1. 流体的黏度及相互换算

流体黏滞性的大小通常用黏度来度量。流体的黏度通常分为动力黏度、运动黏度和相对黏度。流体的动力黏度与运动黏度之间可按流体运动黏度的定义来进行换算，而流体的相对黏度与动力黏度及运动黏度之间可按经验公式来进行换算。

（1）流体的动力黏度

流体的黏性，即流体内部所产生的内摩擦力的大小可由牛顿内摩擦定律来确定。

设有两块相距为 h 的平行平板 C 与 B，其间充满均匀的流体，板 B 固定不动，板 C 以速度 V 做匀速直线运动，如图 1-91 所示。由于流体将黏附于它所接触的壁面上，故与板 C 接触的流体必以速度 V 随板 C 一同向右运动，而与板 B 接触的流体则静止不动。在一定的速度范围内，介于两板间的流体的速度呈线性分布，如图 1-91 所示。由于各流体层间都有相对运动，因而必定产生内摩擦力。若要维持这种运动，必须在板 C 上施加与内摩擦力 D_f 大小相等而方向相反的切向力 F。

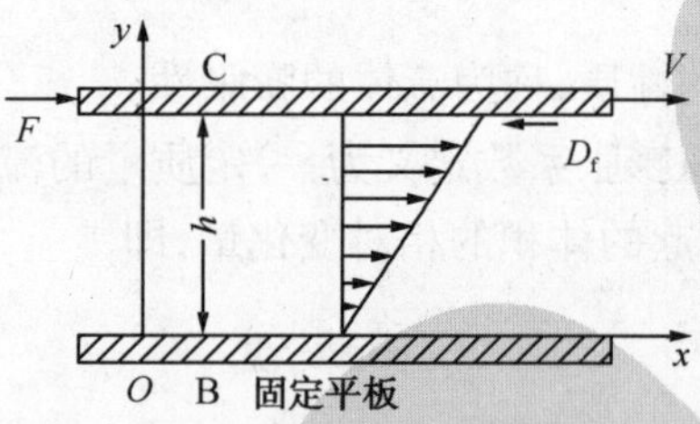

图 1-91　流体的内摩擦力

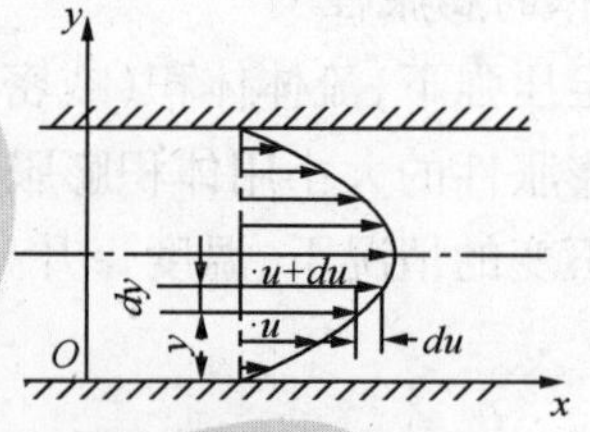

图 1-92　管内层流运动

实验证明，图 1-91 中流体内摩擦力的大小与板 C 的速度 V 成正比，与接触面积 A 成正比，而与两板间的距离 h 成反比，写成等式则为

$$D_f = \mu A \frac{V}{h} \quad \text{N}$$

或以单位面积上的内摩擦力，即内摩擦应力或切应力 τ 来表示：

$$\tau = \frac{D_f}{A} = \mu \frac{V}{h} \quad \text{Pa}$$

式中，μ 是与流体的性质有关的比例系数。

但是，一般情况下，流体运动的速度并不是按线性分布的，如图 1-92 所示的管内层流运动。这时，若取图中 y 位置上厚度为 dy 的无限薄的流体层，薄层下表面的速度为 u，上表面的速度为 $u + du$，在厚度为 dy 的薄层中速度增量为 du。将以上两式推广应用于流体的各个薄层，可得

$$D_f = \mu A \frac{du}{dy} \quad \text{N}$$

$$\tau = \mu \frac{du}{dy} \quad Pa \tag{1-2}$$

此两式称为牛顿内摩擦定律的数学表达式，式中的 du/dy 称为速度梯度，单位为秒$^{-1}$(s^{-1})。显然，牛顿内摩擦定律表明：流体内摩擦力的大小与流体的速度梯度成正比，与接触面积成正比，并且与流体的性质（即黏性）有关。

牛顿内摩擦定律数学表达式中的与流体的性质（即黏性）有关的比例系数 μ，则称为流体的动力黏度。动力黏度 μ 的单位为帕秒（Pa·s）。

由式(1-2)可得

$$\mu = \frac{\tau}{du/dy} \quad Pa \cdot s$$

显然，动力黏度 μ 表示流体单位速度梯度时的切应力的大小。也就是说，在相同的速度梯度下，动力黏度 μ 越大的流体，其切应力 τ 就越大，则表明该流体的黏性就越大。可见，动力黏度直接表示出流体黏性的大小。动力黏度 μ 也称为绝对黏度。

应当特别指出，牛顿内摩擦定律只适用于流体作层状流动（层流）的情况，当流体中发生湍动（紊流）时还要考虑一项附加切应力。另外，由牛顿内摩擦定律可知，当流体薄层之间没有相对运动，或者说处于平衡状态的流体之中不存在内摩擦力，即在平衡的流体中流体的黏性体现不出来。这说明流体黏滞性只有在流体发生运动或变形时，才呈现出来。而流体的运动或变形一停止，阻碍流体运动的内摩擦力也随之消失，流体就不呈现黏滞性。

(2) 流体的运动黏度

流体的动力黏度和密度的比值，称为运动黏度，用符号 ν 表示，单位为米^2/秒(m^2/s)，即

$$\nu = \frac{\mu}{\rho} \quad m^2/s \tag{1-3}$$

ν 之所以称为运动黏度，是因为在其因次中仅有运动学因素。

运动黏度不像动力黏度可直接表示流体黏性的大小，只有是密度相近的流体才可以用来大致比较他们的黏性。在液压系统计算及液压油的牌号表示上多用运动黏度。机械油的号数就是以这种油在 50℃ 时运动黏度的平均值来标注的。

(3) 流体的相对黏度

相对黏度又称为条件黏度。流体的动力黏度 μ 和运动黏度 ν 不能直接测量，它的值往往是通过测量与其有关的其他物理量，再根据有关方程计算求得。测量的方法有许多种。工业上测定液体的黏度常用工业黏度计，所测得的黏度称为相对黏度。如液压系统中的液压油，实际上都是用黏度计测量的。工业黏度计有几种类型，如美国采用 Saybolt 黏度计，所测得的黏度称为赛氏黏度，用 SSU 表示；英国采用 Redwood 黏度计，所测得的黏度称为雷氏黏度，用 R 表示；我国和德国等欧洲国家多采用恩格勒（Engler）黏度计，所测得的黏度称为恩氏黏度，用 °E 表示。

图 1-93 恩格勒黏度计

1—贮液器；2—水槽；3、4—锥管；5—量筒

恩格勒（Engler）黏度计的结构如图 1-93 所示。它是由一个黄铜贮液器 1 及焊接在其底部的黄铜锥管 3 所组成。贮液器 1 放在水槽 2 中，黄铜锥管内插入一个孔径为 2.8 mm 的白金锥管 4，以使被测液体自贮液器中流出。

测定之前先用特制的柱塞关闭白金锥管,再将 220 cm^3 的待测液体注入贮液器内,然后加热水槽中的水,使黄铜贮液器内的液体保持一定温度,并用温度计测量贮液器内液体温度。当稳定在规定温度后,开启柱塞,则待测液体自白金锥管滴入量筒 5 内。这时测出待测流体在规定温度下流出 200 cm^3 所需的时间,记为 t_1;然后以同样的办法测定 20℃ 的 220 cm^3 的蒸馏水流出 200 cm^3 所需的时间,记为 t_2(一般为 50 ~ 53 s,可取平均值为 51 s),则时间 t_1 与时间 t_2 之比,称为恩氏黏度,即

$$°E = \frac{t_1}{t_2}$$

显然,恩氏黏度无量纲。

由于不同的温度下,流体的黏度不同,工业上一般以 20℃、50℃、100℃ 作为测定恩氏黏度的标准温度,并相应地以符号 $°E_{20}$、$°E_{50}$、$°E_{100}$ 表示。

(4) 恩氏黏度、运动黏度、动力黏度之间的换算

恩氏黏度与运动黏度、动力黏度之间的换算关系为

$$\nu = \left(0.073\,1°E - \frac{0.063\,1}{°E}\right) \times 10^{-4} \quad m^2/s$$

$$\mu = 0.006\,7°E - \frac{0.005\,8}{°E} \quad Pa \cdot s$$

运动黏度与动力黏度之间可直接按式(1-3) 换算,即

$$\nu = \frac{\mu}{\rho} \quad m^2/s$$

$$\mu = \rho\nu \quad Pa \cdot s$$

2. 温度和压强对黏度的影响

流体的黏度随流体的温度和压强的变化而变化。一般情况下,同一种流体的黏度受流体温度的影响较大,而流体的压强对黏度的影响较小。

(1)温度对黏度的影响

温度对流体黏度的影响较大,但液体和气体随温度的变化规律是不同的。

液体的黏度随温度的升高而减小,而气体的黏度却随温度的升高而增大。这是由于液体的分子间距较小,不规则运动较弱,因此液体的内摩擦力主要取决于分子相互吸引的内聚力。当温度升高时,分子间距离增大,液体的内聚力减小,因而内摩擦力也随之减小。而气体的分子间距离较大,内聚力极小,但不规则运动强烈,因此气体的内摩擦力主要取决于分子不规则运动的动量交换。当温度升高时,根据分子运动理论,分子的动量交换率随温度升高而加剧,因而内摩擦力也随之增加。相对地说,温度的影响对液体较气体更为明显。油液黏度的变化,对液压元件的性能有较大影响。温度升高时,油液黏度下降,使流量发生波动,工作不平稳。所以液压系统中希望采用黏温性能好的油液,即黏度随温度变化越小越好。

各种机器使用的润滑油,其黏度应保持在一定的范围。对于柴油机和辅助锅炉,为使燃油雾化良好,可根据不同性质燃油进行适当加温,以使燃油黏度降低。另外,船舶在低温区域或低温季节航行时,更应注意对燃油和滑油的加温工作,使其黏度降低,以利于沿管道输送。

(2)压强对黏度的影响

压强对流体黏度的影响较小。概括地说,液体的黏度随压强的升高而增大。因为当液体压强增加时,分子间的距离缩小,其黏度增加。当压强在 3×10^7 Pa 以下时,黏度和压强的变化

一般呈线性关系。当压强极高时，黏度会急剧增加。所以当液压油压强在 2×10^7 Pa 以上且变化幅度较大时，应当计算其黏度的变化。当液压油压强在 10^7 Pa 以下时，其黏度变化可以忽略不计。

（七）液体的表面张力、含气量及空气分离压

在工程实际中，经常使用盛有水或水银的细玻璃管来测量流体的压强，这时需要考虑表面张力对测量读数的影响。而含气量、空气分离压是液体，特别是液压油和水中含气（汽）的重要属性。若液体中含气量增大，将导致油缸活塞杆出现爬行，液压控制系统频宽降低，液压系统或流体机械出现气穴、汽蚀现象。因此，在液压传动和流体机械的设计和运行操作中必须给予足够的重视。

1. 液体的表面张力

流体内部的分子间存在着内聚力，不同的液体和气体的分子间的内聚力大小是不同的。在液体与气体交界的自由表面附近的分子，由于受自由表面两侧不同流体的分子内聚力作用的不平衡，自由表面附近的液体分子受到极其微小的拉力，使表面存在一种缩为最小的趋势，产生这种收缩趋势的拉力，称为表面张力。

表面张力仅在自由表面存在，液体内部并不存在，所以它是一种局部受力现象。由于表面张力很小，一般说来对液体的宏观运动不起作用，可以忽略不计，只有在某些特殊情况下，才必须考虑其影响，如微小的液滴运动、曲率很大的流体薄层运动、流体在细密的多孔介质中流动以及流体压强的测量等。

2. 液体的含气量

含气量是指液体中所含气体按体积计算的百分比。液压油中所含气体分为混入和溶入的两种。混入的气体以直径 0.25 ~ 0.5 mm 的气泡悬浮于油液中，它对油液的体积弹性模量和黏性产生显著的影响，尤其对体积弹性模量的影响极大。溶入的气体呈溶解状态，对液压油的弹性和黏性影响很小。油液中空气的混入量取决于油液的性质、油液与空气接触程度及扰动状态，与压强的大小及温度没有直接关系。油液中混入的空气量增加，不仅使油液的体积弹性系数急剧下降，而且使油液的动力黏度线性增加。

油液中空气的溶解量正比于绝对压强，与温度无直接关系。当压强加大，部分混入的空气则溶入油液中。溶解速度取决于与空气相接触的油液的流动情况。

3. 液体的空气分离压

液体的空气分离压没有十分确切的数值，受多种因素影响。假设在某一不变温度下，当压强为 p_0 时油液中空气的溶解量为 α_0，当压强降至 p_1 时，油液中的空气并不立即从油液中析出，此时油液中的溶解量仍为 α_0。由于压强为 p_1 时油液中空气量应为 α_1，因此油液中溶解空气出现了$(\alpha_0-\alpha_1)$的过溶解量。当压强继续降低到某一 p 值时，油液中过多溶解的空气将突然迅速从油液中分离出来，以混入油液中的微细气泡为核心聚集成长，使油液中立即产生大量气泡，这个压强 p 称为该油液在该温度下的空气分离压。

空气分离压与油液的种类、温度、空气溶解量和混入量有关。通常是油温高、空气溶解量及混入量大，则空气分离压就高。一般液压油空气分离压的平均值在 1.3 ~ 6.5 kPa。

（八）流体的分类

1. 可压缩流体与不可压缩流体

根据流体压缩性的大小，流体可分为可压缩流体和不可压缩流体。如果流体的压缩性很小，当压强增加，流体的体积变化量完全可以忽略不计，这样的流体，称为不可压缩流体；否则，当压强增加,流体的体积变化量不能忽略不计,这样的流体,称为可压缩流体。由实验得知,液体的压缩性非常小。比如,水的体积弹性模量几乎不随压强的改变而改变,当水的压强增加一个大气压(10^5 Pa)时所引起的水的体积相对变化量仅为万分之零点五左右,显然,它是完全可以忽略不计的。一般在工程计算中,可以忽略液体的压缩性的影响,将液体视为不可压缩流体。气体的压缩性与液体不同,它视气体的热力学过程而定,一般情况下,需要同时考虑压强和温度对于气体的压缩性的影响。一般来说,气体的压缩性(与液体相比较)是很大的,通常应将气体视为可压缩流体。

但需要指出,是否考虑压缩性的影响不完全决定于是气体还是液体,还要由具体的条件来决定。例如,低速流动的气体(速度小于 100 m/s),其压强和温度的变化不大,因而引起的密度变化是可以忽略不计的,即此时可以把气体视为不可压缩流体。如船舶通风等问题,可以把气体当做不可压缩流体处理。因此,不可压缩流体得出的规律,不仅适用于液体运动,同时也适用于低速气体的运动。而在研究高压液体传动、水下爆炸和管道中的水击现象时,则必须考虑液体的压缩性,把液体视为可压缩的流体。不可压缩流体是正压流体的特例。

2. 理想流体与实际流体

自然界中的流体都是具有黏性的,统称为黏性流体或实际流体。黏性流体可分为牛顿流体和非牛顿流体。符合牛顿内摩擦定律的流体称为牛顿流体,比如空气、燃气、水蒸气、水、油类等均为牛顿流体。不符合牛顿内摩擦定律的流体称为非牛顿流体,比如聚合的溶液、含有悬浮杂质微粒或纤维物的流体、黏土浆、油漆等均为非牛顿流体。本节所讨论的内容仅限于牛顿流体。由于流体具有黏性,所以流体在流动时就产生内摩擦力或切应力,这就使得对流体运动的研究变得非常复杂。为了使问题简化,便于分析,在研究流体运动时提出了非黏性流体的概念。非黏性流体就是指忽略了黏性的流体,这是一种实际上并不存在的假想的流体,所以也称为理想流体。而把具有黏性的流体叫做实际流体。

研究理想流体的运动,可以大大简化理论分析的过程,容易得出一些结果。一般来说,在研究流体运动时,如果黏性的影响必须考虑,则可以先从理想流体入手,找出理想流体运动的各种规律,然后专门对黏性的作用进行理论分析或实验研究,最后再对理想流体运动的研究结果加以补充和修正,使实际问题得以解决。这是流体力学中处理复杂问题的一种有效方法。

二、流体静力学基本方程及应用

流体静力学研究流体的平衡规律,即静压强分布规律及其在工程实际中的应用。

在流体静力学中,由于流体是处于平衡状态(静止或相对静止)的,所以不呈现切应力,也就是说,流体的黏性没有体现出来,故流体静力学只是研究流体的质量力和总压力的平衡问题。流体静力学所得出的结论,对理想流体和实际流体都是适用的。

(一)流体静压强

1. 流体静压强及其特性

当流体处于平衡状态时,流体中任一点上所具有的压强,称为流体静压强。流体静压强有如下两个重要特性。

(1)流体静压强的方向是沿作用面的内法线方向

在平衡流体中,流体各部分之间没有相对运动,切应力等于零,所以作用于流体上的表面力只有法向力。又由于流体不能承受拉伸力,所以,法向力必然沿作用面的内法线方向。因此可知,流体静压强(单位面积的法向力)的方向必沿作用面的内法线方向。

(2)流体静压强的大小与作用面的方位无关

在平衡流体中,任意一点的流体静压强沿不同方向作用时,流体静压强的数值是相等的,与作用面的方位无关。但是,流体中不同点处的静压强值是不同的,与该点所处的位置有关,所以,流体静压强是空间坐标的单值函数,即

$$p = p(x,y,z)$$

2. 压强的单位及换算

当度量压强的大小时,在国际单位制(即 SI 制)中用牛顿/米^2(N/m^2),即帕斯卡(Pa)作为压强单位。在工程制中用千克力/厘米^2(kgf/cm^2),英、美等国家用磅力/英寸^2(lbf/in^2)。此外,还常用标准大气压和工程大气压来度量压强的大小。

在重力场中表示很小的压强或要精密测定压强的场合下,压强的单位又往往用液体的高度来表示。如果所用的液体是水银(Hg)、水(H_2O)或其他液体,压强便可分别表示为 mmHg, mm 或 mH_2O, mm 或 m 某种液柱等。上述各单位之间的换算关系见表 1-17。

表 1-17　压强单位换算表

帕 Pa	巴 bar	工程大气压 at(kgf/cm^2)	标准大气压 atm	毫米汞柱 mmHg	米水柱 mH_2O	英寸汞柱 inHg	磅力/英寸^2 lbf/in^2
1	1×10^{-5}	1.02×10^{-5}	0.987×10^{-5}	75×10^{-4}	1.02×10^{-4}	3.47×10^{-4}	1.45×10^{-4}
0.98×10^5	0.981	1	0.968	735.6	10	28.9	14.22
1.013×10^5	1.013	1.033	1	760	10.33	29.9	14.69
1×10^5	1	1.02	0.987	750.2	10.2	29.4	14.5
$0.068\,9\times10^5$	0.068 9	0.07	0.068	5.171	0.703	2.03	1

3. 压强的表示方法

表示某点处流体的压强,可以以不同的基准计量,因而该点的压强可能有不同的数值。通常以绝对真空和大气压强为基准计量,因而有绝对压强、相对压强之分。而在工程实用上,为表达方便又有表压强、真空之分。

(1)绝对压强与相对压强

以完全真空为基准计量的压强称为绝对压强。以大气压强 p_a 为基准计量的压强称为相对压强。

(2) 表压强与真空

若流体的绝对压强高于大气压强时,相对压强为正值,称为表压强,用符号 $p_{表}$ 或 p_g 表示。

若流体的绝对压强低于大气压强,即相对压强为负值,则处于真空状态,取其绝对值称为真空,用符号 $p_{真}$ 或 p_v 表示。

应该注意的是,表压强、真空和相对压强是有区别的,相对压强可正可负,而表压强和真空均为正值。例如,某水泵的进口处流体的绝对压强为 $p = 4\times10^4$ Pa,若大气压强为 $p_a = 1.013\times10^5$ Pa,则此处的相对压强为

$$p' = p - p_a = 4\times10^4 - 1.013\times10^5 = -6.13\times10^4\text{Pa}$$

因此处流体的绝对压强低于大气压强,所以相对压强为负值,此处为真空状态,相应的真空为

$$p_{真} = -p' = p_a - p = 6.13\times10^4\text{Pa}$$

4. 等压面及其特性

在平衡流体中静压强相等的面称为等压面。在该面上,静压强 p = 常量。平衡流体中的等压面有如下两个重要的特性。

(1)平衡流体中的质量力与等压面正交

作用于平衡流体中任意一点处的质量力必定与通过该点的等压面正交。根据等压面的这一性质，就可以在给定等压面的形状后来确定质量力的方向，或者在给定质量力的方向后来确定等压面的形状。例如，在静止液体中，当质量力只有重力作用时，因为重力铅垂向下，故静止液体中的等压面，其中包括液体的自由表面（其上各点的压强均为大气压强）必定是水平面。

（2）互不混合的平衡液体的分界面是等压面

若在同一容器中装有密度不同的两种互不混合的平衡液体（比如下面为水、上面为油），则这两种流体之间一定有明确的分界面，并且这个分界面一定是等压面。若在该分界面上任意取两点 A 和 B，则有 $p_A = p_B$。若在静止液体中，当质量力只有重力作用时，因其等压面必定是水平面，所以这两种流体之间分界面一定是水平面。

（二）流体静力学基本方程

在流体力学中，当流体所受的质量力只有重力时，该流体称为重力流体。工程技术领域中所遇到的静止或做匀速直线运动的流体通常都是重力流体。本节只讨论重力流体的静力学基本方程。

1. 流体静力学基本方程的第一种表达形式

如图 1-94 所示，在密度为 ρ、自由表面上的气体压强为 p_0 的静止液体中任取一点 B，该点距液体自由表面的深度为 h；设 B 点处的流体静压强为 p，在 B 点处取一水平微元面积 dA，并以该微元面积 dA 为底铅垂向上至液体自由表面截取一个高为 h 的微元柱体，通过分析该微元柱体所受的质量力和表面力，由该微元柱体的平衡方程可得 B 点处的流体静压强 p 为

$$p = p_0 + \rho g h \tag{1-4}$$

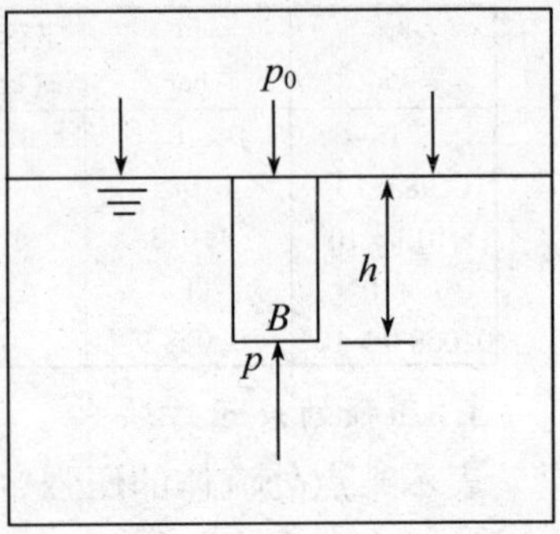

图 1-94　流体静力学基本方程

此式即为不可压缩流体仅在重力作用下的静压强计算公式，通常称为流体静力学基本方程。

流体静力学基本方程式(1-4)说明，静止液体中任一点的静压强 p 由两部分组成：一部分是自由液面上传来的压强 p_0；另一部分是截面积为单位面积、高度为 h 的液体柱的重力所产生的压强 $\rho g h$。

流体静力学基本方程式(1-4)还说明，静止流体中任意点都经受到了自由液面上压强 p_0 的作用，p_0 有任何变化，都会引起流体内所有流体质点压强的同样变化，即施于静止的流体表面上的压强将以同一数值沿各方向传递到流体中所有流体质点。对于这种压强在液体中的传递的现象，法国人帕斯卡归纳为帕斯卡原理。水压机、液压传动装置的设计都是以此原理为基础的。

2. 流体静力学基本方程的第二种表达形式

流体静力学基本方程还可以表达为另一种形式。如图 1-95 所示，取任意水平面 0－0 为基准面，在静止液体中任选两点 1 和 2，距基准面的位置高度分别为 z_1 和 z_2，距自由表面的深度分别为 h_1 和 h_2，设液体自由表面位于基准面以上的高度的 z_0，由流体静力学基本方程式(1-4)可得 1、2 两点的压强分别为

$$p_1 = p_0 + \rho g h_1 = p_0 + \rho g(z_0 - z_1)$$
$$p_2 = p_0 + \rho g h_2 = p_0 + \rho g(z_0 - z_2)$$

两式相减，得

$$p_1 - p_2 = \rho g z_2 - \rho g z_1 \tag{1-5}$$

上式两端除以 ρg，并移项得

$$z_1 + \frac{p_1}{\rho g} = z_2 + \frac{p_2}{\rho g}$$

因为1、2两点是在静止液体中任意选取的，所以，对静止液体中任意一点均有

$$z + \frac{p}{\rho g} = C \tag{1-6}$$

式中，C 为常量。

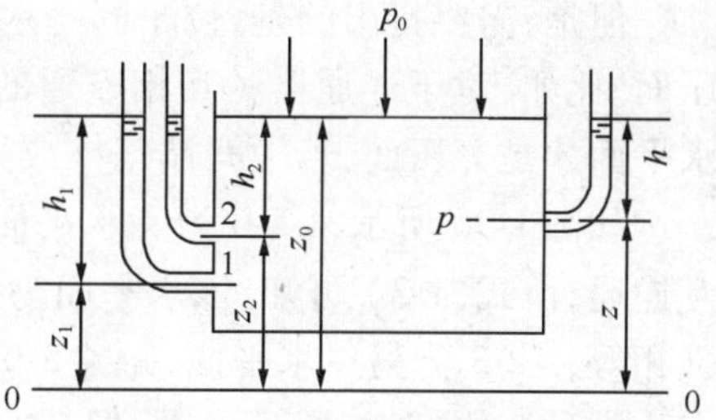

图 1-95　流体静力学基本方程的第二种表达形式

式(1-6) 即为在重力作用下的流体静力学基本方程的另一种表达形式。它表明，静止流体中任意一点的位置高度 z(距某一水平基准面) 及其压强与重度的比值之和均相等。

由式(1-6) 可以看出，位于同一位置高度的各点具有相同的压强值，即在重力作用下的静止液体中，等压面是水平面；自由液面为等压面(压强等于液面上部的气体压强，若开口容器则为大气压强)，即自由液面为水平面。这与前面由等压面的性质所得出的结论是一致的。

由(1-5) 可得

$$p_1 - p_2 = \rho g (z_2 - z_1) = \rho g h \tag{1-7}$$

或

$$p_1 = p_2 + \rho g h \tag{1-8}$$

式中，h 为1、2两点的垂直距离。这是计算静止流体中两点的压强差，或是由某一点的压强计算另一点压强的计算公式。

3. 流体静力学基本方程的适用范围

由上面的流体静力学基本方程的分析过程可知，静力学基本方程式(1-4) 和式(1-6) 以及式(1-7)、式(1-8) 的适用范围是：

① 必须是重力流体，即流体所受的质量力只有重力。

② 流体处于平衡状态，即流体处于静止或作匀速运动状态。

③ 必须是同一种不可压缩流体，即流体的密度为同一个常量。

通常情况下，在工程技术领域中所遇到的静止或做匀速运动的流体，一般都是重力流体。需要注意的是，静力学基本方程式(1-4) 和式(1-6) 以及式(1-7)、式(1-8) 只能在同一种流体(ρ 相同) 中应用。尤其在确定连通器中的等压面、计算连通器中的压强时，更要特别注意这个问题。若同一容器(或连通器中) 中装有互不掺混的几种液体时，可分别在每一种液体中应用以上各式。

4. 平衡流体中的等压面

下面以连通器中的等压面为例，介绍平衡流体中的等压面问题。前已指出，作用于平衡流体中任意一点处的质量力必定与通过该点的等压面正交；互不混合的平衡液体的分界面是等压面。

针对静止液体，当质量力只有重力作用(重力流体) 时，因为重力铅垂向下，所以静止液体中的等压面，其中包括液体的自由表面必定是水平面。互不混合的静止液体的分界面也必然是水平面。由式(1-7) 也可以得出同样得结论：位于同一位置高度的各点具有相同的压强值，即在重力作用下的静止液体中，等压面是水平面；液体的自由表面是等压面也必定是水平面。

但是,需要指出的是,位于同一水平面上的各点并不一定压强相等,即水平面不一定是等压面。比如,对于连通器(互相连通的两个或几个容器)来说,必须是以同种流体相互连通的水平面才是等压面,若中间被气体或另一种液体隔断则水平面就不一定是等压面了。

如图 1-96 所示,4-5-6 为一水平面,且以同种流体(水)相互连通,由式(1-3)可知,该水平面为等压面,4、5、6 三点的压强相等;1-2-3 为另一水平面,距 4-5-6 水平面的高度为 h,1、2 点为同种流体(油)相互连通,但 2、3 点为不同种流体(水和油)相互连通,由式(1-3)可得

$$p_4 = p_1 + \rho_{油} gh$$

$$p_5 = p_2 + \rho_{油} gh$$

$$p_6 = p_3 + \rho_{水} gh$$

因为 $p_4 = p_5 = p_6$,而两种液体的密度不同,即 $\rho_{油} \neq \rho_{水}$,所以,$p_1 = p_2 \neq p_3$。

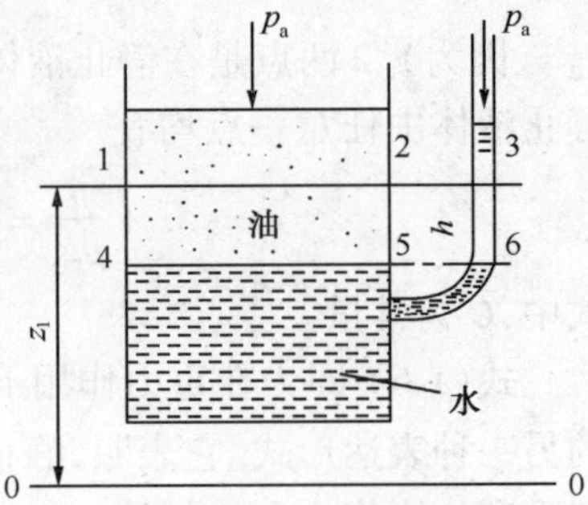

图 1-96　连通器

由此可得这样的结论:在连通器中,如果盛有两种不相混合的液体,高于分界面以上的水平面由于中间被另一种液体所隔断,不是以同种流体相互连通的液体虽然在同一平面上,但流体静压强是不相等的。如图 1-97 所示,$a-a$、$b-b$、$c-c$ 等水平面是等压面,而 $d-d$ 水平面不是等压面。

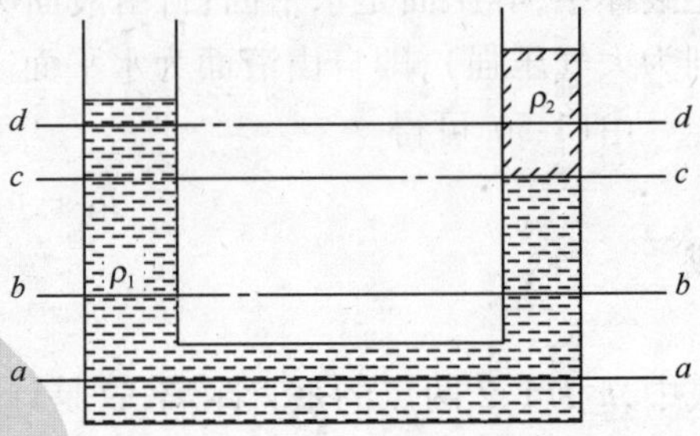

图 1-97　连通器的等压面

由于静力学基本方程式(1-4)和式(1-6)只能在同一种流体(ρ 相同)中应用,所以,当同一容器(或连通器中)中装有互不掺混的几种液体时,应分别在每一种液体中应用静力学基本方程式(1-4)和式(1-6),同时,当连通器中装有互不掺混的几种液体时,先找到等压面再进行压强计算较为方便。

(三)流体静力学基本方程的应用

1. 常用的液柱式测压计

根据流体静力学基本方程,可以计算静止流体中任意点的静压强,同时还可以制作各种液柱式测压计,下面介绍一些常用的液柱式测压计。

(1)测压管

测压管是一种最简单的液体压强测量仪器,它是利用一端开口的玻璃管连接在管道或容器的侧壁,根据玻璃管内液面上升的高度,便能测得管道或容器中静压强的数值。

为了减小测压管内液面上升时受毛细管现象的影响,规定测压管的内径不得小于 5 mm,一般采用内径为 10 mm 左右的玻璃管作为测压管。

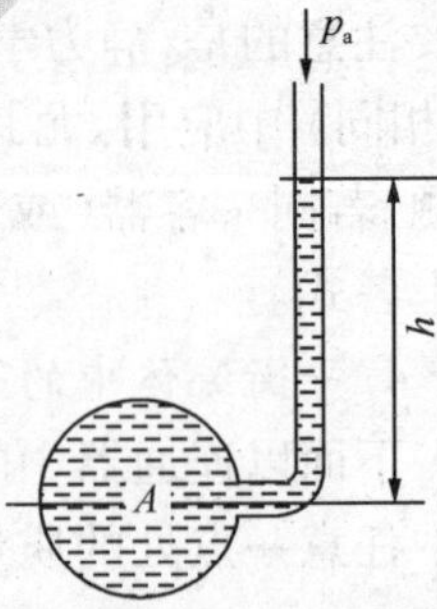

图 1-98　测压管

如图 1-98 所示,若测压管液面上升高度为 h,根据流体静力学基本方程,可得点 A 的绝对压强为

$$p = p_a + \rho gh$$

该点的表压强为

$$p_{表} = p - p_a = \rho gh$$

因此，只要从标尺读出 h 值，再乘以 ρg，即得点 A 的表压强。

测压管通常用来测量较小的压强，一般小于 9 800 Pa，不适用于测量较大或微小的压强。此外，这种测压计只能用于测量液体的压强。在测量较大及微压或气体压强时，必须加以改造。

(2)U 形测压计

U 形测压计是一个两端开口的 U 形玻璃管，如图 1-99 所示，管内盛有比被测流体的密度大的工作液体。在测量较大的压强时，可采用水银，而在测量气体压强时，可采用水或酒精。测量压强时，可将管的一端与需测压强处相接，另一端开口，并与大气相通，根据 U 形管内液面的高度差，可以计算该点处的压强值。

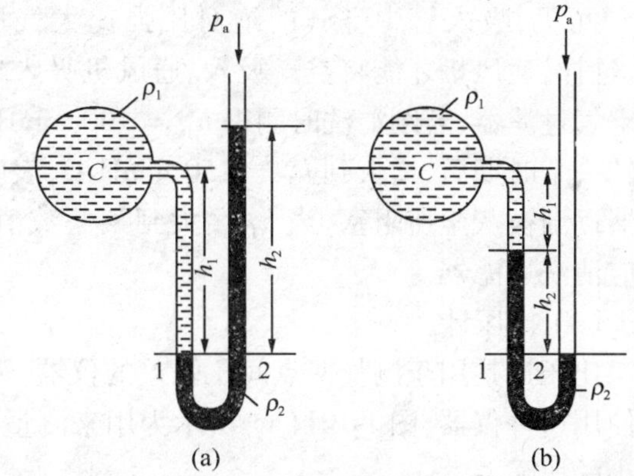

图 1-99　U 形测压计

如图 1-99 所示，当需测点 C 的压强大于大气压强，则 U 形管左管的工作液面下降，右管的工作液面上升，如图 1-99(a)所示；当点 C 的压强小于大气压强，该点处为真空，则 U 形管左管的工作液面上升，右管的工作液面下降，如图 1-99(b)所示。

设被测液体的密度为 ρ_1，工作液体的密度为 ρ_2。在图 1-99(a)中，U 形管内液体的分界面 1－2 所在的水平面是等压面，根据流体静力学基本方程，可得点 C 的绝对压强和表压强分别为

$$p_C = p_a + \rho_2 g h_2 - \rho_1 g h_1$$

$$p_{C表} = \rho_2 g h_2 - \rho_1 g h_1 \tag{1-9}$$

在图 1-99(b) 中，所测点 C 的压强为小于大气压强的真空，U 形管内液体与大气的接触面 1－2 所在的水平面是等压面，根据流体静力学基本方程，可得点 C 的绝对压强和真空分别为

$$p_C = p_a - \rho_2 g h_2 - \rho_1 g h_1$$

$$p_{C真} = p_a - p_C = \rho_2 g h_2 + \rho_1 g h_1 \tag{1-10}$$

这种测压计可用于测量液体和气体的压强。当被测流体是气体时，由于气体的密度 ρ_1 很小，$\rho_1 g h_1$ 项可以略去不计，因此，式(1-9) 和式(1-10) 分别为

$$p_{C表} = \rho_2 g h_2$$

$$p_{C真} = \rho_2 g h_2$$

如图 1-100 所示，在某船舶空调设备中，通风机排出管接 U 形测压计，测得 h_2 = 250 mmH$_2$O，吸入管处接 U 形管测压计测得 h_1 = 100 mmH$_2$O，大气压强为 $p_a = 10^5$ Pa。

由图 1-100 中排出管侧的 U 形管测压计可以看出，排出管中空气的绝对压强比大气压强高，则

排出管中空气的表压强为

$$p_{表} = \rho_{水} g h_2 = 1\ 000 \times 9.8 \times 0.25 = 2\ 452\ \text{Pa}$$

排出管中空气的绝对压强为

$$P = p_a + p_{表} = 10^5 + 2\ 452 = 102\ 452\ \text{Pa}$$

由图 1-100 中吸入管侧的 U 形管测压计可以看出，吸入管中空气的绝对压强比大气压强

低，即为真空，则

吸入管中空气的真空为

$$\rho_{真} = \rho_{水} gh_1 = 1\ 000 \times 9.8 \times 0.1 = 980 \text{ Pa}$$

吸入管中空气的绝对压强为

$$p = p_a - p_{真} = 10^5 - 980 = 99\ 020 \text{ Pa}$$

可见，吸入管中空气的绝对压强比大气压强低，这样，通风机才能将空气吸入。通风机吸入口装有空气过滤器，若刚清洗时测得 $h_1 = 100\ mmH_2O$，运转一个时期后，增大到 $h_1 = 150\ mmH_2O$，表明过滤器逐渐被灰尘所阻塞，当 h_1 增大到某一数值后，就应清洗过滤器。

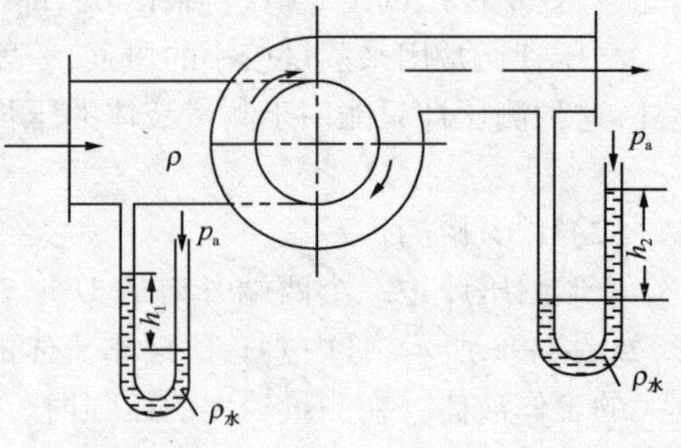

图 1-100　通风机

(3) 比压计

比压计是用于测量两点间压强差的仪器。为了测量流量、管路中的流动阻力损失等经常需要使用这种仪器。图 1-101(a) 所示为用来测量较大的压强差，而图 1-101(b) 所示为用来测量较小的压强差。

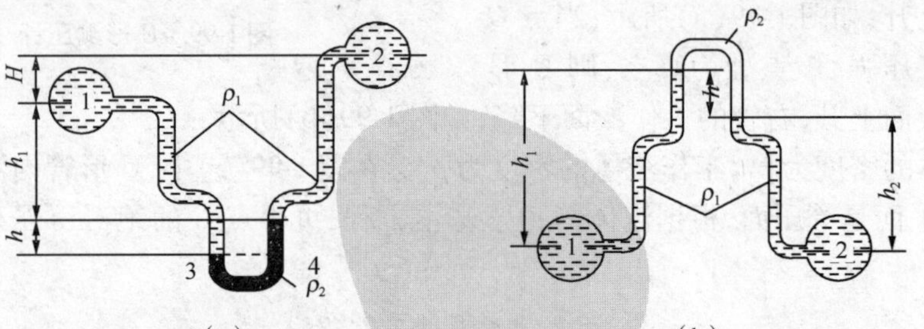

图 1-101　比压计

在图 1-101(a) 中，设两容器或管道两断面 1 和 2 的垂直距离为 H，其内液体相同，密度为 ρ_1，比压计内液体的密度为 ρ_2(工作液体可用水银)，液面高度差为 h。U 形管内液体的分界面 3 − 4 所在的水平面是等压面，根据流体静力学基本方程，可得

$$p_1 - p_2 = (\rho_2 - \rho_1)gh + \rho_1 gH$$

如果点 1 和 2 在同一水平面上，即 $H = 0$，则有

$$p_1 - p_2 = (\rho_2 - \rho_1)gh$$

若所测的是气体的压强差，则上式可简化为

$$p_1 - p_2 = \rho_2 gh$$

如果压强差较小，可用如图 1-101(b) 所示的倒 U 形管比压计来测量。因为倒 U 形管内空气的压强处处相等，根据流体静力学基本方程，可得

$$p_1 - p_2 = \rho_1 g(h_1 - h_2) = \rho_1 gh$$

可见压强差与空气的压强无关。在压差较小时，工作流体的密度 ρ_1 越小，则 h 值越大，可以提高测量的精度。

(4) 倾斜微压计

在测量微小压强时，为了提高测量精度，常采用倾斜微压计。这种微压计是把如图 1-102(a) 所示单管杯式测压计的单管倾斜放置而成的，如图 1-102(b) 所示。

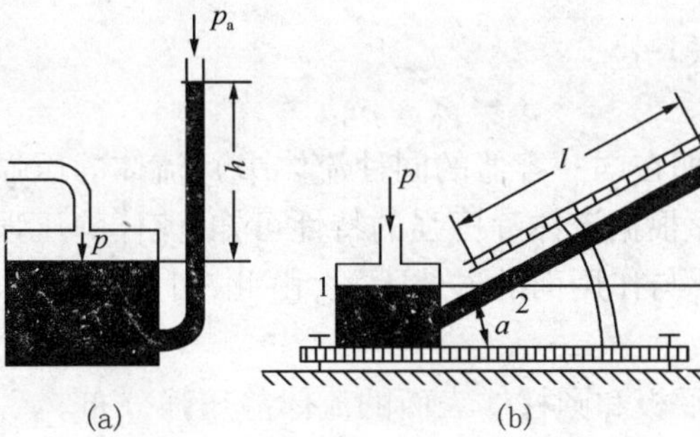

图 1-102　倾斜微压计

设斜管与底板的夹角为 α，斜管读数为 l，则容器液面与斜管液面的高度差为 $h = l \cdot \sin\alpha$，由于 $\alpha < 90°$，$\sin\alpha < 1$，$l > h$，故。

在图 1-102(b) 中，1 - 2 所在的水平面为等压面，根据流体静力学基本方程，可得所测气体的表压强为

$$p = \rho g l \sin\alpha$$

2. 帕斯卡原理及应用

由流体静力学基本方程式(1-4)

$$p = p_0 + \rho g h$$

可知，静止流体中任意点都经受到了自由液面上压强 p_0 的作用。对于同一种连续液体中的任意确定点来说，h 为定值，该点的压强 p 将随自由液面上的压强 p_0 的数值而改变。p_0 有任何变化，都会引起流体内所有流体质点压强的同样变化。比如，当 p_0 增加 Δp 时，只要液体原有的平衡情况未受到破坏，则平衡液体中任意点的压强也必将随着增加 Δp，即

$$p' = (p_0 + \Delta p) + \rho g h = p + \Delta p$$

这个规律可表述如下：对平衡液体，其液面或任意一点的压强和压强变化，将均匀等值地传递到液体中的每一质点。这就是帕斯卡原理。

帕斯卡原理是液压传动的基本原理，被广泛地用于机械工程，如千斤顶、水压机等。

图 1-103 为油压千斤顶的工作原理图。利用帕斯卡原理，可以计算油压千斤顶中力的比例关系。在两个互相连通的封闭容器中盛满了油，构成封闭的液压传动系统。设小活塞和大活塞的承压面积分别为 A_1 和 A_2，当在小活塞上作用一个外力 P_1 时，小活塞对它底面所接触液体产生的表面压强为 $p = \dfrac{P_1}{A_1}$；根据帕斯卡原理，这个表面压强 p 将均匀等值地传递到液体中的每一点上，因此，在大活塞的底面上产生同样的压强 p。如果不计活塞与壁面的摩擦力，则

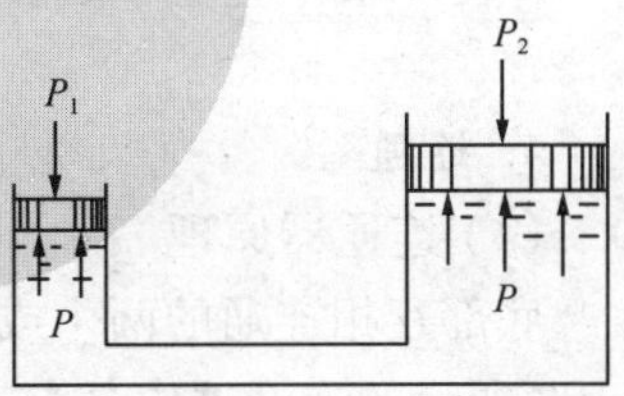

图 1-103　油压千斤顶工作原理图

$$\frac{P_1}{A_1} = \frac{P_2}{A_2}$$

由于大活塞面积 A_2 比小活塞面积 A_1 大，因此，作用在大活塞上的总压力 P_2 比作用在小活塞上的总压力 P_1 要大得多。总压力按活塞的面积比放大，在小活塞处施加较小的力，就可在大活塞处产生较大的力，举起较重的物体。

3. 流体静压强的分布

从流体静力学基本方程式(1-4)

$$p = p_0 + \rho gh$$

可以看出，当密度ρ为常数时(即在同一容器的同种流体中)，流体静压强的大小沿流体的垂直深度h是以直线规律分布的；而根据流体静压强的特性可知：流体静压强的方向是沿作用面的内法线方向，流体静压强的大小与作用面的方位无关，由此，可画出任意作用面上流体静压强的分布。

图1-104 ~ 图1-107 示出平板和圆柱体表面的流体静压强分布。

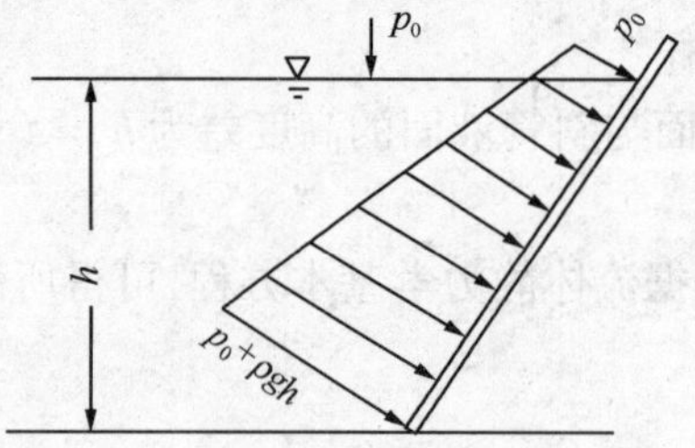

图1-104　倾斜平板流体静压强分布

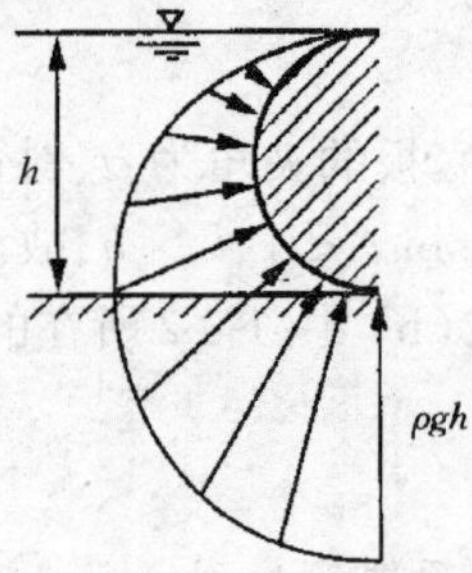

图1-105　圆柱表面流体静压强分布

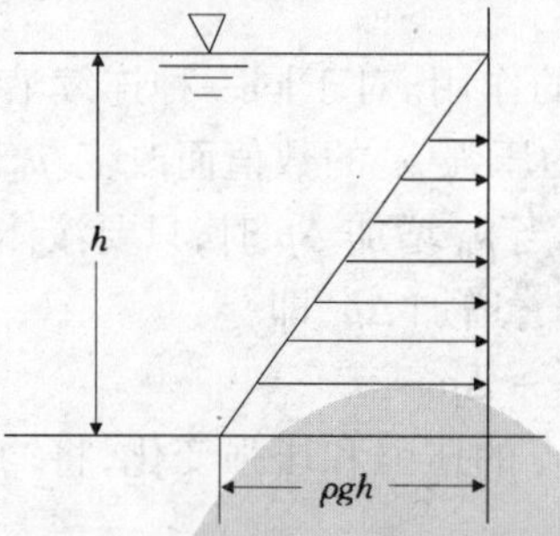

图1-106　垂直平板流体静压强分布

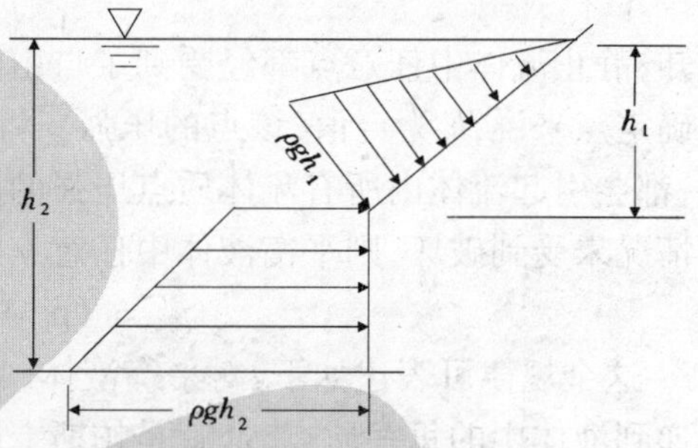

图1-107　折板表面流体静压强分布

4. 连通器

(1) 连通器原理

底部互相连通的两个或几个容器称为连通器。如图1-108所示的连通器内部装有密度为ρ的均质流体，作用于两端面上的压强分别为p_1和p_2，在两端面存在高度差为h的情况下处于平衡状态。

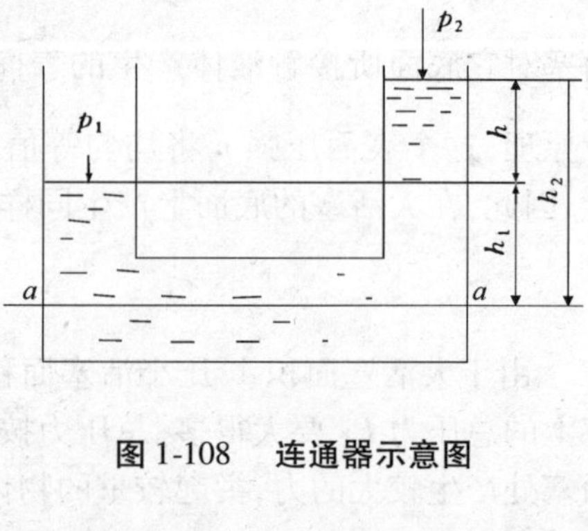

图1-108　连通器示意图

设等压面$a-a$处的压力为p，根据流体静力学基本方程，得

$$p = p_1 + \rho gh_1$$
$$p = p_2 + \rho gh_2$$

两式相减并移项，得

$$h = \frac{p_1 - p_2}{\rho g} \tag{1-11}$$

式(1-11)表明了连通器内液体的平衡规律。

(2)连通器原理的应用

①锅炉水位计。利用连通器原理,可以制成锅炉水位计。

由式(1-11)可知,当连通器两部分容器的表面压强相等($p_1 = p_2$),或自由液面上只有大气压强($p_1 = p_2 = p_a$)时,则 $h = 0$,即两液面处于同一水平面。

在锅炉侧壁上装一个玻璃管,其下端与锅炉内液体相连,其上端与锅炉上部蒸汽空间相通,则玻璃管内的液面高度即指示锅炉中的水位。

②油液密度的测量。如果在图1-109(a)所示的左边容器中注入另一种与原液体互不掺混的密度为 ρ_1($\rho_1 < \rho$)的液体(比如油液),如图1-109(b)所示,它的原自由表面产生了附加压强,因而交界面下降;而右边容器中自由表面则上升,重新建立新的平衡。

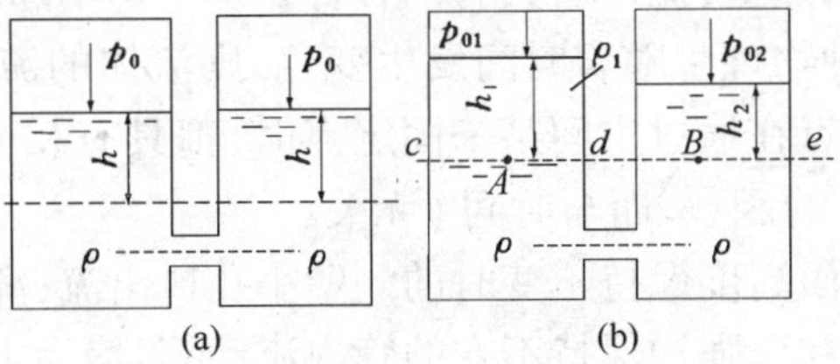

图1-109　连通器中的流体平衡

设两种液体分界面为 cd 并向右延长至 e。令左右两容器中液体新的自由表面至 cde 线的深度分别为 h_1 和 h_2,在两容器 cde 线上分别取 A 点和 B 点,由于分界面是一水平的等压面,由 A、B 两点的流体静压力可得

$$p_{01} + \rho_1 g h_1 = p_{02} + \rho g h_2$$

如果在两容器中,液体自由表面上压强相等,即 $p_{01} = p_{02}$,则上式可简化为

$$\frac{\rho}{\rho_1} = \frac{h_1}{h_2}$$

由此可知,从液体分界面(及其延长线)至自由表面的高度与两种液体的密度成反比。根据这个结论,可利用连通器内已知液体的密度 ρ,再测出 h_1 和 h_2,就可以求出未知液体的密度。

三、流体运动学基础

流体运动学主要研究流体的运动规律,并用这些规律解决各种实际问题。表征流体运动特征的主要物理量有流速、压强、密度等,这些物理量统称为流体的运动要素。流体运动学就是研究各运动要素的变化规律,以及运动要素间的相互关系,不涉及作用力的问题,即不研究流体运动的产生和变化原因。

(一)流体流动的基本概念

1. *描述流体流动的两种方法*

在流体力学中,通常采用两种方法来描述和研究流体的流动,即拉格朗日(Lagrange)法和欧拉(Euler)法。工程上通常采用的是欧拉法。

拉格朗日法着眼于流体质点,研究每一个流体质点在运动过程中的位置、速度、加速度等各种物理量随时间的变化规律,并综合所有流体质点的这种规律,以获得整个流体运动的规律。这种方法虽然在概念上比较直观,但应用起来比较复杂,工程上很少应用。

欧拉法着眼于流场(充满运动流体的空间)而不是着眼于个别流体质点的运动,通过研究不同流体质点在所流经的空间点时的物理量随时间的变化规律,以获得整个流场内流体的运动规律。因此,这种方法包含两方面内容:①确定在空间某一固定点上流体的各种物理量随时间的变化规律。②确定在某一瞬时各空间点上流体的这些物理量的分布规律。

2. 流体流动的分类

为便于流体动力学的研究,通常从以下几个方面对流体流动进行分类。按流体的物理性质可分:理想流体与实际流体的流动;不可压缩流体与可压缩流体的流动。按流体的流动状态可分:有旋流动与无旋流动;层流流动与紊流流动;亚音速流动与超音速流动等。按流体流动的运动要素是否随时间变化可分:定常流动与非定常流动。按流体流动的运动要素的空间分布特征可分:均匀流动与非均匀流动;而非均匀流动又可分为一元流动、二元流动与三元流动。

(1)定常流动与非定常流动

在流场的任何固定空间点上,流体所具有的各种物理量均不随时间发生变化的流动,称为定常流动。如果有任何一种物理量随着时间发生变化,则流体的流动称为非定常流动。对于定常流动,任何一个流体质点在通过空间某一固定点时,都具有相同的物理量,因此这些物理量仅是空间点的坐标 x,y,z 的函数,而与时间 t 无关。

例如,当贮水容器内液面高度保持不变时的侧壁小孔口出流;离心泵以稳定不变的转速抽水时,输水管内各点的速度和压强均保持不变的管内流动等,均为定常流动。而当贮水容器内液面高度不断变化时的侧壁小孔口出流、往复泵抽水时,由于活塞作不等速运动,输水管内各点的压强和速度忽大忽小时的管内流动等,均为非定常流动。当分析某种流动时,如果流体的物理量随时间变化非常缓慢,那么在较短的时间间隔内,可以近似地把这种流动作为定常流动处理。仍以小孔泄流为例,若容器直径很大,小孔直径很小,则水面下降十分缓慢,泄流轨迹变化也非常缓慢,那么在较短的时间间隔内,可以近似地认为流动是定常的。

(2)均匀流动与非均匀流动

流体的各种物理量与空间坐标无关,即在同一瞬时,所有空间点上的流体的物理量均相同,则这种流动称为均匀流动;否则,就是非均匀流动。对于非定常的均匀流动,流体的流动参数仅仅是时间 t 的函数,而与空间坐标 x,y,z 无关。

一般的流动都是在三维空间中进行的,所以,非均匀流动时,流体的物理量是三个空间坐标的函数。例如在直角坐标系中,速度、压强和密度等物理量都是 x,y,z 三个坐标的函数,这种流动称为三元流动。如果流体的物理量不仅是三个空间坐标的函数,还是时间 t 的函数,那么这种流动称为三元非定常流动。如果流体的物理量仅仅是三个空间坐标的函数,则这种流动称为三元定常流动。依此类推,流体的物理量是两个坐标的函数的流动称为二元流动,是一个坐标的函数的流动称为一元流动,同样,在一元和二元流动中,流体的物理量不仅是空间坐标的函数,同时还是时间 t 的函数,则这种流动分别称为一元非定常流动和二元非定常流动。如果流体的物理量仅仅是空间坐标的函数,那么这种流动分别称为一元定常流动和二元定常流动。显然,自变量的数量越少,问题越简单。因此,对于工程问题,在满足一定精度的条件下,总是尽可能地将三元流动简化为二元、甚至一元流动来近似求解。

(3)有旋流动与无旋流动

在流体运动学中,根据流体微团是否有转动而将流体的流动分为两大类:有旋流动和无旋流动。流体微团本身在旋转,即流体微团的旋转角速度不为零的流动,称为有旋流动;流体微团本身不旋转,即流体微团的旋转角速度等于零的流动,称为无旋流动。

需要注意的是,判别有旋流动和无旋流动的基本准则是流体微团本身是否发生旋转,即旋转角速度是否等于零。而绝不能按流体微团的运动轨迹来进行判别,流体微团作圆周运动不一定是有旋运动,流体微团作直线运动不一定是无旋运动。

3. 迹线与流线

迹线与流线是两个截然不同的概念。应用拉格朗日法研究流体的运动要用到迹线的概念,而应用欧拉法研究流体的运动则要用到流线的概念。

迹线就是一个流体质点在空间的运动轨迹。而流线则是指某一瞬时的其上任意一点的切线方向均与流体在该点的速度方向一致的曲线,如图 1-110 所示。流线是一个瞬时的概念,它是由许多空间点在同一瞬时所组成的。一般来说,对于非定常流动,不同瞬时,流线的形状不同。如果在同一空间点上流速的方向在变化,那么经过这一空间点的流线的形状也必然在变化。对于定常流动,由于空间点上的流速不随时间变化,所以流线的形状将保持不变。而且流体质点将沿着流线运动,即在定常流动中流线与迹线重合。在这种情况下,可以将流线看做理想流体中的固体壁面。因为如果理想流体不能渗入又不能离开固体壁面,那么流体质点将沿壁面流动;反之也可以将固体壁面看作为一条流线。

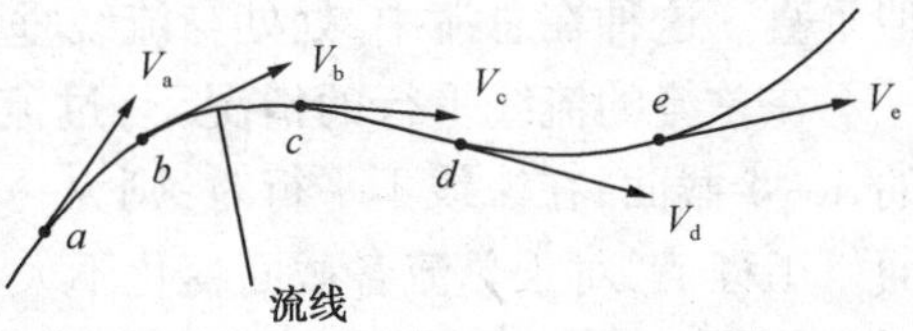

图 1-110　流线

在一般情况下,通过某一空间点在给定瞬时只能作出一条流线,因为在同一点上不可能同时有几个流动方向,所以流线一般不能相交和转折。只有在流场内流速为零的点上流线才可能相交,通常把此点称为驻点。流线能够形象地描绘出流场内的流动状况。流线的疏密程度可以大致地反映出流场内各点流速的大小。流线稠密处流速大,稀疏处流速小,显然流线相切点处,流速为无限大,此点被称为奇点。

图 1-111 所示为理想流体均匀流绕圆柱体流动流场的流线分布,圆柱体上方和下方的流线较稠密,说明此处流速较大;圆柱体左右两侧的流线较稀疏,说明此处流速较小;A、B 两点的流速为零,即为驻点。

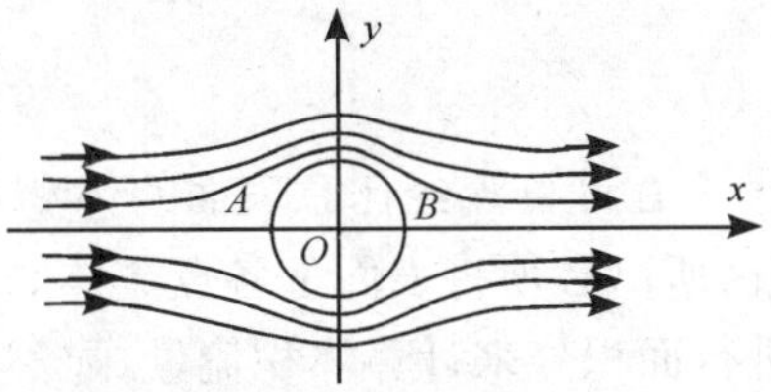

图 1-111　圆柱绕流的流线分布

4. 流管与流束

在流场中作一条本身不是流线又不相交的封闭曲线,通过这条封闭曲线上各点的流线所构成的管状表面称为流管。流管内部的流体称为流束。

图 1-112 所示为由封闭曲线 C 所形成的流管。流管像流线一样也具有瞬时的概念,在非定常流动中,流管的形状一般要随时间而改变。在定常流动的情况下,流线的形状是不随时间而变化的,因此流管的形状和位置也是不随时间而变化的,流管内的流束将沿着流管流动。这时的流管可以看作为真实的管子;反之,真实的管子当其中有流体流动时也可以看做流管。

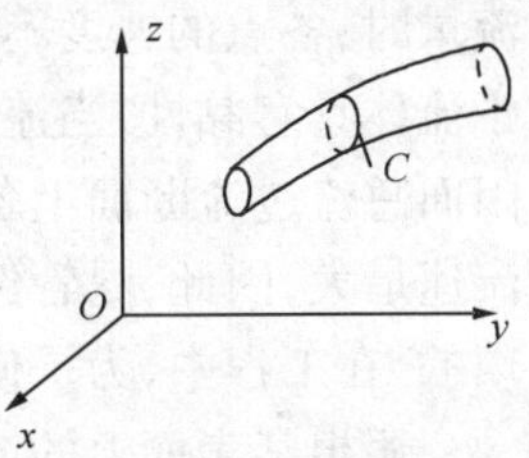

图 1-112　流管

因为流线不能相交,流体的速度总是与流线相切,所以在垂直于流线的方向上速度分量必定为零,因而流体在某一瞬时是不能穿越流管流进或流出的,流管内的流体只能在流管内流动,流管外的流体也只能在流管外流动。

横截面为无限小的流管称为微元流管,其内的流体称为微元流束。微元流管或微元流束的极限为流线。对于微元流束,可以认为其横截面上各点的运动要素是相等的。

5. 总流与过流断面

横截面为有限值的流管，其内的流体为无限多微元流束的总合，称为总流。工程上沿某一方向流动的水管、风管、射流中的流体均为总流。对于微元流束，可以认为其横截面上各点的速度是大小相等的，且方向均与横截面垂直。而总流横截面上各点的速度值则不一定相等，方向也不一定相同，所以总流的所有流线不一定垂直于同一横截面。

但是，总流总存在这样的截面：这个截面处处与流线垂直，或者近似垂直。这种在总流中，处处与流线垂直的截面，称为过流断面。

在总流的流线平行的情况下，过流断面是一平面，如图 1-113 中的 $A-A$ 截面；在流线不平行时，则为一曲面，如图 1-113 中的 $B-B$ 截面。工程上，对于总流各截面变化不大，或流线曲率较小的流动，可以近似地认为垂直总流中心线的截面（管截面，射流截面）为过流断面。

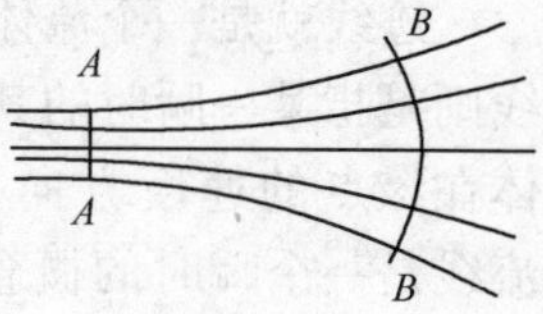

图 1-113　总流的过流断面

6. 流量与平均流速

单位时间内通过某一空间表面的流体的量，称为通过该表面的流量。流量可以用体积、质量和重力来计量，因此流量又分为体积流量、质量流量和重力流量。工程上所指的流量通常是指体积流量。

体积流量用符号 Q 表示，单位为米^3/秒（m^3/s）；质量流量用符号 Q_m 表示，单位为千克/秒（kg/s）；重力流量用符号 Q_g 表示，单位为牛顿/秒（N/s）。

对于均质流体，体积流量 Q、质量流量 Q_m、重力流量 Q_g 之间的关系为

$$Q_m = \rho Q$$

$$Q_g = gQ_m = \rho g Q$$

在计算流经任意表面的体积流量时，由于表面上各点流体的速度并不一定与该表面垂直，所以必须将表面上各点流体的速度 $\boldsymbol{V}$ 向各点处的外法线方向 $\boldsymbol{n}$ 投影，然后乘以微元面积再进行面积分来计算体积流量。显然，选取总流的过流断面来计算总流的体积流量是比较方便的。流体通过总流过流断面的体积流量为

$$Q = \int_A V \cdot dA \tag{1-12}$$

式中，V 为过流断面上各点的流速，A 为过流断面的面积，dA 为过流断面的微元面积，V 处处与过流断面的外法线方向一致。

虽然过流断面上各点的速度都与过流断面垂直，选取总流的过流断面来计算总流的体积流量时，各点的速度不需要向过流断面的外法线方向投影，相对来说还是比较方便的。但是，由于流体具有黏性，当流体流动时，流体与固体壁面之间、流体本身质点之间都有内摩擦力产生，因而总流过流断面上各点的流速往往是不相等的。例如，管道中靠近管壁处流速小，而管轴处流速最大，因此，尽管选取总流的过流断面，根据式(1-12)来计算总流的体积流量仍然是很烦琐的。在工程中，为了使实际计算问题得到简化，故引入了平均流速的概念。

假想某表面上的流体质点的速度是以某一速度值 U 均匀分布的，且处处与该表面垂直，以这一均匀分布的流速 U 通过该表面的体积流量与通过该表面的实际体积流量相等，则这一均匀分布的流速 U 称为该表面的平均流速。

以平均流速 U 计算体积流量 Q 则非常简单

$$Q = UA$$

式中，U 为过流断面的平均流速，A 为过流断面的面积。

需要注意的是,平均流速必须按其定义,即根据体积流量相等原则来确定。总流过流断面的平均流速为

$$U = \frac{Q}{A} = \frac{\int_A V \cdot \mathrm{d}A}{A}$$

工程上所指管道中流体的流速,通常就是指管道横截面(过流断面)的平均流速。

(二)连续方程及应用

连续方程是流体力学的基本方程之一,是质量守恒定律在流体力学中的应用。管流连续方程规定了管流横截面(过流断面)上的平均流速与横截面面积之间所应满足的关系。

1. *总流连续方程*

(1)总流连续方程的一般形式

如图 1-114 所示,在总流中任取两个过流断面 1 - 1(面积为 A_1)与 2 - 2(面积为 A_2),并以这两个过流断面与总流的流管组成控制体,其体积为 ∀。图 1-114 中的虚线所示为微元流束。

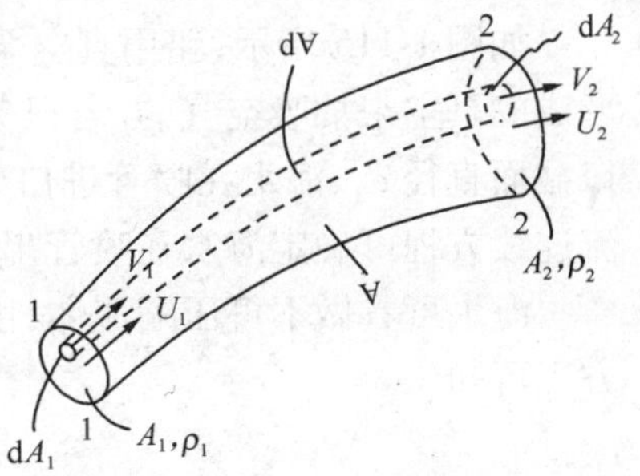

图 1-114 总流连续方程

若该控制体内既没有产生流体的源点,也没有吸收流体的汇点,则根据质量守恒定律:在单位时间内,流进控制体的流体质量减去流出控制体的流体质量,应等于控制体内流体质量的增加量,于是可得总流连续方程为

$$\rho_2 U_2 A_2 - \rho_1 U_1 A_1 = -\frac{\partial}{\partial t}\int_{\forall} \rho \cdot \mathrm{d}\forall \qquad (1\text{-}13)$$

式中,ρ_1、U_1、A_1 分别为过流断面 1 - 1 上的平均密度、平均流速和管截面面积;ρ_2、U_2、A_2 分别为过流断面 2 - 2 上的平均密度、平均流速和管截面面积。

总流连续方程式(1-13)既适用于定常流动,也适用于非定常流动;既适用于不可压缩流体也适用于可压缩流体。

定常流动的总流连续方程和不可压缩流体的总流连续方程是此式的两个特例。

(2)定常流动的总流连续方程

对于定常流动,因为 $\frac{\partial}{\partial t}\int_{\forall} \rho \cdot \mathrm{d}\forall = 0$,所以,总流连续方程式(1-13)可写为

$$\rho_2 U_2 A_2 = \rho_1 U_1 A_1 \qquad (1\text{-}14)$$

由于截面 1 - 1 与 2 - 2 是任意选定的,因此有

$$\rho U A = 常量 \qquad (1\text{-}15)$$

式中,A 为总流任意过流断面的面积,ρ、U 分别为该过流断面上的平均密度和平均流速。

上式说明,对于定常流动,无论是可压缩流体的流动还是不可压缩流体的流动,总流任意过流断面上的质量流量都是相等的。总流过流断面上的质量流量为一常量。为此,定常流动的总流连续方程式(1-14)或(1-15)也称为质量连续方程。

(3)不可压缩流体的总流连续方程

对于不可压缩流体的流动,因为 ρ = 常量,所以,总流连续方程式(1-13)可写为

$$U_2 A_2 = U_1 A_1 \qquad (1\text{-}16)$$

或

$$UA = 常量 \qquad (1\text{-}17)$$

式中，A 为总流任意过流断面的面积，ρ、U 分别为该过流断面上的平均密度和平均流速。

上式说明，对于不可压缩流体的流动，无论是定常流动还是非定常流动，沿总流任意过流断面上的体积流量都是相等的。总流过流断面上的体积流量为一常量。为此，不可压缩流体的总流连续方程式(1-16)或(1-17)也称为体积连续方程。由式(1-17)可知，对于不可压缩流体，总流过流断面上的平均速度与过流断面的面积成反比。

需要说明的是，对于不可压缩流体的非定常流动，以上两式应为瞬时的概念，即同一瞬时沿总流任意过流断面上的体积流量都是相等的。在不同的瞬时，体积流量可为不同的常量，常量随时间而变化。此外，必须注意的是，因为连续方程的实质是质量守恒，所以，对于具有多分支管道的管流，在应用总流连续方程时，要把管道的各分支部分都包括在内。

2. 总流连续方程的应用

(1) 船用真空泵

如图 1-115 所示，船用真空泵是利用海水流经喷管时所形成的真空来抽吸空气的。若已知喷管进口截面直径 d_1、出口截面直径 d_2、海水在喷管进口处的平均流速 U_1，则利用总流连续方程可确定海水在喷管出口处的平均流速 U_2。

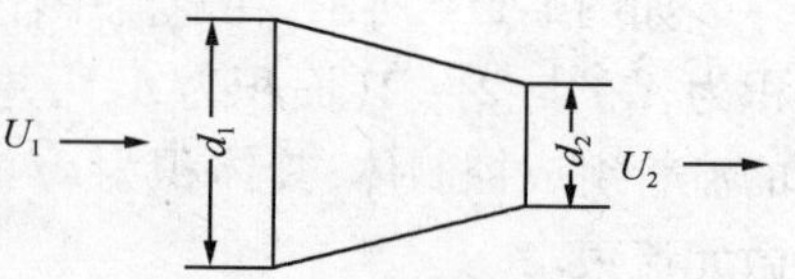

图 1-115　海水流经喷管

海水可看做不可压缩流体，由不可压缩流体的总流连续方程可知

$$U_2A_2 = U_1A_1$$

因此，海水在喷管出口处的平均流速 U_2 为

$$U_2 = \frac{A_1}{A_2}U_1 = \left(\frac{d_1}{d_2}\right)^2 U_1$$

(2) 多管路旁通水箱

如图 1-116 所示，某水箱有四支管路与外界相通，各管截面面积分别为 A_1、A_2、A_3 和 A_4。若已知管路 1 流入的体积流量为 Q_1、管路 3 流出的质量流量为 Q_{m3}、管路 4 流入的体积流量为 Q_4，且已知水的密度 ρ，则根据总流连续方程就可以判断出管路 2 是流入还是流出，并能计算出管路 2 的体积流量、质量流量和断面平均流速。

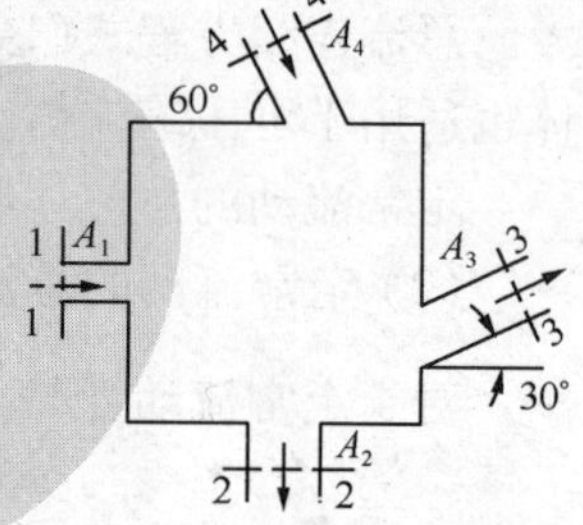

图 1-116　四分支管道水箱

设管路 2 是流出，且体积流量为 Q_2。水可视为不可压缩流体，由不可压缩流体的总流连续方程可知

$$Q_2 + Q_3 = Q_1 + Q_4$$

则管路 2 的体积流量为

$$Q_2 = Q_1 + Q_4 - Q_3 = Q_1 + Q_4 - \frac{Q_{m3}}{\rho}$$

若 Q_2 为正值，则说明假设正确，即管路 2 为流出；若 Q_2 为负值，则管路 2 为流入。

管路 2 的质量流量 Q_{m2} 为

$$Q_{m2} = \rho Q_2$$

管路 2 的断面平均流速 U_2 为

$$U_2 = \frac{Q_2}{A_2}$$

四、流体动力学基础

以下仅讨论不可压缩流体的一元流动。主要内容包括：流体流动的两种形态及其判别；圆管中的层流流动和紊流流动；水头损失的两种形式；理想流体的伯努利方程；实际流体的伯努利方程；伯努利方程的应用等。

（一）层流与紊流

实践表明，管道中液体流动的速度不同，其运动状态也不同，流体流动的阻力与流体流动的状态有关。实际流体的流动存在着两种性质完全不同的流动状态。早年，人们对此并不十分清楚，直到1883年英国物理学家雷诺发表了他的实验成果，才揭示了其中的秘密。

1．流体流动的两种形态

(1)雷诺实验

雷诺通过大量的实验发现，实际流体的运动存在着层流和紊流两种状态，并且测定了流体的能量损失与流体状态的关系，这即为著名的雷诺实验。

图1-117所示为雷诺实验的装置及管内不同流动状态示意图。在水箱的侧壁连接一根玻璃管，玻璃管末端装有一个阀门，用以调节玻璃管中水的流量，流经玻璃管的流量用量桶测定。在水箱的上方放置一个小容器，其中盛有密度与水的密度相近的红颜色水。从小容器引出一根细管，细管下端弯向玻璃管的进口，红颜色水的流量由装在细管上的小阀调节。

实验之前，先把水注入水箱，并通过溢出使水箱中的水位在实验进行过程中始终保持恒定。然后徐徐开启玻璃管上阀门，让水从玻璃管中流出。为观察玻璃管中水的状态，略开细管上的控制红颜色水的小阀门，使红颜色水亦流入玻璃管中。

实验中，通过调整玻璃管上的阀门以改变玻璃管中水的流速，观察玻璃管内红颜色水的变化。图1-117中的(a)～(d)示出的是在不同的水的流速时，所观察到的玻璃管内红颜色水的状况，从如图1-117(a)所示的一条鲜明的红色直线，到如图1-117(d)所示的红色液体充满了整个玻璃管。

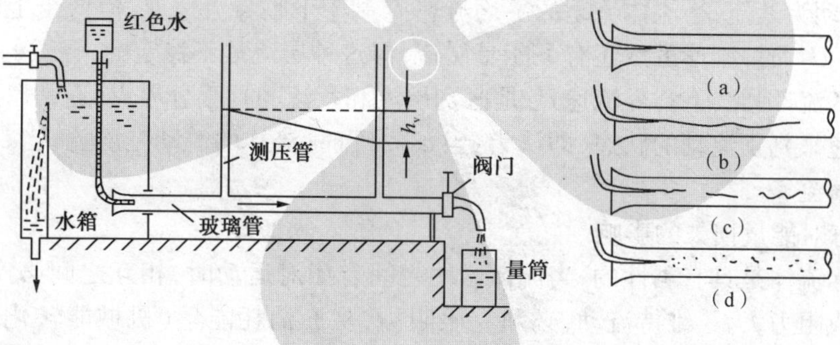

图1-117　雷诺实验

(2)层流、紊流、变流

雷诺实验表明，当玻璃管中水的流速较低时，红颜色水在无色的水流中形成一条鲜明的红色直线，如图1-117(a)所示，这说明此时管中水流质点的轨迹是有条不紊的，各流层的质点互不混杂，管中的流动是层次分明的，且呈一层层的沿轴向的运动，没有横向运动，各层间互不干扰，故红色能够保持在一层内流动而不染它层。这种状态的流动，称为层流。

若调节阀门使流速增加，当圆管横截面的平均流速增高至某一速度值时，红色线开始摆动,如图 1-117(b)所示,这种情况表明,流体质点开始出现横向运动,管中层流已开始破坏;若流速继续增加,则红色线更为弯曲,而且发生断裂,如图 1-117(c)所示,此时,管中流体的运动已经紊乱。若流速继续增高,则红色液体就充满了整个玻璃管,如图 1-117(d)所示,此时管中的流体质点的运动毫无规则,相互之间发生混杂和撞击等现象。这种状态的流动,称为紊流(或湍流)。实践表明,类似于雷诺的实验并不只限于圆管,流动的液体也并不只限于水,任何其他的实际液体和气体,在任何形状的边界范围内流动时,都可以发生类似的情况。因此,可以得出以下结论:任何实际流体的流动都具有两种流动状态,即层流与紊流。

大量的实验表明:流体流动的速度不同,其运动状态也不同,流体流动的阻力与流体流动的状态有关。流体流动从层流全部变为紊流,有一个过渡阶段,此时管中的流动情况是层流与紊流同时存在,故称为变流,图 1-117(b)、(c)的情况即为变流。

(3)临界流速

通常把流动状态转化时,流过圆管过流断面的平均流速称为临界流速。大量实验表明,对于给定的流体(黏度一定),流过直径 d 一定的管子,临界速度并不是一个完全确定的数值,它还和实验进行的方向、管子进口的形状以及流体在进口以前的扰动程度等因素有关。

同一种流体在同一条管路中流动,若沿着流速增加的方向做实验,可以找到一个流动状态由层流转化为紊流时的临界速度值 U_c',称为上临界流速;若沿着流速减小的方向做实验,还可以找到一个流动状态由紊流恢复到层流时的临界速度值 U_c,称为下临界流速;这两个临界流速数值不等,下临界流速 U_c 小于上临界流速 U_c',这是由于惯性的结果,当流速从小到大时,由于管中液体具有保持原有运动的惯性,即使流速已经较大,仍可保持层流状态;反之,当流速由大到小时,由于管中液体具有保持原有运动的惯性,即使流速较小,流动仍然会出现紊流状态。

由于 $U_c < U_c'$,所以,U_c(下临界流速)也称为低临界流速,U_c'(上临界流速)也称为高临界流速。流体流动的形态可以根据流体流动的平均流速 U 的大小用临界流速来判别。根据大量实验得知,当流体流动的平均流速 U 低于下临界流速 U_c,即 $U < U_c$ 时,流动中的任何扰动都将被黏性所衰减,流体的流动为层流;当流体流动的平均流速 U 高于上临界流速 U_c',即 $U > U_c'$ 时,流体的流动为紊流;当流体流动的平均流速 U 高于下临界流速 U_c 但低于上临界流速 U_c',即 $U_c < U < U_c'$ 时,流动虽然还有可能是层流,但这种层流是不稳定的,轻微的扰动就能使它立即转化为紊流。因此,下临界流速 U_c 是区别层流和紊流的真正分界点,通常以下临界流速 U_c 作为临界流速来判别流动的状态,即认为:当 $U < U_c$ 时,流体的流动是层流;当 $U > U_c$ 时,流体的流动便是紊流。

(4)流态对能量损失的影响

由于实际流体是具有黏性的,当流体微团之间有相对运动时,相互之间必产生切应力,对流体运动形成阻力,为了维持流动,必须克服阻力,从而消耗能量(机械能转化为热能而损失掉),这种机械能的消耗称为能量损失。流体沿管道流动,单位重力流体的能量损失,称为水头损失。水头损失按其产生的原因可分为两种形式:沿程阻力水头损失和局部阻力水头损失。沿程阻力水头损失是单位重力流体在沿着管截面面积变化不大的管路中,由于流体具有黏性,在流体与管壁面及流体微团与微团之间的摩擦而损失的能量。局部阻力水头损失是单位重力流体在某些局部地方,由于转弯或管径的改变(如突扩、突缩、渐扩、渐缩等)及由于装置了某些配件(阀门、测量仪表等)而产生的额外的能量损失。

从能量损失的观点来看,由于层流运动比较有规则,所以流动的能量损失比较小,而紊流则由于其无规则的混杂与碰撞,能量损失会大大增加。雷诺通过对水平直管沿程水头损失 h_f

的实验，测定出沿程阻力水头损失 h_f 随圆管断面平均流速 U 的变化规律，从而看出 h_f 与流动状态之间的密切关系。

从图 1-118 可明显地看出，当 $U < U_c$ 时，即在层流流动区域里，沿程阻力水头损失 h_f 与平均流速 U 的一次方成正比，这时沿程水头损失规律是一条直线，即 $h_f = k_1 U$；当 $U > U_c'$ 时，即在紊流流动区域里，h_f 与平均流速 U 的 m 次方成正比，这时沿程损失规律是一条指数曲线，即 $h_f = k_2 U^m$；式中的 k_1、k_2 为某一个固定的系数，指数 $m = 1.7 \sim 2.0$。当 $U_c < U < U_c'$ 时，为变流阶段，阻力规律不很明确，它和实验进行的方向以及流动中的扰动情况有关。可见，流动状态对阻力规律有着决定性的影响，要研究阻力规律，必须首先弄清楚流动是属于层流还是紊流。

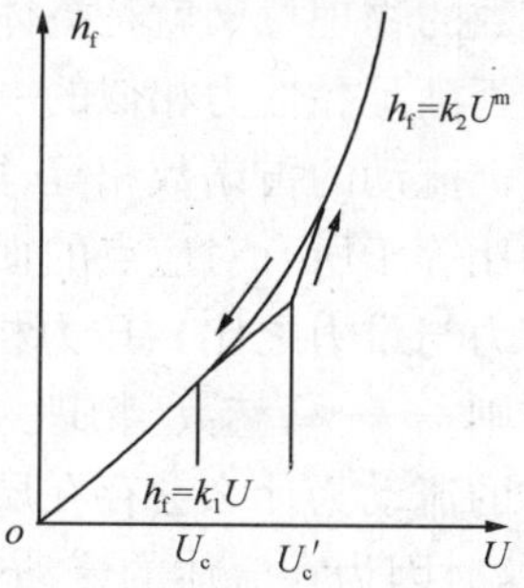

图 1-118　沿程阻力水头损失的变化规律

2. 流体两种流态的判别和雷诺数

(1) 雷诺数与临界雷诺数

通过雷诺实验可知，流体流动的形态可以根据流速的大小以临界流速 U_c 来判别。然而，用临界流速 U_c 来判别流动状态并不方便，实际上，当流体的种类（黏度）不同，或管径不同时，临界流速 U_c 是不同的。实验指出，临界流速 U_c 正比于运动黏度 v，而反比于管径 d，即

$$U_c \propto \frac{v}{d}$$

或

$$U_c = C \cdot \frac{v}{d}$$

式中，C 为常数。由此式可知，无论 v、d 和 U_c 如何变化，由它们组成的整体 $\frac{U_c d}{v}$ 是一个固定不变的常数，由于 U_c 是临界流速，所以称这个常数为临界雷诺数，用符号 Re_c 表示，即

$$\mathrm{Re}_c = \frac{U_c d}{v}$$

因此，定义任意平均流速的雷诺数 Re 为

$$\mathrm{Re} = \frac{Ud}{v}$$

用雷诺数 Re 与临界雷诺数 Re_c 比较，即可判断流体流动的状态：当 $U < U_c$ 时，$\mathrm{Re} < \mathrm{Re}_c$，流动是层流；当 $U > U_c$ 时，$\mathrm{Re} > \mathrm{Re}_c$，流动是紊流。

由于临界雷诺数 Re_c 的值是一定的，这就使得用它来判断流动状态具有很大的优越性和普遍性。

雷诺数也可表示为

$$\mathrm{Re} = \frac{\rho U d}{\mu}$$

实验证明，对于采用不同运动黏度 v 的流体，沿不同管径 d 的圆管中流动，当层流变为紊流时，临界雷诺数 Re_c 均等于 2 320。因此，当 Re < 2 320 时，管流是层流；当 Re > 2 320 时，管流是紊流。工程上一般近似取 $\mathrm{Re}_c = 2\ 000$。圆管中的流动，对应上临界速度的上临界雷诺数，

甚至高到 13 800 或更高一些。

（2）雷诺数的物理意义及产生层流与紊流的原因

雷诺数的物理意义就是流体流动的惯性力与黏性力之比。实际上，雷诺数也是判断两种相似流动是否满足黏性力相似的一个准则数。也就是说，满足几何相似和运动相似的两个流动，如果这两个流动的雷诺数相等，则称这两个流动满足黏性力相似，即这两个流动所有对应点的黏性力的比等于所有对应点的惯性力的比。类似地，还有重力相似准则 —— 佛鲁德数（物理意义为惯性力与重力之比）、压力相似准则 —— 欧拉数（物理意义为压力与惯性力之比）和弹性力相似准则 —— 马赫数（物理意义为惯性力与弹性力之比）等。

流体的流动为什么会存在层流和紊流两种状态？为什么临界雷诺数可以作为流态的判别标准呢？这时因为在流体的流动中总是存在着维持流体流动的惯性力和阻抗流体流动的黏性力，前者可以看成激发流体微团混杂的因素，后者可以看成抑制该运动的因素。而雷诺数的物理意义则是惯性力与黏性力的比值。在流速较小的情况下，黏性力对流体质点的运动起着主导作用，抑制湍动的因素超过了激发湍动的因素，因此雷诺数就比较小，流动也就为层流。当流速较大时，维持流体质点运动的惯性力起着主导作用，使黏性力失去对流体质点运动的控制，激发湍动的因素就超过了抑制湍动的因素，这时雷诺数就较大，流动也就转化为紊流。

从层流到紊流的转变决定于惯性力与黏性力大小的比值。而临界雷诺数就是流体内部这两种力的对比达到使流态起质变的临界值。由于空气、水的黏度很小，对于工程中常遇到的流速和管径，其流动一般均为紊流；而油的黏度比前两者要大得多，其流动通常为层流。

（二）流动阻力和水头损失

由于实际流体是具有黏性的，在流体流动过程中，当流体微团之间或流体微团与固体壁面之间有相对运动时，相互之间必产生摩擦切应力，对流体运动形成阻力，为了维持流动；必须克服阻力，从而消耗能量（机械能转化为热能而损失掉），这种机械能的消耗称为能量损失。

流体沿管道流动，单位重力流体的能量损失，称为水头损失，用符号 h_v 表示，单位为米（m）。水头损失按其产生的原因可分为两种形式：沿程阻力水头损失和局部阻力水头损失，如图 1-119 所示。

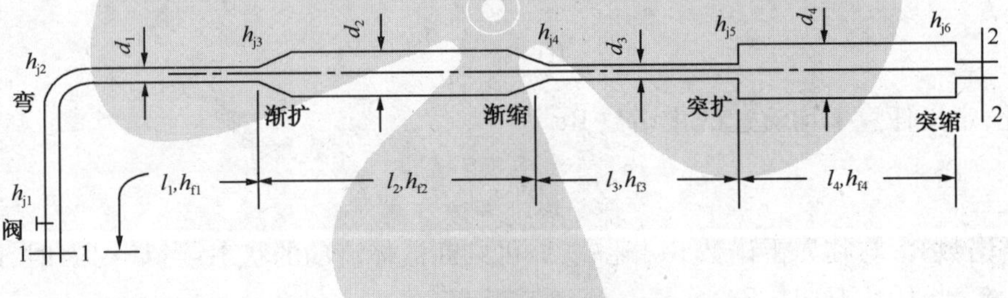

图 1-119　管路中两种阻力水头损失

1. 沿程阻力水头损失

沿程阻力水头损失是指单位重力流体在沿着管截面面积变化不大的管路中，由于流体具有黏性，在流体与管壁面及流体微团与微团之间的摩擦而损失的能量。

沿程阻力水头损失用符号 h_f 表示。管路中总的沿程阻力水头损失是沿程各分段的沿程阻力水头损失之和，即

$$h_f = \sum (h_f)_i$$

每一管段的沿程阻力水头损失 h_f，不论是层流还是湍流，均按达西公式

$$h_f = \lambda \frac{l}{d} \frac{U^2}{2g}$$

计算，式中，λ 是个比较小的无因次数，称为沿程阻力系数；l 为管段长度，单位为米（m）；d 为管径，单位为米（m）；U 为管截面的平均流速，单位为米/秒（m/s），而 $U^2/(2g)$ 代表单位重力流体的动能，称为“速度头”，流体力学中，总是习惯于把各种阻力表示为速度头的若干倍数。

实验与理论分析表明，沿程阻力系数 λ 与流体流动的状态和管壁的粗糙程度有关，沿程阻力系数 λ 是雷诺数 Re 和管壁相对粗糙度 Δ/d 的函数，即

$$\lambda = \lambda\left(\mathrm{Re}, \frac{\Delta}{d}\right)$$

对于圆管层流流动，沿程阻力系数 λ 的计算公式已经推导出来，并为实验所证实，即 $\lambda = \frac{64}{\mathrm{Re}}$，也就是说，圆管层流流动时，沿程阻力系数 λ 仅仅是雷诺数 Re 的函数，且与雷诺数 Re 成反比，而与管壁的相对粗糙度 Δ/d 无关。对于圆管紊流流动，沿程阻力系数 λ 不能完全从理论上求得，而只能在实验的基础上，经过理论分析，建立半经验计算公式。

尼古拉兹（J. Nikuradse）实验曲线和对工业管道比较实用的莫迪（Moody）图，均给出了沿程阻力系数 λ 随雷诺数 Re 与相对粗糙度 Δ/d 的变化规律，其详细资料可参阅有关的工程流体力学教材、水力学手册或机械工程手册。

2. *局部阻力水头损失*

局部阻力水头损失是指单位重力流体在某些局部地方，由于转弯或管径的改变（如突扩、突缩、渐扩、渐缩等）及由于装置了某些配件（阀门、测量仪表等）而产生的额外的能量损失。

局部阻力水头损失用符号 h_j 表示。产生局部阻力的原因在于，流体在上述的局部地方，产生大量的旋涡，如图 1-120 所示，这些旋涡的能量不断地转变为热能而逸散于流体中，因而使机械能减少。流体经过这些局部地方产生旋涡是由于流体具有黏性和流体在这些局部地方沿着压强增加方向流动的原因。

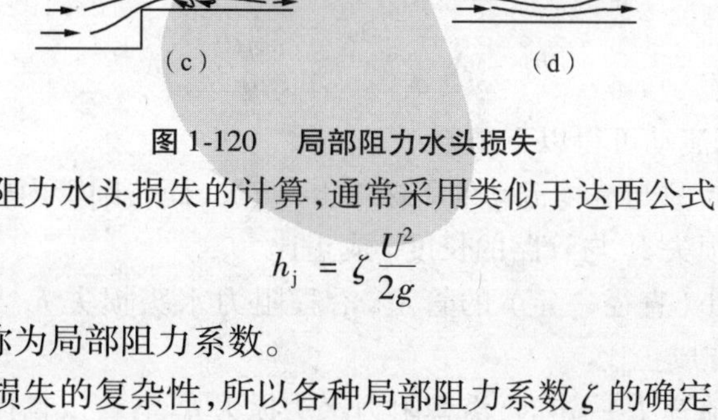

图 1-120　局部阻力水头损失

每个局部处的局部阻力水头损失的计算，通常采用类似于达西公式的计算公式

$$h_j = \zeta \frac{U^2}{2g}$$

式中，ζ 是个无因次数，称为局部阻力系数。

由于局部阻力水头损失的复杂性，所以各种局部阻力系数 ζ 的确定，目前主要是靠实验测定。有关局部阻力系数的详细资料可参阅相关的工程流体力学教材、水力学手册或机械工程手册。管路中总的局部阻力水头损失为各个局部阻力水头损失之和，即

$$h_j = \sum (h_j)_i$$

3. 整个管路的总水头损失

通常情况下,一个管路的水头损失应将该管路沿流动方向分为若干段而分段计算,并且所分的每一管段要保证该段中的每个过流断面的直径 d(或当量直径 d_H)和平均流速 U 都相等。

每一管段的总水头损失 $(h_v)_i$ 为该管段的沿程阻力水头损失 $(h_f)_i$ 与该管段的所有局部阻力水头损失 $(\sum h_j)_i$ 之和,即

$$(h_v)_i = (h_f)_i + (\sum h_j)_i$$

一个管路若分为若干个顺序连接的管段,则整个管路的总水头损失 h_v 为各管段的总水头损失 $(h_v)_i$ 之和,即

$$h_v = \sum (h_v)_i$$

一个管路若分为若干个并行连接的管段,则这若干个并行连接的每一个管段的总水头损失 $(h_v)_i$ 均相等,且整个管路的总水头损失 h_v 也等于这若干个并行连接的每一个管段的总水头损失 $(h_v)_i$,需要特别注意,此时整个管路的总水头损失 h_v 并不是这若干个并行连接的各管段的总水头损失 $(h_v)_i$ 之和,即

$$h_v = (h_v)_i$$

$$h_v \neq \sum (h_v)_i$$

若一个管路所分的若干管段,有几个管段是并行连接的,再与其他的管段顺序连接,则这几个并行连接的管段可作为一个整体,只看作是整个管路的一个分段,称为并行段。整个管路的总水头损失为并行段的总水头损失与其他的顺序连接的各管段的总水头损失之和。并行段的总水头损失等于并行段中任一管段的总水头损失,而不是并行段中所有并行的各管段的总水头损失之和,同时,并行段中每一管段的总水头损失均相等。

4. 减小流动阻力和水头损失的方法

(1) 减小沿程阻力水头损失的方法

理论分析表明,在圆管层流流动中:

$$\lambda = \frac{64}{\mathrm{Re}}$$

$$h_f = \lambda \cdot \frac{l}{d} \cdot \frac{U^2}{2g} = \frac{32\mu l}{\rho g} \cdot \frac{U}{d^2}$$

$$h_f = \lambda \frac{l}{d} \frac{U^2}{2g} = \frac{128\mu l}{\pi\rho g} \cdot \frac{Q}{d^4}$$

由此,对圆管层流流动可得以下结论:

① 沿程阻力系数 λ 只与流体流动的雷诺数 Re 有关,而与圆管内壁的相对粗糙度 Δ 无关。

② 沿程阻力水头损失 h_f 与管路的长度 l 成正比。

③ 对同一截面大小(直径一定)的管道,沿程阻力水头损失 h_f 与流体流动的平均流速 U(或流量 Q)的一次方成正比。

④ 当流动的平均流速 U 一定时,沿程阻力水头损失 h_f 与管道直径的平方(d^2)成反比。

⑤ 当流体流动的流量 Q 一定时,沿程阻力水头损失 h_f 与管道直径的四次方(d^4)成反比。

理论分析表明,在圆管紊流流动中,当雷诺数很大、紊流充分发展,即水力粗糙流动时:

$$\lambda = \lambda\left(\frac{\Delta}{d}\right)$$

$$h_f = \lambda \frac{l}{d}\frac{U^2}{2g}$$

$$h_f = \frac{8\lambda l}{g\pi^2} \cdot \frac{Q^2}{d^5}$$

由此,对圆管紊流流动中的水力粗糙流动可得以下结论:

① 沿程阻力系数 λ 仅仅是相对粗糙度 Δ/d 的函数,与雷诺数 Re 无关;即对同一相对粗糙高度 Δ/d 的管道,当雷诺数 Re 不同时,其沿程阻力系数 λ 是相同的;但对不同相对粗糙度 Δ/d 的管道,即使雷诺数 Re 相同,它们的沿程阻力系数 λ 也不相同。

② 沿程阻力水头损失 h_f 与管路的长度 l 成正比。

③ 对同一截面大小(直径一定)的管道,沿程阻力水头损失 h_f 与流体流动的平均流速 U(或流量 Q)的平方成正比。

④ 当流体流动的平均流速 U 一定时,沿程阻力水头损失 h_f 与管道直径 d 的一次方成反比。

⑤ 当流体流动的流量 Q 一定时,沿程阻力水头损失 h_f 与管道直径的五次方(d^5)成反比。

综合以上结论,为减小流体流动的阻力和沿程阻力水头损失 h_f,工程上应主要从以下几个方面入手:

① 尽可能缩短管路的长度 l(因为无论流体的流动是层流还是紊流,沿程水头损失均与管路的长度成正比)。

② 尽可能地采用内表面光滑的管道,即减小管道内表面的粗糙高度 Δ。

③ 尽可能增加管道的截面积,采用直径 d 较大的管道(因为在流量一定时,层流流动时的沿程阻力水头损失 h_f 与 d^4 成反比,而完全紊流流动时沿程阻力水头损失 h_f 与 d^5 成反比)。

(2) 减小局部阻力水头损失的方法

当管道截面发生变化时,管道截面积的变化越大,局部阻力系数 ζ 值越大。同样的截面积变化,截面突然扩大(或缩小)的局部阻力系数 ζ 值大于截面逐渐扩大(或逐渐缩小)的局部阻力系数 ζ 值。同样条件下,截面逐渐扩大的局部阻力水头损失 h_j 大于截面逐渐缩小的局部阻力水头损失 h_j。对于弯管,流向变化的角度越大,局部阻力系数值越大。折弯管的局部阻力系数值大于圆弯管的局部阻力系数值。圆弯管的直径越大、弯转的曲率半径越小,局部阻力系数值越大。对于各种阀门,阀门的开度越小,局部阻力系数值越大。一般来说,阀门的结构越复杂,局部阻力系数值越大。综合以上结论,为减小流体流动的阻力和局部阻力水头损失 h_j,工程上应主要从以下几方面入手:

① 尽量避免管道截面的大小和形状发生改变,尽可能地采用同样截面的管道。

② 当管道截面积发生变化时,应采用截面逐渐变化(逐渐扩大或逐渐缩小),尽可能避免截面的突然变化(突然扩大或突然缩小)。

③ 当管道发生转弯时,应采用圆弧过渡(圆弯管),且圆弧的半径(曲率半径)越大越好。

④ 尽可能减少安装在管道上的配件(如阀门、测量仪表等)和设备。

(三) 伯努利方程

连续方程建立了总流过流断面上的平均流速与过流断面面积之间的关系,而伯努利方程将建立总流过流断面上的速度、压强及过流断面位置之间的关系。

下面先介绍几个有关流体动力学的基本概念,然后介绍理想流体的伯努利方程,进而再考虑水头损失建立实际流体的伯努利方程。同本节第二部分一样,以下也只讨论重力流体。只讨论质量力只有重力的理想流体的定常流动。

1. 基本概念

(1) 缓变流

缓变流是流线之间的夹角很小,流线的曲率半径很大的一种流动,即流线趋于平行的直线,这样就可以忽略由于流线弯曲而引起的离心惯性力。因此在缓变流过流断面上的质量力中,只有重力作用。由于流线几乎是平行的,因此该处过流断面是垂直流线的平面,其上没有沿断面的分速度,因此沿过流断面方向与流体绝对静止的情况相同。

在总流中,并不是各处都符合缓变流的条件,只有符合缓变流条件处,沿过流断面才和流体绝对静止时的情况相同,此处只有重力和表面力中压力的平衡关系,因而在过流断面上保持着流体静力学的 $\left(z+\frac{p}{\rho g}\right)=$ 常量的关系。与流体静力学不同的是,缓变流的不同过流断面上的常量是不相同的,即它们的测压管水头线的高度不同。图 1-121 示出两个不同过流断面上的测压管水头线的高度。

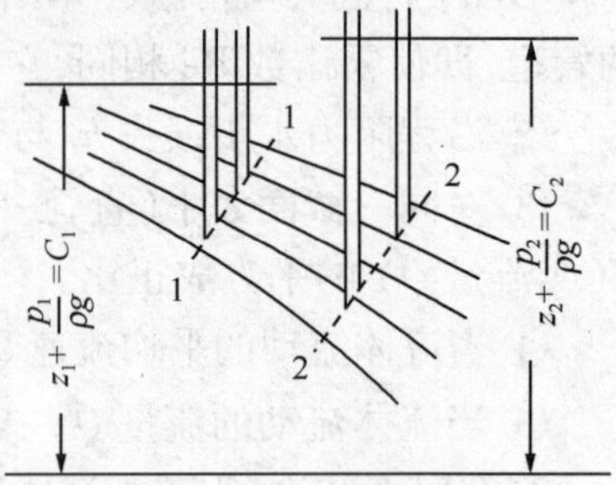

图 1-121 缓变流

(2) 单位重力流体的动能

在运动的流体中选取一质量为 dm 的流体微团,若其速度为 V,则它的动能为

$$\frac{1}{2}\cdot \mathrm{d}m\cdot V^2$$

而质量为 dm 的流体微团所受的重力为 d$m\cdot g$,那么,单位重力流体微团所具有的动能为

$$\frac{\frac{1}{2}\cdot \mathrm{d}m\cdot V^2}{\mathrm{d}m\cdot g}=\frac{V^2}{2g}$$

单位重力流体所具有的动能$\frac{V^2}{2g}$,称为比动能。

对总流而言,由于总流过流断面上的各点的流速通常是不相等的,因而计算总流过流断面的比动能就比较繁琐。因而,在工程实际中通常采用总流过流断面的平均流速来计算其比动能。

由于平均流速是根据"流量相等"而定义的,因此,利用总流过流断面平均流速计算的流量来代替利用各微元流束的实际流速计算流量(称为实际流量)时,不必加以任何修正,这由平均流速的定义式就更显而易见了。比如,若某过流断面的面积为 A,断面平均流速为 U,则该过流断面的体积流量 Q 为:$Q=UA$。

但是,若用总流过流断面平均流速所计算的动能,来代替利用各微元流束的实际流速计算的动能(称为实际动能),则需要加以修正。由此引出动能修正系数 α。

动能修正系数 α 是总流过流断面的实际动能与以其平均流速计算的动能的比值。显然,以平均流速计算的动能乘上动能修正系数 α,即为实际动能。

若总流某过流断面的平均流速为 U,该过流断面的动能修正系数 α,则该过流断面的比动能(单位重力流体所具有的动能)为

$$\frac{\alpha U^2}{2g}$$

某过流断面的动能修正系数 α 的大小与该过流断面上的流速分布有关。若流速在过流断面上均匀分布，则 $\alpha = 1.0$；过流断面上流速分布越不均匀，α 值越大，$\alpha > 1.0$。实际流体的总流有层流和紊流两种流动状态，紊流流动在过流断面上的速度分布除近壁处不均匀外，其余大部分较均匀，可取 $\alpha = 1.0$。

(3) 静压、总压、动压

在运动的流体中，流体质点在具有速度 V 的同时也具有压强 p，这个压强值称为流体的静压。测静压的测压管称为静压管。当流体质点的速度减少到零时，这点的压强称为驻点压强或滞止压强，又称为总压或全压。测总压的测压管称为皮托管，或称为总压管。

很显然，当流体质点的速度减少到零时，其动能转换成了压强能。总压中由动能转换来的那部分压强称为动压，即运动的流体中某一点的总压等于它的静压与动压之和。

2. 理想流体总流伯努利方程

(1) 理想流体总流伯努利方程的建立

如图 1-122 所示的质量力只有重力的理想流体定常流动的总流，在其任意两个缓变流处分别选取过流断面 1 － 1 和过流断面 2 － 2，设过流断面 1 － 1 距基准面的高度为 z_1、面积为 A_1、静压为 p_1、平均流速为 U_1，而过流断面 2 － 2 距基准面的高度为 z_2、面积为 A_2、静压为 p_2、平均流速为 U_2，由于两过流断面间没有机械能的输入和输出，且流体无黏性，两过流断面间没有机械能的损失，所以，由机械能转换与守恒原理可得两过流断面间的单位重力流体的总机械能关系为

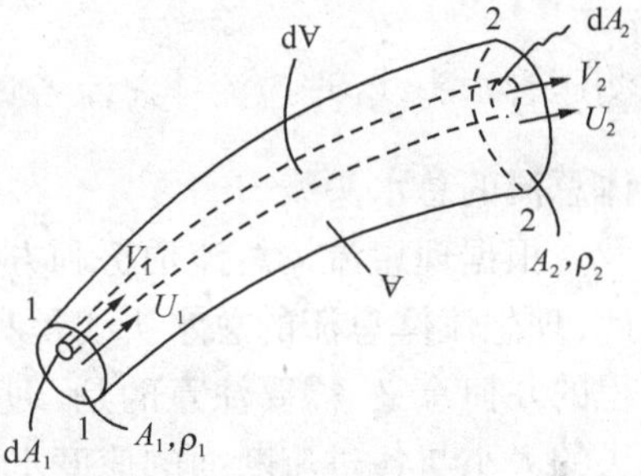

图 1-122　总流伯努利方程

$$z_1 + \frac{p_1}{\rho g} + \frac{\alpha_1 U_1^2}{2g} = z_2 + \frac{p_2}{\rho g} + \frac{\alpha_2 U_2^2}{2g}$$

式中，α_1 和 α_2 分别为过流断面 1 － 1 和 2 － 2 的动能修正系数。

工程实际中的总流多是紊流流动状态，因此动能修正系数通常可取为 $\alpha = 1.0$，于是上式就可写为

$$z_1 + \frac{p_1}{\rho g} + \frac{U_1^2}{2g} = z_2 + \frac{p_2}{\rho g} + \frac{U_2^2}{2g} \quad (1\text{-}18a)$$

又可写成

$$z + \frac{p}{\rho g} + \frac{U^2}{2g} = 常量 \quad (1\text{-}18b)$$

此式即为质量力只有重力的理想流体定常流动的总流伯努利方程，也是工程上最常用的伯努利方程，它反映了定常流动中总流各过流断面的位置高度 z、静压 p 和平均流速 U 这三个水力要素之间的变化规律。

对于低速气体流动（可视为不可压缩流体流动），式(1-18) 可写为

$$p_1 + \frac{\rho U_1^2}{2} = p_2 + \frac{\rho U_2^2}{2}$$

或

$$p + \frac{\rho U^2}{2} = 常量$$

(2) 理想流体总流伯努利方程及其各项的意义

伯努利方程是流体力学中最常用的方程，只有深刻理解其几何意义和能量意义，才能熟练

掌握和应用。

①几何意义。伯努利方程中的z和$\frac{p}{\rho g}$都具有长度因次，z称为位置高度或位置水头，$\frac{p}{\rho g}$称为压强高度或压强水头（又称为静压水头），$\left(z+\frac{p}{\rho g}\right)$称为测压管水头（或静水头）。由于过流断面处是缓变流，所以测压管水头$\left(z+\frac{p}{\rho g}\right)$在过流断面上任意点均为同一值，一般取在总流中心线上。$\frac{U^2}{2g}$也具有长度因次，称为速度高度或速度水头（又称为动压水头），取过流断面上的平均流速计算。测压管水头$\left(z+\frac{p}{\rho g}\right)$与速度水头$\frac{U^2}{2g}$之和，即$\left(z+\frac{p}{\rho g}+\frac{U^2}{2g}\right)$称为总流过流断面的总水头。

理想流体总流各过流断面的测压管水头$\left(z+\frac{p}{\rho g}\right)$高度连起来的线，称为理想流体总流的测压管水头线。理想流体总流各过流断面的总水头$\left(z+\frac{p}{\rho g}+\frac{U^2}{2g}\right)$高度连起来的线，称为理想流体总流的总水头线。

根据理想流体总流伯努利方程可知，理想流体总流各过流断面的总水头永远是相等的，因此，理想流体总流的总水头线是和水平基准面平行的水平直线。这就是理想流体总流伯努利方程的几何意义。需要注意的是，理想流体总流的测压管水头线不一定是一直线，因为测压管水头的大小与各过流断面的速度水头有关。

图1-123示出与水箱相连的管系。水箱中的水经管路流入大气中。管路每个截面上总水头都由三部分组成，速度头的分布由管流连续方程定出，管截面大速度头小；管截面小速度头大。管截面不变的管段其速度头不变，只有位置头和压强头相互转换，如图1-123中的倾斜部分的管段，速度头不变化，由于位置头变化，因此压强头也发生了变化；而水平部分的管段，速度头不变化时，位置头不变，压强头也不变化。在水箱液面$m-m$上，因为液面上速度头为零，压强又为大气压强，其表压强值为零，因此位置头即是总水头，出口截面上，表压强为零，总水头为

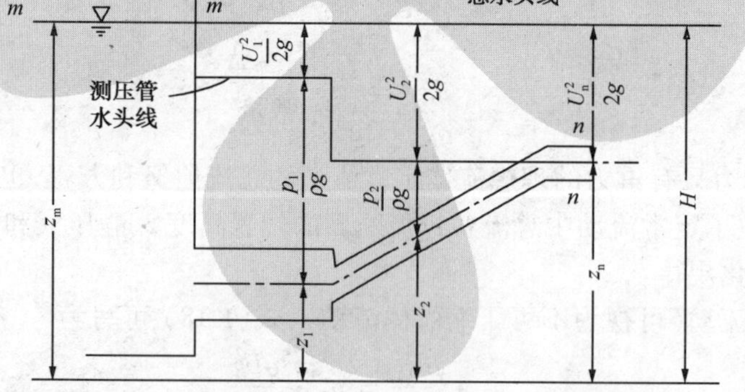

图1-123　理想流体总流的总水头线和测压管水头线

位置头和速度头之和。总之，对于理想流体总流，随着过流断面面积的变化，测压管水头线可以是一条既有升高，又有降低的曲线。只有在总流过流断面面积不变的特殊情况下，测压管水头线才是一条水平直线。

② 能量意义。伯努利方程中的 z 为单位重力流体所具有的位势能(比位能)，$\frac{p}{\rho g}$ 为单位重力流体所具有的压强能(比压强能)，$\frac{U^2}{2g}$ 为单位重力流体所具有的动能(比动能)。可见，伯努利方程中的每一项，都代表着一种比能。理想流体总流伯努利方程表明，理想流体总流单位重力流体的位能、压强能与动能之和即总比能(单位重力流体的机械能)为一常量。总流各过流截面的总比能是相等的，而比位能、比压强能与比动能则不一定是相等的，这三者之间是可以相互转换的。伯努利方程是机械能转换与守恒原理在流体力学中的数学表达式。

(3) 理想流体总流伯努利方程的适用条件

从上面的分析过程可知，总流伯努利方程式(1-18)的适用条件为：① 理想流体，即不考虑流体的黏性。② 不可压缩流体，即忽略流体的压缩性，流体的密度 ρ 为常量。③ 定常流动，即流体流动的所有物理量均不随时间变化。④ 重力流体，即质量力只有重力。⑤ 缓变流。

当总流为缓变流的理想不可压缩流体的定常流动，质量力只有重力作用时，沿总流(任一有限尺寸的管流，射流)均可应用总流伯努利方程式(1-18)。

3. 实际流体总流伯努利方程

实际流体是具有黏性的，当流体微团之间有相对运动时，相互之间必产生切应力，对流体运动形成阻力，为了维持流动，必须克服阻力，从而消耗能量(机械能转化为热能而损失掉)。这种机械能的消耗称为能量损失。

(1) 实际流体总流伯努利方程的建立

理想流体的伯努利方程式(1-18)是在没有黏性的理想流动中，单位重力流体的总机械能守恒。实际上，这只是一种近似。很短的文透里流量计的收缩段、重力作用下的小孔口出流等问题，由于它们的能量损失很小，可以忽略不计，因此可以运用理想流体的伯努利方程。

在工程实践中，许多流动问题存在着明显的机械能损失。如图 1-124 所示，在长长的输送滑油的管道 1－1、2－2 截面装两支测压管，就会发现下游截面 2－2 上的测压管内液面比截面 1－1 低一个很明显的高度，这就说明，液体的总机械能中的一部分压强能，在流动过程中是不断减少的，此压强差就是用来克服流动阻力的。

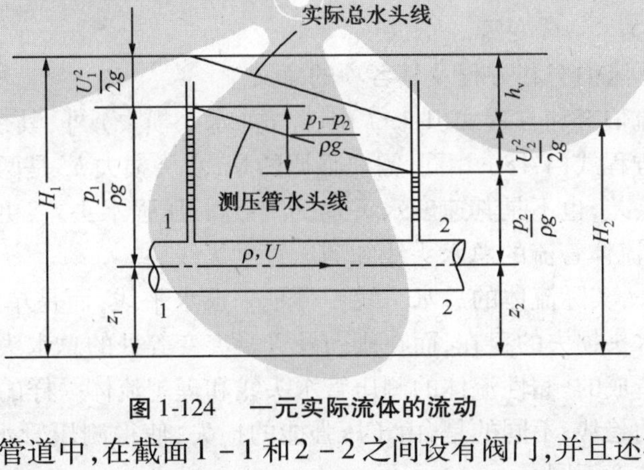

图 1-124　一元实际流体的流动

在图 1-125 所示的管道中，在截面 1－1 和 2－2 之间设有阀门，并且还有管径的突然增大。截面 1－1 上单位重力流体的总机械能为

$$H_1 = z_1 + \frac{p_1}{\rho g} + \frac{U_1^2}{2g}$$

截面 2 - 2 上单位重力流体的总机械能为

$$H_2 = z_2 + \frac{p_2}{\rho g} + \frac{U_2^2}{2g}$$

由于截面 1 - 1 与截面 2 - 2 之间有能量损失，必定 $H_2 < H_1$。它们的差值即为水头损失 h_v，即

$$h_v = H_1 - H_2$$

因此，就得到

$$z_1 + \frac{p_1}{\rho g} + \frac{U_1^2}{2g} = z_2 + \frac{p_2}{\rho g} + \frac{U_2^2}{2g} + h_v \tag{1-19}$$

此式称为一元黏性流体的伯努利方程，即实际流体总流伯努利方程。

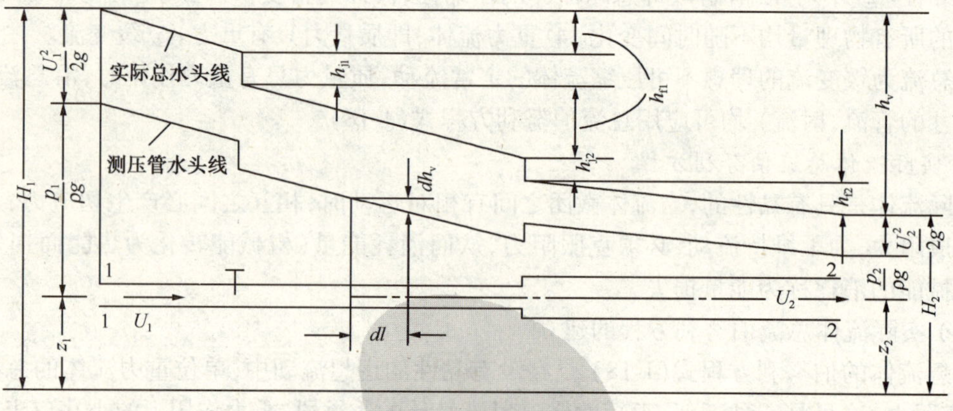

图 1-125　一元实际流体伯努利方程

(2) 实际流体总流伯努利方程的适用条件

理想流体总流伯努利方程的适用条件，除第一条（即流体为无黏性的理想流体）外，其他均为实际流体总流伯努利方程式(1-19) 的适用条件，即：① 不可压缩流体，即忽略流体的压缩性，流体的密度 ρ 为常量。② 定常流动，即流体流动的所有物理量均不随时间变化。③ 重力流体，即质量力只有重力。④ 缓变流。

(3) 实际流体总流伯努利方程及其各项的意义

在实际流体总流伯努利方程式(1-19) 中，除 h_v（水头损失）外，其余各项的几何意义与理想流体总流伯努利方程式(1-18) 相同。需要强调的是，水头损失 h_v 是两过流断面的总水头差，而不是其测压管水头差，也不是其速度水头差，也不是其压强水头差，更不是其位置水头差。图 1-125 中示出了实际流体管流的总水头线和测压管水头线。

由于有能量损失，实际流体的总水头线不再是一根水平线，而是单调下降的折线。单调下降是因为沿程阻力水头损失的存在，而在阀门及管径突变等处的总水头线突然下降，则是由局部阻力水头损失所造成的。黏性流体的测压管水头线和理想流体一样的是，沿着流动方向可能有升高或者是降低的趋势；不同的是，由于压强能的损失，使得测压管水头线的坡度与理想流体测压管水头线的坡度不同。

在图 1-125 中，管路的总水头线是单调下降的分段折线，在阀门、转弯及水箱的进出口处因局部阻力水头损失而使总水头产生突然跌落，而每两个发生局部阻力水头损失处之间的管路因沿程阻力水头损失而单调下降。在等截面管段，按管流连续方程可知，该管段各截面的速

度水头是相等的，所以，该管段的测压管水头线与总水头线平行，也是单调下降的分段折线。

需要强调的是，实际流体总流的测压管水头线并不总是与总水头线平行的，也并不一定是单调下降的，因为测压管水头的大小与各过流断面的速度水头有关，只是在等截面管段这个特殊条件下才是如此。管路每个截面上总水头都由三部分组成：位置头、压强头和速度头，三者之间可以相互转换。但需要注意的是，速度头的分布由管流连续方程确定的，管截面越大，则速度头越小；管截面越小，则速度头越大。管截面不变的管段其速度头不变，只有位置头和压强头相互转换。除 h_v（水头损失）外，实际流体总流伯努利方程及其各项的能量意义也与理想流体总流伯努利方程相同。

实际流体总流伯努利方程式(1-19) 表明，实际流体总流的单位重力流体的位势能、压强能与动能之和即总比能（单位重力流体的机械能）是沿程减小的，但在考虑了能量损失之后，仍然是守恒的。

需要注意的是，虽然能量损失的存在使实际流体总流的总比能沿程减小，但不能肯定地说比位能、比压强能和比动能中的哪一个一定是沿程减小的。管路每个截面上的总比能都由比位能、比压强能和比动能这三部分所组成的，而这三者之间是可以相互转换的。比动能的沿程分布是由总流连续方程所确定的，管截面越大则比动能越小，管截面越小则比动能越大。管截面不变的管段其比动能不变，只有比位能与比压强能之间的相互转换。

(4) 有能量输入的实际流体总流伯努利方程

管系设有泵或风机装置，流体经过该装置时能量增加，此即为有能量输入的系统。泵或风机供给单位重力流体的能量，称为泵的扬程，以 H_P 表示（对风机一般称为风机全风压，也以 H_P 表示）。

式(1-19) 为过流断面 1 - 1 与过流断面 2 - 2 间具有水头损失的实际流体的总流伯努利方程。但是，当过流断面 1 - 1 与过流断面 2 - 2 间装设有能量输入装置（比如泵或风机等）时，实际流体总流伯努利方程应为

$$z_1 + \frac{p_1}{\rho g} + \frac{U_1^2}{2g} + H_P = z_2 + \frac{p_2}{\rho g} + \frac{U_2^2}{2g} + h_v \tag{1-20}$$

其中，过流断面 1 - 1 代表泵前的任意一个过流断面，过流断面 2 - 2 代表泵后的任意一个过流断面，h_v 为过流断面 1 - 1 与过流断面 2 - 2 之间的总水头损失（这两个过流断面之间的所有沿程阻力水头损失和局部阻力水头损失之和）。

由式(1-20) 可得

$$H_P = (z_2 - z_1) + \frac{p_2 - p_1}{\rho g} + \frac{U_2^2 - U_1^2}{2g} + h_v$$

可见，泵供给单位重力的水的能量（扬程）用于：① 把水提升一定的高度；② 增加压强（克服反压差）；③ 增加动能，提高速度头；④ 克服管路中各种能量损失。

泵在单位时间内供给流体的能量，亦即泵的有效功率，为重力流量 ρgQ 与水泵扬程 H_P 之积，用符号 N 表示，单位为瓦（W），即

$$N = \rho gQH_P$$

若泵的总效率以 η 表示，则泵的轴功率 N_P 为

$$N_P = \frac{N}{\eta}$$

对活塞泵及柱塞泵，一般取 $\eta = 0.6 \sim 0.9$。

图 1-126 所示的管路为船舶锅炉给水管系。从热水井到锅炉之间的管路上安置了水泵，热水井里的液面为 $m-m$，其上为大气压强 p_a，锅炉里的液面为 $n-n$，其上蒸汽的相对压强为 p_0，两个截面的高度差为 h。泵前的吸水管及泵后的排水管的管长、管径、沿程阻力系数和局部损失系数如图所示。

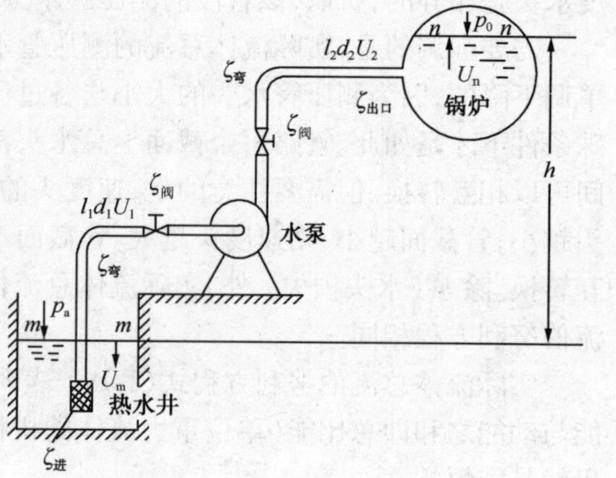

图 1-126　带有泵的管路

水之所以能够从液面 $m-m$ 往上流到液面，完全是由于水得到了泵给予的能量。泵供给单位重力水的能量为水泵的扬程 H_P。取液面所在的水平面为基准面，考虑到液面 $m-m$ 和 $n-n$ 的面积都很大，故近似认为 $U_m\approx0$、$U_n\approx0$，对 $m-m$ 和 $n-n$ 列伯努利方程，并应用不可压缩流体总流连续方程可得

$$H_P = h + \frac{p_0}{\rho g} + kQ^2 \tag{1-21}$$

式中的 k 是与泵前的吸水管及泵后的排水管的管长、管径、沿程阻力系数和局部损失系数有关的量。

对于给定的管路，当要求通过一定的流量 Q 时，由式(1-21) 即可直接求出泵的扬程 H_P。

取一系列的流量，由式(1-21) 即可得出为保证这些流量所需的泵的扬程 H_p，把所得的结果画在 $H-Q$ 坐标图上，便得到一条曲线，称之为该管路的特性曲线，如图 1-127 所示。

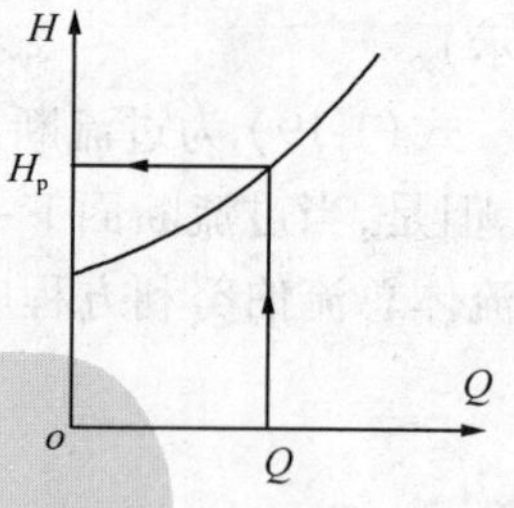

图 1-127　管路特性曲线

由式(1-21) 可以看出，管路阻力是随流量的平方而变化的，故管路的特性曲线近似为一根抛物线，特性曲线上对应于流量 Q 为给定值的点的纵坐标，即为所求的水泵的扬程 H_p。

(5) 有能量输出的实际流体总流伯努利方程

若在管系的截面 1－1 和 2－2 之间设有水轮机装置，利用水的位能通过水轮机装置对外输出能量，此为有能量输出的系统。单位重力的水输出的能量，称为水轮机的水头，以 H_T 表示，则有能量输出的实际流体总流伯努利方程为

$$z_1 + \frac{p_1}{\rho g} + \frac{U_1^2}{2g} - H_T = z_2 + \frac{p_2}{\rho g} + \frac{U_2^2}{2g} + h_v$$

其中，过流断面 1－1 代表水轮机前的任意过流断面，过流断面 2－2 代表水轮机后的任意过流断面，h_v 为过流断面 1－1 与过流断面 2－2 间的总水头损失(两过流断面之间的所有沿程阻力水头损失和局部阻力水头损失之和)。

(四) 伯努利方程的应用

下面举例说明总流伯努利方程在工程实际中的应用。以下几例均为理想流体总流伯努利方程的应用。在实际应用中，实际流体总流伯努利方程与理想流体总流伯努利方程的不同之处仅在于水头损失的计算而已。

1. 伯努利方程应用时的注意事项

(1) 要满足伯努利方程的适用条件

总流的伯努利方程是在一定条件下推导出来的，因此，在应用总流的伯努利方程时，一定要满足其适用条件，即在不可压缩重力流体定常流动的两缓变流过流断面才可以应用总流伯努利方程。应用理想流体总流伯努利方程时，还要加一个条件，即流体的流动可忽略流体黏性的影响。

(2) 关于水平基准面的选取

在分析各断面的位置水头时，需要选取水平基准面。选取不同的水平基准面，各断面的位置水头就有不同的数值，所以，对总流的两过流断面列伯努利方程时，必须选取同一水平基准面。但基准面的水平高度是任意的。通常，为计算方便和避免位置水头 z_1、z_2 出现负值，一般选在两过流断面之下或穿过较低过流断面的形心。如果总流是水平的，通常把基准面选在总流的中心线上，从而使各过流断面的 $z = 0$，以方便计算。

(3) 关于过流断面的选取

在应用伯努利方程时，必须注意只有对总流的两过流断面才能列伯努利方程。同时，所选取的两个过流断面必须符合缓变流条件。所谓缓变流是指流线之间夹角甚小，流线趋近于平行，或者流线曲率半径很大，流线近于直线。

但是，必须指出，在所取的两个断面之间，既可以是缓变流，也可以是急变流，只要是所选取的两个过流断面附近是缓变流即可。如图 1-128 所示，对于过流断面1－1和过流断面4－4可以应用伯努利方程，而对于过流断面2－2、过流断面3－3则不可应用伯努利方程。

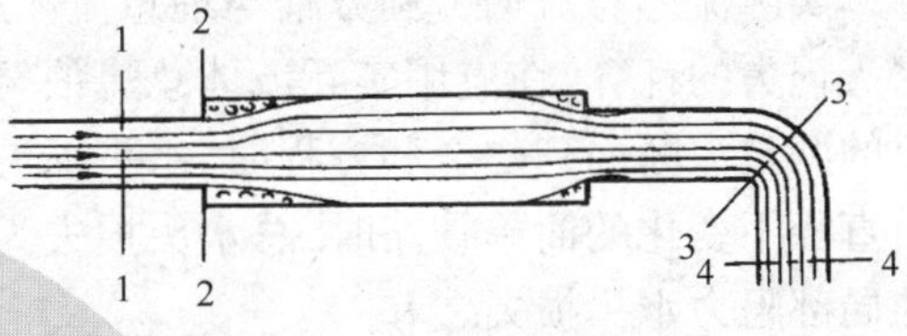

图 1-128 过流断面的选取

(4) 关于压强的选用

对总流的两过流断面列伯努利方程时，由于方程式两边均出现压强项（压强头），所以，压强选用绝对压强和相对压强都可以，但等号两边（两个过流断面）必须一致。如果用绝对压强，则等号两边必须均用绝对压强。如果用以大气压强为基准的相对压强时，则等号两边必须均用相对压强，同时，只能用表压强，不能用真空；若为真空状态，需换算为相对压强值使用。

(5) 关于过流断面上计算点的选取

对总流的两过流断面列伯努利方程时，速度头$\frac{U^2}{2g}$中的 U 为过流断面的平均流速，而位置头 z 和压强头$\frac{p}{\rho g}$中的 p 则可以取过流断面上任一点的 z 和 p，但需要注意，必须是过流断面上同一点的 z 和 p。这是因为所选取的两个过流断面都必须符合缓变流条件，所以所选取的过流断面上的各测压管水头$\left(z+\frac{p}{\rho g}\right)$均相等，因此，可选取过流断面上的任意一点列伯努利方程。为了便于计算，在管流中通常取轴心上的点，而在大容器中通常取自由表面上的点。

(6) 关于过流断面的平均流速

过流断面的平均流速的大小是由质量守恒定律所确定的。在应用总流伯努利方程时，常常需要同时运用不可压缩流体的总流连续性方程 $U_1A_1 = U_2A_2$，通过已知的两个管流过流断面面积，确定两过流断面上的平均流速之间的关系，从而减少一个未知数便于计算。

(7) 关于动能修正系数

总流伯努利方程中的动能修正系数 α 是因为过流断面上的实际流速分布不均匀而引入

的。过流断面上的实际流速分布越均匀，α 值就越接近于1；实际流速分布越不均匀，α 值就越大。实验表明，在圆管紊流流动中 $\alpha = 1.05 \sim 1.10$，在圆管层流流动中，$\alpha = 2$。在实际工程中应用伯努利方程时，同一管路不同过流断面上的动能修正系数 α_1 和 α_2 通常认为是相等的，即 $\alpha_1 = \alpha_2 = \alpha$，并且在圆管紊流流动时取 $\alpha = 1$，在圆管层流流动时取 $\alpha = 2$。

工程实际中的总流大多是紊流流动状态，因此通常取 $\alpha = 1.0$，

(8) 关于液体和气体的流动

总流伯努利方程只适用于不可压缩重力流体。重力流体是指质量力只有重力的流体，在实际工程中常见的大多数流体都属于重力流体。

在实际工程中，通常情况下，液体的压缩性可以忽略不计，可以将液体视为不可压缩流体；而气体的压缩性则不能忽略不计，气体的压缩性（与液体相比较）是较大的，一般应将气体视为可压缩流体。但是，对于低速流动的气体（速度小于100 m/s），其压强和温度的变化不大，因而引起的密度变化是可以忽略不计的，此时可以把气体视为不可压缩流体。比如船舶通风等问题，就可以把气体当做不可压缩流体处理。

(9) 关于水头损失

实际流体总流伯努利方程与理想流体总流伯努利方程，在实际应用中的不同之处仅在于水头损失的计算。在应用实际流体总流伯努利方程时，必须要注意水头损失的计算问题。对总流的两过流断面列伯努利方程时，水头损失为两过流断面间管路的总水头损失。当圆管路为截面直径不变化的简单管路时，总水头损失为两过流断面间管路中总的沿程阻力水头损失与总的局部阻力水头损失之和。

当圆管路的截面直径或流速发生变化时，水头损失需要分段计算，要保证每段管路的截面直径和流速不发生变化。总水头损失的计算按前面所述的方法计算。此外还需注意，在计算局部阻力水头损失时，要把两过流断面间的所有局部阻力水头损失分析清楚，不能遗漏。

2. 并行船舶侧向推力的产生

当两艘船舶并排同向行驶且靠得很近的时候，两船往往会自动地越靠越近而发生互撞事故。这一现象可用伯努利方程来解释。

当两船并排同向行驶且靠得很近时，根据连续性方程可知，水流经过两船之间的渐狭通道的流速将逐渐增加。若不考虑海水的黏性，由伯努利方程式（1-18）可知，流速的增加必然引起压强的降低，因此，海水作用在两船里侧的压强小于外侧的压强，这样，在两船的外侧形成了一对向里侧的侧向推力，使两船逐渐靠拢。两船距离越近，两船之间的水流速度就越大，因而压强就越低，最后导致两船相撞。

3. 虹吸管

图1-129所示的装置是利用一虹吸管将水箱中的水引出至 C 端流入大气，已知虹吸管出口 C 距水箱液面的垂直距离为 H，虹吸管最高点 B 距水箱液面的高度为 h，水箱通大气，液面压强为大气压强 p_a。

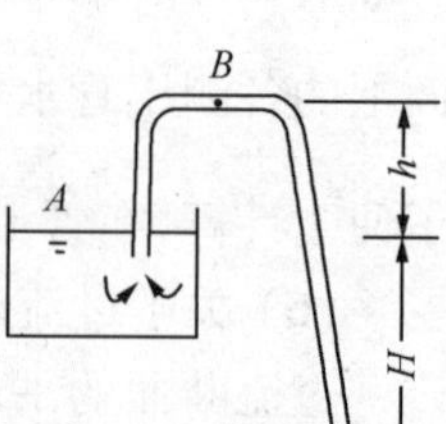

图1-129 虹吸管

取虹吸管出口 C 端所在的水平面为基准面，忽略水的黏性，对截面 A（水箱液面）和 C（虹吸管出口截面）列伯努利方程，由于截面 A（水箱液面）的流速很小，可忽略不计，可得虹吸管出口流速 U 为

$$U = \sqrt{2gH} \tag{1-22}$$

再以截面 A（水箱液面）为基准面，对截面 A（水箱液面）和截面 B（虹

吸管最高点处截面）列伯努利方程，可得虹吸管最高点 B 处的绝对压强为

$$p_B = p_a - \rho g h - \frac{\rho U_B^2}{2}$$

如果虹吸管为等截面管，根据不可压缩流体的连续方程，$U_B = U$，则虹吸管最高点 B 处的绝对压强为

$$p_B - p_a - \rho g(H + h) \tag{1-23}$$

由式(1-22)可知，虹吸管的出口流速只与虹吸管出口 C 距水箱液面的垂直距离 H 有关，H 越大，则出口流速 U 就越大。

但是，H 值也不能无限制地增大，从式(1-23)可以看出，当虹吸管最高点 B 距水箱液面的高度 h 不变时，H 越大则 B 点处的绝对压强越低，若 B 点处的绝对压强低于水温所对应的水的饱和压强 p_s 时，虹吸管中的水在 B 点处将发生汽化，虹吸管则失效。同样的原因，虹吸管最高点 B 距水箱液面的高度 h 也有限制。总的来说，由式(1-23)可知

$$H + h < \frac{p_a - p_s}{\rho g}$$

式中，p_s 为水温所对应的饱和压强（绝对压强），其真空用水柱高度表示即为 $\frac{p_a - p_s}{\rho g}$。即水温决定了虹吸管总高度 $(H + h)$ 的最大值。

4. 喷射泵

喷射泵（射流泵）主要由收缩喷嘴、混合室以及扩压管所组成，并与吸入的流体（水或空气）进口管路相连接，如图 1-130 所示。

喷射泵的工作原理主要是利用喷嘴处的高速水流产生真空，从而将容器中流体吸入泵内，再与射流一起流至下游。在船舶造水装置和舱底污水排放中通常使用喷射泵。在船舶造水装置中，用射流泵抽出装置中的空气，使造水装置处于真空条件下工作。

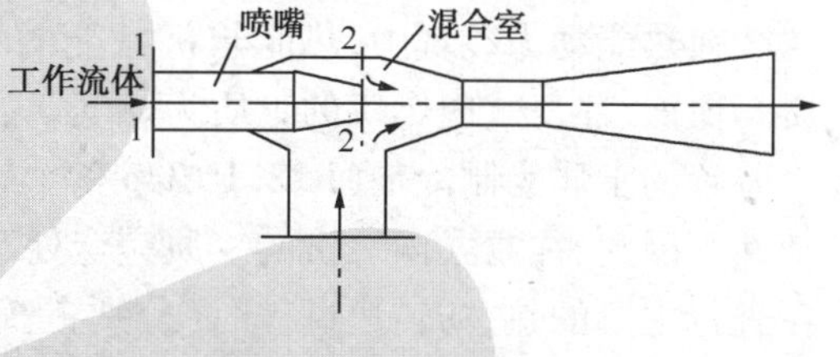

图 1-130　喷射泵

设喷管通过的流量为 Q；喷管进口处截面 1 - 1 的绝对压强为 p_1，截面直径为 d_1；喷管出口处截面 2 - 2 的绝对压强为 p_2，截面直径为 d_2。

取管轴线所在的水平面为基准面，忽略流体的黏性，列截面 1 - 1 和截面 2 - 2 的伯努利方程，再由不可压缩流体管流连续方程 $Q = U_1A_1 = U_2A_2$，可得混合室的绝对压强为

$$p_2 = p_1 - \frac{8\rho Q^2}{\pi^2}\left(\frac{1}{d_2^4} - \frac{1}{d_1^4}\right)$$

混合室的真空值为

$$p_{2真} = \frac{8\rho Q^2}{\pi^2}\left(\frac{1}{d_2^4} - \frac{1}{d_1^4}\right) - (p_1 - p_a)$$

混合室的真空用水柱高度表示则为

$$h_r = \frac{p_{2真}}{\rho g} \frac{8Q^2}{g\pi^2}\left(\frac{1}{d_2^4} - \frac{1}{d_1^4}\right) - \frac{(p_1 - p_a)}{\rho g}$$

对确定的装置来说，d_1 和 d_2 为已知的确定值；$(p_1 - p_a)$ 即为进口截面的表压强，可由压强表测得；流量 Q 可由流量计测出，因此，由上两式之一即可计算出混合室内的真空度。

在混合室造成很高的真空，就可以把造水装置中的空气抽出。空气和海水混合后进入扩压管中，因扩压管出口断面大于进口断面，故其出口流速小于进口流速。根据伯努利方程可知，出扩压管时的压强比进扩压管的压强要高，可高于大气压强。所以空气和海水混合物可以从扩压管排出舷外。

从增加被抽吸的流体（包括气体和液体）的观点来看，应该尽可能提高混合室处的真空度。但是，喷射泵的真空度提高有一个限度。实际上，当混合室处的绝对压强低于该温度所对应的饱和压强时，该处液体即开始汽化，产生的蒸汽由于占据一定容积，不仅使被抽吸的流体的流量减少，而且还常伴随产生非常有害的空蚀现象，因此工作中必须注意防止。

第三节　工程热力学

热力学是研究热能和其他形式能量之间相互转换规律的学科。工程热力学是热力学的一个分支，是从工程应用的角度研究热能和机械能之间的相互转换规律。

一、基本概念

工程热力学研究的内容主要包括：热能与机械能相互转换的媒介物——工质的性质；热能与机械能相互转换的过程；提高热力设备和装置经济性的有效途径和方法。本部分主要介绍工质、热力学系统、热力学平衡态、热力学状态参数、准静态过程、可逆过程等基本概念。掌握和运用这些概念，对工程热力学理论的研究和分析解决工程实际问题是十分重要的。

（一）工质的概念及应用

在热能动力装置中，热能与机械能的相互转换是通过媒介物实现的，这种媒介物称为工质。比如，往复式内燃机的工质为燃气，蒸汽轮机动力装置的工质为水和水蒸气，蒸气压缩制冷装置的工质为制冷剂（R22、R134a 等）。作为工质的物质应具有良好的膨胀性和良好的流动性。因此，往复式内燃机的工质完全处于气态，而蒸汽动力装置和蒸气压缩制冷装置的工质在进行主要的热、功转换过程时（分别在汽轮机和压缩机中）也是处于气态。

空气和燃气可当做理想气体看待，而水蒸气和制冷剂蒸气则是不可视为理想气体的实际气体。因此，研究和掌握工质的性质是十分必要的。

（二）热力学系统

1. 热力学系统及其边界与外界

为了进行热力学分析，首先要在相互作用的各种热力设备中划分一个（或几个）热力设备作为研究对象。在热力学中，这种被划分出来的研究对象称为热力学系统，简称系统。

热力学系统之外的其他热力设备统称为外界。系统与外界的分界面称为边界。边界在图上通常用虚线标出，它可以是真实的（例如取压缩空气瓶内的空气为系统，瓶的内壁面就是真实的边界），也可以是设想的（例如取废气涡轮内的空间为系统，则进、出口处的边界是设想的）。

2. 热力学系统的分类及相互关系

（1）热力学系统的分类

一般情况下，热力学系统与外界的相互作用有三种：热力学系统与外界的物质交换、功交换和热量交换。按照系统与外界相互作用的特点，在热力学中把热力学系统分为开口系统、封闭系统、绝热系统和孤立系统等。

开口系统：与外界有物质交换的系统称为开口系统。例如把废气涡轮选作系统，它有工质的流入和流出，这就是开口系统，如图 1-131 所示。开口系统与外界可以有热量和功的交换，也可以没有。

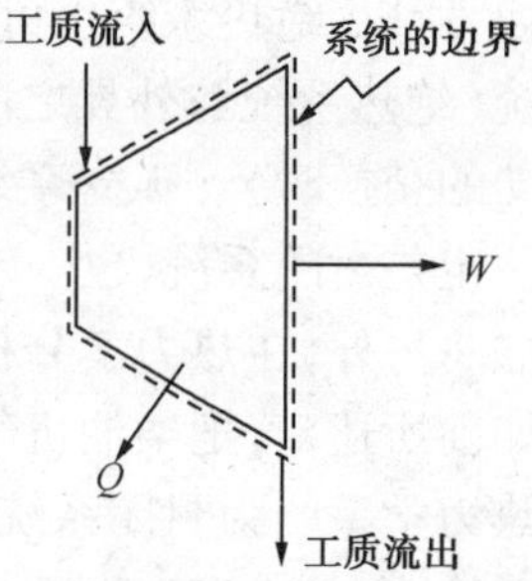

图 1-131　开口系统

封闭系统：与外界没有物质交换的系统称为封闭系统。例如把柴油机气缸中正进行膨胀的燃气选作系统，尽管燃气会从气缸与活塞的缝隙间漏泄一点，但漏泄量极小，可以足够精确地看做与外界没有物质交换，这就是封闭系统，或称为闭口系统，如图 1-132 所示。封闭系统是由闭合表面包围的质量恒定的物质集合。封闭系统与外界可以有热量和功的交换，也可以没有。

绝热系统：与外界没有热量交换的系统称为绝热系统。图 1-131 所示的汽轮机若包以绝热材料，当工质流经汽轮机时，其散热量比传输给外界的功量小到可忽略不计时，则此开口系统可认为是绝热系统。又如图 1-132 中的燃气膨胀时有热量传给冷却水，若取燃气和冷却水（通常称为冷源）为系统，则包括燃气和冷却水在内的系统与外界没有热量交换，因而该系统为绝热系统，如图 1-133 所示。绝热系统与外界可以有物质和功的交换，也可以没有。

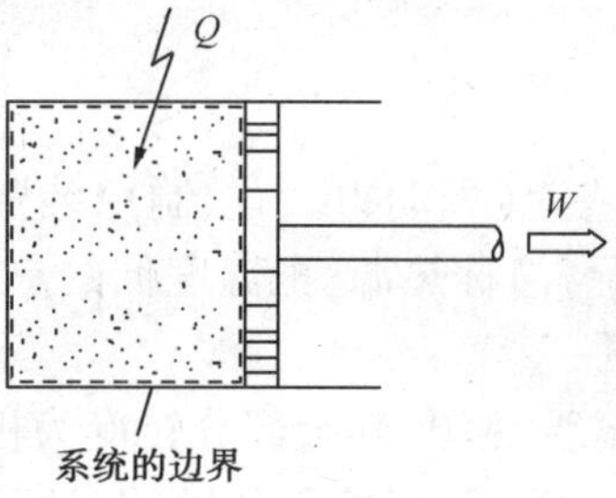

图 1-132　封闭系统

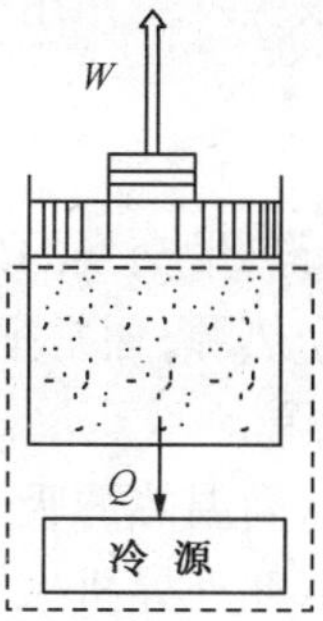

图 1-133　绝热系统

孤立系统：与外界既没有物质交换，也没有热量和功的交换的系统称为孤立系统。如果把所有发生相互作用的各种设备作为一个整体，并把这个整体选定为所研究的系统，虽然这个系统内部的各部分可以有物质交换、热量和功的交换，但这个系统作为一个整体与外界没有任何相互作用，那么这个系统就是孤立系统。

(2)热力学系统的相互关系

在热力学中，把热力学系统分为开口系统、封闭系统、绝热系统和孤立系统，是根据热力学系统与外界之间有无物质交换、功交换和热量交换来进行划分的，不具有完全的排他性。任何一个热力学系统与外界之间都有可能有或没有物质的交换、有可能有或没有功的交换、有可能有或没有热量的交换，所以，一个热力学系统既可能是开口系统或封闭系统，也可能是绝热系统，也可能是孤立系统。开口系统与外界之间一定有物质交换，但没有限制与外界之间是否一定有无热量和功的交换，所以，开口系统也可能是绝热系统（开口系统与外界之间无热量交换时）。但开口系统一定不会是封闭系统，也一定不会是孤立系统。

封闭系统与外界之间一定没有物质交换，但也没有限制与外界之间是否一定有无热量和功的交换，所以，封闭系统也可能是绝热系统（封闭系统与外界之间无热量交换时），也可能是孤立系统（封闭系统与外界之间无热量和功的交换时）。但封闭系统一定不会是开口系统。

绝热系统与外界之间一定没有热量，但没有限制与外界之间是否一定有无物质和功的交换，所以，绝热系统也可能是封闭系统（绝热系统与外界之间无物质交换时），也可能是开口系统（绝热系统与外界之间有物质交换时），也可能是孤立系统（绝热系统与外界之间无物质和功的交换时）。孤立系统与外界之间一定没有物质交换、热量交换和功的交换，所以孤立系统一定是封闭系统，也一定是绝热系统，但一定不是开口系统。

另外，在热力学分析中，热力学系统属于哪种系统，还与所选取的热力学系统的范围有关。如前所述，若把柴油机气缸中正进行膨胀的燃气作为一个热力学系统（如图1-222所示），则该热力学系统为封闭系统；若取燃气和冷却水（接收燃气膨胀时传递来的热量）作为一个热力学系统（如图1-223所示），则该热力学系统为绝热系统，同时也是封闭系统；若取燃气、冷却水（接收燃气膨胀时传递来的热量）和接受燃气膨胀时所做的功的装置（通常称为功源）作为一个热力学系统，则该热力学系统为孤立系统，同时也是绝热系统和封闭系统。

3. 热力学系统与外界的相互作用

一般情况下，热力学系统与外界的相互作用有三种：热力学系统与外界的物质交换、功交换和热量交换。前述的把热力学系统分为开口系统、封闭系统、绝热系统和孤立系统，就是按照系统与外界之间的这三种相互作用的特点来进行划分的。

与热力学系统发生作用的外界，也可按照系统与外界之间的这三种相互作用的特点分为以下三种。

（1）热源

与系统进行热量交换的外界，称为热源。实际热能装置（如动力装置、制冷装置等）的运行通常需要两个热源，通常把温度高的热源称为高温热源，简称热源；把温度低的热源称为低温热源，简称冷源。

动力装置从高温热源吸热，将吸热量的一部分放给低温热源，其余部分转变为机械功；而制冷装置则以消耗外界机械功为代价，从低温热源吸热（从而得到低于环境的温度），并将其与由功转变的热一起放给高温热源。一般认为热源的热容量无限大，即其温度不因吸热或放热而变化。在热力学分析中，可以有某一范围的温度连续变化的无穷多个高温热源和（或）低温热源。习惯上，系统从热源吸热为正值，系统向热源放热为负值。

（2）功源

与系统进行功的交换的外界，称为功源。功源与封闭系统交换的功是直接通过系统中的工质膨胀或压缩引起的容积改变来实现的，称为“容积功”。功源与开口系统交换的功通过转轴传递，称为“轴功”。习惯上，系统对外界（功源）做功为正值，外界（功源）对系统做功为负值。

（3）质源

与系统进行物质交换的外界，称为质源。

（三）热力学平衡态

1. 热力学平衡态的概念

为了对系统中能量转换的情况进行分析计算，首先需要对系统的热力学状态进行描述。在热力学中，把描述系统宏观特性的物理量称为“系统的热力学状态参数”，简称“状态参数”。为了简化对系统热力学状态的描述，只用很少几个状态参数来描述系统，从而提出了热力学平衡态这一重要概念。

这里先讨论两个具体例子。在一个与外界隔热良好的量热器内，将冷热程度不同的水加以混合，冷水将变热，热水将变冷；经过足够长的时间，水的冷热程度便均匀一致，而且此后不随时间而变,则认为该系统处于热平衡。

再看一个例子,如图 1-134 所示,在与外界隔热良好的封闭气缸内用活塞将压力不同的两种气体 A 和 B 分隔开,设 A 的压力大于 B 的压力。若活塞与气缸间无摩擦,则活塞将向右移动,A 的压力下降,B 的压力升高;经过足够长的时间,A 和 B 便达到某一平衡压力,活塞停止移动,而且此后 A 和 B 将保持这一压力不变,即该系统处于力平衡

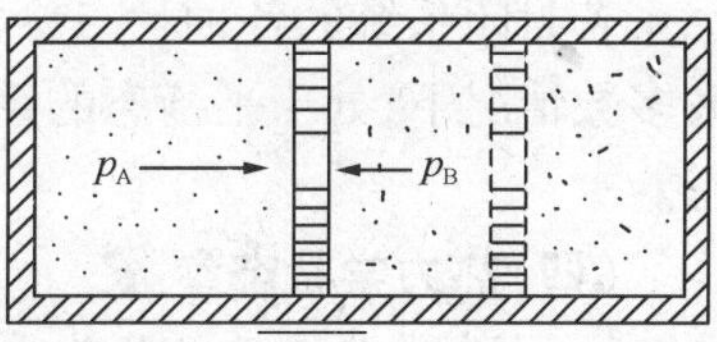

图 1-134　力平衡

对不发生化学反应的系统,同时具备了热平衡和力平衡,系统就处于"热力学平衡态"。

系统的平衡态与非平衡态相比较,前者的描述最为简单。这是因为:其一,平衡态与时间无关;其二,处于平衡态的系统,其内部的压力和冷热程度都是均匀一致的。对应于系统的每一平衡态,有一个而且只有一个压力和一个描述系统冷热程度的状态参数——温度。反之,非平衡态则不仅与时间有关,而且系统内部状态也是不均匀的,因此描述系统的非平衡态极其复杂。大多数热力设备在稳定运行时所处的状态,只要系统选得恰当,均可看做平衡态。因此,平衡态是工程热力学的一个重要的基本概念。工程热力学只讨论处于平衡态的系统。非平衡态热力学是一个专门的学科,本节不讨论这个问题。以后,凡不致混淆时,所提到系统的状态均指平衡态。

2. 热力学平衡态的特点

处于热力学平衡态的系统,只要不受外界的影响,它的状态就不会随时间而改变,平衡不会自发地破坏,这是热力学平衡态的特点。上面讨论的两个例子也说明了非平衡态若没有外界条件的影响,总会自发地趋于平衡态的。

需要指出的是,不平衡势是驱动热力学系统状态变化的根本原因,而状态参数不随时间改变仅仅是表面现象。判断热力学系统是否处于热力学平衡态,必须从本质上进行分析,不能只看表面现象。引起热力学系统状态变化的原因可能是外部的,也可能是内部的。即使对没有外界影响的封闭系统而言,只要系统中有压力差或冷热程度不均匀,系统的状态就会自发地发生变化,因而处于非平衡态。

力差或冷热程度不均匀是系统状态发生变化的推动力,在热力学中称为"不平衡势"。

当热力学系统内部存在不平衡力时,在力差(如压力差)的推动下,系统内部各部分间将发生相对位移,因而热力学系统的状态不可能保持不变,只有不存在力差才有可能达到平衡,这种平衡称为力学平衡。可见,力差是驱动热力学系统状态变化的一种不平衡势,热力学系统内部不存在力差,满足力学平衡,是热力学系统处于热力学平衡态的必要条件之一。

同样,当热力学系统内部各部分工质的冷热程度不均匀,即热力学系统内部各部分工质的温度不一致时,在温差的推动下,热量将自发地从高温处传向低温处,因而热力学系统的状态也不可能保持不变,只有不存在温差才有可能达到平衡,这种平衡称为热平衡。可见,温差是驱动状态变化的另一种不平衡势,热力学系统内部不存在温差,满足热平衡,是热力学系统处于热力学平衡态的另一个必要条件。

总之,热力学系统处于平衡态的条件就是系统内部不存在不平衡势。当热力学系统内部压力均匀一致,则系统处于力学或机械平衡状态;当热力学系统内部冷热均匀一致,则系统处于热平衡状态。在不发生化学反应的热力学系统内,如同时满足力学平衡条件和热平衡条件,则热力学系统处于热力学平衡态。此外,尚需注意热力学平衡态与稳态、均匀态之间的不同。

若系统内的各种状态参数不随时间变化,则称该系统处于稳态。通常,处于平衡态的系统

一定处于稳态,但处于稳态的系统则不一定处于平衡态。

若封闭系统的各种状态参数在空间的分布都是均匀一致的,则该系统称为均匀系统。在大多数情况下,处于平衡态的系统为均匀系统。但非均匀系统在一定的条件下也能处于平衡态。

(四)热力学状态参数

1. 热力学状态参数及其坐标图

(1)热力学状态参数的概念

在热力学中,把描述系统宏观特性的物理量称为"系统的热力学状态参数",简称"状态参数"。在工程热力学里,常用的热力学状态参数有六个,即:压力(压强)p、温度 T、容积(体积)V、内能(热力学能)U、焓 H 和熵 S。其中,压力 p、温度 T 和体积 V 是可直接观察和测量的热力学状态参数,称为基本状态参数。

工程热力学里之所以引用这些状态参数,是因为它们全部直接或间接地与系统的能量或能量转换有关。热力学状态参数的数值由热力学系统的状态唯一确定。当系统从初态变为终态时,状态参数的变化量,只与系统的初、终状态有关,而与变化的途径无关。因此,状态参数是系统状态的单值函数。这是判断某一参数是否为状态参数的充分和必要条件。在热力学中,还有一类参数,它们的变化量不仅与系统的初、终状态有关,而且还与变化的途径有关,这类参数不是状态参数,而是路径参数。功和热量是这类参数的例子。

(2)尺度量与强度量

系统的状态参数依照其特性可分为两类:"尺度量"和"强度量"。尺度量是描述系统总体特征的状态参数,如系统的容积 V、内能 U、焓 H、熵 S 等,其数值为系统中各部分数值的总和,具有可加性。对于均匀系统,尺度量的数值与系统的质量成正比。

强度量是描述系统内各点特征的状态参数,如系统的压力 p、温度 T、比容(比体积,即单位质量的体积)v、比内能(比热力学能,即单位质量的热力学能)u、比焓(单位质量的焓)h、比熵(单位质量的熵)s 等,其数值与系统的质量无关,具有不可加性。

对于均匀系统,强度量的数值在空间的分布是均匀一致的。在非平衡态的系统中,强度量的数值在空间的分布不是均匀一致的,如压力差和温度差,这就是不平衡势。

(3)状态方程及状态参数坐标图

热力系统的状态可以用状态参数来描述,每个状态参数分别从不同的角度描述系统某个方面的宏观特性。那么,若要确切地描述热力系统的状态,是否必须要同时知道所有的状态参数呢?实际上,对于处于平衡态的任一热力系统,只需用确定的压力、温度等很少的几个热力学状态参数即可确定它的状态。

如前所述,封闭系统内的工质若存在某种不平衡势差,就会引起其状态的改变以及与外界能量的交换。每消除一种不平衡势差,就会使系统达到某一种平衡。由于各种不平衡势差是相互独立的,因此,确定封闭系统平衡状态所需要的独立变量的个数就等于不平衡势差的个数。同时,由于每一种不平衡势差会引起系统与外界之间的某种形式的能量交换,所以,确定封闭系统平衡状态所需要的独立变量的个数就等于系统与外界之间能量交换方式的种类数。

在热力过程中,系统与外界之间除了传递热量外,还可能传递各种不同形式的功。因此,对于工质化学成分组成一定的封闭系统,当其处于平衡状态时,可以用与该系统有关的准静功形式的数目 n 加上一个象征传热方式的独立状态参数,即$(n+1)$个独立状态参数来确定。这就是所谓的状态公理。

系统在准静态过程(本小节的最后将介绍准静态过程的概念)所做的功,称为准静功。准静功的形式很多,比如容积功(体积功,工质体积发生变化时所作的膨胀功或压缩功)、拉伸功(固体中弹性力所做的功)、电磁功等。而工程热力学所研究的系统一般为简单的可压缩封闭系统,不考虑磁效应、电效应及表面效应等,所以其准静功只有容积功一种形式。这种只有容积功一种准静功形式的封闭系统称为简单热力系统。当然,除了功以外,封闭系统与外界还可能有热交换,因此,简单热力系统与外界的相互作用只有两种方式,即容积功和热量。

由状态公理可知,当简单热力系统处于热力学平衡态时,只要用两个独立的状态参数便可确定其状态,所有的状态参数都可以表示为任意两个独立参数的函数。

所谓两个独立的状态参数是指其中的一个状态参数不能只是另一个状态参数的函数。比如,因比容 v 和密度 ρ 互为倒数关系,所以 v 和 ρ 不是两个独立的状态参数。而基本状态参数(压力 p、比容 v、温度 T) 中的任意两个都是独立的状态参数,所以,由状态公理可知,当简单热力系统处于热力学平衡态时,基本状态参数 p、v、T 之间必定存在着确定的关系,即

$$f(p,v,T) = 0$$

这个工质的基本状态参数 p、v、T 之间的确定的关系式称为工质的状态方程。

既然简单热力系统的平衡状态由其任意两个独立的状态参数即可确定,那么以其任意两个独立的状态参数所构成的平面坐标系,就可用来描述工质的状态及其变化过程。比如以压力 p 为纵坐标、比容 v 为横坐标的平面坐标系,对 1 kg 工质的封闭系统,该系统的任意一个平衡态在该图上均可用一个点来表示,反之,该图上的任意一个点都表示了该系统的一个平衡态;若该系统的状态发生了一系列的连续变化(即进行了一个热力过程),且这一系列连续变化的每一状态都是平衡态,那么这个连续变化的过程在该图上就可表示为一条连续曲线。

这种可用来描述工质的状态及其变化过程的由任意两个独立的状态参数所构成的平面坐标系,称为热力学状态参数坐标图。

热力学状态参数坐标图对热力过程、热力循环的特征分析及能量转换分析等非常方便,也非常实用。常用的热力学状态参数坐标图有:压力 - 比容图(简称压 - 容图或 $p-v$ 图)、温度 - 比熵图(简称温 - 熵图或 $T-s$ 图)、压力 - 比焓图(简称压 - 焓图或 $p-h$ 图)、比焓 - 比熵图(简称焓 - 熵图或 $h-s$ 图) 等。

下面介绍常用的状态参数。

2. 压力(压强)

在工程热力学中,把工质指向系统表面(真实的容器壁或假想的分界面) 单位面积上的垂直作用力,称为压力(即压强)。分子运动论把气体压力看做是气体分子撞击壁面的宏观表现。实际上,容器内的气体分子非常之多,撞击也非常频繁,因此就产生了一个持续的有一定大小的压力,这个压力就是大量分子撞击壁面的平均结果。按分子运动论的观点,气体压力等于单位容积内的分子数与分子的平均动能乘积的 2/3。

(1) 压力的单位

压力 p 的单位是由压力的定义式来确定的。由于力和面积选用的单位不同,压力单位也不同。根据"中华人民共和国法定计量单位"(简称法定单位) 规定,力的单位为牛顿(N),面积单位为平方米(m^2),则压力(压强) 单位为牛顿 / 平方米(N/m^2),即为帕(Pa)。

由于帕(Pa) 这一单位所表示的压力太小,实际应用时常用兆帕(MPa,$1\ MPa = 10^6\ Pa$) 作为压力的单位。

(2) 大气压力(大气压强)

大气压力(大气压强)是由地面上几百千米高的空气层的重量引起的,以符号 p_b 表示。大气压力的大小随纬度、高度以及空气温度和水蒸气含量而变化。历史上,物理学中把纬度45°平均海平面上常年大气压力的平均值定为标准大气压,以符号 atm 表示。现已规定 1 atm = 0.101 325 MPa。

(3) 表压力(表压强)、真空度、绝对压力(绝对压强)

系统的实际压力数值称为"绝对压力(绝对压强)",以符号 p 表示。而系统的压力通常用压力表(压强表)测定,它是以大气压力作为测量基准的。由压力表测得的压力数值称为"表压力(表压强)",以符号 p_g 表示。用压力表测得的压力数值不是绝对压力,而是绝对压力与当地大气压力的差值,即 $p_g = p - p_b$。对于绝对压力低于当地大气压力的系统,工程上用当地大气压力与绝对压力的差值来表示该系统的真空状态,称为"真空度",以符号 p_v 表示,即 $p_v = p_b - p$。表压力和真空度都是表示绝对压力与当地大气压力的相对差值,前者是表示绝对压力比大气压力高出多少的压力值,而后者则是表示绝对压力比大气压力低多少的压力值。由于当地大气压力是会变化的,作为系统的状态参数应该是绝对压力,而不是表压力或真空度。

3. 温度

(1)温度的概念

表征物体冷热程度的物理量称为温度。人们通常用温度来表示物体冷热的程度,感觉越热,温度越高;反之,感觉越冷,温度越低。

从分子运动论看,物体温度与组成该物体的分子能量有关,随着温度升高,分子运动加剧。具体来说,温度与物体内分子的平均动能成正比。这符合通常所观察到的热现象。比如,有两个具有不同分子平均动能的物体相接触,由于接触面分子相互碰撞的结果,能量就由分子平均动能较大的物体传递给平均动能较小的物体,直到两个物体的平均动能相等为止。换句话说,就是高温物体把热量传递给低温物体,直到两者温度相等时热传递才停止。可见,温度的微观本质就是物体内部分子和原子不规则热运动的度量,物体温度越高,其内部分子的热运动就越剧烈。从热力学角度来看,温度是描述热平衡物体宏观特性的物理量。

(2)热平衡定律

温度概念的建立和温度的测定都是以热平衡现象为基础的。有甲、乙两个热力学系统,一个较热,另一个较冷,但它们都处于各自的平衡态;若使甲、乙之间发生热的相互作用而进行热传递,则它们原有的平衡态就被破坏;经过足够长的时间以后,两个系统将达到热平衡。

现有甲、乙、丙三个系统,若甲和乙处于热平衡,且甲和丙也处于热平衡,则经验表明:乙和丙必处于热平衡。

若两个系统分别与第三个系统处于热平衡,则这两个系统之间彼此也必定处于热平衡。这就是热平衡定律。热平衡定律是热力学的一个基本定律。

根据热平衡定律,处在同一热平衡状态的所有热力系统,无论它们是否接触,必定具有某一个共同的宏观特性,描述这个宏观特性的物理量称为"温度"。

热平衡定律不仅给出了温度的热力学定义,而且指明了温度比较的方法。因为处于同一热平衡状态的一切物体都有相同的温度,所以在比较各个物体的温度时,不必使它们直接接触,而只需将一个作为标准的物体分别与各个物体处于热平衡即可。这个作为标准的物体称为"温度计"。

(3)温标

要定量地确定温度,必须对不同的温度给以具体的数量标示。温度的数值表示方法叫做温标。常用的温标有以下三种：

①摄氏温标。在标准大气压力下，纯水的冰点规定为 0 度，沸点为 100 度，在这两点之间均分为 100 等份，取其中的 1 份称为 1 摄氏度，记作：1℃，摄氏温标用符号℃表示。

②华氏温标。在标准大气压力下，纯水的冰点规定为 32 度，沸点为 212 度，在这两点之间均分为 180 等份，取其中的 1 份称为 1 华氏度，记作 1 K，华氏温标用符号 K 表示。

③热力学温标。热力学温标又称绝对温标，也称开氏温标，它是以摄氏零下 273.15 度作为绝对温标的零度，每度的间隔与摄氏温标相同，1 度记作 1°F，开氏温标用符号°F 表示。

大部分国家应用摄氏温标，英、美等国家采用华氏温标，工程热力学计算中常用绝对温标，因此必须掌握它们之间的换算。

根据上述三种温标的定义，如果已知摄氏温度为 t℃，则相当于华氏温度为

$$t\text{°F} = \frac{9}{5}t\text{℃} + 32$$

若已知华氏温度为 t℃，则相当于摄氏温度为

$$t\text{°F} = \frac{5}{9}(t\text{°F} - 32)$$

若已知摄氏温度为 t℃，则绝对温度为

$$t\text{K} = t\text{℃} + 273.15$$

比如，若摄氏温度为 t℃ = 45℃，则其华氏温度 t°F 为 t°F = 9 × 45℃/5 + 32 = 113°F；若华氏温度为 t°F = −40°F，则其摄氏温度 t℃ 为 t℃ = 5 × (−40°F − 32)/9 = −40℃。

4. 容积(体积)和比容(比体积)

一定质量的工质所占有的空间称为工质的容积(体积)，用符号 V 表示，单位是立方米(m^3)。单位质量工质的容积(体积)称为比容(比体积)，用符号 v 表示，单位为立方米/千克(m^3/kg)。

容积和比容均为工质的热力学状态参数。

5. 内能(热力学能)和比内能(比热力学能)

物质内部具有多种能量，比如由原子结合成为分子的化学能、原子内部的原子能以及分子无规则运动的热能等。

工程热力学研究的是热能与机械能之间的相互转换，因此把工质所具有的热能称为内能(热力学能)，用符号 U 表示，单位是焦耳(J)或千焦耳(kJ)。单位质量工质的内能称为比内能(比热力学能)，用符号 u 表示，单位是焦耳/千克(J/kg)或千焦耳/千克(kJ/kg)。

工质的内能(热力学能)是由分子无规则热运动所具有的内动能(包括分子的平动动能、转动动能和分子内部原子的振动动能)和分子间相互作用力产生的内势能两部分组成。前者是温度的函数，后者取决于容积(或比容)，因此工质的内能(或比内能)是温度和容积(或比容)的函数，即

$$U = \Phi(T,V) \text{ 或 } u = \phi(T,u)$$

由此可见，工质的内能(或比内能)是由状态参数——温度和容积(或比容)所决定的，因此内能 U 和比内能 u 也为工质的热力学状态参数。在热力学的计算中，往往只用到内能 U 或比内能 u 的变化量，因此，它们为零值的基准态可以人为地选定。

6. 焓和比焓

工质在流经开口系统时，由于其比内能 u 和压力 p 与比容 v 的乘积(称为比流动功) pv 总是

同时出现,因此,在热力学中把这两者之和称为比焓,用符号 h 表示,单位是焦耳/千克(J/kg)或千焦耳/千克(kJ/kg),即

$$h = u + pv$$

对于 m 千克处于平衡态的工质,则有

$$H = mh = mu + pmv = U + pV$$

式中,H 称为 m 千克工质的焓,单位是焦耳(J)或千焦耳(kJ)。

因为内能 U、比内能 u、容积 V、比容 v 和压力 p 均为工质的状态参数,因此焓 H 和比焓 h 也为工质的热力学状态参数。在热力学的计算中,往往只用到焓 H 或比焓 h 的变化量,因此,它们为零值的基准态也可以人为地选定。

7. 熵和比熵

工质的熵用符号 S 表示,其单位是焦耳/开(J/K)或千焦耳/开(kJ/K)。

在一个微元可逆过程(可逆过程将在下面介绍)中,m 千克工质从热源吸收的微元热量 dQ 除以工质吸热时热源的绝对温度 T 所得的商,定义为工质在绝对温度 T 时熵 S 的增量 dS,即

$$dS = \left(\frac{dQ}{T}\right)_{rev} \quad kJ/K$$

式中的下标 rev 表示可逆过程。

单位质量工质的熵,称为比熵,用符号 s 表示,其单位是焦耳/开·千克[J/(K·kg)]或千焦耳/开·千克[kJ/(K·kg)]。熵和比熵均为工质的热力学状态参数。

在热力学的计算中,往往只用到熵 S 或比熵 s 的变化量,因此,它们为零值的基准态也可以人为地选定。“熵”字的中文意义是热量被温度除所得的“商”。熵(Entropy)的希腊原名的意义是“转变”,指热量可以转换为功的程度,即热量的转换能力。

由经验得知,热量转换为功的能力与热源的绝对温度有关,热源温度愈高,系统在可逆过程中从热源吸收的热量可转换为功的那一部分所占比例就愈大。由熵的定义式可以看出,当在可逆过程中系统从热源吸收的热量相同时,热源的绝对温度愈高,则系统的熵增就愈小,热量转换为功的能力就越强。可见热量的转换能力与系统在可逆吸热中熵的增量成反比关系。当系统在可逆过程中从温度为 T_0 的环境(大气或海水)吸收热量时,熵的增量达极大值,因此系统从环境吸收的热量,其转换能力为零。

对于一定质量工质的可逆过程,若 $dQ > 0$,则 $dS > 0$,即系统从热源吸热,工质熵增加;若 $dQ < 0$,则 $dS < 0$,即系统向热源放热,工质熵减少;若 $dQ = 0$,则 $dS = 0$,即系统与热源绝热,工质熵不变。反之亦然。因此,对于可逆过程,我们可以根据工质熵的变化来判断系统与外界热传递的方向,也可以根据系统与外界热传递的方向来判断系统工质熵的增减。

但是,对于不可逆过程,则不存在这样简单的“系统与外界热传递的方向”与“系统工质熵的增减”之间的关系。在不可逆过程中一定有熵产生,这个新产生的熵与热交换的方向(系统吸热与放热)无关,也就是说,即使系统工质进行了一个绝热的不可逆过程,其熵也一定增加。所以,只能说:若系统从热源吸热,则工质的熵一定增加;而工质的熵减小,则一定是系统向热源放热。反之则不然,即:工质的熵增加,则不一定是系统从热源吸热,也可能是系统向热源放热,也可能是绝热;而系统向热源放热,则工质的熵不一定减小,也可能增加,也可能不变。

(五)准静态过程和可逆过程

当系统与外界发生功和热量的交换时,封闭系统内的工质或流经开口系统的工质的热力学状态必将发生变化,这种工质的热力学状态的变化过程称为热力过程,或简称过程。要研究

和分析系统中的能量转换规律,就必须研究和分析热力过程。

由前面的介绍可知,只有在平衡态下,热力学系统的状态才能用统一的热力学状态参数来描述。而热力过程就意味着状态的改变,热力状态改变的原因是由于热力系内部或外部存在不平衡势差,不平衡势差的存在就必然使平衡态遭到破坏。严格地说,在热力过程中,工质经历的是一系列的非平衡态,这就给用状态参数描述过程带来了困难。为了解决这一困难,在热力学中就提出了准静态过程和可逆过程的概念。

1. 准静态过程

系统的平衡态描述起来最简单。如果过程中系统所经历的每一中间状态均为平衡态,则这种过程中系统状态的描述自然是最简单的。但是,状态的变化意味着系统原平衡态的破坏。

从原平衡态的破坏到新平衡态的建立需要一定的时间。在热力学中,把恢复平衡所需要的时间称为"弛豫时间"。只要过程进行的时间比弛豫时间长得多,则过程所经历的每一中间状态可以足够准确地看做平衡态。

如果过程进行得足够缓慢,系统从初始平衡态变化到终了平衡态的过程中所经历的每一中间状态足够接近平衡态,那么这一过程就称为"准静态过程",又称为"准平衡过程"。

一般来说,实际过程中系统的每一中间状态都处于非平衡状态(如膨胀或压缩过程中系统各处压力不均匀,加热或放热过程中系统各处温度不均匀等)。但是,只要控制外界条件,使过程进行得足够缓慢,则过程中系统所经历的中间状态就会足够接近平衡状态。

过程进行得越缓慢,过程中系统所经历的中间状态就越接近平衡状态,过程就越接近准静态过程,即实现准静态过程的充要条件是过程进行的时间比弛豫时间长得多。

在轮机工程中,绝大多数热力设备中进行的实际热力过程虽然表面上似乎进行得很快,比如柴油机的压缩或膨胀过程,活塞运动的平均速度一般为每秒几米,但气体中使压力不平衡趋向平衡的压力波的速度为音速,一般为每秒几百米,因此过程进行的时间远大于弛豫时间,气缸内各处的压力在过程中的每一步都来得及趋于均匀一致,这样的过程完全可以看做是准静态过程。因此,研究准静态过程是有实际意义的。

由于准静态过程中的每一个中间状态都可以看做是平衡态,所以,准静态过程在热力学状态参数坐标图(如 $p-v$ 图、$T-s$ 图、$p-h$ 图、$h-s$ 图等)上可以用一条连续曲线来表示。对于非静态过程,由于其中间状态的系统工质状态参数的不均匀,所以,在热力学状态参数坐标图上,无法用一个点来表示其中间状态,也就无法用一条连续曲线来表示这非静态过程。所以,准静态过程中系统状态的描述是最为简单的。为分析比较方便,在热力学状态参数坐标图上有时用一条虚线来表示非静态过程,但这条虚线只是大致描述了该过程的变化趋向,而不是确切地表示了该过程所经历的每一个中间状态。

2. 常见的不可逆因素

准静态过程的概念解决了过程中系统状态的描述问题,这对过程的分析计算无疑是很重要的。但这还不够,因为过程是在外界对系统的作用下发生的,因此,还要研究过程对外界所产生效应的性质,即过程的不可逆性。

由经验可知,实际过程的不可逆因素主要有:耗散效应、有限温差下的热传递、自由膨胀和不同工质的混合等四种。当然,在工程实际中,还有其他的不可逆现象。但是,对于不考虑化学反应和电磁等效应的系统,其过程的不可逆因素主要就是以上四种。

所有的不可逆因素,归纳起来都是由系统的非平衡态和与工质黏性有关的耗散效应所引起的。如温度不平衡引起有限温差下的热传递,压力不平衡引起自由膨胀等。在黏性流体的流动中,存在着流体的宏观动能通过黏性摩擦变为热的现象(即耗散效应)等。

(1)耗散效应

通过摩擦使功变为热的现象称为耗散效应。功可以通过摩擦自发地(无条件地和全部地)变为热,而热不可能自发地变为功。因此,耗散效应是不可逆的。除摩擦外,电流通过电阻时的热效应、磁滞发热和固体的非弹性变形的热效应等,也是耗散效应。

(2)有限温差下的热传递

热可以自发地从高温物体传到低温物体,而不可能自发地从低温物体传到高温物体。因此,在有限温差下的热传递是不可逆的。

(3)自由膨胀

工质在膨胀时克服外界作用在移动边界上的压力,将对外界作膨胀功。如果移动边界上的压力为零,则膨胀功为零,这种膨胀称为自由膨胀。

如图 1-135 所示,在一刚性的、与外界绝热的容器中有一隔板,隔板把容器分为两部分:左边充有气体,右边为绝对真空。将隔板抽出,气体立即向真空膨胀。由于右边原为绝对真空,对膨胀过程的气体没有压力,因而气体没有对外界做功,这是典型的自由膨胀的例子。待足够长时间后,气体均匀分布在整个容器内达到平衡态。一旦整个容器内的气体达到平衡态后,右边的气体不可能自发地回到左边,而使右边恢复绝对真空。可见自由膨胀是不可逆的。

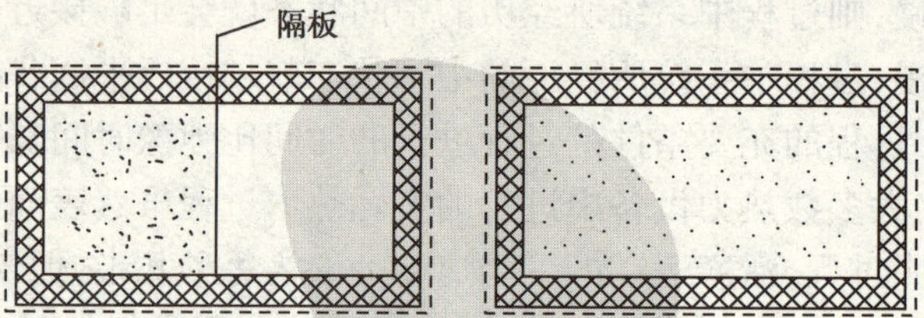

图 1-135 自由膨胀

(4)不同工质的混合

如图 1-136 所示的容器中,隔板左边充有一种气体,右边充有另一种气体。隔板抽出后,左右两边的气体均会自发地向对方扩散,直至两种不同的气体在整个容器内均匀混合。但均匀混合的不同气体不可能自发地分离。可见,不同工质的混合是不可逆的。

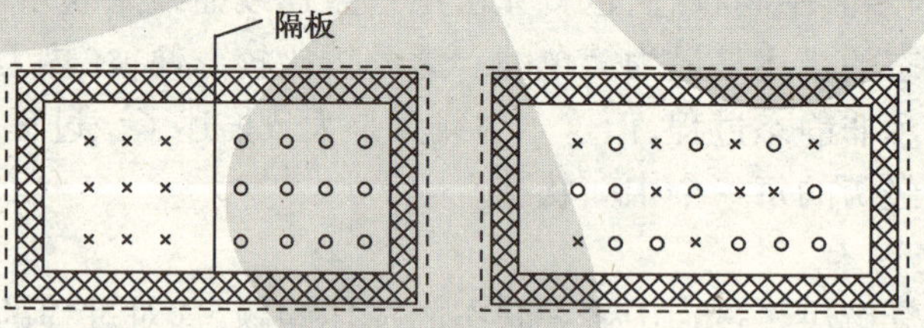

图 1-136 不同工质的混合

3. 可逆过程

系统进行一个过程后,无论包含几个不可逆因素,还是作为理想极限情况不包含任何不可逆因素,都可以使系统回到其初态。问题是,在系统回到初态的同时能否消除原过程中外界所发生的一切变化,使外界也恢复自己的初态。

可逆过程定义为:系统进行了一个过程后,若系统和外界均能恢复到各自的初态,则这样的过程称为可逆过程。系统进行了一个过程后,若仅仅系统能恢复初态,而在外界遗留了不可逆的变化，则这样的过程为不可逆过程。凡是包含不可逆因素的过程，均为不可逆过程；而不包含任何不可逆因素的过程，才能是可逆过程。

在前面关于熵这个状态参数的介绍中已指出，在不可逆过程中系统会有新的熵产生，而可逆过程中系统则没有新的熵产生。不可逆过程中系统有新的熵产生的原因是因为其过程中含有不可逆因素，不可逆因素的影响愈小，新产生的熵也就愈小；当这种影响趋近于零时，新产生的熵也就趋近于零，即在可逆过程中系统没有新的熵产生。所以，一个过程中系统新产生的熵的多少是衡量该过程的不可逆性大小的尺度。

也可以这样说，系统进行了一个过程后，若系统中没有新的熵产生（只有或没有熵的交换），则该过程一定为可逆过程。否则，只要系统中有新的熵产生，则该过程一定为不可逆过程；反之亦然。

准静态过程为系统内部平衡的过程。可逆过程为没有任何不可逆因素的过程，即系统内部平衡和无耗散效应的过程。因此，这两个过程之间的关系可表达为：无耗散效应的准静态过程为可逆过程。可见，可逆过程必定是准静态过程，而准静态过程不一定是可逆过程。

与准静态过程和非静态过程一样，在热力学状态参数坐标图（如 $p-v$ 图、$T-s$ 图、$p-h$ 图、$h-s$ 图等）上，可逆过程可以用一条连续曲线来表示，而不可逆过程则不能用一条连续曲线表示，只能用一条虚线来大概表示不可逆过程的变化趋势。

二、热力学第一定律

热力学第一定律是能量转换和守恒定律在热力学系统中的具体应用，它揭示了能量转换在数量上的守恒规律。本部分主要介绍热力学第一定律的实质、封闭系统和开口系统的热力学第一定律及其数学表达式、热量与功等内容。

（一）热力学第一定律的实质及表达形式

1．热力学第一定律的实质

根据人们的实践经验和精确实验，自然界存在着各种形式的能量，如与物体宏观运动相联系的机械能（动能、重力和弹性势能等）、与原子结合为分子相联系的化学能、与原子核反应相联系的核能，以及与分子不规则的热运动相联系的热能等。各种形式的能量不能被创造也不能被消灭，只能相互转换，而且在转换时数量保持守恒，这就是自然界的普遍规律之一——能量转换和守恒定律。热力学第一定律的实质是能量转换和守恒定律在热力学系统中的具体应用。热力学第一定律阐明了能量在传递和转换过程中的数量关系。

对于孤立系统，热力学第一定律可表述为：在孤立系统内能量的总量保持不变。

对于任意热力学系统，热力学第一定律可表达为

$$\text{输入系统的能量} - \text{系统输出的能量} = \text{系统中储存能量的变化量} \tag{1-24}$$

根据上式，可将能量分为传递中的能量和系统中的储存能量两大类。传递中的能量，即通过系统边界传递的能量，有两种形式——功和热量，它们不是状态参数，而是过程的函数。

系统的储存能量，从宏观来看，当系统的状态一定时就有一个确定的数值，因而是一个状态参数。在工程热力学中，为讨论方便，将储存能量分为两类：一类是以系统相对于其外部参照系的参数（外部参数）来描述的能量，比如系统作整体运动所具有的动能 $\frac{1}{2}mv_g^2$ 和重力势能 mgh，其中的系统整体速度 w_g 和高度 h 都是相对于其外部参照系而言的；另一类是以系统内部的状态参数来描述的能量，它是系统内工质的分子运动和其他微观运动模式所确定的能量，这

也就是热力学中所定义的内能(热力学能)。

历史上,有人企图制造一种不耗费任何能量却又不断循环做功的机器,这种机器称为第一类永动机。实践证明,第一类永动机是造不成的,因为这种机器从根本上违反了能量转换和守恒定律,所以,热力学第一定律又可表述为:第一类永动机是造不成的。

2. *热力学第一定律的表达形式*

(1) 封闭系统的热力学第一定律

对外界为热源和功源的内含质量为 m 千克工质的封闭系统,如图1-137所示,若热源给系统的加热量为 Q(此为输入系统的能量)、系统对功源所做的膨胀功为 W(此为系统输出的能量)、系统内能的变化量为 $\Delta U = U_2 - U_1$(此为系统中储存能量的变化量),根据能量转换和守恒定律,按式(1-24),可得封闭系统热力学第一定律的三种一般表达式。

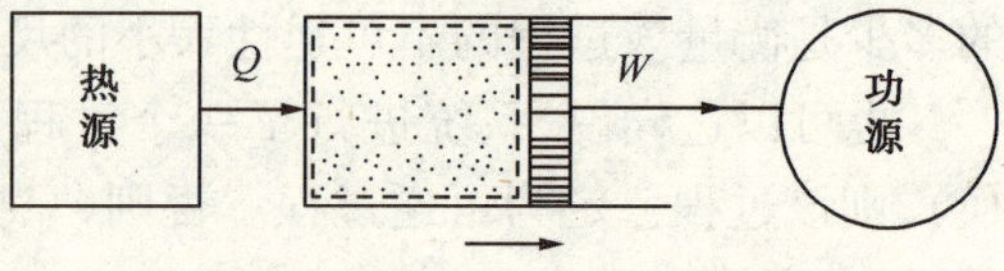

图1-137　封闭系统与外界的能量传递

对于质量为 m 千克工质的封闭系统,则有

$$Q = \Delta U + W \tag{1-25}$$

对于单位质量工质的封闭系统,则有

$$q = \Delta u + w \tag{1-26}$$

对于单位质量工质封闭系统的一个微元过程,则有

$$dq = du + dw \tag{1-27}$$

以上三式为封闭系统热力学第一定律的三种一般表达式。公式中的量都是代数值,并且

$q > 0$ 表示热源对系统加热　　$q < 0$ 表示系统向热源放热

$\Delta u > 0$ 表示系统比内能增加　　$\Delta u < 0$ 表示系统比内能减少

$w > 0$ 表示系统对功源做功　　$w < 0$ 表示功源对系统做功

上述三式是由普遍适用的能量转换和守恒定律直接应用于封闭系统而导出的,所以适用于任何工质(理想气体或实际气体及其液态)的任何过程(可逆过程或不可逆过程)。

需要指出,判断系统内能的变化,不能只看系统与外界的热量交换或系统与外界的功交换,而应看两者的综合结果。例如,某容器中装有一定质量的热水,热水向周围大气放出热量10 kJ,同时功源通过搅拌器对热水做功15 kJ,则热水内能的变化量应为

$$\Delta U = Q - W = -10 - (-15) = 5\ \text{kJ}$$

即热水内能增加,增加量为5 kJ。

(2) 开口系统的热力学第一定律

在热能动力装置和制冷装置中,汽轮机、锅炉、冷凝器和压缩机等热力设备均有工质的流入和流出,对这类有工质流入流出的热力设备,应作为开口系统进行分析和研究。

一般情况下,开口系统的能量转换关系是极其复杂的,本书仅讨论工程中的常见情况。首先,只讨论位置和形状都不随时间而变化的开口系统。其次,仅讨论工质在开口系统中的流动为一元稳定流动的情况。所谓一元流动,是指与流动方向垂直的同一截面上的各点,工质的状态参数和流速都是相同的,工质的状态参数和流速仅沿流动方向作一元的变化;而稳定流动是指开口系统内的任一点的状态参数和流速均不随时间而变化。显然,这种工质在其中作一元稳定流动的开口系统与外界的热源、功源和质源所交换的热量、功量和质量均不随时间而变化。船舶动力装置处于稳定工况下,其气体或蒸汽的流动都可近似地看做是一元稳定流动。

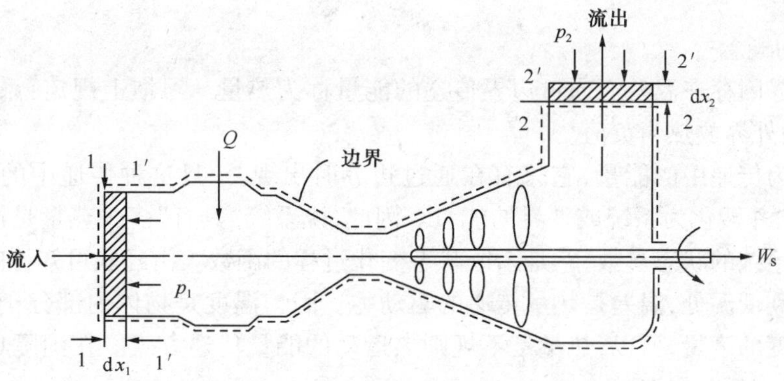

图 1-138　开口系统与外界的能量传递

如图 1-138 所示，工质以一元稳定流动流经开口系统。设质量为 m 千克的工质在进口截面 1 - 1 处的压力为 p_1、焓为 H_1、流速为 w_{g1}，在出口截面 2 - 2 处的压力为 p_2、焓为 H_2、流速 w_{g2}，则其进出口截面的焓差为 $\Delta H = H_2 - H_1$、动能差为 $\frac{1}{2}m\Delta w_g^2 = \frac{1}{2}m({w_{g2}}^2 - {w_{g1}}^2)$。若通过真实边界，外界加给系统中 m 千克工质的热量为 Q、系统中 m 千克工质对外界作的轴功为 W_s，则根据能量转换和守恒定律，按式(1-24)，经分析推导可得一元稳定流动开口系统的热力学第一定律的三种一般表达式：

对于质量为 m 千克的工质

$$Q = \Delta H + W_t \tag{1-28}$$

对于单位质量的工质

$$q = \Delta h + w_t \tag{1-29}$$

对于单位质量工质的一个微元过程

$$dq = dh + dw_t \tag{1-30}$$

式中的 W_t 为 m 千克工质在流经开口系统时的流动动能变化量与其向外界发出的轴功之和，称为技术功，单位是焦(J) 或千焦(kJ)，即

$$W_t = \frac{1}{2}m\Delta w_g^2 + W_s$$

而 w_t 则为单位质量的技术功(称为比技术功)，单位是焦/千克(J/kg) 或千焦/千克(kJ/kg)，即

$$w_t = \frac{1}{2}\Delta w_g^2 + w_s$$

式(1-28) ~ 式(1-30) 即为一元稳定流动开口系统的热力学第一定律的三种一般表达式，也称为稳定流动能量方程。它们适用于任何工质(理想气体或实际气体及其液态) 的任何过程(可逆过程或不可逆过程)。稳定流动能量方程说明，外界加给系统的热量用于增加流动工质的焓值以及对外界作技术功(增加流动工质的动能和对外界作轴功)。稳定流动能量方程很重要，在工程上经常用到。

(二)热量和功

热量和功都不是状态参数，它们都是系统与外界通过边界传递的能量，因而是过程的函数。通过热力系统，热量与功可以相互转换，并在数量上守恒。但热量与功也有着本质上的区别，功是规则能量的传递方式，而热量是不规则热运动的能量传递方式。

1. 热量

(1)热量的概念

系统与外界因存在温差而通过边界传递的能量称为热量。习惯上规定:系统从外界吸热为正值,系统向外界放热为负值。

由于热量为传递中的能量,它只有在通过边界时出现,一旦这种传递中的能量通过了边界,它便“消失”并转化为系统或外界的能量。因此,说系统“具有”多少热量是没有意义的。

热量不是系统的状态参数,它是系统状态变化过程的函数。由经验可知,热量总是自发地从高温处传递到低温处,温差是热量传递的驱动力。因为温度是物体内部分子和原子不规则热运动剧烈程度的度量,所以,热量是不规则热运动的能量传递方式。在国际单位制中,热量的单位为焦(J)或千焦(kJ)。

2. 热量与 $T-s$ 图

以绝对温度 T 为纵坐标,以比熵 s 为横坐标可建立温 - 熵图($T-s$ 图),如图 1-139 所示。系统的初态 1(T_1,s_1)用点 1 表示,终态 2(T_2,s_2)用点 2 表示,从初态 1 到终态 2 的某一可逆过程可用曲线 1 - 2 表示(不可逆过程用虚线表示)。

根据比熵定义式 $ds = dq/T$ 可得 $dq = Tds$,可见,在微元可逆过程中,系统单位质量工质所吸收的微元热量 dq 在 $T-s$ 图上可用该微元可逆过程线下的微元面积(如图 1-139 所示的阴影面积)来表示。因此,如图 1-139 所示,在 $T-s$ 图上的可逆过程 1 - 2 中,系统单位质量工质所吸收的热量 q 即为该可逆过程 1 - 2 线下的面积 12ba1,即

$$q = \int_{s_1}^{s_2} T\mathrm{d}s = \text{面积 } 12ba1$$

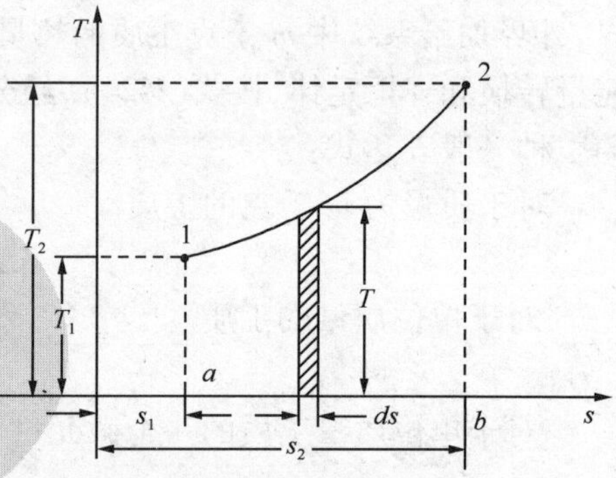

图 1-139　工质的温熵图

用 $T-s$ 图上过程曲线下的面积来表示可逆过程中系统的单位质量工质的吸热量是非常方便和形象的,因此,$T-s$ 图又称为示热图。

$T-s$ 图在热力过程和热力循环的分析中是十分有用的。

从 $T-s$ 图上还可以看出,从初态 1 到终态 2,过程可以沿着不同的途径进行,因而就对应着不同的热量。可见,热量不是状态参数,而是过程的函数。

若已知绝对温度 T 与比熵 s 之间的函数关系 $T = f(s)$,代入上式即可对可逆过程中系统的单位质量工质的吸热量进行计算。但由于绝对温度 T 与比熵 s 之间的函数关系往往非常复杂而不易获得,一般并不用此方法来计算热量。

对于过程中比容不变的定容过程和压力不变的定压过程,则是通过比热来计算系统与外界交换的热量;而其他过程则可通过热力学第一定律来进行计算。

2. 功

(1) 功的概念

在封闭系统中,工质由于容积的改变而通过边界与外界交换的功,称为容积功,用 W 表示。单位质量的容积功称为比容积功,用 w 表示。

工质膨胀时工质对外界作的容积功称为膨胀功,工质压缩时外界对工质作的容积功称为压缩功。习惯上规定:系统对外做功为正,而外界对系统做功为负。与热量类似,功也是传递中

的能量，它只有在通过边界时出现，一旦这种传递中的能量通过了边界，它便"消失"了并转化为系统或外界能量。因此，说系统"具有"多少功也是没有意义的。功也不是系统的状态参数，它是系统状态变化过程的函数。在国际单位制中，功的单位为焦(J)或千焦(kJ)。

(2) 容积功与 $p-v$ 图

设封闭气缸内有1千克工质，如图1-140所示。为了分析的直观和方便，我们用以压力 p 为纵坐标、以比容 v 为横坐标的 $p-v$ 图上的曲线来表示气缸内的压力随比容变化的关系。令工质从初态1沿过程1－A－2膨胀到终态2，现在来计算系统中单位质量工质在膨胀过程中对外界所做的功(比膨胀功)。

若不计活塞与气缸壁之间的摩擦，则工质作用在活塞上的总压力为 pf(f 为活塞面积)，并随时与作用在活塞上的外力相等，即为可逆过程。当工质作微元膨胀功时，活塞向右移动距离为 dx，此时系统对外界作的微元功为 $dw = pf dx$，而 $f dx$ 为工质在微元膨胀时比容的变化量，即 $dv = f dx$，所以

$$dw = p dv \tag{1-31}$$

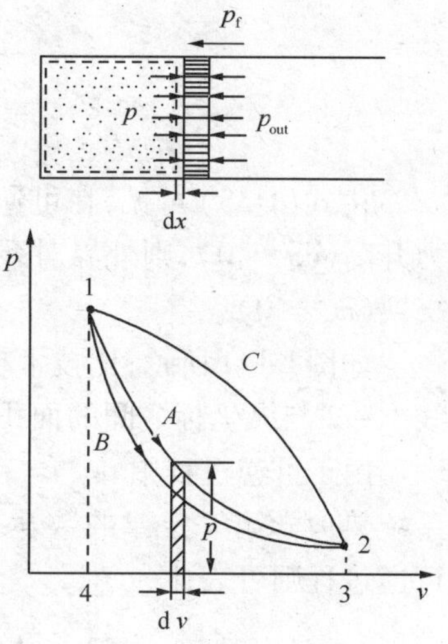

图1-140　工质在气缸中的膨胀功

整个过程中系统对外界作的比膨胀功为

$$w = \int_1^2 p dv \tag{1-32}$$

如果过程1－A－2的方程 $p = f(v)$ 已给定，代入上式便可得到比膨胀功的数值为

$$w = \int_1^2 p dv = \int_1^2 f(v) dv = \text{面积} 1A2341$$

可见，系统对外界所作比膨胀功的数值大小，可由 $p-v$ 图上过程曲线1－A－2下面的面积1A2341表示。

从图上还可以看出，从初态1到终态2，过程可以沿着不同的途径进行，因而就对应着不同的比膨胀功。可见，功不是状态参数，而是过程的函数。

从式(1-31)或(1-32)可以看出，当 $dv > 0$ 时，$w > 0$，即工质膨胀时，系统对外界做功；反之，当 $dv < 0$ 时，$w < 0$，即工质被压缩时，外界对系统做功。

$p-v$ 图在热力学分析中也是十分有用的。$p-v$ 图上的任意一点表示工质的一个平衡态，$p-v$ 图上的曲线表示可逆过程(用虚线表示不可逆过程)。$p-v$ 图上由曲线或直线围成的面积表示系统与外界交换的功，如上所述的容积功，故 $p-v$ 图又称为示功图。

由于可逆过程中 $dw = p dv$，所以封闭系统热力学第一定律的数学表达式(1-25)～式(1-27)对可逆过程则可表述为

$$Q = \Delta U + \int_1^2 p dV$$

$$q = \Delta u + \int_1^2 p dv$$

$$dq = du + p dv$$

(3) 技术功与 $p-v$ 图

前已指出，工质流经开口系统而引起的流动动能的变化量与外界发出的轴功之和，称为技术功，用 W_t 表示，即

$$W_t = \frac{1}{2} m \Delta w_g^2 + W_s$$

单位质量的技术功称为比技术功,用 w_t 表示,即

$$w_t = \frac{1}{2}\Delta w_g^2 + w_s$$

对于可逆过程,由理论分析可知

$$dw_t = \frac{1}{2}dw_g^2 + dw_s = -vdp \tag{1-33}$$

$$w_t = \frac{1}{2}\Delta w_g^2 + dw_s = -\int_{p_1}^{p_2} vdp \tag{1-34}$$

由式(1-33)可见,在可逆流动过程中,压力降低($dp < 0$),系统对外作技术功($w_t > 0$);压力升高($dp > 0$),则外界对系统作技术功($w_t < 0$);定压流动($dp = 0$),系统与外界无技术功交换($w_t = 0$)。

如图1-141所示,比技术功可用 $p - v$ 图上可逆流动过程曲线1 - 2与纵坐标之间的面积12561表示。

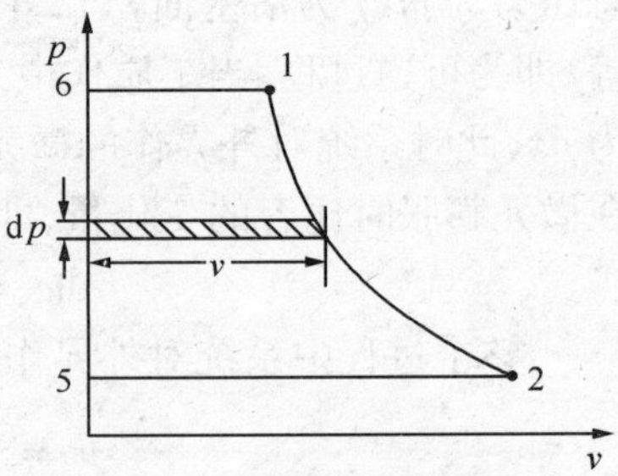

图1-141　可逆过程的技术功

由于可逆过程中 $dw_t = -vdp$,所以一元稳定流动的开口系统热力学第一定律的数学表达式式(1-28) ~ 式(1-30)对可逆过程则可表述为

$$Q = \Delta H - \int_{p_1}^{p_2} Vdp$$

$$q = \Delta h - \int_{p_1}^{p_2} vdp$$

$$dq = dh - vdp$$

三、热力学第二定律及卡诺定理

在能量的传递和转换过程中,热力学第一定律阐明了它们之间的数量关系。但过程进行的方向性,即过程的不可逆性,热力学第一定律并没有涉及。这个无论在自然界还是在工程应用中都是十分重要的问题,则是由热力学第二定律来阐明的。本部分主要介绍热力学第二定律的经典表述、卡诺循环和卡诺定理,以及逆向卡诺循环。本部分还将从工程应用的角度,阐明提高动力装置的热效率和制冷装置的制冷系数的基本途径。

(一)热力学第二定律

1. 循环及其经济性指标

(1)循环的概念

功变热和热变功,从本质上说,它们是两种根本不同的转换。经验表明,通过摩擦,功可以自发地全部转换为热,而热却不能通过摩擦自发地全部转换为功。

热变功的根本途径是依靠工质的膨胀。为了持续不断地将热转换为功,工程上是通过热机来实现的。工质在热机的气缸中仅仅完成一个膨胀过程是不能满足要求的。为了能重复地进行膨胀过程,工质在每次膨胀之后必须进行压缩,以便又回到初态。

工质从初态出发,经过一系列状态变化又回到初态,这种闭合过程称为"循环"。

工质经过一个循环后,工质的所有热力学状态参数都没有改变,但是,工质在循环的过程中可能与外界发生了热或功的交换。

任何一个循环都是由若干过程所组成的。全部由可逆过程组成的循环称为可逆循环,只要含有一个不可逆过程组成的循环就称为不可逆循环。在热力学状态图(如 $p - v$ 图、$T - s$ 图、$p -$

h 图和 $h-s$ 图等）上，可逆循环用一条闭合实线表示；不可逆循环中的可逆过程用实线表示、不可逆过程用虚线表示。

循环的经济性指标可用工作系数来表示，其定义为

$$工作系数 = \frac{收益(或效果)}{代价}$$

实现一个循环，根据其目的的不同，循环的经济性指标（工作系数）的表达形式也不同。

循环还分为正循环和逆循环，正循环是指沿顺时针方向进行的循环，而逆循环是指沿逆时针方向进行的循环。下面分别讨论正循环和逆循环的特点及其经济性指标。

（2）正循环

在图 1-142 所示的 $p-v$ 图和 $T-s$ 图上，由 $a-b-c-d-a$ 组成的循环和由 $A-B-C-D-A$ 组成的循环，都是沿顺时针方向进行的循环，这种循环称为正循环。

由图 1-142 所示的 $p-v$ 图可见，在正循环中，工质在膨胀过程 $a-b-c$ 对外做的功（正值）大于压缩过程 $c-d-a$ 所接受的来自外界的功（负值），两者的代数和为正，说明循环之后得到了净功。

由图 1-142 所示的 $T-s$ 图可见，在正循环中，工质在吸热过程 $A-B-C$ 所吸收的热量（正值）大于放热过程 $C-D-A$ 所放出的热量（负值），多吸收的热量必转换成为对外做的净功。

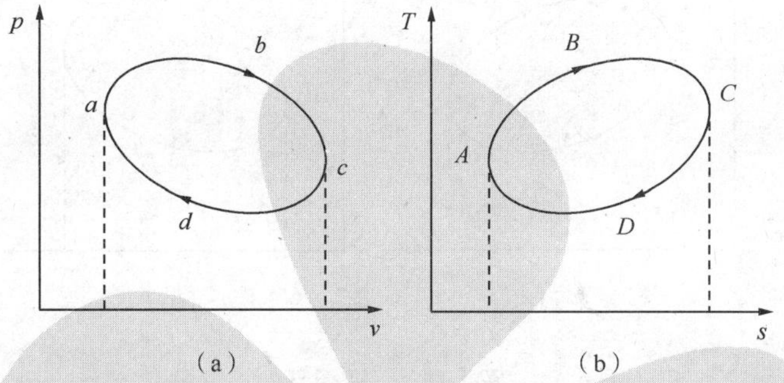

图 1-142　正循环

设在一个循环中，由高温热源加给单位质量工质的热量为 q_1，单位质量工质放给低温热源的热量为 q_2（取绝对值），则系统与外界所交换的单位质量工质的净热量为 $q=q_1-q_2$；单位质量工质对外做的功为 w_1，单位质量工质所接受的来自外界的功为 w_2，则系统与外界所交换的单位质量工质的净功为 $w=w_1-w_2$；经过一个循环，工质又回到初态，比内能没有变，即 $\Delta u=0$。按照热力学第一定律 $q=\Delta u+w$ 则有 $q_1=q_2=w$，即在一个循环中，外界加给每单位质量工质的净热量等于每单位质量工质对外界所作的净功。

因此，这种沿顺时针方向进行的循环（正循环）是把热能转换为机械能的循环，称之为动力循环或热机循环。热机循环的经济性指标为热机在每循环中对外发出的净功与从高温热源吸收的热量之比，称为热机循环的热效率，用 η_t 表示，即

$$\eta_t = \frac{W}{Q_1} = \frac{Q_1 - Q_2}{Q_1} = 1 - \frac{Q_2}{Q_1}$$

或

$$\eta_t = \frac{w}{q_1} = \frac{q_1 - q_2}{q_1} = 1 - \frac{q_2}{q_1} \tag{1-35}$$

热效率是衡量热机性能的重要指标之一，它说明工质从高温热源吸收的热量有多少转换为功。显然，提高热效率具有重大的实际意义，因为它牵涉到节能和减轻废气对环境的污染。

由热力学第一定律可知，因为第一类永动机是造不成的，所以热效率不可能大于1。

从式(1-35)可以看出，若 $q=0$，则 $\eta_t=1$，即工质在循环中没有向低温热源放热，工质在热机中便可将吸收的热量持续不断地百分之百转换为功，这虽然不违反热力学第一定律，但实践证明是不可能的。热力学第二定律是在研究如何提高热机热效率的实践中被发现并逐步发展起来的。按热力学观点，热效率的影响因素和所能达到的最大值，实质上就是在循环中热变功的条件和限度。

(3) 逆循环

图1-143中所示的循环都是沿逆时针方向进行的，这种循环称为逆循环。由图1-143中的 $p-v$ 图可见，在逆循环中，工质在膨胀过程 $a-d-c$ 对外做的功(正值)小于压缩过程 $c-b-a$ 所接受的来自外界的功(负值)，两者的代数和为负，说明循环之后消耗了外界净功。由图1-143中的 $T-s$ 图可见，在逆循环中，工质在吸热过程 $A-D-C$ 吸收的热量(正值)小于放热过程 $C-B-A$ 放出的热量(负值)，多放出的热量则是由消耗外界的净功转化而来的。工质从低温热源吸热，向高温热源放热。

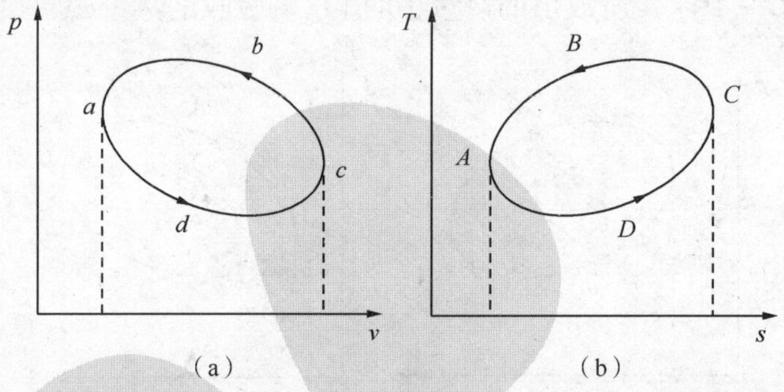

图1-143 逆循环

设工质从低温热源吸收的单位质量热量为 q_2，向高温热源放出的单位质量热量为 q_1(取绝对值)，外界对单位质量的工质作的净功为 w(取绝对值)，则在这种沿逆时针方向进行的循环中有 $q_1-q_2=w$ 或 $q_1=q_2+w$。因此，这种沿逆时针方向进行的循环(逆循环)是通过消耗机械能从而把热量从低温物体传递到高温物体的循环。

若逆循环的目的是从低温物体吸收热量从而维持低于环境的温度，则称其为制冷循环。

制冷循环的经济性指标则是每循环中从低温物体吸收的热量与消耗外界净功之比，称为制冷循环的制冷系数，用 ε 表示，即

$$\varepsilon=\frac{Q_2}{W}=\frac{Q_2}{Q_1-Q_2}$$

或

$$\varepsilon=\frac{q_2}{w}=\frac{q_2}{q_1-q_2} \tag{1-36}$$

若逆循环的目的是向高温物体供热从而维持高于环境的温度，则称其为热泵循环。

热泵循环的经济性指标则是每循环中供给高温物体的热量与消耗外界净功之比，称为热泵循环的供热系数，用 ε_h 表示，即

$$\varepsilon_h = \frac{Q_1}{W} = \frac{Q_2}{Q_1 - Q_2}$$

或

$$\varepsilon_h = \frac{q_1}{w} = \frac{q_1}{q_1 - q_2} \tag{1-37}$$

2. 热力学第二定律的实质

热力学第一定律是普遍适用的能量转换和守恒定律在热力学系统中的应用，它说明各种形式的能量是可以相互转换，并在转换时数量是守恒的。但是，符合热力学第一定律的能量转换过程并不是全都可以实现的。大量的事实证明，能量的传递和转换过程是有方向、条件和限度的，这在热力学第一定律中并没有涉及。

比如，当两个温度不同的物体接触时，热量总是自发地从高温物体传向低温物体，从而使两物体的温度趋于均匀；而从来没有见到热量自发地从低温物体传向高温物体，从而使低温物体温度变低，高温物体温度变高。可见，自发的热量传递过程是有方向性的。

再比如，行驶中的汽车刹车时，汽车的动能通过摩擦全部转换为热能而散失到环境中去，汽车随之停止前进；反之，对汽车轮胎加热，补偿其散失的热能，汽车却不能恢复到原来的行驶状态。这说明自发的能量转换是有方向性的。这是因为热能是分子热运动所具有的能量，它是不规则运动的能量，而机械能则是物体整体运动所具有的能量，因而是规则运动的能量；规则运动的能量转换为不规则运动的能量可以自发地进行，机械能可以通过摩擦自发地全部转换为热能；而将热能转换为机械能，即把不规则运动的能量转换为规则运动的能量，则不能自发地进行，只能通过工质的受热膨胀来实现。

另外，热能转换为机械能也是有条件的、有限度的。比如热机循环，由热力学第一定律可知，因为第一类永动机是造不成的，所以热机的热效率不可能大于1；但是，若工质在循环中不向低温热源放热，那么热机的热效率则等于1，即工质在热机中可将吸收的热量持续不断地百分之百转换为功，显然这并不违反热力学第一定律，但实践证明是不可能的。按热力学观点，热效率的影响因素和所能达到的最大值，实质上就是在循环中热变功的条件和限度。热力学第二定律就是在研究如何提高热机热效率的实践中被发现并逐步发展起来的。

无论在自然界还是在工程应用中，能量传递和转换过程进行的方向、条件和限度都是十分重要的问题，这也正是热力学第二定律所研究的问题，其中能量传递和转换过程进行的方向是根本的问题。热力学第二定律的表述（说法）有很多种，看似内容不同，但实质相同，都是在阐明能量传递和转换过程进行的方向、条件和限度。

热力学第一定律及热力学第二定律是能量传递和转换必须遵守的普遍规律，人们只能认识它，运用它，而不能违反或改变它。根据热力学第二定律可以找到提高动力装置的热效率和制冷装置的制冷系数的基本途径。

3. 热力学第二定律的经典表述

（1）热力学第二定律的开尔文说法

热力学第二定律的开尔文说法：“不可能从单一热源吸取热量使之完全变为有用的功，而不产生其他变化。”热力学第二定律的这一说法阐明了热能和机械能相互转换时的方向性，它也为人们的日常生活经验和无数事实所证实。机械能可以通过摩擦自发地全部转换为热能，而人们从来没有见到热能能够自发地全部转换为机械能。

需要注意的是，不能把热力学第二定律这一说法理解为：“不可能从单一热源吸取热量，使之完全变为有用的功。”理想气体的定温吸热过程，就能够把从单一热源吸取的热量全部转换为对外界做功，不过在这一过程中产生了“其他变化”，这就是理想气体的容积膨胀。

对于热机循环，因为工质完成一个循环时本身恢复原状，没有发生什么变化，所以，既然不可能把从高温热源中吸取的热量全部用来对外界做功，那么就必须将其中的一部分传给另一个低温热源，如图 1-144(a)所示。因此，工质在热机循环中要实现将热能转换为机械能，至少要有两个热源，热效率不可能达到100%，这就是在循环中热变功的条件和限度。这个结论是从热力学第二定律直接得出的，对于由任意过程组成的任意工质的热机循环都适用。对任意工质的任意循环，其热效率均为 $\eta_t = (1 - q_2/q_1) < 1$，所以，为提高热效率可以设法减少放给低温热源的热量，但不可能减少到零。

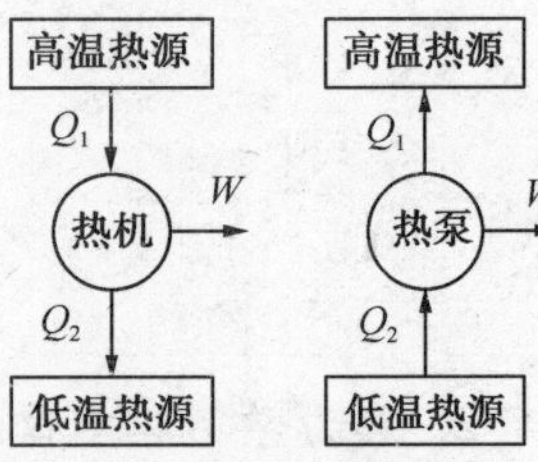

(a)热机装置　(b)热泵装置

图 1-144　热机与热泵

上述结论已被热机制造和使用正反两方面的经验所证实。从热机制造和使用的成功经验来看，所有热机的热效率都低于100%。从反面来看，假定单一热源的热机能够造成，那么就可以利用周围环境作为单一热源，从那里不断吸取热量而做功，而周围环境的内能实际上可以认为是取之不尽的，所以这种单一热源的热机又称为第二类永动机。历史上有人企图制造第二类永动机，虽然这并不违反热力学第一定律，但都失败了。这是因为它从根本上违反了热力学第二定律。因此，热力学第二定律也可以表述为：“第二类永动机是造不成的”。

(2)热力学第二定律的克劳修斯说法

热力学第二定律的克劳修斯说法：“不可能把热量从低温物体传到高温物体，而不产生其他变化。”热力学第二定律的这一说法阐明了热量传递的方向性，它为人们的日常生活经验和无数事实所证实。

需要注意的是，不能把热力学第二定律这一说法理解为：“不可能把热量从低温物体传到高温物体。”事实上，制冷装置就可以把热量从零下十几度的冷库中传到 20 ~ 30℃的冷却水中，但必须在制冷装置中消耗功，并将这个功转换为热量也传给冷却水。这里的功变热就是“其他变化”。

将热力学第二定律这一说法应用到制冷循环可以看出，经过一个循环，工质恢复了原状，实现了把热量从低温物体传向高温物体，这就必然在外界产生其他变化(比如消耗了功，并将功转换为热量传给了高温物体)，如图 1-144(b)所示。这一结论是从热力学第二定律直接得出的，对于由任意过程组成的任意工质的制冷循环都适用。

关于热量传递的方向性，应该这样理解：“热量能够自发地从高温物体传向低温物体，也能够在有其他变化(比如功变热)的条件下从低温物体传向高温物体。”

(3)开尔文说法与克劳修斯说法的等效性

热力学第二定律的这两种说法，表面上看是针对不同的现象，没什么关联。但从热力工程的观点来看，这两种说法实质上是统一的、等效的。

例如，违反了开尔文说法，就必然导致违反克劳修斯说法。设某系统能从某给定温度的单一热源吸收热量，且使之完全变为有用的功而不产生其他变化，则这份功量可以通过摩擦变为热量为另一较高温度的热源所吸收。这样，总的效果就是在没有产生其他影响的条件下，把热量从低温物体传到高温物体。这就违反了克劳修斯说法。

同样的思路也可以证明：违反了克劳修斯说法也必然违反开尔文说法。

(二)卡诺循环与逆向卡诺循环

1. 可逆循环与可逆热机

全部由可逆过程组成的循环称为可逆循环,完成可逆循环的热机称为可逆热机;只要含有一个不可逆过程组成的循环就称为不可逆循环,完成不可逆循环的热机则称为不可逆热机。

2. 卡诺循环与卡诺热机

卡诺循环是两热源间的可逆循环,它是由两个定温过程和两个绝热过程,即定温吸热、绝热膨胀、定温放热和绝热压缩等四个可逆过程所组成的可逆循环。完成卡诺循环的热机则称为卡诺热机。图 1-145 所表示的是卡诺热机中所进行的卡诺循环。

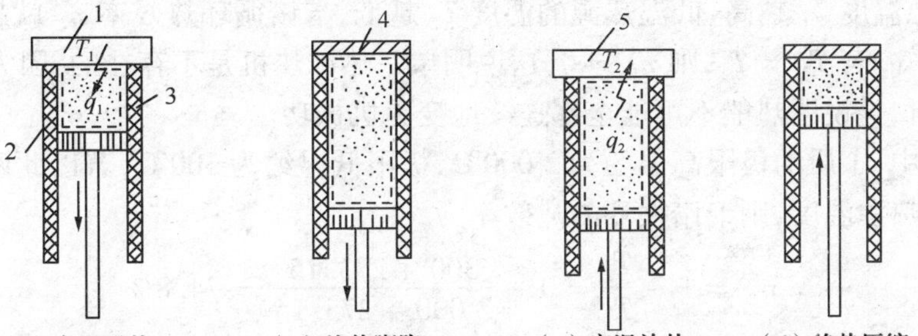

图 1-145 卡诺热机

1—高温热源;2—绝热汽缸壁;3—边界;4—绝热盖板;5—低温热源

如图 1-145 所示,工质被封闭在气缸活塞中,并在高温热源和低温热源间进行可逆循环。因为组成可逆循环的各过程均应是可逆过程,除工质内部和外部无摩擦外,还对过程条件作出了限制。首先,移去绝热盖板,将高温热源移至气缸盖上,工质从高温热源吸热,如图 1-145(a)所示;并且,为使吸热过程是可逆过程,工质的温度在吸热过程中应始终等于高温热源的温度,故该吸热过程应为定温吸热过程。吸热过程结束时,移去高温热源并将绝热盖板移至气缸盖上,如图 1-145(b)所示,工质则进行膨胀,其温度将由高温热源的温度降低为低温热源的温度;并且,为使工质的膨胀过程为可逆过程,必须防止工质与周围环境之间的有限温差传热,故该膨胀过程为绝热膨胀过程。同理,工质向低温热源的放热过程应为定温放热过程,且工质的温度等于低温热源的温度,如图 1-145(c)所示。定温放热之后,为使工质恢复至初态,压缩过程也必须是绝热的,如图 1-145(d)所示。

图 1-146 所示为卡诺循环的 $T-s$ 图,在该图上:

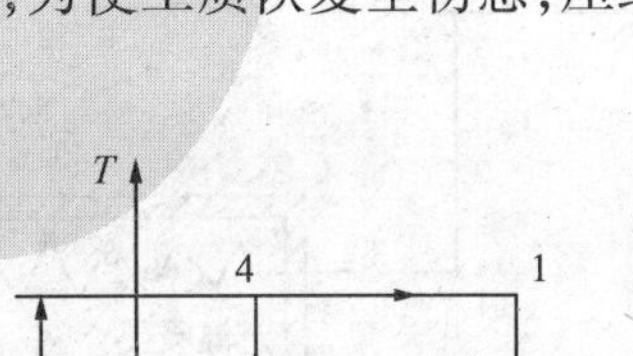

图 1-146 卡诺循环的 $T-s$ 图

4－1 为定温吸热过程,工质从温度为 T_1 的高温热源吸收单位质量热量为

$$q_1 = \text{面积}\,41ba4 = T_1\Delta s \quad \text{(a)}$$

1－2 为绝热膨胀过程,工质对外做功,其温度由 T_1 经绝热膨胀后降为 T_2。(需要注意,在 4－1 的定温吸热过程中,工质在吸热的同时也对外做功,其做功量等于其吸热量)

2－3 为定温放热过程,工质向温度为 T_2 的低温热源放出单位质量热量为

$$q_2 = \text{面积}\,23ab2 = T_2\Delta s \quad \text{(b)}$$

3－4 为绝热压缩过程,工质消耗外界功,其温度由 T_2 经绝热压缩后升到 T_1。(仍需要注意,在 2－3 的定温放热过程中,工质在放热的同时也消耗外界功,其消耗的外界功量等于其放

热量）

将式(a) 和式(b) 代入式(1-35)，得

$$\eta_t = 1 - \frac{q_2}{q_1} = 1 - \frac{T_2 \Delta s}{T_1 \Delta s} = 1 - \frac{T_2}{T_1}$$

即卡诺循环热效率（用 η_C 表示）为

$$\eta_C = 1 - \frac{T_2}{T_1} \tag{1-38}$$

可见，卡诺循环热效率 η_C 仅与高温热源的温度 T_1 和低温热源的温度 T_2 有关，与工质性质无关。高温热源温度 T_1 越高、低温热源的温度 T_2 越低，卡诺循环热效率 η_C 就越高。

由上式可知：若 $T_1 = T_2$，则 $\eta_C = 0$，这说明单一热源热机是不存在的；因为 $T_1 < \infty$，$T_2 > 0$，所以，$\eta_C < 1$，这说明热能不可能全部连续地变为机械功。

在内燃机中，工质的极限高温约为 2 000℃，极限低温约为 300℃，若以此两极限温度为卡诺循环的两个热源温度，则卡诺循环的热效率为

$$\eta_C = 1 - \frac{T_2}{T_1} = 1 - \frac{300 + 273.15}{2\,000 + 273.15} = 74.8\%$$

可见，在理想情况下，内燃机中的工质可以把从高温热源中吸收热量的 74.8% 转换为功。但是，由于各种实际因素的影响，实际上只能把 40% ～ 50% 的热量转换为有用功。

3. *逆向卡诺循环*

沿卡诺循环相反的方向进行的循环，称为逆向卡诺循环。

图 1-147 和图 1-148 为逆向卡诺循环及其在 $T-s$ 图上的表示。

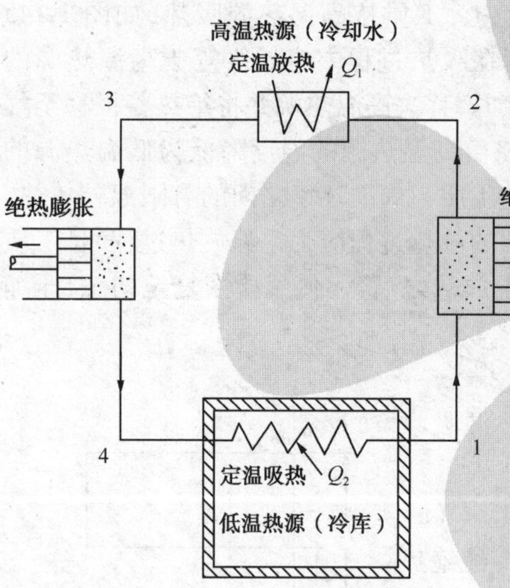

图 1-147　逆向卡诺循环

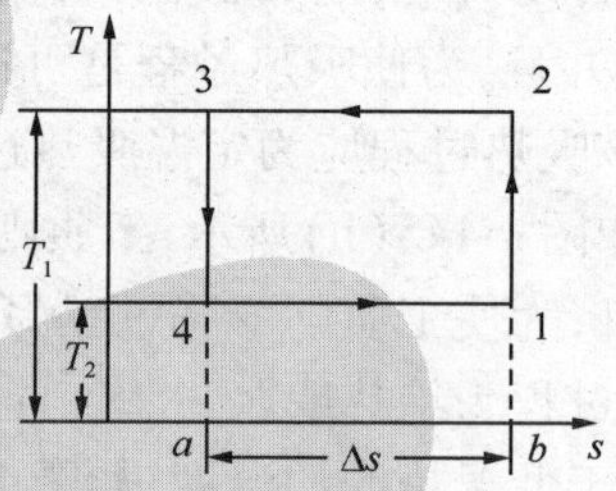

图 1-148　逆向卡诺循环的 $T-s$ 图

在图 1-148 所示的逆向卡诺循环的 $T-s$ 图上：

1 – 2 为绝热压缩过程，工质消耗外界功，其温度由 T_1 经绝热压缩升至 T_2。

2 – 3 为定温放热过程，工质向温度为 T_1 的高温热源（环境或冷却水）放出单位质量热量为

$$q_1 = \text{面积}\,23ab2 = T_1 \Delta s \tag{c}$$

需要注意，该过程中，为实现工质的定温放热，工质在放热的同时也需要消耗外界功，消耗的外界功量等于其放热量。

3 – 4 为绝热膨胀过程，工质对外做功，其温度由 T_2 经绝热膨胀降到 T_1。

4 - 1 为定温吸热过程，工质从温度为 T_2 的低温热源（冷库）吸收单位质量热量为

$$q_2 = 面积\ 41ba4 = T_2\Delta s \tag{d}$$

同样，该过程中，为实现工质的定温吸热，工质在吸热的同时也对外做功，对外做功量等于其吸热量。

将式(c) 和式(d) 代入式(1-36)，得制冷系数

$$\varepsilon = \frac{q_2}{q_1 - q_2} = \frac{T_2\Delta s}{T_1\Delta s - T_2\Delta s} = \frac{T_2}{T_1 - T_2}$$

即逆向卡诺循环制冷系数（用 ε_C 表示）为

$$\varepsilon_C = \frac{T_2}{T_1 - T_2} \tag{1-39}$$

可见，逆向卡诺循环的制冷系数 ε_C 与高温热源的温度 T_1 和低温热源的温度 T_2 有关，与工质的性质无关。高温热源温度 T_1 越低，低温热源的温度 T_2 越高，逆向卡诺循环的制冷系数 ε_C 就越高。因为 $T_2 < T_1$，由上式可知 $\varepsilon_C < \infty$，这说明把热量从低温物体传递到高温物体必须消耗外界机械功。

（三）卡诺定理

1. 卡诺定理的表述及实质

(1) 卡诺定理的表述

卡诺定理是一个非常重要的定理，它可表述为：

在温度 T_1 的高温热源和温度 T_2 的低温热源之间工作的一切可逆热机，其热效率均相等，与工质的性质无关；在温度 T_1 的高温热源和温度 T_2 的低温热源之间工作的一切热机循环，以卡诺循环热效率为最高。

(2) 卡诺定理的实质

从热力学第二定律可以看出，功变热可以自发地进行，而热变功则是有条件的。在循环中热变功的条件为必须至少要有两个热源，即向低温热源的放热是不可避免的。因此，循环热效率必然小于100%，这就是循环中热变功的限度。对任意工质的任意循环，其热效率为

$$\eta_t = 1 - \frac{q_2}{q_1} < 1$$

即放给低温热源的热量可以设法减少，但不可能减少到零。

根据卡诺定理，两给定热源之间的所有循环中，以卡诺循环的热效率为最高。因为卡诺循环是两热源之间的可逆循环，由于摩擦和有限温差的传热，实际循环都是不可逆循环，因此实际循环的热效率必小于相同热源条件下卡诺循环的热效率，即

$$\eta_t = 1 - \frac{q_2}{q_1} < 1 - \frac{T_2}{T_1}$$

可见，在相同热源条件下，卡诺循环的热效率是一切实际循环热效率所能趋近的极限。所以，可以得到提高循环热效率的一个基本途径是：尽量避免和减少过程的不可逆性，使实际循环接近卡诺循环。另外，根据卡诺定理，两给定热源之间所有的卡诺循环的热效率均相等，与工质的性质无关，而标志热源特性的唯一状态参数就是它的温度，因此热源的温度是影响热效率的基本因素。因此，以理想气体为工质而推导出的卡诺循环热效率的公式

$$\eta_t = 1 - \frac{q_2}{q_1} = 1 - \frac{T_2}{T_1}$$

可推广应用于任意工质。从上式可以得到提高循环热效率的另一基本途径为：尽可能提高高温热源的温度 T_1 和降低低温热源的温度 T_2。现代热能动力装置就是沿着这条基本途径发展的。

2. 卡诺定理对实际工作的指导意义

(1) 提高热能动力装置热效率的基本途径

卡诺循环中的绝热压缩和绝热膨胀过程已被实际热能动力装置所采用，但定温吸热和定温放热过程由于工质性质和技术等原因无法得到有价值的应用，即能够按照或近似按照卡诺循环工作的实际热机至今还没有制造出来。

因此，各种实际热能动力装置所遵循的理想（可逆）循环，其高温热源和低温热源一般都由温度不同的无穷多个热源所组成。但我们可以找出工质从高温热源吸热的平均温度 T_{m1} 和向低温热源放热的平均温度 T_{m2}，将这种理想循环等效成卡诺循环。

如图 1-149 所示，将一任意理想循环 $a-b-c-d-a$ 等效成卡诺循环 1－2－3－4－1。T_{m1} 为吸热过程 $a-b-c$ 的平均温度，T_{m2} 为放热过程 $c-d-a$ 的平均温度。因此，这种理想循环的热效率可表示为

$$\eta_t = 1 - \frac{T_{m2}}{T_{m1}} \tag{1-40}$$

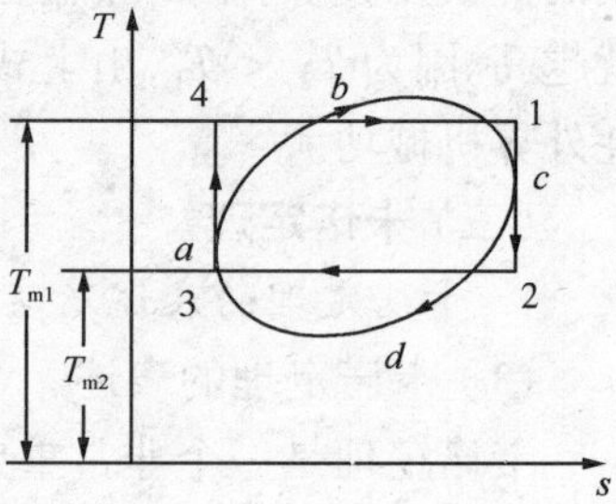

图 1-149　等效卡诺循环

上式说明，提高工质的平均吸热温度 T_{m1}、降低工质的平均放热温度 T_{m2}，可提高循环热效率。

按卡诺定理，在温度 T_1 的高温热源和温度 T_2 的低温热源之间工作的一切热机循环，以可逆循环热效率为最高。而实际循环由于摩擦和有限温差的传热等因素影响，都是不可逆循环，因此，实际循环热效率必小于相同热源条件下的可逆循环热效率。

综上所述，提高热能动力装置热效率的基本途径是：

① 尽可能提高工质从高温热源吸热时的平均进热温度，向高温方向发展。② 尽可能降低工质向低温热源放热时的平均放热温度，尽量使其低至接近环境温度。③ 尽量避免和减少过程的不可逆性，使实际循环尽量接近可逆循环。

关于如何将这些提高热效率的基本途径付诸实施，将在以后的各节中逐步加以介绍。

(2) 提高制冷装置制冷系数的基本途径

可以证明，在给定冷却水（高温热源）温度 T_1 和冷库（低温热源）温度 T_2 的条件下，以逆向卡诺循环的制冷系数 ε_C 为最高。

如图 1-150 所示，因为逆向卡诺循环也是由可逆过程组成的可逆循环，所以逆向卡诺循环中工质与高、低温热源的传热是无温差的，而实际的传热过程是有温差的：工质向冷却水（高温热源）T_1 放热，其温度要比 T_1 高 5 ～ 10℃；工质从冷库（低温热源）T_2 吸热，其温度要比 T_2 低 5 ～ 10℃。因此，即使不考虑摩擦等因素，仅考虑传热温差的影响，实际循环的单位质量制冷量比逆向卡诺循环少了面积 411′4′4，实际循环消耗的单位质量外界功比逆向卡诺循环多了面积 233′2′2 和面积 411′4′4，这就证明了“在给定冷却水（高温热源）温度 T_1 和冷库（低温热源）温

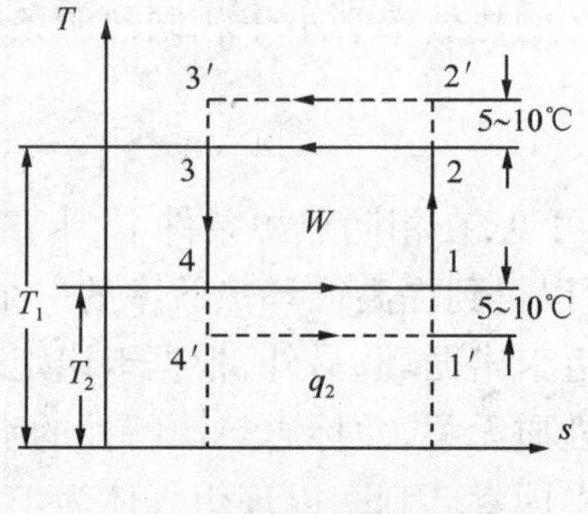

图 1-150　逆向卡诺循环与实际循环的比较

度 T_2 的条件下,以逆向卡诺循环的制冷系数 ε_C 为最高”。

综上所述,提高制冷装置制冷系数的基本途径是:

① 在满足冷藏对象温度要求的条件下,应选择较高的库温。② 在可选择的情况下,选择低温的冷却介质。③ 尽量避免和减少过程的不可逆性,如减小冷凝器、蒸发器的传热温差和各种摩擦损失,使实际循环尽量接近可逆循环。

四、理想气体

内燃机动力装置的工质为空气和燃气,它们可以被视为理想气体。因此我们有必要对理想气体的热力性质和热力过程进行分析和研究。本部分介绍理想气体的定义、理想气体的状态方程、理想气体的比热、理想气体的内能和焓以及理想气体的热力过程。

(一) 理想气体的定义及物理模型

1. 理想气体的定义

克拉贝隆根据气体的实验定律推导出气体的基本状态参数压力 p、比容 v、温度 T 之间的关系(即状态方程)为 $pv = R_g T$。但精确的实验表明,实际气体的压力 p、比容 v、温度 T 之间的关系与此式并不完全吻合,有时甚至偏差很大。

在热力学中,把基本状态参数(压力 p、比容 v、温度 T)完全符合状态方程 $pv = R_g T$ 且比内能 u 仅为温度 T 的函数即 $u = f(T)$ 的气体,称为理想气体。凡不符合这两个条件的气体,则称为实际气体。

2. 理想气体的物理模型

我们都知道,物质有三态:固态、液态和气态。在固体中,分子与分子之间的距离最近,因而分子之间的内聚力也最大。这时,分子不做平移运动,仅在它的平衡位置附近振动。液体中分子间的内聚力就小一些,这时分子已有平移运动,但这种运动由于分子间的距离较近而受到很大的限制。当物质由液态转变为气态之后,它的体积大为增加,因而分子间的距离也大为增加,分子间的内聚力大为减小。同一种气态物质,其容积随温度的升高和压力的降低而增加,分子间的内聚力也随之相应地进一步减小。

工程上通常把刚从液态转变过来的气态物质称为蒸气,而把距离液态较远的气态物质称为气体。由于气体距离液态较远,分子间的距离较大,分子本身的体积与气体所占的容积相比小到可以忽略不计,分子间的内聚力也小到可以忽略不计。根据这种情况,气体动理理论对理想气体的分子模型做了抽象的假设:气体的分子如同弹性小球,分子间的内聚力和分子本身的体积可以忽略不计。这种气体称为“理想气体”或“完全气体”。

气体动理理论应用力学定律研究了理想气体的分子运动,建立了气体动理理论的基本方程。根据这个基本方程推导出的气体诸定律和状态方程,均与实验定律相吻合,从而证明理想气体的概念在一定程度上反映了客观情况。不过,理想气体与实际气体之间终究是有差别的。

能否把某一状态的气体看做理想气体,一方面决定于它和理想气体的分子模型接近的程度,一般说来,同一种气体,当它的温度越高或压力越低,即距离液态越远时,越接近理想气体;另一方面决定于计算所要求的准确度。由于理想气体的定律和状态方程非常简单,便于计算,船舶动力装置中所用的空气和燃气以及空气调节设备内的空气中所含的水蒸气均可按理想气体进行计算,所以研究理想气体有很大实用价值。

但蒸汽动力装置中的蒸汽(指水蒸气)以及蒸气压缩制冷装置中的制冷剂蒸气(泛指包括水蒸气在内的各种蒸气),由于偏离理想气体的分子模型甚远,不能按适用于理想气体的方程进行计算。关于蒸气的性质将在后面的相关节中叙述。

（二）理想气体的热力性质

1. 理想气体状态方程及气体常数

(1) 气体的三个实验定律

当气体的热力学状态发生变化时，基本状态参数之间存在一定的关系。大量实验证明，理想气体的基本状态参数之间遵循下列三个定律。

① 波义耳—马略特定律。波义耳和马略特分别用实验得到下列定律：同一种气体在温度 T 保持不变的条件下，其绝对压力 p 与比容 v 成反比，即：当 $T_1 = T_2$ 时

$$\frac{p_2}{p_1} = \frac{v_1}{v_2} \text{或} p_1v_1 = p_2v_2$$

② 盖·吕萨克定律。盖·吕萨克用实验得到下列定律：同一种气体在压力 p 保持不变的条件下，其比容 v 与绝对温度 T 成正比，即：当 $p_1 = p_2$ 时

$$\frac{v_2}{v_1} = \frac{T_1}{T_2}$$

③ 查理定律。查理用实验得到下列定律：同一种气体在比容 v 保持不变的条件下，其绝对压力 p 与绝对温度 T 成正比，即：当 $v_1 = v_2$ 时

$$\frac{p_2}{p_1} = \frac{T_1}{T_2}$$

这三个实验定律都是在一个基本状态参数不变的条件下，反映其他两个基本状态参数之间的关系的。后经证明，这三个实验定律只有对理想气体才是绝对准确的。如果三个基本状态参数都在变化，则这三个基本状态参数之间的关系将由理想气体状态方程给出。

(2) 理想气体状态方程

根据上述三个实验定律，可以得到理想气体三个基本状态参数（压力 p、比容 v、温度 T）之间的关系为

$$pv = R_gT \tag{1-41}$$

式中的 R_g 为只与气体的性质（气体的种类）有关，而与气体所处状态无关的常数，称为气体常数。

上式称为理想气体状态方程。由于它是由克拉贝隆提出来的，故又称为克拉贝隆方程。它反映了理想气体三个基本状态参数（压力 p、比容 v、温度 T）之间的关系。只要已知三个基本状态参数中的任意两个，就可由理想气体状态方程求出第三个基本状态参数。

理想气体状态方程中，压力 p 的单位是帕(Pa)，比容 v 的单位是立方米/千克(m^3/kg)，温度 T 的单位是开(K)，则气体常数 R_g 的单位是焦/千克·开[J/(kg·K)]。

对于 m 千克的理想气体，有 $mpv = mR_gT$，而 $mv = V$(立方米)，则

$$pV = mR_gT$$

若已知容器的容积为 V，气体压力为 p，气体温度为 T，并已知气体常数 R_g，由上式则可计算出容器中气体的质量 m。

(2) 气体常数

摩尔是国际单位制中度量物质的量的基本单位。其定义为：摩尔是一系统的物质的量，该系统中所包含的基本单元数与 0.012 kg C_{12} 的原子数目相等。在热力学中，摩尔定义中的基本单元是指分子而言。比如，1 摩尔氧的质量为 32 g，1 摩尔氮的质量为 28 g。

根据阿佛伽德罗定律,在同温同压下,摩尔数相等的各种理想气体所占的容积相同。在标准状态下(T_0 = 273.15 K, p_0 = 1.101325 × 10^5 Pa),1 摩尔的任何气体所占的容积均为 22.414 L。因摩尔单位太小,常用摩尔的一千倍,即千摩尔作为度量单位,用符号 kmol 表示。在标准状态下,1 kmol 任何气体所占的容积均为 V_M = 22.414 m^3。

设气体处于标准状态,气体的千摩尔质量为 M (kg/kmol),则 m 千克气体的千摩尔数 n 为 $n = m/M$,因而它在标准状态下所占的容积为 $V_0 = 22.414n = 22.414\ m/M$,由 $pV = mR_gT$ 得

$$R_g = \frac{p_0V_0}{mT_0} = \frac{8\ 314}{M} \quad \text{J/(kg·K)}$$

则定义

$$R = M \cdot R_g = 8\ 314 \quad \text{J/(kmol·K)}$$

可见,R 是一个既与状态无关,也与气体种类无关的普适恒量,称为摩尔气体常数(也称为通用气体常数、普适气体常数)。

不同气体的气体常数 R_g 的数值,等于摩尔气体常数 R 除以该气体的千摩尔质量 M。例如:

空气 M = 28.97 kg/kmol, R_g = 8 314/M = 8 314/28.97 = 287 J/(kg · K)

氧气 M = 32 kg/kmol,R_g = 8 314/M = 8 314/32 = 259 J/(kg · K)

氮气 M = 28 kg/kmol,R_g = 8 314/M = 8 314/28 = 297 J/(kg · K)

2. 理想气体的比热(比热容)

(1) 比热(比热容) 的定义

物体在准静态过程中温度升高 1 K 所需要的热量,称为该物体的热容量,用符号 W 表示,单位是焦耳/开(J/K) 或千焦耳/开(kJ/K)。

单位物量物体的热容量,称为比热容量,简称比热(比热容)。

(2)质量比热、容积比热和千摩尔比热

根据比热(比热容)的定义,按照物量单位,比热(比热容)可分为三类:质量比热(质量比热容)、容积比热(体积比热容)和千摩尔比热(千摩尔比热容)。

质量比热:取 1 kg 质量作为物量单位时,其比热称为"质量比热",用符号 c 表示,单位是焦耳/开 · 千克[J/(K · kg)]或千焦耳/开 · 千克[kJ/(K · kg)]。

容积比热:取标准状态下 1 m^3 气体容积(称为 1 标准立方米,记作 1 Nm^3,1 Nm^3 = 1 /22.414 kmol = M/22.414 kg)作为物量单位时,其比热称为"容积比热",用符号 c表示,单位是焦耳/开 · 标准立方米[J/(K · Nm^3)]或千焦耳/开 · 标准立方米[kJ/(K · Nm^3)]。

千摩尔比热:取 1 kmol 作为物量单位时,其比热称为"千摩尔比热",用符号 M_c 表示,单位为焦耳/开 · 千摩尔[J/(K · kmol)]或千焦耳/开 · 千摩尔[kJ/(K · kmol)]。

质量比热、容积比热、千摩尔比热三者之间的关系为

$$M_c = M \cdot c = 22.4c'$$

式中的 M 为该物体的千摩尔质量。

在工程实践中,应用质量比热较为普遍,因此下面的讨论以质量比热为主。

(3) 定压比热和定容比热

气体比热除了与气体性质有关外,还与加热过程的性质有关。在热工计算中,一般只给出两种特定过程的比热。

加热过程中压力保持不变的定压过程的比热,称为"定压比热"。定压质量比热用 c_p 表示。

加热过程中比容保持不变的定容过程的比热,称为"定容比热"。定容质量比热用 c_v 表示。

因为定压加热过程中,工质的容积膨胀对外做功需要能量,而定容过程则不需要,故定压比热一般大于定容比热,即 $c_p > c_v$。

(4) 真实比热和平均比热

物质的比热并非常量。实验表明,理想气体的比热仅为温度的单值函数(但非线性函数)。通常把气体温度由 t 升高到 $t + dt$ 所需的单位质量热量 dq 与 dt 的比值称为气体温度 t 时的"真实质量比热"。把气体温度由 t_1 升高到 t_2 所需的单位质量热量 q 与温差 $(t_2 - t_1)$ 的比值称为气体由温度 t_1 到 t_2 的"平均质量比热"。利用比热可以计算气体由温度 t_1℃ 升高到 t_2℃ 所需要的热量。但由于气体的比热与气体的温度有关,所以,按比热随温度变化的真实曲线关系计算热量最为准确。当温度变化范围不大时,按比热随温度变化的直线关系计算的热量误差很小,在实际计算中也是允许的。只有当温度变化范围很窄或粗略计算时,为计算简便才允许用定比热进行热量计算。

(5) 影响比热的因素

综上所述,理想气体的比热与下列因素有关:① 与气体性质有关。② 与加热过程的性质有关。③ 与气体的温度有关。需要指出的是,实际气体的比热还与气体的压力有关。

3. 理想气体的内能和焓

(1) 理想气体的内能

由理想气体的分子模型可知,理想气体分子间的内聚力为零,因此由分子之间内聚力而具有的内势能为零。理想气体仅有内动能,而内动能仅与温度有关。所以,理想气体比内能仅为温度的单值函数,因此,理想气体比内能的变化量 du 也应仅取决于温度变化量 dT。

对可逆的定容过程,由于 $dv = 0$,所以 $dw = pdv = 0$,代入封闭系统可逆过程的热力学第一定律的数学表达式中可得 $dq_v = du$,即封闭系统可逆定容过程的加热量全部用于增加系统的内能。而由于定容过程的加热量可写为 $dq_v = c_v dT$,所以

$$du = c_v dT \tag{1-42}$$

上式为理想气体可逆过程的比内能变化量的计算公式,它表明理想气体可逆过程的比内能的变化量仅取决于初、终状态的温度值,而与该可逆过程是否定容并无关系。但对实际气体,上式则仅适用于可逆定容过程。

(2) 理想气体的焓

对于理想气体,由于 $u = f(T)$,$pv = RT$,所以 $h = u + pv = u + RT = \phi(T)$,即理想气体比焓也仅为温度的单值函数。因此,理想气体比焓的变化量 dh 也应仅取决于温度的变化量 dT。对于定压的可逆一元稳定流动,由于 $dp = 0$,所以 $dw_t = -vdp = 0$,代入开口系统的可逆一元稳定流动的热力学第一定律的数学表达式中可得 $dq = dh$,即对系统的可逆定压加热量全部用于增加流动工质的焓。而由于定压过程的加热量可写为 $dq_p = c_p dT$,所以

$$dh = c_p dT \tag{1-43}$$

上式为理想气体可逆过程的比焓变化量的计算式,它表明理想气体可逆过程的比焓的变化量仅取决于初、终态的温度值,而与该可逆过程是否定压并无关系。但对实际气体,上式则仅适用于可逆定压过程。

(3) 理想气体的迈耶方程

对于理想气体,由比焓的定义式:$h = u + pv = u + R_g T$,及式(1-42) 和式(1-43) 可得

$$c_p = c_v + R_g$$

或

$$c_p - c_v = R_g \tag{1-44}$$

上式称为理想气体的迈耶方程。迈耶方程说明，在同一温度下同种气体的定压比热总是大于定容比热，即 $c_p > c_v$，且二者之差在数值上等于该气体的气体常数 R_g。若已知某气体的定压比热，可由迈耶方程求得其定容比热；反之亦然。

若理想气体的定压比热与定容比热之比为 k（称为等熵指数，也称为绝热指数），即 $c_p/c_v = k$，由迈耶方程可得

$$c_p = kc_v \quad c_v = \frac{R}{k-1} \quad c_p = \frac{kR}{k-1}$$

（4）理想气体可逆过程的热力学第一定律的数学表达式

对于理想气体可逆过程，因为 $du = c_v dT$、$dh = c_p dT$，所以，将此关系式代入可逆过程热力学第一定律的数学表达式中，即可得到适用于理想气体可逆过程的热力学第一定律的数学表达式。比如，对于理想气体封闭系统的微元可逆过程，则有

$$dq = c_v dT + p dv$$

对于理想气体开口系统一元稳定流动的微元可逆过程，则有

$$dq = c_p dT - v dp$$

（三）理想气体的热力过程

研究热力过程的目的是要找到工质状态变化和热功转换的规律以及热功转换的数量关系。下面先介绍理想气体的一般热力过程，然后讨论在热力循环分析中常见的定容、定压、定温和绝热这四种典型的热力学状态参数的定值过程及其特点，为后续分析和讨论轮机工程中的典型热力装置奠定基础。下面讨论的各种过程，如不加说明，均指可逆过程。

1. 理想气体的一般过程

理想气体状态变化的一般过程，称为多变过程。理想气体多变过程的过程方程为：

$$pv^n = 常数$$

式中的指数 n 是一个在给定过程中保持不变的某一定值，称为多变指数，其数值的取值范围是 $-\infty \sim +\infty$。由于当多变指数 n 取为某一数值时，就表示一个特定的理想气体热力过程，因此，理想气体的多变过程是无穷多个这种特定过程的统称。

当多变指数 $n = \pm\infty$ 时，将理想气体多变过程的过程方程（$pv^n = 常数$）的两边开 n 次方，再代入 $n = \pm\infty$，则理想气体多变过程的过程方程变为：

$$p^{\frac{1}{n}} v = p^{\frac{1}{\pm\infty}} v = p^0 v = v = 常数$$

即在该过程中，理想气体的比容保持不变，故该过程称为理想气体的定容过程。

当多变指数 $n = 0$ 时，理想气体多变过程的过程方程为：

$$pv^0 = p = 常数$$

即在该过程中，理想气体的压力保持不变，故该过程称为理想气体的定压过程。

当多变指数 $n = 1$ 时，理想气体多变过程的过程方程为：

$$pv = 常数$$

由理想气体状态方程 $pv = R_g T$ 可知该过程中温度 T 为常量，即在该过程中，理想气体的温度保持不变，故该过程称为理想气体的定温过程。

当多变指数 $n = k$（k 为理想气体的定压比热与定容比热之比，称为等熵指数，也称为绝热指数）时，理想气体多变过程的过程方程为：

$$pv^k = 常数$$

经分析可知，该过程中理想气体与外界之间始终没有热量交换，同时理想气体的熵也保持不变，故该过程称为理想气体的绝热过程，也称为理想气体的定熵过程。

可见，在热力循环分析中常见的理想气体的定容、定压、定温和绝热这四种典型的热力学状态参数的定值过程都是理想气体多变过程的特例，称为理想气体的基本热力过程。

研究气体的多变过程有很大的实际意义。比较深入的研究发现，压缩机、柴油机和其他热力设备中的工质状态变化过程，往往并不符合上述四种基本过程中的任何一种。例如，气体在压缩机中的压缩过程既不是绝热过程，也不是定温过程，而是$1 < n < k$之间的某一多变过程。柴油机的膨胀或压缩过程是一个既有吸热又有放热的复杂过程，这时可以把它分为几个阶段，每一段可当做n取适当数值的多变过程，在分别计算每一段多变过程之后再加以综合。

例如，某增压柴油机在压缩过程中，将进入气缸时的$p_1 = 0.14$ MPa、$t_1 = 40$℃、$v_1 = 0.642\ m^3/kg$的空气，压缩至$p_2 = 4$ MPa、$v_1 = 0.056\ 56\ m^3/kg$。实际的压缩过程可看做是一个$n = 1.38$的多变压缩过程，压缩终点的温度按此经计算应为$T_2 = 788$ K。若认为压缩过程是绝热过程，那么压缩终点的温度经计算可得为$T_2 = 827$ K。可见，$n = 1.38$的多变压缩过程的终点温度要比绝热压缩过程低。这是因为在实际的压缩过程中，压缩空气向气缸壁等部件放出热量所造成的。在柴油机起动时，如果事先没有暖缸，则压缩过程放热会更多，多变指数n会进一步降低，就有可能使压缩终点的温度低到燃油喷入不能自燃的程度，因而发生起动困难等故障。

当多变指数n取不同数值时，理想气体多变过程在$p-v$图和$T-s$图上的表示见图1-151和图1-152，在两图中分别画出了多变指数$n = 0$（定压过程）、$n = 1$（定温过程）、$n = k$（绝热过程）和$n = \pm\infty$（定容过程）等四条理想气体的基本过程线。

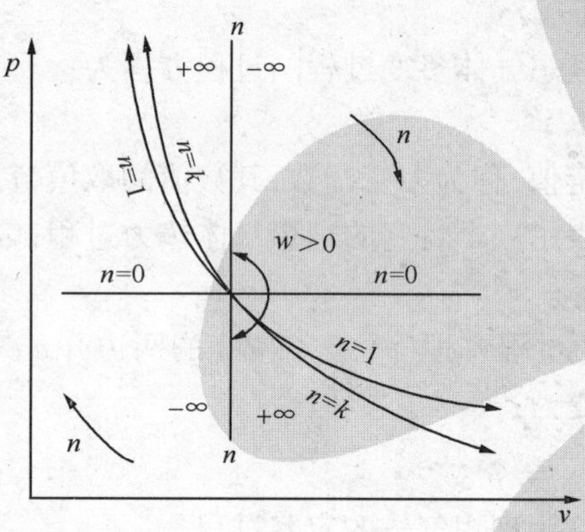

图1-151　$p-v$图上的多变过程

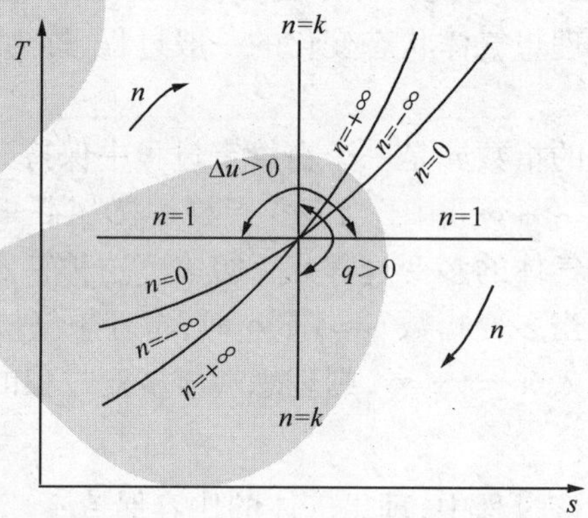

图1-152　$T-s$图上的多变过程

在$p-v$图和$T-s$图上，理想气体的多变过程以$n = \pm\infty$的定容过程线为分界线，n从$-\infty$沿顺时针方向增大到$+\infty$。据此可以判断出，当多变指数n取不同的数值时，其理想气体的多变过程在$p-v$图和$T-s$图上的大致位置。例如，多变指数$n = 1.3$的理想气体的膨胀过程线一定在理想气体的$n = 1$的定温膨胀线和$n = k$的绝热膨胀线之间。

如图1-151所示，在$p-v$图上，以理想气体的$n = \pm\infty$过程线（定容过程线）分界，向右方进行的理想气体的各过程，其单位质量膨胀功为正（即系统对外界做功，$w > 0$）；向左方进行的理想气体的各过程，其单位质量膨胀功为负（即外界对系统做功，$w < 0$）。

如图1-152所示，在 $T-s$ 图上，以理想气体的 $n=1$ 过程线（定温过程线）分界，向上方进行的理想气体的各过程，其比内能增加（即 $\Delta u>0$）；向下方进行的理想气体的各过程，其比内能减小（即 $\Delta u<0$）；

如图1-152所示，在 $T-s$ 图上，以理想气体的 $n=k$ 过程线（绝热过程线）分界，向右方进行的理想气体的各过程，其单位质量热量为正（即系统从外界吸热，$q>0$）；向左方进行的理想气体的各过程，其单位质量热量为负（即系统向外界放热，$q<0$）。

由此可见，理想气体的定容、定压、定温和绝热这四个基本过程对热力循环的热能转换分析是非常重要的，而且其分析过程也比较简单和直观，所以，在对轮机工程中的典型热力装置进行热力分析时，通常都是先根据热力装置的工作特点，将其工作循环理想化为由这四个基本过程组成的理想循环，然后再进行各过程分析和循环分析，以找到提高热力装置经济性的主要途径。下面分别介绍这四个基本热力过程的特点。

2. 理想气体的定容过程

（1）过程方程

在定容过程中，因比容 v 保持不变，故定容过程的过程方程可写为：$v=$ 常数。

（2）基本状态参数间的关系

由定容过程的过程方程（$v=$ 常数）和理想气体状态方程（$p_v=R_gT$）可知，在理想气体的定容过程中，比容 v 保持不变而压力 p 与温度 T 成正比，即

$$v_2=v_1 \qquad \frac{p_2}{p_1}=\frac{T_2}{T_1}$$

（3）在 $p-v$ 图和 $T-s$ 图上的过程线的特征

在 $p-v$ 图上，理想气体的定容过程是一条垂直线，如图1-153中线段 $1-2$ 或 $1-2'$ 所示。在理想气体的定容过程中，理想气体的绝对压力与其绝对温度成正比。可见，理想气体在定容加热时，其温度升高、压力增加，故线段 $1-2$ 为理想气体的定容加热过程；反之，理想气体在定容放热时，其温度降低、压力减少，故线段 $1-2'$ 为理想气体的定容放热过程。

在 $T-s$ 图上，理想气体的定容过程是一条向上翘曲的曲线（指数曲线），如图1-154中曲线 $1-2$ 或 $1-2'$ 所示。根据比熵的定义式 $ds=dq/T$ 可知，由于点2的比熵大于点1，所以 $1-2$ 为理想气体的定容加热过程；而点 $2'$ 的比熵小于点1，所以 $1-2'$ 为理想气体的定容放热过程。

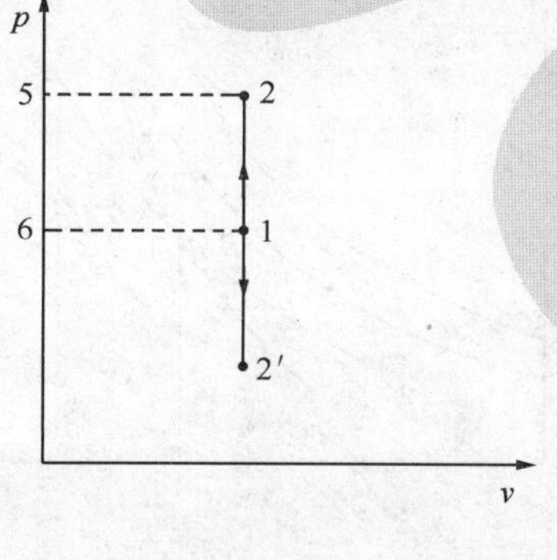

图1-153　$p-v$ 图上的定容过程

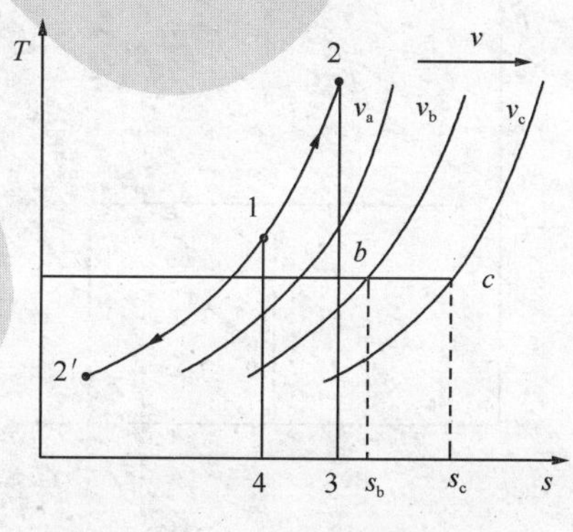

图1-154　$T-s$ 图上的定容过程

在 $T-s$ 图上，将理想气体的某一定容过程线沿水平方向平移，可得到一簇理想气体的定容过程线，越靠近右侧的定容过程线，其比容越大，即：理想气体的定容过程线向右水平移动

时，其比容增大，如图1-154所示。

(4) 热功转换特点

因为定容过程中 $dv = 0$，所以比膨胀功 w 为零，即 $w = 0$。

定容过程的比技术功为 $w_t = v(p_1 - p_2)$。在 $p - v$ 图上，比技术功 w_t 可用过程线左侧的面积12561表示，如图1-153所示。

如图1-154所示，理想气体在定容过程中与外界交换的单位质量热量，在 $T - s$ 图上可用过程曲线下的面积12341表示。

由封闭系统可逆过程的热力学第一定律可知，因定容过程的膨胀功为零，所以 $q = \Delta u$。可见，外界加入封闭系统的热量全部用来增加系统的内能；反之，封闭系统向外界放出的热量全部由系统内能的减少来补偿。由于上式适用于任意工质，所以这一结论不仅适用于理想气体，而且也适用于其他工质。

3. 理想气体的定压过程

(1) 过程方程

在定压过程中，因压力 p 保持不变，故定压过程的过程方程可写为：p = 常数

(2) 基本状态参数间的关系

由定压过程的过程方程(p = 常数) 和理想气体状态方程($pv = R_g T$) 可知，在理想气体的定压过程中，压力 p 保持不变而比容 v 与温度 T 成正比，即

$$p_2 = p_1 \quad \frac{v_2}{v_1} = \frac{T_2}{T_1}$$

(3) 在 $p - v$ 图和 $T - s$ 图上的过程线的特征

在 $p - v$ 图上，理想气体的定压过程是一条水平线，如图1-155中线段1－2或1－2′所示。因为在理想气体的定压过程中，理想气体的比容与其绝对温度成正比，所以，理想气体在定压加热时，其温度升高、比容增大，故线段1－2为理想气体的定压加热过程；反之，理想气体的在定压放热时，其温度降低、比容减少，故线段1－2′为理想气体的定压放热过程。

在 $T - s$ 图上，理想气体的定压过程是一条向上翘曲的曲线(指数曲线)，如图1-156中曲线1－2或1－2′所示。根据比熵的定义式 $ds = dq/T$ 可知，由于点2的比熵大于点1，所以1－2为理想气体的定压加热过程；而点2′的比熵小于点1，所以1－2′为理想气体的定压放热过程。

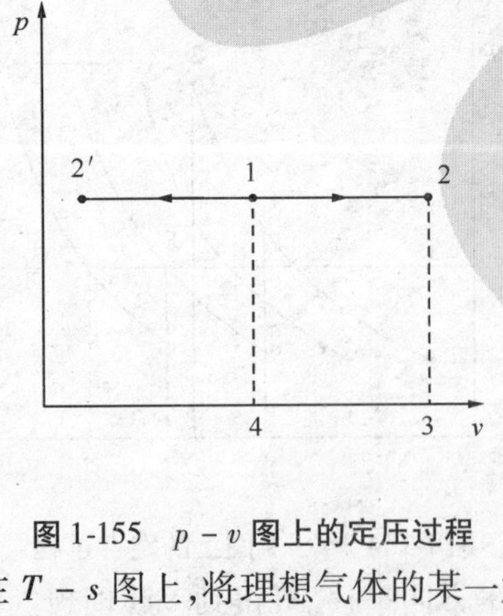

图1-155 $p - v$ 图上的定压过程

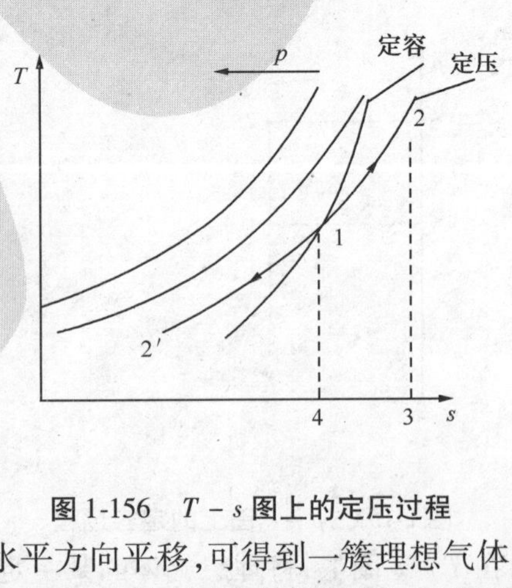

图1-156 $T - s$ 图上的定压过程

在 $T - s$ 图上，将理想气体的某一定压过程线沿水平方向平移，可得到一簇理想气体的定压过程线，越靠近左侧的定压过程线，其压力越大，即：理想气体的定压过程线向左水平移动

时，其压力增加，如图 1-156 所示。

在 $T-s$ 图上，理想气体的定容过程线和定压过程均为向上翘曲的曲线（指数曲线），但由于在同一温度下同种理想气体的定压比热总是大于其定容比热，即 $c_p > c_v$，所以，同一温度下的理想气体的定容过程线比定压过程线的斜率大，即理想气体的定容过程线要比定压线过程陡，如图 1-156 所示。

(4) 热功转换特点

因为定压过程中 p = 常数，即 $dp = 0$，所以比膨胀功为 $w = p(v_2 - v_1)$，在 $p-v$ 图上可用过程线下的面积 12341 表示，如图 1-155 所示。定压过程的比技术功为零，即 $w_t = 0$。

如图 1-156 所示，理想气体在定压过程中与外界交换的单位质量热量，在 $T-s$ 图上可用过程曲线下的面积 12341 表示。由封闭系统理想气体可逆过程的热力学第一定律可得 $q = c_{vm} = (t_2 - t_1) + p(v_2 - v_1)$，即在定压过程中，外界加给系统的热量一部分用于增加系统的内能，其余部分用于系统对外界作膨胀功。

由开口系统可逆过程的热力学第一定律，因定压过程技术功为零，所以 $q = \Delta h$，可见，外界加入开口系统的热量全部用来增加流动工质的焓；反之，开口系统向外界放出的热量全部由流动工质焓的减少来补偿。由于上式适用于任意工质，所以这一结论不仅适用于理想气体，而且也适用于其他工质。

4. 理想气体的定温过程

(1) 过程方程

温度保持不变，即 T = 常数，由理想气体状态方程 $pv = R_g T$，可得理想气体定温过程的过程方程为：pv = 常数。

(2) 基本状态参数间的关系

由定温过程的特点（T = 常数）和理想气体状态方程（$pv = R_g T$）可知，在理想气体的定温过程中，温度 T 保持不变而压力 p 与比容 v 成反比，即

$$T_2 = T_1 \qquad \frac{p_2}{p_1} = \frac{v_1}{v_2}$$

(3) 在 $p-v$ 图和 $T-s$ 图上的过程线的特征

在 $p-v$ 图上，理想气体的定温过程为一等边双曲线，如图 1-157 中曲线 1－2 或 1－2′ 所示。在理想气体的定温过程中，理想气体的绝对压力与其比容成反比，所以，理想气体膨胀时（比容增大）压力下降，如图 1-157 中曲线 1－2 所示；反之，理想气体被压缩时（比容减小），压力增加，如曲线 1－2′ 所示。

在 $p-v$ 图上，将理想气体的某一定温过程线沿水平方向平移，可得到一簇理想气体的定温过程线，越靠近右侧的定温过程线，其温度越高，即：理想气体的定温过程线向右水平移动时，其温度升高。

在 $T-s$ 图上，因为定温过程中 T = 常数，所以定温过程为一水平线，如图 1-158 中曲线 1－2 或 1－2′ 所示。根据比熵的定义式 $ds = dq/T$ 可知，由于点 2 的比熵大于点 1，所以 1－2 为定温加热过程；而点 2 的比熵小于点 1，所以 1－2′ 为定温放热过程。

(4) 热功转换特点

因理想气体的比内能和比焓均只为温度的函数，所以，在理想气体的定温过程中，理想气体的比内能和比焓的变化量均为零，即理想气体的定温过程既是等内能过程也是等焓过程，即 $\Delta u = c_{vm}(t_2 - t_1) = 0$，$\Delta h = c_{pm}(t_2 - t_1) = 0$

因此，按照理想气体可逆过程的热力学第一定律可知，理想气体在定温过程中与外界交换的单位质量热量为 $q = w = w_t$，在 $T-s$ 图上可用过程线下的面积12341表示，如图1-158所示。可见，在理想气体定温过程中，外界加给封闭系统的热量全部用于系统对外界作膨胀功；反之，外界对系统的压缩功全部转换为热量放给了外界。所以，理想气体的定温膨胀过程为吸热过程、定温压缩过程为放热过程。由于外界加的热量与对外做的膨胀功在数量上相等，系统的内能没有变化，对理想气体而言，温度也没有变化。这就是在理想气体的定温过程中对理想气体加热，而理想气体的温度仍保持不变的原因。

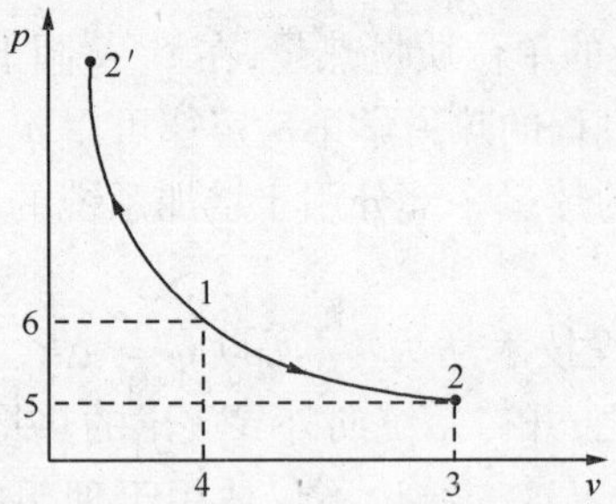

图1-157　$p-v$ 图上的定温过程

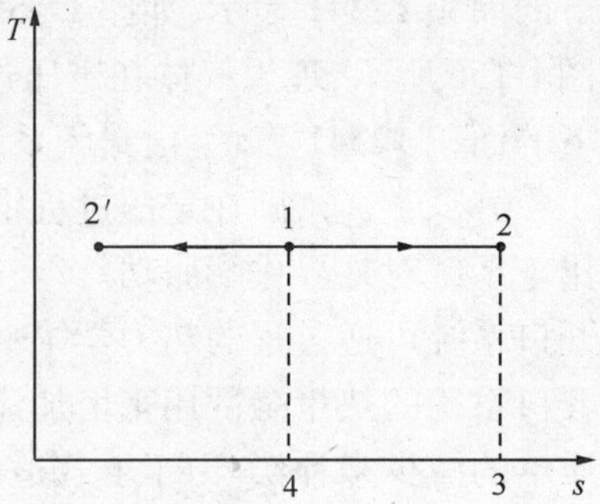

图1-158　$T-s$ 图上的定温过程

如图1-157所示，理想气体在定温过程中的比膨胀功 w，在 $p-v$ 图上可用过程线下的面积12341表示；理想气体在定温过程中的比技术功 w_t，在 $p-v$ 图上可用过程线左侧的面积12561表示。并且由上式可知，在理想气体的定温过程中，膨胀功和技术功相等。

5．理想气体的绝热过程

（1）过程方程

在过程中的每一时刻，系统与外界均不发生热量交换，这样的过程称为绝热过程，它的数学表达式为 $dQ = 0$ 或 $dq = 0$。按照过程条件、热力学第一定律和状态方程，可推导出理想气体绝热过程的过程方程为：$pv^k =$ 常数，式中，k为定压比热与定容比热之比，称为绝热指数，其数值随气体的种类和温度而变，即

$$k = \frac{c_p}{c_v} = \frac{c_v + R}{c_v}$$

因为 $c_p > c_v$，所以 $k > 1$。若近似地取比热为定值，则 k 也是定值。对于空气和燃气，$k = 1.4$。

（2）基本状态参数间的关系

根据理想气体绝热过程的过程方程（$pv^k =$ 常数）和理想气体状态方程（$pv = R_g T$），可得理想气体绝热过程中的基本状态参数间的关系为：

$$\frac{p_2}{p_1} = \left(\frac{v_1}{v_2}\right)^k = \left(\frac{T_2}{T_1}\right)^{\frac{k}{k-1}} \quad \frac{v_2}{v_1} = \left(\frac{p_1}{p_2}\right)^{\frac{1}{k}} = \left(\frac{T_1}{T_2}\right)^{\frac{1}{k-1}} \quad \frac{T_2}{T_1} = \left(\frac{v_1}{v_2}\right)^{k-1} = \left(\frac{p_2}{p_1}\right)^{\frac{k-1}{k}}$$

（3）在 $p-v$ 图和 $T-s$ 图上的过程线的特征

在 $p-v$ 图上，理想气体的绝热过程是一不等边双曲线，如图1-159中曲线1－2或1－2′所示。当理想气体绝热膨胀时，其压力和温度均降低，如图1-159中曲线1－2所示；反之，当理想气体被绝热压缩时，其压力和温度均升高，如图1-159中曲线1－2′所示。

因为 $k > 1$，所以在压力 p 和比容 v 相同时，在 $p-v$ 图上的理想气体绝热过程线的斜率的绝对值总是大于理想气体定温过程线的斜率的绝对值，即：在 $p-v$ 图上，理想气体的绝热过程

线要比定温过程线为陡,如图 1-159 所示。

因为理想气体绝热过程中,其比熵不变,即 s = 常数,所以,理想气体的绝热过程亦可称为定熵过程。理想气体的绝热过程(定熵过程) 在 $T - s$ 图上是一铅垂线,如图 1-160 中曲线 $1 - 2$ 或 $1 - 2'$ 所示。因为点 2 的温度低于点 1,所以 $1 - 2$ 为理想气体的绝热膨胀过程;而点 2 的温度高于点 1,所以 $1 - 2'$ 为理想气体的绝热压缩过程。

在 $p - v$ 图上,将理想气体的某一绝热过程线(定熵过程线) 沿水平方向平移,可得到一簇理想气体的绝热过程线(定熵过程线),越靠近右侧的绝热过程线(定熵过程线),其比熵越大,即:理想气体的绝热过程线(定熵过程线) 向右水平移动时,其比熵增加。

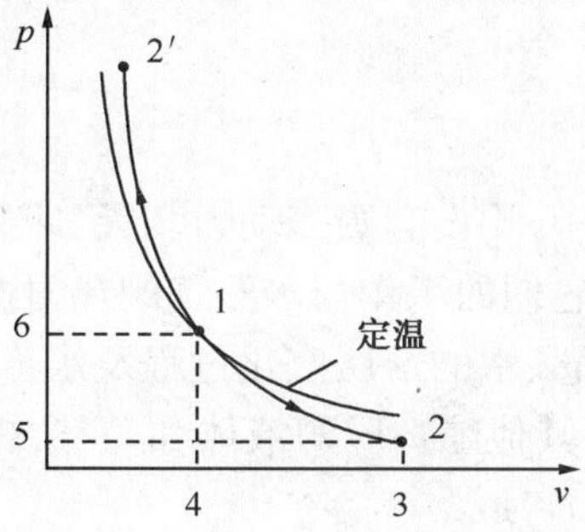

图 1-159　$p - v$ 图上的绝热过程

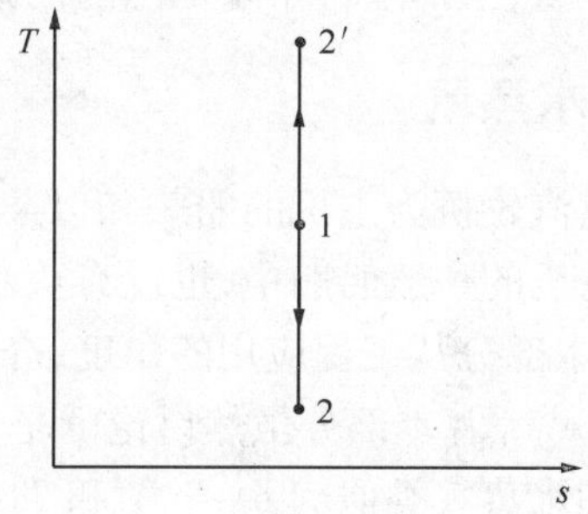

图 1-160　$T - s$ 图上的绝热过程

(4) 热功转换特点

在绝热过程中,因 $q = 0$,根据热力学第一定律可得 $\Delta u = -w$,$\Delta h = -w_t$。可见,在绝热过程中,封闭系统对外界作的膨胀功完全是系统内能减少的结果,开口系统对外界作的技术功完全是系统焓减少的结果;反之,外界对封闭系统作的压缩功全用来增加系统的内能,外界对开口系统作的技术功全用来增加系统的焓。由于上式适用于可逆和不可逆过程,也适用于理想气体和其他工质,所以这一结论无论对可逆和不可逆过程,或是理想气体和其他工质都是成立的。

当理想气体绝热膨胀时,比膨胀功 w 为正值,表示理想气体对外界作膨胀功;当理想气体绝热压缩时,比膨胀功 w 为负值,表示外界压缩理想气体所消耗功。如图 1-159 所示,理想气体绝热过程的比膨胀功 w 在 $p - v$ 图上可用过程线下的面积 12341 表示。

如图 1-159 所示,理想气体绝热过程的比技术功 w_t 在 $p - v$ 图上可用过程线左侧的面积 12561 表示。在理想气体的绝热过程中,技术功为膨胀功的 k 倍。

6. 热力过程中热功转换的基本特征

封闭系统中的理想气体的一般热力过程(多变过程),按其多变指数 n 的数值大小,其热功转换的基本特征如下。

① $-\infty < n < 1$ 的多变过程:外界加给系统的热量,一部分用于增加系统的内能,其余部分用于对外界作膨胀功;反之,系统对外界放出的热量,一部分来自系统内能的减少,其余来自外界对系统作的压缩功。$n = 0$ 的定压吸热或定压放热过程就属于此类。

② $n = 1$ 的定温过程:外界加给系统的热量,全部用于对外界作膨胀功;反之,系统对外界放出的热量,全部来自外界对系统作的压缩功。

③ $1 < n < k$ 的多变过程:系统对外界作的膨胀功,一部分来自系统内能的减少,其余来自外界加给系统的热量;反之,外界对系统作的压缩功,一部分用于增加系统的内能,其余部分用于对外界放热。柴油机膨胀冲程的初期,工质的内能减少、"后燃" 使吸热多于放热,合起来用

于对外做功；反之，压缩冲程的后期，工质接受的压缩功使内能增加，同时对外放出部分热量。

④$n=k$ 的绝热过程：系统对外界的膨胀功，全部来自于系统内能的减少；反之，外界对系统作的压缩功，全部用于增加系统的内能。

⑤$k<n<+\infty$ 的多变过程：系统的内能减少，一部分用于对外界作膨胀功，其余部分用于对外放热；反之，系统的内能增加，一部分来自外界对系统作的压缩功，其余来自外界加给系统的热量。比如，柴油机膨胀冲程的后期，燃气内能减少，主要用来对外做功，少量对外放热；反之，柴油机压缩冲程最初，空气温度低于缸壁而吸热、同时受压缩均使内能增加。

⑥$n=\pm\infty$ 的定容过程：外界加给系统的热量，全部用于增加系统的内能；反之，系统对外放出的热量，全部来自于系统内能的减少。

五、水蒸气

在以汽轮机为主机的船舶和以柴油机为主机的油船中，均设有蒸汽动力装置，即使在以柴油机为主机的一般船舶中，也设有蒸汽锅炉和造水装置，它们的工作与水蒸气的热力性质和过程有关。本部分从工程应用的角度，介绍水蒸气的基本概念、水的定压汽化过程及水蒸气的 $p-v$ 图和 $T-s$ 图。本部分虽然讨论的是水和水蒸气，但对于其他纯物质的液体和蒸气，也同样具有与水和水蒸气类似的 $p-v$ 图和 $T-s$ 图及类似的热力性质。

（一）水蒸气的基本概念

在有些情况下，水蒸气可作理想气体看待（如在内燃机燃气中的水蒸气和在大气中的水蒸气）。但在蒸汽动力装置和热交换器中的水蒸气，距液态不远，而且往往伴随着物质的相变，因而不能看做理想气体。

1. 饱和温度与饱和压力

由液态物质转变为气态物质的过程称为气化；反之，由气态物质转变为液态物质的过程称为液化或凝结。

图 1-161 所示为一气缸，底部装有水，上部为水蒸气，用活塞把水和水蒸气封闭在气缸内。水分子和水蒸气分子都在不停地做无规则的热运动。水中的分子，有的分子移动动能大，有的分子移动动能小，其中总有一批分子移动动能大到足以克服水的表面张力而飞向上部的汽空间。水中动能大的分子飞出后，水中分子的平均动能要下降，水温相应地降低，汽化速度减小。要维持水的继续汽化，就必须对水加热。加热后使水温回升，则汽化速度又加快。因此，水的汽化速度取决于水的温度，当水温不变时，单位时间从水面飞出的分子数目不变。

图 1-161　液体的蒸发

但是，另一方面，由于水分子不断进入汽空间，汽空间水蒸气的分子数不断增加，致使水蒸气的压力不断增大。汽空间的水蒸气分子同样也在作不规则的热运动，其中有的分子也会通过水面返回到水中，随着水蒸气压力的不断增大，返回到水中的水蒸气分子数逐渐增加，可见，液化的速度取决于汽空间水蒸气的压力。

到达一定状态时，汽化和液化这两种方向相反的过程就会达到动态平衡。此时，两种过程仍在不断进行，但总的结果是状态保持不变，即水量不再减少，汽空间水蒸气的分子也不再增加。这种处于动态平衡的状态称为饱和状态，此时汽、液的温度相同，称为饱和温度，用符号 t_s 表示；此时水蒸气的压力称为饱和压力，用符号 p_s 表示。

饱和温度 t_s 与饱和压力 p_s 为一一对应关系。当饱和温度 t_s 一定时，饱和压力 p_s 也一定；反之，当饱和压力 p_s 一定时，饱和温度 t_s 也一定。饱和温度 t_s 越高，饱和压力 p_s 也越高；反之，饱和压力 p_s 越高，饱和温度 t_s 也越高。

利用饱和温度随压力的升高而升高、随压力的降低而降低的这一特性，可保持蒸汽锅炉较高的正常工作压力可使饱和蒸汽具有较高的温度，以利于燃油舱、柜等的加热；远洋船舶上的真空造水装置则是利用冷却主机后的 50 ~ 60℃ 的冷却水作为热源而使处于较高真空度下的海水在低温下沸腾，汽化的水蒸气经冷凝而成为淡水；蒸气压缩制冷装置中的制冷剂液体经节流降压降温，可在低温下蒸发，从而从冷库中吸热，气态的制冷剂蒸气经绝热压缩升压升温，在高于环境温度下向环境放热而冷凝；高压锅可缩短煮食时间，也可用于医疗器具的高温消毒。

2. 蒸发与沸腾

液体汽化的方式有两种：蒸发与沸腾。只通过液体表面进行的汽化，称为蒸发。蒸发可在任何温度下进行。在液体内部和表面同时进行的汽化，称为沸腾。沸腾只有在液体温度 t 达到液体压力 p 所对应的饱和温度 t_s 时才能进行。

置于大气中的水，只要大气中所含水蒸气的分压力小于大气温度对应的饱和压力，蒸发现象就会发生；如果水蒸气分压力等于大气温度对应的饱和压力，蒸发现象就不会发生。若将水加热到水面上大气压力（也是水的压力）对应的饱和温度 t_s，水就开始沸腾。这是因为水中生成气泡的饱和压力正好等于水的压力，具备气泡产生和存在的力学条件，于是沸腾现象就发生了。若水温低于水的压力所对应的饱和温度 t_s，则不具备这个力学条件，就不可能发生沸腾。可见，只有水温等于水的压力下的饱和温度 t_s 时，水才可能沸腾。

3. 水蒸气的状态参数

水蒸气的物理性质较理想气体复杂得多，不能用简单的数学式表达出来。

由于不能略去分子本身的体积和分子相互之间的作用力，水蒸气等实际气体的状态方程，不能用 $pv = R_g T$ 来描述，而且其内能不仅是温度的函数，还与比容有关。

由于研究实际气体热力性质和工程计算的需要，长期以来，很多学者对实际气体的状态方程进行了研究，提出了各种各样的实际气体状态方程。其中，最具有代表性的是 1873 年范德瓦尔提出的状态方程，但通过对该方程进行分析，并与实际结果比较，表明范德瓦尔方程虽然比理想气体状态方程更接近实际气体，但是仍不能准确表述实际气体基本状态参数压力 p、比容 v 和温度 T 之间的关系，所以不适宜作为工程计算的基础。建立实际气体的状态方程大致有三种方法：一种是根据实验数据整理成纯经验公式；另一种是根据理论修改理想气体状态方程而建立的理论公式；第三种是根据理论和实验相结合而建立的半经验公式。目前一般采用后一种方式，但这种半经验公式仍然十分复杂，因而一般不适宜直接用于工程计算。

实际气体的比热 c 也不仅仅是温度 T 的函数，而是温度 T 和比容 v 的函数，而且 $c_p - c_v \neq R$。由于实际气体的比热计算十分复杂，在工程上对实际气体通常不用比热计算热量。

实际气体的熵 S、内能 U 和焓 H 是不能用实验直接测量的。为了找到不可直接测量的熵 S、内能 U 和焓 H 与可直接测量的压力 p、比容 v 和温度 T 之间的关系式，可根据热力学第一定律和第二定律，首先建立实际气体状态参数间的基本关系式，再利用状态参数全微分的数学条件，最后导出熵 S、内能 U 和焓 H 的变化量分别与压力 p、比容 v 和温度 T 之间的一般关系式。对于某给定的工质，只要有了其压力 p、比容 v 和温度 T 之间的关系和比热的数据，代入上述一般关系式中，便可求得该工质熵 S、内能 U 和焓 H 的变化量的具体计算公式。

由于各种实际气体的状态方程、比热的关系式和导出的熵 S、内能 U 和焓 H 等变化量的计算公式都十分复杂，所以求解水蒸气的热力参数，一般不采用理想气体常用的解析法，而是采用图表法。水蒸气图表是多年来采用理论分析与实验相结合的方法，得出水蒸气热力性质的复杂公式，再计算得到结果并经实验验证后编制出来供工程实际使用的。水蒸气图表将在本节第九部分中介绍。

（二）水的定压汽化过程及其特点

1. 水的定压汽化过程

蒸汽锅炉在正常运行时，水是在定压下吸热汽化而变为水蒸气的。下面将从定压汽化过程开始来讨论水蒸气的性质。如图 1-162 所示，以活塞上放一定重物的装有水的容器为例，来说明定压下水的汽化过程，它与锅炉中实际的定压加热过程在本质上是一样的。

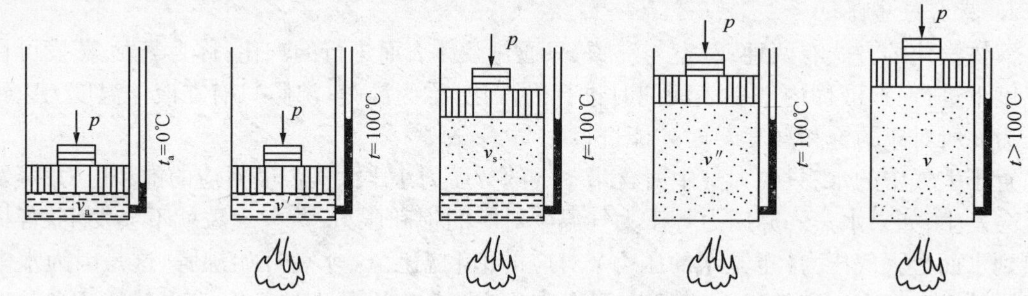

图 1-162　水在容器中的定压汽化

设容器中装有 1 千克水，压力 p = 0. 101 325 MPa，初始温度 t_1 = 0℃。根据规定，水在 0. 000 611 2 MPa、0. 01℃ 的状态下，其比熵 s 为零；根据有关实验数据并经计算，压力在 4 MPa 以下的0℃ 的水，其比熵 s 均可认为等于零。因此，水在0. 101 325 MPa、0℃ 时的状态点，在如图 1-163 所示的 $p - V$ 图和 $T - s$ 图上，以点 a 表示。

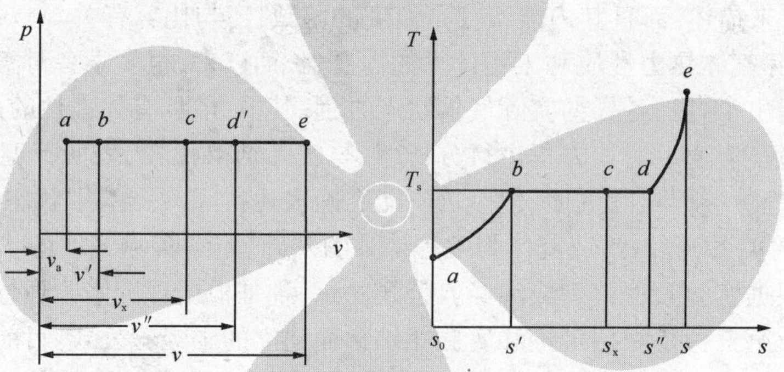

图 1-163　在 $p - v$ 图和 $T - s$ 图上的水定压汽化过程

（1）水的定压预热

水在定压加热时，由于受热膨胀，水的比容略有增加，故在 $p - v$ 图中，水的定压加热线自左向右水平移动。在图 1-163 所示的 $p - v$ 图中，水的状态自点 a 向点 b 水平移动。

水在定压加热时，水的温度不断升高，其熵也不断增大，故在 $T - s$ 图中，水的定压加热线自左向右逐渐上升。在图 1-163 所示的 $T - s$ 图中，水的状态自点 a 向点 b 逐渐上升。

当水的温度上升到 100℃ 时，水就开始沸腾。一定压力下水沸腾时的温度即为该压力下的饱和温度（即沸点）t_s（100℃ 就是压力 p = 0. 101 325 MPa 下的饱和温度），这种处于饱和温度下的水，称为饱和水。

一定压力下温度 t 低于该压力下饱和温度 t_s 的水，称为未饱和水（也称为过冷水），饱和温

度 t_s 与水温 t 之差 $\Delta t(\Delta t = t_s - t)$ 称为该未饱和水的过冷度。在压力 $p = 0.101\ 325$ MPa 下，温度低于 100℃ 的水都是未饱和水（过冷水）。

压力 $p = 0.101\ 325$ MPa 时的饱和水的状态点，在如图 1-163 所示的 $p-V$ 图和 $T-s$ 图上，以点 b 表示。从点 a（未饱和水状态）到点 b（饱和水状态）称为水的定压预热阶段，在此阶段中加入的单位质量热量称为比液体热，用 q_1 表示，在如图 1-163 所示的 $T-s$ 图上可用面积 $abs's_0a$ 表示，即

$$q_1 = h' - h_0 = \text{面积 } abs's_0a$$

（2）水的定压汽化

在定压下对饱和水继续加热，它就逐渐汽化而变为水蒸气，在此汽化过程中，水和蒸汽的温度均为饱和温度 t_s，并保持不变。这一汽化过程在 $p-V$ 图和 $T-s$ 图中均为自左向右的水平线。在图 1-163 所示的 $p-V$ 图和 $T-s$ 图中，水的状态自点 b 向点 d 水平移动。

当容器中最后一滴水刚好变为蒸汽时，蒸汽温度仍为饱和温度 t_s，这时的蒸汽称为干饱和蒸汽，简称饱和蒸汽。

压力 $p = 0.101\ 325$ MPa 时饱和蒸汽的状态点，在如图 1-163 所示的 $p-v$ 图和 $T-s$ 图上，以点 d 表示。从点 b（饱和水状态）到点 d（饱和蒸汽状态）称为饱和水的定压汽化阶段，在此阶段中加入的单位质量热量称为比汽化潜热，以 r 表示，在如图 1-163 所示的 $T-s$ 图上可用面积 $bds''s'b$ 表示，即

$$r = h'' - h' = \text{面积 } bds''s'b$$

饱和水没有完全变成饱和蒸汽之前，容器中为饱和水和饱和蒸汽的混合物，这种混合物称为湿饱和蒸汽，简称湿蒸汽。

（3）水的定压过热

在定压下对干饱和蒸汽继续加热，蒸汽的温度 t 从饱和温度 ts 逐渐升高。当蒸汽温度 t 已超过该压力下的饱和温度 t_s 时，这种蒸汽称为过热蒸汽，蒸汽的温度 t 与该压力下的饱和温度 t_s 之差 $\Delta t(\Delta t = t - t_s)$ 称为该过热蒸汽的过热度。

过热蒸汽的定压加热过程，在 $p-V$ 图中为自左向右的水平线，在 $T-s$ 图中为自左向右逐渐上升的曲线。在如图 1-163 所示的 $p-V$ 图和 $T-s$ 图上，点 e 为过热蒸汽的某一状态点，从点 d（饱和蒸汽状态）到点 e（过热蒸汽状态）称为饱和蒸汽的定压过热阶段，在此阶段中加入的单位质量热量称为比过热热，用 q_{sup} 表示，如图 1-163 所示的在 $T-s$ 图上可用面积 $dess''d$ 表示，即

$$q_{sup} = h - h'' = \text{面积 } dess''d$$

2. 水的定压汽化过程的特点

（1）水定压汽化过程的三个阶段

通过上述的分析可知，未饱和水在定压下加热变为过热蒸汽的过程中经历了定压预热、定压汽化和定压过热等三个阶段。

① 定压预热阶段：在此阶段中，未饱和水变为饱和水，水温不断提高，直至达到饱和温度。此阶段中加入的单位质量热量为比液体热 q_1，其值等于饱和水的比焓 h' 与未饱和水的比焓 h 的差值，即 $q_1 = h' - h$，也可用 $T-s$ 图上该阶段过程线下的面积来表示。

② 定压汽化阶段：在此阶段中，饱和水变为干饱和蒸汽，温度保持饱和温度不变，因此这一阶段既是定压又是定温的相变加热过程。此阶段中加入的单位质量热量为比汽化潜热 r，其值等于干饱和蒸汽的比焓 h'' 与饱和水的比焓 h' 的差值，即 $r = h'' - h'$，也可用 $T-s$ 图上该阶

段过程线下的面积来表示。

③ 定压过热阶段：在此阶段中，饱和蒸汽变为过热蒸汽，温度从饱和温度开始逐渐升高。此阶段中加入的单位质量热量为比过热热 q_{sup}，其值等于过热蒸汽的比焓 h 与干饱和蒸汽的比焓 h'' 的差值，即 $q_{sup} = h - h''$，也可用 $T-s$ 图上该阶段过程线下的面积来表示。

(2) 水在定压汽化过程中的五种状态

未饱和水在定压下加热变为过热蒸汽的过程中经历了未饱和水、饱和水、湿蒸汽、干饱和蒸汽和过热蒸汽等五种状态。

① 未饱和水：水温 t 低于其压力 p 所对应的饱和温度 t_s 的水，称为未饱和水或过冷水，并以 $\Delta t = t_s - t$ 表示这种过冷水的过冷度。

处于平衡态的未饱和水是单相均匀系统。未饱和水的压力 p 和温度 T 是两个相互独立的状态参数，因此，由压力 p 和温度 T 便可确定其状态。因为水的压缩性很小，所以压力 p 对比容 v、比内能 u、比焓 h 及比熵 s 的影响不大。水的热胀冷缩也较小，因而温度对比容的影响也不大。由于饱和温度 t_s 与饱和压力 p_s 为一一对应关系，且饱和温度 t_s 越低时，则饱和压力 p_s 也越低，所以，就一定的温度而言，也可以说，未饱和水是其压力 p 高于其温度 t 所对应的饱和压力 p_s 的水（又可称其为压缩水）。

② 饱和水：水温 t 等于其压力 p 所对应的饱和温度 t_s 的水，称为饱和水。

饱和水是处于平衡态的单相均匀系统。饱和水的压力 p 和温度 T 不再是两个相互独立的状态参数。热力学理论和经验都表明，只要用一个状态参数（压力 p 或温度 T）就可确定饱和水的状态。由于饱和温度 t_s 与饱和压力 p_s 为一一对应关系，且饱和温度 t_s 一定时，则饱和压力 p_s 也一定，所以，就一定的温度而言，也可以说，饱和水是其压力 p 等于其温度 t 所对应的饱和压力 p_s 的水。

③ 干饱和蒸汽：水温 t 等于其压力 p 所对应的饱和温度 t_s 的蒸汽，称为干饱和蒸汽，简称饱和蒸汽。与饱和水相似，干饱和蒸汽也是处于平衡态的单相均匀系统，其压力 p 和温度 T 也不是两个相互独立的状态参数，而且只要用一个状态参数（压力 p 或温度 T）就可确定干饱和蒸汽的状态。同样，由于饱和温度 t_s 与饱和压力 p_s 为一一对应关系，且饱和温度 t_s 一定时，则饱和压力 p_s 也一定，所以，就一定的温度而言，也可以说，干饱和蒸汽是其压力 p 等于其温度 t 所对应的饱和压力 p_s 的蒸汽。

④ 湿蒸汽：饱和水和饱和蒸汽的混合物，称为湿蒸汽。

湿蒸汽是处于平衡态的双相（液相和气相）非均匀系统，其中饱和水的比容远小于饱和蒸汽的比容，比内能、比焓和比熵也是如此。因此，这些状态参数在气液两相的界面上发生突变。湿蒸汽的压力 p 和温度 T 也不是两个相互独立的状态参数，其中饱和水和饱和蒸汽的状态如上所述，分别只要一个状态参数（压力 p 或温度 T）就可分别确定。但要确定湿蒸汽的状态，还必须给定其中饱和蒸汽与饱和水所占的比例。

工程上通常给出湿蒸汽的干度 x，它表示 1 千克湿蒸汽中含 x 千克的饱和蒸汽、$(1-x)$ 千克的饱和水。因此，湿蒸汽的比容、比内能、比焓和比熵分别为：

$$v_x = xv'' + (1-x)v'$$

$$u_x = xu'' + (1-x)u'$$

$$h_x = xh'' + (1-x)h'$$

$$s_x = xs'' + (1-x)s'$$

⑤ 过热蒸汽：温度 t 高于其压力 p 所对应的饱和温度 t_s 的蒸汽，称为过热蒸汽，并以 $\Delta t =$

$t - t_s$ 表示其过热度。

处于平衡态的过热蒸汽是单相均匀系统。过热蒸汽的压力 p 和温度 T 是两个相互独立的状态参数，因此，由压力 p 和温度 T 可确定其状态。同样，由于饱和温度 t_s 与饱和压力 p_s 为一一对应关系，且饱和温度 t_s 越高，则饱和压力 p_s 也越高，所以，就一定的温度而言，也可以说，过热蒸汽是其压力 p 低于其温度 t 所对应的饱和压力 p_s 的蒸汽。过热蒸汽的压力越低，或过热度越高，其热力性质就越接近理想气体。

3. 水蒸气的 $p-v$ 图和 $T-s$ 图

在 0.000 611 2 MPa $< p <$ 22.115 MPa 范围内，分别用不同的压力对水进行定压加热汽化过程，可在 $p-v$ 图和 $T-s$ 图上画出一系列定压加热线。它们全都经历上述五种状态和三个阶段，如图 1-164 所示。这样就可绘制出水蒸气的 $p-v$ 图和 $T-s$ 图。

水几乎是不可压缩的，所以对水绝热压缩所消耗的功很少，根据热力学第一定律，内能的增加也很少，温度也就几乎没有提高。因此，在 $T-s$ 图上，不同压力下的未饱和水的定压线几乎都是靠在一起并和下界限重合的，只有当压力极高时，才和下界限有一定的分离。

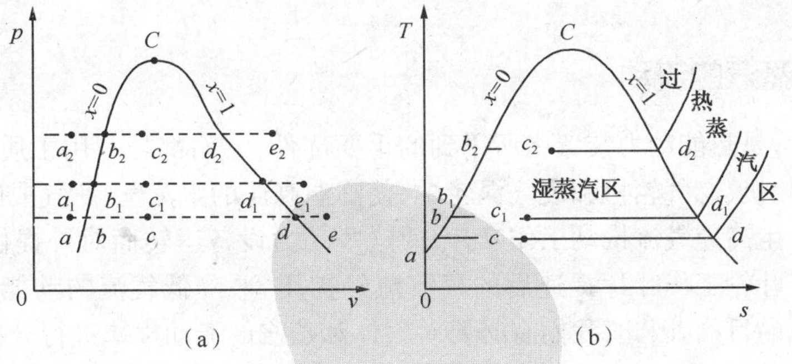

图 1-164　水蒸气的 $p-v$ 图和 $T-s$ 图

(1) 饱和水线、干饱和蒸汽线和临界点

在图 1-164 所示的水蒸气 $p-v$ 图和 $T-s$ 图上，标有饱和水线、干饱和蒸汽线和临界点。

① 饱和水线：饱和水线是各个压力下饱和水状态点的连线，又称下界线，沿此线 $x=0$。

当压力升高时，饱和水的比容 v' 随压力 p 的升高而略有增加，所以，在水蒸气的 $p-v$ 图上，饱和水线向右上方倾斜。同样，当压力升高时，饱和温度也升高，比液体热增加，且饱和水的比熵 s' 也随压力 p 的升高而增加，所以，在水蒸气的 $T-s$ 图上，饱和水线也向右上方倾斜。

② 干饱和蒸汽线：干饱和蒸汽线是各个压力下饱和蒸汽状态点的连线，又称上界线，沿此线 $x=1$。

当压力升高时，干饱和蒸汽的比容 v'' 随压力 p 的升高而明显地减少，所以，在水蒸气的 $p-v$ 图上，干饱和蒸汽线向左上方倾斜。

由于饱和水的比容 v' 是随压力 p 的升高而略有增加，而干饱和蒸汽的比容 v'' 则是随压力 p 的升高而明显地减少，所以，在水蒸气的 $p-v$ 图上，饱和水线要比干饱和蒸汽线陡。

由于干饱和蒸汽的比熵 s'' 也是随压力 p 的升高而减小的，所以，在水蒸气的 $T-s$ 图上，干饱和蒸汽线也是向左上方倾斜的。

③ 临界点：无论在水蒸气的 $p-v$ 图上还是水蒸气的 $T-s$ 图上，饱和水线都是向右上方倾斜的，而干饱和蒸汽线都是向左上方倾斜的，所以，随着压力 p 的升高，饱和水线和干饱和蒸汽线必将交于一点，此交点称为临界点。

由于比汽化潜热 r 随压力 p 的升高而减小，所以，随着压力 p 的升高，同压 p 或同温 T 下的饱和水和干饱和蒸汽的状态点就越来越接近，当压力达到 $p_C = 22.115$ MPa，它们就重合为一点，此点即为临界点。临界点上的比汽化潜热为零，即汽化在一瞬间完成。

水的临界点基本状态参数为：

$$p_C = 22.115\ \text{MPa} \qquad t_C = 374.12\ ^\circ\text{C} \qquad v_C = 0.003\,147\ \text{m}^3/\text{kg}$$

(2) 未饱和水区、湿蒸汽区和过热蒸汽区

在图 1-164 所示的水蒸气 $p-v$ 图和 $T-s$ 图上，饱和水线和干饱和蒸汽线还把水和水蒸气分为未饱和水、湿蒸汽和过热蒸汽等三个区。

① 未饱和水区：未饱和水区位于饱和水线左侧的一个较狭窄的范围内，该区内的水的状态均为未饱和水状态。

② 湿蒸汽区：湿蒸汽区位于饱和水线与干饱和蒸汽线之间，该区内的水蒸气的状态均为湿蒸汽状态。

③ 过热蒸汽区：过热蒸汽区位于干饱和蒸汽线的右侧，该区内的水蒸气的状态均为过热蒸汽状态。

六、气体和蒸汽的流动

喷管和扩压管是热能动力装置中所用到的重要部件，它们都是利用工质的流动来进行工作的。例如，在汽轮机、燃气轮机和废气涡轮中，使高温高压的水蒸气、燃气或废气通过喷管，将焓转变为动能，产生高速气流推动工作叶片，使这些动力设备运转而对外提供动力。又如在叶轮式压缩机中，经叶轮工作叶片提速后的气流流经扩压管，降低气流的动能来增加气流的焓值，达到减速增压的目的。因此，我们有必要对气体和蒸汽的流动规律进行分析和讨论。

本部分主要介绍稳定流动的基本方程式、喷管和扩压管的流动特性以及喷管和扩压管的实际应用等。

(一) 稳定流动基本方程式

前面讨论开口系统热力学第一定律时，已介绍过一元稳定流动的概念：所谓一元稳定流动，就是与流动方向垂直的同一截面上各点的状态参数和速度都是相同的，而且不随时间而变化。在船舶动力装置处于稳定工况下，喷管或扩压管内的气体或蒸汽的流动都可近似地看做是一元稳定流动。本部分仅介绍喷管或扩压管内的气体或蒸汽的一元稳定流动的基本方程式。

1. 一元稳定流动的连续性方程

设气体或蒸汽在任意一管道中作一元稳定流动，如图 1-165 所示，截面 1－1 和 2－2 的面积分别为 A_1 和 A_2，气体或蒸汽在截面 1－1 和 2－2 处的比容分别为 v_1 和 v_2（即密度分别为 $\rho_1 = 1/v_1$ 和 $\rho_2 = 1/v_2$）、速度分别为 w_{g1} 和 w_{g2}，则气体或蒸汽在截面 1－1 和 2－2 处的质量流量 q_{m1} 和 q_{m2} 分别为

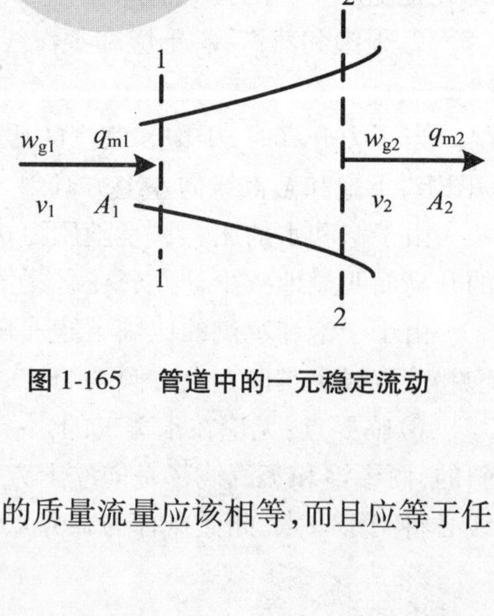

图 1-165　管道中的一元稳定流动

$$q_{m1} = \rho_1 w_{g1} A_1 = \frac{w_{g1} A_1}{v_1}$$

$$q_{m2} = \rho_2 w_{g2} A_2 = \frac{w_{g2} A_2}{v_2}$$

按质量守恒定律，在稳定流动时，截面 1－1 和 2－2 的质量流量应该相等，而且应等于任

意截面上的质量流量,即

$$q_{m1}=q_{m2}=\frac{w_{g1}A_1}{v_1}=\frac{w_{g2}A_2}{v_2}$$

或

$$q_m=\frac{w_gA}{v}=\text{常量}$$

此式称为一元稳定流动的连续性方程,它是稳定流动基本方程式之一。

对不可压缩流体,比容 v 是定值,可得流速 w_g 与面积 A 成反比的关系,当流道缩小时,流速必然增大,例如水流过收缩喷嘴就属于这种情况。但对于气体或蒸汽,比容 v 是随压力 p 和温度 T 而变的变数,情况就复杂了。

2. 一元稳定流动的能量方程

在本节第二部分中对开口系统的热力学第一定律的分析时得到

$$q=h_2-h_1+\frac{1}{2}(w_{g2}^2-w_{g1}^2)+w_s$$

此式即为一元稳定流动的能量方程,它也是稳定流动基本方程式之一。

当稳定流动能量方程应用于热机、压缩机和换热器等热力设备时,气体流动动能的变化量一般可以忽略不计,但应用于管道时,如喷管和扩压管,则气体流动动能的变化量则是非常重要的。当气体在管道内作一元稳定流动时(见图 1-165),由于气体与外界没有轴功的交换,则 $w_s=0$;同时,如果管道不是很长,而且流速又很大时,气体流经管道所需的时间会极短,与外界的热量交换则极少,所以可近似地认为是绝热的,即 $q=0$,喷管和扩压管正是这种情况,则稳定流动能量方程可简化为

$$h_1+\frac{1}{2}w_{g1}^2=h_2+\frac{1}{2}w_{g2}^2$$

或

$$h_1+\frac{1}{2}w_g^2=\text{常数}$$

此式表明,在稳定的绝热流动过程中,任一截面上的焓与流动动能之和保持常数。流动动能增加时,焓值减小;流动动能减小时,焓值增加。

3. 一元稳定流动的过程方程

在一元稳定流动过程中,气体状态参数变化的规律由其过程方程式给出。对于理想气体的可逆绝热流动过程,任意两截面上的压力 p 与比容 v 之间的关系为

$$p_1v_1^k=p_1v_2^k$$

或

$$pv^k=\text{常数}$$

这也就是本节第四部分中的理想气体可逆绝热过程的过程方程式。

另外,为分析和讨论方便,水蒸气的可逆绝热流动过程的过程方程式也采用与理想气体相同的形式,即

$$pv^k=\text{常数}$$

但此时,指数 k 已失去原有的意义,即 $k\neq c_p/c_v$,它只是一个经验数据而已,此时指数 k 的数值随水蒸气所处的状态不同而有较大的变化,若仅作粗略计算,对过热蒸汽可取 $k=1.3$,对饱和蒸汽可取 $k=1.135$。

（二）喷管和扩压管的流动特性及实际应用

喷管的作用是使高压气体进行膨胀以获得高速气流。扩压管的作用是使高速气流的速度降低而使气流的压力升高。气体或蒸汽在喷管和扩压管中流动时，与外界既无热量交换，也无轴功交换。喷管和扩压管为了完成它们各自的任务，喷管和扩压管应做成什么形状，即它们截面变化规律如何？气体在喷管和扩压管中的流动特性如何？为此，下面将对理想气体在喷管和扩压管中作一元稳定的可逆绝热流动加以讨论。

1. 喷管和扩压管的流动特性

(1) 流速变化率与压力变化率的关系

由于气体或蒸汽在喷管和扩压管中流动时，与外界既无热量交换（$q = 0$），也无轴功交换（$w_s = 0$），由比技术功的定义可知

$$w_t = \frac{1}{2}\Delta w_g^2 + w_s = \frac{1}{2}(w_{g2}^2 - w_{g1}^2)$$

此式说明气体或蒸汽在可逆一元稳定流动中所作的技术功全部用于增加气体的流动动能；反之，气体得到的技术功则全部来自气体流动动能的减小。

通过对上式的进一步分析可得

$$k\mathrm{Ma}^2 \frac{\mathrm{d}w_g}{w_g} = -\frac{\mathrm{d}p}{p} \tag{1-45}$$

式中，Ma 为气体流速 w_g 与当地音速 c 之比，称为马赫数，即

$$\mathrm{Ma} = \frac{w_g}{c}$$

当 $\mathrm{Ma} < 1$ 时，气体流速小于当地音速，称为亚音速流动；当 $\mathrm{Ma} > 1$ 时，气体流速大于当地音速，称为超音速流动；当 $\mathrm{Ma} = 1$ 时，气体流速等于当地音速。

由物理学可知，音速是微弱扰动的气态工质中所产生的纵波（压力波）的传播速度。对理想气体有 $c = \sqrt{kpv} = \sqrt{kRT}$，可见，音速的大小是由工质的种类和工质的状态参数来确定的。工质在流动中，其状态参数不断地发生变化，因此音速也在不断地变化。

式(1-45) 反映了气体流速变化率与压力变化率之间的关系。从此式可知，流速的变化与压力的变化的正负号是相反的，即气体在流动中若流速增加，则压力降低；若流速降低，则压力增加。气体在喷管中流动，流速增加、压力降低，由过程方程可知其比容必增加，即要想获得高速气流，就必须使高压气体进行膨胀以降低压力；气体在扩压管中流动，压力增加、流速降低，由过程方程可知其比容必减小，即：要想获得高压气体，就必须使气体流速降低以压缩气体。

(2) 流速变化率与比容变化率的关系

通过对稳定流动的连续性方程式的微分分析可知，无论对喷管还是对扩压管，截面面积变化率（$\mathrm{d}A/A$）的正负取决于气体在流动中比容变化率（$\mathrm{d}v/v$）和流速变化率（$\mathrm{d}w_g/w_g$）的绝对值谁大谁小。

气体在喷管中流动，因气体的流速是增加的，若比容变化率小于流速变化率，则截面变化率应小于零，即喷管应为渐缩的管道；若比容变化率大于流速变化率，则截面变化率应大于零，即喷管应为渐扩的管道。气体在扩压管中流动，因气体的流速是减小的，若比容变化率小于流速变化率，则截面变化率应大于零，即扩压管应为渐扩的管道；若比容变化率大于流速变化率，则截面变化率应小于零，即扩压管应为渐缩的管道。

通过对绝热过程方程式的微分分析可知，气体在可逆绝热流动中，比容变化率（$\mathrm{d}v/v$）与

流速变化率(dw_g/w_g)之比等于马赫数 Ma 的平方,也就是说,当 Ma < 1 时,即亚音速气流中,比容变化率的绝对值小于流速变化率的绝对值;当 Ma > 1 时,即超音速气流中,比容变化率的绝对值大于流速变化率的绝对值;当 Ma = 1,即音速的气流中,比容变化率等于流速的变化率。可见,音速是一个分界线。

(3) 喷管和扩压管的截面面积变化率

通过前述对气体在可逆绝热流动中的流动分析,根据气流的流速变化率与压力变化率之间的关系以及流速变化率与比容变化率之间的关系,可得

$$\frac{dA}{A} = (Ma^2 - 1)\frac{dw_g}{w_g} \tag{1-46}$$

此式称为气流流通截面面积变化率方程,它反映了气体流速变化率与流道截面变化率之间的关系,是讨论喷管和扩压管截面变化规律的依据。下面以此方程为依据,分别讨论喷管和扩压管的截面变化规律。

(4) 喷管的截面变化规律

对于喷管来说,流速是沿着流动方向不断增加的,即 $dw_g > 0$,这时,式(1-46)中 dA 的正负号与($Ma^2 - 1$)的正负号相同。

① 收缩形喷管。当喷管的进口流速为亚音速时,因 Ma < 1,则($Ma^2 - 1$) < 0,因此,$dA < 0$,即此时的喷管截面面积沿流动方向应是逐渐减小的,如图 1-166(a)所示,故称为收缩形喷管。

并且,收缩形喷管的出口流速也不可能达到超音速,也就是说收缩形喷管的出口流速通常应为亚音速,最大的出口流速为当地音速,即:收缩形喷管的进口处 Ma < 1,出口处 Ma ≤ 1,故收缩形喷管也称为亚音速喷管。

② 扩张形喷管。当喷管进口流速为超音速时,因 Ma > 1,则($Ma^2 - 1$) > 0,因此,$dA > 0$,即此时的喷管截面面积沿流动方向应是逐渐增大的,如图 1-166(b)所示,故称为扩张形喷管。这是由于超音速气流膨胀时,比容的增加率大于流速的增加率,因此截面面积必须逐渐增大。

当然,当喷管的进口流速为当地音速时,喷管的截面变化也应是扩张形的。很显然,扩张形喷管的出口流速一定是超音速。即:扩张形喷管的进口处 Ma ≥ 1,出口处 Ma > 1,故扩张形喷管也称为超音速喷管。

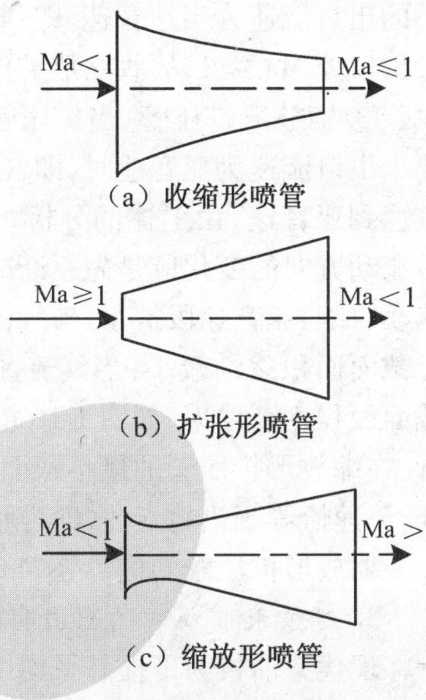

图 1-166　喷管的截面变化规律

③ 缩放形喷管。当喷管的进口流速为亚音速,同时要求出口流速为超音速时,即气流在喷管内从亚音速一直膨胀到超音速,由上述的分析可知,此时的喷管截面面积沿流动方向的变化应是先逐渐减小然后再逐渐增大,即亚音速段收缩、超音速段扩张:当气流速度小于当地音速时,喷管截面面积逐渐减小;当气流速度大于当地音速时,喷管截面面积逐渐增大,如图 1-166(c)所示,故称为缩放形喷管。

在缩放形喷管的最小截面处,即 $dA = 0$ 处,由式(1-46)可知此处 Ma = 1,即在最小截面处,流速恰等于当地音速,这一截面称为临界截面。

缩放形喷管又称为拉伐尔喷管,其进口处 Ma < 1,出口处 Ma > 1,最小截面处 Ma = 1。

(5) 扩压管的截面变化规律

对于扩压管来说,流速沿流动方向是不断下降的,即 $dw_g < 0$,这时,式(1-46)中 dA 的正负号与 $(Ma^2 - 1)$ 的正负号相反。

①扩张形扩压管。当扩压管的进口流速为亚音速时,因 $Ma < 1$,则 $(Ma^2 - 1) < 0$,因此,$dA > 0$,即此时的扩压管截面面积沿流动方向应是逐渐增大的,如图 1-166(a) 所示,故称为扩张形扩压管。

当然,当扩压管的进口流速为当地音速时,扩压管的截面变化也应是扩张形的。很显然,扩张形扩压管的出口流速一定是亚音速。即:扩张形扩压管的进口处 $Ma \leqslant 1$,出口处 $Ma < 1$,故扩张形扩压管也称为亚音速扩压管。

② 收缩形扩压管。当扩压管的进口流速为超音速时,因 $Ma > 1$,则 $(Ma^2 - 1) > 0$,因此,$dA < 0$,即此时的扩压管截面面积沿流动方向应是逐渐减小的,如图 1-167(b) 所示,故称为收缩形扩压管。

并且,收缩形扩压管的出口流速也不可能降低到亚音速,也就是说收缩形扩压管的出口流速通常应为超音速,最小的出口流速为当地音速。即:收缩形扩压管的进口处 $Ma > 1$,出口处 $Ma \geqslant 1$,故收缩形扩压管也称为超音速扩压管。

③ 缩放形扩压管。当扩压管的进口流速为超音速,同时要求出口流速为亚音速时,即气流在扩压管内从超音速一直减速到亚音速,由上述的分析可知,此时的扩压管截面面积沿流动方向的变化应是先逐渐减小然后再逐渐增大,即超音速段收缩、亚音速段扩张:当气流速度大于当地音速时,扩压管截面面积逐渐减小;当气流速度小于当地音速时,扩压管截面面积逐渐增大,如图 1-167(c) 所示,故称为缩放形扩压管。在缩放形扩压管的最小截面处,即 $dA = 0$ 处,由式(1-46)可知此处 $Ma = 1$,即在最小截面处,流速恰等于当地音速,即为临界截面。

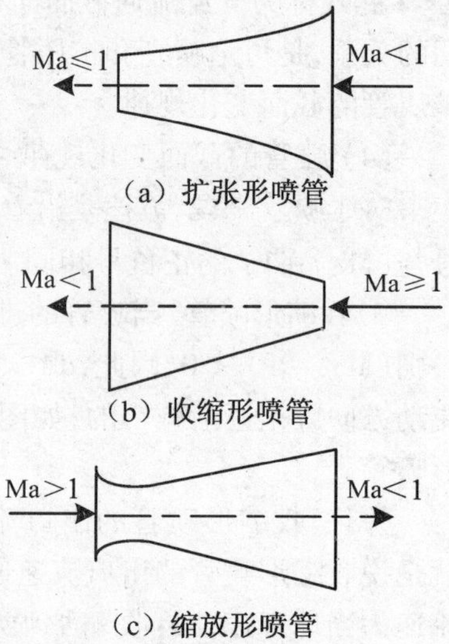

图 1-167　扩压管的截面变化规律

缩放形扩压管的进口处 $Ma > 1$,出口处 $Ma < 1$,最小截面处 $Ma = 1$。

2. 喷管和扩压管的应用实例

现代柴油机为了提高平均压力进而提高功率(详见本节的第八部分),通常采用增压的方法。即采用专门的压缩机(如废气涡轮增压器),先将空气由大气压力压缩到较高的压力,再经过空气冷却器降低空气的温度,然后送入柴油机气缸。这样,在柴油机的气缸容积不变的条件下,充入更多的空气,从而可多喷油,发出更大的功率。目前,增压柴油机已在船上广泛采用。

废气涡轮增压是指利用柴油机排出的废气吹动涡轮机,由涡轮机带动增压器。显然,这种增压形式可以从废气中回收部分能量,不仅提高了柴油机的功率,还提高了动力装置的经济性,因而获得广泛应用。废气涡轮增压器结构形式繁多。废气涡轮增压器是由废气涡轮和压气机两部分组成的。在废气涡轮增压器中一般都采用离心式压气机,所以,可依据所采用的涡轮机类型把废气涡轮增压器分为两大类:轴流式涡轮增压器和径流式涡轮增压器。目前,船用大、中型柴油机均采用轴流式涡轮增压器,径流式涡轮增压器仅用于中小型柴油机。

下面以在船用柴油机中用得较多的瑞士 *ABB* 公司制造的 *VTR* 型增压器为例,介绍废气涡轮增压器中喷管和扩压管的应用。

(1) 结构形式及基本工作原理

图 1-168 为 VTR 系列增压器剖视图。它由右侧的单级轴流式废气涡轮和左侧的单级离心式压气机组成。废气涡轮的叶轮和压气机的叶轮装在同一根轴上构成废气涡轮增压器的转子，由两端的轴承支承。

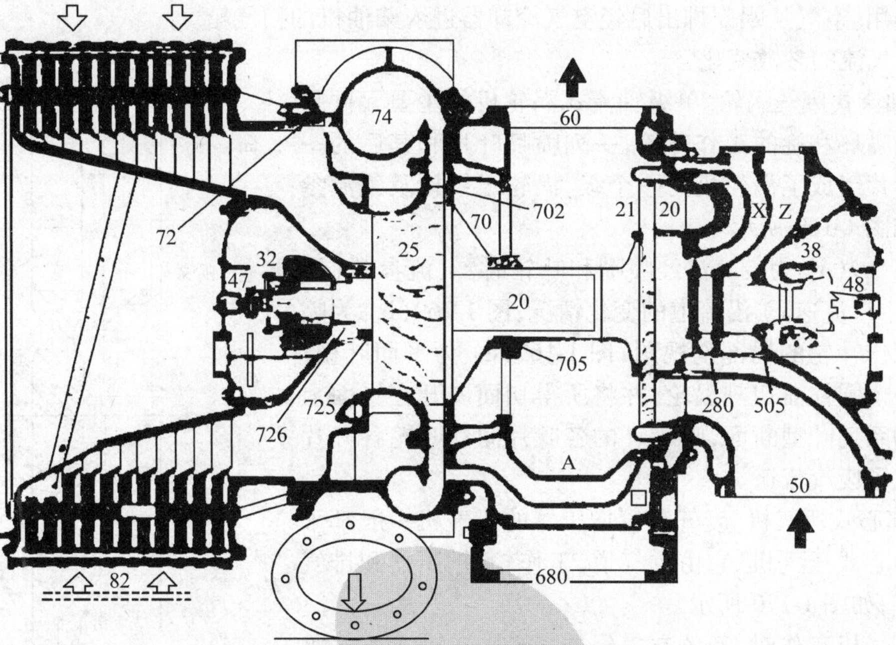

图 1-168　VTR 系列增压器剖视图

① 轴流式废气涡轮。如图 1-168 所示，废气涡轮由涡轮进气箱 50、喷嘴环 30、工作叶轮 21、隔热墙 70、燃气箱 60 等组成。进、排气箱内腔用水冷却。进气箱与排气箱之间用螺钉紧固。进气箱右部布置着轴承箱。排气箱下部装有增压器支架 680。柴油机排出的废气由进气箱 50 下部引入涡轮，由排气箱上部排出。隔热墙 70 用绝热材料制成，避免废气对压气机叶轮和空气加热。

柴油机排出的废气经进气箱 50 送至喷嘴环 30。喷嘴环由喷嘴内环、外环和喷嘴叶片组成。喷嘴叶片形成的通道(即为喷管)从进口到出口呈收缩状，其作用是将柴油机排出的废气的压力能部分转变为动能，并使气流具有工作叶片所需要的方向。工作轮由轮盘和工作叶片组成，工作叶片轴向安装在轮盘边缘的槽口中。工作叶片的叶根分为树形和球形两种。叶身为叶片的工作部分，其形状由气体流动情况决定。它沿着高度逐渐扭转。这是因为废气通过喷嘴进入叶轮时，气流的参数如压力和速度(大小和方向)等均沿叶片的高度而变化。为了减少气流流过叶片时的能量损失，要求叶片的形状与气流参数沿叶片的变化相适应，以提高涡轮效率。高速流动的气流进入工作轮的叶片通道，其中一部分能量转变为机械功，最后经排气箱排往大气。

② 离心式压气机。如图 1-168 所示，增压器的压气机主要由进气消音器 80、进气箱 72、压气机叶轮 25、扩压器 28、排气箱 74 等组成。空气从消音器滤网处进入。消音器 80 中的空气滤网、导流环对空气起滤清、导流、吸音(导流环由吸音材料制成)作用。进气箱由内、外进气壳共同组成进气通道，对吸入的空气起导流定向作用。进气箱的左部分布置着轴承箱。工作叶轮是压气机的主要部件。它是由前弯的导风轮和半开式工作轮组成的。导风轮的扭曲方向和角度应适应气流进入叶轮的相对流动方向，使气流平顺地从轴向转到径向，以减少进气流动损失；在工作轮上沿径向布置着直叶片，各叶片间形成气流通道。两部分分别装在转轴上。有叶扩压器 28

用焊钉固定在排气箱 74 上,其叶片间的气流通道呈扩张形。它将把压缩空气的动能变成压力能,以提高空气的排出压力。叶片环一般比圆环形平板圈窄一些,无叶片的圆环段同样起扩压作用,通常称之为无叶扩压器。一个工作轮与相邻的扩压器组成一个级。压气机排气箱 74 的主体是一个蜗壳状的管道,其流通截面由小到大。它收集从叶片扩压器流出的空气,同时,继续起着扩压作用。空气从蜗壳排出后经空气冷却器进入柴油机的扫气箱。

(2) 气流的参数变化

① 轴流式废气涡轮。单级轴流式涡轮机的主要元件是固定的喷嘴环和旋的工作叶轮,一列喷嘴叶片和其后的一列工作叶片组成了涡轮机的一个级。涡轮级结构及气流参数变化如图 1-169 所示。

图 1-169(a) 为废气流经喷嘴和叶轮时,气流参数(压力 p、温度 T、流速 c)沿流道的变化情况;图 1-169(b) 为喷嘴环和工作叶轮的局部剖视图;图 1-169(c) 为平面叶栅,它是用一个圆柱面切割涡轮,并将所得切面展开在平面上而得到的系列叶型断面,喷嘴环的各叶片间和叶轮各叶片之间构成了废气流道。

② 离心式压气机。废气涡轮增压器的压气机一般都采用单级离心式压气机。它由进气道、工作轮、扩压器和排气蜗壳组成,如图 1-170 所示。

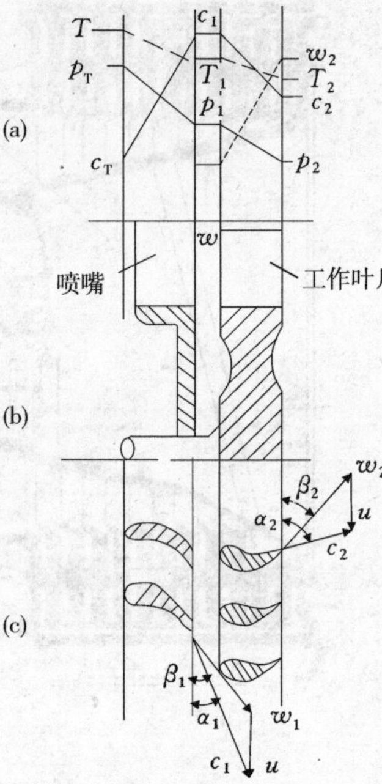

图 1-169　涡轮级结构及气流参数变化

当压气机工作时,新鲜空气经进气道轴向进入压气机叶轮。由于通道的导流作用,气流能在最小的损失下均匀进入压气机叶轮。进气道是渐缩流道,在进气道中,压力、温度略有降低,流速提高。正是因为压力降低,空气才被吸入工作轮。空气进入压气机叶轮后,随叶轮高速回转,因而产生离心力。这样,空气在叶轮叶片间随叶轮做圆周运动的同时,在离心力的作用下向叶轮外缘流动并被压缩。在叶轮中气体的流速、压力、温度都升高了,其中流速提高了很多。这是由于叶轮对气体做功,把叶轮的机械能变成了气体的动能和压力能。气体被压缩时也提高了温度。在扩压器中,由于流道逐渐扩大,使空气的动能转换为压力能,流速降低,压力升高。排气蜗壳中的通道也是渐扩的,因而空气流过时继续将动能转换为压力能。

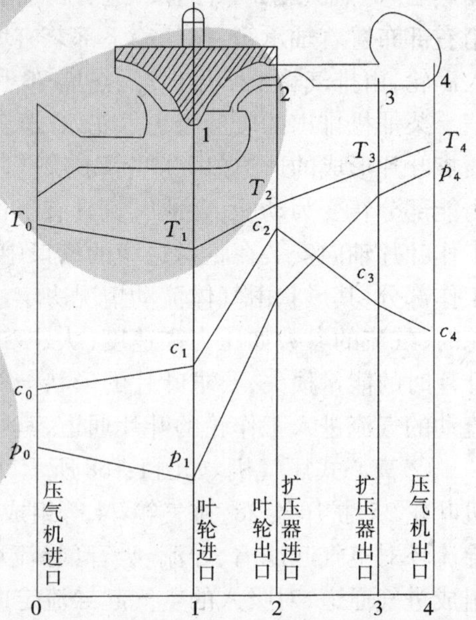

图 1-170　离心式压气机结构及气流参数变化

七、压缩机的热力过程

压缩机是制造压缩气体的设备。按工作原理和结构,压缩机可分为活塞式压缩机和叶轮式压缩机。叶轮式压缩机又分为离心式压缩机和轴流式压缩机两种。船上使用的压缩机有:主、副机起动所需的两级活塞式空气压缩机;用于冷库制冷和空气调节的单级活塞式制冷压缩机;用于柴油机增压的废气涡轮增压器，即离心式空气压缩机；各种离心鼓风机、通风机等。

从热力学的观点来看，空气压缩机、制冷压缩机和各种风机等的作用是一样的，它们都是消耗机械功而将气体由较低的压力压缩到较高的压力，只不过工作压力范围不同而已。下面从热力学的观点来分析压缩机的工作过程。

（一）活塞式压缩机

1. 单级活塞式压缩机的工作原理

图 1-171 为单级活塞式压缩机结构简图，图中主要示出活塞 1、气缸 2、吸气阀 3、排气阀 4 和空气滤清器 5 等。为了便于散热，有的气缸壁装有肋片 6，有的气缸做成双层，冷却水在隔层中流过进行冷却。

图 1-172(a) 给出了在压力一容积坐标图（p—V 图）上单级活塞式压缩机在实际工作过程中的气缸内空气的状态参数的变化过程。

现将单级活塞式压缩机的工作过程简述如下。

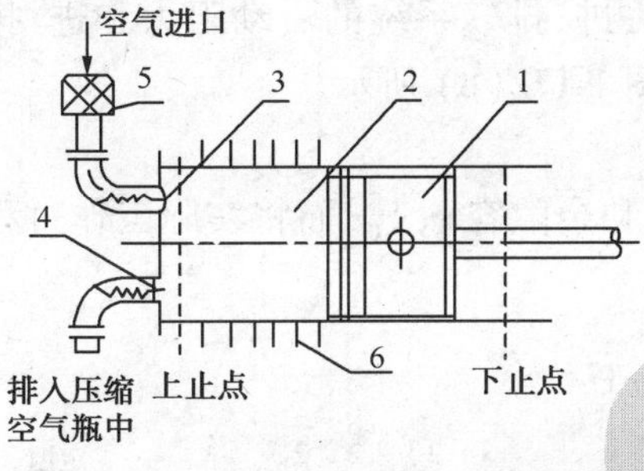

图 1-171　单级活塞式压缩机结构简图

1— 活塞；2— 气缸；3— 吸气阀；4— 排气阀；5— 空气滤清器；6— 肋片

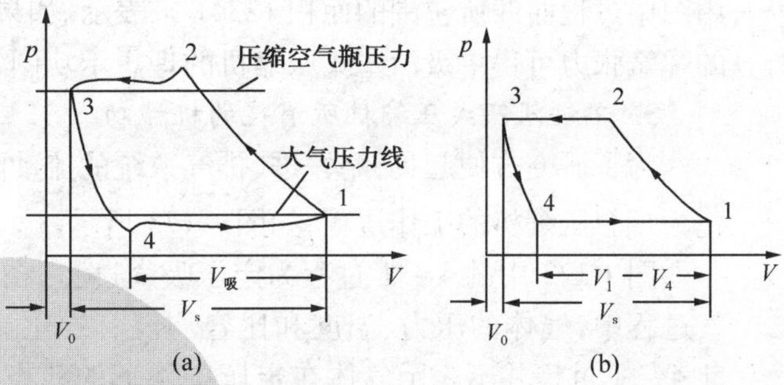

图 1-172　单级活塞式压缩机的示功图

(1) 压缩过程

压缩过程如图 1-172(a) 中曲线 1 – 2 所示。

当压缩机活塞位于下死点时，气缸中已吸入 m 千克空气，其状态参数为压力 p_1（大气压力）、温度 T_1、比容 v_1（$v_1 = V_1/m$），在图 1-172(a) 所示的 p—V 图上用点 1 表示。当活塞从下死点向上死点移动时，空气便被压缩，压力升至 p_2，温度升至 T_2，比容降至 v_2（$v_2 = V_2/m$），即压缩至图 1-172(a) 所示的 p—V 图上的状态点 2。

(2) 排气过程

排气过程如图 1-172(a) 中曲线 2 – 3 所示。

当缸内空气的压力 p_2 大于作用在排气阀上的背压力（即空气瓶中的压力）和弹簧张力时，排气阀即被顶开（即图中的状态点 2），活塞继续向上死点移动，并将压缩空气排入空气瓶中。由于排气系统有流动阻力，排气压力必须略高于空气瓶中的压力。

(3) 余隙容积内压缩空气的膨胀过程

余隙容积内压缩空气的膨胀过程如图 1-172(a) 中曲线 3 – 4 所示。当活塞到达上死点时，为了保证活塞在运动中不致碰撞敲击气缸盖，在活塞与气缸盖之间留有一个很小的余隙，由这一余隙所形成的容积称为余隙容积，用符号 V_0 表示。残存在余隙容积 V_0 内的空气压力为 p_3。由于 p_3 大于 p_1，活塞自上死点向下死点移动时不能立即从大气中吸入新鲜空气。只有残余的高压气体在气缸中进行膨胀至压力低于大气压力时（即图中的状态点 4），进气阀才在大气压力与气缸内气体压力差的作用下克服弹簧张力而开启，吸气过程才能开始。

(4) 吸气过程

吸气过程如图1-172(a)中曲线4－1所示。当吸气阀开启后，活塞继续向下死点移动，空气被吸入气缸，直到活塞到达到下死点(即图中的状态点1)为止。在整个进气过程中，因为进气系统有阻力损失，所以气缸内压力始终小于大气压力。

以上四个过程由活塞往复运动一次来完成，它将状态为(p_1, T_1)的空气吸入，经过压缩变成压力为p_3的高压气体，最后排入空气瓶。

2. 单级活塞式压缩机的示功图

示功图为气缸内气体压力p随其容积V的变化曲线，由示功器测得。

对单级活塞式压缩机，在活塞的一次往复运动中，其吸入一定质量的低压空气并压缩为高压气体最后排入空气瓶中，它所消耗的机械功可用示功图的面积来表示。

图1-172(a)所示即为单级活塞式压缩机的示功图，活塞往复运动一次所消耗的机械功可用图中过程曲线所包围的面积12341来表示。如果略去进、排气系统的流动阻力和进、排气阀的弹簧张力可得单级活塞式压缩机的理想示功图，如图1-172(b)所示。

3. 单级活塞式压缩机所消耗的机械功

为了研究方便起见，略去进、排气系统的流动阻力和余隙容积V_0，而将实际工作过程理想化为理想压缩机的工作过程，如图1-173所示。

图1-173中的4－1过程为定压吸气过程。在吸气过程中，气体的压力、温度和比容均没有变化。因此4－1过程并不表示气体在定压条件下的状态变化过程，气缸中气体容积V的增加是由于进入气缸中的气体质量增加的结果，而其比容仍旧保持不变。

图1-173中1－2、1－2′、1－2″过程均为气体的压缩过程，因为压缩过程可分为以下三种情况。

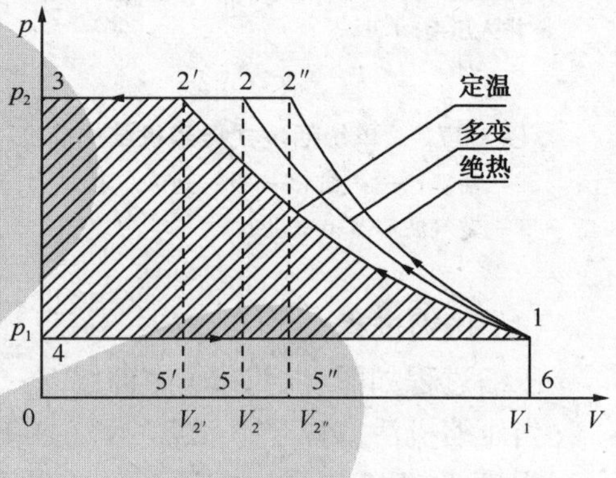

图1-173 单级理想压缩机的$p-V$图

(1) 定温压缩过程

如果气缸能被冷却水很好地冷却，并且活塞移动得非常缓慢，这样，由压缩过程消耗的功所转换成的热量会随时通过气缸壁传出。在理想的情况下，压缩过程中气体的温度将始终保持不变，因而就成为一个定温压缩过程，在图1-173所示的$p-V$图上为1－2′压缩过程。

(2) 绝热压缩过程

如果气缸没有被冷却，而且活塞移动得很快，这样，热量来不及通过气缸壁传向外界，这时就成为绝热压缩过程，在图1-173所示的$p-V$图上为1－2″压缩过程。

(3) 多变压缩过程

如果压缩过程既不是定温过程也不是绝热过程，而是介于两者之间的多变过程，则在图1-173所示的$p-V$图上为1－2压缩过程。图1-173中2－3、2′－3、2″－3均为定压排气过程。定压排气过程与定压吸气过程一样，气体的状态不变，而气缸中气体容积的减小是气体不断排入空气瓶的结果。

在活塞的一个往复中，理想压缩机压缩m千克气体所需的机械功W_c为压缩过程中的压缩功与进、排气过程中流动功的代数和。从图1-173所示的$p-V$图可以看出，定温压缩时压缩机所消耗的机械功最小（以面积 12′341 表示），绝热压缩时所消耗的机械功最大（以面积 12″341 表示），多变压缩时所消耗的机械功介于两者之间（以面积 12341 表示）。

因此，对压缩机气缸加强冷却，使实际的压缩过程尽量接近于定温压缩，不仅能够减少压缩机的耗功，而且可以使压缩终点气体温度不致过高，以保证活塞环在气缸壁上得到正常的润滑条件。以上讨论的是没有余隙容积的理想压缩机的耗功情况。当有余隙容积存在时，它对压缩机的耗功和供气量将有影响。

有余隙容积的压缩机理想示功图如图 1-172（b）所示。由此图可见，此压缩机所消耗的机械功应等于压缩过程的技术功与余隙中剩余的高压气体膨胀过程的技术功的代数和。显然，有余隙容积存在时压缩机的供气量减少了，从而所消耗的功也减少了。

但是，需要指出的是，有余隙容积和没有余隙容积时，压缩相同质量的气体所消耗的功仍然是相同的。虽然余隙容积对压缩机压缩一定质量气体的耗功没有影响，但实际上，余隙容积的存在使压缩机活塞往复一次的吸气量减少，若制造相同质量和相同压力的高压气体，有余隙容积的压缩机就要比无余隙容积的压缩机活塞往复的次数多，从而增加了摩擦功的消耗。因此有余隙容积的压缩机要比没有余隙容积时消耗的机械功多。这就要求在设计和维修压缩机时，注意余隙容积不能过大。

4. 多级压缩

(1) 多级压缩的目的

压缩机的排气压力与吸气压力之比，称为压缩机的增压比。当增压比较大时，应采用多级压缩，其目的是为了提高压缩机的容积效率，并降低压缩终点的温度，以保证正常的润滑条件。

在图 1-172（b）所示的压缩机的理想示功图中，由于余隙容积中残余高压气体的膨胀，在进气过程中吸入的气体容积为（$V_1—V_4$），称之为有效吸气容积，它总是小于气缸工作容积 V_s，因而造成气缸工作容积或活塞排量的利用不充分。用有效吸气容积（$V_1—V_4$）和气缸工作容积 V_s 之比来衡量气缸工作容积的利用率，称为容积效率，以 η_v 表示，即 $\eta_v = \dfrac{V_1 - V_4}{V_s}$。若余隙容积中残余气体的膨胀过程 3 - 4 是一个多变指数为的一个多变过程，则容积效率 η_v 为

$$\eta_v = 1 - \delta(\beta^{\frac{1}{n}} - 1)$$

式中，$\delta = \dfrac{V_0}{V_s}$，称为压缩机的余隙比；$\beta = \dfrac{p_2}{p_1}$，称为压缩机的增压比。

由此式可以看出，容积效率 η_v 与余隙比 δ 和增压比 β 有关。当余隙比 δ 增大时，容积效率 η_v 降低；当增压比 β 提高时，容积效率 η_v 也降低。

此外，压缩终点气体的压力 p_2 越高，压缩终点的气体温度也越高。若压缩机的压缩过程是一个多变指数为 n 的一个多变过程，则初温为 T_1 的空气在增压比为 β 时压缩终了的温度 T_2 为

$$T_2 = T_1\left(\frac{p_2}{p_1}\right)^{\frac{n-1}{n}} = T_1\beta^{\frac{n-1}{n}}$$

可见，增压比越高，空气压缩终了点的温度越高。当空气温度超过滑油自燃点（300 ~ 350℃）时，滑油就会自燃。空气压缩终了点的温度一般不得超过 160℃，以保证正常的润滑条件。

总之，为了提高压缩机容积效率和保证正常润滑条件，一方面应尽量减小压缩机余隙容积，即降低余隙比 $\delta = V_0/V_s$，一般为 2% ~ 6%；另一方面单级压缩机的增压比 $\beta = p_2/p_1$ 不宜过高，一般以 $\beta \leqslant 7$ 为宜。当超过这个增压比时，应采用多级压缩机。船舶上起动主机用的压缩

空气压力通常为3 MPa左右，若采用单级压缩，不但容积效率太低，而且压缩终点温度很高（按绝热过程压缩时压缩终温高达500℃），因此必须采用二级压缩。

例如，某单级活塞式空气压缩机，多变过程的多变指数均为1.25，余隙比为5%；压缩前空气的压力为0.1 MPa，温度为20℃。若压缩后空气的压力为0.6 MPa，即增压比为6，则通过计算可知该压缩机的容积效率为0.84，压缩终点温度为146℃；若压缩后空气压力提高到3 MPa，即增压比为30，则通过计算可知该压缩机的容积效率降低至0.29，而压缩终点温度则升高至305℃，可见，当增压比过高时，容积效率就会过低，而且压缩终点气体温度将会超过允许值（160℃）。因此，当增压比为30时，必须采用二级压缩。

(2) 二级活塞式压缩机的工作原理

图1-174所示为二级活塞式压缩机的结构及工作过程示意图。空气经低压缸1压缩，压力由初压 p_1 提高至某一中间压力 p_m，然后流入中间冷却器2，再经高压缸3压缩到需要的压力 p_2，最后充入空气瓶中。

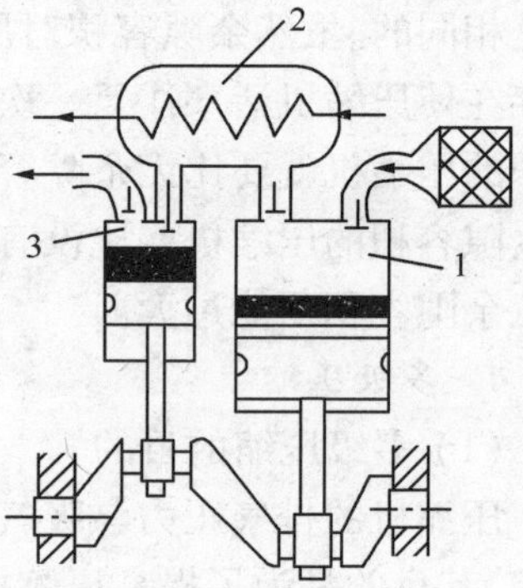

图1-174　二级活塞式压缩机示意图

1—低压缸；2—中间冷却器；3—高压缸

图1-175所示为二级活塞式理想压缩机的 $p-V$ 图。图中：0－1为低压缸吸气过程；1－2为低压缸多变压缩过程；2－5为低压缸排气过程，排气后在中间冷却器中定压冷却到常温，使 $t_2=t_1$，比容从原来的 v_2 缩小为 $v_2'=V_2'/m$；5－2′为高压缸吸气过程；2′－3′为高压缸多变压缩过程；3′－4为高压缸排气过程。

在图1-175中，低压缸的示功图可用01250表示，完成一个工作过程（活塞往复一次）所消耗的机械功可用面积01250表示；高压缸的示功图可用52′3′45表示。

二级活塞式理想压缩机完成一个工作过程所消耗的机械功为低压缸与高压缸消耗的机械功之和，在图1-175所示的 $p-V$ 图上即为面积0122′3′40。而若用单级压缩机完成，所需要的机械功则为面积012340，可见，采用中间冷却的两级压缩机所消耗的机械功要比单级小，节省的机械功为面积233′2′2。

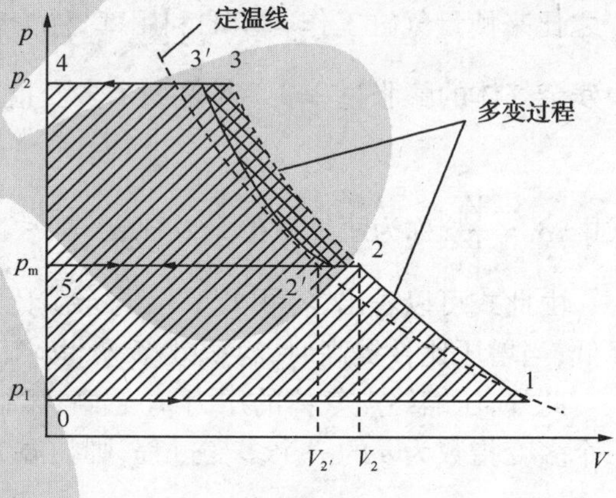

图1-175　二级活塞式理想压缩机的 $p-V$ 图

空气经低压缸压缩后，再经过中间冷却器被冷却到常温，然后进入高压缸中压缩，压缩终点温度与低压缸压缩终点温度相差不多，从而保证气缸的良好润滑条件。

(3) 二级压缩的最佳中间压力与最佳增压比

在二级压缩机中，压缩1千克气体所消耗的机械功为低压缸与高压缸所消耗的机械功之和。对于多变压缩来说，如果中间冷却器能使气体得到最有效的冷却，使冷却后的气体温度达到 $t_2=t_1$，则压缩1千克气体所消耗的机械功为

$$w_{c,n}=\frac{n}{n-1}p_1v_1\left[2-\left(\frac{p_m}{p_1}\right)^{\frac{n-1}{n}}-\left(\frac{p_2}{p_m}\right)^{\frac{n-1}{n}}\right]$$

从此式可以看出，活塞往复一次，二级压缩中间冷却的理想压缩机所消耗的单位质量机械功由 p_1、v_1、p_2、n 和 p_m 来确定，当 p_1、v_1、p_2 和 n 给定时，$w_{c,n}$ 就取决于 p_m。可见，在二级压缩机中，当选择不同的低压缸排出压力时，所消耗的机械功也是不同的。

通过分析可知，当中间压力 p_m 为

$$p_m = \sqrt{p_1 p_2}$$

时，压缩机所消耗的机械功 $w_{c,n}$ 最小，这个中间压力 p_m 称为双级压缩的最佳中间压力。

此时，第一级的增压比 p_m/p_1 和第二级的增压比 p_2/p_m 均为

$$\beta = \frac{p_m}{p_1} = \frac{p_2}{p_m} = \sqrt{\frac{p_2}{p_1}}$$

此式表明，要使压缩机所消耗的机械功最小，第一级和第二级的增压比应该相同。这个增压比称为最佳增压比。

例如，某二级理想活塞式压缩机，将 $p_1 = 0.1$ MPa 的空气压缩至 $p_2 = 3$ MPa，其最佳增压比为

$$\beta = \sqrt{\frac{p_2}{p_1}} = \sqrt{\frac{3}{0.1}} = 5.48$$

最佳中间压力为

$$p_m = \sqrt{p_1 p_2} = \sqrt{0.1 \times 3} = 0.548 \text{ MPa}$$

二级压缩机压缩 1 千克气体所消耗的最小功为

$$w_{c,n} = \frac{2n}{n-1} p_1 v_1 (1 - \beta^{\frac{n-1}{n}})$$

由此式可见，当两级增压比相同时，每级所消耗的功相等。因此，选择最佳增压比不仅可以省功，而且还可以使各缸的负荷分配均匀。

（二）叶轮式压气机

1. 叶轮式压气机的特点及分类

(1) 叶轮式压气机的特点

活塞式压缩机因转速不高、间歇性的吸气与排气以及有余隙容积的影响，所以单位时间供气量小。因此，当需要大供气量时，应采用叶轮式压气机。这是因为叶轮式压气机转速很高，能连续不断地吸气与排气，无余隙容积，所以它的机件不大而排量很大，且工作稳定。

(2) 叶轮式压气机的分类

习惯上，叶轮式压气机按其出口压力 p_g（表压力）的高低分为通风机、鼓风机和压缩机。

出口表压力 p_g 在 0.000 2 ~ 0.015 MPa 范围内的叶轮式压气机，称为通风机。

出口表压力 p_g 在 0.015 ~ 0.04 MPa 范围内的叶轮式压气机，称为鼓风机。

出口表压力 $p_g \geqslant 0.04$ MPa 的叶轮式压气机，称为压缩机。

另外，叶轮式压气机按其结构形式可分为径流式（即离心式）和轴流式两种。它们的结构形式不同，但工作原理是相同的。

2. 叶轮式压气机的工作原理

叶轮式压气机的工作原理与活塞式压缩机不同，但按热力学的观点分析，气体的状态变化过程却完全一样，都是气体接受了外界的机械功而被压缩的过程。只是在叶轮式压气机中分为两步，第一步通过工作叶片把机械能传给气体以增加其动能，第二步气流在导向叶片和扩压管中降低速度，使压力升高。

船上采用的废气涡轮增压器就是以废气涡轮来带动的离心式压气机。如图 1-176 所示，压缩机转子被带动旋转后，空气沿轴向进入叶轮叶片之间，旋转着的叶片使空气在离心力作用下被高速甩出叶轮，高速气流进入沿叶轮外围所布置的有叶扩压器，速度降低，压力升高，然后再经过断面渐大的蜗壳，速度进一步降低，压力进一步升高，最后从排气口排出。

图 1-177 为多级轴流式压气机构造简图，空气从左下方的进口处流入压气机，经过收缩器 1 时流速得到初步增加。进口导向叶片 2 使气流改为轴向流动，同时还起扩压管的作用，使压力得到初步升高，转子 7 由外力（通常为电动机、汽轮机或燃气轮机）驱动高速旋转。装在转子上的工作叶片 3 推动气流，使之获得很高的流速。高速气流进入装在机壳上的导向叶片 4 间的通道（起扩压管作用），它的速度降低而压力升高。气流每经过一级（由一排工作叶片和一排导向叶片所构成），压力便提高一步，最后经扩压器 6 进一步提高压力，高压气流从右下方出口排出压气机。

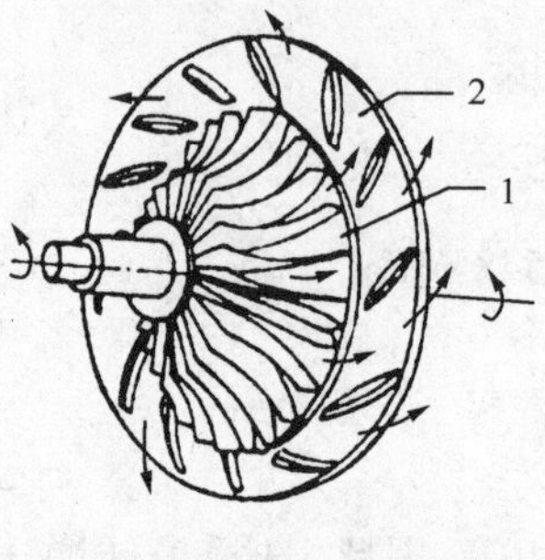

图 1-176　离心式压缩机

1— 叶轮叶片之间的通道；2— 有叶扩压器的通道

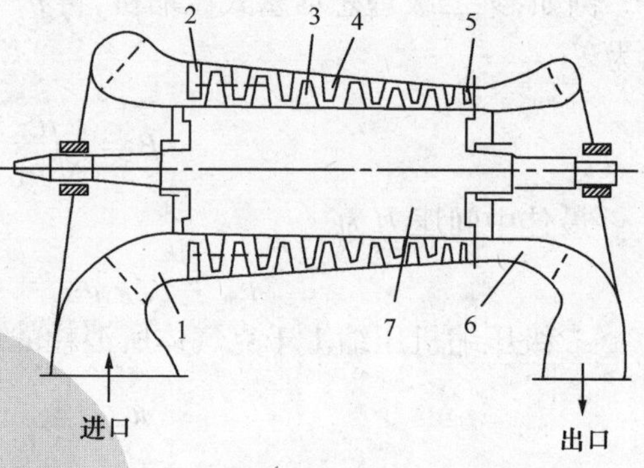

图 1-177　多级轴流式压缩机结构简图

1— 收缩器；2、4、5— 导向叶片；3— 工作叶片；6— 扩压器；7— 转子

八、气体动力循环

能够将燃料燃烧释放出来的热量的一部分，连续不断地转换成机械能的整套热工设备，称为热能动力装置，简称动力装置。如果直接将燃料的燃烧产物作为工质，这种动力装置称为内燃动力装置（或称为内燃机）。如往复式内燃机，燃气轮机和火箭发动机等。如果只是利用燃烧产物来加热循环的工质（如蒸汽动力装置中利用燃气加热水），则这种动力装置称为外燃动力装置（或称外燃机）。

按照动力装置所用工质的不同，还可以分为气体动力循环及蒸汽动力循环两大类。内燃机、燃气轮机以及它们两者所组成的联合装置，都是用空气和燃气作为工质而进行工作循环的，称为气体的动力循环。分析气体动力循环的目的在于找出提高动力装置经济性 —— 循环热效率的方法。本部分还将讨论提高内燃机功率的方法。

（一）内燃机的实际循环和理想循环

1. 往复式内燃机的实际工作循环

（1）往复式内燃机的工作特点及分析方法

在往复式内燃机中，燃料直接在气缸中燃烧，工质的一系列热力过程都是在气缸内完成的，由于这种动力装置具有热效率高、功率范围广、便于移动等特点，因此被广泛地用做各种运输车辆、舰船和发电站的原动机。工程上，往复式内燃机依据使用的燃料，可分为柴油机、汽油机、煤油机等，常简称为内燃机。特别是柴油机，因其热效率高，目前被大多数船舶用做主动力装置。

由热力学第二定律可知，在给定的热源和冷源之间，以卡诺循环的热效率为最高。卡诺循环中工质的定温吸热和定温放热过程对于气体而言不易实现；而卡诺循环的高热效率要求热源温度和冷源温度的差别要大。这就需要有较大的压力差（要求最大压力高）和很大的容积压缩比（要求气缸尺寸大）。可见，若以卡诺循环作为内燃机循环，那么机器必然大而重。因此，内燃机不是按卡诺循环工作的。

内燃机中的工质由于燃烧发生了化学变化，不可能再回到它原来的状态，所以，内燃机的往复运动虽然属于机械循环工作的，但不是按热力循环工作的。由于工质的化学变化及部件间的摩擦和传热等因素，内燃机的实际工作过程极其复杂，难于分析和找出提高热效率的途径。

在热力学中，常把内燃机（以及其他动力装置）的实际工作过程简化为理想的热力循环，然后对该理想循环进行热力计算分析，也就是先暂且不考虑各种不可逆因素，而把实际工作过程合理地理想化成相应的可逆热力过程，并抓住工质的状态变化这个决定因素来进行分析。当然，这种分析方法，并没有考虑许多实际存在的不可逆因素，其分析结论与动力装置的实际工作情况是有差别的。但是，这种分析方法及其结论，仍有很大的指导意义和实用价值。利用这种分析方法得到的结论，是在最理想的可逆条件下得出的，因此，它是该动力装置工作性能的最高标准，同时也可以作为比较同类动力装置工作完善程度的客观标准，实际工作性能越接近它，则该装置的工作就越完善；并且，根据这种分析方法得到的结论，可以找出影响动力装置工作性能的主要因素，明确进一步改进的方向；而且，在得到的结论的基础上，可以进一步分析各种实际因素的影响程度，从而对理想循环的结论加以修正，就可以应用到实际循环的分析计算中去。理想化方法分析动力循环的一般步骤是：① 分析动力循环的工作过程及特点，把实际工作过程合理简化成可逆理想循环，并将理想循环表示在 $p-v$ 图和 $T-s$ 图上；② 确定理想循环中各典型状态点（各过程线交点）的状态参数，将它们表示为工质的初态参数和循环特性参数的函数；③ 进行理想循环的性能分析，确定表征循环整体性能的各种指标，比如循环的净热量、循环的净功、热效率等，并进一步分析循环特征参数对循环热效率的影响。

往复式内燃机有四冲程和二冲程两种。往复式内燃机的进气、压缩、燃烧和膨胀、排气这四个工作过程，若是由活塞在四个行程内完成的，则称为四冲程内燃机；若是由活塞在两个行程内完成的，则称为二冲程内燃机。下面以四冲程内燃机为例，介绍往复式内燃机的工作循环。

（2）四冲程内燃机的实际工作循环

内燃机气缸中，工质的压力随容积变化的关系可用示功图表示。由示功图可分析内燃机的实际工作过程和工作循环，进而进行理想化得到内燃机的理想循环。

图 1-178 所示为机械喷射式四冲程内燃机的实际示功图。

① 吸气过程：图 1-178 中的 0 - 1 线表示吸气过程。在此过程中，由于进气系统中有流动阻力存在，气缸内工质压力略低于大气压力，只有这样才能使气体进入气缸。

② 压缩过程：图 1-178 中的 1 - 2 线表示压缩过程。在压缩过程进行的前一阶段，高温气缸壁对空气加热，$q>0$，压缩过程的多变指数 $n>k$；而后一阶段，由于被压缩的空气温度高于缸壁温度，这时空气向缸壁放热，$q<0$，$n<k$。压缩过程的平均多变指数 $n=1.34\sim1.37$，工质放热多于吸热。压缩终点压力为 3 ~ 5 MPa。压缩终点温度应该超过燃油自燃点（柴油为 335℃左右），为 600 ~ 700℃，以便燃油喷入后即能自行燃烧。

③ 燃烧过程：图 1-178 中的 2 - 3 - 4 线表示燃烧过程。通常在压缩过程终了前，一部分燃

油由高压油泵提前喷入气缸，当压缩终了时，这部分燃油已被空气加热而迅速燃烧，因而在活塞处于上止点附近其运动速度变得很小的情况下，压力迅速上升至5 ~ 8 MPa，这一过程接近于定容燃烧过程。后来喷入气缸中的燃油继续燃烧，同时活塞也向下止点移动，这时燃烧过程接近于定压燃烧过程，燃烧终了时温度可达1 400 ~ 1 800℃。

④ 膨胀过程：图1-178 中的4 – 5 线表示膨胀过程。在整个膨胀过程中，工质的压力和温度均下降。然而，由于气缸容积的限制，工质在膨胀终点（即活塞下行至下止点附近）时的压力并没有降低至大气压力，一般为0.25 ~ 0.45 MPa。同时，在整个膨胀过程中，多变指数 n 也是在变化的。膨胀初始阶段，由于后燃的影响，工质吸热量大于工质向气缸壁的放热量，为吸热过程，$q > 0$，$n < k$；后一阶段，工质对缸壁继续放热而后燃停止，为放热过程，$q < 0$，$n > k$。整个膨胀过程究竟是吸热还是放热过程，决定于膨胀过程中后燃的影响程度。

对于机械喷射式内燃机的混合加热循环来说，在膨胀过程中，由于后燃加给工质的热量大于工质向缸壁的放热量，是一个吸热过程，$q > 0$，$n < k$，一般 $n = 1.2 \sim 1.38$。

⑤ 排气过程：图1-178 中的5 – 6 线为排气过程。活塞下行至下止点附近位置时，排气阀开启，废气在压差作用下排入大气中，气缸内压力迅速下降到略高于大气压力，这时活塞位置几乎没有移动。图1-178 中的6 – 0 线亦为排气过程。这时活塞上行，将气缸中的废气排入大气中。由于排气系统有流动阻力，排气压力略高于大气压力。

综上所述，往复式内燃机的实际工作循环并不是一个封闭循环，而是由大气吸入新鲜空气后经过压缩、燃烧和膨胀做功之后以废气的形式排入大气中，第二个循环需要重新吸入新鲜空气。此外，往复式内燃机的各个工作过程都不是可逆过程。

2. 往复式内燃机的理想循环

为了便于研究分析，将往复式内燃机实际工作循环理想化，使它变成一个可逆理想循环，进而寻找影响往复式内燃机循环热效率的主要因素。现将实际过程作如下的理想化。

① 不计吸气和排气过程，将内燃机的工作过程看做是气缸内工质进行状态变化的封闭循环。图1-178 所示的示功图中，0 – 1 线和6 – 0 线为进、排气的数量变化过程，工质状态几乎没有发生变化；而且，在进气过程中工质对活塞做的功与排气过程中活塞对工质所做的功可近似地认为相等从而相互抵消；此外，点6 与点1 的状态相差不大，因此，取消这两个过程对循环热效率的影响不大。

② 略去喷入的燃油质量，认为在循环的各个过程中工质质量不变，始终由一定质量的工质在气缸中进行着可逆的封闭循环。

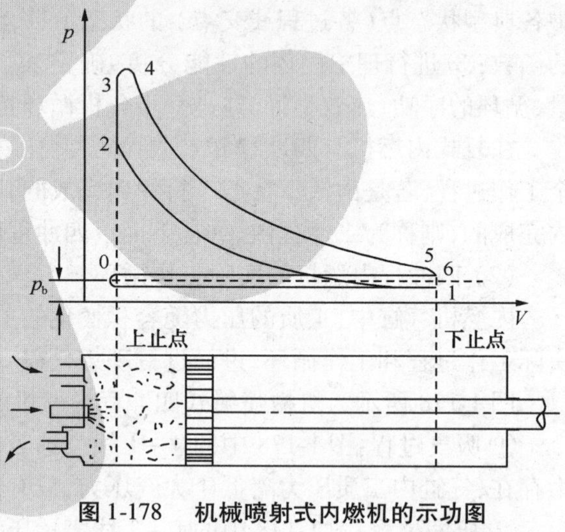

图1-178　机械喷射式内燃机的示功图

③ 假定在整个循环中，工质的化学成分不变，比热也不变，因此把燃烧过程看做是由外界对工质的加热过程，并认为2 – 3 是定容加热过程，3 – 4 是定压加热过程。

④ 略去压缩过程和膨胀过程中工质与气缸壁之间的热量交换，认为压缩过程和膨胀过程都是可逆绝热过程。

⑤ 用定容放热过程来代替废气排入大气的实际放热过程，认为工质从膨胀终点开始定容

放热，其压力降低，直到压缩始点，完成一个热力循环。

做了上述的简化之后，可以得到往复式内燃机理想循环。图 1-179 所示为机械喷射式内燃机理想循环的 $p-v$ 图和 $T-s$ 图。图中：1－2 为绝热压缩过程；2－3 为定容加热过程；3－4 为定压加热过程；4－5 为绝热膨胀过程；5－1 为定容放热过程。

由于该理想循环的加热过程兼有定容加热和定压加热，所以该理想循环称为混合加热理想循环。当加热过程只有定容加热时则称为定容加热理想循环，当加热过程只有定压加热时则称为定压加热理想循环。混合加热理想循环是当代大多数往复式内燃机所遵循的理想循环。

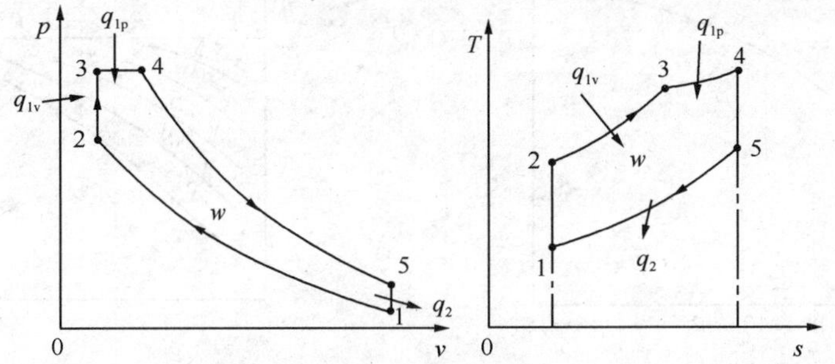

图 1-179　机械喷射式内燃机理想循环的 $p-v$ 图和 $T-s$ 图

（二）影响循环热效率的主要因素

1. 混合加热理想循环的热效率及其影响因素

由于柴油不易挥发，机械喷射式柴油机首先将新鲜空气压缩到远超过柴油自燃点的高温，再喷射进行燃烧和膨胀做功，因此也称为压燃式内燃机。

如图 1-179 所示即为四冲程压燃式内燃机理想循环，由于兼有定容加热和定压加热，故称为混合加热理想循环。如图 1-179 所示，混合加热理想循环的热效率为

$$\eta_t = 1 - \frac{q_2}{q_1} = 1 - \frac{c_v(T_5 - T_1)}{c_v(T_3 - T_2) + c_p(T_4 - T_3)}$$

$$= 1 - \frac{T_5 - T_1}{(T_3 - T_2) + k(T_4 - T_3)} \tag{1-47}$$

引入下列表征往复式内燃机循环特性的参数：

$\varepsilon = \frac{v_1}{v_2}$，称为压缩比；

$\lambda = \frac{p_3}{p_2}$，称为定容升压比，定容加热量越大，$\lambda$ 就越大；

$\rho = \frac{v_4}{v_3}$，称为定压预胀比，表示绝热膨胀过程前工质的膨胀程度，定压加热量越大，ρ 就越大。

将式(1-47) 中的温度 T_2、T_3、T_4、T_5 均用 T_1 和以上三个循环特性参数来表示，最后可得热效率与特性参数 ε、λ、ρ 之间的关系式为

$$\eta_t = 1 - \frac{1}{\varepsilon^{k-1}} \cdot \frac{\lambda\rho^k - 1}{(\lambda - 1) + k\lambda(\rho - 1)} \tag{1-48}$$

从式(1-48) 可以看出，影响混合加热理想循环的热效率的主要因素是循环的压缩比 ε、定容升压比 λ 和定压预胀比 ρ。

当定容升压比 λ 和定压预胀比 ρ 不变时，提高压缩比 ε，混合加热理想循环的热效率 η_t 提高，热效率 η_t 随压缩比而变化的关系如图 1-180 所示。

当压缩比 ε 不变时，提高定容升压比 λ 或降低定压预胀比 ρ，混合加热理想循环的热效率 η_t 提高，其相互关系如图 1-181 所示。

总之，混合加热理想循环的热效率 η_t 随压缩比 ε 的提高、定容升压比 λ 的提高和定压预胀比降低 ρ 的降低而提高。

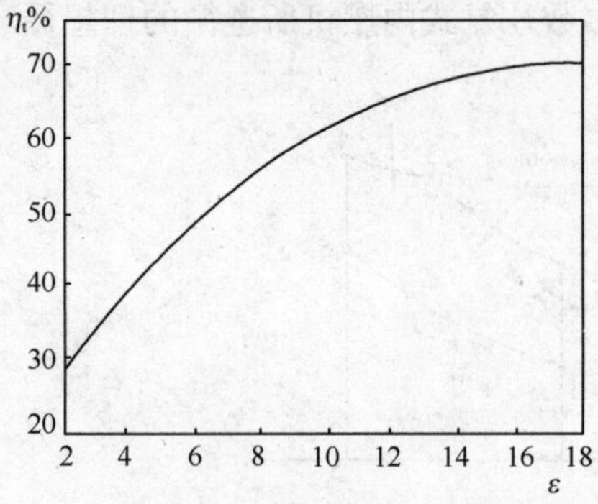

图 1-180　混合加热循环热效率随压缩比的变化曲线

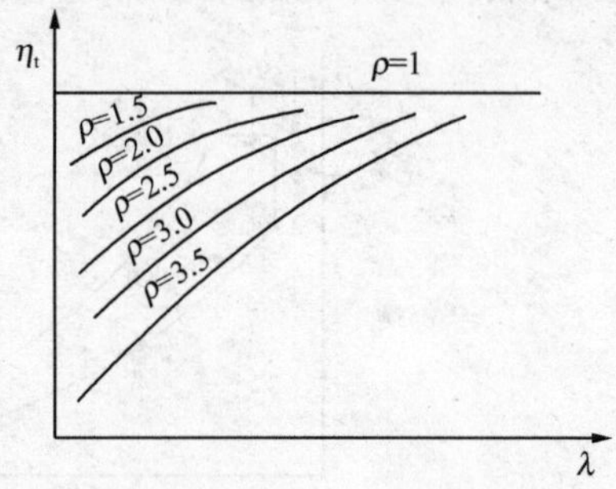

图 1-181　混合加热循环热效率随定容升压比和定压预胀比的变化曲线

2. 定容加热理想循环的热效率及其影响因素

汽油机的特点是汽油和空气先在气缸外部充分混合，然后被吸入气缸。汽油机的吸气过程吸入的是汽油与空气的可燃混合物，在活塞压缩至上止点时，由电火花塞点火而迅速燃烧，故又称为点燃式内燃机。由于其燃烧迅速，燃烧时活塞位移极小，可以近似认为是定容燃烧过程。燃烧后的气体膨胀做功，然后排入大气。

将汽油机的实际工作循环理想化后，可以得到汽油机理想循环——定容加热理想循环，又称奥托循环。图 1-182 所示为定容加热理想循环（奥托循环）的 $p-V$ 图和 $T-s$ 图。图中：1－2 为绝热压缩过程；2－3 为定容加热过程；3－4 为绝热膨胀过程；4－1 为定容放热过程。

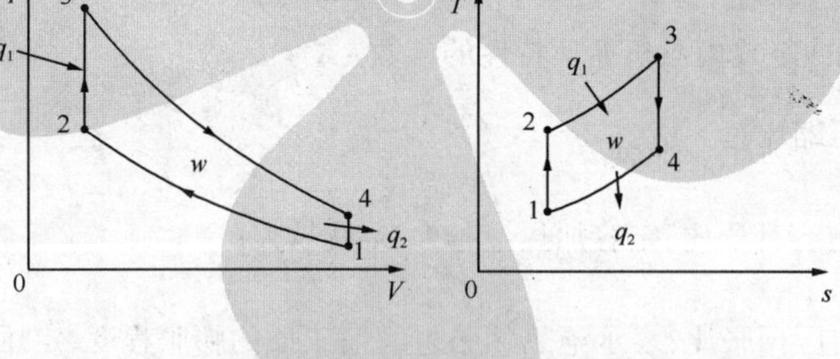

图 1-182　定容加热理想循环的 $p-V$ 图和 $T-s$ 图

定容加热理想循环也可以看做是加热量全部被分配在定容加热过程的混合加热理想循环的一个特例，此时，定压预胀比 $\rho=1$。将 $\rho=1$ 代入混合加热理想循环热效率 η_t 的表达式（1-48）中，可得定容加热理想循环的热效率 η_t 为

$$\eta_t = 1 - \frac{1}{\varepsilon^{k-1}}$$

由此式可知，定容加热理想循环的热效率 η_t 只随压缩比 ε 的增加而提高。

但是，对于按定容加热循环工作的汽油机来说，由于压缩的是空气与汽油的可燃混合气体,如果压缩比太高,在压缩过程中可燃混合气体温度就会超过它的自燃点而在点火前自行燃烧,发生“爆燃”,不但热效率 η_t 会降低,还会影响机器的正常运行及寿命,所以汽油机的压缩比 ε 提高受到限制,通常为 $\varepsilon = 6 \sim 10$。

由于汽油机的压缩比较柴油机压缩比要低得多,因而其循环的平均加热温度就比柴油机的低,这就是汽油机循环热效率一般比柴油机循环热效率低的主要原因。

3. 定压加热理想循环的热效率及其影响因素

早期柴油机的转速都很低,都是应用压缩空气将燃油射入气缸中,使之分散成雾状,被气缸内的高温空气加热后进行燃烧。由于雾化质量很好,滞燃期很短,因而燃油的提前喷射就不是很有必要,燃烧过程主要是在活塞离开上止点后进行。这时一边进行燃烧,一边进行膨胀,在整个燃烧过程中气缸内的压力变化不大,可以近似认为是定压燃烧过程。

若将整个实际工作循环理想化,可得空气喷射式柴油机的理想循环 —— 定压加热理想循环,又称狄塞尔循环。近年来,有些高增压柴油机及汽车用高速柴油机也是按定压加热循环工作的。图 1-183 所示为定压加热理想循环(狄塞尔循环)的 $p-V$ 图和 $T-s$ 图。图中:1 - 2 为绝热压缩过程;2 - 3 为定压加热过程;3 - 4 为绝热膨胀过程;4 - 1 为定容放热过程。

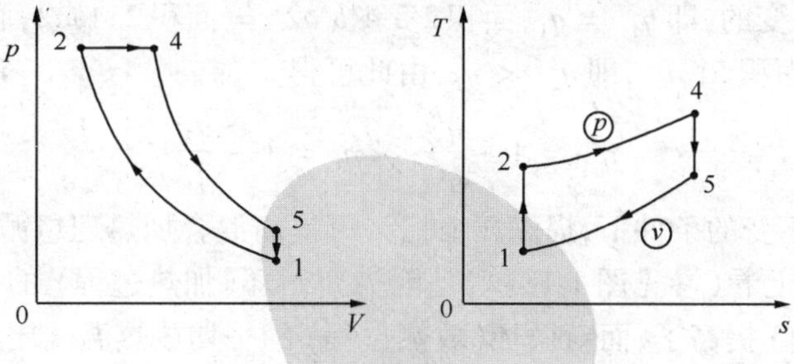

图 1-183　定压加热理想循环的 $p-V$ 图和 $T-s$ 图

定压加热理想循环也可以看做是加热量全部被分配在定压加热过程的混合加热理想循环的一个特例,此时,定容升压比 $\lambda = 1$。

将 $\lambda = 1$ 代入混合加热理想循环热效率 η_t 的表达式(1-48)中,可得定压加热理想循环的热效率 η_t 为

$$\eta_t = 1 - \frac{1}{\varepsilon^{k-1}} \cdot \frac{\rho^k - 1}{k(\rho - 1)}$$

由此式可见,当定压预胀比 ρ 不变时,提高压缩比 ε,定压加热理想循环的热效率 η_t 提高。若压缩比 ε 不变时,提高定压预胀比 ρ,热效率 η_t 则降低。

对于高增压柴油机和汽车用高速柴油机,因受机件强度的限制或为了改善工作平稳性,减少噪声,必须限制其循环的最高压力和温度。

在循环最高压力 p_{max} 和单位质量加热量 q_1 相同时(参见图 1-187),定压加热循环的平均加热温度高于混合加热循环,定压加热循环的平均放热温度低于混合加热循环,因此,定压加热循环的热效率比混合加热循环高。这就是部分高增压柴油机及汽车用高速柴油机采用定压加热循环工作的原因。需要指出的是,并不是任何条件下定压加热循环的热效率都比混合加热循环高。比较条件不同,结论可能相反。

(三) 提高循环热效率的途径

根据卡诺定理,提高热能动力装置热效率的基本途径是:尽可能提高工质从高温热源吸热时的平均进热温度,向高温方向发展;尽可能降低工质向低温热源放热时的平均放热温度,尽

量使其低至接近环境温度；尽量避免和减少过程的不可逆性，使实际循环尽量接近可逆循环。本小节将通过对往复式内燃机理想循环的平均进热温度和平均放热温度的分析，得到提高循环热效率的途径。

通过上面的分析已经知道，混合加热理想循环的热效率取决于压缩比 ε、定容升压比 λ 和定压预胀比 ρ，并且随压缩比 ε 的提高、定容升压比 λ 的提高和定压预胀比降低 ρ 的降低而提高。由于在实际柴油机的工作中，为了使喷入气缸的燃油得到充分燃烧，对于吸入的每千克新鲜空气，喷油量是一定的，而燃油的燃烧值又是一定的，故对 1 kg 工质而言，加入的热量 q_1 是一定的，所以，以下都是以 1 kg 工质加热量 q_1 不变为前提条件在 $T-s$ 图上进行分析。

1. 提高压缩比

下面分析当单位质量加热量 q_1 不变（q_{1v} 和 q_{1p} 亦不变）时，压缩比 ε 对热效率 η_t 的影响。

如图 1-184 所示，混合加热循环 123451 的加热量 q_1 和放热量 q_2 分别为

$$q_1 = \text{面积}\,234ba2 \qquad q_2 = \text{面积}\,51ab5$$

提高压缩比 ε 后，得到新的循环 12′3′4′5′1，新循环的加热量 $q_1{'}$ 和放热量 $q_2{'}$ 分别为

$$q_1{'} = \text{面积}\,2'3'4'b'a2' \qquad q_2{'} = \text{面积}\,5'1ab'5'$$

因为加热量是不变的，即 $q_1{'} = q_1$，面积 $2'3'4'b'a2'$ = 面积 $234ba2$，而从 $T-s$ 图上可以看出，面积 $5'1ab'5'$ < 面积 $51ab5$，即 $q_2{'} < q_2$，由此可得

$$\eta'_t = 1 - \frac{q'_2}{q'_2} > \eta_t = 1 - \frac{q_2}{q_1}$$

即在加热量 q_1 不变的条件下，提高压缩比 ε 可提高混合加热理想循环的热效率 η_t。

以上结论从本质上看（参见图 1-184），是因为新循环（加热过程）的平均加热温度比原循环（加热过程2－3－4）提高了，而新循环（放热过程）的平均放热温度比原循环（放热过程5－1）降低了，因此热效率提高了。这同本节第三部分讨论卡诺循环和卡诺定理时得出的结论是相一致的。

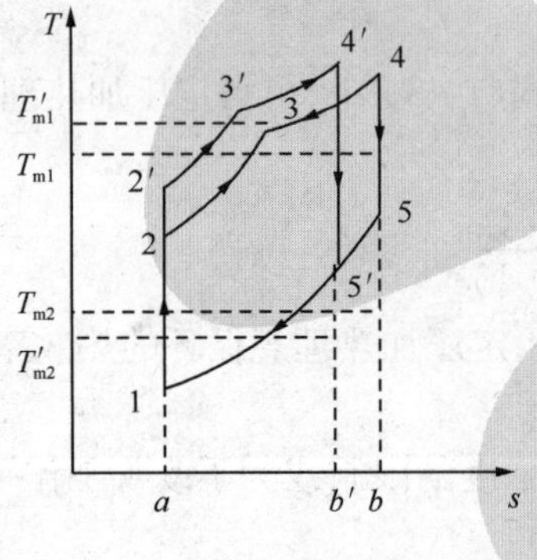

图 1-184　压缩比对热效率的影响

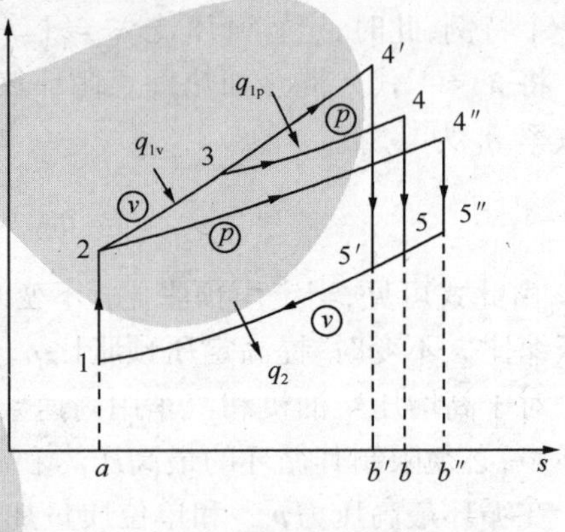

图 1-185　在压缩比和加热量一定时三种理想循环热效率的比较

在加热量 q_1 相同、压缩比 ε 相同时，内燃机三种理想循环的 $T-s$ 图如图 1-185 所示，其中，123451 为混合加热理想循环，为定容加热理想循环，124″5″1 为定压加热理想循环。

由图 1-185 可以看出，定容加热理想循环的放热量最小、定压加热理想循环的放热量最大，而加热量相同，根据热效率公式 $\eta_t = 1 - q_2/q_1$ 可知，定容加热理想循环的热效率 $\eta_{t,v}$ 最高，定压加热理想循环的热效率 $\eta_{t,p}$ 最低，混合加热理想循环的热效率 η_t 介于两者之间。

从平均吸热温度和平均放热温度来看，由图 1-185 也可以看出，定容加热理想循环的平均吸热温度最高、平均放热温度最低，而定压加热理想循环的平均吸热温度最低、平均放热温度最高，根据热效率公式 $\eta_t = 1 - T_{m2}/T_{m1}$ 可得：$\eta_{t,v} > \eta_t > \eta_{t,p}$。

因此，仅从热力学分析来看，定容加热理想循环比定压加热理想循环更有利。事实上，如前所述，三种理想循环的压缩比是各不相同的。

对于按混合加热循环工作的柴油机，因被压缩的空气不能自行燃烧，压缩比不受限制，因此可以有较大的 ε 值。但是对于压缩比较高的柴油机来说，再提高 ε，不但 η_t 的提高不显著（参见图 1-180），而且会使压缩终点压力 p_2 以及气缸内最高压力 p_3 过高，引起柴油机各部件受力过大，而不得不采用粗大的机件，使全机过于笨重，同时也增加了运动部件的磨损。

现代柴油机的压缩比 ε 通常在 12 ~ 22 之间。

2. 增加定容加热量、减少定压加热量

下面分析当压缩比 ε 和单位质量加热量 q_1 不变时，定容和定压加热量的分配比例对热效率 η_t 的影响。

如图 1-186 所示，循环 123451 的总加热量 q_1 和放热量 q_2 分别为

$$q_1 = \text{面积 } 234ba2 \qquad q_2 = \text{面积 } 51ab5$$

增加定容加热量 q_{1v}（定容升压比 λ 增加）、减少定压加热量 q_{1p}（定压预胀比 ρ 降低）后，得到新循环 $123'4'5'1$。新循环的总加热量 q'_1 和放热量 q'_2 分别为

$$q'_1 = \text{面积 } 23'4'b'2 \qquad q'_2 = \text{面积 } 5'1ab'5'$$

因为总加热量是不变的，即 $q'_1 = q_1$，面积 $23'4'b'a2$ = 面积 $234ba2$，而放热量不同，面积 $5'1ab'5'$ < 面积 $51ab5$，即 $q'_2 < q_2$，由此可得

$$\eta'_t = 1 - \frac{q'_2}{q'_1} > \eta_t = 1 - \frac{q_2}{q_1}$$

即在压缩比 ε 和总单位质量加热量 q_1 不变的条件下，增加定容加热量 q_{1v}、减少定压加热量 q_{1p}，可提高混合加热理想循环的热效率。其本质原因同样是平均加热温度的提高和平均放热温度的降低使热效率 η_t 提高。

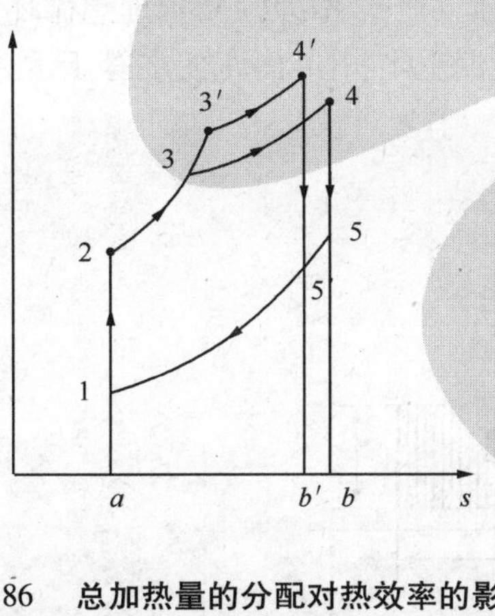

图 1-186　总加热量的分配对热效率的影响

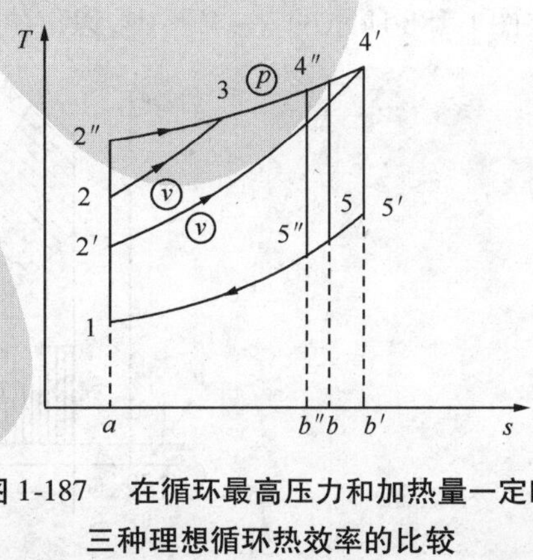

图 1-187　在循环最高压力和加热量一定时三种理想循环热效率的比较

在压缩比 ε 和总单位质量加热量 q_1 一定时，虽然定容加热量所占的比例越大，热效率越高，但比例过大的话，由于压力升高比增大会使这一循环的最高压力和最高温度过高而引起柴油机各部件受力过大和过热，同时也会使柴油机工作平稳性变坏，或产生爆燃现象，影响机器使用寿命。因此，只有在确保柴油机安全可靠工作的前提下，才能使定容加热量多一些，以提高

其经济性。

在加热量 q_1 相同、循环最高压力 p_{max} 相同时，内燃机三种理想循环的 $T-s$ 图如图1-187所示。图中，123451 为混合加热理想循环，12′4′5′1 为定容加热理想循环，12″4″5″1 为定压加热理想循环。

由图1-187可以看出，定压加热理想循环的放热量最小、定容加热理想循环的放热量最大，而加热量相同，根据热效率公式 $\eta_t = 1 - q_2/q_1$ 可知，定压加热理想循环的热效率 $\eta_{t,p}$ 最高，定容加热理想循环的热效率 $\eta_{t,v}$ 最低，混合加热理想循环的热效率 η_t 介于两者之间。

从平均吸热温度和平均放热温度来看，由图1-187也可以看出，定压加热理想循环的平均吸热温度最高、平均放热温度最低，而定容加热理想循环的平均吸热温度最低、平均放热温度最高，根据热效率公式 $\eta_t = 1 - T_{m2}/T_{m1}$ 可得：$\eta_{t,p} > \eta_t > \eta_{t,v}$。

可见，在 p_{max} 一定时，定压加热理想循环的压缩比和热效率最高，定容加热理想循环的压缩比和热效率最低。

（四）内燃机循环的平均压力和功率

往复式内燃机的燃烧过程是直接在气缸中周期进行的，所以工质在燃烧过程中的温度较高，特别是柴油机，它是现代热机中热效率最高的一种热机，因此在船舶上及其他方面得到广泛的应用。

随着近代船舶吨位的增加和航速的提高，对于船舶柴油机的功率也要求增加。但是，由于受气缸容积和其他方面的限制，功率的提高并不是轻而易举的。

下面从理论上探讨提高往复式内燃机功率的基本途径。

1. 内燃机循环的平均压力

(1) 平均压力的概念及其意义

设内燃机气缸中有质量为 m 千克的气体，每一循环中所作的总功为 mw J，气缸工作容积（即活塞排量）为 V_s m^3，则单位气缸容积在每一循环中所做的功为

$$p_t = \frac{mw}{V_s} \quad N/m^2$$

由此式可以看出，p_t 的单位与压力的单位相同，因此，把 p_t 称为内燃机理想循环的平均压力。在图1-188所示的 $p-V$ 图中，以气缸工作容积 V_s 为底边作矩形面积使之等于示功图面积，

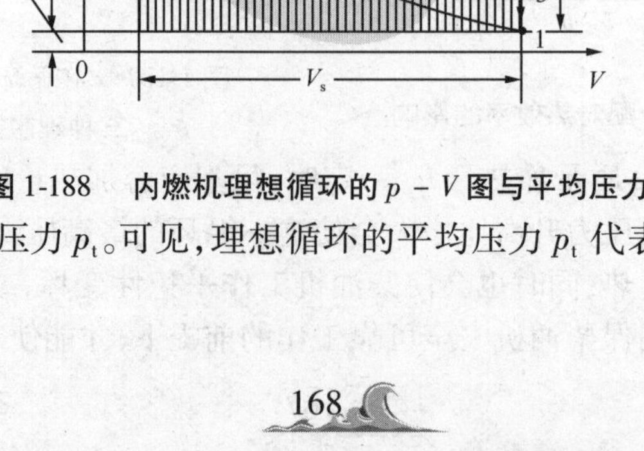

图1-188　内燃机理想循环的 $p-V$ 图与平均压力

则该矩形的高度就是平均压力 p_t。可见，理想循环的平均压力 p_t 代表单位气缸容积的做功能力。

有了平均压力p_t这个参数，就可以比较两台气缸容积不同的内燃机的做功能力，平均压力p_t值大，就说明其单位气缸容积做功能力大。平均压力p_t是衡量各类内燃机做功能力的一个重要指标，平均压力p_t的大小主要取决于工作循环进行的完善程度。

（2）影响平均压力的因素

若吸入气缸的气体压力为p_1，温度为T_1，则由气体状态方程$p_1V_s = mRT_1$可得气缸工作容积V_s中的气体质量为$m = \frac{p_1V_s}{RT_1}$，由热效率的定义$\eta_t = w/q_1$得$w = q_1\eta_t$，从而获得

$$p_t = \frac{p_1q_1\eta_t}{RT_1} \tag{1-49}$$

可见，影响平均压力大小的因素有：单位质量气体的加热量q_1、热效率η_t、压缩始点气体的压力p_1和压缩始点气体的温度T_1。

（3）提高平均压力的方法

由式(1-49)可知，增加单位质量气体的加热量q_1，提高热效率η_t，以及提高压缩始点气体的压力p_1和降低压缩始点气体的温度T_1，都可以提高平均压力p_t。

关于单位质量气体的加热量q_1，我们已经知道，对于吸入一定量的空气而言，为了使喷入的燃油得以完全燃烧，喷油量是一定的，因此单位质量气体的加热量q_1也是基本不变的；而热效率η_t的提高值很小，对平均压力p_t影响不大。

因此，影响平均压力p_t的主要因素是压缩始点气体的压力p_1和温度T_1。压缩始点气体的压力p_1越高、温度T_1越低时，空气的密度就越大，进入气缸的空气量m就越多，就能使更多的燃油喷入气缸完全燃烧，产生较大的加热量Q_1，发出较大的循环功mw，因而使平均压力p_t增加。所以，提高压缩始点气体的压力p_1和降低压缩始点气体的温度T_1是提高平均压力p_t的有效方法。实际上，提高压缩始点气体的压力（进气压力）p_1和降低压缩始点气体的温度（进气温度）T_1，就是提高压缩始点气体的密度（进气的密度）。所以，影响平均压力p_t的最主要因素就是进气的密度。提高进气密度，就可以增加气缸的充气量，使更多的燃油完全燃烧，从而大幅度提高内燃机的功率。

2. 内燃机的功率

（1）内燃机的指示功率

内燃机气缸中的工质在单位时间内对活塞做的功，称为指示功率，用符号N_i表示，单位为瓦（W）或千瓦（kW）。

内燃机每个气缸中的工质在每一工作循环中对活塞所做的功W(J)为

$$W = mw = p_tV_s = p_t\frac{\pi D^2}{4}S$$

式中，D为气缸直径，单位为米（m）；S为冲程长度，单位为米（m）；$V_s = \pi D^2S/4$为活塞排量，单位为立方米（m^3）。

若内燃机每分钟的转数为，冲程数为，则每秒钟完成的工作循环数为。因此，缸数为i的内燃机理想循环的指示功率Ni(W)为

$$N_i = p_tV_s\frac{2ni}{60\tau} = p_t\frac{\pi D^2S}{4}\frac{2ni}{60\tau} \tag{1-50}$$

对于二冲程内燃机，$\tau = 2$；四冲程内燃机，$\tau = 4$。

（2）内燃机的有效功率

内燃机的指示功率只能反映气缸内部的功率大小，它不能完全从曲轴上输出，因为还要扣除活塞与气缸、曲轴与轴承之间的摩擦损失以及带动配气机构、水泵、油泵等所消耗的功率。实际上从内燃机轴上输出的功率，称为有效功率，用符号 N_e 表示，单位为瓦（W）或千瓦（kW）。

有效功率可用测功器测量。有效功率的数值比指示功率小，有效功率与指示功率之比为机械效率，用符号 η_e 表示。因而，有效功率也可写为

$$N_e = \eta_e N_i$$

在额定负荷下，内燃机的机械效率为 0.75 ~ 0.90。

(3) 提高内燃机指示功率的主要途径

由式(1-50) 可知，内燃机的指示功率 N_i 随缸数 i、转速 n、活塞排量 V_s 和平均压力 p_t 的增加，以及冲程数 τ 的减少而提高。

虽然增加缸数、气缸直径、冲程长度以及减少冲程数，可以提高内燃机的功率，但是，这些参数改变的幅度受到多种因素的限制。内燃机转速的增加可以增大内燃机做功频率，提高功率。目前新型船用低速柴油机大多降低转速以获得更高的经济性。但是，转速增加会使磨损增加，内燃机的惯性力增加，使内燃机寿命缩短，可靠性变差。对于船用主机还受到螺旋桨效率的限制，因而这种方法也是有限度的。因此，提高内燃机循环的平均压力 p_t，是提高内燃机指示功率 N_i 的主要途径。

现代柴油机为了提高平均压力进而提高功率，就是利用增压的方法，采用专门的压缩机（如废气涡轮增压器），先将空气由大气压力压缩到较高的压力 p_1，再经过空气冷却器降低空气的温度 T_1，然后送入柴油机气缸。这样，在柴油机的气缸容积不变的条件下，充入更多的空气，从而可多喷油，发出更大的功率。

所谓增压，就是用提高气缸进气压力的方法，使进入气缸的空气密度增加，从而可以增加喷入气缸的燃油量，以提高内燃机的平均压力。目前船用柴油机的增压系统主要有机械增压、废气涡轮增压和复合增压三种形式。机械增压是指增压器直接由柴油机驱动，显然这种增压形式将消耗柴油机的有效功率，并且随着增压压力的提高，柴油机所消耗的功率也随之增大，因此机械增压一般只适于增压压力小于 0.15 ~ 0.17 MPa 的低增压柴油机。废气涡轮增压是指利用柴油机排出的废气吹动涡轮机，由涡轮机带动增压器，显然，这种增压形式可以从废气中回收部分能量，不仅提高了柴油机的功率，还提高了动力装置的经济性，因而获得广泛应用。复合增压是指既采用涡轮增压、又采用机械增压的一种联合增压形式。由于空气在增压器中被压缩时压力和温度是同时升高的，这就影响了空气密度的增加和增压的效果。因此，在增压器后都设有中冷器以降低空气温度，提高空气密度。通常中冷器都是以海水来冷却的。中冷的另一个作用是降低柴油机的循环平均温度。目前，增压柴油机已在船上广泛采用。

（五）燃气轮机装置动力循环

往复式内燃机的压缩、燃烧和膨胀都在同一气缸里依次重复地进行，工作的间歇性以及活塞往复运动时的惯性力对提高转速的影响等使发动机功率受到很大的限制。如果让压缩、燃烧和膨胀分别在压气机、燃烧室和燃气轮机里进行，就构成了一种新型的内燃动力循环装置——燃气轮机装置。

1. 燃气轮机装置的工作原理及特点

燃气轮机装置的组成如图 1-189 所示。空气首先进入轴流式压气机 1，压缩后的空气进入燃烧室 2，一部分空气直接参与燃料燃烧，成为高温燃气，并与另一部分空气混合，然后进入燃气轮机 3 中膨胀做功，最后排到大气中去。

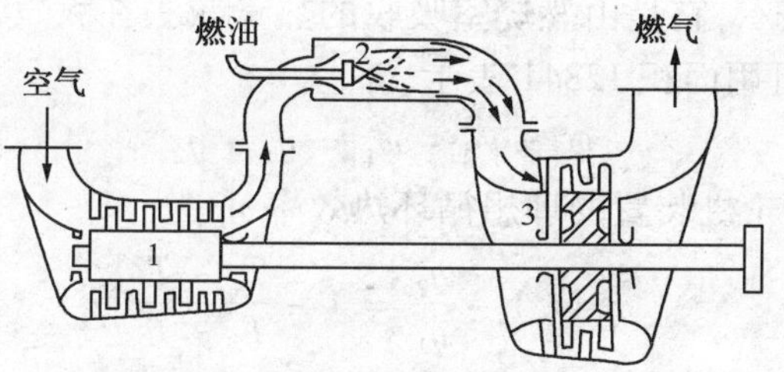

图 1-189　燃气轮机装置简图

1— 轴流式压气机;2— 燃烧室;3— 燃气轮机

由于燃气轮机没有曲柄连杆机构,允许有较高的转速,因此其装置重量比同功率的往复式内燃机轻得多。此外,由于往复式内燃机气缸尺寸的限制,气体不能在其中进行完全膨胀,而燃气轮机中气体可充分膨胀,使其压力降至稍高于大气压力。

但是,由于燃气轮机部件是在高温下连续地工作,因此,进入第一排叶片的燃气温度要受到叶片材料耐热强度的限制,燃气轮机装置工作循环的最高温度要比内燃机工作循环的最高温度低,热效率也就远低于往复式内燃机。随着科学技术的发展,金属耐热性正在不断提高,叶片的冷却技术也在不断改进,因而燃气初温就可以得到提高,装置热效率也会随之提高。

2. 定压加热燃气轮机装置的理想循环

图 1-189 所示的燃气轮机装置,由于其加热过程是在定压下进行的,因此其遵循的理想循环称为定压加热燃气轮机装置的理想循环,也称为布雷顿循环。

图 1-190 为定压加热燃气轮机装置理想循环(布雷顿循环)的 $p-V$ 图和 $T-s$ 图。图中:1－2 为压气机中的绝热压缩过程;2－3 为燃烧室中的定压加热过程;3－4 为燃气轮机中的绝热膨胀过程;4－1 为大气中的定压放热过程。

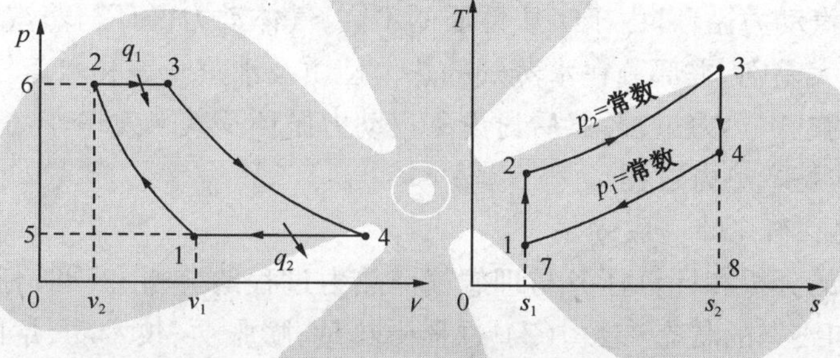

1-190　定压加热燃气轮机装置理想循环的 $p-V$ 图和 $T-s$ 图

3. 燃气轮机理想循环的热效率及其影响因素

如图 1-190 所示的定压加热燃气轮机装置理想循环(布雷顿循环),在压气机中的绝热压缩过程 1－2 中,压缩机所消耗的比技术功在 $p-V$ 图上可用面积 12651 来表示,若用比焓(取绝对值)来表示即为 $w_1 = h_2 - h_1$;在燃烧室中的定压加热过程 2－3 中,对单位质量工质的加热量,在 $T-s$ 图上为定压加热线 2－3 线下的面积,它等于加热终点与始点的比焓差,即 $q_1 = h_3 - h_2 = c_p(T_3 - T_2)$;在燃气轮机中的绝热膨胀过程 3－4 中,工质流经燃气轮机进行绝热膨胀所作的比技术功在 $p-v$ 图上可用面积 34563 来表示,用比焓来表示为 $w_2 = h_3 - h_4$;在大气中的定压放热过程 4－1 中,单位质量工质的放热量,在 $T-s$ 图上为定压放热线 4－1 线下的面积,也等于此过程中工质比焓的减少,即 $q_2 = h_4 - h_1 = c_p(T_4 - T_1)$。所以,定压加热燃气轮机装置的循环净功为燃气轮机所做的功与压气机所消耗功之差,在 $p-V$ 图上可用封闭过程线所包围的面积 12341 来表示，它是由燃烧室吸收的热量减去在大气中的放热量之后的净热转换而来的，在 $T-s$ 图上可用面积 12341 表示，即

$$w = w_2 - w_1 = q_1 - q_2$$

因此，定压加热燃气轮机装置的理想循环热效率 η_t 为

$$\eta_t = 1 - \frac{q_2}{q_1} = 1 - \frac{T_4 - T_1}{T_3 - T_2}$$

将绝热过程 3－4 和 1－2 中的热力学状态参数间的关系代入上式，可得定压加热燃气轮机装置的理想循环热效率 η_t 为

$$\eta_t = 1 - \frac{T_1}{T_2}$$

也可用压气机的增压比 $\beta = \frac{p_2}{p_1}$ 表示，即

$$\eta_t = 1 - \frac{1}{\beta^{\frac{k-1}{k}}}$$

从上式可以看出，定压加热燃气轮机装置的理想循环的热效率 η_t 取决于气体的绝热指数 k 和压气机的增压比 β 值。因为工质是空气，$k=1.4$，所以定压加热燃气轮机装置的理想循环的热效率 η_t 只与压气机的增压比 β 有关。压气机的增压比 β 增大，定压加热燃气轮机装置的理想循环的热效率 η_t 也增大。实际上，压气机的增压比 β 通常在 5 ~ 20 之间。

九、蒸汽动力循环

前面介绍的内燃机循环和燃气轮机装置循环都是以气体作为工质的，故称为气体动力循环；然而，工业上最早使用的动力机都是用水蒸气作为工质的，以蒸汽（包括其液态）为工质的动力循环统称为蒸汽动力循环。由于工质性质的不同，气体动力循环与蒸汽动力循环所用的循环和机器设备有很大差别。本部分在水蒸气的热力性质及水蒸气表和水蒸气的 $h-s$ 图的基础上，先介绍水蒸气的基本热力过程，然后讨论蒸汽动力循环及其热效率。

（一）水蒸气的基本热力过程

1. *蒸汽热力过程研究的一般方法*

蒸汽热力过程的分析和计算任务与理想气体热力过程的分析和计算任务基本相同，就是要求出：(1) 初态和终态的状态参数。(2) 过程中热量、膨胀功、技术功、焓的变化量和熵的变化量。但是，蒸汽热力过程的分析和计算方法与理想气体热力过程的分析和计算方法则不完全相同。这是因为蒸汽的性质复杂，不存在简单的状态方程，更没有像理想气体那样的一些简单公式便于分析和计算。一般来说，对于蒸汽热力过程，都不能用分析方法求得初、终状态参数的数值。此外，蒸汽的定压比热 c_p、定容比热 c_v 分别是温度 T、压力 p 和温度 T、比容 v 的复杂函数，因此热量不便用比热和温差求得。

通常情况下，蒸汽的热力过程分析与计算都是以人们通过长期的实验研究和分析计算所制成的蒸汽表和参数图为工具的。比如，水蒸气的热力过程，通常是使用水蒸气表或水蒸气的 $h-s$ 图；而制冷剂的热力过程，通常是使用制冷剂蒸汽表或制冷剂的 $p-h$ 图等。

虽然本部分讨论的是水蒸气的热力过程及蒸汽动力循环，但是，实际气体的蒸汽热力过程的分析与计算方法基本上是类同的，比如下一节讨论的蒸汽压缩制冷循环及其制冷剂的热力过程等。在研究蒸汽的热力过程时，一般可采用以下三个步骤：

① 根据已知的蒸汽初始状态的两个独立的状态参数，从蒸汽表或参数图（比如水蒸气表或水蒸气的 $h-s$ 图）中查得蒸汽初始状态的其他状态参数。

② 根据蒸汽热力过程的过程条件和已知的一个蒸汽终了状态参数，确定蒸汽的热力过程终了时的状态，并从蒸汽表或参数图中查得蒸汽终了状态的其他状态参数。

③ 根据已查得的蒸汽初、终状态参数，计算蒸汽热力过程的热量、膨胀功、技术功、焓的变化量和熵的变化量等。

与理想气体的热力基本过程类同，水蒸气的基本热力过程也是定容、定压、定温、绝热四个过程，其中定压和绝热两个过程在热力工程中经常遇到。

由于水蒸气的基本热力过程一般都是利用水蒸气表和水蒸气的 $h-s$ 图来进行水蒸气的热力过程分析的，因此，在分析和讨论水蒸气的基本热力过程和蒸汽动力循环之前，先介绍水蒸气表和水蒸气的 $h-s$ 图。

2. 水蒸气表

水蒸气表分为"饱和水与饱和水蒸气表"和"未饱和水与过热水蒸气表"。在编制水蒸气图表时，国际上规定，三相点液相水的比熵和比内能均为零。

(1) 饱和水与饱和水蒸气表

"饱和水与饱和水蒸气表"在数据排列上，为使用方便又分为按温度排列和按压力排列两种形式。使用按温度排列的"饱和水与饱和水蒸气表"，可根据已知的温度 t，从该表中查出对应此温度 t 的饱和压力 p_s、饱和水的比容 v'、比焓 h'、比熵 s'，以及饱和水蒸气的比容 v''、比焓 h''、比熵 s'' 和比汽化潜热 r。

使用按压力排列的"饱和水与饱和水蒸气表"，可根据已知的压力 p，从该表中查出对应此压力 p 的饱和温度 t_s、饱和水的比容 v'、比焓 h'、比熵 s'，以及饱和水蒸气的比容 v''、比焓 h''、比熵 s'' 和比汽化潜热 r。

(2) 未饱和水与过热水蒸气表

使用"未饱和水与过热水蒸气表"，可根据已知的压力 p 和温度 t，从该表中查出该未饱和水或过热水蒸气的比容 v、比焓 h 和比熵 s。

(3) 湿蒸汽的状态参数

对于湿蒸汽，可根据已知的压力 p（或已知的温度 t），由"饱和水与饱和水蒸气表"查得该压力下的（或该温度下的）饱和水的比容 v'、比焓 h'、比熵 s'，以及饱和水蒸气的比容 v''、比焓 h''、比熵 s''，再由给定的干度 x 由下式计算出该湿蒸汽的比容 v_x、比焓 h_x 和比熵 s_x：

$$v_x = xv'' + (1-x)v'$$

$$h_x = xh'' + (1-x)h'$$

$$s_x = xs'' + (1-x)s'$$

(4) 水蒸气的比内能

一般情况下，水蒸气表都没有列出比内能 u 的值，这不仅是因为这个参数在工程上不常使用，而且即使的确需要这个数值，也可按比焓 h 的定义式 $h = u + pv$ 来计算其比内能 u 的值。

对于饱和水、饱和水蒸气或湿蒸汽，可根据已知的压力 p_s（或已知的温度 t），由"饱和水与饱和水蒸气表"查得该压力下的（或该温度下的）饱和温度 t_s（或饱和压力 p_s）、饱和水的比容 v'、比焓 h'、比熵 s'，以及饱和水蒸气的比容 v''、比焓 h''、比熵 s''，由下式计算出该饱和水或饱和水蒸气的比内能：

$$u' = h' - p_s v'$$

$$u'' = h'' - p_s v''$$

若为湿蒸汽，再由给定的干度 x 由下式计算出该湿蒸汽的比内能 u_x：

$$u_x = xu'' + (1 - x)u'$$

对于未饱和水或过热水蒸气，可根据已知的压力 p 和温度 t，从“未饱和水与过热水蒸气表”中查出该未饱和水或过热水蒸气的比容 v、比焓 h，由下式计算其比内能 u 的值：

$$u = h - pv$$

3. 水蒸气的 $h-s$ 图

以上介绍了水蒸气表，在工程计算中，以水蒸气表所列出的数据最为准确，而在工程分析中，却以水蒸气图最为直观方便。比如，根据稳定流动能量方程，我们得出以下结论：汽轮机对外做的轴功等于工质的焓降；泵和压缩机消耗的功则等于工质的焓升；锅炉、冷凝器等换热器，工质从外界吸收的热量等于工质焓的增加量，工质放给外界的热量则等于工质焓值的减少等等。可见，以比焓 h 为纵坐标、比熵 s 为横坐标绘制的焓－熵图（$h-s$ 图），定会给工程热力学分析和计算带来很大的方便，因而在工程上广泛使用水蒸气的 $h-s$ 图。

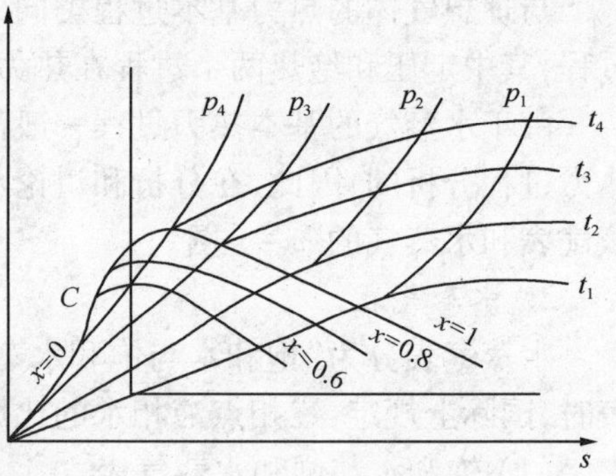

图 1-191　水蒸气 $h-s$ 图的结构示意图

图 1-191 为水蒸气 $h-s$ 图的结构示意图。水蒸气的 $h-s$ 图中绘有以下的各定热力参数线。

(1) 定压线

在水的定压预热阶段，温度是逐渐升高的，故定压加热线的斜率也随之增大，因而定压线为向上凸曲的曲线；在定压汽化阶段，由于保持饱和温度不变，因而在湿蒸汽区定压线为直线；在定压过热阶段，由于过热蒸汽温度不断升高，因而在过热蒸汽区定压线为向上凸曲的曲线。

另外，由于压力升高时，对应的饱和温度也随之升高，所以在 $h-s$ 图上定压线束向右上方呈发散状。

(2) 定温线

在湿蒸汽区，定温线与定压线重合。在过热蒸汽区，沿定压加热线，过热蒸汽温度不断升高，此时定压线不再是定温线。在这个区内，定温线从干饱和蒸汽线为起点向右上方穿过一系列压力逐渐降低的定压线而延伸。因而，定温线在湿蒸汽区为直线，在过热蒸汽区为向右上凸曲的曲线，而且向右方低压区趋于水平线。这说明，在定温下，压力越低，水蒸气越接近理想气体，因为理想气体的比焓仅为温度的单值函数。

(3) 定干度线

定干度线是湿蒸汽区不同定压线上干度 x 相同的状态点的连线。定干度线束，包括 $x=0$ 饱和水线和 $x=1$ 干饱和蒸汽线，是从临界点 C 出发、向右下方呈发散状的曲线簇。实际上，在热机内工作的水蒸气，其干度 x 很少小于 0.5，所以实用的水蒸气 $h-s$ 图只绘出右上方用粗黑线框出的部分。

4. 水蒸气的基本热力过程

与理想气体的基本热力过程相同，水蒸气的基本热力过程也有四个，即：定容过程（$v=$ 常数）、定压过程（$p=$ 常数）、定温过程（$T=$ 常数）和绝热过程（$s=$ 常数）。同样，除特殊指明外，本部分的过程均指可逆过程。

(1) 水蒸气的定容过程(v = 常数)

根据水蒸气已知的两个独立的初始状态参数、一个终了状态参数,以及 $v_1 = v_2$,利用水蒸气表或水蒸气的 $h - s$ 图,便可确定水蒸气的其他初、终状态参数。

在水蒸气的定容过程中,$dv = 0$,即 $v_1 = v_2$,所以,水蒸气的单位质量膨胀功为零,即

$$w = \int_1^2 p\mathrm{d}v = 0$$

水蒸气的单位质量技术功为

$$w_t = -\int_1^2 v\mathrm{d}p = v(p_1 - p_2)$$

在水蒸气的定容过程中,蒸汽与外界交换的热量,可按封闭系统可逆过程的热力学第一定律计算。因为水蒸气定容过程的膨胀功为零,所以水蒸气的单位质量热量为

$$q = u_2 - u_1$$

由于一般水蒸气表和水蒸气的 $h - s$ 图中没有比内能的数值,所以不能直接查表或图得到,需要间接计算得到

$$q = u_2 - u_1 = (h_2 - p_2v_2) - (h_1 - p_1v_1) = (h_2 - h_1) - v(p_2 - p_1)$$

(2) 水蒸气的定压过程(p = 常数)

根据水蒸气已知的两个独立的初始状态参数、一个终了状态参数,以及 $p_1 = p_2$,利用水蒸气表或水蒸气的 $h - s$ 图,便可确定水蒸气的其他初、终状态参数。

在水蒸气的定压过程中,$dp = 0$,即 $p_1 = p_2$,所以,水蒸气的单位质量膨胀功为

$$w_t = \int_1^2 p\mathrm{d}v = p(v_1 - v_2)$$

水蒸气的单位质量技术功为

$$w_t = -\int_1^2 v\mathrm{d}p = 0$$

按封闭系统可逆过程的热力学第一定律,水蒸气在定压过程中的单位质量热量为

$$q = u_2 - u_1 + \int_1^2 p\mathrm{d}v(h_2 - p_2v_2) - (h_1 - p_1v_1) + p(v_2 - v_1) = h_2 - h_1$$

同理,对于开口系统,水蒸气定压过程的单位质量热量为

$$q = h_2 - h_1$$

水蒸气的定压过程在热力工程中经常遇到。例如,水在锅炉中的加热、汽化和过热过程,汽轮机排汽在冷凝器中的凝结过程,给水在回热器中的预热过程,以及回热用的抽汽在回热器的冷却和凝结过程等都是定压过程。

(3) 水蒸气的定温过程(T = 常数)

对于水蒸气的定温过程,求蒸汽的初、终状态参数的方法与水蒸气的定容过程和水蒸气的定压过程的方法相同。由于水蒸气的比内能不仅与温度有关,而且与比容有关,所以水蒸气的定温过程不是定内能过程。

在水蒸气的定温过程中,水蒸气的单位质量热量可用比熵的定义式积分计算,即

$$q = \int_1^2 T\mathrm{d}s = T(s_2 - s_1)$$

在水蒸气的定温过程中,水蒸气的单位质量膨胀功可用封闭系统可逆过程的热力学第一定律计算,即

$$w = q - (u_2 - u_1) = T(s_2 - s_1) - [(h_2 - p_2v_2)] - (h_1 - p_1v_1)]$$

水蒸气的单位质量技术功可用开口系统可逆过程的热力学第一定律计算，即

$$w_t = q_T - (h_2 - h_1) = T(s_2 - s_1) - (h_2 - h_1)$$

(4) 水蒸气的绝热过程(s = 常数)

水蒸气绝热过程的求蒸汽初、终状态参数的方法与上述的三个水蒸气基本热力过程的方法相同。

在水蒸气的绝热过程中，因为 $q = 0$，所以，水蒸气的单位质量膨胀功为

$$w = q - (u_2 - u_1) = u_1 - u_2 = (h_1 - p_1v_1) - (h_2 - p_2v_2)$$

水蒸气的单位质量技术功为

$$w_t = q - (h_2 - h_1) = h_1 - h_2$$

蒸汽在汽轮机内膨胀时并不吸收热量。若不计热损失，同时假定没有摩擦损失，就可以认为是一个可逆绝热过程；由于在这个过程中蒸汽的比熵 s 值不变，所以在水蒸气的 $h-s$ 图上，这个过程(可逆绝热过程)为一条垂直线，如图1-192中的实线1－2所示。

若忽略汽轮机进出口处的蒸汽的动能差，则单位质量蒸汽通过汽轮机作出的轴功即等于蒸汽的单位质量技术功，为

$$w = w_t = h_1 - h_3$$

若考虑汽轮机内的摩擦，则蒸汽在汽轮机内进行的过程为不可逆绝热过程。在这一过程中，比熵 s 是增加的。在用水蒸气的 $h-s$ 图进行计算时，如图1-192所示，应由汽轮机进口蒸汽初态点1(p_1，t_1)作一向右倾斜的直线与排汽压力 p_2 线交于点3，点3为蒸汽在汽轮机内不可逆绝热膨胀过程的终了状态点，此时单位质量蒸汽在汽轮机内所作的轴功为

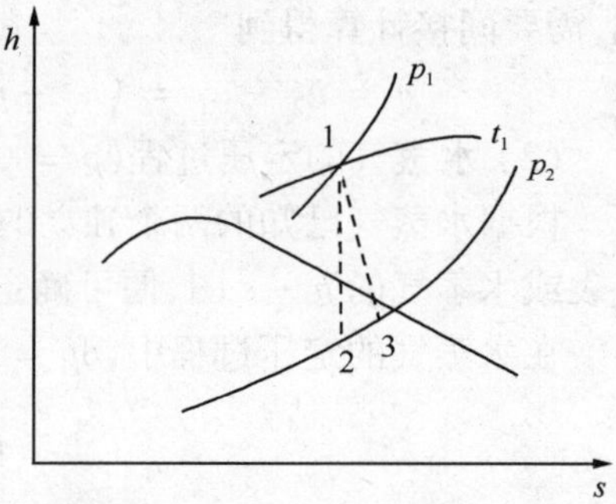

图1-192　水蒸气的绝热过程

$$w'_t = h_1 - h_3$$

将 w'_t 与 w_t 之比称为绝热效率(又称相对内效率)，用符号 η_{oi} 表示，则

$$\eta_{oi} = \frac{w'_t}{w_t} = \frac{h_1 - h_3}{h_1 - h_2}$$

(二) 蒸汽轮机装置及理想循环

1. 蒸汽动力循环的特点

因为水的成本低，容易获得，化学稳定性好，且无毒无味，所以水和水蒸气是热能动力装置中采用最早和采用最广的工质之一。以蒸汽(包括其液态)为工质的动力循环统称为蒸汽动力循环。

气体是远离液态的，以气体作为工质的气体动力循环，工质在完成一个完整循环的过程中，时始终处于气态，不易做到定温加热和定温放热；而蒸汽则离液态不远，以水蒸气作为工质的蒸汽动力循环，工质在完成一个完整循环的过程中，可以时而处于气态、时而处于液态，可以做到定温加热和定温放热。因此，蒸汽动力装置所采用的循环与气体动力循环是不同的。另外，由于水蒸气只是工质，不是燃料，只能通过专门的设备实现对工质(水蒸气)的加热过程，因此，蒸汽动力装置所采用的机器设备与内燃机和燃气轮机装置也是不相同的。

以水和水蒸气为工质的蒸汽动力循环主要有以下三个特点。

(1) 由于水蒸气不能像空气那样参与燃料的燃烧过程，因而蒸汽动力装置的加热过程是

通过专门的设备(锅炉)实现由外界热源对工质的加热过程。因此,蒸汽动力循环属于所谓的“外燃机”。虽然这样的加热过程使工质吸热过程的传热温差加大,不可逆性增大,但另一方面,燃料连续稳定的“外燃”,为使用各种形式的燃料(包括核燃料)和劣质燃料提供了条件,从而可提高整个装置的经济性。

(2)利用湿蒸汽定压放热时温度保持饱和温度不变这一特性,蒸汽动力循环的放热过程可以实现定温过程,而且放热时工质(水蒸气)与环境(如海水)之间的温差是很小的。因此,与气体动力循环比较,蒸汽动力循环放热过程的不可逆性是很小的。

(3)由于压缩的是液态工质,故蒸汽动力循环的压缩机(水泵)所消耗的技术功只占整个循环净功的很小部分。蒸汽动力循环的动力机为汽轮机或蒸汽机,高温高压的蒸汽在其中进行膨胀而对外作技术功,此技术功绝大部分为循环净功(因为泵消耗其中很小部分)。

蒸汽动力装置是现代电力生产最主要的热动力装置之一,也是大型船舶的主要动力装置之一。

2. 水蒸气作为工质的卡诺循环

虽然理论上以蒸汽(包括其液态)作为工质的蒸汽动力循环可以实现卡诺循环,但是,由于蒸汽热力性质的限制和技术上的困难,工程中,蒸汽动力装置的蒸汽动力循环并不是卡诺循环。热力学第二定律及卡诺定理表明,在相同高温热源与低温热源之间,以卡诺循环的热效率最大。在采用气体为工质的循环中,因定温加热和定温放热难于实现,且气体的定温过程线和绝热过程线在 $p-V$ 图上的斜率相差不多,以致卡诺循环对外所做的净功并不大,所以,卡诺循环在实际的气体动力装置中难于采用。而采用蒸汽作工质时,这两个困难都不存在了。由于液体的吸热汽化和蒸汽的放热凝结时,当压力不变时,温度也不变,因而实际上就有了定温加热和定温放热的可能;更因为这时的定温过程亦为定压过程,在 $p-V$ 图上定温过程线与绝热过程线之间的斜率相差亦大,故循环对外所做的净功也较大。所以,若以饱和蒸汽作为工质时,原则上可以采用卡诺循环。但若超出水蒸气饱和区的范围而进入过热区时,则不易保证定温加热和定温放热,即不能按照卡诺循环运行。

图 1-193 中的 1234 即为水蒸气为工质的卡诺循环在 $p-V$ 图和 $T-s$ 图上的表示。

然而,在蒸汽动力装置中实际上并不采用卡诺循环。这是因为当采用卡诺循环时,如图 1-193 所示,虽然在汽轮机中的绝热膨胀过程 1-2 和在冷凝器中定温(也是定压)放热过程 2-3,以及在锅炉中的定温(也是定压)吸热过程 4-1 这三个过程可以近似实现,但在压缩机中的绝热压缩过程 3-4 却难于实现。难于实现的主要原因是,水与汽的混合物的压缩有困难,压缩机工作不稳定;而且状态 3 的湿蒸汽的比容比水大得多,需用比水泵大得多的压缩机。此外,此循环只局限于水蒸气的饱和区,上限温度受制于临界温度,所以,即使采用了卡诺循环,其理论效率也并不高,而且在膨胀末期,湿蒸汽所含的水分甚多,更不利于动力机械。

3. 基本蒸汽动力装置

图 1-194 为蒸汽动力装置的组成简图。水在锅炉 1 内被定压加热而形成饱和蒸汽,再进入过热器 7 中定压加热而成为过热蒸汽;过热蒸汽沿蒸汽管道进入汽轮机 2 中,并在其中进行绝热膨胀而对外做功;做功完毕的废气进入冷凝器 3 中,定压放热后重新凝结为水,并由凝水泵 4 送入热水井 5 中,再由给水泵 6 打入锅炉 1,完成了一个循环。

由于在热水井中凝结水的状态变化很小,所以图 1-194 所示的蒸汽动力装置简图中的热水井可以略去;同时,可将凝水泵和给水泵合并成一个,以完成由冷凝器到锅炉给水的绝热压缩过程,这样,图 1-194 就可以简化为如图 1-195 所示的基本蒸汽动力装置示意图。

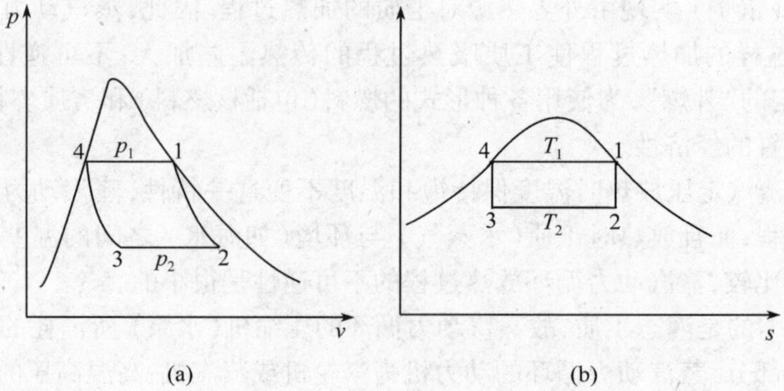

图 1-193　在 $p-V$ 图和 $T-s$ 图上的水蒸气为工质的卡诺循环

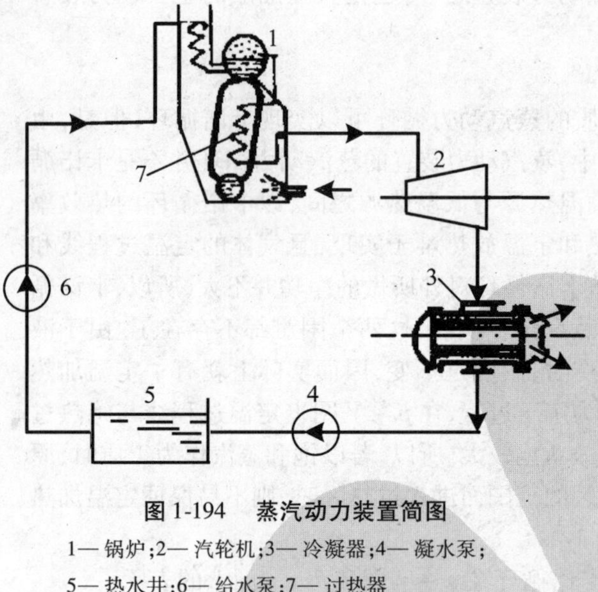

图 1-194　蒸汽动力装置简图

1— 锅炉;2— 汽轮机;3— 冷凝器;4— 凝水泵;5— 热水井;6— 给水泵;7— 过热器

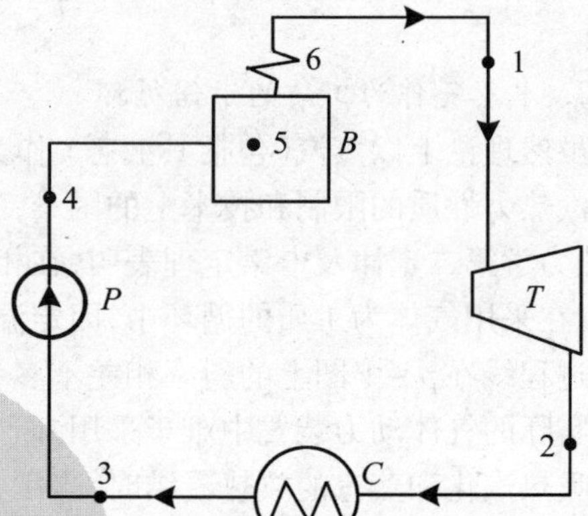

图 1-195　基本蒸汽动力装置示意图

1— 过热蒸汽状态(新汽);2— 湿蒸汽状态(废汽);3— 饱和水状态;4— 未饱和水状态;— 饱和水状态;6— 干饱和蒸汽状态

4. 基本蒸汽动力装置的理想循环 —— 朗肯循环

图 1-195 所示的基本蒸汽动力装置的工作循环可归纳为由两个定压过程和两个绝热过程所组成的,若忽略所有过程的不可逆因素,则可得到由两个可逆定压过程和两个可逆绝热过程所组成的基本蒸汽动力装置的理想循环,称为朗肯循环。

图 1-196 和图 1-197 所示的是朗肯循环的 $p-V$ 图和 $T-s$ 图。在朗肯循环的 $p-V$ 图和 $T-s$ 图中(同时可参见图 1-195 所示的基本蒸汽动力装置示意图):

1 - 2 为蒸汽在汽轮机中的绝热膨胀过程 —— 由过热器来的温度为 t_1、压力为 p_1 的过热蒸汽(又称新汽,状态点 1) 在汽轮机中绝热膨胀到压力为 p_2 的湿蒸汽(又称废汽,状态点 2),发出的轴功等于蒸汽焓的减少量;

2 - 3 为蒸汽在冷凝器中的定压放热过程 —— 在压力 p_2 下,废汽(状态点 2) 在冷凝器中定压凝结为饱和水(状态点 3),放热量等于蒸汽焓的减少量;凝结的作用一方面是使蒸汽重新凝结为洁净的水,以便重复使用,另一方面是维持较低的排汽压力 p_2,冷凝器的压力 p_2(即汽轮机排汽压力) 决定于废汽凝结时的饱和温度;

3 - 4 为水在给水泵中的绝热压缩过程 —— 饱和水(状态点 3) 在给水泵中被绝热压缩为

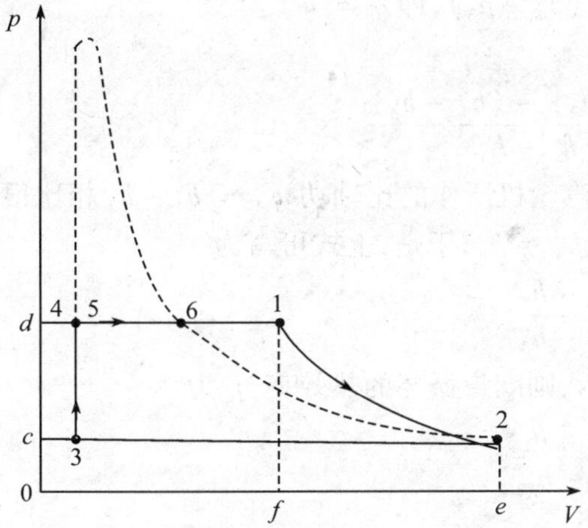

图 1-196　朗肯循环的 $p-V$ 图

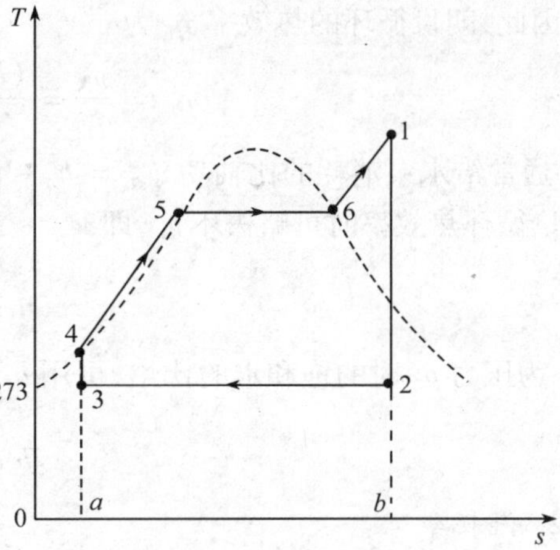

图 1-197　朗肯循环的 $T-s$ 图

未饱和水(状态点4),压力由冷凝器中凝结水的压力 p_2 升高到锅炉压力 p_1,所消耗的功等于蒸汽焓的增加量;在 $p-V$ 图中,绝热压缩过程 3 - 4 近似于一条垂直线,如图 1-196 所示;在 $T-s$ 图中,状态点 3 与状态点 4 几乎重合,而图 1-197 中所示的两状态点间的距离是故意夸大的;

4 - 5 为水在锅炉中的定压加热过程——未饱和水(状态点4) 在锅炉压力 p_1 下定压加热到饱和水(状态点5),加热量等于蒸汽焓的增加量;在 $T-s$ 图中,水的定压加热过程线4 - 5与饱和水线几乎重叠,而图 1-197 中所示的过程线 4 - 5 的画法是故意夸大的;

5 - 6 为水在锅炉中的定压定温加热过程——饱和水(状态点5) 在定压定温下,在锅炉中加热变为干饱和蒸汽(状态点 6),加热量等于蒸汽焓的增加量;

6 - 1 为蒸汽在锅炉的过热器中的定压加热过程——干饱和蒸汽(状态点6) 进入锅炉的过热器中,在压力 p_1 下定压加热为过热蒸汽(状态点 1),加热量等于蒸汽焓的增加量。

(三) 蒸汽轮机理想循环的热效率

1. 朗肯循环的热效率

图 1-196 和图 1-197 所示的朗肯循环,每千克蒸汽绝热流经汽轮机时,在理论上做出的比技术功 w_{s1},可用图 1-196 所示的朗肯循环 $p-V$ 图中绝热膨胀过程线 1 - 2 左侧的面积 12cd1 表示,即 $w_{s1}=h_1-h_2$;每千克水流经水泵时,水泵消耗的比轴功 w_{s2}(取绝对值) 可用图 1-196 所示的朗肯循环 $p-V$ 图中绝热压缩过程线 3 - 4 左侧的面积 34dc3 表示,即 $w_{s2}=h_4-h_3$;每千克新蒸汽在锅炉和过热器中吸收的热量 q_1(即从高温热源吸收的热量),可用图 1-197 所示的朗肯循环 $T-s$ 图中定压加热过程线 4 - 5 - 6 - 1 下的面积 4561ba4 表示,即 $q_1=h_1-h_4$。每千克废汽在冷凝器中向冷却水放出的热量 q_2(即放给低温热源的热量),可用图 1-197 所示的朗肯循环 $T-s$ 图中定压放热过程线 2 - 3 下的面积 23ab2 表示,即 $q_2=h_2-h_3$。

在朗肯循环的一个循环中,每千克蒸汽的净功 w 为

$$w=w_{s1}-w_{s2}=(h_1-h_2)-(h_4-h_3)$$

可用图 1-196 所示的朗肯循环 $p-V$ 图中循环线所包围的面积 1234561 表示。

在朗肯循环的一个循环中,每千克蒸汽吸收的净热 q 为

$$q=q_1-q_2=(h_1-h_4)-(h_2-h_3)=(h_1-h_2)-(h_4-h_3)$$

也可用图 1-196 所示的朗肯循环 $p-V$ 图中循环线所包围的面积 1234561 表示。

显然$(h_1 - h_4) - (h_2 - h_3) = (h_1 - h_2) - (h_4 - h_3)$,即$q = w$。

因此,朗肯循环的热效率η_t为

$$\eta_t = \frac{w}{q_1} = \frac{(h_1 - h_2) - (h_4 - h_3)}{h_1 - h_4}$$

通常给水泵消耗的比轴功$w_{s2} = h_4 - h_3$与汽轮机所作的比轴功$w_{s1} = h_1 - h_2$相比很小,在讨论循环热效率时可略去不计,即$w_{s2} \approx 0$,则$h_3 \approx h_4$,于是,上式可写为

$$\eta_t = \frac{h_1 - h_2}{h_1 - h_3}$$

而h_3为压力p_2时的饱和水的比焓,可用h_2'表示,则朗肯循环的热效率η_t为

$$\eta_t = \frac{h_1 - h_2}{h_1 - h'_2}$$

2. 汽耗率

对蒸汽动力装置,除热效率η_t外,汽耗率也是衡量蒸汽动力装置工作好坏的重要经济指标之一。汽耗率是指每产生1 kW · h的功(等于3 600 kJ)需要消耗多少千克的蒸汽,用符号d表示。理论分析表明

$$d = \frac{3\,600}{\eta_t(h_1 - h'_2)} \quad \text{kg/(kW·h)}$$

可见,汽耗率d随热效率η_t的提高而降低。

3. 蒸汽参数对朗肯循环热效率的影响

从朗肯循环的热效率公式可知,朗肯循环的热效率η_t由新汽的比焓h_1、废汽的比焓h_2以及废汽压力下的饱和水的比焓h'_2这三个参数所决定的。

新汽的比焓h_1则由新汽的压力p_1(初压)和温度t_1(初温)所决定,以及废汽压力下的饱和水的比焓h'_2则由废汽的压力p_2(终压,即冷凝器中的压力)所决定,而初压p_1、初温t_1、终压p_2这三个参数又决定了绝热膨胀终了时的比焓h_2(即废汽的比焓)。

因此,朗肯循环的热效率η_t完全是由蒸汽的初压p_1、初温t_1和终压p_2这三个参数的大小所决定的。下面分别讨论这三个参数对朗肯循环热效率的影响。

(1)初温t_1对热效率η_t的影响

如图1-198所示,原朗肯循环为1234561;若在初压p_1和终压p_2不变的条件下,将初温从t_1提高到t'_1,则得到新的朗肯循环1′2′34561′。

从图中这两个朗肯循环的比较可见,这两个循环的平均放热温度相等,均为p_2压力下的饱和温度。而原朗肯循环的加热过程为4561,新朗肯循环的加热过程为45611′,即新朗肯循环的加热过程可看作是在原朗肯循环加热过程的基础上再加上一个高温的附加段1-1′,显然,新朗肯循环的平均进热温度高于原朗肯循环的平均进热温度。

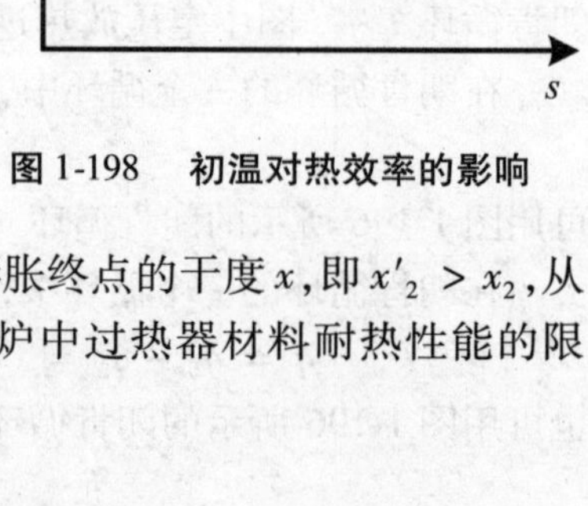

图1-198 初温对热效率的影响

因此,提高初温t_1可以提高朗肯循环的热效率η_t。

另外,从图1-198还可以看出,提高初温t_1还能提高绝热膨胀终点的干度x,即$x'_2 > x_2$,从而改善汽轮机最后几级的工作条件。但是,提高初温t_1将受锅炉中过热器材料耐热性能的限制。

(2) 初压 p_1 对热效率 η_t 的影响

如图 1-199 所示,原朗肯循环为 1234561;若在初温 t_1 和终压 p_2 不变的条件下,将初压从 p_1 提高到 p'_1,则得到新的朗肯循环 1′2′345′6′1′。

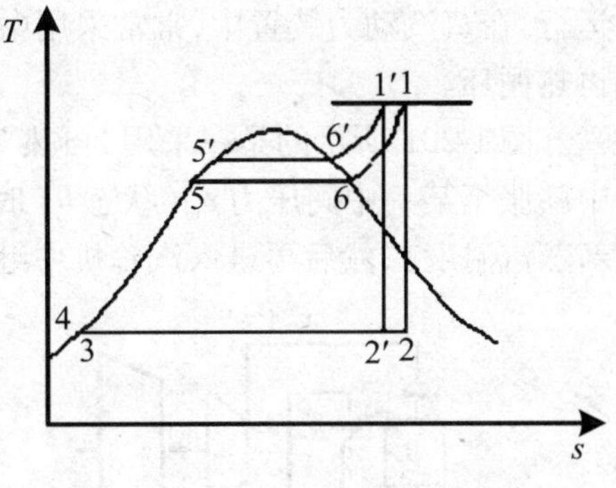

图 1-199 初压对热效率的影响

从图中这两个朗肯循环的比较可见,新朗肯循环的平均进热温度提高了,而平均放热温度不变,因此,提高初压 p_1 能提高朗肯循环的热效率 η_t。

由图 1-199 还可以看出,提高初压 p_1 将使绝热膨胀终点的干度 x 下降,即 $x'_2 < x_2$。在汽轮机中,做绝热膨胀的蒸汽,若干度 x 低,则对汽轮机的工作将产生不利的影响。因为湿蒸汽流中的水滴速度低于蒸汽,水滴会打在叶片的背弧上,这一方面使汽轮机转子转动受阻,使相对内效率下降,另一方面会使叶片加速损坏。所以,废汽干度 x 不宜太低,通常应不低于 0.88。

由于提高初温 t_1 既可以提高朗肯循环的热效率 η_t 又能提高废汽的干度 x,所以,提高初压 p_1 和提高初温 t_1 应同步进行。目前,船用蒸汽动力装置的新汽参数通常采用:

$p_1 = 4.5$ MPa　　$t_1 = 450 \pm 10$℃

$p_1 = 6.4$ MPa　　$t_1 = 510 \pm 5$℃

$p_1 = 9$ MPa　　$t_1 = 510 \pm 5$℃

(3) 终压 p_2 对热效率 η_t 的影响

如图 1-200 所示,原朗肯循环为 1234561;若在初温 t_1 和初压 p_1 不变的条件下,将终压从 p_2 降低到 p'_2,则得到新的朗肯循环 12′3′561。

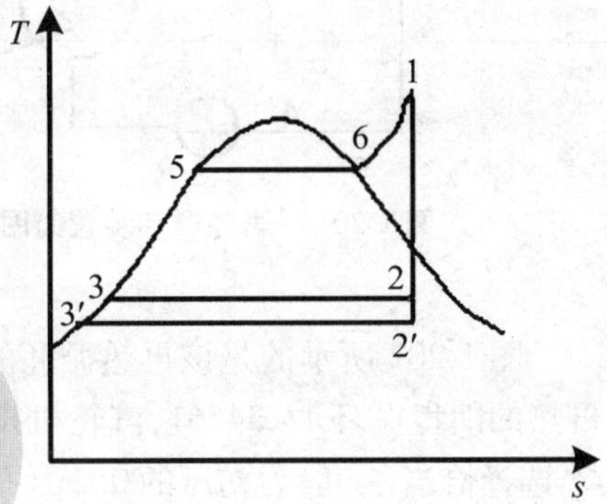

图 1-200 终压对热效率的影响

从图中这两个朗肯循环的比较可见,新朗肯循环的平均放热温度有明显的降低,而平均进热温度只是略有降低。计算表明,降低终压 p_2 能提高朗肯循环的热效率 η_t。但是,废汽是在冷凝器中定压定温凝结为饱和水的,废汽的温度 t_2 必须高于冷却水的温度,因此,终压(t_2 对应的饱和压力)的降低受到环境温度的限制。

对于汽轮机动力装置,终压 p_2 的范围一般为 $p_2 = 0.003 \sim 0.004$ MPa。

4. 提高蒸汽动力装置的热效率

对于蒸汽动力装置,由于实现了定压定温放热过程,蒸汽动力循环的平均放热温度已足够低,与环境温度很接近,这是其主要优点。但是,通过上面的分析可以知道,提高蒸汽的参数虽然可以提高蒸汽动力循环的热效率,而由于水蒸气性质的限制,蒸汽动力循环的平均进热温度仍然不是很高,使朗肯循环的热效率较低。为了进一步提高循环的热效率,就必须以朗肯循环为基础,对组成蒸汽动力循环的过程加以改进。从上述分析可见,提高循环热效率的关键在于改善循环中的蒸汽吸热过程,为此出现了所谓的再热循环、回热循环以及燃气－蒸汽联合循环等,下面针对船舶上的实际应用而简要介绍几种。

(1) 蒸汽的再热

通过前面的分析可以知道,提高蒸汽的初压(即新汽的压力)可以提高朗肯循环的热效率,但是,初压的提高将使蒸汽绝热膨胀终点的干度(即废汽的干度)下降,从而对汽轮机的工作产生不利的影响。为了在提高蒸汽初压的同时，不使排汽干度下降，以至危及汽轮机的安全运行，在蒸汽动力装置中，常常采用中间“再热”的措施以提高废汽的干度，从而形成了所谓的再热循环。

图 1-201 所示的是一采用“再热”的蒸汽动力装置简图。进入汽轮机的新蒸汽先在汽轮机中膨胀至某一中间压力 p_m（状态 b）时，被引出到再热器 R 中再次加热至状态 a（温度通常等于新蒸汽温度），然后再进入汽轮机中继续膨胀至终压 p_2。

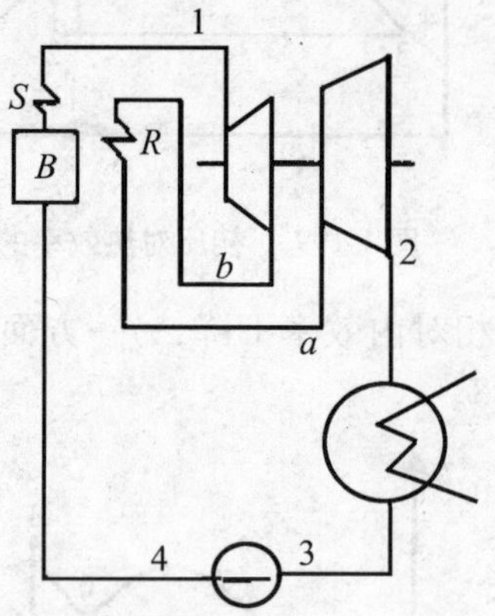

图 1-201　再热循环装置简图

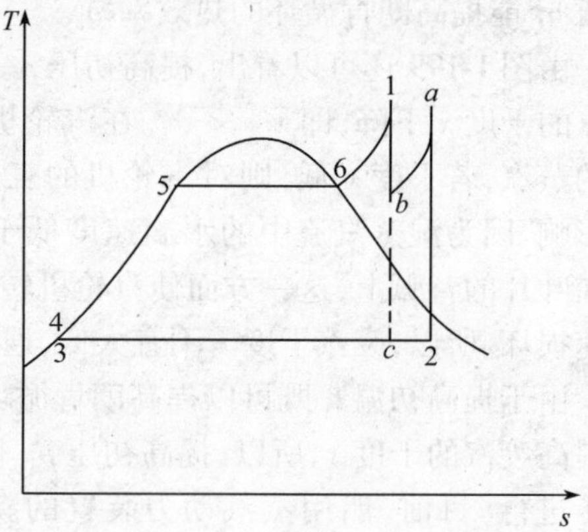

图 1-202　再热循环的 $T-s$ 图

图 1-202 所示的是该再热循环的 $T-s$ 图。从图中可以看出，再热循环 $1ba234561$ 相对于无再热的朗肯循环 $1bc34561$，汽轮机排气干度得到了提高。而且，只要再热循环的中间再热压力 p_m 选择恰当（一般为初压的 0.2 ~ 0.3），再热后的蒸汽循环的平均吸热温度就可以得到提高，从而使循环的热效率也得到提高。

蒸汽动力装置采用了“再热”后，在提高了废汽干度和循环热效率的同时，也带来了一些其他的影响。比如，由于每千克蒸汽所做的功增加了，故汽耗率也降低了，从而通过设备的水和蒸汽的量也减少了，进而减轻了水泵和冷凝器的负担，这是有利的一面；但另一方面，“再热”会使装置复杂化，使管道、阀门及换热面增多，既增加了投资费用，也使运行管理复杂化。

（2）蒸汽的回热

在给定初温的前提下（由材料的耐热性能确定），在锅炉（循环的热源）内，水在定压下吸热变为过热蒸汽的过程中，经历了预热、汽化和过热三个阶段，其中，以水的预热阶段的温度为最低；并且，随着初压的提高，预热阶段加长，即液体热占全加热过程总吸热量的比例加大。因此，朗肯循环的平均进热温度虽然随着蒸汽初压的提高而有所提高，但由于预热阶段的加长而使其提高的并不是很大，从而循环热效率的提高也不大。

可见，蒸汽动力装置中应尽可能地缩短水在锅炉中的预热阶段，以提高蒸汽动力循环的平均进热温度，从而提高循环的热效率。工程上，采用从汽轮机中抽出一部分做过功的蒸汽来加热锅炉的给水（供给锅炉的冷凝水），使给水温度提高后再进入锅炉，从而缩短水在锅炉中的预热阶段，这样就形成了所谓的回热循环。

图 1-203 所示的是采用一级抽汽回热的蒸汽动力装置简图。在图上可以看到，新蒸汽进入汽轮机膨胀做功到某一压力时，部分蒸汽被抽出来引入到回热器中，对冷凝器出来的给水加热；没有被抽出的其余蒸汽在汽轮机继续膨胀至终压。

图 1-204 所示的是采用一级抽汽的回热循环的 $T-s$ 图。在图上可以看到，状态点 1 的新蒸汽进入汽轮机膨胀做功至状态点 O_1 时，部分蒸汽被抽出，未被抽出的其余蒸汽在汽轮机继续膨胀做功至状态点 2，然后进入冷凝器向冷却水（环境）放热，凝结为状态点 3 的饱和水，再由凝水泵打入回热器，并在回热器中与在状态点 O_1 被抽出的那部分蒸汽混合（蒸汽凝结放热），形成状态点 O_1' 的水，再由给水泵打入锅炉，最后在锅炉中水从状态点 O_1' 定压吸热变成为状态点 1 的过热蒸汽（未抽汽时，水在锅炉中是从状态点 4 定压吸热至状态点 1）。

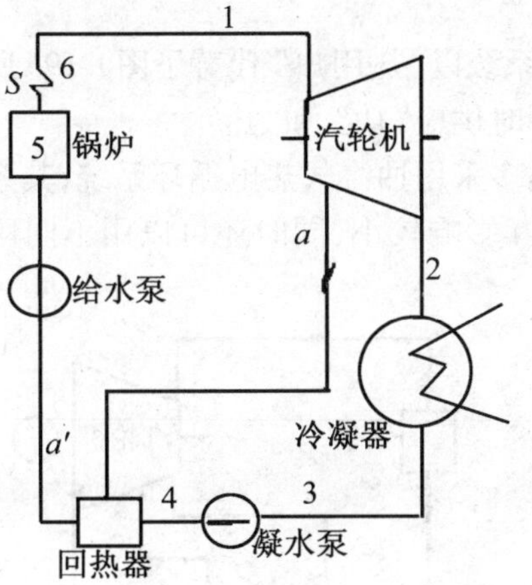

图 1-203　一级抽汽回热的蒸汽动力装置简图

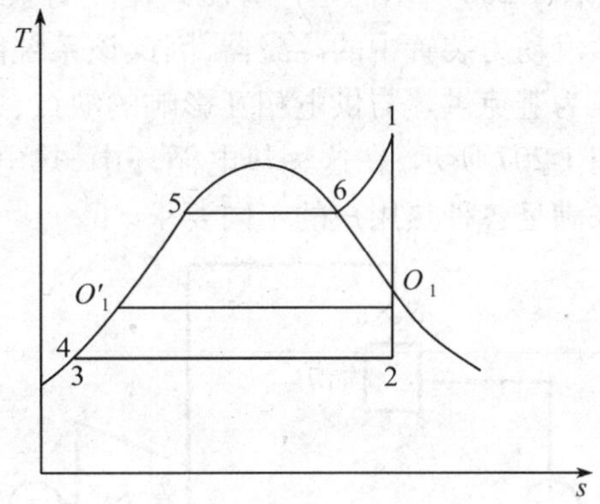

图 1-204　一级抽汽的回热循环的 $T-s$ 图

从图 1-204 可以看到，一级抽汽回热循环向环境的平均放热温度与未抽汽的原朗肯循环 1234561 的平均放热温度相同，均为对应于终压 p_2 的饱和温度；而一级抽汽回热循环的定压吸热过程为 $O_1'-5-6-1$，比未抽汽的原朗肯循环的定压吸热过程 $4-5-6-1$ 缩短了 $4-O_1'$（这也是水预热阶段中温度最低的部分），使平均进热温度有了明显的提高，从而使蒸汽动力循环的热效率有了明显的提高。

显然，从汽轮机中抽出的蒸汽的温度越高，则循环的平均吸热温度就越高，热效率也就越高。但是，抽出的蒸汽的温度越高就意味着抽出的蒸汽的压力也就越高，因而，蒸汽在汽轮机中所膨胀做功的数值就相应地减小。为了既能提高给水温度，又能在汽轮机中尽可能地多做功，工程上常采用分级抽汽的方法。如图 1-205 所示，在汽轮机的通流部分设若干个抽汽口，从每一个抽汽口抽出一部分蒸汽，并引入各级回热器中对锅炉给水进行分级加热，以逐步提高锅炉给水的温度。为了使汽轮机的结构和实际的系统不致过于复杂，工程上通常采用二到四级抽汽。

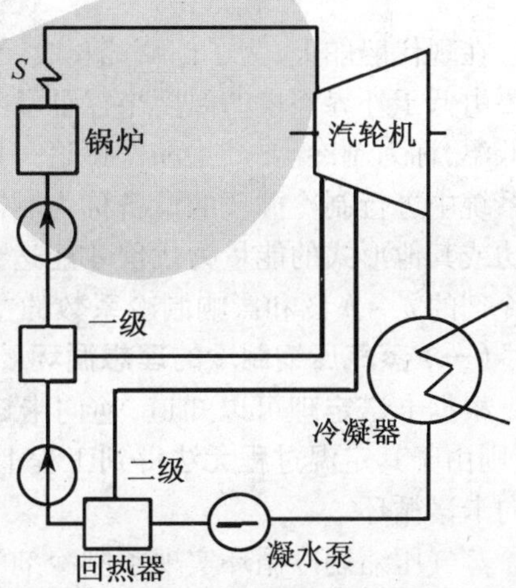

图 1-205　二级抽汽回热的蒸汽动力装置简图

(3) 提高能量利用率的功热合供

尽管采用了高参数和回热、再热等措施，现代蒸汽动力循环的热效率一般仍低于 50%，即有一半以上的热能经冷凝器等而散失于环境之中。这部分热能虽然数量很大，但按热力学第二定律，这些热能是必须排给低温热源的。但若适当地提高平均放热温度，就可直接利用这部分排给冷却水的热能。

所谓功热合供就是在利用蒸汽动力装置对外输出功的同时，也将其做过功的蒸汽（废汽）提供给热用户（生活用热或工业用蒸汽）使用，这样就使能量得到更充分的、综合的利用。

热电站就是在利用蒸汽动力装置生产电能的同时，将其废汽提供给热用户使用，故通常称为热电循环。为了满足热用户的要求，供热的蒸汽（即蒸汽动力装置的废汽）必须达到一定的压力。通常，将汽轮机的排汽压力高于大气压力的循环，称为背压式循环；而将汽轮机的排汽压力低于大气压力的循环，称为凝汽式循环。

图 1-206 所示的是一背压式循环的系统简图，该系统以“热用户”代替了图 1-195 所示的基本蒸汽动力装置中的冷凝器，因此该系统能向外界同时供应“功”和“热”。

为避免供热与供电相互影响的缺点，通常热电站多采用抽汽式热电循环系统，其系统简图如图 1-207 所示，在这种热电循环中，热电生产的相互影响较小，同时还可以用不同压力的抽汽来满足各种热用户的不同要求。

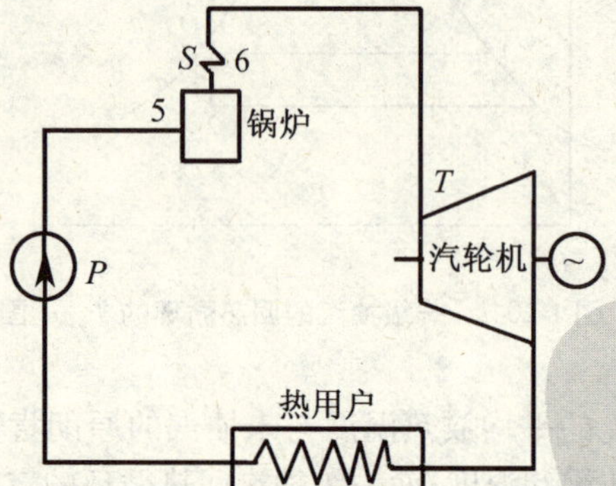

图 1-206　背压式循环的系统简图

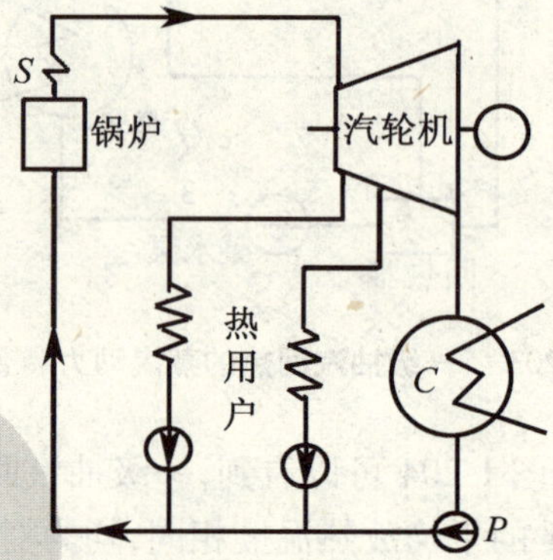

图 1-207　抽汽式循环系统简图

十、蒸气压缩制冷循环

在现代船舶上，为了储藏船员食品、运输冷藏货物以及夏季舱室内要进行空气调节等，都需要由低于外界环境的温度来保证。对物体进行冷却，使其温度低于周围环境温度，并维持这个低温，称为制冷。要产生和保持这一低温，就必须从被冷却物体移出热量。在工程上让制冷剂在系统中进行制冷循环的设备称为制冷装置。由热力学第二定律可知，制冷装置必须以消耗机械功或其他形式的能量为代价才能达到制冷目的。本部分介绍蒸气压缩制冷装置的理想循环、制冷剂的 $p-h$ 图和影响制冷系数的主要因素。

（一）蒸气压缩制冷的理想循环

根据卡诺定理可以知道，逆向卡诺循环是制冷装置的最理想循环。若采用理想气体为工质，则由于其定温过程无法得到工程上有价值的实现，因此也就无法实现以理想气体为工质的逆向卡诺循环。

蒸气压缩制冷循环实现了制冷剂气、液两相交替变化。若保持冷凝压力和蒸发压力恒定，可使冷凝温度和蒸发温度也不变，因而在理论上可实现逆向卡诺循环，以取得较高的制冷系数。又因制冷剂在相变时具有较大的比汽化潜热值，使单位质量制冷剂的制冷量较大，从而使制冷装置的结构较紧凑。这是蒸气压缩制冷循环得到广泛应用的原因。

1. 蒸气压缩制冷的逆卡诺循环

图 1-208 是在给定的环境温度 T_1 和冷库温度 T_2 之间的蒸气压缩制冷逆卡诺循环的装置示

意图和 $T-s$ 图。

在图 1-208 所示的蒸气压缩制冷逆卡诺循环中：1 － 2 为制冷剂在压缩机内的绝热压缩过程，消耗外界的比轴功为 $w_C = h_2 - h_1$；2 － 3 为制冷剂在冷凝器中的定压定温冷凝放热过程，制冷剂由饱和蒸气变为饱和液体，单位质量制冷剂放热量为 $q_1 = h_2 - h_3$；3 － 4 为制冷剂在膨胀机中的绝热膨胀过程，对外界做的比轴功为 $w_e = h_3 - h_4$；4 － 1 为制冷剂在蒸发器中的定压定温蒸发吸热过程，单位质量制冷剂的吸热量为 $q_2 = h_1 - h_4$。

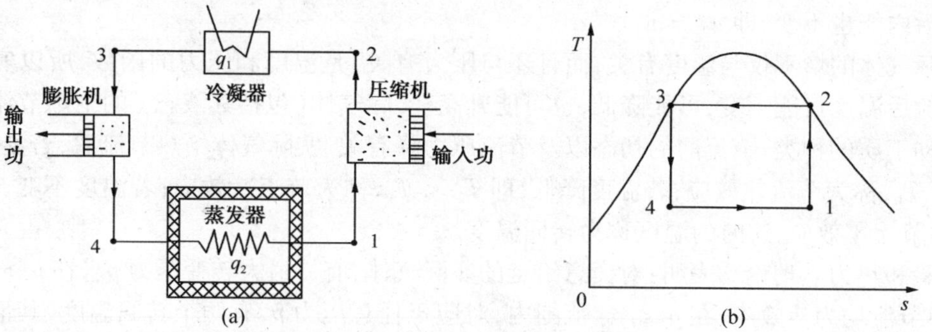

图 1-208　蒸气压缩制冷的逆卡诺循环

可见，此逆卡诺循环的制冷系数 ε_C 为

$$\varepsilon_C = \frac{q_2}{w_C - w_e} = \frac{q_2}{w} = \frac{q_2}{q_1 - q_2} = \frac{T_1}{T_2 - T_1}$$

逆卡诺循环的制冷系数 ε_C 是温度 T_1 与 T_1 间所有制冷循环中制冷系数的最大值。

但是，由图 1-208(b) 的蒸气压缩制冷逆卡诺循环的 $T-s$ 图可见，其压缩过程和膨胀过程都处在湿蒸气区，这样，由于液体的不可压缩性，会产生液击而造成压缩机机件的损坏。可见，采用蒸气为工质的逆向卡诺循环也是无法实现的。

因此，为了实现蒸气压缩制冷循环，必须对图 1-208(b) 所示的制冷循环进行改进，从而形成了蒸气压缩制冷的理想循环。

2. 膨胀阀中的绝热节流过程

在对图 1-208 所示的制冷循环进行的改进中，为了简化装置，并从装置的经济性考虑，所以用膨胀阀代替了膨胀机。制冷剂在膨胀阀中所进行的是一个绝热节流过程，为后续讨论方便，下面先简单介绍绝热节流过程的典型特征及绝热节流工质各状态参数的变化。

(1) 绝热节流的典型特征

如图 1-209 所示，工质在管道中流过一个小孔时，由于流道断面缩小，工质流速增加，压力降低。当工质流过小孔后，流道断面突然扩张到原来的尺寸，工质的流速降低，压力升高。由于工质流经小孔前后断面的突然收缩和扩大，流动工质中产生了大量的涡漩，因而工质内部摩擦很剧烈。这样，压力就不能恢复到原来的数值。按照小孔直径与管道直径比值的不同，压力降低的数值也不同。这种现象称为节流。

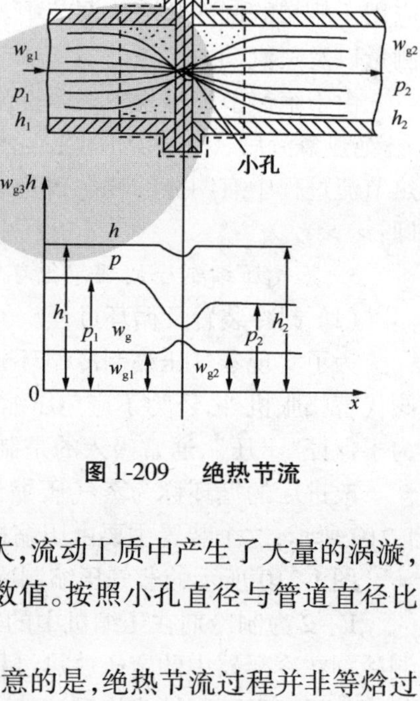

图 1-209　绝热节流

节流前后工质的焓值相等，即 $h_1 = h_2$。需要特别提醒注意的是，绝热节流过程并非等焓过

程，只是节流前后工质的焓值相等而已。因为节流过程中，工质内部有旋涡，所以节流过程不仅是不可逆的，而且是非准静态的。节流过程在 $p-V$ 图上不能用实线表示，而只能用虚线表示。

(2) 绝热节流工质各状态参数的变化

绝热节流一般会引起流动工质的温度变化，称为绝热节流的温度效应，又称为焦耳—汤姆逊效应。由于理想气体的焓仅为温度的函数，而绝热节流前后工质的焓值相等，所以，理想气体绝热节流后温度不变，即 $T_2=T_1$。同时，理想气体的内能也仅为温度的函数，所以理想气体绝热节流后内能也不变，即 $u_2=u_1$。

实际气体的焓不仅与温度有关，而且还与压力有关，是温度和压力的函数，所以实际气体绝热节流后温度可能不变，可能降低，也可能升高。实际气体（包括其液态）的绝热节流温度效应与流动工质的种类、节流前的初态以及节流压力降有关。实际气体绝热节流后，若温度升高，即 $T_2>T_1$，称为节流热效应；若温度降低，即 $T_2<T_1$，称为节流冷效应；若温度不变，即 $T_2=T_1$，称为节流零效应，这时的温度称为转回温度。

实验和热力学理论均表明：对任意给定的实际气体，有一最大转变压力 p_N，在 $p>p_N$ 范围内，绝热节流均为热效应；在 $p<p_N$ 范围内，对应于任意压力 p，有两个转回温度，其值较大者称为上转回温度 T_H，而较小者称为下转回温度 T_L。高于上转回温度 T_H 或低于下转回温度 T_L，绝热节流为热效应；在上转回温度 T_H 和下转温度 T_L 之间绝热节流为冷效应。将各个压力下的上转回温度各点和下转回温度各点连成一条曲线，称为转回温度曲线，这条曲线与纵坐标之间的区域为冷效应区，这个区域之外则为热效应区。

大多数实际气体在压力不太大时，上转回温度一般很高，而下转回温度又很低，故在常温下节流一般都处于冷效应区，节流后温度下降。但也有一些上转回温度很低的气体，如氢气和氦气，其上转回温度（压力很低时）分别为 202 K 和 25 K。要利用绝热节流使氢气和氦气降温，则必须用其他方法对它们预先冷却，使其温度低于各自的上转回温度。

绝热节流在工程上有着广泛的应用。绝热节流冷效应是工程上获得低温的常用方法，普遍应用于船舶的制冷和空气调节中。此外，绝热节流也常用于压力调节、流量调节、湿蒸汽的干度测量以及蒸汽动力装置的功率调节等。

由于绝热节流过程中的摩擦阻力很大，所以，绝热节流后流动工质的压力降低，即：$p_2<p_1$。绝热节流后，流动工质的比容增大，即：$v_2>v_1$。由于绝热节流是一种典型的不可逆过程，绝热节流过程中有明显的耗散效应（摩擦阻力很大），所以，绝热节流后流动工质的比熵增加，即：$s_2>s_1$。

3. 蒸气压缩制冷的理想循环

(1) 制冷装置及循环过程

为了实现蒸气压缩制冷循环，在对图 1-208 所示的循环改进中，除了为简化装置而用膨胀阀代替膨胀机外，还为了避免压缩机产生液击，让压缩机吸入的是制冷剂干饱和蒸气（实际上为了保证“干压”，通常吸入的是制冷剂过热蒸气）。

改进后的循环称为蒸气压缩制冷理想循环，其装置的示意图以及循环的 $T-s$ 图如图 1-210 所示，这个装置主要由压缩机、冷凝器、膨胀阀和蒸发器四大部件组成。

图 1-210 所示的蒸气压缩制冷理想循环的工作过程如下：

1－2 为制冷剂在压缩机中的绝热压缩过程，消耗外界的比轴功 w_c 为 $w_c=h_2-h_1$；2－3 为制冷剂在冷凝器中的定压放热过程，先由过热蒸气在定压下冷却为干饱和蒸气，再由干饱和蒸气在定压定温下凝结为饱和液体，定压放热过程中单位质量制冷剂的放热量 q_1 为 $q_1=h_2-$

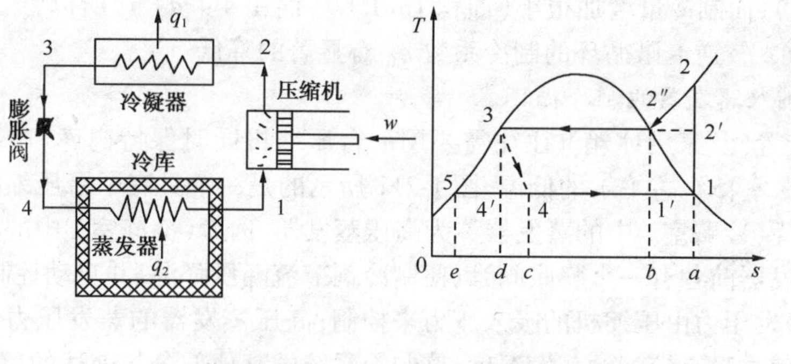

(a) 装置示意图　　　　(b) $T-s$ 图

图 1-210　蒸气压缩制冷理想循环

h_3，在图 1-210(b) 所示的 $T-s$ 图上可用面积 $23da2$ 来表示；

3－4 为制冷剂在膨胀阀的绝热节流过程，制冷剂的压力和温度都急速下降，绝热节流过程是非准静态过程，在 $T-s$ 图上用虚线表示（见图 1-210），节流前后比焓相等，即 $h_3 = h_4$；4－1 为制冷剂在蒸发器中的定压定温汽化过程，制冷剂由湿蒸气变为干饱和蒸气，这个过程中产生制冷效果，定压定温汽化过程中单位质量制冷剂的吸热量 q_2 为 $q_2 = h_1 - h_4$，在图 1-210(b) 所示的 $T-s$ 图上用面积 $41ac4$ 表示。

(2) 蒸气压缩制冷理想循环的制冷系数

图 1-210(b) 所示的在 $T-s$ 图上用 12341 表示的制冷循环，由于没有考虑在压缩机、冷凝器和蒸发器中的实际过程的不可逆性，所以称为蒸气压缩制冷的理想循环。

蒸气压缩制冷理想循环的每个循环中，单位质量制冷剂吸热量为

$$q_2 = h_1 = h_4$$

每个循环中所消耗的外界的比净功就是压缩机消耗的比轴功，即

$$w = w_c = h_2 - h_1$$

由于这一理想循环 12341 并不是全由可逆过程所组成的，其中在膨胀阀中的绝热节流过程 3－4 为非准静态过程，所以这一循环的比净功 w 不能用图 1-210(b) 所示的 $T-s$ 图上循环 12341 所包围的面积表示。

根据热力学第一定律，对图 1-210(b) 所示的 $T-s$ 图上的 12341 循环有

$$w = q_1 - q_2 = 面积\ 23da2 - 面积\ 41ac4 = 面积\ 1234'1 + 面积\ 4'4cd4'$$

因为 $h_3 = h_4$，所以 $h_3 - h_5 = h_4 - h_5$，即

$$面积\ 53de5 = 面积\ 54ce5$$

于是有

$$面积\ 534'5 = 面积\ 4'4cd4'$$

因此，这一循环的比净功 w 可以用面积 12351 表示，即

$$w\ 面积\ 1234'1 + 面积\ 534'5 = 面积\ 123451$$

于是，图 1-210 所示的蒸气压缩制冷理想循环的制冷系数为

$$\varepsilon = \frac{q_2}{w} = \frac{h_1 - h_4}{h_2 - h_1} = \frac{面积\ 41ac4}{面积\ 12351}$$

如图 1-210(b) 所示，用实际的节流过程 3－4 替代理想的绝热膨胀过程 3－4′，制冷量减小了面积 $4'4cd4'$，耗功增加了面积 $534'5$；用“干压”代替逆卡诺循环的“湿压”，制冷量增加了面积 $1ab1'1$，耗功增加了面积 $122''1'12$；总之，与原逆卡诺循环相比，耗功增加很大（面积 $534'5$

+ 面积 122″1′12)，而制冷量增加很小(面积 1ab1′1 − 面积 4′4cd4′)，所以，蒸气压缩制冷理想循环的制冷系数 ε 较逆卡诺循环的制冷系数 ε_C 有显著的降低。

4. 单级压缩双蒸发器的制冷循环

船舶制冷装置(及家用冰箱) 往往需要用一台压缩机同时保持肉库(冷冻室，−15℃ 左右) 和菜库(冷藏室,5℃ 左右) 的低温。图 1-211 所示的是一个具有一台压缩机和两个蒸发器的制冷系统。菜库(冷藏室) 中的蒸发器称为高压蒸发器，肉库(冷冻室) 中的蒸发器称为低压蒸发器。每个蒸发器前各有一个膨胀阀，以便制冷剂节流降压降温，并自动控制制冷剂的流量。低压蒸发器的蒸发压力由压缩机的吸入压力来控制；高压蒸发器的蒸发压力由蒸发器后面的背压阀来控制，使之具有较高的蒸发温度。该制冷系统的其他部分与前述的单级压缩单蒸发器的制冷装置相同。

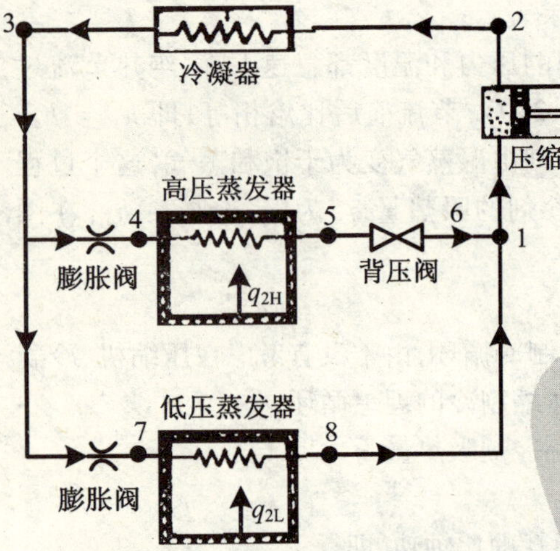

图 1-211 单级压缩双蒸发器制冷系统

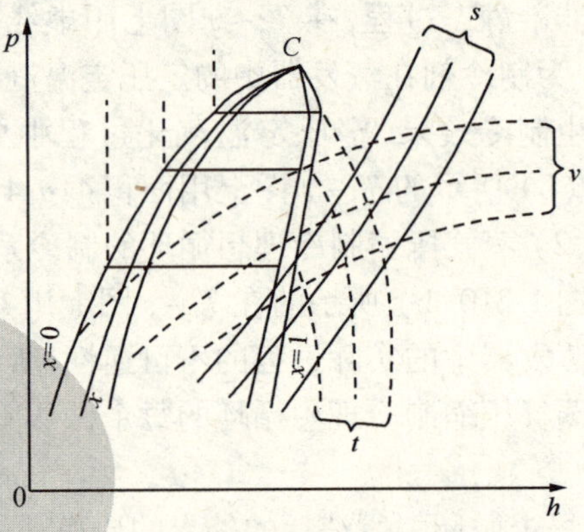

图 1-212 制冷剂 $p-h$ 图的结构示意图

(二) 制冷剂 $p-h$ 图的特征及应用

1. 制冷剂的 $p-h$ 图及其特征

用 $T-s$ 图来分析蒸气压缩制冷循环时，有关耗功和制冷量、放热量都用相应的面积来表示。用面积来进行对比，较为形象，但用来进行分析计算，却很不方便。

制冷剂的压力 — 比焓图(压 — 焓图、$p-h$ 图) 是以 $\log p$ 为纵坐标，以 h 为横坐标的半对数坐标图。在制冷剂的压 — 焓图($p-h$ 图) 上，蒸气压缩制冷循环的有关功量和热量都可用横坐标上相应线段的长度来表示，因而更为直观和方便。所以，应用各种制冷剂的 $p-h$ 图进行分析计算在制冷工程上得到了广泛的应用。

图 1-212 为制冷剂 $p-h$ 图的结构示意图。图中除绘有饱和液体线($x=0$)、饱和蒸气线($x=1$) 和临界点 C 之外，还绘有四组定参数线：定干度线、定温线、定熵线和定比容线。

2. 制冷剂 $p-h$ 图的应用

图 1-213 为蒸气压缩制冷理想循环在 $p-h$ 图上的表示，图中：1 − 2 为制冷剂在压缩机中的绝热压缩过程，$w_c = h_2 - h_1$，可用图中点 1 与点 2 之间的水平距离表示；2 − 3 为制冷剂在冷凝器中的定压放热过程，$q_1 = h_2 - h_3$，可用图中线段 2 − 3 的水平距离表示；3 − 4 为制冷剂在膨胀阀中的绝热过程，其焓值不变，$h_3 = h_4$，在图中为垂直线；4 − 1 为制冷剂在蒸发器中的定压定温气化过程，$q_2 = h_1 - h_4$，可用图中线段 4 − 1 的水平距离表示。

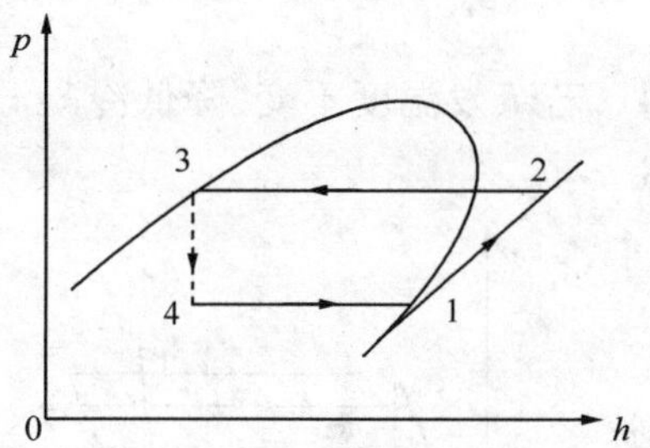

图 1-213　$p-h$ 图上的蒸气压缩制冷理想循环

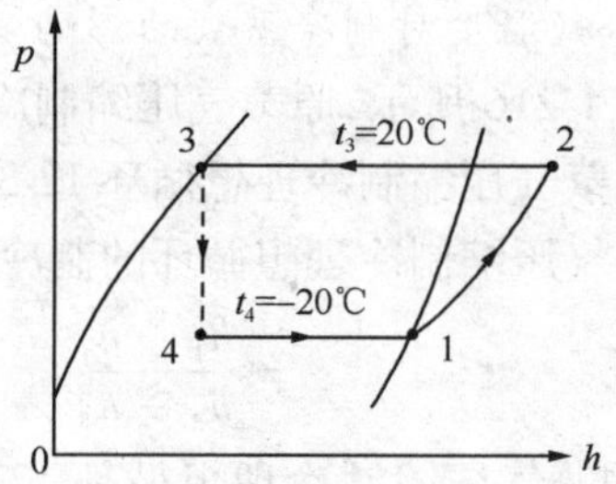

图 1-214　某制冷装置的 $p-h$ 图

例如,某以 R22 为制冷剂的制冷装置,其 $p-h$ 图如图 1-214 所示。制冷剂蒸发温度 $t_4=-20℃$,压缩机吸气温度 $t_1=-20℃$,冷凝温度 $t_3=20℃$。在 R22 的 $p-h$ 图上可找出给定的各点,并查出各点的焓值为 $h_1=397.469$ kJ/kg,$h_2=433.000$ kJ/kg,$h_3=h_4=224.084$ kJ/kg,则该制冷装置中单位质量制冷剂在一个循环中的制冷量为

$$q_2=h_1-h_4=397.469-224.084=173.385\quad \text{kJ/kg}$$

单位质量制冷剂在一个循环中所消耗的功为

$$w=h_2-h_1=433.000-397.469=35.531\quad \text{kJ/kg}$$

单位质量制冷剂在一个循环中的放热量为

$$q_1=h_2-h_3=433.000-224.084=208.916\quad \text{kJ/kg}$$

制冷系数为

$$\varepsilon=\frac{q_2}{w}=\frac{173.385}{35.531}=4.88$$

(三)影响制冷系数的主要因素

1. *蒸发温度对制冷系数的影响*

如图 1-215 所示,原蒸气压缩制冷理想循环为 12341,当冷凝压力不变,把蒸发温度由 T_1 提高到 T_1',则构成新的蒸气压缩制冷理想循环。

原蒸气压缩制冷理想循环的制冷系数为

$$\varepsilon=\frac{h_1-h_4}{h_2-h_1}$$

新的蒸气压缩制冷理想循环的制冷系数为

$$\varepsilon'=\frac{h_1'-h_4'}{h_2'-h_1'}$$

由图可见

$$h_1'-h_4'>h_1-h_4 \qquad h_2-h_1'<h_2-h_1$$

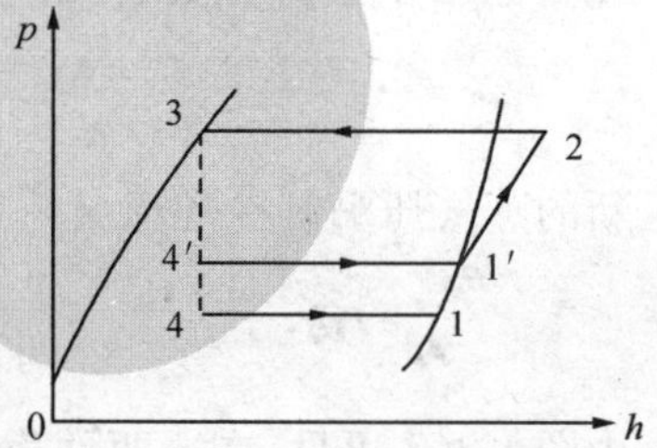

图 1-215　蒸发温度对制冷系数的影响

显然

$$\varepsilon'=\frac{h_1'-h_4'}{h_2'-h_1'}>\varepsilon=\frac{h_1-h_4}{h_2-h_1}$$

可见,提高蒸发温度可以提高蒸气压缩制冷理想循环的制冷系数。

但工程实际中,蒸发温度主要取决于制冷对象的温度要求,不能随意变动。但在制冷对象允许的情况下,取较高的蒸发温度有利于提高制冷循环的制冷系数。一般蒸发温度比冷库温度低 5 ~ 7℃,以保证传热的需要。

2. 冷凝温度对制冷系数的影响

如图 1-216 所示，原蒸气压缩制冷理想循环为 12341，若蒸发温度不变，降低冷凝温度，则构成新的蒸气压缩制冷理想循环 12′3′4′1。

原蒸气压缩制冷理想循环的制冷系数为

$$\varepsilon = \frac{h_1 - h_4}{h_2 - h_1}$$

新的蒸气压缩制冷理想循环 12′3′4′1 的制冷系数为

$$\varepsilon' = \frac{h_1 - h_4'}{h_2' - h_1}$$

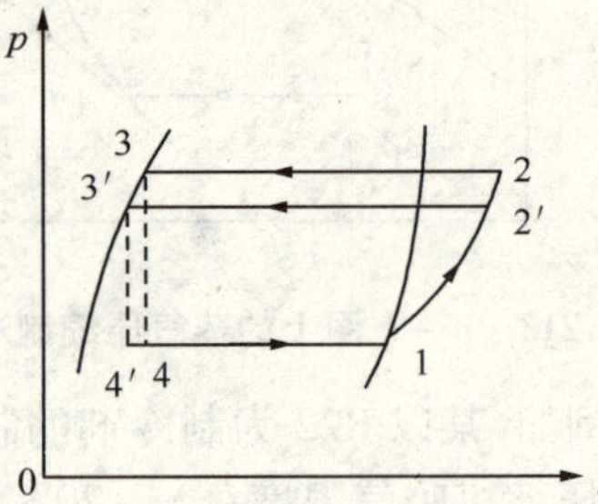

图 1-216　冷凝温度对制冷系数的影响

由图可见

$h_1 - h_4' > h_1 - h_4 \qquad h_2' - h_1 < h_2 - h_1$

显然

$$\varepsilon' = \frac{h_1 - h_4'}{h_2' - h_1} > \varepsilon = \frac{h_1 - h_4}{h_2 - h_1}$$

可见，降低冷凝温度可以提高蒸气压缩制冷理想循环的制冷系数。

但工程实际中，冷凝温度取决于冷却介质（大气或冷却水等）的温度，不能随意变动。但在允许选择冷却介质温度时，比如冰箱、冰柜，从提高制冷系数出发，应放置在房间温度较低的地方，一般冷凝温度要高于冷却介质温度 5 ~ 7℃，以保证必要的传热温差。

3. 过冷度对制冷系数的影响

如图 1-217 所示，原蒸气压缩制冷理想循环 12341 中，进入膨胀阀的制冷剂为饱和液体状态，若使进入膨胀阀的制冷剂液体为过冷液体，而其他条件不变时，则构成新的蒸气压缩制冷理想循环 12′3′4′1。

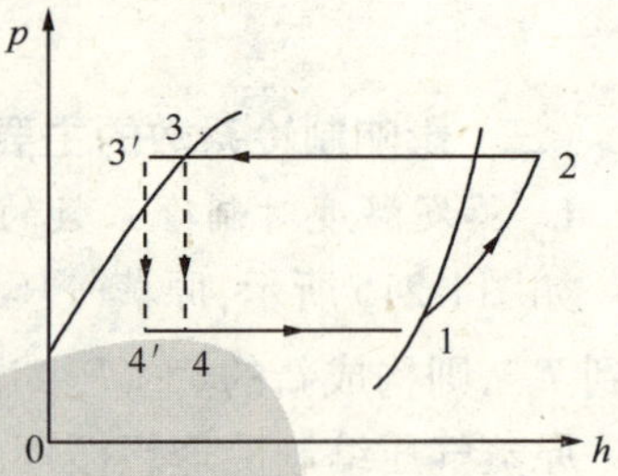

图 1-217 过冷度对制冷系数的影响

原蒸气压缩制冷理想循环的制冷系数为

$$\varepsilon = \frac{h_1 - h_4}{h_2 - h_1}$$

新的蒸气压缩制冷理想循环 12′3′4′1 的制冷系数为

$$\varepsilon' = \frac{h_1 - h_4'}{h_2 - h_1}$$

由图 1-217 可见，在这两种蒸气压缩制冷理想循环中，压缩机消耗的比轴功相等，均为（$h_2 - h_1$）；而新的蒸气压缩制冷理想循环的单位质量制冷量为（$h_1 - h_4'$），比原蒸气压缩制冷理想循环的单位质量制冷量（$h_1 - h_4$）增加了（$h_4 - h_4'$）。因此，新的蒸气压缩制冷理想循环比原蒸气压缩制冷理想循环的制冷系数大，而且过冷度越大，制冷系数增大越多。

4. 提高制冷系数的主要途径

综上分析，提高蒸发温度、降低冷凝温度和加大离开冷凝器的制冷剂液体的过冷度都可以提高蒸气压缩制冷理想循环的制冷系数。

但在工程实际中，蒸发温度主要取决于制冷对象的温度要求，而冷凝温度则取决于冷却介质（大气或冷却水等）的温度，二者一般都不能随意变动。当然，在制冷对象允许的情况下取较高的蒸发温度，在允许选择冷却介质温度时取较低的蒸发温度，都有利于提高蒸气压缩制冷循环的制冷系数。目前，提高蒸气压缩制冷理想循环制冷系数的最有效的办法，是加大离开冷凝器的制冷剂液体的过冷度。制冷剂液体离开冷凝器的温度取决于冷却介质的温度，过冷度一般都很小。多数制冷装置专设一个回热器，使从冷凝器出来的制冷剂液体通过回热器进一步冷却，以增大过冷度。回热器的冷却介质通常为离开蒸发器的低温低压蒸气。

十一、湿空气

由于海洋、江河、湖泊等水分的蒸发，空气中总含有一定量的水蒸气。因为水蒸气在空气中含量很小，而且变化不大，所以在某些情况下往往忽略它的影响。例如，以空气作为柴油机或燃气轮机动力装置的工质时，通常就不考虑其中含有的少量水蒸气的影响。但是在某些情况下，空气中的水蒸气对人们的生活和生产却有很大的影响，如潮湿空气会使人感觉不舒服，使食品容易腐烂。而干燥空气也会使人感到不适，食品会因失去必要的水分而干缩等。利用空气调节装置可以将对人不适宜的空气状态，加工为适宜的状态。因此有必要了解湿空气的热力性质，并掌握其加热、冷却和加湿等过程。本部分在阐明湿空气基本热力性质的基础上，着重运用湿空气的 $h-d$ 图分析湿空气的典型过程。

（一）湿空气的基本概念

1. 干空气、湿空气及道尔顿分压定律

（1）干空气和湿空气

含有水蒸气的空气称为湿空气，完全不含水蒸气的空气称为干空气。湿空气是由干空气和水蒸气组成的混合气体。干空气可视为理想气体，而存在于大气中的水蒸气，其压力通常是很小的，所以它的比容很大，分子间的距离是足够远的，可以作为理想气体处理。这种由理想气体组成的混合气体称为理想混合气体。因此，湿空气为理想混合气体（事实上，干空气本身就是理想混合气体）。湿空气这种干空气和水蒸气的混合气体是一种较特殊的理想混合气体，其中的水蒸气的含量可能因凝结而减少，也可能由于水的蒸发而增加，这正是湿空气与不凝结性气体组成的混合气体的不同之处。

（2）道尔顿分压定律

理想混合气体是由若干不同的理想气体所组成的，各组成气体的温度都相等，且都等于混合气体的温度 T；各组成气体所占容积也都相等，都等于混合气体的总容积 V。若令理想混合气体中的某组成气体处在混合气体的温度 T 之下，并单独占据整个容积 V，这时该组成气体的压力 p_i 必小于理想混合气体的压力 p，则此时的压力 p_i 称为该组成气体的分压力。

实验证明，理想混合气体的压力等于各组成气体分压力的总和，这称为道尔顿分压定律，即

$$p = p_1 + p_2 + \cdots + p_n = \sum_{i=1}^{n} p_i$$

式中，p 为理想混合气体的压力；p_1、p_2、$\cdots$ p_n 为各组成气体的分压力。

由道尔顿分压定律可知，干空气分压力 p_a 与水蒸气分压力 p_v 之和为湿空气的总压力，简称为湿空气压力 p_b（大气压力），即

$$p_b = p_a + p_v$$

2. 饱和空气与未饱和空气及露点

（1）饱和空气

在一定的温度和压力下，湿空气中可以含有不同量的水蒸气，但水蒸气的含量不能超过某

一最大可能的数值。如果湿空气中水蒸气的含量达到这一最大数值，就称这种空气为饱和空气。此时，湿空气中水蒸气的分压力达到了最大值 —— 湿空气温度下的水蒸气饱和压力，称为水蒸气饱和分压力。因此，饱和空气为湿空气中水蒸气分压力等于湿空气温度下的水蒸气饱和压力时的湿空气。因为饱和空气中的水蒸气为饱和蒸汽，所以饱和空气是由饱和水蒸气和干空气组成的混合气体。

（2）未饱和空气

湿空气中水蒸气的含量没有达到最大数值时，就是未饱和空气。未饱和空气为湿空气中水蒸气分压力小于湿空气温度下的水蒸气饱和压力时的湿空气。此时的水蒸气为过热蒸汽，所以未饱和空气是由过热蒸汽和干空气组成的混合气体。通常情况下，湿空气是处于未饱和状态的，即为未饱和空气。通过一定的途径，未饱和空气可以变为饱和空气。

如果使未饱和空气保持温度不变，且使之与水接触，由于水的蒸发，湿空气中的水蒸气分压力 p_v 不断增大，当增大到该温度下的饱和压力 p_s 时，过热水蒸气变成同温下的饱和蒸汽，如图 1-218 中的 1 – 2 过程所示，未饱和空气就变为同温下的饱和空气。

如果把未饱和空气在与水隔绝的情况下定压冷却，当湿空气温度下降到水蒸气分压力 p_v 所对应的饱和温度时，湿空气中的水蒸气便由过热蒸汽变为同压下的饱和蒸汽，如图 1-218 中的 1 – 3 过程所示，未饱和空气就变为同压下的饱和空气。

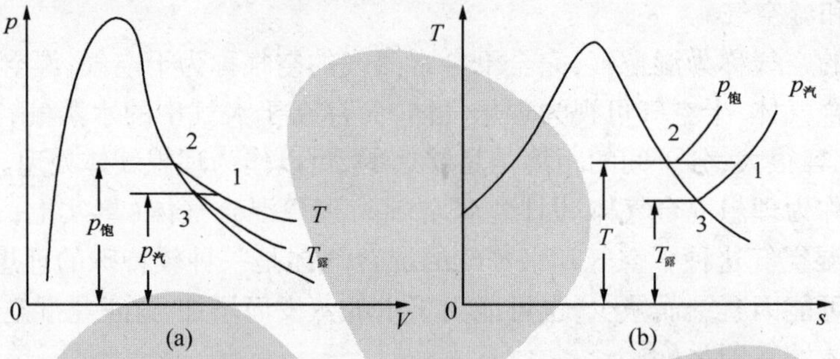

图 1-218 湿空气中水蒸气状态的 $p-V$ 图和 $T-s$ 图

（3）露点

若未饱和空气变为同压下的饱和空气后，如继续冷却，湿空气中的水蒸气则开始凝结生成水滴或露珠。此开始结露的温度称为露点温度，简称露点。所以，露点就是湿空气中水蒸气分压力 p_v 下的饱和温度，用 t_d 表示。白天气温高，水分蒸发，夜间气温下降，大气被定压冷却，当温度降到露点时，大气中的水蒸气就会结露。

露点是湿空气的一个重要状态参数。在空气调节中，为了减少湿空气中水蒸气的含量，可设法冷却湿空气，使其温度低于露点，水蒸气便以水滴形式析出。

露点对锅炉的运行管理有较大的影响，锅炉尾部的受热面（例如空气预热器低温段）的腐蚀，就是由于受热面的金属温度低于烟气中水蒸气和二氧化硫气体的露点之故。一旦出现结露，如果水蒸气和二氧化硫气体凝结，在受热面上将形成硫酸，就会造成严重腐蚀。防止腐蚀的主要原则是设法避免烟气中的水蒸气结露。

露点测定仪的结构如图 1-219 所示，在一个镀有镜面的特制玻璃瓶 *A* 内装有部分乙醚液体，在乙醚中插入一根水银温度计 *F*，*B* 为测温包，手握橡皮球气泵 *D* 经管子 *C* 通入乙醚中。当动作气泵 *D* 时把空气压入乙醚中，使乙醚加速蒸发便会冷却玻璃瓶 *A* 的外壁面，使之降温。在靠近外壁面的湿空气中的过热蒸汽降温到饱和温度时，在镜面 *A* 上即出现水珠。这时温度计 *F*

上所示温度就是该湿空气的露点温度。

3. 相对湿度及干球温度与湿球温度

(1) 相对湿度

把湿空气中水蒸气分压力 p_v 与湿空气温度下的水蒸气的饱和压力 p_s 之比，称为相对湿度，用 φ 表示，即

$$\varphi = \frac{p_v}{p_s}$$

由此式可见，当相对湿度 $\varphi = 1$ 时，$p_v = p_s$，湿空气中水蒸气为饱和蒸汽，即相对湿度 $\varphi = 1$ 的湿空气为饱和空气；当相对湿度 $\varphi < 1$ 时，$p_v < p_s$，湿空气中水蒸气为过热蒸汽，即当相对湿度 $\varphi < 1$ 的湿空气为未饱和空气；当相对湿度 $\varphi = 0$ 时，$p_v = 0$，则表示不含有水蒸气，此时为干空气。可见，不论湿空气温度如何，相对湿度 φ 表述了湿空气接近饱和空气的程度。

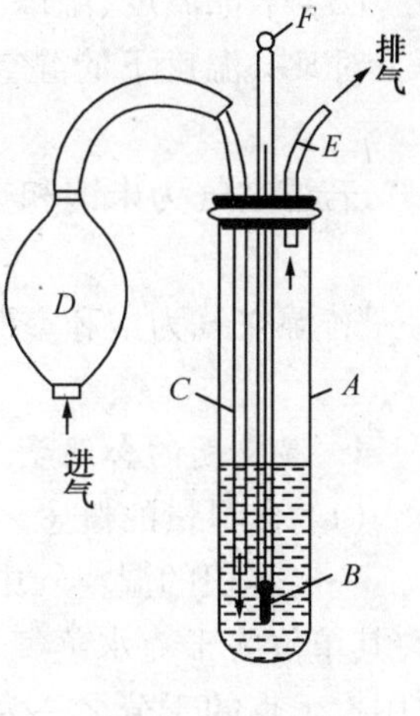

图 1-219 露点测定仪

通常所谓空气的干湿程度，是指水在其中的蒸发速率而言；蒸发迅速，人们感到干燥；蒸发缓慢，则感到潮湿。相对湿度与蒸发速率直接有关：相对湿度 φ 值越大，蒸发速率越小；相对湿度 φ 值越小，则蒸发速率越大。因此，相对湿度 φ 确切地表述了湿空气的干湿程度。

用温度计和露点测定仪分别测出湿空气温度 t 和露点 t_d，查饱和蒸汽表可得湿空气中水蒸气的饱和分压力 p_s 和实际分压力 p_v，代入上式中即可获得湿空气的相对湿度 φ。

相对湿度 φ 也可由干湿球温度计测得的干球温度与湿球温度来确定。

(2) 干球温度与湿球温度

图 1-220 所示为干湿球温度计。图中，左侧温度计测得的温度称为干球温度，也就是空气的温度，用 t 表示；右侧温度计的测温包用浸在水中的纱布包住，它所测得的温度称为湿球温度，用 t_w 表示。

当空气的相对湿度 φ 小于 100% 时，纱布上的水分不断蒸发，并吸收汽化潜热，使纱布上的水温下降，因而与周围空气形成温差，空气即向纱布上的水传递热量。空气与水的温差越大，传递的热量就越大。当水温降到某一数值时，空气传给水的热量恰等于水分蒸发所消耗的热量时，水温不再下降，这个温度就是湿球温度 t_w，它反映出的是纱布中水的温度。

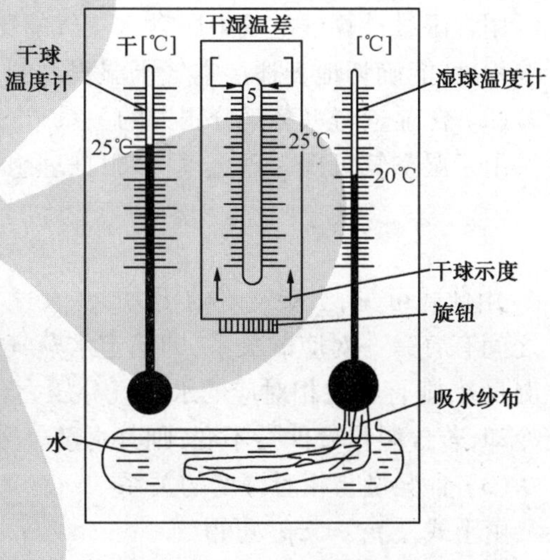

图 1-220 干湿球温度计

空气的相对湿度 φ 越小，则纱布上的水分蒸发越快，湿球温度 t_w 就越低于空气的温度 t；反之，相对湿度 φ 越大，则纱布上的水分蒸发越慢，湿球温度 t_w 就越接近于空气的温度 t。当相对湿度 φ 等于 100% 时，纱布上的水分则不会蒸发，故湿球温度 t_w 就等于空气的温度 t，即 $t_w = t$。

可见，相对湿度 φ 与空气的干球温度 t 及其湿球温度 t_w 之间存在一种函数关系，将此函数关系制成数据表（干湿球温度计上就带有此表），当测得湿空气的干球温度 t 和湿球温度 t_w 后，可由干球温度和干球温度与湿球温度之差从表中查得该湿空气的相对湿度 φ 值。

(3) 干球温度、湿球温度、露点的大小关系

对某一温度下的湿空气，其干球温度 t、湿球温度 t_w、露点温度 t_d 三者之间的大小关系为

$$t \geqslant t_w \geqslant t_d$$

若湿空气为未饱和空气，其干球温度 t 最高、露点温度 t_d 最低而湿球温度 t_w 居中，即

$$t > t_w > t_d$$

若湿空气为饱和空气，其干球温度 t、湿球温度 t_w 和露点温度 t_d 均相同，即

$$t = t_w = t_d$$

4. 湿空气的含湿量

(1) 含湿量的概念

一定容积的湿空气中，水蒸气质量 m_v 与干空气质量 m_a 之比，称为湿空气的含湿量，用 d 表示，其单位为千克水蒸气／千克干空气（$\mathrm{kg}_{水蒸气}/\mathrm{kg}_{干空气}$），由于湿空气中的水蒸气质量很少，通常用 1 千克的千分之一为单位，即为克水蒸气／千克干空气（$\mathrm{g}_{水蒸气}/kg_{干空气}$）。

$$d = \frac{m_v}{m_a}\mathrm{kg}_{干空气} = 1\,000\,\frac{m_v}{m_a}\mathrm{g}_{水蒸气}/\mathrm{kg}_{干空气} = 1\,000\,\frac{\rho_v}{\rho_a}\mathrm{g}_{水蒸气}/\mathrm{kg}_{干空气}$$

需要强调的是，含湿量 d 不是以 1 千克湿空气作为衡量基准的，而是以 1 kg 干空气作为衡量基准的。这是因为，对湿空气加工处理时，湿空气中所含的水蒸气的质量往往会发生变化，因而被加工处理的湿空气的质量也随之变化，但考虑到湿空气中的干空气质量总是不变的，所以，用 1 kg 干空气作为计算基准可给分析计算带来方便。据此，对湿空气加工处理时，根据含湿量 d 的变化，便可确定湿空气加工处理过程中所含的水蒸气质量的变化。

可以把含湿量 d 理解为与 1 kg 干空气相混合的水蒸气质量。含湿量 d 若采用 $\mathrm{g}_{水蒸气}/\mathrm{kg}_{干空气}$ 为单位，则表示在 $(1 + 0.001d)$ 千克湿空气中含有 d 克水蒸气。

用含湿量计算湿空气中所含水蒸气的质量是很方便的，但含湿量不能直接表述湿空气的干湿程度。能确切地表述湿空气干湿程度的是湿空气的相对湿度。

(2) 含湿量与水蒸气分压力的关系

由于湿空气可视为理想气体，根据理想气体状态方程及含湿量的定义，可得

$$d = 623\,\frac{p_v}{p_b - p_v}$$

由此式可见，当湿空气的压力 p_b（大气压力）一定时，湿空气的含湿量 d 与水蒸气分压力 p_v 之间有着一一对应的关系，即给定水蒸气分压力 p_v，则有与之相对应的含湿量 d；反之，给定含湿量 d，则有与之相对应的水蒸气分压力 p_v。因此，当水蒸气分压力 p_v 一定时，对湿空气加热或冷却，若含湿量 d 保持不变，则其水蒸气分压力 p_v 不变。

(3) 含湿量与相对湿度的关系

由上式及 $p_v = \varphi p_s$ 可得

$$d = 623\,\frac{\varphi p_s}{p_b - \varphi p_s}$$

当已知湿空气压力 p_b（大气压力）和温度（干球温度）t（由 t 查饱和蒸汽表可得水蒸气的饱和分压力 p_s）时，相对湿度 φ 与含湿量 d 之间的关系便可由此式来确定。

由此式可知，当 p_b 和 t 一定时，若 d 保持不变，则 φ 不变。但是，当 p_b 和 d 一定时，对湿空气加热或冷却，湿空气的相对湿度 φ 要发生变化，温度升高，相对湿度 φ 变小。

(二) 湿空气的典型过程

1. 空气调节装置工作概况

空气调节装置中的主要设备有滤器、加热器、冷却器、加湿器和风机等,如图 1-221 所示。

夏季,加热器和加湿器停止工作,由风机将一部分舱室内的空气(称为回风)和外界新鲜空气(称为新风)混合吸入。混合风经滤器去掉灰尘后,进入壁面温度低于露点的冷却器进行降温去湿。然后把这种经过降温去湿的空气通入各舱室,以维持舱室内空气处于适宜状态。

冬季,冷却器停止工作,混合风进入加热器使温度升高,再向它喷水或喷水蒸气,使其含湿量增加。然后把这种经过升温加湿的空气通入各舱室,以维持舱室内的空气处于适宜状态。

可见,空气调节装置对空气的加工处理,就是对不同状态的湿空气升温或降温、加湿或去湿的过程。

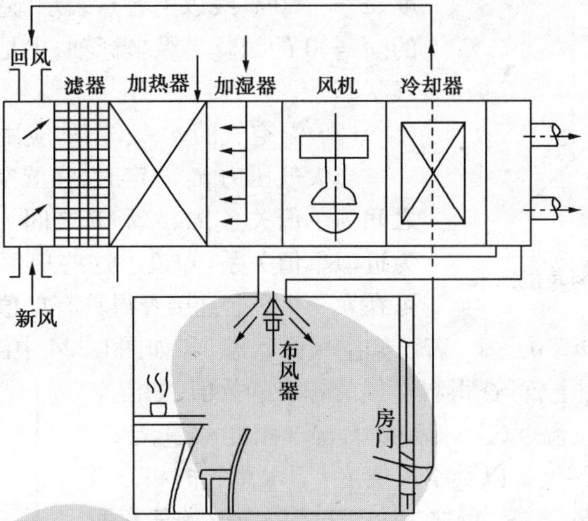

图 1-221 空气调节装置示意图

在冬季,由于舱室对外界放热以及室内居住人员的呼吸和湿物体所散发出的水蒸气,由空气调节装置送入室内的湿空气焓值下降,含湿量上升,是一个冷却加湿过程。

在夏季,由于外界对舱室加热以及室内居住人员的呼吸和湿物体所散发出来水蒸气,由空气调节装置送入室内的湿空气焓值和含湿量都上升,是一个焓、湿均增的过程。

在对湿空气加工处理时,往往需要分析湿空气的某些状态参数,并研究湿空气在设备中的状态变化过程。湿空气的 $h-d$ 图是研究湿空气状态变化不可缺少的工具,为此,在讨论湿空气的典型过程之前,先简单介绍湿空气的 $h-d$ 图。

2. 湿空气的 $h-d$ 图

(1) 湿空气的 $h-d$ 图的结构

常用的湿空气 $h-d$ 图是按大气压力(湿空气压力)p_b = 0.1013 MPa 作出的,不过气压稍有变化时,该图也可应用。湿空气 $h-d$ 图的横坐标为湿空气含湿量 d,纵坐标为湿空气比焓 h。为了使曲线清楚起见,纵坐标与横坐标的交角不是直角,而是 135°,但因通过坐标原点的水平线以下部分没有用,因此将斜角横坐标 d 上的刻度投影到水平轴上,如图 1-222 所示。

湿空气的 $h-d$ 图中绘有下列各曲线。

① 定焓线。湿空气的 $h-d$ 图中的定焓线为一束互相平行并与水平线成 45° 角的向右下方倾斜的直线,如图 1-222 所示。

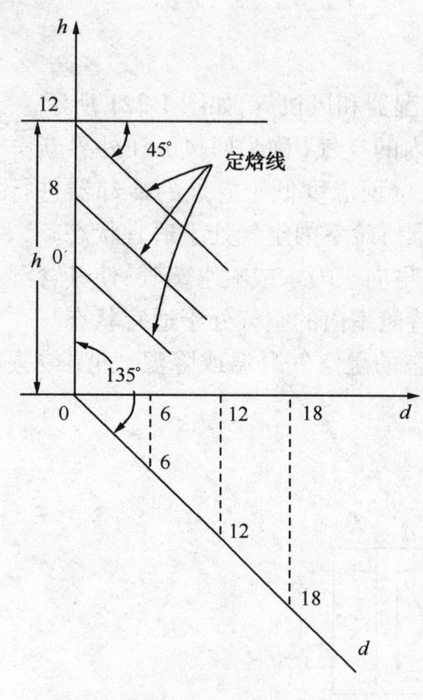

图 1-222　$h-d$ 图的斜角坐标系

② 定含湿量线。湿空气的 $h-d$ 图中的定含湿量线是一组与纵坐标轴平行的垂直线。

③ 定温线。湿空气的 $h-d$ 图中的定温线可以近似地认为是一束斜率基本相同的直线，如图 1-222 所示。但严格地说，温度越高，定温线的斜率越大。

④ 定相对湿度线。湿空气的 $h-d$ 图中的定相对湿度线是一束向上凸出的曲线，如图 1-223 所示。由于含湿量一定时，相对湿度随温度的降低而增大，所以定相对湿度线的值，自上而下逐渐增大，最下面一条定相对湿度线是极限情况，$\varphi=100\%$，表征湿空气处于饱和状态的相对湿度。$\varphi=100\%$ 线以上各点表示湿空气中的水蒸气是过热的。$d=0$ 的线就是纵坐标轴，也是 $\varphi=0$ 的线，表征干空气状态。

(2) 湿空气的 $h-d$ 图的应用

当大气压力 p_b 一定时，在湿空气的参数中，t、p_s 和 d_s 之间为单值关系，t_d、p_v 和 d 之间为单值关系，h 和 t_w 之间为近似单值关系。知道了这些单值关系中的一个参数，就可在 $h-d$ 图上直接查得具有单值关系的其他参数。

比如，在湿空气的 $h-d$ 图上，若已知空气的状态点（如图 1-224 中湿空气的 $h-d$ 图上的点 A），从湿空气的 $h-d$ 图上，可查得湿空气的各个参数值，如湿空气的焓 h、含湿量 d、空气温度（干球温度）t、湿球温度 t_w、露点 t_d、水蒸气分压力 p_v、相对湿度 φ 以及空气温度 t 下水蒸气饱和分压力 p_s 和饱和空气含湿量 d_s 等。反之，由已知的湿空气的任意两个相互独立的参数，就可在湿空气的 $h-d$ 图上确定湿空气的状态点，进而查得湿空气的其他参数。例如，已知某未饱和空气的干球温度 t 和湿球温度 t_w，在湿空气的 $h-d$ 图上，如图 1-224 所示，先分别找出 t 和 t_w 所对应的定温线，然后找出 t_w 的定温线与 $\varphi=100\%$ 的定相对湿度线的交点，过该交点作定焓线与 t 的定温线相交于点 A，点 A 即为该未饱和空气的状态点，进而可查该未饱和空气的其他参数。过状态点 A 作等含湿量线（垂线）与 $\varphi=100\%$ 的定相对湿度线的交点所对应的温度，即为该未饱和空气的露点 t_d。

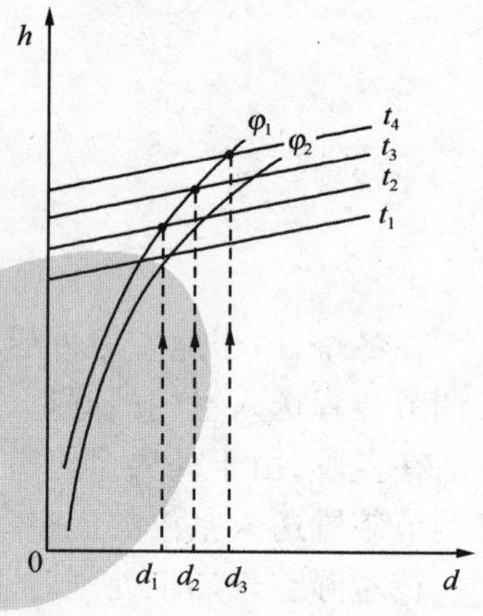

图 1-223　$h-d$ 图上的定温线与定相对湿度线

显然，将湿空气状态变化过程表示在湿空气的 $h-d$ 图上，就可以方便地分析和计算湿空气参数的变化、加热与放热量、加湿与去湿量等。

3. 湿空气的混合过程

船舶上常将一部分舱室内的空气与外界新鲜空气混合后，由通风机吸入，经空气调节设备处理后，再送入舱室。这样要比只从外界吸入新风经济得多。例如，冬天室内的空气温度比室外高，混合后，可使加热器消耗的蒸汽量减少；而在夏天，因为使用空气调节装置，室内空气温度低于外界空气温度，吸入部分回风与新鲜空气混合后，可减少制冷装置的热负荷，节约能量。

如图 1-225 所示，在湿空气的 $h-d$ 图上，设已知新风的状态为点 $1(h_1,d_1)$，其干空气质量

为 $m_{a,1}$，回风的状态为点 $2(h_2,d_2)$，其干空气质量为 $m_{a,2}$。设混合后的状态为点 $3(h_3,d_3)$，通过对混合前后干空气质量、水蒸气质量和湿空气焓值的分析可得

$$\frac{d_3-d_1}{d_2-d_3}=\frac{h_3-h_1}{h_2-h_3}=\frac{m_{a,2}}{m_{a,1}}$$

可见，在湿空气的 $h-d$ 图上，从新风状态到混合风状态的 1－3 过程与从回风状态到混合风状态的 2－3 过程具有相同的斜率，状态点 3 一定在状态点 1 和状态点 2 两点所连的直线上。状态点 3 在状态点 1 到状态点 2 直线上的位置取决于回风量（回风的干空气质量）$m_{a,2}$ 与新风量（新风的干空气质量）$m_{a,1}$ 的比值。

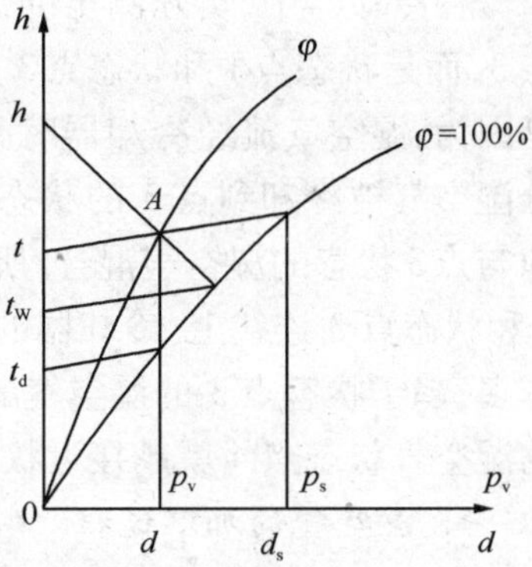

图 1-224　湿空气在 $h-d$ 图上的状态点及各参数

当回风量 $m_{a,2}$ 等于新风量 $m_{a,1}$ 时，状态点3 位于线段1－2 的中点。回风量 $m_{a,2}$ 大于新风量 $m_{a,1}$ 时，状态点 3 靠近回风状态点 2

$$\frac{m_{a,2}}{m_{a,1}}=\frac{d_3-d_1}{d_2-d_3}=\frac{\text{线段 13 的长度}}{\text{线段 23 的长度}}$$

因此，若需确定混合后湿空气的状态参数时，只要先在湿空气的 $h-d$ 图上确定参与混合的回风和新风两个状态点，然后把这两个状态点连成直线，再根据回风量（回风的干空气质量）与新风量（新风的干空气质量）的比值，即可确定混合后的状态点。

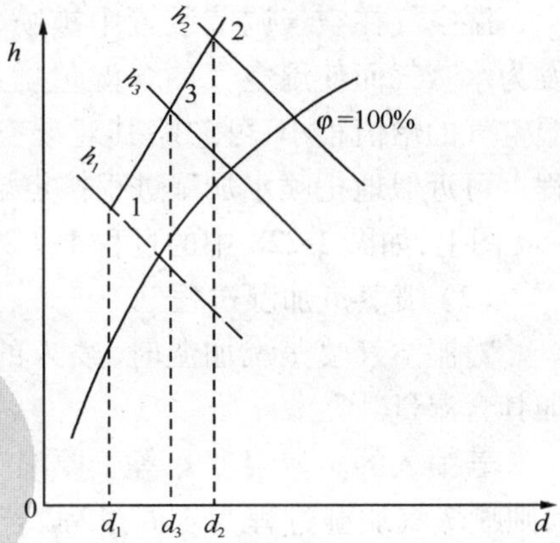

图 1-225　混合后湿空气的状态点

4. 湿空气的加热过程与冷却过程

（1）湿空气的加热过程

冬季，混合后的湿空气经过加热器被定压加热时，由于其中的水蒸气质量未变，这一过程为定含湿量过程，如图 1-226 所示，在湿空气的 $h-d$ 图上用垂线 1－2 表示。

湿空气被定压加热时，因为含湿量 d 和湿空气压力 p_b 不变，所以湿空气中水蒸气的分压力 p_v 和露点 t_d 都不变。此外，在定含湿量过程中，由于其中的水蒸气的质量和分压力不变，湿空气的潜热也没有变化，外界加给湿空气的热量全部用来增加其显热（表现为湿空气的温度升高），所以，定含湿量过程也是定潜热过程。湿空气被定压加热后，湿空气的温度 t 升高，但相对湿度 φ 减小。

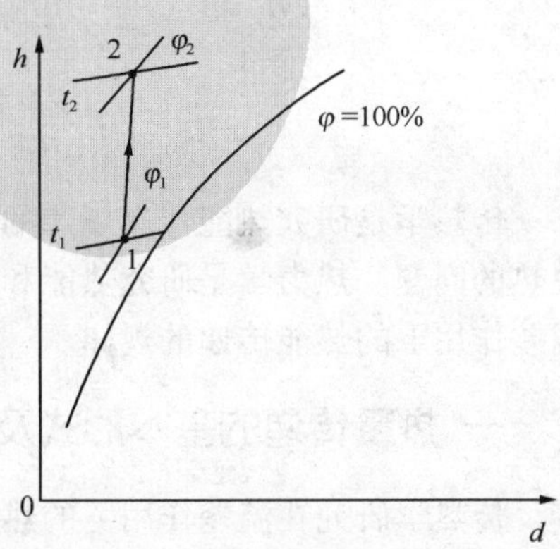

图 1-226　湿空气的加热过程

（2）湿空气的冷却过程

夏季，混合后的湿空气经冷却器冷却时，如图1-227 所示，若冷却器壁面温度为 t_2 高于该湿空气露点温度 t_d（即图 1-227 中的 t_2'），则该冷却过程为定含湿量过程，即图 1-227 中的 1－2 过程线。

若冷却壁面温度 t_3 低于湿空气露点温度 t_d（即图 1-227 中的 t_2'），则该冷却过程按图 1-227 中 1－2′－3 进行，湿空气中水蒸气就有一部分凝结成水而泄走，致使湿空气的含湿量 d 减小。这种冷却过程就不是定含湿量过程，而是一种焓、湿均减的过程。

在冷却器中,实际测出的出口状态参数并不是状态点3,而是状态点1和状态点3连线上的某一状态点4。这是因为,湿空气流经冷却器时只有贴近壁面流动的一部分湿空气被冷却到点3的状态,其余部分湿空气则不断地与点3状态的湿空气混合。所以状态点4必然在状态点1和状态点3连线上。冷却器的管距越小,管中纵向排数越多,趋于状态点3的湿空气的量就越多,冷却器出口处的湿空气状态点4就越接近状态点3。

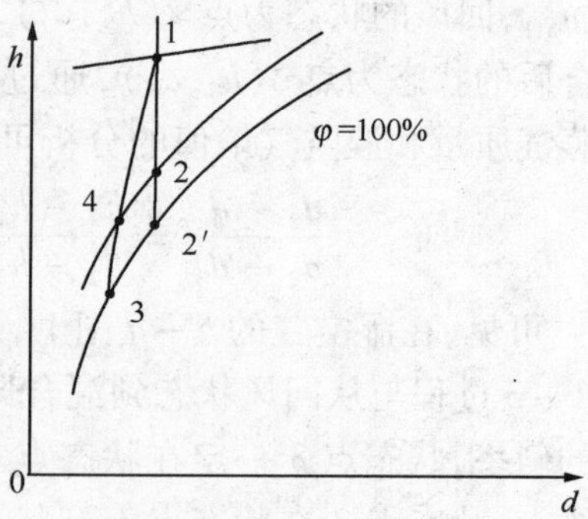

图1-227　湿空气的冷却过程

5. 湿空气的加湿过程

湿空气经加热器加热后,因相对湿度降低而变得干燥,因此需要进行加湿处理。空气调节装置中的加湿过程可分为喷水加湿和喷蒸汽加湿两种。

(1) 喷水加湿过程

湿空气在空气调节装置中被喷水加湿时,喷入的水则蒸发为水蒸气而使湿空气的含湿量增加。由于随加入的水带进湿空气的焓值很小,可忽略其对湿空气焓值的影响,因此,工程上可近似地把喷水加湿过程按定焓过程处理,在湿空气的 $h-d$ 图上,如图1-228中的过程1-2所示。

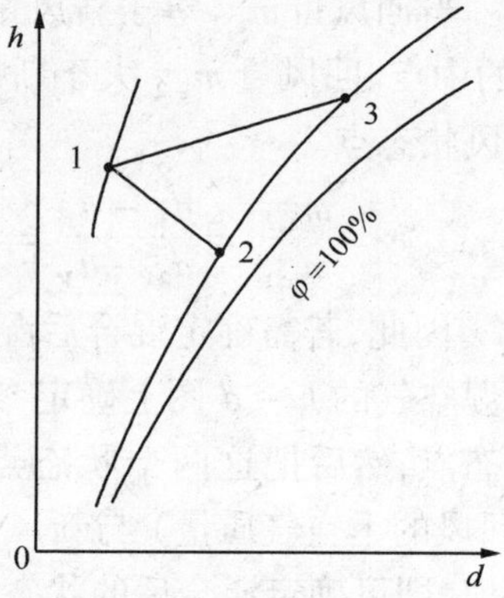

图1-228　湿空气的加湿过程

(2) 喷蒸汽加湿过程

对湿空气喷蒸汽加湿时,喷入的蒸汽直接进入湿空气增加其含湿量。

若喷入的蒸汽温度 t_v 等于原湿空气的干球温度 t,即 $t_v=t$,则喷蒸汽加湿过程为定温过程。若 $t_v \neq t$,由于在空调范围内,喷入的蒸汽温度 t_v 不是很高,所以喷入的蒸汽的温度对原湿空气的温度影响很小,因此,工程上可近似地把喷蒸汽加湿过程按定温过程处理,在湿空气的 $h-d$ 图上,如图1-228中过程1-3所示。

第四节　传热学

传热学是研究热能传递规律的一门科学。热力学和传热学是从两种不同的角度来研究有关热的问题。热力学是研究热能和其他形式能量之间相互转换的规律,而传热学则是研究在温差作用下的热能传递的规律。

一、热量传递的基本形式及特点

传热学研究在温差作用下的热量传递的规律,传热学的研究对象是热量的传递过程。根据热力学第二定律,热量可以自发地由高温物体向低温物体传递,所以,只要有温差存在,就有热量传递的发生,就有热量自发地由高温物体传向低温物体,或者从物体的高温部分传向低温部分。在传热学中,通常用热流量和热流密度来衡量一个传热过程的传热量。单位时间内通过某截面积的热量,称为热流量,用符号 Q 表示,单位为瓦(W)。通过单位面积的热流量,称为热流密度,用符号 q 表示,单位为瓦/平方米(W/m^2)。

本部分介绍热传导、热对流和热辐射等热传递的三种基本方式以及导热、对流换热、辐射换热等热量传递的三个基本过程。

(一)热传递的基本方式及特点

尽管热传递现象是相当复杂的,但是,按照热传递过程中物质运动的特点,热传递可分为三种基本方式:热传导、热对流和热辐射。

1. 热传导

不同温度的物体之间通过直接接触,或同一物体不同温度的各部分之间,当没有宏观相对位移时,由分子、原子或自由电子等微粒的热运动来传递热能,这种热传递方式称为热传导。

2. 热对流

温度不同的流体与固体壁面之间,或流体中不同温度的各部分之间,由流体微团的宏观相对位移来传递热能,这种热传递方式称为热对流。

3. 热辐射

当物体温度高于绝对零度时,物体由于具有一定温度而向外放射辐射能,辐射能通过电磁波向外传播。物体将热能转化为辐射能向外放射,以电磁波的形式传递热能,这种热传递方式称为热辐射。

(二)热传递的基本过程和特点

工程实际中的热量传递过程是多种多样的,但热量传递有三种基本的热传递过程,即导热过程、对流换热过程和辐射换热过程。任何一个传热过程都可以看做是它们的某种组合,它们的热传递特性决定了任何一个传热过程的效果。

1. 导热过程

物体各部分之间不发生相对位移时,由分子、原子或自由电子等微观粒子的热运动而进行的热量传递过程称为导热过程。

只要有温度差,无论固体、液体或气体中都会有导热现象。同理,在固体与液体、固体与气体以及液体与气体的界面上也有导热现象。通常在固体中才有纯热传导方式的热传递过程,而在气体和液体中的热传递过程通常伴随有流体宏观微团的热对流。

(1)物体的导热系数

导热系数是表明物体导热能力的物理量,用符号 λ 表示表示,单位为瓦/米·开[W/(m·K)]。

不同物质的导热系数 λ 值差异很大。以物质的种类来区分,导热系数 λ 值的大小以金属为最大,非金属固体次之,液体更次之,而气体为最小。其中,银的导热系数 λ 值最大,银的导热系数 λ 值为418 W/(m·K);而哥罗仿气体的导热系数 λ 值最小,哥罗仿气体的导热系数 λ 值为0.006 W/(m·K)。

各种物质的导热系数 λ 值都是温度的函数。但由于物质的结构、相对密度、湿度的不同,有些物质的导热系数 λ 值随温度上升而增大,有些物质的导热系数 λ 值却随温度的上升而下降。水在0 ℃到120 ℃范围内,导热系数 λ 值随温度升高而增大;而在120 ℃到1 300 ℃范围内,导热系数 λ 值却随温度的升高而减小。

但大多数物质的导热系数 λ 值随温度的变化都有一定的规律性。总体来说,金属的导热系数 λ 值随温度升高而减小,非金属固体的导热系数 λ 值随温度升高而增大,液体的导热系数 λ 值随温度升高而减小,气体的导热系数 λ 值随温度升高而增加。

多孔性物质的导热系数 λ 值是固体与空隙内气体的导热系数 λ 值的组合值,因此与其密度 ρ 有关。例如冰的导热系数 λ 值为2.22 W/(m·K),空气的导热系数 λ 值为0.024 W/(m

·K)，而密度为 50 ~ 250 kg/m^3 的雪或霜，其导热系数 λ 值为 0.03 ~ 0.175 W/(m·K)。

大多数建筑用材和隔热的热绝缘材料的气隙或小孔是对外开口的，很易因毛细管作用而吸湿受潮。在小孔中吸有水分后，其导热系数 λ 激剧增大，这是因为水分的质传递方向与导热方向一致的缘故。例如，干砖的导热系数 λ 值为 0.349 W/(m·K)，水的导热系数 λ 值为 0.58 W/(m·K)，而湿砖的导热系数 λ 值则为 1.05 W/(m·K)。

(2) 平壁导热

对于单层平壁导热，若平壁的长和宽都比厚度 δ 大得多，并且其两侧表面分别保持着温度 t_1 和 t_2，则热量沿着壁面的法线方向传导，即温度只随垂直于壁面的 x 轴变化，这是一维的温度场，如图 1-229 所示。在离左侧壁面 x 处，取厚度为 dx、温差为 dt 的微薄层进行理论分析，可得：平壁内温度为直线分布，且通过平壁的导热热流量 Q 为

$$Q = \frac{\lambda A}{\delta}(t_1 - t_2)$$

与电路中的欧姆定律相类比，此式也可写为

$$Q = \frac{t_1 - t_2}{\dfrac{\delta}{\lambda A}} = \frac{\Delta t}{R_\lambda}$$

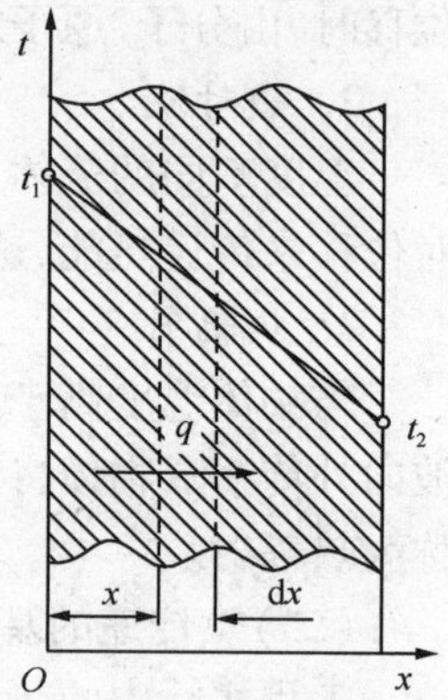

图 1-229 单层平壁导热

与电流、电位差（电压）、电阻相类比，Q 为导热热流量、$\Delta t = (t_1 - t_2)$ 为平壁两侧的温差（也称为温压）、$R_\lambda = \dfrac{\delta}{\lambda A}$ 称为导热热阻，热阻的单位为 K/W。

由若干层不同材料所组成的复合壁称为多层壁。图 1-230 所示为三种不同材料组成的三层平壁，各层厚度分别为 δ_1、δ_2、δ_3，导热系数分别为 λ_1、λ_2、λ_3，两侧壁面的温度分别为 t_1 和 t_4。假定层与层紧贴在一起，且不计层间的接触热阻，则其温度变化线为三段直线所组成的折线。

由单层平壁的热流量计算式可写出各层平壁的热流量，在稳态工况下，各层平壁的热流量均相等，且等于多层平壁的热流量，于是可得稳态工况下多层平壁热流量为

$$Q = \frac{t_1 - t_4}{R_{\lambda 1} + R_{\lambda 2} + R_{\lambda 3}} = \frac{\Delta t}{R_\lambda}$$

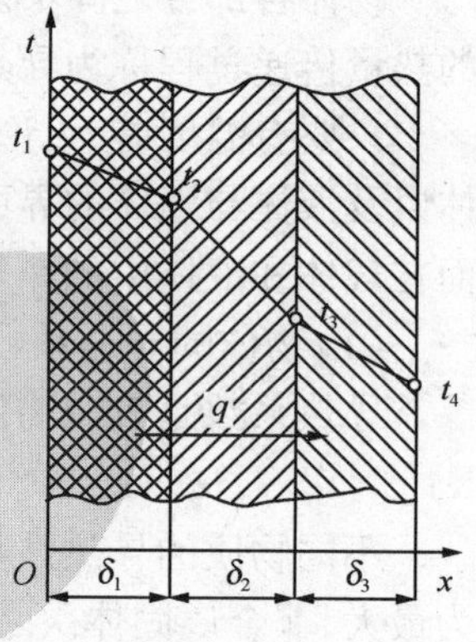

图 1-230 多层平壁导热

式中，$\Delta t = (t_1 - t_4)$ 为多层平壁的总温差；$R_\lambda = R_{\lambda 1} + R_{\lambda 2} + R_{\lambda 3}$ 为多层平壁的导热总热阻，即

$$R_\lambda = R_{\lambda 1} + R_{\lambda 2} + R_{\lambda 3} = \frac{\delta_1}{\lambda_1 A} + \frac{\delta_1}{\lambda_2 A} + \frac{\delta_1}{\lambda_3 A}$$

与串联电路的总电阻为分电阻之和相类似，多层平壁的导热总热阻亦是各层热阻之和。

(3) 圆筒壁导热

在工程中经常遇到圆筒壁的导热问题。已知圆筒壁内壁温度 t_1 和外壁温度 t_2，筒壁的内半径 r_1 和外半径 r_2 以及壁材的导热系数 λ 值，就可以求得导热量。

图 1-231 为单层圆筒壁的立体图，其等温面都是和圆筒同轴的圆柱面，导热只沿半径方向进行，因此在极坐标图上，圆筒壁的导热问题只是沿 r 轴的一维导热问题。

在半径 r 处取一厚度为 dr、长度为 1 m 的薄壁圆筒进行研究，经理论分析，可得通过单位长

度圆筒壁的导热热流量 q_1 为

$$q_1 = \frac{t_1 - t_2}{\frac{1}{2\pi\lambda}\ln\frac{r_2}{r_1}} = \frac{t_1 - t_2}{\frac{1}{2\pi\lambda}\ln\frac{d_2}{d_1}} = \frac{t_1 - t_2}{r_1} \quad \text{W/m}$$

式中，$r_1 = \frac{1}{2\pi\lambda}\ln\frac{d_2}{d_1}$ 为每米管长的导热热阻。

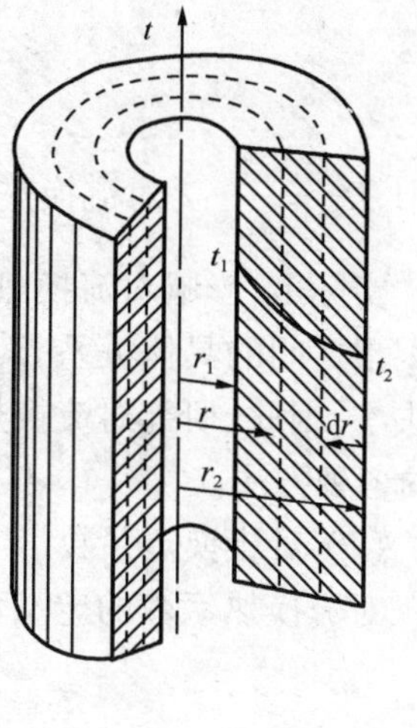

图 1-231　单层圆筒壁的导热

在工程上也经常遇到多层圆筒壁的导热问题。例如，锅炉中的管子，管外有烟灰层，管内有水垢，这就形成了三层圆筒壁，如图 1-232 所示。设各层壁面的温度分别为 t_1、t_2、t_3、t_4，各层的半径为 r_1、r_2、r_3、r_4，各层的导热系数分别为 λ_1、λ_2、λ_3。按多层平壁热阻相加为总热阻的原理来进行计算，可得多层圆筒壁的导热计算公式为

$$q_1 = \frac{t_1 - t_4}{\frac{1}{2\pi\lambda_1}\ln\frac{r_2}{r_1} + \frac{1}{2\pi\lambda_2}\ln\frac{r_3}{r_2} + \frac{1}{2\pi\lambda_3}\ln\frac{r_4}{r_3}}$$

$$= \frac{t_1 - t_4}{r_{11} + r_{12} + r_{13}} \quad \text{W/m}$$

对于薄壁圆筒，完全可按展开了的平壁来计算。经计算证明，当圆筒壁外径 d_2 与内径 d_1 之比 $\frac{d_2}{d_1} < 2$ 时，若按平壁计算，其误差不超过 4%；当 $\frac{d_2}{d_1} < 1.3$ 时，其误差不超过 0.5%。对于锅炉中的管子、冷凝器中的管子以至汽缸壁，都可以用平壁公式来计算。

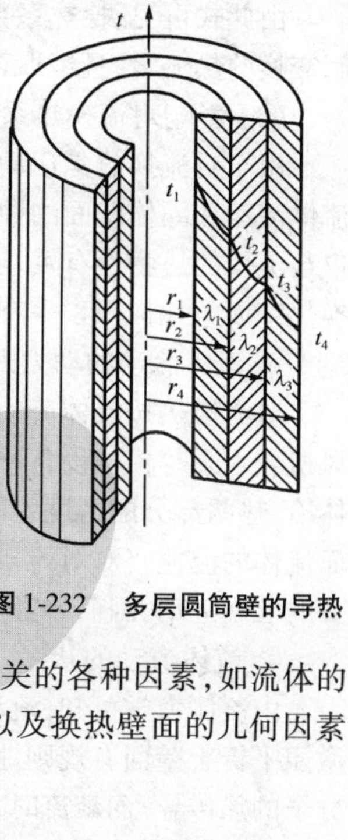

图 1-232　多层圆筒壁的导热

2. 对流换热过程

运动着的流体与固体壁面之间的热传递过程，称为对流换热过程。对流换热是热对流和热传导两种热传递基本方式同时起作用的一种复杂的热传递过程。因此，对流换热过程远比导热过程复杂。

由于对流换热是运动着的流体与固体壁面之间的热传递，因此，不仅是流体与固体壁面的温差和固体壁面与流体的接触面积（换热面积）影响着对流换热量，而且一切与流体流动和固体壁面有关的各种因素，如流体的热物性、流体流动的动力因素、流体流动的状态、换热壁面的热状态以及换热壁面的几何因素等，也都影响着对流换热的效果。

（1）牛顿冷却公式

1707 年，英国物理学家牛顿提出了对流换热过程的计算公式——牛顿冷却公式，即

$$Q = \alpha A(t_w - t_f) \quad \text{W}$$

式中，Q 为对流换热热流量，单位为瓦（W）；α 为对流换热系数，单位为瓦每平方米开[W/(m^2·K)]；A 为对流换热面面积，单位为平方米（m^2）；t_w 为固体壁面的温度，单位为开（K）；t_f 为流体的温度，单位为开（K）。

此式也可写成热阻的形式

$$Q = \frac{t_w - t_f}{\frac{1}{\alpha A}} = \frac{t_w - t_f}{R_a} \quad \text{W}$$

式中，$R_a = \frac{1}{\alpha A}$ 为对流换热热阻。

实际上，影响对流换热过程的因素很多。牛顿冷却公式并没有给出对流换热热流量 Q 与影响因素之间的具体关系。其实，牛顿冷却公式只是将对流换热的复杂性转移到对流换热系数 α 上去了。因此，研究对流换热就要分析影响对流换热系数 α 的各种因素以及求解对流换热系数 α 的各种方法。

(2) 对流换热系数

对流换热系数的定义可由牛顿冷却公式得到，即

$$\alpha = \frac{Q}{A\Delta t} \quad \text{W/(m}^2 \cdot \text{K)}$$

式中，$\Delta t = |t_w - t_f|$ 为固体壁面温度 t_w 与流体温度 t_f 之间温差的绝对值；Q 为热流量，约定恒取正值；α 为对流换热系数，简称换热系数，其单位为瓦/平方米·开[W/(m^2·K)]。

由此式可见，换热系数 α 在数值上等于流体与壁面温差为 1 K 时，单位壁面面积与流体之间交换的热流量，且恒取正值。

(3) 影响对流换热系数的主要因素

由于对流换热是运动着的流体与固体壁面之间热传递，因而除两者的温差之外，一切有关流体流动和固体壁面的种种因素，也都将影响换热系数的大小。所以，对流换热系数的大小不仅与流体的热物性有关，还与流体流动的动力因素、流体流动的状态、换热壁面的热状态以及换热壁面的几何因素等有关。

① 流体流动的动力因素。流体流动的动力因素是指流体运动产生的原因。

对流换热按流体流动的动力因素可分为强迫对流和自然对流两大类。强迫对流是指由于风机或水泵等机械设备所产生的外力迫使流体相对于壁面而产生的运动；自然对流则是由流体冷、热两部分的密度差所产生的浮升力而引起。强迫对流时，整个流体有整齐的宏观运动，因而流体的流速将对对流换热系数 α 的大小产生很大的影响。而自然对流时，流体内部不存在整齐的宏观运动，因而浮升力的大小则是影响对流换热系数 α 大小的主要因素。

② 流体流动的状态。流体流动的状态是指流动的形态或结构。

由流体力学可知，流动状态有层流、紊流以及处于两者之间的过渡状态。层流时，由于流体微团平行于壁面有规则地成层状运动，没有横向脉动，因而沿壁面法线方向的热传递只能依靠分子的热传导。而紊流时，流体微团除沿主流方向运动外，还存在强烈的横向脉动，因而沿壁面法线方向的热传递不仅依靠分子的热传导，而且还依靠流体微团的横向脉动，并且以后者为主。由此可见，热传递在层流和紊流中的机理是不同的。显然，流动状态也是影响对流换热系数 α 大小的主要因素。

③ 流体的热物性。对流换热是流体内部的热传导和流体微团传递能量的复合过程，因此，流体本身的热物性对对流换热系数 α 的大小有很大的影响。影响对流换热系数 α 的流体热物性参数主要有：导热系数 λ、比热 c、动力黏度 μ 和密度 ρ 等。

④ 换热壁面的热状态。换热壁面的热状态是指壁温 t_w 的大小，它对对流换热系数 α 的影响，可用下面两种情况予以说明。

◆ 液体有相变。当壁温 t_w 明显高于周围液体的饱和温度 t_s 时，壁面上会形成大量气泡而发生汽化沸腾现象，这是有相变的对流换热过程。有相变时，传递的热量包含了液体的潜热，而且气泡的运动对液体也会产生强烈的扰动。因此，对流换热的机理则更为复杂。与无相变时比较，对流换热系数 α 要大得多。

◆ 液体无相变。若壁温 t_w 与流体温度 t_f 相差甚大，则要考虑大温差所引起的流体内部各部分热物性参数的不同对对流换热系数 α 的影响。

⑤ 换热壁面的几何因素。换热壁面的形状、大小以及相对于流动方向的位置等均为换热壁面的几何因素。壁面的几何因素不同，流体的流动情况也随之变化，从而引起对流换热系数 α 的变化。例如，流体横掠过不同断面或不同直径的管道时就会具有不同的对流换热系数 α。即使流过同样断面和大小的管道，当流动方向与管轴线夹角不同时，对流换热系数 α 也会不同。

(4) 确定对流换热系数的方法

到目前为止，确定对流换热系数 α 的方法主要有三种，即数学分析法、实验法和类比法。但由于对流换热过程的复杂性，使得这三种方法各有其优缺点和适用范围，不能依靠一种方法去求解各种类型的对流换热问题。

(5) 平壁的对流换热

如图 1-233 所示，假定有一平壁，平壁左侧的面积为 A_1，平壁右侧的面积为 A_2。温度为 t_{f1} 的热流体在平壁的左侧流过，温度为 t_{f2} 的冷流体在平壁的右侧流过。热流体侧壁面的温度为 t_{w1}，冷流体侧壁面的温度为 t_{w2}。设在热流体一边的对流换热系数为 α_1，冷流体一边的对流换热系数为 α_2。

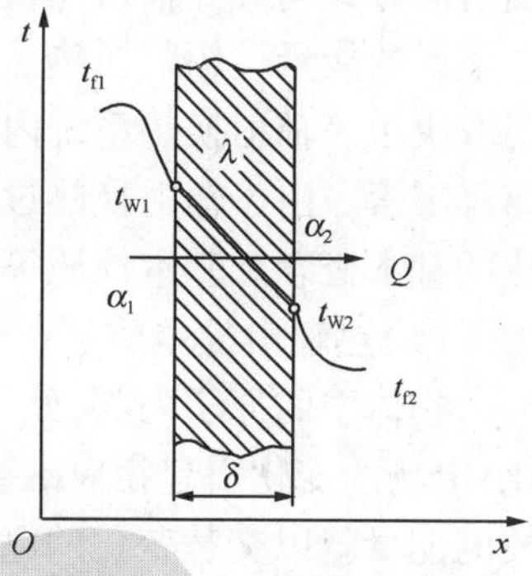

图 1-233 平壁的对流换热

热流体将热量传递给平壁左侧壁面的过程为对流换热过程，其热流量 Q_1 为

$$Q_1 = \alpha_1 A_1 (t_{f1} - t_{w1}) = \frac{t_{f1} - t_{w1}}{\frac{1}{\alpha_1 A_1}} = \frac{t_{f1} - t_{w1}}{R_{a1}}$$

式中，$R_{a1} = \frac{1}{\alpha_1 A_1}$ 为左侧壁面的对流换热热阻。

同样，平壁右侧壁面将热量传递给冷流体的过程也为对流换热过程，其热流量 Q_2 为

$$Q_2 = \alpha_2 A_2 (t_{w2} - t_{f2}) = \frac{t_{w2} - t_{f2}}{\frac{1}{\alpha_2 A_2}} = \frac{t_{w2} - t_{f2}}{R_{a2}}$$

式中，$R_{a1} = \frac{1}{\alpha_1 A_1}$ 为右侧壁面的对流换热热阻。

在稳定工况时，$Q_1 = Q_2 = Q$。

(6) 圆筒壁的对流换热

假定有一长为 l、内径为 d_1、外径为 d_2 的圆管，温度为 t_{f1} 的热流体在管内流过，温度为 t_{f2} 的冷流体在管外流过，内外壁面的温度分别为 t_{w1} 和 t_{w2}。在热流体一边的换热系数为 α_1，冷流体一边的换热系数为 α_2，如图 1-331 所示。

热流体侧，热流体传给每米管子内壁的热量 q_{l1} 为

$$q_{11} = \frac{Q_1}{l} = \alpha_1 \pi d_1 (t_{f1} - t_{w1}) = \frac{t_{f1} - t_{w1}}{\frac{1}{\alpha_1 \pi d_1}} = \frac{t_{f1} - t_{w1}}{r_{\alpha 11}}$$

式中，$r_{\alpha 11} = \frac{1}{\alpha_1 \pi d_1}$为热流体侧每米管长的对流换热热阻。

同样，冷流体侧，每米管子外壁传给冷流体的热量q_{12}为

$$q_{12} = \frac{Q_2}{l} = \alpha_2 \pi d_2 (t_{w2} - t_{f1}) = \frac{t_{w2} - t_{f2}}{\frac{1}{\alpha_2 \pi d_2}} = \frac{t_{w2} - t_{f2}}{r_{\alpha 12}}$$

式中，$r_{\alpha 12} = \frac{1}{\alpha_2 \pi d_2}$为冷流体侧每米管长的对流换热热阻。

在稳定工况时，$q_{11} = q_{12} = q_1$。

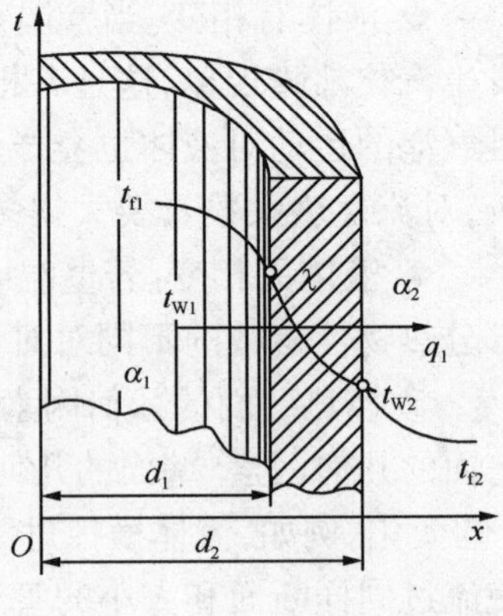

图 1-234　圆筒壁的对流换热

3. 辐射换热过程

不同温度的物体之间，依靠热辐射方式进行的热传递过程，称为辐射换热过程。

热辐射是热量传递的三种基本方式之一。任何温度高于 0 K 的物体，每时每刻都在以热辐射的方式向外界辐射能量。与此同时，物体又在每时每刻接受其他物体以热辐射的方式向它辐射的能量。辐射换热是物体之间以热辐射方式进行热量交换的总的效果。辐射换热的强弱取决于该辐射换热系统内有关物体表面的形状、温度、发射率以及它们之间的相对位置、距离等因素。由于辐射换热过程的分析和计算较为复杂，下面仅简单介绍有关热辐射及辐射换热的基本概念和基本性质等。

(1)热辐射的本质

物体中的原子内部，处于束缚态的电子从高能态能级向低能态能级跃迁时，使电场发生变化；电场的变化引起相应磁场的变化；而磁场的变化又激起电场的变化。这样，电子跃迁所释放的能量就以交替变化的电磁波向四周放射出去，这种能量就叫做辐射能。因此，辐射能是原子内部复杂激动的结果。可见物体的温度只要高于绝对零度，它便不可避免地发射出辐射能，物体的温度越高则发射的辐射能量越多。由于电磁波的传播是以光速进行的，而又不需要任何中间介质，因此，热辐射是不依赖任何介质、用电磁波来传递热能的一种热传递方式，辐射换热是可以在真空中以光速进行的热传递过程。

电磁波包括波长从 10^{-8} μm 到几 km 的各种波。根据不同波长范围的电磁波效应和用途，人们把它们分为宇宙射线、γ 射线、X 射线、紫外线、可见光、红外线和无线电波等，如图 1-235所示。热射线的波长主要位于0.4 ~100 μm 的范围内，其中包括可见光（波长为0.4 ~0.7 μm）和红外线的一部分（波长为0.7 ~25 μm 的近红外线和波长为 25 ~100 μm 的远红外线）。

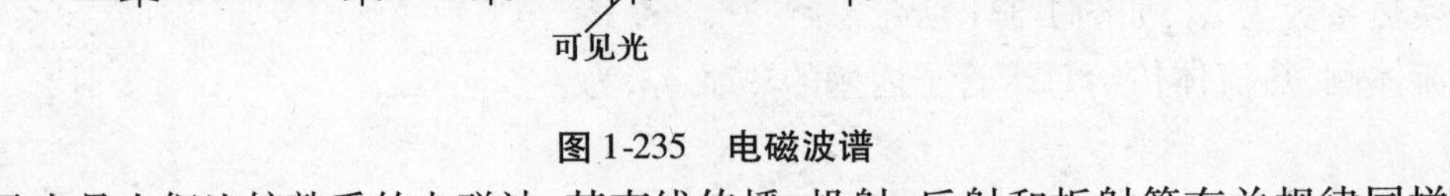

图 1-235　电磁波谱

可见光是人们比较熟悉的电磁波，其直线传播、投射、反射和折射等有关规律同样适用于

热射线。但是,由于波长不同,可见光和一般工程上的热射线在某些情况下将表现出不同的特性,不能混淆。

(2)物体的吸收比、反射比和穿透比

当辐射能 Q 投射到一个物体上时,一般说来,部分能量 Q_α 被物体吸收,部分能量 Q_ρ 被物体反射,其余能量 Q_τ 透过物体,如图 1-236 所示,因此,根据能量平衡,有

$$Q_\alpha + Q_\rho + Q_\tau = Q$$

上式也可写成

$$\frac{Q_\alpha}{Q} + \frac{Q_\rho}{Q} + \frac{Q_\tau}{Q} = 1$$

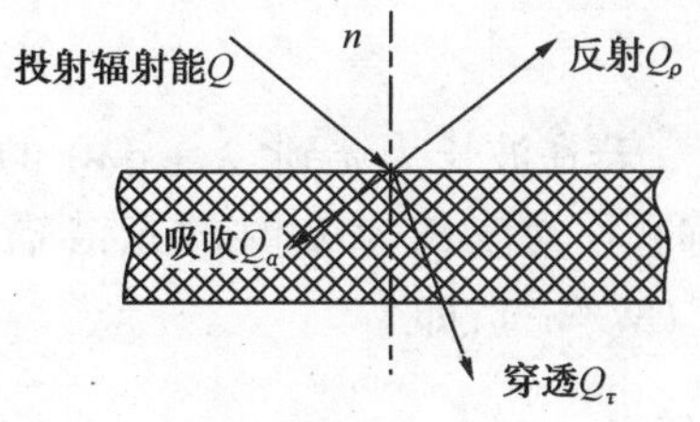

图 1-236 辐射能的吸收、反射和透射

式中,Q_α/Q 称为物体的吸收比,用 α 表示;Q_ρ/Q 称为物体的反射比,用 ρ 表示;Q_τ/Q 称为物体的穿透比,用 τ 表示。因此

$$\alpha + \rho + \tau = 1 \tag{1-51}$$

对红外线来说,吸收比主要取决于物体表面的粗糙度,无论物体表面是什么颜色,无论物体表面是平滑面还是磨光面,其反射比都要比粗糙面高好几倍。这是因为红外线射到凸凹不平的壁面上会形成多次反射和吸收,使总的吸收量增大。对红外线来说,黑漆、白漆与黄漆等,其吸收比均为 0.90 ~ 0.95。

而对可见光来说,物体表面颜色的深浅对可见光的吸收比影响较大。比如对太阳辐射,由于可见光约占一半的能量,所以黑漆的吸收比为 0.96,而白漆的吸收比仅为 0.12 ~ 0.16。

实践证明,气体对于辐射能几乎不反射。因此,气体的反射比 $\rho = 0$,所以 $\alpha + \tau = 1$。而当辐射能投射到固体或液体的表面时,在进入表面很小距离内即被吸收完毕。例如,金属导体的该距离仅为 1 μm 的数量级,非导体的该距离也仅为 1 mm 左右。因而,可以认为固体和液体的穿透比 $\tau = 0$,其 $\alpha + \rho = 1$,这说明:凡是善于吸收的物体(α 比较大),就不善于反射(ρ 比较小);善于反射的物体,则不善于吸收。

(3) 绝对黑体、绝对白体与绝对透明体

由式(1-51) 可知,如果某物体的吸收比为 1,即 $\alpha = 1$,则该物体的反射比和穿透比必为零,即 $\rho = 0$、$\tau = 0$。这说明所有落在物体上的辐射能全部被该物体吸收,没有被反射和穿透的能量,这一类物体称为"绝对黑体",简称为"黑体"。

同样,如果某物体的反射比为 1,即 $\rho = 1$,则该物体的吸收比和穿透比必为零,即 $\alpha = 0$,$\tau = 0$。这说明所有落在物体上的辐射能全部被该物体反射,没有被吸收和穿透的能量,这一类物体称为"绝对白体",简称为"白体"。

如果某物体的穿透比为 1,即 $\tau = 1$,则该物体的吸收比和反射比必为零,即 $\alpha = 0$,$\rho = 0$。这说明所有落在物体上的辐射能全部穿透该物体,没有被该物体吸收和反射的能量,这一类物体称为"绝对透明体",简称为"透明体"。

自然界中并没有绝对黑体、绝对白体和绝对透明体,这些概念都是为了研究辐射现象的方便而假定的。绝对黑体对研究热辐射具有重要意义。绝对黑体是个理想化的概念,所有的物体表面在一定程度上都要反射一定数量的辐射能,所以一个完全的黑体是不存在的。然而,按照下述的方法,可以非常精确地构成一个黑体,称为"人工黑体"。

在传热学中,习惯上,凡是属于绝对黑体的一切量,都用下角标"b" 表示。

(4) 辐射力与光谱辐射力

单位时间内物体的单位表面积向半球空间所放射出去的从 $\lambda=0$ 到 $\lambda=\infty$ 的一切波长的辐射总能量称为辐射力，用符号 E 表示，单位为瓦/米²（W/m^2）。若某物体面积为 A，向半球空间所放射的能量为 Q，则辐射力 E 为

$$E=\frac{Q}{A}\quad W/m^2$$

若在波长为 λ 到（$\lambda+d\lambda$）的范围内，物体的辐射力为 dE，则 dE 除以该波长间隔 $d\lambda$ 所得的商，称为波长为 λ 时的光谱辐射力（也称为单色辐射力），用符号 E_λ 表示，单位为瓦/米³（W/m^3），即

$$E_\lambda=\frac{dE}{d\lambda}\quad W/m^2$$

（5）物体的发射率

辐射换热最重要的是确定实际物体的辐射力。实际物体的辐射力 E 与同温度下的绝对黑体的辐射力 E_b 之比值，称为实际物体的发射率（习惯上称为黑度），用符号 ε 表示，即

$$\varepsilon=\frac{E}{E_b}$$

实际物体的发射率表征着实际物体辐射力接近黑体辐射力的程度，它是分析和计算辐射换热的一个重要数据。同一物体的发射率随本身的温度 T 和表面状态（如粗糙度、氧化程度等）而异。工程上常用材料的发射率值可查有关手册。需要注意的是，同一材料的发射率值变化范围很大，由于表面状态不可能得到确切描述，所以引用这类数据时需多加斟酌。

（6）遮热板及其应用

由于辐射换热是通过电磁波来实现的，因此，只要用任何不能透过热射线的薄板都能有效地削弱辐射的热传递。这种能减少辐射换热的板称为遮热板。

图1-237为两表面1、2间插入遮热板3的示意图。分析计算表明，遮热板的发射率越低，辐射换热量减少的越多；在两表面间插入与表面1、2的发射率相等的薄板，其辐射换热量将减少一半。在实际工程中，为了有效地削弱辐射换热，通常采用发射率较低的金属薄板作为遮热板。

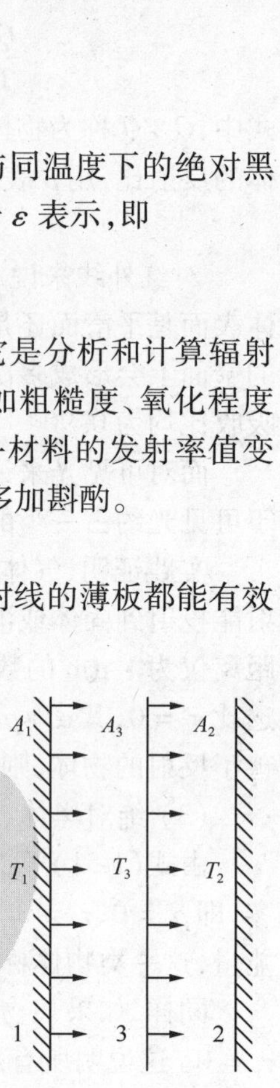

图1-237 遮热板

应用遮热板是削弱辐射换热的有效措施，在工程上被广泛采用。例如，在锅炉的炉门上装有减少辐射热损失的遮热板，以减少对锅炉工的热辐射并降低炉舱温度；在测量管道中的燃气温度时，在温度计外面套上遮热套可以减小测量误差；在一些高温管道外表包以多层铝箔制成的遮热板，以减少辐射热损失等。

遮热板之所以能减少辐射传热，是因为对受射物体来说，遮热板成了发射物体，而遮热板的温度低于原发射物体的温度；发射物体与受射物体间的温度降落，原来是一次降落的，有了遮热板就分为多次降落，这样传给受射物体的热量也就减少了。

二、传热过程

前面已分别讨论了热传导、热对流和热辐射三种基本热传递方式，以及导热、对流换热和辐射换热三种基本换热过程，并了解了它们的换热规律。但工程上，实际的传热过程大多是复杂的复合传热过程，比如肋壁传热、各类换热器中复杂流道流体间的传热等问题。本部分将在

前面介绍的三种基本换热过程的基础上，讨论三种工程上常见的通过平壁、通过圆筒壁和通过肋壁的传热过程。

（一）通过平壁的传热

如图1-238(a)所示，假定有一厚度为δ、材料导热系数为λ的平壁，平壁两侧的面积皆为A，温度为t_{f1}的热流体在平壁的左侧流过，温度为t_{f2}的冷流体在平壁的右侧流过，热流体侧壁面的温度为t_{w1}，冷流体侧壁面的温度为t_{w2}。设在热流体一边的对流换热系数为α_1，冷流体一边的对流换热系数为α_2。这是一种属于流体和壁内的温度只沿水平方向发生改变的一维稳态传热。

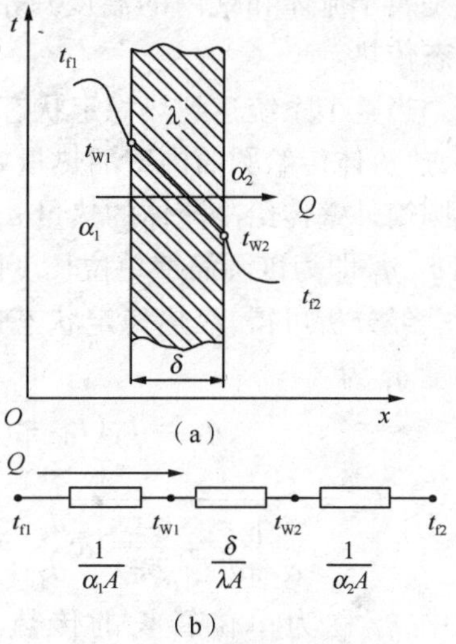

图1-238　通过平壁的传热

热流体将热量传递给平壁左侧壁面的过程为对流换热过程，其热流量Q_1为

$$Q_1 = \alpha_1 A(t_{f1} - t_{w1})$$

热量由平壁左侧壁面传递到平壁右侧壁面的过程为导热过程，其热流量Q_2为

$$Q_2 = \frac{\lambda A}{\delta}(t_{w1} - t_{w2})$$

平壁右侧壁面将热量传递给冷流体的过程为对流换热过程，其热流量Q_3为

$$Q_3 = \alpha_2 A(t_{w2} - t_{f2})$$

当整个系统达到热稳定状态时，$Q_1 = Q_2 = Q_3 = Q$，Q即为该平壁传热的传热量，由以上三式可得

$$Q = kA(t_{f1} - t_{f2}) \quad \text{W}$$

$$k = \frac{1}{\dfrac{1}{\alpha_1} + \dfrac{\delta}{\lambda} + \dfrac{1}{\alpha_2}} \quad \text{W/(m}^2\cdot\text{K)}$$

式中：k称为传热系数，单位为瓦／米^2·开[W/(m^2·K)]，它表示冷、热介质在单位温差下，每平方米传热面积在单位时间内所传递的热量（焦耳）。传热系数k越大，则传热越强烈，即热传递的速率越大。$(t_{f1} - t_{f2})$称为传热总温差。

上式也可以写成热阻的形式，即

$$Q = \frac{t_{f1} - t_{f2}}{R_k} \quad \text{W}$$

$$R_k = \frac{1}{kA} = \frac{1}{\alpha_1 A} + \frac{\delta}{\lambda A} + \frac{1}{\alpha_2 A} = R_{\alpha1} + R_{\lambda} + R_{\alpha2} \quad \text{K/W}$$

式中的R_k称为传热热阻，是该平壁传热过程的总热阻。

此式表明，平壁传热过程的总热阻等于平壁两侧换热分热阻与平壁导热分热阻之和。图1-238(b)为单层平壁传热的电路模拟网络图，图中给出了传热总热阻等于各分热阻之和的清晰概念。很显然，用网络图计算简洁明了。

若为多层平壁，则传热过程总热阻中的平壁导热分热阻应为各层导热热阻之和。

（二）通过圆筒壁的传热

如图1-239(a)所示，假定有一长为l、内径为d_1、外径为d_2的圆筒壁，圆筒壁材料的导热系数为λ；温度为t_{f1}的热流体在圆筒内流过，热流体与圆筒内壁面的换热系数为α_1，圆筒内壁面

的温度为 t_{w1}；温度为 t_{f2} 的冷流体在圆筒外流过，冷流体与圆筒外壁面的换热系数为 α_2，圆筒外壁面的温度为 t_{w2}。这一情况是属于流体和壁内的温度只沿半径方向发生改变的一维稳态传热。

当整个系统达到热稳定状态时，对单位长度的圆筒壁而言，热流体传给圆筒内壁的热量 q_{11}、通过圆筒壁的导热量 q_{12} 及圆筒外壁传给冷流体的热量 q_{13} 都相等，即 $q_{11} = q_{12} = q_{13} = q_1$，$q_1$ 即为该圆筒壁单位长度的传热量。

经分析可得，在热稳定状态时，该圆筒壁单位长度的传热量 q_1 为

$$q_1 = k_1(t_{f1} - t_{f2}) \quad \text{W/m}$$

$$k_1 = \frac{1}{\dfrac{1}{\alpha_1 \pi d_1} + \dfrac{1}{2\pi\lambda}\ln\dfrac{d_2}{d_1} + \dfrac{1}{\alpha_2 \pi d_2}} \quad \text{W/(m·K)}$$

式中，k_1 称为单位管长的传热系数，单位为瓦／米·开[W/(m·K)]；$(t_{f1} - t_{f2})$ 为传热总温差。

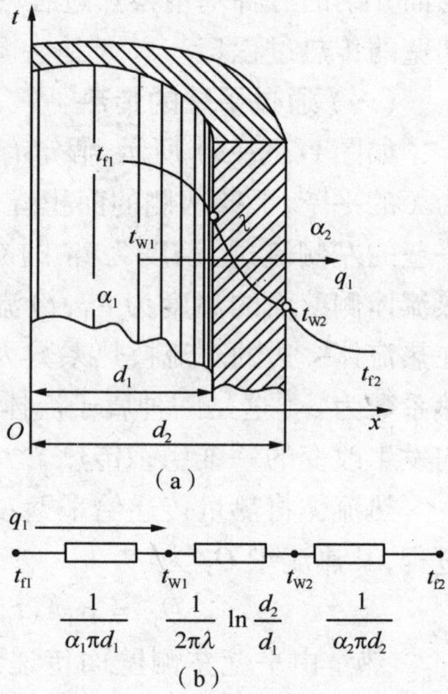

图 1-239　通过圆筒壁的传热

上式也可以写成热阻的形式，即

$$q_1 = \frac{t_{f1} - t_{f2}}{R_{k1}} \quad \text{W/m}$$

$$R_{k1} = \frac{1}{k_1} = \frac{1}{\alpha_1 \pi d_1} + \frac{1}{2\pi\lambda}\ln\frac{d_2}{d_1} + \frac{1}{\alpha_2 \pi d_2} = R_{\alpha 11} + R_{\lambda 1} + R_{\alpha 12} \quad \text{m·K/W}$$

式中的 R_{k1} 为该圆筒壁传热的单位管长的总热阻，它是各单位管长分热阻的总和，如图 1-239(b) 所示。对于多层圆筒壁，则传热过程单位管长总热阻中的圆筒壁导热分热阻应为各层圆筒壁导热热阻之和。

（三）通过肋壁的传热

由上面的传热过程的分析可知，传热热流量 Q 与各分热阻总和成反比。在一定温差下，传热热流量 Q 值的增大，主要决定于如何能有效地使最大的那项分热阻减小下来。

对通过金属壁的传热过程，由于金属的导热系数 λ 较大，而壁厚 δ 又较小，因此金属壁的导热热阻是微不足道的，增大传热热流量 Q 值的关键在于尽可能地提高壁两侧的对流换热系数 α_1 和 α_1。当实际情况是已不可能再提高壁两侧的对流换热系数 α_1 和 α_1 时，为了减小对流换热热阻，可采用加肋片的形式，以增大表面积 A 来强化传热。

所谓肋片，是指依附于基础表面上的扩展表面。例如，室内取暖用的暖气包就是用肋片增大外侧壁面面积 A_2，使得外侧对流换热热阻 $\dfrac{1}{\alpha_2 A_2}$ 尽可能减小来增强传热，使传热热流量 Q 值增大。这是暖汽包外侧加肋片的唯一理由。

如图 1-240 所示，在平壁的右侧加直肋，则这一侧的换热面积 A_2 为肋片表面积 A'_2 与两肋片之间壁的表面积 A''_2 之和，即 $A_2 = A'_2 + A''_2$。显然，加肋侧的面积 A_2 大于未加肋侧的面积 A_1，这两个面积之比，称为肋化系数，以符号 β 表示，即

$$\beta = \frac{A_2}{A_1}$$

肋片越高，肋距越小，肋化系数 β 就越大。

由于在肋片伸展方向上有表面与流体的对流换热，因而肋片中沿导热热流传递的方向上热流量是不断变化的。由于肋片材料有导热热阻，所以整个肋片的温度是不相同的，离肋片根部越远，其壁温与流体的温差越小。假设肋片从根部到顶部的温度均为肋片根部的温度 t_{w2}，这时肋片与流体的换热量应为 $\alpha_2 A'_2(t_{w2}-t_{f2})$；若考虑肋片的导热热阻，则肋片与流体的实际换热量可写为 $\alpha_2 A'_2(t_{w2}-t_{f2})\cdot\eta_f$，其中的 η_f 称为肋片效率，即

$$\eta_f=\frac{\text{肋片的实际换热量}}{\text{整个肋片的温度均匀为肋片根部温度时的换热量}}$$

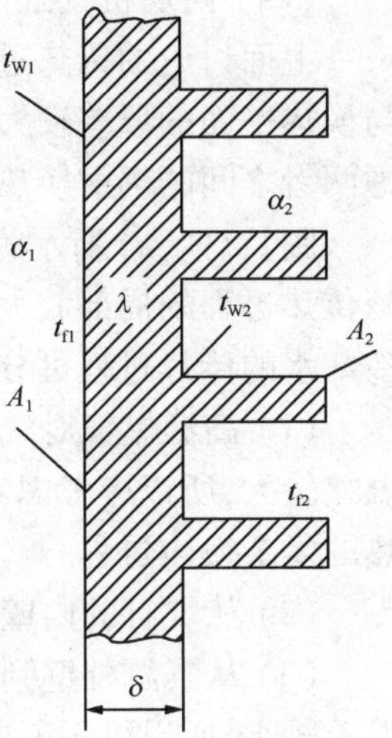

图 1-240　通过肋壁的传热

在稳定传热过程中，不加肋侧与流体的换热量 Q_1、通过肋壁的导热量 Q_2 及加肋侧壁面与流体的换热量 Q_3 均相等，即 $Q_1=Q_2=Q_3=Q$，Q 即为该肋壁传热的传热量。

经分析可得，在热稳定状态时，该肋壁传热的传热量 Q 为

$$Q=k_1A_1(t_{f1}-t_{f2})\quad \text{W}$$

$$k_1=\frac{1}{\dfrac{1}{\alpha_1}+\dfrac{\delta}{\lambda}+\dfrac{1}{\alpha_2\beta\eta_{tot}}}\quad \text{W/(m}^2\cdot\text{K)}$$

式中，k_1 为以不加肋侧的面积 A_1 为基准的肋壁的传热系数；η_{tot} 为肋壁总效率

$$\eta_{tot}=\frac{A''}{A_2}+\frac{A'_2}{A_2}\cdot\eta_f$$

需要强调的是，采用不同的基准面积，肋壁的传热系数 k 值相差很大。

肋壁传热的传热量 Q 也可以写成热阻的形式：

$$Q=\frac{t_{f1}-t_{f2}}{R_k}\quad \text{W}$$

$$R_k=\frac{1}{\alpha_1A_1}+\frac{\delta}{\lambda A_1}+\frac{1}{\alpha_2A_1\beta\eta_{tot}}\quad \text{K/W}$$

式中的 R_k 为肋壁传热的总热阻。

由此可见，在冷、热介质的温度 t_{f1}、t_{f2} 一定时，要增强传热，就要减小肋壁传热的总热阻，这可以通过加大肋壁两侧的对流换热系数 α_1 和 α_2、提高肋壁的导热系数 λ、加大肋壁两侧的传热面积 A_1 和 A_2、提高肋壁总效率 η_{tot} 以及减小壁厚 δ 等来实现。其中，最有效的措施应是通过改变上列的某些值后，能使总热阻的各项分热阻中的最大的那一个分热阻值减小下来。在具体的传热设备中，改变上述各量是受具体条件所约束的，必须权衡利弊得失，选取最有效的措施来增强传热。对于蒸汽加热的暖气包，由于蒸汽凝结换热系数 α_1 远远大于暖气包对室内空气的自然对流时的对流换热系数 α_2，使这一传热过程中的总热阻主要取决于室内空气侧的对流换热热阻。因此在室内空气侧加导热热阻较小（肋壁总效率 η_{tot} 较高）的肋片是最有效的改进措施。旧式的铸铁直立式暖气包由于传热面积 A_2 增加不多，现已被钢圆管带钢肋片所替代。对于蒸汽锅炉中的空气预热器，由于壁两侧皆为气体的受迫对流换热，壁两侧的对流换热系数基本相同 $\alpha_1\approx\alpha_2$，而增大壁两侧的对流换热系数 α_1 和 α_2 又必须多消耗风机功率，因此就在空气预热器管壁厚度不变的基础上，管外用环肋增大传热面积 A_1，管内用纵向直肋增大传热面积 A_2，以增强传热。近年来又采用热管两端加肋壁的方法来制造空气预热器以回收烟气的余热。

（四）内燃机气缸内高温燃气对气缸套外冷却水的传热过程

上面讨论的传热过程都没有考虑辐射换热问题。在有些情况下，由于热流体的温度很高且与换热壁面的温差较大，比如内燃机气缸内的高温燃气和气缸内壁之间的换热，此时必须要考虑两者之间的辐射换热。

图1-241(a)所示为内燃机气缸内高温燃气对气缸套外冷却水的传热过程，图1-341(b)为该传热过程的局部放大图，图上标出了各处的温度符号。柴油机气缸内的高温燃气通过缸壁向冷却水的传热过程可分为三部分：

(1)高温燃气对气缸套内壁的热传递过程，由于高温燃气的温度很高，且与气缸套内壁的温差较大，所以应考虑它们之间的辐射换热，因此，该热传递过程是既有辐射换热又有对流换热的复杂换热过程。

(2)从气缸的内壁到外壁，则是只有金属固体的导热过程。

(3)从气缸外壁到冷却水的热传递过程，由于气缸套外壁的温度不是很高，且与冷却水的温差较小，所以可不考虑它们之间的辐射换热，因此，气缸外壁到冷却水的热传递过程则是对流换热过程。

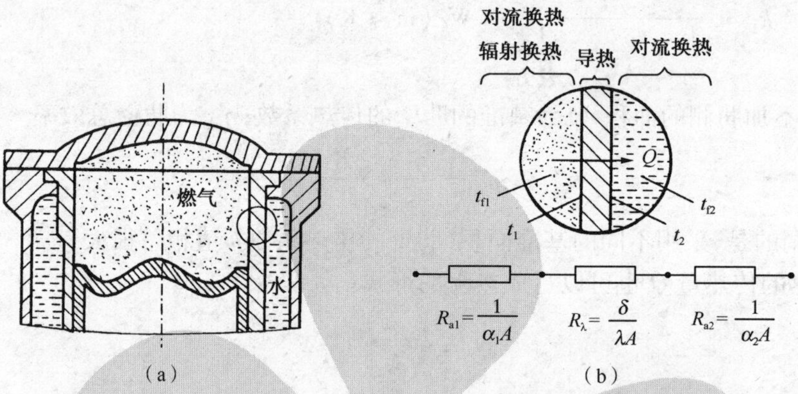

图1-241　柴油机气缸内高温燃气对气缸套外冷却水的传热过程示意图

由高温燃气传递给气缸内壁的总热流量 Q_1 为高温燃气传递给气缸内壁的对流换热热流量 Q_c 和辐射换热热流量 Q_τ 之和，即

$$Q_1=(\alpha_c+\alpha_\tau)A(t_{f1}-t_{w1})=\alpha_1 A(t_{f1}-t_{w1})\quad \text{W}$$

式中，α_c 为高温燃气对气缸内壁的对流换热系数，C_s 为高温燃气与气缸内壁组成的辐射系统的辐射系数，A 为换热面积，α_τ 为辐射换热的当量换热系数，α_1 为高温燃气对气缸内壁的总换热系数。

当整个系统达到热稳定状态时，t_{f1}、t_{w1}、t_{w2}、t_{f2} 均不随时间而变化，高温燃气传递给气缸内壁的热流量 Q_1，等于通过气缸壁的导热热流量 Q_2，也等于气缸外壁面传递给冷却水的对流换热热流量 Q_3，即 $Q_1=Q_2=Q_3=Q$，Q 即为该传热过程的传热量，该传热过程的传热量 Q 可写为

$$Q=kA(t_{f1}-t_{f2})\quad \text{W}$$

或写成热阻的形式

$$Q=\frac{t_{f1}-t_{f2}}{R_k}\quad \text{W}$$

式中，k 为传热系数；R_k 为传热热阻，即传热过程的总热阻。图1-241(b)给出了该传热过程的网

络图。

由上面的分析可见，将辐射换热热流量的计算转化为当量对流换热热流量的计算，可以简化传热过程的分析和计算。本例中，将高温燃气传递给气缸内壁的对流换热热流量 Q_c 和辐射换热热流量 Q_τ 合并计算，给出高温燃气对气缸内壁的总换热系数 α_1，按对流换热过程计算二者的热流量总和，将考虑辐射换热的传热过程转化为通过平壁的传热过程计算。其他的在对流换热中需考虑辐射换热的问题，也可按类似的办法处理。

三、强化传热与削弱传热

本部分在上面讨论的导热、对流换热和辐射换热三种基本换热过程以及通过平壁、通过圆筒壁和通过肋壁三种工程上常见的传热过程的基础上，介绍增强传热与削弱传热的基本途径和常用的方法。

（一）强化传热的基本途径

通过上面对平壁传热、圆筒壁传热和肋壁传热的分析，根据所得到的传热系数和传热热流量的计算公式可以知道，强化传热主要有增加传热面积、加大传热温差和提高传热系数等三种途径。

1．增大传热面积

增大传热面积能正比地增大传热量。为了使结构紧凑，可以采用加肋壁的办法，让传热的基础面积 A_1 不变，而加大 $A_2\eta_{tot}$，即合理地增大肋片面积将有效地增大传热系数 k_1。这样可以使换热设备在尺寸重量改变不大的情况下增大传热量。但应该注意，必须把肋壁加在对流换热系数 α 值较小的一侧。

2．加大传热温差

改变热流体或冷流体的平均温度就能改变传热温差。例如，开足滑油冷却器或淡水冷却器的海水阀门或清除海水管路内污垢，可加大海水流量以达到加大传热温差，增强传热的效果。

3．提高传热系数

提高传热系数可以从以下几个方面入手。

（1）清除传热壁面两侧的污垢以减少导热热阻

由于污垢的导热系数远低于金属换热面，例如 1 mm 厚的水垢层相当于 40 mm 厚钢板的导热热阻，而 1 mm 厚的烟灰层相当于 400 mm 厚钢板的热阻。由此可见，在船用锅炉中为了使锅炉正常运行必须用吹灰器定期吹灰，定期用排污装置排污以减少沉积水垢，按运行周期停炉清洗。

（2）改变流体的流动情况

改变流体的流动情况可采用以下几种方式。

①增加流速。增加流速，使层流变为紊流，会使对流换热系数 α 增高，因为在通常情况下，在紊流时对流换热系数 α 随流速的 0.8 次幂增加。但必须注意，增加流速的同时会使流动阻力增加，多消耗泵功。

②加插入物。在管内或管间加装绕花丝等插入物，可以达到增强扰动、强化传热的目的。

③依靠外加能量的作用。用机械振动的方法可以使对流换热系数 α 提高。对流体施加超声波，使流体增加脉动也可以强化传热。

（3）改变流体的物性

由导热和对流换热这两种换热过程的机理可知，流体的导热系数 λ 和定压比热 c_p、密度 ρ

越大，换热也就越强。比如，把手放在低于手温的同温度空气和水中，放在水中的手明显感到较凉，表明失热多。从流体的种类来分，水冷器就比风冷器的体积小得多。

在流体内加入某种添加剂可改变流体的物性而达到强化传热的目的。添加剂可以是固体或液体，它与换热介质组成气－固、液－固以及气－液等混合流动系统。比如：

◆ 气流中加入少量固体微粒，如石墨、砂、铅粉、玻璃球等，形成气—固悬浮二相流，由于固体微粒的比热 c_p 和密度 ρ 比气体大几百倍，同时由于固体微粒的扰动作用和辐射作用，从而显著地增强了传热。

◆ 液体中加入固体微粒，如油中加入聚苯乙烯悬浮颗粒使热边界层变薄而增强换热。

◆ 在蒸汽中喷入液滴，如水蒸气中喷入硬脂酸、油酸等液滴，可以产生珠状凝结以增强换热。在风冷设备中将水喷在气流中，使换热面形成水膜蒸发会有效地增强传热。

◆ 在液体中注入气体或蒸汽，如化工设备中的载气蒸发器，当液体在壁面沸腾时，注入的气体形成的大量气泡冲击壁面可强化沸腾传热。同时还可降低壁温使某些化工液料不会因温度过高而变质。

(4)改变换热面的表面状况

换热表面的性质以及几何形状与大小都对对流换热系数 α 有很大的影响，可以采用以下方法来强化换热。

①增加表面粗糙度。人工使换热壁面粗糙度加大对管内的受迫对流换热、沸腾和凝结换热都有增强作用。

②改变换热面的几何形状与大小。为了增大对流换热系数 α，可以采用各种异形管。比如蒸汽锅炉中省煤器用的麻花管；制冷装置冷凝器用的低肋螺纹管；制淡水用沟槽管、波纹管；板翅式换热器的各种板翅以及板式换热器的各种波型板片等。由于表面形状的变化，流体在运动中将会不断改变方向和流速，使流体在低雷诺数 Re 下就呈紊流状态，从而使流体在流动阻力增加不是太大的情况下，使对流换热系数 α 显著增加。例如，波纹板式换热器的传热系数 k 比壳管式换热器高出 1～3 倍。

③改进换热壁面结构或性能。通过粉末金属烧结、电火花加工形成多孔金属可使沸腾换热增强。通过离子喷镀聚四氟乙烯或渗氮等方法对壁面改性可使水蒸气在壁面形成珠状冷凝，水蒸气凝华成霜的速度变缓，以增强传热。

(二)削弱传热的基本途径

为了削弱某些设备与外界的换热量，通常采用隔热措施。比如，对于热设备要求保温，而对于制冷及运输冷冻物品的设备则需要保冷以节省制冷量等。实际工程中所采用隔热措施通常是应用热绝缘层来削弱热量传递。

1. 热绝缘

所谓热绝缘就是隔离冷、热物体，使冷、热物体间不发生热量传递。实际上，使物体与外界之间绝对没有热量传递是做不到的。在工程实际中，只能尽可能地削弱或减小热量的传递。

削弱传热的基本途径就是应用热绝缘层，以增加导热热阻来削弱热量传递。所谓热绝缘层就是指一切用来减少与外界进行热交换的辅助层。

(1)热绝缘的目的

不同的场合所应用的热绝缘层的目的是不同的，但概括起来可归纳为以下三种：①节约燃料(从经济观点来看，包扎热绝缘材料所消耗的资金，要比不包扎而多消耗的燃料费少得多)。②满足工程技术条件的要求(例如，制冷工程中的冷库外表面包以热绝缘层，可以避免浪费制冷量)。③改善劳动条件(例如,锅炉和蒸汽管道的外表面通常均包扎热绝缘层以降低机炉舱温度和防止人员烫伤,劳动保护的要求规定,热设备的绝缘层外表温度不得超过 50 ℃)。

(2)对热绝缘材料的要求

凡导热性能低的材料都可以被用作热绝缘材料。材料的导热性能以导热系数 λ 值的大小来表示。一般来讲,通常将导热系数 λ 值小于0.14 W/(m·K)的材料称为隔热材料或热绝缘材料。

根据用途的不同,可选用不同性能的热绝缘材料。但作为热绝缘材料通常应具备以下三个基本性能:①导热性能差;②具有一定的机械性能,如抗压和抗拉强度等;③具有一定的不吸水性和耐高热的能力。

热绝缘材料的特点之一是孔隙多,当温度升高时,孔隙中的空气对流和辐射换热就要加强,从而使导热系数增大。

热绝缘材料吸水后不应改变原有形状。可能的话,最好采用不吸湿的材料。热绝缘材料吸收水分后,由于水分迁移方向与传热方向相同,因而导热系数会迅速上升,所以防水层必须设置在热绝缘层的外侧。

(3)工程上常用的热绝缘材料

热绝缘材料的种类很多,按材料的形成可分为:①天然材料(如石棉、云母和软木等)。②人工合成材料(如石棉绳、玻璃绒和矿渣棉等)。

通常,不同的热绝缘材料有不同的隔热特性,因此,不同的使用场合要选用不同的热绝缘材料,比如:①高温隔热条件时,可选用石棉、硅石和硅藻土制品等热绝缘材料;②常温和低温隔热条件时,可选用软木、玻璃纤维、超细玻璃棉和珍珠岩等热绝缘材料;③低湿条件下防潮要求较高时,可选用泡沫树脂和泡沫塑料等热绝缘材料。

2. 圆筒壁的临界热绝缘直径

从平壁传热系数的公式可以看出,在平壁上加厚热绝缘层,就能削弱平壁传热。但是对圆筒壁而言却并非如此。从圆筒壁传热系数公式可以看出,增加圆筒壁外的热绝缘层厚度,不是在任何情况下都会削弱传热的。对圆筒壁的热绝缘,为了合理选用热绝缘材料,必须了解圆筒壁的临界热绝缘直径的概念。

对于外径一定的圆筒壁,当在其外壁覆盖一定厚度的某种材料的热绝缘层时,其传热量可能不会减少反而增加;并且随着该热绝缘厚度的增加,传热量也逐渐加大;当该热绝缘厚度达到某一数值,即该热绝缘层的外径达到某一数值时,传热量达到最大值;此时若再继续加厚该热绝缘层,则传热量开始减小。将传热量为最大值时的该热绝缘层的外径称为圆筒壁的临界热绝缘直径,用符号 d_{cr} 表示。

理论分析表明,若热绝缘层材料的导热系数为 λ_2,热绝缘层外表面向周围大气的总换热系数为 α_2,则临界热绝缘直径 d_{cr} 为

$$d_{cr} = \frac{2\lambda_2}{\alpha_2} \tag{1-52}$$

如果圆筒壁的外径 d_2 小于临界热绝缘直径 d_{cr}($d_2 < d_{cr}$),若热绝缘层的外径为 d_x($d_x > d_2$),当 $d_x < d_{cr}$ 时,传热量将随 d_x 的增加而增大;当 $d_x = d_{cr}$ 时,传热量为最大;当 $d_x > d_{cr}$ 时,传热量才开始随 d_x 的增加而减小,且当 d_x 增加到某一数值 d_3 时,其传热量与无此热绝缘层时的传热量相同(相当于此热绝缘层无任何作用);当 $d_x > d_3$ 时,此热绝缘层才开始真正起到了热绝缘的作用。比如,因为电线的外径 d_2 小于其 d_{cr},所以,其外包绝缘层在作为电绝缘的同时,

也能增加电线的散热,从而而使电线的温度比不包绝缘时为低。

如果圆筒壁的外径 d_2 大于临界热绝缘直径 d_{cr}($d_2 > d_{cr}$),那么,随着热绝缘层外径 d_x($d_x > d_2$)的增加,传热量将减少,此热绝缘层起到了热绝缘的作用。

需要强调的是,由式(1-52)可知,临界热绝缘直径 d_{cr} 取决于热绝缘材料的导热系数 λ_2 及热绝缘层外表面向周围大气的总换热系数 α_2。也就是说,临界热绝缘直径 d_{cr} 与选用的热绝缘材料有关。某一外径 d_2 的圆管道,对某种热绝缘材料来说,其外径 d_2 可能小于其临界热绝缘直径 d_{cr},而对另一种热绝缘材料来说,其外径 d_2 就可能大于其临界热绝缘直径 d_{cr}。所以,在对圆管道外壁覆盖热绝缘层时应合理选用热绝缘材料,除满足技术要求和使用要求外,还要让它真正起到热绝缘的作用。

比如,石棉的导热系数为 $\lambda_2 = 0.151$ W/(m·K),玻璃棉的导热系数为 $\lambda_2 = 0.039\ 8$ W/(m·K),若取 $\alpha_2 = 12$ W/(m²·K),则对石棉 $d_{cr} = 0.025$ m,对玻璃棉 $d_{cr} = 0.006\ 6$ m。由此可见,对于外径为 $d_2 = 20$ mm 的热管道来说,若包石棉的厚度不够大,反会比裸管的热损失更大;若包玻璃棉则由于 d_{cr} 已小于20 mm,就不会遇到临界热绝缘层的问题,只要包上玻璃棉就可以减少热损失。

3. 轮机工程中的热绝缘

在船舶轮机工程中,很多装置和设备都用到热绝缘。在船舶轮机中,凡是需要隔热的装置、设备或其零部件,通常都是采用施加热绝缘层来削弱热量传递的。

从不同场合应用的热绝缘层的目的来看,既有为了节约燃料(如船舶锅炉和蒸汽管道上包扎热绝缘层,减少热量散失等),也有为了满足工程技术条件的要求(如船舶伙食冷库的外表面、冷藏舱的外表面以及输送冷介质管道的外表面等包上隔热的绝缘层,可以避免浪费制冷量等)和改善劳动条件(如船舶锅炉和蒸汽管道的外表面通常均包扎热绝缘层以降低机舱温度和防止人员烫伤等)。

由于船舶环境的特殊性,理想的船用热绝缘材料,除需具有导热系数小、易成形、耐振、不变形、不吸水、不受潮等性能外,还应满足相对密度小、不自燃、耐火、无怪味、不被鼠咬虫蛀以及价格低廉和易于购得等要求。

需要强调的是,在敷设热绝缘层来削弱热量传递时,要注意正确选择热绝缘材料。除了根据温度条件和防潮要求选择热绝缘材料外,还要注意传热壁面的截面形状。前已指出,在平壁上只要加厚热绝缘层,就能削弱平壁的传热,但对圆筒形壁面上加厚热绝缘层,不是在任何情况下都会削弱传热的,此时要注意临界热绝缘直径问题。在船舶轮机中,绝大多数的管道都是圆形截面的管道。在圆管上敷设热绝缘层时,如果热绝缘材料选择的不恰当或热绝缘层的厚度不够时,敷设的热绝缘层不仅不能起到削弱传热的作用,反而会增强传热。

另外,还应指出,上面只讨论了材料本身的热绝缘性。当把材料加装在物体上时,由于掺和物和加装方法不同,材料的热绝缘性能就会发生变动。在这种情况下,正确估计热绝缘性能的好坏,不能只根据材料本身的导热系数,而应考虑整个结构的导热系数。整个结构的导热系数可用近似方法来计算,但其精确数值只能由实验来测定。

四、热交换器

凡是把热量从热流体传递给冷流体的热力设备均称为热交换器,或称换热器。

(一)热交换器的类型

热交换器按其换热方式和结构的不同,通常分为三大类:间壁式、混合式和回热式。

1. 间壁式换热器

用固体壁将冷、热流体分开，热流体通过间壁将热量传递给冷流体，这种类型的热交换器，称为间壁式换热器。

2. 混合式换热器

冷、热流体在其中直接接触混合，使热流体温度下降（热流体放热）、冷流体温度升高（冷流体吸热），最终冷、热流体的温度均匀一致，从而实现了热量从热流体向冷流体的传递，这种类型的热交换器，称为混合式换热器。

3. 回热式换热器

固体壁面先被热流体加热（热流体放热）、再被冷流体冷却（冷流体吸热），这样周期地进行，就实现了热量从热流体向冷流体的传递，这种类型的热交换器，称为回热式换热器。

船用热交换器的绝大多数都是间壁式换热器类型，因此本书只介绍间壁式热交换器的种类、结构、工作原理及性能特点。

（二）间壁式热交换器的种类

在间壁式热交换器中，冷、热两种流体由固体壁相隔，互不相混地进行热量交换，两种流体的压力可以相差较大。它是应用最广泛的热交换器。

间壁式热交换器按其用途，可称作冷凝器、燃油加热器、造水蒸发器、空气冷却器以及滑油冷却器等。

间壁式热交换器按传热表面的结构形式可分为管式和板式两种。管式热交换器又分为壳管式、肋片管式和套管式；板式热交换器又分为板翅式、平行板式和螺旋板式。

间壁式热交换器按冷、热两种流体相互间的流动方向的不同可分为顺流式、逆流式、叉流式和混合流式，如图 1-242 所示。

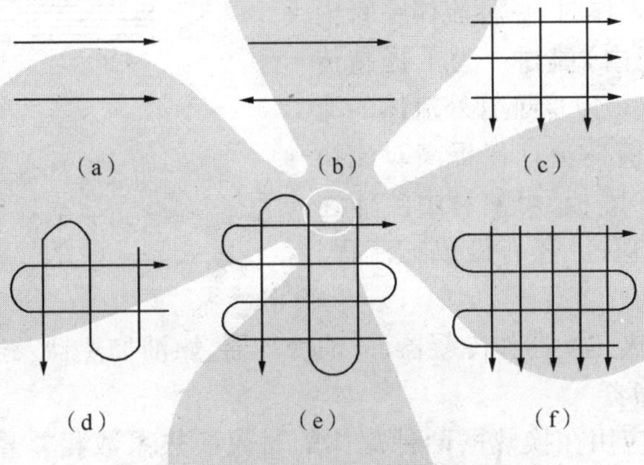

图 1-242　热交换器按流动方向分类

间壁式热交换器按流程（亦有称作管程）的次数又分为单流程、双流程和多流程，如图 1-243所示。

在间壁式热交换器中，若冷、热两种流体作平行且同方向流动，如图 1-242（a）所示，这样的换热器称为顺流式热交换器；若冷、热两种流体作平行但反方向流动，如图 1-242（b）所示，称为逆流式热交换器；若冷、热两种流体沿相互垂直的方向流动，如图 1-242（c）所示，则称为叉流式热交换器；若冷、热两种流体作平行同向、平行反向、相互垂直这三种方式组合形式的流动，如图 1-242（d）、（e）、（f）所示，这样的换热器称为混合流式热交换器，又称为杂流式热交换器。图 1-243 示出了冷、热两种流体在间壁式热交换器中的流程（亦有称作管程），图中，t'_1、t''_1

分别表示热流体的进口温度和出口温度，t'_2、t''_2 分别表示冷流体的进口温度和出口温度。若冷、热两种流体均一次性通过全部换热面积，如图 1-243(a)所示，这样的换热器称为单流程热交换器；若换热面被分隔成两个部分，冷流体和热流体依次流过换热面的这两个部分，从而形成两次回路，如图 1-243(b)所示，则称为双流程热交换器；若换热面被分隔成三个部分以上，冷流体和热流体依次流过换热面的这几个部分，从而形成多次回路，如图 1-243(c)所示，则称为多流程热交换器。

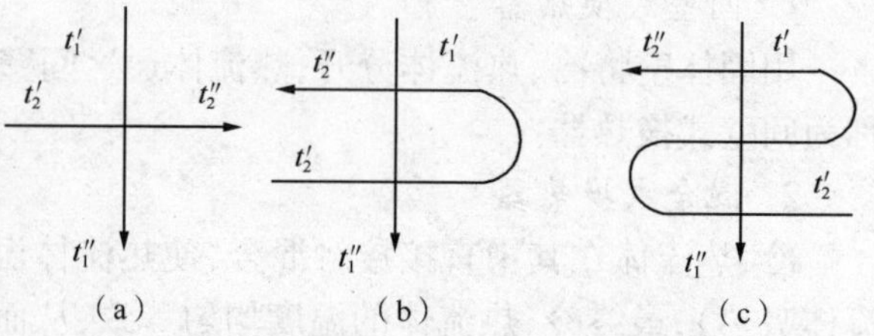

图 1-243　热交换器按流程次数分类

(三)间壁式热交换器的结构及性能特点

1. 管式热交换器

管式热交换器结构坚固，易于制造，适应性强，在工业应用上有较久的历史。目前，在船上和汽车上使用的热交换器中，管式热交换器仍占多数。管式热交换器的常见形式有壳管式、肋片管式和套管式。

(1)壳管式热交换器

在壳管式交换器中，换热面由一束管子组成，管子末端固定在特殊的管板上，然后封闭在一个壳体之中，如图 1-244 所示(图中，1′、1″分别表示热流体的进口和出口，2′、2″分别表示冷流体的进口和出口)。

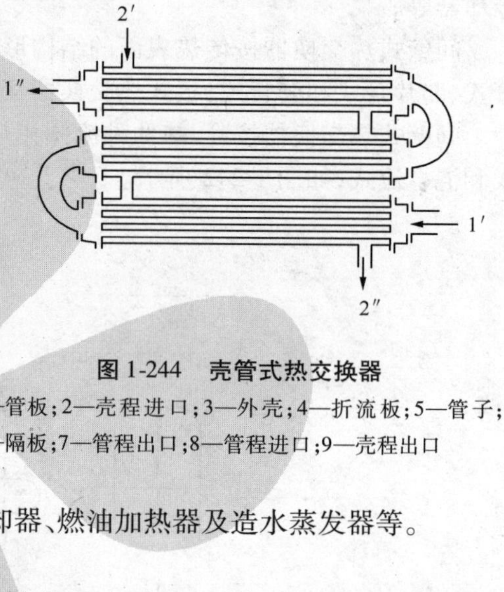

图 1-244　壳管式热交换器

1—管板；2—壳程进口；3—外壳；4—折流板；5—管子；6—隔板；7—管程出口；8—管程进口；9—壳程出口

壳管式热交换器在工作时，一种流体在管内流过，另一种在管外(壳内)流过。为了提高传热效果，在壳内常设有挡板以保证管外流体的流向和速度。为提高管内流体流速以提高对流换热系数，在盖板中央设一隔板，可使管中流体速度提高一倍，称之为双流程。还有做成三流程、四流程的热交换器。

船上广泛地用这种热交换器作冷凝器、滑油冷却器、燃油加热器及造水蒸发器等。

(2)肋片管式热交换器

肋片管式热交换器应用在换热的两种流体的对流换热系数相差悬殊的情况。例如图 1-245 所示的冷却水散热器，管中热流体为水，而管外冷流体为空气。显然，空气侧的热阻要比水侧大得多。这种热交换器用加肋片办法来减少空气侧的热阻，以提高整个热交换器的传热系数。

在肋片管式热交换器中，管子有圆管和扁管之分，而肋片形式则多种多样，有的肋片是与管子一体滚轧出来，有的则是将各种形式肋片绕在管子上。

(3)套管式热交换器

在套管式热交换器中，一种流体从较细的管子内流过，另一种流体则从大小管子所形成的夹套中流过，如图 1-246 所示(图中，1′、1″分别表示热流体的进口和出口，2′、2″分别表示冷流体的进口和出口)。

这种热交换器通常安装在竖壁上，作锅炉装置和柴油机装置的燃油加热器用。套管式燃油加热器的水蒸气在内管中流动，其凝结换热系数远大于在套管间流动的燃油与内管外侧的换热系数。为了增强传热，内管常采用在其外侧具有轴向平肋的特别管子，以提高加热器的传热量。

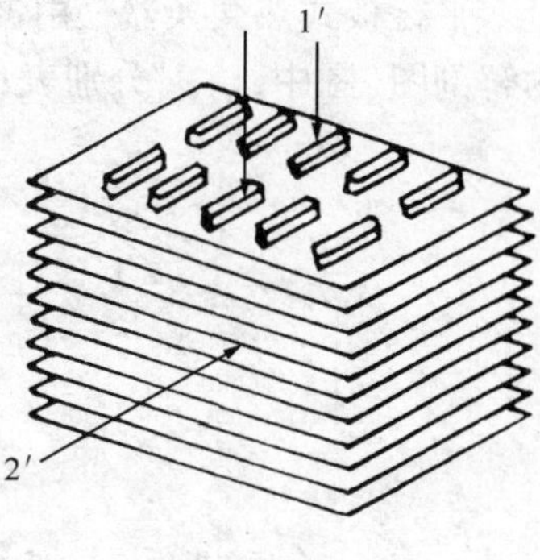

图 1-245　肋片管式热交换器

2. 板式热交换器

随着生产和科学技术的发展，迫切要求高效、轻巧而又紧凑的换热设备，这就促使新结构形式的热交换设备的出现和不断发展。板式热交换器就是在这种形势下发展起来的新产品。它有板翅、平行板和螺旋板等形式。20 世纪 30 年代板翅式热交换器首先在航空工业中得到采用，20 世纪 50 年代又在深冷和液化气体的领域中开始被采用，并且被认为是最有发展前途的热交换设备之一。目前它在陆用柴油机中亦不断被用来作为增压器的中间冷却器和滑油冷却器。

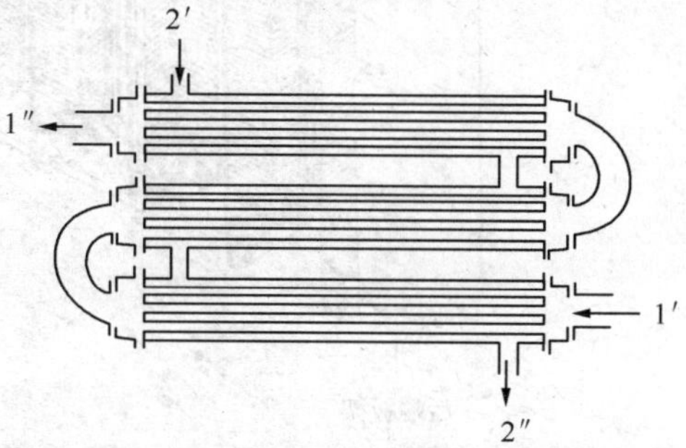

图 1-246　套管式热交换器

(1)板翅式热交换器

板翅式热交换器的结构如图 1-247 所示。它由隔板 1、翅片 2 和封条 3 三部分组成，在相邻两隔板之间设置翅片和封条组成一个夹层，称为通道。将这些夹层根据流动方式叠加起来，钎焊成一体，即组成板束。图 1-248 所示为冷、热流体作逆流换热时的板束组合图。

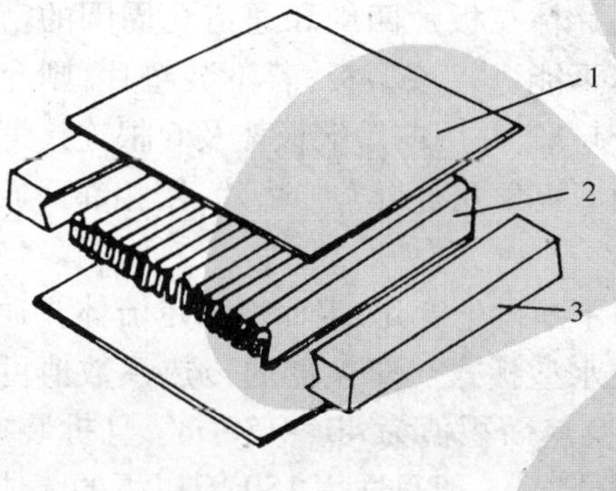

图 1-247　板束结构图

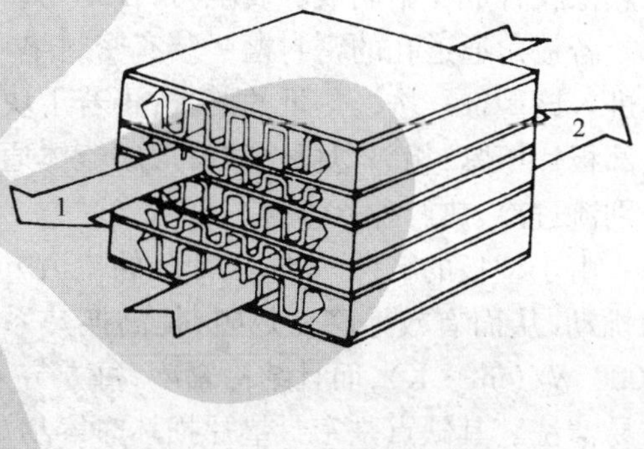

图 1-248　逆流板束组合图

翅片是板翅式热交换器的最基本元件。板翅式热交换器中的传热过程主要是通过翅片的导热和翅片与流体之间的对流换热来完成的。翅片的作用主要体现在三个方面，一是扩大传热面积，提高热交换器的紧凑性，每立方米容积的换热面积可达 600 ~4 000 m^2；二是由于翅片的特殊结构，流体在通道中形成强烈的扰动，这就使热边界层不断地破裂，从而有效地降低热阻，提高传热系数，水对水传热时的传热系数值可达 5 800 W/(m^2 · K)；三是由于翅片的支撑加固作用，可使板束形成有机的整体，尽管隔板和翅片都很薄，但却具有一定的强度以承受一定的压力。根据不同的工质、组态(气相或液相)和不同的对流换热形式(有相变或无相变)，可以采用不同的翅片形式，比如：光直翅片、锯齿形翅片、多孔翅片等。

(2)平行板式热交换器

平行板式热交换器是由冲压的型板组合而成的热交换器。图 1-249 所示为此种热交换器的解剖图(图中,1′、1″分别表示热流体的进口和出口,2′、2″分别表示冷流体的进口和出口)。

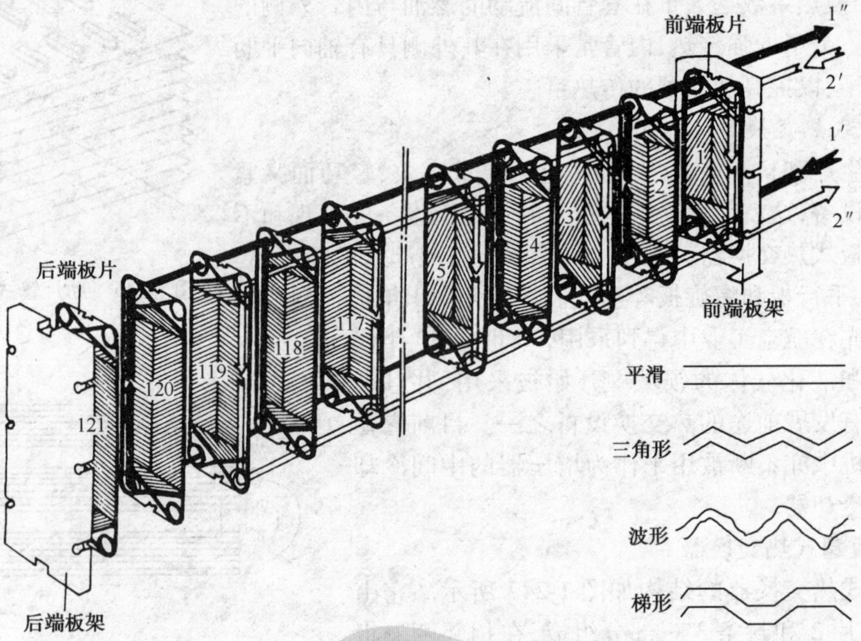

图 1-249　平行板式热交换器的解剖图

图 1-250　由不同形状型板构成的通道

型板板片被冲压成特殊波纹形状以构成流体通道,如图 1-250 所示。型板角上开有流体通道孔,板片四周和通道孔周围装有密封垫片。密封垫片是板式热交换器的重要构件,一般由耐热橡胶合成树脂制成。装配时,首先用黏结剂把垫片粘在板片四周和通道孔周围的密封槽中。若板角通道孔的密封槽中装有密封垫片,则流体不能进入该型板;若不装垫片,则允许流体进入该型板。按换热量的要求,将若干块型板叠合起来,并用前后端板架及 6 根连接螺栓将全部板片压紧,相邻型板之间就形成流体通道。借助型板角孔是否安装垫片,使相邻两通道中分别流过冷、热两种流体。

由于型板的特殊形状,板片间的流道方向和截面不断发生变化,因而增大了流体在通道中的扰动,从而有效地降低热阻,提高换热系数。水一水型板式热交换器的传热系数值可达到 7 000 W/(m^2·K),而且结构紧凑,每立方米容积的换热面积值为 40 ~ 150 m^2,且拆装方便,容易清洗。其缺点是密封垫片损坏时容易漏泄,不耐高温,一般只适用 150 ℃以下的流体。

(3)螺旋板式热交换器

螺旋板式热交换器是由两张平行的金属板卷制起来构成两个螺旋通道,再加上、下盖及连接管组成。冷、热两流体分别在螺旋通道中流动。图 1-251 为螺旋板式热交换器的结构原理图(图中,1′、1″分别表示热流体的进口和出口,2′、2″分别表示冷流体的进口和出口)。

图 1-251 所示为逆流式,流体 1 从中心进入,螺旋流动到周边流出;流体 2 则由周边进入,螺旋流动到中心流出。

螺旋流道污垢的形成速度大约是壳管式的 1/10。单位体积换热面积为壳管式的 3 倍。但清洗与检修困难,承压能力较低。

3. 热交换器的技术状态分析

(1)热交换器中流体的温度分布

一般情况下，在热交换器中，热流体因放热而温度下降，而冷流体因吸热而温度升高，通常用 t'_1、t''_1 表示热流体的进口温度和出口温度，用 t'_2、t''_2 表示冷流体的进口温度和出口温度。

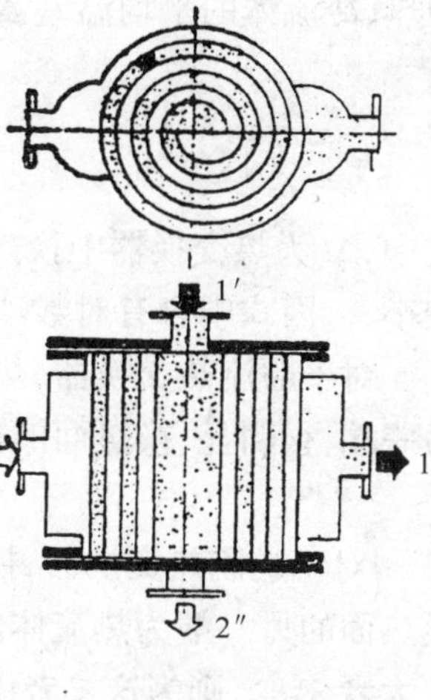

图 1-251　螺旋板式热交换器

单流程壳管式换热器，按流体的流动方向和流体的热容量的不同，有四种基本形式的温度分布，如图 1-252 所示。

顺流时流体的温度分布如图 1-252(a)所示。逆流时流体的温度分布如图 1-252(b)所示。当冷流体沸腾，或冷流体的热容量非常大的情况下，冷流体的温度可认为保持不变，不管是顺流还是逆流，冷流体的温度分布都表示为水平线，如图 1-252(c)所示。当热流体被冷凝，或热流体的热容量非常大的情况下，热流体的温度可认为保持不变，无论是顺流还是逆流，热流体的温度分布都表示为水平线，如图 1-252(d)所示。

(2)顺流与逆流热交换器的比较

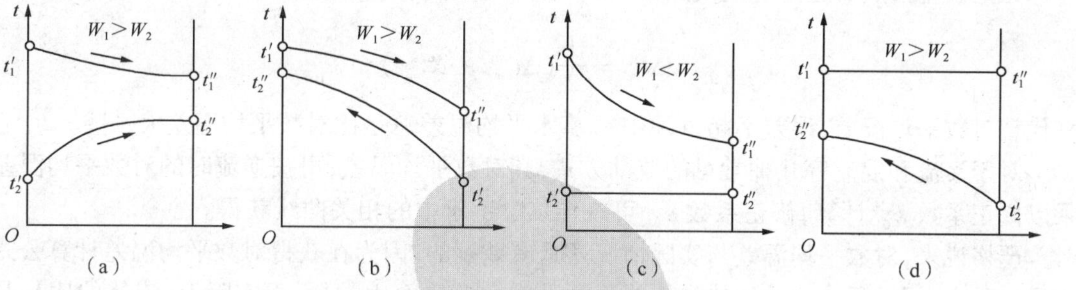

图 1-252　单流程壳管式换热器的温度分布

从图 1-252(a)可以看出，在顺流时，热流体的入口遇到冷流体的入口，因此，在入口处具有最大的温差。流体在流动过程中，热流体被逐渐冷却，冷流体被逐渐加热，使冷、热流体的温差越来越小，到出口处为最小。不管换热面积有多大，冷流体的终温 t''_2 总是不会高于热流体的终温 t''_1。

从图 1-252(b)可以看出，在逆流时，在热交换器的一端，热流体的入口遇到冷流体的出口，而在另一端则相反，因此，冷、热流体的温差比较均匀。因为热流体的入口遇到的是已经被加热的冷流体。若换热面足够大时，冷流体的终温 t_2''是可以高于热流体的终温 t_1''的。

顺流和逆流热交换器传热能力的基本差别也可以从图 1-252 上看出，若将热交换器的换热面积伸展至无穷大，顺流时冷、热流体将以相等的温度离开换热面；而逆流时，其中任何一个流体的出口温度将会达到另一个流体的进口温度。因此，在换热面积相等、流体物性及进口温度相同的情况下，虽然顺流时的初温差比较大，但随着流体的流动，温差越来越小，从整个换热面平均温差来看，逆流时的平均温差较顺流时大，即逆流热交换器比顺流热交换器的传热能力要大，所以逆流式热交换器应用较广。不过，当一种流体为定温时，顺流换热器与逆流换热器的传热能力相同。纯粹的顺流和逆流，只有在套管式热交换器或螺旋板式热交换器中才能实现。

(3)热、冷流体的平均温差

从图 1-252 所示的热交换器中流体的温度分布可以看出，热、冷流体的温差随传热壁面的位置而变化，这给热交换器的热计算带来麻烦。通过对热交换器的热平衡分析，可得热交换器

中热、冷流体的平均温差 Δt_m 为

$$\Delta t_m = \frac{\Delta t_{max} - \Delta t_{min}}{\ln \dfrac{\Delta t_{max}}{\Delta t_{min}}}$$

式中，Δt 为热交换器中换热面两端的每一端的温差，Δt_{max} 为二者中的较大者，Δt_{min} 为二者中的较小者。因式中含有对数项，所以，由此式得到的平均温差 Δt_m，称为对数平均温差。

对于顺流热交换器，热、冷流体的进口在换热面的同一端，而热、冷流体的出口在换热面的另一端，很明显，换热面的热、冷流体进口这一端的温差大于换热面另一端的温差，即

$$\Delta t_{max} = t'_1 - t'_2 \quad \Delta t_{min} = t''_1 - t''_2$$

对于逆流热交换器，换热面的一端为热流体的进口和冷流体的出口，温差为$(t_1' - t_2'')$；而换热面的另一端为热流体的出口和冷流体的进口，温差为$(t_1'' - t_2')$，而 Δt_{max} 则为这二者中的较大者，Δt_{min} 则为这二者中的较小者。

无论顺流换热器还是逆流换热器，当$\dfrac{\Delta t_{max}}{\Delta t_{min}} \leqslant 2$ 时，均可以采用算术平均温差

$$\Delta t_m = \frac{1}{2}(\Delta t_{max} + \Delta t_{min})$$

来代替对数平均温差，误差不超过 +4%。算术平均温差总是比对数平均温差大一些。

对于叉流和混流等几种常见的流动方式，其对数平均温差，可按逆流时的对数平均温差值乘以修正系数 $\varepsilon_{\Delta t}$ 计算，修正系数 $\varepsilon_{\Delta t}$ 可查传热学手册中的相关曲线获得。

严格说来，对数平均温差与实际情况还是有差别的。因为在获得对数平均温差计算公式的推导过程中，假设了流体的比热和传热系数沿整个换热面为常量，而实际上，流体的比热是随换热面温度的变化而变化的，传热系数不仅受换热面入口的影响，而且还随流体的黏度和导热系数的变化而变化。

(4) 热交换器的热平衡分析

热交换器的热平衡分析，主要分为设计热平衡分析和校核热平衡分析。在设计热交换器时，热平衡分析的目的是确定换热面积，即给定某一换热量，确定换热面为多大时才能满足传递给定换热量的要求。对于已制成的热交换器，换热面积是已知的，这时进行校核热平衡分析的目的就是确定热交换器的换热量，或确定冷、热流体的出口温度是否符合设计要求。

无论是设计计算还是校核热平衡分析，都需要进行下列分析。

① 传热量

$$Q = k \cdot A \cdot \Delta t_m \quad \mathrm{W}$$

② 热流体放热量

$$Q_1 = c_1 \cdot \dot{m}_1 \cdot \Delta t_1 = c_1 \cdot \dot{m}_1 (t'_1 - t''_1) \quad \mathrm{W}$$

③ 冷流体吸热量

$$Q_2 = c_2 \cdot \dot{m}_2 \cdot \Delta t_2 = c_2 \cdot \dot{m}_2 (t'_2 - t''_2) \quad \mathrm{W}$$

④ 热平衡

$$\frac{W_1}{W_2} = \frac{t''_2 - t'}{t'_1 - t''}$$

以上各式中，Q 为热交换器的传热热流量；k 为热交换器的传热系数；A 为热交换器的换热面积；Δt_m 为热交换器的平均温差，通常取为对数平均温差；Q_1、c_1、$\dot{m}_1$、t'_1、t''_1、W_1 分别为热流体

的放热热流量、比热、质量流量、进口温度、出口温度和热容量；Q_2、c_2、$\dot{m}_2$、t'_2、t''_2、W_2 分别为冷流体的吸热热流量、比热、质量流量、进口温度、出口温度和热容量。

第五节　仪表与量具

一、常用的仪表及量具

（一）温度计

习惯上，把测量温度的仪器、仪表和装置都称为温度计。温度计是船舶轮机中的最重要的仪表之一。下面先简单介绍目前常见的温度计种类及其特点，然后介绍几种目前在船舶轮机中常用的温度计。

1. 温度计的种类及其特点

由于温度本身是一个抽象的物理量，因此，温度的测量也与其他物理量的测量有很大的不同。比如，长度、质量和时间等物理量，它们的测量很简捷，通过直接与标准量进行比较即可获得。但温度的测量则不能如此进行，必须通过测量某些随温度的变化而变化的物体的性质来间接地测量温度。

我们知道，物体的性质和所发生的物理现象都与温度有关，比如几何尺寸、密度、黏度、弹性、导电率、导热率、热容量、热电势以及辐射强度等，通过测出其中某个参数的变化就可以间接地获得被测物体的温度，这就是温度计测温的基本原理。

依据温度测量的基本原理，寻找测量温度的方法有如下特殊要求：①所选择的物理参数，其数值变化应只与温度有关，而与其它因素无关或关系不大，即要求所选择参数仅是温度的单值函数。②所选择的物理参数，其与温度之间的函数关系必须是稳定的，并且要简单、明了，同时其随温度的变化应该是连续的。③所选择的温度计的测温介质，应能够迅速与被测介质达到热平衡，温度的跟踪性要好。事实上，完全满足以上要求是不可能的。但是，人们从大量的实践中，已经找到比较成熟且基本满足以上要求的测温方法。归纳起来，主要都是利用物体的热膨胀性、热电变换、热电阻、热辐射以及熔点、硬度、颜色等随温度变化的物理效应和化学效应来实现温度测量的，比如：

（1）利用物质的热胀冷缩现象测量温度，比如测量介质为固体的双金属片温度计、测量介质为液体（酒精、水银等）的玻璃管液体温度计、测量介质为气体的气体温度计等，这类温度计的应用很普遍，也是最早被采用的温度计。

（2）利用物体的热电效应随温度变化的现象测量温度，比如热电偶温度计。

（3）利用物体的导电率随温度变化的现象测量温度，比如电阻温度计。

（4）利用物体的热辐射强度随温度变化的现象测量温度，比如光学高温计，光电高温计和辐射高温计等。

此外，还有利用物体的磁化率随温度变化现象制造的磁温度计、利用正向电压随温度变化现象制造的二极管温度计等。

以上所有这些测温方法所制造的温度计已广泛应用于工业生产及科学研究。除此之外，人们正在努力寻找新的测量方法以满足不断发展的测温要求。例如寻找或推广将超声波技术、激光技术、射流技术以及微波技术等现代科技手段用于科研和生产部门的温度测量中。

各种温度测量技术、各种温度计目前已在各行各业各部门都得到了广泛的应用，并随着社会的进步和技术的发展，也逐渐形成新的温度测量技术、诞生新种类的温度计。目前受科学技术发展的推动，所涉及的温度范围就越来越广，因而特高温度和超低温度的测量问题也显得越来越突出。测量温度的方法很多，但归纳起来，通常可分为两大类：一是与被测温度的物体相接触的直接测量法，二是与被测温度的物体不相接触的间接测量法。

直接测量法中，测量温度的元件与被测量的物体直接接触，当敏感元件与被测量的物体呈热平衡时，根据温度的定义，此时敏感元件给出的就是被测量物体的温度。采用直接测量法测量温度的温度计也称为接触式温度计，比如前述的热膨胀温度计、热电偶温度计、热电阻温度计等均属此类。

间接测量法中，测量温度的元件与被测量的物体不直接接触，而是通过辐射等原理来测量被测物体的温度。采用间接测量法测量温度的温度计也称为非接触式温度计，比如前述的光学高温计，光电高温计和辐射高温计等均属此类。

由于任何一种温度计的适用测温范围都是有限的，所以温度计的选择与应用是测温工作的重要内容之一。应根据不同的测温要求和特点，在工作和测量温度范围内，合理选择更加适合其特定温度区间的、满足特性要求的温度仪表。

目前，温度计的种类繁多、型号各异，即使同一类型温度计可能由于温度计材料或工作介质的不同，其适用范围和工作性能也大不一样。表 1-18 给出了目前常用的各种温度计的类型、适用温度范围、测量精度以及特点等。

表 1-18　常用温度计的类型、测温范围及特点

形式	温度计或传感器类型			测温范围(℃)	精度(%)	特点
接触式温度计	热膨胀式	水银		-50 ~ 650	0.1 ~ 1	操作方便，价廉，一般无较大误差；易损坏，不能远传、自控
		双金属		-80 ~ 600		机械强度大，耐振，价廉，能报警和自控；但不能离开测量点测量
		压力表式	液体	-30 ~ 600	1	耐振，坚固，价廉；感温部大气体
			气体	-20 ~ 350		
			蒸汽			
	热电阻式	铂电阻		-260 ~ 600	0.1 ~ 0.3	测温精度高，能远距离多点测量和记录、报警、自控，结构复杂；不能测高温，感温部大，须注意环境温度的影响
		镍电阻		-50 ~ 300	0.2 ~ 0.5	
		铜电阻		-50 ~ 150	0.1 ~ 0.3	
		半导体热敏电阻		-50 ~ 350	0.3 ~ 1.5	体积小，响应快，灵敏度高；但线性差，受环境温度的影响热
	热电偶式	镍铬—康铜		0 ~ 600	0.4 ~ 1.0	测温精度高，能远距离多点测量，种类多，适应性强，结构简单，经济，应用广泛；需冷端补偿，在低温段测量精度较低
		镍铬—镍硅		0 ~ 1 000	0.4 ~ 1.0	
		铂铑$_{10}$—铂		200 ~ 1 400	0.2 ~ 0.5	
		铂铑$_{30}$—铂铑$_{6}$		200 ~ 1 600		
非接触式温度计	光学高温计			700 ~ 3 000	1	可携带使用，可简便地测 1 000℃以上的高温，辐射率影响小；不能作远距离测量、记录、报警和自控。
	辐射高温计			800 ~ 3 500	1	测温范围广，能作远距离测量、报警和自控；环境条件影响测量精度，连续测高温须水冷却或气冷却
	红外辐射测温仪			-10 ~ 1 300		适用低温及红外线范围，响应时间短，灵敏度高

需要说明的是,间接测量温度的方法近年来非常受到重视,并且发展很快。比如热辐射法、激光法和光子偏振法等,其中,辐射法已有悠久的历史,其温度测量范围很宽,高、中、低温度都能应用,而且准确度也在不断提高。目前,间接测量温度的方法在高温测量应用较多,比如光学高温计、光电高温计、红外高温计、光谱高温计、比色高温计等等。此外,间接测量温度的方法具有一系列独特的优点,比如响应时间可以达到毫秒级、不会干扰被测量对象的原有热状态、可以远距离测量以及可以测量热容量极小的物体等等,这些优点都是其他方法无可比拟的。因此,可以预见,在船舶的热力系统和安全系统中,间接测量温度的方法必将获得进一步的应用。下面介绍几种目前轮机工程中常见的直接测量法即接触式温度计的原理、特性、用途及维护。

2. 膨胀式温度计

常用的膨胀式温度计有玻璃管式液体(水银、酒精)温度计、双金属片温度计和压力表式温度计。

(1)玻璃管液体温度计

玻璃管式液体温度计是最常见的温度测量装置之一,也是我们日常生活和工程实际当中见到最多的一种温度计,比如空气温度计、体温温度计等均为这种类型。玻璃管式液体温度计的液体工作介质常用的是酒精或水银,故也称为酒精温度计、水银温度计。

图 1-253 玻璃管式液体温度计的基本结构

玻璃管式液体温度计的基本结构如图 1-253 所示,它是由液体工作介质、薄壁玻璃包和带有毛细管的玻璃杆茎所组成的。玻璃包和玻璃杆茎使液体工作介质与外界隔离。温度计玻璃杆茎底部的测温包具有较大的容积,它容纳了大部分的液体工作介质;当液体工作介质受热时体积增大,液体工作介质就沿玻璃杆茎内的毛细管上升,到达一适当位置时停止上升,该位置具有刻度即可读出温度数值;玻璃杆茎顶部的玻璃腔是为了防止温度超出温度计测量范围而设置的。玻璃管式液体温度计的测量精度主要取决于液体工作介质的体积膨胀系数。液体体积膨胀系数的定义是:一定质量的液体,在压力保持不变的条件下,温度每升高一个单位温度所引起的液体体积的相对变化量。可见,当相同的温度变化时,液体工作介质的体积膨胀系数越大,则液体在毛细管中上升的高度就越大,即温度计就越灵敏、测量精度就越高。通常选用的液体工作介质一般为酒精、水银。酒精的体积膨胀系数比水银大,约为水银的6倍。酒精的工作范围为 $-70 \sim 65$ ℃,水银的工作范围 $-40 \sim 300$ ℃。另外,玻璃杆内的毛细管的直径也是影响温度计灵敏度的一个重要因素,毛细管的直径越小,则液体在毛细管中上升的高度就越大,但毛细作用对测量精度的影响也增大。毛细管的尺寸是根据测温包的尺寸、液体工作介质的种类以及温度计测量范围要求等所决定的。

玻璃管式液体温度计具有价格便宜、使用方便、读数直观、性能稳定和精度高等优点,被广泛用于科学研究、工业生产以及日常生活等各个领域。它的缺点是测温范围窄、易破损、不能远程传递和记录,使其在自动控制和自动调节中的应用受到限制。

(2)双金属片温度计

双金属片温度计的结构如图 1-254 所示。它是由两种线膨胀系数不同的金属片焊接而成的。当温度升高时,由于两种金属片的长度变化量不同,致使双金属片向热膨胀系数小的一侧弯曲，通过类似于弹簧管式压力表上所用的传动机构，带动指针偏转，即可示出温度数值。多数情况下，双金属片温度计都作为温度自动记录仪使用，也可由于遥测。比如 DWJ－1 型双金属片温度计，其测温范围为 －35～45℃，自动记录 1 天或 1 周的温度值。测量精度为 ±1 ℃，一般在使用前应以 0.1 ℃刻度的水银温度计进行校正。

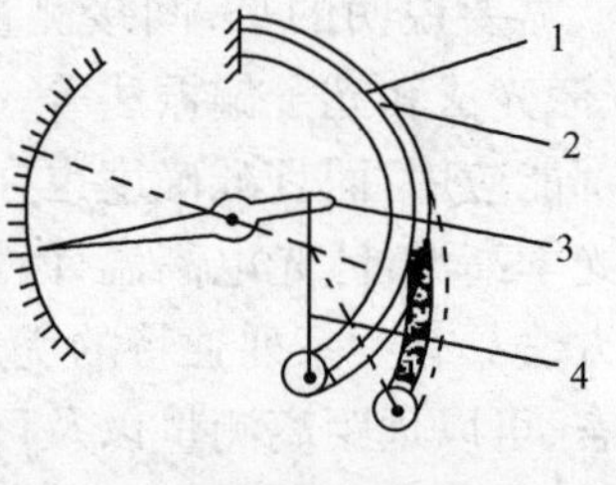

图 1-254　双金属片温度计原理图

1—双金属片（热膨胀系数较大）；2—双金属片（热膨胀系数较小）；3—指针（或计录笔）；4—传动杆

（3）压力表式温度计

因工作原理与压力表的工作原理相同，故称为压力表式温度计。

图 1-255 所示为一种在制冷系统中遥测温度所用的膨胀式温度计，它的感温元件是测温包；测温包与毛细管、弹簧管组成一封闭空间，内装有液体工作介质；当测温包中的液体工作介质随温度变化发生热胀冷缩时，液体工作介质的压力就发生变化，致使弹簧管发生形变，通过机械传动机构，带动指针偏转，即可指示温度的数值。

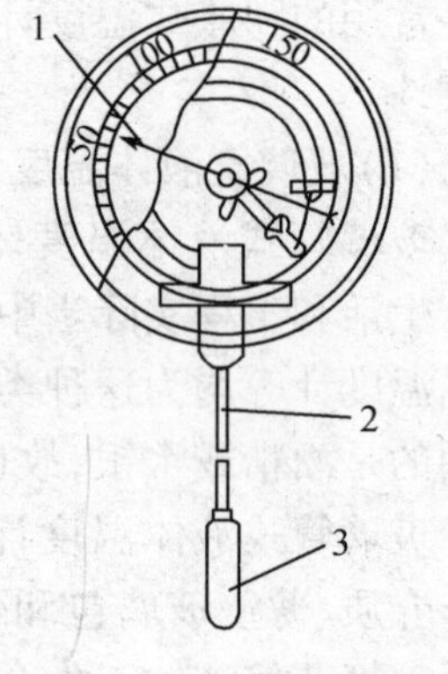

图 1-255　压力表式温度计

1—压力表；2—毛细管；3—测温包

3. 热电偶温度计

（1）热电偶的测温原理

热电偶测温的基本原理是热电效应。如果把两种不同的金属或合金导体 A 和 B 组合成如图 1-256 所示的闭合回路，就构成了简单的热电偶回路。当 A 和 B 的两个连接点处的温度 T、T_0 不同时，比如 $T > T_0$，则在这个闭合回路中就会产生一定大小的电动势 $E_{AB}(T, T_0)$，这个物理现象被称为热电效应，由于它是德国物理学家塞贝克于 1821 年在观察鉍－铜和鉍－锑电路的电磁效应时发现的，故也称为塞贝克效应，这个电动势被称为热电势。

热电势是由接触电势和温差电势两部分所组成的，理论分析表明，热电偶回路的热电势可写为某一关于温度的函数在两个连接点处温度 T 与 T_0 时的该函数值的差值，即

$$E_{AB}(T, T_0) = f(T) - f(T_0)$$

并由此得出以下结论：① 热电偶回路的热电势大小只与组成热电偶的材料及两端的温度有关，与丝的长短和粗细无关；② 只有不同的材料才能产生热电势、构成热电偶，而相同材料不可能产生热电势；③ 只有热电偶两端的温度不同时才会产生热电势；④ 当材料选定以后，热电势大小仅与两端的温度有关。

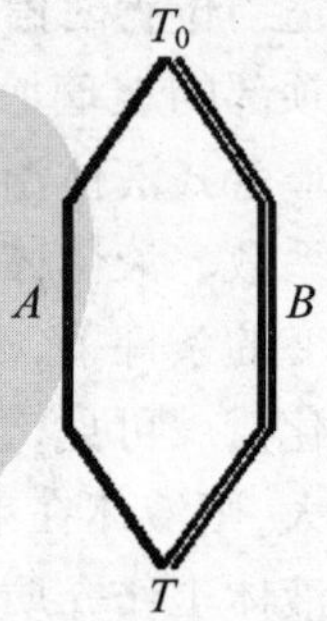

图 1-256　闭合回路的热电效应

可见，当热电偶回路中的两种材料选定后，若设法使其两个端点中的一个端点的温度恒定，则热电偶回路中的热电势就仅是另一个端点温度的函数。比如若使温度 T_0 恒定，$f(T_0)$ 即为常量，则热电势 $E_{AB}(T, T_0)$ 就与温度 T 建立了一一对应关系，由热电势 $E_{AB}(T, T_0)$ 的大小即可得到温度 T 的大小，这就是热电偶测温的原理。

当温度 T_0 取为定值后，把热电势 $E_{AB}(T, T_0)$ 与温度 T 之间的关系列成专门的表格，称为热电偶分度表。不同的热电偶具有不同的分度表。分度表中的数值由于 T_0 值的不同也是不同的，通常 T_0 取为 0 ℃，而许多低温热电偶的 T_0 值则取为 0 K。热电偶分度表中的数值是人们根据大

量的科学实验总结出来的。在热电偶回路中,A 和 B 两种导体称为热电极,T 端称为测量端(或工作端),T_0 端称为参比端(或自由端)。

(2) 热电偶温度计的组成结构

图 1-257 所示为典型的热电偶温度计的组成结构。热电偶温度计主要是由热电偶、补偿导线、参比端恒温器和显示仪表等组成。

两种不同成分的金属导体 A 和 B,一端连接在一起就构成了测温元件即热电偶,其接点 1 即为热电偶的测量端,2 和 3 为热电偶的参比端;热电偶测量端 1 放置在被测温度为 T 的介质中;A' 和 B' 为补偿导线,它是用于将热电偶参比端 2 和 3 延伸到远离热电偶测量端 1 的参比端恒温器(其温度恒定为 T_0)中,以避免当热电偶测量端 1 的温度发生变化时,对热电偶参比端 2 和 3 的温度造成影响。由测量仪表测量回路中的热电势的大小,根据热电偶分度表即可获得被测介质的温度。其显示仪表的作用就是用来指示或记录被测温度的测量值。

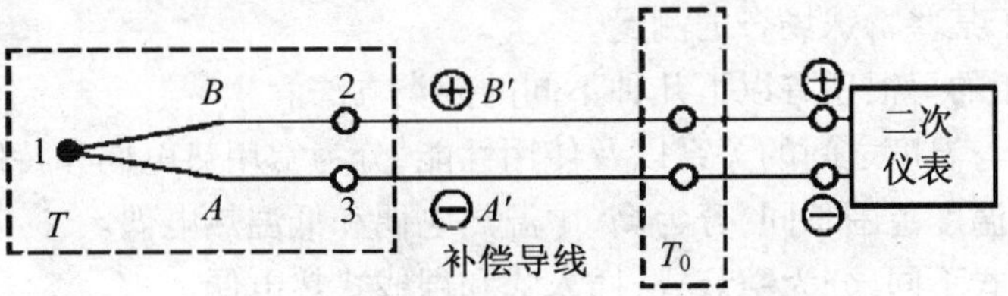

图 1-257　热电偶温度计的组成结构简图

图 1-258 所示即为船上常用的测量柴油机气缸排气温度的热电偶温度计,在操作台上设有切换开关,使用一个表头就可以读出每一个气缸的排气温度,该表头实际上是一个毫伏表,但其刻度为温度刻度,这样就可以测示温度值。

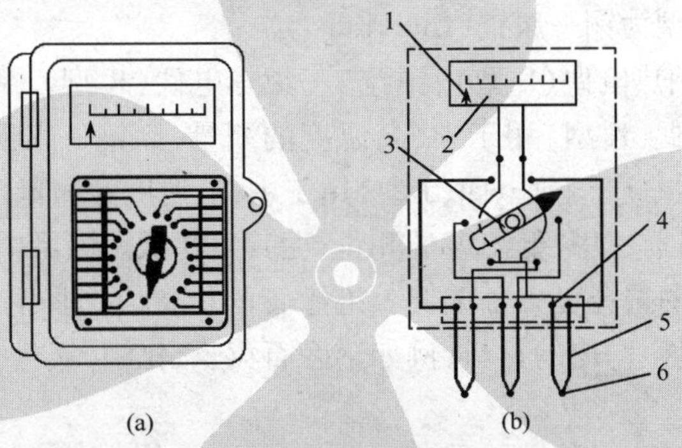

图 1-258　热电偶温度计

1—温度指针;2—表盘;3—切换开关旋钮;4—热电偶

(3)热电偶温度计的特点

热电偶是一种热电型的温度传感器,它将温度信号转换为电势(毫伏)信号,配以测量电势信号的仪表或变换器,就可以实现温度的测量和温度信号的转换。

热电偶是目前应用最广泛的温度测量元件,它既可以用于流体温度的测量,也可以用于固体温度的测量;既能测量静态温度,也能测量动态温度。此外,它还具有以下明显的优点:①结构简单、制作方便、价格便宜,不仅有定型的标准化产品,而且也可以自行制作;②测温范围宽,从 1 K 到 3 000 K 的温度范围内,每个温区都有各种不同型号的热电偶可供选择使用;③测温精度较高,高温区的复现性和稳定性很好;④体积小、热容量小、热惯性小;⑤由于它直接输出电势信号,所以便于信号的远距离传输和自动记录、控制,更有利于集中检测、记录和控制。

(4)热电偶的种类

从理论上讲,凡是材质不同的两种金属材料均可组成热电偶,但在实际工程中却并非如此。制作热电偶的材料,一般要求其物理化学性质要稳定、电阻温度系数要小、机械性能要好,这样所组成的热电偶其灵敏度就高、复现性就好;此外,还希望热电偶的热电势与温度之间最好能呈线性关系。目前,被选做制作热电偶的材料已有很多种,制作的热电偶已有300余种,但由于不同的材料具有不同的特性,因而所组成的热电偶在不同温度范围内所表现出的性能就有较大的差异。一般来说,热电偶的灵敏度随温度降低而明显下降,这也是用热电偶测量低温的主要困难。

常用热电偶可分为标准热电偶和非标准热电偶两大类。所谓标准热电偶是指国家标准规定了其热电势与温度的关系、允许误差,并有统一的标准分度表的热电偶,且有与其配套的显示仪表可供选用。非标准热电偶在使用范围或数量级上均不及标准热电偶,一般也没有统一的分度表,主要用于某些特殊场合的测量。

另外,根据使用的习惯还有以下几种不同的分类方法。

①按其热电势与温度之间的关系以及使用性能,分为常用热电偶和特殊热电偶。

②按其适应的温度范围不同,分为高、中温热电偶和低温热电偶。

③按其结构型式不同,分为铠装式、插入式和裸线式热电偶。

我国从1988年1月1日起,全部按IEC(国际电工委员会)的国际标准来生产标准化热电偶,并指定S、R、B、K、E、J、T共七种标准化热电偶为我国的统一设计型热电偶。它们分别是:S型为铂铑$_{10}$—铂($PtRh_{10}$—Pt),R型为铂铑$_{13}$—铂($PtRh_{13}$—Pt),B型为铂铑$_{30}$—铂铑$_6$($PtRh_{30}$—$PtRh_6$),K型为镍铬—镍硅(NiCr—NiSi),E型为镍铬—康铜(NiCr—CuNi),J型为铁—康铜(Fe—CuNi),T型为铜—康铜(Cu—CuNi)。

一般来说,铂铑$_{10}$—铂热电偶(S型)、铂铑$_{13}$—铂热电偶(R型)、铂铑$_{30}$—铂铑$_6$热电偶(B型)以及镍铬—镍硅热电偶(K型)用于中、高温度的测量,而铜—康铜热电偶(T型)、镍铬—康铜热电偶(E型)以及铁—康铜热电偶(J型)用于中、低温度的测量。此外,近几十年发展起来的镍铬—金铁热电偶目前在中、低温度的测量,尤其是在低温测量中应用很广。

另外,热电偶绝缘管的选择也十分重要。绝缘管的材料应选择电阻率高、化学性能稳定、高温下与热电偶材料不发生作用的材料,例如熔融石英、氧化铝、氧化铍等。

4. 热电阻温度计

在工程实际中,温度的测量除了广泛使用热电偶之外,热电阻温度计也是应用非常广泛的一种测温仪表。尤其在工业生产中,中低温度的测量大多都采用热电阻温度计。

(1)热电阻测温的基本原理

物理学指出,各种材料的电阻值都随着温度的变化而变化。在热电阻温度计中,热电阻是测量温度的敏感元件,它之所以能够用来测量温度,就是因为用来制作热电阻的导体或半导体都具有电阻值随温度的变化而变化的性质。也就是说,导体或半导体的电阻值是温度的函数,只要事先知道了这种函数关系,那么,若把导体或半导体的电阻值测量出来,就可以得到热电阻本身的温度,从而就可以得到该热电阻所处的环境或介质的温度。这就是热电阻温度计测量温度的基本原理。

不同材料的电阻值随温度变化的大小,通常用材料的电阻温度系数α来表示,其物理意义是:材料在单位温度变化时,其电阻值的相对变化量,即

$$\alpha = \frac{\Delta R}{R\Delta T}$$

式中，R 为材料温度为 T 时的电阻值，ΔR 为材料温度变化 ΔT 时的电阻值的变化量，即材料温度为 $T + \Delta T$ 时的电阻值为 $R + \Delta R$。

一般来说，纯金属和合金的电阻温度系数为正值，而半导体的电阻温度系数则为负值。实验证明，大多数金属当温度升高1℃时，其电阻值要增加0.4% ~ 0.6%，而半导体的电阻值要减小3% ~6%。

(2)热电阻温度计的特点

热电阻温度计是利用导体或半导体的电阻值随温度的变化而变化的特性来实现测温的。热电阻温度计之所以得到广泛的应用，主要是因为它具有以下几个突出的优点：①测量精度高，复现性好；②灵敏度高，输出信号强，便于显示仪表的识别、检测；③由于热电阻温度计是电信号的传递，所以更有利于实现远距离的检测和控制，也更易于实现巡检、自控、越限报警和自动显示、记录等功能。

热电阻温度计由热电阻、显示仪表和连接导线所组成。根据热电阻材料的不同，热电阻温度计测温范围在0.3 ~900 K之间。

此外，由于热电阻阻值的测量是通过给予一定的工作电流，以测量该电流流过热电阻时所产生的电压降来反映电阻值的。而加入的工作电流的大小对测量灵敏度影响很大，所以所加的工作电流就不能太小。但是，若工作电流太大，则在热电阻上的功率消耗就会增大，消耗的电功率转变成热能(称焦耳热)就会影响被测温度场，造成测温的附加误差。所以，在用热电阻进行精密测量时，应全面考虑所选用热电阻材料的室温电阻以及工作电流对温度测量的准确度和灵敏度的影响。

(3)对热电阻材料的要求

尽管大多数的导体或半导体，其电阻值均随温度的变化而变化，然而，并不是所有的导体或半导体都能作为测温热电阻。因此，根据实际测温的需要，用来做热电阻的材料必须有以下的特定要求。

①材料的电阻温度系数 α 要大。材料的电阻温度系数 α 越大，则其制成的温度传感器的灵敏度就越高。材料的电阻温度系数 α 与材料的纯度有关，材料的纯度越高，其电阻温度系数 α 值就越大；反之，材料的杂质越多，其电阻温度系数 α 值就越小，且不稳定。

②材料的电阻率要大。材料的电阻率越大，则其制成的温度传感器的体积就越小，其热惯性也就越小，因而对温度变化的响应就越快。

③在整个测量范围内，材料应具有稳定的物理、化学性质。

④材料的电阻与温度之间的关系最好是近于线性或为平滑的曲线，而且这种关系应有良好的重复性。

⑤易于加工复制，且价格便宜。

显然，全面符合以上这些要求的热电阻材料是很难找到的。所以，应当根据具体的测温要求，从不同的侧重角度选择合适的材料。

目前应用最广泛的金属电阻材料是铂和铜。同时，随着低温和超低温技术的发展，目前可用作热电阻材料的还有合金、碳以及半导体材料——锗等多种新型热电阻材料。

(4)金属电阻温度计

一般来说，纯金属和合金具有正的电阻温度系数，其电阻值随其温度的升高而增加。金属电阻温度计就是利用这一性质进行工作的。一般来说，铂、铜、铟、铁、镍等几种金属材料都可以作为热电阻体，但由于很难得到纯净的铁和镍，而且它们的特性曲线也不是很平滑，因此在工程实际当中很少应用。工业中应用最多的是铂和铜这两种金属材料的热电阻。

由于铂具有很高的化学稳定性，且容易提纯，便于加工，所以它是热电阻温度计中最常用的材料。铂电阻（WZB）系用高纯铂丝制成，其优点是测温精度高，线性和稳定性好，性能可靠，电阻温度系数大，测温范围在 $-260\sim600$ ℃。由铂丝作敏感栅制成的温度片可测 $-18.3\sim600$ ℃的机件表面温度。铂电阻的缺点是在还原气体中易被侵蚀变脆。铂电阻温度计的结构如图 1-259 所示，它主要是由铂电阻丝、石英管、U 形玻璃管、引线及耐热绝缘的防护套管等组成。通常引线之间的绝缘要求大于 5×10^{9} Ω（500 ℃以下）。电阻器与保护套管的热接触往往用加一定量的氦气的办法来实现。热接触不良会增加自然效应和响应时间。Barber 式温度计充以空气时，它的响应时间为 7 s，而充以氦气时，它的响应时间则为 2 ~ 3 s。

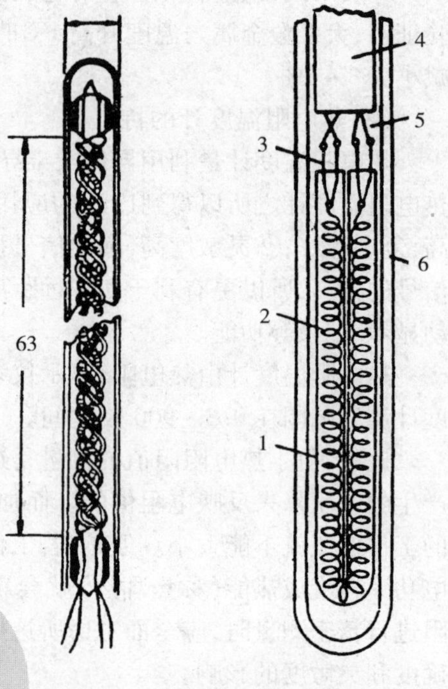

图 1-259　铂电阻温度计结构图

1—U 形玻璃管；2—铂螺旋丝；3—铂丝；4—双孔石英管；5—铂或金丝；6—玻璃套管

铜电阻（WZG）一般用于 $-50\sim150$ ℃范围内的测温，在该测温范围内，其电阻值与温度有良好的线性关系。同时，铜的电阻温度系数 α 高，约为 $\alpha=4.25\times10^{-31}$/℃，高于其他金属，而且价格相对便宜，并易于提纯。铜电阻的缺点是电阻率低，约为 0.017 $\Omega\cdot mm^2/m$，因而铜电阻丝必须做得细又长，从而使它的机械强度降低；另外，铜电阻在高温下容易氧化。所以，铜电阻适用于在低温及无侵蚀性的介质中工作。

合金类似很不纯的金属元素，一般说来，合金对温度的变化是不灵敏的，但也有例外的情形，比如纯金属掺入微量磁性金属组织的合金就会出现一些反常现象。在锗、铂等金属中加入微量的铁、钴等磁性金属，在极低温度下，其电阻与温度关系会表现出与纯金属不同的特性。微量杂质的作用使合金具有很大的正电阻温度系数，比如含 0.5%（原子比）铁的铑 - 铁合金可以制成一种很有用的低温温度计，可以弥补铂电阻温度计在低温下灵敏度降低的缺点。

（5）半导体电阻温度计

由于纯金属和合金具有正的电阻温度系数，所以，纯金属或合金电阻温度计随着温度的下降，其电阻值减小，灵敏度也随之下降，到极低温度时甚至无法使用。而半导体电阻温度计具有负的电阻温度系数，当温度降低时，不仅其电阻值增加，而且更重要的是它的灵敏度也随之增大。这种特性对于低温测量是极为理想的。随着电子工业的迅速发展，半导体的制造工艺日趋完善，这使得半导体电阻温度计获得越来越广泛的应用。

半导体电阻温度计除了灵敏度高以外，还有体积小、热容量小的优点，可作为精密温度测量工具，也可在工业上应用。

锗是最常用的半导体材料，纯锗在低温下的电阻率太高，对温度的灵敏度也不高，因此，必须掺杂微量的杂质以提供载流子，通常所加的杂质为锑、砷和铟等。掺杂密度（原子数目）大

约为 $10^{17} \sim 10^{18}$ cm^{-3}。通常所说的锗电阻都是指含杂质的锗。锗电阻是迄今所研究过的半导体材料中最理想的低温测量元件,它的电阻与温度关系很稳定,重复性很好,标定一次可长期使用,而且它的测量精度可达到 0.005 K。由于锗电阻相对金属电阻温度计在低温下具有显著的优点,许多国家将锗电阻温度计作为 4.2 ~ 20 K 之间的标准测量仪表。

热敏电阻通常是由两种以上过渡金属(Mn,Ni,Cu,Fe,Co 等)氧化物的粉末按一定比例混合在 1 000 ~ 1 300 ℃高温下烧结而成的多晶半导体。热敏电阻与半导体电阻一样具有负的电阻温度系数,随温度降低,不仅阻值增加,而且电阻的变化率也急剧增加,因此热敏电阻的测量灵敏度较高。

半导体热敏电阻具有以下特点:①成本低、体积小、重复性好,可满足不同测量对象的要求。②电阻温度系数大,灵敏度高,可测量 0.001 ~ 0.005 ℃微小的温度变化。③可制成杆形、圆形、珠形、垫圈形和薄片形等多种形式,直径可小至 0.5 mm;体积小,热惯性小,响应速度快,时间常数小到 ms 级,适用于动态温度测量。④元件本身的电阻值可达 3 ~ 700 kΩ,当用于远距离测温时,可忽略导线电阻的影响。⑤抗腐蚀性好,适合用于腐蚀性介质中的温度测量。⑥在 -50 ~ 350 ℃温度范围内的稳定性较好。⑦对环境温度敏感,老化快,互换性差,测量时易受到干扰,使用时须经常进行校正。

由于半导体热敏电阻温度计的特点,尤其是其性能不是很稳定且互换性差,从而导致其测量精度不高,目前较多应用在精度要求不高的场合(比如作为家用空调系统的温控元件等),以及用于腐蚀性介质的温度测量。

(二)压力计

习惯上,把测量流体压力(压强)的仪器、仪表及装置称为压力计或压力表。压力计与压力表是船舶轮机中的最重要的仪表之一。

流体的压力有绝对压力(绝对压强)与相对压力(相对压强)之分。以完全真空作为计量基准的压力,称为绝对压力。而以大气压力作为计量基准的压力,称为相对压力。若流体的绝对压力高于大气压力时,其相对压力为正值,称之为表压力(表压强);若流体的绝对压力低于大气压力,即流体处于真空状态时,其相对压力为负值,则取其绝对值,称之为真空(也称为负压力、真空压力)。由于表压力和真空都是表示流体的绝对压力与当地的大气压力的相对差值,并且它们的数值都可以由压力表或真空表直接读出,所以在船舶轮机的运行管理中都习惯用表压力或真空(真空压力)。下面先简单介绍压力计(压力表)的种类及测量原理,然后介绍几种在船舶轮机中常见的压力计与压力表。

1. 压力计的种类

通常,将测量相对压力(相对压强)的仪器、仪表称为压力计或压力表,将测量两个压力之差的仪器、仪表称为差压计。习惯上,将测量大气压力的仪表称为气压表,将测量负压力(真空)的仪表称为真空表。

压力计的种类很多,根据工作原理可分为液柱式压力计、弹性式压力计、电气式压力计和活塞式压力计等四大类。液柱式压力计是利用液体静力平衡的原理制成的;弹性式压力计是利用弹性元件在压力的作用下产生的变形来测量压力的;电气式压力计是在上述两种压力计的基础之上将压力引起的液柱的变化或弹性元件的变形转换成电量而测量压力的;活塞式压力计是用来校验压力表的。差压计根据其工作原理同样也可分成液柱式差压计、弹性式差压计和电气式差压计等三类。在自动检测中,应用得最多的是电气式压力计和差压计。

2. 液柱式压力计

液柱式压力计因其结构简单、使用方便、价格低廉,且测量精度较高,故至今仍被广泛地用于测量低压、负压、压差等。其缺点是玻璃管易碎、体积偏大、读数不方便等。

常见的液柱式压力计有测压管、U形管压力计、差压计、斜管微压计等,这些液柱式压力计的特点、测量原理及压力的计算等可参见本章第二节第二部分的相关内容。

图1-260所示为船舶轮机中常见的U形管压力计。U形管压力计一般用来测量压力不是很大的流体的压力,比如柴油机的扫气压力、锅炉鼓风机的风压力等。U形管压力计是一个两端开口的U形玻璃管,管内盛有比被测流体的密度大的工作液体。此液体同时起两个作用:一个作用是把处于不同压力下的流体间隔开来(图1-260所示即把被测流体与大气间隔开来),另一个作用是以其液位差来表示被测压力的数值。工作液体可根据所测流体的种类和所测压力的大小适当选择,比如,测量液体的压力时通常采用水银;而当测量气体的压力时,若所测压力较大则通常采用水银,若所测压力较小则通常采用水或酒精。

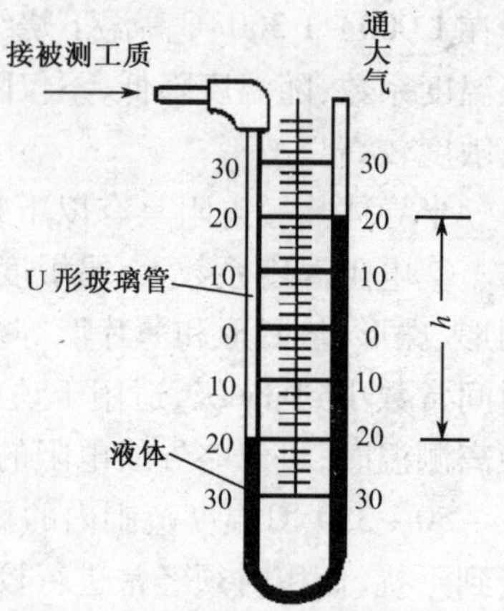

图1-260 U形管压力计

一般U形管压力计读数刻度的最小单位是1 mm,有些精度高的液柱式压力计配有光学放大读数装置,读数精度可以提高。另外,采用密度较小的液体作为工作液体,可以提高压力计的灵敏度和测量精度。

用U形管压力计测量压力时,将U形管的一端与被测压力处相接,另一端开口与大气相通,根据U形管内两液面的高度,便可计算出被测压力的大小。

图1-260所示的U形管压力计,被测流体的压力大于大气压力(因为U形管左管的工作液面下降、右管的工作液面上升;反之,U形管左管的工作液面上升,右管的工作液面下降,则被测流体的压力小于大气压力,即为真空状态),若被测流体为气体,则测得U形管中工作液体(密度为ρ)的两液面高差h,即可得到该气体的相对压力(表压力)p,即$p = \rho g h$(必须注意,若被测流体为液体则不可如此简单地计算其压力)。

3. 弹性式压力计

弹性式压力计是利用弹性元件受力产生的变形,再经过机械机构放大转变为可直接读出的压力值。这类压力计也被称为机械式压力计或压力表。

弹性式压力计构造简单、尺寸小、工作可靠、量程宽,价格比较便宜,精度也相当高。此外,它是靠机械机构来实现压力值的读出的,因而使用方便,直读性好,也不需配套二次仪表。所以,弹性式压力计目前应用非常广泛。在弹性式压力计中,用作感受压力的弹性元件是弹性式压力计的核心元件。常用的弹性元件有弹簧管、金属膜片、波纹管、蜗卷管等,虽然种类繁多,但工作原理相似。下面以船舶轮机工程中常见的弹簧管式压力表和膜片式压力计为例,对弹性式压力计的构造和工作原理作一简单介绍。

(1)弹簧管式压力表

弹簧管式压力表的结构及工作原理如图1-261所示。弹簧管是该压力表的核心元件,它是一根椭圆形截面的空心金属管子,弯成圆弧状;管子的一端封闭(图中的B端),作为自由端;另一端固定(图中的A端),但开口用于接入被测流体,是被测流体的输入端。当具有压力的流体由输入端(图中的A端)通入时,椭圆形截面管子的内部受压后有变圆的趋势,使弯成

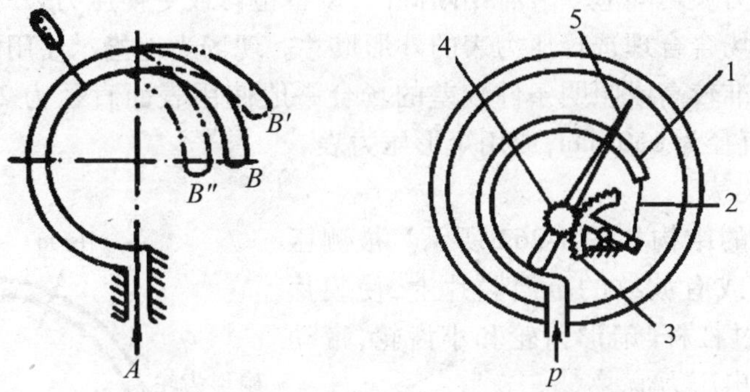

（a）弹簧管　　（b）结构

图 1-261　弹簧管式压力表的结构及工作原理简图

1—弹簧管;2—连杆;3—扇形齿轮;4—小齿轮;5—指针

弧状的弹性管向外伸张,自由端(图中的 B 端) 就会产生位移。当被测流体的压力大于当地的大气压力时,自由端B则向外移动,比如移动到B';反之,当被测流体的压力小于当地的大气压力时,自由端B则向内移动,比如移动到B''。管内被测流体的压力与大气压力相差的越大,则位移量也就越大。弹簧管自由端的位移量很小,一般都需要进行放大并转换为指针的回转角。图 1-261 中所示的连杆、扇形齿轮等传动机构是弹簧管式压力表中常见的传动放大机构,弹簧管自由端的位移通过连杆带动扇形齿轮转动,扇形齿轮带动固定仪表指针的中心小齿轮转动,由此拨动指针即可指示出被测流体的压力值。

弹簧管式压力表的种类也很多,有单圈的弹簧管式压力表,也有多圈的弹簧管式压力表,可用于高压、中等压力、低压以及真空的测量。制冷装置中所采用的压力表,往往还刻有对应于不同压力时的制冷剂的饱和温度值。

弹簧管式压力表根据测量精度可分为普通压力表和精密压力表,普通压力表的精度一般为 2.5 级 ~1 级,精密压力表的精度一般为 0.4 级 ~0.1 级。

在选择和使用弹簧管式压力表时,应注意以下几点。

①应根据所测压力的误差要求,正确选择压力表的精度等级。一般工业用压力表 2.5 级或 2.5 级已足够,科研或精密测量用 0.5 级或 0.35 级得精密压力计或标准压力表。

②对于稳定压力的测量,应选择被测压力小于压力表满量程(压力表的上限)的 2/3 的压力表;对于波动压力的测量,被测压力最好不要超过压力表满量程的 1/2,且在每秒钟内波动压力的变化不应超过压力表满量程的 1/10。但无论何种情况,被测压力都不应低于压力表满量程的 1/3。

③从取样点到压力表的信号管路应尽可能短,且取压管的内径不应小于 3 ~5 mm,否则会增加测量的延迟时间。

④若被测流体为液体时,压力表应安装在与测压点位于同一水平高度的位置上,否则就必须要考虑因液位差而引起的附加压力对测量值加以修正。

⑤不同规格的压力表,都有与其相适应的温度和相对湿度的许用范围。

⑥被测流体不应对压力表的材料(铜和铜合金)有腐蚀作用。当测量具有腐蚀性的流体的压力时,应加装有中性介质的隔离保护装置。

⑦若压力表长期在振动的环境中工作,会造成指针传递机构构件间的摩擦,影响测量精度和使用寿命,因此应采取适当的隔振措施。

⑧取压管与压力表之间应安装有切断阀门,以备检修或更换压力表时使用。

⑨要根据使用场合合理选择压力表的外形尺寸。现场当地指示使用的压力表一般表面直径为100 mm;在标准较高或照明条件较差的场合一般使用表面直径为200～250 mm的压力表;盘装压力表的直径为150 mm,或用矩形压力表。

(2)膜片式压力表

膜片式压力表的结构如图1-262所示。被测压力作用在一块平的或有波纹的金属膜片上,使膜片变形向上弯曲,通过杠杆、扇形齿轮和小齿轮,带动指针转动即可指示出压力值。

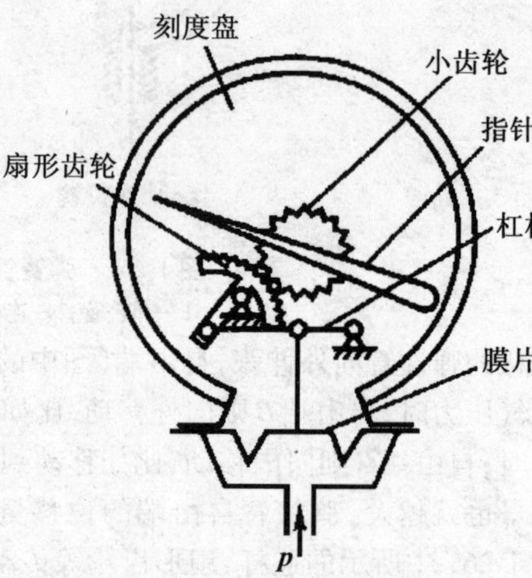

图1-262　膜片式压力表的结构

由于膜片的变形位移量很小,因此这种压力表的测量范围也较小,通常用于低压和微压的测量。

(3)电触点式压力表

图1-263为电触点式压力表的构造示意图。

电触点式压力表其实也是一个弹簧管式压力表,只是在普通的弹簧管式压力表上加装了接触器和压力高限与压力低限的限定器。当所测压力降低到压力低限时,压力表指针上所附的接触器就与低值限定器接触;而当所测压力达到压力高限时,压力表指针上所附的接触器就与高值限定器接触;从而使相应的控制电路起作用,并通过指示灯显示或蜂鸣器报警。限定器的压力高限与压力低限可根据需要加以调整和设定。

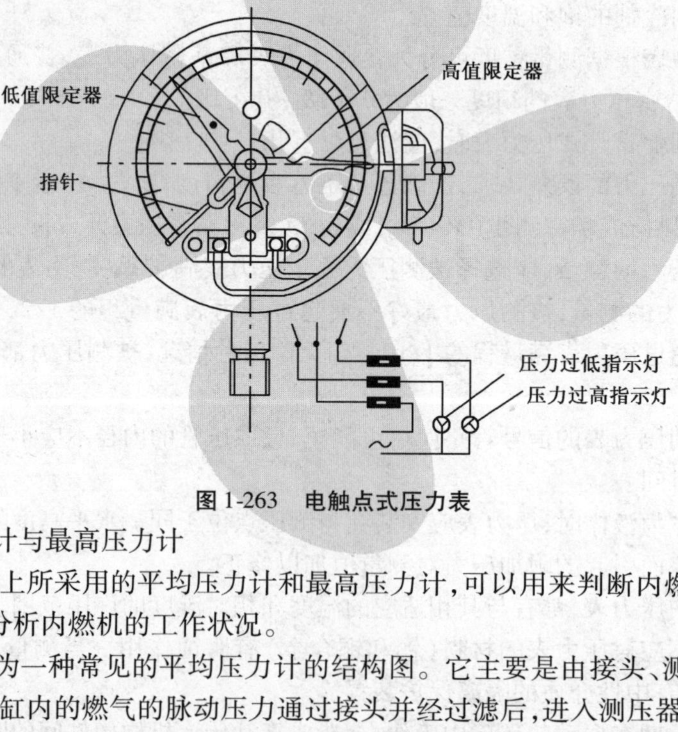

图1-263　电触点式压力表

(4)平均压力计与最高压力计

在船舶内燃机上所采用的平均压力计和最高压力计,可以用来判断内燃机各缸的负荷是否均匀,并可用来分析内燃机的工作状况。

图1-264所示为一种常见的平均压力计的结构图。它主要是由接头、测压器和指示仪表等组成。内燃机气缸内的燃气的脉动压力通过接头并经过滤后,进入测压器的气室,在这里进行扩散和均衡,然后进入安装在气室中的毛细管,使脉动压力再一次受到阻尼后进入指示仪

表。这样，便可测得内燃机气缸中的燃气在测量期间内的平均压力，该压力值由指示仪表的指针示出。指示仪表系普通的弹簧管式压力表，可按所需的测量范围选用适当量程的压力表。

最高压力计的结构如图 1-265 所示。它主要由接头（连接螺母 1、端接头 2 和转动手轮 10）、止回装置（止回阀体 3、阀座 4、止回阀 5 和衬套 6）和指示仪表 11 等组成。当止回阀 5 的下腔内的压力大于上腔内的压力时，止回阀 5 就会打开；当下腔内的压力下降时，止回阀 5 就会关闭，使上腔内得以保持所测得的最大压力。为了消除进入上腔中的具有最大压力值的燃气的高温和脉动对指示仪表的影响，因此使高压燃气先通过节流圈 7 和蛇形管 8，然后再接入指示仪表 11 中，使其指针指示出最高压力值。指示仪表 11 也是一只普通的弹簧管式压力表。

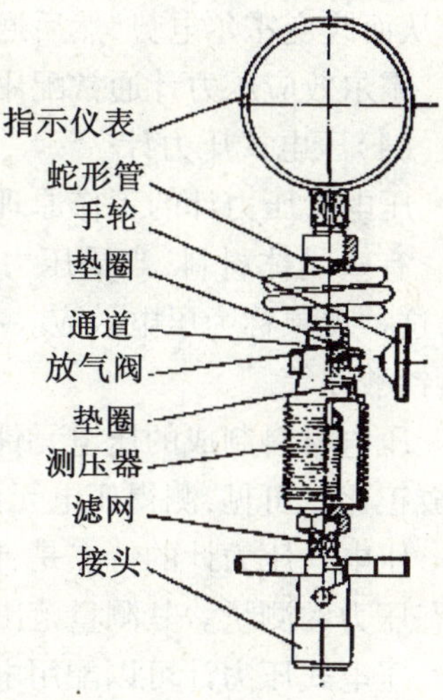

图 1-264　平均压力计

4. 常用的电气式压力计和差压计简介

按照机电变换器形式的不同，常用的电气式压力计和差压计可分为电阻应变片式、电感式、霍尔效应式、压电式及电容式等几种类型。

（1）电阻应变片式压力计

电阻应变片式压力计的工作原理是利用弹性元件将压力的变化转换成电阻的变化来进行测量的，即测量应变片在压力作用下所产生的应变而引起的电阻的变化。应变片是由金属导体或半导体制成的电阻体，其阻值随压力所产生的应变而变化。电阻应变片式压力计通常配用应变仪进行压力测量。

（2）电感式压力计

电感式压力计的工作原理是利用弹性元件将压力的变化转换成位移量，再利用磁感应原理将位移量转换成电路中电感量的变化。电路中的电感常用线圈和铁芯构成，分为可变气隙电感和可动铁芯电感两种。通常，电感式压力计另配有测量电路，其作用是将电感量的变化转换为电压（或电流）信号，以便于送入放大器放大，再由指示仪表或记录仪表指示或记录。

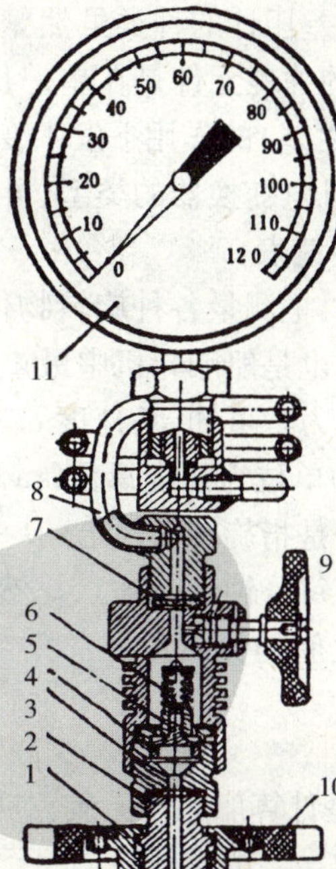

图 1-265　最高压力计

1—连接螺母；2—端接头；3—止回阀体；4—阀座；5—止回阀；6—衬套；7—节流圈；8—蛇形管；9—放气阀；10—转动手轮；11—指示仪表

（3）霍尔效应压力计

在一矩形金属板（或半导体片）的相对应的两端通以控制电流时，若没有磁场的作用，则其另一相对应的两端的电极处于相同的电位；当有磁力线垂直穿过金属板（或半导体片）时，则其另一相对应的两端就会产生电位差，这一现象称为霍尔效应，这个电位差称为霍尔电势，能产生霍尔效应的金属板（或半导体片）称为霍尔元件。实验表明，霍尔电势的大小与控制电流的大小及磁感应强度的大小成正比。

霍尔效应压力计就是利用弹性元件在压力作用下的位移来改变通过霍尔元件的磁感应强

度，从而改变霍尔电势，然后通过标定换算得压力值。

霍尔效应压力计通常配用毫伏表或电位差计。

(4)压电式压力计

压电式压力计的工作原理是利用某些晶体材料的压电效应将压力转换成电量而进行测量的。有些晶体材料，当受压力作用而发生机械变形时，在其相对的两个侧面上会产生异性电荷，这种现象称为压电效应。有压电效应的材料称为压电材料，目前广泛使用的压电材料有石英、钛酸钡等。

压电材料制成的压电元件，在压力的作用下，其表面产生电荷，电荷数的多少与压力的大小成正比。可见，测得压电元件的压电量(电荷数)，即可获得压力值。

压电式压力计的特点是：体积小，结构简单，不需外加电源，灵敏度和响应频率高，适用于动态压力的测量。其测量范围可从 0～700 Pa 到 0～70 MPa，精度可达 0.1%。

压电式压力计可以配用电荷放大器，也可以配用电压放大器。在配用电压放大器时，中间应加入阻抗变换器。

(5)差压计

电气式差压计的种类虽然繁多，但其结构与工作原理与电气式压力计相似，其区别仅在于：压力计的弹性元件是在单一压力的作用下发生变形，而差压计的弹性元件则是在压力差(两个压力之差)的作用下发生变形。差压计根据其弹性元件的类型，可分为膜片式和双波纹管式；根据机电变换器的类型，可分为差动变压器式和电容式。

(三)转速表

习惯上，把测量各种旋转物体转速的仪器、仪表及装置称为转速表，也称为转速仪、转速计。转速表也是船舶轮机中最重要的仪器仪表之一。

由理论力学可知，角速度 ω 是表示物体转动快慢和转动方向的物理量。在国际单位制中，角速度 ω 的单位为弧度每秒(rad/s 或 1/s)。但工程上习惯用转速 n 来表示物体转动的快慢。

转速 n 是指旋转物体上的一点(非转轴上的点)在一分钟内围绕其转轴所转动的周圈数，其单位为转每分钟(r/min)，显然，某点旋转 1 周圈就是该点的转角变化 2π 弧度，则转速 n 与角速度 ω 之间的关系为

$$\omega = \frac{2\pi n}{60} = \frac{\pi n}{30} = \text{rad/s}$$

转速是计算船舶动力装置功率的重要参数之一，所以，转速的测量也是船舶动力装置的功率测量的主要组成部分之一。下面先介绍目前常用的转速测量的方法及特点，然后介绍几种在船舶轮机中常见的转速表。

1. 转速测量的种类及特点

概括地说，转速测量的方式可分为三大类，即：计数式、模拟式和同步式。

计数式转速测量的方法是通过某种方法数出旋转体在一定时间内的总转数来计算转速；模拟式转速测量的方法是通过测量由瞬时转速引起的某种物理量(如离心力、发电机的输出电压)的变化来计算转速；同步式转速测量的方法是利用另一旋转体或已知频率的闪光与被测旋转体的旋转同步来测出转速。表 1-19 列出了以上三种转速测量方式的测量方法、适用范围及特点等。

2. 转速表的分类

目前，转速表的分类和命名方式有很多种，常用的有按工作原理、按使用方式、按记数方

式、按记录方式、按表盘的刻度特点等。

常见的按工作原理进行分类和命名的转速表有以下几种。

①离心式转速表:根据角速度与惯性离心力的关系而制成的转速表。

②振动式转速表:利用特制的弹簧片组与其相应的转速谐振效应制成的转速表。

③电动式转速表:带有机电换能器的转速表,属于这类转速表的有带电机传感器的电动式转速表和电脉冲式转速表。

④磁感应式转速表:根据电磁感应原理制成的转速表。

⑤频闪式转速表:根据频闪测速原理制成的转速表。

表 1-19 转速的测量方式及特点

测量方式		测量方法	适用范围	特点	备注
计数式	机械式	通过齿轮转动数字轮	中、低速	简单,价廉	与秒表并用,也可在机构中加入计时器
	光电式	利用来自被测旋转体上光线,使光电管产生脉冲	中、高速;最高可测 25 000 r/min	没有扭矩损失,简单	数字式转速计
	磁电式	利用磁电转换器将转速变换成电脉冲	中、高速		数字式转速计
模拟式	机械式	利用离心力与转速的平方成正比的关系	中、低速	简单	陀螺测速仪
	发电机式	利用电机的直流或交流电压与转速成正比的关系	最高可测 10 000 r/min	可远距离指示	测速发电机
	电容式	利用电容充放电回路产生与转速成比例的电流	中、高速	无扭矩损失	
同步式	机械式	转动带槽的圆盘,目测与旋转体同步的转速	中速	无扭矩损失	
	频闪式	利用已知频率闪光测出与旋转体同步的频率	中、高速	无扭距损失	

常见的按使用方式进行分类和命名的转速表有以下两类。

①固定式转速表与便携式转速表。固定式转速表是指将其安装在某种机器或设备上使用,并通过传动机构与被测旋转体的转轴相连的转速表。便携式转速表也称为手持式转速表,它是指便于携带的、可单独使用的、可以随时随地用来测量各种机器或设备转速的转速表。

②接触式转速表与非接触式转速表。接触式转速表是指测量转速时需要与被测旋转体直接接触或相连接的转速表。比如,固定式转速表可采用各种形式的传动装置,如齿轮变速机构、弹性联轴节、软轴等,与被测旋转体的转轴相连;某些便携式(手持式)转速表则是利用橡皮连接头或金属连接头把转速表的转轴与被测转旋转体的轴连接起来,这些都属于接触式转速表。非接触式转速表是指测量转速时不需要与被测旋转体直接接触或相连接的转速表。比如,频闪式转速表是采用闪光与被测旋转体转速同步的方法来测量转速的;电子记数式转速表是采用光电器或磁电传感器测试旋转体,将转速转换成电信号后输送给转速数字显示仪的,它们都属于非接触式转速表。

常见的按记数方式进行分类和命名的转速表有:

①定时式转速表。它的特点是利用记时机构控制记数机构,因为测量转速的时间为一定值(3 s或6 s),故称为定时式转速表。

②电子记数式转速表。这种转速表是利用电子记数原理制成的。由转速传感器(光电

式、磁电式、激光式等)和数字显示仪两部分组成。

转速表按记录方式可分为:

①人工记录式转速测量仪:人工手动记录与测试转速。

②自动记录式转速测量仪:用于自动记录被测转速。

此外,转速表也可按表盘的刻度特点来分类,比如:

①转速表表盘上的刻度,有的转速表是均匀分布的,也有一些转速表则是不均匀分布的。

②转速表表盘上的刻度,有的转速表标有零点标线,也有一些转速表则没有零点标线,而是以其能测量的最小转速值为刻度的起点,但都是以其能测量的最大转速值为刻度的终点。表盘上刻度的起点至刻度的终点所表示的转速值范围,即为该转速表的量程。

③表盘上只刻有一个量程范围的转速表,称为单量程转速表;表盘上刻有多个量程范围,并可以通过一个旋钮或按键进行量程转换的转速表,称为多量程转速表。

3. 离心式转速表

离心式转速表是目前常用的机械式转速表之一,也是应用最早的一种转速表。由于离心式转速表具有结构简单、使用方便、价格便宜等优点,所以,尽管其测量精度较低,但目前仍被广泛地使用着。不过,由于离心式转速表的测量方法为接触式,在测量过程中会消耗旋转体的部分功率,因而其使用范围受到一定的限制。

(1)离心式转速表的结构及工作原理

离心式转速表由传动部分、机心和指示器三部分组成,其外形如图 1-266 所示。离心式转速表的测量范围一般为 30 ~ 20 000 r/min,测量误差为 ±1%。使用时,只要将转速表旋转轴顶在被测旋转体上靠摩擦力的带动便可工作,直接读出转速值。

离心式转速表是利用一定质量的旋转体所产生的离心力与旋转体的旋转角速度成比例的原理而制成的测量仪表,其内部结构如图 1-267 所示。

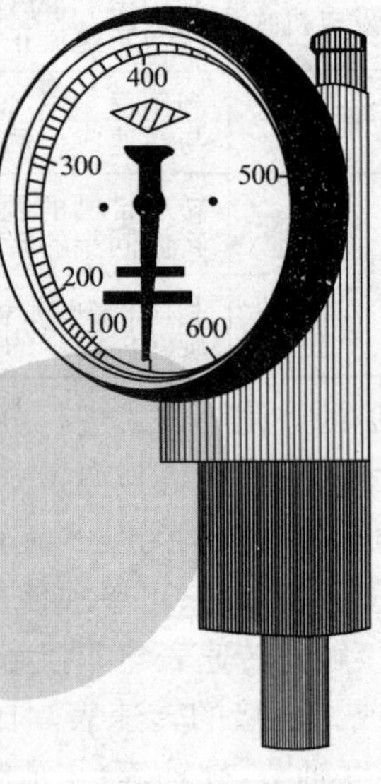

图 1-266 固定离心式转速表外形图

离心式转速表在测量转速时,转速表的旋转轴随被测旋转体一起以同样的转速旋转,若转速表内的质量为 m 的重物随转速表的旋转轴以同样的转速一同转动,则该重物所产生的离心力 F 的大小由下式决定

$$F = mr\omega^2 = mr\left(\frac{\pi n}{30}\right)^2 \quad \text{N}$$

式中,m 为重物的质量,单位为千克(kg);r 为重物的重心距转轴的垂直距离,单位为米(m);ω 为重物的旋转角速度,单位为弧度每秒(rad/s);n 为重物的转速,单位为转每分钟(r/min)。由此式可知,离心力 F 的大小与转速 n 的平方成正比,所以离心式转速表的转速测量的实质是离心力的测量。

在图 1-267 中,当重块在转轴的带动下旋转时,在离心力 F 的作用下,重块就向外散开,并使得滑块向上移动,通过传动齿条带动指针转动;与此同时,向上运动的滑块压缩弹簧,直至弹簧的反作用力与拉杆所受的离心力 F 在转轴轴向的分力相平衡时,指针就停止转动;根据指针转过的角度,就可以指示出转速 n 的大小。指针的位置与转轴的旋转速度 ω(转速 n) 一一对应。因此,可在经过标定的刻度盘上直接读出被测旋转体的转速的大小。

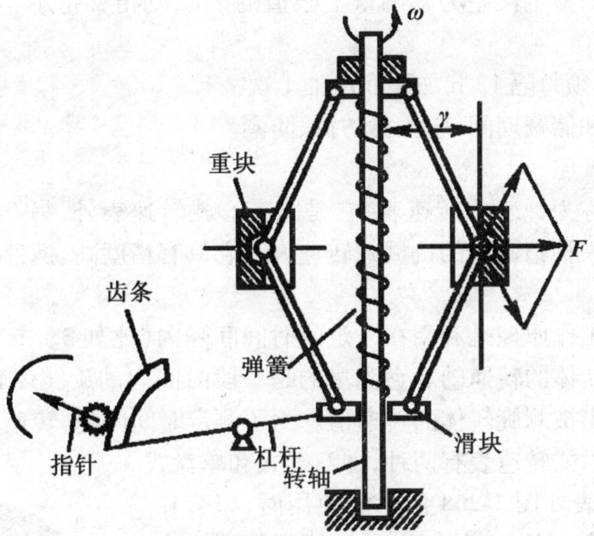

图 1-267 圆锥离心式转速表的工作原理

(2)便携离心式转速表的使用

便携式(手提式)转速表往往制成多量程的,即转速表装有变速器,借以改变被测旋转体的转速。在多量程的转速表表盘上,通常对应其量程的组数刻有对应的若干列刻度标志;也可以利用各量程范围的倍数关系,减少表盘上的刻度标志列数。

使用手提离心式转速表测量旋转体的转速时应注意以下几点。

①应根据被测旋转体的转速来选择适当的调速盘的挡数,不能用低速挡来测量高转速;

②转速表轴与被测旋转体轴接触时,应使两轴心对准、对直,动作要缓慢,同时在测量过程中应始终使两轴线保持在同一条直线上;

③在测量过程中,转速表轴与被测旋转体轴不要顶的过紧,以两轴相接触不产生相对滑动为原则;

④通常情况下,指针偏转的方向与被测旋转体的旋转方向无关;

⑤转速表在使用前应先加注润滑油(钟表油),通常是从转速表的外壳或调速盘上的注油孔注入。

(3)固定离心式转速表的使用

使用固定离心式转速表测量旋转体的转速时应注意以下几点。

①首先应注意转速表表盘上的转速表系数,转速表系数的定义是:

$$转速表系数 = \frac{转速表轴的实际转速}{被测旋体的转速}$$

比如,若转速表系数为 1: 1,则转速表的示值即为被测旋转体的转速,也就是转速表轴的转速;若转速表系数为 1: 2,则转速表轴的实际转速为转速表示值的一半,即若转速表的示值为 200 r/min,则转速表轴的实际转速为 100 r/min。

②转速表在使用时,转速表的正常工作范围应选在该转速表测量上限制的 80% 左右,比如,量程为 100 ~ 600 r/min 的转速表,其最高工作转速应选为 480 r/min,这样既可以保证转速表表针指示的准确度,又可以延长转速表的使用寿命。

③无论被测旋转体的转向如何,指针均向同一方向指示。

④若转速表的出厂鉴定误差为其测量上限值的 2%，则指针指示不稳定性的摆动幅度为 1/2 小格。

⑤在使用过程中，须每隔 12 h 加注润滑油 1 次。

⑥转速表在运输和储藏期间，应注意防振、防潮。

4. 定时式转速表

定时式转速表也称为钟表式转速表，它是除离心式转速表外，另一种常用的机械式转速表。定时式转速表是一种精密式的机械式转速表。它具有精度高、携带方便等优点，在国内外获得广泛使用。

定时式转速表的工作原理是利用在一定的时间间隔内（比如 3 s、6 s 等）记录下旋转体转过的周圈数来测量旋转体的转速的。它测量的是一段时间内的旋转体转速的平均值，并由指针在表盘上直接指示出被测旋转体的转速值。为了测定时间间隔，转速表装有定时机构，并由此而得名。常用的定时式转速表有两种，即双盘式和单盘式。

单盘定时式转速表如图 1-268 所示。使用时，将套在表盘上的橡皮接头 4 与被测旋转体相连接；用手握紧表壳 5，将表盘 2 端平，使表轴和被测轴的轴心在同一条直线上；揿压按钮 3，然后松开，使表机构开始工作，同时打开计数器开始计数；经过一定的时间间隔（比如 3 s 或 6 s）后，表机构停止工作，并关闭计数器，指针 1 即在表盘上指示被测旋转体的转速。

图 1-268　单盘定时式转速表

1—指针；2—表盘；3—按钮；4—橡皮接头；5—表壳

图 1-268 所示的定时式转速表，长针轴与转轴的传动比为 1∶100，短针轴与长针轴的传动比为 1∶10。长针刻度盘均匀地标刻了 100 个小格，每小格的分度值为10 r/min。短针刻度盘均匀地标刻了 10 个小格，每小格的分度值为 1 000 r/min。该定时式转速表在 6 秒时间间隔内所测量的转速值，是经放大（比输入值扩大了 10 倍）、平均后再折合成每分钟的转速值，按 r/min 进行刻度的。

5. 光电式转速计

光电式转速计是将物体的转动变换为光通量的变化，再通过光电转换元件将光通量的变化转换成电量的变化。光电式转速计不需要辅助电源就能把被测对象的非电量信号转换为易于测量的电信号，属于非电量电测量的方法。

光电转换元件的工作原理是光电效应。从物理学可知，光可以被看成是一连串的具有一定能量的粒子（称为光子）所构成的。所以，当金属或半导体表面受到光的照射时，它的表面层便受到一连串具有能量的光子的轰击，这些物质中的电子的动能便增大，因而产生以下三个现象，一是电子逸出表面，二是物质的导电率发生变化，三是在某个方向上产生电动势，它们也分别被称为外光电效应、内光电效应和阻挡层光电效应，这三个现象统称为光电效应。

根据外光电效应制成的光电转换元件有光电管、光电倍增管等；根据内光电效应制成的光电转换元件有光敏电阻以及由它构成的光导管；根据阻挡层光电效应制成的光电转换元件有光电池和光电晶体管。

光电式转速计主要是利用光电管将光脉冲变成电脉冲。由光电管构成的转速计分反射型和透射型两种。光电管的结构如图 1-269 所示，它是在玻璃泡内安装两个电极，一为光电阴极，一为光电阳极。将光电材料贴附在玻璃泡内壁，或者涂敷在半圆形的金属片上，便构成光电阴极。在阴极的前面，装有单根直立或环状的金属丝，它就是光电阳极。当光电阴极受到光线的照射时，便向外发出电子；若在光电阳极上接上正电位，则光电阴极所发出的电子被光电阳极吸引，从而形成光电流。如果光源发出的是光脉冲，则光电管形成电脉冲。

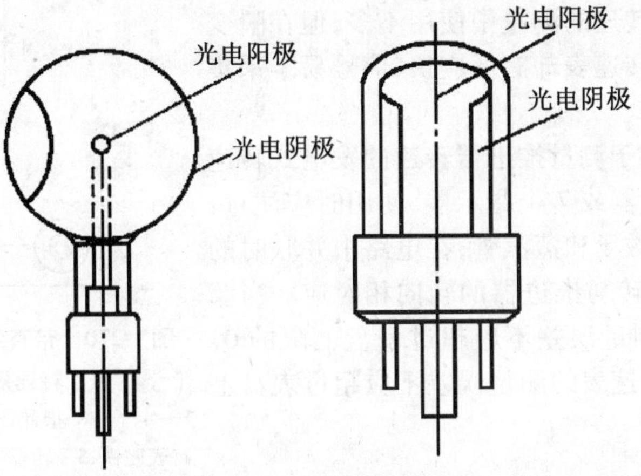

图 1-269　光电管的结构

目前已有多种测量转速用的光电转换元件（传感器）和光电式转速计可供选用，其测速范围可达每分钟几十万转，它不仅使用方便，而且对被测旋转体无干扰。

6. 磁电式转速计

磁电式转速计的工作原理是电磁感应，是利用电磁感应原理将物体的转速（转动的频率）转换为感应电势的频率。磁电式转速计是不需要辅助电源就能把被测对象的机械能转换为易于测量的电信号，也属于非电量电测量的方法。

磁电式转速计是一种有源转速计，有时也称为感应式转速计。由于它有较大的输出功率，故配用的电路比较简单，性能也比较稳定，其工作频率一般为 5 ~ 500 Hz。但是，由于磁电式转速计对被测转轴有一定的阻力矩，并且低速时其输出信号较小，所以，磁电式转速计不适合用于低转速和小扭矩转轴的转速测量。另外，感应电势的幅值也与转速有关，因而通过测定感应电势的大小，也同样可测定转速，但这种方法实际上用得很少，而改用发电式转速表。

7. 发电式转速表

与磁电式转速计相同，发电式转速表的工作原理也是电磁感应，利用电磁感应原理将物体的运动转换为感应电势的输出。与磁电式转速计不同的是，发电式转速表是让被测转轴带动测速发电机，通过测量测速发电机所输出的感应电动势的大小（而不是感应电动势的频率）来确定被测转轴的转速。感应电动势的大小通常由磁电式伏特表来测量，但其表盘刻度并不是 V（伏特，电势的单位），而是 r/min（转每分钟，转速的计量单位）。

测速发电机有直流和交流两种。

图 1-270 所示为带直流测速发电机的发电式转速表的工作原理示意图。直流测速发电机的定子 1（永久磁铁）用于激磁，转子 5 与被测转轴相连接。当测速发电机的转子 5 随被测转轴一同旋转时，转子线圈将切割定子 1（永久磁铁）磁场内的磁力线，从而在转子线圈中就产生出感应电动势，其大小与被测转轴的转速成正比，将其送入磁电式伏特表，即可通过伏特表的指针 2 示出转速的测量值。

但由于直流发电机的整流子容易产生干扰信号，同时也比较容易出故障，所以最好应采用交流测速发电机。测速发电机在使用时容易受环境温度、环境湿度及电方面的干扰，所以其误差一般约为1%~2%，其测速范围一般在5 000 r/min以下，另外，发电式转速表在测速时要吸收掉一部分被测转轴的旋转功率，所以，一般在稳定转速的测量中使用不多，但在瞬变转速的测量中发电式转速表却有反应快、信号易于采集记录等优点。

在船舶轮机中，用于测量推进器转速的发电式转速表，通常带有4个指示器或7个指示器，使用时应注意：指示器的安装要远离磁场和蒸汽管；在电路中并联时的极性必须使指针的偏转与推进器的转向相对应。当船舶前进时，转速表的测量误差不应超过表盘上限的0.8%；当船舶后退时，转速表的测量误差不应超过表盘上限的1.2%。

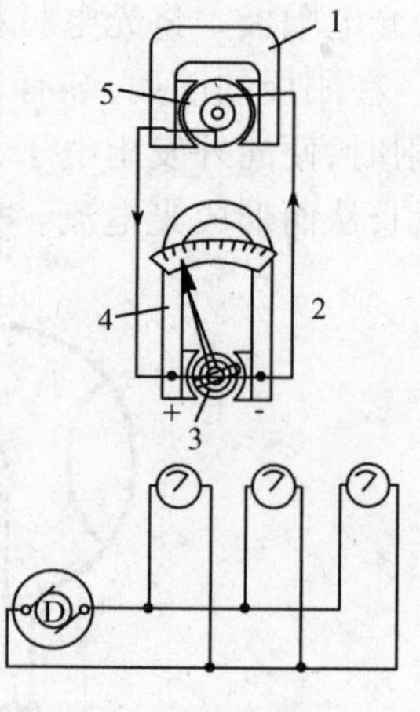

图1-270 带直流测速发电机的发电式转速表的工作原理

1—定子；2—指针；3—伏特表活动绕组；4—伏特表磁铁；5—转子

（四）流量计

习惯上，把测量流体流量的仪器、仪表及装置统称为流量计。

单位时间内通过某一空间表面的流体的量，称为流量，也称为瞬时流量。由于流体的量可以用体积、质量或重力来计量，所以，流量又分为体积流量 q_v（单位为立方米／秒，m^3/s）、质量流量 q_m（单位为千克／秒，kg/s）和重力流量 q_g（单位为牛顿／秒，N/s）。对于均质流体，三者之间的关系为

$$q_g = gq_m = \rho g q_v$$

式中，ρ 为的密度，单位为千／克米^3（kg/m^3）；g 为的密度，单位为米／秒^2（m/s^2）。

通常情况下，对于液体一般用体积流量，而对于气体一般用质量流量。

在计量流量时，有时还需要知道在某一段时间内流体通过某截面处的总体积或总质量。某一段时间内通过某一空间表面的流体的总量，称为累积流量，因该总量可以用该段时间内的瞬时流量对时间积分而得到，故也称为积分流量。某一段时间内通过某一空间表面的流体的总量（即累积流量）除以该时间段的时间间隔，称为平均流量。

流量计也是船舶动力装置中最重要的、最常用的仪器仪表之一。流量测量对船舶运营的经济性和安全性都是十分重要的。下面先介绍目前常用的流量测量的方法及特点，然后介绍几种在船舶轮机中最常见的流量计。

1. 流量计的种类及特点

测量流量最简便和精确的方法是采用体积法或重量法测量。比如，用体积法测量时，使用带有体积刻度的量箱和秒表分别测量体积和时间，若在 t 分钟（min）内测得的液体的体积为 V 升（L），则其体积流量 q_v 为

$$q_v = \frac{V}{60\ 000 \cdot t} \quad m^3/s$$

图1-271所示为测量船舶柴油机燃油消耗量的一种体积法测量装置的测量原理示意图。其测量腔由 A、B、C 三个标准玻璃容器组成，为了提高测量精度，这三个标准玻璃容器的每个容器的刻度线都标志在玻璃细管上，测量时可根据需要选用一个或几个容器使用。测量前，将

三通旋塞1置于“供油”(a)位置，调整稳压腔2上部的放气旋塞3，使稳压腔2内的燃油液面恰好上升到超过腔中的连通管4的顶部；再将三通旋塞1置于“充油”(b)位置，当测量腔中燃油液面略高于A_0-A_0刻度线时，即将三通旋塞1旋回“供油”(a)位置。测量时，将三通旋塞1置于“测量”(c)位置，这时，测量腔中燃油的液面开始下降，待测量腔中的燃油液面下降到A_0-A_0刻度线时，按下秒表按钮开始计时；当测量腔中的燃油液面下降到选定体积的刻度线（比如，选用一个容器测量时的$A-B$刻度线；选用两个容器测量时的$B-C$刻度线；选用三个容器测量时的C_0-C_0刻度线）时，立即停止计时，同时将三通旋塞1置于“供油”(a)位置。

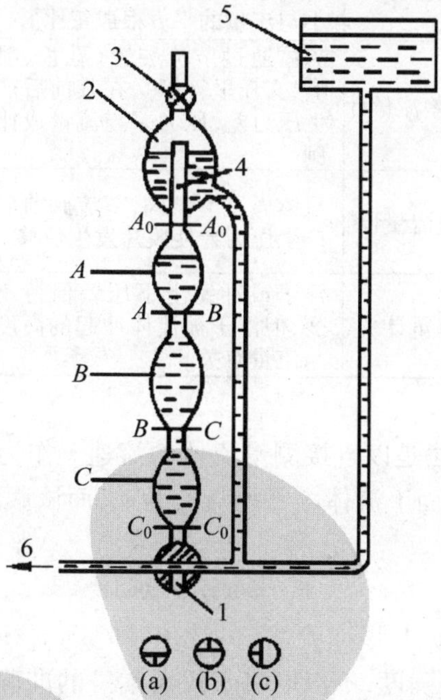

图1-271　体积法测量船舶柴油机燃油消耗量

1—三通旋塞；2—稳压腔；3—放气旋塞；4—连通管；5—日用油箱；6—通向发动机

A、B、C—测量腔，三个标准玻璃容器；A_0-A_0、$A-B$、$B-C$、C_0-C_0—刻度线

三通旋塞1的三个工作位置：(a)供油，(b)充油，(c)测量

若测得的柴油机消耗体积为V_τ升(L)的燃油所需的时间为τ秒(s)，则柴油机的燃油消耗量可按下式计算

$$G = 3.6 \times \frac{V_\tau \cdot \rho_\tau}{\tau} \quad \mathrm{kg/h}$$

式中，G为燃油消耗量，单位为千克/小时(kg/h)；ρ_τ为测量时燃油温度下的燃油密度，单位为千克/米^3(kg/m^3)。

流量测量的体积法和重量法因其费工费时且效率低，通常仅用于测量流量不是太大的场合。另外，由于着两种方法的测量精度很高，所以一般也用于其他类型流量计的校准。

在工程上通常采用可直接读出流量数值的流量计。目前常用的流量计按其测量方法可分为速度式、容积式、压差式和恒压式等几大类，表1-20列出了这几类流量计的常见形式和工作原理。

表 1-20　常见流量计的种类

流量计种类	典型流量计	机械变换原理	机电变换器
速度式流量计	涡轮流量计	涡轮的转速通过磁电式变换器变换成电量叶轮流量计	叶轮或涡轮被流体冲转，其转速与流体的流速成正比
	叶轮流量计		
容积式流量计	椭圆齿轮流量计	椭圆齿轮或腰轮被流体冲转，每转一周排出一定量的流体	椭圆齿轮或腰轮的转速通过磁电式或光电式变换器变换成电量腰轮流量计
	腰轮流量计		
压差式流量计	靶式流量计	通过管道中的靶，使流量变换为压差作用在靶上，压差的大小与流量的平方根成正比。	作用在靶上的力，通过弹性圆筒和应变片转换成电量
	节流式压差流量计	流体通过节流装置（孔板、喷嘴、文丘里管等），在其前后产生压力差，压力差与流量成比例	节流装置前后的压力差通过差动变压器转换成电量
	膜式压差流量计	流体通过节流阀，节流阀前后产生压力差使膜片发生位移	膜片的位移通过差动变压器或电容变换器转换成电量
恒压式流量计	浮子流量计	浮子或冲塞上下压差保持不变，但浮子被流体冲起的高度与流量有关	浮子冲起的高度通过差动变压器转换成电量

2. 速度式流量计

速度式流量计的测量方法是以直接测量流体的流速 v 作为计量流量的依据。若测得某管道横截面的面积为 A，该横截面上流体的平均流速为 v_a，而该截面上流体某一点流速为 v，则管道内流体的体积流量 q_v 为

$$q_v = v_a A = kvA$$

式中，k 为该截面的平均流速 v_a 与该点流速 v 的比值，即 $k = v_a/v$，它与该截面的流速分布有关。因此，速度式流量计的测量准确度，不仅取决于仪器本身的准确度，而且还与管道横截面上的流速分布有关。目前，速度式流量计有电磁流量计、超声波流量计、涡街流量计等多种类型，其中以涡轮流量计最为常见，船舶使用的燃油流量计多为涡轮流量计。

(1) 涡轮流量计的工作原理

涡轮流量计相当于在管道中安装了一个水涡轮，当被测流体通过时，被测流体冲击涡轮叶片使涡轮旋转，在一定的黏度下，在一定的流量范围内，涡轮转速与流量成正比，通过对转速的计算即可得到累计流量和瞬时流量。

将涡轮转速转换成电脉冲信号进行处理的方法有两种，即：磁阻方法和感应方法。

磁阻方法：将导磁不锈钢制作的叶片，顺次切割管壁上的检测线圈，以周期性改变检测线圈的磁阻，从而使其磁通量发生周期性地变化，检测线圈则产生与流量成正比的脉冲信号。该方法适用于清洁、有润滑性的液体和气体，不含固体颗粒（防磨损）流体。

感应方法：转子用非导磁材料制成，将一块磁钢埋在涡轮内腔，当磁钢在涡轮带动下旋转时，固定于壳体上的检测线圈中感应出电脉冲信号。该方法如适当选材可用于非润滑性气体，含微小颗粒和腐蚀性流体，以及液态气体突然汽化等原因而可能造成涡轮突然高速旋转的场合。

图 1-272 所示为通过磁电变换器来计量转速而测出流量数值的涡轮流量计的结构。涡轮流量计的前导流架和后导流架的作用是导直流体，使流速分布符合要求，同时也作为涡轮的支承架。涡轮用导磁的不锈钢制成，并随流体的运动而转动。涡轮业经仔细平衡，装于轴承上，

其惯性和摩擦力都很小。涡轮旋转时，将周期地改变磁电变换器中磁路的磁阻，从而输出与流量成正比的脉冲信号，经放大后，若输送到频率计，则可以测得瞬时流量；若输送到计数器，则可测的某一段时间内的累积流量。其误差极小，灵敏度极高。

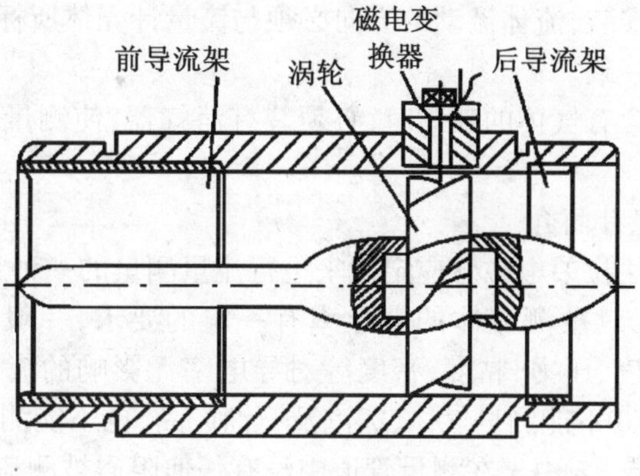

图 1-272 涡轮流量计

(2)涡轮流量计的特性

涡轮流量计的特性通常用仪表常数 ξ 与流量 q_v 之间的关系来表述。

所谓仪表常数，就是单位时间内输出电脉冲数 N 与流量 q_v 之比，即 $\xi = N/q_v$。以仪表常数 ξ 为纵坐标、以流量 q_v 为横坐标而画得的涡轮式流量计的仪表常数 ξ 与其流量 q_v 之间的关系曲线，称为涡轮流量计的特性曲线。

在理想的情况下，涡轮流量计的特性曲线应为一水平直线。但是，由于涡轮阻力矩的存在，实际的特性曲线并非直线。当流量很小时，流速较慢，涡轮的转动力矩较小，因此涡轮阻力矩的作用较为明显，则仪表常数 ξ 值较小。在流动状态从层流过渡到紊流时，由于层流状态的流体黏性摩擦力矩小于紊流状态的黏性摩擦力矩，则涡轮的转速即行增大，因此特性曲线会出现峰值。当流量较大时，由于流速高，涡轮的转动力矩远远大于阻力矩，因此特性曲线就接近于直线。在涡轮流量计的设计和使用时，应使涡轮流量计工作在特性曲线的直线部分，此时其精度可达 0.5%，重复性可达 0.1%。

涡轮流量计的特性受流体黏度的影响较大，黏度越大的流体，仪表常数 ξ 达到稳定状态所要求的流量也就越大。但是，无论哪一种流体，只要流量超过某一定值，仪表常数 ξ 都会达到稳定状态。此外，流体黏度对特性曲线的影响也与管道的直径有关，直径越粗，其影响越小，反之则影响越大。

鉴于上述原因，一般在涡轮流量计的出厂说明书上，都规定了不同管道直径的涡轮流量计在测量不同黏度流体时的最小量程。同时，为了保证测量的精度，通常取最小量程为最大量程的 50% 以上。此外，由于管道中放有涡轮，将会产生压力损失，涡轮流量计的压力损失 Δp 与流量 q_v 的平方成正比。

(3)安装使用涡轮流量计时的注意事项

应根据被测流量的大小、被测流体的物理特性、温度变化范围以及工作压力范围等来来选择使用适用的涡轮流量计。安装使用涡轮流量计时应注意以下几个要点。

①为保证涡轮流量计内流速分布均匀，流量计前要有长度不小于 15 倍管道直径的直管段、流量计后要有长度不小于 5 倍管道直径的直管段，心要时可加整流器。

②为使支承涡轮的轴承不致迅速磨损，涡轮流量计前应加装加滤器，以清除杂质，莫使杂

质进入流量计。

③使用时应注意不能超过规定的最高温度、最高压力和最高转速;当用于高温蒸汽流量的测量时,不允许冲刷蒸汽通过流量计,必须加装旁路;流量计应加装逆止阀,以防止倒转。

④流量计必须水平安装,流体流动的方向必须与流量计壳体所标注的箭头一致,流量计的轴线必须与管道的轴线一致。

⑤在测量易汽化或含有气体的液体时,必须装有消气器,使测量值纯属液态流体的流量,以提高测量的精度。

(4)其他速度式流量计简介

电磁流量计是根据法拉弟电磁感应定律来进行流量测量的一种日益应用广泛的速度式流量计。其主要特点是:①对被测流体的电导率有一定的要求,一般要求电导率应大于 10^{-3} s/m,而与被测流体的温度、压力、黏度、密度等对导电率无影响的流体的参数无关;②被测流体的磁导率应接近于1;③不能测量气体、蒸汽及石油产品,也不能测量铁磁介质;④应避免安装在有较强电磁场的地点;⑤由于在测量管道中没有任何阻碍被测流体流动的部件,所以几乎没在压力损失;⑥被测流体的最大流速一般应不大于 10 m/s。

涡街流量计的测量原理是:在流动的流体中放置一个有对称形状的非流线型的柱体时,在它的下游两侧就会交替出现旋涡,且两侧旋涡的旋转方向相反,并轮流地从主体上分离出来,在下游侧形成涡街,而旋涡形成的振动波频率与柱体附近流体的流速成正比,所以,通过测量振动波的频率就可获得流体的流速及流量。涡街流量计的特点是:①不宜测量腐蚀性较强、含有悬浮物或纤维的流体;②应保证在旋涡发生的柱体处不产生空穴现象(在旋涡发生的柱体处,由于节流现象而使流体的静压下降,当被测液体的静压低于该流体在工作温度下的饱和蒸气压时,液体则汽化,这种暂时的汽化现象即为空穴现象);③流量计前要有长度不小于 20 倍管道直径的直管段、流量计后要有长度不小于 5 倍管道直径的直管段,且直管段内壁不应有凸凹;④涡街流量计的压力损失小、结构简单、维护方便,不受流体的压力、温度、黏度和密度的影响,对于大口径管道的流量测量(如烟道排气和天然气等)则更为方便,但要求的流量计前后的直管段较长;⑤在满足要求的流量计量程范围内,宜选择口径较小者。

超声波流量计是根据声波在流体中的传播规律来测量流体的流速,进而获得流体的流量的。此外,其他用于测量流体流速的仪器设备,如热线风速仪、毕托管等,均可用于流体流量的测量。

3. 容积式流量计

容积式流量计是通过测量一定时间内的流经流量计的流体的固定体积的数量来实现对流体流量的测量。若固定体积为 $V(\mathrm{m}^3)$,每秒钟流经流量计的流体的固定体积 V 的数量为 n,则流体的流量 q_v 为

$$q_v = nV \quad \mathrm{m^3/s}$$

目前,容积式流量计主要有椭圆齿轮流量计、腰轮流量计、刮板流量计、湿式气体流量计、伺服容积流量计等,其中以椭圆齿轮流量计最为常用。

(1)椭圆齿轮流量计

椭圆齿轮流量计用于测量液体,特别是高黏度液体的流量。

椭圆齿轮流量计的结构及工作原理如图 1-273 所示。它是由一对相互啮合的椭圆齿轮 1 和 2、月牙形计量液腔 3 和 4 以及计数机构等组成。相互啮合的一对椭圆齿轮在液体压力差的作用下交替地相互带动绕各自的轴旋转,每转一周,排出 4 份齿轮与仪表壳体之间形成的月

牙形孔腔体积的液体。齿轮转轴可与机械部分相连,也可采用齿轮转速的电量变送,测得齿轮转速即可得到体积流量。

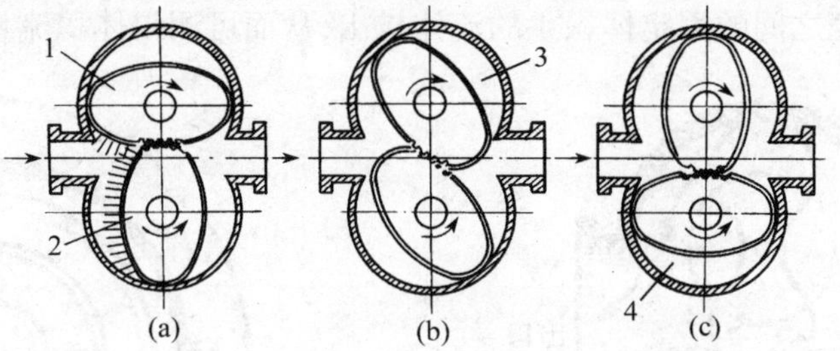

图 1-273　椭圆齿轮流量计

1、2—相互啮合的一对椭圆齿轮;3、4—计量液腔

椭圆齿轮流量计实质上相当于一个液压马达,在流量计进出口的液流压力差(p_1-p_2)的作用下工作。在图 1-273(a)的位置,作用在椭圆齿轮 1 上的作用力互相平衡,有效转矩为零,椭圆齿轮 2 在压力差的作用下产生一转矩作顺时针方向回转,并带动齿轮 1 做逆时针方向回转;当转到图 1-273(b)的位置时,齿轮 2 上的转矩已经减小,而齿轮 1 上的转矩已经产生;当转到图 1-273(c)的位置时,椭圆齿轮 2 上的转矩为零,齿轮 1 上的转矩增至最大。因此,在每一位置上两个椭圆齿轮所产生转矩的总和基本上是一定值。齿轮每转一圈,月牙形计量液腔 3 和 4 各充液两次、排液两次。所以,通过流量计的液体体积正比于它的转数。

椭圆齿轮流量计的常用计数机构是机械式的,它通过齿轮传动、棘轮棘爪机构推动数字盘转动,从而获得累计转数值,再利用标定指出流量值。

在自动化检测中,常将齿轮的转动速度通过光电变换器或磁电变换器转换成电脉冲信号,而后利用光电转速表或数字式频率计测出转速值,通过标定换算得到流量值。

椭圆齿轮流量计一般用作测量某一定时间内的液体总流量。由于它的输出轴上的载荷很小,因此,被测液体在流量计前后的压差也很小,故容积效率很高,测量误差较小,精度可达 ±0.5%,同时测量范围也很大。

由于椭圆齿轮流量计是用测量体积的方法来测量流量的,因此,从原理上来讲,流量的大小及流体黏度的大小对测量的精度影响很小,这是它比其他流量计优越的地方。但是,由于实际上齿轮与腔室之间存在间隙,因而会造成泄漏现象,使仪表指示值与实际流过的液体体积之间存在误差。该误差与被测流体的流量大小及黏度有关。如前所述,对于同一黏度的液体,流量越小其相对误差越大,因此,使用时应注意被测流量的下限值。但是,对一定的流量计,测量流量也不应过大,过大会使齿轮迅速转动而磨损。

此外,流体流过椭圆齿轮流量计会产生压力损失,对于低黏度的液体,压力损失 Δp 与流量 q_v 的平方成正比;对于高黏度的液体,压力损失 Δp 与流量 q_v 成直线关系。

由于椭圆齿轮流量计的精度与流速的分布无关,因此使用时无需加导直器。

(2)腰轮流量计与刮板流量计

腰轮流量计的结构如图 1-274 所示,它是由一对转动过程中始终相切的腰轮、计量液腔以及计数机构等组成。它的工作原理与椭圆齿轮式流量计相同,只是腰轮式流量计内的腰轮上没有齿,所以,它对流体中的固体杂质没有椭圆齿轮式流量计那么敏感。

腰轮流量计可用于液体流量的测量,特别适合用于测量高黏度的液体,也可用于测量大流量的气体。

刮板流量计的结构如图 1-275 所示。在压力差的作用下转子 3 转动,转子 3 上有 4 个可以内外滑动的刮板 1,转子 3 带动刮板的滚轮在中心静止的凸轮 2 的外缘滚动,转子 3 每转一周有 4 份两刮板与壳之间的固定体积 4 的流体排出,从而可测得体积流量。

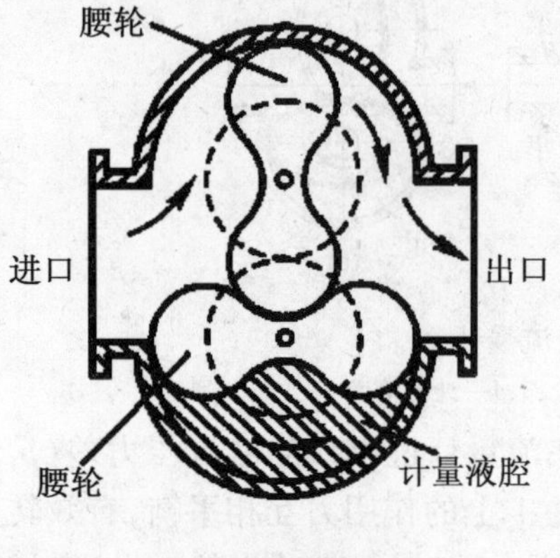

图 1-274　腰轮流量计

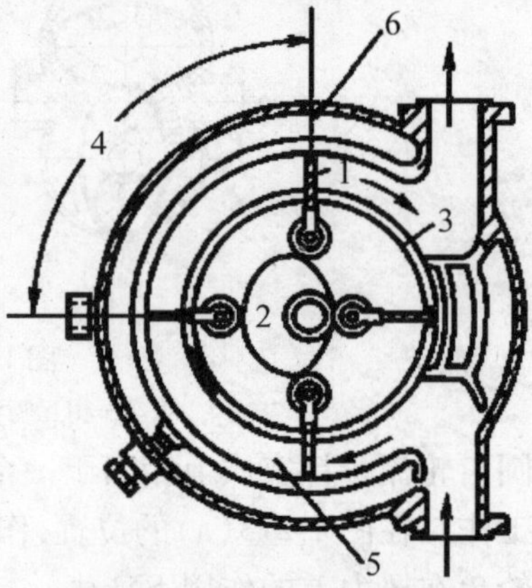

图 1-275　刮板流量计

1—刮板;2—凸轮;3—转子 4—计量液腔;5—流动的液体;6—静止的液体

(3)容积式流量计的特点

容积式流量计用于测量累计流量时,其准确度很高,一般情况下,相对误差为 ±(0.1 ~ 0.5)%。而用于测量瞬时流量时,由于容积式流量计内部有运动部件,其惯性较大,所以造成测量误差较大。流体流量的大小和流体的黏度对容积式流量计的测量准确度的影响较小,所以,容积式流量计适合用于小口径、高黏度流体的流量测量。

由于容积式流量计的内部有运动部件,所以在安装使用时应注意在流量计的入口前加装过滤器,防止杂物进入将运动部件卡死;应留有旁路,以便于经常清洗;同时应注意流体的温度和清洁度,不能超过流量计的使用限度。使用容积式流量计时应特别注意其滑漏量及流量的上限和下限,以减小测量误差。

由于齿轮等运动部件与壳体间存在间隙,所以,在流量计进出口压力差的作用下,就存在着通过间隙的滑漏量,从而引起测量误差。尤其是在小流量时,滑漏量相对较大。一般情况下,只有在流量计量程的 15% ~ 20% 以上使用时,才能保证测量的精度。

当流量超过额定值时,由于流量计的进出口压力差增大,其误差将增大。此外,过大的流量也会造成转动部件的磨损甚至损坏。特别是湿式气体流量计,大流量会引起液面波动,造成误差增大。

除了提高加工精度和材料的耐磨性外,为提高流量计的测量准确度,目前已出现了伺服容积流量计。其工作原理为:流量计的转动部分由伺服电机带动,用微差压感受元件测量进出口的差压,用差压信号调节伺服电机转速,保持差压为零,以减少滑漏量。这种伺服流量计准确度大于 ±0.1% 以上,但结构复杂、设备庞大。

4. 压差式流量计

由流体力学可知,当流体流过某一物体时会产生压力损失,即在该物体的前、后会产生压力差 Δp,该压力差 Δp 与流量 q_v 有关。若测得该压力差 Δp 即可通过计算获得流体的流量 q_v。压差式流量计即是根据此原理而制成的。

目前常见的压差式流量计主要有节流式和靶式两种。节流式流量计的工作原理是在管道内安装节流件(比如孔板、孔嘴等),通过检测节流装置前后的压力差来获得流量。靶式流量计的工作原理是在管道内安装一个靶子(比如圆盘、多孔板等),通过检测靶子所受的力(由靶子前后的压力差而形成)来获得流量。

5. 恒压式流量计

目前常用的恒压式流量计是浮子流量计。

浮子流量计的工作原理如图 1-276 所示。在一个竖直安装的锥形管内放有一浮子(或冲塞),浮子的密度大于被测流体的密度。当锥形管内没有流体流动时,浮子因自重而落于锥形管的下方。当锥形管内有流体自下而上流动时,流体流经浮子与锥形管管壁之间的环形缝隙后,浮子上下形成一压力差,使浮子获得一向上的升力。当上升力大于浮子的重力与浮力之差时,浮子上升。随着浮子的上升,浮子与锥形管管壁之间的环形缝隙的面积增大,缝隙中流体的流速下降,于是作用在浮子上的上升力也就减小,直至上升力与浮子的重力、浮力相平衡,此时,浮子将稳定在某一高度上。流经锥形管内的流体的流量越大,则浮子上升的高度就越高。

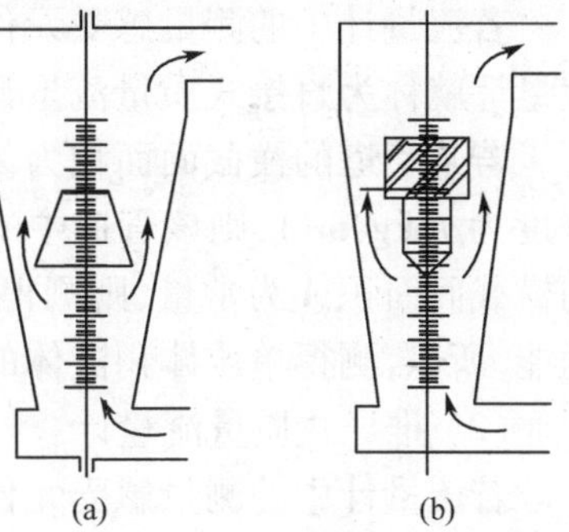

图 1-276 浮子流量计的工作原理

理论分析表明,当浮子流量计的结构确定后,对一定的流体,浮子上升的高度与通过浮子流量计的流量成正比。因此,只要测得浮子上升的高度,就可以得到流量值。

当浮子流量计用于低压系统时,可采用透明的锥形管,并标注刻度,以直接观察浮子升起的高度,并直接从刻度值上直接读出流量,如图 1-276 所示。另外,为了保证浮子在锥形管内的对中,以不致偏心或偏斜而影响测量的精度,可使用导向钢丝,如图 1-276(a)所示;或在浮子上开斜槽,如图 1-276(b)所示,使浮子在流体的作用下产生旋转。

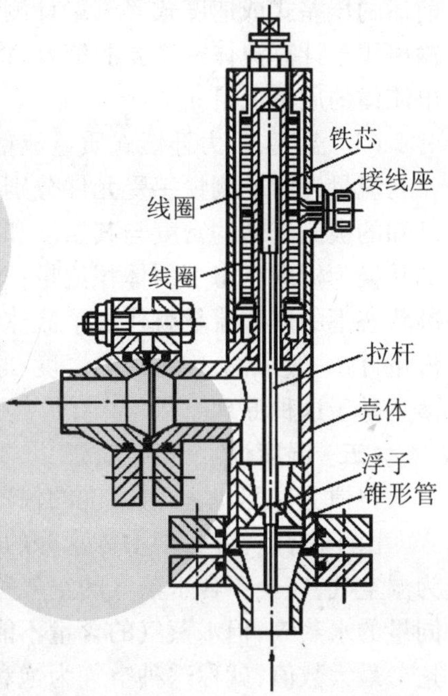

图 1-277 差动变压器式浮子流量计

当浮子流量计用于高压系统时,浮子则应装在金属管中,再通过磁电感应系统将浮子的升高量转换成电参量,经测量仪表测出流体的瞬时流量,或用计数器测量某一段时间内流量的总和。图 1-277 所示为差动变压器式浮子流量计的结构,它由测量部分和差动变压器部分所组成。测量部分主要由锥形管和浮子构成。浮子浮动的高度,通过差动变压器转换成电量。浮子的升高或降低,使拉杆带动差动变压器的铁芯运动,从而使差动变压器的两个二次侧线圈的感应电动势发生变化。当线圈差接时,线圈的输出电压正比于铁芯的位移,因而也正比于浮子高度的变化。

6. 质量流量计简介

前面介绍的几种流量计得到的都是体积流量,由于测量过程中会引起流体的温度及压力的变化,导致流体的密度发生变化,从而在计算流体的质量时会产生误差。而质量流量计得到的读数即是流体的质量流量。

质量流量计的最大特点就是其测量值不受被测流体的压力、温度等参数的变化所引起的流体密度的变化的影响,因而其流量测量的准确性就有了很大的提高。质量流量计具有测量精度高、响应速度快、压力损失小等特点,目前正逐渐被用于流体流量的精密测量中。

质量流量计按其工作原理可分为直接式、推导式和温度、压力补偿式三大类。

(1)直接式质量流量计

若流量计中的测量感受元件的输出信号反映的直接就是流体的质量流量,则这一类质量流量计就称为直接式质量流量计。

若某管道的横截面面积为 $A(m^2)$,该横截面上的流体流动的平均流速为 $v(m/s)$,流体的密度为$\rho(kg/m^3)$,则该管道中的流体流动的质量流量q_m为$q_m = \rho v A \quad (kg/s)$。可见,如果管道的横截面面积 A 为常量,则测得 ρ_v 就可以得到质量流量 q_m。而 ρ_v 实际上就是单位体积流体的动能,所以,测得单位体积流体的动能就可获得质量流量。

(2) 推导式质量流量计

若流量计中的测量感受元件分别检测流体的体积流量和流体的密度,将这两个信号输出后,通过运算后得到质量流量并输出和显示,则这一类质量流量计称为推导式质量流量计。

流体的质量流量 q_m 与体积流量 q_v 之间的关系为 $q_m = \rho\, qv$(ρ 为流体的密度)。可见,利用前述的压差式或速度式等流量计测量输出用于计算体积流量 q_v 的信号,同时利用密度计测量输出用于计算流体密度 ρ 的信号,将这两类输出信号输入到运算器,经过运算后即可得到并输出流体的质量流量 q_m。

(3) 温度、压力补偿式质量流量计

流量计中的测量感受元件分别检测流体的体积流量、温度、压力,将这些信号输出后,根据已知的被测流体的密度与其温度和压力之间的函数关系,经过运算,将测得的体积流量数值自动转换为标准状态下的体积流量;而确定的流体,其标准状态下的密度值是一个定值;这样,标准状态下的体积流量就代表了流体的质量流量。这一类质量流量计称为温度、压力补偿式质量流量计。一般来说,连续观测温度和压力要比连续观测密度容易。工程上使用的质量流量计大多是基于这种原理。

(五) 湿度计

习惯上,把测量空气湿度的仪器、仪表及装置称为湿度计。

由于海洋、江河、湖泊等水分的蒸发,空气中总含有一定量的水蒸气。含有水蒸气的空气称为湿空气,完全不含水蒸气的空气称为干空气。在一定的温度和压力下,湿空气中可以含有不同量的水蒸气,但水蒸气的含量不能超过某一最大可能的数值。若湿空气中水蒸气的含量达到这一最大数值,就称这种空气为饱和空气,否则就称为未饱和空气。

湿空气接近饱和空气的程度可用湿空气的相对湿度φ来衡量。相对湿度$\varphi = 1$的湿空气为饱和空气,相对湿度 $\varphi = 0$ 则为干空气,而$0 < \varphi < 1$ 的湿空气为未饱和空气。

人们通常所说的空气的干湿程度,是指水在空气中的蒸发速率。水在空气中蒸发迅速,人们就会感到干燥;水在空气中蒸发缓慢,就感到潮湿。相对湿度与蒸发速率直接有关:相对湿度φ值越大,蒸发速率就越小;相对湿度φ值越小,蒸发速率就越大。因此,相对湿度φ确切地表述了湿空气的干湿程度。

空气湿度的测量在船舶轮机工程中,尤其是在空气调节装置中是非常重要的。因为空气中的水蒸气有时会对人们的生活和生产有很大的影响,比如,潮湿空气会使人感觉不舒服、使食品容易腐烂,而干燥空气也会使人感到不适、使食品因失去必要的水分而干缩,等等,这时就需要利用空气调节装置将对人不适宜的空气状态加工为适宜的状态。

通常情况下，湿空气的湿度测量都是指湿空气的相对湿度的测量。测定湿空气湿度的仪表和测定方法通常有：干湿度温度计法、露点测湿法、电阻湿度计法、毛发湿度计法及称量法等。以下然后介绍几种在船舶轮机中常见的湿度计。

1. 干湿球温度计

干湿球温度计是由2支完全相同的玻璃棒温度计所组成，其中一支称为干球温度计，而在另一支头上包一层湿纱布，则称为湿球温度计，如图1-278所示。左侧的温度计为干球温度计，其测得的温度称为干球温度，也就是湿空气的温度，用 t 表示；右侧的温度计为湿球温度计，其测温包用浸水的湿纱布包住，为了保持纱布及水银球（或酒精球）的湿润，纱布的另一端应浸入盛水容器中，它所测得的温度称为湿球温度，用 t_w 表示。

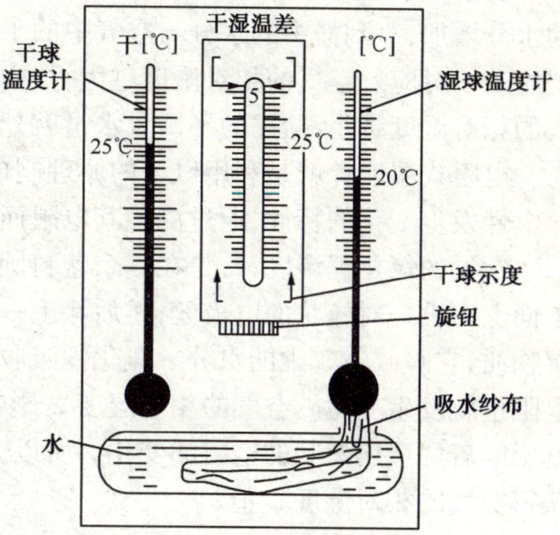

图1-278 干湿球温度计

当湿球温度计测温包上的纱布未浸水湿润（干燥状态）时，2支温度计的温度指示应完全一样。当纱布浸水湿润之后，根据湿空气的相对湿度的不同，湿球温度计的读数就会发生一定的变化。当湿空气的相对湿度 φ 小于1时，由于纱布上的水分不断地蒸发，并吸收汽化潜热，致使纱布上的水温下降，因而与周围空气形成温差，湿空气即向纱布上的水传递热量。空气与水的温差越大，传递的热量就越大。当水温降到某一数值，湿空气传给水的热量恰等于水分蒸发所消耗的热量时，水温不再下降，这个温度就是湿球温度 t_w，它反映出的是纱布中水的温度。

空气的相对湿度 φ 越小，则纱布上的水分蒸发的就越快，则湿球温度 t_w 就越低于空气的温度 t；反之，相对湿度 φ 越大，则纱布上的水分蒸发的就越慢，湿球温度 t_w 就越接近于空气的温度t（即干球温度）。当相对湿度 φ 等于100%时，纱布上的水分则不会蒸发，故湿球温度 t_w 就等于空气的温度t，即 $t_w = t$。可见，相对湿度 φ 与空气的干球温度 t 及其湿球温度 t_w 之间存在一种函数关系，将此函数关系制成数据表（干湿球温度计上就带有此表），当测得湿空气的干球温度 t 和湿球温度 t_w 后，可由干球温度 t 和干球温度与湿球温度之差 $\Delta t = t - t_w$ 从该表中查得该湿空气的相对湿度 φ 值。

很明显，空气越干燥，则干、湿球温差 Δt 值越大；反之则越小。

在使用干湿球温度计测量空气的相对湿度时，应重点注意以下几点。

(1)干湿球温度计在使用前（未湿润时）应保证二者读数差不大于0.1 ℃。

(2)湿球上的纱布，宽约为水银球柱高的1.3~1.5倍，其长度要比水银球柱高度大10~15 mm，并在水银球柱上方3 mm处扎紧，且将纱布抹平；同时在贴水银球下扎牢，但又不宜过紧以免影响纱布吸水。

(3)测量过程中，湿球应始终保持良好湿润，纱布要清洁，尽可能用蒸溜水湿润。

(4)在测量时，应待水银液柱稳定后方可开始读数。

(5)读数时，观察者的视线应与液柱面在同一水平面上，要避免人对着温度计呼吸和人体辐射热而影响测量的准确性。

目前空调工程中多采用通风式干湿球温度计（又称阿斯曼湿度计）。它与普通干湿球温度计的区别是在 2 支温度计的上部装了一个小风扇，使空气以一定的速度（≥2.5 m/s），流过干湿球温度计的温包，同时 2 支温度计的温包处装有能防止热辐射的金属保护管，以便提高测量的精度。

2. 电阻式湿度计

有多种金属盐（比如氯化锂、氯化钙等）在空气中有很强的吸湿性，吸湿使这些金属盐中的水分增加，直到盐中的水分与空气中的水分达到平衡为止。盐的平衡含水量与空气的相对湿度一一对应。空气的相对湿度越大，盐中的平衡含水量就越大，而盐的电阻就越小；反之，空气的相对湿度越小，盐中的平衡含水量就越小，而盐的电阻就越大。

电阻式湿度计就是利用以上的原理制成的，它采用一种吸湿性较强的物质，利用其吸湿后导电性发生变化的特性，通过测量其电阻而获得空气的相对湿度的。

常见的氯化锂湿度计，是在一个塑料圆棒的上面，平绕两根互不相连的金属丝，或在同一平面上布设一对梳状的电极丝，然后涂上一层氯化锂与多孔性塑胶的混合溶液。氯化锂是吸湿物质，它吸收空气中的水分。氯化锂吸收的水分不同，其导电性能也不同，从而两金属丝间电阻也就发生变化。空气的相对湿度 φ 影响着吸湿物质氯化锂所吸收的水分的多少，从而也就影响着两金属丝间的电阻的变化。所以，通过仪表测量两金属丝间的电阻变化，就可以计算获得空气的相对湿度 φ 值。

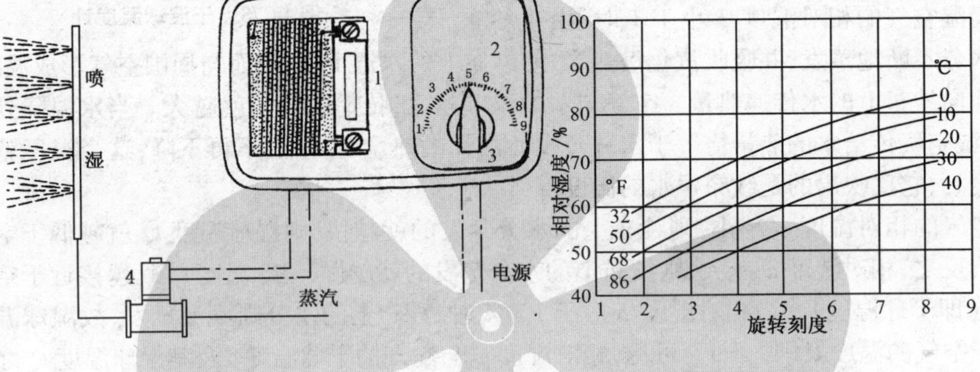

(a) 调节器及其系统示意图　　(b) 湿度刻度与温度和调定湿度的关系曲线

图 1-279　氯化锂双位式电动湿度调节器及其调节系统

1—氯化锂感湿元件；2—晶体管放大器；3—调节旋钮；4—调湿电磁阀

氯化锂感湿元件简单、体积小、灵敏度高，可测出相对湿度 φ 值在 ±0.14% 范围内的变化，而且反应速度快。在 0.5 m/s 风速下，吸湿时的反应速度比毛发式快 11 倍，放湿时快 1 倍多。其缺点是需按使用温度进行校正，而且使用日久后，氯化锂涂料还会脏污或剥落，因而需要定期检查，并加以清洁或换新。使用时，不要用手触或擦拭感湿元件，以免影响工作性能。

电阻式湿度计可用于远距离测量、自动记录和控制。

图 1-279 所示为氯化锂双位式电动湿度调节器及其调节系统的工作原理示意图，当空气的相对湿度 φ 值达到调节器的设定值时，信号继电器的触头将断开，导致电磁阀因断电而关闭，停止向空调器喷湿；而当空气的相对湿度 φ 值低于设定值 1% 时，信号继电器触头将闭合，于是电磁阀因通电而开启，加湿的蒸汽开始喷入空气中。

3．毛发式湿度计

人的头发、尼龙丝（或薄膜）在空气的相对湿度发生变化时会产生伸缩，例如，精选脱脂后的毛发在湿度变化10%时，其长度会变化2%。

毛发式湿度计就是利用此现象制成的。将一束脱脂处理后的毛发一端固定，当空气的相对湿度发生变化时，脱脂毛发束的另一端将其所发生的长度变化以位移信号传递，比如直接牵动杠杆机构，以带动指针，指示出空气的相对湿度 φ 值；或者将位移信号转换成电开关动作，与加湿电磁阀及除湿电磁阀配合使用，则可以作为湿度自动控制器来调节控制空气的湿度；或者通过转换器将位移信号转换成电信号，便于远距离传输，并可用于自动记录与控制等。

4．露点测湿法

用温度计测出湿空气的温度、用露点测定仪测出湿空气的露点，查饱和蒸汽表即可得到湿空气中水蒸气的饱和分压力和实际分压力（可参见本章第三节第五部分和第九部分的相关内容），再根据湿空气相对湿度的定义便可获得湿空气的相对湿度 φ。

露点测湿法准确度高，测量范围宽，计量用的精密露点仪准确度可达 ±0.2%，甚至更高。但是，用现代的光电原理制成的露点仪价格昂贵，并常和标准湿度发生器配套使用。

需要提醒注意的是，湿空气的露点并不是前面提到的湿球温度，二者是不同的概念，且对未饱和空气二者的数值也是不相等的。

（六）密度计

习惯上，将测量物质密度的仪器、仪表及装置称为密度计。当然，密度计有时也可用来测量相对密度（比重），过去称之为比重计。

某物质单位体积所具有的质量，称为该物质的密度，用符号 ρ 表示，单位为千克/米^3（kg/m^3）。物质的密度 ρ 表示该物质在空间上的密集程度。某物质单位体积所具有的重力，称为该物质的重度，用符号 γ 表示，单位为牛顿/米^3（N/m^3）。物质的重度与密度的关系为 $\gamma = \rho g$（g 为重力加速度，m/s^2）。

过去将一物质的重度与取作标准的另一物质的重度之比值，称为该物质的比重。比重这一概念现已停止使用。根据物质的重度与密度的关系可知，两物质的重度之比等于其密度之比，所以，比重现称为相对密度，即一物质的密度与取作标准的另一物质的密度之比值。

因为纯水和空气的密度是最常见的液体和气体，而且它们的密度也是已知的，所以取作标准的物质通常是纯水和空气。固体和液体物质的相对密度是指该固体或液体物质的密度与标准大气压下、4 ℃的纯水的密度之比值，而气体物质的相对密度是指该气体物质的密度与标准状态下的空气的密度之比值。

若固体和液体物质的相对密度大于1，则表示任意大小的该物质放入水中都会漂浮在水面上，而不会完全没入水中或沉到水底；反之，若固体和液体物质的相对密度小于1，则表示任意大小的该物质放入水中都将沉到水底，而不会漂浮在水面上或潜浮在水中。气体物质的相对密度也代表着其在空气中的类似的性质。

需要注意，密度和重度都是有量纲的量，而相对密度（比重）是无量纲的量。

1．液体密度的测量方法及密度计的种类

由于物质的密度、重度及相对密度（比重）之间有确定的相互关系，所以，测量出这三者当中的任何一个量，即可获得另外两个量。通常是测量物质的密度。

液体密度和重度测量的最简便和直接的方法是体积法和重量法，而液体相对密度（比重）测量则可采用液柱平衡法（可参见本章第二节第二部分的相关内容）。

用体积法或重量法测量时，应使用已知质量（或重力）的带有体积刻度的容器（比如量入式的烧杯、容量瓶等）盛得一定体积的均质液体，再用天平秤测得该体积液体的质量（或用重力计测得该体积液体的重力）；或者先秤得一定质量（或重力）的均质液体，再测得它的体积；然后，根据密度、重度及相对密度（比重）的定义，即可计算获得该液体的密度、重度和相对密度（比重）。液体密度测量的体积法和重量法虽然简便和直接，但因其费工费时且效率低，因而在工程实际中使用得不多。在工程上通常采用可直接读出密度数值的密度计。

密度计按其用途分为液体密度计、气体密度计、固体密度计等。

常用的测量液体密度的密度计（或比重计）有浮子式密度计、静压式密度计、振动式密度计和放射性同位素密度计等。下面介绍几种目前常用的液体密度计。

2. 浮子式密度计

浮子式密度计也称为浮计。浮计按其测量密度的范围分为重表和轻表两种，用于测量比纯水密度大的液体密度的浮计称为重表，用于测量比纯水密度小的液体密度的浮计称为轻表。

(1)浮子式密度计的结构

图1-280所示为轻表的结构，它是由压载室 B、躯体 A 和干管 C 等三部分所组成。躯体 A 是一个圆柱形的中空玻璃管，其下端即装满小铅丸等重物的压载室，以使浮计的重心下降，以保证浮计浸入被测量的液体时能呈铅垂的平衡状态。同时，不同重力大小的重物可以调整浮计的平均密度（重度），以测量不同密度的液体，从而就形成了不同量程和不同分度的浮计。但任何一个浮计的平均密度都小于其测量的液体的平均密度。重物的上部用隔板结构或胶固物封紧。干管 C 是顶端封闭的细长圆柱管，其下端同躯体 A 的上端熔接，内壁紧贴着刻有浮计用途和单位的分度表。

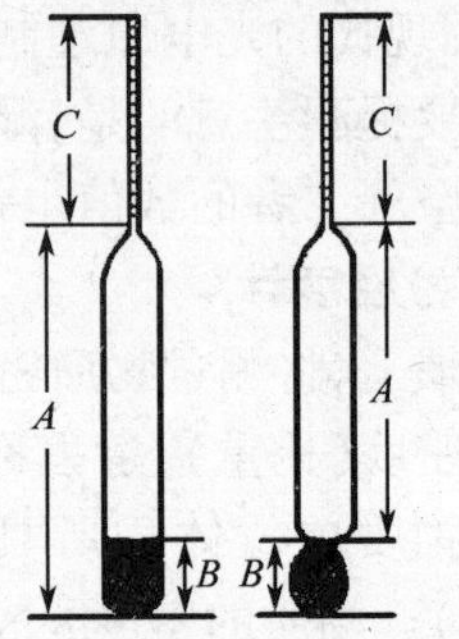

图1-280　浮计（轻表）结构示意图

重表的结构与轻表的结构是类似的，也是由压载室 B、躯体 A 和干管 C 等三部分所组成的；与轻表不同的是，重表的干管 C 是圆柱形的中空玻璃管，而躯体 A 则是细长的圆柱管。即：轻表的形状是上细下粗（如图1-280所示），而重表的形状是上粗下细；但无论轻表还是重表，最下面都是重锤（压载室）。此外，重表压载室内的重物要比轻表的重（或多）。

轻表和重表上的刻度都是不均匀的（上疏下密），而且刻度值都是下面的数值大而上面的数值小（上小下大），其示数表示被测液体的密度，其单位一般为 g/cm^3。因 $1\ g/cm^3 = 1\ 000\ kg/m^3$，故其刻度值也可认为是无量纲（无单位）的相对密度（比重）数值。

浮计的刻度以其浸入纯水中达到平衡状态时与水面相接之处为基准刻度线，其值为 $1.000(g/cm^3)$。重表的刻度是自此基准刻度线向下，刻度值由 $1.000(g/cm^3)$ 逐渐加大；而轻表的刻度则是自此基准刻度线向上，刻度值由 $1.000(g/cm^3)$ 逐渐减小。

自重相等的重表和轻表，当浸入水中达到平衡状态时，它们所受到的浮力相等（等于自身的重力），即排开的水的体积相等；而重表的基准刻度线 $1.000(g/cm^3)$ 在其全部刻度的最上端，轻表的基准刻度线 $1.000(g/cm^3)$ 在其全部刻度的最下端，所以，重表的下端的必须做得细又长，轻表的下端的则必须做得粗而短（即前述的重表与轻表的形状）。

(2)浮子式密度计的工作原理

当浮计部分浸入被测量的液体时，不仅受到地球引力即重力的作用，还受到被测液体的浮力的作用。浮计的重力是一定的，当浸入被测量的液体时它将根据其所受的浮力的大小而上浮或下沉；当重力大于浮力时，浮计则会下沉，浮计的浸入部分增加，导致浮力增加；而当重力小于浮力时，浮计则上浮，浮计的浸入部分减小，导致浮力减小。一个功能完好的浮计在浸入被测液体足够长时间后应处于漂浮状态（当然在测量液体的密度时，被测液体的密度不能超过浮计的量程），此时浮计所受到的向上的浮力大小等于浮计自身的向下的重力的大小。

当浮计浸入被测液体处于平衡状态时，浮计浸没于被测液体中的深度取决于被测液体的密度，显然，被测液体的密度越小，则浮计浸没的深度越深；而被测液体的密度越大，则浮计浸没的深度越浅。所以，浮计上的刻度读数是下大上小，在浮计上的刻度与液面重合处，即可读出液体的密度数值。当然，浮计上标刻的读数也可认为是无量纲（无单位）的相对密度（比重）值，所以浮计过去也被称为比重计。此外，若浮计上标刻的读数是经标定的液体的某种浓度，此时的浮计即变为浓度计。

(3)使用时的注意事项

在使用浮子式密度计测量液体的密度时，应特别注意以下几点。

①浮计浸入被测液体中要保证浮计始终处于铅垂状态。

②浮计浸入被测液体时，一开始会有小的上下沉浮运动，必须待浮计处于自然平衡状态时读取其刻度值。

③浮计浸入被测液体测量时，不能让浮计的底部（压载室）与容器的底部接触，浮计处于自然平衡时应为悬浮状态，浮计的底部（压载室）与容器的底部有一定的距离。

④ 应根据被测液体密度的大小，选择合适的量程和分度的浮计来测量。可先大概估计被测液体的密度，选用几只不同量程的浮计试用比较，最后确定测量用的浮计。我国的基准密度计组，系有 116 支不同计量范围的浮计组成。

3. 静压式密度计

静压式密度计的工作原理是将液体密度的测量转换为液体静压力（静压强）的测量。现有的静压式密度计按其测量方式分为液柱测压式和差压式两种。

(1)液柱测压式密度计

由流体静力学基本方程（可参见本章第二节第二部分）可知，当静止液体的自由表面通大气时，静止液体当中任意一点的相对静压力（相对压强）p 为

$$p = \rho g h$$

式中，ρ 为静止液体的密度，单位为千克/米^3（kg/m^3）；g 为重力加速度，单位为米/秒^2（m/s^2）；h 为该点距静止液体自由表面的垂直深度，单位为米（m）。

由此可见，一定高度液柱的相对静压力与该液体的密度成正比，因此，可使用压力测量仪表测出高度为 h 的液柱的相对静压力数值 p，由上式即可得到液体的密度。这就是液柱测压式密度计的基本原理。

测量压力的方式和仪表有很多种，在此不再赘述（参见本节第二部分）。比如，膜盒（或膜片）是一种常用的压力测量元件，用它直接测量液体的液柱静压的密度计，称为膜盒（或膜片）静压式密度计。另外还有一种常用的液柱测压式密度计称为单管吹气式密度计，它的工作原理也是通过测量一定高度液柱的静压力来换算液体的密度，只是它以测量气压来代替直接测量液柱的压力。将一根吹气管插入被测液体液面以下的某一深度，将压缩空气引入吹气管，调整压缩空气的压力，当吹气管的底部管口开始有气体不断地逸出时，此时吹气管内空气的压力就等于吹气管底部管口处液柱高度（即吹气管的插入深度）的压力，由空气的压力值便可换算出液体的密度。

(2) 差压式密度计

根据流体静力学基本方程可知,静止液体当中任意两点的静压差 Δp 为

$$\Delta p = \rho g \Delta h$$

式中,ρ 为静止液体的密度,单位为千克/米^3(kg/m^3);g 为重力加速度,单位为米/秒^2(m/s^2);Δh 为两点的垂直距离,单位为米(m)。

由此可见,静止液体当中相差一定高度的两点静压差与该液体的密度成正比,因此,可使用测量压力差的仪表(差压计)测出高度为 Δh 的两点的静压力差值 Δp,由上式即可得液体的密度。这就是差压式密度计的基本原理。

与液柱测压式密度计相比,差压式密度计有其独特的优势。液柱测压式密度计的特点是测量一定高度液柱的静压力数值,且要求该液柱的自由表面为大气压力。当被测液体的液面通大气时,可将液柱测压式密度计从液面插入液体中的一定深度来测量其静压力数值。但多数情况下是需要从被测液体中取出一定量的样品,在容器中形成一定高度的液柱来测量液柱底部的静压力数值的。这样,所测量的那一点的静压力数值大小以及当地大气压力的数值大小都对测量的精度有一定的影响。而差压式密度计的特点是测量静止液体中相距一定高度的两点的静压力差值,它对被测液体自由表面上的气体压力以及测量点的静压力数值大小都没有任何要求,这样就更便于现场直接测量,并且测量精度也有很大的提高。

4. 其他液体密度计简介

(1)振动式密度计

振动式密度计的基本原理是基于振动系统的固有频率(或称自然频率)和周期与振体的质量和系统的弹性有关,而与外界的干扰及其振幅等无关。理论分析表明,对于弹性系数一定的振动系统,若振体的体积已知,则测定该振动系统的固有频率或周期,即可得到振体的密度。

振动式密度计测量液体的密度,通常是在空心的振体内充以一定体积的被测液体后,通过测定该振体的固有频率(或周期),或测量固有频率(或周期)的改变量,进而换算出被测液体的质量或密度。比如,目前在国内外使用较多的数字式液体密度计大多使用的是 U 形振荡管,它就是在一个 U 形的玻璃管内充以一定体积的被测液体,然后给该 U 形玻璃管一初始干扰,使其受激后发生振动,通过测量其振动周期来换算出被测流体的密度。

振动式密度计的特点是:不受空气浮力、重力和人为因素的影响,因而测量精度比较高;测量所需的被测液体的量很少,一般每次测量仅需 0.1~2 毫升;测量速度较快,适合用于现场测量。但被测液体的黏度、含气量及均一性等对测量结果有影响,需用专门的方法消除这些影响。此外,还由于每次测量时所用的被测液体的量很少,所以测量后的清洁非常重要,否则,被测液体和清洁溶剂的残留对下次测量会有影响。

(2)放射性同位素密度计

放射性同位素密度计的测量原理为:在测量仪器内设置放射性同位素辐射源,它的放射性辐射线(比如 γ 射线)在穿透一定厚度的被测液体后,被辐射线检测器所接收。一定厚度的被测液体对放射性辐射线的吸收量与该被测液体的密度有关,而辐射线检测器所接收的信号则与该吸收量有关,因此,辐射线检测器所接收的信号经变换、分析、换算后便可得到被测液体的密度。

(七)盐度计

海水盐度是海水中含盐量的标度。通常将测量海水盐度的仪器、仪表和装置称为海水盐度计。在船上,海水盐度计常用于海水淡化装置中所造淡水的盐度测量和控制。

海水的含盐量是海水的重要特性,而海水盐度则是海水含盐量的定量量度。海水盐度简称盐度。盐度实际上表示的是海水中盐类物质的质量分数。几十亿年来,来自陆地的大量化学物质溶解并贮存于海洋中,据测算,世界大洋的平均盐度为35‰,海水中含量最多的化学物质有11种,即:钠、镁、钙、钾、锶等五种阳离子和氯、硫酸根、碳酸氢根(包括碳酸根)、溴和氟等五种阴离子以及硼酸分子,其中,排在前三位的是钠、氯和镁。

1901年的第二次北欧国际海洋学会首次给出了可实际测量的海水盐度的定义及其测量方法。之后,随着海洋科学的发展和测量技术的进步,不仅海水盐度的测定方法不断地变化和改进,而且对盐度值测量准确性的要求也越来越高,为了保证测量的简便、准确以及历史数据的统一,先后对盐度的测定作了几次修订。

目前使用的海水盐度是1978年建立的采用电导的方法测定海水盐度的实用盐标(PSS78),它是联合国教科文组织(UNESCO)、国际海洋考察理事会(ICES)、海洋研究科学委员会(SCOR)和国际海洋物理科学学会(IAPSO)等四个国际组织采纳了海洋用表与标准联合专家小组(JPOTS)的推荐,并通报建议于1982年1月1日起开始使用的实用盐度标度,同时还出版了新的《国际海洋用表》,表中规定了计算实用盐度的方法。

实用盐度的符号为S,它是无量纲(单位)的量。

1. 海水盐度计的基本原理

实验表明,海水的电导率(电阻率的倒数)取决于海水的温度、压力和盐度的,因此,通过测定海水的电导率和温度及压力就可以确定海水的盐度。

电导测盐的方法精度高,速度快,操作简便,并易于实现自动化测量,因此,自实用盐标确定以来,统一用海水的电导率来测量海水盐度。

也正是随着电导盐度计的研究和发展,使盐度的测定方法得到简化,精密度也得到提高,它比以前的通过测定海水氯度来计算盐度的方法更加准确和方便,从而才逐渐确立了电导盐度及实用盐标。以电导法为原理的盐度计,按用途分为实验室盐度计和现场盐度计两种。这些盐度计都是由电导率传感器、测量电路及数据处理装置等组成。电导率传感器又分为电极式和感应式两种。电极式盐度计的电流极对电导池内的海水施加电流,电位极则测量电导池内的海水电压降,从而测出电导率。感应式盐度计是通过电导池内外单区海水回路把两个同轴环形变压器耦合起,测其与海水电导率成比例的感应强度来达到测盐目的。

由于海水盐度是海水的电导率、温度和压力的函数,因此,现场盐度计的测量电路又有带自动温度、压力补偿和不补偿两种,而后者则是直接把电导率、温度、压力的测量值输入计算机而获得盐度。

2. 海水盐度的测量

电导法测盐的基本原理在于水溶液的导电性随其含盐量的增加而增加,即含盐量越多,则其导电性就越好,或者说其电导率就越大,或者说其电阻率就越小。所以,盐度计的基本测量线路都是基于水溶液的导电性测量的。

盐度计的基本测量线路有三种方式,如图1-281所示。图1-281(a)所示的方式称为串联测定方式,其测量的是通过电极的电流;图1-281(b)所示的方式称为并联测定方式,其测量的是电极两端的电位差;图1-281(c)所示的方式称为电桥测定方式,它以电极作为测量电桥的一臂,根据两电极间的水的电阻值的变化来测定电桥的偏离程度。这三种方法目前得到了普遍的应用。

盐度计常用于船上的海水淡化装置中作为所造淡水盐度的连续测量仪表,并能在淡水含

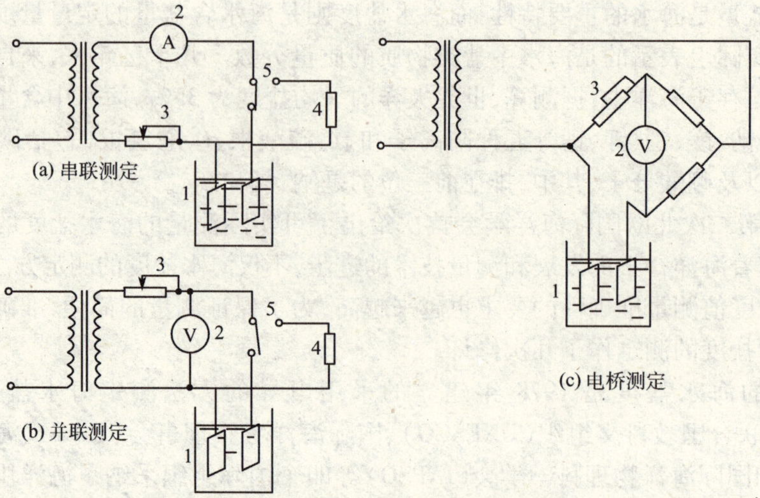

图 1-281　盐度计的基本接线原理图

1—电极;2—测量仪表;3—调整电阻;4—试验用标准电阻;5—转换开关

盐量超过既定标准时发出声、光报警,同时使不合格的淡水自动返回蒸馏器或泄入舱底。

海水淡化装置中盐度检测系统的盐度传感器通常都是使用电极式的,装在海水淡化装置的凝水管中,电极表面镀有铂或铑,如图 1-282 所示。当凝水不断地流过传感器时,在两电极间即会有电流通过。为防止盐度传感器的电极因黏附异物而短路,传感器每使用一个月左右应进行一次清洁。清洁时应以软布擦拭,切勿用硬物刮刷,以免电极表面的铂铂层受到损坏。

图 1-283 所示为 SL-30 型盐度计的控制面板。其调整方法如下:先接通电源开关 K_1,电源指示灯 XD_1 亮。然后将温度修正旋钮对准 50 ℃,再将报警电位器 R_{13} 按逆时针方向转到底,接着按下实验按钮 K_4,这时的盐度传感器即与测量电路脱开,而专门供调试用的固定电阻 R_3 则接入电路。如果盐度计指示准确,毫伏计指针应指在 50 mg/L 处,否则调节 R_{12} 校准。最后,慢慢按顺时针方向转动电位器 R_{13},直至报警红灯 XD_2 亮。警报响,即可松开实验按钮 K_4,调整即告完成。

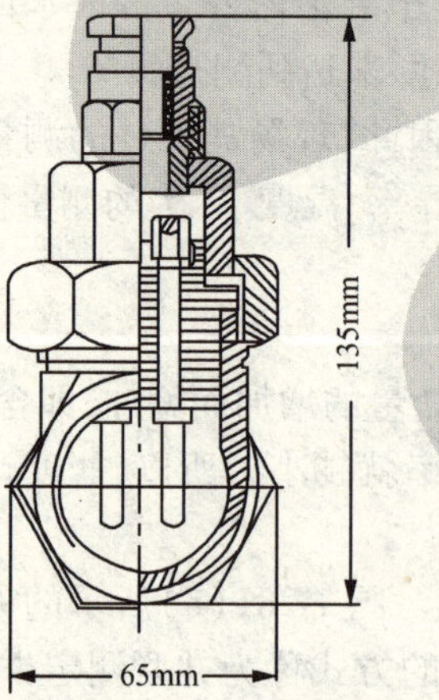

图 1-282　盐度传感器

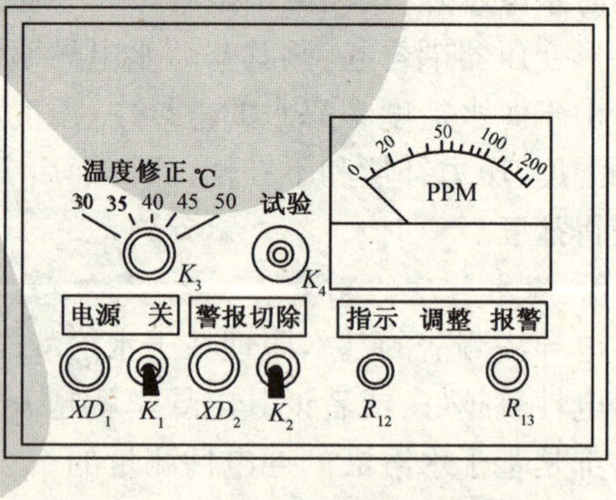

图 1-283　SL-30 型盐度计的控制面板

K_1—电源;K_2—报警蜂鸣器消声开关;K_3—温度修正旋钮;K_4—实验开关;XD_1—电源指示灯;XD_2—报警红灯;R_{12}—指示值调整电阻;R_{13}—含盐量限定值调整电阻

（八）游标卡尺

游标卡尺（简称卡尺）是一种带有测量卡爪并用游标读数的通用量尺。它是一种常用的长度量具，具有结构简单、使用方便、测量的尺寸范围大等特点，所以应用非常广泛。

游标卡尺是一种中等精度的长度量具。它可以测量 0～2 000 mm 工件的内外尺寸（如长度、宽度、内径和外径等），包括孔距、深度和高度等。但是，由于它的测量精度不是很高，所以只能适用于测量公差等级 IT10～IT15 的零件。

1. 游标卡尺的结构

游标卡尺的类型虽然较多，但结构大同小异，都是由主尺、副尺和量爪等三个主要部分所组成的。

具有固定量爪的尺身上有类似于钢尺一样的刻度，称为主尺。主尺的刻线间距为 1mm。主尺的长度决定了游标卡尺的测量范围。

具有活动量爪的游框（也称尺框）套在主尺上，可在尺身上移动，其上也有刻度，称为副尺，也称为游标。副尺的刻线间距取决于游标卡尺的精度。

此外，测量范围为 0～125 mm 的游标卡尺一般还带有测量深度的深度尺；而测量范围大于等于 200 mm 的游标卡尺一般还带有可将游框作微小调整的微动装置。

下面介绍三种常见形式的游标卡尺。

（1）三用游标卡尺

测量范围为 0～125 mm 的游标卡尺，一般制成的具有刀口形的上、下量爪并带有深度尺的形式，其组成部件如图 1-284 所示。

下量爪（外测量爪）7 用来测量工件的外径或长度，上量爪（内测量爪）2 用来测量孔径或槽宽，深度尺 5 用来测量工件的深度。因其可直接测量工件的外径、内径和深度，故称为三用游标卡尺。深度尺 5 固定在游框 3 的背面，能随着游框在尺身的导向凹槽中移动。测量深度时，应把尺身尾部的端面靠紧在零件的测量基准平面上。测量时，先松开紧固螺钉 4，然后移动游框 3，使其得到需测量的尺寸，再用紧固螺钉 4 锁紧，以防尺寸变动。

小尺寸的游标卡尺大多制成这种形式。

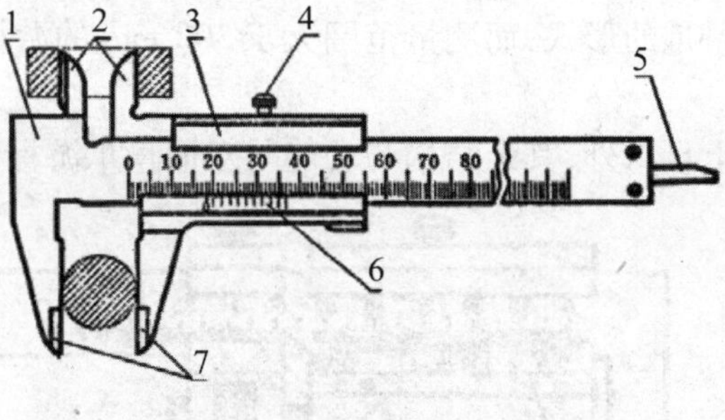

图 1-284　三用游标卡尺

1—尺身（主尺）；2—上量爪（内测量爪）；3—游框（尺框）；4—紧固螺钉；5—深度尺；6—游标（副尺）；7—下量爪（外测量爪）

（2）双面量爪游标卡尺

测量范围为 0～200 mm 和 0～300 mm 的游标卡尺，可制成具有内、外测量面的下量爪和具有刀口形的上量爪的形式，其组成部件如图 1-285 所示。

为了调整方便，在其游框 3 上增加了可随游框 3 一起移动、并可将游框 3 作微小调整的微动装置 5。使用时需注意，移动游框 3 时，应将紧固螺钉 4 的两个螺钉都松开；当游框 3 移动到某一需要的位置后,旋紧微调装置 5 上的螺钉将旋紧微调装置 5 固定在尺身上,而游框 3 上的螺钉仍保持松开状态;此时用手指转动微动螺母 7,活动量爪就随同游框 3 一起作微量的前进或后退,即微调游标 8 的尺寸。微动装置的作用,是使游标卡尺在测量时用力均匀,便于调整测量压力,减少测量误差。

上量爪 2 用来测量工件的外径或长度;下量爪 9 既可用来测量工件的外径或长度,也可用来测量孔径或槽宽,但在用下量爪测量孔径或槽宽时,游标卡尺的读数必须加上两个下量爪的厚度(一般为 10 mm)。

必须强调的是,下量爪的结构并不是所有的双面量爪游标卡尺都是一样的,有的卡尺用下量爪测量内孔跟用上量爪测量外径一样,游标卡尺的读数并不需要加上下量爪的厚度,而是卡尺显示多少就读多少。使用时应特别注意看清其结构,以正确读数。

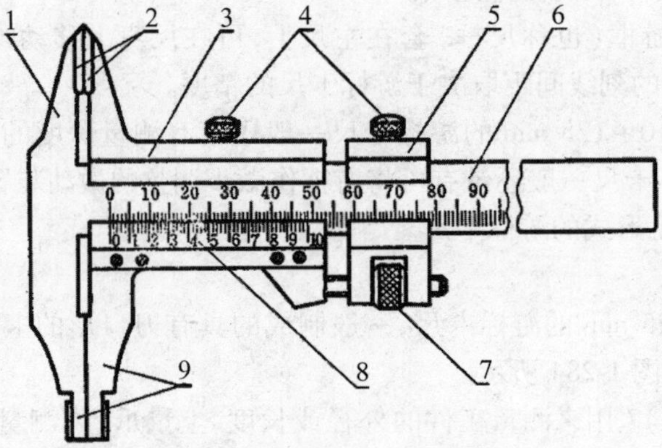

图 1-285 双面量爪游标卡尺

1—尺身(主尺);2—上量爪;3—游框(尺框);4—紧固螺钉;5—微动装置;
6—主尺刻度;7—微动螺母;8—游标(副尺);9—下量爪

(3)单面量爪游标卡尺

测量范围为 0 ~ 200 mm 和 0 ~ 300 mm 的游标卡尺,也可制成如图 1-286 所示的只有一对具有内外测量面的下量爪的形式,而测量范围大于 300 mm 的游标卡尺,则只制成这种仅带有下量爪的形式。

这种卡尺除没有上量爪外,其余结构与功能与双面量爪游标卡尺完全相同。

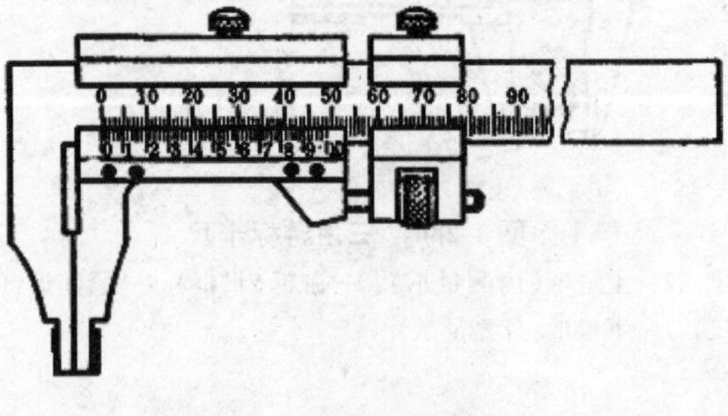

图 1-286 单面量爪游标卡尺

2. 游标卡尺的刻度方式及分度值

游标卡尺的分度值,常用的有 0.1 mm、0.05 mm 和 0.02 mm 三种。这三种分度值的游标卡尺的主尺刻度相同,每格均为 1 mm,所不同的是副尺(游标)的总格数与主尺相对的格数不同。

游标卡尺的读数分度值是利用主尺与副尺(游标)间的刻度距离之差来确定的。下面以0.1 mm分度值的游标卡尺为例来加一说明,它有两种刻度方式:

(1)主尺刻度的每格为1 mm,取其9格的长度(即9 mm)等分为10等份刻度在副尺(游标)上,则副尺(游标)刻度的每格为0.9 mm;这时,主尺刻度的每格与副尺(游标)刻度的每格相差0.1 mm,则该游标卡尺的分度值为0.1 mm,如图1-287(a)所示。

(2)主尺刻度的每格为1 mm,取其19格的长度(即19 mm)等分为10等份刻度在副尺(游标)上,则副尺(游标)刻度的每格为1.9 mm,这时,主尺刻度的2格与副尺(游标)刻度的1格相差2.0-1.9 =0.1 mm,因此该游标卡尺的分度值也为0.1 mm,如图1-289(a)所示。与上一种刻度方式相比,它增大了副尺(游标)刻度线的间距,使副尺(游标)的刻度线条更加清晰,更容易看准读数。

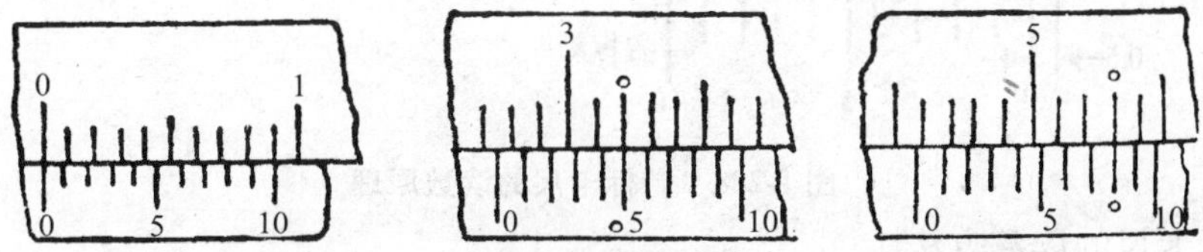

(a)读数原理　(b)读数方法　(c)读数方法

图1-287　分度值为0.1 mm的游标卡尺

分度值为0.05 mm和0.02 mm的游标卡尺的刻度方法也是雷同的。分度值为0.05 mm的游标卡尺是将主尺刻度的19格的长度(即19 mm)等分为20等份刻度在副尺上,或将主尺刻度的39格的长度(即39 mm)等分为40等份刻度在副尺上;而分度值为0.02 mm的游标卡尺是将主尺刻度的49格的长度(即49 mm)等分为50等份刻度在副尺上。

3. 游标卡尺的读数原理及读数方法

游标卡尺的测量读数是由主尺的读数和副尺(游标)的读数两部分组成的。

如图1-285和图1-286所示,当游标卡尺的活动量爪与固定量爪贴合时,副尺(游标)的"0"刻度线(简称游标零线)对准主尺上的"0"刻度线,此时量爪间的距离为0。当游框向右移动到某一位置时,固定量爪与活动量爪之间的距离,就是零件的测量尺寸,如图1-284所示。此时所测量尺寸的整数部分,可在游标零线左边的主尺刻线上读出来,而比1 mm小的小数部分,可由副尺(游标)读出。前述的三种分度值以及两种刻度方式的游标卡尺,其读数原理和读数方法都是相同的。下面以前述的第一种刻度方式、分度值为0.1 mm的游标卡尺为例,介绍游标卡尺的读数原理和读数方法。这种游标卡尺的主尺刻度线的每格为1 mm,副尺(游标)刻度线的每格为0.9 mm。

(1)游标卡尺的读数原理

如图1-288(a)所示,当游标零线与主尺零线对准(两爪合并)时,副尺(游标)上的第10刻线正好指向等于主尺上的9 mm,而副尺(游标)上的其他刻线都不会与主尺上的任何一条刻度线对齐。当游标向右移动0.1mm时,则游标零线后的第1根刻度线与主尺的刻度线对齐;当游标向右移动0.2 mm时,则游标零线后的第2根刻度线与主尺的刻度线对准;依次类推,若游标向右移动0.5 mm,则游标上的第5根刻度线与主尺的刻度线对齐,如图1-288(b)所示。由此可知,当游标向右移动不足1 mm的距离时,其距离值虽不能直接从主尺上读出,但可以找到与主尺刻度线对齐的副尺(游标)上的刻度线,则副尺(游标)上该刻度线左侧的格数(该刻度线与游标零线间的格数)与游标卡尺的分度值(比如 0.1 mm)之乘积,即为该距离的大小。比如,图 1-288(b)所示的尺寸即为:5 ×0.1 =0.5(mm)。

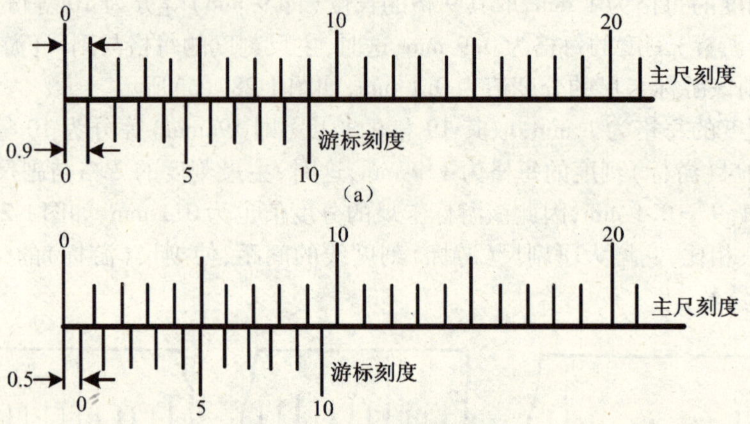

图 1-288　游标卡尺的读数原理

(2)游标卡尺的读数方法

在游标卡尺上读数,概括来说就是:以游标零线为准线,主尺读整数,副尺读小数。

若游标零线恰好与主尺刻度线对齐,则按游标零线的位置直接在主尺上读出被测尺寸的数值,否则:首先看游标零线的左边,在主尺上读出被测尺寸的整数部分;其次看游标零线的右边,在副尺(游标)上找出与主尺刻度线对齐的刻度线,数出副尺(游标)上该刻度线左侧的格数(该刻度线与游标零线间的格数),则该格数与游标卡尺分度值的乘积即为被测尺寸的小数部分;当然,目前大多数的游标卡尺,其副尺上的刻度值已按其分度值标记,可由与主尺刻度线对齐的那根副尺刻度线直接读出小数部分,而不用先数格数再乘分度值了;最后将第一步的整数与第二步的小数相加,即得被测尺寸的数值。

游标卡尺测量的尺寸均以毫米(mm)计。

(3)游标卡尺的读数示例

图 1-287(b)给出了按前述第一种刻度方式、分度值为 0.1 mm 的游标卡尺(主尺每格为 1 mm,副尺每格为 0.9 mm)两个读数示例。

图 1-289 所示为按前述第二种刻度方式、分度值为 0.1 mm 的游标卡尺的游标零位和读数示例。由图 1-289(a)可见,副尺(游标)上的 10 格对准主尺上的 19 格(19 mm),即主尺每格为 1 mm,而副尺每格为 1.9 mm,主尺 2 格与副尺 1 格相差 0.1 mm。其读数原理并未改变,但却增大了副尺刻度线的间距,使副尺的刻度线线条更加清晰,更容易看准读数。图 1-289(b)为其读数示例,游标零线在 2 ~3 mm 之间,游标零线左边的主尺刻度线是 2 mm,因此,所测尺寸的整数部分是 2 mm;再观察副尺(游标)上的刻度线,可以看出副尺(游标)上的第 3 根刻度线与主尺刻度线是对齐的,因此,所测尺寸的小数部分为 3 ×0.1 =0.3(mm);两者相加,则所测尺寸为 2 +0.3 =2.3(mm)。

图 1-290 所示为分度值为 0.05 mm 的游标卡尺的游标零位和读数示例。由图 1-290(a)可见,副尺(游标)上的 20 格对准主尺上的 39 格(39 mm),即主尺每格为 1mm,而副尺每格为 1.95 mm,主尺 2 格与副尺 1 格相差 0.05 mm(同样的道理,若副尺上的 20 格对准主尺上的 19 格,即主尺每格为 1 mm,而副尺每格为 0.95 mm,则主尺 1 格与副尺 1 格仍相差 0.05 mm)。

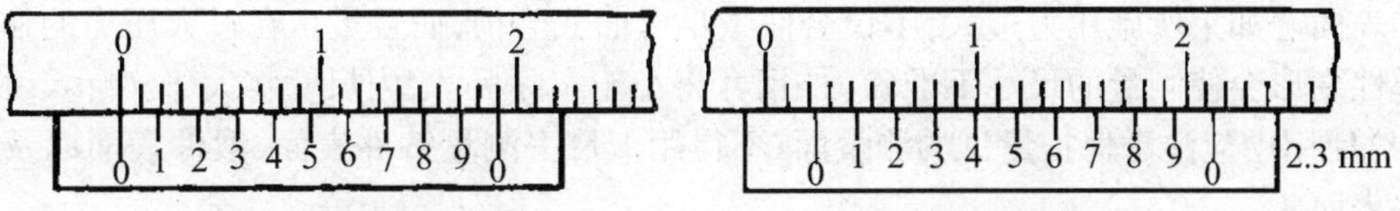

（a）游标零位　　　　（b）读数示例

图 1-289　分度值为 0.1 mm 的游标卡尺

图 1-290(b)为其读数示例，游标零线在 32～33 mm 之间，副尺(游标)上的第 11 根刻度线与主尺刻度线是对齐的，因此，所测尺寸的整数部分为 32 mm，小数部分为 11×0.05＝0.55(mm)，则所测尺寸为 32＋0.55＝32.55(mm)。

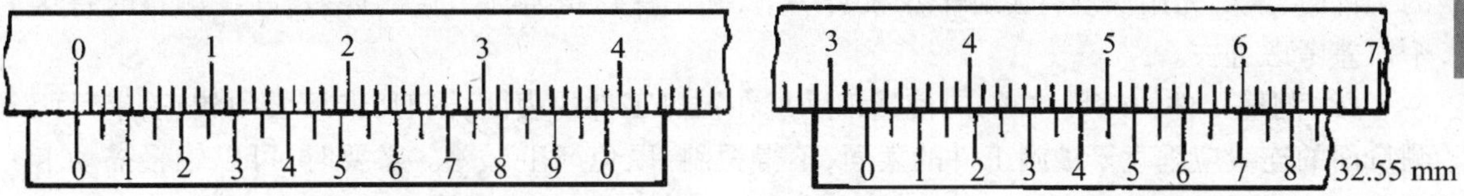

（a）游标零位　　　　（b）读数示例

图 1-291　分度值为 0.05 mm 的游标卡尺

图 1-291 所示为分度值为 0.02 mm 的游标卡尺的游标零位和读数示例。由图 1-291(a)可见，副尺(游标)上的 50 格对准主尺上的 49 格(49 mm)，即主尺每格为 1 mm，而副尺每格为 0.98 mm，主尺 1 格与副尺 1 格相差 0.02 mm。图 1-291(b)为其读数示例，游标零线在 123～124 mm 之间，副尺(游标)上的第 11 根刻度线与主尺刻度线是对齐的，因此，所测尺寸的整数部分为 123 mm，小数部分为 11×0.02＝0.22(mm)，则所测尺寸为 123＋0.22＝123.22(mm)。

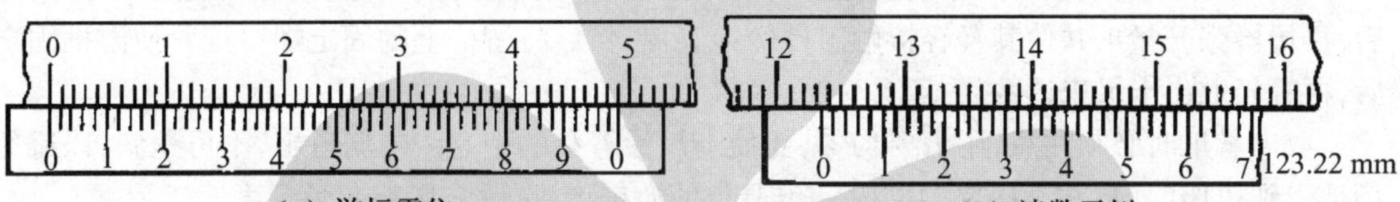

（a）游标零位　　　　（b）读数示例

图 1-291　分度值为 0.02 mm 的游标卡尺

实际上，由图 1-289、图 1-290、图 1-291 可见，目前大多数游标卡尺的副尺上所标注的刻度值，并不是其刻度线序号(或格数)的数值，而是刻度线序号(或格数)与游标卡尺分度值之积的 10 倍值，这样就可以很方便地读出所测尺寸的小数部分，而不再需要进行上述的与分度值有关的换算了。

4. 游标卡尺的使用

正确使用和保养游标卡尺应重点注意以下几点。

(1)使用游标卡尺测量前，应把游标卡尺擦试干净，并检查游标卡尺的两个测量面和测量刀口是否平直无损；然后合并量爪，检查量爪两结合面是否贴合(应无明显的间隙)，并检查主尺的零位刻度线与游标的零位刻度线是否对齐。

(2)移动游框时，其活动要自如，不应有过松或过紧现象，更不能有晃动现象；用固定螺钉固定游框时，卡尺的读数不应有所改变；在移动游框时，不要忘记松开其固定螺钉，亦不要过松以免掉落丢失。

(3)使用游标卡尺测量工件时，不允许过分地施加压力，所施压力应使两个量爪刚好接触工件的表面。如果所施压力过大,不仅会使量爪弯曲或磨损,而且量爪在过大压力的作用下所产生弹性变形会使测量的尺寸不准确(外尺寸将小于实际尺寸,内尺寸将大于实际尺寸)。

(4)使用中应注意保护量爪的测量面;不得用卡尺去测量铸件表面、锻件表面以及运动着的工件表面。

(5)在游标卡尺上读数时,应水平端持游标卡尺,且朝着亮光的方向;同时,应使视线正对着卡尺的刻度线表面,以避免因视线不正造成读数误差。

(6)为了获得正确的测量结果,可以多测量几次,即在工件的同一截面上的不同方向进行测量。对于较长的工件,则应在工件全长的各个部位进行测量,得到比较正确的测量结果。

(7)游标卡尺是中等精度的量具,若因条件所限而必需要用游标卡尺去测量精度要求高的工件时,最好先用块规将游标卡尺校对一下,并记住这把游标卡尺的误差,并在测量时将这个误差考虑进去。

(8)测量工件的外尺寸时,应使量爪贴靠在被测工件的表面;同时,卡尺必须放正,卡尺两测量面的连线应垂直于被测工件的表面,不得歪斜,以免产生误差。必要时,可以轻轻摇动卡尺,以放正其位置。

测量时,先把卡尺的活动量爪张开,使两量爪能自由地跨在工件的两侧,把固定量爪贴靠在工件上,然后移动游框,用轻微的压力使活动量爪贴紧工件,然后拧紧固定螺钉以固定游标,再读出测量的工件尺寸。若卡尺带有微动装置,应先拧紧微动装置上的固定螺钉,然后转动调节螺母,使量爪接触零件,再拧紧游框上的固定螺钉以固定游标,最后读取测量的工件尺寸。

必须注意,决不可把卡尺的两个量爪只调节到接近甚至小于所测尺寸时,强行把卡尺卡到工件上去。这样做会使量爪变形,或使测量面过早磨损,导致卡尺失去应有的精度。

(9)测量工件的内尺寸时,应使量爪分开的距离小于所测内尺寸,待量爪进入工件内孔后,再慢慢张开量爪并使其轻轻接触工件的内表面,然后将游框上的固定螺钉拧紧使游框固定后,再轻轻取出卡尺来读数。

取出量爪时必须注意,用力要均匀,要使卡尺沿着孔的中心线方向滑出,不可歪斜,以避免量爪受到扭伤(变形和不必要的磨损),也避免使游框产生位移,影响测量精度。

当测量圆孔的内径尺寸时,应注意使卡尺的两测量刃位于孔的直径位置处,不能偏歪。

当用下量爪的外测量面测量内尺寸时,一定要注意考虑量爪的厚度,即游标卡尺上的读数,加上两量爪的厚度,才是被测工件的内尺寸。测量范围在 500 mm 以下的游标卡尺,两量爪的总厚度一般为 10 mm。但当量爪磨损和修理后,其厚度就可能会变小,读数时也要把这个因素考虑进去。

当用游标卡尺测量内孔的深度时,应使主尺端面紧贴工件端面,并使尺子尖端贴住内孔的底面,然后读出尺寸。

(10)测量平面沟槽时,应当使用量爪的平面测量刃进行测量,尽量避免使用端部测量刃和刀口形量爪测量。而对于圆弧形沟槽的尺寸,则应当使用刃口形量爪进行测量,而不应当使用平面形测量刃进行测量。

此外,在测量沟槽的宽度时,还要注意放正游标卡尺,应使卡尺两测量刃的连线垂直于沟槽,不能歪斜,否则也将使测量结果不准确(可能大也可能小)。

5. 其他游标卡尺简介

除以上介绍的普通游标卡尺外,还有一些专用游标卡尺,比如用来测量工件高度和画线的高度游标卡尺、用来测量孔的深度及台阶的高度和槽的深度的深度游标卡尺、用来测量齿轮

(或蜗杆)的齿厚和齿顶的齿厚游标卡尺等,它们的读数原理和方法与普通游标卡尺相同。

传统的游标卡尺,包括以上介绍的普通游标卡尺和专用游标卡尺,在使用时都存在一个共同的问题,就是读数不太方便,虽然可以直接读出测量尺寸,但其读数刻线不是很清晰,容易读错,有时不得不借助放大镜将读数部分的刻线放大。为了解决这个问题,现在的游标卡尺采用了无视差结构,使游标的刻度线与主尺的刻度线处在同一平面上,消除了在读数时因视线倾斜而产生的视差。有的卡尺装有测微表或数字显示装置代替游标读数,就形成了带表卡尺和数显卡尺,这样就大大提高了读数的准确性,使用也非常方便。

(九)千分尺

千分尺又称分厘卡,它是一种比游标卡尺更精密的长度量具,用它测量长度可以准确到 0.01 mm 或 0.001 mm。因其测量精度比较高,属精密量具,故一般用来测量公差等级为 IT6 ~ IT10 的零件尺寸。

千分尺是应用螺旋测微原理而制成的量具,故也称为螺旋测微器或螺旋测微仪。千分尺也是一种常用的长度量具,因其测量精度比游标卡尺高,并且使用比较灵活,因此,当加工精度要求较高时多使用千分尺。

国家标准《几何量测量器具术语 · 产品术语》(GB/T 17164-1997)中规定:外径千分尺是利用螺旋副原理对尺架上两测量面间分隔的距离进行读数的外尺寸测量器具,其分度值为 0.01 mm和 0.001 mm。分度值为 0.001 mm 的称为微米千分尺。(过去有的地区将分度值为 0.001 mm的称为千分尺,而将分度值为 0.01 mm 的称为百分尺。)

通常所说的千分尺一般都是指外径千分尺,它也是工程上使用最多、应用最广泛的一种千分尺。外径千分尺常用于测量或检验零件的外径、凸肩厚度以及板厚、壁厚等(测量孔壁厚度的千分尺,其量面呈球弧形)。下面以外径千分尺为例,介绍千分尺的结构、读数原理和读数方法以及使用和保养的注意事项等。

1. 千分尺的结构

千分尺一般都是由尺架、测微机构、测力机构和制动机构等几个部分组成。图 1-292 所示是测量范围为 0 ~ 25 mm 的外径千分尺的结构。尺架 1 的一端装有固定量砧 2,另一端装有测微装置。固定量砧和活动量砧(测微螺杆)的测量面上都镶有硬质合金,以提高测量面的使用寿命。尺架 1 的两侧面覆盖着绝热板 12,使用千分尺时,手拿在绝热板上,以防止人体的热量影响千分尺的测量精度。

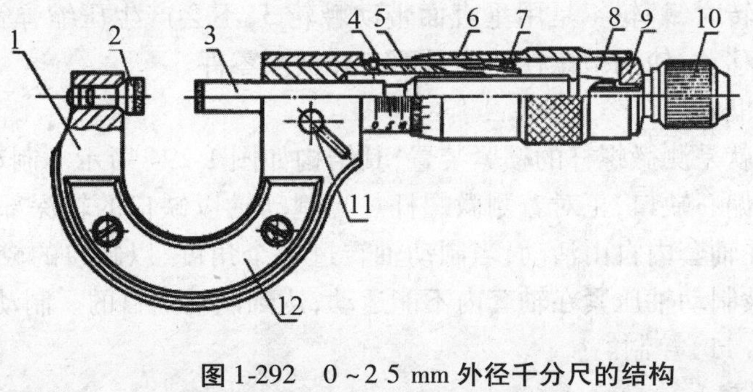

图 1-292　0 ~ 2 5 mm 外径千分尺的结构

1—尺架;2—固定量砧;3—活动量砧(测微螺杆);4—螺纹轴套;5—固定套管;6—活动套管;7—调节螺母;8—接头;9—垫片;10—测力机构;11—锁紧手柄;12—绝热板

(1)千分尺的测微机构

图 1-292 中的 3 ~ 9 是千分尺的测微机构部分。带有刻度的固定套管 5 用螺钉固定在螺

纹轴套4上,而螺纹轴套4又与尺架1结合成一体。在固定套管5的外面有一带刻度的活动套管6,它用锥孔通过接头8的外圆锥面再与活动量砧(测微螺杆)3相连。

测微螺杆3的一端是测量杆,并与螺纹轴套上的内孔定心间隙配合;中间是精度很高的外螺纹,与螺纹轴套4上的内螺纹精密配合,可使测微螺杆3旋转自如并且其间隙极小;测微螺杆3另一端的外圆锥与内圆锥接头8的内圆锥相配,并通过顶端的内螺纹与测力机构10连接。当测力机构10的外螺纹旋紧在测微螺杆3的内螺纹上时,测力机构10就通过垫片9紧压接头8,而接头8上开有轴向槽,有一定的胀缩弹性,能沿着测微螺杆3上的外圆锥胀大,从而使活动套管6与测微螺杆3和测力机构10结合成一体。当用手旋转测力机构10时,就带动测微螺杆3和活动套管6一起旋转,并沿着精密螺纹的螺旋线方向运动,使千分尺两个量砧的测量面之间的距离发生变化。

(2)千分尺的测力机构

图1-292中的10为千分尺的测力机构,其内部的结构如图1-293所示。千分尺的测力主要依靠的是一对棘轮和的相互作用。棘轮4与转帽5连接成一体,而棘轮3可压缩弹簧2在轮轴1的轴线方向移动,但不能转动。弹簧2的弹力是控制测量压力的,螺钉6使弹簧压缩到千分尺所规定的测量压力。当手握转帽5顺时针旋转测力机构时,若测量压力小于弹簧2的弹力,转帽的运动就通过棘轮传给轮轴1(其带动测微螺杆旋转),使千分尺两个量砧的测量面之间的距离继续缩短,即继续卡紧零件;当测量压力达到或略微超过弹簧的弹力时,棘轮3与4在其啮合斜面的作用下,压缩弹簧2,使棘轮4沿着棘轮3的啮合斜面滑动,转帽的转动就不能带动测微螺杆旋转,同时发出嘎嘎的棘轮跳动声,表示已达到了额定测量压力,由此达到控制测量压力的目的。

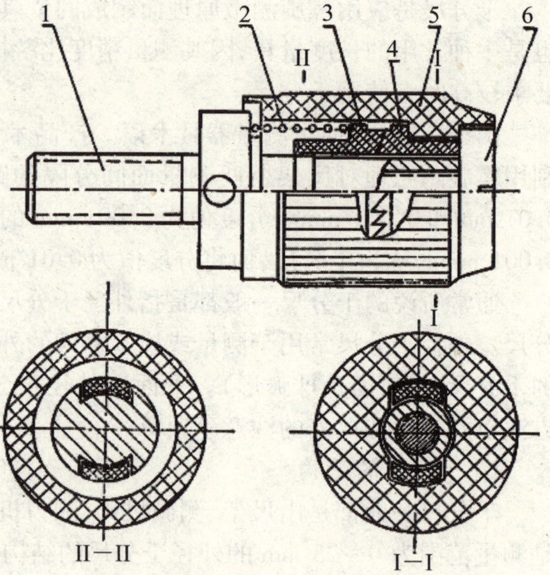

图1-293　千分尺的测力机构

1—轮轴;2—弹簧;3、4—棘轮;5—转帽;6—螺钉

当转帽5逆时针旋转时,棘轮4是用垂直面带动棘轮3,不会产生压缩弹簧的压力,从而就能始终带动测微螺杆移动,使测微螺杆的测量面离开被测零件。

(3)千分尺的制动机构

千分尺的制动机构就是测微螺杆的锁紧装置,其结构如图1-294所示。制动轴的圆周上,有一个开着深浅不均的偏心缺口,正对着测微螺杆。当制动轴以缺口的较深部分正对着测微螺杆时,测微螺杆就能在轴套内自由活动,当制动轴转过一个角度,以缺口的较浅部分对着测微螺杆时,测微螺杆就被制动轴压紧在轴套内不能运动,达到制动的目的。制动轴的转动用锁紧手柄(即图1-292中的11)控制。

2. *千分尺的读数原理和读数方法*

(1)千分尺的读数原理

外径千分尺的读数是利用一套螺旋读数机构,它包括一对精密的螺纹(图1-292中的测微螺杆3与螺纹轴套4)和一对读数套管(图1-292中的固定套管5与活动套管6)。

用千分尺测量零件的尺寸时，要把被测零件置于千分尺的两个量砧的测量面之间测量，所以，两个量砧的测量面之间的距离就是零件的测量尺寸。

当测微螺杆（活动量砧）在螺纹轴套中旋转时，由于螺旋线的作用，测量螺杆就沿轴向移动，使两个量砧的测量面之间的距离发生变化。若测微螺杆按顺时针的方向旋转一周，两个量砧的测量面之间的距离就缩小一个螺距。同理，若按逆时针方向旋转一周，则两个量砧的测量面之间的距离就增大一个螺距。

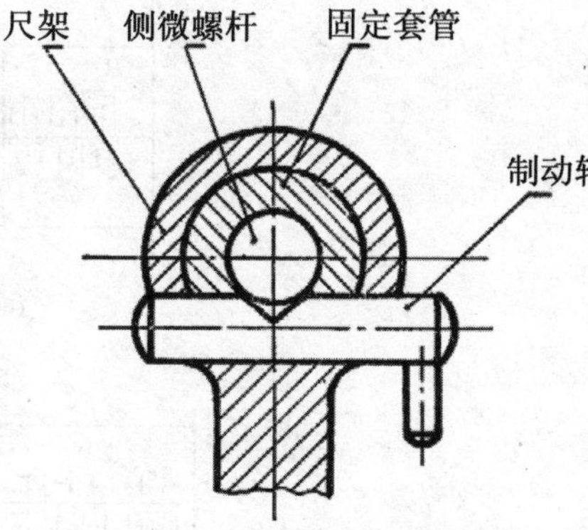

图 1-294　千分尺的制动机构

常用千分尺测微螺杆的螺距为 0.5 mm。因此，当测微螺杆顺时针旋转一周时，两个量砧的测量面之间的距离就缩小 0.5 mm。当测微螺杆顺时针旋转不到一周时，其缩小的距离就小于一个螺距，它的具体数值，可从与测微螺杆结成一体的活动套管的圆周刻度上读出。活动套管的圆周上刻有 50 个等分刻度线，因当活动套管旋转一周时，测微螺杆就推进或后退 0.5 mm，所以，活动套管每转过它本身圆周刻度的一小格时，两个量砧的测量面之间的移动距离就是：0.5 mm/50 = 0.01 mm。由此可知，千分尺上的螺旋读数机构可以准确地读出 0.01 mm，也就是说千分尺的分度值为 0.01 mm。

若活动套管转过不到它本身圆周刻度的一小格时，两个量砧的测量面之间的移动距离就是就小于 0.01 mm，其值可由它转过的在其本身圆周刻度小格内的位置大概估值，即测量尺寸的千分之几毫米也可估测，所以称为千分尺。若在固定套管上也刻上类似于游标卡尺上的游标刻度，利用游标卡尺一样的游标读数原理，则测量尺寸的千分之几毫米也可以准确地读出，即该千分尺的分度值为 0.001 mm，此千分尺即为微米千分尺。

(2) 千分尺的读数方法

在千分尺的固定套管上刻有轴向中线，作为活动套管读数的基准线。另外，为了计算测微螺杆旋转的整数转，在固定套管中线的两侧，刻有两排刻度线，每排刻度线的间距均为 1 mm，但上下两排相互错开 0.5 mm。千分尺的具体读数方法具体如下：

①读出固定套管上露出的刻线尺寸，一定要注意不能遗漏应读出的 0.5 mm 的刻线值。

②读出活动套管上的尺寸，此时要注意看清活动套管圆周上的哪一条刻度线与固定套筒的中线（基准线）对齐，然后将该刻度线所标注的格数乘上 0.01 mm 即得活动套管上的尺寸。

③将以上所得的两个尺寸相加，即为千分尺所量测得的尺寸。

(3) 千分尺的读数示例

如图 1-295（a）所示，在固定套管上读出的尺寸为 8mm，在活动套管上读出的尺寸为 27（格）×0.01 mm =0.27 mm，两数相加即得被测零件的尺寸为 8.27 mm。

如图 1-295（b）所示，在固定套管上读出的尺寸为 8.5 mm（此时千万要注意：不能遗漏应读出的0.5 mm），在活动套管上读出的尺寸为27（格）×0.01 mm =0.27 mm，两数相加即得被测零件的尺寸为 8.77 mm。

图 1-295（c）和图 1-295（d）所示也是千分尺的测量结果，请读者自己分析并读出数值。

3. 千分尺的测量范围及精度

(1) 千分尺的测量范围

因为千分尺测微螺杆的移动量为 25 mm，所以常用的千分尺的测量范围一般为

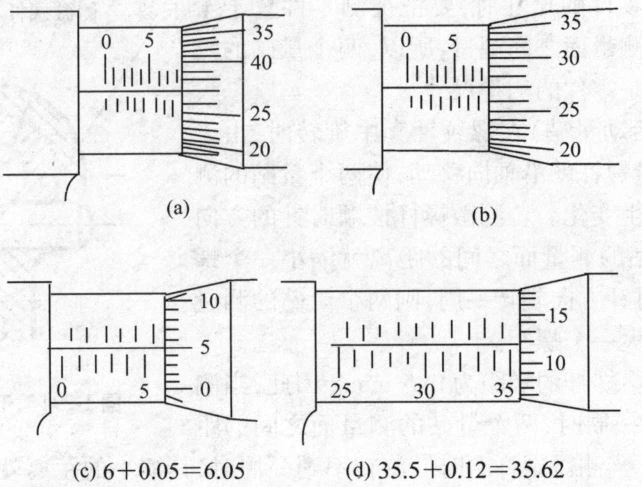

图 1-295　千分尺的读数

0～25 mm。为了使千分尺能测量更大的长度尺寸以满足工程实际的需要，就把千分尺的尺架做成了各种大小的尺寸，因而就形成了不同测量范围的千分尺。目前国产最大测量范围的千分尺为 2 500～3 000 mm 的千分尺。千分尺测量范围的尺寸分段一般为：在 500 mm 以内按每 25 mm一个分段，在 500～1 000 mm 按每 100 mm 一个分段。比如：0～25 mm、25～50 mm、50～75 mm、75～100 mm……500～600 mm、600～700 mm……。

测量上限大于 300 mm 的千分尺，也可把固定量砧做成可调或可更换式的。

(2)千分尺的精度

千分尺是一种应用广泛的精密量具，按其制造精度，可分为 0 级和 1 级的两种，0 级精度较高，1 级次之。千分尺的制造精度，主要是由它的示值误差和两个量砧测量面的平面平行度公差的大小决定的。

4. 千分尺的使用

千分尺是精密量具，使用和保养时应重点注意以下几点。

(1)千分尺的两个量砧的测量面应保持干净，使用前应进行间隙检查、零位检查和活动度检查。把千分尺的两个量砧的测量面擦拭干净，然后转动测力机构，使两个量砧的测量面接触(这是指 0～25 mm 的千分尺，对测量上限大于 25 mm 的千分尺，应在其两个量砧的测量面之间放入校准棒或相应尺寸的量块)，此时两个量砧的测量面之间(或量砧的测量面与校准棒或量块之间)应没有间隙和漏光现象，并且活动套管上零线应与固定套管上的基准线对齐，否则则应进行间隙调整和零位校准。转动测力机构时，活动套管应能自由灵活地沿着固定套管活动，应没有任何轧卡和不灵活的现象。若有活动不灵活、轧卡等的现象应及时送去检修。

(2)测量前，应把零件的被测量表面擦拭干净，以免有脏物的存在而影响测量的精度。

(3)测量时，千分尺必须先放正，然后再开始进行测量。使用千分尺测量零件时，应使测微螺杆与零件的被测量尺寸的方向一致。比如，测量外径时，测微螺杆应与零件的轴线垂直，不得歪斜。

(4)单手使用外径千分尺时，可先用大拇指和食指(或中指)捏住活动套筒，然后用小指勾住尺架并压向手掌上；将千分尺移向零件，在零件上放正后，再将大拇指和食指移向转动测力机构，然后转动测力机构开始测量。双手使用外径千分尺时，应一只手捏在尺架两侧面的绝热板上，用另一只手的大拇指和食指转动测力机构进行测量。

(5)测量时，应当手握测力机构的转帽来转动活动量砧(测微螺杆)，使量砧表面保持标准的测量压力，即听到嘎嘎的声音，表示压力合适，此时可以开始读数。要避免因测量压力不合适而产生测量误差。测量时，可在旋转测力机构的同时，轻轻地晃动尺架，以使量砧的测量面与零件的表面有良好的接触。

(6)测量时，绝不允许用力旋转活动套管来增加测量压力，这会使测微螺杆过分压紧零件表面，致使精密螺纹因受力过大而发生变形，损坏千分尺的精度。有时用力旋转活动套管后，虽然因活动套管与测微螺杆间的连接不牢固而使对精密螺纹的损坏并不严重，但是，活动套管打滑后，千分尺的零位就走动了，因而尺寸的测量就不准确了。

(7)千分尺是精密量具，不允许手握千分尺的活动套管晃动和挥舞使尺架旋转，以快速推进测微螺杆，这样会破坏千分尺的内部结构。更不允许把千分尺当卡钳或榔头使用。

(8)不得使用千分尺测量运动中的工件，这样很容易使千分尺的量砧测量面严重磨损，而且测量也不准确。对于超过常温的工件，不要使用千分尺进行测量，以免产生读数误差。不得使用千分尺测量表面粗糙的零件，这样易使量砧测量面过早磨损。绝对不允许用千分尺测量带有研磨剂的表面，以免损伤量砧测量面的精度。

(9)读数时，最好不要把千分尺从零件上取下来读数，而应在零件上进行读数，读数后再放松活动量砧，取出千分尺，这样可减少量砧测量面的磨损。如果必须取下千分尺读数时，应先用制动机构(锁紧手柄)锁紧测微螺杆后，然后再轻轻将千分尺从零件上滑下。把千分尺当卡规使用是错误的，因为这样做不但容易使测量面过早磨损，而且会使测微螺杆或尺架发生变形而失去精度。

(10)在读取千分尺上的测量数值时，应特别注意观察固定套管基准线上的小数的数值(要注意看是否露出0.5 mm的刻度线)。若大于0.5 mm，读数时切勿遗漏。

(11)为了获得正确的测量结果，可在同一位置上再测量一次。尤其是测量圆柱形零件时，应在同一圆周的不同方向测量几次，检查零件外圆有没有圆度误差，再在全长的各个部位测量几次，检查零件外圆有没有圆柱度误差等。

(12)千分尺使用完毕后，应用清洁的棉纱擦拭干净，然后涂上防锈油，放入盒中。

5. 其他千分尺简介

千分尺的种类很多，除以上介绍的外径千分尺外，还有内径千分尺(主要用于测量大的孔径，可以连接不同长度的加长测量杆，且加长测量杆也可以相互连接加长，最大测量范围可达到5 000 mm)、内测千分尺(主要用于测量小尺寸内径、槽的内侧面宽度等，其特点是容易找正内孔直径，且测量方便)、三爪内径千分尺(适用于测量中小直径的精密内孔，尤其适于测量深孔的直径)、深度千分尺(主要用于测量孔深、槽深以及台阶高度等)、壁厚千分尺(主要用于测量精密管形零件的壁厚)、螺纹千分尺(主要用于测量普通螺纹的中径)以及公法线千分尺(主要用于测量外啮合圆柱齿轮的两个不同齿面公法线长度，也可以在检验切齿机床精度时，按被切齿轮的公法线检查其原始外形尺寸)等，它们的结构与外径千分尺大体相似，读数原理也基本相同。同传统的游标卡尺一样，传统的千分尺也存在着读数不太方便、读数刻线不是很清晰、容易读错等问题。为了读数的方便和读数准确性的提高，目前也出现了装有测微表或数字显示装置的千分尺。

二、扭矩和功率的检测及设备

功率是表征机械和动力机械设备性能的一个重要参数，对不同的机械，其功率的含义是不同的。比如，机床的功率是指切削功率，即各切削分力所消耗功率的总和；压缩机和风机的功率则是指单位时间所吸收的功；内燃机和汽轮机的功率则是指单位时间发出的功。功率的测定方法当然也应根据具体的测试对象及功率的含义来确定。

对于大多数以轴作为输入（或输出）装置的动力机械来说，其轴功率一般由轴输入（或输出）的扭矩与轴的旋转角速度的乘积而获得，即

$$Ne = M_n \cdot \omega = \frac{M_n \cdot n}{9\ 550} \quad \text{kW}$$

式中，Ne 为轴输入（或输出）的功率，单位为 kW；M_n 为轴输入（或输出）的扭矩，单位为 N·m；ω 为轴的旋转角速度，单位为 rad/s；n 为轴的转速，单位为 r/min。

功率是船舶动力装置的一个重要的性能参数，其测量一般是在测功器上完成的。而实际上，功率的测量是由转轴的转速测量和扭矩测量来完成的。转速的测量可采用本节前述的各种转速测量的方式进行，而扭矩的测量则要通过扭矩仪或测功器来进行测量。

下面先介绍扭矩的测量方式及常见的扭矩检测设备（扭矩传感器、扭矩仪），然后介绍功率的检测方法与设备。

（一）扭矩的检测及设备

1. 扭矩检测的基本原理及扭矩仪的分类

（1）扭矩检测的基本原理

目前，扭矩的检测都是利用测量轴、特制的联轴节或实际传动轴等传递扭矩的零件，通过测量其在扭矩的作用下所产生的扭转变形来测量扭矩的。

由材料力学可知，一根圆轴在受到扭矩 M_n（N·m）的作用时，在弹性范围内，圆轴表面的剪应变 γ 为

$$\gamma = \frac{M_n}{GW_n}$$

其相距为 L（m）的两个横截面之间的相对扭转角 θ 的大小为

$$\theta = \frac{LM_n}{GJ_n}$$

以上两式中，G 为圆轴材料的剪切弹性模量，单位为 Pa；W_n 为该圆轴的抗扭截面模量，单位为 m^3；J_n 为该圆轴截面的极惯性矩，单位为 m^4；对于截面形状和尺寸一定的轴，其 W_n 和 J_n 的值均为常量。

由此可见，当圆轴的材料和截面形状及尺寸一定时，剪切弹性模量 G 和抗扭截面模量 W_n 均为定值，则圆轴表面的剪应变 γ 与扭矩 M_n 为线性关系，即：只要测得了圆轴表面的剪应变 γ，就可得到作用在圆轴上的扭矩 M_n。由相对扭转角 θ 与扭矩 M_n 之间的关系可知，当圆轴的材料和截面形状及尺寸一定时，剪切弹性模量 G 和截面极惯性矩 J_n 均为定值，若两个横截面之间的距离 L 确定，则这两个横截面之间的相对扭转角 θ 与扭矩 M_n 为线性关系，即：只要测得了相距为 L 的两个横截面之间的相对扭转角 θ，就可得到作用在圆轴上的扭矩 M_n。

（2）扭矩仪的分类

尽管目前各种测量扭矩的扭矩传感器（扭矩传感器是扭矩仪的核心器件）的形式与结构

各异，但都是基于前述的原理，即通过测量圆轴表面的剪应变γ（或剪应力τ），或者测量圆轴某一长度的相对扭转角θ来实现扭矩测量的；同时，无论测量哪一个参数，也都是通过机电变换器将其转换为电量，而后对它进行测量再经换算来确定扭矩的。

所以，现有的测量扭矩的扭矩仪或扭矩传感器按其所测量的参数分为两大类，即：剪应力或剪应变式与相对转角式。而每一类中，按其测量方式和机电变换器的类型，又分为电阻应变片式、相位差式、钢弦式等，如图 1-296 所示。

- 扭矩仪
  - 剪应力或剪应变式
    - 电阻应变式
    - 磁致伸缩式
  - 相对转角式
    - 相位差式
      - 光电脉冲式
      - 磁电脉冲式
    - 钢弦式

图 1-296　扭矩仪的分类

我国目前用得最广的扭矩仪是电阻应变片式、相位差式和钢弦式三种。下面对这三种形式的扭矩仪分别加以介绍。

2. 电阻应变式扭矩仪

电阻应变式扭矩仪是利用应变片将由扭矩产生的剪应变转换成电量来进行测量的。应变片可以直接贴在需要测量扭矩的传动轴上，也可以贴在一根特制的传动轴上制成应变片式扭矩传感器，用于各种需要测量扭矩和功率的传动测试台架上。

在测量扭矩的过程中，不论应变片直接贴在传动轴上还是贴在专用的轴上，其测量技术的关键都是应变片的贴片位置及方向和旋转体上电量信号的传递这两个问题。

(1)应变片的贴片位置及方向

电阻应变式扭矩仪或传感器是利用应变原理来测量扭矩的。由材料力学可知，当被测圆轴受到扭矩作用时所产生的剪应力，其最大值位于轴的外圆周面上，两个主应力分别是与轴线成 45°和 135°的夹角。因此，可把应变片贴在主应力的方向上，测出其应变值，从而即可得到扭矩值。虽然剪应变是角变形，而应变片不能直接测得剪应变，但从电桥的加减特性可知，只要沿被测轴偏角 45°和 135°方向上（如图 1-297 所示）贴片，将这两个应变片分别接在电桥相邻的两个桥臂中，则应变仪指示仪表的读数（应变量）就是剪应变值，由该剪应变值再根据标定曲线就可换算得被测轴扭矩值。

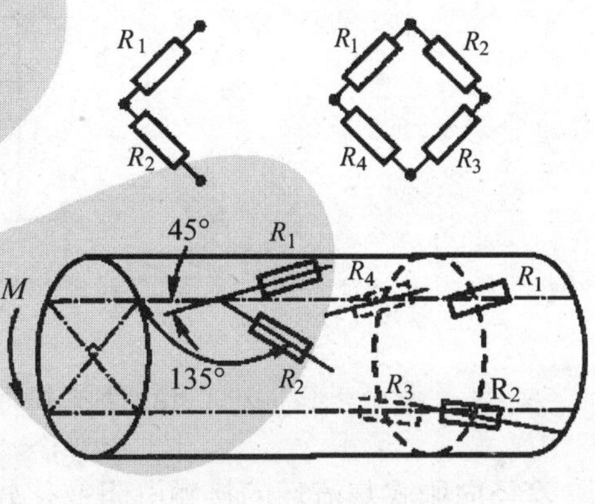

图 1-297　应变片的贴片方式

在实际工程应用中，为了提高扭矩仪的综合技术指标，常采用下述措施：①在被测轴上选取适当的截面，在该截面的圆周方向以 90°的间隔布置四只应变片（如图 1-297 所示），其贴片方向仍沿与轴线成 45°和 135°的方向，并以全桥方式接入到应变仪电路中，以提高测量的灵敏度。②当被测轴为细长轴，轴径很小，贴片位置受到限制且只承受扭矩时，为了避免圆周方向四个应变片布置时的空间位置拥挤，可沿轴线在不同的截面上贴片。

(2)旋转体上电信号的传递

旋转体上电信号的向外传递问题是一个具有普遍意义的技术问题，应变式扭矩仪电信号的传递就是其中较为典型的一例。目前,旋转体上电信号的向外传递主要使用两种方式,一种是集流装置的形式,另一种是电磁波发射的形式。

集流装置形式的电信号向外传递就是采用各种结构形式的集流装置将电信号从旋转轴上传出。这种形式的电信号传递因其结构简单,所以在实际测量中应用的较为广泛。一般集流装置可分为两个部分,即安装在旋转轴上的旋转部分和安装在旋转轴外的固定部分,按这两个部分是否接触,集流装置分为接触式与非接触式两种。集流装置按其结构形式分为很多种,常用的有:接触式中的电刷-滑环集流装置、水银集流装置,以及非接触式中的感应式集流装置。

随着无线电发射技术和接收技术在测试中的应用,近年来已开始越来越多地利用近程遥测装置进行扭矩的测量。在旋转轴上安装固定电磁波发射装置,应变片接到发射装置上,将电信号转换成被调制的载波信号后,经发射装置的天线发射出去,由接收装置的天线接收、解调、还原成与被测量相关的信号。

(3)电刷-滑环集流装置

电刷-滑环集流装置分为径向电刷-滑环集流装置和端面电刷-滑环集流装置两种,其结构形式虽不同,但信号传输的原理是一样的。图1-298所示为径向电刷-滑环集流装置示意图。在扭矩轴1的外径上装一绝缘套管3,应变片组2的引线连接在绝缘环3的滑环4上,电刷5被紧压在滑环上,这样应变的电信号就通过电刷连接在测试仪器上。绝缘环3、滑环4、电刷5构成径向刷式集流环。在应变测量中,因应变片的电阻变化十分微小,所以集流装置在旋转过程中的接触电阻变化一定也要十分微小,这样才不致引入较大的测量误差,为此常采用以下措施:滑环采用低电阻值的银或镀银铜环,电刷多用银石墨电刷,电刷与滑环间还要保持适当的压力并要求防尘。另外,对滑环表面光洁度、不圆度的加工都有较高要求。

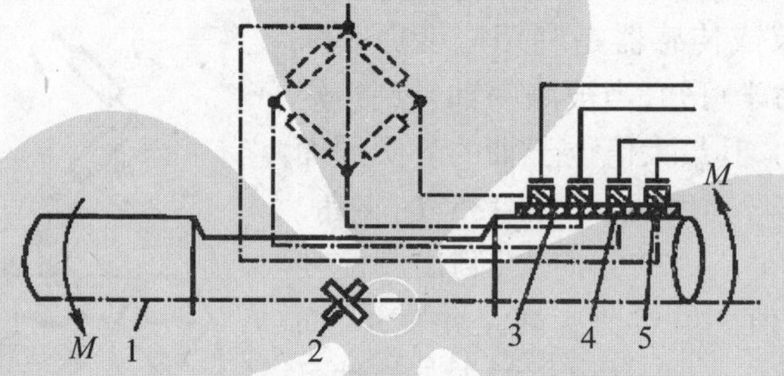

图1-298 应变片式扭矩传感器的径向电刷-滑环集流装置示意图

1—扭矩轴;2—应变片;3—绝缘环;4—滑环;5—电刷

径向刷式集流环的接触电阻变化较大,故仅可用于低速转轴的测量。如果将电刷与滑环的接触面由轴的圆周面转移到轴的端面,则构成了端面刷式集流环,如图1-299所示。对于直径尺寸较大的旋转轴,这种结构的电刷其相对滑动线速度低于径向刷式集流环,易于实现一滑环多电刷的布置(图1-299中为2电刷),从而降低了接触电阻,故适用于转速较高的工作状态。端面刷式集流环装置虽然不失为在旋转轴上传输电信号的一种有效方法,但却不易用于应变片式扭矩传感器。这是由于扭矩传感器往往是布置在原动机与负载之间,无自由端面可供使用。

图1-300所示为某一种端面电刷-滑环集流装置的结构图,由套筒1、绝缘环2、滑环3、电刷4构成端面刷式集流环。套筒有各种尺寸,套在被测轴上或专用的弹性轴上。应变片通过导线接到滑环上,滑环的端面有与之相接触的电刷4,电刷靠簧片5压紧在端面上,并与外壳6相连。为了防止电刷在振动的影响下离开滑环,电刷应有一定的预紧力。应变产生的电信号

就是通过电刷和端面接触传递出去的。套筒与外壳在测量过程中做相对运动，所以中间装有轴承7。集流装置的关键部件是集流环。一般情况下，对于半桥测量，集流环有3副（见图1-300）；对于全桥测量，集流环有4副（见图1-298）。

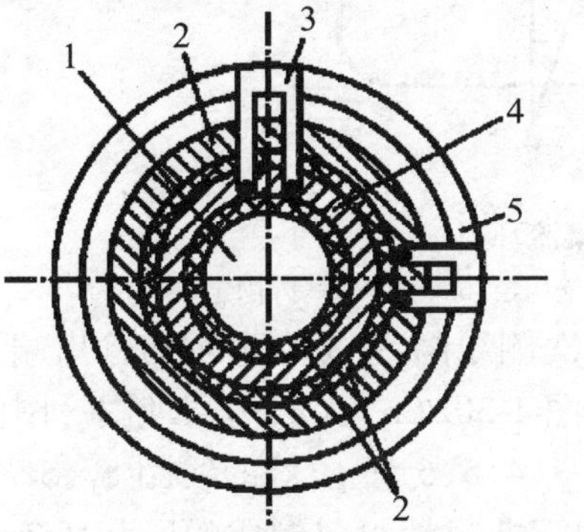

图1-299　端面刷式集流环

1—旋转轴；2—滑环；3—电刷；4—绝缘环；5—固定套筒

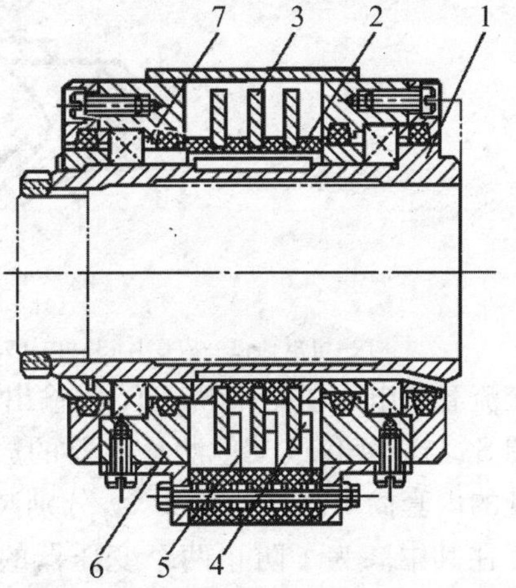

图1-300　端面电刷-滑环集流装置的结构

1—套筒；2—绝缘环；3—滑环；4—电刷；5—簧片；6—外壳；7—轴承

集流环的关键零件是电刷和滑环。对于一般用途的集流装置，滑环用紫铜制成，电刷用石墨-铜合金制成。对于测量精度较高的集流装置，滑环用纯银或蒙乃尔合金（60%～71% Ni，25%～35% Cu，1%～3% Mn，1% Fe，1% S）制成，电刷用石墨-银合金制成。为使电刷在测量中始终压在滑环上，簧片一般采用弹性极好的铍青铜制成。电刷-滑环集流装置结构简单，坚固耐用，维修方便，但是它的接触电阻易受振动影响而波动，从而影响到测量精度。

（4）水银集流装置

图1-301所示为以水银作为运动部件与固定部件之间导电介质的水银槽式集流环。图中，扭矩轴1上的四个应变片2引线分别连接到被绝缘层5隔开的内运动环3上，外固定环7上的引线6与仪表电路相连接，在内、外环的间隙中充满液体水银4作为导电介质。由铝锰青铜制成的内运动环3与外固定环7的表面经特殊处理后与汞有很好的亲润性，当内运动环3随扭矩轴1转动时可保持良好的导电性。这种水银集流环的内、外环接触电阻比前述刷式集流环小一个数量级，在运动过程中其接触电阻的变化量很小，所以可用于每分钟数千转的高速转轴的扭矩测量。

水银集流装置的优点是接触电阻稳定，噪声小。但其制造精度高，密封要求高。另外，水银蒸气的慢泄漏，尤其是若在高温下工作则容易蒸发逸出，这不仅是长时间运转后需要补充水银，而且对人体有毒害，因而其使用受到限制。

（5）感应式集流装置

感应式集流装置是利用电磁感应的原理将集流装置旋转部分的电信号耦合到集流装置的固定部分上去的，它去除了这两个部分的各种接触点，因而称无接触集流装置，也称变压器式集流装置。图1-302所示为感应式集流装置的测量电路图和结构原理图。图1-302（a）为测量电路图。贴在被测轴上的四个应变片接成全桥，四个接点分别接到两个变压器T_1和T_2上。T_1为供桥变压器，它的一次侧线圈S_1接到测量仪表的振荡电路或其他电源上，二次侧线圈S_2

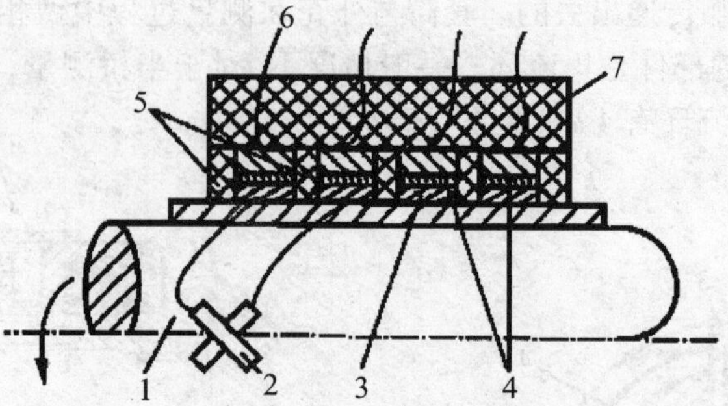

图 1-301　水银槽式集流环

1—扭矩轴；2—应变片；3—内运动环；4—水银层；5—绝缘层；6—引线；7—外固定环

将交流载波电压供给电桥。T_2 为输出变压器，它的一次侧线圈 S_3 接在电桥的输出端，二次侧线圈 S_4 与应变仪或其他测量仪器的放大电路相连。图 1-302(b) 为结构原理图。图中，集流装置的内套筒 1 和外套筒 2 上，分别装有纯铁槽形环 3、4、5、6，变压器的线圈 S_1、S_2、S_3 和 S_4 就绕在其中。为了防止两个变压器的相互干扰，中间用非磁性材料制成的屏蔽环 7、8 隔开。内、外套筒也用非磁性材料制成，内套筒 1 固定在被测轴上，随轴一起转动，外套筒 2 固定在台架上。感应式集流装置的优点是无接触电阻的影响，其体积小，惯性也小。其缺点是易受外电磁场的干扰。

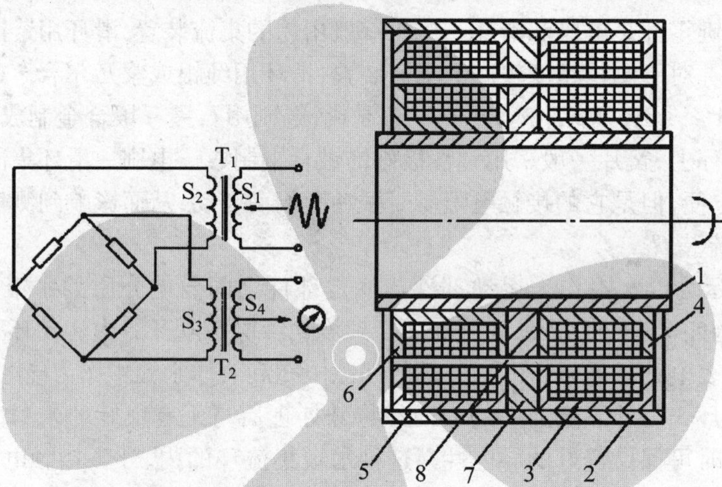

（a）测量电路图　　（b）结构原理图

图 1-302　感应式集流装置

1—内套筒；2—外套筒；3、4、5、6—槽形环；7、8—屏蔽环

(6) 应变式扭矩传感器

目前，应变式扭矩传感器的主要技术指标大致是：扭矩过载能力为 20% ~25%；非线性度为 0.2% ~1.0%；滞后量为 0.2% ~1.0%；零点漂移量为 0.01% /℃ ~0.02% /℃；较低转速时集流环接触电阻的变化所引起的误差为 0.3% ~0.5%。应变式扭矩传感器的最高工作转速受到集流环电刷与滑环间的滑移线速度的限制，且与扭矩的量程有关，量程越大，允许的最高工作转速越低，大致在 1 500 ~9 000 r/min 之间。

图 1-303 所示为常见的 BMR-13 型应变式扭矩传感器的结构和接桥方式。测量扭矩用的弹性轴 1 安放在轴承 3 中，传感器靠外壳 2 安装在测试台架上。弹性轴 1 的两端铣有键槽，用

键与动力及负载相连。弹性轴 1 的最敏感段贴有四片应变片 4，贴片处轴径 d 的确定既要保证足够的输出灵敏度，又要保证足够的强度。弹性轴通常用 40Cr 合金钢或铍青铜制成。为保证贴片外的应变均匀，贴片处的长度取 $1d \sim 1.5d$。弹性轴其他各处的直径视结构而定，但必须大于贴片处的轴径 d。弹性轴 1 安装四个相互隔开的铜环 5，且以绝缘环 6 与弹性轴 1 隔开。应变片 4 通过嵌在轴槽中的导线 7 与铜环 5 相接。外壳 2 上装有电刷支架 8，电刷 9 由石墨 - 铜合金制成，用弹簧钢片 10 压在铜环 5 上。四个电刷分别接入应变仪或其他测量仪器的接线柱上。应变式扭矩仪的测量仪表大多采用应变仪，测出应变后利用标定换算得扭矩值；有的应变式扭矩仪使用专用的二次仪表，比如 DN 型扭矩测量仪。

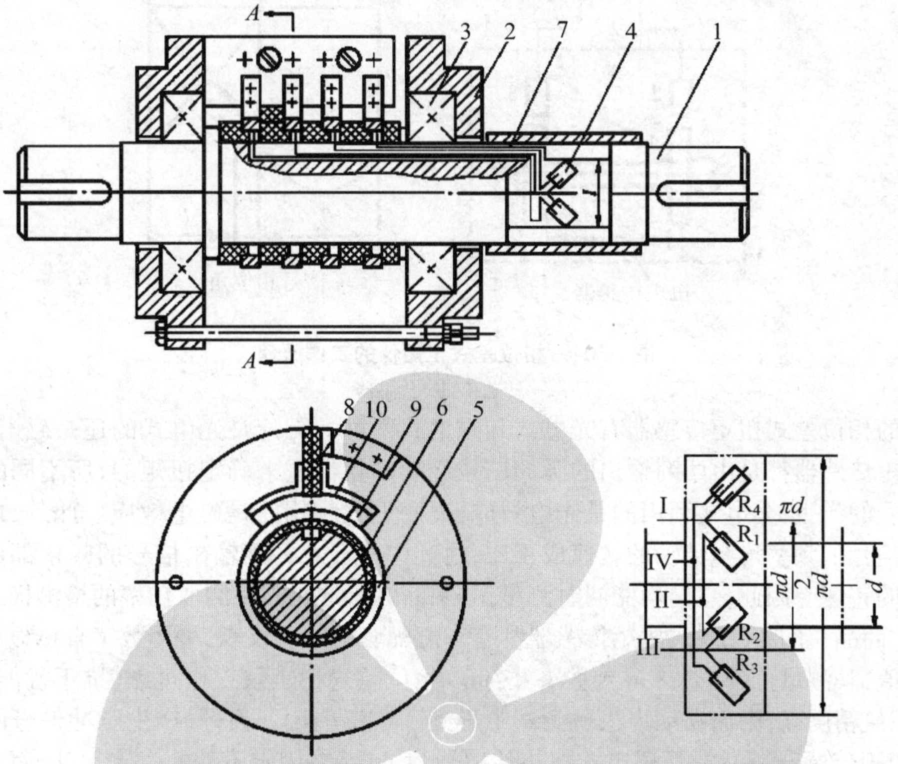

（a）结构　　（b）接桥方式

图 1-303　BMR-13 型应变式扭矩传感器

1—弹性轴；2—外壳；3—轴承；4—应变片；5—铜环；6—绝缘环；7—引出导线；8—电刷支架；9—电刷；10—弹簧钢片

3. 相位差式扭矩仪

（1）相位差式扭矩仪的工作原理

如前所述，材料和尺寸一定的圆轴在扭矩 M_n 的作用下，圆轴上间隔一定距离的两个横截面之间将产生一个相对扭转角 θ，并且，在弹性变形范围内，该相对扭转角 θ 与扭矩 M_n 成正比。这样，如果在这两个横截面上各安装一个机电信号变换器，则两个信号变换器产生的电信号之间将有一个相位差 $\Delta\varphi$，且相位差 $\Delta\varphi$ 正比于相对扭转角 θ 角。由于相对扭转角 θ 角正比于扭矩 M_n，所以相位差 $\Delta\varphi$ 也正比于扭矩 M_n。因而，测得相位差 $\Delta\varphi$，即可获得扭矩 M_n。相位差式扭矩仪就是根据此原理而制造的。

相位差式扭矩仪的工作原理如图 1-304 所示。在转轴 1 的相距为 1 的两个横截面上，装有两个构造和性能完全相同的传感器 2 和 3。该传感器一般为磁电式或光电式传感器。使用时，转轴每转一转，传感器就产生一列脉冲信号，当转轴受到扭矩的作用而产生扭转变形时，上述两个传感器所输出的信号间出现一个相位差 $\Delta\theta$，使用专用电子测量电路即可精确测得这个相位差 $\Delta\theta$，由于该相位差 $\Delta\theta$ 与该轴段所受扭矩 M_n 成正比，因此测出这个相位差 $\Delta\theta$ 后，根据标定曲线就可获得扭矩 M_n 值。

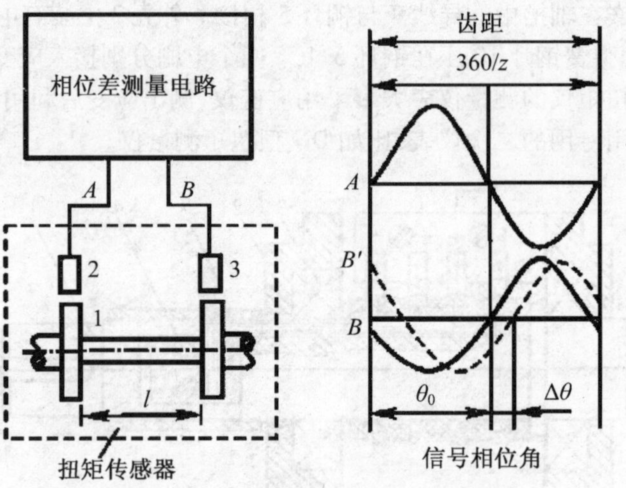

图 1-304　相位差式扭矩仪的工作原理

1—转轴；2、3—传感器

常用的相位差式扭矩传感器有光电式和磁电式两种。无论是光电式的还是磁电式的，相位差式扭矩传感器都是由两列输出的脉冲信号之间的相位差来确定扭矩的，所不同的是这两列脉冲信号的产生：光电式利用的是光电效应，而磁电式利用的是磁电效应。此外，这两列输出的脉冲信号的频率均与转轴的转速成正比，由其中的任意一列输出信号的频率都可以用来确定转轴的转速。因此，它们均能同时测量扭矩和转速，这对需要测取功率的检测极为方便。

目前，商品化的相位差式扭矩传感器都有与之配套的二次仪表，可用数字直接显示出扭矩值和转速值，其测量范围 1 N·m 到数 kN·m。相位差式扭矩仪工作可靠、抗干扰能力强、稳定性好、测量精度高，因而在动力机械测试中得到了广泛应用。另外，产生脉冲信号的光电管（光电式扭矩传感器）和线圈（磁电式扭矩传感器）均安装在固定不动的壳体上，因而其信号输出装置就比较简单，更适宜于高速下的扭矩测量。

（2）数字式扭矩仪

相位差式扭矩仪的测量电路分为模拟式测量电路和数字式测量电路两类。目前的相位差扭矩仪大多都采用数字式测量电路，直接以数字显示出扭矩值，故而又被称数字式扭矩仪。

模拟式测量电路是将两列信号通过双稳触发器变换成一列脉冲，其宽度就是两列信号的相位差 $\Delta\varphi$，然后通过平均值检波器输出一个相应于此脉冲列的与相位差 $\Delta\varphi$ 成比例的平均电压值 $\overline{U}$，送入电压指示电表显示，如图 1-305 所示。

数字式扭矩仪采用的是数字式测量电路，以数字直接显示出扭矩值。目前，尽管数字式扭矩仪的类型很多，但其工作原理都大致相同。

图 1-306 所示为某一数字式扭矩仪测量电路的方框图和波形图。

两组信号 1 和 2 分别通过整形放大电路 A 和 B，将正弦波转化为方形波。方形波进入鉴相双稳态触发电路 C，并以其负向越零作为鉴相双稳态触发脉冲，信号 1 作为开门信号，信号 2 作为关门信号。这样，鉴相器的输出也是一个矩形波，其脉冲宽度就是两个信号的相位差 φ_0

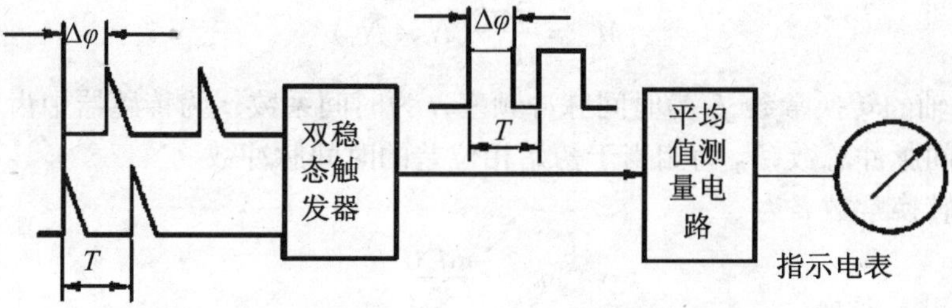

图 1-305　相位差式扭矩仪的模拟式测量电路

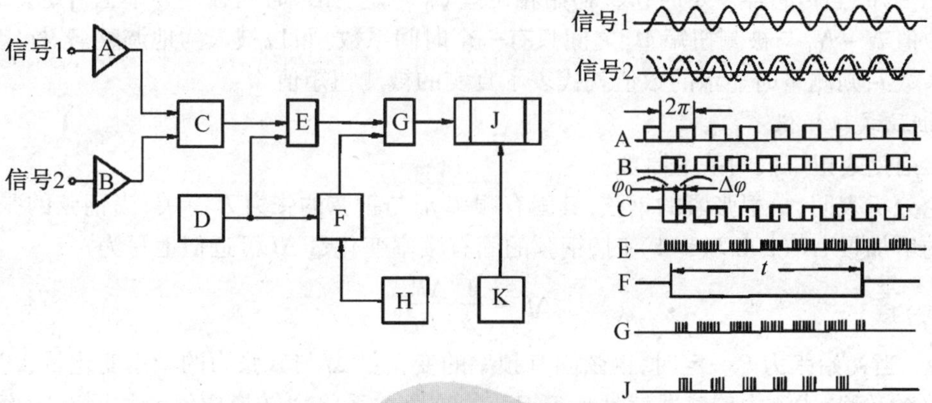

图 1-306　数字式扭矩仪测量电路的方框图和波形图

A、B—整形放大电路；C—鉴相电路；D—时间脉冲发生器；E、G—与门；F—定时电路；H—时间系数开关；J—计数器；K—零位调整开关

$+\Delta\varphi$。将此相位差信号与由时间脉冲发生器 D 所产生的 1×10^6 Hz 的时间脉冲信号一起送入与门 E。当有相位差脉冲时，与门 E 打开，时间脉冲信号通过；当相位差脉冲消失时，与门 E 关闭，时间脉冲信号不能通过。这样，就得到了与相位差 $\varphi_0+\Delta\varphi$ 成正比的时间脉冲。

为了使计数器能直接显示扭矩值，用定时电路 F 控制与门 G。当定时信号接通时，与门 G 打开，则由与门 E 送入的时间脉冲通过与门 G；当定时信号截止时，与门 G 关闭。在这段时间 t 内，通过与门 G 的时间脉冲信号数与相位差 $\varphi_0+\Delta\varphi$ 和定时时间 t 成正比。定时信号 t 的大小由系数开关 H 控制，其改变系数可使定时时间 t 改变，从而就改变了进入与门 G 的时间脉冲累计量 N。

为了使显示的扭矩值能代表转轴实际所承受的扭矩，系数开关 H 的改变系数是在扭矩传感器标定时获得的，即：在扭矩传感器上加一个已知的扭矩，然后调整扭矩仪上的系数开关，直至数码管上显示出该已知扭矩值，这时，系数开关上的系数值就能够保证显示的读数代表实际的扭矩值。每台传感器的系数是不一样的，传感器出厂时均有标定。

从与门 G 出来的时间脉冲数送入计数器 J 进行计数。这时应考虑到与门 G 送来的脉冲数中有一部分是初始相位差所包含的脉冲数 N_0，数码管的显示数据中不应包含这一部分值。为此采用了零位调整开关 K，给计数器一个预置数来补偿。在加载前，数码管的显示数值就是初始相位差 φ_0 所包含的脉冲数值 N_0，零位开关使预置数与 N_0 的和等于 10^4。由于一般仪器的数码管仅有四位，万位数溢出不显示，这实际上就将 N_0 从显示值中扣除了。加载后，直接读出的扭矩值实际上是 $N-N_0$ 的脉冲数。

由上述的原理可得被测扭矩 M_n 的计算公式为

$$M_n = \frac{2\pi k}{f_c t z}(N - N_0)$$

式中，k 为弹性轴的转换常数，f_c 为时间脉冲频率，t 为时间系数，z 为传感器中齿轮的齿数，N 为通过与门的时间脉冲总数，N_0 为相当于初始相位差的时间脉冲数。

弹性轴的转换常数 k 为

$$k = \frac{\pi d^4 G}{32}$$

式中，d 为弹性轴的直径，G 为弹性轴的剪切弹性模量。

由此可知，当传感器一定时，k、z 初始相位差 φ_0 一定。如果时间脉冲频率也一定，则数码管显示的数值 $N - N_0$ 与被测扭矩 M_n 之间只有一个时间系数 t 可以被人为地调整。若标定时确定了时间系数 t，则测量时显示的数值就代表了真实的被测扭矩值 M_n。

4. 钢弦式扭矩仪

(1) 钢弦式扭矩仪的基本原理

理论分析表明，一根张紧的钢弦，其固有频率 f_0 与钢弦的张力 P 有关；当钢弦的张力有一个微小的增加量 $\Delta P(\Delta P/P \ll 1)$ 时，钢弦的固有频率变化量 Δf 可近似地写为

$$\Delta f \approx \frac{1}{2}\frac{\Delta P}{P}f_0$$

可见，当初始张力 P 一定时，钢弦固有频率的变化量 Δf 与其张力的微小变化量 ΔP 近似地成正比关系。钢弦式测力传感器就是基于钢弦的这个关系将力转换成钢弦的固有频率的变化而对其进行测量的。

但是，当初始张力 P 一定时，钢弦固有频率的变化量 Δf 与其张力的微小变化量 ΔP 只是近似地成正比关系，这个近似的线性关系就存在着一定的非线性误差。为了减小非线性误差，钢弦式测力传感器往往做成两根钢弦差动的形式，即一根钢弦的张力增加一个微小量 ΔP，而另一根钢弦的张力减小同样的微小量 ΔP，测量张力变化后的这两根钢弦的频率差。

理论分析表明，若两根钢弦的初始固有频率相同，均为 f_0，则张力增加微小量 $\Delta P(\Delta P/P \ll 1)$ 后的钢弦的固有频率 f_1 与张力减小微小量 ΔP 后的钢弦的固有频率 f_2 的差值 $\Delta f = f_1 - f_2$ 可近似地写为

$$\Delta f \approx \frac{\Delta P}{P}f_0$$

可见，当初始张力 P 一定时，差动的两根相同钢弦的固有频率的差值 Δf 也与其张力的微小变化量 ΔP 近似地成正比关系，但与前面的单根钢弦相比，此时的非线性误差大大减小。

(2) 钢弦式扭矩传感器

图 1-307 所示为钢弦式扭矩传感器的工作原理图。在被测轴或特制的弹性轴 1 上，相隔一定距离安装两个卡环 2 和 3。卡环 2 上有凸台 A_2、B_2，而卡环 3 上有凸台 A_3、B_3。在 A_2 与 A_3 之间及 B_2 与 B_3 之间安放两个变换器，其中各有一根钢弦 4 和 5。当轴 1 承受扭矩时，两个卡环间的轴发生扭转变形，使两个卡环所在的横截面产生相对扭转，卡环 2、3 也随之一同扭转，致使钢弦 4、5 的张力发生变化，一根钢弦的张力变大(称为拉弦)、另一根钢弦的张力变小(称为压弦)。由于两卡环的相对转角与扭矩成正比，因此由卡环导致的钢弦的张力变化量也与扭矩成正比。两根钢弦的固有频率的差值随其张力的变化就代表了扭矩的变化。

图 1-308 所示为钢弦式扭矩传感器中变换器的结构。钢弦 1 上绕有软铁丝 2，用于调整钢弦的传感系数。钢弦 1 用夹紧装置 6 夹紧，并用凸轮 5 调节其初始的张紧程度。激振用的电

磁铁和接收用的磁钢7用绝缘的环氧树脂8隔开。极靴3上绕有线圈组4，其中一个线圈用于接受来自放大器的反馈电流以使钢弦振荡，另一个线圈用于感应出频率为钢弦固有频率的电动势送给放大器。导线通过接线柱9引出。上述零件均装在变换器的壳体11内，整个变换器通过安装块12安装在轴的卡环上。

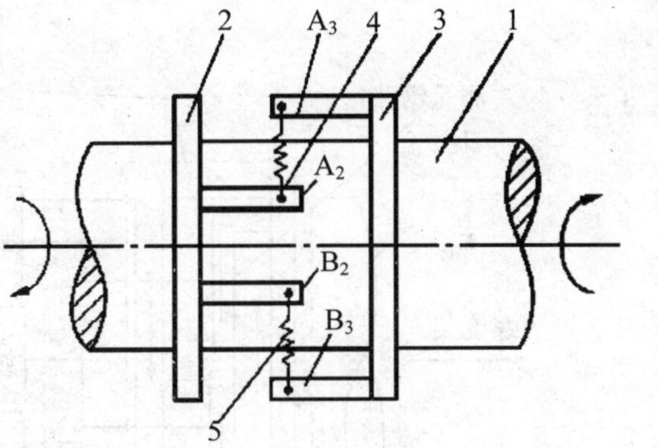

图1-307 钢弦式扭矩传感器的工作原理

1—转轴；2、3—卡环；4、5—钢弦

(3)钢弦式扭矩仪

图1-309所示为目前船上应用较多的非接触式的马哈克(MAIHAK)钢弦式扭矩仪的组成及工作流程。马哈克扭矩仪有滑环式和非接触式两种。非接触式扭矩仪主要由检测、数据和

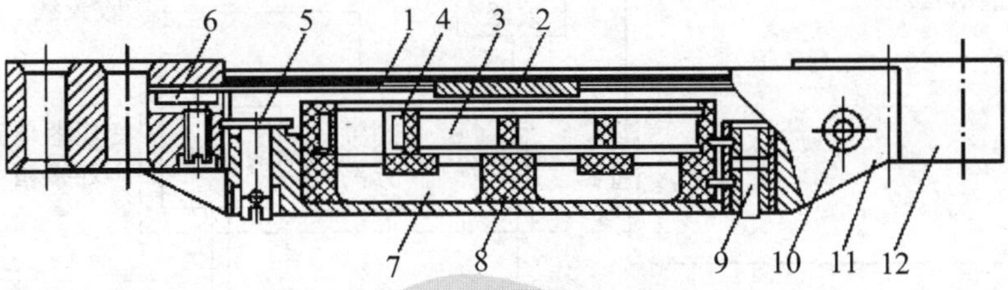

图1-308 钢弦式扭矩传感器中的变换器

1—钢弦；2—软铁丝；3—极靴；4—线圈组；5—凸轮；6—夹紧装置；7—磁钢；8—环氧树脂；9—接线柱；10—定位装置；11—壳体；12—安装块

能量传递以及显示部分组成，如图1-309所示。其检测部分主要是两根相同型号的MDS31钢弦传感器，它们频率变化相反，以补偿测量误差。该扭矩仪的电力由一个布置在轴旁的变压器提供。钢弦低频振荡信号经振荡器的载波频率调制后，从发射天线传到接收天线。发射天线既是传递扭矩频率信号的装置，同时也是传递测速光栅的转速脉冲信号的装置。接收天线接收到的频率信号，在连接箱中进行高频分离和解调，并对其需要的低频测量信号放大，然后与转速的脉冲信号一起由电缆输入到接收器MDS800中，一台微型计算机对测量信号进行计算和处理，最后输入到存储器中，同时也将测得的转速、扭矩及轴功率等以数字的形式显示出来。

最后需要提醒注意的是，由于扭矩仪是安装在原动机与负载之间的仪器设备，它起着传递扭矩的作用，因此，在安装时，扭矩仪的轴心线要绝对保证与原动机的轴心同轴。这就对各轴的同心度、平衡度、轴端面的垂直度等均提出了很高的要求，同时，还要考虑振动对扭矩仪的影响。否则，扭矩仪的弹性轴就会产生附加力矩，这不仅会影响到测量的精度，而且还会造成弹性轴的疲劳损伤。因此，无论什么类型的扭矩仪，都必须严格按照其说明书的要求并由熟练的技术人员来进行安装。

(二)发动机的功率检测及设备

由发动机输出轴上所发出的功率称为有效功率。如前所述，如果测量出发动机输出轴上的有效扭矩 M_n(N·m)，并测出此时轴的转速 n(r/min)，则发动机的有效功率 Ne(kW)可按下式计算：

$$Ne = \frac{M_n \cdot n}{9\ 550} \quad \text{kW}$$

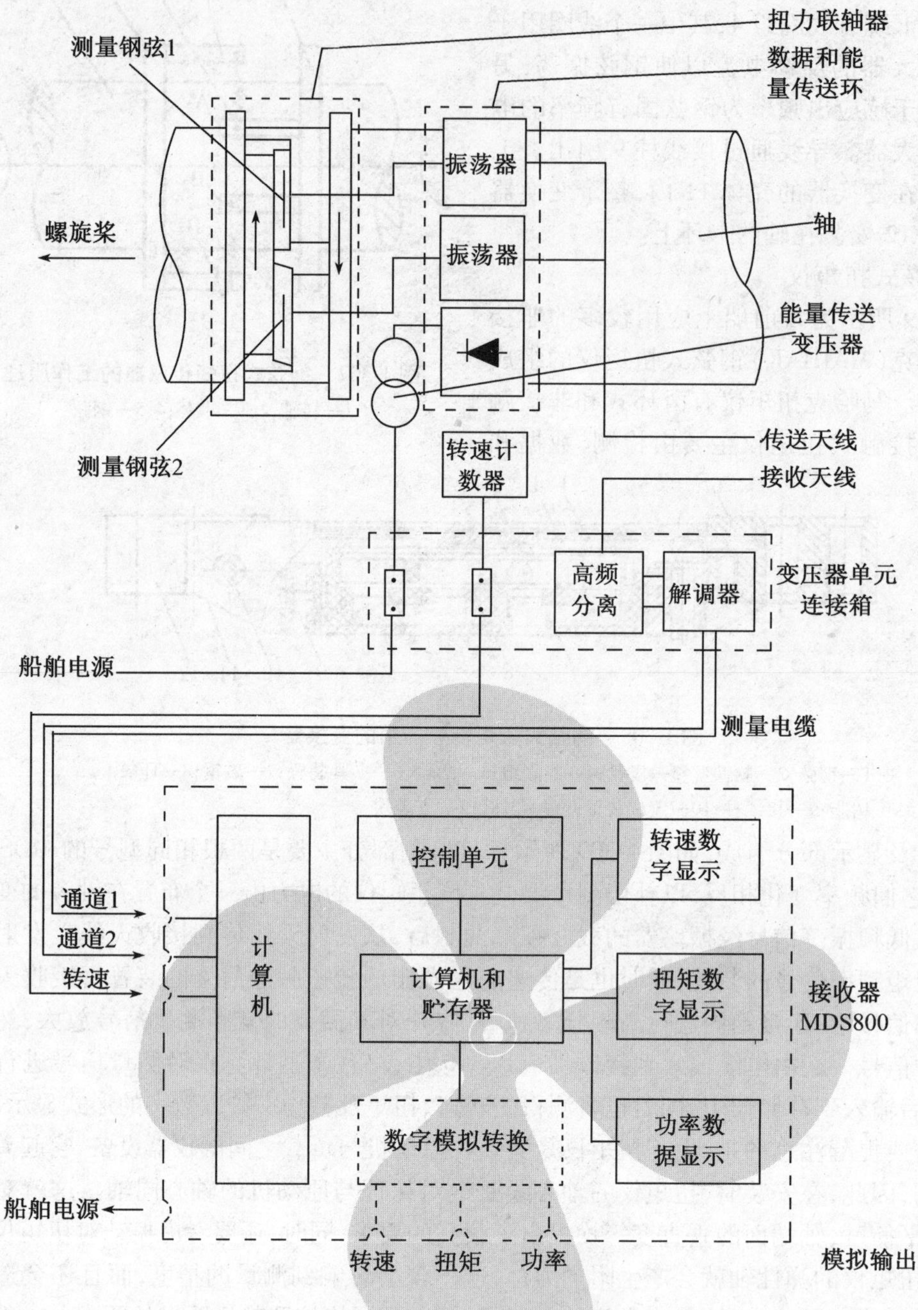

图 1-309 非接触式马哈克钢弦式扭矩仪的组成及工作流程

可见，只要测得发动机输出轴的转速和扭矩即可得到发动机的有效功率。在船舶轮机工程中，测量扭矩和转速的主要目的是为了计算发动机的有效功率。

测量发动机有效功率的设备或装置称为测功器，分为吸收式和传递式两大类。

1. 吸收式测功器

吸收式测功器是指在吸收(消耗)掉发动机所发出功率的同时测量出功率大小的测功器。当然，利用吸收式测功器测量了发动机的功率后，再根据发动机输出轴的转速也可获得发动机输出轴的扭矩值,这种扭矩的测量方式被称为吸收式扭矩测量。常用的吸收式测功器有:水力测功器(把发动机的功率消耗于水使其发热)、电力测功器(把发动机的功率消耗于负荷电阻)和电涡流测功器(把发动机的功率消耗于涡流环使其发热)。

(1)水力测功器

水力测功器的主体为水力制动器,制动器由转子和外壳组成。水力测功器工作时,利用物体在水中运动所受到的阻力来对输出功率的动力机械施加反扭矩,从而吸收功率。在水力测功器中,发动机的输出功率经水分子间相互摩擦变成热量而消耗掉。摩擦所产生的热则导致水温的升高,如果水温过高,就会在水中产生气泡,这样就会使测功器工作不稳定,因此,一般排水温度要限制在 50 ~ 70 ℃。

水力测功器具有结构简单、工作可靠、价格便宜、功率储备大、使用方便等特点。但是,由于水力测功器在低速时所吸收的功率与转速的三次方成正比,因此,当发动机的转速较低时,其制动力矩也比较小,这是水力测功器的缺点。通常,为了测量较低转速的发动机的输出功率,往往选用的水力测功器的最大吸收功率要远远大于发动机的额定功率。

(2)电力测功器

电力测功器既可当做发电机,用于吸收发动机的输出功率以完成对其输出功率的测量;又可作为电动机,用于驱动发动机。当电力测功器用于功率测量时,直流电力测功器的转子随同发动机一起旋转,电枢绕组切割定子绕组所组成的磁场,在电枢绕组中产生相应的感应电势和感应电流,即将发动机所发出的动能转变为发电机的电能,该电能一般通过电路中的负载电阻而消耗掉。当电力测功器作为电动机使用时,电枢绕组有电流流过,此时,它在磁场中将受到电磁力的作用而转动,产生驱动力矩,带动发动机运行。

电力测功器分为交流与直流两种。交流电力测功器可以将测功器发出的电能回收而加以利用,因此常用于大功率发动机的长时间实验(如耐久实验);而直流电力测功器则由于结构方面的限制,其功率容量均较小,只能满足中、小功率发动机实验,并且,在一般情况下,测功器发出的电能都消耗在其负载电阻上而不加以利用。

与水力测功器相比,电力测功器有许多优点,特别是在低速时,其制动力矩与转速的平方成正比,因此,在低速运行时也有较大的制动力矩,故而测量精度较高。另外,它还可以作为电动机倒拖发动机,这对于发动机实验的进行很有必要,因为利用它可进行发动机的冷磨合和启动,并且可以很方便地测定发动机的机械效率。

(3)电涡流测功器

置于交变磁场中的金属内部会感应出闭合电流,这种闭合电流就称为电涡流。电涡流测功器就是利用电涡流的形成吸收动力机械的输出功率。

电涡流测功器主要是由定子磁轭、感应子、涡流环和激磁线圈等组成。电涡流测功器产生制动力的原理是:当激磁线圈通以直流电时,磁力线便由感应子、空气间隙、涡流环、定子磁轭等形成闭合回路。在磁力线回路中,磁轭和感应子均由高导磁材料制成,而涡流环由高导磁低电阻值的材料制成,其磁阻和电阻均很小,因此整个磁路中磁阻的大小主要取决于空气间隙的厚度变化。感应子的外圆制成凹凸齿状,在齿顶处的空气间隙很小,其磁通密度就很大;而齿槽处的空气间隙较大,其磁通密度就很小。当感应子旋转时,由于磁阻的变化,使穿过涡流环的磁通密度不断地增减,于是就在涡流环的表面产生了强烈的电涡流,在此过程中电能就被转化为热能,因此,也就必须对涡流环进行冷却。

电涡流测功器具有结构简单、控制方便、测量精度高、有很宽的转速范围和功率范围等特点,并且只用很少的电能就可以控制较大的制动力矩,其消耗的功率仅占制动功率的0.5%～1%,因此不仅可供发动机作为测功设备,并且能满足燃气轮机的测功要求。电涡流测功器的工作转速范围在1 000～25 000 r/min,最大制动功率可达数兆瓦(MW),并且很容易实现自动控制。但是,电涡流测功器只能吸收原动机的功率使其全部转化为热能,而不能发出电力,也不能作为电动机以驱动发动机工作。

2. 传递式测功器

传递式测功器是指在不影响发动机正常运行的情况下完成对其输出功率测量的测功器。这种方式的功率测量是利用对发动机输出轴的扭矩测量和转速测量来完成的。这时的扭矩测量就要由前述的扭矩仪或扭矩传感器来进行,由于它们并不吸收发动机输出的功率,所以也称为传递式扭矩测量。很明显,吸收式测功器一般只用于发动机的试验或台架测试,而对于实际运行中的发动机则不能使用。另外,利用吸收式测功器测出的是在某一稳定工况下的平均扭矩,而对于扭矩的变化则不能反映。

在船舶上,对运转的发动机的输出功率测量则只能采用传递式测功器。实船测量运行中的发动机的输出扭矩或扭矩变化必须采用传递式测量方式,即使用扭矩仪或扭矩传感器测量内燃机的输出轴、中间轴(或螺旋桨轴)或特殊联轴节的扭转变形以确定其扭矩值,进而确定发动机所发出的功率。

当然,在发动机的试验或台架测试中,也可以把吸收式测功器只作为负载(吸收发动机所发出的功率),而采用前述的各种扭矩仪或扭矩传感器来测量扭矩。

3. 几种常见测功器的性能比较

测功器的低速制动力矩是评价测功器的一个重要指标。从以上介绍的三种吸收式测功器的低速制动力矩的比较可知,就低速制动性能来说,电涡流测功器最佳,电力测功器次之,水力测功器最差。

表1-21列出了几种常见测功器的一般特性指标,不仅便于对它们进行比较,也可用作选择测功器时的参考。关于测功器的其他性能及详细分析可参阅其他专门资料。

表1-21　常见测功器的一般性能指标

测功器名称	综合结构尺寸	应用功率范围	测量精度	适用转速范围	对安装及操作的要求	成本	低速制动力矩	工作稳定条件	其他说明
水力测功器	中	各种功率	1%～2%	中等转速	安装保养简单,操作方便	低	小	进水压头平稳	
电力测功器	大	中小功率	0.5%～1%	中等转速	安装保养简单,操作方便,调节精细	高	中	电网电压稳定	可以回收能量
电涡流测功器	小	各种功率	2%(普通级) 0.5%～1%(精密级)	中高转速	冷却水和转子轴承精度等级要求高,精细保养	高	大	电网电压稳定	易于实现自动控制
各种扭矩仪	最小	各种功率	1%～2%	各种转速	安装要求高,否则引起附加力矩	较高			不吸收功率,用于现场运行时测量

三、振动的检测及设备

在机械工程领域,振动是常见的一种物理现象。一般来说,只要机械设备处于工作状态,便伴随着振动现象,尤其是在船舶轮机工程当中更是如此。振动不仅会引起机械设备的损坏、降低设备的精度及效率外,还会对人体及其周围环境造成危害。所以,对机械设备的振动进行检测具有十分重要的意义。本部分主要介绍船舶轮机工程中的振动检测的目的和内容以及常用的振动检测方法和检测设备。

(一)振动检测的目的、内容及分类

1. 振动检测的目的和内容

各种机械设备、组成它们的零部件以及安装它们的基础,都可认为是一个弹性系统。在一定条件下,弹性系统会在其平衡位置附近作来回的往复运动,这种每隔一定时间的往复性机械运动,就称为机械振动。

在许多情况下,机械振动是有害的。它影响机械的工作特性和寿命,产生不利于工作条件的噪声和有损于建筑物的动载荷,严重时使零部件失效甚至产生破坏而造成事故。因此,对于大多数机械设备,应尽量减小振动的影响,将振动量控制在允许的范围内。

在另外一些情况下,机械设备却又利用振动来完成各项工作。比如在建筑工程中利用振动制成各种混凝土捣实机械,在道路工程中利用振动制成振动压路机,在矿山工程中利用振动制成选分用的振动筛分机等。为使这些机械保持良好的工作性能,必须正确地选用振动参数。

在船舶轮机中,对船舶柴油机进行振动检测的目的是:(1)测定振动的量级,检验柴油机的振动量级是否符合有关标准的要求。(2)确定振型、节点和阶次等。(3)通过对振动的测量与分析来寻找振源,以采取有效的减振和隔振措施。(4)利用振动测量技术对柴油机的运行状况进行监测,以实现早期故障预测和诊断。一般来说,对机械设备振动的检测内容主要分为两项,一项是检测振动的强度,即检测振动的位移、速度、加速度的大小;另一项是检测振动的特征,即检测振动的频谱特性、相位特性等。

机械振动的检测内容及参数的选择是根据振动检测的目的而定的。如果振动检测的目的在于研究结构的强度或分析振型,通常是测定振动的位移,比如柴油机某部位的变形量可能就与该部位的振动位移有关;如果研究阻尼系数或人体对振动的敏感程度,通常是测量振动的速度;如果是为了确定振动对某部位的初载荷与力的关系、机械疲劳、冲击及力的传递等,通常是测量振动加速度;而在分析和确定振源及进行故障预测与诊断时,还必须对振动进行频谱分析。船舶柴油机的振动检测通常是在其标定工况下进行。当在柴油机运行转速范围内包含由共振转速时,还必须在共振转速下进行振动测量。测量共振时,转速的变化不能太快,以避免共振尚未充分形成就已完成了振动测量,影响每个测点的测量结果;当然也不能太慢,不能让柴油机在共振转速下运行时间过长。

2. 振动测量的分类

振动测量主要是指振动的位移、速度和加速度的测量。当主要研究振动对机械加工精度的影响时,就必须测量振动的位移幅值大小;当研究振动所引起的声辐射大小时,则需要测量振动的速度而不是位移;当需要考虑机械损伤时,由振动产生的力是重要因素,而一定质量的物体的加速度与作用在它上面的力成正比,所以此时主要是测量加速度。

由于位移、速度和加速度这三个物理量之间存在着固定的导数关系,原则上讲,根据其中任何一个物理量都可以通过数学方法或电路处理方法获得其他两个物理量,也就是说,只要用

一种传感器测出位移、速度和加速度这三个物理量中的任何一个，其他两个物理量便可以通过微分或积分获得。

通常，振动测量可分为两大类，一类是对被测机械结构进行实时的测量和分析，另一类是利用激振设备对被测机械结构激振，然后测量机械结构对振动的响应。振动的实时的测量是应用传感器将振动的量值(位移、速度或加速度)转换成电量，然后再利用振动测量电路进行测量，而振动的响应测量通常是应用机械阻抗测试仪进行测量。

(二)振动测量传感器

1. 测振用传感器的类型

测量振动用的传感器，又称拾振器。测振用传感器按其是否与被测物体相接触，分为接触式和非接触式两种。测振用传感器根据其测量的参数不同，分别称为位移计、速度计和加速度计。测振用传感器按其工作原理，分为机械式、光学式和电气式三种。

按照振动参量(位移、速度和加速度)变换为电参量的原理不同，测振传感器可分为电感式、电涡流式、磁电式、压电式、电阻应变式及电容式等类型。

按照振动参量(位移、速度和加速度)变换为电参量的原理不同，测振传感器可分为电感式、磁电式、压电式、电阻应变式及电容式等类型。其中，由于压电式加速度计特别小也特别轻，并且可供选择的规格、型号也很多，所以在工程实际中得到了普遍应用。根据测试的参考坐标，测振用传感器可又分为相对式测振传感器和绝对式测振传感器两类。

相对式测振传感器有两个相对运动的部分，一个固定在相对静止的物体上，作为参考点，另一个用弹簧压紧在振动物体上，将振动直接刻画在记录纸上或者转换成电量输送给测振仪，如图 1-310 所示。相对式测振传感器又分接触式和非接触式两种，接触式测振传感器有电感式位移传感器、磁电式速度传感器等；而非接触式测振传感器有电涡流式位移传感器、闪光测振仪等。

图 1-310　相对式测振传感器

1—壳体；2—活动部分；3—变换器；4—被测振体；5—弹簧

在用接触式测振传感器测量时(参见图 1-310)，活动部分的顶杆压在被测物体上，使弹簧产生一定的变形和压力。在被测物体的振动力和弹簧的反力的作用下，顶杆跟随被测物体一起运动，这种运动参量通过机电变换器变成电参量。其关键是顶杆能否正确地传递被测振动，特别是能否跟随得上被测运动。理论分析表明，顶杆的跟随条件由被测振动的频率、振幅及传感器活动部分的固有频率所决定的。当固有频率一定、弹簧的初压缩量和被测振幅也限定时，被测振动的频率将受到限制。如果在使用中弹簧的压缩量不够大，或者被测物体的振动频率过高，则不能满足跟随条件，顶杆与被测物体将发生撞击。因此，此类传感器只能在一定的频率和振幅范围内工作。

绝对式测振传感器通常是一个由质量块、弹簧所组成的惯性系统，因而又称惯性式测振传感器，如图 1-311 所示。整个传感器装在被测物体上，由于惯性力、弹簧力和阻尼力的组合作用而使质量块对壳体做相对运动，以反映被测振动的规律。在各类测振用的传感器中，电涡流式位移计、磁电式速度计、压电式和应变式加速度计在工程应用中使用的最为广泛。下面介绍几种船舶轮机中常见的测振传感器。

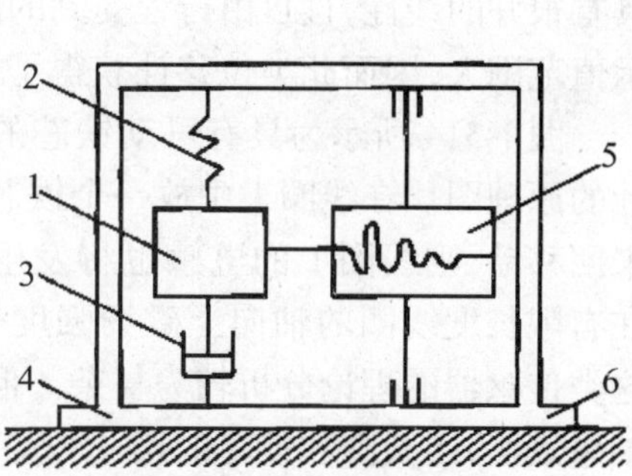

图 1-311　绝对式测振传感器

1—质量块；2—弹簧；3—阻尼器；4—壳体；5—变换器；6—被测振体

2. 电感式位移传感器

为了能有效地对振动的位移进行测量，往往对测量振动位移的系统提出以下要求：①具有较高的分辨率、测量精度和动态响应特性；②可以实现非接触式测量以避免对被测系统运动的干扰；③能实现电测量，以便于使用计算机对数据进行采集和处理。目前，工程上常用的测量振动位移的工具通常为电感式、差动变压器式、电容式及电涡流式位移传感器。

电感式位移计的工作原理是将被测位移量变换成电路中电感量的变化。电路中的电感常用线圈和铁芯构成，根据其原理的不同可分为具有可变气隙的电感式位移计和具有可动铁芯的电感式位移计两种。

由物理学可知，一个线圈的电感 L 的大小与磁路气隙的长度 l_0 成反比，与气隙的断面面积 A_0 成正比。由此，具有可变气隙的电感式位移计也有两种形式：改变磁路气隙长度的电感式位移计和改变磁路气隙断面面积的电感式位移计。

图 1-312 所示为改变磁路气隙长度的电感式位移计的原理图。如果被测物体 5 通过测杆 4 使衔铁 3 移动 Δl_0，即气隙长度由 l_0 变为 $l_0+\Delta l_0$，则线圈 1 的电感量也将发生变化，由 L 变为 $L+\Delta L$，经理论分析推导可知：线圈 1 电感量的相对变化量 $\Delta L/L$ 取决于气隙长度的相对变化量 $\Delta l_0/l_0$，但不成线性，有较大的非线性误差。只有当气隙长度的相对变化量 $\Delta l_0/l_0$ 远远小于 1，即 $\Delta l_0/l_0 \ll 1$ 时，电感相对变化率 $\Delta L/L$ 才与气隙长度的相对变化量 $\Delta l_0/l_0$ 近似地呈线性关系，这就限制了其量值范围，因此，此种位移计只适用于微小位移的测量。如果将其改成差动的形式，其线性也将得到改善。

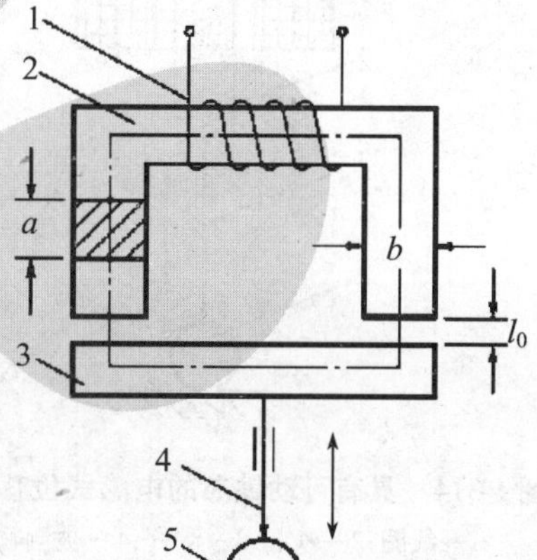

图 1-312　改变磁路气隙长度的电感式位移计原理

1—线圈；2—铁芯；3—衔铁；4—测杆；5—被测物体

图 1-313 所示为改变磁路气隙断面面积的电感式位移计的原理图，其组成与上述的一样，不同的是被测物体 5 位移时，通过测杆 4 会使磁路气隙的断面面积发生改变。如果气隙长度 l_0 不变，气隙断面面积的变化量为 ΔA_0，则经理论分析推导可知：在线圈匝数 N 和气隙长度 l_0 一定时，线圈 1 电感量的变化量 ΔL 与气隙面积的变化量 ΔA_0 成正比。这种位移计与上述的相比，

具有很好的线性，且自由行程受到的限制小，所以示值范围大，因而此类位移计获得了广泛的应用。

图 1-314 所示为具有可动铁芯的电感式位移计的原理图。在线圈 1 中放一个铁芯 2，若铁芯 2 来回移动，则线圈 1 的电感也将发生变化。由于在有限长度线圈的轴向上磁场强度分布不均匀，这类传感器的理论分析较为复杂。但理论分析的结果表明，当线圈和铁芯的尺寸一定时，电感的相对变化量与铁芯伸入长度的相对变化量近似地呈线性关系，但存在着非线性误差。为了改善这种位移计，通常制成两个线圈 1、2 和一个铁芯 3，如图 1-315 所示，铁芯 3 在两个线圈中运动，如果铁芯 3 向线圈 2 推进 Δl_0，则线圈 1 中铁芯长度减小 Δl_0，两个线圈的电感变化量相等但符号相反。若将其接成差动电路，则电感的总变化量为单个线圈的两倍。由于它们的非线性影响是一样的，差接后将得到相互补偿。根据这一原理制成的位移计有好几种，但基本结构可分为轴向和旁向两类。轴向电感式位移计，其测杆的位移直接使活动铁芯运动；而旁向电感式位移计，其测杆的位移则通过杠杆使活动铁芯运动。这类位移计的自由行程较可变气隙位移计大，而且结构简单、安装容易；其缺点是灵敏度较低。

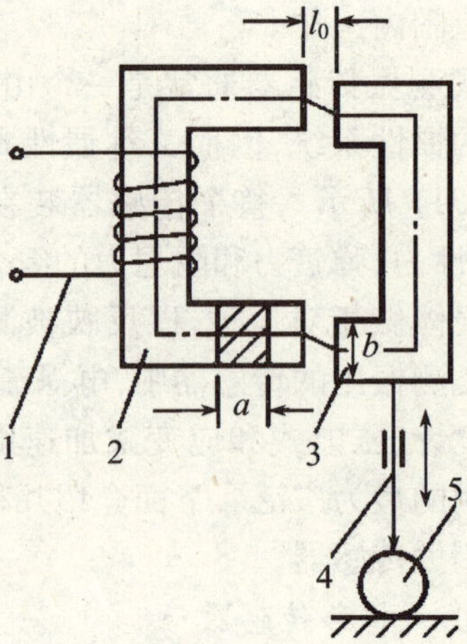

图 1-313　改变磁路气隙断面面积的电感式位移计原理

1—线圈；2—铁芯；3—衔铁；4—测杆；5—被测物体

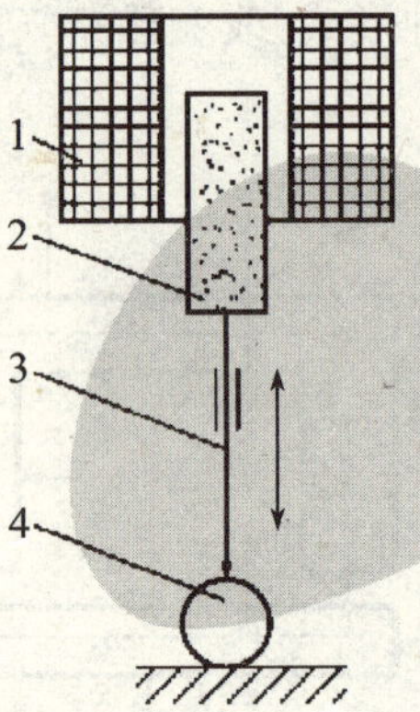

图 1-314　具有可动铁芯的电感式位移计原理

1—线圈；2—铁芯；3—测杆；4—被测物体

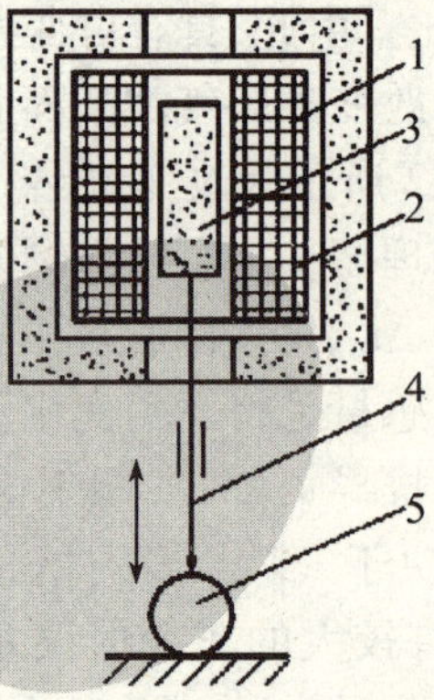

图 1-315　差动式位移计原理

1、2—线圈；3—铁芯；4—测杆；5—被测物体

3. 压电式加速度传感器

测量振动物体加速度的传感器，目前广泛使用的是应变式的和压电式的加速度传感器。特别是压电式加速度传感器，由于其体积特别小也特别轻，并且可供选择的规格、型号也很多，所以在工程实际中得到了普遍应用。

(1)压电效应

压电式加速度传感器也称为压电晶体加速度传感器，它是以某些晶体物质的压电效应为基础而制成的。具有压电效应的晶体物质很多，天然的有石英、电气石等，人工的有酒石酸钾钠、磷酸铵等某些盐类，近年来还制成了多晶陶瓷，比如钛酸钡、锆钛酸铅等。下面以石英晶体为例来说明压电现象。

石英晶体为六边体系，棱柱为其基本组织，它有三根主轴线：纵轴线称为光轴，穿过棱柱棱角并垂直于光轴的轴线称为电轴，垂直于棱面的轴线称为机械轴。将石英晶体切割出一个平行六面体，使它的晶面分别平行于电轴（x 轴）、机械轴（y 轴）和光轴（z 轴）。实验表明，当沿 x 轴方向施加力的作用时，受力表面将产生电荷，电荷的极性与所施加的力的方向有关（力的方向相反则产生的电荷的极性也相反），这称为纵向压电效应，如图 1-316（a）所示。当沿 y 轴方向施加力的作用时，仍在与 x 轴垂直的面上产生电荷，电荷的极性同样与作用力的方向有关，这称为横向压电效应，如图 1-316（b）所示。当沿 z 轴方向施加力的作用时，不论力的大小和方向如何，均不产生电荷。

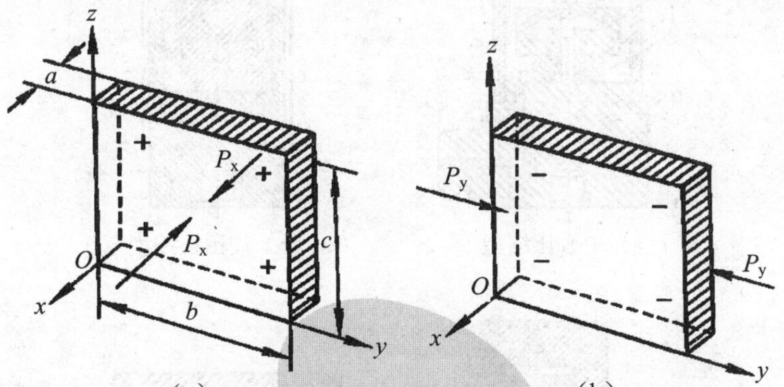

图 1-316　石英晶体的压电效应

在外力的作用下，晶面产生电荷的多少常用极化强度来表示。极化强度是指压电晶体片表面上的电荷密度。极化强度与晶体的变形成正比，在弹性范围内也就与表面压强成正比。理论分析表明，纵向压电效应使晶面产生的电荷量与外力的大小成正比，而与晶体的尺寸无关。而横向压电效应使晶面产生的电荷量不但与作用力的大小有关，而且还与晶体的尺寸有关，但是，当晶体的尺寸确定后，它也与外力的大小成正比。也就是说，对于同一外力、同一尺寸的晶片，当从不同的方向施加力的作用时，其产生的电荷值的大小是不一样的，因而它的输出灵敏度也将是不一样的。

在压电晶体制成的传感器中，晶体片产生电荷的两面各放有一个极板，当晶体片受力时，一个极板上聚集正电荷，另一个极板为负电荷。由于晶体片是绝缘的，因而它就相当于一个电容器，两极板之间呈现电压。当压电晶体确定后，这个极板间的电压的大小也与外力成正比。这样，压电晶体制成的传感器就可以有电荷和电压两种输出，放大器相应地分为电压放大器和电荷放大器，传感器的灵敏度也因此有单位作用力的电荷输出和单位作用力的电压输出两种表示形式，分别称为电荷灵敏度和电压灵敏度，两者的关系通过其电容量联系起来。

为了提高传感器的输出灵敏度，通常将两片以上的晶体片叠合起来使用。根据输出的要求，晶体片的连接有如图 1-317（a）所示的并联和如图 1-317（b）所示的串联两种方式。并联接法的输出电荷量增大，故常以电荷输出，同时由于电容量也增大了，时间常数也将增大，所以适用于测量慢变信号。而串联接法的输出电压量增大，故常以电压输出，同时又因电容量减小了，时间常数也将减小，所以适用于测量迅变信号。

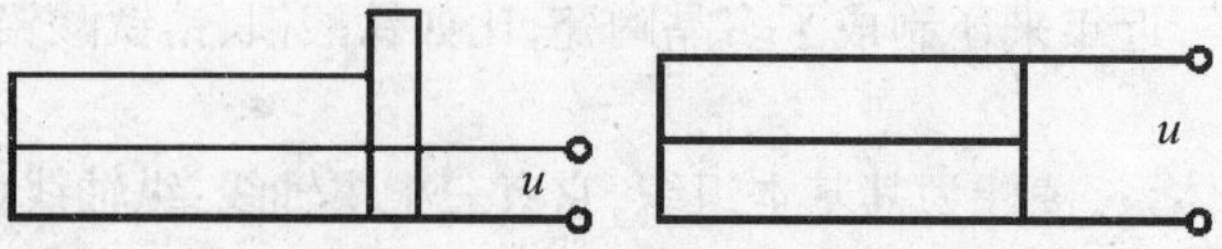

（a）并联　（b）串联

图 1-317　两片晶体片的连接方式

(2)基本结构和工作原理

有些压电材料不但存在着纵向压电效应和横向压电效应,而且还存在着体积压电效应和剪切压电效应,利用这些压电效应可制成中心压缩型、周围压缩型、剪切型和弯曲型等不同类

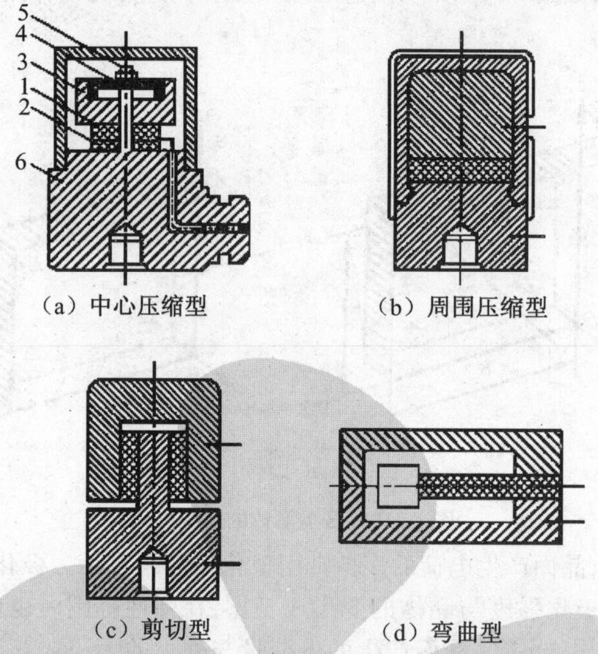

（a）中心压缩型　（b）周围压缩型

（c）剪切型　（d）弯曲型

图 1-318　压电式加速度传感器的几种类型

1—晶体片;2—铜盘;3—质量块;4—硬弹簧;5—紧螺母;6—底座

型的加速度传感器,如图 1-318 所示。下面以图 1-318(a)所示的中心压缩型的压电式加速度传感器为例,说明其结构和工作原理。两晶体片 1 并联连接,中间有铜盘 2。质量块 3 用锁紧螺母 5 压紧在晶体片 1 上。为了防止在测量过程中质量块 3 脱开晶片 1,必须给硬弹簧 4 以一定的预压力。整个组件安装在底座 6 上,底座 6 上开有螺孔或者装有永久磁铁,用以固定传感器。压电式加速度传感器没有专门的阻尼器,而空气的阻尼系数又很小,所以系统的衰减系数 β 几乎为零($\beta = 0.01 \sim 0.04$)。从相频特性曲线可知,其相位差几乎为零,所以在测量过程中不会因相位差而使传感器响应值发生畸变。但是,从加速度幅频特性的分析可知,为了保证在测量过程中质量块的位移与加速度一直成正比,且比例常数不随频率而改变,频率比应取得小一点。同时,为使传感器的使用频率上限高一些,应尽可能地提高系统的固有频率,即采用刚度较高的弹簧。若满足上述条件,当压电常数、晶片刚度和系统的自振频率一定时,压电晶体加速度传感器所产生的电荷与被测物体的加速度成正比。

(3)性能特点

压电式加速度传感器的优点是尺寸小、重量轻、坚固性好,测量的频率范围一般可达 0 ~

50 kHz，测振动时的加速度范围为 0 ~ 5 000 g，温度范围为 -150 ~ 650 ℃，输出电压为 5 ~ 70 mV/g。压电式加速度传感器的缺点是低频性能差、阻抗高、测量噪声大，特别是用它测量后计算位移时，经过两次积分后会使信号减弱，噪声和干扰的影响相当大。

（三）常用的振动测量仪器

一个物件或结构的机械振动需要若干个仪器和设备联合起来组成一个系统来进行测量和分析，称为振动检测系统。习惯上，将振动检测系统中的仪器和设备分为两大类，即基本仪器和辅助仪器。基本仪器是指直接测量机械振动各特征参数的专用仪器，也就是前面介绍的各种测振用传感器，也称为拾振器。除此之外，振动检测系统中的其他仪器和设备则都是辅助仪器，也称为振动测量的通用仪器，用于协助基本仪器完成振动的测量和分析，包括传感器输出信号的放大与处理、所需特征参数的提取、组合波的频谱分析以及信号数据的记录、整理、分析等，常用的有：放大器、测振仪、频谱分析仪、滤波器、相位计、变换器、激振器和记录仪等。

1. 测振用放大器

测振用传感器分为电参量型和发电型两大类，其测量电路也就有相应的两种类型。电参量型测振传感器的输出信号是电阻、电感或电容的变化，通常使用调制放大器进行放大，而后送入记录和分析仪器。发电型测振传感器的输出信号是电势或电荷的变化，可以直接利用电压放大器和电荷放大器进行放大，并常配有微积分电路进行微分或积分运算。

常用的测振放大器有微积分放大器、电压放大器、电荷放大器、应变仪和差动变压放大器。

(1)微积分放大器

磁电式速度传感器的输出电势与振动速度成正比，为了获得位移信号，必须进行积分运算，而为了获得加速度信号，必须进行微分运算。压电式加速度传感器产生的电荷与振动加速度成正比，为了获得速度信号，必须进行一次积分，而为了获得位移信号，必须进行两次积分。因此，微积分放大器是振动测量的重要组成部分。

一般的微积分放大器是由输入衰减器、输入放大级、微积分运算级、功率放大级及输出衰减器组成，同时配有稳压电源和标定振荡器等附属电路。微积分电路分为无源和有源两种。

(2)电压放大器

电压放大器的功用是放大压电式加速度传感器的微弱输出信号，把传感器的高输出阻抗转换成较低的值。将压电式加速度传感器的输出电荷送入电压放大器，则电压放大器的输出电压与传感器所产生的电荷成正比。理论分析表明，对于一定的电压放大器，被测振动的频率越高，则测量误差越小，反之则越大。因此，在使用时应注意电压放大器的下限频率范围。同样，输入电阻越大，则低频特性越好。

一般来说，将传感器的输出电荷送入电压放大器的电缆，其电容量及其变化对电压放大器的输出电压影响较大。而电缆的电容量与导线的种类和长度有关，并且在测量过程中容易变化，这样就会导致非线性误差。因此，在使用电压放大器时，为了保证足够的测量精度，用尽可能选用短导线和低噪声的电缆，以避免其分布电容的变化。

(3)电荷放大器

电荷放大器是一个具有电容负反馈的、输入阻抗极高的高增益运算放大器。将压电式加速度传感器的输出电压送入电荷放大器，则电荷放大器的输出电压与传感器的输出电压有关（非线性关系）；当放大器是高增益时，若放大器内的反馈电容量一定，则电荷放大器的输出电压与传感器所产生的电荷成正比。

与电压放大器相比，由于电荷放大器的输出电压与输入电路的电容无关，导线分布电容的变化不会影响到测量结果，因此在测量和标定时，对所使用的导线长短和型号的要求均不高。有由于放大器内的反馈电容量可做的很准确，因此其测量精度比较高。

但是，由于电荷放大器的输出电压与输入电荷成正比的前提条件是放大器的放大倍数要足够大，这就使得电路比较复杂。从这以点来看，电压放大器具有结构简单、价格便宜的优点。

2. 测振仪

在振动测量中，振动加速度、速度或位移信号的峰值、平均值及有效值是振动分析中重要的物理量，而这些物理量的测取通常是在所谓的测振仪中完成的。

在实际工程中，通常是采用测振传感器（拾振器）来拾取物体的振动，其输出信号经放大器处理后，再送入测振仪进行信号的转换、分析和运算，提取所需要的物理量值，其结果输出则通过面板仪表显示或送入记录仪，从而就可以直接读出位移、速度、加速度等振动量的峰值、峰—峰值、平均值或均方根值等。测振仪有台式、袖珍式、便携式、数字式等多种形式，同时也还有单通道、多通道等各种规格。

测振仪的核心部分是由配有不同形式检波电路的交流电压测量电路组成，它可以分别检测振动信号的峰值、平均值或有效值。

在使用便携式测振仪做振幅测量时要注意，由于仪表的指示刻度值通常是以简谐波为基准而确定的，对于非简谐波（比如矩形波、三角波等）来说，得到的读数需要加以修正，具体的修正数据及修正方法可参考各自仪器的使用手册。

3. 频谱分析仪

工程中的振动问题十分复杂，经常会遇到多种频率叠加的振动波，它们会同时被振动传感器检测到，而上述的测振仪无法从中确定出各个波的频率及幅值，这时就需要使用专门对信号频率分布作处理的频谱分析仪。

一个由传感器测得并转换成电信号的振动波形信号，在电子示波器（或其他类型的记录仪）上显示时，通常是以时间作为横轴、振动幅值作为纵轴的，这其实是站在时域的角度来观看该波形的，称之为信号的时域分析。在振动的测量与分析中，可能更需要知道的是一个复杂的振动信号究竟是由哪几种频率的振动波叠加而成的，以及各振动波的幅值是多大，以便于分析判断振动产生的原因。但是，时域分析是无法提供以上信息的，若要把一个信号的频率成分分析出来，就必须使用频域分析法。

时域分析与频域分析其实是对同一客观物理现象的不同角度的观察和分析。振动信号的频谱分析，可以用带通滤波器、频率分析仪或信号处理设备完成。随着计算机技术的发展和各种数字信号处理软件的开发，用数字方法处理振动测量的信号已日益广泛地被采用，所以，目前很多振动测量信号的频谱分析都是通过 A/D 接口及分析处理软件在计算机上进行的。

四、排放物的检测及设备

运行中的船舶柴油机向大气排放的烟气中所含有的固体、液体微粒以及有害的气体成分，不仅会造成大气污染，也会破坏人类的生存环境，它是产生公害的因素之一。为消灭和降低污染损害，必须对船舶柴油机向大气排放的烟气中所含有的微粒数量及有害气体成分的含量进行检测，以便于采取相应的控制措施。国家标准对船用柴油机在标定工况下稳定运转时的排气烟度有严格规定。

烟气中所含微粒数量的测定称为碳烟测量，习惯上也称为烟度测量；烟气中所含气体成分的测定称为烟气成分分析，习惯上也称为排气成分分析。本部分主要介绍目前船舶轮机中常用的对柴油机所排放的烟气进行检测的主要方法及仪器设备。

(一)烟气成分分析及设备

1. 常用的烟气成分分析方法

柴油机排气中的有害气体成分主要有 CO、NO_x、SO_x、HC 等。排气成分分析的目的在于测定排气中有害气体成分的含量是否符合规定的排放标准。目前,在排气成分分析中多使用仪表分析法。这种分析法有较高的灵敏度和良好的选择性,并且测量范围适中,能进行高、低浓度的精确分析,而且线性好,反应快,读数稳定可靠,不受干扰等。

当前世界上许多国家都规定了测定排气中有害气体成分的标准测定仪表。比如,采用非分散红外线(NDIR)分析法作为测定 CO 的标准方法;采用氢火焰离子(FID)分析法或加热氢火焰离子(HFID)分析法作为测定 HC 总量的标准方法;采用气相色谱(GC)分析法作为测定 HC 分量的标准方法;采用化学发光(CLD)分析法作为测定 NO_x 的标准方法等。

(1)非分散红外线(NDIR)分析法

NDIR 是英文 Nondispersive Infrared Analyzer 的简称,是目前测定 CO 的最好方法。其测量上限为 100%,下限可进行微量级(ppm)甚至痕量级(ppb)分析。它采用连续取样系统,能连续观察随柴油机运转条件变化而引起的排气成分的变化。NDIR 的工作原理是基于某些待测气体对特定波长的红外辐射能的吸收程度来测定它的浓度的。NDIR 分析法还可用来测定 CO_2 和 HC 的浓度,也能分析 NO,但测量精度远不及测定 CO 时的精度。

NDIR 分析仪要求气样清洁、干燥、无灰粒和水分、含腐蚀性杂质不大于 0.10 g/m^3,并应保证气样压力、温度和流量符合分析仪的要求。因此,柴油机的排气气样在进入分析仪之前,必须进行冷凝、滤清、干燥及气流热力状态等预处理。

(2)氢火焰离子(FID)分析法

FID 是英文 Flame Ionization Detector 的简称,是目前测定排气中总碳氢化合物(HC)的最有效方法。由于这种分析方法对不同类型的烃没有选择性,所以只能测定 HC 的总量。

这种分析方法所使用的氢火焰离子检测器通常由燃烧室组件、离子收集器及测量电路等组成。在测试时须注意保持气样、燃料、空气等流量的恒定。

(3)气相色谱(GC)分析法

气相色谱分析法简称 GC 法(Gas Chromatography),其特点是:具有高灵敏度、高选择性和高分析性能;能分离分配系数很接近的组分;能分析极为复杂的混合物;一般几分钟至几十分钟即可完成一个分析周期;需要的试样少;能分析气体、液体和固体物质等。

气相色谱分析法是目前广泛用于测量排气中每一种碳氧化合物含量的一种方法。

气相色谱仪是一种非连续分析仪器,它使用的气体试样,可把混合物中沸点在 400 ℃以下的各组分(CO_2、H_2、O_2、N_2、CO、SO_2 等)在色谱柱中进行分离、鉴别和定量测定。色谱图是对气样组分进行定量、定性分析的依据。

(4)化学发光(CLD)分析法

CLD 是英文 Chemiluminescent Detector 的简称,是目前测定 NO_x 的最好方法,它具有敏感度高、反应速度快、适于低浓度连续分析等优点。化学发光法近期才用于大气环境监测,目前可用来监测 O_3、SO_2、和 NO_x,其中最有成效的是能够较满意地测定 NO_x。

2. 红外线气体分析仪

(1)红外线气体成分分析的基本原理

波长在 0.75 ~1 000 μm 之间的电磁波称为红外线,这个光谱区间称为红外区。习惯上,将红外区按波长分为 3 个区域：波长在 0.75 ~ 2.5 μm 之间为近红外区，波长在 2.5 ~ 25 μm 之间为中红外区，波长在 25 ~ 1 000 μm 之间为远红外区。光谱的分区如图 1-319 所示。工程

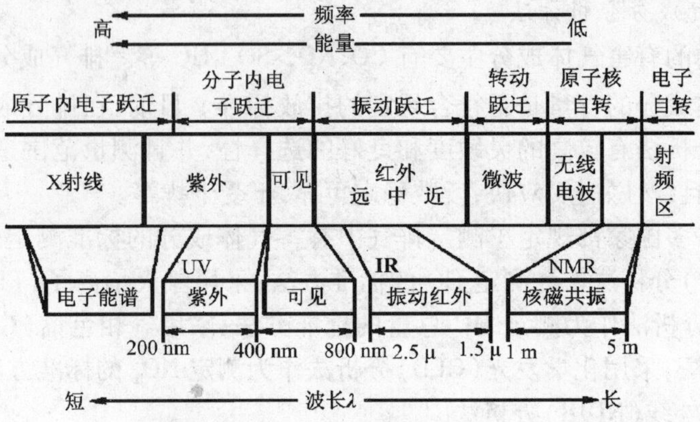

图 1-319　光波谱区及能量跃迁相关图

上使用的红外线其波长大多为 2 ~ 15 μm。由于红外区的电磁波能量较低，不足以使分子产生能级的跃迁，只能引起分子的振动和转动，因此，红外吸收光谱是分子的振动和转动光谱。

检测物体红外线光谱的仪器称为红外探测器。红外探测器可用于非接触式的温度测量、气体成分分析、无损探伤、热像检测、红外遥感以及军事目标的侦察、搜索、跟踪和通信等。

一般来说，除单原子气体（比如 He、Ne、Ar 等）和具有对称结构的无极性双原子气体（比如 O_2、N_2、H_2 等）在红外区不具有特征吸收带外，其他大多数气体都具有吸收特定波长红外线的能力，比如：CO 能吸收 4.5 ~ 5 μm 的红外线；CH_4 能吸收 2.3 μm、3.4 μm 和 7.6 μm 的红外线；NO 能吸收 5.3 μm 的红外线；而 CO_2 对 2.7 μm、4.33 μm 和 14.5 μm 的红外线吸收相当强烈，并具有相当宽的吸收谱。

工程上目前常用的吸收式红外线气体分析仪就是利用这些气体分子对红外光谱范围内的某一个或某一组特定波段辐射的选择性吸收来测量气体的组成成分的。

当波长为 λ 的红外线透过被测气体的样品时，其透射强度 I 与被测气体中特征波长为 λ 的待测组分的浓度 c 之间的关系，可由贝尔定律给出

$$I = I_0 \exp(-K_\lambda cL)$$

式中，I、I_0 分别为透射和入射的红外辐射强度，K_λ 为待测组分对波长为 λ 的红外辐射的吸收系数，c 为待测组分的浓度，L 为红外辐射穿过待测组分的路程长度（即被测气体样品的厚度）。

由此可见，当入射红外辐射强度 I_0 和透过的被测气体样品的厚度 L 一定时，由于对某一种待测组分其对波长为 λ 的红外辐射的吸收系数 K_λ 是常数，因此，通过测量透射红外辐射强度 I 就可以确定被测气体中待测组分的浓度 c。

（2）红外线气体分析仪的组成及工作原理

图 1-320 所示为目前工程上常用的吸收式红外线气体分析仪的组成及工作原理。

测量时，使被测气体连续流过样品室（测量气室 4），而参比气室 8 中则充以对红外线不吸收的气体（比如 N_2）并密封。红外测量光源 2 和参比光源 10 的辐射线分别经过切光片 9、干扰滤光室 3、测量气室 4 或参比气室 8，最后分别到达装有可变电容的检出器 5 的两个接受室，这两个接受室是以动片薄膜分隔的。当测量气室 4 中被测气样的浓度发生变化时，两个接受室所接受的红外辐射能量的差别也随之变化，使得两个接受室的温度变化也不同，则接受室间的

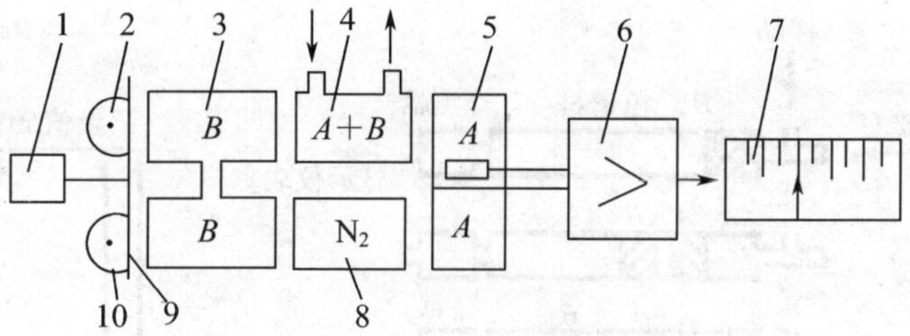

图 1-320　红外线气体分析仪的组成及工作原理

1—同步电动机;2—红外测量光源;3—干扰滤光室;4—测量气室;5—检出器;6—放大器;7—指示记录仪表;8—参比气室;9—切光片;10—参比光源

动片薄膜两边所受的压力就不同,从而使检出器 5 内的电容检测器产生一个电信号,该电信号经放大器 6 放大后,送入指示记录仪表 7,这样,就间接地测量出了被测气体中待分析组分的浓度。

(3)红外线气体分析仪的特点

红外线气体分析仪有如下特点:①操作简便,分析速度快。②样品用量少,且不破坏样品,不使用试剂,不污染环境。③既可用于气体样品的定性,也可得到精度很高的定量结果。④可测量分析多种气体成分,比如 CO、CO_2、CH_4、C_6H_{14}、SO_2 等。⑤分析费用低廉。需要说明的是,对于复杂的未知组分的气体,需要与其他仪器配合才能得到完整的分析结果。

3. 气相色谱分析仪

气相色谱法是一种应用范围很广泛的定性、定量分析方法,不仅用于锅炉与柴油机等的烟气组分分析与监测,还广泛用于石油工业(比如馏分分析)、环境监测(比如大气与水质分析)、临床医学(比如血液、体液分析)以及食品工业(比如添加剂、残留毒物分析)等。

(1)气相色谱分析的基本原理

当一定量的气体样品在纯净载气(称为流动相)的携带下通过具有吸附性能的固体表面,或通过具有溶解性能的液体表面(这些固体和液体称为固定相)时,由于固定相对流动相所携带的气体样品中的各组成成分(组分)的吸附能力或溶解度是不同的,这样,气体样品中的各组分在流动相和固定相中的分配情况也就是不同的,可以用分配系数 K_i 来表示分配情况,即

$$K_i = \frac{\varphi_s}{\varphi_m}$$

式中,φ_s 为组分 i 在固定相中的浓度,φ_m 为组分 i 在流动相中的浓度。

固定相是填充在一定长度的色谱柱中的,流动相与固定相之间做相对运动。虽然各组分由于其分配系数的不同而在固定相中的停滞时间也不一样,但是,若让气体样品中的各组成成分在流动相和固定相中的分配在色谱柱的长度方向反复进行多次,就会使得即使分配系数只有微小差别的组成成分也能产生很大的分离效果,也就是能使不同的组成成分完全分离。分离后的各组成成分按时间的先后次序由流动相带出色谱柱,进入检测器检出,并用记录仪记录下该组成成分的峰形。气体样品的各组分在色谱柱中的分离过程如图 1-321 所示。各组成成分的峰形在时间上的分布图称为色谱图,如图 1-322 所示。

从气体样品进入色谱柱到某组分在检出器上出现峰值的这段时间,称为该组分的保留时间 tR。其实,所谓的分离就是使气体样品中各组分的保留时间不同。各组分的保留时间除了与各组分性质有关外,还取决于色谱柱的长度、固定相的特性以及色谱柱的工作温度、压力和载气的性质、流量等。比如,提高色谱柱的工作温度可使保留时间缩短,这样就能使分析周期

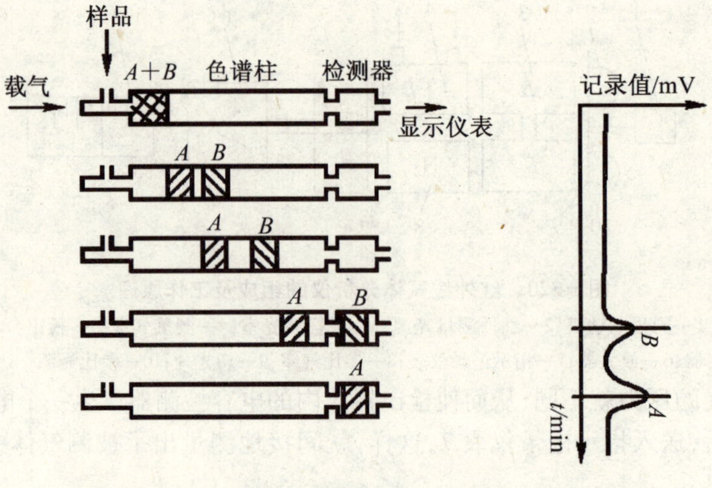

图 1-321　气体样品的各组分在色谱柱中的分离过程

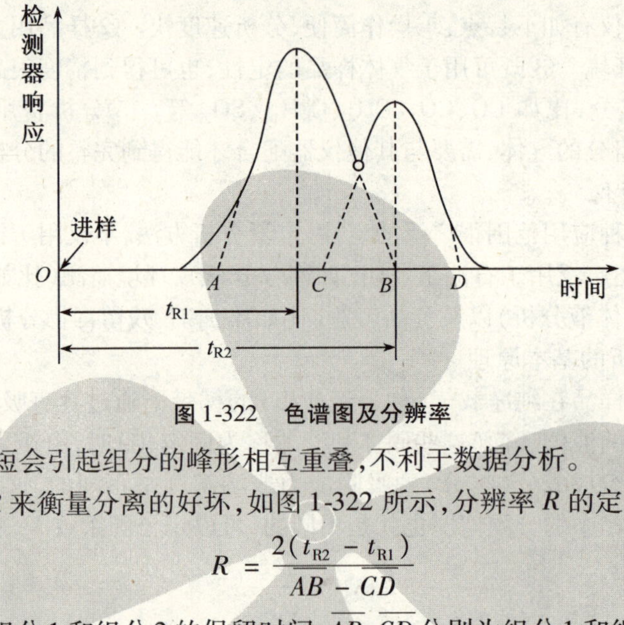

图 1-322　色谱图及分辨率

缩短，但保留时间太短会引起组分的峰形相互重叠，不利于数据分析。

通常用分辨率 R 来衡量分离的好坏，如图 1-322 所示，分辨率 R 的定义为

$$R = \frac{2(t_{R2} - t_{R1})}{AB - CD}$$

式中，t_{R1}、t_{R2} 分别为组分 1 和组分 2 的保留时间，$\overline{AB}$、$\overline{CD}$ 分别为组分 1 和组分 2 的峰宽（即沿色谱峰两侧拐点所作的切线与峰底相交的两点之间的距离）。

各组分的保留时间差别越大、峰宽越狭，则分辨率就越高，也就是所谓的色谱柱分离效能高。载气通过色谱柱的流速对色谱柱的分离效能影响较大，流速过高或过低都会使色谱柱分离效能降低。载气流量由气体转子流量计监测，并由流量控制阀将载气流速控制在最佳流速。

当色谱柱和操作条件确定后，各组分的保留时间是恒定的，因此，可根据保留时间来区分各组分。在进气量较小和恰当选择固定相的情况下，每一组分的流出曲线是对称的，可用正态分布函数来表示，参见图 1-322。因此，当被分析气体的全部组分都出峰及色谱柱与操作条件一定时，就可用色谱峰的面积（或高度）来表示被分析气体各组分的浓度。如果事先在同样的条件下，用浓度与被测组分浓度相近的标准气样及分度检测器确定了各种组分的单位峰面积（或单位峰高）所代表的组分浓度及检测器对各组分的灵敏度，那么就可以根据实测记录下的色谱图来定量分析各组分含量，即

$$\varphi = \frac{A/s}{\sum A_i/s_i} \times 100\%$$

式中，φ、A、s 分别为所分析的气体样品中某组分的含量、峰面积和灵敏度；A_i、s_i 为所分析的气体样品中所有各组分的峰面积与灵敏度。

(2)气相色谱分析仪的组成及工作流程

根据被分析气体样品成分的复杂程度，可采用多种分析及工作流程。当使用一根色谱柱不能使其全部组分都分离时，可使用两根色谱柱，分别充以不同的吸附物质或固定液，分别进行部分组分的分离。图 1-323 所示为气相色谱分析仪的基本组成和工作流程。

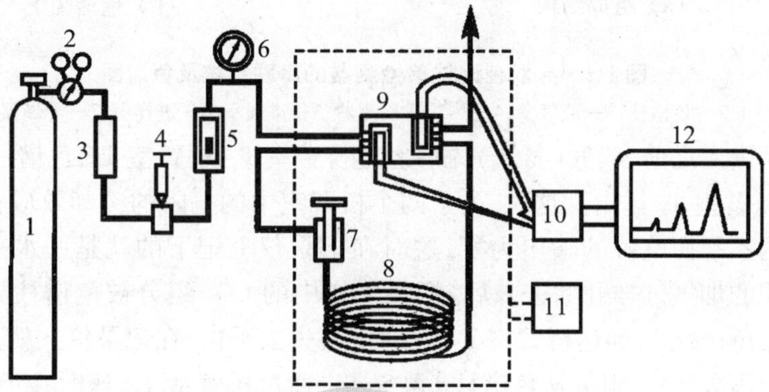

图 1-323　气相色谱分析仪的基本组成和工作流程

1—载气钢瓶；2—减压阀；3—净化干燥管；4—针形阀；5—流量计；6—压力表；7—进样器和气化室；8—色谱柱；9—热导式检测仪；10—放大器和数据处理器；11—温控装置；12—记录仪

①载气系统。载气系统为气相色谱仪提供稳定的流动相。常用的载气系统有氮气、氢气及氩气等。一般来说，储存载气的钢瓶其内压高达 15 MPa，通常需经减压阀降到 50 ~ 400 kPa；另外钢瓶内的气体可能含有微量水分等杂质，应经过净化干燥管除去。

载气系统的气体流程为：钢瓶→减压阀→净化干燥管→针形阀→流量计→压力表。

②进样系统。进样系统包括进样器与气化室，被分析的气体样品通过进样器进入色谱仪。

③分离系统。在分离系统中，被分析气体样品中的各组分被分离。分离系统包括色谱柱、色谱箱。色谱柱置于色谱箱中，色谱箱由温控装置控制在恒定温度，以防止气体样品在色谱柱中冷凝成液体而无法分离。

④检测和记录系统。检测和记录系统包括放大器、数据处理器及记录仪等。

⑤温度控制系统。温度控制系统是气相色谱仪的重要组成部分。温度不仅影响着色谱柱的选择性和分离效果，也影响着检测器的灵敏度和稳定性。所以，色谱柱、检测器和气化室都要进行温度控制。

(3)气相色谱分析仪示例

图 1-324 所示为某一气相色谱分析仪的组成结构及其分析某一烟气样品所得到的色谱图，它是一个双色谱柱、单检测器的串联系统。

图 1-324(a)所示为其组成结构，色谱柱 1 的长度为 0.76 m，充填物为六甲基磷酰胺(HMPA)；色谱柱 2 的长度为 2 m，充填物为活化分子筛。热导式检测器内有四个桥臂室，分别为两个参比桥臂室 T_1、T_2 和两个测量桥臂室 T_3、T_4。

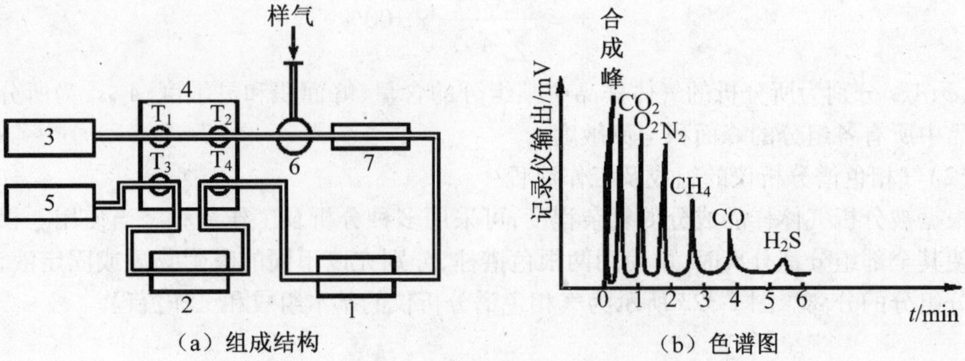

图 1-324　双色谱柱单检测器的串联系统及色谱图

1、2—色谱柱；3—载气室；4—热导式检测器；5—排气室；6—进样室；7—干燥器

在气体样品进入之前，载气（氦气）先后经过桥臂室 T_1、桥臂室 T_2、色谱柱 1、桥臂室 T_3、色谱柱 2，最后经桥臂室 T_4 排出。这时，由于四个桥臂室中的电阻的冷却效应都相等，则由这四个电阻所组成的不平衡电桥的输出为零，这时在记录仪上记下的就是一水平直线，称之为基线。当一定体积的烟气气样开始进入后，烟气气样中的 CO_2 组分被色谱柱 1 所阻滞，而其他组分则一起流出色谱柱 1，到达桥臂室 T_3，这时电桥失去平衡，在记录仪上就会出现一合成峰；这个合成峰过后不久，CO_2 组分从色谱柱 1 中流出，通过桥臂室 T_3，这时在记录仪上就会出现 CO_2 峰；同时，H_2S、O_2、N_2、CH_4 和 CO 都在色谱柱 2 中被分离，并以一定的时间间隔顺序通过桥臂室 T_4，这时在记录仪上就会按相应的顺序出现各组分的峰。所得到的色谱图如图 1-324（b）所示。该仪器的特点是：①它是将气体样品中的各组分进行分离后，分别加以测定，故能对气体样品进行全分析；②分离效能高，分析速度快，灵敏度高；③能分析气体样品中的痕量元素（10^{-6} ~ 10^{-9}）。

（二）烟度测量及设备

1. 常用的烟度测量方法

习惯上，将测量碳烟浓度的仪器、仪表或装置统称为烟度计。烟度计通常是以测量碳烟浓度的方法来进行分类的。

目前，碳烟浓度的测量方法及烟度计主要有以下三种。

（1）滤纸法

这种方法是使用滤纸吸收一定量的排烟，再利用此滤纸的光反射作用进行碳烟浓度的测定。使用这种方法测量碳烟浓度的烟度计，称为滤纸式烟度计。

（2）透光法

这种方法是让部分或全部排烟连续不断地与光接触，通过使用透光计测量其透光度或消光度来测定碳烟浓度。使用这种方法测量碳烟浓度的烟度计，称为透光式烟度计。

（3）重量法

这种方法是测定排烟的流量及从中滤下的碳粒重量，用单位体积烟气中所含的碳粒重量来表示烟度。使用这种方法测量碳烟浓度的烟度计，称为重量式烟度计。

此外，目测比色也是一种常用的方法，它是用肉眼目测排烟的颜色，根据经验或与显示浓度的标准色纸进行比较，从而确定碳烟浓度。

下面介绍几种目前常用的有代表性的烟度计。

2. 滤纸式烟度计

(1)波许式烟度计

波许式(Bosch)烟度计是典型的滤纸式烟度计,现已为许多国家所采用,通常被确定为测量柴油机排烟的标准仪器。

波许式烟度计由采样器(也称采样泵)和检测器(也称检测仪、滤纸反射率计)两部分组成。采样器的作用是从排气中抽取固定容积的排气烟样,并使其通过一定面积的滤纸将其过滤,这样,烟样中所含的炭粒便沉积、吸附在滤纸的表面上,显然,滤纸表面被炭粒染黑的程度与烟样中的碳粒浓度有关。检测器的作用就是利用光的反射来检测滤纸表面被炭粒染黑的程度,因为滤纸表面被炭粒染的越黑则其对光的反射越小,所以,利用反射光检测器检测滤纸表面对一定强度光的反射率,即可反映出滤纸表面被炭粒染黑的程度,也就反映出烟样中的碳粒浓度,故检测器又被称为滤纸反射率计。

图 1-325 所示为波许式烟度计的结构及工作原理简图。图 1-325(a)所示为采样器的结构及工作原理。采样器是一个弹簧泵,其前端带有采样探头,插入排气管(尾气管)的中央吸取一定体积的排气烟样,使其通过一张一定面积的洁白滤纸,排气烟样中的碳烟颗粒积聚在滤纸表面上,使滤纸被污染。用检测器测定滤纸的污染度,该污染度即定义为滤纸烟度,单位为 FSM(也称为波许烟度单位),并规定:全白滤纸的 FSM 值为 0,全黑滤纸的 FSM 值为 10,滤纸的全白至全黑的 FSM 值以 0 ~ 10 均匀分度。

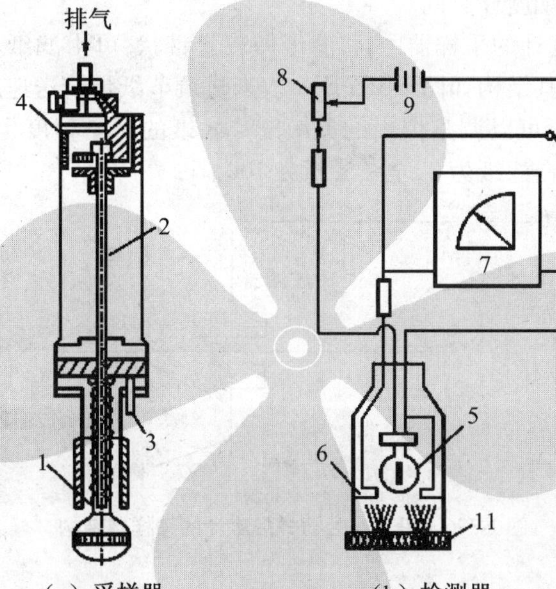

(a) 采样器　　(b) 检测器

图 1-325　波许式烟度计的结构及工作原理

1—活塞弹簧;2—活塞杆;3—空气通孔;4—滤纸托架;5—光源;6—环形光电管;7—指示仪表;8—电位器;9—电池(4.5 V);10—开关;11—被检测的滤纸(已污染滤纸背垫 10 张未污染滤纸)

图 1-325(b)所示为检测器的结构及工作原理。检测器由光电传感器和指示仪表组成,而光电传感器则由光源 5(白炽灯泡)、光电元件 6(环形硒光电池)和电位器 8 等组成。将在采样器中得到的被碳烟污染的滤纸 11 正对着检测器中的光电传感器,在光电传感器中,光源 5 发出的光被滤纸 11 反射,而环状的光电元件 6 则接受该反射光,并产生电流送出至指示仪表

7。指示仪表其实为电流表,但其刻度为滤纸烟度,光电管输出的光电流使其指针动作指示出滤纸烟度值。指示仪表的刻度标志为0～10,依光电流线性刻度,0为全白滤纸,10为全黑滤纸。显然,当滤纸的污染程度较重时,反射的光量较小,指针向满刻度“10”方向偏移;当滤纸的污染度程度较低时,指针就向最小刻度“0”方向偏移。电位器用来调节电源以控制光源亮度。测量时,应在已经取样的滤纸下面垫上10张未被污染的全白滤纸,以消除工作台的背景误差。指示仪表的刻度应定期采用全白、全黑或其他标准色度的滤纸进行校正。

滤纸式烟度计具有校正用的标准纸,将校正用的标准纸正对着检测器中的光电传感器,然后用指示仪表上的指针调整旋钮调节指针位置,使其指示值与校正用标准纸的标注值(通常为满刻度的一半,FSM值为5左右)相同,这样就很方便地实施了对指示仪表的校正,从而维持测定的精密度,使测定值保持正确。

这种烟度计结构简单、调整方便、使用可靠、测量精度较高,并且价格低廉,滤纸试样的直观性也好,并便于保存,适宜于稳态工况下的烟度测定。其缺点是不能直接地、连续地测量,不能用于非稳态工况下的测量,而且只能测出排气中黑色的碳烟,当柴油机在怠速及低负荷运转时,因排温低及其他原因而排出的油雾及水蒸气所形成的蓝烟和白烟则不能测出。另外,所使用滤纸品质对测量的结果也有影响。

(2)冯·布兰德式烟度计

冯·布兰德式(Von Brand)烟度计也是一种滤纸式烟度计,也由采样器和检测器两部分组成,其测量原理与波许式烟度计类同。

但冯·布兰德式烟度计的采样器中,将滤纸做成卷带状,可由滤纸传送装置连续传送,以实现烟浓度的连续测量,其结构如图1-326所示。通过调节纸带传送速度和改变喷嘴尺寸(改变采集来的排气的流量),可以调整仪表的灵敏度。滤纸的污染程度也由其检测器中光电元件测出,但其分度是以全白滤纸为0,全黑滤纸为100。

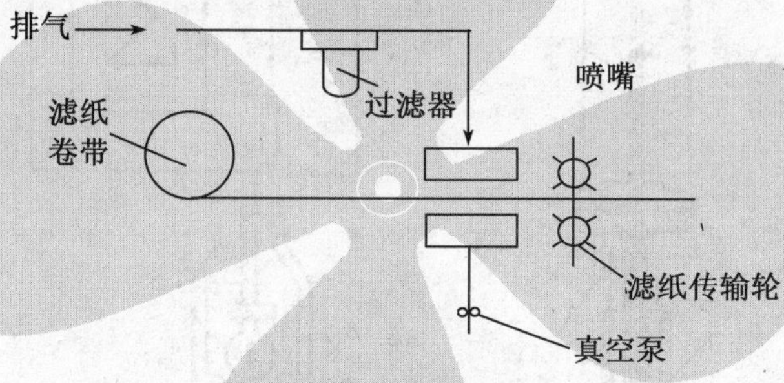

图1-326　冯·布兰德式烟度计的采样器结构

3. 透光式烟度计

(1)哈特立奇式烟度计

哈特立奇(Hartridge)式烟度计是典型的透光式烟度计,它利用透光衰减率来测定排气烟度。根据国家标准,2001年1月1日起在对内燃机和汽车的型式认证和生产一致性检查中所采用的透射式烟度计就是哈特立奇式烟度计。

图1-327所示为哈特立奇式烟度计的结构示意图。

需检测的烟气不断地从排气入口进入测试气室,光源发出的恒定波段的可见光在测试气室中透过烟气后到达光电检测传感器。测试气室中烟气的浓度不同则对光的吸收状况不同,导致到达光电检测传感器的可见光强度就不同,从而引起光电检测传感器输出信号的变化,采

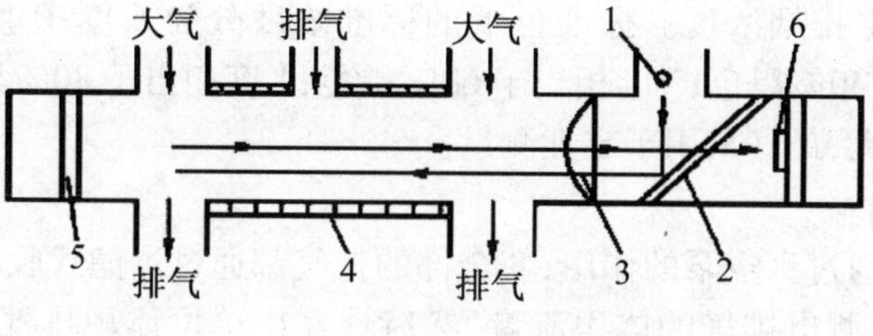

图 1-327　哈特立奇式烟度计的结构示意图

1—光源;2—半透反射镜;3—透镜;4—加热器;5—反射镜;6—光电传感器

集并分析处理该信号,再送入显示仪表,就可实时反映出测试气室中烟气的浓度状况。显示仪表从 0 ~ 100 均匀分度,光线全通过时为 0,全遮挡时为 100。

由于排气可以连续不断地进入烟度计的测试气室,所以其可以实现连续的实时检测,无论是稳态还是非稳态或过度现象,其烟度的测定都很方便。

需要注意的是,由于光学系统的污染容易产生测量误差,因此必须要及时清洗,以免影响测量精度。另外,排气中的水汽和油雾也可能作为烟度显示。此外,当抽样检验的排烟温度超过 500 ℃时,必须采用其他冷却装置冷却以确保其检测精度。

(2)PHS 式烟度计

美国使用的 PHS 式烟度计是将柴油机的排气全部导入其检测部分来进行烟度测量的透光式烟度计。它也是基于光电转换原理,也用透光度来测定排烟浓度。

PHS 烟度计的组成结构如图 1-328 所示。测量排气烟度时,其检测部分的光源和光电变换装置应放在离发动机排气口有一定距离的排气通道上,以减少排气散热的影响。

PHS 烟度计没有专设的校正管,使用时应注意消除光源以外的光线的干扰。

PHS 烟度计的测定值会受到排气管直径的影响,当排气量和排气管的直径都大时,即使排烟的浓度很低,但由于通过检测部分的烟层较厚,会导致所得的测定值仍然是很高的。为此,通常规定:发动机的标定功率在 73.5 kW(即 100 马力)以下时,使用直径为 50.8 mm 的排气管;标定功率在 73.5 ~ 147 kW 时,使用直径为 76.2 mm 的排气管;标定功率在 147 ~ 220.5 kW 时,使用直径为 101.6 mm 的排气管;标定功率在 220.5 kW 以上时,使用直径为 127 mm 的排气管。

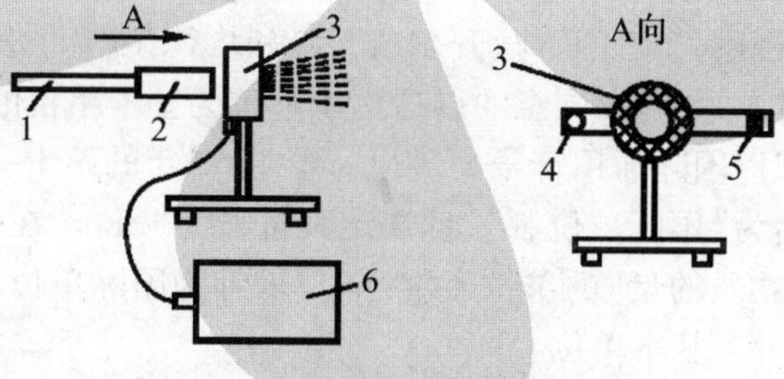

图 1-328　PHS 烟度计的组成结构

1—排气管道;2—排气导入管;3—检测通道;4—光源;5—光电检测单元;6—显示记录仪

4. 比色法及重量式烟度计

(1)林格曼比色法

林格曼(Ringelmann)比色法是最初测定排气烟气时所采用的一种方法,目前仍广泛用于测量铁路机车和停港船舶的黑烟排放。

林格曼比色法是一种目测方法,它使用一套显示浓度的标准色纸,通过肉眼观察将排烟的颜色与其比较，以确定排烟浓度。标准色纸的标准浓度分为 6 度：0 度为全白；1 度相当于 20% 黑色；2 度相当于 40% 黑色；3 度相当于 60% 黑色；4 度相当于 80% 黑色；5 度为全黑。

这种方法误差较大，最好只用于定性测量。

(2) 重量式烟度计

重量式烟度计是通过真空泵的作用，使全部的排气都通过过滤式收集器，测出收集器重量增加值，同时用流量计测出排气的体积流量，然后计算出单位体积排气中所含炭粒颗粒的重量。

第六节　单位及单位换算

一、国际单位制中的常见单位与法定计量单位

(一) 国际单位制中的常见单位

1. 国际单位制简介

单位制(System of Units)是指由选定的一组基本单位和由定义方程式与比例因数确定的导出单位组成的一系列完整的单位体制。基本单位是可以任意选定的，由于基本单位选取的不同，组成的单位制也就不同，如米制、英制、工程制、国际单位制等。

单位制的形成和发展与科技的进步、生产的发展密切相关。早在 17 ~ 18 世纪，人们就开始感觉到计量单位及计量制度的混乱对科技和生产发展的影响。1795 年，法国科学家创立了以米为基本单位的计量制度(米制)，1875 年，由 17 个国家正式签署了“米制公约”，为米制的传播和发展奠定了国际基础，米制成为国际上最早公认的单位制。随着科技的发展，米制中又派生出许多适于各种科技领域的不同单位制，如厘米、克、秒制，米、千克力、秒制等。

随着科学技术的发展，国际间的交往也日益频繁，各种单位制的并存不仅对国际贸易有阻碍作用，而且也不利于各国之间的科学文化交流，因此，为避免由于单位制不同而引起的混乱和繁琐的换算，统一单位制已成为世界各国的共同要求。

1948 年召开的第九届国际计量大会作出了决定，要求国际计量委员会创立一种简单而科学的、供所有米制公约组织成员国均能使用的实用单位制。1954 年第十届国际计量大会决定采用米(m)、千克(kg)、秒(s)、安培(A)、开尔文(K)和坎德拉(cd)作为基本单位。国际计量委员会在 1956 年将经过 21 个国家同意的以这六个单位为基本单位的实用计量单位制草案拟命名为国际单位制，并拟以国际通用符号 SI 来表示。1960 年的第十一届国际计量大会正式通过了此草案，并正式命名为“国际单位制”，且规定其符号为“SI”。在 1974 年的第十四届国际计量大会上，又决定将“物质的量”的单位摩尔(mol)增补为国际单位制的基本单位。因此，目前的国际单位制中共有七个基本单位。

国际单位制由于其先进、实用、简单、科学，并适用于文化教育、科学技术和经济建设各个领域，故已被世界各国及国际组织广泛采用。1977 年中国明确规定要逐步采用国际单位制，1984 年中国颁布的《中华人民共和国法定计量单位》就是以国际单位制为基础而制定的。

2. 国际单位制的基本单位

在国际单位制中，基本量共有 7 个，基本量的单位称为基本单位。表 1-22 列出了国际单位制中的基本量、基本单位及单位符号。

表 1-22　国际单位制的基本单位

量的名称	单位名称	单位符号
长度	米	m
质量	千克(公斤)	kg
时间	秒	s
电流	安[培]	A
热力学温度	开[尔文]	K
物质的量	摩[尔]	mol
发光强度	坎[德拉](烛光)	cd

注:[ ]内的字,是在不致混淆的情况下,可以省略的字;( )内的字为前者的同义语。

3. 国际单位制的辅助单位

国际单位制中有两个辅助单位,表 1-23 列出了国际单位制中的辅助单位的名称及符号。

表 1-23　国际单位制的辅助单位

量的名称	单位名称	单位符号
[平面]角	弧度	rad
立体角	球面度	sr

注:[ ]内的字,是在不致混淆的情况下,可以省略的字。

4. 国际单位制的导出单位

国际单位制(SI)中的导出单位是由 SI 基本单位按定义式导出的,其数量很多,主要分为以下三大类。

(1)用 SI 基本单位表示的 SI 导出单位。

(2)具有专门名称的 SI 导出单位。

(3)用 SI 辅助单位表示的 SI 导出单位。

具有专门名称的 SI 导出单位总共有 19 个,其中有 17 个是以杰出科学家的名字命名的,如牛顿、帕斯卡、焦耳等,以纪念他们在本学科领域里做出的贡献,同时,为了表示方便,这些导出单位还可以与其他单位组合表示另一些更为复杂的导出单位。

表 1-24 为国际单位制中具有专门名称的导出单位。

表 1-24　国际单位制中具有专门名称的导出单位

量的名称	单位名称	符号	其他表示式例
频率	赫[兹]	Hz	s^{-1}
力,重力	牛[顿]	N	$kg \cdot m/s^2$
压力,压强,应力	帕[斯卡]	Pa	N/m^2
能[量],功,热量	焦[尔]	J	$N \cdot m$
功率,辐射通量	瓦[特]	W	J/s
电荷[量]	库[仑]	C	$A \cdot s$
电位,电压,电动势	伏[特]	V	W/A
电容	法[拉]	F	C/V
电阻	欧[姆]	Ω	V/A
电导	西[门子]	S	A/V
磁通量	韦[伯]	Wb	$T \cdot m^2$
磁通[量]密度,磁感应强度	特[斯拉]	T	Wb/m^2
电感	亨[利]	H	Wb/A
摄氏温度	摄氏度	℃	

续表

量的名称	单位名称	符号	其他表示式例
光通量	流[明]	lm	cd · sr
[光]照度	勒[克斯]	lx	lm/m^2
[放射性]活度	贝可[勒尔]	Bq	s^{-1}
吸收剂量	戈[瑞]	Gy	J/kg
剂量当量	希[沃特]	Sv	J/kg

注:[ ]内的字,是在不致混淆的情况下,可以省略的字;( )内的字为前者的同义语。

(二)法定计量单位

我国于 1984 年 2 月 27 日由国务院颁布并开始正式实施了《中华人民共和国法定计量单位》,并规定我国的计量单位一律采用《中华人民共和国法定计量单位》,法定计量单位的使用按 1984 年国家计量局公布的《中华人民共和国法定计量单位使用方法》执行。

我国的法定计量单位包括:

(1)国际单位制的基本单位(见表 1-22)。

(2)国际单位制的辅助单位(见表 1-23)。

(3)国际单位制中具有专门名称的导出单位(见表 1-24)。

(4)国家选定的非国际单位制单位(见表 1-25)。

(5)由以上单位构成的组合形式的单位。

(6)由词头和以上单位构成的十进倍数和分数单位(词头见表 1-26)。

表 1-25　国家选定的非国际单位制单位

量的名称	单位名称	单位符号	换算关系和说明
时间	分 [小]时 天(日)	min h d	1 min = 60 s 1 h = 60 min = 3 600 s 1 d = 24 h = 86 400 s
平面角	[角]秒 [角]分 度	(″) (′) (°)	1″ = (π/648 000) rad 1′ = 60″ = (π/10 800) rad 1° = 60′ = (π/180) rad (π 为圆周率)
旋转速度	转每分	r/min	1 r/min = (1/60) s^{-1}
长度	海里	n mile	1 n mile = 1 852 m (只用于航程)
速度	节	kn	1 kn = 1 n mile/h = (1 852/3 600) m/s (只用于航程)
质量	吨 原子质量单位	t u	1 t = 1 000 kg 1 u ≈ 1.660 565 5 × 10^{-27} kg
体积	升	L,(l)	1 L = 1 dm^3 = 10^{-3} m^3
能	电子伏	eV	1 eV ≈ 1.602 189 2 × 10^{-19} J
级差	分贝	dB	
线密度	特[克斯]	tex	1 tex = 1 g/km

注:1. 周、月、年(年的符号为 a)为一般常用时间单位。2. [ ]内的字,是在不致混淆的情况下,可以省略的字。3. ( )内的字为前者的同义语。4. 角度单位度、分、秒的符号不处于数字后时,用括号。5. 升的符号中,小写字母 l 为备用符号。6. r 为"转"的符号。7. 人民生活和贸易中,质量习惯称为重量。8. 公里为千米的俗称,符号为 km。

表 1-26　用于构成十进倍数和分数单位的词头

所表示的因数	词头名称	词头符号
10^{18}	艾[可萨]	E
10^{15}	拍[它]	P
10^{12}	太[拉]	T
10^{9}	吉[咖]	G
10^{6}	兆	M
10^{3}	千	k
10^{2}	百	h
10^{1}	十	da
10^{-1}	分	d
10^{-2}	厘	c
10^{-3}	毫	m
10^{-6}	微	μ
10^{-9}	纳[诺]	n
10^{-12}	皮[可]	p
10^{-15}	飞[母托]	f
10^{-18}	阿[托]	a

注:1. [ ]内的字,是在不致混淆的情况下,可以省略的字。2. 10^4 称为万,10^8 称为亿,10^{12} 称为万亿,这类数词的使用不受词头名称的影响,但不应与词头混淆。

二、轮机工程中常用的国际单位与工程单位、英制单位的换算

如前所述,自 1984 年 2 月起,我国已全面推行我国的法定计量单位。这个法定单位是以国际单位制的单位为基础,适当增加了国家选定的非国际单位制中的单位所构成的。但由于船舶的特殊性,目前船舶上常用的单位制有工程单位制、英美单位制和国际单位制,因而就涉及这三种单位制之间的单位换算。下面先简单介绍工程单位制和英美单位制,然后给出轮机工程中常用单位的三种单位制之间的换算关系。

(一)工程单位制(MSF 制)

在工程单位制中,选用长度、力和时间作为基本量,它们相应的单位分别为:米(m)、公斤力(kgf)和秒(s)。

在工程单位制中,质量为导出量,其单位为导出单位,按牛顿第二定律($F = ma$)

$$力 = 质量 \times 加速度$$

可以得到质量的导出单位为:公斤力二次方秒每米($kgf \cdot s^2/m$)。

在工程单位制中,压力(压强)为导出量,其单位为导出单位:公斤力每平方米(kgf/m^2),但由于这个单位太小,工程上多以公斤力每平方厘米(kgf/cm^2)作为压力(压强)的常用单位。

在工程单位制中,功为导出量,其单位为导出单位:公斤力米($kgf \cdot m$)。

在工程单位制中,热量是基本量,它的单位是卡(cal)或千卡(kcal)。1 卡(cal)或 1 千卡(kcal)表示在标准大气压下,1 克或 1 千克的纯水温度升高 1℃所需要的热量。热量和功之间的单位用被称为功热当量(符号用 A 表示)的数据进行换算,根据实验结果,功热当量 A 为

$$A = 1/427 \text{ 千卡每公斤力米 } [kcal/(kgf \cdot m)]$$

(二)英美习惯单位制(USCS 制)

在 USCS 制中,选用长度、力和时间作为基本量,它们相应的单位分别为英尺(ft)、磅力

(lbf)和秒(s)。

在 USCS 制中,质量为导出量,其导出单位按牛顿第二定律 $F=ma$ 可得为磅力二次方秒每英尺($lbf \cdot s^2/ft$)。

在 USCS 制中,压力(压强)也为导出量,其导出单位为磅力每平方英寸(lbf/in^2)。

在 USCS 制中,功为导出量,其导出单位为磅力英尺(lbf · ft)。

在 USCS 制中,热量是基本量,它的单位是英热单位,用符号 Btu 表示,1 英热单位(Btu)为 1 磅质量的纯水温度升高 1℉(华氏度,1℉相当于 5/9℃)所需的热量,功热当量为

$$A = 1/778 \text{ 英热单位每磅力英尺 } [Btu/(lbf \cdot ft)]$$

(三)三种单位制之间的单位换算

在轮机工程实践中,经常要用到一些常见量的国际单位、工程单位和英制单位之间的单位换算,比如:

1 海里(n mile) = 6080 英尺(ft) = 1852 米(m)

1 码(yd) =3 英尺(ft)

1 英尺(ft) = 12 英寸(in) = 0.3048 米(m)

1 英寸(in) = 2.54 厘米(cm)

1 英加仑(UKgal) = 4.546 升(L)

1 美加仑(USgal) = 3.785 升(L)

1 英吨(T) =2240 英磅(lb) =1016 千克(kg)

1 美吨(shT) =2000 英磅(lb) =907.2 千克(kg)

1 公制马力(Ps) = 0.7355 千瓦(kW)

1 英制马力(HP) = 0.7457 千瓦(kW)

1 公斤力(kgf) = 9.8 牛顿(N) = 2.2046 磅力(lbf)

1 千卡(kcal) = 4186.8 焦耳(J)

下面用表格形式给出轮机工程中常用的国际单位、工程单位和英制单位之间的单位换算关系。

1. 长度

毫米 mm	厘米 cm	米 m	公里 km	英寸 in	英尺 ft	码 yd	海里 n mile
1	0.1	0.001	0.000001	0.03937	0.00328	0.00109	
10	1	0.01	0.00001	0.39370	0.03280	0.01093	
1000	100	1	0.001	39.3701	3.28084	1.09361	0.00054
	100000	1000	1	39370.1	3280.84	1093.61	0.53962
25.4	2.54	0.0254	0.00003	1	0.08333	0.02778	
304.8	30.48	0.3048	0.00030	12	1	0.33333	0.00016
914.4	91.44	0.9144	0.00091	36	3	1	0.00049
		1852	1.852		6080	2026.67	1

2. 面积

平方米 m^2	平方厘米 cm^2	平方毫米 mm^2	平方码 yd^2	平方英尺 ft^2	平方英寸 in^2
1	10000	10^6	1.1960	10.7639	1550.1
1×10^{-4}	1	100	1.196×10^{-4}	1.076×10^{-3}	0.1550
1×10^{-6}	0.001	1			
		83.6×10^4	1	9	1296
0.8631	8631		0.1111	1	144
6.452×10^{-4}	6.4516	645.16	7.716×10^{-4}	6.9×10^{-3}	1

3. 体积

立方厘米 cm^3,cc,mL	升 L,dm^3	立方米 m^3	立方英寸 in^3	立方尺 ft^3	英加仑 UKgal	美加仑 USgal
1	1×10^{-3}	1×10^{-6}	0.061	3.531×10^{-5}	2.2×10^{-4}	2.642×10^{-4}
1×10^3	1	1×10^{-3}	61.024	0.0353	0.220	0.264
1×10^6	1×10^3	1	6.102×10^4	35.315	219.98	264.18
16.387	0.0164	1.639×10^{-5}	1	0.579×10^{-3}	3.605×10^{-3}	4.329×10^{-3}
2.832×10^4	28.317	0.02832	1728.0	1	6.299	7.481
4546	4.546	4.546×10^{-3}	277.4	0.1605	1	1.201
3785	3.785	3.785×10^{-3}	231.0	0.1337	0.8327	1

4. 质量

克 g	千克(公斤) kg	公吨 t	英磅 l b	英吨 T	美吨 shT
1	1×10^{-3}	1×10^{-6}	2.2046×10^{-3}	0.9842×10^{-6}	1.102×10^{-6}
1×10^3	1	1×10^{-3}	2.2046	0.9842×10^{-3}	1.102×10^{-3}
1×10^6	1000	1	2204.6	0.9842	1.1023
453.59	0.4536	4.536×10^{-4}	1	4.464×10^{-4}	5.1×10^{-4}
1.016×10^6	1.016×10^3	1.016	2240	1	1.120
9.07×10^5	9.07×10^2	0.9072	2000	0.8929	1

5. 重度

公斤力每立方米 kgf / m^3	克力每立方厘米 gf / cm^3	磅力每立方英寸 lbf / in^3	磅力每立方英尺 lbf / ft^3
1	0.001	0.000036	0.0624284

注:1gf / cm^3 = 1tf / m^3。

6. 力

牛顿 N	达因 dyn	公斤力 kgf	磅力 lbf
1	1×10^5	0.101972	0.2248
1×10^{-5}	1		
9.8		1	2.2046

7. 速度

厘米每秒 cm/s	米每秒 m/s	节（海里每小时）kn(n mile/h)	公里每小时 km / h	英尺每秒 ft / s	英里每小时 mile/ h
1	1×10^{-2}	0.0194	0.036	0.0328	0.0224
1×10^{2}	1	1.9439	3.6	3.2808	2.2370
51.44	0.5144	1	1.852	1.6878	1.1508
27.78	0.2778	0.5400	1	0.9114	0.6214
30.48	0.3048	0.5925	1.097	1	0.1868
44.70	0.4470	0.8690	1.6093	1.4667	1

8. 压力（压强）

帕斯卡 Pa	巴 bar	公斤力每平方厘米 kgf/cm^2	标准大气压 atm	毫米汞柱 mm Hg	米水柱 $m\ H_2O$	磅力每平方英寸 lbf / in^2
1	1×10^{-5}	1.0197×10^{-5}	0.9869×10^{-5}	7.501×10^{-3}	1.0197×10^{-4}	1.450×10^{-4}
1×10^{5}	1	1.0197	0.98692	750.06		14.5038
9.8067×10^{4}	0.9807	1	0.96784	735.56	10	14.2233
1.01325×10^{5}	1.01325	1.0333	1	760.0	10.333	14.6960
133.322	0.0134	1.360×10^{-3}	1.3158×10^{-5}	1		0.01934
6869.76	0.06895	0.07031	0.06805	5.1638		1

注：1 mm 汞柱（1 mmHg） = 1 托（Torr）；1 Pa = 1 N/m^2；1 MPa = 10^6 Pa = 10 bar = 10.197 kgf / cm^2；1at（工程大气压） = 1 kgf / cm^2 = 736 mmHg；1bar = 10^5 Pa = 10^5 N / m^2；1 psi = 1bf / in^2。

9. 流量

毫升每秒 mL / s	升每分钟 L / min	立方米每小时 m^3 / h	英加仑每分钟 UK gal / min	美加仑每分钟 US gal / min	立方英寸每秒 in^3 / s	立方英尺每小时 ft^3 / h
1	60×10^{-3}	3.6×10^{-3}	13.197×10^{-3}	15.851×10^{-3}	61.024×10^{-3}	127.14×10^{-3}
16.667	1					
	16.667	1				
	4.54		1			
	3.785			1		

10. 扭矩

牛顿米 N · m	公斤力米 kgf · m	公斤力厘米 kgf · cm	磅力英尺 lbf · ft
1	0.101972	10.1972	7.37766
9.8067	1	100	
0.098	0.01	1	

11. 角速度

转每分钟 r/min	转每秒 r/s	弧度每秒 rad/s	度每分钟 °/min	度每秒 °/s
1	0.01667	π/30	360	6

注：1 rad = 57.296°。

12. 功、能和热量

焦耳 J	千瓦时 kW · h	公斤力米 kgf · m	千卡 kcal	磅力英尺 lbf · ft	英热单位 Btu
1	0.2778×10^{-6}	0.1020	0.2388×10^{-3}	0.7363	0.9478×10^{-3}
3.6×10^{6}	1	3.671×10^{5}	859.845	2.6552×10^{6}	3412.14
9.8067	2.724×10^{-6}	1	2.3423×10^{-3}	7.233	9.2947×10^{-3}
4186.8	1.163×10^{-3}	426.935	1	3088.026	3.9683
1.3558	3.766 × 10 − 7	0.1383	0.3238×10^{-3}	1	1.2851×10^{-3}
1055.056	2.931×10^{-4}	107.586	0.2520	778.17	1

注:1 尔格(erg) = 10^{-7} 焦耳(J);1 J = 1W · s;1 W · h = 3 600 W · s;1cal = 4.186 05 J。

13. 功率

瓦特 W	千瓦 kW	公斤力米每秒 kgf / s	公制马力 Ps	磅力英尺每秒 lbf · ft/ s	英制马力 HP
1	0.001	0.1020	1.3596×10^{-3}	0.7376	1.3410×10^{-3}
1000	1	102	1.3596	737.6	1.3410
9.8067	9.8067×10^{-3}	1	0.0133	7.233	0.01315
735.499	0.7355	75	1	542.476	0.9863
1.3558	1.3558×10^{-3}	0.1383	1.843×10^{-3}	1	1.818×10^{-3}
745.7	0.7457	76.04	1.0139	550	1

14. 热功率和机械功率

千卡每秒 kcal/s	千瓦 kW	公制马力 Ps	公斤力米每秒 kgf · m/s	英热单位每秒 BTU/s	英制马力 HP	磅力英尺每秒 lbf · ft/s
1	4.186	5.6920	426.900	3.9683	5.6141	3087.77

注:1 W = 1 J/s; 1 kgf / s = 9.806 65 W。

15. 动力黏度

牛顿秒每平方米 N · s / m^2 帕秒 Pa · s	公斤力秒每平方米 kgf · s / m^2	公斤力秒每平方厘米 kgf · s / cm^2	泊 (达因米秒每平方厘米) P	厘泊 cP	公斤力小时每平方米 kgf · h / m^2	牛顿小时每平方米 N · h / m^2
1	0.102	1.02×10^{-3}	10	1000	28.3×10^{-6}	278×10^{-6}

16. 运动黏度

厘沲 cSt	沲 St	二次方米每秒 m^2/s	二次方英尺每秒 ft^2/s
1	1×10^{-2}	1×10^{-6}	0.00001076

注:1 St = 1 cm^2/s。

17. 换热系数

焦耳 每平方米 小时摄氏度 J/(m² · h · ℃)	千卡 每平方米 小时摄氏度 kcal/(m² · h · ℃)	卡 每平方厘米 秒摄氏度 cal/(cm² · s · ℃)	英热单位 每平方英尺小时 华氏度 BTU/(ft² · h · ℉)	瓦特 每平方米 开尔文 W/(m² · K)
1	2.389×10^{-4}	$6.6144\times10-9$	4.893×10^{-5}	2.778×10^{-4}

注:W /(m² · K)为 SI 单位。

18. 导热系数

千卡 每米小时 摄氏度 kcal/(m · h · ℃)	卡 每厘米小时 摄氏度 cal/(cm · h · ℃)	焦耳 每厘米秒 摄氏度 J/(cm · h · ℃)	英热单位 每英尺小时 华氏度 BTU/ (ft · h · ℉)	英热单位 每英寸小时 华氏度 BTU/(in · h · ℉)	瓦特 每米开尔文 W/(m · K)
1	2.778×10^{-3}	1.163×10^{-2}	0.67196	8.0635	1.163

注:W / (m · K)为 SI 单位。

19. 比热容(比热)

焦耳每千克开尔文 J /(kg · K)	焦耳每千克摄氏度 J /(kg · ℃)	千卡每千克摄氏度 kcal /(kg · ℃)
1	1	239×10^{-6}
4186.8	4186.8	1

第二章 船用泵

第一节　基础知识

船上需要输送海水、淡水、污水、滑油和燃油等各种液体。泵就是用来输送液体的机械（有的也用来输送其他流体，如挖泥船的泥浆泵或抽送气体的真空泵等）。据资料统计，一艘柴油机货船，需要36～50台各种类型的泵，其数量占全船机械数量的20%～30%，能耗占全船总能耗的5%～15%，造价为全船设备费用的4%～8%。

由流体力学可知，液体的机械能有位能、动能和压力能三种形式，它们之间可以相互转换。液体不可能自动从机械能较低处流到机械能较高处，况且液体在管路中流动还要克服管路阻力而损失一部分能量。例如，锅炉给水需要提高液体的压力能；将压载水驳出舷外需要提高液体的位能；冷却水的供应和各种油类的驳送需要克服管路阻力。从功能来说，泵是用来提高液体机械能的设备。

一、泵的分类

船用泵的数量很多，为了便于使用管理和维护保养，应对泵进行分类介绍。

（一）按用途分类

1. 主动力装置用泵

对柴油机船，一般包括主海水泵、缸套冷却水泵、油头冷却水泵、滑油泵、燃油供给泵、燃油驳运泵、滑油驳运泵等。

2. 辅助装置用泵

主要有包括柴油发电机的海水泵和淡水泵；辅锅炉给水泵、燃油泵；制冷装置冷却水泵；海水淡化装置的海水泵、凝水泵；舵机或其他甲板机械的液压泵等。

3. 船舶安全及生活设施用泵

主要包括压载泵、舱底泵、消防泵、日用淡水泵、日用海水泵、通用泵等。

4. 特殊船舶专用泵

某些特殊用途的船舶，还需设有为其特殊营运要求而专门设置的泵，例如油船的货油泵、挖泥船的泥浆泵等。

（二）按工作原理分类

船用泵按工作原理可分为三大类，如图2-1所示。

- 船用泵
  - 容积式泵
    - 往复泵
      - 活塞泵(往复泵)
      - 柱塞泵
        - 斜盘式轴向柱塞泵
        - 斜轴式轴向柱塞泵
    - 回转泵
      - 齿轮泵
        - 外齿轮泵
        - 内齿轮泵
        - 转子泵
      - 螺杆泵
        - 三螺杆泵
        - 双螺杆泵
        - 单螺杆泵
      - 叶片泵
        - 单作用叶片泵
        - 双作用叶片泵
      - 水环泵
  - 叶轮式泵
    - 离心泵
      - 蜗壳式离心泵
      - 导轮式离心泵
    - 轴流泵
    - 混流泵
    - 旋涡泵
  - 喷射式泵
    - 水喷射泵
    - 蒸汽喷射器
    - 空气喷射器

图 2-1　船用泵按工作原理分类

1. 容积式泵

容积式泵是通过工作部件的运动使工作容积周期性地增大和缩小而吸排液体的泵,它是靠工作部件的挤压使液体的压力能增加。根据运动部件的运动方式,容积式泵又可分为往复泵和回转泵两类。往复泵主要有活塞泵和柱塞泵;回转泵主要有齿轮泵、螺杆泵、叶片泵等。

2. 叶轮式泵

叶轮式泵是靠叶轮带动液体高速回转而把机械能传递给所输送的液体。根据泵的叶轮和流道结构特点不同,又可分为离心泵、轴流泵、混流泵和旋涡泵等。

3. 喷射式泵

喷射式泵是靠工作流体产生的高速射流引射流体,然后再通过动量交换而使被引射流体的能量增加。根据所用工作流体的不同,有水喷射泵、蒸汽喷射器和空气喷射器等。

后两类非容积式泵(叶轮式泵和喷射式泵)亦称为动力式泵,是指靠增加流体动能而使流体能量增加的泵。

船用泵除按用途和工作原理分类外,还可按泵轴方向分为立式泵和卧式泵;按吸口数目分为单吸泵和双吸泵;按原动机的种类分为电动泵、汽轮机泵、柴油机泵和机带泵等。

二、泵的性能参数

为了表明泵的性能,以便选用和比较,通常需要使用流量、扬程、转速、功率、效率和允许吸上真空度等参数,这些参数称为泵的性能参数。泵铭牌上标注的参数是额定工况(设计工况)下的数值。泵工作时性能参数不一定等于铭牌上的标注值,可参考说明书并根据泵装置的条件计算。

1. 流量

流量是指泵在单位时间内所输送的液体量，分为体积流量和质量流量。体积流量常用 Q 表示，单位是 m^3/s，水泵常用 m^3/h，油泵常用 L/min；质量流量常用 G 表示，单位是 kg/s，常用单位还有 t/h、kg/min。

质量流量和体积流量的关系为

$$G = \rho Q \quad kg/s \tag{2-1}$$

式中，ρ—— 液体的密度，kg/m^3。

2. 扬程

泵的扬程是指单位重力液体通过泵后所增加的机械能，常用 H 表示，单位是 m。

单位重力液体的机械能又称能头，它包括压力能、位能和动能，因此，泵的扬程即为泵使液体所增加的总能头。

泵铭牌上标注的扬程是额定扬程，即泵在设计工况时的扬程。泵的工作扬程可用泵排出口和吸入口的能头之差来求出（参见图 2-2），即

$$H = \frac{p_d - p_s}{\rho g} + \Delta z + \frac{v_d^2 - v_s^2}{2g} \quad m \tag{2-2}$$

式中，p_d—— 泵排出口处的压力，简称排出压力，Pa；

p_s—— 泵吸入口处的压力，简称吸入压力，Pa；

Δz—— 泵排出口和吸入口中心处的高度差，m；

v_s、v_d—— 泵吸、排口处的平均流速，m/s；

ρ—— 液体的密度，kg/m^3；

g—— 重力加速度，9.8 m/s^2。

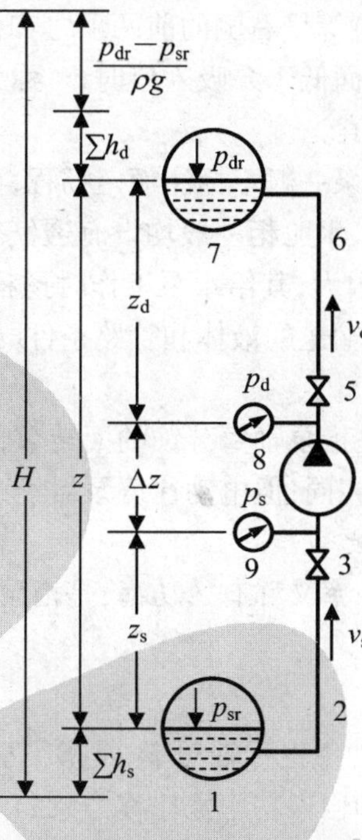

图 2-2 泵装置简图

1— 吸入容器；2— 吸入管；3— 吸入阀；4— 泵；5— 排出阀；6— 排出管；7— 排出容器；8— 排出压力表；9— 吸入压力（真空）表

当泵的吸排管径相同（$v_d \approx v_s$）且吸排压力表间的垂直距离很近（$\Delta z \approx 0$）时，泵的工作扬程 H 就近似地由吸排压差来决定，即

$$H \approx \frac{p_d - p_s}{\rho g} \quad m \tag{2-3}$$

泵的工作扬程还可根据所在管路的特性求出，即

$$H = \frac{p_{dr} - p_{sr}}{\rho g} + z + \sum h \quad m \tag{2-4}$$

式中，p_{dr} —— 排出液面上的压力，Pa；

p_{sr} —— 吸入液面上的压力，Pa；

$z = z_s + \Delta z + z_d$—— 吸入液面至排出液面的高度，m；

z_s—— 吸上高度(泵吸入口中心至吸入液面的高度),m;

z_d—— 排出高度(泵排出口中心至排出液面的高度),m;

$\sum h = \sum h_s + \sum h_d$ —— 管路阻力,也称管路阻力损失能头,m;

$\sum h_s$—— 吸入管路阻力,m;

$\sum h_d$ —— 排出管路阻力,m。

式(2-3)和(2-4)为工程上计算扬程的常用公式,下面对这两个公式进行讨论和说明。

(1)使用式(2-3)的前提是吸排管内径相同;否则要使用式(2-2)计算。

(2)船用泵一般都有排出压力表和吸入真空表(或压力真空表),所以管理中使用式(2-3)更方便,但应注意压力表的单位,常用单位的换算关系为:$1\ \text{MPa} = 10^6\ \text{Pa} \approx 10\ \text{kgf/cm}^2 \approx 10\ \text{bar} \approx 145\ \text{psi}$。

(3)式(2-4)等号右侧的前两项之和称为管路静能头。

(4)吸入液面低于泵吸入口时,z_s 称为正吸高,取正值;吸入液面高于泵吸入口时,z_s 称为流注高度,取负值。

(5)容积式泵一般不标注额定扬程,而标注额定排出压力。

(6)船舶油、水舱柜一般均设有透气管通大气,使得 p_{dr} 和 p_{sr} 等于大气压;而锅炉、压力水柜等装置的 p_{dr} 很大,其给水泵工作时扬程很高。

(7)如果所输送的液体和管路条件既定,则泵的工作扬程与泵的形式、泵的位置无关。

3. 转速

泵的转速是指泵轴每分钟的回转数,用 n 表示,单位是 r/min。大多数泵是由原动机直接传动,二者转速相同;但电动往复泵需经减速机构传动,泵比电动机的转速低。

4. 功率和效率

泵的输出功率又称有效功率,是指泵在单位时间内传给液体的能量,用 P_e 表示,可由下式求得

$$P_e = gGH = \rho gQH \quad \text{W} \tag{2-5}$$

泵的输入功率也称轴功率,是指原动机传给泵轴的功率,用 P 表示。

输出功率和输入功率之比称为泵的效率,用 η 表示。

$$\eta = \frac{P_e}{P} \tag{2-6}$$

泵的能量损失是由以下三种损失造成的:

(1) 由于漏泄及吸入液体中含有气体等造成的流量损失,用容积效率 η_v(实际流量 Q 与理论流量 Q_t 之比) 来衡量,即

$$\eta_v = \frac{Q}{Q_t} \tag{2-7}$$

(2) 液体在泵内流动因摩擦、撞击、旋涡等水力损失造成的扬程损失,用水力效率 η_h(实际扬程 H 与理论扬程 H_t 之比) 来衡量,即

$$\eta_h = \frac{H}{H_t} \tag{2-8}$$

不考虑泵本身的流量损失和扬程损失,泵传给液体的功率称为水力功率,用 P_h 表示。

$$P_h = \rho g Q_t H_t \tag{2-9}$$

(3) 由运动部件的机械摩擦所造成的能量损失,用机械效率 η_m(水力功率 P_h 与轴功率 P 之比) 来衡量,即

$$\eta_m = \frac{P_h}{P} \tag{2-10}$$

由此可得

$$\eta = \frac{P_e}{P} = \frac{\rho g Q H}{P} \cdot \frac{Q_t H_t}{Q_t H_t} = \eta_v \eta_h \eta_m \tag{2-11}$$

泵的配套功率是指所配原动机的额定输出功率,用 P_M 表示。原动机若是通过传动装置与泵连接,要考虑传动效率;另外,考虑到泵运转时可能超负荷等情况,泵的配套功率应大于额定轴功率。

5. 允许吸上真空度

泵工作时吸口处的真空度高到一定程度,所输送液体就会因泵内最低压力降到其温度所对应的饱和压力 p_v 而汽化,使泵不能正常工作。泵工作时所允许的最大吸入真空度即称"允许吸上真空度",用 H_s 表示,单位是 MPa。

泵的允许吸上真空度是泵吸入性能好坏的重要标志,也是管理中限制吸入真空度不要过高的依据。它主要与泵的类型和结构有关,因为不同的泵,液体进泵后压力进一步降低的程度不同,泵内压降小的泵允许吸上真空度就大。此外,大气压力 p_a 降低、液体温度增高(使饱和蒸汽压力 p_v 提高) 或泵流量增大(使泵内压降增大),都会使允许吸上真空度减小。

泵铭牌上标示的 H_s 是由制造厂在标准大气压(760 mmHg) 下以常温(20℃) 清水在额定工况下试验得出。按国标规定,试验时逐渐增加泵的吸入真空度,容积式泵以流量比正常工作时下降 3% 时所对应的吸入真空度作为 H_s 的标定值。叶轮式泵则以扬程或效率下降规定值为临界状态,再留一定余量,以必需汽蚀余量 Δh_r 的形式标示(详见第本章第五节)。

水泵通常标注的是允许吸上真空高度,用 $[H_s]$ 表示。

$$[H_s] = H_s / \rho g \quad \text{m} \tag{2-12}$$

允许吸上真空高度 $[H_s]$ 可用来推算水泵的最大允许吸上高度(许用吸高)。泵在吸入常温清水且吸入液面为大气压时,许用吸高可以用允许吸上真空高度 $[H_s]$ 减去吸入速度头和吸入管路阻力损失的水头来测算。

$$[z_s] = \frac{H_s}{\rho g} - \frac{v_s^2}{2g} - \sum h_s \quad \text{m} \tag{2-13}$$

三、泵正常工作的条件

泵正常工作的条件就是指泵能够正常吸入和排出液体的条件。了解泵的正常工作条件,不仅对泵的正确安装和使用管理有重要的意义,同时也有助于分析各类泵不能正常吸排的原因。

(一) 正常吸入条件

1. 必须能在吸入口形成足够低的吸入压力

只有形成足够低的吸入压力,液体才能在吸入液面压力的作用下,克服吸高、吸入管路中的速度头和管路阻力而进入泵内。

如果不能满足该条件,则液体根本吸不上来。管理中可在泵正常工作时记下吸入压力表指针的位置,如果吸入条件不变而真空度降低,这可能是由于:

(1) 泵内密封不良或元件损坏造成内部漏泄严重。

(2) 吸入管漏气。

(3) 吸入管口或滤器露出液面。

如果吸入条件不变而吸入真空度增大则可能是由于:

(1) 滤器阻塞。

(2) 吸入管路的阀未开足。

(3) 所输送的油液温度降低。但如果输送的液体为水时,温度变化时黏度变化很小,对管路阻力的影响甚微,不会导致真空度增大。

2. 吸入口处的真空度不得大于泵的允许吸上真空高度

只有这样才能保证泵内最低吸入压力不低于液体的饱和压力;否则液体就会汽化,使泵不能正常工作。即要求

吸入真空度 $p_a - p_s \leqslant H_s$ (2-14)

或吸上真空高度 $(p_a - p_s)/\rho g \leqslant [H_s]$ (2-15)

如果不能满足该条件,有可能是因为下述原因导致液体汽化:

(1)吸入液面压力太低。

(2)吸高过大。

(3)吸入管路阻力太大。

(4)液体温度升高。

液体温度越高越容易汽化。所以液体温度变化的泵,如锅炉给水泵,因水温升高导致吸入失常时应降低泵的转速或降低水温。

管理中,如果需要对管路系统进行改造或维修,应尽量减小吸入管路的长度,选用较大的管径,并尽可能减少弯头和各种附件等。

(二)排出条件

1. 必须能产生足够高的排出压力

泵的排出压力由管路特性所决定,主要取决于排出液面上压力、排出高度和排出管路阻力。

2. 容积式泵的排出压力不超过额定排出压力,叶轮式泵的扬程不超过封闭扬程

容积式泵排出压力超过额定值可能造成安全阀开启、原动机过载、密封失效或部件损坏。叶轮式泵关闭排出阀时的扬程称为封闭扬程,多数叶轮式泵的封闭扬程为最大扬程。如果叶轮式泵所需要的工作扬程超过封闭扬程,就不能排出液体。

管理中可在泵工作正常时记下排出压力表指针的位置,若其他排出条件未变而排出压力变低,则通常因为泵的流量减小使得管路阻力降低;若排出压力过高,若非排出液面压力或排出高度过大,则多是因排出阻力太大。管理中应开足排出管路上的阀门,防止排出管路或滤器堵塞。

第二节 往复泵

一、往复泵的工作原理

图 2-3 是单缸单作用往复泵的工作原理简图,它主要由活塞 7、泵缸 8、吸入阀 3 和排出阀 5 等部件组成。

活塞7与活塞杆9由原动机经传动机构带动,在泵缸8中作直线往复运动。活塞左侧的泵缸空间称为工作腔。工作腔经吸入阀3与吸入管2相连通,并经排出阀5和排出管6相连通。吸入管伸入到被输送的液面以下,其下端装有吸入滤器1。排出管6则通到需要用水的处所。

设泵工作前吸入管、阀箱和工作腔内全部为空气。当活塞从左止点向右止点(图中虚线位置)移动时,工作腔容积增大、压力降低。排出阀5上下压差增大,保持关闭;吸入阀3下方与上方的压差增大,该压差便会克服吸入阀的阻力而将吸入阀顶开,使吸入管与工作腔相通,吸入管内压力降低,管内的液面也随之升高。简言之,活塞向右移动时完成吸入过程。当活塞向左移动时,工作腔容积减小、压力升高。吸入阀3关闭,排出阀5在工作腔内压力达到一定程度后便开启,工作腔内的空气被排至排出管。简言之,活塞向左移动时完成排出过程。

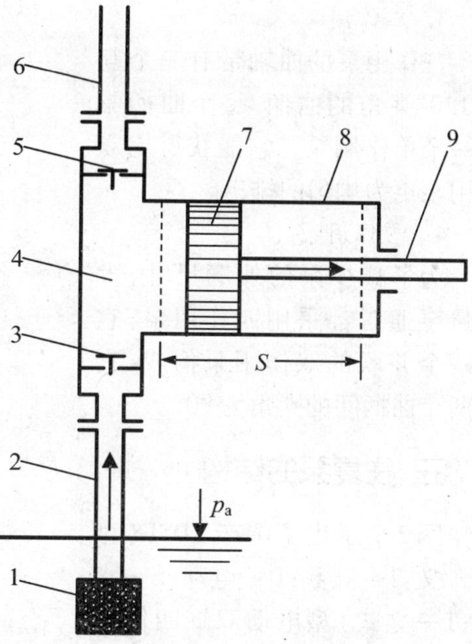

图2-3　往复泵工作原理

1—吸入滤器;2—吸入管;3—吸入阀;4—阀箱;5—排出阀;6—排出管;7—活塞;8—泵缸;9—活塞杆

这样,活塞连续地往复运动,吸入管、阀箱和工作腔内的空气将逐渐地被排往排出管,同时液体将逐渐充满上述空气空间,泵便开始吸排液体。

二、往复泵的作用数

往复泵曲轴每转理论上排送液体的体积相当于泵缸平均工作容积的倍数,称为泵的作用数,也可将曲轴每转(活塞往复运动一次)吸排液体的次数称为作用数。往复泵可按作用数分为单作用泵、双作用泵、三作用泵和四作用泵等。

1. 单作用泵

图2-3所示的往复泵即为单作用泵。

2. 双作用泵

图2-4所示的往复泵为双作用泵。

活塞1在泵缸2内将泵缸分隔成上、下工作腔,分别通阀箱3的右室11和左室7。阀箱3被两个水平隔板分为三层腔室,其中上层为排出室4,与排出管6相通;中层又被竖隔板分为左室7和右室11;下层为吸入室8,与吸入管9相通。左室7和右室11的下部隔板上装有吸入阀10.1、10.2,上部隔板上装有排出阀5.1、5.2。

当活塞上行时,下工作腔容积增大,与之相通的左室7内的压力也随之降低,吸入阀10.1开启,与此同时,泵缸上部空间容积减小、压力升高,排出阀5.2被顶开,将气体排入排出室4内。当活塞下行时,吸入阀10.2和排出阀5.1开启,进行类似的吸排作用。这样,该泵在曲轴每转中就有两次吸排过程。当转速、泵缸尺寸和活塞行程相同时,其流量约为单作用泵的二倍,并且排出管供液比较均匀。

3. 三作用泵

三作用泵的曲轴带有三个互呈120°夹角的曲柄，每个曲柄驱动一个单作用泵。它能获得比双作用泵更为均匀的排出。

4. 四作用泵

为了减少泵的外廓尺寸，大流量泵通常都采用四作用泵，它由两个并联的双作用泵构成，它的两个曲柄间的夹角为90°。

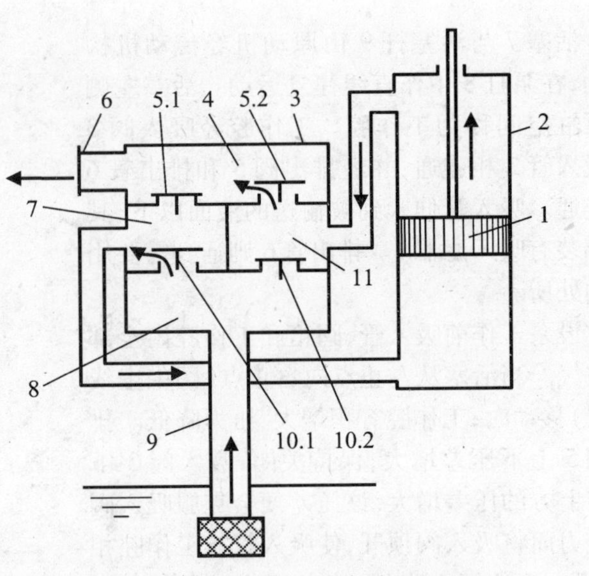

图2-4 单缸双作用往复泵的工作原理

1—活塞；2—泵缸；3—阀箱；4—排出室；5.1，5.2—排出阀；6—排出管；7—左室；8—吸入室；9—吸入管；10.1，10.2—吸入阀；11—右室

三、往复泵的结构

图2-5示出了国产2DSL(型号含义：2—缸数；D—电动；S—水泵；L—立式)型电动双缸四作用往复泵。它主要由电动机1、齿轮减速器2、曲柄连杆机构3、泵缸4以及滑油泵5等组成。

1. 电动机

电动机采用一般防滴式交流电机。电机的转向必须与机体上的标号相一致，以防止由曲轴带动的齿轮油泵反转而不能供油。

2. 齿轮减速器

齿轮减速器位于电机的输出轴侧，由电机经挠性联轴器6带动回转。减速器共分两级，采用圆柱齿轮，轮轴由滚珠轴承来支承。

3. 曲轴

曲轴是一根整轴，由三个滚珠轴承(其中最后一个是自位轴承)支承工作。轴上有两个曲柄。曲柄间夹角90°，以减少流量和功耗的波动。曲轴上的曲柄销与连杆7的大端相连，连杆小端则经十字头8与活塞杆相连。这样，曲轴的回转运动就经连杆、十字头和活塞杆的传动，使活塞9在泵缸4内作往复运动。

4. 缸体

缸体由铸铁浇铸而成，中间镶有内套。内套常用铜制成，以防海水腐蚀。

5. 活塞及活塞环

活塞的材料是铜或铸铁，外周开有环槽，用于安装活塞环。活塞环亦称胀圈，是往复泵重要的密封件和易损件之一。活塞用螺母固定在活塞杆上，在活塞的外周装有密封用的活塞环(胀圈)。当胀圈用非金属耐磨材料(如夹布胶木、塑料)或青铜制成时，为了保证足够的弹力，可在胀圈的内侧加衬弹簧。胀圈的密封性能通常都用搭口间隙的大小来衡量。如果胀圈工作过久，磨损过度，以致使搭口间隙超过规定数值，则应予以换新。

新装活塞环与环槽的轴向间隙、径向间隙和开口间隙应符合要求。往复式舱底水泵的活塞环常采用夹布胶木制成，新换时应先将它在热水中浸泡一段时间，待其变软后取出，将开口撑开到8 mm左右，等冷却后放入缸内及环槽内，检查各间隙值，合适才可装入使用。

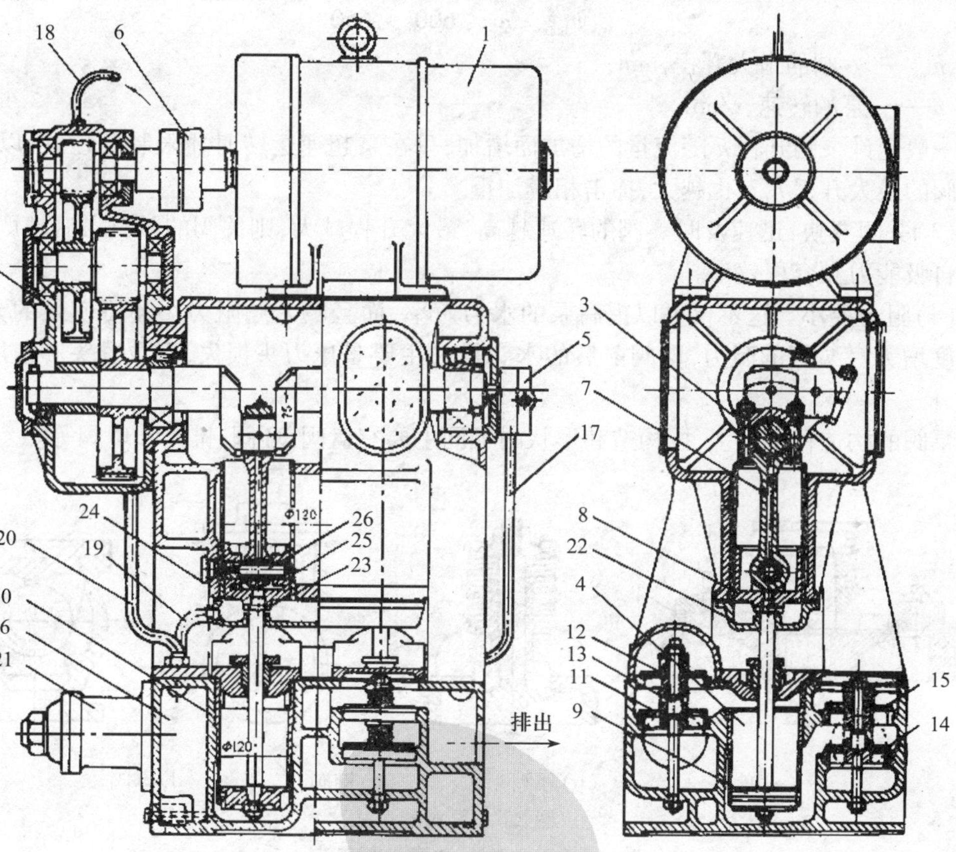

图 2-5 2DSL 型往复泵

1—电动机;2—齿轮减速器;3—曲柄连杆机构;4—泵缸;5—滑油泵;6—联轴器;7—连杆;8—十字头;9—活塞;10—水缸;11,14—吸入阀;12,15—排出阀;13—固定螺栓;16—滑油箱;17,18,19,20—油管;21—安全阀;22—油盘;23—锁紧螺母;24—堵头;25—定位弹簧圈;26—十字头销

6. 阀箱

该泵 4 个阀箱位于泵缸的前后,分别与泵缸的上下工作腔相连。阀箱的结构和工作原理可参见图 2-4。

7. 泵阀

对应于往复泵的每个工作腔,都各有一个(或一组)吸入阀和排出阀。泵阀是往复泵重要的密封件和易损件。泵阀除要求有足够的强度和刚度、结构简单、工艺性好和检修方便外,性能上主要是要求关得严、关得轻、关得快、阻力小。

(1)关闭严密。关闭不严密会使自吸能力变差,容积效率降低。当采用金属阀盘时,应经常检查其与阀座贴合的密封面(阀线)是否完好,当该密封面出现伤痕导致阀线不完整时,应予以研磨。若密封面压痕太深,研磨前可先光车。泵阀各弹簧的自由高度应基本相等,张力应接近。如果弹簧工作过久失去弹性,自由高度减少 5% 以上,应予换新。根据 GB/ T11034-2008 的要求,泵阀与阀座的接触面必须进行密封试验,即将二者组装后倒置,注煤油检查,5 min内应该不漏。

(2)关闭时撞击要轻,撞击声小。关闭时撞击重会加剧阀的磨损。试验得出泵阀撞击轻的条件是:

$$h_{max} \cdot n \leqslant 600 \sim 650 \tag{2-16}$$

式中，h_{max}—— 阀的最大升程，mm；

n—— 泵的转速，r/min。

一般允许泵阀升程 h 随流量的增加而增加，只在泵超速运转时才限制升程。所以，流量越大则阀的最大升程 h_{max} 也越大，撞击相应加重。

(3)关闭要快，迅速及时。阀的转速越高，最大升程越大，则关阀的相对滞后越严重，会降低泵自吸能力和容积效率。

(4)阻力要小。这不仅可以提高泵的水力效率，而且吸入阀阻力小还可使泵的允许吸上真空度增大。泵阀的阻力，即阀前后的水头损失主要是压力头损失，而位置头和速度头损失很小。

泵阀的构造种类很多，按构造和形状的不同主要有盘阀、环阀、锥阀和球阀等。

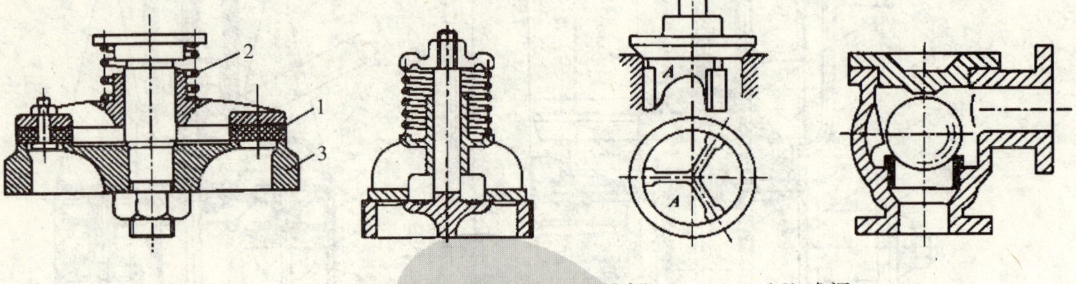

(a)盘阀　(b)环阀　(c)锥阀　(d)球阀

图 2-6　泵阀的形式

1—阀盘；2—弹簧；—阀座

8. 润滑设施

小型往复泵采用飞溅润滑。图 2-5 所示的往复泵由曲轴自由端带动齿轮滑油泵 5 实现压力润滑。滑油压力一般为 0.08 ~0.12 MPa，油温一般小于或等于 70℃。新装的或大修后的往复泵初次使用时，应将电动机瞬时点动一下，防止因相序不对而反转。

9. 安全阀

往复泵必须设安全阀，能在排出压力过高时自动开启，使排出室和吸入室相通，从而防止排压过高而损坏泵体、管路或因过载而毁坏电机。安全阀一经跳起，故障消除后，往往也会使安全阀内漏，必须对安全阀立即进行检修。GB/ T11034-2008 规定安全阀的开启压力应为泵的额定排出压力的 1.1 ~1.15 倍。当泵排出管路阀门关闭时，安全阀的排出压力一般应不大于泵额定压力加上 0.25 MPa。

10. 空气室

往复泵由于活塞变速运动，会造成吸、排管路中流量和压力脉动。解决这种脉动的方法之一就是装设空气室。空气室是一个部分充有空气的容器，设在泵的吸口或排口附近，如图 2-7 所示，分别称为吸入空气室和排出空气室。

当往复泵的瞬时流量大于平均流量时，排出管阻力较大，泵的排出压力较高，空气室内气体被压缩，部分液体进入空气室储存，空气室内液面位于 B 处；而当瞬时流量小于平均流量时，排出管阻力较小，排出压力较低，空气室内的气体膨胀，压迫已存储在空气室内的液体流向排出管，液面从 B 处逐渐降低为 A 处，这样使排出管中的流量接近均匀。

装设空气室后，空气室和泵之间的短管内流量仍不均匀，但空气室之外的排出(或吸入)

管中的流量变得比较均匀。空气室的体积应足够大,才可将流量脉动率或压力脉动率降低到允许范围内。我国国标规定船用立式双缸四作用电动往复泵空气室容积应大于液缸行程容积的4倍。

由于空气在液体中的溶解度是随压力升高而增加,排出空气室内的气体会逐渐溶入液体,从而空气量减少,稳压作用降低。所以排出空气室应适时补气。而泵在正吸高下工作时,吸入空气室会因气体从液体中逸出导致气体量逐渐增多。吸入空气室短管下端常做成斜切口或特殊形状,当吸入空气室液面降低时,少量气体就经斜切口随液体被吸出,所以吸入空气室内的气体虽然会增多,但一般不需刻意放气。

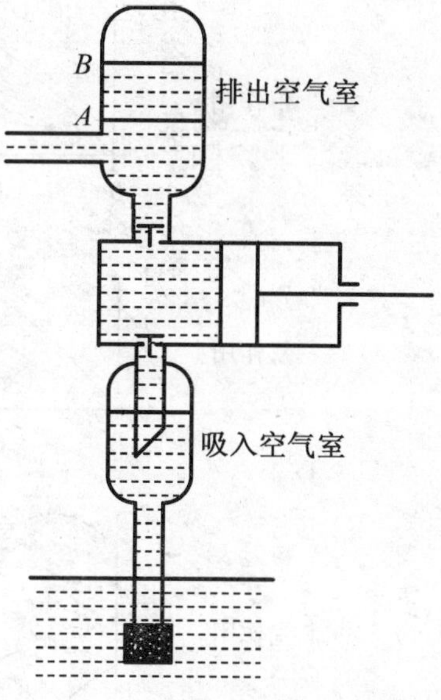

图2-7　往复泵空气室的工作原理

四、往复泵性能特点

1. 自吸能力强

泵的自吸能力,是指排除泵缸及吸入管路内的空气,将液体从低于泵处吸上,并开始排送液体的能力。自吸能力可由自吸高度和吸上时间来衡量。泵在排送气体时能在吸口造成的真空度越大,则自吸高度越大;造成足够真空度的速度越快,则吸上时间越短。泵自吸能力与泵的结构形式和密封性能有关。往复泵为改善密封性能提高自吸能力,起动前一般应在缸内灌满液体。

2. 理论流量与工作压力无关

理论流量只取决于转速、泵缸尺寸和作用数。实际流量小于理论流量的原因是:(1)泵阀关闭不严;活塞环、活塞杆填料有漏泄。(2)吸入时液体压力降低,溶解在液体中的气体逸出,压力太低时液体还可能气化,空气也可能从轴封处漏入。(3)活塞换向时泵阀关闭滞后造成内漏。

3. 额定排出压力与泵的尺寸和转速无关

额定排出压力主要取决于轴承的承载能力、密封性能、泵的强度及原动机功率。往复泵起动前必须先开排出阀。为防止排压过高导致泵损坏或过载,必须设安全阀。

以上1－3点是容积式泵共有的。此外,往复泵还有以下特点:

4. 流量不均匀

电动往复泵的曲轴作匀速回转运动,经曲柄连杆机构的传动,导致活塞运动速度不均匀(与曲柄转角的正弦函数成正比),这就使得往复泵的瞬时流量不均匀。图2-8示出作用数不同的电动往复泵的瞬时理论流量曲线。可见,单作用泵流量很不均匀,因为它在活塞回行时不排液。双作用泵虽然在两个行程中都有排出,但流量仍然很不均匀。三作用泵的流量是由三个相位差120°的单作用泵流量叠加而成,其均匀性不仅优于单、双作用泵,而且比双缸四作用泵好。四作用泵的流量是由两组相位差90°的双作用泵流量曲线叠加而成。为了减轻流量和压力波动,常采用多作用泵或设空气室。

5. 转速不宜太快

电动往复泵转速一般为200～300 r/min,最高不超过500 r/min,高压小流量泵转速为600～700 r/min。若转速过高,泵阀迟滞造成的容积损失就会相对增加;而且泵阀撞击会加重,

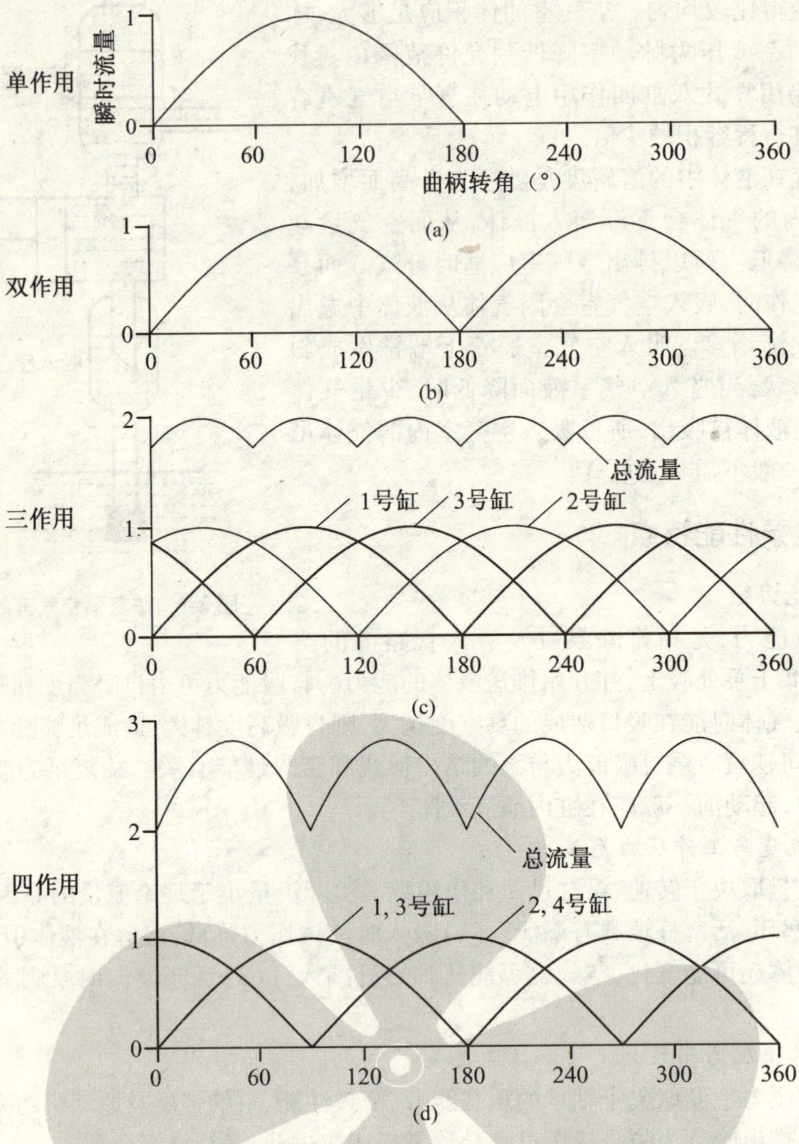

图 2-8 电动往复泵的瞬时理论流量曲线

使阀的磨损和噪声也将加剧；此外，液流和运动部件的惯性力也将随之增加。由于转速不宜太高，故往复泵在既定流量的尺寸和重量相对较大，适用流量受到限制。

6. 对液体污染度敏感

排送含固体杂质的液体时，泵阀容易磨损和泄漏。如果用作舱底水泵应加吸入滤器。

7. 结构较复杂，易损件较多

易损件主要包括活塞环、泵阀、填料和轴承等。

由于往复泵的上述特点，故在流量相同时它比其他泵显得笨重，造价较高，管理维护比较麻烦，故在许多场合它已被离心泵所取代。但舱底水泵和油船扫舱泵等工作中容易吸入气体，需要自吸能力强，仍会采用往复泵。

五、电动往复泵的使用管理及维护

1. 起动

(1)检查并确信泵各部件技术状态良好,且无外物妨碍泵的工作。对刚检修过的泵,应盘车1~2转,以查明有无妨碍运转的外物或其他因素。

(2)检查滑油量,使滑油箱保持规定的油位。

(3)检查填料情况,填料压盖不得歪斜,压紧力应该适中。

(4)对刚检修过电机的泵,尚应查明电动机的接线是否正确,绝缘是否良好。

上述准备工作完成后,即可依次开足排出阀和吸入阀,然后接通电源,使泵起动。若泵运转正常,吸、排压力及滑油压力和油温等参数合乎要求,则起动工作即告完成。

2. 运转管理

对运转中的泵,主要是监视有关仪表的读数、滑油油位、轴承和各摩擦件是否发热和存在异响,以及填料和各结合处有无漏泄等。如有发热、异响、漏泄或工作参数失常等情况,均应及时加以处理。

3. 停车

切断电源,使泵停转,然后依次关闭吸入截止阀和排出截止阀。当泵长期停用时,应通过各泄放螺塞,放尽泵内残水,并对各运动件涂敷油脂。

六、往复泵的常见故障分析及处理

往复泵常见故障现象、原因和处理方法参照表2-1进行。

表2-1 往复泵的常见故障分析及处理方法

现象	原因	处理方法
1. 不能供液或流量不足	(1)吸入容器无液体	容器充注液体
	(2)吸入阀未开足或温度高导致汽化	开足吸入阀或降低温度
	(3)吸入管漏气	消除漏气
	(4)吸入滤器堵塞	清洗滤器
	(5)泵阀损坏、泄漏,或搁起	维修或换新泵阀,清除搁起物
	(6)活塞环、缸套或填料磨损	维修或换新
	(7)安全阀泄漏或弹簧太松	维修或换新
2. 安全阀顶开或电机过载	(1)排出截止阀未开或排出管路堵塞	开足排出阀或消除堵塞
	(2)排出压力太高但安全阀失灵	消除排压高,校验安全阀
	(3)轴承、填料太紧或活塞因故咬死	调整间隙、松紧或修换
	(4)泵缸中有异物卡死	拆检
3. 异响	(1)泵缸中有敲击声,可能是泵缸中有异物或活塞固定螺帽松动	拆检
	(2)泵缸中有摩擦声,可能是活塞环断裂或填料过紧	拆检
	(3)泵阀撞击,可能是弹簧断裂或弹性不足	换新弹簧
	(4)传动部件摩擦间隙过大	调整或换新
4. 摩擦部件发热	(1)间隙过小	调整间隙
	(2)润滑不足	改善润滑
	(3)摩擦表面不干净	清洗滑油滤器和摩擦表面
5. 阀箱有异响	(1)泵阀弹簧断裂或弹性不足	换新弹簧
	(2)泵阀升程过大	降低升程
	(3)泵阀阀盘压盖螺帽松动	上紧

第三节　齿轮泵

一、齿轮泵的结构和工作原理

齿轮泵是常见的回转式容积泵，其主要工作部件是互相啮合的齿轮。按其啮合的方式可分为外齿轮泵、内齿轮泵以及转子泵等，按齿轮的形式可分为直齿轮泵、斜齿轮泵以及人字齿轮泵等。

(一)外齿轮泵

1. 工作原理

图2-9为外齿轮泵的工作原理简图。齿轮1、2的齿顶和两端面分别被泵体3和前、后端盖(图中未示出)所包围。由于相互啮合的轮齿A、B、C的分隔，与吸入口4与排出口5彼此隔离。当齿轮按图示方向回转时，齿C逐渐退出啮合，其所占据的齿间的容积逐渐增大，从吸入口4吸入液体。随着齿轮的回转，一个个吸满液体的齿间转过吸入腔，沿泵体3内壁转到排出腔，依次啮合。啮合时齿间容积减小，压力升高，液体经排出口5排出。齿轮泵如果反转，其吸排方向就相反。

2. 困油现象

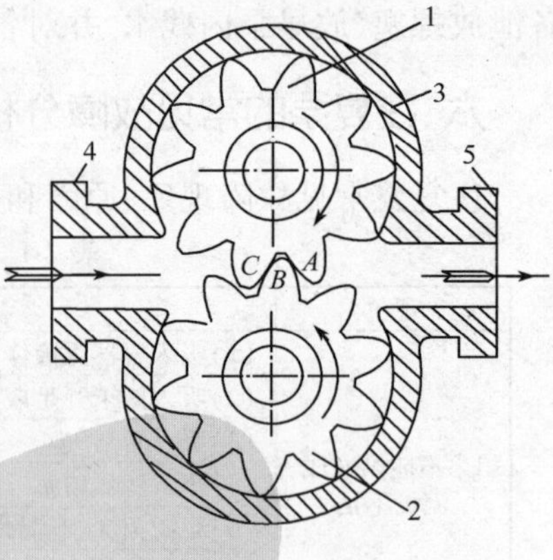

图2-9　外齿轮泵的工作原理图

1—主动齿轮；2—从动齿轮；3—泵体；4—吸入口；5—排出口

(1)产生原因。困油现象产生的原因可通过图2-10说明。外啮合齿轮泵的轮齿一般都采用重叠系数大于1的渐开线齿形。图中2-10(a)表示一对齿刚啮合时，前一对齿尚未脱开，它们之间形成的封闭容积$V=V_a+V_b$。齿侧间隙使V_a和V_b相通。当齿轮按图示方向回转时，如图2-10(d)所示，V_a逐渐减小，V_b逐渐增大，它们的总容积V先逐渐减小，当转到图2-10(b)所示对称位置时最小；再继续回转V逐渐增大，到前一对齿将脱开啮合的瞬间[如图2-10(c)所示]V最大。由此可见，在部分时间内相邻两对轮齿同时处于啮合状态，它们与端盖间形成的封闭空间容积先减小然后增大，这就是齿轮泵的困油现象。

(2)危害。困油现象会降低齿轮泵工作性能和使用寿命，主要表现为：

①当封闭容积减小时，其中的油从密封间隙强行挤出，产生噪声和振动，同时封闭容积中油压急剧升高，使轴承受到额外的径向力，功率损失增加。

②当封闭容积增大时，其中的油压下降，溶于油中的气体析出产生气泡，这些气泡被带到吸入腔，使泵的容积效率降低，振动和噪声加剧。

(3)解决方法。目前普遍采用开卸荷槽的办法来消除困油现象，具体又可以三种形式：

①对称卸荷槽法。即在与齿轮端面接触的固定部件内侧加工出两个卸荷槽，如图2-10(b)的虚线所示。容积V最小时两对啮合齿的啮合点A、B正好在两卸荷槽的内边缘上，这时V与两个卸荷槽都不通。容积V达到最小值前逐渐减小时，始终通过右卸荷槽与排出腔相通，其中油液得以挤出；而齿轮转过图2-10(b)所示位置，容积V逐渐增大时，通过左卸荷槽与吸入腔相通，使油得以补入。

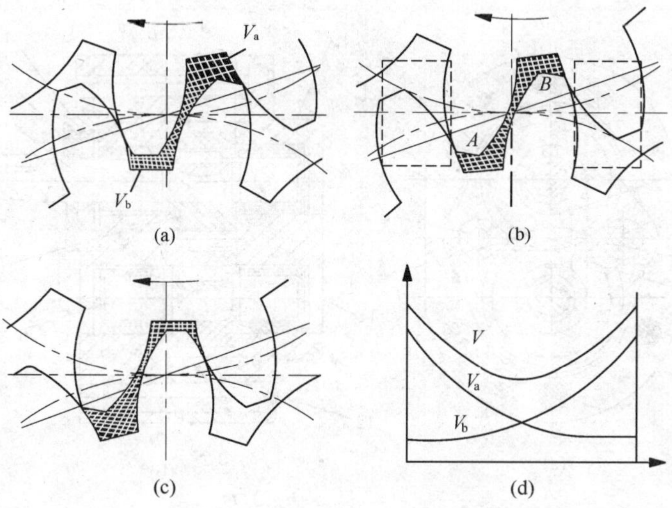

图 2-10　齿轮泵困油现象示意图

②非对称卸荷槽法。中、高压齿轮泵齿侧间隙很小，当齿轮转过图 3-10(b)所示位置时，容积 V_a 仍在继续减小，其中压力仍会升高，挤出油液产生的噪声和振动还是较大。为了更好地解决这个问题，可使同一端盖上的两个卸荷槽一起向吸入侧移过适当距离，这样就延长了 V_a 与排出腔相通的时间。当然，这同时也会推迟 V_b 与吸入腔相通的时间。由于齿侧间隙较小，V_b 中的真空度会稍有增大，不过影响很轻微。

③单卸荷槽法。即只在排油侧开设偏向中心线的卸荷槽，使封闭容积存在期间始终与排油卸荷槽相通，而当封闭容积与吸油腔相通时正好脱离卸荷槽。采用非对称卸荷槽和单卸荷槽的齿轮泵噪声更低，对容积效率影响并不大，但泵不允许反转使用。

正齿轮泵、斜盘式轴向柱塞泵、单作用叶片泵及内曲线式液压马达等机械都会产生困油现象，而斜齿轮泵及人字齿轮泵则不会产生困油现象。

3. 结构实例

图 2-11 为国产 CB-B 型外啮合齿轮泵的结构图。主动齿轮 7 和从动齿轮分别用键安装在主动轴 6 和从动轴 8 上，轴的两端由滚针轴承 10 支承。齿轮的齿顶和端面分别被泵体 2 和前端盖 3、后端盖 1 所包围。端盖、泵体由定位销 12 定位，用 6 根螺栓固定在一起。

泵体 2 上铣有油槽 c，将端面漏油引回吸入腔，可降低泵体与端盖间油压力，防止外泄。部分端面油可进入各轴承腔帮助润滑，漏往轴承腔的油又可经前、后端盖上铣有的油槽 a、b 吸回吸入腔。三只闷盖 11 和油封 5 可防止轴承腔漏入空气或向外漏油。CB-B 型齿轮泵端面间隙为 0.025～0.06 mm，齿顶间隙为 0.13～0.26 mm。

油封又叫旋转轴唇形密封圈，是工作压力不很高的回转泵的泵轴常采用的密封形式。它由弹性体、金属骨架和弹簧组成。弹性体由皮革、橡胶或聚四氟乙烯等制成，其内径比轴径略小，装在轴上靠内侧唇边的过盈量抱紧轴表面。弹簧常置于弹性体内侧唇边的外缘，用以增加唇边与转轴间的接触压力，并补偿唇边的磨损，有的形式也可省去弹簧。包在弹性体内的骨架用来增加弹性体的机械强度和刚性。

标准型油封耐压≤0.5 MPa，耐压型国内产品可达 1～3 MPa，德国产品可达 10 MPa。使用线速度小于 15 m/s；油温不大于 120～200℃，依所用弹性体的材料而不同。油封结构简单紧凑，拆装方便，对轴的振动和偏心适应性好，最大漏泄量仅 1 滴/小时，停机时不漏，但摩擦功率

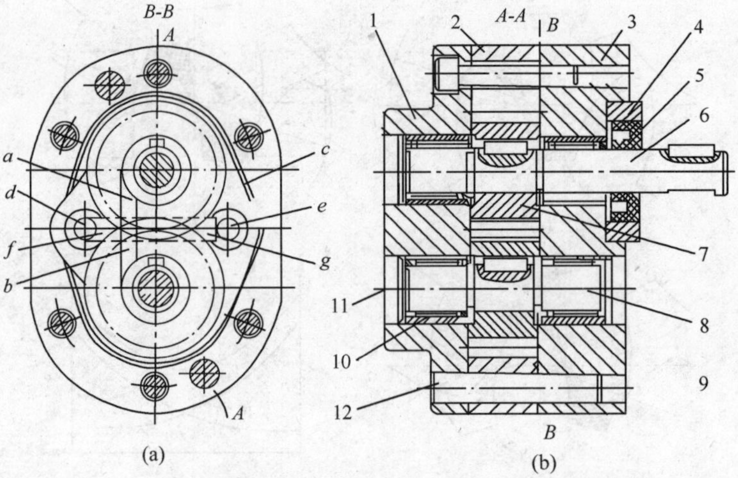

图 2-11　CB-B 型外啮合式齿轮泵的结构图

1—后端盖;2—泵体;3—前端盖;4—轴封套;5—油封;6—主动轴;7—主动齿轮;8—从动轴;9—从动齿轮;10—滚针轴承;11—闷盖;12—定位销

稍大。转轴或轴套与油封弹性体接触面的粗糙度应较小。安装时唇缘朝向油液侧,接触面应涂敷油液或油脂,可用专用工具推入,务必防止偏斜。

(二)内齿轮泵

内齿轮泵有带月牙形隔板的渐开线齿形和摆线齿形两种。

1. 带月牙形隔板的可逆转内齿轮泵

图 2-12 所示为一种带月牙形隔板的可逆转内齿轮泵。它可被用作压缩机曲轴带动的滑油泵,即使压缩机反转,油泵吸排方向仍然不变。

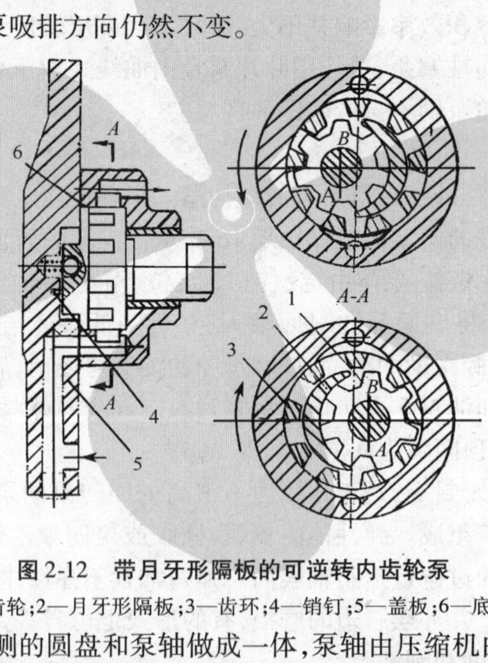

图 2-12　带月牙形隔板的可逆转内齿轮泵

1—齿轮;2—月牙形隔板;3—齿环;4—销钉;5—盖板;6—底盘

图 2-12 中齿环 3 与右侧的圆盘和泵轴做成一体,泵轴由压缩机曲轴带动。而图中左侧的底盘 6 上有月牙形隔板 2 和与泵轴偏心的短轴,短轴上面套着齿轮 1。当泵轴带齿环转动时,与齿环呈内啮合的齿轮随之转动,产生吸排作用,工作原理与外啮合齿轮泵类似。

底盘 6 背面圆心处有被弹簧压紧的钢球,帮助底盘与带齿环的圆盘贴紧;底盘背面还有一偏心的销钉4，卡在盖板5下半部的半圆形环槽内。当泵轴逆时针旋转时，啮合齿的作用力传到底盘6的偏心短轴上，产生逆时针转向的转矩，使底盘转至其背面的销钉卡到半圆形环槽的右端为止，这时，齿轮与齿环的相对位置如图2-12中右上图所示，泵下吸上排。当泵轴改为顺时针转动时，啮合齿传至偏心短轴上的力产生顺时针转向的转矩，使底盘6转180°，直至其背面的销钉卡到半圆槽的左端为止，这时齿轮与齿环的相对位置变成图中右下图所示那样，泵的吸排方向仍保持不变。

与外齿轮泵相比，带月牙形隔板的内齿轮泵结构紧凑；吸油区圆心角大，吸入性能好；流量脉动小；啮合长度较长，工作平稳；还可采用特殊齿形或在齿环的各齿谷中开径向孔导油，显著减轻或消除困油现象，故噪声很低。其缺点是制造工艺较复杂，漏泄途径多，容积效率比外齿轮泵低。

2. 转子泵

转子泵是一种有摆线齿形的内齿轮泵，如图2-13所示。其外转子2比内转子1多一个齿，两者的圆心O_2、O_1偏心，转向相同，转速不同。转子相邻两齿的啮合线与前盖5、后盖6形成若干个密封腔。转轴3带内、外转子转动时，密封腔的容积发生变化，通过前、后盖上的吸、排口即可吸、排油。

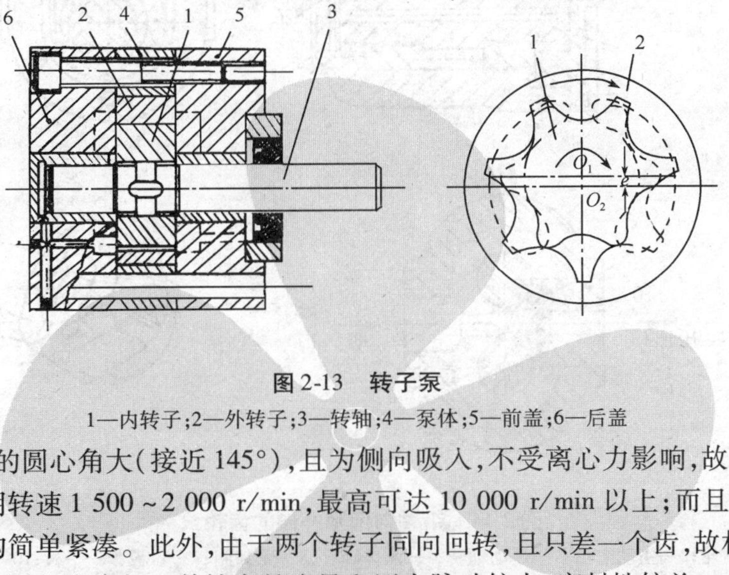

图2-13　转子泵

1—内转子；2—外转子；3—转轴；4—泵体；5—前盖；6—后盖

转子泵吸口的圆心角大（接近145°），且为侧向吸入，不受离心力影响，故吸入性能好，允许高速运转，常用转速1 500～2 000 r/min，最高可达10 000 r/min以上；而且齿数少，工作空间容积较大，结构简单紧凑。此外，由于两个转子同向回转，且只差一个齿，故相对滑动速度很小，运转平稳，噪声低，寿命长。其缺点是流量和压力脉动较大，密封性较差，η_v较低。

（三）高压齿轮泵

普通齿轮泵工作压力不能太高；否则会因为内泄漏太多而使容积效率太低。此外泵工作时径向力也会显著增加，而使轴承寿命缩短。因此，高压齿轮泵一般在结构上采取以下两方面措施：

1. 采用间隙自动补偿装置，防止容积效率过低

当齿轮泵排压较高时，仅靠提高加工精度和装配质量以帮助减少齿轮泵的密封间隙是不够的。因为在高油压的作用下端盖将会变形，使端面间隙增大，因而难以达到预期的目的，所以，高压齿轮泵就需要采用液压间隙补偿装置，其中最常用的是轴向间隙补偿装置。

轴向间隙补偿装置的具体型式很多，但其基本原理则都是在齿轮端面与泵体之间夹设浮动元件，并在工作时将排出的压力油引至该元件的外侧，使作用在浮动元件外侧向内的液压力

稍大于浮动元件内侧向外的液压力，以使该浮动元件在泵工作时能够贴靠齿轮端面，自动地补偿齿轮端面处的磨损，从而使轴向间隙始终保持很小的数值。

图 2-14 即表示一带有轴向间隙补偿的高压齿轮泵。图中浮动轴套 3 的轴颈伸入到盖板 7 中，构成一“8”字形的封闭油腔 a，并用密封圈 5 和 6 加以密封。压力油从排油腔经通道 b 引入 a 腔，推动轴套使其紧贴在齿轮 1 和 2 的端面上。由于齿轮端面液压力的合力作用点偏向排出一侧，故在轴套外侧靠近吸入口的一边，装设一块特殊形状的平板 9，并在该板周围布置密封圈 8，而板上则开有沟通吸油腔的小孔 c，以便形成一个低压区，从而使轴套上液压压紧力的合力作用点也偏向排出一侧，并与齿轮端面处液压推开力的合力作用点接近。密封圈 6 和 8 除密封作用外，还可利用其弹力，防止泵起动时端面间隙太大。

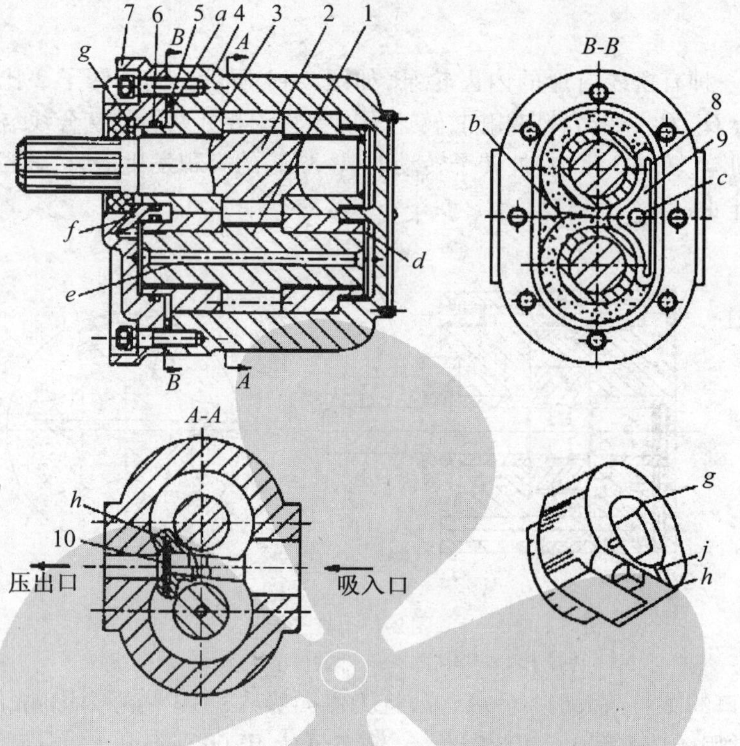

图 2-14 带轴向间隙补偿的齿轮泵

1—从动齿轮；2—主动齿轮；3—浮动轴套；4—泵体；5，6，8—密封圈；7—盖板；9—平板；10—弹簧钢丝

轴颈的润滑油依靠端面漏泄从 j 槽引到 g 槽。内漏泄的油液经孔道 d、e、f 引回吸油腔。为了使加工和安装比较容易，在两个浮动轴套的平面接缝之间有一个不大的间隙。为能在轴套装好后消除这一缝隙，在轴套上钻有盲孔 h，安装时插入弹簧钢丝 10，它能使轴套相对转动，彼此挤紧。此外，卸荷槽也开在轴套上。

这种泵的工作压力一般可达 10 MPa，最大可达 13.5 MPa，容积效率在 0.9 以上。另外能同时补偿轴向和径向间隙的内齿轮泵，其最大工作压力可达 29.4 MPa，容积效率约为 96%。

2. 减小径向力，提高轴承寿命措施

(1)采用较少的齿数(一般为 6 ~ 14)，以便在保持所要求流量的前提下能够减少齿宽和齿轮直径，从而减小径向力，并加强齿的强度。

(2)减小泵排出腔在周向所占的角度。有时，为使排出口具有足够的通流面积而将其轴向尺寸相应放大，做成椭圆形。

(3)采取平衡径向力的措施。图 2-15 示出一种泵的端盖或轴承座圈上开设压力平衡槽,借以平衡径向液压力的方法。也可仅在靠近吸入口一两个齿的地方保持较小的齿顶间隙,而使其余齿保持较大的齿顶间隙,这就使作用在这些齿顶上的液压力基本接近排出压力,从而使大部分径向力得以平衡。然而,上述这些方法都将使容积效率降低。

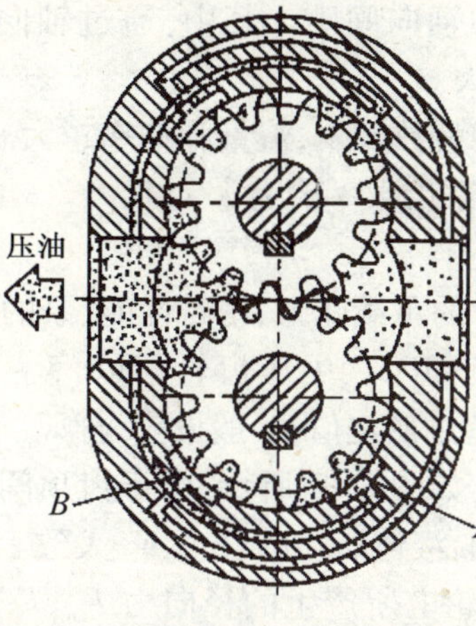

图 2-15　齿轮泵径向力的液压平衡

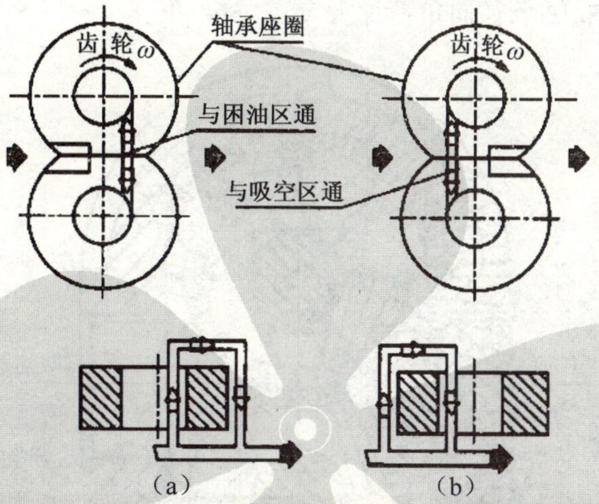

图 2-16　齿轮泵轴承强制润滑示意图

(4)改善轴承的润滑和冷却条件。这种方法主要利用齿轮泵的困油现象,使困油空间因容积减小而挤出的油液通过轴承座圈上的凹槽注入轴承,然后从轴承座圈后面流出,再汇入压油腔,见图 2-16(a),或者利用困油空间容积增大时的吸油作用,通过轴承座圈上的凹槽从轴承吸油,同时使泵吸油腔的油液从轴承座圈后面吸入轴承,见图 2-16(b),从而改变轴承的润滑和冷却条件。两者相比,因后者油温较低,冷却效果较好,故更为常用。

(5)采用承载能力较高的滑动轴承或带隔离圈的高精度滚针轴承;也可使滑动轴承带有挠性支座,以使支座能随泵轴一起变形,从而使二者保持更为均匀的接触。

二、齿轮泵的性能特点

1. 有自吸能力

齿轮泵排气时密封性很差,故自吸能力不如往复泵。齿轮泵内部摩擦面多,起动前必须保证泵内有油,防止干转磨损并可改善密封性能。

2. 理论流量与工作压力无关

理论流量取决于工作部件的尺寸和转速。实际流量小于理论流量的影响因素包括:密封间隙、排出压力、吸入压力、油温和黏度等。密封间隙包括齿顶与泵体之间的径向间隙、齿轮之间的啮合间隙、齿轮与端盖之间的轴向间隙。其中,通过轴向间隙的泄漏量占总泄漏量的70% ~90%,对容积效率的影响最大。

齿轮泵的流量连续但有脉动。齿数越少,流量脉动率越大。中、低压齿轮泵为提高流量均匀性,齿数多为13 ~20。高压齿轮泵齿数一般为6 ~14。

3. 额定排出压力与流量无关

额定排出压力主要取决于轴承的承载能力、密封性能、泵的强度及原动机功率。按额定排出压力可分为:低压齿轮泵(<2.5 MPa)、中压齿轮泵(6.3 ~16 MPa)和高压齿轮泵(20 ~31.5 MPa)。为了防止泵工作压力超过额定值,一般设安全阀。

齿轮泵工作时会产生径向力。如图2-17所示,由于齿顶间隙的漏泄,齿轮外周的液体压力是从排出腔到吸入腔逐级降低的,液体压力的合力 F_o 大致上通过齿轮中心指向吸入端,而啮合齿因传递转矩而在主、从动齿轮上所产生的径向力 F_m、F'_m 大小相同、方向相反。这样,主、从动齿轮所受径向力的合力 F_1、F_2 方向不同,且从动齿轮的径向力较大。齿轮泵工作时泵轴受径向力会使泵轴弯曲,轴承径向负荷加大。

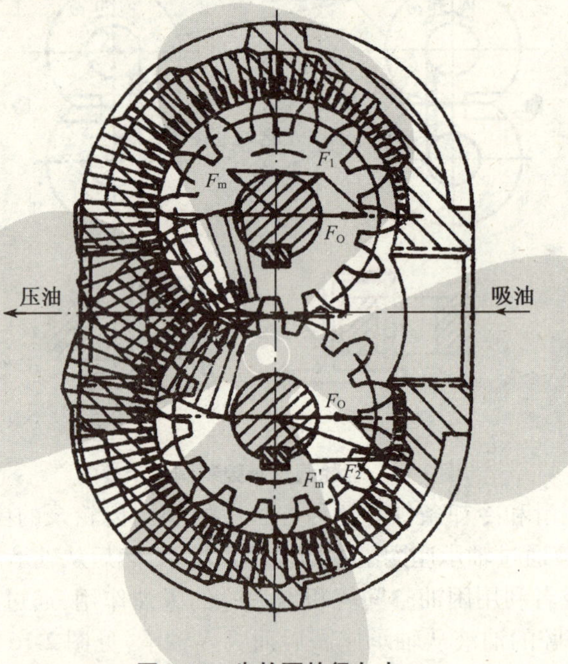

图2-17 齿轮泵的径向力

4. 可由电动机直接传动,结构简单,易损件少

5. 摩擦面较多,用于运送油类

在船上,齿轮泵一般被用作滑油泵、驳油泵、液压系统辅泵等。

三、齿轮泵的使用管理及维护

1. 注意转向正确

齿轮泵除专门设计成可逆转的外，因为以下原因，一般不允许反转。

(1)吸、排口直径不同。

(2)卸荷槽是非对称形式或单卸荷槽。

(3)设有单向作用的安全阀。

泵和电机应保持良好对中，联轴节不同心度一般不大于0.05 mm。由于泵轴工作时有弯曲变形，最好能使用挠性连接。

2. 不许干转

新泵或拆检后的泵起动前应向泵内灌油。

3. 防止超出额定排出压力

超出额定排出压力会使原动机过载，轴承负荷过重，并使工作部件变形，磨损和漏泄增加，严重时甚至造成卡阻。

4. 防止吸入压力过低

当吸入真空度增加时，油中气体的析出量增加，容积效率会降低。若吸入真空度大于允许吸上真空高度，会产生气穴现象。

不含轻馏分的油在工作温度范围内的饱和蒸气压很低，在通常吸入压力下不会气化。但矿物油在常温和大气压下溶有6%～12%的空气(水中仅2%)。压力低于某数值时溶于油中的气体会大量逸出，该压力称为空气分离压，它随液体种类和空气的溶解量而异，温度高则空气分离压也高。当吸入压力低于空气分离压时，油在低压区会析出许多气泡，使流量降低；当气泡随油来到高压区时，空气重新溶入油中，形成局部真空，四周的高压油液就会以高速流过来填补，产生液压冲击，并伴随剧烈的噪声，这种情况称为气穴现象。

5. 防止吸入空气

吸入空气不但会使流量减少，而且是产生噪声的主要原因。除保持吸入油面有足够高度外，还要防止吸入管漏气。如果泵工作时噪声很大，可在吸入管各接口处逐个浇油检查，如果噪声下降，则说明该处漏气。

6. 油液应保持合适的温度和黏度

油温太高或黏度太低则漏泄增加，还容易产生气穴现象；黏度过高同样也会使吸入困难，容积效率降低。

7. 保持适当的密封间隙

齿轮泵漏泄量与密封间隙的立方成正比。其主要的内漏泄途径为轴向间隙，可以采用压铅丝法测量。必要时可改变端盖与泵体之间的垫片厚度来调整轴向间隙；间隙过大时可将泵体与端盖结合面磨去少许。

8. 注意保持吸入滤器清洁

四、齿轮泵的常见故障分析及处理

齿轮泵常见故障和处理方法如表2-2所示。

表 2-2　齿轮泵常见故障和处理方法

现象	原因	处理方法
1. 不能排油或流量不足	(1)泵不能转动或转速太低	检查电源、电机,泵解体检修
	(2)电机反转	重新接线
	(3)吸入管或吸入滤器堵塞	检查管路,清洗滤器
	(4)吸入管口露出液面	加油到正常液位
	(5)吸入管漏气	检查,消除漏点
	(6)吸、排截止阀关闭	开启吸、排阀
	(7)泵内间隙过大或安全阀漏泄	解体检修
	(8)起动前泵内无油	灌油
2. 泵磨损太快	(1)油液含磨料性杂质	加强过滤
	(2)长期空转	防止空转
	(3)排出压力过高	降低排出压力
	(4)泵装配失误,中心线不正	检修校正
3. 工作噪声太大	(1)吸入滤器堵塞	清洗滤器
	(2)吸入滤器容量太小	换用大容量滤器
	(3)吸入管太细或堵塞	检查或更换管路
	(4)漏入空气	检查管路,消除漏点
	(5)油箱内有气泡	检查回油管,防止发生气泡
	(6)油位太低	加油到正常液位
	(7)泵产生机械摩擦	解体检修

第四节　螺杆泵

螺杆泵是船上常用的回转式容积泵,它利用螺杆的回转来吸排液体。根据泵内工作螺杆的数目,有单螺杆泵、双螺杆泵和三螺杆泵。

一、螺杆泵的结构和工作原理

(一)三螺杆泵的结构和工作原理

图 2-18 示出立式三螺杆泵的结构。它主要由固定在泵体 6 中的缸套 7,以及安插在缸套中的一根主动螺杆 4 和两根从动螺杆 3、5 组成。各啮合螺杆之间以及螺杆与缸套内壁的间隙都很小,并可借啮合线从上到下形成Ⅰ、Ⅱ、Ⅲ、Ⅳ等多个彼此分隔的容腔。随着螺杆的转动,吸入容腔(如图中Ⅳ)逐渐增大而吸入液体,然后封闭。该封闭容腔沿轴向不断向上推移,移到与排出腔相通(如图中Ⅰ)时其容积减小,向排出管排出液体。与此同时,在螺杆下端不断形成新的吸入容腔。因此,随着螺杆的转动,液体就会不断地吸入和排出;如果螺杆反转,则泵的吸、排方向相反。

图 2-18 所示的三螺杆泵装有安全调压阀。由图可见,阀体 16 是一个带导向肋片的中空圆筒,下端插套在与端盖连成一体的套筒 13 外。阀 16 顶部钻有小孔,可将排出腔液体引到阀内腔,因阀上端面积大于内腔向上的作用面积(相差阀壁厚形成的圆环),故当排压超过调定值时,阀 16 就会克服弹簧 14 的张力下移,当阀上端的导向肋片移至泵体隔板位置时,吸、排油腔即沟通。该阀也作调压阀用,借助手轮 18 可调整弹簧张力,改变泵的排出压力(使部分液体回流)。这种泵的吸、排口分别设在泵体中部和上部,可保证停用后泵内存有部分液体,以免下次起动时干转。

从图 2-19(a)所示的横剖面来看,三螺杆泵的主动螺杆是凸螺杆,从动螺杆是凹螺杆,它

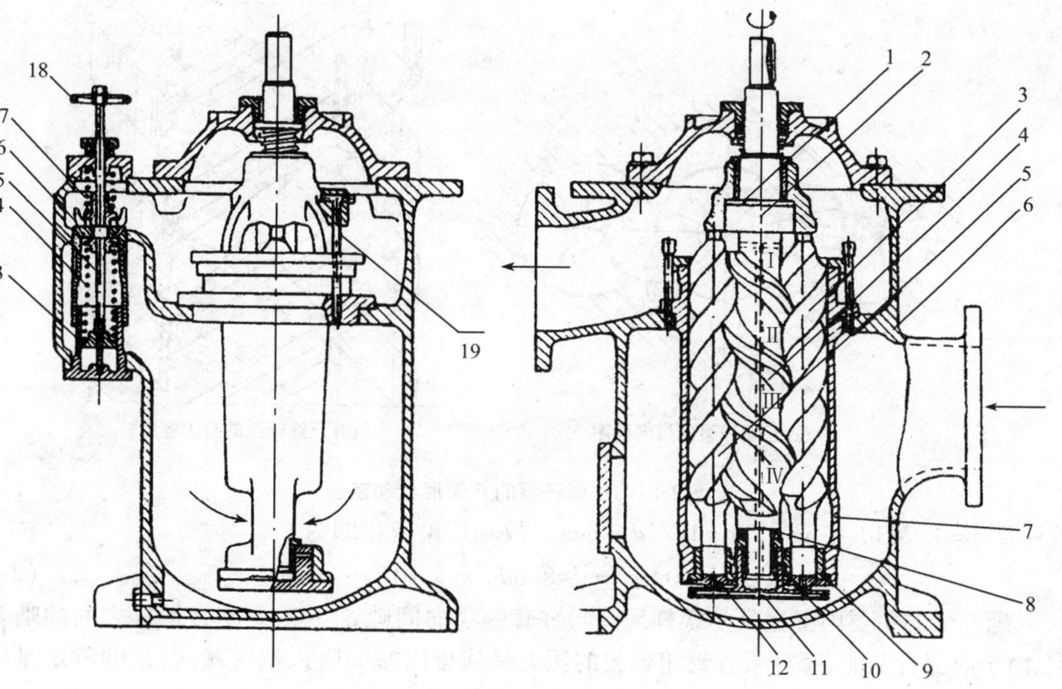

图 2-18　立式三螺杆泵的结构图

1、8—推力垫圈；2—平衡活塞；3、5—从动螺杆；4—主动螺杆；6—泵体；7—缸套；
9、10—平衡轴套；11—盖板；12—推力垫块；13—端盖套筒；14、17—弹簧；
15—调节螺杆；16—安全阀阀体；18—调节手轮；19—泄油管

们都是双头螺杆，其形状可设想为是由三个互相啮合的各有两个齿的极薄齿轮，在沿轴向移动的同时又转动而形成。凸螺杆的根圆与凹螺杆的顶圆就是啮合齿轮的节圆，直径为 d_H。在回转过程中节圆相对滚动。凸螺杆的齿廓线 mn 与凹螺杆转动时顶圆上的点 g 的轨迹一致，是点 g 生成的一段外摆线（一个圆沿另一个圆外侧滚动而无滑动时，其圆周上或圆外一点的轨迹称为外摆线）；凹螺杆的齿廓线 g_h 则是由凸螺杆顶圆上的点 m 生成的一段外摆线，整个齿形左右对称。这样，凹、凸螺杆在回转过程中不仅彼此的顶圆和根圆相切，而且由点 m、m' 和 g、g' 等所形成的棱边也能和对方的摆线螺旋面接触。

三螺杆一般都采用标准线型。其尺寸特征是：凹螺杆根圆直径 d_i、节圆直径 d_H 与凸螺杆顶圆直径 d_e 三者之比是 1∶3∶5；凹、凸螺杆的导程（螺旋线上任意点沿螺旋线旋转一周所移动的轴向距离）$t=\frac{10}{3}d_H$。

凸螺杆和两根凹螺杆啮合时，如图 2-19(b) 所示，彼此的凹槽之间存在着像 abc、$a'b'c'$ 等三角形相通的缺口，凸螺杆上的凹槽 A 和凹螺杆上的凹槽 B、C，以及螺杆后面的槽 D、F、E 相互连通，构成的封闭容腔成"∞"形，封闭容腔的轴向长度略大于导程。为避免吸、排两端直接沟通，理论上螺杆的最小工作长度为 $1.09t$，通常缸套与螺杆的最小长度取 $(1.2\sim1.5)t$。摆线齿形的三螺杆泵其啮合线是连续的，能形成封闭容腔将排出腔和吸入腔完全隔开，这样的螺杆泵称为密封型螺杆泵。

从螺杆泵的工作原理可知，泵运转时液体将从缸套与螺杆端面之间的空隙部分连续流出，其过流面积 A 是缸套内腔横截面积与螺杆端面横截面积之差，而轴向流速则为导程 t 与转速 n 的乘积。由于过流面积 A 和轴向流速都不随时间而变，故螺杆泵的流量十分均匀。标准型三

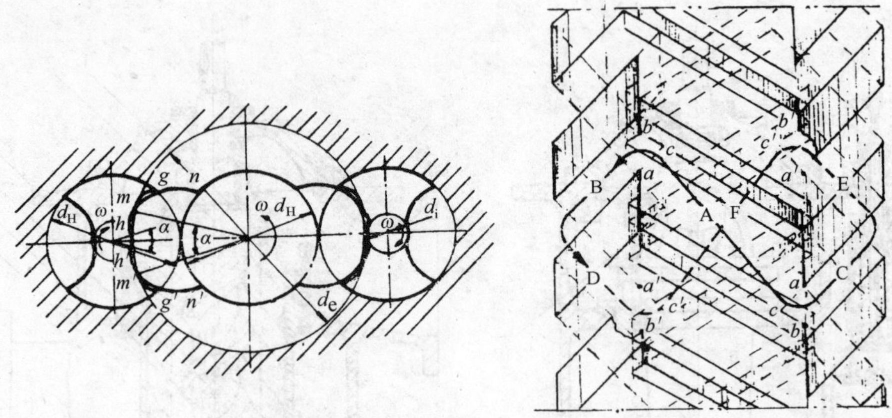

(a) 三螺杆泵的横剖面图　　(b) 三螺杆泵的封闭容腔

图 2-19　三螺杆泵的几何形状和密封

螺杆泵 $A=1.243d_H^2(\text{mm}^2)$，$t=10/3d_H(\text{mm})$，故其理论流量即为

$$Q_t = 60Atn = 248.6d_H^3 n \times 10^{-9} \quad \text{m}^3/\text{h} \tag{2-17}$$

螺杆泵的主要内漏途径是螺杆顶圆与缸套的径向间隙 δ；其次是啮合螺杆之间的啮合间隙。由于内部有漏泄，螺杆泵各封闭容腔的压力是从排出端向吸入端递减的。泵的额定排压越高，为增加封闭容腔的数目以减少漏泄，其螺杆的长径比应越大。通常当额定排出压力 p_D = 1.5 ~ 2.0 MPa 时，螺杆长 $L=(1.5\sim2.0)t$；p_D = 5 ~ 7.5 MPa 时，$L=(3\sim4)t$；p_D = 15 ~ 20 MPa 时，$L=(6\sim8)t$。

在螺杆泵中，三螺杆泵的密封性能较好，$\eta_V=0.75\sim0.95$。螺杆泵内漏泄量与径向间隙的立方以及螺杆直径、工作压差成正比，而与螺杆的有效长度及液体黏度的平方根成反比。因为理论流量与转速及螺杆直径立方成正比，所以当转速或直径增大时，η_V 相应提高。

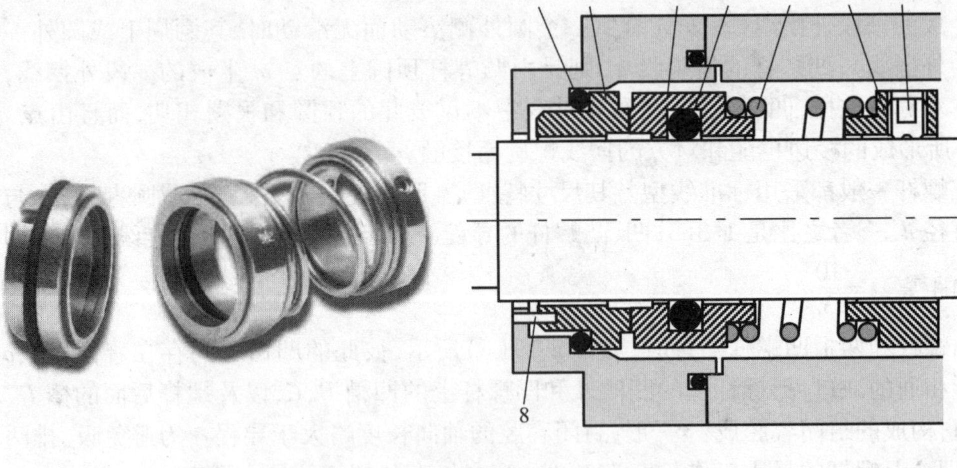

图 2-20　机械轴封的结构和原理

1—静环密封圈；2—静环；3—动环；4—动环密封圈；5—弹簧；6—弹簧座；7—固定螺钉；8—防转销

为防止油外漏，在泵轴伸出端盖处设有机械轴封，图 2-20 示出其结构和工作原理。机械轴封主要的动密封面由静环 2 和动环 3 构成，它们的材料对轴封的性能和寿命有重要的影响，通常分别由硬质材料（金属、硬质合金或陶瓷材料等）和软质材料（浸渍过金属或树脂的石墨、有充填物的塑料等）做成，具体按泵排送液体的种类和工作条件来选。静环通过静环密封圈 1

实现与端盖之间的密封，并借助防转销 8 固定不动。动环靠动环密封圈 4 与泵轴之间保持密封，并通过密封圈的静摩擦力与泵轴一起转动。弹簧座 6 由固定螺钉 7 固定在泵轴上，弹簧 5 的张力使动环压紧在静环上，并保持动环和静环之间自动补偿。

机械轴封的主要优点：

(1)密封性能好。按“船用泵轴的机械密封”(GB3345-88)规定，当泵轴公称直径 $D \leqslant 50$ mm、50 mm $< D <$ 100 mm、$D \geqslant 100$ mm 时，平均漏泄量应不大于 3 mL/h、5 mL/h、8 mL/h。

(2)使用寿命长。安装和使用条件恰当时，使用期应不短于一年。

(3)摩擦功耗少，仅为软填料密封的 1/3 ~ 1/5。

(4)轴或轴套基本不被磨损。

(5)适用范围广。选用不同的结构设计和密封材料，可分别适用于高温、高压及有毒或有腐蚀性等各类流体。

但机械轴封对使用条件的要求较严格，主要包括：

(1)泵轴要直，表面粗糙度小。

(2)轴承应有良好的定位能力，以限制泵轴振动。

(3)静环与动环间之间必须实现液膜润滑。

(二)双螺杆泵的结构和工作原理

双螺杆泵有密封型和非密封型两种。密封型双螺杆泵螺旋的常用齿形由渐开线和摆线组合而成。若螺杆的螺旋表面渗氮处理，轴颈表面镀铬，则即使输送含固体微粒的液体也能可靠工作。

非密封型双螺杆泵近年来使用日渐增多。它采用的是两根直径相同、单头螺旋、齿形为矩形或梯形的螺杆。这种螺杆泵其螺杆横剖面的齿形不符合齿轮啮合定律，故不能形成连续的啮合线将吸、排端完全隔开。为减少因此而引起的漏泄，需增加螺旋的导程数以增加漏泄路径长度；为了螺杆不致太长，只好减小螺旋的升角，从而导致螺杆自锁。因此，这种泵螺杆间传递扭矩需依靠一对同步齿轮，其主动和从动螺杆彼此不接触，两根螺杆间及螺杆与泵体之间的间隙靠同步齿轮和轴承来保证。这种结构使螺杆磨损甚少，即使干转也无磨坏螺杆的危险。

图 2-21 所示为卧式非密封型双螺杆泵。主、从动螺杆 9、10 有两段长度相等、旋向相反的螺纹，工作时从螺杆两端吸入，从螺杆中部的排口排出，可使轴向液压力基本平衡，而径向液压力由轴承承受。停用时泵内能存液，以便再起动时保持良好的自吸能力。

这种结构的泵其同步齿轮 13 和滚动轴承 2、12 装在泵体 8 的外面，设有单独的润滑系统，属外轴承式，既能输送润滑性液体，也能输送非润滑性和含固体杂质的液体。螺杆两端共设有四个填料函 6，其软填料 5 之间设有截面为“H”形的液封环，在吸入压力低于大气压时能将排出液体引入填料函，润滑和冷却填料。只输送润滑性液体的双螺杆泵可将同步齿轮和滚动轴承装在泵体内部，仅须设一处轴封，称为内轴承式。

非密封型双螺杆泵过流面积 $A = 60\lambda R^2$ (mm^2)，式中 λ 为过流面积系数，当螺纹根圆与顶圆半径比 r/R(表明螺纹深度)为 0.4、0.5、0.6、0.7 时，λ 分别近似取为 2.1、1.9、1.7、1.4。这样，双螺杆泵的理论流量

$$Q_t = 60\lambda R^2 tn \times 10^{-9} \quad \text{m}^3/\text{h} \tag{2-18}$$

双螺杆泵可在保持泵缸直径不变的情况下，换用导程或半径比 r/R 不同的螺杆获得不同的流量。半径比(螺纹深度)增大虽可增加流量，但会使螺旋面之间的间隙增大，使容积效率 η_V 降低，仅适合排送排出压力较低或黏度较高的液体。双螺杆泵根据其为非密封型或密封型

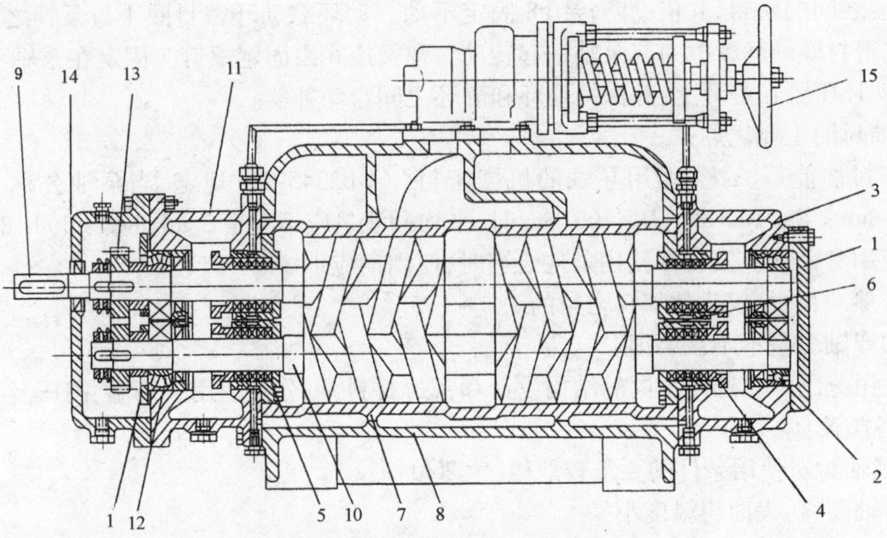

图 2-21　双螺杆泵的结构图

1—压盖；2、12—滚动轴承；3、11—填料函；4—填料压盖；5—填料；6—填料函本体；7—衬套；8—泵体；9、10—主、从动螺杆；13—同步齿轮；14—齿轮箱；15—安全阀

而容积效率不同，$\eta_V = 0.65 \sim 0.85$。

（三）单螺杆泵的结构和工作原理

图 2-22 示出单螺杆泵的结构。其螺杆 1 用金属制成，其截面是半径为 R 的圆，螺杆可视为由圆心 O_1 以螺距 t 绕半径为 e、轴线为 K 的圆柱体旋转而成[见图 2-22(c)]，属单头螺纹。泵缸 2 由丁腈橡胶制成，其截面是由两个中心距为 $4e$、半径为 R 的半圆弧用两段长 $4e$ 的直线连接而成。整个泵缸可视为由这样的截面以两倍于螺杆的螺距 $T = 2t$ 绕 O 轴旋转而成，内表面呈双头螺纹。

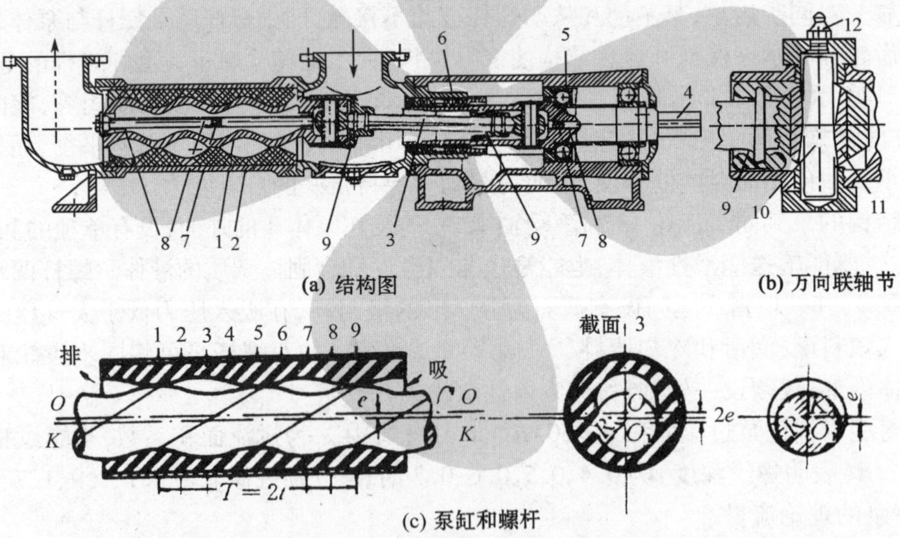

图 2-22　单螺杆泵的结构图

1—螺杆；2—泵缸；3—万向轴；4—主动轴；5—轴承；6—填料函；7—小活塞；8—弹簧；9—挠性保护套；10—销轴；11—销轴套；12—注油口

单螺杆泵螺杆和泵缸的啮合也能将吸、排口完全隔断，属于密封型螺杆泵。当泵运转时，

螺杆与泵缸之间与右端吸口相通的工作容积不断增大而吸入液体，然后形成与吸口隔离的封闭容腔（轴向长度为 T），继而左移与排口相通，该空间容积又不断减小而排出液体。

单螺杆泵过流面积 $A=8eR(\mathrm{mm}^2)$，其理论流量

$$Q_t = 480eRTn \times 10^{-9} \quad \mathrm{m^3/h} \tag{2-19}$$

单螺杆泵导程数较少，密封性稍差，$\eta_V = 0.65 \sim 0.75$。

单螺杆泵运转时泵缸和主动轴 4 的轴线位置不变，而螺杆轴线 K 相对于泵缸轴线 O 则以 e 为半径，按与螺杆相反转向作圆周运动，故主动轴与螺杆间需设万向轴 3。为保护万向轴连接部分不受工作液体侵蚀，通常设有起隔离作用的挠性保护套 9，如图 2-22（b）所示。万向轴联轴节的销轴 10 与销轴套 11 间的润滑，靠从注油口 12 向联轴节内注入润滑脂来保证。注油时小活塞 7 克服弹簧 8 的张力移动，让出空间存油；以后靠弹簧推活塞挤出润滑脂补充其损耗。

二、螺杆泵的受力分析

（一）轴向力

三螺杆泵在尚未开始排液的空转期间，主动螺杆通过棱边的啮合线向从动螺杆传递转矩以克服其摩擦扭矩，这时传给从动螺杆的力会产生指向排出端的轴向力。而在开始排送液体后，会因螺杆两端液压力不同而产生指向吸入端的轴向推力，主动螺杆所受轴向液压力比从动螺杆大。常用的轴向力平衡措施有以下几种：

1. 设止推轴承

止推轴承通常装在轴向推力较大的凸螺杆上，而凹螺杆则靠螺杆端面承受轴向力。这种方法适用于工作压力小于 1.6 MPa 的泵。

2. 采用双吸形式

即每根螺杆都由两段长度相等、旋向相反的螺旋组成，泵从两端吸入，中间排出。这样不仅可平衡轴向力，同时还可降低吸入流速，改善吸入性能，适用于大流量泵。

3. 采用液力平衡装置

如图 2-18 所示，凸螺杆在排出端带有平衡活塞 2，其背后设泄油管 19 将漏油泄回吸入腔，保持低背压。于是平衡活塞受向上的作用力，可将螺杆所受的大部分轴向力平衡。此外，在凸螺杆中央还钻有油孔，将排出端的压力油引到各螺杆下端的平衡轴套 9、10 之中，产生向上的平衡力。适当设计平衡活塞的承压面积的大小，即可使各螺杆的轴向力平衡。此外，泵还装有推力垫圈 1、8 和推力垫块 12，以弥补液力平衡系统可能出现的平衡力不足。

（二）径向力

图 2-23 为三螺杆的横截面图。图中画点的容腔内液体压力高于无点的容腔。由图可见，作用于凸螺杆的径向液压力完全平衡；空转时两根凹螺杆对凸螺杆的作用力也对称。因此立式螺杆泵凸螺杆无论在空转或是排油时，径向力都完全平衡，工作时不会弯曲，对轴承也不产生径向力。

凹螺杆只有一边啮合，由图 2-23 可见，同一截面处两边凹槽中的液压力不同，因此，凹螺杆排液时会产生径向力。两根凹螺杆所受径向力大小相同、方向相反，由衬套工作面承受，比压不大，对凹螺杆的磨损和变形影响甚微。

三、螺杆泵的性能特点

螺杆泵具有容积式泵的共同性能特点。它有自吸能力；其理论流量取决于运动部件的尺

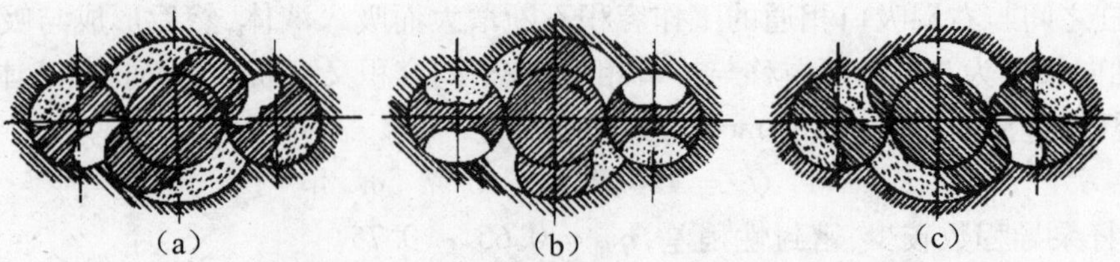

图 2-23　三螺杆泵的径向液压力

寸和转速,不能用节流法关小排出阀调节流量;也靠“挤压”排送液体,所能产生的排出压力与运动部件的尺寸和转速无直接关系,主要受密封性能、结构强度和原动机功率的限制,应设安全阀。同时它又有回转泵无需泵阀、转速高和结构紧凑的优点。此外,螺杆泵还有以下优点:

(1)不困油,流量均匀,工作平稳,噪声和振动很轻。

(2)吸入性能好。因为从轴向吸入液体不受离心力妨碍,故允许吸上真空高度可高达 8 ~ 8.5 m 水柱。

(3)流量范围大。三螺杆泵常用转速 1 450 ~ 1 750 r/min,透平驱动的泵转速可高达10 000 r/min以上,流量范围为 0.6 ~ 750 m^3/h;非密封型双螺杆泵常用流量 5 ~ 2 000 m^3/h;单螺杆泵由于采用橡胶泵缸,转速一般不超过 1 500 r/min,液体黏度大时流量应较小,目前多为 0.3 ~ 40 m^3/h,最大可达 200 m^3/h。

(4)三螺杆泵允许的工作压力高。三螺杆泵轴承不受径向液压力,而且密封性好,η_v 高,故额定排压可达 20 MPa,特殊的可达 40 MPa。单螺杆泵和非密封型双螺杆泵轴承受径向液压力,额定排压不宜太高,前者多不大于 2.4 MPa,后者多不大于 5 MPa。

(5)对所送液体搅动少,水力损失很低。故适用的黏度范围宽($1 \sim 10^4$ mm^2/s),非密封型双螺杆泵甚至可排送黏度高达$(4 \sim 10) \times 10^4$ mm^2/s 的液体。除三螺杆泵适合输送润滑性好的清洁油类外,单螺杆泵、双螺杆泵可输送非润滑性或含固体杂质的液体。

(6)零部件少,重量和体积相对较小,磨损轻,维修工作很少,使用寿命长。

螺杆泵的缺点是螺杆轴向尺寸较长,刚性较差;加工工艺要求较高,价格比一般其他回转泵贵。

在船上,三螺杆泵因为工作可靠且很少需要维修,常用作主机的滑油泵;并且因为流量范围大并能适用于高压,可用作液压泵;此外,三螺杆泵也可用作主机燃油泵,近年使用范围扩大,甚至用它作为驳油泵。双螺杆泵除用作各种油泵外,也可用作压载泵、消防泵、卫生水泵和锅炉给水泵等。单螺杆泵因为对液体的搅动小可用作油水分离器的污水泵;因为对杂质不敏感可作为焚烧炉的输送泵、粪便输送泵、渣油泵、污油泵等。

四、螺杆泵的使用管理及维护

(1)螺杆泵虽有自吸能力,但除非密封性双螺杆泵以外,也和齿轮泵一样应防止干转,以免螺杆和缸套的工作表面严重磨损;单螺杆泵如断流干转,则橡胶制成的泵缸很快会烧毁。因此,初次使用或拆检装复后,应向泵壳内灌入所排送的液体。工作中应严防吸空。停用断电后,应等泵停转再关吸入阀,以免泵内液体被吸走。

(2)三螺杆泵应排送洁净液体,吸入管路必须装 40 ~ 60 目滤器,使用中应及时清洗。新装管路中的焊渣、铁锈等固体杂质应仔细清除。工作时如有异常声响,应立即停车检查。

(3)螺杆泵一般都有固定的转向,反转会使吸排方向改变,推力平衡装置就会失去作用。

(4)螺杆泵起动时一般应先将吸、排截止阀全开。双泵并联备用时，如果在供油不能中断的情况下(例如主机滑油泵)需换用备用泵，而出口未设单向阀，可只开备用泵吸入阀，将其调压阀调松后轻载起动，然后将调压阀调紧至泵排压达到工作压力后，再开排出阀参与排油；停另一台泵时可边关排出阀边调松调压阀。不许长时间全关排出阀而通过调压阀回流进行运转，也不应靠调压阀大流量回流使泵适应小流量的需要；否则节流损失严重，会使所排液体温度升高，甚至使泵高温变形而损坏。

(5)螺杆较长，刚性较差，在拆装、存放时应防止弯曲变形。较大的泵安装时重心线尽可能通过船体肋骨。吸、排管路应固定牢靠，并与泵的吸、排口对中，以免强行牵动泵体。泵的联轴节应对中良好。螺杆拆装起吊时要防止受力弯曲。较长的备用螺杆应垂直固定存放，以免放置不平而变形。使用中应防止油温过高，以免螺杆因膨胀而顶弯。

(6)油温太低、黏度过高及吸入滤器堵塞造成泵吸入真空度过大，或吸油带入大量空气，都会导致气穴现象，产生液体噪声。联轴节对中不良或泵过度磨损，也会引起工作噪声。

(7)机械轴封是较精密的部件，拆装时要防止损伤密封元件。安装时应在轴或轴套上涂上滑油。按正确次序装入各旋转件后，可用以下方法检查动环的密封环松紧合适否：用手推压动环使弹簧压缩，松手后动环应能靠弹簧力缓缓滑出。太松则漏泄量会过大；太紧则主密封面磨损后动环不能自动滑出，达不到间隙补偿的效果。

第五节　离心泵

一、离心泵的工作原理

如图 2-24 所示，单级蜗壳式离心泵主要由泵壳 3 和叶轮 1 组成。螺线形的泵壳亦称蜗壳，包括蜗室 8 和扩压管 5 两部分。叶轮通常由 5 ~7 个弧形叶片 2 和前、后圆形盖板构成，用键和固定螺帽 7 固定在泵轴 6 的一端。轴的另一端穿过填料函伸出泵壳，由原动机驱动右旋回转。固定螺帽 7 通常采用左旋螺纹，以防反复起动因惯性而松动。

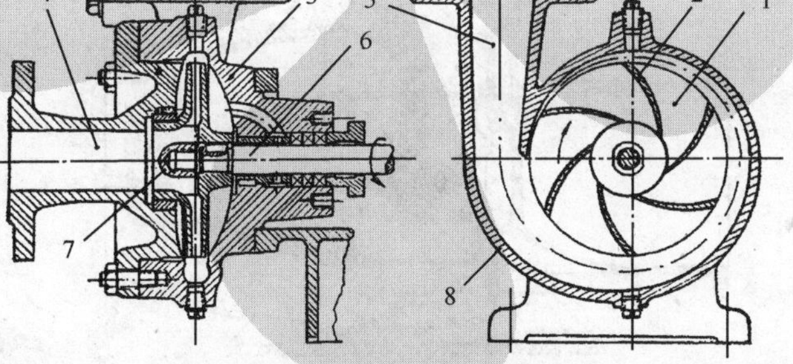

图 2-24　单级蜗壳式离心泵

1—叶轮；2—叶片；3—泵壳；4—吸入接管；5—扩压管；6—泵轴；7—固定螺帽；8—涡室

原动机带动离心泵高速旋转，预先充满在泵中的液体受叶片的推压，随叶轮一起高速回转，产生离心力，从叶轮中心向圆周甩出，在叶轮中心处形成低压，液体便在吸入液面压力作用下，由吸入接管 4 吸入叶轮。从叶轮流出的液体，压力和速度都增大了许多，蜗壳将它们平稳汇聚并导向扩压管。在扩压管中液体流速降低，大部分动能变为压力能，然后进入排出管。叶轮不停地回转,液体的吸排便连续地进行。

二、离心泵的一般结构

1. 叶轮

叶轮是将原动机的机械能传递给被排送液体的部件,有闭式、半开式和开式三种形式,如图 2-25 所示。图(a)叶轮兼有前、后盖板为闭式叶轮,图(b)叶轮只有后盖板为半开式叶轮,图(c)叶轮只有叶瓣和部分后盖板为开式叶轮。闭式叶轮工作时液体漏失少,效率较高,使用普遍,而开式和半开式叶轮因液体易漏失,多用于输送含有固体颗粒或黏度较高的液体。

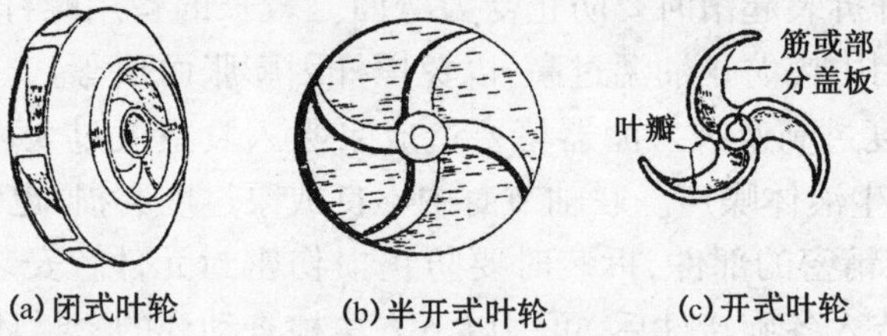

图 2-25　离心泵的叶轮

叶轮又有单侧吸入和双侧吸入两种。为避免叶轮进口流速过高,抗气蚀性能变差,离心泵吸入管流速常取为 3 m/s 左右。在流量小于 300 m^3/h、吸入管径不大于 200 mm 时,多用结构简单的单吸式叶轮。当流量较大、吸入管径大于 200 mm 时,多采用双吸式叶轮,以使叶轮外径不致过大。图 2-26 所示为双吸式离心泵。双吸式叶轮安装时应谨防装反;否则成为前弯叶片,运行时负载变大。

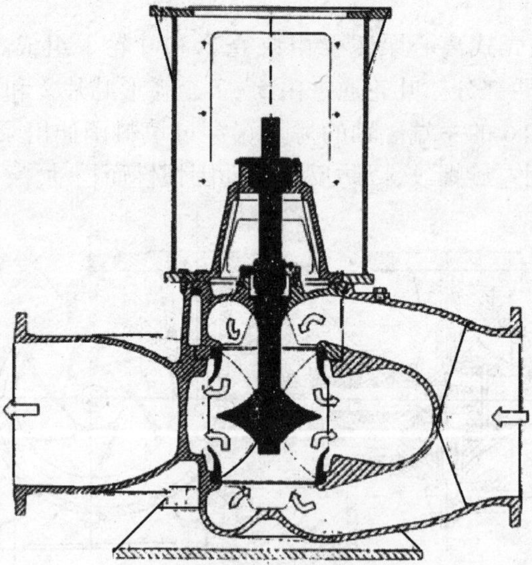

图 2-26　双吸式离心泵

2. 压出室

离心泵的压出室主要有蜗壳和导轮两种。其主要任务是以最小的水力损失汇聚从叶轮流出的高速液体,将其引向泵的出口或下一级,并使液体的流速降低,大部分动能转换为压力能,避免管路阻力损失过大。

图 2-24 所示的蜗壳由叶轮外周的蜗室和蜗室后部的扩压管组成。蜗室平稳收集从叶轮

流出的高速液体，扩压管使流速平稳降低，大部分动能转换为压力能。图 2-27 所示的导轮有两个圆环形壁面及夹在其中的若干导叶，导叶的流道正好对准叶轮外周，其 *BH* 段平顺收集自叶轮流出的液体，*HC* 后的扩压段能使液体流速降为叶轮出口流速的 15% ~30%。离开导叶的液体经一环形空间即进入设在导轮背面的反导叶流道，而被引入下一级叶轮的进口。

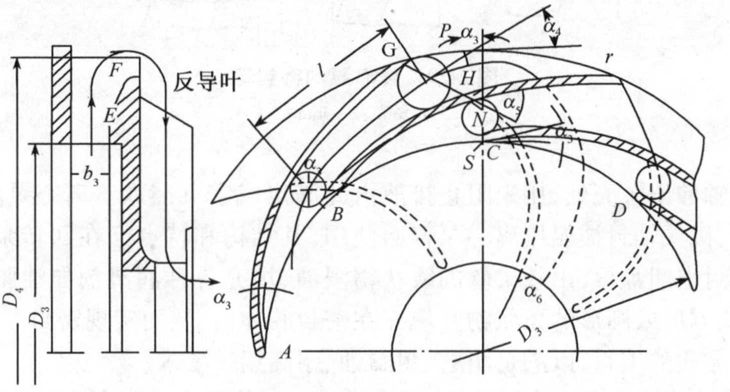

图 2-27　离心泵的导轮

虽然理论上蜗壳比导轮水力性能更完善，蜗壳式离心泵高效区较宽，但因蜗壳制造工艺较复杂，目前单、双级离心泵多采用蜗壳，三级以上的离心泵多采用导轮，如图 2-28 所示。这种泵由各级叶轮、导轮和径向剖分的各段泵壳沿轴向组装而成，又称分段式多级泵。

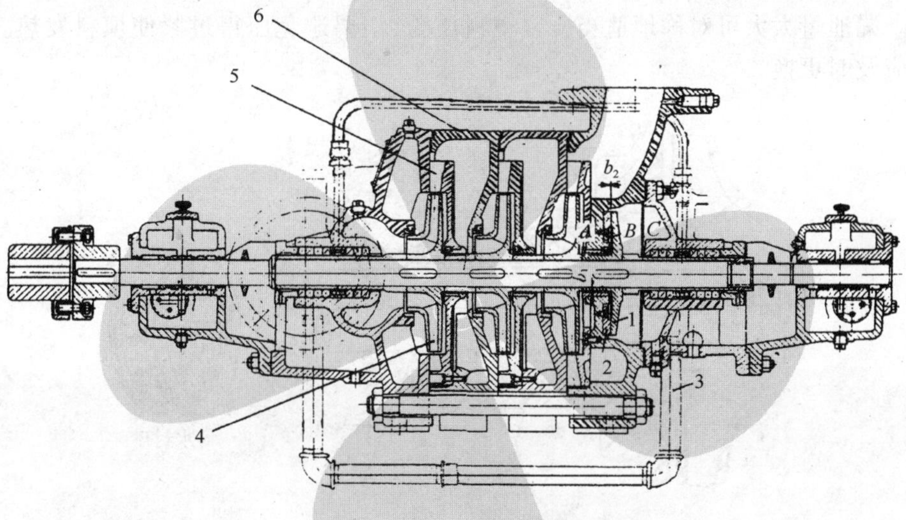

图 2-28　三级导轮式离心泵

1—平衡盘；2—平衡板；3—泄放管；4—叶轮；5—导轮；6—泵壳

3. 密封环

为减少离心泵排出的液体从叶轮与泵壳之间漏回吸入口，造成流量和扬程损失，在叶轮入口处的泵壳和叶轮之间须装设密封环，保证其密封间隙，维持离心泵较高的容积效率。

密封环也叫阻漏环或口环，常用铜合金制成，有平环和曲径环两类，安装在叶轮与泵壳上的密封环分别称为动环和静环，如图 2-29 所示。曲径环阻漏效果好，但制造和装配工艺要求较高，多用于扬程较高的单级离心泵。船用离心泵通常只装有静环，工作中应定期检查密封间隙并使其保持在说明书或相关要求之内，如磨损超差须及时更换。

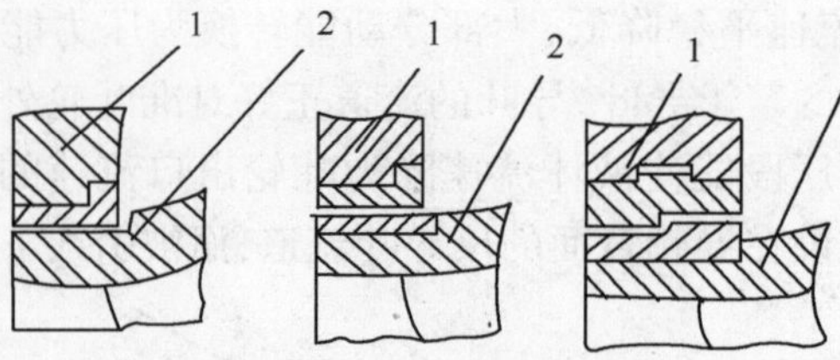

图 2-29　离心泵的密封环

1—泵壳;2—叶轮

4．轴封

轴封装于泵轴伸出泵壳处,用来阻止排液由此漏出或空气漏入。离心泵轴封主要有填料轴封和机械轴封,机械轴封被船用离心泵普遍使用,其结构和特点已在回转泵中介绍,此处不再重复。填料轴封也叫盘根,由较柔软的线状物浸渍、填充各种润滑剂如油脂、石墨等编织成截面呈正方形、长方形或圆形的条状物并填充在密封腔体内,从而实现密封。根据不同的使用环境应选用不同品质的填料,以满足耐磨、耐腐蚀、耐高温等要求。

图 2-30 示出一带水封环的填料轴封,在填料之间加装了由两个断面呈"H"形的半圆环合成的水封环 2。在外界空气压力大于填料密封内侧压力时,将压力水通过装于水封环上部轴封壳上的水封管引入,然后沿泵轴向两端渗出,既能防止空气吸入泵内,又能给泵轴和填料以适当的润滑和冷却。密封水的压力一般以高出密封内腔的压力 0.05 ~ 0.1 MPa 为宜,离心泵输送洁净液体时,可直接从泵的排出侧引出。泵运转中保持填料轴封稍有滴漏,但不大于 60 滴每分钟。漏泄量太大可对称地适当压紧填料压盖,但要避免压得过紧使填料发热。填料老化变硬后应及时更换。

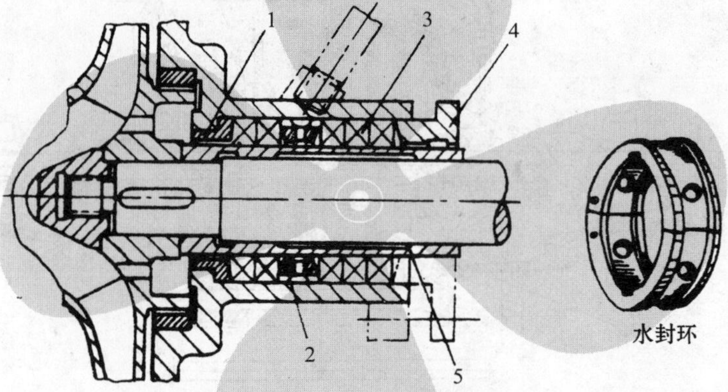

图 2-30　带水封环离心泵的填料轴封

1—填料内盖;2—水封环;3—填料;4—填料压盖;5—轴套

三、离心泵的轴向力平衡

图 2-31 示出了叶轮回转时叶轮两侧的压力分布情况。由图可见,在密封环半径 r_w 以外,叶轮两侧的压力对称,而在密封环半径之内,作用在进口侧的压力 p_1 较低,两侧的压差可由面积 *abdc* 来表示。因此,单吸式叶轮工作时将受到由叶轮后盖板指向进口端的轴向力 F_A。虽然液体在叶轮中变向流动时会产生与 F_A 方向相反的水动力,但其与 F_A 相比数值较小。

轴向力 F_A 的大小与叶轮两侧的不对称面积和泵的级数及每级扬程有关,多级泵轴向力较大，须设法平衡，常用的平衡方法有以下几种。

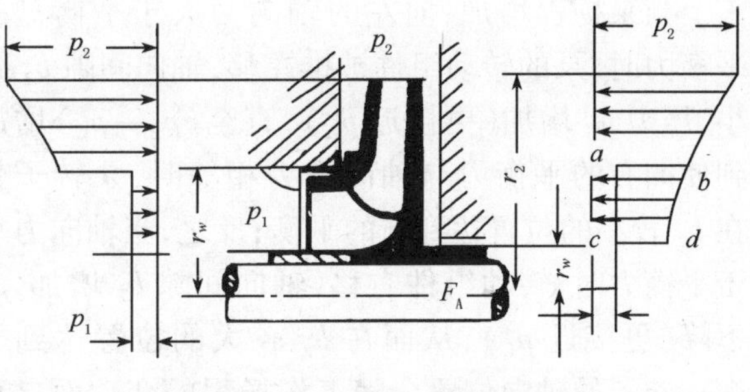

图2-31　离心泵叶轮两侧的压力

1．止推轴承

小型泵可用止推轴承承受全部轴向力，大多数泵因其承受轴向力的能力有限仅用它作轴向定位用，作为平衡轴向力的补充手段。

2．平衡孔或平衡管

如图2-32所示，在叶轮后盖板上加装后密封环，并在后密封环以内的后盖板上均匀开出若干个圆形的平衡孔（其总的通流面积为密封环间隙通流面积的3～6倍），使后盖板密封环内的压力与吸入侧压力大致相等，以平衡轴向力。

因从平衡孔漏回叶轮吸口的液体会干扰主流，使泵的容积效率和水力效率都降低。所以，可将图2-32中平衡孔用平衡管代替，用平衡管将叶轮后密封环内的液体引回叶轮吸口，既可平衡轴向力，也不会使水力效率降低。

3．双吸叶轮或叶轮对称布置

图2-33所示的双吸叶轮式离心泵，因叶轮形状对称，故两侧压力基本平衡。叶轮为偶数的多级离心泵，每级叶轮尺寸相同，扬程相等，叶轮对称布置，即可平衡轴向力。

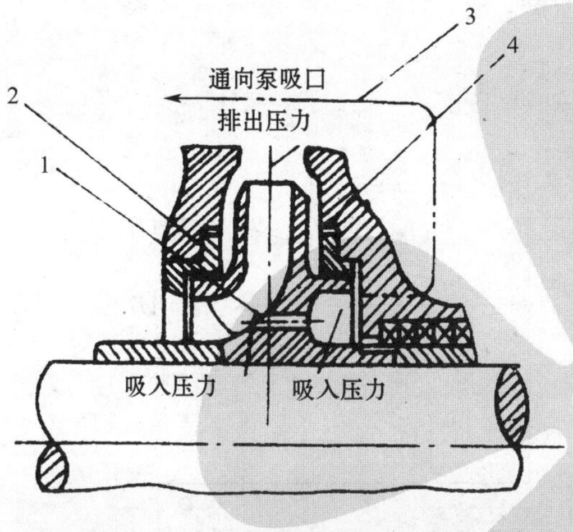

图2-32　离心泵的平衡孔或平衡管

1—平衡孔；2—前密封环；3—平衡管；4—后密封

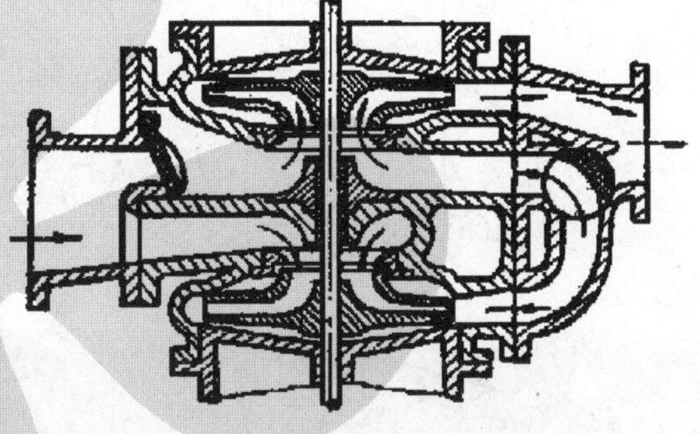

图2-33　叶轮对称布置的离心泵

上述2、3项平衡轴向力方法，由于叶轮两侧密封环制造和磨损情况难免有差别及叶轮加工误差，轴向力不能绝对完全平衡，仍需设止推轴承。

4．平衡盘

多级离心泵因轴向力较大，可用液力自动平衡装置（平衡盘）平衡轴向力，如图2-34所示。在末级叶轮4外侧有平衡板2固定在泵壳上，紧靠着它的平衡盘1用键装在泵轴上，随轴一起回转。泵工作时，压力较高的A空间有少量液体经平衡套的径向间隙b_1流到空间B，压力由p_A降为p_B，再经平衡板与平衡盘之间的轴向间隙b_2流到盘后的平衡室C，压力由p_B降为p_C。C室由泄放管连通泵的吸入端，C室压力p_c接近吸入压力。于是，平衡盘两侧的压力差（p_B-p_C）形成与叶轮所受轴向力反向的平衡力。

当泵扬程增加，向左的轴向力大于平衡盘的平衡力时，泵的转动组件被推左移，轴向间隙 b_2 减小，压力 p_B 增加（更接近 p_A），直至 $(p_B - p_C)$ 增加到使向右的平衡力与轴向推力相等时，泵转子就在 b_2 较小的位置达到新的平衡；反之，当轴向力小于平衡力时，转动组件右移，轴向间隙 b_2 增加，p_B 下降（更接近 p_C），从而在 b_2 较大的位置达到平衡。转子的轴向位置会随工作扬程的变动而自动调整，故采用平衡盘的泵不能用能轴向定位的滚动轴承，而应采用滑动轴承。

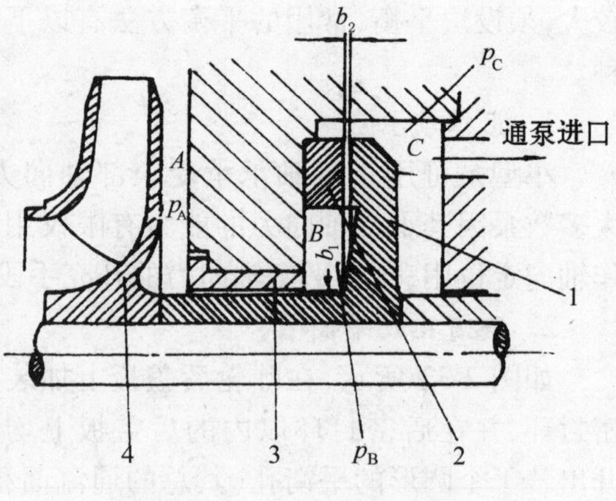

图 2-34　离心泵的平衡盘

1—平衡盘；2—平衡板；3—平衡套；4—末级叶轮

四、离心泵的性能

（一）离心泵的扬程方程式

离心泵的理论扬程方程式可表述为

$$H_{t\infty} = \frac{u_2^2}{g} - \frac{u_2 c_{2r}}{g}\cot\beta_2 \tag{2-20}$$

式中，u_2—— 叶轮出口液体的圆周速度；

c_{2r}—— 叶轮出口液体的绝对速度的径向分速度；

g—— 重力加速度；

β_2—— 叶轮的叶片出口角（参考图 2-35）。

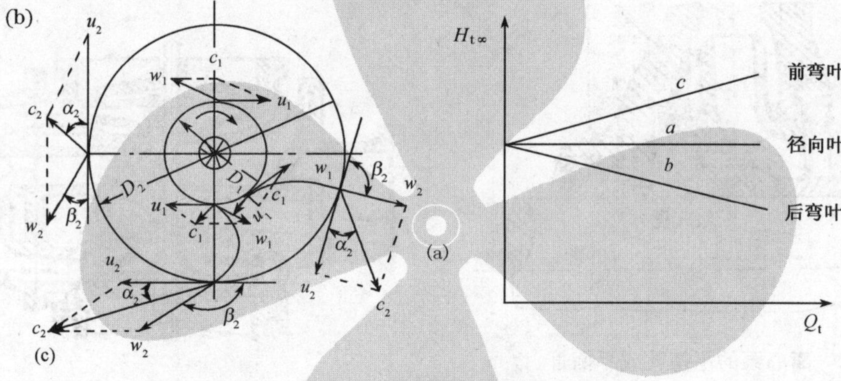

图 2-35　叶片出口角对理论扬程的影响

因为 $u_2 = \pi Dn/60$（D 为叶轮直径，n 为叶轮转速），所以叶轮的尺寸和转速确定后，u_2、β_2 即可确定。而 $c_{2r} = Q_t/\pi DB\psi$（式中，Q_t 为流过叶轮的理论流量；B 为叶轮宽度；ψ 为考虑叶片厚度影响的排挤系数，一般为0.75～0.95），即 c_{2r} 与流量 Q_t 成正比。因此，根据式(2-20)，理论扬程 $H_{t\infty}$ 与理论流量 Q_t 的函数关系如图 2-35 所示。

由扬程方程式可得出以下结论：

(1) 离心泵所能产生的扬程主要取决于叶轮直径和转速。

(2) 离心泵的扬程随流量而变，并与叶片出口角 β_2 有关。径向叶片 $\beta_2 = 90°$ 时，$\cot\beta_2 = 0$，扬程与流量无关，如图 2-35(a) 所示；后弯叶片 $\beta_2 < 90°$ 时，$\cot\beta_2 > 0$，$H_{t\infty}$ 随流量增大而减小，如图 2-35(b) 所示；前弯叶片 $\beta_2 > 90°$ 时，$\cot\beta_2 < 0$，$H_{t\infty}$ 随流量增大而增大，如图 2-35(c) 所示。

在同样的叶轮直径和转速下，虽然前弯叶片离心泵能产生较后弯叶片离心泵较大的扬程，但因前弯叶片叶轮流道更弯曲、液体出口速度更大，液体在叶轮流道中的流动水力损失及动能转换为压力能时的水力损失都更大，水力效率较低，所以实际应用中效率较高的后弯叶片离心泵被普遍采用。

(3) 离心泵的理论扬程与所排送流体的性质无关。因扬程方程式中，没有密度ρ，故同一离心泵输送不同流体时只要$Q_t(c_{2r})$相同，所产生的理论扬程$H_{t\infty}$便相同。但实际扬程会因容积损失和水力损失不同而不同。

(4) 离心泵没有自吸能力。离心泵排送密度ρ不同的流体，所能产生的吸排压差$\Delta p = \rho gH$和功率$P = \rho gQH/\eta$是不同的。如果起动时泵和吸入管内是空气，由于空气密度仅约为水的1/800，泵能在吸排口间造成的压差很小。例如扬程100 m的水泵，即使排送空气时能达到同样的扬程，也只能在吸排口间产生1.268 kPa压差，在大气压下只能将水吸上约12.9 cm。实际上由于输气比输水更容易漏泄，扬程比输水时更低，所以还吸不上这么高。可见离心泵不像容积式泵那样具有将吸入管和泵内空气排走进而排送液体的能力。

（二）离心泵的定速特性曲线

在既定转速下，离心泵的扬程、功率、效率等性能参数与流量的函数关系曲线称为离心泵的定速特性曲线。

由于离心泵中的各项损失难以精确计算，所以离心泵的定速特性曲线都是通过实验测定的。即在恒定的转速下，通过改变排出阀开度，测量不同流量Q时的扬程H、轴功率P和必需汽蚀余量Δh_r等相关参数，并算出相应工况下的效率η，然后以流量Q为横坐标，其他参数为纵坐标绘制出的函数曲线，即为离心泵的定速特性曲线，如图2-36所示。

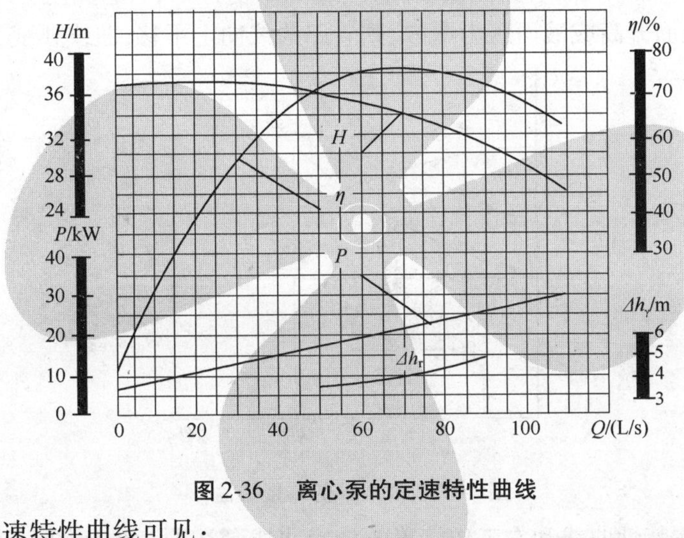

图2-36　离心泵的定速特性曲线

由离心泵定速特性曲线可见：

(1) 采用后弯叶片的离心泵，工作扬程随着流量的增大而降低。因叶片出口角不同，H—Q曲线的形状大致可分为三类：① 陡降形（叶片出口角较小），扬程变化时流量变化较小。这类泵适用于扬程经常变动又不希望流量变化较大的场合，如压载泵、压力水柜给水泵等。② 平坦形（叶片出口角稍大），扬程变化时流量变化较大。这类泵适用于那些经常需要调节流量而又不希望节流损失太大的场合，如凝水泵、锅炉给水泵等。③ 驼峰形（叶片出口角较大），随着流量的增加扬程先增加然后又下降，形成具有驼峰的较平坦的Q_t—H曲线。该种泵在小Q范围内工作时撞击损失大，会发生喘振，一般尽量避免使用。

(2) 离心泵的轴功率随流量增大而增加。离心泵流量为零时(关闭排出阀)，轴功率最小，仅为额定功率的35% ~ 50%，此时泵的扬程(亦称关闭扬程)也不很高。故离心泵适合关闭排出阀起动，以减轻较大的起动电流对电网的冲击。但应避免长时间封闭运转造成泵体发热，损坏轴封等部件。

(3) 泵在额定工况附近工作时有较高的效率。因为叶轮和压出室等部件是按额定工况设计的，非额定工况时液体进、出叶轮的撞击损失较大，所以应力争使离心泵工作在额定工况的高效区。

(三) 离心泵的装置特性

液体流过某既定管路时所需的扬程与流量的函数关系曲线，称为管路特性曲线。液体从吸入液面通过某管路流至排出液面需克服由吸、排液面高度差和压力差而产生的位置头 z 和压力头 $(p_{dr} - p_{sr})/\rho g$ 及管路阻力 $\sum h$。其中，前两项与管路流量无关，称为管路的静压头，用 H_{st} 表示；后一项与管中液体流速(或流量)的平方成正比，即 $\sum h = KQ^2$，式中的比例常数 K 随管路阻力大小而异。因此，管路扬程式为：

$$H = H_{st} + \sum h = z + \frac{p_{dr} - p_{sr}}{\rho g} + KQ^2 \tag{2-21}$$

因静压头 H_{st} 与流量无关，所以管路扬程式的函数曲线是一条以纵坐标上 H_{st} 值为起点的二次曲线，如图 2-37 中的曲线 A 所示。曲线 A 在纵坐标的起点位置取决于管路的静压头，向上倾斜的程度则取决于管路阻力的大小。当管路阻力发生变化时，例如滤器脏堵、阀门开度减小或液体黏度变大，则 K 值增加，管路曲线变陡，曲线由 A 变为 A'；若管路阻力不变，而管路静压头变化，例如排出液面升高或液面压力增加，则管路曲线向上平移，曲线 A 变为 A''。

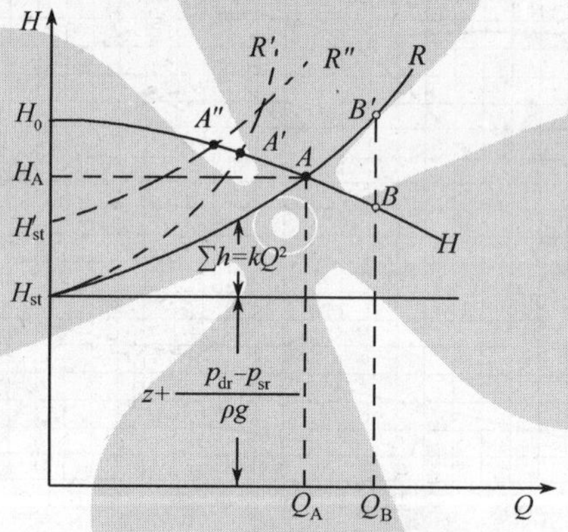

图 2-37　离心泵的装置特性

将离心泵的扬程特性曲线和它工作管路的特性曲线画在同一坐标图上，称为泵的装置特性，如图 2-37 所示。泵的扬程曲线与管路特性曲线的交点 C 称为泵的工况点。泵在工况点产生的扬程正好等于液体以此工况的流量流过该管路时所需的扬程。工况点的参数(Q、H、P、η、Δh_r 等)即是此离心泵在该管路工作的性能参数。

扬程曲线向下倾斜的离心泵工作时有稳定的工况点。如因某种外部临时干扰使工况点 C 向右移至 D，则泵产生的扬程 H_D 不能满足液体以较大流量 Q_D 流过该管路所需的扬程 H_D'，流体通过泵的流速和流量将减少，直至流量回到 Q_C，即工况点回到 C 为止。反之，如工况点左移，则泵产生的扬程大于管路所需的扬程，流速和流量就会增加，工况点又将回到 C。

当管路特性改变时，工况点也相应改变，如图 2-37 中的点 C' 和 C''。由此可见，离心泵和容积泵不同，同一台泵在管路特性变化时流量也将发生变化。同样，如泵的特性曲线发生变化，工况点也发生变化。离心泵使用时应尽可能在效率最高的额定工况点附近工作。

（四）额定扬程和流量的估算

因为离心泵所能产生的扬程与叶轮出口处的圆周速度 u_2 有很大关系，而 $u_2 = \pi Dn/60$。所以，铭牌失落的离心泵可根据叶轮外径 D_2(m) 和转速 n(r/min)，按以下经验公式来估算其额定扬程（多级泵再乘以级数）：

$$H = Kn^2D_2^2 \quad \text{m} \tag{2-22}$$

式中，系数 $K = (1 \sim 1.5) \times 10^{-4}$。

排送冷水的离心泵，设计的进口流速约 3 m/s 左右，其额定流量可按下面公式换算：

$$Q = 5{D_0}^2 \quad \text{m}^3/\text{h} \tag{2-23}$$

式中，D_0 为泵吸口直径，用英寸（1 in ≈ 25 mm）计算。由于进口流速设计值不一样，此经验公式在 $D_0 < 4$ in 时可能稍偏小，在 $D_0 > 6$ in 时可能稍偏大，仅供粗略估计用。

（五）离心泵的特点

无论在陆上或船上，离心泵使用的数量和范围都远远超过了其他类型泵。这是因为它有以下优点：(1)流量连续均匀且便于调节，工作平稳，适用流量范围大，一般在 5 ~ 20 000 m^3/h。(2)转速高，可与高速原动机直联。(3)结构简单紧凑，尺寸和重量比同流量的往复泵小得多，造价也低许多。(4)对杂质不敏感，易损件少，管理和维护较方便。

但离心泵也有以下缺点：(1)泵本身没有自吸能力。(2)流量随工作扬程而变。一般流量随工作扬程升高而减小，不适宜做液压泵。(3)所能产生的扬程由叶轮外径和转速决定，不适合小流量、高扬程，因为这将要求叶轮流道窄长，以致制造困难，效率太低。

离心泵所能产生的最大排压有限，故不必设安全阀。目前，船用水泵和液货船的货油泵大都使用离心泵，也有个别新船将离心泵用作主机滑油泵。要求自吸的如压载泵、舱底水泵、油船扫舱泵等，也可使用自吸式离心泵或加设抽气自吸装置。

五、离心泵的汽蚀及自吸

（一）离心泵的汽蚀

泵的吸入压力 p_s 小于被输送液体温度下的饱和蒸汽压力 p_v 时，液体将汽化，发生“气穴现象”。事实上，液体从离心泵吸口流到叶片进口开始提高能量前，液体压力会因液体进叶轮后通流面积减小、流速增加及流阻损失等原因进一步下降。若压力降到饱和蒸汽压力 p_v 或更低，液体将汽化，加之液体中溶解气体的逸出，会产生许多气泡。这些气泡随液体流到高压区时，其中的蒸汽迅速凝结，气体也重新溶入液体，从而形成很多局部真空。于是，周围的液体质点以极大的速度冲向这些真空中心，互相撞击而产生高频（600 ~ 25 000 Hz）高压（约几十兆帕）的液体冲击，使泵的流量、扬程和效率降低，并伴有较大的噪声和振动，严重时将导致吸入中断。气穴破灭区的金属因受高频高压的液击而发生疲劳破坏；液体中逸出的氧气等借助气泡凝结时的放

图 2-38 受汽蚀破坏的叶轮

热，还会对金属产生化学腐蚀作用。在这样的双重作用下，叶轮外缘的叶片及盖板、蜗壳或导轮等处会产生如图 2-38 所示的麻点和蜂窝状的破坏。这种因气泡形成和破灭致使材料破坏的现象，称为"汽蚀"。

为使离心泵正常工作，避免发生汽蚀现象，离心泵应有一定的"汽蚀余量"。汽蚀余量是指泵吸口处液体所具有的能头与它的饱和蒸汽压力头 $p_v/\rho g$ 之差，用 Δh 表示，英文为 Net Positive Suction Head(NPSH)，即"净正吸入能头"。汽蚀余量分有效汽蚀余量(或称装置汽蚀余量) Δh_a 和必需汽蚀余量 Δh_r。

有效汽蚀余量 Δh_a 是指泵工作时实际的汽蚀余量，即液体在泵进口处能头超过汽化压力头的富裕能量。它取决于泵的吸入条件和液体的饱和压力 p_v，而与泵无关。

$$\Delta h_a = \left(\frac{p_s}{\rho g} + \frac{v_s^2}{2g} + z\right) - \frac{p_v}{\rho g} \quad \text{m} \qquad (2\text{-}24)$$

式中，z——泵吸口位置头，m。以通过叶轮叶片进口边外端所绘圆的中心的水平面为基准面(多级泵取第一级，立式双吸泵取上部叶片)，吸口中心高于该基准面为正，低于该基准面为负；卧式泵 $z=0$，立式泵 z 一般也不大，近似计算时可忽略不计；

p_s——泵吸口的绝对压力，Pa；

v_s——泵吸口的流速，m/s。

必需汽蚀余量 Δh_r 是指泵为避免汽蚀所需的汽蚀余量。它取决于液体进泵后压力进一步降低的程度，与泵进口部分的几何形状及泵的转速和流量有关，而与泵的吸入条件及所吸液体的 p_v 值无关。Δh_r 越小则泵的汽蚀性能越好。因离心泵流量增大时液体进泵后的压降也将

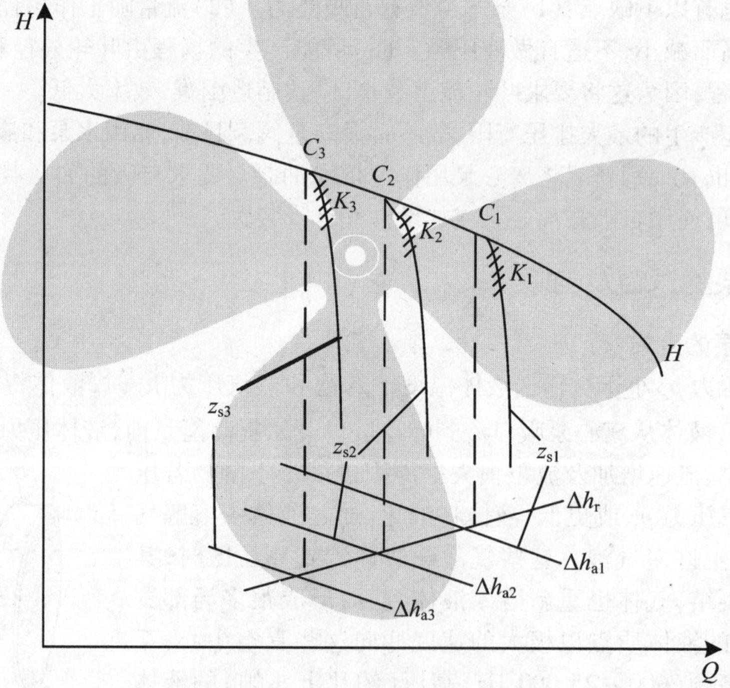

图 2-39　离心泵的汽蚀特性曲线

增大，故 Δh_r 随 Q 的增大而增大，如图 2-39 所示。必需汽蚀余量 Δh_r 和允许吸上真空高度 $[H_S]$ 都是由汽蚀试验得出的，用以表示泵吸入性能好坏的性能参数，性质是一样的，只是表示

方式不同而已。Δh_r 主要取决于泵的结构形式和流量，而$[H_S]$还与吸入液面气压及液体的饱和蒸汽压力 p_v 有关。目前离心泵更多标注的是 Δh_r。

图 2-39 上示出了离心泵未发生汽蚀时的扬程特性曲线、必需汽蚀余量 Δh_r 随流量增大而提高的曲线及随吸高 z_s 逐渐增高（$z_{s4} > z_{s2} > z_{s1}$）而有效汽蚀余量 Δh_a 逐渐减小的曲线（$\Delta h_{a3} < \Delta h_{a2} < \Delta h_{a1}$）。

随流量增大，Δh_a 减小到接近 Δh_r 时，气泡产生并发生汽蚀，但对泵的性能尚未有明显的影响，这种情况称为“潜伏汽蚀”。应避免使泵长期在潜伏汽蚀工况工作，否则泵的部件也会受到破坏。随流量进一步增大，Δh_a 降到低于 Δh_r 时，较多的气泡产生并使叶道间的通流截面减小，气泡破灭产生的液击使泵的流量、扬程和效率都将明显降低，同时伴有较强的噪声和振动，称为“不稳定汽蚀”，如图 2-39 中带斜线段的泵扬程特性曲线所示。泵在不稳定汽蚀工况工作时，部件容易受到破坏。当 Δh_a 随流量增大而进一步降低时，液流在叶片进口处叶背一侧将出现脱流，形成汽水两相区。实验表明，因含汽量增加，气泡破灭时所引起的液压冲击会明显减轻，流量和扬程的脉动消失，这时降低管阻只能减小扬程，使两相区的长度增加，而泵的流量几乎不再增加，在扬程特性曲线上表现为近似一条下垂线，称为断裂工况。泵在这种工况工作时，振动和噪声并不强烈，部件的汽蚀破坏也不明显，这种工况称为“稳定汽蚀”。同时，泵的吸高 z_s 越大，发生断裂工况时的流量越小，即不发生汽蚀的流量范围越小。

在船用泵中，锅炉给水泵、热水循环泵（p_v 高）、货油泵（p_s 变化大）及造水机凝水泵（p_s 小）等因 Δh_a 较小，容易发生汽蚀。为防止汽蚀对泵的损坏，要求 $\Delta h_a > 110\% \Delta h_r$（两者差值 > 0.5 m）。在使用中应尽可能减小吸入管路阻力（开足吸入阀，勤洗吸入滤器，防止流量超过额定值等），减小吸上高度或增大流注吸高，避免液体温度过高，以提高装置的有效汽蚀余量 Δh_a。

另外，泵在设计时应设法减小必需汽蚀余量 Δh_r，如通过加大叶轮进口直径和叶片进口边的宽度，增大叶轮前盖板转弯处的曲率半径，采用扭曲叶片或双吸叶轮，或在泵进口设诱导轮等措施以减小液体在泵内的流阻。采用强度和硬度高、韧性和化学稳定性好的抗汽蚀材料制造叶轮，提高叶轮通流表面的光洁度，也是提高叶轮抗气蚀性能的有效措施。

（二）离心泵的自吸

离心泵没有自吸能力，为实现离心泵的自吸，船上常在需要自吸的离心泵上加装自吸装置。自吸装置可手动或自动控制。自动控制应用较多，不经常使用或使用时间较短的离心泵可手动控制。空气喷射器和水环泵是常用的两种离心泵自吸装置。

1. 离心泵的水环泵自吸装置

水环泵有单作用和双作用两种，主要用作真空泵来排送气体，可作为离心泵的自吸泵。图 2-40 所示为单作用水环泵。在泵体 3 内部的圆盘形空间内，偏心地装有带若干前弯叶片的开式叶轮 1（小型泵采用径向叶片），叶轮两侧紧贴着侧盖 2。在与泵体连成一体的侧盖上靠近叶轮轮毂处开有较大的吸口 4 和较小的排口 5，分别与吸入管和排出管相通。

工作前，泵内须充满工作水。当叶轮带水一起旋转时，形成紧贴泵体内壁的水环。于是，在水环内表面、叶轮轮毂表面及两面侧盖之间形成月牙形工作空间，该空间被叶轮的叶片分隔成若干互不相通且容积不等的腔室。腔室按图示箭头方向转过右半周时，容积不断增大，吸入管中的气体通过吸入口 4 不断吸入。而当腔室转过左半周时，容积又不断减小，使其中气体被压缩压力升高，气体最终从排出口 5 排出。水环泵工作中，工作水会因汽化、漏泄和排气携水等原因而不断减少，为此，需连续向泵内补水，以保证水环泵的正常工作，同时也使部分工作水随气体不断排出而得以更换，限制泵的温升。

图2-41示出了水环泵做离心泵自吸装置的工作原理。电动机4在驱动离心泵1的同时，还通过摩擦离合器5驱动水环式真空泵6。装满水的气液分离柜3通过下部补水管向水环泵预充工作水。工作前，打开截止止回阀2。起动离心泵，水环泵也同时运转，将离心泵及其吸入管中的空气经水环泵吸气管抽走，排往气液分离柜。在分离柜中气、水分离，空气经逸气管逸出，而分出来的水则落入柜中，再经下部补水管向水环泵连续补水。一段时间后，离心泵吸入管中的气体全部被抽走，水即进入离心泵。当离心泵自吸成功并建立起相应的排出压力后，排压克服液压缸8中的弹簧力而推动活塞，使摩擦离合器脱开，水环泵即停止运转。此时，水环泵吸、排管内的压力恢复为大气压，止回阀2在重力作用下自动关闭，使水环泵与离心泵隔离。松开控制杆7与液压缸中活塞杆的连接插销，可手动操纵控制杆来控制离合器。

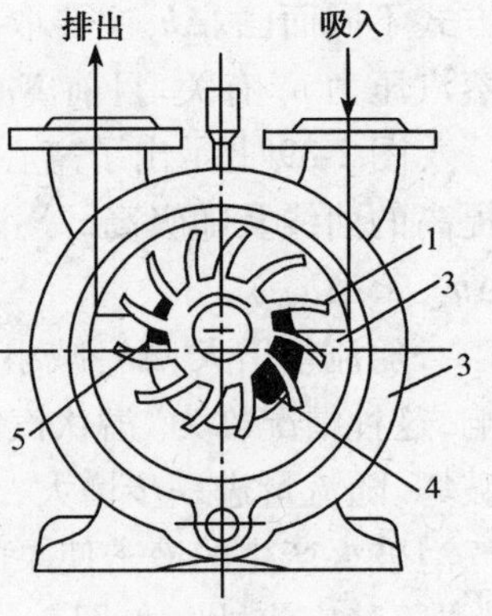

图2-40 单作用水环泵

1—叶轮；2—侧盖；3—泵体；4—吸口；5—排口

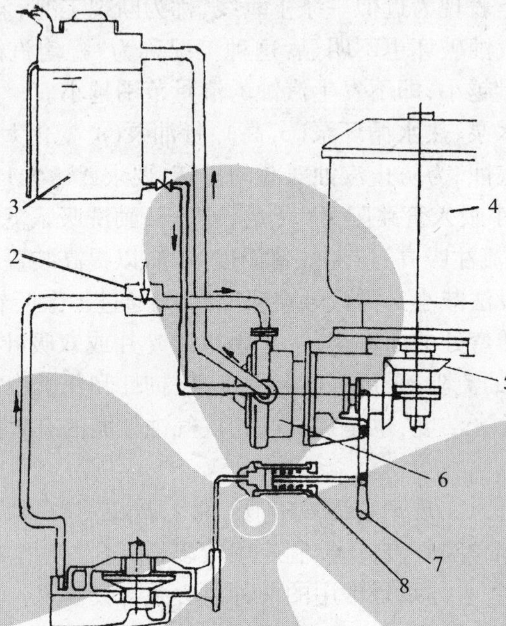

图2-41 离心泵的水环泵自吸装置

1—离心泵；2—截止止回阀；3—气液分离柜；4—电动机；5—摩擦离合器；6—水环真空泵；7—控制杆；8—液压缸

离心泵的水环泵自吸装置在使离心泵完成自吸以前离心泵处于干转状态，因而离心泵不允许使用机械轴封和以水润滑的轴承。

2. 离心泵的空气喷射器自吸装置

图2-42示出了空气喷射器做离心泵自吸装置的工作原理。将控制箱5上的选择开关置于AUT(自动)位置，按起动按钮起动离心泵，因泵尚未建立排压，压力继电器4的常闭触头闭合，电磁阀1开启，0.5～0.7 MPa的压缩空气通过该阀，一路去打开常闭式气动阀3，一路作为工作流体进入空气喷射器，开始抽吸离心泵及其吸入管中的气体。在按下起动按钮的同时，控

制电路中的时间继电器也开始计时。

在时间继电器计时到达后，其常开触头闭合，控制电路使主电路接通，离心泵起动运转。这时如果自吸已成功，泵即会建立排出压力，使压力继电器4的常闭触头断开，电磁阀1关闭，空气喷射器停止工作，泵进入正常运转。运转中如因吸入过多气体排压降低而使压力继电器4常闭触头闭合，喷射器2又会投入工作抽吸离心泵中的气体。

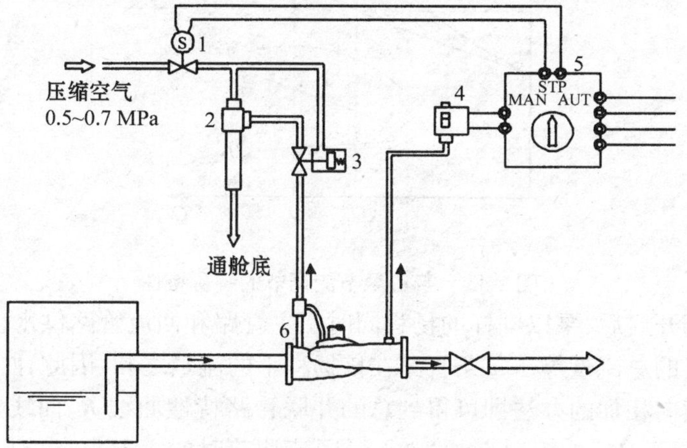

图2-42　离心泵的空气喷射器自吸装置

1—电磁阀；2—空气喷射器；3—气动阀；4—压力继电器；5—控制箱；6—离心泵

这种自吸装置靠0.5～0.7 MPa的压缩空气为离心泵抽气引水，结构简单可靠，离心泵可延时起动。但延时时间需根据泵的实际状况在0～180 s内准确调节，正确的调节是使延时时间较短，但不能短于自吸所需时间，避免自吸成功前起动泵而造成干转。另外，可通过将选择开关置于“MAN(手动起动)”和“STP(关闭)位置”，手动控制空气喷射器2的工作。

六、离心泵的工况调节

通过改变离心泵的特性曲线和管路特性曲线的交点—工况点来调节泵的流量和扬程的方法，称为“工况调节”。工况调节可借改变泵的特性或管路特性来实现，船用泵常用的工况调节方法有以下几种。

(一)节流调节法

通过开大或关小离心泵的排出阀，使管路特性变化来调节流量的方法，称为节流调节。

图2-43示出了离心泵的节流调节工况。由图可见，随着排出阀开度减小，管路曲线变陡，从R变为R_1，工况点从A点移至A_1点，流量相应地从Q_A减少为Q_1，扬程由H_A提高到H_1。此时，克服原管路所用的扬程仅为H'_1，扬程$H_1-H'_1$为关小排出阀所增加的节流损失。虽然轴功率较节流前减小，但节流后工况偏离了设计工况，泵的效率也降低了。

节流调节简便易行，被广泛采用，但经济性较差。若泵的特性曲线和管路特性曲线比较平，则节流调节损失较小。关小吸入阀的开度虽能节流调节流量，但会使吸入压力降低，恶化泵的吸入性能，严重时会产生气穴现象，故不易采用。

(二)回流调节法

通过开大或关小回流阀，实现调节主管路流量的方法，称为回流调节。图2-44示出了离心泵回流调节的工况。由图可见，泵的特性曲线为$A_1A'A$，主管路1的特性曲线为R_1，回流管路2的特性曲线为R_2。当回流阀全关时，泵只向主管路供水，泵的工况点为A_1，流量和扬程分别为

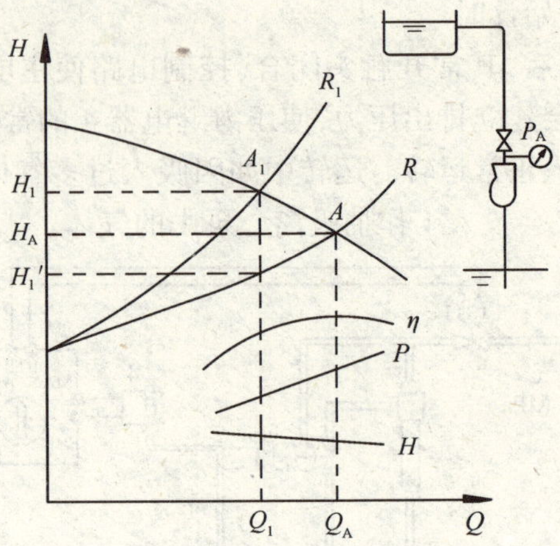

图 2-43　离心泵节流调节的装置特性

Q_1 和 H_1。当回流阀开启后，泵以同样的扬程同时向主管路和回流管路供水，而主管路和回流管路组成的并联管路的总流量等于每条管路在该扬程下的流量之和。因此，曲线 R_1 和 R_2 按照在同样扬程下流量横向相加的办法即可得到总的并联管路特性曲线 R。曲线 R 和泵特性曲线的交点 A，就是回流阀开启后的工况点，即离心泵回流调节时的工况点。这时，泵的扬程由 H_1 降为 H_A，流量由 Q_1 增加为 Q_A，但主管路的流量却由 Q_1 减为 Q_3，其中$Q_A - Q_3 = Q_4$ 的流量则经回流管返回泵的吸入侧。

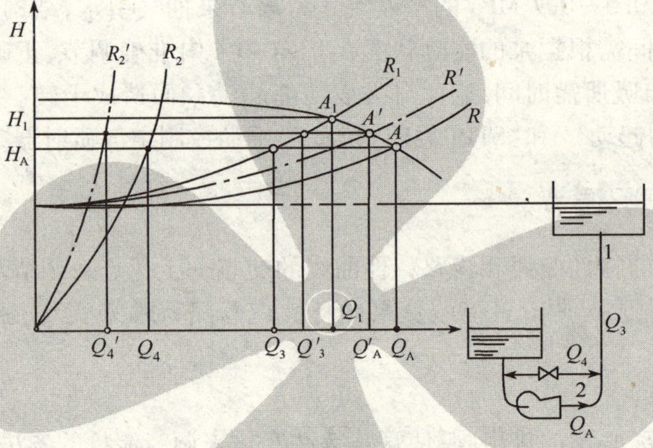

图 2-44　离心泵回流调节的装置特性

关小回流阀，回流管的特性曲线变陡为 R'_2，并联管路特性曲线变为 R'，工况点移至 A'，泵的流量由 Q_A 减为 Q'_A，回流量相应由 Q_4 减为 Q'_4，主管路流量则由 Q_3 增为 Q'_3。相反，若开大回流阀，主管路的流量则减少。

回流调节法经济性很差，因为在开大回流阀减少主管路流量时，泵的流量和轴功率反而增加，相当部分功率浪费于液体回流的阻力损失上了。而且随着泵流量增大，允许吸入真空度降低，而实际吸入真空度却增大，使泵的吸入性能恶化。因此在船上很少被采用。

（三）变速调节法

通过调节泵的转速来改变泵的特性而实现的工况调节，称为变速调节。

输送同一介质的离心泵当转速由 n 变为 n' 时，如转速变化不大，则效率的变化可忽略。同时，转速变化前后的 Q、H 和 P 符合以下比例定律：

$$\frac{Q}{Q'} = \frac{n}{n'};\frac{H}{H'} = \left(\frac{n}{n'}\right)^2;\frac{p}{p'} = \left(\frac{n}{n'}\right)^3 \tag{2-25}$$

根据比例定律可做出泵在转速 n' 时的特性曲线。而转速变化较大时比例定律误差较大，变速后的特性曲线应按实验数据绘制。若将泵在不同转速下的特性曲线画在同一坐标图上，并将各等效率点连成曲线，即可得到离心泵的通用特性曲线，如图 2-45 所示。

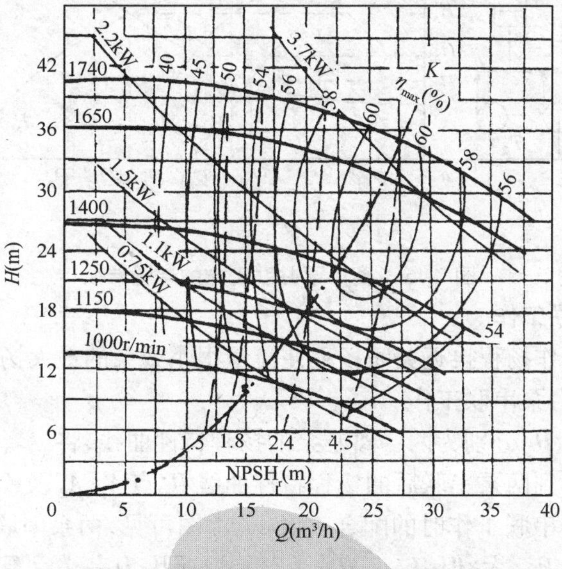

图 2-45 离心泵的通用特性曲线

若将离心泵所在地管路特性曲线画在泵的通用特性曲线图上，即可得到泵在该管路中变速后的实际性能参数。并且管路的静压头越低，变速前后的效率变化越小。

变速调节能在较大转速范围内保持较高的效率，经济性比节流调节、回流调节都好，而且降速不会恶化泵的吸入性能。但它仅适合可变速的原动机，应用局限性大。同时，转速增加将使泵的功率和排出压力增大，汽蚀性能降低，若超过额定转速使用，必须征得制造厂家的同意。

七、离心泵的串、并联工作

（一）离心泵的并联工作

一台离心泵单独工作流量不能满足系统要求时，可将两台或多台泵并联使用，以增加流量。如图 2-46 所示，H_1、H_2 分别为两台离心泵的扬程特性曲线，将二者按照在各扬程时的流量横向相加的方法即可得到两泵并联后的扬程特性曲线 H。点 A_1、A_2 及 A 则为管路特性曲线 R 与两泵单独工作时及两泵并联工作时的配合工况点。由图可见，两泵并联工作时的总流量 $Q_A = Q'_{A1} + Q'_{A2}$ 比两泵单独工作时的流量 Q_{A1} 或 Q_{A2} 大，但却小于两泵单独工作时的流量之和，即 $Q_A < Q_{A1} + Q_{A2}$。这是因为并联时管路流量增大，流阻增加，扬程 H_A 比两泵单独工作时的扬程 H_{A1}、H_{A2} 都高，并联后每台泵的流量 Q'_{A1}、Q'_{A2} 都比单独工作时的流量 Q_{A1}、Q_{A2} 都小的原因。

应该指出，如果管路的静压较高、阻力较大，特性曲线较高较陡（如曲线 R' 所示），其与两泵单独配合工作时的扬程高于额定扬程较多，则两泵并联后的流量增加不会太多，且效率偏低。同时，若该管路与其中一台泵配合工作时的扬程大于等于另一台泵的最高扬程，则两泵并联后，扬程较低的泵会不排液或发生倒灌（若排出管不是止回阀）。因此，泵并联运行时最好选用扬程相近或相等的泵，管路也以静压较低、阻力较小（特性曲线较平）为宜。

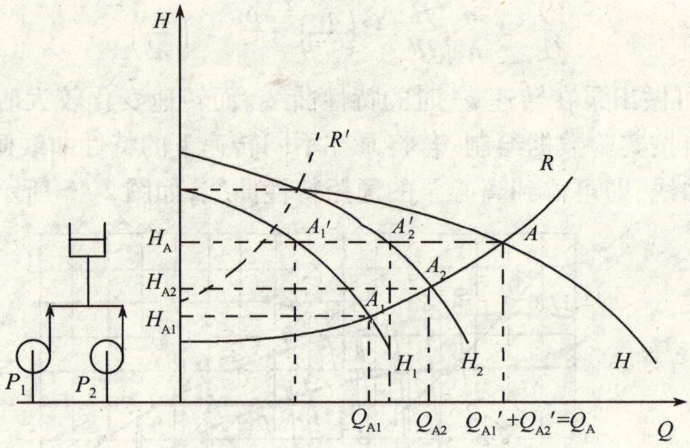

图 2-46　离心泵并联工作的装置特性

（二）离心泵的串联工作

一台离心泵单独工作扬程接近关闭扬程使流量很小或泵的最大扬程小于管路静压使泵无法供液，可将两台或几台泵串联工作。

如图 2-47 所示，H_1、H_2 分别为两台离心泵的扬程特性曲线，将二者按照在各流量时的扬程纵向相加的方法即可得到两泵串联后的扬程特性曲线 H。点 A_1、A_2 及 A 则为管路特性曲线 R 与两泵单独工作时及两泵串联工作时的配合工况点。由图可见，两泵串联后的总扬程 H_A 比两泵单独工作时的扬程 H_{A1}、H_{A2} 大，但 $H_A < H_{A1} + H_{A2}$，这是因为串联后泵的流量比两泵单独工作时的流量都增大，各串联泵的扬程 H'_{A1}、H'_{A2} 皆比单独工作时的扬程 H_{A1}、H_{A2} 都低的原因。

串联时，各泵的型号不一定要相同，但其额定流量应相近，否则就不能使串联各泵都在高效区工作。另外，串联在后面的泵其吸、排压力都比单独工作时高，需注意其密封和强度应达到要求。

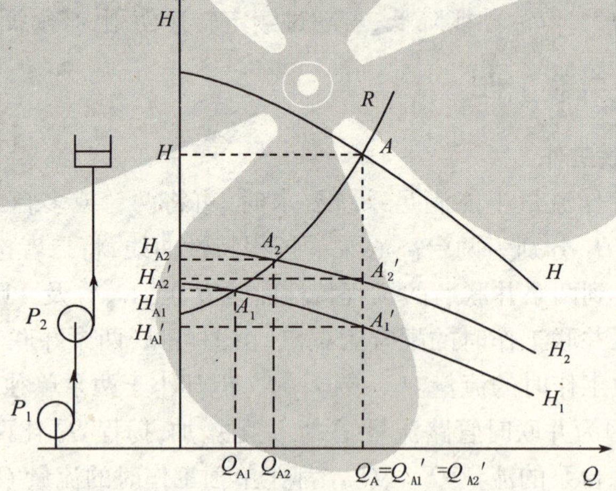

图 2-47　离心泵串联工作的装置特性

八、离心泵的使用管理及维护

(一)离心泵的使用维护要点

(1)运转前——检查电机接线确认正常;清除泵周围异物;对新装、长时间停用或检修后初次使用的泵,手动转动,消除卡阻、过紧、松紧不均或不正常声响等异常现象;并确认轴承润滑剂正常。

(2)起动——开启进出口阀,小功率离心泵可直接起动,大功率离心泵最好采用关闭排出阀的封闭起动,以减小起动电流和对电网的冲击。有几何吸高的离心泵要保证起动过程中自吸成功,避免干转造成轴封等部件过快损坏。

(3)运转中——确保电流和进出口压力等运行参数正常,在相应指示仪表上做好记号,以便比较分析;电机冷却风机应运行正常,电机及轴承运行温度以手触微热为宜;油或水润滑的轴承润滑通路应正常,没有漏油、漏水或溅油、溅水现象;轴封应密封良好,设有填料函的水封管水流应畅通;手摸电机、泵体和轴承等处运转应平稳没有明显振感,用探棒探听没有明显的异常声响。

(4)日常维护——根据离心泵运行时数,按照说明书或计划管理系统 PMS 的要求做好检修保养工作,发现损坏不能修复而影响正常运转的部件如叶轮、泵轴、轴承、轴封、联轴节橡胶弹性垫及密封环等要及时换新。

用润滑脂润滑的轴承,注意加油量应占轴承室容积的 1/2 左右,避免加油过多引起轴承过热,油脂溶化丧失;轴承内圈和轴采用过盈配合,用喷枪或焊枪加热轴承内圈,或在油里加热轴承,可轻松完成安装或拆卸,尽量避免因机械打击而造成损坏;装有两只止推轴承的立式泵,其轴承要"背靠背"安装,以分别承受向下和向上的轴向力,并实现良好的轴向定位。

船舶在污染严重、水中杂物较多的河道等水域时,加强对冷却海水泵的巡视,勤洗海水总管及泵吸入滤器,避免泵轮淤塞。

根据船舶各离心泵的运行状况,对轴封、轴承等易损件储备必要的原厂备件,同时,换下来的旧件要分类存好,以备备件不足等紧急情况时拆分使用。

(二)离心泵常见故障分析

1. 起动后不能供液

离心泵不能供液可能是不能吸入液体或不能排出液体,具体有以下几种情况:

(1)离心泵高于吸入液面而不能产生足够的真空高度,无法吸上液体。

原因可能是:自吸装置故障;吸入管或轴封漏气;吸入管露出液面。

(2)吸入真空度已大于"允许吸上真空高度",仍无法吸入液体。

原因可能有:吸高过大;从真空容器吸入的泵流注高度太小或吸入液面真空度过大;吸入滤器堵塞使吸入管流阻过大;吸入阀未开等原因造成的吸入管堵塞不通;吸入液体温度过高,使"允许吸上真空高度"过小。

(3)泵产生的封闭排出压力太低,无法排液。

泵已产生排压但不够高,小于管路静压液体无法排出。原因可能有:叶轮松脱、淤塞或严重损坏;密封环间隙过大;转速太低或转向弄反。

(4)封闭排压正常,管路背压太高,无法排液。

原因可能是:排出液面压力太大或排出阀未开(例如闸板阀与阀杆脱落),造成管路静压太大;另一台并联泵扬程过高。

2. 流量不足

由装置特性可知,泵的扬程特性曲线降低或管路特性曲线变陡或上移,都会使流量减小。原因可能有:排出高度或排出液面压力增大使管路静压升高;排出管阻力变大;泵转速不够;密封环磨损使内部漏泄加大;叶轮破损或淤塞;吸入管或轴封漏气;液体温度高使泵发生汽蚀;转向弄反等。

3. 电机过载

电动离心泵过载时,过电流保护设备会因电流过大而自动断电停车。原因可能有:电动机轴承或离心泵轴承损坏;泵轴弯曲使叶轮擦碰;叶轮中缠绕塑料袋等杂物;联轴节对中不良使轴承径向负荷加大;双吸叶轮装反,后弯叶片变成了前弯叶片,使泵负荷加大;电机缺相运转等。

4. 运转时振动过大和产生异常声响

离心泵振动和噪声异常的原因可分为机械方面和液体方面两类。

(1)机械方面原因

叶轮局部腐蚀、磨损或淤塞使动平衡破坏;泵轴弯曲、电机或泵轴承损坏、叶轮与密封环擦碰;地脚螺栓松动、底座刚度不足而与泵发生共振;联轴节对中不良;管路连接松动。

(2)液体方面的原因

液体噪音通常是由于泵的吸入性能恶化发生汽蚀现象引起的,可能原因有:

吸入管较细与设计不符;吸入管因附着海洋生物太多变细;吸入滤器脏堵;吸入阀不能完全开启有节流;管路阻力变小使泵流量变大偏离额定流量太多;被排液体温度较高等。

九、离心泵在货油系统中的应用

离心泵因结构简单、运转平稳、流量范围很大,被广泛用作油船、化学品船等液货船的液货泵。在运输单一油品的油船上,每舱货油由装在泵舱的液货泵卸出,每舱有吸入支管连到液货泵的吸入总管上,液货泵由蒸汽透平或电动机驱动。在运输多种液货的化学品船上,每舱底部常装有由油马达驱动的独立货泵。

在油马达驱动的液货泵中,油马达和货泵的连接轴之间设有一干隔腔,可有效防止液压油漏泄污染液货或液货污染液压油。使用管理中每天(尤其是载货期间)要用压缩空气通过外接管吹扫干隔腔,通过另一外接管是否有吹出物或什么吹出物来监控油马达及干隔腔的轴封状况,并视情检修。同时,液压系统的保压泵要每天 24 h 运转,保持液压系统要求的最低油压,确保液压系统不进空气及液压油不被液货污染。

对装在泵舱内的液货泵,使用管理中要加强货泵轴封的监控,如装有蒸汽清洗装置,泵启动前和停止后要按要求对轴封进行吹洗,避免启动时轴封被残留液货黏着而造成损坏。两泵并联运行时,要保持两泵同速运转,以免转速低的泵发生倒灌而诱发危险。

无论何种形式的液货泵,在现代液货船上通常都兼做扫舱泵使用。在扫舱阶段应严格按照说明书要求操作,确保抽真空装置的效用,尽量将液货舱清扫干净,减少货损及对海洋的污染,并杜绝燃烧爆炸等高危事故的发生。

第六节　旋涡泵

一、旋涡泵的结构和工作原理

旋涡泵亦属叶轮式泵，根据所用叶轮形式不同分为闭式旋涡泵和开式旋涡泵两类。

（一）闭式旋涡泵

采用闭式叶轮的旋涡泵称为闭式旋涡泵，其典型结构如图 2-48 所示。具有许多径向短叶片，且叶片设有中间隔板（或端盖板）的圆盘形叶轮 1，即所谓的闭式叶轮。泵体 2 和泵盖 3 以很小的间隙紧贴叶轮，而在它们与叶片相对应的部位则形成等截面的环形流道 4，占据了大部分圆周，其两端顺径向外延形成吸、排口。圆周的剩余部分由泵体的隔舌 6，将流道吸、排两端隔开。这种两端（或一端）直通吸排口的流道称为开式流道。闭式旋涡泵必须配用开式流道。

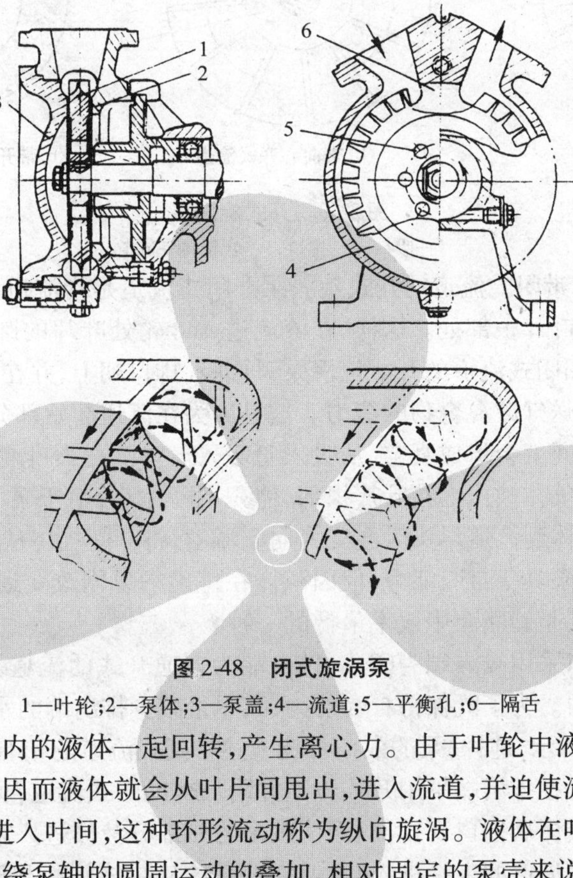

图 2-48　闭式旋涡泵

1—叶轮；2—泵体；3—泵盖；4—流道；5—平衡孔；6—隔舌

叶轮回转时带动泵内的液体一起回转，产生离心力。由于叶轮中液体比流道中液体的圆周速度大，离心力也大，因而液体就会从叶片间甩出，进入流道，并迫使流道中的液体产生向心流动，再次从叶片根部进入叶间，这种环形流动称为纵向旋涡。液体在叶片和环形流道中的运动轨迹就是纵向旋涡和绕泵轴的圆周运动的叠加，相对固定的泵壳来说，它是前进的螺旋线；而相对于转动的叶轮来说，则是后退的螺旋线。这样，液体在沿流道前进直到排出为止，会多次进入叶间获取能量，宛如多级离心泵一样。

旋涡泵中液体的纵向旋涡运动越强，液体质点进入叶轮的次数就越多，泵所能产生的扬程就越高。纵向旋涡的强弱既取决于叶轮内液体和流道内液体的离心力之差，也与纵向旋涡的流动阻力有关，即与叶片和流道的形状及叶片的数目有关。

闭式旋涡泵液流在入口处是从叶轮外缘进入叶间，该处圆周速度较大，液流情况复杂，故闭式旋涡泵汽蚀性能差，必需汽蚀余量较大。此外，若泵吸入气体，则因气体密度小会聚在叶片根部，转到流道出口时不易排出，又会经过隔舌被带回吸入端，故闭式旋涡泵一般不能抽送气液混合物，也无自吸能力。要使闭式旋涡泵能够自吸，必须在排出端设底部有回液口的气液分离室，让分离室中的液体挤入排出端叶片的根部驱赶气体，然后被带回吸入端重新裹携气体。闭式旋涡泵多为单级或二级。

（二）开式旋涡泵

采用开式叶轮的旋涡泵称为开式旋涡泵，其结构示意图如图2-49所示。所谓开式叶轮是指叶片不带中间隔板或端盖板的叶轮，其叶片较长。

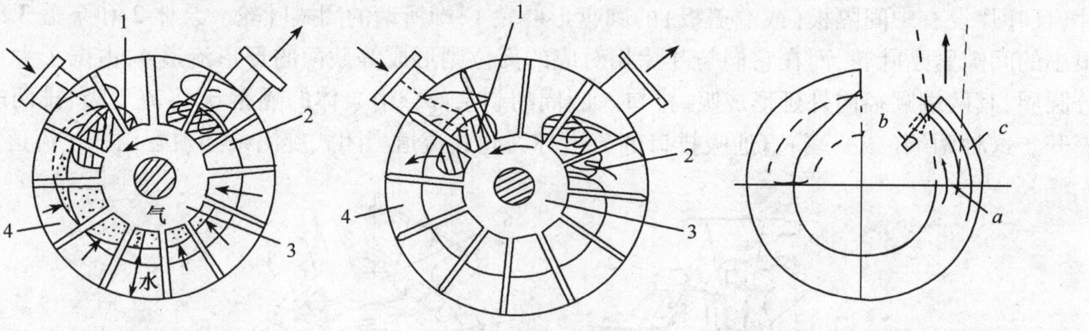

(a) 带闭式流道　　(b) 带向心开式流道　　(c) 带开式流道及附加辅助闭式流道

图2-49　开式旋涡泵

1—吸口；2—排口；3—叶轮；4—流道

图2-49（a）所示为带闭式流道的开式旋涡泵。闭式流道是指流道两端不直接通吸、排口，吸、排口是开在侧盖靠叶片根部处。这样，在液流进入叶轮处叶片的圆周速度较小，汽蚀性能比闭式旋涡泵好。采用闭式流道的开式旋涡泵只要吸、排口朝上，并在初次起动前向泵内灌满液体，就具有自吸和抽送气液混合物的能力。这是因为在流道起始部分，液体在离心力作用下从叶间甩入流道后，叶间就会形成真空，从吸入管吸入气体。随着叶轮回转，越靠近排口液体压力越大，密度较小的气体被压缩在叶片根部，体积不断缩小；由于泵的排口是开在流道尽头靠近叶片根部处，故液体到流道尽头时会变为向心流动，将叶间气体从排口挤出。采用闭式流道虽然能排送气体，使泵具备自吸能力，但因液体在排出端急剧改变运动方向，要克服离心力做功，故能量损失较大，是旋涡泵中效率最低的一种。

开式旋涡泵也可以采用吸入端为闭式、排出端为普通开式的流道，以保持较高的效率，但这会使它失去自吸能力。为了既保持自吸能力，又尽量减少排出端的水力损失，可采用向心开式流道，如图2-49（b）所示，这样，泵的效率可比上述带闭式流道的稍有提高，但仍不及闭式旋涡泵。另外一种办法是在排出端采用开式流道并附加辅助闭式流道，见图2-49（c），即在主流道的排出端让大部分液体从排口 a 排出，而使其余的一部分液体进入辅助闭式流道 c，以便让这部分液体能够在辅助流道的末端进入叶片间，把气体从泵体侧面与压出室相通的气体压出口 b 排出。开式旋涡泵可做成单级，也可做成径向剖分的分段式多级，最多可至6级。

二、旋涡泵的管理及维护

旋涡泵和离心泵一样都属于叶轮式泵，它们有许多共同的特点。如转速高；流量连续、均匀，工作平稳；结构简单，重量轻，体积小，易损件少，制造和维修方便；流量随工作扬程而变；所能产生的扬程和叶轮直径与转速的平方成正比，一般不设安全阀。旋涡泵的日常使用维护管理可参照离心泵执行。

但旋涡泵的结构和工作原理与离心泵有较大差异，也具有一些不同于离心泵的特点，管理中，下述内容也需特别注意。

(1)旋涡泵流道截面积小，液体能多次进入叶轮反复获得能量，在叶轮直径、转速和级数相同时，能得到几倍于离心泵的扬程。另外，旋涡泵工作中液体多次进出叶轮，撞击损失很大，效率很低小于50%，输送黏度过大的液体时水力损失加重，使效率更低，故在选用时注意其仅适用于流量较小、扬程较高、功率较小且输送液体黏度较低的场合。

(2)旋涡泵具有陡降的扬程特性，工作扬程变化时流量变化较小，流量调节不宜采用节流调节，不能变速调节时，用回流调节较为经济。

(3)旋涡泵流量增大时扬程下降很快，功率随流量增大而下降，封闭起动消耗功率最大，应开启排出阀起动。

(4)开式旋涡泵和出口设气液分离室的闭式旋涡泵虽有自吸能力，但其自吸原理不同于容积式泵，起动前泵内必须灌满液体，否则自吸不但不能成功，干摩还会使轴封等易损件过快损坏。

(5)液流进入旋涡泵叶片时冲角较大，液流紊乱，速度分布极不均匀，汽蚀性能较差，特别是闭式旋涡泵，进口处叶轮圆周速度很大，汽蚀性能更差。旋涡泵在使用中应保持吸入滤器清洁，吸入阀全开减小节流，吸入管避免海洋生物生长，最好使其用在有流柱吸高的场合，为其创造良好的吸入条件，保持较大的有效汽蚀余量。

(6)旋涡泵叶轮端面与泵体和泵盖之间的轴向间隙约为0.1～0.15 mm，叶轮外圆与隔舌之间的径向间隙约为0.15～0.30 mm，都很小。旋涡泵如输送带固体颗粒的液体会使该两处密封间隙很快磨损变大，内漏泄增加，容积效率迅速降低。因此，使用中不要让旋涡泵输送带固体颗粒的液体。同时，在泵检修时，要注意泵盖密封垫的厚度，最好用原厂密封垫，避免因间隙过大或过小造成效率下降或擦碰。

(7)旋涡泵在工作中产生的不平衡径向力一般全部由轴承承受。日常检修中需注意其效能，必要时应及时换新。

(8)旋涡泵可以和离心泵组成离心旋涡泵。第一级采用离心叶轮，第二级采用旋涡叶轮。离心叶轮必需汽蚀余量小的长处弥补了旋涡泵汽蚀性能差的缺点，同时也发挥了旋涡叶轮扬程相对较高和便于自吸的优点。这种泵的特性曲线较陡，在扬程变化时流量波动较小，特别适用于向供水量不大的压力容器供水，在船上被广泛用作日用海、淡水泵。当船舶经常在江河航行或经常在浅水区作业或经常靠离码头等舷外水可能含有较多泥沙时，需加强对日用海水泵的监控，缩短检修周期。

第七节　喷射泵

喷射泵(亦称射流泵)不同于容积式泵和叶轮式泵，是靠高压的工作流体流经喷嘴后产生的高速射流来引射被吸流体，并与之进行动量交换，使被引射流体能量增加而被排送的泵。喷射泵常用的工作流体有水、蒸汽和空气，被引射流体可以是气体、液体及可以流动的固体或固液混合物。通常将工作流体或被引射流体至少有一种是气体的称为喷射器。

一、水喷射泵的结构和工作原理

船上较常见的以水为工作流体来引射水的水喷射泵，如图 2-50 所示，由喷嘴 1、吸入室 2、混合室 3 和扩压室 4 组成。

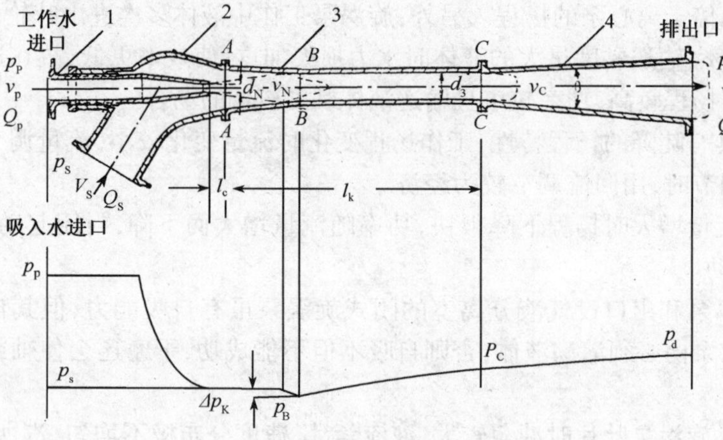

图 2-50　水喷射泵

1—喷嘴；2—吸入室；3—混合室；4—扩压室

喷嘴将工作水的压力能转变为动能。水喷射泵的喷嘴由一段流线型或圆锥形的收缩流道和一小段圆柱形管道构成。工作水压力 p_P 通常为 0.3 ~ 1.5 MPa，经喷嘴射入吸入室时，由于喷嘴流道急剧收缩，流速迅速增加，出口流速 V_N 通常可达 25 ~ 50 m/s，而压力则相应下降到吸入压力 p_s，如图 2-50 中的压力曲线所示。

工作射流在吸入室中由于流束质点的横向紊动和扩散，与周围介质进行动量交换并将其带走，使吸入室中形成低压，从而将被引射流体吸入。流束离开喷嘴后，流速为 V_N 的核心区逐渐缩小以至消失，而紊流边界层逐渐扩大，形成一个扩张的圆锥体，当其与混合室壁面相遇后，流束的引射作用便结束。

混合室入口处的流速很不均匀。混合室使流束中的流体充分进行动量交换，使出口流速尽可能趋于均匀。实验表明，进入扩压室的流体速度越均匀，在扩压室中的能量损失就越少。混合室通常做成圆柱形或者是圆锥形与圆柱形的组合形式。当混合室进口部分做成圆锥形时，其进口能量损失较小。混合室的长度 l_K 通常为其喉部直径 d_3 的 6 ~ 10 倍，过短会使出口速度不均，扩压室中的流动损失就较大，过长则会使摩擦损失增加。

扩压室为一段扩张锥管，使液流在其中流速降低，将动能转换为压力能。实验证明，扩压室的扩张角在 8° ~ 10°时，扩压过程的能量损失最小。

图 2-50 中压力曲线显示，在混合室圆柱段进口截面 $B-B$ 处压力最低，该截面后，随着速度渐趋均匀，压力也随之升高。在扩压管中压力进一步逐渐增大。

二、水喷射泵的管理及维护

从上述结构和工作原理可以看出，水喷射泵在工作中存在大量水力损失，如喷嘴损失、混合室进口损失、混合室摩擦损失和混合损失、扩压室损失等，故工作效率很低，理论上不超过 36.5%。但因其无运动件，结构简单，所以，工作可靠噪声小，使用寿命长，一般很少需要维修。同时，在吸口可产生较大的真空，自吸能力很强；输送污浊液体或泵被水浸没时都能正常工作。

使用中,为使水喷射泵正常工作,保持其设计的引射流量或抽真空能力,还须注意以下内容:

(1)保持工作流体的压力 p_P 在适宜范围内。喷射泵的引射流量 Q_S 随扬程比 $h=(p_d-p_s)/(p_p-p_s)$ 的增大而减小,当 p_P 下降时引射流量会急剧减小。但也不要使 p_P 过分增大,因随扬程比下降,引射流量增加到一定值后将不再增加,而效率却急剧降低。工作流体一般由离心泵供给,使用中需保持离心泵的工作状况良好。

(2)要防止排出止回阀卡阻、排出截止阀未开足或其他原因导致排出压力 p_d 增大,而使扬程比 h 增大,引射流量 Q_S 减小。

(3)保持吸入通道畅通,避免吸入压力 p_s 不正常的降低。p_s 降低也会使扬程比 h 增大,引射流量 Q_S 减小。p_s 过分降低还会导致液体气化引射流量进一步减小。

(4)注意工作液体或引射液体温度不要过高,以免在泵内低压处压力低于液温所对应的饱和压力而使液体大量汽化产生气穴现象,进而使效率和引射流量降低。

(5)喉嘴距 l_c(喷嘴出口截面距混合室进口截面 $A-A$ 的距离)的最佳值通常由试验确定,拆装时不宜随便变动。同时,检修时要注意保证喷嘴、混合室和扩压管三者的同心度,尤其是喷嘴和混合室的同心度。l_c 增大、减小或同心度偏离都会使喷射泵偏离设计工况,能量损失增加,效率降低。

(6)喉嘴面积比 m(混合室圆柱段截面积 f_3 与喷嘴出口截面积 f_1 之比)是影响喷射泵性能的最重要尺寸参数。使用中喷嘴口径如因磨损而过分增加,将影响泵的工作性能,使工作流体耗量增加,引射流量减小,工作效率降低,必要时应予换新。

三、其他船用喷射器

除水喷射泵外,船上常用的还有水射抽气器、蒸汽喷射器和空气喷射器等。

(一)水射抽气器

水射抽气器常以 0.25 ~0.4 MPa 的压力水为工作流体,用来抽除空气或空气与水蒸气的混合物。水射抽气器用来产生真空时,亦称水射真空泵,与水喷射泵的原理和结构类似。水射抽气器的工作流体和被引射流体的密度相差悬殊,为提高被引射气体的质量流量,水射抽气器可设计成多喷嘴(喷嘴数可达 12 ~18 个)的形式,以增加工作水与吸入气体的接触面积,如图 2-51 所示的多喷嘴式水射抽气器。

水射抽气器的工作水与所吸空气接触时,将会蒸发出水蒸气,使实际的抽气量和所能达到的真空度降低。工作水温越高,水蒸气的饱和分压力就越大,泵的实际抽气量和所能达到的真空度也就越低。水射抽气器抽吸蒸汽和空气的混合物时,由于水流和蒸汽之间的换热强度较大,可使绝大部分蒸汽凝结成水,因而抽气量会明显增大。当水射抽气器抽吸纯蒸汽时,其流量比抽吸干空气时约大 10 倍。

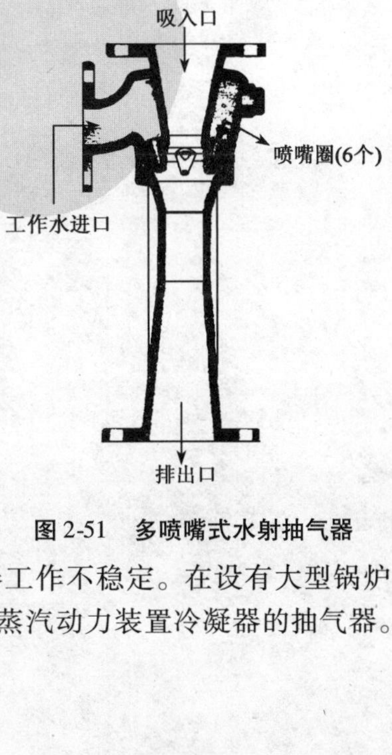

图 2-51 多喷嘴式水射抽气器

(二)蒸汽喷射器和空气喷射器

蒸汽喷射器一般用有 10 ~20℃过热度,压力为 0.4 ~1.0 MPa的蒸汽作为工作蒸汽,因为工作蒸汽含水会使喷射器工作不稳定。在设有大型锅炉的船上,蒸汽的来源比较方便,故蒸汽喷射器被广泛作为船舶蒸汽动力装置冷凝器的抽气器。它可以使冷凝器中的压力保持在0.03 ~0.10 atm。

蒸汽喷射器也可以用来抽水，图 2-52 所示即为蒸汽射水器。在使用蒸汽射水器时，工作蒸汽与被抽吸的水应具有足够的温差，以使从喷嘴流出的高速蒸汽能在进入喉管前就全部凝结在所吸入的水中，从而使吸水流量增大。蒸汽射水器用于既吸水又加热水的场合比较经济。

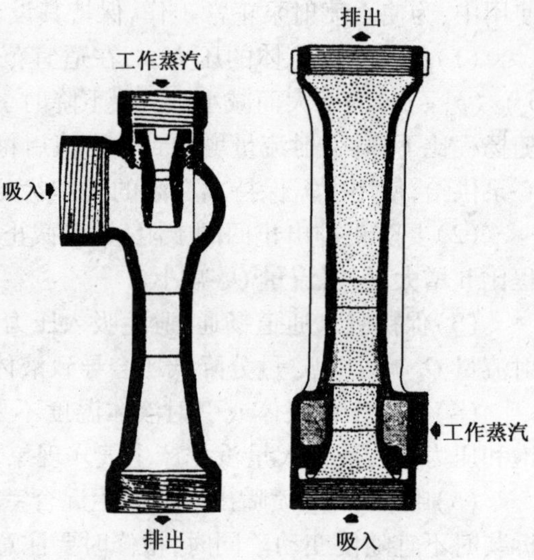

图 2-52　蒸汽射水器

用压缩空气作为喷射器工作流体的空气喷射器在船上可作为离心泵的自吸装置。作为水泥船装卸货设备的空气喷射器需用大量的压缩空气，空压机和空气的管理非常重要，尤其是空气的净化除水。

气体喷射器与液体喷射泵不同的是喷嘴都做成缩放形的拉伐尔喷嘴，以便能在较大的压降下使喷嘴出口的工作气流速度达到超音速。

第三章
船舶辅助管系

第一节　管系的基本知识

船舶管系是联系主、辅机及有关设备的脉络，是专门输送流体的管路、设备以及检查、测控仪表的总称。船舶管系也是保证船舶正常航行、停泊、营运及船员、旅客正常生活所必需的设施。维护船舶管系正常运行是轮机管理的一项重要工作。

一、船舶管系分类

船上的管路纵横交错，遍布全船，概括起来，可将船舶管系分为三种类型：第一类，动力管系，主要包括燃油系统、滑油系统、冷却系统、压缩空气系统、排气系统；第二类，船舶辅助管系，主要包括压载水系统、舱底水系统、消防系统、日用水系统、通风系统、蒸汽系统等；第三类，特种船舶专用系统，如液货装卸系统、洗舱系统、液货加热系统等。本章主要介绍船舶辅助系统。

船舶管系根据设计压力和设计温度分为 3 级（见表 3-1）。

表 3-1　管系等级

管系	Ⅰ		Ⅱ		Ⅲ	
	设计压力/MPa	设计温度/℃	设计压力/MPa	设计温度/℃	设计压力/MPa	设计温度/℃
	大于		不大于		不大于	
蒸汽	1.6	300	1.6	300	0.7	170
热油	1.6	300	1.6	300	0.7	150
燃油、滑油、可燃液压油	1.6	150	1.6	150	0.7	60
其他介质	4.0	300	4.0	300	1.6	200

注：(1)当管系的设计压力和设计温度其中 1 个参数达到表中Ⅰ级规定时，即定为Ⅰ级管系；当设计压力和设计温度其中 1 个达到表中Ⅱ级规定时，即定为Ⅱ级管系；两个参数均未达到表中Ⅲ级规定时，即定为Ⅲ级管系。(2)其他介质是指空气、水、和不可燃液压油等。(3)不受压的开式管路如泄水管、溢流管、排气管、透气管和锅炉放气管等也为Ⅲ级管系。

二、管路材料

（一）管子材料

1. 碳钢和低合金钢

船用管子材料的选择应根据船舶管系用途、介质种类和设计参数而定，船舶管路绝大多数采用钢质管。根据钢管的制造工艺，钢管可分为无缝钢管和有缝钢管，其中根据材质可粗略分为碳素钢管和不锈钢管。其中钢管根据用途可选用不同系列、通径、壁厚。用于Ⅰ级和Ⅱ级管系的管子，应为无缝钢管或船级社认可的焊接工艺而制造的焊接管。碳钢和碳锰钢钢管、阀件和附件一般不能用于流体温度超过400℃的管系。

2. 铜及铜合金

铜及铜合金管具有抗腐蚀性能好，特别适合作为海水管，其缺点是价格较贵，一般商船不会大量选用。Ⅰ级和Ⅱ级管系中所使用的铜和铜合金管应为无缝管，Ⅲ级管系所用的铜和铜合金材料，应根据接受的标准进行制造和试验。铜和铜合金管、阀件和附件使用温度一般应不超过下列规定：铜和铝黄铜为200℃；铜镍合金为300℃；适合高温用途的特殊青铜为260℃。

3. 灰铸铁

灰铸铁管、阀和附件一般不用于Ⅰ级和Ⅱ级管系，但设计压力和设计温度分别不超过1.3 MPa和220℃的Ⅱ级蒸汽管系的阀件和附件可采用灰铸铁材料。灰铸铁管、阀和附件可用于Ⅲ级管系及油船货油舱内的货油管路。但不可用于：

（1）油船露天甲板上压力大于1.6 MPa的货油管。

（2）承受压力冲击、过大应力和振动的管路。

（3）舷旁阀和海水箱上的阀。

（4）安装在防撞舱壁上的阀。

（5）燃油舱柜外壁受静压的阀。

（6）锅炉排污管路。

（7）蒸汽管、消防水管、舱底水管和压载水管。

4. 塑料

船用塑料管具有耐冲击、耐腐蚀、重量轻等优点，但其耐温性和耐火性较差，船上所用塑料管应根据其化学成分、机械性能和耐温极限选取。塑料管一般不用于介质温度高于60℃或低于0℃的管系。使用场合如疏排水管、部分生活污水管等。船上所用塑料管的设计、制造、使用应符合规范规定。

（二）密封材料

1. 对密封材料的要求

密封材料的功能是阻止泄漏。密封材料应满足密封功能的要求，由于被密封的介质不同，以及工作条件不同，要求密封材料具有不同的适应性。对密封材料的一般要求是：

(1)材料致密性好，不易泄漏介质。

(2)有适当的机械强度和硬度。

(3)压缩性和回弹性好，永久变形小。

(4)高温下不软化、不分解，低温下不硬化、不脆裂。

(5)抗腐蚀性好，在酸、碱、油等介质中能长期工作，其体积和硬度变化小，且不黏附在金属表面上。

(6)具有与密封面贴合的柔软性。

2. 常用密封材料的种类

常用密封形式有垫密封、胶密封、填料密封、波纹管密封等。其中垫密封广泛用于液体和气体管路的连接部位。传统的石棉垫片由于对环境的污染和人体危害现已禁用,由矿棉、陶瓷棉等材料取代。橡胶垫片根据化学成分的不同,有芳纶耐油橡胶垫(适用于燃油、滑油、海水、淡水、饮用水、空气、烟和惰性气体,温度不高于350℃的蒸汽及温度不高于150℃的热油),丁腈橡胶(适用于矿物油、汽油、苯),氯丁橡胶(适用于空气、水、氧),聚氨酯橡胶(适用于水、油)等。另外,还有纸垫片、皮垫片、塑料垫片、金属包平垫片、金属垫片等。

3. 密封垫片的选用原则

管路密封垫片应根据工作压力、工作温度、密封介质的腐蚀性及结合密封面的形式来选用。

(1)在常温、低压下选用非金属软密封垫。

(2)中压高温时,选用金属与非金属组合密封垫或金属密封垫。

(3)在温度、压力有较大波动时,选用弹性好的或自紧式密封垫。

(4)在低温、腐蚀性介质或真空条件下,应考虑密封垫的特殊性能。

三、船舶管系识别

为了便于管理人员识别各种管路所输送的工质和流向,管路外表通常按系统作用不同涂有不同颜色的油漆予以标志,如表3-2所示。

表3-2　管路识别

管路	颜色
燃油管路	棕色
滑油管路	黄色
海水管路	绿色
淡水管路	灰色
压缩空气管路	浅蓝色
消防管路	红色
舱底水管路	黑色
蒸汽管路	银白色

透气、测量和溢流管路则依其介质而定。但是不同的国家可能略有差异,故应以船上的标志说明为准。管路上还有用标志颜色表示的介质流向的箭头符号。

四、常用阀门

在船舶管路中装有各式各样的阀门,以控制管路中介质的流量和流向,或者切断介质的流动。根据其结构特点的不同,可以分为以下几种。

(一)截止阀

截止阀是一种最普通的阀,用来将管路中的一段与另一段隔开。船用截止阀按连接形式分为法兰连接、外螺纹连接、内螺纹连接和胶管连接。截止阀可用于海水、淡水、燃油及温度低于225℃的蒸汽管路。截止阀按结构可分为直通式和直角式,直通式截止阀结构如图3-1所示。截止阀由阀体、阀杆、阀盖和阀座等组成。顺时针方向转动阀杆,手轮上升,阀开启,介质自阀盘下方进入,经阀盘与密封座之间的通道向上流出。若逆时针方向转动阀杆,使阀盘与阀座紧密接触,阀关闭,从而截断介质流动。

安装截止阀时应严格按阀上标明的介质流动方向的箭头安装，如果标志不清可按“低进高出”的原则判断。如果截止阀反向安装，工作介质依然可以流通，不过管路阻力较正向流动要大很多。

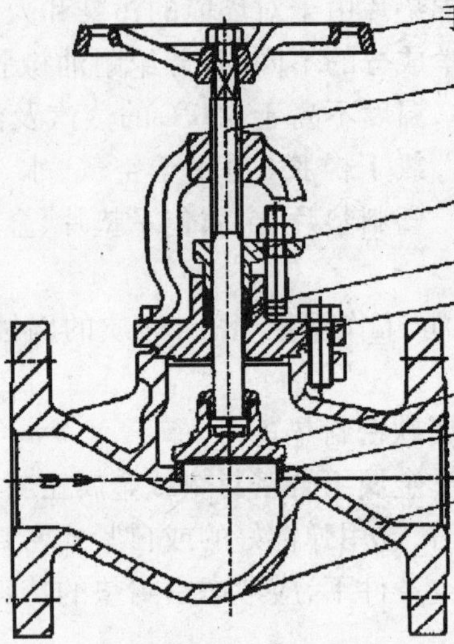

图 3-1　直通式截止阀

（二）止回阀

止回阀又简称单向阀，它使介质只能沿一个方向流动而不能倒流，分为升降式和旋转式两种，前者在船上应用较多，其结构如图 3-2 所示。止回阀由阀体、阀盖、阀盘、阀座和弹簧等组成。当介质自阀盘下面向上流动时，则顶开阀盘，经阀盘与阀座之间的通道流出。若阀盘下面的介质停止向上流动，则阀盘将在自身重力和弹簧弹力的作用下下落，阀盘与阀座之间的通道关闭，阀盘上面的介质压紧阀盘和阀座，故不能倒流。

一般而言，尺寸较小的止回阀需要设置弹簧；而尺寸较大的止回阀，由于阀盘足够重，一般没有弹簧，仅靠阀盘自身重量关闭。由于阀盘靠重力落座，止回阀需要直立安装在管路上。

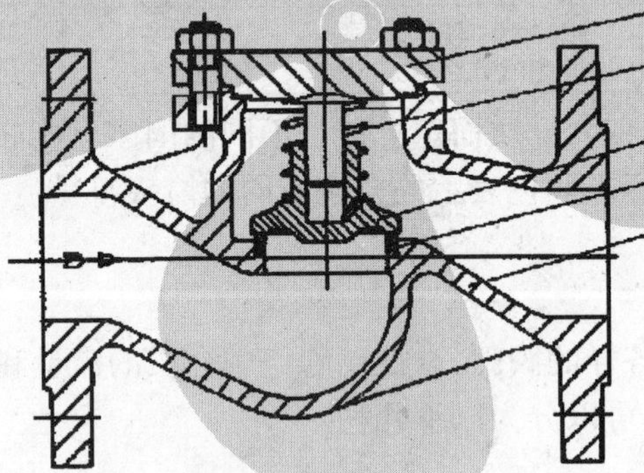

图 3-2　升降式止回阀

（三）截止止回阀

截止止回阀是截止阀和止回阀的组合阀门，具有截止和阻止介质逆向流动的双重作用，一般用于泵的出口管路，以避免介质逆向流动使压力作用于泵上，其结构如图 3-3 所示。截止止回阀不能强制开启阀盘，阀杆上升阀盘不能随之提升，仅当阀盘下面介质的作用力大于阀盘上面的作用力时，才能开启阀盘，顶起高度取决于阀杆上升的高度和介质的流动情况；反之，当阀盘上面的作用力(阀盘重量、弹簧弹力和介质压力)大于下面的力时,亦即当介质逆向流动时,阀盘即下降而自动关闭,从而阻止介质逆向流动。转动阀杆可压紧阀盘,将阀强制关闭,从而截断介质的流动。同止回阀一样,尺寸较大的截止止回阀一般不设弹簧,也需要直立安装在管路上。

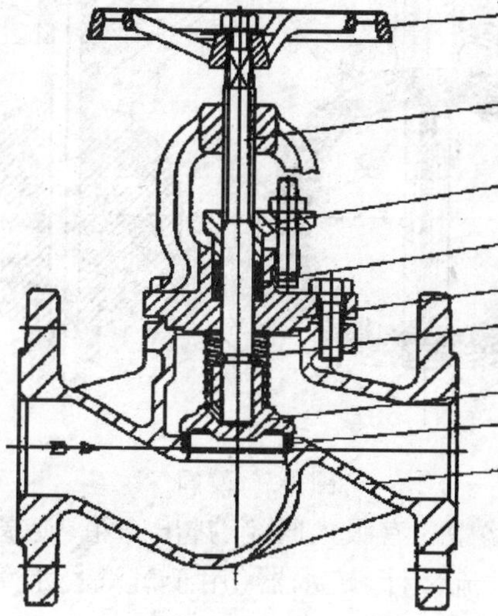

图 3-3 截止止回阀

(四)闸阀

闸阀是一种截断式阀门,其阀盘为一楔形板,开关过程中产生平移而改变开度。其作用与截止阀相同,但只能是直通式,且无节流作用。闸阀有明杆式和暗杆式两种形式:明杆式是阀杆做升降运动,其传动螺纹在体腔外部的闸阀;暗杆式是阀杆做旋转运动,其传动螺纹在体腔内部的闸阀。明杆式闸阀工作可靠,但外形尺寸大,所以船用多为暗杆式闸阀。

图 3-4 所示为暗杆式闸阀,不论开启与关闭,其高度均不改变,所以在转动手轮时无法知道内部闸板位置,需在阀的上部加设一套行程指示器。

闸阀的作用基本与截止阀相同,由于外形尺寸大,流通截面积大,工质流动阻力小且不受流向限制,开关省力,故常用于低压大口径管路,如海水、淡水、燃油、滑油及污水管路等。

(五)蝶阀

蝶阀是启闭件(碟板)绕固定轴旋转的阀门。由于蝶阀转矩小、重量轻、尺寸小、密封性好,维修也较简便,目前蝶阀在船上已广泛应用。蝶阀的结构有偏心式和中心式两种。

图 3-5 所示为中心式蝶阀结构原理图,其阀杆位于圆饼形阀盘的中轴线上,其阀体亦呈圆形,内有密封圈。当阀盘垂直于管路时,蝶阀为关闭状态;当阀盘平行于管路时,蝶阀为全开状态。手动蝶阀上一般都标注有 0° ~ 90° 的角度,对应于不同的开度。

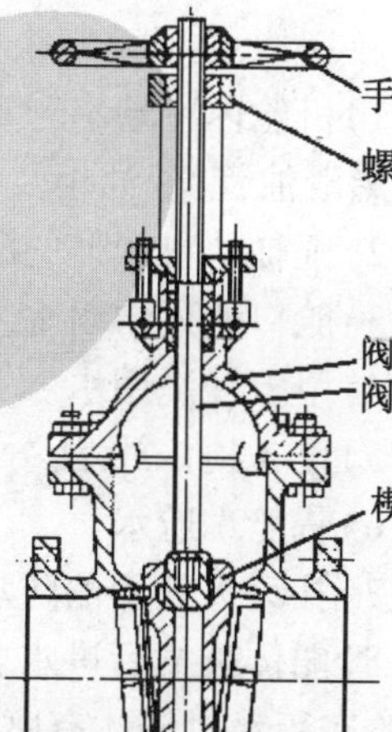

图 3-4 闸阀

在开关过程中,阀杆只是在 90° 的范围内转动,其高度保持不变。蝶阀的密封面积较大,对工作介质的洁净程度和温度有较高要求,并且不宜频繁开关,否则易导致泄漏。

在全开状态下,蝶阀对工质产生的阻力非常小;与截止阀和闸阀等相比,在通径相同时,蝶阀的重量要小很多。所以，在船上，蝶阀广泛用在低压、大流量的场合，如各种冷却系统、压载水系统、消防水系统等。

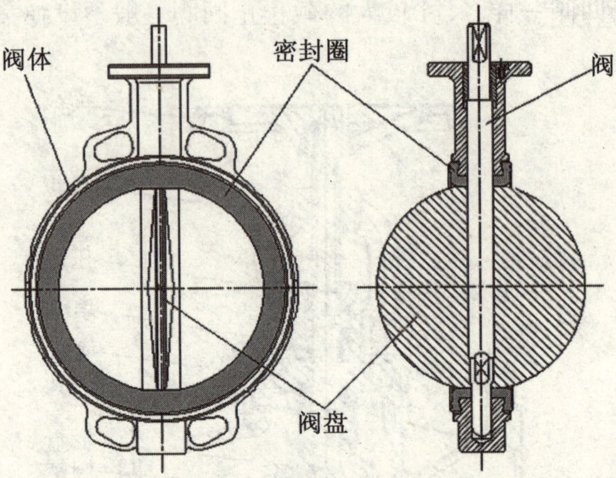

图 3-5　蝶阀

除上述常用阀件以外，管路中还有吸入阀箱、排出阀箱、旋塞、安全阀、减压阀等阀件以及滤器、泥箱（用于舱底水系统）、流量计、疏水器（用于蒸汽凝水管路）、通舱件、管子吊架等附件，在此不做详细论述。

第二节　舱底水系统

舱底水是指机舱或货舱舱底积水，专门用于排出舱底积水的管路系统称为舱底水系统。

一、舱底积水的来源

舱底水来之以下几个方面：

（1）机舱内冷却水管路的海水、淡水的泄漏；蒸汽管路冷凝水的泄漏，水柜中水的泄漏和泄放；燃滑油管路、油柜及设备中油的泄漏等。

（2）艉轴填料函处的漏水。

（3）舱口流入的雨水。

（4）甲板冲洗用水。

（5）设备检修放水。

（6）货舱洗舱水。

（7）扑灭火灾用消防水。

（8）船体破损后进水。

舱底积水对船体有腐蚀作用；货舱积水会浸湿货物，造成货损；机舱舱底积水会使机电设备受潮或浸水损坏，影响机器正常运转，并给管理工作带来困难。当舱底水积存过多时，将会严重地影响船舶稳性和危及航行安全。

二、舱底水系统的作用

舱底水系统的作用是及时将机炉舱和货舱的舱底积水排至舷外。一般而言，正常营运的船舶，机舱舱底积水量为 1 ~ 10 m^3/d，对于 20 万 ~ 30 万吨级的船舶，则可达到 20 m^3/d 左右。当船舶破损时,舱底水系统还可用于应急排出积水。货舱积水一般不含油,通常直接排放至舷外;而机舱积水一般都含油,故需要经油水分离器进行处理,当含油量低于15ppm后方可入海。

三、对舱底水系统的一般要求

(1)所有船舶均应设有有效地舱底水排放装置,以便能抽除及排干任何水密舱室中的水。

(2)机器处所舱底水的排除应符合防止船舶造成水域污染的有关规定。

(3)系统中的管路应能防止舷外水或自压载舱的水进入货舱或机炉舱,或从一舱进入另一舱的可能性。

(4)舱底水管路中的液流是单向的,只允许将舱室中积水向外抽出。为防止各舱舱底水相互串通,管路中的分配阀箱、舱底水管和直通舱底水泵支管上的阀门均应为截止止回阀。

(5)舱底水泵、压载水泵、消防水泵等若互相连通时,管路应保证各泵同时工作而互不干扰。

(6)对于客船,在事故后所有实际可能的情况下,无论船舶正浮或倾斜,应能抽除并排干任一个水密分舱内的积水,但固定油舱和水舱除外。

(7)排水管系的布置应在船舶正浮或横倾不超过5°时任何舱室或水密区域内的积水至少通过一个吸口排出。为此,除在短而窄的舱室内设1个吸口即可进行有效排水外,其余舱室一般均应在两舷设置吸口。

四、舱底水系统的组成

舱底水系统一般由水泵、水管、水吸口、阀件、吸入滤网及有关附件组成。下面以某一客船为例介绍舱底水系统的组成。该系统由机舱舱底水系统和应急舱底水系统组成。

(一)机舱舱底水系统

图3-6所示为某船机舱舱底水系统。机舱中所产生的含油污水会自动向舱底的各污水井汇聚而形成舱底水。如污水井液位达到一定高度,可利用日用舱底泵将其中污水输送至容积较大的舱底水舱进行储存。在适宜的条件下,可使用油水分离器对舱底水舱中的含油污水进行处理,然后在含油浓度不超过15ppm的情况下排放入海。

此外,油水分离器也可以直接从各污水井吸入舱底水。日用舱底泵也可以经阀BMV15将舱底水通过通岸接头排到港口接收设施,以满足某些海域不允许任何舱底水入海的要求。日用舱底泵采用的是自吸能力较强的往复泵,一般不需引水便可实现自吸。在必要的时候,也可经阀BMV93将海水引入泵腔,以提高吸入性能。

(二)应急舱底水系统

某船应急舱底水系统如图3-7所示。舱底泵和No.1/No.2舱底消防总用泵均可以将舱底水直接排送到舷外。舱底泵为自吸离心泵,采用的是空气喷射器自吸装置。No.1/No.2舱底消防总用泵还可以作为消防泵,向消防总管提供足够压力的海水。两台舱底消防总用泵结构完全相同,为两级自吸离心泵(采用了水环泵自吸装置),其中,第一级用于泵送舱底水,出口通往舷外;第一、二级串联后泵送消防水,出口通往消防总管。系统中各阀大部分是电、液遥控蝶阀,可以在驾驶台或集控室控制站进行遥控操作。

机舱之外的健身房、测深仪舱等处的舱底水可以通过本系统排出舷外,但机舱舱底水不能随意通过本系统入海,只有在因船体或管路破损而导致机舱大量积水时,才允许通过本系统向舷外应急排水。

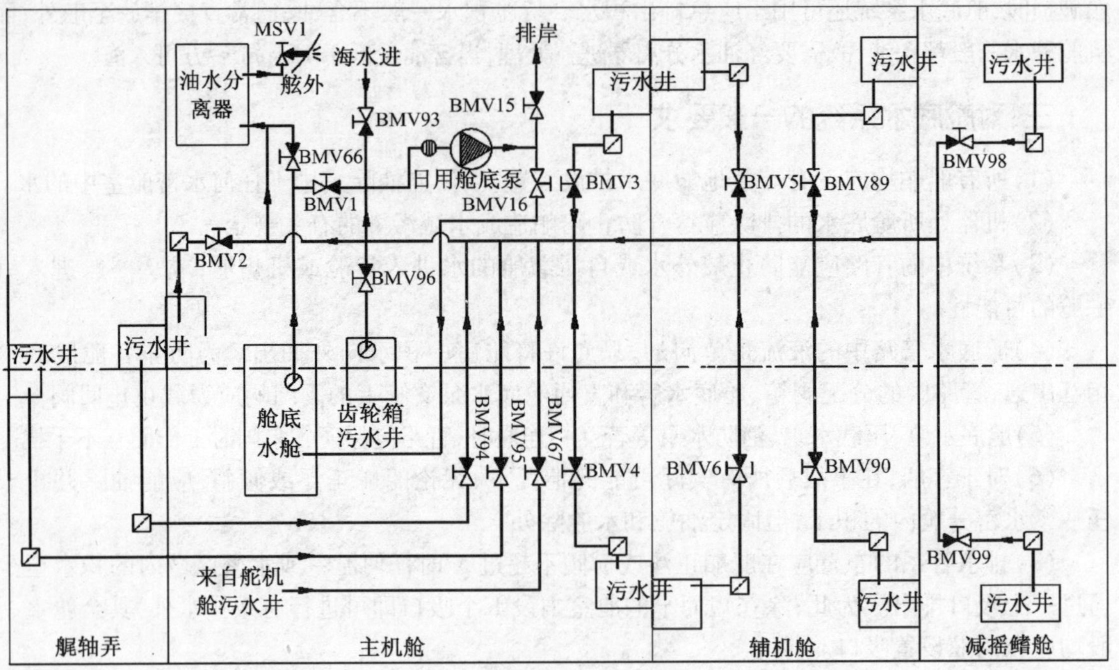

图 3-6　某船机舱舱底水系统

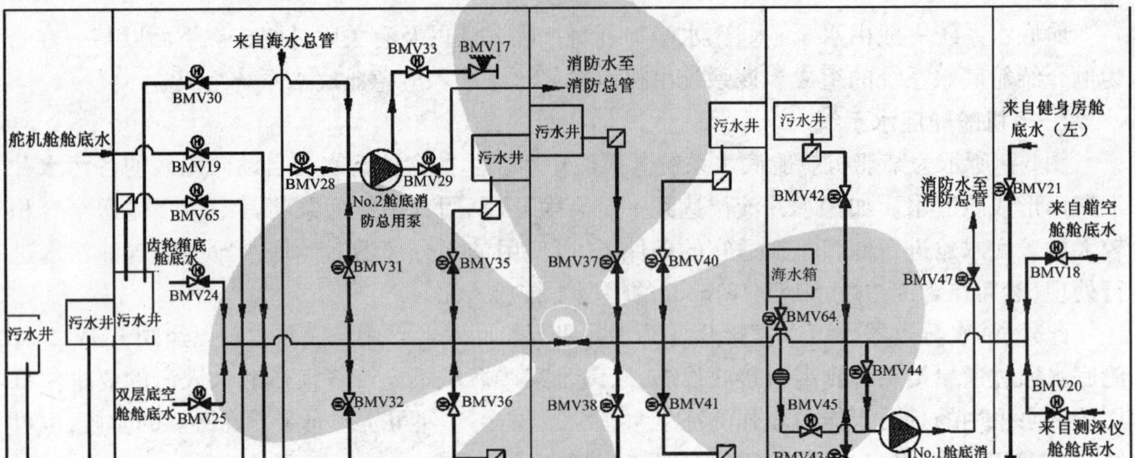

图 3-7　某船应急舱底水系统

五、舱底水系统的维护管理

(1) 日用舱底泵、舱底消防泵应按运行周期进行保养、检修，定期检查水泵运行状态。

(2) 平时保持机舱内花钢板下洁净，并定期清洗污水井泥箱。

(3) 定期试验各舱污水井高位报警功能是否正常。

(4) 对管路系统上的阀门应定期活络，以防锈死。

(5)对于具有阀门遥控的舱底水系统,应定期在各遥控操纵部位进行系统操纵试验。确保系统功能正常。

第三节　压载水系统

一、压载水系统的作用

船舶在营运过程中,需要根据具体的情况调整吃水、稳性、横倾和纵倾,这一任务可借助压载系统,通过改变各压载水舱中的水量来完成。因此,压载水系统既可以将舷外水注入各压载舱,又可以将各压载水舱的水排出舷外,还可以实现各压载水舱间的相互调驳。

对船舶进行压载和排载可起到以下作用:

(1)使船舶在横向保持平衡,在纵向有合乎要求的吃水差。

(2)使船舶具有适当的排水量和重心高度,以获得高的螺旋桨效率和合适的稳性。

(3)减小船体变形,避免产生过大的弯曲力矩和剪应力。

(4)减轻船体和轴系的振动。

根据船舶用途、结构和吨位的不同,压载水舱的位置、大小和数量也不完全相同。在货船上,一般把艏尖舱、艉尖舱、双层底舱作为压载舱,还有的加设上、下边舱和深舱为压载水舱,少数船上还设有专门用来调节稳性的上稳性舱和下稳性舱,油船上设有专用压载水舱。压载泵、阀门和压载管路共同构成压载系统。

二、对压载水系统的一般要求

一般说来,各种水系统无论其功用如何,水在管路中都是单向流动的,如舱底水系统只将舱底水排出舷外,日用海淡水系统只把海水或淡水排至各用水处所等。而压载系统既要将水注入各压载水舱,又要通过同一条管道将水从水舱排出。这种"又进又出"的工作情况,形成了压载系统管路特点。根据压载系统的特点,压载系统在布置上应满足以下要求:

(1)压载管系的布置和压载舱吸口的数量,应使船舶在正常浮态下排出和注入各压载舱的压载水。

(2)在压载系统的管路上,不能设止回阀和止回阀箱,压载舱长度超过 35 m 时,一般应在前、后端均设置吸口。

(3)压载水管系的布置,应避免舷外水或压载舱内的水进入货舱、机器处所或其他舱室。

(4)为了防止压载水管漏泄时海水进入货舱,压载水管如需通过货舱,皆应铺设在双层底空间,其吸入口在各舱的布置,应有利于压载水的排出。

(5)艏、艉尖舱的压载管在穿过艏、艉防撞舱壁时,应设有在上甲板能开关的阀门,以便在艉、艉处船体撞破时,能将该压载管关闭。

(6)压载水管不得通过饮水舱、炉水舱或滑油舱。如不可避免时,通过饮水舱、锅炉用水舱、润滑油舱内的压载水管应加大壁厚。管子接头应采用焊接方式连接。

(7)干货舱或油舱(包括深舱)可能用作压载舱时,压载水管应装设盲板或其他隔离装置。淡水舱作为压载舱时,为避免两个系统相互沟通,也应符合这一要求。含油压载水排放应符合有关防污染规定。

海船的压载水舱容量甚大,一般杂货船可达船舶排水量的15%左右,其中艏、艉尖舱占总压载水量的 12% ~17%，其他大多存于双层底压载舱中。通常要求压载泵能在 2 ~2.5 h 内将最大的一个压载舱注满或排空，在 6 ~8 h 内将全船所有的压载水舱注满或排空。

三、压载水系统的布置形式

（一）支管式布置

各压载舱室和机舱内管系的典型的布置如图 3-8 所示。多用于压载管径较小、舱数不多的普通货船的压载系统，这种情况下，各舱均单独有支管通往机舱阀门或阀箱，再经压载水总管与压载水泵相连。总管分别与压载水泵进出口接通，泵进口接海水总管以便吸取舷外水，接通总管以便抽排舱内的水；泵出口接通总管以便向舱内注水，还接一路排出舷外的排水总管，水流方向靠阀门控制。艏尖舱作为压载舱时，要在靠艏尖舱舱壁的一侧，安装一只截止阀，该阀材料要用铸钢或青铜。该阀的操纵要在干舷甲板以上进行。在泵的进、出口，一般都安装带旋塞真空压力表和压力表。阀件上要有标明用途的铭牌，以便于压载水系统的管理。管子一般采用 10 号或 20 号输送流体的无缝钢管。对于内河简易船舶，也可采用低压流体输送用镀锌焊接钢管。

支管式布置的优点是可将压载水控制阀集中布置在机舱压载水泵附近，便于集中操作和管理；缺点是从压载泵至压载舱，每舱均有单独管子，因而比较浪费管材，增加投资和维护成本。支管式适用于长度适中，压载舱数较少的船舶。

（二）总管式布置

总管式管系布置如图 3-9 所示。它沿船的纵向铺设总管，从总管向压载舱引出支管，在支管上安装阀和吸口。这种形式被广泛采用，其变形有单总管式、四总管式、环形总管式、管隧式和半管隧式等几种，每舱的吸口可能有一个或两个。总管式的优点是节省管系材料，机舱内的布置则相对简单；缺点是压载舱控制阀门分散布置，不利于现场操作，因而总管式压载系统比较适合采用阀门遥控系统。另外，采用总管式压载水系统在打开多个舱控制阀时，可能会产生压载舱之间压载水串通。尤其是采用单总管系统，如左右舱之间串通，可能会造成船舶倾斜，操作时应特别注意。

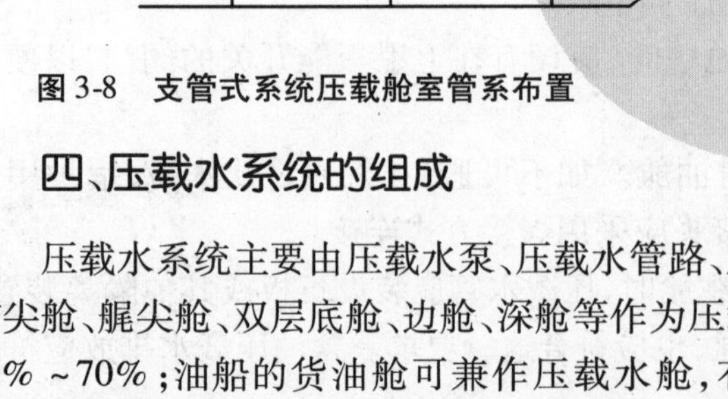

图 3-8　支管式系统压载舱室管系布置

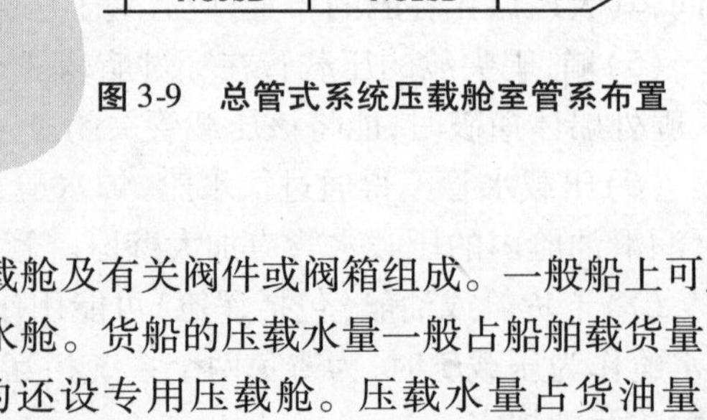

图 3-9　总管式系统压载舱室管系布置

四、压载水系统的组成

压载水系统主要由压载水泵、压载水管路、压载舱及有关阀件或阀箱组成。一般船上可用艏尖舱、艉尖舱、双层底舱、边舱、深舱等作为压载水舱。货船的压载水量一般占船舶载货量的 50% ~70%；油船的货油舱可兼作压载水舱，有的还设专用压载舱。压载水量占货油量的 40% ~60%。图 3-10 为某船压载水系统。

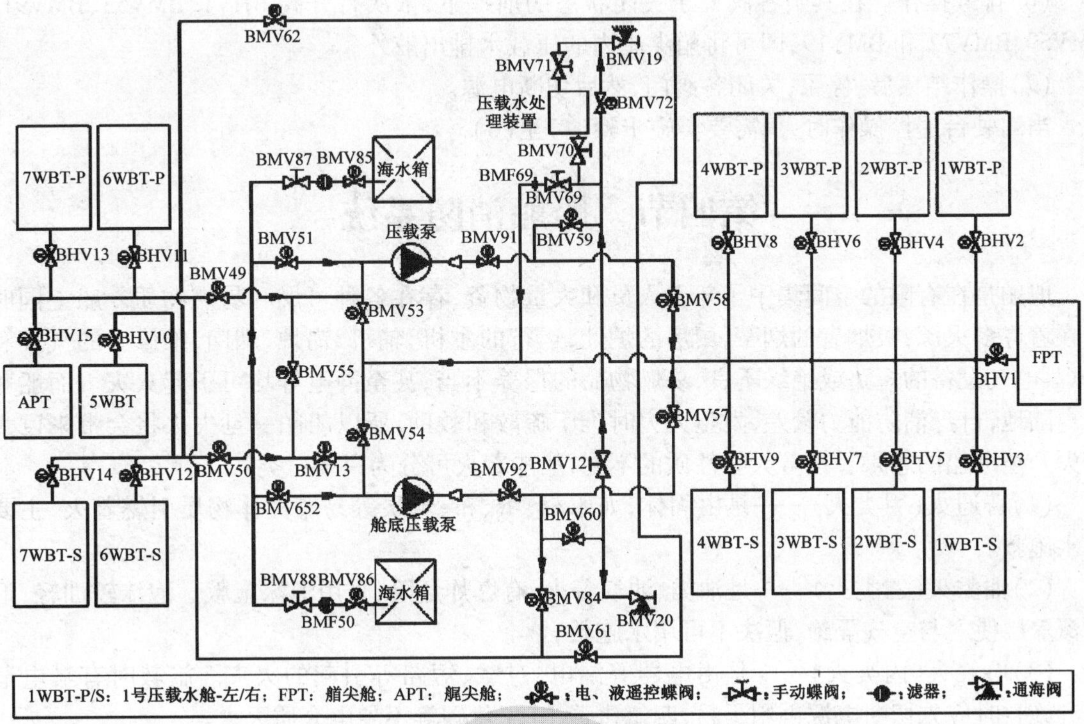

图 3-10　船舶压载水系统

该船在辅机舱内设置有压载泵和舱底压载泵各一台，前者主用，后者备用。全船分布有包括艏、艉尖舱在内的压载水舱共计 15 个。海水可以经左、右两个海水箱进入压载水系统，舱内压载水可经通海阀 BMV19 和 BMV20 排出舷外。为防止船舶携带的压载水在异地排放时为当地海域带来有害水生物，系统还设置有压载水处理装置，用于消灭水中微生物。

该压载水系统中各阀采用的是电、液遥控蝶阀，每个阀都具有独立动力源和液压驱动系统。在甲板工作室和机舱集控室内均设置有压载水控制站，可分别遥控操作压载水泵以及管路上的各阀。

五、压载水系统的操作

船舶压载水系统的日常操作是按甲板部的书面通知进行。自动化程度高的船舶大多是由甲板部直接进行压载水系统的日常操作，这种船舶设有专门的船舶压载—平衡水控制室，其内安装各舱液位检测装置、泵的控制装置和各种控制阀的遥控设备。压载水系统中的各种设备均由轮机部负责日常维护管理。

压载水的就地操作步骤如下：

(1) 确认压载水控制方式为本地控制。

(2) 检查压载泵电源的供应是否正常。

(3) 人工转动压载泵轴，检查叶轮是否卡阻。

(4) 在其余各阀处于关闭状态的前提下，手动打开阀 BMV87，然后在压载水控制站遥控打开阀 BMV85 和 BMV51，将海水引入压载泵内。

(5) 压载操作。打开有关阀门后起动压载泵即可。例如，打开阀 BMV91、BMV58 和 BHV1，然后起动压载泵，即可将海水从舷外打入艏尖舱。

(6)排载操作。在其余各阀处于关闭状态的前提下,依次打开阀 BHV1、BMV53、BMV91、BMV59、BMV72 和 BMV19,即可将艏尖舱内的压载水排出舷外。

(7)操作结束后,停泵,关闭各阀门,然后切断电源。

当驾驶台遥控操作时,只需要实施步骤(4)至(6)。

第四节　船舶消防系统

船舶是在有限的空间集中了船上人员和大量物资,存在各种可燃和易燃物质。船上同时存在着许多火源:吸烟者的烟蒂,厨房的炉灶,运行的主机、辅机、锅炉、烟囱,维修中的气焊和电焊,电气设备的短路或绝缘不良,易燃物品的保养不当,甚至静电等均可引起火灾。而船舶远离陆地,自身消防能力较差,发生火灾时难于疏散和救助,所以船舶一旦失火将会带来巨大损失乃至沉船的恶果。按着火物性质的不同,船舶着火可分为以下三类:

(1)普通火(甲类火)——是由固体,如木材、纸、布、煤炭等易燃固体物质引燃着火,主要用水施救。

(2)油类火(乙类火)——是油类、油气着火,有爆炸危险,采用泡沫施救。泡沫较油轻,形成覆盖层使之与空气隔绝,但决不可用水施救。

(3)电气火(丙类火)——是由电器等漏电、过载、短路等引起的火灾。施救时有触电危险。施救时应先切断电源再用干粉、四氯化碳、二氧化碳等不导电介质灭火。

船舶消防系统的作用是预防和制止火灾的发生和蔓延,并可迅速灭火,将火灾的损失减至最低程度。船舶消防的基本原则是防火、探火和灭火。船舶防火是从船体材料、船体结构、布置和设施上来防止和限制火灾的发生和蔓延;船舶探火报警系统是使人们及早发现火情,及早采取灭火措施,减少损失;船舶灭火是根据火灾的情况、灭火介质等的不同,采取不同的灭火系统。船舶消防系统实际上指的是船舶的灭火系统。根据中国船级社的《钢质海船入级规范》、国际公约和我国法规的规定,船舶应设置固定式消防系统,使用有效的灭火剂,如水、二氧化碳、蒸汽、泡沫和干粉等。固定式消防系统主要分为水消防系统、蒸汽消防系统、CO_2 消防系统、泡沫消防系统和干粉消防系统。

一、水消防系统

水消防系统是所有船舶均必须设置的固定式消防系统,它由消防泵、管路、消火栓、消防水带和水枪等组成。灭火时,消防泵抽取舷外水送至船上各甲板和舱室处的消火栓,再经消防水带从水枪喷射到船舶任何处所进行灭火。

水是不燃液体,是船上最常用的灭火剂。利用强大的水流或水雾冲击火区,使燃烧物急剧降温,并利用水受热产生大量水蒸气来稀释火区的氧浓度灭火。扑灭可燃固体物质火灾可采用直流水枪,通过冲刷、冷却作用来灭火;扑灭可燃液体物质火灾可采用喷雾水枪,通过覆盖、冷却作用来灭火。

1. 对水消防系统的要求

(1)所有消防水泵应为独立机械传动,通常采用离心泵。卫生水泵、压载水泵或总用水泵如符合消防水泵的有关要求,均可作消防水泵使用。100 总吨以下的货船,消防水泵可以由主机带动。

(2)各消防水泵(应急消防水泵除外)的排量最好相同。如水泵排量不同,则最小一台水泵的排量不应小于所需消防水泵总排量的80%除以所需消防水泵数，且至少应满足两股射程不小于12 m水柱要求，其排量不足部分应由较大排量的水泵补偿。

(3)对大于及等于1 000总吨的船舶，应至少备有1只国际通岸接头，并便于由船舶的任何一舷连接，以便在船舶失火时相互救援灭火。

(4)消火栓的布置和数量，应至少能将两股不是由同一消火栓所出的水柱射至船上任何部位。消火栓的位置应便于连接消防水带和进行有效的灭火。

(5)锚链冲洗水一般取自水消防系统，应设置隔离阀，以便灭火时切断锚链水供给。

(6)应急消防泵应具有单独的海底门。

2. 水消防系统的布置

水消防系统的布置，应视船舶的大小、类型及对系统生命力的要求而定。

(1)对于中、小型船舶，消防水主管可成直线延至艏艉部，再由主管上分出若干支管及分支管至各消火栓处。这种布置简单、管子用量少，但活力差。

(2)在大型船舶上，消防干管一般作环形布置，在其中部，用横跨管将两舷干管连通起来，泵的排出管与此横跨管沟通，横跨管的两端各装一隔离阀，使消防泵可以向任一舷或同时向两舷干管输水。如果在环形干管上再构成若干小的环形管段，则可进一步提高系统的生命力。当干管局部发生故障时，不致影响其余部分的运用。

(3)消火栓的数目和位置，应至少将两股不是由同一消火栓射出的水柱，射至船舶在航行中旅客或船员经常到达的任何位置，而且其中一股仅用1根消防水带。管子及消火栓的位置应易于接近，便于操作。

(4)由于消防泵一般设在机舱内，为在机舱发生火灾而消防泵不能用时进行应急消防，则要在机舱外设置独立的应急消防泵。消防泵及其备用泵(总用泵、压载水泵和舱底泵等)，在管路布置中要保证它们互相独立工作。

图3-11为某船消防管路布置示意图。

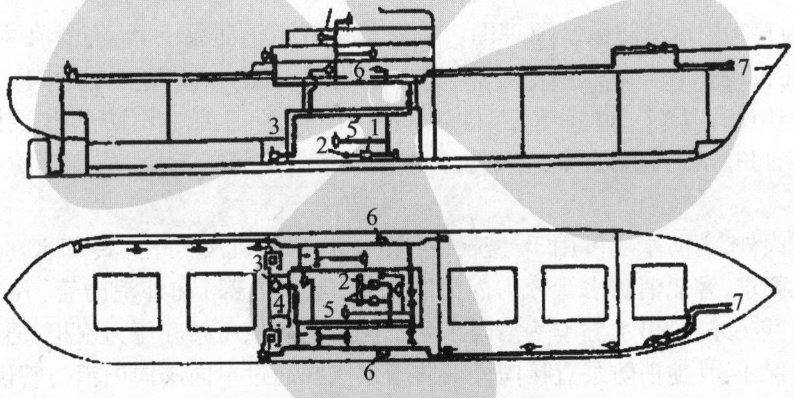

图3-11 全船消防水系统布置图

1—消防水泵；2—机舱海水总管；3—应急消防水泵；4—应急消防水泵海底门；5—机舱消防水总管；6—国际通岸接头；7—锚链水喷嘴

该船设有两台消防水泵，设在机舱内。消防水泵经机舱消防水总管5和截止阀，可将水送至主甲板两舷，再由两舷侧送至各层甲板上的消火栓。

消防管在主甲板左、右两舷，分别向船尾和船首延伸。消防水亦可用来冲洗锚链。机舱之外设有应急消防泵，它有独立的海底门，其排出管与机舱消防水总管相连，以备应急使用。在左、右两舷还设有2只国际通岸接头。

除常规固定式水消防系统外,还有用于客船、货船的起居和服务处所的自动喷水系统,它可扑救初起火灾和自动报警;用于机舱和特种处所的水雾灭火系统,一般为手动和自动控制喷出水雾灭火。这两种系统均属于固定式水消防灭火系统。

3. 消防水泵的配置

我国《钢质海船入级规范》规定了各类船舶消防水泵的配置,见表3-3。

表3-3 各类船舶消防水泵的配置

船舶类型		台数	容量	压头
客船	<500总吨	至少1台	排量应不小于25 m^3/h	小于1 000总吨的船舶的每一台消防泵应能在船舶最高位置的消火栓上至少维持两股射程各不小于12 m的水柱
	≥1 000总吨但<4 000总吨	2	总排量应不小于该船所需全部舱底泵计算排量的2/3	当两台消防水泵同时工作并通过规定水枪由任何相邻消火栓输出要求水量时,在所有消火栓上应维持的压力不小于0.3 MPa
	≥4 000总吨	3		同上,但不小于0.4 MPa
货船	<1 000总吨	至少1台	排量应不小于25 m^3/h	船上每一台消防泵应能在船舶最高位置的消火栓上至少维持两股射程各不小于12 m的水柱
	≥1 000总吨但<6 000总吨	2	总排量应不小于该船所需全部舱底泵计算排量的2/3,但不必大于180 m^3/h	当两台消防水泵同时工作并通过规定水枪由任何相邻消火栓输出要求水量时,在所有消火栓上应维持的压力不小于0.25 MPa
	≥6 000总吨	2		同上,但不小于0.27 MPa

对于应急消防水泵,《钢质海船入级规范》要求,其排量应不少于所需消防泵总排量的40%,且任何情况下不得少于25 m^3/h,在任何消火栓处的压力应不低于表3-3所规定的最低压力。

图3-12为某客船水消防系统原理图。本系统配有主消防泵一台,布置在主机舱中,可在本地、集控室主配电板和消防控制站起停(吸入截止阀、排出截止阀为手动阀),另外,在减摇鳍舱和主机舱还设有No.1、No.2舱底消防总用泵,其中,No.1舱底消防总用泵接应急电源,用作应急消防泵,可在本地起动,也可在驾驶台或消防控制站遥控起动,应急消防泵有单独的海底阀箱。

除用于灭火外,消防水还可用于冲洗锚链及锚机、系缆机液压单元冷却水。

根据规范要求,客船消防水管分为内消防水管(舱室内部)和外消防管,其中内消防管应始终保持压力,能够随时出水。本例消防水系统配有消防稳压泵和压力水柜,通过单向阀向内消防管供水并保压,其他消防泵直接向外消防管供水并通过单向阀向内消防管供水,同时可防止内消防管淡水进入外部管路。

消防压力柜经截止止回阀BMV11向消防总管提供一定压力(0.8~1.0 MPa)的消防淡水。当柜中压力低于0.75 MPa时,压力开关PS(低压)会发出信号(ASTP)使消防稳压泵起动,从淡水舱吸入淡水,从而补入消防压力柜;当柜中压力升至1.0 MPa时,压力开关PS(高压)发出信号(ASTP)使消防稳压泵停止,从而保持消防压力柜内的压力稳定。消防压力柜上设有补气阀AMV1,在必要时可向柜中手动补充1.0 MPa的压缩空气,以保证柜中压力足够。

当消防水被大量使用时,由于消防稳压泵的流量有限,可能导致其连续运转仍不能保证消

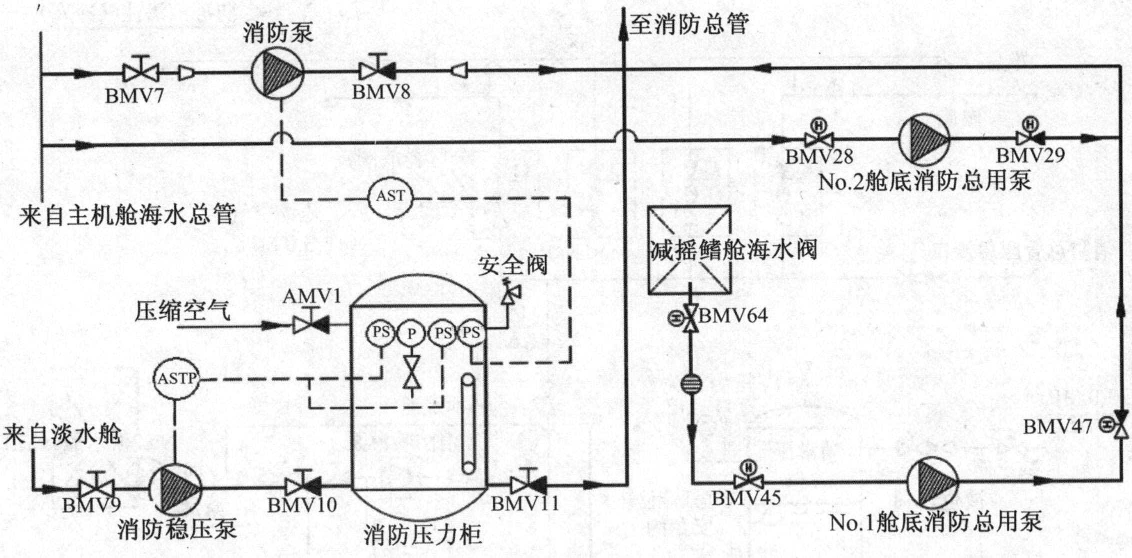

图 3-12　某客船消防水系统

防总管有足够压力，此时，消防压力柜中压力会逐渐下降。当压力降至 0.6 MPa 时，第三个压力开关 PS 将发出起动信号(AST)，使消防泵起动。消防泵从海水总管吸入，可以向消防总管提供足够压力和流量的海水并通过单向阀进入内消防总管。

船舶消防水系统主要保养工作为：

(1)定期启动并作喷水试验，检查泵及系统工作做是否正常。

(2)保持压力水柜也为正常，必要时通过充气或放气调整，并注意所用淡水舱应保持适当水量，以免抽空。

(3)冬季需防止外消防水管冻裂，使用后应注意放残。

二、居住舱室水喷淋及机舱局部水雾灭火系统

随着国际上对船舶安全的日趋重视，客船或定员较多的船舶需要设置居住舱室水喷淋灭火系统。而在机舱设置水雾灭火系统也已经成为远洋海船的强制性要求。图 3-13 所示为居住舱室水喷淋系统原理图。系统设备主要包括消防喷淋泵、喷淋压力柜、喷淋淡水泵、空气喷射器、水雾喷嘴以及各控制装置等。喷淋设备设置在减摇鳍舱内。

喷淋压力柜设定压力为 1.6 MPa，该压力值可以由补气管路上的减压阀来设定。柜中设有浮子式液位开关，低于设定液位时会发出警报；压力开关 1 也会在柜中压力低于 1.55 MPa 时发出警报。若要向柜中补水时，需要手动起动喷淋淡水泵。压力开关 2 会在柜中压力达到 1.6 MPa 时自动停止喷淋淡水泵。

当系统中的水被大量使用而导致压力低至 0.9 MPa 时，压力开关 3 会起动消防喷淋泵，从而向各喷嘴提供流量足够的淡水。消防喷淋泵从淡水舱吸入淡水，也可在必要的时候应急吸入海水。消防喷淋泵接应急电源，只能在控制箱上手动停止。当整个喷淋系统意外失压时，也由消防总管应急接口向各喷嘴提供消防水。

设置在各舱室顶部的水雾喷嘴由玻璃管密封，当房间温度达到 68 ℃以上时(厨房为 93 ℃)，玻璃管受热破裂，1.6 MPa 的喷淋水便会以水雾的形式喷出进行灭火。

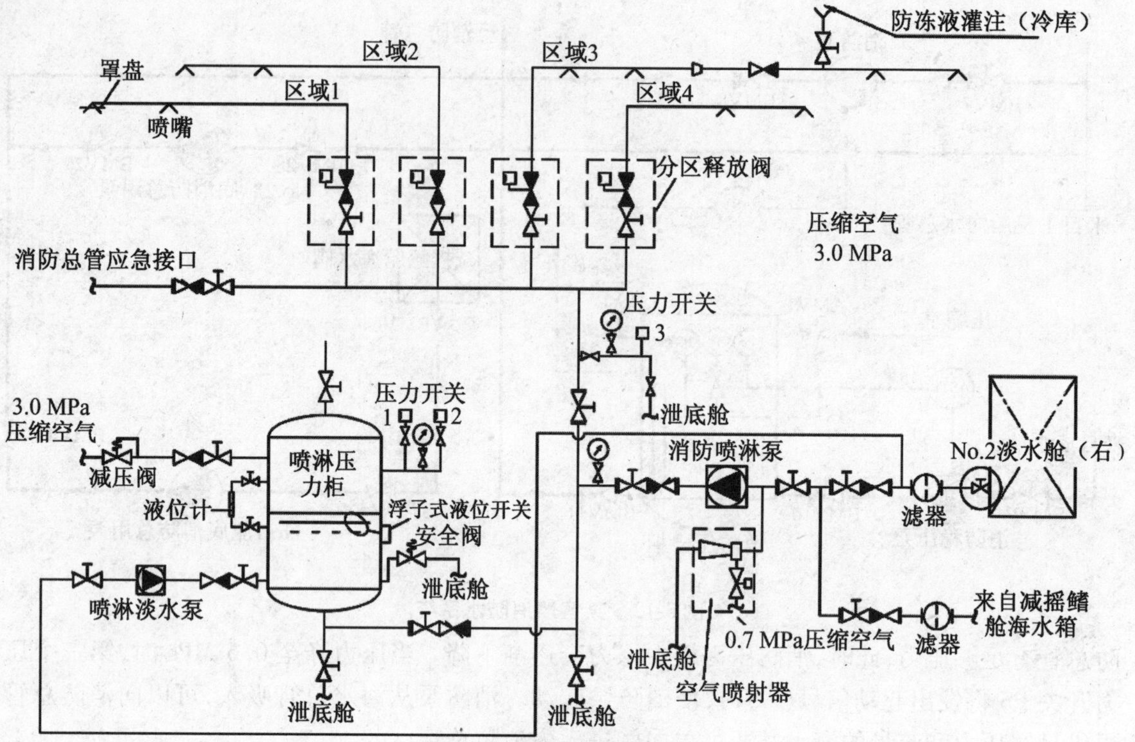

图 3-13　舱室水喷淋灭火系统

机舱局部压力水雾灭火系统如图 3-14 所示，该系统设高压泵组 1 套。细水雾系统保护区域分为 7 个，主机 1 台，上方布置 3 只细水雾喷嘴，3 台发电机组分为 3 个区域，上方各布置 2 只细水雾喷嘴，3 台分油机为 1 个保护区，上方各布置 1 只细水雾喷嘴，燃油锅炉为 1 个保护区，上方布置 1 只细水雾喷嘴，焚烧炉为 1 个保护区，上方布置 1 只细水雾喷嘴。

该系统与机舱保护区域火灾报警系统联合工作。每一保护区域上方有感温与感烟探头，当发生火灾时，感温与感烟探头同时作用，发出声光报警，同时高压泵组自动起动从淡水舱吸水，并将压力提高至 3.5 MPa，如图 3-14 所示，水泵出口接高压水管，上有 7 个电控中压选择阀，报警区域的选择阀自动开启，将压力水送至着火设备的上部喷嘴，产生细水雾灭火。

细水雾喷嘴安装应注意以下几点：喷头间距不宜大于 2.5 m，喷嘴在被保护设备上方不小于 0.5 m；应确保喷嘴直对被保护对象，无障碍物遮挡，不受干涉地保护防护对象。

三、CO_2 消防系统

CO_2 在常温下是一种无色无味的惰性气体，密度比空气略大。空气中 CO_2 含量达 15% 以上时能使人窒息死亡；达 28.5% 时可使空气中的含氧量降至 15%，使一般可燃物质的火焰逐渐熄灭；达 43.6% 时使空气中的含氧量降至 11.8%，能抑制汽油或其他易燃气体的爆炸。所以，CO_2 灭火剂适用于货船、油船的灭火，因其不导电和无腐蚀作用，故适用于电气火灾和机舱火灾的扑救。CO_2 在船上以液态贮存于钢瓶中。利用 CO_2 的窒息和冷却作用灭火。

固定式 CO_2 消防系统分为高、低压两种形式。高压系统为 15 MPa，低压系统为 2.1 MPa（贮存于 -18 ℃以下的专用冷库中）。一般船舶的机舱、货舱采用高压系统；大型油船、滚装船和集装箱船采用低压系统。

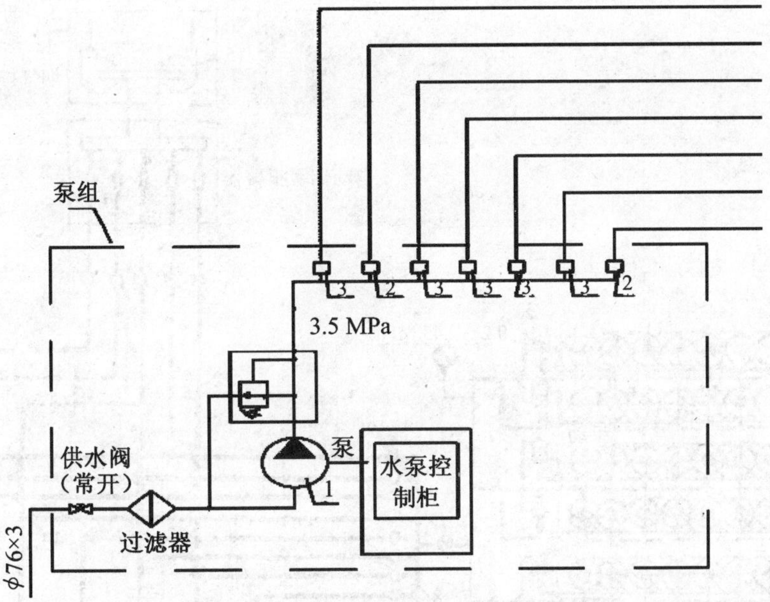

图 3-14　机舱局部压力水雾灭火系统原理图

1．对 CO_2 消防系统的要求

（1）CO_2 灭火剂应贮存在上层建筑或开敞的甲板上，通风良好，温度在 0～45℃之间，保证其安全与工作可靠。

（2）全船 CO_2 灭火剂贮存量按规定要求，至少为各被保护舱室灭火需要量的最大值。例如货舱，应取其最大货舱舱容的 30%；机舱则取机舱容积的 35%～40%。

（3）由于 CO_2 的窒息作用，当空气中含 CO_2 量达 5% 时人感到呼吸困难，超过 10% 时人有生命危险，因此船上 CO_2 管路不准通过起居室处所及经常有人的舱室。使用 CO_2 灭火剂时应先发出声光报警信号。

（4）CO_2 灭火系统的操作控制机构应设置在灭火舱室以外且短时间内能达到的地方，如居住舱室的通道、驾驶台、货舱控制室等。

（5）采用 CO_2 灭火的舱室应设水密门，以便灭火时隔绝失火舱室的空气，提高灭火效果。

（6）CO_2 贮存容器上按规范要求安装安全装置。

2．CO_2 消防系统的布置

CO_2 消防系统普遍用于干货舱、货油泵舱、机器处所和燃油设备处所等。系统是由 CO_2 钢瓶、瓶头阀、分配阀、启动装置、压力表、管路和自动烟雾探测装置等组成。

图 3-15 为某船 CO_2 消防系统图，其全部 CO_2 钢瓶置于船尾甲板上的 CO_2 贮存室中。打开 CO_2 钢瓶的瓶头阀是通过操纵拉杆利用高压 CO_2 压缩空气推动气缸完成，或由人拉动钢索直接开阀。货舱 CO_2 施放由驾驶台控制，瓶头阀打开后，CO_2 进入总管，经截止阀进入分配管。再经快开阀至各被保护舱室。高压 CO_2 喷入失火舱室后，压力急剧下降并汽化，体积膨胀使失火舱室内的含氧浓度迅速降低，当空气中的含氧量降至 15% 时可扑灭一般可燃物质的火焰，降至 11.8% 时可抑制汽油或其他易燃气体爆炸。为及早发现火警，在 CO_2 消防系统中配置烟气自动探测报警装置。当舱室着火时，在舱室中设置的吸烟口可将烟气吸入并将信号送至驾驶台的自动烟气报警装置，使之报警。

烟气探测装置有感烟式、感温式和感光式。货舱多采用感烟式，居住舱室一般采用感温

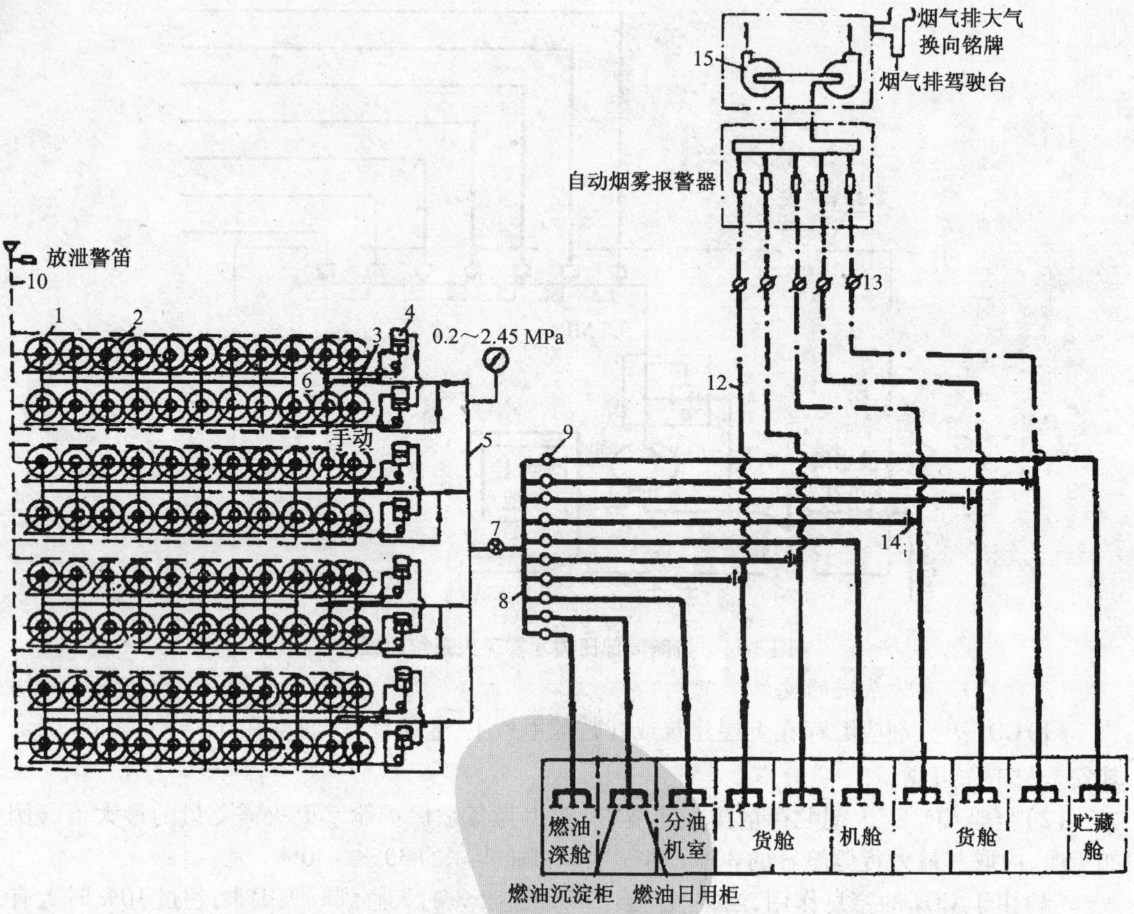

图 3-15　某船 CO_2 消防系统图

1—CO_2 钢瓶；2—瓶头阀；3—拉杆装置；4—气缸；5—CO_2 总管；6—止回阀；7—截止阀；8—分压阀；9—快开阀；10—施放总管；11—吸烟口；12—吸烟管；13—定压止回阀；14—隔离膜片；15—抽风机

式，机舱采用感光式探测装置。

CO_2 灭火系统的设计和布置主要从灭火的有效性、操纵方便及人员的安全等方面出发。一般是在站室内进行集中控制，并逐渐发展到驾驶台遥控。对于被保护的干货舱，CO_2 灭火系统应保证使该舱所需的 CO_2 量在 15 min 内全部注入。对于被保护的燃油锅炉舱、机舱及货油泵舱，则应能使所需 CO_2 量的 85% 在 2 min 内注入。

第五节　机舱供水系统

机舱供水系统的作用是提供船员和旅客日常生活用水需要，可分为饮用水系统、生活淡水系统和卫生海水系统。饮用水系统主要供应炊事用水、饮用水和医疗用水等；生活淡水系统主要供应浴室、洗衣室、洗物池和洗手盆等处的冷、热洗涤水；卫生海水系统从舷外吸取海水，供厕所等处冲洗用。

供水系统的主要设备有水泵、水柜、热水器、供水管和阀件等。供水方式分为重力供水和压力供水两种形式。目前，大中型海船基本上采用压力供水方式。压力供水的特点是设置压力水柜，借助水柜中空气的压力将水送至各用水处。

一、饮用水系统

船舶饮用水系统的工作原理如图3-16所示。来自饮用水舱的淡水被饮水泵送入饮水压力柜(0.2~0.4 MPa)。两个压力开关PS的设定值分别为0.2 MPa和0.4 MPa,分别决定饮水泵的起、停。当柜中水位较高而压力仍偏低时,需要手动向柜中补充0.4 MPa的压缩空气。离开饮水压力柜后,饮用水被压送至饮水矿化装置,并经饮水处理装置的过滤、紫外线消毒后,送往厨房、配餐间以及各饮水机等,供人员饮用。

如果饮用水舱中的水质足以满足要求,可以经阀FMV47将饮水矿化装置旁通。当水舱中的水将用完时,可以通过游步甲板上的加水口从岸上加水。

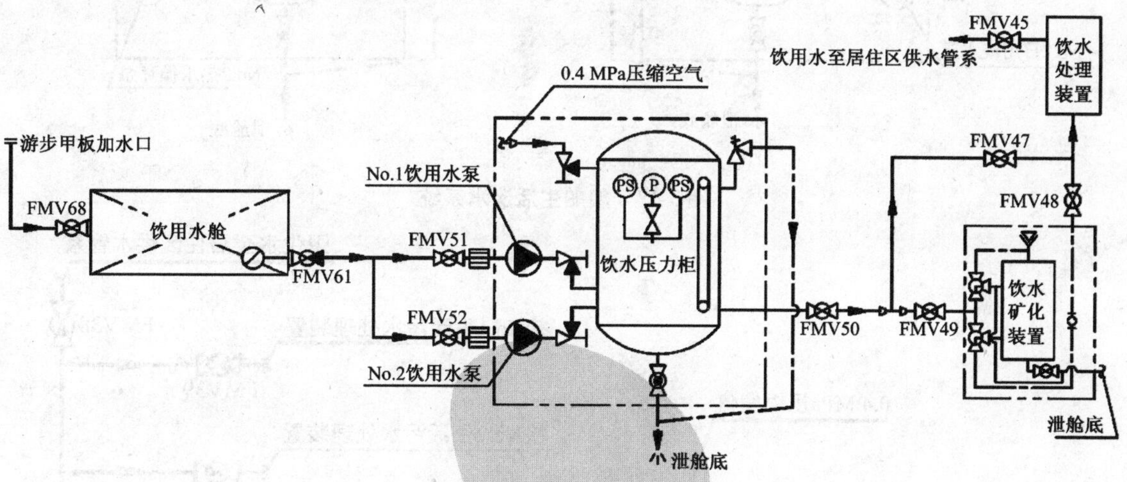

图3-16　船舶饮用水系统

二、生活淡水系统

淡水包括冷水和热水。图3-17所示为船舶淡水系统图。淡水泵从淡水舱吸入,将淡水送至淡水压力柜加压(0.2~0.4 MPa)后,分别经阀FMV32和FMV34送至居住区供水系统和热水柜。热水柜中压力由淡水压力柜保持,热水由顶部的阀FMV28送至居住区供水系统。热水柜中设有蒸汽加热器,由温度开关TS控制蒸汽流量,从而将水加热至60~65℃。为保证管路中一直有热水,还需要有热水循环泵将系统中的热水回水送入热水柜循环加热。

No.1日用淡水泵还可用于各淡水舱之间的互相调驳。

三、卫生海水系统

图3-18所示为船舶卫生水系统。卫生水泵从辅机舱海水总管吸入海水,将其送入卫生水压力柜加压(0.2~0.4 MPa)。加压的海水经阀FMV41和FMV38至各居住区,供厕所冲洗所用。卫生水也可经阀FMV39和FMV40分别进入No.1/No.2生活污水处理装置,供装置内部清洗所用。

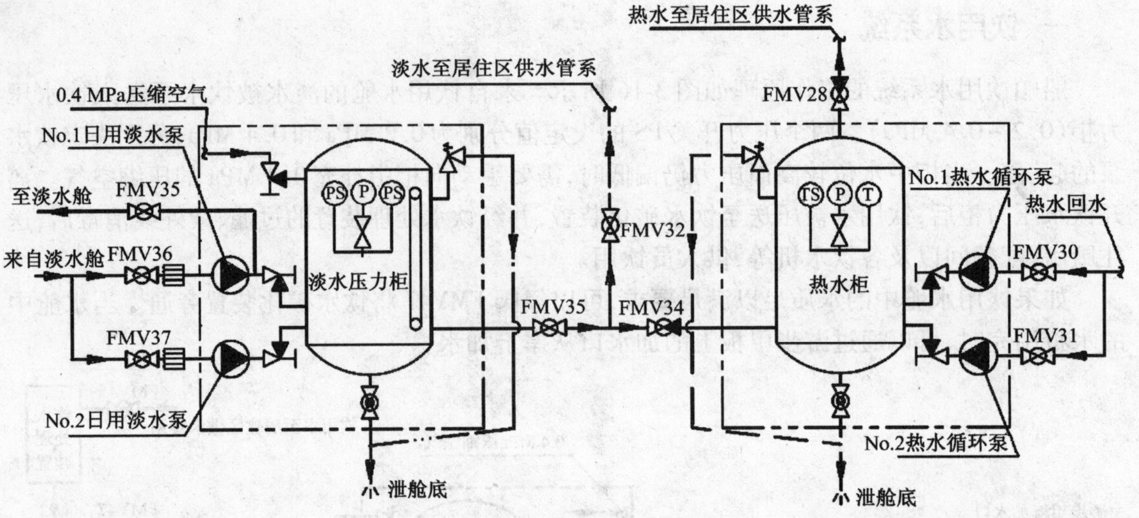

图 3-17　船舶生活淡水系统

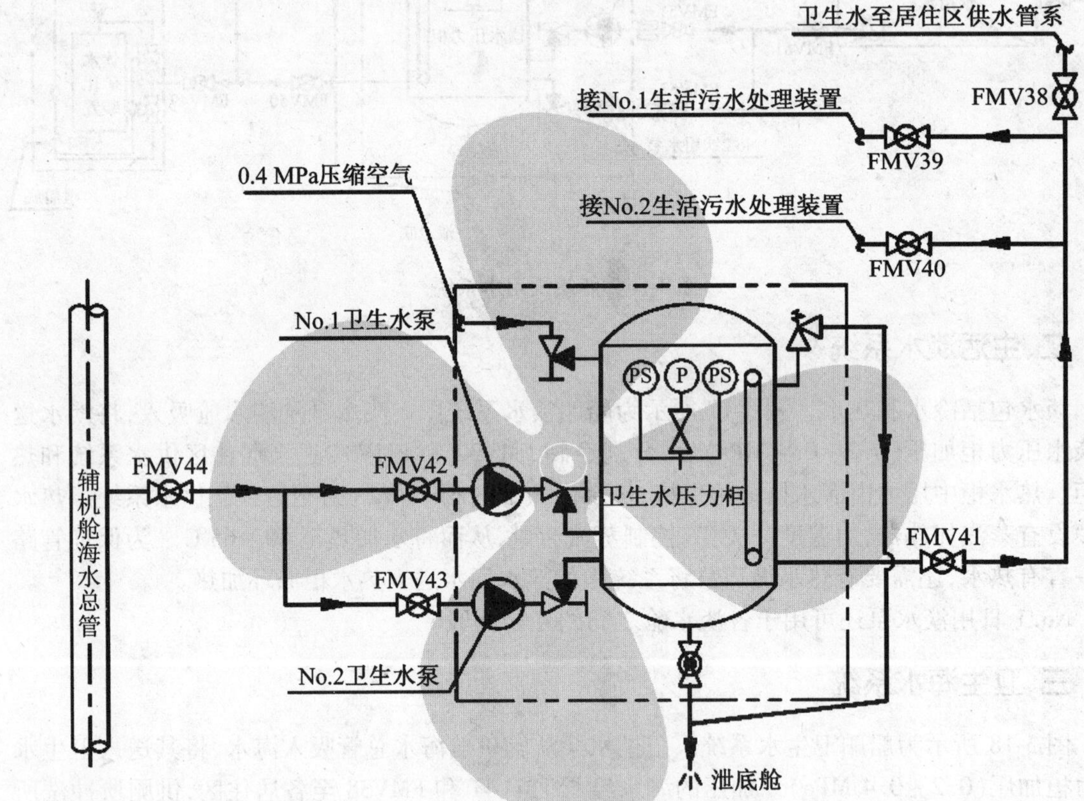

图 3-18　卫生海水系统

第六节　船舶通风系统

一、船用风机的分类、工作原理、工作特点

通风机是一种重要的船舶辅助机械，按使用场所的不同，大体可分为机舱通风机，主要用于为主机、副机、锅炉等燃烧设备提供足够的空气量并保持机舱内一定的空气清新度，主要有机舱送风机和抽风机；居住舱室通风机，主要为船员和旅客活动场所保持一定的空气指标而设置，如空调送风机和舱室抽风机；为一些空气质量较差且不适合空调的场所所设置的风机，如浴、厕排风机；此外，还有一些为燃油燃烧直接提供燃烧空气的风机，如主机应急鼓风机、锅炉风机、焚烧炉风机等。按气体在通风机内的流动方向通风机可分为轴流式和离心式。前者气体沿着通风机轴线方向流入后继续沿着与轴线大体平行的方向流动；后者气体沿着风机轴线方向流入后沿着与轴线垂直的方向流出风机。

（一）船用离心风机结构与原理

离心通风机基本结构如图 3-19 所示，它由叶轮、蜗壳、集流器及传动组件组成。

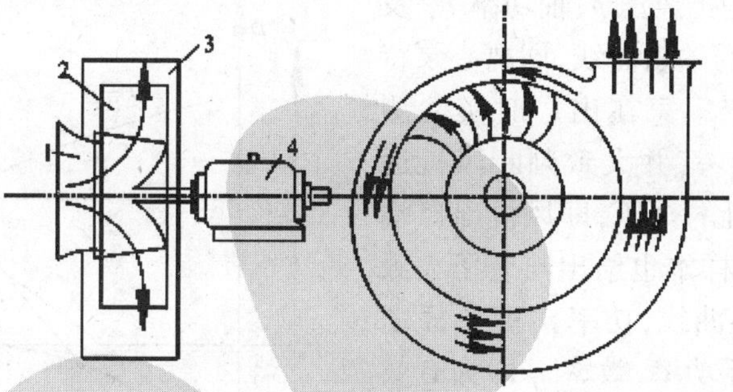

图 3-19　离心通风机的结构示意图

1—进口（集流器）；2—叶轮；3—机壳；4—电动机

叶轮为通风机的主要工作部件，由前盘、后盘、叶片和轮毂构成。叶轮通常采用铝合金材料铆接或焊接加工，并经静、动平衡校正。叶片是叶轮的主要部分，其出口安装角度、形状及叶片数目对风机性能有较大的影响。离心式通风机按叶片在叶轮轮缘处的几何出口角 β_{2g} 的大小，可分为前弯式（$\beta_{2g}>90°$）、径向式（$\beta_{2g}=90°$）和后弯式（$\beta_{2g}<90°$）三种，如图 3-20 所示，而叶片本身则有直线型和曲线型。

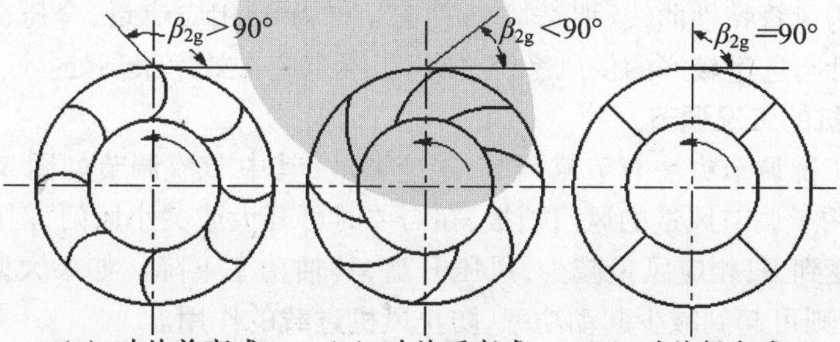

（a）叶片前弯式　（b）叶片后弯式　（c）叶片径向式

图 3-20　离心式通风机叶轮结构形式

离心风机在叶轮圆周速度一定时，其叶片出口角 β_{2g} 越大，所产生的压头越高。在风机的结构尺寸和转速相同时，前弯叶片式叶轮较后弯式有更大的压头，但后弯式叶轮较前弯式有较高的效率。因此，在风量较大、风压较高的场合一般选用前弯式叶轮；在高效率下采用后弯叶轮。径向叶轮加工方便，其工作性能介于前弯与后弯叶轮之间。另外，后弯叶轮由于本身特性，工作中一般不会超负荷，运行较为安全，是船舶通风机中采用较多的类型。风机机壳为支撑和包围叶轮的外壳，多为螺旋形，称为蜗壳。其断面沿叶轮转动方向逐渐扩大，起汇集气流作用。船用离心风机的机壳均采用钢质材料焊接而成，并制成气密式结构。截面多为方形或圆形，蜗壳后部的出口扩压器起能量转换作用，使气流的部分动能转换为压力能，以此克服外界阻力，把气流送出风机。离心风机按其全压 p 的大小可分为高压、中压和低压三类。一般 $p<1.3$ kPa为低压，1.03 kPa $<p<3.09$ kPa 为中压，$p>3.09$ kPa 为高压。风机集流器是风机的空气进口，其作用是让气流均匀的流入叶轮，减小流动损失。进气口有圆筒形、圆锥形、圆弧形、双曲线形，其中，圆弧形使用较多，而双曲线形流动阻力损失最小。离心式通风机的传动部分有传动轴、轴承及通风机至电动机间的传动连接件。风机叶轮用键或闷头螺钉固定在传动轴上。通风机与电动机连接传动方式有直接传动、皮带传动和联轴器传动三类。船用离心风机多为直接传动和皮带传动。

风机的特性曲线是指风压 p、轴功率 P_e 及效率 η 与流量 Q 之间的关系曲线，同离心泵特性曲线相似，均由生产厂家在出厂时实验测得，以供以后管理时参考，并大致判断风机运行状态。风压 p 是风机的全压，即风机出口端的实际风压(有时产品样本也给出与全压大致平行的静压 p_{st})的特性曲线，功率 p_e 是指原动机传给风机轴上的实际功率，效率 η 即为有效功率与轴功率之比，通过测量与计算求得。将某一特定转速下上述特性参数在不同风机流量下数值连成曲线，即称为风机的定速特性曲线。图 3-21 即为某一后弯叶片离心风机的定速特性曲线。

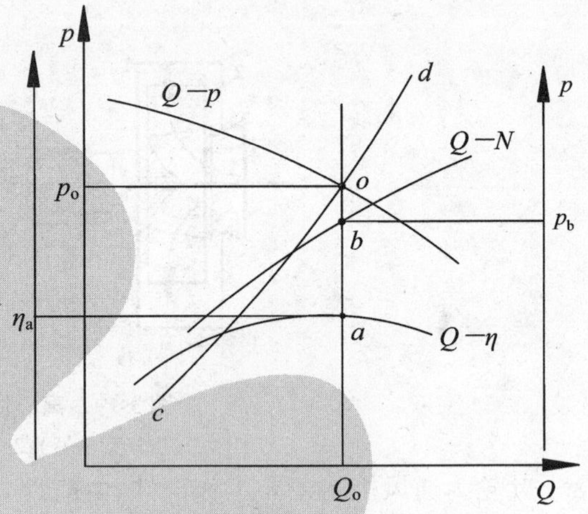

图 3-21　离心风机定速特性曲线

由图 3-21 可见，风机风压曲线为一向下弯曲的曲线，而功率曲线为一向上倾斜曲线，同离心泵相同，风机工作时的具体风压与流量是由风机特性曲线和风管特性曲线共同决定的，如图所示，假设 $c-d$ 为风管特性曲线，那么风机的工况点为 o，相应流量、全压、功率、效率分别为 Q_o、p_o、N_b、η_a，设计与选型较好的供风系统，风机工况点应在效率最高处。

(二)离心风机的工况调节

离心风机的工况调节方法有节流调节、转速调节，其中节流调节如图 3-22(a)所示，一般在风管出口安装用于调节风量的风门挡板，在需要时可开大或关小风门，例如，将风门关小，风管特性曲线由 I 变到 II，相应风量减少，风压升高，其轴功率下降。如果大型风机在起动之前能将挡风板关闭，则可起到减少起动功率，防止风机过载的作用。

同离心泵类似，风机的节流调节简便易行，但会伴随节流损失；变速调节效率较高，且没有额外功率损失，但电机成本相对较高，因此变频风机在普通商船上应用并不普遍，在较大型船舶中，对重要的机舱通风机经常采用双速、三速电机或变频电机。如图 3-22(b)所示风机转速

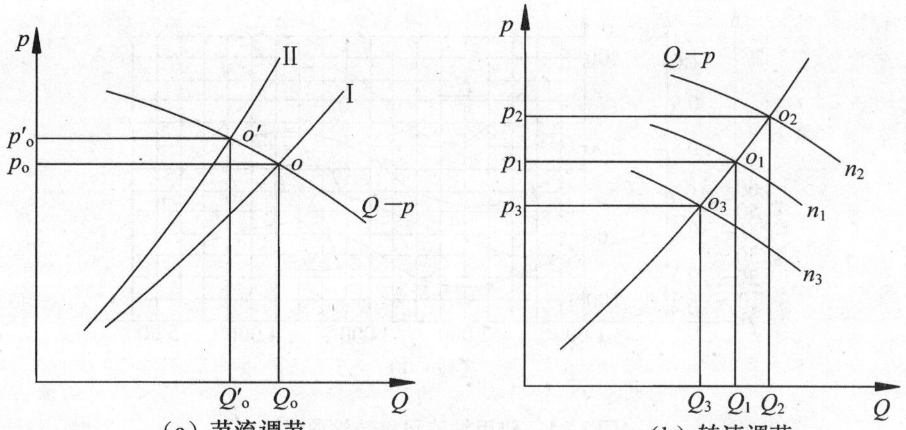

（a）节流调节　　（b）转速调节

图 3-22　离心风机节流调节与转速调节的特性曲线

由 n_1 提高到 n_2，则风机的工况点由 o_1 变到 o_2，风机的风量和风压均提高；反之，则风量和风压均降低，此种调节适用于机舱主、辅机在不同负荷状态时的风量调节。在需要时，离心风机也可以进行串联或并联使用。

（三）轴流式通风机的基本结构和工作原理

轴流风机可分为低压（$p<500$ Pa）、高压（500 Pa $<p<5\ 000$ Pa）两种，轴流式通风机结构如图 3-23 所示。它同样由叶轮、集流器、机壳等组成。叶轮安装在圆筒形机壳中，当叶轮由电动机带动高速旋转时，空气则由集流器进入叶轮，并在叶片作用下，通过能量的转换提高空气的动能和压力能，实现空气的输送。

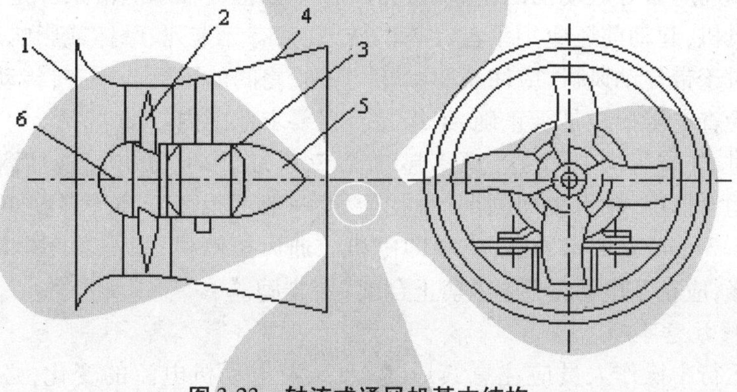

图 3-23　轴流式通风机基本结构

1—集流器；2—叶轮；3—电动机；4—扩压筒；5、6—前后整流罩

船用轴流式通风机的叶轮均直接装在电动机轴上。为了减小阻力，又常在叶轮前面装一流线型整流罩，其电机也以流线型罩罩起来，以减少空气离开叶轮后因乱流所造成的能量损失。船用轴流风机的机壳多采用普通钢、不锈钢制成，叶轮多采用铝合金制成。轴流通风机可垂直、水平或倾斜安装。船舶通风系统中多直接装在通风管道中。

轴流通风机特性曲线如图 3-24 所示，由图可见，轴流风机特性与离心风机有较大区别，其中在稳定工作区功率随流量增加而提高，因此，轴流风机不适合做节流调节，由于轴流风机运转特性所致，一般也不推荐串并联使用。

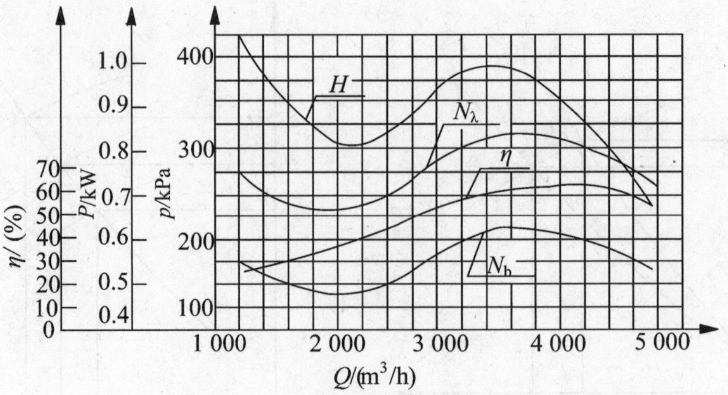

图 3-24　船用轴流风机特性曲线

(四)船用风机的选用与管理

1. 船用风机的选用

船用风机分鼓风用通风机和换气用通风机,其中,鼓风用通风机要求选用小型、抗摇摆、抗振动、抗冲击且节能,采用机翼型叶片。换气用通风机可输送空气、含有盐雾的海洋空气、含油雾空气、蓄电池自然蒸发产生的少量酸蒸气等腐蚀性气体,通风机要求防腐蚀性、气密性好、噪声低、为防止腐蚀,可进行镀锌处理,船用风机一般均选择防爆型。机舱通风机选用时,应使压力和流量满足要求,即在各种负荷下,满足机舱各设备的空气耗量,并使机舱气压略高于一个大气压。在风机工作数量上,与装置各工况负荷相匹配,必要时使用部分变速风机。

2. 通风机的起动操作

通风机起动前应做好起动前的检查、准备工作。如检查轴承润滑条件是否良好,新装或修理后复装的通风机,起动前还应用手盘叶轮试转,观察有无卡死、摩擦或影响运转的因素,检查所有紧固件。对于带传动风机,应注意驱动轮与带轮之间的平行与平齐,传动带松紧合适。另外起动前还应检查电机接线是否正确,绝缘是否在要求范围内。

风机起动时,先点起动 1 ~2 次,观察起动状态,叶轮转向。风机起动后观察风机振动、运行及风机轴承润滑情况,轴承表面测得的轴承温度一般不得高于环境温度 40 ℃,振动速度有效值不得超过 6.3 mm/s,如有异常,应立即停机。通风机停机,只需关闭电源即可;但如果是停机检查或维修,应在其电源处悬挂“禁止合闸”警告牌。

3. 风机检修注意事项

通风机在运行中操作人员应注意其风量、风压及电动机电流的变化,必要时进行工况调节。风机运行中必须经常观察风机振动、润滑及整个通风系统的工作情况,并做好运行记录。做好风机的日常维护、保养和检修工作。

风机检修工作主要包括定期拆检和故障维修,拆开后检查气流表面(进风口、叶轮、叶片和机壳内之间的流道)的清洁度,清除表面积灰;检查在叶轮叶片、轮缘或轮盘处以及入口或机壳中是否有擦伤。如未发现有异常磨损和变形,可清洁后更换轴承等易损件重新装复,叶轮与主轴一般采用键连接,孔与轴一般采用过渡配合,在轴的纵向装好紧固装置并锁紧。将叶轮固定好后,测量前后盘外径处径向与轴向跳动量,应不超出规定标准。

表 3-4　风机叶轮表面形状公差(mm)

叶轮直径	<400	400 ~ 800	800 ~ 1 200	1 200 ~ 2 200
前后盘外径处径向跳动量	1.0	1.6	2.0	2.5
前后盘外径处轴向跳动量	1.5	2.0	3.0	5.0

4. 风机常见故障及原因

(1)风机振动或噪声过大

主要原因包括:①叶轮和进风口不同轴。②进风口损坏。③叶轮弯曲或损坏。④轴与轴承松动。⑤叶轮与轴之间松动。⑥带轮固定不好。⑦带过松或过紧。⑧电动机或风机底座没有固定好。

(2)通风量减小

主要原因包括:①风机转向不正确。②叶轮与进口圈不同轴。③风机转速过低。④通风管阻力过大。⑤风门开度不足。⑥滤网过脏。

(3)风机功率过大

主要原因包括:①后倾叶轮装反了。②风机转速过高。③管路阻力过小(离心式)。④风管阻力过大(轴流式)。⑤滤网漏装。

二、机舱通风系统的组成、管理要点

船舶通风是改善船员劳动条件及提供船员、旅客舒适、卫生的生活环境的一种措施,也是为了维护机械设备正常运行,尤其是为机舱燃烧设备提供充足氧气的有效措施。

(一)通风系统的组成与分类

船用通风系统主要由风机、风筒、风闸、通风栅、调风门、通风管等组成。分类如下:

1. 按用途分

(1)居住、生活舱室通风,包括居住舱室、餐厅、会议室、厨房及浴、厕等处所。

(2)机炉舱等工作舱室通风,包括主机舱、辅机舱、锅炉间与净油机间等处。

(3)货舱通风。

2. 按通风形式分

(1)自然通风。利用空气热压原理,自然地形成空气流动,加上自然风压促使空气流动的通风方式。

(2)机械通风。利用动力驱动通风机,造成空气的交换与循环的通风方式。

3. 按风管内风速或风压分

(1)风速 10 m/s 以下为低速通风;10 ~ 20 m/s 为中速通风;20 m/s 以上为高速通风。

(2)风压在 392 Pa 以下为低压通风;392 ~ 980 Pa 为中压通风;980 Pa 以上为高压通风。

(二)通风系统的要求

(1)所有通风百叶窗及通风筒应设有不锈钢防鼠网。

(2)所有附件与管道均应采用镀锌处理,否则应进行防锈漆和面漆处理。

(3)风管每隔 2 ~ 3 m 设固定支架。

(4)在结构风管最低处开泄水孔,离心风机进、出口设耐火帆布接头。

(5)所有风管上应有适当地用于检查和清洁的孔。

(6)有空气污染的舱室,如病室、化学实验室等,抽风量应大于进风量,在空调系统中,这些舱室不得回风。

(7)根据规范要求,通风管应在适当位置设置手动或电动防火风闸。

(三)通风系统的管理

(1)定期检修、保养全船通风机(见风机管理)。

(2)定期保养手动和电动防火风闸。

(3)定期活动风门调节挡板。

第四章 活塞式空气压缩机

第一节　基础理论

一、理论工作循环和实际工作循环

（一）理论工作循环

活塞式空气压缩机是利用活塞在气缸内往复运动，周期性的改变气缸的工作容积，以完成对空气的吸入、压缩和排出。图 4-1 为活塞式空气压缩机的理论工作循环，理论工作循环假定：(1) 气缸没有余隙容积，且密封良好，气阀启闭及时；(2) 吸、排气过程中没有压力损失；(3) 工作过程中气体与缸壁等无热交换；(4) 被压缩气体是理想气体。

当活塞从上止点向下止点运动时，压缩机处于吸气过程。气缸压力与吸入管中压力 p_s 相等。吸气容积为气缸工作容积 V_p，在 $p-V$ 图上，吸气过程由 4-1 表示。当活塞从下止点回行时，吸气阀关闭，气体在缸内被压缩。这时缸内气体体积被压缩至 V_1，在 $p-V$ 图上，压缩过程由 1-2 表示。当气缸内气体压力升高到排出管中压力 p_d 时，排气阀打开，压缩过程结束，排气阀开启后缸内压力保持 p_d 不变，直到活塞行至上止点，全部气体被排出。在 $p-V$ 图上，排出过程由 2-3 表示。循环过程线 4、1、2、3 所包围面积，代表每一循环耗功的大小。

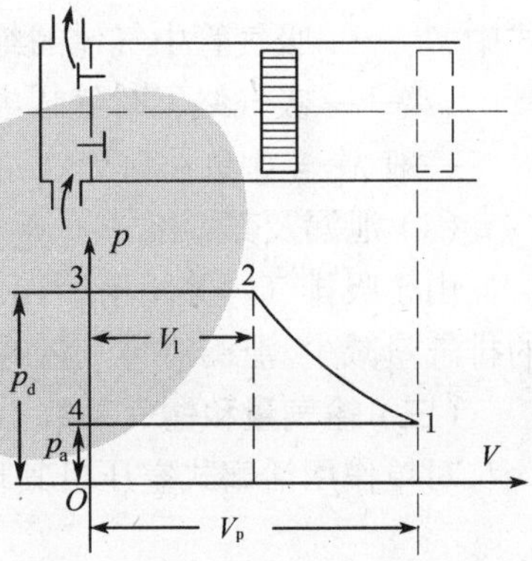

图 4-1　活塞压缩机的理论循环

（二）实际工作循环

活塞式压缩机的实际工作循环在 $p-V$ 图上如图 4-2 所示。造成实际过程不同于理论过程的各种因素如下。

(1) 余隙容积的影响

实际压缩机考虑到零件的热膨胀和液击现象，在活塞到达上止点时，活塞顶与气缸盖之间应保留一定的间隙。同时，在结构上还有与气缸相沟通的阀门通道等。这样，在排气过程中，缸内气体就不可能全部排出，这部分残留气体所占据的容积，称为余隙容积，以 V_c 表示。由图可见，当存在余隙容积 V_c 时，活塞在排气后从上止点向下止点返回时，残存在余隙容积内的气体发生如曲线 3′-4′ 所示的膨胀。只有当气缸内压力达到进气管压力时才有可能开始吸气，即在吸气过程中,由于余隙容积的存在,吸气量实际为 $\Delta V'$。余隙容积与气缸工作容积之比称为相对余隙容积。实际过程的吸气容积 V' 和理想过程时的吸气容积 V_p 之比称为压缩机的容积系数,用 λ_C 表示。

$$\lambda_C = V'/V_p = 1 - \Delta V'/V_p \tag{4-1}$$

在实际使用中可用压铅丝法检查余隙的大小,并进行适当调整。

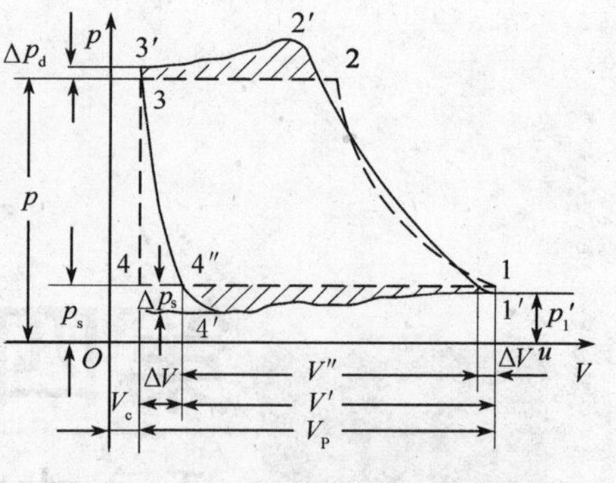

图 4-2　活塞式压缩机的实际循环

(2) 吸、排气压力损失及其影响

由于吸气阀和吸气通道的流动阻力以及阀片上的弹簧力,在吸气过程中气缸内压力要比吸入管的压力低。活塞须经过一段预压缩后,才能使气缸内的气体压力上升到吸入管的压力,即由于进气阀的阻力损失,吸气量减少了 $\Delta V''$。其影响程度可用阻力系数 λ_p 表示:

$$\lambda_p = V''/V' = 1 - \Delta V''/V' \tag{4-2}$$

在排气过程中由于排气阀的阻力损失,气缸内的压力要高于排气管压力 p_d。使排气终了时余隙中剩余气体量增加。实际工作循环由于吸、排气压力损失使压缩机耗功增加,其增大部分如图 4-2 中斜阴线部分所示面积。

(3) 气体和气缸的热交换及其影响

在实际工作中,气体在压缩和膨胀时,与气缸壁发生复杂的热交换,在排气结束时气缸、活塞的温度都升高。在吸气过程中气体和气缸等发生热交换,气体被加热,使得吸入终了时气体的温度高于吸气管中的温度,比容增大,实际吸气量减少。这部分损失叫预热损失,其影响程度可用温度系数 λ_t 表示。

$$\lambda_t \approx T_s / T'' \tag{4-3}$$

式中,T_s—— 吸气管中气体的绝对温度;

T''—— 吸气终了时气缸内气体的绝对温度。

一般 $\lambda_t = 0.9 \sim 0.95$。

(4) 泄漏及其影响

由于吸排气阀关闭不严,活塞密封环密封不严,压缩机在工作过程中存在泄漏,使压缩机的排气量减少。泄漏对排气量的影响用气密系数 λ_1 表示。通常 λ_1 在 0.90 ~ 0.98 之间。

(三) 输气量和输气系数

对单作用活塞式空压机其理论输气量:

$$V_1 = \pi D^2 snz/240 \quad (m^3/s) \tag{4-4}$$

式中,D—— 气缸直径,m;

s—— 活塞行程,m;

n—— 压缩机转速,r/min;

z—— 气缸数目。

压缩机实际输气量 V_s 与理论输气量 V_t 之比称为输气系数,用 λ 表示。

$$\lambda = V_s/V_t = \lambda_c \lambda_p \lambda_t \lambda_1 \tag{4-5}$$

输气系数 λ 一般在 0.60 ~ 0.80 范围内,压缩机的压比对输气系数的影响最大。

(四) 功率和效率

按压缩机理论循环计算所需功率称为理论功率;压缩机直接消耗于压缩气体的功率称为

指示功率。理论功率与指示功率之比称为指示效率。指示效率反映了实际气体在工作过程中由于气体的摩擦、旋涡及吸排气阻力等造成的总的能量损失大小。

压缩机曲轴所得到的输入功率称为轴功率。指示功率与轴功率之比称为机械效率。理论功率与轴功率之比称为压缩机的总效率。由于理论压缩过程有等温压缩和绝热压缩之分，等温理论功率和绝热理论功率也不同，因此有等温总效率和绝热总效率之分。一般压缩机等温总效率为60% ~75%；绝热总效率为65% ~85%。水冷式空压机的经济性常以等温总效率作为评价标准；风冷式空压机的经济性常以绝热总效率作为评价标准。

二、容积流量、输气系数和影响输气系数的因素

活塞式空压机的理论容积流量是由第一级的气缸工作容积、缸数和转速所决定的，即

$$V_t = \pi D^2 snz/240 \quad (m^3/s) \tag{4-6}$$

式中，D、S、n、z—— 第一级气缸直径(m)；

s—— 活塞行程(m)；

n—— 转速(r/min)；

z—— 缸数。

由于余隙容积、吸气阻力、吸气预热和泄漏的影响，压缩机实际容积流量 V_s 比理论容积流量 V_t 要小，两者的比值用输气系数 λ 来表示，即

$$\lambda = V_s/V_t = \lambda_c \lambda_p \lambda_t \lambda_l \tag{4-7}$$

输气系数 λ 一般在0.60 ~0.80范围内。在压缩机本身状况不变的情况下，压力比 p_d/p_s 增加则 λ 减小。这是因为压力比升高则余隙容积损失和漏泄损失增加；而且机体温度也升高，引起预热损失加大。

在实际管理工作中，为维护输气系数不致降低，最重要的是减少气阀、活塞环等引起的泄漏损失；其次是及时清洗吸气滤器，减少吸气阻力损失；此外要保持气缸冷却良好。必要时可以压铅丝，检查余隙高度是否合乎设计要求。

影响输气系数的主要因素有：

(1) 容积系数 λ_c，它反映了压缩机中余隙容积的存在对压缩机输气量的影响。

(2) 压力系数 λ_p，它反映了吸气压力损失对压缩机输气量的影响。

(3) 温度系数 λ_t，它反映了在吸气过程中，因气体的预热对输气量的影响。

(4) 泄漏系数 λ_l，它反映了压缩机工作过程中由于泄漏而引起的对输气量的影响。

三、功率和效率

压缩机用于压送气体的功率称为指示功率，用 P_i 表示。在压缩机工作时测出其示功图，即图4-2所示的实际循环，它所包围的面积即相当于每一循环所用的指示功，乘以转速即可求出指示功率。

按压缩机理论循环计算所需功率称为理论功率。理论功率小于指示功率，它与指示功率之比称为指示效率，用 η_i 表示。理论功率可以按等温理论循环或绝热理论循环计算，分别称为等温理论功率(用 P_T 表示)和绝热理论功率(用 P_s 表示)。相应求出的指示效率称为等温指示效率(用 η_{iT} 表示)和绝热指示效率(用 η_{is} 表示)，即

$$\eta_{iT} = P_T/P_i \qquad \eta_{is} = P_s/P_i \tag{4-8}$$

指示效率反映了实际气体在工作过程中由于吸、排气阻力及气体的摩擦、旋涡等流动造

成的能量损失的大小。其中等温指示效率除反映上述损失外还反映冷却达不到等温压缩而附加的能量损失，故比绝热指示效率更低。

压缩机曲轴所得到的输入功率称为轴功率，用 P 表示。空压机铭牌上标注的或说明书给出的是轴功率。由于压缩机运动部件摩擦及附属设备（滑油泵、风机等）要消耗功率，轴功率大于指示功率，二者之比称为机械效率，用 η_m 表示，即

$$\eta_m = P_i/P \tag{4-9}$$

据对现有压缩机所进行的统计，η_m 一般为 0.82 ~ 0.90（微型），0.85 ~ 0.92（小型），0.90 ~ 0.96（大、中型）。

压缩机总效率为理论功率与轴功率之比。由于等温理论功率 P_T 和绝热理论功率 P_s 不同，有等温效率（用 η_T 表示）和绝热效率（用 η_s 表示）之分。根据式（4-8）和式（4-9）可得

$$\eta_T = P_T/P = \eta_{iT}\eta_m \tag{4-10}$$

$$\eta_s = P_s/P = \eta_{is}\eta_m \tag{4-11}$$

一般压缩机 η_T 为 0.60 ~ 0.75，η_s 为 0.65 ~ 0.70（小型）、0.70 ~ 0.80（中型）、0.80 ~ 0.85（大型）。一般水冷空压机常以 η_T 为评价指标，风冷空压机常以 η_s 为评价指标。

四、多级压缩的意义，级数和级间压力的选定

船用空压机的排出压力较高，一般在 2.5 ~ 3.0 MPa，采用单级压缩，普通压缩机根本无法达到 25 ~ 30 的压缩比，必须采用多级压缩才能完成。采用两级压缩后，每一级的压缩比将不大于 6。为提高空压机的经济性和输气量，通常都在级间采用中间冷却。图 4-3 所示为二级空压机的流程示意图。采用多级压缩中间冷却的优点是：(1) 减小压缩比，减轻活塞上的作用力。(2) 提高输气系数。(3) 节省压缩功。级数越多，压缩过程线越接近等温过程线，耗功越少。(4) 降低排气温度，保证有效的润滑。

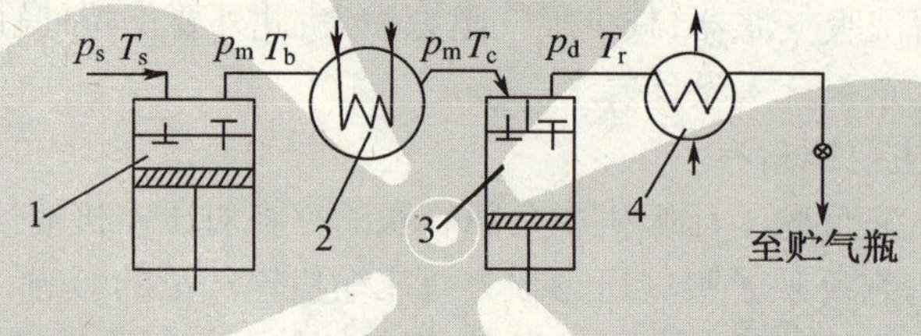

图 4-3　两级压缩式空压机工作流程

1— 低压缸；2— 级间冷却器；3— 高压缸；4— 后冷却器

船用双级压缩机的中间压力的大小应按最省功原则来确定。根据理论分析，当各级压缩耗功相等时，压缩机的总耗功最小。因而两级压缩机的最佳压比选择的原则是

$$\varepsilon = p_z/p_1 = p_2/p_z = \sqrt{p_2/p_1}$$

即双级压缩机各级的压比应该相等，并等于总压比的平方根。而实际上，由于后级余隙对输气系数的影响比前一级大；而且从冷却效果上讲，后级冷却效果不如级间冷却；后一级的压缩过程排气压力、温度高，更偏离等温过程。因此后一级压比总是要比前一级稍小一些。船用空气压缩机一般压比为 6 ~ 8，而中间压力 p_z 选择的基本原则是

$$p_z = \sqrt{p_2 p_1}$$

第二节　活塞式空气压缩机的结构和控制

一、典型结构和主要部件（气阀、安全阀、气液分离器）

活塞式空压机的结构类似于活塞式制冷压缩机和往复泵，但由于工作介质不同，结构上区别较大。图 4-4 为 CZ60/30 型船用空气压缩机结构图，该空压机属立式、水冷、二级空气压缩机。空压机排气量 60 m^3/h，转速 750 r/min。低压级额定排气压力为 0.64 MPa，高压级额定排气压力为 3 MPa。

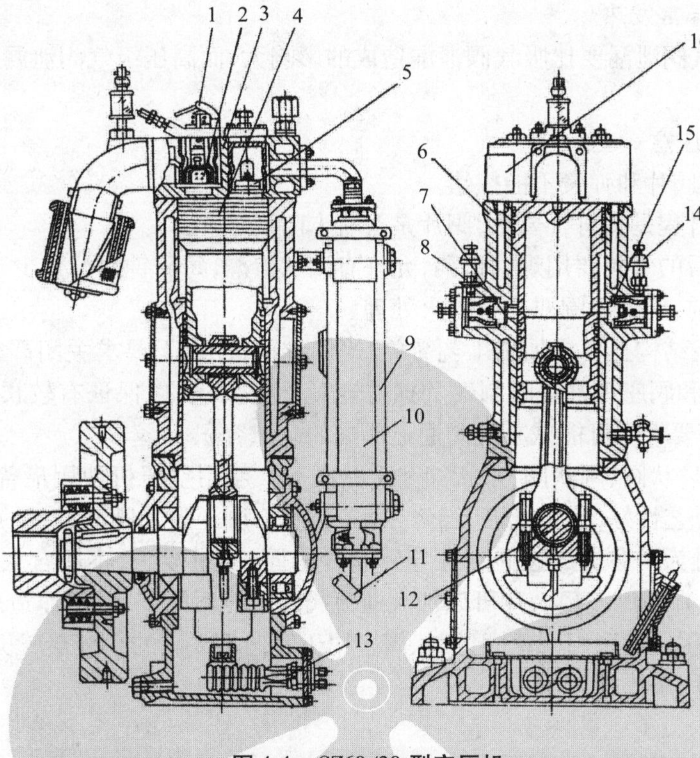

图 4-4　CZ60/30 型空压机

1—卸载阀；2—低压级吸气阀；3—低压级气缸盖；4—活塞与连杆；5—低压级排气阀；6—气缸与曲轴箱；7—高压级吸气阀；8—低压级安全阀；9—冷却器；10—气液分离器；11—管系；12—曲轴与飞轮；13—滑油冷却器；14—高压级安全阀；15—高压级排气阀；16—铭牌

电动机通过弹性联轴器带动曲轴旋转，再经连杆、活塞销带动活塞在气缸内上下往复运动。空气经滤清器、低压级吸气阀，被吸入低压级气缸；经活塞压缩后从位于气缸头的低压级排出的空气经中间冷却器冷却后，通过高压级吸气阀被吸入高压级气缸进行二级压缩，经压缩后从高压级排气阀排出，排出空气再经冷却及气液分离后排向空气瓶。在整个压缩过程中，空气的压力逐级升高，温度也逐级上升。

（一）气阀

低压级的吸气阀 2 和排气阀 5 垂直装在气缸盖 3 上；高压级的吸气阀 7 和排气阀 15 则垂直于气缸，安装在气缸中部的阀室内。

气阀阀片的升程对压缩机的经济寿命有重要的影响，合理地增加升程，可以降低阀隙气流速度,减小阀的阻力损失;但升程增大,阀片对升程限制器和阀座的撞击速度将随之增大,阀弹簧的变形量和变形速度也将增大,这会导致气阀寿命降低,而且会加重气阀关闭滞后,严重时甚至使压缩机不能正常工作。因此,气阀的升程都在设计时根据经验和试验资料选定,由升程限制器来限定,说明书规定的升程不宜随便改变。气阀的升降多在 2 ~4 mm,转速高及工作压力大的则升程较小,由于压力不同,空气通过低压级的体积流量大于高压级。

气阀是压缩机重要而易损坏的部件,其密封性能将直接影响到压缩机的排气量以及经济性和可靠性,气阀的工作寿命,是决定压缩机检修周期的主要因素,气阀泄漏后会造成:

(1)排气温度上升。

(2)排气量下降。

(3)缸套温度异常发热。

相对而言,排气阀泄漏要比吸气阀泄漏造成的影响大,而高压级气阀泄漏要比低压级气阀泄漏影响大。

检修气阀时应注意:

(1)吸、排气阀阀片和弹簧不能换错。

(2)检查阀片升程是否符合要求,阀片是否有卡阻现象。

(3)检修组装后的气阀要用煤油试漏,允许有滴状渗漏,每分钟滴漏量少于 20 滴为合适。

(4)气阀安装前,紫铜垫圈要进行退火处理。

对气阀的要求:结构上要求加工工艺简单,检修方便;性能上要求关闭严密、阻力小、启闭及时等。要求阀片和阀座和升程限制器的撞击速度不要太大,以保证有较长的工作寿命(至少在 4 000 h 以上)要求尽可能减小气阀通道形成的余隙容积。

气阀的种类有环状阀、网状阀、条状阀和舌簧阀等。船用空压机使用最普遍的是环状阀,环状阀结构简单,工艺性好,价格低廉,维修方便,且便于顶开吸气阀卸载;缺点是阀片运动的导向摩擦较大,而且为了保持足够的刚性导致阀片稍厚,质量较大,不适合太高转速(转速小于等于 1 500 r/min),采用多环阀片可以加大通流阀片可能不同步,对工作造成不良影响。低转速大排气量的空压机可采用网状阀,网状阀多用于转速不太高的小型空压机的高压级,转速较高的空压机可采用条状阀、舌簧阀。

(二)安全阀

级差式空压机低压级和高压级均设有安全阀,低压级安全阀和高压级安全阀分别安装在高压级的吸、排阀室处。

一般低压级安全阀的开启压力比额定排压高 15%,高压级安全阀的开启压力比额定排压高 10%。安全阀是空压机的自动安全保护装置,当压力超过给定值时,安全阀自动开启放出气体,而当压力下降到一定值后,安全阀再自行关闭。安全阀应动作稳定,工作可靠,关闭密封性好,开启时的空气泄放量应等于或稍大于压缩机的排气量。

(三)气液分离器

各级气缸的排气都会夹带有细小的油滴,而且排气中水蒸气的分压力也较高,冷却后会析出凝水。第一级冷却后这些油和水可以部分分离出来,积于级间冷却器和高压缸进气口之间的空气管路里,通常有泄放阀可予以泄放,在冷却器后常设气液分离器,以提高充入气缸的压缩空气的品质。

气液分离器按工作原理分:有惯性式、过滤式、吸附式三种,其工作原理是利用液滴和气体的比重不同,多次改变气流的流动方向,使液滴撞击并吸附在芯子的壁上,聚集而流到壳体的下部空间，为避免停车时气流返回压缩机，分离器出口有止回球阀，分离器下部的泄放阀用来排放分离出来的油和水。

二、活塞式空气压缩机的润滑和冷却

空压机的润滑方式有飞溅润滑和压力润滑两种。船用小型空压机多采用飞溅式润滑，空压机运转时连杆大端轴承盖上的击油勺击溅曲轴箱中的滑油，飞溅的油滴可润滑主轴承、连杆小端轴承和气缸下部工作面，同时一部分油沿油勺正面的小孔和连杆大端的导油孔去润滑连杆大端轴承。气缸上部靠低压级空气吸入管上的油杯每分钟滴入 4 ~6 滴油或通过连接管从曲轴箱中吸入部分油雾来润滑，曲轴箱门盖上装有测油位的油尺，并可由此加滑油，曲轴箱中的油位应适中，油位过低会造成润滑不良，油位过高会使飞溅量过大，不仅使耗功增加，滑油容易变质，而且过多的滑油进入气缸会影响空气品质，使气阀结焦、活塞环失灵。

冷却对空压机是十分重要的，冷却方式有水冷式和风机两种，船用空压机多采用水冷，大多不自带水泵，所需冷却水来自机舱海水系统，有中央冷却系统的船舶可采用淡水循环冷却。空压机的冷却主要包括以下几个方面：(1)空气冷却、级间冷却、后冷却、防蚀锌棒、安全膜。(2)气缸冷却使缸壁温度比冷却水温度高 15 ~20℃，通常气缸冷却水温以不低于 30℃为宜。(3)滑油冷却采用螺旋管式滑油冷却器，一般要求油温保持在 50℃左右。

三、活塞式空气压缩机自动控制的特点

活塞式空压机的自动控制主要包括以下内容：压缩机的自动起、停；自动卸载：自动泄放；冷却水、滑油的自动控制；自动安全保护。下面结合 CZ 60/30 型船用空压机，介绍活塞式空压机的自动控制，图 4-5 为 CZ60/30 型船用空压机的自动控制原理图。

(一)压缩机的自动起、停

如图 4-5 所示，以空气瓶实际压力为信号，通过压力继电器 8 来控制压缩机的起、停。压缩机的起动压力为 2.5 MPa，停车压力为 3.0 MPa。一般商船上至少有两台空压机，当船舶在进、出港等用气量大的场合，有时一台空压机工作无法满足用气量的要求，当空气瓶压力下降到 2.4 MPa 时，另一台空压机将自动起动投入工作。当压力上升至 2.9 MPa 时，备用空压机首先停车，而优先工作的空压机则要等压力达到 3.0 MPa 时才停车。即两台空压机中，优先工作的空压机的起、停值为 2.5 MPa 和 3.0 MPa，备用空压机的起、停值为 2.4 MPa 和 2.9 MPa。

(二)自动卸载

压缩机起动时能自动卸载，使气缸均处于空载状态，达到压缩机的空载起动。停车时能先卸载后停车，以减少压缩机的振动和冲击。卸载的方法一般是通过定时器自动控制电磁阀的启闭来实现的。

(三)自动泄放

空压机工作时，空气瓶及空压机气液分离器的泄放电磁阀，通过定时器定时泄放；停车时除空气瓶泄放电磁阀外，其他泄放阀应保持打开而定时器也停止工作。

(四)冷却水自动控制

压缩机起动时供水电磁阀自动打开供水；停车时供水电磁阀关闭停止供水。

(五)滑油的自动供给

如图 4-5 所示，空压机低压缸的滴油杯的供油由电磁阀 7 控制，该阀与压缩机同步工作。而高压缸的润滑则采用飞溅式。

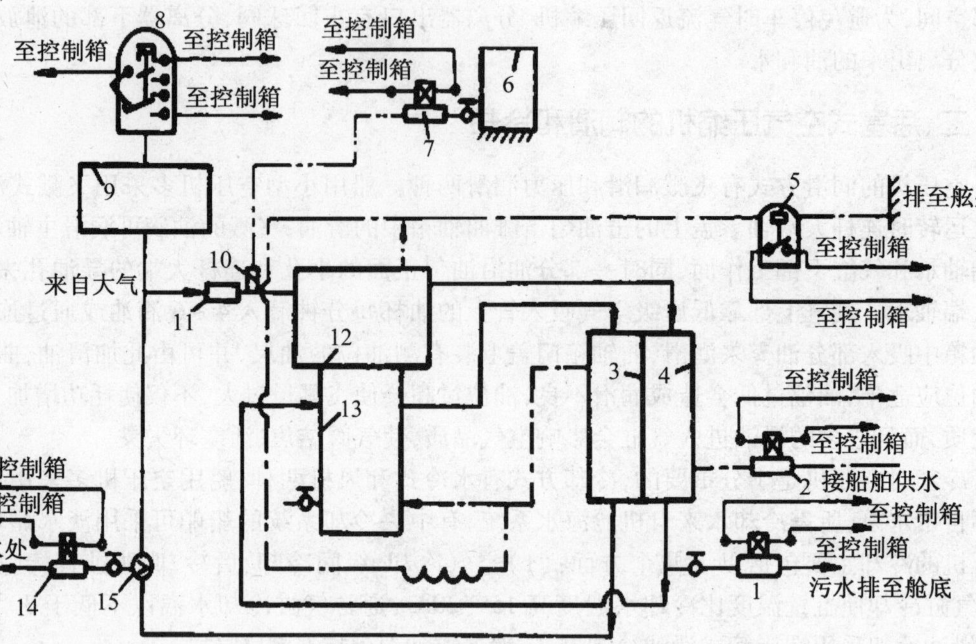

图 4-5　CZ 60/30 型船用压缩机自动控制原理图

1—3JF 电磁阀;2—2JF 电磁阀;3—中间冷却器;4—后冷却器;5—液流信号器;6—滑油贮存箱;7—JF 电磁阀;8—YP 压力继电器;9—贮气瓶;10—滴油杯;11—空气滤清器;12—压缩机第Ⅰ级;13—压缩机第Ⅱ级;14—JF 电磁阀;15—气液分离器

(六)自动安全保护

一般空压机自动控制装置中应包括温度、压力、油位等安全保护措施。其中包括排气温度、冷却水温继电器,当压缩机排气温度或冷却水温超高时,自动停车;冷却水压力继电器、曲轴箱油位继电器等,在压力或油位低于设定值时,这些保护继电器动作,压缩机自动停车。

第三节　活塞式空气压缩机的管理

一、活塞式空气压缩机的维护与运行管理

(一)起动

1. 起动前的准备

对刚检修过或长时间未用的空压机,应盘车 1 ~ 2 转,检查是否正常;检查曲轴箱油位是否保持在油尺的规定刻度内,采用飞溅润滑时,以曲轴下止点油勺浸入油中 20 ~ 30 mm 为宜,油勺应离底 2 ~ 3 mm,对采用滴油润滑的低压级气缸,油杯的油位应不低于 1/3,并保持滴油量每分钟 4 ~ 6 滴;打开冷却水进出口阀,引入冷却水;打开从空压机到空气瓶的所有各阀,检查手动卸载是否置于卸载位置;检查空压机各泄放阀是否置于开启位置。

2. 起动

准备工作就绪后,先点动 1 ~ 2 次;若无异常则转入正常运行,起动过程中应注意观察电流变化情况,是否有异常声响;等电流正常后,对自动卸载空压机应观察是否已自动上载,对手动卸载空压机应手动停止卸载;并由低至高关闭各级泄放阀,检查是否有漏气、漏水等情况;检查

排气温度、压力及缸头温度是否正常。

（二）运行中的检查要点

1．检查冷却情况

注意检查冷却水进出口温度，一般进出口温升在 10～15℃，冷却水进出口压力应保持在 0.07～0.3 MPa，流速在 1～2 m/s。发现压缩机在工作中已经断水，必须立即停车，待其自然冷却后再检查是否造成损坏，切忌在气缸很热时立刻通入冷却水而引起"炸缸"。

2．检查润滑情况

吸气温度不超过 45℃时，水冷式空压机滑油温度应不超过 70℃，风冷式不超过 80℃，对压力式润滑，滑油压力应不低于 0.1 MPa，同时还经常检查曲轴箱等油位。

3．检查排气压力和温度

注意观察空压机的各级排气压力变化情况，是否随空气瓶压力的升高而同步上升，进空气瓶的空气温度，水冷时应不超过进水温度加 30℃，风冷时应不超过环境温度加 40℃。

4．定时泄水

对工作中的空压机每隔 2 h 泄水一次，泄水时应观察泄水中是否带有过多滑油。

（三）停车

对非自动控制空压机，应先手动卸载，再由高至低开启各级泄放阀，防止因缸内存气而在拆检时发生意外。

（四）对空压机油的要求

防止着火与爆炸。压缩机着火爆炸的原因是油在高温下分解形成的积炭沉淀物发生自燃。油渗入积炭、铁锈就会滞留在排气通道中。若排气温度高到一定程度，吸收了油的积炭沉淀物氧化加剧，而氧化是放热反应，促使油积炭沉淀物的局部温度进一步升高，就可能发生自燃。自燃并不一定要空气温度达到油的闪点，有时可能气温在 180～200℃或更低时发生。自燃加剧了油的蒸发，空气中油的浓度达一定程度就可能爆炸。防止着火与爆炸的措施是：

（1）选用抗氧化性好，黏度和闪点适当的滑油。

（2）防止排气温度过高，压缩机必须保证工作温度低于滑油闪点 20℃以上。

（3）完全避免油的氧化和分解是不可能的，因此，应及时清除气道中的积油积炭。积炭厚度不大于 3 mm 被认为是安全的。

（4）消除其他触发自燃的因素。例如压缩机应接地，避免静电积聚引起电火花；不允许运动部件异常摩擦和咬死；不允许容器和管道零部件松动产生撞击；不应采用可燃性密封材料；不允许气阀严重漏气；不允许活塞环严重漏气导致曲轴箱高温，这时若箱内运动部件局部过热，可能引起曲轴箱爆炸。

（5）防止空气中油分达到爆炸浓度。为此，压缩机空转的时间不可过长，因为这时油气集聚浓度增长较快。

二、活塞式空气压缩机的常见故障分析与处理

（一）排气温度过高

（1）排气压力过高：检查原因并排除。

（2）气阀泄漏：检修或更换气阀。

（3）冷却不良：改善冷却条件。

（4）吸气温度过高：检查原因并排除。

（二）排气量下降

(1)转速下降:调节转速。

(2)泄漏:检查原因并排除。

(3)余隙容积过大:调整余隙。

(4)冷却不良:加强冷却。

(5)吸气滤器脏堵:清洗滤器。

（三）异常敲击声

(1)轴承间隙过大:调整间隙。

(2)坚固件松动:重新上紧。

(3)气缸余隙过小:调整余隙。

(4)液击:检查液击原因。

(5)曲柄与气缸对中不良:重新校正。

(6)异物进入气缸:检查并取出异物。

（四）级间压力过低

(1)级间冷却器泄漏:查漏并修复。

(2)前级排气量减少:检查原因并排除。

（五）级间压力过高

(1)级间冷却不良:加强冷却。

(2)后级排气量减少:检查原因并排除。

(3)活塞环密封不良:换活塞环。

第五章
船舶制冷装置

第一节　理论知识

一、冷库冷藏条件

（一）水果、蔬菜及蛋、奶类食品的冷藏条件

水果、蔬菜及蛋、奶类食品一般应采用冷却储藏。该类食品冷库的库温在0℃左右，即稍高于食品冻结点的温度，冷藏库主要贮藏水果、蔬菜、蛋和奶类食品，也适用于鱼、肉、禽等食品的短期贮藏。水果、蔬菜的种类、品种不同，对低温的适应能力也各不相同。生长在南方或是夏季成熟的水果，适宜较高的温度贮藏，例如香蕉贮藏温度应高于12℃，否则不能催熟；柑类贮藏温度应在6～8℃，橘类在8～15℃，橙类在5℃左右。北方生长的或是秋、冬成熟的苹果、梨等一般都能忍受较低的温度，应在0℃左右贮藏。

水果、蔬菜在贮藏过程中会逐渐蒸发脱水，一般来说如果重量损失达到5%，新鲜度就会明显地下降。水果、蔬菜水分蒸发主要取决于贮藏的湿度条件，湿度过小会使食品干缩，湿度过大会使食品容易发霉腐烂。菜库和乳品库适宜的相对湿度为85%～90%。另外，冷库内要求温度场和湿度场分布均匀。由于蔬菜和水果不断地散发水分和COS2等气体，为了保持合适的气体成分，应进行换气。果蔬类冷藏舱或冷藏集装箱的换气次数为每昼夜2～4次。

（二）鱼、肉类食品的冷藏条件

通常，对鱼、肉类食品应冻结储藏，即使其温度降低到大部分汁液冻结的程度，这样可更有效地抑制微生物的活动。冻结食品的储藏期比冷却食品要长得多。如果采用快速冻结方式，结成细小的冰晶，对食品品质影响就小。对大多数鱼、肉类食品，若冻结温度为－23～－30℃，冻结速度为2～5 cm/h，品质与新鲜度可几乎保持不变。

对长航线船舶，其储藏温度以－18～－20℃为宜，在此温度下微生物的繁殖几乎停止，肉类能保鲜半年以上；对于短航线船舶，冷冻保存期不超过2～3个月，库温控制在－10～－12℃较为经济。鱼、肉库的相对湿度一般保持在90%～95%为宜。食品在冷藏期间的干缩现象也取决于库内空气流速、故对库内空气流速也应加以控制。

（三）二氧化碳和氧气浓度

水果、蔬菜的呼吸作用使库中O_2浓度减小，CO_2浓度增加。对新鲜水果和蔬菜采用“气调

储藏”,即将冷库内的 O_2 和 CO_2 含量控制在一定的范围内,抑制水果、蔬菜的呼吸而使其保鲜期延长。通常 CO_2 浓度控制在 2% ~8% ,O_2 浓度控制在 2% ~5% ,气调库的储藏期可比普通冷藏库延长 0.5 ~1 倍。

(四)臭氧的应用

应用臭氧发生器产生的臭氧可对冷库进行消毒,杀灭霉菌及其他各种微生物,减少微生物污染食品的机会。

臭氧除杀菌作用外,还可抑制水果、蔬菜的呼吸作用而使其保鲜期延长。水果、蔬菜和肉类舱臭氧连续供给浓度应控制在 0.3 ~0.4 mg/m^3,供臭氧时间为 15 min;蛋、奶舱臭氧连续供给浓度应为 0.3 ~0.4 mg/m^3,供臭氧时间为 10 min;鱼和其他有强烈气味的货物舱臭氧连续供给浓度应控制在 0.4 ~0.8 mg/m^3,供氧时间 20 min 为宜。

二、蒸气压缩式制冷循环的基本原理和组成

蒸气压缩式制冷装置是由压缩机、冷凝器、膨胀阀和蒸发器四个基本的设备组成,如图5-1所示。

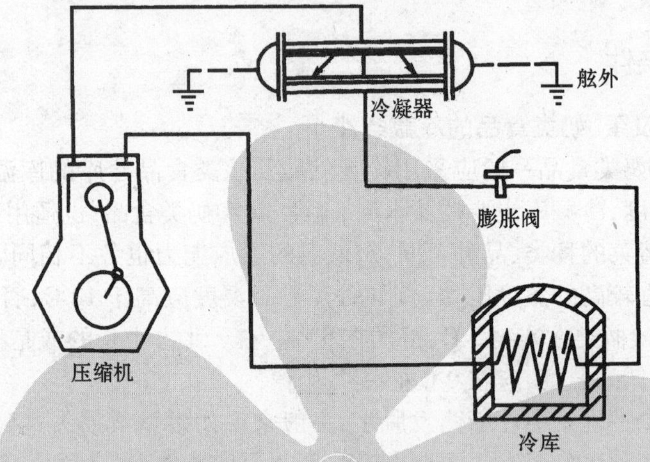

图 5-1 压缩机制冷原理

低温低压的液态制冷剂进入蒸发器中,吸收冷库内被冷物体释放的热量而不断沸腾气化,压缩机进而将蒸发器内排出的低压制冷剂蒸气吸入气缸内,并将其压缩成高温高压的制冷剂蒸气;再将其排至冷凝器,高温的制冷剂蒸气在冷凝器内被循环的冷却介质(水或空气)冷却,冷凝成液态制冷剂。在冷凝过程中,制冷剂把从冷库中带出的热量和压缩机的压缩功传递给冷却介质。液态制冷剂经膨胀阀节流降压成为低温低压的液体冷剂,然后制冷剂重新进入蒸发器气化吸热。制冷循环不断地进行,冷库的热量也就不断地通过循环的冷剂转移给外界冷却介质,从而达到并维持冷库温度在一定的低温范围内。

蒸气压缩式制冷是选择沸点很低的液体,例如在标准大气压下沸点为 -40.8℃的氟利昂22 作为制冷剂。液体制冷剂经膨胀阀节流进入冷库内的蒸发盘管中,制冷制就会在较低的压力下吸热气化,从冷库中吸收热量,使库温降低,从而实现制冷。

为了使蒸发器中的压力不致因制冷剂的不断流入、气化而升高,需要压缩机将制冷机中的气态制冷剂及时抽出,以维持蒸发器中稳定的低压,同时将气态制冷剂压缩到高温高压状态送入冷凝器,造成气态制冷剂对外放热的条件。这样就可在冷凝器中利用舷外海水对制冷剂气

体进行冷却冷凝，以使其重新液化，然后再经膨胀阀节流送入蒸发盘管中再次气化吸热，以实现连续不断的制冷。由此可见，蒸发器、压缩机、冷凝器和膨胀阀是使制冷剂气化吸热和重新液化所不可或缺的设备，因此这四个设备就成为蒸发压缩式制冷装置的基本组成部分。

三、蒸气压缩式制冷的工况及影响工况的因素

（一）蒸气压缩式制冷的工况

同一制冷压缩机的制冷量、功率随蒸发温度和冷凝温度的变化而变化。使用制冷剂不一样时，情况又有所不同。所以，抛开制冷压缩机的工作条件仅强调其制冷量是没有任何意义的。为了对制冷压缩机的性能加以比较，各国视自己的具体情况对制冷压缩机人为地规定了几种“工况”。根据我国的实际情况，规定了所谓的“名义工况”、“最大压差工况”、“考核工况”、“最大轴功率工况”等。

所谓制冷压缩机工况，是指制冷压缩机工作的状况，即制冷压缩机工作的条件。名义工况是指高温、中温、低温用制冷压缩机的名义制冷能力和轴功率，在此工况下，压缩机按规定条件进行试验，并作为性能比较的基准性能工况。压缩机出厂时，机器铭牌上标出的制冷量一般是名义工况下的制冷量。对全封闭压缩而言，铭牌上标出的制冷量是标准工况下的制冷量，如果是专门为空调配用的压缩机，则铭牌上的制冷量为空调工况下的制冷量。

（二）影响工况的因素

1. 影响冷凝温度的因素

冷凝温度不同。蒸发温度相同的两个理论制冷循环由图 5-2 所示，当冷凝温度 T_K 升高至 T'_K，制冷循环由 $A—B—C—D—A$ 改变为 $A'—B'—C—D'—A'$。可见，蒸发温度相同的情况下，随着冷凝温度的升高，单位质量制冷量和制冷系数均降低，而绝热压缩功却增大，其原因与蒸发温度降低类同。由于膨胀阀前后压差的增大使制冷剂循环量增大，而排气压力的升高导致余隙容积影响的增大又会使制冷剂的循环量因压缩机的排气量减小而有减小的趋势，制冷剂的循环量 G 不可能有明显的变化。所以，冷凝温度提高后，装置的制冷量 Q'_o 也会降低。可见，采取措施降低冷剂的冷凝温度，既能提高装置的制冷量，又能提高其运行的经济性但冷凝温度过低，可能会因膨胀阀前后压差明显下降而导致制冷剂流量不足，反而使装置制冷量下降。

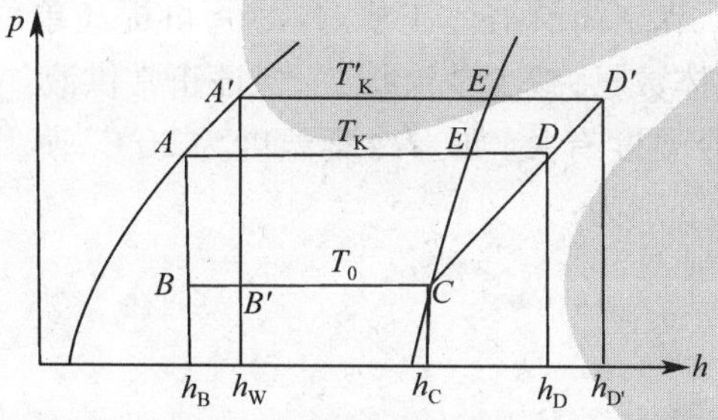

图 5-2　冷凝温度不同的两个理论制冷循环

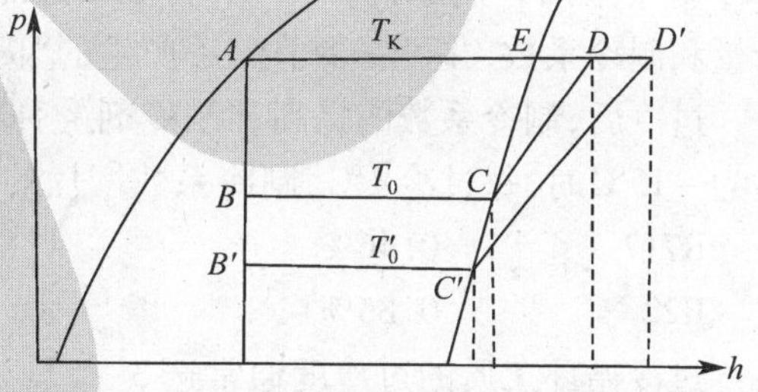

图 5-3　蒸发温度不同的两个理论制冷循环

2. 影响蒸发温度的因素

图 5-3 给出了冷凝温度相同，蒸发温度不同的两个理论制冷循环。当蒸发温度从 T_0 降至 T'_0 后，制冷循环由 $A—B—C—D—A$ 改变为 $A—B'—C'—D'—A$。由图可见，在冷凝温度不变的条件下，随着蒸发温度的降低，单位质量制冷量和制冷系数均减小，而单位绝热压缩功却增大。这是由于蒸发压力相应降低，液体冷剂流经膨胀阀节流降压时液体的蒸发量增大，在蒸发器中的

吸热量减小,而压缩比的增大却提高了单位绝热压缩功。由于吸气压力的降低,使压缩机的质量排气量,即装置中冷剂的循环量 G 减小,故蒸发温度降低后装置的制冷量 Q'_0 和制冷系数会明显下降。因此,在使用管理中,切忌把蒸发温度调得过低。过低的蒸发温度有害无益。

四、回热循环及蒸发式过冷循环

(一)回热循环

船用 R22 制冷机往往采用使来自冷凝器的高压液态制冷工质和来自蒸发器的低压气态制冷工质在热交换器内进行热交换,是液态工质过冷的同时,气态工质过热的循环。采用回热器过冷、过热的循环称回热循环。图 5-4 所示的 $C—C'—D'—A—A'—B'—C$ 即为制冷剂的回热循环过程,图 5-5 为采用回热器的制冷装置。回热循环提高了压缩机的吸气温度,可保证压缩机"干压",减少冷剂蒸气与气缸壁之间的热交换,从而减少因吸气过热度增加导致制冷剂循环量降低的影响。

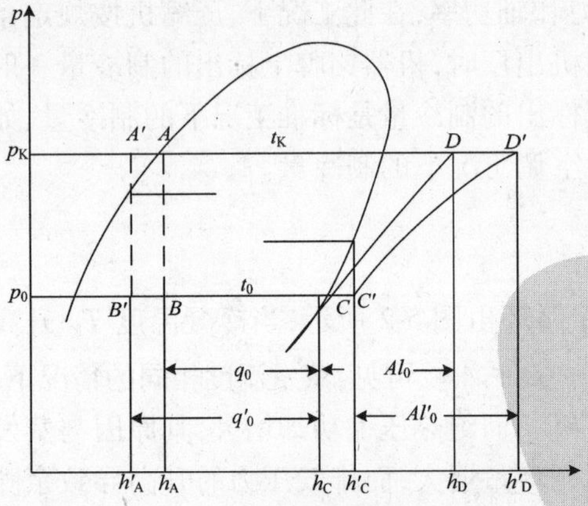

图 5-4 制冷剂的回热循环过程

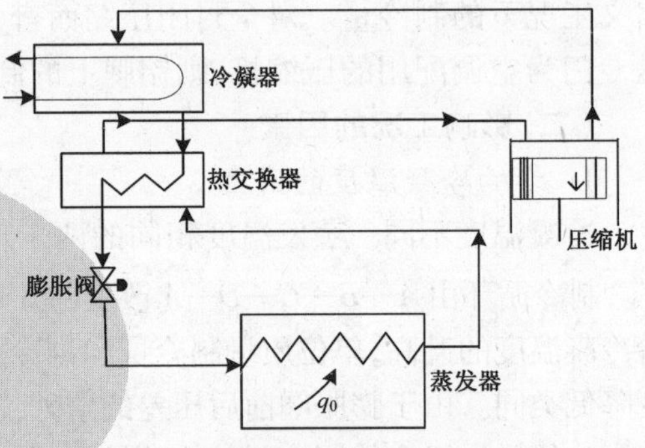

图 5-5 采用回热器的制冷装置

(二)蒸发式过冷循环

过冷循环和过冷度的影响:过冷循环工质在进入节流阀前已经过冷,并具有一定过冷度的制冷循环,图 5-4 所示的 $A—A'$ 即为工质过冷过程。节流阀前液体工质过冷后,可提高单位制冷量和制冷系数,并可减少节流后产生的"闪发"气体数量,减少节流损失,保证正常供液。

过冷后,制冷系数的提高和制冷剂的种类、过冷温度有关:如当冷凝温度为 30℃,蒸发温度为 -15℃时,每过冷 1℃,制冷系数增加的百分数分别为:

R717　　0.46%

R22　　0.85%

过冷循环工质的过冷度通常选 3 ~ 5℃。

液体过冷的方式有两种:一是冷凝器中过冷;二是采用回热器过冷,前者能获得的过冷度受冷却介质温度的限制,因而过冷度较小,为 3 ~ 5℃,后者可获得较大的过冷度,但装置内需增设回热器。

1. 冷凝器过冷

冷凝器中液态制冷剂过冷的制冷循环与理论循环比较,单位质量制冷量增加,而单位绝热压缩功不变,故制冷系数提高。由于膨胀阀前后的压差和压缩机吸气比容不变,故制冷剂循环量不变,装置的制冷量增大。显然,过冷度越大,效果越明显,但这要以增加冷凝器的热交换面积或冷却介质的流量作代价。

2. 回热器过冷

在回热器中液态制冷剂过冷的制冷循环 $C'—D'—A'—B'$，如图 5-4 所示，回热器是高压冷凝液体与低压制冷剂气体的热交换器。两者热交换的结果，液态制冷剂由 A 过冷到 A'，气态制冷剂从 C 过热到 C'。单位质量制冷量增加，单位绝热压缩功增大。回热循环提高了压缩机的吸气过热度，可避免压缩机发生“液击”，同时也可减少吸入气缸的蒸气与气缸壁的热交换，从而减小因吸气过热度的提高导致制冷剂循环量降低的影响。所以，回热器过冷可提高装置的制冷量。制冷系数是否提高，则要视单位质量制冷量和单位压缩功的各自增量的大小而定。一般说来，采用回热器过冷，对 R717 装置不利，对 R22 装置利弊不明显。

船用 R22 制冷机往往采用使来自冷凝器的高压液态制冷工质和来自蒸发器的低压气态制冷工质在热交换器内进行热交换，使液态工质过冷的同时，气态工质过热的循环。采用回热器过冷、过热的循环称回热循环。回热循环提高了压缩机的吸气温度，可保证压缩机“干压”，减少冷剂蒸气与气缸壁之间的热交换，从而减少因吸气过热度增加导致制冷剂循环量降低的影响。

五、常用制冷剂、载冷剂的热力、理化性质

R22 及 R134A、共沸和非共沸冷剂的热力、理化性质：

（1）临界温度不太低，以便在常温及普通低温下能够液化。

（2）在工作温度范围内具有适宜的饱和蒸气压力，即蒸发压力不太低于大气压力。以免外部空气渗入系统，冷凝压力不宜过高，否则会引起压缩机耗功增加。

（3）单位容积制冷量大。

（4）黏度和密度小，减少流动阻力。

（5）热导率高，以减少换热设备的传热面积。

（6）不燃烧、不爆炸、无毒，对金属材料不腐蚀、与润滑油不发生化学作用、高温下不分解。

（7）绝热指数小、以降低排气温度，提高机器的安全运行和使用寿命。

（8）凝固温度低。

（9）具有良好的电绝缘性能。

（10）价格低廉、易于获得。

（11）对人类生态环境无破坏作用。

1. R22（$CHClF_2$）

R22 的热力学性能与氨相近。但 R22 不燃、不爆，使用安全可靠。R22 的标准汽化温度为 −40.8℃，通常冷凝压力不超过 1.6 MPa。

R22 对水的溶解度大，能部分与润滑油互溶，但在低温制冷系统仍然可能产生“冰塞”或集油。因此在制冷系统中必须安装过滤—干燥器和分油器。

2. R134a（CH_2FCF_3）

R134a 是一种新型制冷剂，其标准蒸发温度为 −26.5℃，R134a 不含氯原子。其臭氧耗减潜值（ODP）为 0，全球变暖潜能值（GWP）为 0.26。30℃时冷凝压力为 0.771 MPa。R134a 绝热系数为 1.11，压缩机气缸无需用水冷却。R134a 宜采用不吸附 R134a 的合成泡沸石作为干燥剂。

R134a 密封材料宜采用氢化丁腈橡胶、氯化橡胶。R134a 本身无润滑性能，因此，对润滑

油的润滑性有更高的要求,使用普通冷冻机润滑油会造成回油困难以及压缩机功耗增加。目前适用R134a系统的润滑油为PAG和POE等脂类润滑油,但此类润滑油会吸湿,所以保管中应注意防潮。

R134a不含氯元素,不能用卤素检漏灯检漏。

3. 非共沸混合制冷剂

非共沸混合制冷剂是由两种或多种不同制冷剂按任意比例混合而成,性质与溶液相似,液相和气相中具有不同的组成成分,气相中低沸点组分较多,液相中高沸点组分较多。在一定压力下冷凝或蒸发时,冷凝温度和蒸发温度都要发生变化。温度的变化数值称泡露点温差,又称滑移温度。泡露点温差较小的非共沸混合制冷剂,又可称为近共沸混合制冷剂。

目前已经编号的非共沸混合制冷剂及其组成见表5-1,组分相同,质量分数不同时,则在编号后面加A、B……,如R407A,R407B、R407C等。

表5-1　非共沸混合制冷剂代号及组成

代号	组分	代号	组分
R401	R22/R152a/R124	R407	R32/R125/R134a
R402	R125/R290/R22	R408	R125/R143a/R22
R403	R290/R22/R218	R409	R22/R124/R142b
R404	R125/R134a/R143a	R410	R32/R125
R405	R22/R152a/R142a/RC318	R411	R1270/R22/R152a
R406	R22/R600a/R142a	—	R124/R134a/R600a

一般情况下,少量的高沸点组分加入到低沸点主要组分中,所形成的混合制冷剂和其主要成分相比,制冷系数提高,能耗下降,但制冷剂的制冷量有所降低,相反,将少量低沸点组分加入到高沸点主要组分中,其结果是降低制冷系数,功耗增加,但由于吸气比体积减小,可是制冷机的制冷量增大,并获得较低的蒸发温度。

系统中使用非共沸混合制冷剂后,一旦发生制冷剂漏泄时,在系统内剩余的混合物的质量分数就会改变,从而影响制冷机的性能,要想向系统中补充制冷剂,使其达到原来的数量和混合比是相当困难的,对于小型制冷机,可采用将剩余制冷剂全部排出,抽空系统,然后重新充灌的方法。

4. 共沸混合物

共沸混合制冷剂是由两种或两种以上不同制冷剂、按一定比例相互溶解而成的一种混合物,它和单一的物质一样,在一定的压力下蒸发时,能保持恒定的蒸发温度,而且气相和液相具有相同的成分。

目前已被正式命名的共沸混合制冷剂及其组成见表5-2。

表5-2　共沸混合制冷剂代号及其组成

代号	组分	组分的质量分数/%	代号	组分	组分的质量分数/%
R500	R12/R152a	73.8/26.2	R505	R12/R31	78/22
R501	R22/R12	75/25	R506	R31/R114	55.1/44.9
R502	R115/R22	51.2/48.8	R507	R125/R134a	50/50
R503	R23/R13	40.1/59.9	—	RC318/R124	40/60
R504	R115/R32	51.8/48.2			

共沸混合制冷剂的热力性质与组成它的原制冷剂的性质是不相同的,采用共沸混合制冷剂后,热力性质可望获得改善。

第二节　蒸气压缩式制冷装置的设备

一、制冷压缩机

（一）活塞制冷压缩机

1. 开启式活塞制冷压缩机的结构特点

开启式压缩机的曲轴功率输入端伸出机体，通过联轴器或带轮和原动机相连接。它的特点是容易拆卸、维修，但密封性较差，工质易泄漏，因此曲轴外伸端有轴封装置。

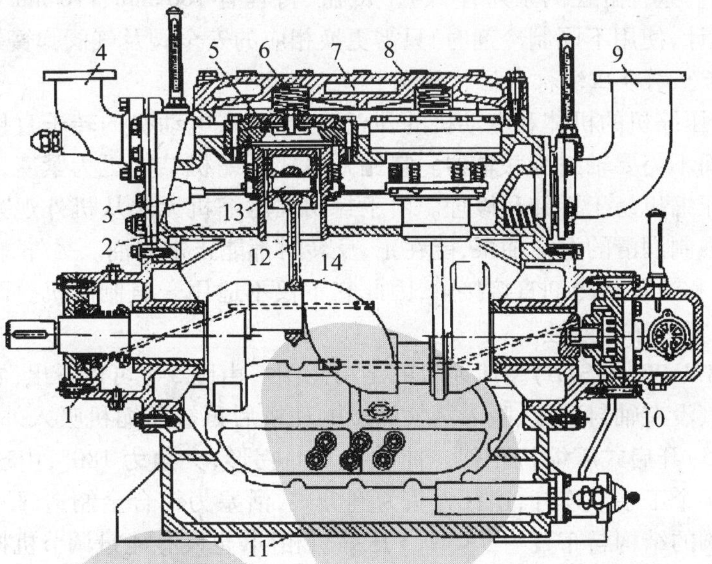

图 5-6　812.5ACG（8ASl2.5）型制冷压缩机剖面图

1—轴封；2—进气腔；3—油压推杆机构；4—排气管；5—气缸套及进排气阀组合件；6—缓冲弹簧；7—水套；8—气缸盖；9—进气管；10—油泵；11—曲轴箱；12—连杆；13—活塞；14—曲轴

图 5-6 示出 812.5ACG（8ASl2.5）型压缩机的总体结构剖面图。曲轴箱和气缸体是一个整体铸件，结构为扇形，相邻气缸中心线夹角为 45°，吸、排气腔设置其中，形成一个坚固的机体，用来承装各个零部件，底部用来存放润滑油，曲轴箱两侧开有孔口，用于压缩机内部零件的装配和拆检，并用侧盖封闭，一只侧盖上还装有油面指示器和油冷却器，分别用来检查油面的高低及冷却润滑油。压缩机的曲轴用球墨铸铁整体铸造，两曲拐夹角为 180°，用两个滑动轴承支承。每个曲拐上装有 4 个工字形连杆，每个连杆通过活塞销带动一个铝合金的筒形活塞，使活塞在气缸套内作往复运动。活塞上面装有三道气环和一道油环。气缸中装有气缸套，吸气阀布置在气缸套上部的凸缘处，排气阀布置在气缸套的顶部。吸入的氨气经进气管和过滤网进入吸气腔（气缸套周围的空腔），然后经吸气阀进入气缸中。排气阀通过缓冲弹簧被气缸盖压紧，在气缸盖与排气阀之间形成一个排气腔。排气阀与缓冲弹簧组成一个安全假盖，在发生液击、气缸内压力过分升高时，假盖自动开启（抬起），排走液体，不致使压缩机零件受到损坏。吸、排气阀均采用环状阀结构，排气阀座的环形通道与活塞顶部的凹陷形相吻合，当活塞运动到上止点时，活塞顶部伸到内环形通道内，以减少压缩机的余隙容积。压缩后的氨气经排气阀

先排入排气腔中，再经排气管排出。在排气腔与吸气腔之间装有安全阀，当排气压力超过规定值时，安全阀自动打开，部分氨气经安全阀流入吸气腔中。在曲轴伸出机体的部位装有摩擦环式轴封，以防制冷剂泄漏。

压缩机采用压力润滑，油泵为转子式，与曲轴的自由端装在一起，由曲轴直接带动。曲轴箱中的润滑油经粗滤油网及吸油管，被油泵吸入，升压后经精过滤器后从曲轴两端进入，送至各需要润滑的部位，然后落入曲轴箱中，供循环使用。

812.5ACG(8ASl2.5)型压缩机带有卸载装置。在它的气缸套周围装有顶开吸气阀片的顶杆、转动环及油压推杆机构等，由油缸—推杆机构控制，起到调节压缩机输气量(制冷量)及压缩机空载起动的目的。油缸中的压力油由油泵供给。压缩机采用直接传动方式，通过联轴器由电动机直接传动。这种缸径的系列有2、4、6、8缸，行程有100 mm、110 mm两种，按氨、R22三工质通用要求设计，使用不同制冷剂时，只需更换相应的安全阀及气阀弹簧等。

2. 半封闭式活塞制冷压缩机的结构特点

半封闭式制冷压缩机的机体和电动机的外壳铸成一体，电动机的转子直接装在压缩机曲轴的悬臂部分，因而不需要轴封和联轴器。它比开启式压缩机结构更为紧凑，密封性能好，噪声低，比全封闭式压缩机易于拆卸和修理。由于封闭式压缩机无法从机外观察到压缩机的转向，因此要求采用强制润滑的润滑油泵，能在正、反转时都能正常供油。另外，由于封闭式压缩机中的电动机绕组和油及制冷剂直接接触，因此它不仅不适用于氨制冷机。而且绕组的绝缘材料必须耐油及耐氟利昂的侵蚀。

图5-7示出B87F-20(8FS7B)型压缩机的结构总图。由图5-7可以看出，它除了机体和电动机外壳铸成一体、没有轴封装置、吸入蒸气经过电动机后再被压缩机吸入外，其他的结构与812.5ACG(8ASl2.5)开启式压缩机相似。曲轴为双曲拐形，夹角为180°，由球墨铸铁整体铸造，每曲拐上配有4个工字形连杆，连杆大头为剖分式，活塞为铝合金制造，顶部呈凹陷形，气缸中装有缸套，气阀的结构与布置与8ASl2.5压缩机相同，也设有能量调节机构。润滑系统采用压力供油方式，用正、反转均能供油的月牙形内齿轮油泵。

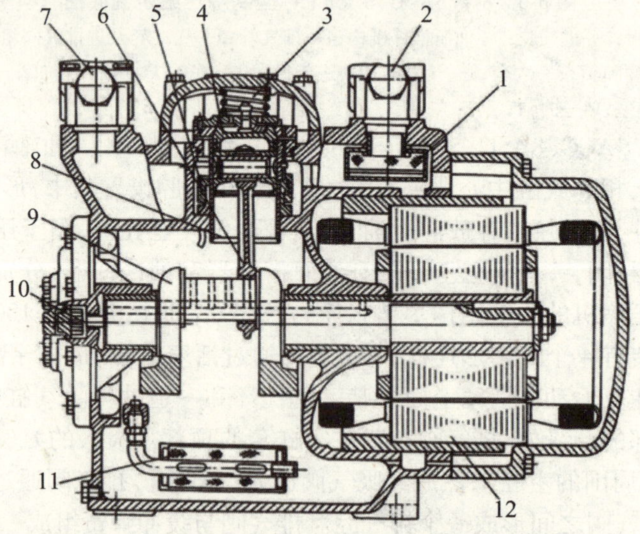

图5-7 B87F-20(8FS7B)型压缩机总体结构图

1—吸气滤网；2—吸气阀；3—假盖弹簧；4—活塞；5—卸载装置；6—连杆；7—排气阀；8—缸套；9—曲轴；10—油泵；11—过滤器；12—电动机

图 5-8 示出另一种半封闭式压缩机的结构总图。它与图 5-7 相比较有很多不同之处：压缩机为两缸、直立式，曲轴为偏心轴；连杆大头为整体式，装配时由轴头套入；活塞顶部为平顶结构；机体底部开有较大孔口，便于压缩机零件的装拆和检修，孔口用封盖封闭；吸、排气阀均装在气缸顶部的阀板上，用气缸盖上的隔条将其隔开，该隔条又将气缸盖内部空腔分为吸气腔及排气腔两个部分，分别与吸、排气管相连。该压缩机没有输气量调节装置。润滑系统一方面采用电动机转子轴端的甩油盘，把润滑油从电动机室底部溅起，收集在电动机一侧的端盖贮油槽内，通过轴上的油孔流向各摩擦表面；另一方面采用连杆大头上特设的溅油勺，将曲轴箱中的油飞溅到所需润滑表面。为避免电动机室内润滑油被吸入蒸气大量带走和减少吸入蒸气的预热，压缩机的吸气直接由吸气管进入气缸而不通过电动机。电动机的冷却靠与电动机定子接触的机体外表面的散热肋片，将热量向周围空气散发。这种方式有利于压缩机输气系数的

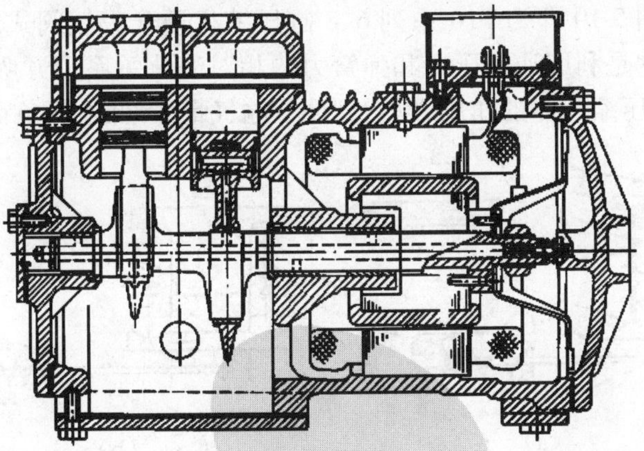

图 5-8 半封闭式压缩机

提高，可使压缩机排气温度降低，但电动机冷却效果较差，不适宜于较大功率的压缩机。

3. 活塞制冷压缩机的性能曲线

制冷压缩机的性能曲线是表示制冷压缩机 Q_0，P_e 与工况条件（t_k，t_0）的函数关系曲线，是由实验求得的。图 5-9 示出 810F 型制冷压缩机的性能曲线。由图可见，若 t_0 不变，t_k 升高则 Q_0 减少，而 P_e 增大。若 t_k 不变，随着 t_0 的升高，则 Q_0 增大；而工作时压缩机压力比大多大于 3，P_e 一般也增大，但当 t_0 升高使压力比低到一定程度后，则 P_e 会降低。有了制冷压缩机的性能曲线，就可方便地查得压缩机在不同工况的制冷量和轴功率。

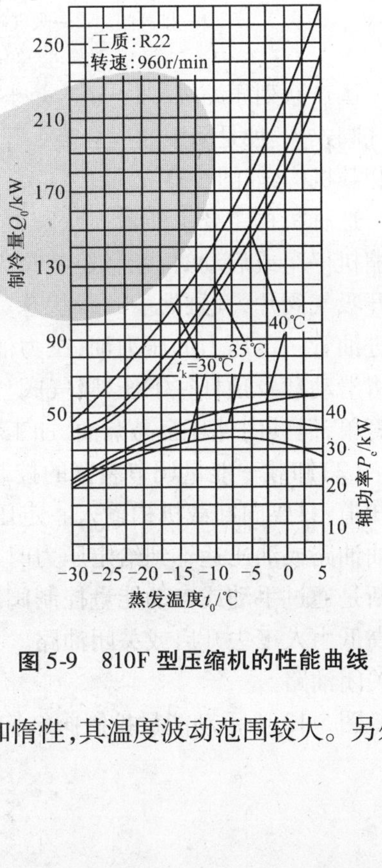

图 5-9 810F 型压缩机的性能曲线

4. 活塞式制冷压缩机的卸载与能量调节

（1）卸载与能量调节的作用及工作原理。压缩机连续工作，当达到所给定制冷温度时，则要求压缩机停止运转、停止供冷。反之，当温度回升到某一温度时，压缩机则再次起动，继续供冷。以往常采用温度控制器或低压控制器来控制压缩机的起动或停车，即所谓两点式控制，该控制方式较适用于小型压缩机。但是这种控制限于仪表精度和惰性，其温度波动范围较大。另外，

对大容量船用压缩机,大功率电动机如此频繁“起动”、“停车”亦为电网所不允许,因此,现在对大中型高速多缸压缩机均采用手动或自动卸载—能量调节装置,调节实际需要的制冷量。

压缩机起动负荷的大小,主要取决于起动时作用在曲轴上的阻力矩大小,而阻力矩又主要由制冷剂气体作用在活塞顶部压力大小所决定。如果在起动阶段能适当地使压缩机全部或部分气缸置于不发生压缩作用的状态,则阻力矩就大大降低,进而减少了压缩机电机的起动负荷,这就是所谓卸载起动的基本原理。而能量调节即是根据压缩机运转中使部分气缸停止压缩排气,减少输气量的原理实现的。通常卸载—能量调节装置包括能量控制阀和卸载机构两个部分。

压缩机的卸载—能量调节,实际上就是压缩机的输气量调节。输气量调节方法很多:有旁通调节、附加余隙容积调节、顶开吸气阀调节和压缩机转速调节等。目前压缩机较多采用顶开吸气阀的调节方法。图5-10即为F10系列6、8缸压缩机顶开吸气阀式卸载—能量调节装置的机构动作原理图。它是利用油压压力和弹簧力的相对变化关系顶开吸气阀片,让气缸与吸气腔畅通,使活塞失去压缩气体的作用,以达到调节输气量、降低电机负荷的目的。

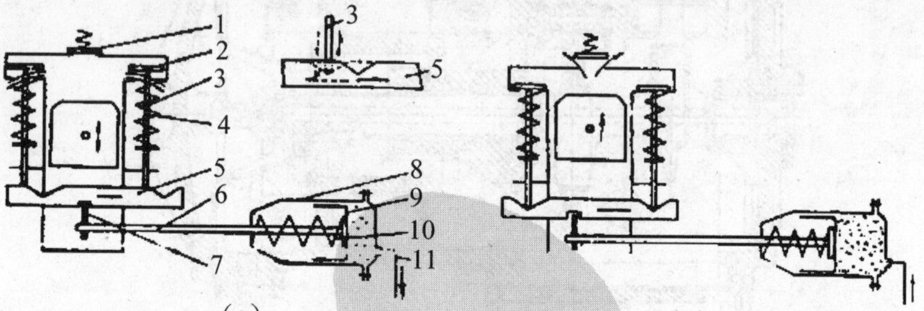

图5-10　F10系列压缩机卸载–能量调节装置机构工作原理图

1—排气阀片;2—吸气阀片;3—阀片顶杆;4—复位弹簧;5—转动环;6—推杆;
7—传动销;8—卸载油缸;9—油活塞;10—弹簧;11—油缸进排油管

国产系列压缩机卸载—能量调节装置的卸载机构有两种,一种是采用油缸—机构间接顶开吸气阀式,一种是采用油压直接顶开吸气阀式。通常前者用得较普遍采用油压直接顶开吸气阀的卸载机构,如图5-11所示。

这种机构主要由能量控制阀B、气缸内外动定环G、弹簧、顶杆等组成。其工作原理是:当压缩机停车或启动时,能量控制阀无压力油进入,滑动环G在弹簧作用下连同顶杆一道上升顶开吸气阀片,气缸处于卸载状态。当压缩机进入正常运转:油压建立之后,能量控制阀将供给进油管一定压力的压力油,压力油进入气缸内外环滑动环之间的环形空间之后,就克服弹簧力将滑动环及顶杆往下压,吸气阀片落至阀座密封线上,气缸则转入工作状态。这种结构较前者简单,但其内外环容易漏油,加工精度要求较高。

(2)卸载—能量调节装置的控制阀及调节方式。通过上述卸载—能量调节装置的动作原理知道:只要向卸载机构输入一定压力的压力油。压缩机气缸便进入正常工作。而当切断压力油油路或油压达不到给定压力时,压缩机气缸便处于卸载状态。卸载机构压力油的供给或切断是通过手动或自动能量控制阀来实现的。手动能量控制阀是根据吸入压力、室温或库温的高低由人工去开启或关闭油路。自动能量控制阀则是根据压缩机吸入压力的高低自动开启或关闭油路。

图5-12为手动能量控制阀结构示意图,它实际为一压力油分配阀。工作时根据要求转动

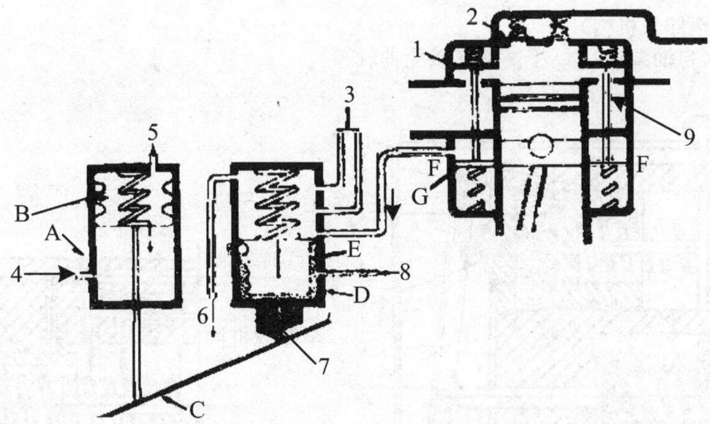

图 5-11　油压顶开式卸载机构图

1—吸气阀片;2—排气阀片;3—至卸载油缸管;4—接压缩机吸气压力;5—接大气压力;6—回油管;7—滑油孔;8—压力油引入;9—吸气阀片顶杆;A—调节阀;B—波纹管;C—杠杆;D—支点;E—压力油;F—卸载油缸;G—油缸内的滑动环

手柄,使隔板处于不同位置即可改变油路流向达到能量控制的目的。

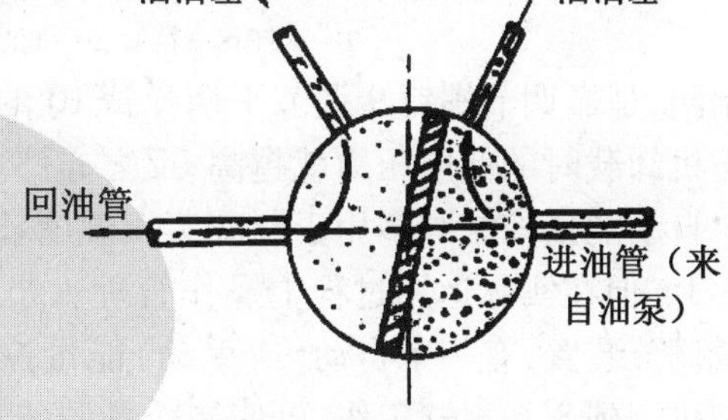

图 5-12　手动能量控制阀结构

图 5-13(a)所示为 F10 等系列压缩机采用的自动能量控制阀结构。它由能量控制和信号接受两部分组成。上部为能量控制部分,包括油缸、油分配滑阀、阀座、平衡弹簧等。下部为讯号接受部分,包括波纹管、波纹管座、调节螺杆、平衡弹簧等。上下两部分通过顶杆、杠杆、拉簧、球阀而组成一个完整的能量控制机构。

能量控制阀有 5 根外接管,其中一根接进油管,两根接卸载油缸,另两根接至压缩机曲轴箱(一根回油管、一根压力平衡管)

能量控制阀的工作:当压缩机停止运转时,由于无油压,气缸吸气阀片处于顶开状态。在压缩机刚启动时,油压尚未建立,吸气阀片仍处于顶开状态。而当压缩机转入正常运转后,油泵便输出一定压力的润滑油(压力通常应比压缩机吸入压力高(0.15 ~ 0.30 MPa),则通过滑阀 3 上部小孔进入油缸。制冷开始,较高的吸入压力压缩控制阀波纹管 11 及平衡弹簧 10 使波纹管座向左移动,进而带动顶杆 7 向左运动,在拉簧 8 作用下杠杆 6 作顺时针转动,使杠杆球阀 4 关闭,于是,在油缸内建立起一定的油压,并推动油分配滑阀 3 左移。当滑阀移到使能级钢珠落入下一道槽内时,则第一道槽与高压油接通,压力油进入压缩机第一组卸载机构,使其所控制的气缸进入正常工作。如果吸入压力仍未下降到给定之吸入压力时,滑阀将继续左移,使钢珠落入滑阀下一道槽内时,则将第二根油路与另一组卸载机构接通,使第 2 组卸载机构控制的气缸进入正常工作。

与此相反,当压缩机吸入压力下降到给定压力时,能量控制阀中的波纹管及平衡弹簧开始伸长,推动顶杆 7 左移。杠杆 6 做逆时针转动,使球阀 4 开启,油缸即与低压接通,压力油则从油缸流至低压空间,进而滑阀右边压力降低,在平衡弹簧作用下右移。在滑阀移动过程中,首先切断第二组卸载机构的油路,使第二组卸载机构所控制的气缸卸载。随着压力的继续下降,滑阀将继续右移,又切断第一组卸载机构的油路,使第一组卸载所控制的气缸卸载。这类能量

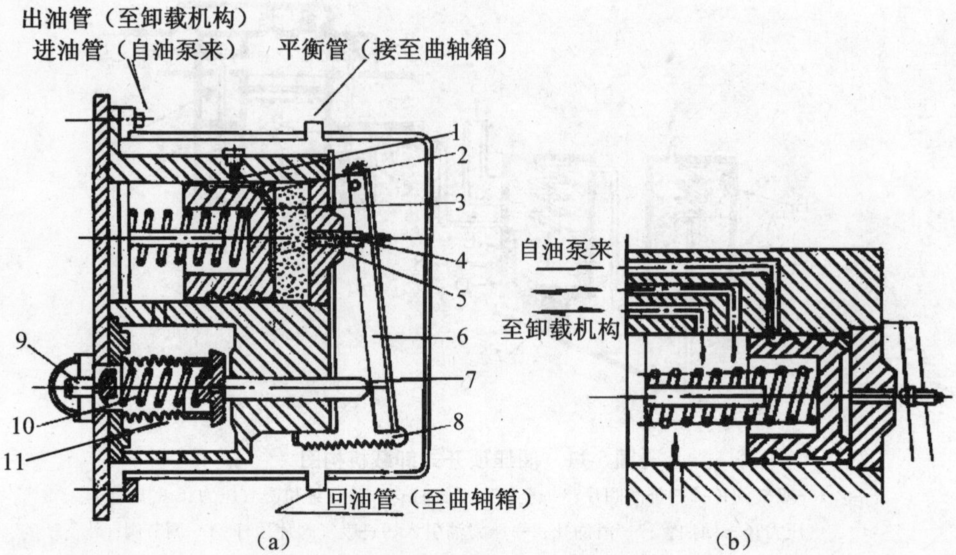

图 5-13 能量控制阀结构及工作原理图

1—能级钢球弹簧;2—油分配滑阀小孔;3—油分配滑阀;4—球阀;5—球阀座;6—杠杆;7—顶杆;8—拉簧;9—调节螺杆;10—平衡弹簧;11—波纹管

控制阀,是靠调节螺钉 9 调节平衡弹簧 10 的弹力大小来控制卸载机构动作的,弹簧弹力越大,压缩机卸载时的低压压力就越高;反之亦然。

自动能量控制阀多用于制冷蒸发温度较高的场合,其控制压力在出厂前一般已调定,参看表 5-3。但在实际运用过程中操作管理人员尚可按实际情况调节。8FS10 等型压缩机卸载—能量调节装置,有一个自动(或手动)能量控制阀,两组卸载机构,控制 4 个气缸工作,如果将压缩机调到 8、6、4 缸工作,可使制冷量调节到 100%、75%、50%。

表 5-3 自动能量调节阀出厂数据

工作状态吸气压力/MPa	卸载状态吸气压力/MPa	调节能量/%	工作缸数(对 8 缸压缩机)
0.23	—	100	8
0.22	0.2	75	6
—	0.19	50	4

另外,在我国部分远洋船空气调节和冷藏舱制冷装置曾采用丹麦 SABROE TSMC 型压缩机,卸载—能量调节也是顶开吸气阀片式,其工作原理如图 5-14 所示。这种吸气阀片的顶杆上下运动与活动环直接联系。当油活塞内进入压力油之后,活塞连同推杆一道左移,通过销钉带动摇杆绕固定点逆时针转动,进而使活动环及顶杆下降,吸气阀片即落于阀线上。此时气缸进入正常工作状态。反之,当卸载油缸内的油被泄放后,油活塞将连同推杆右移,在弹簧作用下摇杆即顺时针转动,进而将活动环及阀片顶杆顶起,使气缸卸载。实现卸载与能量调节,调节压缩机的工作,电磁滑阀同样由各自的低压控制器操纵。

(二)螺杆式制冷压缩机

1. 螺杆式压缩机的工作原理、结构

螺杆压缩机是容积式压缩机中的一种,空气的压缩是靠装置于机壳内互相平行啮合的阴阳转子的齿槽之容积变化而达到。转子副在与它精密配合的机壳内转动使转子齿槽之间的气体不断地产生周期性的容积变化而沿着转子轴线,由吸入侧推向排出侧,完成吸气、压缩、排气三个工作过程,如图 5-15 所示。

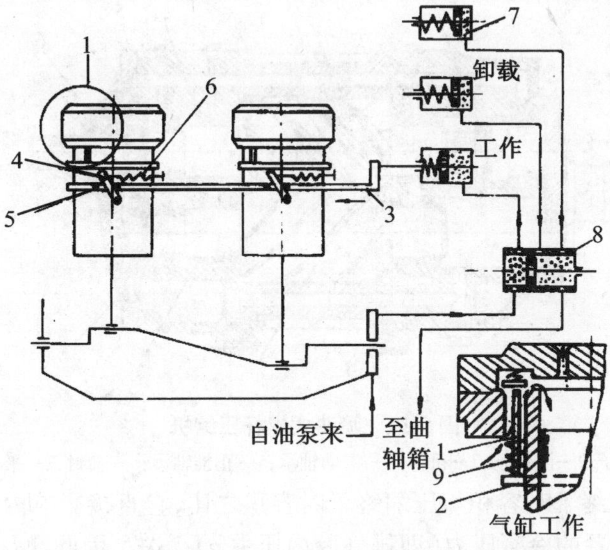

图 5-14　SABROE TSMC 型压缩机的卸载机构工作阿原理图

1—顶针;2—活动环;3—拉杆;4—杠杆;5—插销;6—小弹簧;
7—油缸及油活塞;8—油分配阀;9—小弹簧

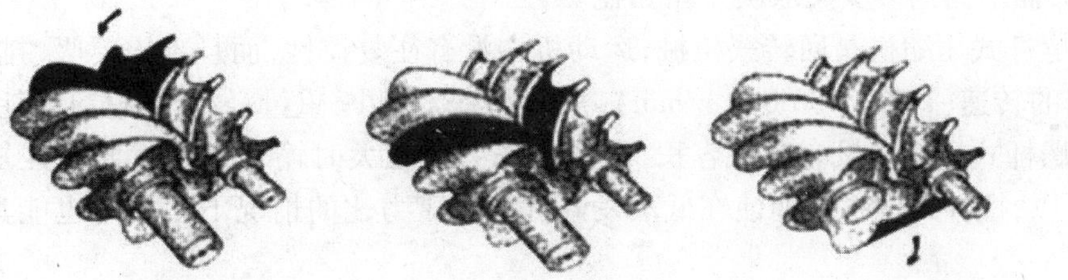

(a)吸气过程　　(b)压缩过程　　(c)排气过程

图 5-15　螺杆压缩机的工作过程

图 5-16 为喷油式螺杆压缩机的结构图。当转子上部一对齿槽和吸气口连通时,由于螺杆回转,齿槽间容积不断扩大,自蒸发器来的制冷剂气体由吸气口进入齿槽,即进行吸气过程。随着螺杆继续回转到吸气的这对齿槽完全脱离轴向和径向吸气口时,该队齿槽空间吸满蒸气,即完成吸气过程如图 5-15(a)所示。此后,吸气齿槽前端的齿尚未脱离啮合,而后端的一对齿又进入啮合,于是开始压缩。螺杆继续回转,封闭的槽间容积逐渐缩小,气体就进入压缩过程如图 5-15(b)所示。这样,直到封闭的齿槽间容积和端盖上的排气口相通,压缩过程才终止,螺杆再继续回转,由于齿槽间容器将与排气口相通,则开始排气过程,将已被压缩的气体通过排气口排入排气管道,直到压缩气体全部排出,即完成排气过程如图 5-15(c)所示。

工作时,螺杆上的每对齿槽空间都经历着吸气、压缩、排气三个过程,并且在同一时刻同时存在,只不过它们是发生在不同的齿槽空间。

螺杆式压缩机与活塞式压缩机均属于容积式压缩机,螺杆式压缩机转子上的齿相当于活塞,而转子的齿槽、机体内壁、端盖等构成的工作容积视为气缸,这就与活塞式制冷压缩机的工作过程相似了。

2. 螺杆式制冷压缩机的能量调节方法和性能特点

(1)螺杆式压缩机的理论排气量取决于螺杆的几何尺度和转速。

(2)螺杆式压缩机压缩终了时的压力 p_2 仅与吸气压力 p_1、排气口的位置、转子的几何形状

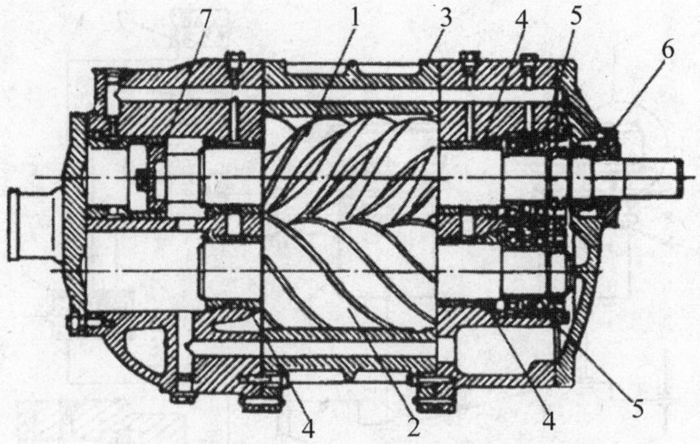

图 5-16　喷油式螺杆压缩机

1—阳转子;2—阴转子;3—机体;4—滑动轴承;5—止推轴承;6—轴封;7—平衡活塞

(即内容积比——吸入终了时容积与压缩终了时容积之比,它直接影响内压力比)和采用的制冷剂品种有关,而与装置的冷凝压力(即排气腔内压力 p)无关。因此,螺杆式压缩机与往复式不同,其压缩终点压力 p_2 并不一定等于排气腔的压力 p_d。

(3)输气系数随压力比的增加而减少。这是因为在螺杆式压缩机中,输气系数主要取决泄露损失,而泄露的多少又取决于压力比。

(4)螺杆式压缩机是回转式机械,运动机构没有往复惯性,而且不需要吸、排气阀,所以可采用较高的转速(1 500 ~ 30 000 r/min),从而具有体积小,重量轻、金属材料消耗较少的优点。

(5)螺杆式压缩机没有余隙容积,因此在压力比较大时输气系数就要比往复式压缩机大得多。所以,螺杆式压缩机即使在低蒸发温度和高压力比的情况下工作时也能具有良好的性能。

(6)喷油式螺杆压缩机因喷入大量润滑油,故排气温度可以降低,因此在压力比较大时也可以采用单级压缩。

综上所述,螺杆式与活塞式压缩机相比,具有结构简单、体积小、输气系数高、排气温度低、单级压力比大、对吸入湿蒸气不敏感、排气脉动小、易损件少、检修周期长、能量可无级调节等优点。但油路系统和辅助设备较复杂、耗油量大,噪声较大、转子加工精度要求高,价格高。

二、制冷装置的辅助设备

(一)冷凝器、蒸发器、滑油分离器、储液器、气液分离器、干燥器、视液镜的功用

1. 冷凝器

冷凝器是将制冷压缩机排出的高温高压制冷剂蒸汽的热量传递给冷却介质(空气或水)并使之凝结成液体的热交换设备。其工作过程是:来自压缩机的过热制冷剂蒸汽进入冷凝器后先被冷却成饱和蒸汽,继而被冷凝成饱和液体。若冷却介质流量大、温度低时,饱和液体还可进一步被冷却成过冷液体。

2. 蒸发器

蒸发器是一种将制冷空间的热量传递给制冷剂的热交换器,它的主要作用是将毛细管送来的低温低压制冷剂液体,经吸收箱内食品的热量后蒸发为制冷剂饱和蒸汽,达到制冷的目的。

3. 滑油分离器

滑油分离器位于压缩机的出口处,其作用是将从压缩机排气带出的大部分油滴分离出来,

防止滑油进入热交换器影响传热效果,并使其返回曲轴箱,防止压缩机缺油。溶油性差的制冷剂对滑油的分离要求高,甚至小型机不设分离器。

滑油分离器按原理分有撞击式、过滤式、洗涤式。分离器内设有自动、手动回油阀与回油管,正常工作时,回油管时冷时热,回油管中设有节流孔板,防止回油过快使部分排气倒冲入曲轴箱与对浮球阀的冲伤,在曲轴箱出现低位油时,应先检查回油阀工作是否正常,运行时回油路上的电磁阀是否处于常开位置后,才决定是否需要补油。

有的制冷装置在回油管上安装有截止阀、过滤器、电磁阀和节流孔板。节流孔板可以减缓回油流速,降低浮球阀的压降,减轻其刷伤。电磁阀随压缩机启停而启闭,以防止停机时排气管中的制冷剂漏回曲轴箱。

4. 储液器

储液器是用于储存制冷剂液体的容积,通常安装在冷凝器下部,储存来自冷凝器的液体制冷剂,以适应制冷剂在工况变动时,系统制冷剂循环量的调节。此外,制冷装置检修或长期停用时,可将系统中全部制冷剂收存于储液器中。储液器多为卧式筒状结构,储液器除液体进出口外还有液位指示器、压力表、放气阀、放油阀、安全阀及压力平衡接头等。为保证船舶发生事故时安全,船用储液器设有制冷剂紧急泄放阀,以便在非常情况下将制冷剂排放到舷外去。在储液器和冷凝器的顶部,常设有平衡管。其功用是使储液器与冷凝器的蒸气空间相通,使二者压力平衡,便于冷剂流进储液器。储液器应有足够大的容积,以保证系统中全部冷剂储入后不超过其容积的80%。运行中,液位应位于1/3~1/2处。

5. 气液分离器

气液分离器的作用是分离来自蒸发器的低压蒸气中的液滴,以保证压缩机吸入干饱和蒸气。另外也可以成为一个储液器,暂时的存放过多的制冷剂和油的混合物。

6. 干燥器

过滤干燥器位于供液总管上,其功能是滤除系统中的污染物,以防出现脏堵;去除系统中的水分,以防止“冰塞”,滤网(100~120目)一般为细铜丝网,干燥剂常用的有硅胶与分子筛两种,利用吸附现象去除水分。

硅胶采用掺染色剂的方法,使吸足水分的硅胶变色以便观察,颜色由染色机种类而定,硅胶可再生后重复使用,再生温度为150℃左右,时间需3~4 h,硅胶在温度大于30℃时吸水性变差。

分子筛是一种人工合成的晶体,在60℃以下有足够的吸水性,再生温度为500℃。

为延长过滤干燥器的使用寿命与减少系统阻力损失,在系统中设有旁通阀,只有当系统充液时,充油后,拆检后出现冰塞现象时才投入使用。空调系统虽不会“冰塞”,但为防止腐蚀,也要对系统做干燥处理。

过滤器和干燥器通常组合在一起,构成干燥—过滤器。干燥剂的两端均设有滤网,为避免干燥剂颗粒在液体冷剂的冲击下互相摩擦而产生粉末被带出,填充干燥剂时应墩压结实。有些干燥器还装有弹簧使干燥剂处于压实状态。

7. 视液镜

视液镜用来指示制冷装置中液体管路内制冷剂情况。此外,制冷剂的含水量也是由视液镜来指示的,视液镜也用来指示从油分离器到压缩机回油管路中液体流动情况及回油状况。

(二)冷凝器、蒸发器、滑油分离器、储液器、气液分离器、干燥器、视液镜的结构与原理

1. 冷凝器

冷凝器主要分为壳管式水冷冷凝器和螺旋板式冷凝器。

(1)壳管式水冷冷凝器。图5-17为卧式壳管式冷凝器。壳管式冷凝器中,制冷剂在管外冷凝,冷却水在管内流动而将热量带走,壳体一般采用锅炉钢板卷制焊接而成。壳体两端板之间排列着许多无钢沓管或液压肋片管,并以电焊或胀管固定在端板上。两端封盖内侧铸有限水筋条,以增加冷却水的流程和流速。冷却水进、出口设在端盖上。并从下面流进,上面流出,以保证冷凝过程必要的传热温差,并使管子始终充满水。端盖是用螺栓与壳体紧固,其接触面有橡皮垫防漏。壳管式冷凝器的优点是:传热系数大、结构紧凑、体积小,在船舶机舱易于布置,其缺点是冷却管易腐蚀、污垢排出较困难。

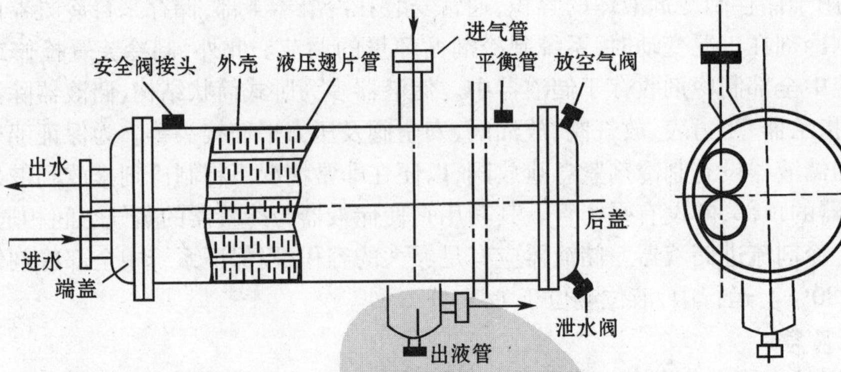

图5-17 壳管卧式冷凝器基本机构图

(2)螺旋板式冷凝器。螺旋板式冷凝器是一种较新型的热交换设备,其结构如图5-18所示。它由本体和接管组成。本体部分由两张平行的钢板在专用卷板机上卷制而成,具有两个螺旋通道的螺旋体。中心部分用隔板将两个通道隔开。螺旋通道的上下端分别加上顶盖,最外一圈通道端都焊上渐扩形冷却水进水管,冷却水出口由中央引出,中央隔板隔开的另一侧焊有制冷剂蒸气进口管,冷凝的制冷剂液体由底端几根出液支管汇集于出液总管。

与壳管式冷凝器比较,螺旋板式冷凝器不但体积小、重量轻而且传热系数高。根据试验,当工作条件及冷却介质流速相同时,螺旋板式冷凝器传热系数比壳管式冷凝器高50%左右。使用几年后,其传热系数仍可稳定在950~990 W/(m^2·K)。它的主要缺点是不适用于高压,而且它的内部不易清洗和检修,因此只能用软水或中等硬度的冷却水。

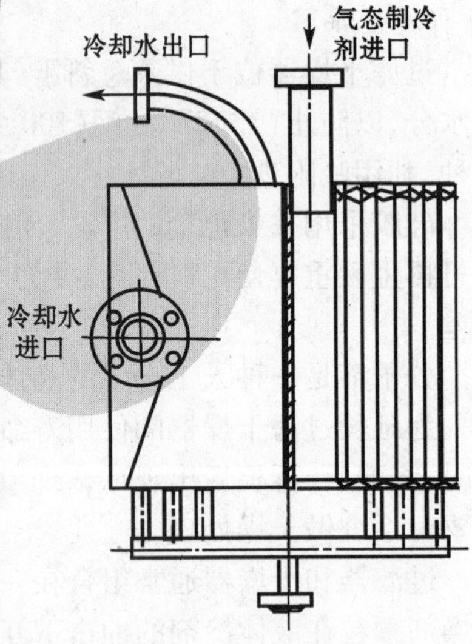

图5-18 螺旋板式冷凝器

影响冷凝器传热的因素有以下两点。

(1)冷却介质的温度和流量。冷却介质的温度升高和流量的减小,均会导致传热温差的减小,使热交换能力下降。冷却介质流量的减小,可用冷却介质进出口的温差来判断。船用冷凝器的进、出水的计温差一般为2~4℃。

(2)热交换面污染程度。传热表面积聚油垢和污物,均会导致传热系数减小。有关实验测得,0.1 mm 厚的油垢,其热阻相当于 33 mm 厚的钢板。

冷凝器热交换能力的降低,势必造成冷凝压力和冷凝温度升高,使制冷量和制冷系数降低。可见,保持冷却介质的流量和定期清除热交换面上的油污是保证冷凝器热交换能力的重要措施。

2. 蒸发器

蒸发器按其冷却介质的不同,可分为冷却空气的直接冷却式蒸发器和冷却淡水、盐水或其他载冷剂的间接冷却式蒸发器两大类。

(1)直接冷却式蒸发器。直接式蒸发器的结构多为盘管式,制冷剂在管内蒸发,空气在管外放热,这类蒸发器若是靠空气自然对流换热,则称为蒸发盘管;若借助风机使空气强迫对流换热,则称为冷风机。由于前者空气的流速很低,传热系数小,因而降温速度较慢,目前仅在冷库和家用冰箱中采用。

后者则采用风机强迫空气做定向流动。强迫对流提高了传热系数,因而降温速度较快。冷风机的结构紧凑,在现代船舶的冷藏舱和伙食冷库中已有明显取代蒸发盘管的趋势。由于强迫对流式蒸发器的蒸发盘管集中布置,风机迫使空气从热交换面流过,供出冷风,故又称为空气冷却器。

(2)间接冷却式制蒸发器。间接式冷却式蒸发器按结构形式可分为卧式壳管式、立管式、螺旋板式、螺旋管式和蛇管式等。由筒形外壳和内部管群组成,结构与一般热交换器类同。按工作方式的不同又分为干式和满液式。图 5-19 为一干式蒸发器,制冷剂在管群内吸收管外流过的冷媒的热量蒸发,流出蒸发器时已成为过热蒸气。被冷却的冷媒则被泵至冷库或空调器内的热交换器,升温后又回至蒸发器,如此不断地循环、通常,蒸发温度高于 0℃的,用水作冷媒;如蒸发温度低于 0℃,应用盐水作冷媒。

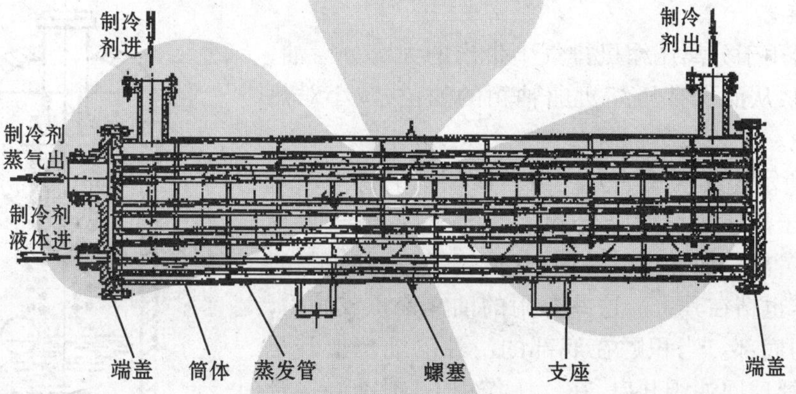

图 5-19 干式壳管蒸发器

干式蒸发器供入的冷剂量由热力膨胀阀控制,一般不会引起压缩机的“液击”现象,而且冷剂在管内蒸发,流速较快,有利于携出滑油,使回油流畅,在大型空调用氟利昂制冷装置中得到广泛应用。

满液式蒸发器,其筒体内约一半容积是液体制冷剂。制冷剂在管群外蒸发,管群内流过的是冷媒。为了防止压缩机发生“液击”,在蒸发器的上部都设有集气室或气液热交换器。满液式蒸发器虽然制造工艺方便,结构紧凑,传热性能好,但需控制过流量。液面过低会降低传热效果,过高则易引起压缩机“液击”,而且积存于筒体内的滑油很难回到压缩机,故近年来已逐渐被干式蒸发器所代替。

蒸发器的传热量 Q 可用下式表示

$$Q = K \cdot F \cdot \Delta t$$

式中，F—— 传热面积，m^2；

Δt—— 传热温差，℃；

K—— 传热系数，$W/(m^2 \cdot K)$。

通常，蒸发器的设计制冷量为冷库额定热负荷的 1.1～1.2 倍。可见，蒸发器的传热量与被冷介质的温度与冷剂蒸发温度的温差成正比。然而，过大的传热温差不但需降低蒸发温度，造成装置的制冷量和制冷系数下降，而且当其超过 25～30℃时，还会形成气膜把液体冷剂与受热壁隔开而造成热阻。故传热温差应控制在如下合适范围：

蒸发盘管　　5～15℃

空气冷却器　　5～10℃

水冷却器　　6～10℃

蒸发器的热交换面结霜、被油污染、腐蚀生成的铁锈和污垢沉积物等，均会导致传热系数的下降而使传热量降低。所以，使用管理中应调整蒸发温度在适宜的范围，防止蒸发器热交换面上积聚滑油、污垢和生锈，并适时地进行融霜。

很多因素会导致运行中的蒸发器性能降低，如冷剂供液不足，使过热段延长，过热段传热系数下降，导致结霜严重或风速降低，相应的蒸发温度变低，制冷量变小。如蒸发器面积太小或单机多库中部分库停用，也会产生同样影响。若使用中压缩机减缸运行，则装置蒸发温度提高，制冷量也会下降。随库温变化，蒸发温度制冷量也会相应变化。设计不匹配或管理不当，导致库温降低到下限时，蒸发压力过低，会使压缩机在低压继电器作用下提前停车，从而导致压缩机启停频繁。

3. 油分离器

油分离器用于分离压缩机排气中带出的大部分滑油，并送回压缩机，从而保持压缩机曲轴箱的油位，减小对热交换面的污染。

图 5-20 所示为滤网式油分离器。压缩机的排气进入分离器后，由于流速的突然降低和流向的改变，使气流易于与器壁相撞，部分油雾粘于壁面；气流流经滤网时，与滤网接触的油雾也粘在其上。这些黏附的油雾聚积成滴后，落于分离器的底部。当积贮在底部的滑油的油位上升至一定高度时，浮球回油阀开启，在气压作用下，滑油经接管流回曲轴箱；当油位下降至一定高度时，浮球阀关闭，回油结束。两次回油的间隔时间与机型和油分离器容积大小有关，一般来说至少一小时以上才正常。回油时，回油管是热的；不回油时，回油管是冷的。回油管一直发热，且停机后压缩机的低压压力很快上升，则说明回油阀泄漏，应修理。若回油管始终是冷的，则说明回油阀不能自动开启，应及时开启手动回油阀回油。

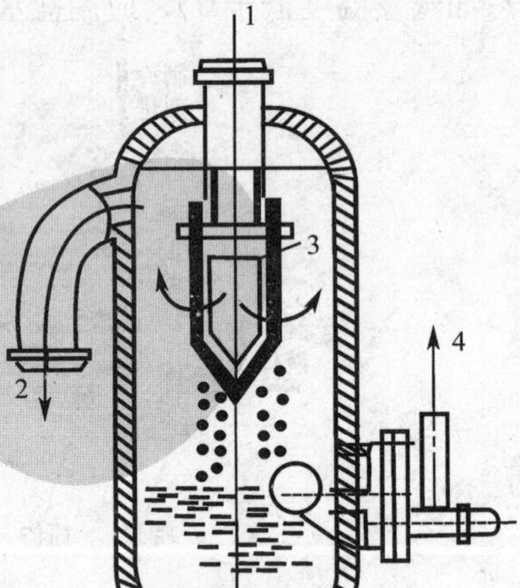

图 5-20　滤网式油分离器

1—进气；2—出气；3—金属丝网；4—回油

4. 储液器

储液器是用于储存制冷剂液体的容器，通常安装在冷凝器下部，储存来自冷凝器的液体制冷剂，以适应制冷剂在工况变动时，系统制冷剂循环量的调节。此外，制冷装置检修或长期停用时,可将系统中全部冷剂收存于储液器中。储液器多为卧式筒状结构,如图5-21所示储液器除液体进出口外还有液位指示器、压力表、放气阀、放油阀、安全阀及压力平衡接头等。为保证船舶发生事故时安全,船用储液器设有制冷剂紧急泄放阀,以便在非常情况下将制冷剂排放到舷外去。在储液器与冷凝器的顶部,常设有平衡管。其功用是使储液器与冷凝器的蒸气空间相通,使二者压力平衡,便于冷剂流进储液器。储液器应有足够大的容积,保证系统中全部冷剂贮入后不超过其容积的80%。运行中,液位应位于1/3~1/2之间。

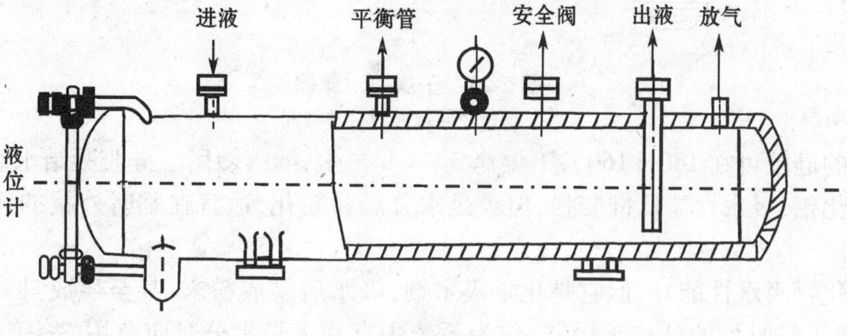

图5-21　储液器

5. 气液分离器

气液分离器有两种,一种用于分配液氨,同时用于分离由蒸发器来的低压蒸气中的液滴。一般用于大、中型氨制冷装置。这种气液分离器有立式和卧式两种结构。图5-22示出了氨制冷装置用立式气液分离器的结构。这种气液分离器中的液滴是依靠气流速度的减慢和流动方向的改变而分离的。设计和使用时,蒸气在筒体内的流速不应大于0.5 m/s。

另一种气液分离器只用于分离蒸发器所排出的低压蒸气中的液滴。

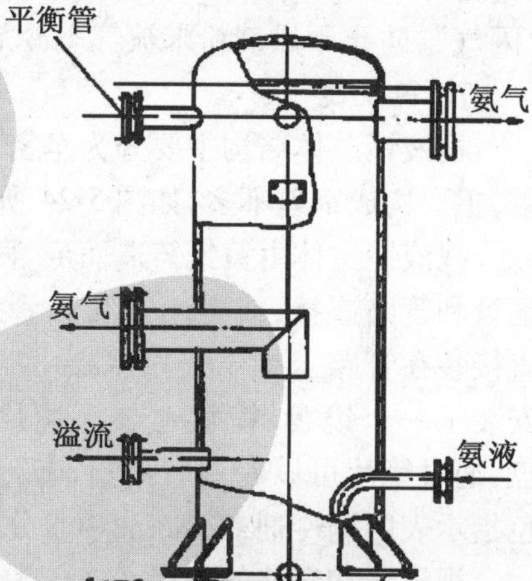

图5-22　氨制冷系统用气液分离器

6. 干燥—过滤器

过滤器和干燥器装于储液器与膨胀阀之间的输液管路上。过滤器用以阻挡铁屑、焊渣和污物等固体颗粒,以免堵塞通道。干燥器用以吸收随制冷剂循环的水分,以免膨胀阀和通道处发生“冰塞”。来源于制冷剂、滑油及操作管理不当渗入的游离状水,当其达到低温处时,会结冰而堵塞通道,阻碍甚至完全停止冷剂的循环,从而破坏装置的正常制冷。膨胀阀的阀孔狭小,是冷剂首先降温之处,故易发生“冰塞”。

过滤器和干燥器常组合在一起,构成干燥—过滤器,其结构如图5-23。干燥剂的两端均装有滤网,为避免干燥剂颗粒在液体冷剂的冲击下互相摩擦而产生粉末被带出,填充干燥剂时应墩压结实。有些干燥器还装有弹簧使干燥剂处于压实状态。

常用的干燥剂有硅胶、分子筛、活性氧化铝和无水氯化钙等。硅胶呈颗粒状,吸水后其颜色会发生变化,通常加染色剂,以便判断其吸水程度。按所加入的染色剂的不同,在硅胶吸水前后的颜色变化为:白色变黄色,棕色变蓝色,绿色变无色,红色变淡粉色,深蓝黑色变桃红色

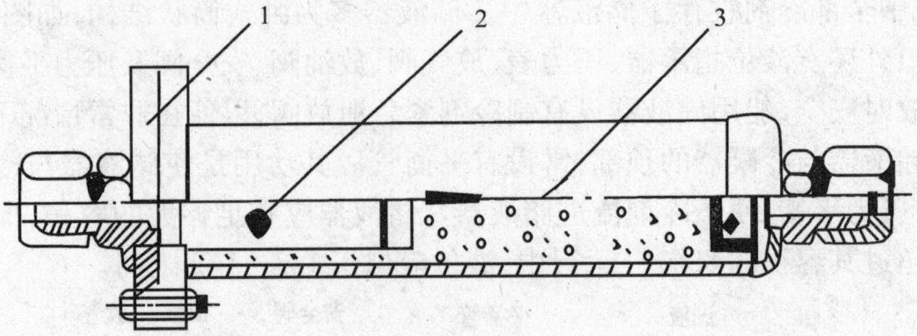

图 5-23　干燥—过滤器

1—封盖；2—滤网；3—干燥剂

等。吸水后的硅胶可在 140 ~ 160℃下烘烤 3 ~ 4 h 再生，继续使用。硅胶凝结水滴后会碎裂。

活性氧化铝，吸水性能比硅胶强，但吸足水分后易粉化，适宜在临时外接的体积较大的干燥器中采用。

无水氯化钙吸水性能好，但它是化学吸水剂，吸水后易成粉末，甚至生成具有腐蚀性的水溶液，故只用于临时性的外接干燥器，作为系统中存在大量水分时应急用。一般 24 h 以内应拆除或更换干燥剂。

干燥—过滤器的安装：应使液流方向与干燥—过滤器上箭头的方向一致，以保证其出口端的毡垫阻止干燥剂的粉末进入系统。充注或补充冷剂时，或系统发生“冰塞”时，可接入干燥器，运行一段时间未见“冰塞”发生，宜旁通干燥器或撤除干燥剂，以减小制冷剂的流阻，避免“闪气”，防止干燥剂粉末被气态冷剂冲入系统。

7. 视液镜

视液镜总体结构主要分为全密封式和可拆装式两种，大多数生产厂家都是以全密封式为主，主要构成都差不多，如图 5-24 所示。

视液镜主体由黄铜铸造而成，两端是用焊接铜管和管路连接，或是用螺纹和管路连接，也有直接装在管路上或干燥过滤器上。视液镜上部安装了一个镜盘，镜盘上装了镜片和颜色指示盘，通过镜片可以看到管路里制冷剂的状态，颜色指示表明制冷剂或冷冻油中水分的含量。

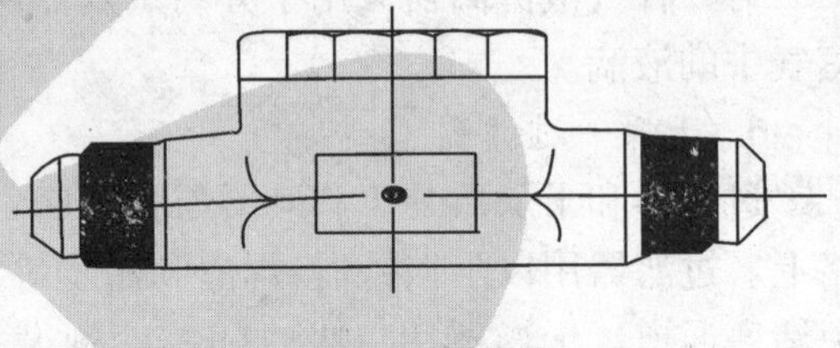

图 5-24　视液镜

视液镜和管路的连接方式分为焊接和螺纹连接两种，焊接方式接头也分为公接头（插入管路）和母接头（扩管以使管路可以插入），螺纹连接有外螺纹和钟形螺母连接，还有一种是只有一个表头，然后是要么把整个表头焊在管路上，要么是把一个螺纹基座焊在管路上，再用螺纹和表头连接。视液镜主要安装在液管，一般在干燥过滤器的下游，对于要焊接的视液镜，在焊接时要注意降温，以避免高温破坏水分指示物质。视液镜根据所使用的制冷剂的不同，最高工作压力从 2.7 ~ 4.1 MPa。

三、自动控制元件

（一）热力膨胀阀和电子膨胀阀、电磁阀、温度控制器、高低压控制器、油压差控制器、直动式蒸发压力调节器、直动式水量调节阀的功用

热力膨胀阀是以蒸发器出口处制冷剂蒸气过热度的变化，自动地改变阀芯节流孔开度，从

而调节制冷剂流量的自动化元件。

热力膨胀阀的作用是：

(1)使高压常温的制冷剂液体节流降压，变为低温低压制冷剂湿蒸气。

(2)感温包感受蒸发器出口制冷剂蒸气过热度的变化，自动调节膨胀阀的开启度以调节流量，使制冷剂流量与蒸发器的热负荷相匹配。

(3)使蒸发器出口的制冷剂气体保持一定的过热度，保证蒸发器传热面积得以充分利用，又可以防止压缩机出现液击现象。

电子膨胀阀利用被调节参数产生的电信号，控制施加于膨胀阀上的电压或电流，进而达到调节之目的。

电磁阀是电磁控制的工业设备，用在工业控制系统中调整介质的方向、流量、速度和其他的参数。

温度控制器用以控制库温、箱温或室温。其控制方式有两种：一是直接控制压缩机起动和停机，兼控制电磁阀启闭；二是只控制电磁阀，压缩机起停借助于压力继电器。

高低压控制器：当被控压力或低于调定值时，高低压控制器动作，其安全保护或进行自动调节。压力控制器按其控制范围可分为低压控制器、高压控制器及二者组合的高低压控制器等。

低压控制器一般安装在低压管道或容器上，高压控制器用于制冷压缩机的高压侧的排气管道或容器上，高低压控制器将低压和高压控制器的压力传感和传递部分组装成一个控制器，一般用于压缩机的高压超高或低压过低的保护。

油压差继电器：压缩机在运行中有压力油对运动部件进行润滑和冷却。供油压力是油泵出口和压缩机曲轴箱油压之差，因此当油压降到某一值时，油压差继电器将使压缩机停止运行。

直动式蒸发压力调节阀：蒸发压力调节阀安装在蒸发器的出口管道上，以防止蒸发器内蒸发压力低于设定值。既可用于单一的蒸发器，也可用于两个以上的蒸发器、保持各自不同的最低蒸发压力，蒸发压力调节阀功能如下：

(1)在以水或盐水为被冷却介质时，防止因负荷减少、过热冷却而被冻结。

(2)在不允许环境温度低于设定温度的场合，可确保设定的蒸发温度。

(3)可以防止冷库中的冷却盘管表面过度结霜，造成被冷却物品过大的干耗。

(4)在2台以上不同蒸发温度的蒸发器并联使用时，压缩机是以最低的蒸发温度作为运行基础的。为此，库温高的蒸发器存在温差过大，当负荷小的时候，库温有过度下降的倾向。如果在蒸发温度高的蒸发器回器管道上安装蒸发压力调节阀，就可保证其蒸发压力不会降至设定压力以下。蒸发压力调节阀按其容量大小分为直动式和带导阀的先导式(恒压阀)两大类。前者用于小型制冷装置，后者用于大型制冷装置。

直动式水量调节阀：制冷过程中冷凝压力过高，不仅增加压缩机的能耗，而且容易引起设备损坏事故，而冷凝压力过低，在膨胀阀前后建立不起足够的压差，无法满足对蒸发器供液的需求，也会使制冷装置的工作失调。为了保证制冷装置安全高效的运行，必须控制冷凝压力，使其稳定在某一设定范围。对水冷式冷凝器的装置，除控制运行水泵台数调节外，一般可用水量调节外，一般可用水量调节阀控制冷凝压力。水量调节阀有压力控制式和温度控制式两种类型。

（二）热力膨胀阀、电子膨胀阀、电磁阀、温度控制器、高低压控制器、油压差控制器、直动式蒸发压力调节阀、直动式水量调节阀的结构、原理及调试

1. 热力膨胀阀

热力膨胀阀是以蒸发器出口处制冷剂蒸气过热度的变化，自动地改变阀芯节流孔的开度，从而调节制冷剂流量的自动化元件。

（1）热力膨胀阀的结构与原理

热力膨胀阀主要由阀体、阀针、调节杆座、调节杆、弹簧、滤器、传动杆、感温包、毛细管和感应薄膜等组成。

感温包、毛细管、感应薄膜互相连通，构成一个密闭容器，称为感温机构。感温包安装在蒸发器出口，感应薄膜由 0.1 ~ 0.2 mm 合金片冲压而成，断面呈波浪形。用于氟利昂系统的热力膨胀阀，阀体部分除了阀芯采用不锈钢及弹簧采用弹簧钢外，其余几乎全用黄铜制成。热力膨胀阀按压力平衡关系和具体结构可分为内平衡式和外平衡式两类。

◆ 内平衡式热力膨胀阀

其结构如图 5-25 所示。感温部分由膜片 1 的上腔室、传压管 15 和感温包 12 组成。阀出口的蒸发压力通过顶杆 2 与阀体 3 之间的间隙作用于膜片下方。作用于膜片感温部分的信号压力与蒸发压力的压差经前后两顶杆作用于针阀 6 上。靠压差产生的作用力与调节弹簧力的平衡关系控制针阀的开度。左侧的进液管内装有过滤器 13，以滤挡污物，防止堵塞阀的通道。转动调节杆 10 可以改变调节弹簧的预紧力，即调节关闭过热度。填料 8 靠压盖 11 压紧，以防止制冷剂沿调节杆与杆座 7 之间的间隙泄漏。

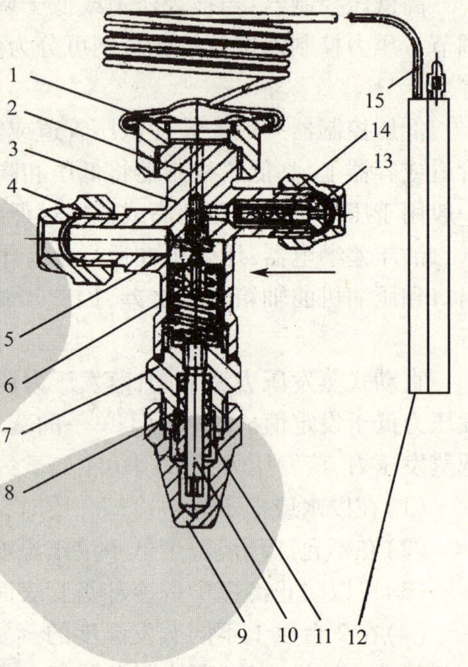

图 5-25　FR 型内平衡式热力膨胀阀

1—膜片；2—顶杆；3—阀体；4—螺母；5—阀座；6—针阀；7—调节杆座；8—填料；9—帽罩；10—调节杆；11—填料压盖；12—感温包；13—过滤器；14—螺母；15—传压管

图 5-26 所示的膨胀阀是以节流后的制冷剂压力 p_z，再加上弹簧的当量压力 p_2，作为与感温包内压力 p_1 相对应的平衡力。由于这种平衡力来自阀体内部，故称为内平衡热力膨胀阀。膜片上下受力的平衡条件为

$$p_1 = p_z + p_2$$

当热负荷增加时，蒸发压力 p_z 和与过热度相应的感温包内压力 p_1 都会发生变化，但 p_1 的变化更为显著。此时

$$p_1 > p_z + p_2$$

推动阀杆向开大的方向移动，增加向蒸发器的供液量。相反，热负荷减少，阀口关小，减少向蒸发器的供液量。

然而制冷剂在从膨胀阀出口到蒸发器出口的流动阻力是无法避免的，必然存在压力降 Δp_z。膜片上下受力的平衡条件就变为

$$p_1 = p_z + p_2 + \Delta p_z$$

亦即关阀力加了 Δp_z，此时，膨胀阀控制的过热度将大于由弹簧的当量压力 p_2 设定的过热度。过热度的提高造成蒸发器供液量不足，换热面积的利用率降低，制冷能力下降。由此引发蒸

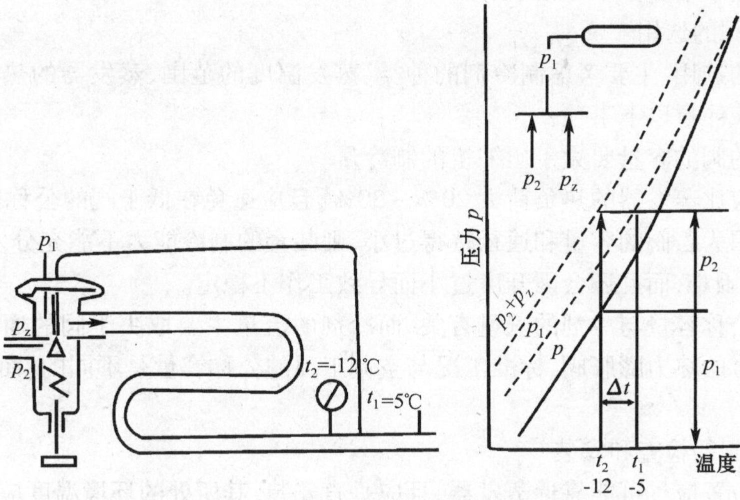

图 5-26　内平衡式热力膨胀阀的控制原理

发温度降低，制冷压缩机的运行经济性变差。由此可见，内平衡式热力膨胀阀只适用于蒸发温度不太低、容量不大和制冷剂流动阻力不大的盘管式蒸发器。

我国规定过热度变化量为4℃时的阀的开度为额定开度。当蒸发温度一定时，调整弹簧预紧力可改变热力膨胀阀静止过热度的设定值。通常，膨胀阀的静止过热度调整范围为 2 ~ 8℃。

◆ 外平衡式热力膨胀阀

为了克服内平衡热力膨胀阀的上述缺点，对于通路较长、蒸发温度上下波动较大的蒸发器一般采用如图 5-27 外平衡式热力膨胀阀。

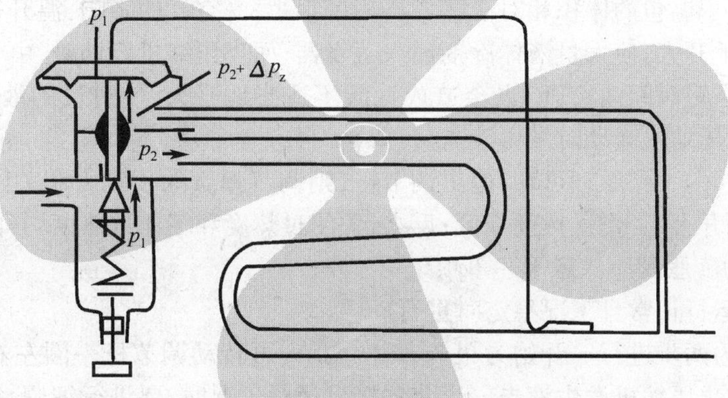

图 5-27　外平衡式热力膨胀阀控制原理

外平衡式热力膨胀阀，在膜片下方分隔出一个平衡压力腔，隔断了与节流后的制冷剂的联系。用外平衡引管把蒸发器出口的制冷剂蒸气压力引入平衡压力腔，作用于膜片下方，保证膜片受力仍按 $p_1 = p_z + p_2$ 的平衡关系调节膨胀阀开启度。由于平衡力是从阀外引入的，所以称作外平衡式热力膨胀阀。

外平衡式热力膨胀阀适用于制冷剂流动阻力大、蒸发温度低，或者采用液体分配器多路供液的场合。

(2)热力膨胀阀的选用、安装及调试

◆ 热力膨胀阀的选用

热力膨胀阀的选用,主要考虑制冷剂的种类、蒸发温度的范围、蒸发器的热负荷和流阻的大小等。但还应该注意以下事项:

①同工况下的阀的容量要大于压缩机的制冷量。

②阀的容量应比蒸发器的热负荷大20% ~30%,且应避免在低于阀的公称容量50%的工况下长期工作。因为若阀的容量和通径选得过小,则装置的制冷能力不能充分发挥;若选得过大,则会造成调试困难,而且还会因开度过小而导致工作不稳定。

③由于阀的公称容量与冷剂的流量有关,而冷剂的流量主要取决于阀的通径和阀前后的压差。故同一型号的热力膨胀阀,标准工况与空调工况的公称容量是不同的,而且前者总是大于后者。

◆ 热力膨胀阀的检查和安装

①阀的安装位置应尽可能靠近蒸发器,且应垂直安装,其所处的环境温度应高于蒸发器出口冷剂的温度,以减少冷量损失和防止感温传压机构因部分充剂凝结而失灵。

②温包应紧贴于蒸发器出口水平管外壁的上方或上侧,管径大于21 mm者,温包可置于离下方最低点左右约45°角处,传压管应避免贴靠在冷管路上。

③温包与蒸发器出口管接触部分应彻底清除污物、油漆和铁锈,并涂以铝银粉,温包与出口管段应用夹箍过钢丝捆紧,然后一同包覆隔热材料,以尽量减少传热的热阻和减少外界温度的影响。

◆ 膨胀阀的调试

调试目的是使关闭过热度适宜,关闭过热度太大,则蒸发器中冷剂的过热度会前移而变长,不但使传热系数减少,而且传热的平均温差也减少,制冷量降低。若关闭过热度太小,则压缩机刚停机时,由于温包的体积相对于蒸发器来说很小,受空气的影响,温升很快,针阀反而在短时间内不适当地开大,使大量液体冷剂涌入蒸发器;而当压缩机启动时,由于压缩机的抽吸,蒸发器的压力会在短时间内突降,也会造成针阀不适当地开大,使过量的液体冷剂涌入蒸发器,从而可能导致压缩机起动时发生液击。

从热力膨胀阀的工作原理可知,退出调节杆,则调节弹簧的预紧力和关闭过热度减小,相同过热度下,针阀开大,工作过热度降低;反之,关闭过热度和工作过热度均升高,针阀关小。

(3)调节热力膨胀阀应注意下述事项

①应在装置运行正常且工况稳定时进行。

②调试可分为两步进行。开始为粗调,每次调节,可转动调节杆一圈左右,但阀的开度不宜调的过低,以防止压缩机发生液击。当装置接近运行工况时,要进行细调,每次调节,调节杆转动1/4至1/2圈为宜。不管是粗调还是细调,每调一次后,应让装置运行数分钟或者十几分钟,待工况稳定后,再根据吸气压力,结霜或凝露情况,确定是否需要再次调整。

③阀的开度应调大还是调小的判断:蒸发温度高于零度时,若蒸发器外表面均匀凝露,压缩机的吸气管也有凝露,但无冰冷或粘手感,则表明阀的开度合适;若蒸发器后半部或靠近出口管无凝露,则表明阀的开度过小;若凝露延续至压缩机上,则表明阀的开度过大。蒸发温度低于零度时,阀开度大小的判断与蒸发温度高于零度时类似,只是以白露代替凝露,但当阀的开度合适时,压缩机的吸气管应有冰冷感而不结霜(装有回热管者),或有粘手感且均匀结一层薄霜(未装回热器者)。

(4)热力膨胀阀常见的故障分析

◆ 热力膨胀阀的常见故障及处理

①阀芯起毛,不能正确和灵敏地调节冷剂流量,可将阀芯用细布加滑油研磨消除。

②顶杆弯曲或几根长短不一,阀心动作失灵。可拆下顶杆用小木槌在平台上校直或敲击长度短的顶杆使各杆长度一致。

③若温包、传压管或膜片破裂使其内充剂泄露,阀无法开启,必须更换。

④发生"冰塞"或者脏堵,均会造成冷剂流量减小至中断冷剂的供给,从而使制冷装置制冷量减小甚至停止制冷。冰塞是指随冷剂循环的水分节流降压降温,结冰阻塞阀通道的现象,而脏堵则是阀进口处的滤网因积聚污物过多堵塞阀孔的现象。

2. 电子膨胀阀

(1)电子膨胀阀的结构与原理

电子膨胀阀是按照预设程序调节蒸发器供液量,因属于电子式调节模式,故称为电子膨胀阀。电子膨胀阀与热力膨胀阀的基本用途相同,结构上多种多样,但在性能上,两者却存在较大的差异。从控制实现的角度来看,电子膨胀阀由控制器、执行器和传感器三部分构成。通常所说的电子膨胀阀大多仅指执行器,即可控驱动装置和阀体,实际上仅有这一部分是无法完成控制功能的。电子膨胀阀控制器的核心硬件为单片机,如控制器同时要完成压缩机及风机的变频等控制功能,一般采用多机级连的形式。电子膨胀阀的传感器通常采用热电偶或热电阻。

电子膨胀阀作为一种新型的控制元件,它是制冷系统智能化的重要环节,是制冷系统优化得以真正实现的重要手段和保证,也是制冷系统机电一体的象征,已经被应用在越来越多的领域中。由于电子膨胀阀的采用,突破了以前在空调机组设计过程中存在的某种系统屈从热力膨胀阀的观念,进入膨胀阀为系统优化服务的新境界,对于制冷行业的发展起着重要的作用。

目前人们对电子膨胀阀的研究和开发主要针对的是电磁式膨胀阀和电动式膨胀阀。电磁式膨胀阀在电磁线圈通电前,针阀处于打开位置。由线圈上施加的电压控制针阀开度的大小,从而调节膨胀阀的流量。该阀动作响应快,但在制冷系统工作时一直需要供电。电磁式膨胀阀如图 5-28 所示。

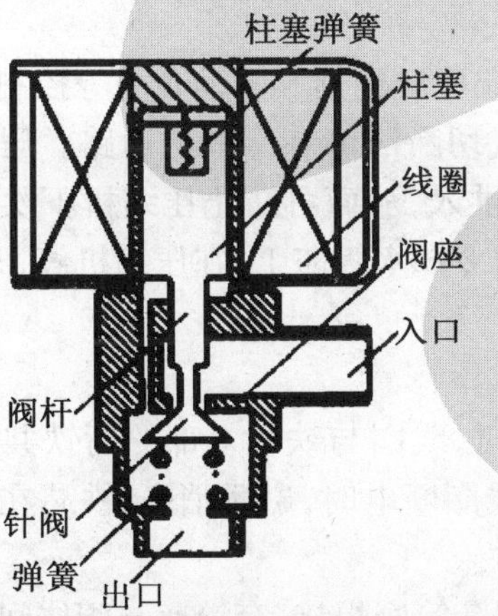

图 5-28　电磁式膨胀阀

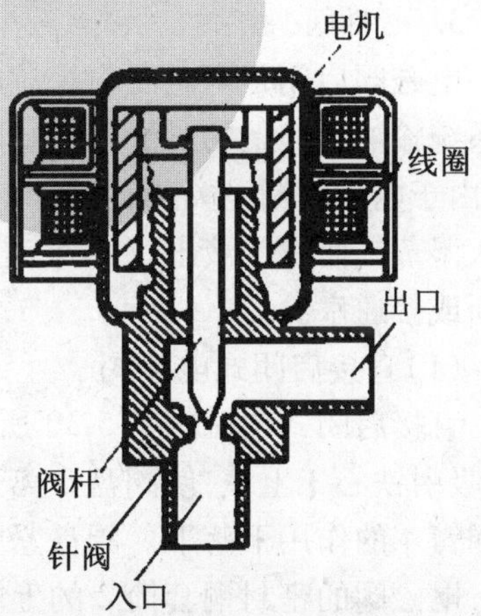

图 5-29　电动式膨胀阀

电动式膨胀阀即步进电机驱动电子膨胀阀,它通过给电机驱动施加一定逻辑关系的数字信号,使步进电机通过螺纹驱动阀针的向上和向下运动,从而改变阀口的流通面积达到控制流量的目的。电动式膨胀阀又有直动型和减速型两种。直动型是步进电机直接带动阀针(电动式膨胀阀如图5-29所示);减速型是步进电机通过减速齿轮组推动阀针动作,通过减速齿轮组可以产生较大的推力,是一种常用的驱动方式。

电子膨胀阀的驱动方式是控制器通过对传感器采集得到的参数进行计算,向驱动板发出调节指令,由驱动板向电子膨胀阀输出电信号,驱动电子膨胀阀的动作。电子膨胀阀从全闭到全开状态其用时仅需几秒钟,反应和动作速度快,不存在静态过热度现象,且开闭特性和速度均可人为设定,尤其适合于工况波动剧烈的热泵机组的使用。

(2)电子膨胀阀的系统调试

①系统安装

▲电子膨胀阀:安装之前必须参考丹佛斯电子膨胀阀的安装指南,每一个电子膨胀阀包装那都有一份安装指南。注意4个电线的颜色和对应连接。

▲控制器:连接对应电线,尤其注意电源符合要求(24 V交流)。

▲压力传感器:接线时压力传感器接线必须牢固,压力接口最好在水平铜管的上方,以免杂质堵塞。如果使用过渡铜管连接压力接口,过渡铜管的长度应当尽量短。保证压力传感器固定牢固,以免运输振动损坏传感器。

▲温度传感器:温度传感器必须牢固的紧贴管壁,并用保温材料可靠包裹,同时使用卡箍固定。温度传感器应当仅仅感受吸气温度。温度传感器本身的长度如果不够,续接的导线长度不得超过3 m。

②系统调试

▲检查各个线路的连接是否符合对应文件的要求。

▲检查各个部件固定是否正确,电源是否符合要求。

▲给机组上电。

▲控制器开机必须设定的参数。

③控制系统显示

▲机组正常运转时,控制系统可以显示机组部分参数。

3. 电磁阀

电磁阀启闭是由电磁力控制的,常由压力继电器、温度继电器和手动开关等控制。置于制冷系统输液管路上的过滤器与膨胀阀之间,自动接通或切断液体制冷剂的通路。压缩机停车时,由于电磁阀断电关闭,可靠地切断蒸发器的制冷剂供入,从而可防止压缩机下次起动时因吸入湿蒸气而发生液击。此外,电磁阀也装于冷凝器的冷却水管路上,在压缩机停、开时,自动切断或接通水源。

(1)直接启闭式电磁阀

直接启闭式电磁阀图5-30所示,当电磁线圈通电时,线圈与铁心上部的衔铁共同产生磁场,吸引铁心3上移,使阀盘5离开阀座6,阀开启;当线圈断电时,磁场消失,铁芯在重力和复位弹簧4的作用下落下。阀盘紧贴于阀座上,阀关闭。

电磁阀的密封铜套筒2的上端与衔铁焊接,下端与套筒座焊接,套筒座与阀体间垫以密封圈。

这种结构形式虽然简单,工作可靠,但启阀力小,只适用于口径为3 mm的电磁阀。口径大于3 mm的电磁阀需采用间接启闭式。

(2)间接启闭式电磁阀

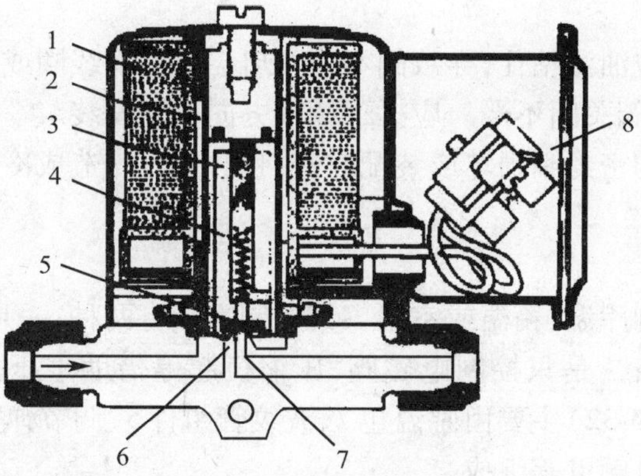

图 5-30　直接启闭式电磁阀

1—电磁线圈;2—铜套筒;3—铁芯;4—复位弹簧;5—阀盘;6—阀座;7—阀孔;8—接线盒

间接启闭式的电磁阀如图 5-31 所示。

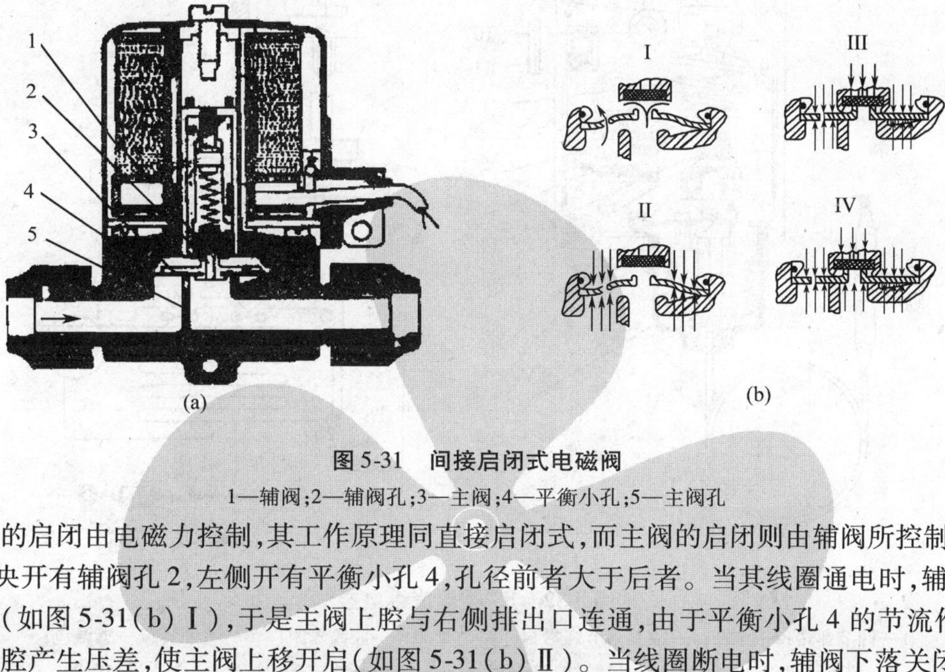

图 5-31　间接启闭式电磁阀

1—辅阀;2—辅阀孔;3—主阀;4—平衡小孔;5—主阀孔

阀的启闭由电磁力控制,其工作原理同直接启闭式,而主阀的启闭则由辅阀所控制。主阀 3 的中央开有辅阀孔 2,左侧开有平衡小孔 4,孔径前者大于后者。当其线圈通电时,辅阀 1 上移开启(如图 5-31(b)Ⅰ),于是主阀上腔与右侧排出口连通,由于平衡小孔 4 的节流作用,主阀上下腔产生压差,使主阀上移开启(如图 5-31(b)Ⅱ)。当线圈断电时,辅阀下落关闭(如图 5-31(b)Ⅲ),主阀上下腔压差逐渐减小直至静压平衡而消失。

在弹簧力和阀自重的作用下主阀下落而关闭(如图 5-31(b)Ⅳ)。这种电磁阀的主阀的开闭靠液压的作用力,故启阀力大,适用于要求口径大的场合。

(3)电磁阀的安装和使用注意事项

▲选用的电磁阀的口径、进出口接头的通径和适用的电压应符合要求。

▲应垂直安装,以保证铁芯起落自如。

▲制冷剂的流向应与阀上标注箭头一致,以免进、出口接反,阀关闭不严而失效。

▲保护线圈的外壳,在线圈获电时起到减小磁场涡流损失的作用,故线圈通电时,不应拆下外壳,以免线圈温度升高而烧毁。

(4)电磁阀的常见故障

▲因阀安装不垂直或铁心带剩磁,铁芯落下困难而使阀关不严。铁芯的剩磁可用加热或

摔打铁心消除。

▲线圈断路或铁芯被油污粘住,导致阀不能开启。应更换线圈或拆洗铁芯等。

▲进出口接反,造成阀关闭不严。应拆下调整方向重新安装。

▲套筒座与阀座间的密封圈损坏或装配时密封圈未放正,造成冷剂泄漏。应更换密圈,装配时应防止密封圈歪偏。

4. 温度控制器

温度控制器用以控制库温、箱温或室温。其控制方式有两种:一是直接控制压缩机起动和停机,兼控制电磁阀启闭;二是只控制电磁阀,压缩机起停借助于压力继电器。RT型(DANFOSS)温度控制器(如图5-32)主要由感温包7、波纹管组件5、调节弹簧1、顶杆2、调节旋钮8、幅差调节螺母3和3个电触点等组成。

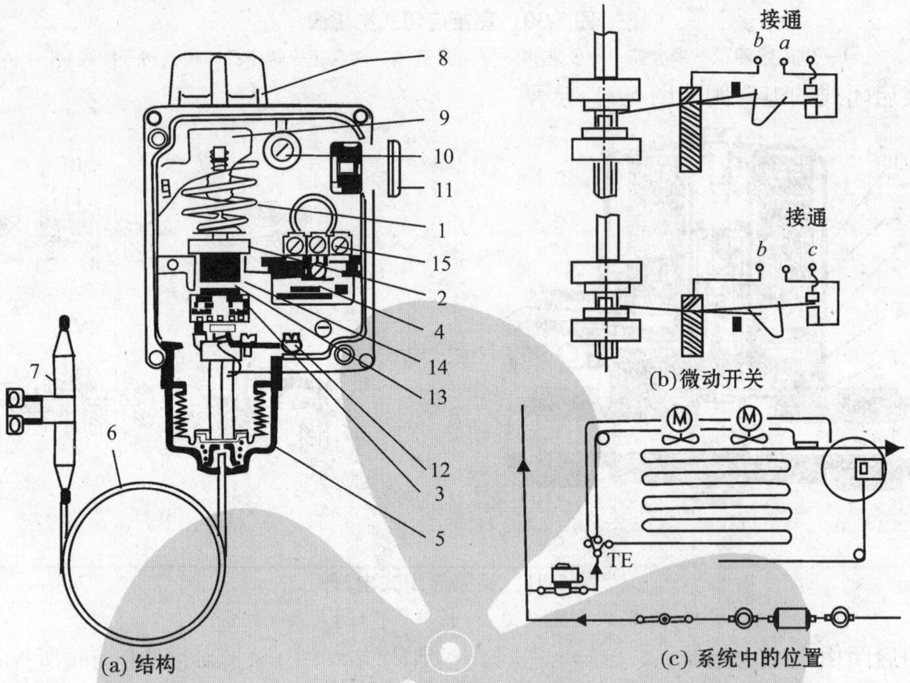

图5-32 RT型温度继电器

1—调节弹簧;2—顶杆;3—幅差调节螺母;4—微动开关;5—波纹管组件;6—毛细管;7—感温包;8—调节旋钮;9—主标尺;10—接线柱;11—控制线引入;12—地线接线柱;13—微动开关拨臂;14—固定圆盘;15—接线柱

温度控制器通过感温包将温度信号转变为压力信号作用于波纹管,再将动作传给执行机构。RT型波纹管内的压力直接作用于主弹簧,它通过幅差螺母及固定盘拨动电触点,以接通或切断电路。假设触点2、3为控制回路,在温度低于给定温度最低值时,控制回路被切断。当温度回升之后,感温包7内压力增加,波纹管被压缩,并通过顶杆压缩调节弹簧1。此时,固定圆盘14和幅差调节螺母3产生向上位移,当此位移超过给定间隙(即给定最高温度)时,幅差螺母即拨动微动开关拨臂13,使触点3、2闭合,控制回路被接通。如果控制器是与供液电磁间配合使用,则供液电磁阀开启,蒸发器得到正常供液。当所控制的温度下降到控制温度给定值下限时,则固定圆盘向下拨动开关,使触点2、3断开,供液电磁间关闭。显然通过调节旋钮8改变调节弹簧1的弹力,便可改变温度控制器的断升值。主弹簧弹力越大,触点2、3断升温度值越高;反之,触点2、3断升温度值越低。幅差调节螺母3可以改变它与固定圆盘之间间隙的大小，间隙越大，相应电触点的闭合温度与断升温度的差值就越大，故幅差调节螺母能控制温度的最高值。

RT 型温度控制器在安装使用时必须根据控制温度、工作条件来正确选择接线方式。感温包应能准确感受和传递温度信号，毛细管不应通过比温度控制更低的库房，也不要与蒸发器进口管接触或一起穿过冷库门壁。当毛细管穿过库房时，应加装套管，并在两头用橡皮密封，毛细管弯曲时应保持一定的圆弧。

RT 温度控制器规格较多，其中 RT2、RT3 型控制范围为 -25 ~ -15℃。RT4、RT14 型为 -5 ~ -30℃，RT11、RT13 型分别为 -30 ~0℃、15 ~45℃。各型 RT 可调幅差为 1 ~8℃。一般电触点容量为交流 380 V、15 A；直流 220 V、10 A。

◆温度控制器的调试

温度控制器输入端是热电偶或热电阻接点，检测元件热电阻接在该点上，输出端是两个小型继电器，控制加热设备。然后设置温度的上限和下限。运行后，当温控器检测到温度达到上限时，继电器断开，停止加热设备加热。当温度回到下限时，继电器接通，控制加热设备继续加热，起到自动控制温度作用。

5. 高、低压控制器

当被控压力超过或低于调定值时，高、低压控制器动作，起安全保护或进行自动调节。压力控制器按其控制范围可分为低压控制器、高压控制器及二者组合的高低压控制器等。

低压控制器一般安装在低压管道或容器上；高压控制器用于制冷压缩机的高压管道或容器上。高低压控制器将低压和高压控制器的压力传感和传递部分组装成一个控制器，一般用于压缩机的高压超高或低压过低的保护。

图 5-33 为高低压控制器结构原理图。当排气压力升至高压给定值，或吸入压力降至低压给定值时，控制器触头断开，切断电路，压缩机停机。其动作原理是：波纹管 7、角杆 6、推杆 2、低压调节弹簧 3 及低压差动装置等组成高低压控制器的低压部分。当作用于波纹管 7 上的吸气压力升高到低压设定值上限时，波纹管被压缩并推动角杆 6，克服弹簧 3 的拉力作顺时针转动，带动推杆 2 下移。在夹持器内走完自由行程后，把夹持器连同动触头板 12 一起下拉，使触头闭合。磁钢 4 对动触头板的吸引作用，加速了触头的闭合，防止产生电火花烧坏触头。反之，当吸气压力低于低压设定值下限时，动作过程相反，使触头断开，切断电源。

低压调节弹簧 3 的拉力决定低压断开压力值的大小。顺时针转动低压调节螺钉 19，加大弹簧 3 的拉力，断开压力值相应升高；逆时针转动则减小弹簧拉力，断开压力值就降低。压力调节范围通常是 0.07 ~0.37 MPa。

高压波纹管以高压调节弹簧 5、高压调节螺母 17、跳簧 11、跳脚 10、杠杆 9 组成高低压控制器的高压部分。当作用在高压波纹管 8 上的排气压力升高至设定值上限时，顶针推动杠杆 9，克服弹簧 5 的弹力作逆时针方向转动，移动跳簧的位置，使跳脚起跳，撞击动触头板 12 使触头断开；当高压低于设定值下限时，触头就闭合。高压设定值的调整是通过高压调节螺母 17 进行，顺时针转动，弹簧压力增加，使断开压力也增大；反之则减小。高压部分有差动，则不能调节。高压端压力调节范围通常是 0.59 ~1.37 MPa。

高低压控制器应注意下述事项：

▲补气量不能太大，最好不要超过 10 L/min，否则会引起反流。

▲补气量瞬时变化量不能太大或是太频繁这样会引起反应管内的反应气氛受到影响导致电阻不均匀。

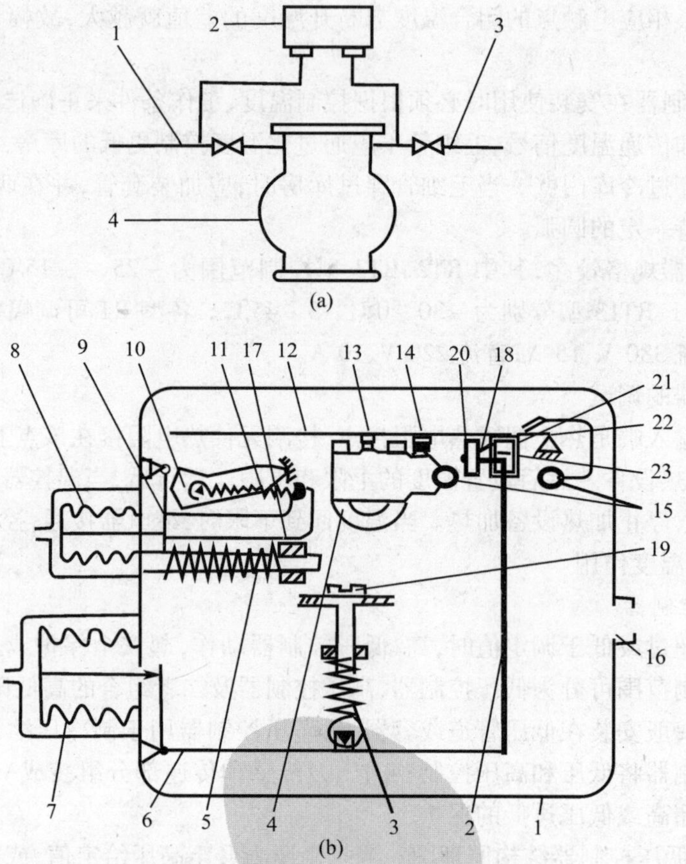

图 5-33　高低压控制器应用例及其动作原理

(a)高低压控制器应用接管图。1—吸入管;2—高低压压力控制器;3—排气管;4—压缩机

(b)高低压控制原理图。1—外壳;2—推杆;3—低压调节弹簧;4—磁钢;5—高低压调节弹簧;6—角杆;7—低压波纹管;8—高压波纹管;9—杠杆;10—跳脚;11—跳簧;12—动触头板;13—辅助触头;14—主触头;15—接线柱;16—连线孔;17—高压调节螺母;18—板形螺母;19—低压调节螺母;20—低压差动调节螺母;21—夹持器;22—轴(支点);23—直角拔臂

▲整定时,要在系统正常补气时且检测值接近设定值时进行整定。

▲系统调试好后,不要再去调整手动排废阀门,这样会对补气有较大影响。

▲当反应气体瞬时总流量发生变化时,要想反应压力不发生变化要适当调整手动排废阀门,因为排废总量是不会自动调整的,当进气量发生变化时检测压力也可能发生变化。

▲当无论通气与否,压力控制器检测到的压力值都不发生变化,这时候主要检查炉门是否关紧或是其他地方是否有漏气现象。

6. 油压差控制器

压缩机在运行中,其运动部件需要压力油润滑和冷却。为保证压缩机的安全运行,当油压降至某一定值时,应使压缩机停止运行。因此油压保护应有油压差控制器来实现。其系统安装图如图 5-34 延时装置 JC3.5 压差控制器。

JC3.5 型压差控制器的主要技术指标:压差调节范围 0.049 ~ 0.34 MPa;最大工作压力 1.57 MPa;额定工作电压为交流 220/380 V,直流 220 V;延时时间:60 s ± 20 s;主触头容量为交流 220/380 V、300 A,直流 220 V、50 A。

JC3.5 的动作原理:高压波纹管 2 接滑油泵出口,低压波纹管接曲轴箱,其差值所产生的

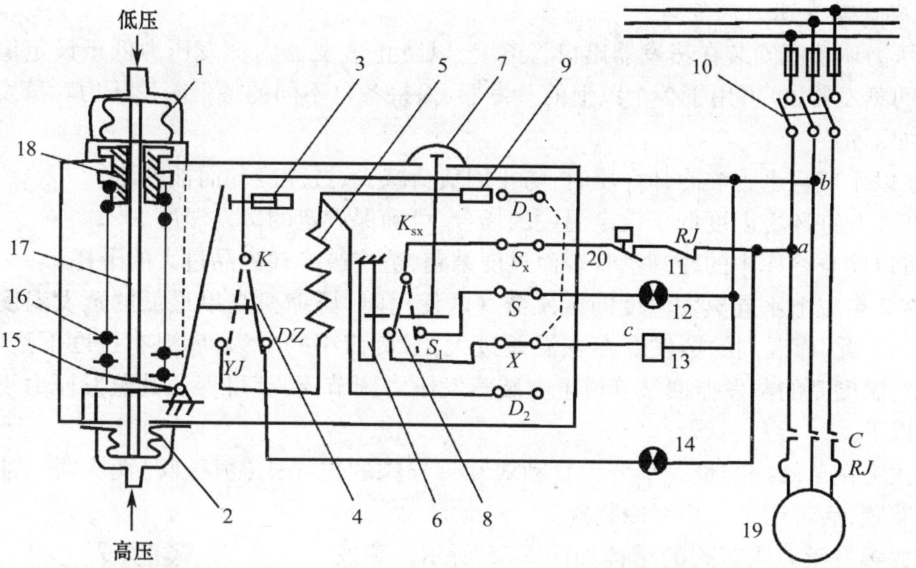

图 5-34 JC3.5 型压差控制器动作原理图

1—低压波纹管；2—高压波纹管；3—试验按钮；4—压力差开关；5—加热器；6—双金属片；7—手动复位按钮；8—延时开关；9—降压电阻(380 V 电源用)；10—压缩机电源开关；11—热继电器；12—事故信号灯；13—交流接触器线圈；14—正常工作信号灯；15—杠杆；16—主弹簧；17—顶杆；18—压差调节螺钉；19—压缩机电机；20—高低压控制器

力由主弹簧 16 平衡，当压差值大于给定值时，角形杠杆 15 处于实线位置，将开关 K 与 DZ 接通，一路电流由压缩机电路的 6 点经 K、DZ 正常信号灯 14 亮，再回到 a；另一路由 6 点经交流接触器线圈 13、X、K_{sx}、S_x 再回到 a 点。因为热继电器 11，高低压控制器 20 均处于正常闭合状态，电机电源接通，压缩机正常运转。

当压差小于给定值时，杠杆 15 逆时针偏转至虚线位置，开关 K 与 RJ 接通，正常信号灯熄灭，电流由 6 点经 K、YJ、加热器 5、D_1、X、K_{sx}、S_x 再回到 a，此时压缩机仍能运转，但电加热器通电后发热，加热双金属片，经 60 s 后，双金属片向右侧弯曲程度逐渐增大，推动延时开关 K_{sx} 与 S_1 接通，切断交流接触器线圈 13 与电加热器 5 的电源，接触器脱开，压缩机停止运转，而事故信号灯 12 亮，同时加热器停止加热。

对双金属片冷却后不能自动弹回复位再次启动压缩机，待故障排除后，按动复位按钮 7，使 K_{sx} 回复到与 X 接通的位置，才能起动压缩机。在压差控制器正面装有试验按钮，供随时测试延时机构的可靠性。

◆油压差控制器的调试

第一种方法：首先需要检查自己的电控系统，把压缩机对应的断路器关掉，打开控制回路的电源，然后手动启动压缩机，这个时候压缩机是不会运转的。所以，油压差控制器一定会动作，等 2 ~ 3 min，把没有报警的控制调一下，朝小的方向调节就好。然后复位控制，观察其报警情况，都报警之后，然后开启压缩机，然后试机，观察报警情况。如果压缩机供油正常这不会报警，将其调节到报警状态，然后在略微增加一点，如果长时间运行不报警则调节完毕。

另一种方法：这种方法需要压缩机支持才能实现，而且必须有压力表。用压力表连接压缩机低压和油压管（就是油压差控制器连接的油压差位置）计算其压差值，然后直接在油压差控制器上调节对应的数字，然后再运行压缩机修正。

7. 直动式蒸发压力调节阀

蒸发压力调节阀安装在蒸发器出口管道上，以防止蒸发器内蒸发压力低于设定值。既可用于单一的蒸发器，也可用于2个以上的蒸发器、保持各自不同的最低蒸发压力。蒸发压力调节阀功能如下：

(1)在以水或盐水为被冷却介质时，防止因负荷减少、过度冷却而被冻结。

(2)在不允许环境温度低于设定温度的场合，可确保设定的蒸发温度。

(3)可以防止冷库中的冷却盘管表面过度结霜，造成被冷却物品过大的干耗。

(4)在2台以上不同蒸发温度的蒸发器并联使用时，压缩机是以最低的蒸发温度作为运行基准的。为此，库温高的蒸发器存在温差过大，当负荷小的时候，库温有过度下降的倾向。如果在蒸发温度高的蒸发器回气管道上安装蒸发压力调节阀，就可保证其蒸发压力不会降至设定压力以下。

蒸发压力调节阀按容量大小分为直动式和带导阀的先导式（恒压阀）两大类。前者用于小型制冷装置，后者用于大型制冷装置。

直动式蒸发压力调节阀的结构如图5-35所示。蒸发压力升高时，克服弹簧2和波纹管3的弹力，推动阀板4上移，阀口开大，蒸发器泄压，在达到设定蒸发压力时，阀板重新落下关闭阀门。在蒸发压力上下波动过程中，阀的开度随之成比例变化，但存在静态偏差。

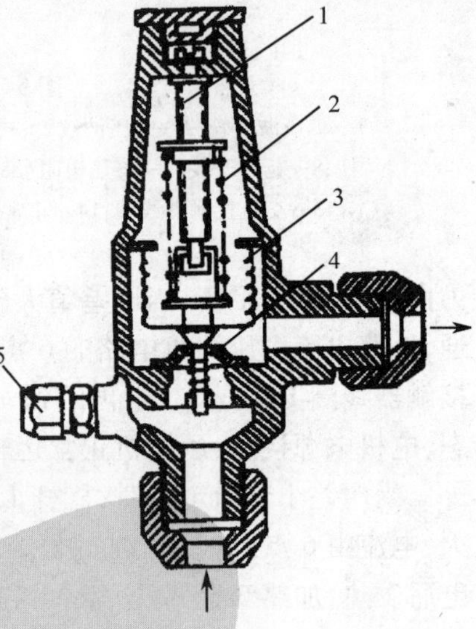

图5-35 直动式蒸发压力调节阀

1—调节杆；2—弹簧；3—平衡波纹管；4—阀板；5—压力表接头

◆蒸发压力调节阀的调整

调整的原则是当库温达到要求的下限时，应恰好关闭。调整步骤如下：

▲按库温的上、下限的平均值，加上5～10℃传热温差初步确定冷剂的蒸发温度。

▲按所采用的冷剂的性质表查出该蒸发温度下的饱和压力（即蒸发压力）。

▲装上压力表，开启压力表阀。

▲转动调节杆或调节手轮，改变弹簧的张力，使压力表的表压值等于饱和压力。

▲当库温达下限时，观察压力表的指针是否稳定。若不稳定，说明阀尚未关闭，则应继续调节弹簧的张力，直至指针的指示稳定为止。此时表的指示值为蒸发压力的下限，亦即背压阀的调定值。关闭并拆除压力表。背压阀应垂直安装，调节杆应在上。冷剂的流向应与阀体上所标的箭头一致。

8. 直动式水量调节阀

制冷过程中冷凝压力过高，不仅增加压缩机的能耗，而且容易引起设备损坏事故；而冷凝压力过低，在膨胀阀前后建立不起足够的压差，无法满足对蒸发器供液的需求，也会使制冷装置的工作失调。为了保证制冷装置安全高效的运行。必须控制冷凝压力，使其稳定在某一设定范围。对水冷式冷凝器的装置，除控制运行水泵台数调节外，一般可用水量调节阀控制冷凝压力。水量调节阀有压力控制式和温度控制式两种类型。

(1)压力控制式水量调节阀

压力控制式水量调节阀结构如图5-36所示。阀顶设管接头，可连接管道与冷凝器气相连通，感受冷凝压力变化。当冷凝压力升高时，阀的波纹管被压缩，上顶杆 9 和下顶杆 12 下移，阀门被开大，增加冷却水量，从而降低冷凝压力至设定值范围；如果冷凝压力下降到设定值以下，上下顶杆上移阀门关小，减少冷却水量，使冷凝压力回升到设定值范围。由于在阀门腰部设有调节螺钉 11 和弹簧 10，通过调节螺钉可以改变弹簧弹力的大小，以获得不同的设定值。减少弹簧力则冷凝压力的设定值被降低；反之，增加弹簧力则冷凝压力的设定值提高。

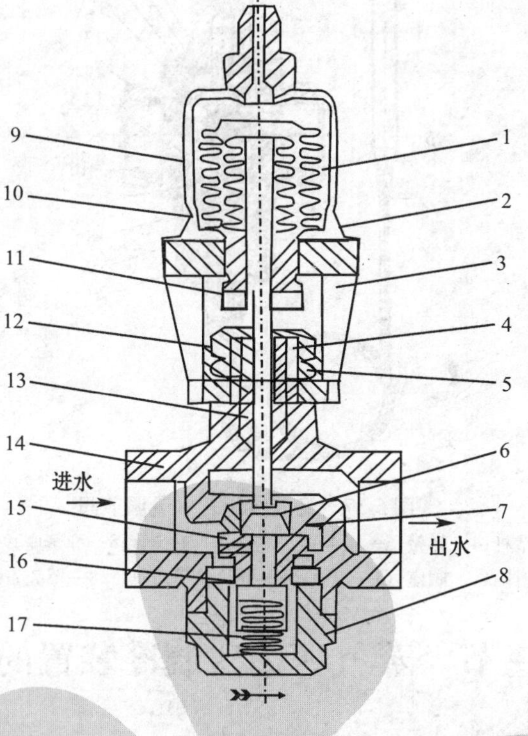

图 5-36　压力控制式水量调节阀

1—高压气室；2—螺钉；3—支架；4—填料螺母；5—螺母；6—阀座；7—阀门螺钉；8—底盖；9—上顶杆；10—弹簧；11—调节螺钉；12—下顶杆；13—填料；14—阀体；15—胶阀；16—阀门座；17—阀门座弹簧

（2）温度控制式水量调节阀

温度控制式水量调节阀是以被控容器的出水温度作为反馈信号，通过温包中的工质把温度变化转化为压力变化来调节阀门的启闭和开度，达到控制冷凝压力的目的。其结构如图 5-37所示。

◆温度控制式水量调节阀的调试

工作时，感温包感受的温度如果升高，感温包内的介质压力就相应增大，将阀门开大，反之则将阀门关小。通过转动调节旋钮，可以根据要求来调整控制温度。逆时针转动时，调定的温度值增高；反之则降低。

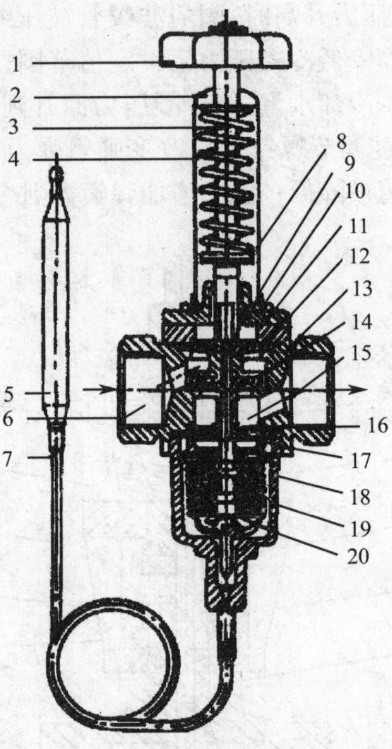

图 5-37 温度控制式水量调节阀

1—手轮;2—杆箍;3—调节杆;4—弹簧;5—温包;6—进口;7—毛细管;8—弹簧座;9—杆子;10—盖子;11—圆盘;12—膜片;13—阀体;14—阀座;15—出口;16—膜片;17—圆盘;18—罩壳;19—波纹管;20—弹簧

第三节 蒸气压缩式制冷装置的管理

一、制冷装置的气密实验、抽空及冷库隔热试验

(一)气密试验

初次安装或大修后的制冷装置需进行气密试验,我国规定气密实验压力为设计压力。气密试验压力分别为:低压系统 R22、R717,1.2 MPa;高压系统 R22、R717,1.8 MPa。

气密实验应用瓶装氮气进行。系统充气达规定试验压力后,静待 8 h,若压降不超过 0.034 MPa,即为合格。如压力下跌,可用肥皂水或起泡洗涤剂找漏,并放气后补焊,修复后重新检漏,严禁使用氧气或其他可燃气体进行试压或检漏。具体试验方法如下:

(1)拆除系统中不能承受试验压力的元件或将其隔热旁通。如蒸发压力调节阀低压继电器等。高压系统的安全阀应与通舷外的管路脱开,并将阀出口堵死,系统管路上安装压力表。

(2)关闭压缩机的吸、排截止阀和所有通大气的阀及滑油分离器的回阀;开启热力膨胀阀的旁通阀和正常工作时应开启的其他各阀。

(3)将气体的钢瓶经减压阀接到系统管路上,然后开启钢瓶阀向系统充气,当压力达到 0.3 ~0.5 MPa 时,检查系统有无明显泄漏。如果没有,即可进一步加压至要求的试验压力。

(4)对系统各连接处,阀杆填料箱、焊缝等处仔细查漏。为了初步检查冷凝器是否漏泄,可以关闭冷却水,开启水室泄水旋塞,在泄水旋塞口检查,如发现漏气,应进一步拆下冷凝器端盖检查。

(5)当查明系统不漏后,用冷凝器放气阀将高压系统压力适当放低,接着取下安全阀出口处临时堵头,检查安全阀是否关严。然后,放尽检漏用气体。

(二)抽空

抽空实验是在气密实验合格后进行的,目的在于抽除残存在系统中的气体和水分,检查系统在真空状态下的密封性,抽空可以用专用的真空泵,也可用装置本身的压缩机。采用前者时应注意停真空泵前,先关泵与制冷系统连接管路上的阀门,以免泵内滑油被吸入制冷系统和产生回气。采用压缩机抽空的操作步骤和注意事项如下:

(1)关闭压缩机的排出截止阀,以隔断与冷凝器的通路和使排出多用孔道通大气。

(2)稍开压缩机吸入截止阀,把有能量调节的压缩机的能量调节机构置于最小能量位置,压缩机启动后逐渐开大吸入截止阀和增大压缩机的能量,使抽空过程中的压缩机在很小的排气量下运行,以免排出多用孔道窄小造成排气压力和排温过高。

(3)把控制箱上的转换开关置于“手动”位置或短接低压继电器和压差继电器,以免压缩机因吸入压力或油压过低而自动停机。

(4)开启高、低压管道上的各阀,关闭通大气阀。

(5)放尽冷凝器中的冷却水,以利其内残水的蒸发而被抽除。

(6)盘动压缩机数转,若无受阻情况和有气排出,则可起动压缩机开始抽空。

(7)盘动宜分几次间断进行,以免抽吸过快,管路中的压降太大,不易抽除干净。

(8)抽空过程中,应密切监视排压和排温。排温高限,R22 机和氨气机为 145℃,压力润滑者,还应监视滑油压力,油压应高于吸气压力 0.027 MPa 以上。

(9)按“规范”要求氟利昂系统应抽空至绝对压力为 2.1 kPa,即真空度为 720 mmHg 静待 8 h,绝对压力不超过 3.4 kPa 即真空的下降不超过 10 mmHg。当真空度达到规定值时,可先用手指或塞头堵住排出多用孔道,后停机,然后迅速关闭排出多用孔道,以防外界空气倒流入系统。

(10)抽空宜间断进行,所需时间 18 ~ 72 h,以便最大限度抽除系统中的气体和水分。

(三)冷库隔热试验

试验是在冷库内为设计最低温度,保持冷库密封状态,使制冷剂停止工作的条件下进行的,经过 6 h 后检查冷库温度的回升情况,其允许温度回升值可参考表 5-5。

表 5-5 冷库隔热试验允许温升值

温差(℃)	60	55	50	45	40	35	30	25	20	15
温升(℃)	14.4	13.2	12	10.8	9.6	8.4	7.2	6	4.8	3.6

二、制冷装置基本操作(启用、运转、停用和冷剂的充注、取出、检漏、更换干燥剂、参数调整)

制冷装置在正常情况下,能够自动起动,但装置拆修复装或长时间停车后,需要人工启动,制冷装置启动前应满足如下要求:

(1)压缩机曲柄箱内的润滑油油位应在示油镜中间位置或偏上。

(2)储液器内制冷剂液面应在液镜 1/2 ~ 1/3 处。

(3)开启压缩机排气阀及高低压系统有关阀门。

(4)检查装置四周有无障碍物。新安装或检修复装后首次启动的压缩机,应手动盘车试转。

(5)对具有卸载—能量调节装置的压缩机,应将能量调节手柄放在最低的容量位置。

(6)检查电源电压,接通电源。

(7)开启冷却水泵,直接吹风冷却系统应开启风机,间接冷却系统,则应开启盐水循环泵。

(8)调节压缩机高压、低压、油压控制器及各温度控制器给定值。

(9)检查制冷循环系统所有的管系,保证气密无泄露。

(一)起动

起动准备工作完毕,瞬时起动压缩机,并立即停车,观察压缩机、电动机的起动状态和转向,然后在反复起动 2 ~3 次,确认启动正常,即可正式起动。

起动后逐渐开启压缩机吸气阀及储液器出液阀。若制冷装置设有卸载—能量调节机构,应逐步调节到所要求的容量。在起动时间还应观察机器运转、振动情况,系统高、低压及油压是否正常,检查电磁阀、能量调节阀、膨胀阀及回油阀的工作等,直到确认装置工作稳定。

(二)运转中的检查

(1)压缩机的转向是否正确。

(2)油压是否正常。油压应高于吸气压力 0.1 ~0.15 MPa。

(3)电磁阀是否开启,若用手摸电磁阀外壳有热感和微小振动,则表明阀已经开启。

(4)检验压力继电器工作压力。低压继电器的校验:逐渐关小吸气截止阀,缓慢降低吸气压力直到压缩机停机,逐渐开大吸气阀直至压缩机重新启动,核对停机和重新启动时的吸气压力是否符合低压继电器断开和闭合压力的要求,若不符合,则应调整。为准确起见,宜校验三次以上。高压继电器的校验:开足吸气截止阀,关小冷却水泵的排出截止阀,减小冷却水量使排气压力逐渐升高,直至压缩机停机。然后开大水泵的排出截止阀,减小冷却水量使排气压力逐渐升高,直至压缩机停机。然后开大水泵的排出截止阀直至压缩机重新起动。校验停机和重新启动时的排气压力是否符合高压继电器断开和闭合压力的要求。若不符合,则应调整。压力继电器检验:转动油压调节阀的调压螺钉,使油压逐渐下降,直至压缩机停机。核对停机时的油压与吸气压力差值是否在 0.06 ~0.15 MPa。若不符,则应调整。

(5)按动压差继电器的试验按钮,校验延时机构工作的可靠性。要求按动试验按钮后压缩机应停机。

(6)检查压缩机能量调节装置的工作,若为手动能量调节装置,可分别置于各能级,用手摸缸的发热情况,判断工作的缸数是否与能级相符。若为自动能量调节装置,压缩机应全负荷运行,全部缸均应发热。

(7)倾听膨胀阀是否有制冷剂流动声,以检查膨胀阀是否畅通。

(三)制冷装置的停车

1. 正常停车

(1)关闭节流阀或供液总阀,降低蒸发器的压力,以便下一次起动。若是氟利昂系统应关闭储液器或冷凝器的出液阀。

(2)关吸入阀,当曲轴箱表压降到 0.03 ~0.05 MPa 时,截断电流,关闭排出阀。如停车不当,曲轴箱表压已降到负压,使曲轴箱表压上升到 0 MPa 以上。

(3)将油浸启动变阻器手轮从运行位置移动启动位置。对于新系列产品应将能量调节位置移向“0”位。

(4)待 2 ~3 min 后,将冷却水系统和冷冻水系统关闭,停止搅拌机,记录停车时间及做好交班准备。

(5)若是长期停车,除全封闭式制冷机外,应将制冷剂收集到储液器中,即把储液器或冷凝器出液阀关闭,将蒸发器中制冷剂抽回。这时,除安全阀的截止阀、表阀、均压阀、液面指示器阀开启外,其他阀门均呈关闭状态,然后消除制冷剂泄露处,做好机器设备的油封工作。并每隔半月盘车一次,对于氟阀门除压紧杆填料之外,还应把阀帽旋紧。

(6)各种制冷装置,在长期停车中,应将系统中水放掉,以防因环境温度较低而冻坏设备。若在南方地区,因气温较高,可不必放水,因放水后空气进入,对管内壁腐蚀比有水的情况下要严重些。

2. 事故停车

事故停车是制冷装置在运行过程中,遇到意外设备故障或因外界影响将对制冷系统带来严重威胁时,所采取的应急措施。有的需要紧急停车,有的需果断停车处理,总之要根据情节和危害程度来采取相应办法。在处理紧急停车时应沉着而迅速,切忌因惊恐失措而乱关控制阀门或电气开关,谨防事故的蔓延和扩大。

遇到下列情况,应做紧急停车处理:

(1)电源突然中断停车。应立即关闭调节站节流阀,停止向蒸发器供液,以免下次起动时,因蒸发器内液体过多而产生湿压缩,然后关制冷机吸、排气阀。对于氟利昂有电磁阀的条件下,可不作处理,拉下电源开关。检查停电原因,确认故障排除后,可重新起动。

(2)突然停水停车。由于检修管路或其他原因,冷却水突然中断时,应立即切断电源,停止制冷机运转,避免冷凝压力过分升高,然后再关节流阀,制冷机吸、排气阀(对水冷式氟利昂制冷机同样要切断电源)。经查明原因并消除后,可再行起动。如因停水,系统或设备安全阀超压跳开,还应对安全阀试压一次。

(3)遇火警停车。当与冷冻站相邻的建筑物发生火灾危机到冷冻系统的安全罐时,应立即切断电源,迅速打开储液器、油水分离器、蒸发器各放油阀(一般设计时,这些放油阀与紧急泄氨器相连),开启紧急泄氨器,使系统氨液集中于紧急泄氨口迅速排出,以防止因火灾蔓延而使制冷系统发生爆炸事故。

(四)制冷剂充注

(1)高压侧充注:充注时借助充液铜管将氟利昂液罐和系统加液阀连接。拧紧接口螺母前,稍微松开液罐阀门以驱赶管内空气,拧紧后液罐倒置(一次性用罐则不必),稍开阀门检查配管系统,确认无泄露后关上冷凝器出液阀,打开液罐及充液阀,启动压缩机即向系统充注,由液罐磅秤确定系统是否已达到规定充量。反复操作完成充注后,切断加液阀,打开冷凝器出液阀,系统即可正常运转。另一种高压侧充注是在停机状态下借助压缩机高压排气阀多用通道口装上三通接头,一端接真空压力表,另一端连接充注管,经过干燥过滤器和钢瓶连接,向冷凝器充注。

(2)低压侧充注,充注时借助压缩机吸气三通阀充注铜管接到氟利昂钢瓶另一端上,充注管路上装有真空压力表以便操作,钢瓶直立,微开钢瓶阀门以驱赶管内空气,拧紧按口螺母后调节三通阀,使压缩机仅处于从气瓶吸气状态,起动压缩机,随时调整钢瓶阀,控制吸气压力不超过 200 kPa(表压)。由磅秤确定系统是否已达到规定充注量。为了加速充注速度,可用温水淋浇或浸泡钢瓶,但不能浸入热水以免危险,充注完毕关闭钢瓶阀门,待充注管内压力降到底 0 kPa(表压)时关闭压缩机,全开三通阀,关闭充注口,取下充注管后拧紧螺母,恢复三通阀至正常工作状态位置,充注即告完成。

（五）制冷剂的取出

如果系统中充剂过多，液态制冷剂可能过多地浸没冷凝器冷却水管，会使冷凝压力升高，这就需要取出部分制冷剂。有时因装置需要大修或准备长期停用，可能需要取出全部制冷剂。取出部分制冷剂可在装置运行时进行，方法如下：

（1）将未盛满的制冷剂钢瓶放在磅秤上或挂在吊秤上，瓶口向上，用连接管连接系统充剂阀与钢瓶出口阀，上紧接管前先用瓶中或系统中的制冷剂吹除管中的空气。有条件则可将钢瓶放在冰水中，或用水连续冷却。

（2）开启钢瓶阀，打开充剂阀，关小冷凝器冷却水进口阀，保持较高的冷凝压力，液态制冷剂便会进入钢瓶。如果钢瓶没有水冷却，随着制冷剂的加入其压力会升高，当钢瓶的称重不再增加，则表明制冷剂不能再进入钢瓶。这时可暂时关闭贮液器出液阀，让压缩机经系统抽吸钢瓶（瓶口向上）中气态制冷剂，以使钢瓶降压降温，然后再开启储液器的出液阀，继续向钢瓶转移制冷剂。

（3）被充注的钢瓶应随时称重，当系统已取出要求的制冷剂量，或钢瓶充注量接近其最大充注量时（一般装到最大充注量的 80% ~90% 即可），即关闭充注阀停止充注；然后加热连接管，使其中制冷剂尽量进入钢瓶，最后关闭钢瓶阀，拆除接管。

钢瓶和其他压力容器装液态制冷剂时都不宜装得过满，以防温度升高时压力剧增而发生危险。压力容器最大充注量

$$G = V/v \quad \text{kg}$$

式中，V—— 容器的容积，L；

v—— 制冷剂为 60℃ 左右时的比容积（在 30℃ 时瓶内约能有 10% 剩余空间），R22 为 0.98 L/kg。

若要全抽出系统中的残存制冷剂，当系统中存留的制冷剂不多、压力较低时，可改用以下方法：

（1）将压缩机排出截止阀的多用接头与钢瓶连接，或利用排气管路上的压力表接头，在其上装一“T”形接头，使其一端与钢瓶连接，另一端与压力表接头连接。

（2）打开钢瓶阀、压缩机的吸排截止阀和系统中的各截止阀，并手动打开蒸发压力调节阀或使之旁通。

（3）然后“手动”起动压缩机以最小容量抽气，并调低油压控制器断电值。

（4）缓缓关小压缩机的排出截止阀，并用冰水冷却钢瓶，使制冷剂充入钢瓶并液化。同时密切注视压力表，防止排出压力过高。

（5）当排出截止阀全部关闭，吸入压力下降至表压为零时停机，关钢瓶阀和排出截止阀的多用接头，然后拆除钢瓶。

抽除系统中的制冷剂时所用钢瓶必须是试压合格，并且是装同种制冷剂的。

（六）制冷剂的检漏

制冷装置运行中，由于振动造成的连接部件松动、阀杆填料未压紧、管路腐蚀、压缩机轴封损坏或拆检某些设备后装复不符合要求等，会造成制冷剂的泄露，所以检漏是经常性的维护工作。制冷剂的检漏一般可采用油迹检漏、卤素检漏灯和肥皂液检漏。

1. 油迹检漏

平时做好装置各部分的清洁工作，对于氟利昂制冷装置，出现油迹处即为制冷剂泄露的地方，这是由于氟利昂与油能互相溶解，泄露的冷剂中溶有油。

2. *卤素检漏灯*

是以乙醇或甲醇做燃料的喷灯。氟利昂气体与喷灯的火焰接触会分解为氟、氯气体,氯与铜接触便形成氯化铜气体,使火焰的颜色改变,因此,通过火焰的颜色是否改变就可判断有无泄露。使用检漏灯时可旋下底部旋塞,筒内注满酒精或甲醇,后旋紧旋塞,黄铜烧杯内注入酒精,点燃以加热酒精筒和喷嘴,使筒内酒精汽化升温。待杯内酒精快烧完时,稍开调节阀,从喷嘴喷出的酒精气即被点燃。由于喷嘴的高速喷射,使喷射腔内压力低于大气压,于是吸气软管便能吸入气流。若阀杆填料和轴封等处泄露,则火焰的颜色就会由浅蓝色变为淡绿、深绿、紫绿色。颜色越深,表明泄露越严重。

检漏时应注意:

(1)检漏前舱室应很好的通风,以便尽可能地排出被污染的空气,检漏不要抽烟。三氯乙烯和四氯化碳等清洁剂的气体也能使火焰变色,应防止由此引起的误会。

(2)泄露严重时,不宜采用。因此时不易查出泄露确切部位,并且氟利昂气体与明火接触会产生有毒的光气,检漏时应避免吸入,若发现火焰呈紫绿色和亮蓝色时,就不应再用灯检漏,可改用肥皂液查漏。

(3)检漏完毕,熄火关闭调节阀时,不要关得太紧,以免冷却后卡死或阀体开裂。

3. *肥皂液检漏*

把调成一定浓度的肥皂液涂于可能渗漏部位,观察是否冒气泡来判断有无泄露。检漏处内部压力需 0.35 ~0.4 MPa,否则很难查出微小渗漏。此法不适用于零度以下环境。

(七)更换干燥剂

干燥剂为硅胶,系蓝色(或白色)颗粒,吸水后变为红色(或蓝色),当干燥剂变色后,应更换干燥剂。其步骤如下:

(1)首先准备好工具及干燥剂。

(2)关闭储液器的出液阀、旁通阀及干燥器的进口阀,打开干燥器出口阀,以回收干燥器及管路内的制冷剂。

(3)等制冷压缩机低压停车后,关闭干燥器的出口阀,拆下干燥器。

(4)拆下干燥器的端盖,取出卡簧、滤网,将用过的干燥剂倒掉。

(5)用挥发性清洁剂(丙酮、四氯化碳)清洁干燥器内壁及滤网。

(6)更换新的干燥剂,填满压实,装上滤网、卡簧,检查密封垫圈是否破损,上紧端盖。

(7)将干燥器连接在管路上,上紧进口阀接头螺母,微开出口阀接头螺母,打开干燥器进口阀、出口阀,用制冷剂将干燥器及管路内的空气排出。

(8)上紧干燥器出口接头螺母,打开出口阀,关闭旁通阀,使干燥器投入运行;运行一段小时后,将干燥器撤出运行。

(八)参数调整

制冷装置运行的参数主要有:蒸发温度和蒸发压力;冷凝温度和冷凝压力;压缩机的吸、排气压力;节流前的制冷剂液体温度;两级压缩制冷系统的中间压力等。这些运行参数不是固定的,而是随外界条件(如冷却水温度,被冷却对象的冷负荷)的变化而变化的。所以,在制冷装置调试时,必须根据外界条件和装置的特点,调整各个运行参数,使它们在合理、经济和安全的数值下运行。

1. *蒸发温度和蒸发压力*

蒸发温度和蒸发压力是根据用户的要求确定的。装置运行的蒸发温度,应根据被冷却介质的温度要求及工作特点来确定。调整蒸发温度,实际上是调整蒸发温度与被冷却介质温度之间的温度差。从传热的观点考虑,温差取得大,其传热效果好、降温快。但是加大传热温差,就使蒸发温度降低。对压缩机的制冷量来说,当冷凝温度一定时,蒸发温度越低,其制冷量越小,由于冷量不足,进而使被冷却介质温度降不下去。而温差变小,则传热效果差,压缩机制冷量虽然很大,但蒸发器热交换不充分,因此,我们应根据制冷设备的不同形式,合理地选择温差。

根据我国 JB/T 4329-97 容积式冷水(热泵)机组标准规定,冷水机组的名义工况为冷水进口水温为 12℃,出口水温 7℃,冷却水进口水温 30℃,出口水温 35℃。所以冷水机组在出厂时,自动控制和保护元器件的整定值将使冷水机组保持在名义工况下运行状态。由于提高冷水的出水温度对机组的经济性十分有利,运行中,在满足空调使用要求的情况下,应尽可能提高冷水出水温度。如果实际使用中机组长期运行的冷水出水温度不是 7℃,订货时应在合同上注明所需要的冷水出水温度要求。在机组的实际操作中,应根据空调对象的具体要求,可将冷水的出水温度提高或适当降低。一般情况下,蒸发温度较冷水出水温度低 2 ~4℃,则控制蒸发温度在 3 ~5℃范围。对于冷却液体介质的蒸发器,它的蒸发温度应比被冷却液体介质温度低 4 ~6℃。

调整蒸发温度与被冷却介质温度的差值,实际上就是调节节流阀的阀孔开度。

目前常用的节流阀有手动节流阀,热力膨胀阀,恒压膨胀阀、浮球阀等。我们在调试运行时,主要靠观察蒸发压力的变化来判断膨胀阀的开度是否适中。如果阀开度过小,供液量不足,则使蒸发压力和蒸发温度下降,压缩机吸气过热,排气温度亦升高;而供液量过多时,则蒸发压力和蒸发温度都升高,过量的液体,还会使压缩机产生液击事故,所以正确地控制节流阀的开启度是运行中调节蒸发温度和蒸发压力的主要方法之一。此外,当冷却设备负荷和压缩机的容量不变,若蒸发器热交换面积设计过小或内外表面有污垢,则使蒸发温度降低;如热交换面过大,则蒸发温度升高;如果冷却设备负荷和蒸发器热交换面积都不变时,压缩机容量增大,则蒸发压力和温度降低,容量减少时,则蒸发温度和压力升高。

2. *冷凝温度和冷凝压力*

制冷系统的冷凝压力为高压表所指示的压力,用绝对压力表示,查制冷剂热力性质表所示,在一般情况下,冷凝温度比冷却水进口温度高 5 ~7℃,比强制通风的冷却空气进口温度高 10 ~15℃。当蒸发温度不变时,冷凝温度升高,冷凝压力也升高,压缩机的压缩比增加,输气系数减少,压缩机制冷量降低,而耗电量却增加。此外,冷凝压力升高,压缩排气温度升高。如果排气温度过高,则使压缩机润滑油变稀,影响润滑。当排气温度与润滑油门点接近时,将会使部分润滑油炭化并积聚在排气阀门中,影响阀门的密封性。此外,对阀片、端盖弹簧等均有影响。

冷凝温度过高,从设计角度分析是因为冷凝面积过小。此时,不能在规定的压力下将压缩机排入冷凝器的过热蒸气全部冷凝为液体,而只有在较高的压力和温度下冷凝。在这种情况下,只有增加冷凝器面积或减少并联系统的压缩机运行台数。

运行过程中,冷凝器内表面有油膜、水垢或系统内有少量空气等不凝性气体,均可使传热热阻增加,使制冷剂蒸气不能及时冷凝。通常处理方法是定期放油、放空气并根据水质情况定期清除水垢。

降低冷凝温度对制冷装置的运行有利,其可采取的措施有两个方面:一是降低冷凝器冷却水的进水温度;二是加大冷却水水量。但冷却水温度取决于大气温度和相对湿度,受自然条件变化的影响和限制;而加大冷却水流量简单易行,但加大冷却水流量,引起冷却水泵功耗增加,过高的流速还会加剧水管磨损,故应全面考虑。

此外,冷却水是开式循环系统,冷却塔在大气中进行,灰尘、杂物和大气中的腐蚀气体与有害物质会溶解在冷却水中,在阳光作用下造成氧化加剧,及微生物在水中繁殖,对冷却水系统工作存在严重危害。因此,有关操作规程规定冷却水系统和冷凝器管道每年必须彻底清洗一次,以保证冷凝器的正常工作性能。

3. 压缩机的吸气温度

压缩机的吸气温度,对容积式压缩机来说,是指压缩机吸气腔中制冷剂气体的温度。吸气温度高,排气温度亦高,制冷剂被吸入时的比容大,此时压缩机的单位容积制冷量变小;相反,压缩机吸气温度低时,其单位容积制冷量大。但是压缩机的吸气温度过低,可能造成制冷剂液体被压缩机吸入,使往复式压缩机产生液击现象。

此外,压缩机吸入管道的长短和包扎的保温材料性能的好坏,对过热度的大小,也有一定影响。吸气温度一般控制在制冷装置的吸气过热度为 5 ~ 10℃,在设回热热交换器的氟利昂系统吸气过热度为 15℃ 比较合适。因此在机器运行操作中,必须注意压缩机吸气温度的控制,通常是用调节热力膨胀阀的调节螺杆来调节过热度的大小。

4. 压缩机的排气温度

压缩机的排气温度是制冷剂经过压缩后的高压过热蒸气。由于压缩机所排出的制冷剂为过热蒸气,其压力和温度之间不存在对应关系。压缩机的排气温度可从排气管路上温度计读出。

排出压力一般稍高于冷凝压力,而排出温度较冷凝温度高得多。排气温度除与制冷剂种类有关之外,主要与吸气温度、压力及压力比有关,并随着它们的增大而提高。冷凝温度和排气温度过高对压缩机的运行都是不利的,应予防止。

三、对冷冻机油添加与更换

装置运转正常的情况下,压缩机滑油的耗量很小,不会产生缺油现象,氟机总制冷剂带进系统的滑油可通过油水分离器或合理布置的回气管经回油孔返回压缩机的曲轴箱;新安装或大修后的装置,各部分会积存一定滑油,出现滑油不足的情况。所以若需添加过多的滑油或需经常添加滑油,则说明系统存在回油不畅、油温过高或严重泄漏等弊病,应及时检查纠正。

添加滑油必须注意:滑油应储存于封口的容器中,以免空气中的水分和污物进入;添加滑油的牌号应与原有滑油牌号相同,不同牌号的油不能混用,以免滑油变质;添加滑油应适量,加入过量滑油易使压缩机产生液击,导致热交换器传热系数和热膨胀阀的冷剂量降低。添加滑油的方法有三种。

1. 从压缩机多用孔道吸入

此法适用小型压缩机,操作步骤如下:

(1)关闭压缩机吸入多用孔道,装上“T”形接头,接好加油接管和真空表,稍开多用孔道即关,用机内制冷剂驱除接管内的空气,立即用拇指封住接管的管口。

(2)关闭压缩机的吸入截止阀,隔断压缩机与回气管的通路。

(3)把转换开关置于“手动”位置或短接低压继电器,起动压缩机瞬时即停,重复 2 ~ 3 次,防止溶于滑油中的制冷剂把滑油带进气缸而产生“液击”,然后运行几分钟,直至达稳定的真空后停机。

(4)把拇指封住的管口置于油中,松开拇指,油即经接管、多用孔道和回油孔被吸入曲柄箱。若油的吸入量不足,可用拇指封住管口,重复以上操作。

(5)开启吸气截止阀,关闭吸入多用孔道,拆去接管,把低压继电器复原。然后再稍开多用孔道,以把低压信号引入压力表和低压继电器。

2. 从压缩机曲柄箱的加油孔注入

(1)关闭压缩机的吸气截止阀,把机内的制冷剂收入储液器,直至低于压力表指"0"停机。

(2)关闭排气截止阀,旋出加油孔旋塞,从加油孔注入滑油,直至油面达油位线为止。

(3)开启吸气截止阀,用制冷剂驱使侵入曲轴箱内的空气,旋紧加油孔旋塞,开启排气截止阀。

3. 利用曲轴箱上的加油阀加油

此法适用于装有加放油阀的压缩机,可在压缩机运行中加油,操作步骤如下:

(1)在加油阀上装上加油接管,把加油阀转"放油"位置,利用曲轴箱内具有一定压力的油驱除接管内的空气,用手指封住接管另一端的管口,把管口浸入盆或油桶的油面下,把加油阀转至"运转"位置。

(2)关小出液阀或吸气截止阀,使装置在低压压力略高于0 N/cm^2 下运转。

(3)把加油阀转至"加油"位置,油泵即经加油阀和接管从油盆或桶内吸油,当曲轴箱的位面上升至油位刻线时。立即把加油阀转至"运转"位置。

(4)开大出液阀或吸气截止阀,拆除加油接管。

(5)若滑油已变质或含污物过多,则应更换。

四、不凝气体的危害及其检查与排除方法

在制冷系统中,冷凝压力与冷凝温度下的不凝结气体,包括空气以及制冷剂和润滑油的分解物等。系统中的不凝性气体一般是操作不当时外界进入的空气。这些不当操作包括充注制冷剂和加滑油等操作不当、系统负压运行或抽空不严格等。

不凝性气体的存在会妨碍传热,使排气的压力和温度升高,增加压缩机功耗,降低制冷量,缩短滑油使用寿命,故须设法排除。

如果冷却水已开足,排气压力所对应的冷剂饱和温度与冷却水进口温度之差仍显著高于设计温差(5~9℃)时,表明排气压力偏高,这可能是冷凝器中空气过多,也可能是其他原因使冷凝器冷却能力不足,前者可用以下方法判断:

(1)关闭冷凝器出口阀(如有贮液器应关闭其出液阀和平衡管阀),将系统中冷剂抽至冷凝器中,直至低压停车。

(2)开足冷却水使冷凝器中冷剂气体充分冷凝,直至冷凝器压力不再下降。

(3)如无空气存在,冷凝器内压力所对应的冷剂饱和温度应与冷剂实际温度一致,后者基本接近冷却水温(此时进出水温相同),但环境温度较高时也可能比冷却水温稍高。经验表明,此时冷凝器内压力所对应的冷剂饱和温度如高出冷却水温2~3℃,则冷凝器一定该排放空气了。顺便指出,为使温度计反应比较灵敏准确,应在插座内灌满冷冻机油,减小热阻。

如果冷凝器位置比压缩机高,可通过冷凝器的放气阀放气;若冷凝器位置比压缩机低,则可从排出阀多用接头(或排出压力表接头)放气。放空气的正确方法如下:

(1)关闭储液器的出液阀。

(2)起动压缩机,把系统中的制冷剂连同不凝性气体一起排入冷凝器中,然后关停压缩机。

(3)继续向冷凝器供给循环冷却水,以使制冷剂充分凝结,直至冷凝器中压力不再下降为止(需1~2 h)。这时不凝性气体则聚集在冷凝器上部。

(4)打开冷凝器顶部的放空气阀,让气体流出几秒钟即关,停一会重复这一操作。空气比

制冷剂轻，静置后聚在容器顶部，分次操作可减轻扰动，减少制冷剂损失。每次放空气后注意排出压力表，放至冷凝器中的压力接近水温所对应的制冷剂饱和压力时，应结束放空气的操作。如果压力降得太低，降后又渐渐回升，则表明放掉的是制冷剂。

应该注意，在压缩机运行中不得放空气，因为这会把大量制冷剂气体放出；而且最好是在压缩机停机一段时间后，再打开放空气阀，否则放空气时制冷剂损耗很大。

五、蒸发器融霜

（一）蒸发器结霜对工作的影响

制冷装置中，蒸发器管壁的温度均在0℃以下，空气中的水汽会在其上结成霜层，由于霜层的导热系数不到金属管壁的1%，故霜层极大地增大传热热阻，膨胀阀会因出口过热度减小而关小，蒸发压力和温度下降，导致制冷量减少，霜层越结越厚，影响尤甚，所以，蒸发器应定期融霜，常用的方法有自然融霜、电热融霜、喷水融霜和热气融霜，除热气融霜外，融霜前应把系统中的制冷剂收回至储液器中，停止装置运行。

（二）电热融霜

电热融霜是利用电加热器对冷却盘管加热，使霜层融化。它较热气融霜简单，操作也更为方便，容易实现自动控制等优点，所以在伙食库制冷装置上被广泛采用。缺点是要增设电热设备，又要耗电。它多用于吹风冷却的冷库制冷系统。

图5-38为电热融霜工作原理图，融霜步骤如下：

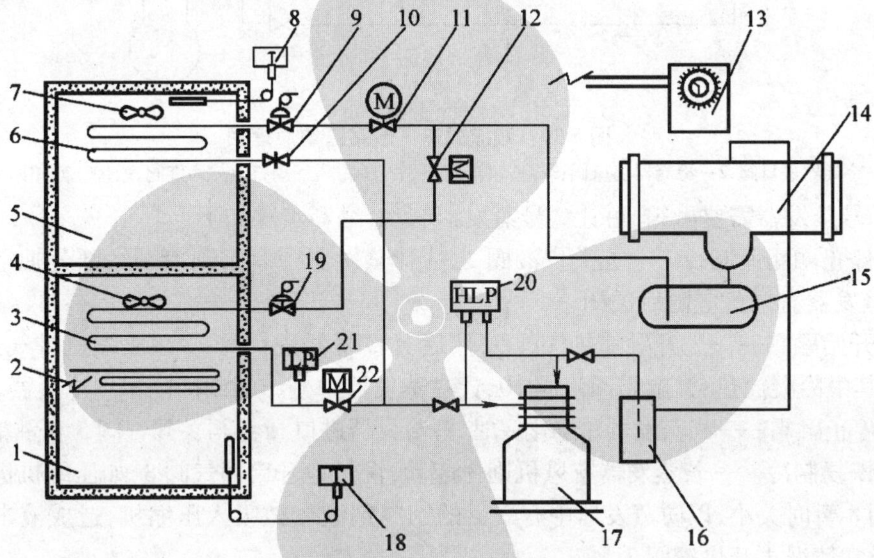

图5-38　设有电热融霜的冷库融霜系统原理图

1—低温冷库；2—融霜电热器；3—冷却盘管；4—风机；5—高温冷库；6—冷却盘管；7—风机；8—温度控制器；9—膨胀阀；10—恒压阀；11、12—电阀；13—融霜定时控制器；14—冷凝器；15—储液器；16—油水分离器；17—压缩机；18—温度控制器；19—膨胀阀；20—高低压继电器；21—回气压力控制器；22—电阀

（1）先关闭供液电磁阀12和冷却盘管3的回气电磁阀22，停止向空气冷却器6供液。

（2）将空气冷却器抽空后，停压缩机17，关闭回气管截止阀。

（3）停通风机4，如果是冷藏舱，没有单独的空气冷却器间，应关闭进、出风门。

（4）将融霜加热器2通电，融霜泄水聚集在空冷器下的集水盘泄出。电热器装在空气冷却器6前面、下面插在管间,集水盘等处也要装适量电热器以防泄水冻结。霜融完后停止电加热,稍后起动风机,开启供液电磁阀12和压缩机17。

伙食冷库每天都要开库,外界空气经常侵入,结霜严重,其空冷器需要经常融霜。采用电热融霜时,通常由融霜定时器调定融霜起停时刻,一般每天一次。也有的为了按需要融霜,采用手动按钮融霜后,用定时器自动停止融霜。自动融霜时,停压缩机17、风机4和开电热器2的动作可以比关供液电磁阀的动作滞后,以便抽空蒸发器。

(三)顺流式和逆流式融霜

热气融霜的管路布置可分顺流式和逆流式两种。顺流式热气融霜系统原理图如图5-39所示。

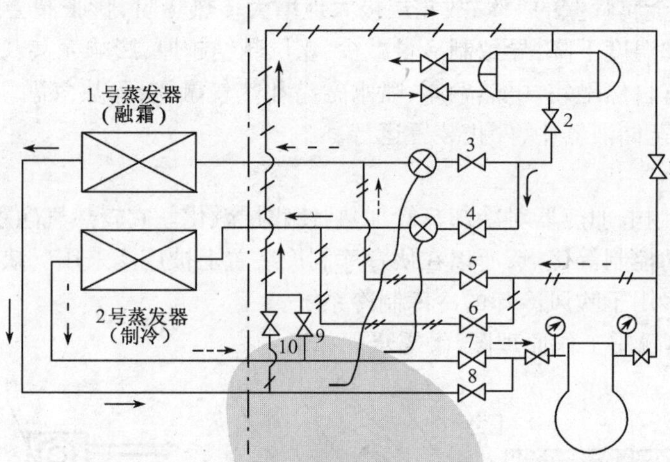

图5-39　顺流式热气融霜系统原理图

1—冷凝器进口阀;2—冷凝器出口阀;3、4—供液阀;5、6—融霜热气阀;7、8—回气阀;9、10—融霜回液阀

若1号蒸发器需要融霜,可让2号蒸发器制冷,融霜步骤如下:

(1)停止融霜库制冷——先关供液阀3,估计蒸发器中剩余制冷剂大部分抽空后,关回气阀8;若蒸发器有风机应随后关闭。

(2)开始融霜——先开融霜热气阀5,然后关冷凝器进口阀1,让压缩机排气进入融霜蒸发器,在其中冷凝放热;开融霜回液阀10,让在蒸发器中凝结的制冷剂回到冷凝器。

(3)停止融霜——当蒸发器霜层化完时,开冷凝器进口阀1,再关热气阀5和融霜回液阀10。

(4)恢复制冷——若蒸发器有风机则先起动,慢慢地开启回气阀8,如压缩机进口结霜,则立即将阀8暂时关小,以防蒸发器中有残留的制冷剂液体被吸入压缩机,造成液击;回气阀开足后无异常情况再开供液阀3。

顺流式热气融霜的特点是:(1)融霜热气管通到膨胀阀后,其流向与正常工作时制冷剂流向相同。因为膨胀阀一般都靠近蒸发器进口,故这种方式对蒸发器离冰机间较远的冷藏舱制冷装置来说,热气管太长,不宜采用。(2)制冷剂融霜后凝结的液体不允许被吸回压缩机,因此必须设回液管。

当冷凝器位置较低时,融霜回液管可接到冷凝器进口,这样融霜蒸发器与冷凝器串联,融霜后期霜层不多时也不必担心排气压力过高,操作比较安全;但若冷凝器位置较高,为避免融霜时制冷剂凝液聚集在蒸发器内,回液管必须通至冷凝器出口管。这样,融霜蒸发器是与冷凝器并联,融霜后期霜层不多则排气压力可能过高,应注意适当开启冷凝器进口阀分流。

逆流式热气融霜系统的原理图如图5-40所示。这种系统的特点是:(1)融霜热气管接到蒸发器后吸气管上的吸气阀前,融霜热气在蒸发器中的流向与正常工作时制冷剂的流向相反。而吸气阀就在冰机间,因此膨胀阀离冰机间较远的冷藏舱制冷装置也适用。其融霜操作步骤和要领与顺流式相同,差别仅在于融霜期间要开启膨胀阀的旁通阀(有的冷藏舱为简化操作,采用单向阀)让制冷剂流过。(2)可以不设融霜回液管,让热气融霜的冷剂凝液逆向流过该库供液阀,向工作库供液。但这样融霜蒸发器和冷凝器即成并联,融霜后期融霜蒸发器的结霜大部分已融化,压缩机的排气会因冷却不好而排压过高;这时必须适当开启冷凝器进、出口阀帮助冷凝。所以当冷凝器是低位时,有的逆流式热气融霜系统也加设回液管,通至冷凝器进口(见图中虚线所示)与之串联,以求融霜后期操作简便安全。

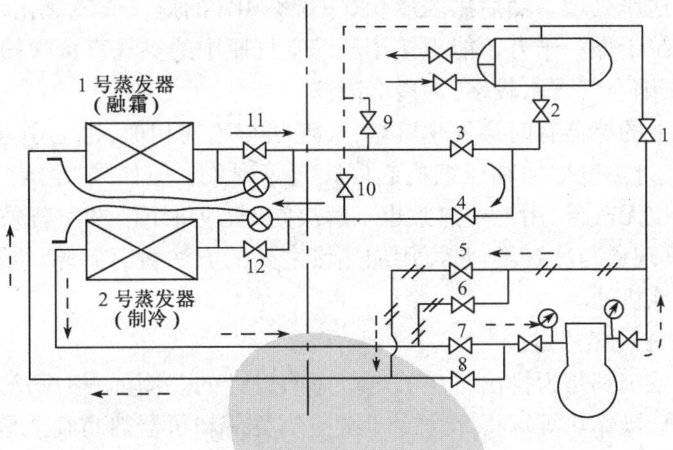

图5-40　逆流式热气融霜系统原理图

1—冷凝器进口阀;2—冷凝器出口阀;3、4—供液阀;5、6—融霜热气阀;
7、8—回气阀;9、10—融霜回液阀;11、12—热力膨胀阀旁通阀

热气融霜的速度在很大程度上取决于工作库制冷剂蒸发量的大小,故融霜宜在其他工作库热负荷较大时进行。有的也采取启用空库、开启高温库库门等办法增加工作库热负荷。

六、装置常见故障分析和处理

制冷装置可能发生的故障有多种形式,某种故障可能由各种不同的原因导致,一定要全面掌握,仔细鉴别,不可草率处理,现介绍常见的几种主要的故障的分析和排除方法。

(一)冰塞

制冷系统中氟利昂含水较多时,若节流降压后温度降到0℃以下,水的溶解度显著降低,即会析出而结冰,在流道狭窄处形成"冰塞"。膨胀阀是节流降压元件,阀孔通道狭窄,最容易发生冰塞。有时液管上滤器脏堵,或膨胀阀前后的阀开度不足等,也可能节流而导致冰塞。

当冰塞尚未完全堵死通道时,蒸发器的制冷剂流量减少,出口过热度增加,压缩机吸入压力下降,直至低压控制器使压缩机停车;停车后冰塞处的冰部分融化,压缩机吸入压力回升而重新起动;反复起停冰塞会继续加重,停车时间会加长,再次起动的时间将更短,完全不能正常工作。

用下述方法可判断冰塞的部位:关膨胀阀前的截止阀;清除该阀后可能冰塞的管道和阀件外面的霜层;突然开启上述截止阀,冰塞处流道狭窄产生节流降压,其后面管道必然结霜。

冰塞以预防为主——应及时更换失效的干燥剂;拆修元件和日常操作时要防止湿气和水

分进入系统;在充制冷剂和拆修有关元件后,要用干燥器吸收可能进入系统的水分。

消除冰塞的办法有:

(1)拆下冰塞元件(膨胀阀、滤器等)用纯酒精清洗,再用压缩空气吹干后装复。

(2)热水化冰。换新干燥剂后,在不便拆卸的冰塞处外敷毛巾,浇热水使冰融化,然后起动压缩机,让水分随着制冷剂流动并被干燥剂吸收。采用这种方法往往需要耐心地反复化冰。

(3)用"解冻剂"除冰塞。用类似充制冷剂的方法向系统中充入一定数量"解冻剂",使其随制冷剂在系统中循环,它能溶解冰,并和水一起被干燥剂吸收。"解冻剂"不允许含甲醇之类对金属有害的物质。

(4)用干燥气体吹除水分。系统大量进水时上述方法都不适用。这时只能将系统中的制冷剂收入钢瓶以备送岸处理。然后用表压 0.6~0.8 MPa 的氮气或二氧化碳气吹扫系统,最后用抽空除水法使系统干燥。千万不能直接用压缩空气瓶中的空气直接吹扫温度较低的冷库管路,因为气瓶中的压缩空气含水较多,遇冷会凝露。

膨胀阀和液管上的滤器有时会发生脏堵,其症状与冰塞相似,也会引起制冷剂流量不足、吸入压力降低、吸气过热度增加和压缩机起停频繁等现象。但如果"脏堵"的症状比较稳定,停机较长时间情况也无改善,用毛巾热敷也不解决问题,应拆下清洗。若采用的滑油凝点太高还可能发生油堵,其现象与冰塞类似,可用加热堵塞处的方法暂时解除,彻底解决的办法是应换成凝点合适的冷冻机油。

(二)制冷剂充注过多或过少

任何一个制冷系统都是为排出特定的热负荷而设计的。例如,根据冷却或冻结对象热负荷,围护结构渗入热、操作热等算得库房冷却设备热负荷和机器热负荷。因此,系统各部件是在能力匹配的状态下运行,才能确保整个制冷系统在规定的工况条件下动态平衡。然而,即使设计和安装正确的制冷系统,还必须有充注量合适的制冷剂。众所周知,制冷剂以其周而复始的状态变化,起着将热量从低温介质传递到高温介质的传媒作用。在规定的工况条件下,每公斤制冷剂沸腾吸热量是一定的,因此对排除特定热负荷而需要的制冷剂循环量也是一定的。

充注量过少就意味着过热蒸气量大,相当于蒸发器面积未充分利用或蒸发器偏小,系统不匹配降温困难无法正常工作。反之,如果充注量过多,则有可能导致冷凝器一部分冷却管道积液,相当于减少冷凝面积,使冷凝压力升高、压缩比增大,压缩机制冷量下降。如果过多液体进入蒸发器,也会使吸入压力偏高系统降温困难无法正常工作。故系统中的制冷剂充注过多或过少均会给系统带来无法正常的不良影响。

在系统中的制冷剂严重不足时,经膨胀阀的制冷剂液体流量不足,会出现以下异常现象:蒸发温度低于0℃的冷库,其蒸发器后部结霜融化,压缩机吸气过热度增加,吸气压力和排出压力都降低,制冷量减小,长时间运转库温仍降不下来,或者库温未到下限,压缩机吸气压力就很低而停车。制冷剂流量不足还会使进入蒸发器内的润滑油难以返回曲轴箱,造成油位偏低。

由于膨胀阀开度不足,堵塞或冷凝压力低等原因也会造成前述现象,应借助以下方法确定系统中制冷剂是否不足:

(1)由储液器的液位镜观察液位,一般液位不足 1/3 应该补充制冷剂。

(2)如液管上装有液位指示镜,制冷剂不足时可见到液流中夹有大量气泡。

(3)膨胀阀流过的制冷剂夹带较多气体时,会发出较明显的"嗞嗞"声。

(4)稍开膨胀阀的旁通阀,如系膨胀阀开度不足或堵塞,则吸气压力明显增加,吸气过热度降低,如系制冷剂不足,则效果不明显。

（三）制冷机不能启动或起动后很快停车

制冷机起动不起来，其原因不外乎两个方面，即电机故障和制冷机机械故障，先分述如下：

（1）首先检查主电路，电源是否有电，保险丝是否被烧，开关触头接触是否良好，是否缺相运行。当三相电源被烧坏一相后，电机也能转动，但声音反常，转速也会减慢，发现这种情况应立即停车，否则容易烧坏电机。

（2）若电源电压太低，起动后电动机声音也会不正常。电压应不低于额定电压的90%，否则电机的额定功率明显下降，无法拖动压缩机。当输入线路允许的电流较小，不能满足电机需要，电机同样拖不动压缩机。

（3）应检查压差继电器。高低压继电器，因压差继电器和高低压继电器都是制冷剂安全运行所采取的继电保护，当制冷机油压不正常时，均可以使制冷机停止运转。检查压力继电器的触头是否断开，并检查是否因高压调定值太小，或低压调定值过大而造成继电器断开。另外，系统中有阀门没有打开，也会引起压力继电器断开。检查压差继电器触头是否断开，若油压建立不起来，会使触头断开。起动时没按复位按钮，该触头处于自锁状态下，继电器工作一次后，需要隔5 min才能复位。若在5 min内，则因加热元件仍使触头处于断开状态，故无法起动。

（4）当温度继电器感温包内工质泄露，或调节有误，这时触头是常开的，不能起动。如判断工质泄露，可旋转继电器调节针到低温标度区，触头是否闭合，如不闭合，拆下温度继电器，把感温包浸入温水中，再看触头是否动作，若还不通，证明是包内工质泄露，需要修理。

（5）在连杆大头轴瓦，曲柄前后轴承发生抱轴时，制冷机是不能起动的。另外，因排气温度过高，使油焦化，当停车冷却后，焦化的冷冻油将气缸与活塞粘住，迫使制冷机不能运转。总之，起动前先盘车，如果证明无机械性阻碍后，制冷机仍不能起动，纯属电气问题。

（四）压缩机在运行中突然停车或起、停频繁

（1）排气压力在运行时超高允许值，压力继电器自动切断电源，压缩机就实行保护性停车。引起高压升高的主要原因有：

▲装置中有空气。

▲冷却水量不足水量调节阀失灵。

▲冷凝器有水垢。

▲制冷剂太多。

▲排气管道不畅通或油分离器进口滤网堵塞。

（2）另外由于以下一些原因，造成蒸发压力过低，引起停车：

▲节流阀或膨胀阀开启过小，制冷剂流量不足，蒸发器大部分空间用于制冷剂蒸气过热，由于制冷剂气体传热性能小于液体制冷剂，所以制冷量下降，蒸发压力也下降。

▲蒸发面积过小，或制冷量不相适应。这种现象不论怎么调节，蒸发压力也不能升高，即使是暂时升高，也会很快自动下降。这里需要强调指出，若确因蒸发面积小，决不能用调节蒸发压力的办法去适应制冷能力的需要，而只能用增加面积或降低制冷能力的办法来解决，否则制冷剂必然产生液击。

▲搅拌机转速不够或规格不符，使载冷剂流速得不到保证，从而造成蒸发器表面结冰，增加了热阻，影响了传热及蒸发速度，使蒸发压力逐渐降低，直接蒸发表面结霜与包冰不同，也会降低蒸发压力。

▲在氟利昂制冷系统中，影响蒸发压力低的因素还有干燥过滤器堵塞，电磁阀不工作，膨

胀阀冰塞等。

(3)油压太低,供油压力低于调定值导致油压继电器动作,切断电源停车,引起的油压(油泵出口压力与吸气的差值)过低,一般是曲轴箱润滑油量极少;或是吸油管不畅或过滤器堵塞;或是曲轴箱内的润滑油中溶解过多的氟利昂制冷剂(尤其收集在吸氯压力降低时),从而减少了油泵的供量,油压就降低。

(4)电动机超载,造成热继电器动作,或保险丝熔断,切断电源而停车。

(五)冷量不足——库温降不下来

制冷装置运行中,常常碰到库内温度所有下降,但下降的速度很慢,或者降不到所要求库温,造成这一故障的原因如下:

▲冷库的密封性或隔热性能差——冷损耗大。

▲霜层太厚。

▲膨胀阀流量过大或过小。

▲膨胀阀及其他部件的堵塞。

膨胀阀的堵塞主要有以下三种形式。

(1)冰塞:一旦制冷剂中含有水分,当制冷剂流经膨胀阀时,因节流温度突然降下来,水被析出并结成冰粒,部分或全部堵塞阀孔。出现冰塞后,制冷剂流量减少,吸气压力下降,排气压力也下降,制冷量就下降。

排除冰塞的方法,一般是更换干燥剂,把制冷剂中的水分吸除;有时也可以拆下膨胀阀,用酒精清洗,排除留在阀内的水分;当系统内含水量较大时,可拆除系统中原来的干燥器,临时装一只大型干燥器来吸湿,也可以将系统抽真空,从而达到排除水分的目的。

(2)油堵:这种现象一般是由于选用了凝固点太高的润滑油引起的。当制冷剂流过膨胀阀,因节流降温,使部分油分离出来,并凝成糊状,粘在阀孔造成堵塞。这种故障多数发生在60℃以下的低温装置上。

(3)脏堵:系统中脏物在膨胀阀进出口滤网上造成堵塞,该处被堵后,会使阀入口马上结霜,排除方法是拆下膨胀阀清洗。除了膨胀阀堵塞外,在干燥器、过滤器,连接管道等处也会产生堵塞。一旦被堵塞,同样造成库温降不下来的后果,若用手摸被堵处前后,则会发现有明显温差,发现堵塞后,应及时排除。

(六)压缩机的效率差

所谓压缩机的效率差,就是指在工况不变的情况下,输气系数降低,其实际排量显著下降,使制冷机的制冷量相应减少,产生冷量不足的现象。

对于一台经过长期运行的压缩机,其排量下降的原因多数是由于运动部件已有相当程度的磨损,配合间隙增大,或者是气阀密封性能下降,引起漏气量增加的缘故。

(七)压缩机频繁地起动和停机

这种故障多为温度继电器或高低压继电器触头时闭时断所造成的。

1. 温度继电器的触头频繁地闭合和断开

这是由于温度继电器的闭合温度与断开温度的温差过小,停机后不久库内温度很快就回升至温度继电器闭合的温度使压缩机重新起动。于是库温开始下降并很快到达温度继电器断开的温度,压缩机又停机。如此反复,就出现了压缩机频繁地起停的现象,只要转动温度继电器的幅差值,故障即可消除。

2. 低压压力继电器的触头频繁地闭合和断开

发生这故障的原因有：

(1)低压压力继电器的触头闭合与断开的压差太小。在电动机的起停由低压继电器控制和温度继电器只用于控制电磁阀启闭的装置中,库温达下限而使压缩机停机后。由于管路阻力和温度的影响,低压压力很快地回升至低压继电器触头关闭的压力而使压缩机重新起动。但由于此时库温并未上升至上限值,温度继电器的触头仍然处于断开状态,电磁阀不会开启,低压压力很快急降至低压继电器触头的断开压力,又使压缩机停机。如此反复,就出现压缩机频繁地起停,只要调大低压压力继电器的幅差值,故障即可消除。

(2)高低压间有泄漏。若装置中的电动机的起停由低压压力继电器控制,则同样会出现类似低压压力继电器的幅差值太小的情况,只是压缩机起动时的压力较高而已。

(3)膨胀阀发生"冰塞"或"脏堵"、制冷剂或装置的热负荷太小,出现这些故障,必然使供入蒸发器的冷剂量减少。若压缩机无自动能量调节装置,供入制冷剂量的下降幅度使压缩机很快把蒸发器内的制冷剂抽空,压缩机就会因低压压力过低,低压压力继电器的触头断开而停机。但此时库温并未降至下限,电磁阀仍处于开启状态,于是,低压压力很快又回升,低压继电器的触头重新闭合,压缩机又启动,如此反复,就出现压缩机频繁地起停。

3. 高压压力继电器的触头频繁地闭合和断开

发生这种故障的原因有：

(1)高压压力继电器触头断开的压力过低。若高压继电器触头的断开压力在压缩机的正常吸气压力范围内,则压缩机会在装置运行和冷库降温过程中而停机,停机后不久因高压压力下降,高压继电器的触头重新闭合,压缩机又起动。如此反复,压缩机就频繁地起停、只要按规定调高高压继电器的断开压力,即可消除这故障。

(2)压缩机的排气压力过高,系统中积存较多的空气。冷却水量不足或断冷却水、冷凝器换热面脏污或充入冷剂量过多等,均会造成压缩机的排气压力过高而使高压继电器的触头断开压缩机停机。停机后不久,高压压力下降,因高压继电器触头重新闭合,压缩机又起动,如此反复,就导致压缩机频繁地起停,只要查明并消除排气压力过高的因素,故障即可消除。

(八)"液击"或"敲缸"

压缩机吸入湿蒸气就会引起"湿行程",如果未及时消除而任其发展就会造成液击。因为液击的不可压缩性,过多的液体在无法从排气阀片气隙排出的情况下,只能克服安全弹簧力顶开吸、排气阀组件,即安全假盖及时排泄。由于泄压、吸排气阀组件在安全弹簧张力作用下复位并敲击缸套上沿,使排泄受阻,再次顶开假盖泄液,紧接着又复位敲击,如此产生周期性金属撞击响声,就称作"液击"或"敲缸"。

"液击"可以是制冷剂液体被吸入引起,也可以是曲轴箱严重喷油引起,液击必然引起敲缸,但敲缸并非均由液击引起。如发生压缩机因断油引起的运动机构"咬死",连杆螺栓断裂、或气缸套破碎等机械故障而电机未及时停转,均会造成活塞破裂、连杆拉断甚至曲轴断裂的严重恶性敲击或破裂事故。

平时应严格按操作规程加强岗位培训,提高人员素质,维修保养,及时更换易损件,补充更换润滑油。做到以防为主,防治结合,一旦发生事故,应针对故障原因,动用备件及时更换受损零件紧急抢修,排除故障。检修后要试车半小时,确认无疑,办理好交接手续后方可交付使用。

(九)压缩机排气温度过高

(1)由于冷凝温度升高,相应的冷凝压力升高,引起排气温度增高,应控制和调整冷凝温度在规定的范围内。

(2)系统中有较多的空气,使冷凝器中压力升高,则排气压力升高,排气温度升高,应按放空气操作排除系统中的空气。

(3)由于蒸发湿度降低,相应的蒸发压力降低,使压缩比增大,引起排气温度升高,应调整蒸发湿度在规定范围内。

(4)吸气过热度太大。这是由于节流阀开度小,供液管道阻塞,吸气管路过或隔热不好等引起的,这时应调整节流阀开启度或增强吸气管路的隔热。

(5)气缸冷却水套水量不足,水温太高或断水,应降低冷却水温和增大冷却水量。

(6)排气阀片泄漏或损坏,活塞环密封性失效或气缸拉毛。这时排气温度升高,气缸上部发烫,电流表读数增大,电动机发出重负荷的异声,但排气压力变化不大,应停机打开缸套检查排气阀片,如有坏损,及时修理或更换阀片。

(7)气缸纸垫打穿或安全阀过早开启,使高低压旁通,应更换纸垫或调节安全阀的开启压力。

(十)冷凝压力过高的原因

(1)冷凝器内供水量不足,进出水温差过大,应设法增大供水量。

(2)冷凝器各部分水的分布不均匀,应合理高速冷却水,使其分布均匀。

(3)循环水温过高。应采用较低温度的冷却水,选用高效率的冷却水塔以及搭盖遮阳棚,避免日光暴晒。

(4)冷凝器传热面污垢,及时放油和清洗水垢。

(5)系统内有空气,排除制冷系统及冷却水系统中的空气。水系统中的空气,应通过冷凝器上的放空气阀排除。

(6)冷凝器中的积液过多,使有效冷却面积减少,应开足冷凝器上的出液阀门或采取其他措施,排除冷凝器中积存的制冷剂液体。对于小型氟利昂制冷装置,冷凝器兼作储液器时,如出液阀全开而液位仍然过高则说明系统充注的制冷剂量过多,应抽除多余的制冷剂。

(十一)蒸发压力过低的原因

(1)供液量不足。如节流阀开启过低或阀孔阻塞,供液管堵塞,浮球阀失灵,氟泵循环不够,重力供液中气液分离器高度不够,以及制冷系统中制冷剂量不足等,都会使供液量不足。适当调整系统供液量/检修有关机构或添加制冷剂。

(2)压缩机能量过大,或者蒸发器负荷过小。应合理调整,使其匹配良好。

(3)蒸发器内积液或表面积霜。应及时放油和除霜。

(4)在氟利昂制冷系统中,干燥过滤器堵塞,电磁阀工作/膨胀阀冰塞。应根据具体情况检修和调整。

(十二)吸气压力过低的原因

(1)系统供液管/膨胀阀或吸气过滤器有脏堵之处,或开启度过小,浮球失灵,氨泵循环量减少,重力供液高度差不足或管径太小,都会造成吸气压力低。

(2)制冷剂充注量或供液量不足或节流阀调节不当使吸气压力低。

(3)蒸发器管路过长或多台并联吸入总管设计不当导致吸气压力低。

(4)易溶解油的氟利昂系统含油量过多会使吸气压力下降。

(5)蒸发器结霜较厚或内壁积油,使热阻增大,吸气压力下降。

(十三)吸气压力过高的原因

(1)排气阀或安全假盖不密封有渗漏,则使吸气量受阻,吸气压力上升。

(2)膨胀阀调节不当或感温包未贴紧,吸气管或节流阀开启过大,浮球阀失灵,或水泵系统循环量过大,使供液量过大,吸入压力过高。

(3)压缩机输气效率降低,输气量下降,余隙容积大,密封环磨损过大,使吸气压力升高,降温困难。在这种情况下,无论吸气压力过低和过高,都将影响压缩机制冷系统能力,使系统偏离正常工况,影响冻结或冷藏货物的品质。所以应该尽力避免吸气压力忽高忽低有较大的波动。

(4)热负荷过大或负荷突然增加,则压缩机制冷量不够,使吸气压力过高。吸气压力的高低也反映了蒸发压力的高低,压力过高不仅达不到工艺降温要求,影响冻结质量,而且充液过多会使泵的功耗增加,压缩机湿行程可能性越大。反之,吸气压力过低,则机器制冷量降低,功耗增加,甚至空气渗入系统可能性增加。

(十四)排气压力过低或过高

排气压力过低原因有:

(1)冷凝器进水阀或水量调节阀设定值过大,冷凝水量过大。

(2)受气候/地域或采水方式影响,水温或空气温度过低会影响水冷式或风冷式冷凝器的冷凝温度,导致排气压力过低。

(3)吸入气体中含液体,压缩机湿行程。

(4)排气阀泄漏。

排气压力过高原因有:

(1)系统混入空气或不凝气体。

(2)进入冷凝器的冷却水温度较高或冷却塔选配不合适。

(3)冷却水量不足,阀门开启过小或进水压力太低。

(4)冷凝器冷却水管污染结垢,制冷剂侧管壁积油或冷却水在冷凝器内分布不均匀。

(5)风冷式冷凝器的进风湿度偏高,风量不足。

(6)系统内制冷剂充注量过多,部分冷凝管内积液,使有效冷凝面积减少。

(7)设计施工原因使排气管道局部受阻或操作时阀门未全开。

(8)冷凝器配置传热面积偏小,负荷不匹配,使排气压力过高。

排气压力忽高忽低的波动不仅影响压缩机的制冷量,而且会影响系统的冷分配能力。排气压力过高、则压缩比增大,制冷量减少,功耗增大,COP 值下降,而且排温随之增高也会影响润滑油和零部件的使用寿命。排气压力过低,会影响节流阀和蒸发器的正常工作,影响系统供液量,故同样也是必须设法避免的。

(十五)能量调节装置失效

在高速多缸制冷机中,为了适应制冷能力的变化,采用能量调节装置。能量调节装置主要故障为调节不灵,不能实现能量控制,引起的原因如下:

(1)油压不足,不能推动卸载机构的油活塞。当油压不足时,使卸载机构中的油活塞处于靠法兰盘一侧,气缸中所有吸气阀片被顶死,使制冷机只能空载运转而不能制冷,因此必须查明油压低的原因,调节油压达到规定的要求。

(2)推杆位置不妥,使顶杆未落入转动环斜面最凹处(这相当于吸气阀片打碎的情况),阀片行程缩小,形成阀片关不严密,直接影响制冷量的大小,故需停车调整推杆的位置,使油活塞在最深位置时,顶杆恰好在转动环斜面最凹处,或者更换失灵的油活塞弹簧。

(3)曲轴箱内有液体制冷剂时,油要起泡,油压降低。另外,制冷剂进入油活塞的油缸中时,液体制冷机蒸发,也推不动油活塞,造成卸载机构失灵。

(4)卸载机构与能量调节阀之间的油路堵塞,也可能使卸载机构失灵。可在运行时松一下进油缸处的接头,若无油喷出,而其他供油又都正常,则说明油路堵塞。

(5)由于在检修中,油缸未清洗干净或油中有杂质,则油活塞被杂质卡住,需要油活塞工作时,不能产生位移。

(6)由于长期自然磨损,使顶杆长度不足,而检修中又未更换,造成吸气阀片顶不死,使卸载机构不能卸载。在其他正常情况下,空载启动制冷机,如果气缸仍在进行微弱的压缩,吸气压力逐步降低,说明顶杆已磨损而变短,应予以更换。

(7)当转入自动控制时,能量调节阀的弹簧调节不妥,也能使吸气阀片工作不正常或阀片不呈卸载状况。这时应按工况需要重新调节。

第六章
船舶空气调节装置

第一节　船舶空气调节装置理论知识

一、对船舶空调的要求

众所周知,人体新陈代谢的结果产生热量,人体散热可通过对流和导热方式散发显热,通过出汗蒸发的方式散发潜热。若室温低于15℃,人体热量主要通过皮肤散发,如果环境温度升高,人体同周围环境的温差减少,显热散热减少,为了维持人体热平衡,人体通过出汗,以蒸发潜热的方式来增加散热。

人的舒适感与空气相对湿度变化有关。在夏季,若空气比较潮湿,不利于人体出汗和呼吸散热,人就会感觉闷热而不舒服。相反在冬季,在同样的气温下,空气越潮湿,人越感到寒冷。但是,若空气过于干燥,由于人体散发的水蒸气量增加,人们就会感到口干舌燥,所以空气的湿度也必须调节。此外,气流速度增加能加强人体对流散热,在出汗时还会加强蒸发散热。在相同的温度和湿度下,风速对人体热平衡有重要影响,故风速也必须控制。

夏季舱室的室内外温差不宜过大,以6~10℃为宜,以免人进出舱室时因骤冷骤热而不适。

供入舱室的新鲜空气应确保把室内的二氧化碳等有害气体冲淡至允许浓度以下,保持室内空气的清新。为此,新鲜空气的供热量应远超过一般正常呼吸所需要的2.4 m^3/(h·人)的供气量,通常供给量应为30~50 m^3/(h·人)。

空气舱室的排风可从房门下部的栅栏流入走廊,一部分回风被空调器的风机吸入,以减少舱外新风吸入量,节省空调能耗,回风比例不宜过大,以保证舱室内空气的清新度。

空调装置噪声会使人感到不适,必须限制在60~65 dB(A)。

春、秋季:实现对舱室的通风换气。

我国和ISO的空调舱室设计标准是:船舶空调一般为舒适性空调,允许温度、湿度等有较大的范围的波动。而用于科学考察船以及先进军舰的空调,对于空气的温度、湿度和清新度有严格要求,这类空调称为高精度的工艺性空调。

对于航线一定的商船,舱外的设计条件一般以最恶劣的气候条件为依据;对于航线不定的远洋船舶,冬季,舱外的设计温度常取-18~-20℃;相对湿度为80%~100%;夏季,分别为35℃和70%,若遇到更为恶劣的气候条件,则可用加大回风量的办法进行调节。

二、船舶空调系统的分类

船舶空调装置按系统特点可分类如下：

（一）按空气处理设备的设置分类

1. 集中式空调系统

所有的空气处理设备，包括风机、冷却器、加湿器、加热器、过滤器等都集中在一个空调机房内。集中式空调系统根据新风比又可分成：

（1）封闭式系统：新风比为零，即没有舱外空气补充，舱内空气全部再循环。

（2）直流式系统：新风比为百分之一百，即空气全部来自舱外，处理后送入舱室内，然后全部排出舱外。

（3）混合式系统：新风比在0～100%之间，即部分空气来自舱内回风，部分空气来自舱外新风，新风和回风按一定的混合比混合后进行处理，然后送入舱内。

2. 半集中式系统

除了有集中空调机房外，还包括分散在被调节的舱室内的处理设备即冷、热交换装置等，主要是对进入被调房间的空气再进行二次处理。

3. 全分散式系统（局部机组）

这种机组冷、热源，空气处理设备，输送设备（风机）全部集中在一个箱体内，它本身就是一个紧凑的空调系统，因而不必设集中机房。它可以根据需要安置在被调舱室内或邻舱内。

（二）按冷却盘管中冷却介质分类

1. 直接蒸发式系统

制冷剂在冷却盘管内蒸发吸取空气热量，从而达到降低空气温度目的。这种系统在空调负荷不太大，空调舱室较为集中的客、货轮上用得较多。

2. 间接冷却式系统

通过中间冷却器，使经制冷剂冷却过的冷媒水冷却空气，从而达到降低空气温度的目的。在大型的客轮上，由于空调面积大而舱室分散，空调负荷大，采用该种系统较普遍。

（三）按风管内空气流速高低分类

（1）高速系统：通常主风管内风速在20～30 m/s的空调系统称为高速系统。高速系统中，由于管内空气流速高，相同风量时，风管尺寸紧凑，占据空间位置小。但空气在管道内流动阻力大，风机的风压高，空调噪声大。

（2）低速系统：主风管内风速在10～12 m/s以下的空调系统称为低速系统。

（3）中速系统：主风管内风速介于以上二者之间的空调系统即称为中速系统。

三、船舶空调系统的组成

船舶空调系统一般由四个主要系统组成，即冷、热源系统，空气处理系统，空气输送和分配系统以及自动控制系统，如图6-1所示。

（一）冷、热源系统

1. 冷源：空调系统的冷源系指用于空气降温、减湿的制冷装置。它主要有活塞式、螺杆式、离心式和吸收式等制冷机。

2. 热源：船舶空调通常采用蒸气、热水或电能对空气进行加热，以蒸气对空气进行加湿。蒸气、热水由锅炉或动力装置的冷却水供应。

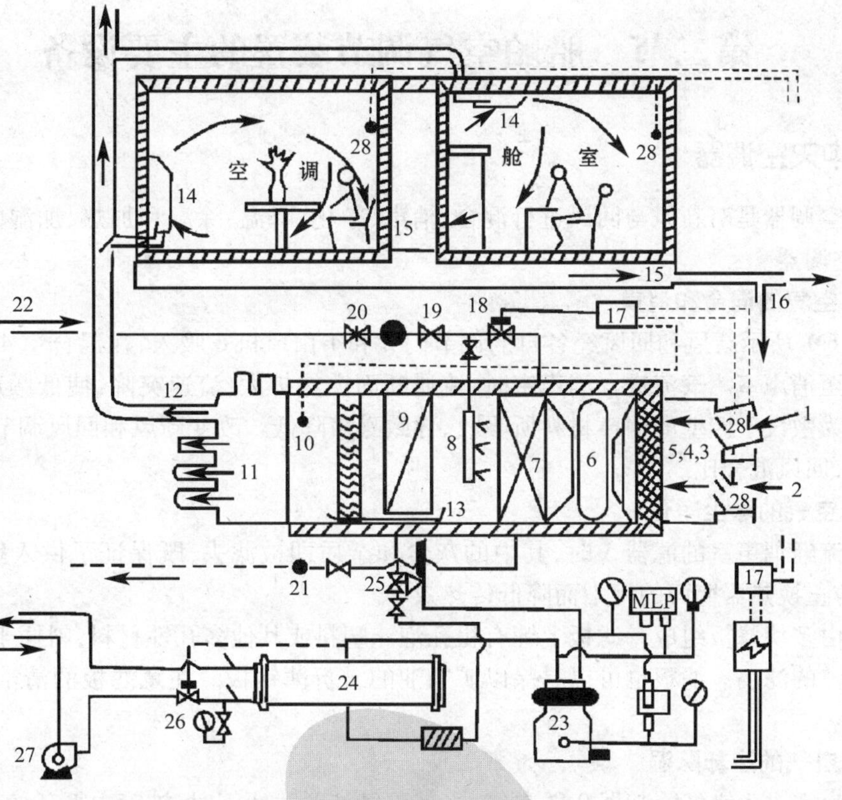

图 6-1　船舶空调调节系统

1—回风进口;2—新风进口;3—调风门;4—空气混合室;5—空气过滤器;6—风机及消声室;7—空气加热器;8—空气加湿器;9—空气冷却器;10—挡水板;11—空气分配室;12—送风管;13—承水盘;14—空气分配器和诱导器;15—回风;16—排风与回风;17—温度控制器;18—蒸气控制阀;19—过滤器;20—蒸气恒压阀;21—疏水器;22—蒸气引入总管;23—压缩机;24—冷凝器;25—膨胀阀;26—水量控制阀;27—海水泵;28—测温元件

(二)空气处理系统

完成对空气的混合、净化、加热、加湿、冷却、减湿以及消声等任务。在空调器中设置进风口、出风口、调风门、空气过滤器、加热器、加湿器、冷却器、挡水板,以及空气混合、分配、消声室等。

(三)空气输送和分配系统

把经过空调器处理的空气输送和分配到各空调舱室,并将舱室内的污浊空气排出舱外,使空调舱室得到均匀送风和满意的气流组织。包括通风机、进排风管、空气分配器或空气诱导器。

(四)自动控制系统

用于控制空调舱室的空气温度、湿度及其所需之冷、热源的能量供给等。它是保证空调舱室得到良好空气参数、气流组织和冷、热能量合理供给所不可缺少的设备。

舱外新鲜空气和舱内回风进入空气混合室,经过滤器清除空气中的尘埃,再经风机送至空气加热器、加湿器、冷却器处理,使空气达到要求的送风温度和湿度。然后经挡水板至空气分配室,再沿各送风管经空气分配器或诱导器送入舱室,从而完成其空气调节过程。

第二节　船舶空气调节装置的主要设备

一、中央空调器

中央空调器是对新风与回风进行混合、消声、净化、降温、除湿和加热、加湿的集中处理设备，简称空调器。

（一）空气的混合和消声

如图 6-1 所示新风和回风经各自的调节门 2 和 1 由风机 6 吸入，在混合室 4 中混合后，由风机压出至消声室。气流进入消声室时，流通断面突然扩大，流速突降，使低频声衰减，而中、高频声则为敷设于四壁的消声材料所吸收，导致噪声降低。改变新风和回风调节门的开度，可以调节新、回风混合比。

（二）空气的除尘净化

空气流经消声室的滤器 5 时，其中的灰尘和杂质即被滤去，既保证了供入舱室空气的清新，又可防止换热器壁面的污染而降低传热效率。

滤器由多块滤板组成。滤板上铺有粗孔泡沫塑料或其他多孔性材料，斜插于过滤器架上，构成一完整的滤墙。滤板也可以是涂以矿物油的皱折薄钢板。注意滤板的清洁，可减小气流流动阻力。

（三）空气的冷却除湿

从消声室进入空气冷却器 9 的空气，当其流经蛇形肋片管时，被管内循环的低温制冷剂冷却。根据冷却器表面的平均温度，空气的冷却可分为以下两种情况：

1. 等湿冷却

当空气冷却器表面的平均温度高于空气露点温度时，空气中的水蒸气不会在冷却器表面凝露，空气中的绝对含湿量保持不变，因而出现了等湿冷却过程。其冷却过程在 $h-d$ 图上的表示如图 6-2 中的直线$\overline{12}$所示。

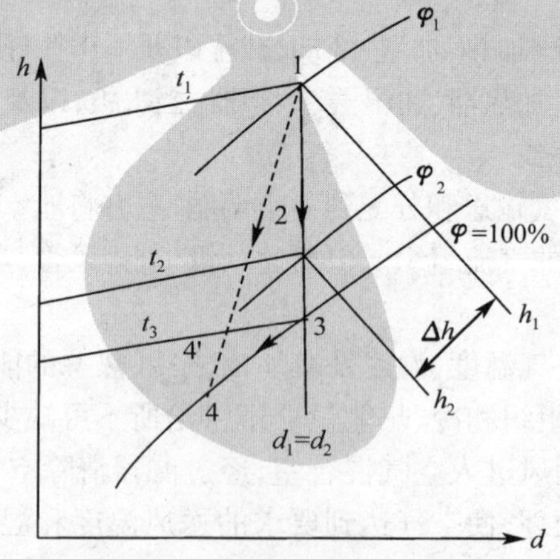

图 6-2　空气冷却去湿过程

2. 减湿冷却

当空气冷却器表面的平均温度低于空气露点温度时，则空气从状态 1 冷却到状态点 4′，4′

点温度低于空气露点温度 h,空气中的水蒸气有一部分凝结在冷却器的表面,使空气中的含湿量减少,从而出现减湿冷却过程。显然,贴着冷却器表面的空气层,当被冷却到低于空气露点温度 h 时,成为饱和状态的湿空气,后沿相对湿度中 $\varphi = 100\%$ 的饱和线向左下方继续被冷却到状态 4。但未与冷却器表面接触的空气流,往往未达饱和状态,温度也略高于点 4 状态的温度。所以,流过冷却器后空气的状态是上述两部分气流的混合状态 4′。把空气冷却前后的热量差值与湿量差值的比值或热负荷与湿负荷的比值定义为热湿比,并以 ε 表示:

$$\varepsilon = Q/W = \frac{\Delta h}{\Delta d} \times 100\%$$

式中,Q——制冷剂从空气中移出的热量,kJ/h;

W——空气流经冷却器时的去湿量,kg/h;

Δh——空气状态变化前后的焓差,kJ/kg;

Δd——空气状态变化前后的湿度差,g/kg。

显然,空气从状态 1 到 4 的变化过程线的走向决定于热湿比 ε。当空气流经冷却器时移出的热量或去湿量改变时,若 ε 不变,则空气冷却后的空气状态在 $\overline{14'}$ 直线上移动;若 ε 增大,则冷却后的状态在 4 的右侧;若 ε 减小,则冷却后的状态在 4 的左侧。

上述两种冷却过程,不论含湿量是否变化,冷却后空气的相对湿度均提高了。这是因为空气的温度越下降,越接近空气中水蒸气分压对应的饱和温度,相对湿度就越接近 100%。实验证明,冷却面积越大,冷却越充分,降温除湿的效果越好。所以,空气冷却器采用蛇形肋片管和制冷的蒸发温度不应高于 5 ~ 7℃。但制冷剂的蒸发温度也不能过低,以免管壁结霜,阻塞空气的通道和削弱空气与制冷剂的热交换,故制冷剂的蒸发温度一般不低于 -4 ~ -20℃。事实上,空调器中空气的冷却过程均为减湿或干燥冷却。

流出冷却器带水滴的空气流经挡水板 10 时,由于流向的改变和惯性作用,水滴即附于挡水曲板上而与空气分离。为防止细小水滴被空气流带走,挡水曲板的末端常做成翻边,以构成挡水沟。在空气冷却器和挡水板中被分离的水,积聚于盛水盘 13 中,并经泄水管排出。

空气冷却器和挡水板只是夏季使用,其他季节停止冷却器中制冷剂的循环。

(四)空气的加热加湿

冬季,空气的温度低,需加热。但空气加热后,由于温度升高,相对湿度降低,空气变得干燥,故加热的同时还应加湿。加热介质可为热水或蒸汽,但小型空调器往往采用热泵或电加热。加湿,可喷蒸汽或喷水于空气中。船舶中央空调多采用喷蒸汽加湿。

如图 6-3 所示,新风 1 和回风 2 在混合室中混合至 3 点,3 点空气流经加热器时,被蛇形管内循环的低压蒸汽或 60 ~ 100℃的热水加热,温度升高,3-4 为等湿加热过程;加湿器实际上是直径为 10 ~ 20 mm,在迎气流方向钻有许多直径为 2 mm 小孔的短管。当通入蒸汽时,从小孔中喷出的蒸汽与迎面来的空气混合,而使空气的含湿量增大,4-5 为等温加湿过程;5-6、2-6 为在诱导器中一次送风与舱室内二次回风的混合过程;6-2 为向空调室送风过程。加湿蒸汽的压力一般为 0.2 ~ 0.4 MPa。

若加湿器放在加热器前,空气的温度较低,加湿量小,难以达到加湿要求。所以,加湿器宜放在加热器后,但应注意控制加湿量,以防止加湿过量导致空调舱壁凝露。不需加热加湿时,停止供给蒸汽和热水即可。空气经加热加湿后,焓值和含湿量均增加。显然,当加热或加湿量改变时,若热湿比 ε 不变,则加热加湿后的状态在等 ε 线上上下移动;如采用喷蒸汽方法对空气加温加湿,其过程可近似为等温加湿过程,此时 $\varepsilon > 0$;如采用与空气湿球温度相近的水喷雾加湿,其过程可视为等焓加湿过程,即 $\varepsilon=0$。

对于热湿比相同或相近的舱室,即使热湿负荷不同,采用同样参数的供风,只要改变供风量,就可获得完全相同或相近的室内空气参数。

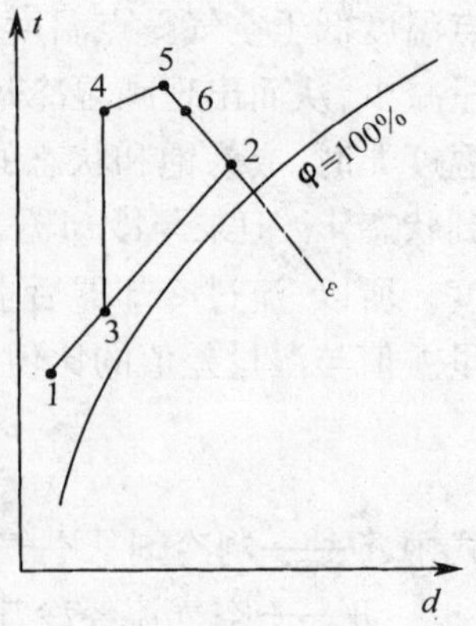

图 6-3　单风管高速空气调节系统的冬季空调过程

二、直布式布风器

直布式布风器是一种将送风直接送入舱室的布风器,其出口做成有利于送风气流扩散的形状,如喇叭形、格栅形等。直布式布风器的出口风速较低,一般为 2 ~ 4 m/s,送风与室内空气混合较慢,所以送风温差不宜过大,一般在 10℃以下。该种布风器送风阻力小,多数仅为数十帕,噪声也低。直布式布风器一般都设有调风门,当装有末端换热器时,还设有调温旋钮。

直布式布风器的形式很多。图 6-4 所示为一种单风管直布式布风器,属锥形扩散式。这种布风器进风管 1 通入处设有容积较大的消音箱 5,并设有可使风门 2 升降以调节风量的调节旋钮 6。这种布风器的颈部风速可从 2 ~ 10 m/s,对室内空气具有一定的诱导作用,故送风温度可提高到 10℃左右。而直布式布风器的阻力较大,约为 150 ~ 300 Pa。

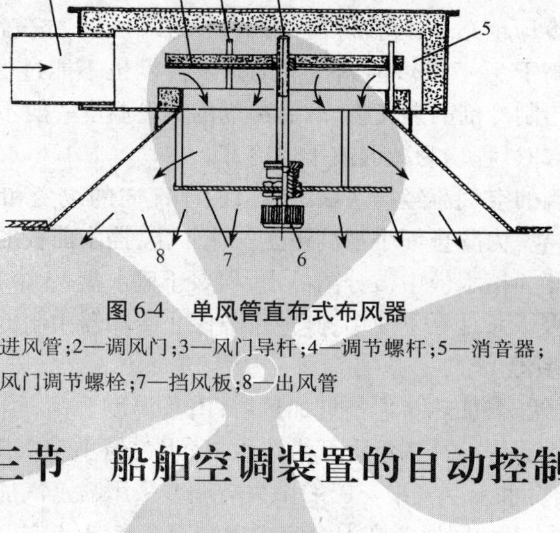

图 6-4　单风管直布式布风器

1—进风管;2—调风门;3—风门导杆;4—调节螺杆;5—消音器;6—风门调节螺栓;7—挡风板;8—出风管

第三节　船舶空调装置的自动控制

一、船舶空调装置冬、夏季的温度自动控制

(一)夏季空调的温度控制

夏季调节空气时,空气通过空气冷却器冷却去湿。空气冷却器对空气的冷却程度取决于制冷系统的冷量供给情况。直接冷却系统空调温度的控制是利用热力膨胀阀自调性能和回风温度,通过控制进入空冷器的制冷剂流量实现;在间接冷却系统中,则通过控制流经空冷器的载冷剂流量来实现。

1. 温控器控制室内温度

单脉冲双位温度控制器控制室内温度,是目前广泛采用的控制方法。

图 6-5 所示为夏季空调室内温度控制原理图。

它以感温包 5 作为敏感元件。感温包直接感受空调室回风温度,并通过毛细管把信号传

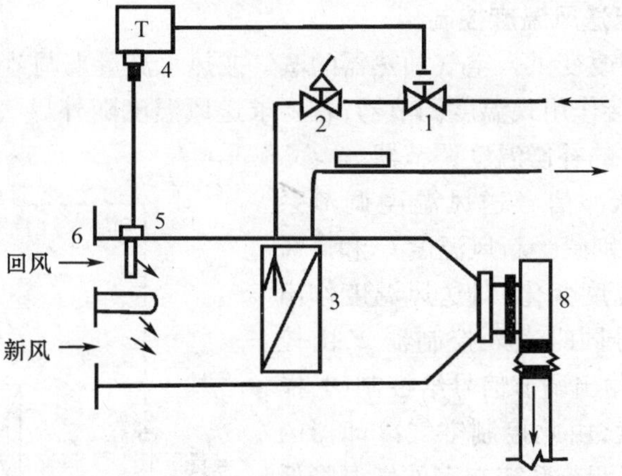

图 6-5　夏季空调的温度控制原理

1—供液电磁阀;2—膨胀阀;3—空气冷却器;4—温度控制器;5—感温包;6—回风进口;7—新风进口;8—风机

送给温度控制器。温度控制器按给定值操纵供液电磁阀 1,改变对空气冷却器 3 的冷量供给,实现控制空调室内温度的目的。当各空调室内回风温度超过温度控制器的给定值上限时,控制器动作,开启供液电磁阀,空气冷却器工作,回风与新风混合后得到冷却,保证空调送风要求。反之,当回风温度下降到低于温度控制器的给定值下限时,则关闭供液电磁阀,空气冷却器停止工作,空调室处于通风换气状态。当回风温度持续上升至温度控制器上限动作值时,再次开启供液电磁阀,空气冷却器又重新工作,将室温控制在所需范围内。由于回风直接反映了室内实际温度,较利用热力膨胀阀自调性能控制室温更接近温控要求。

2. 热力膨胀阀控制送风温度

在直接冷却系统中,通过膨胀阀的调节,向空气冷却器供给一定数量的制冷剂,保证了制冷循环的正常进行,而空气冷却器又保证了空气得到预定的冷却降温效果。

在空调器进风量一定的条件下,若进风湿度一定,那么空冷器的热负荷也一定。此时如果制冷工况稳定,膨胀阀将维持一定开度,保证一定的制冷剂流量,使空调器出来的送风温度一定。但是,当空调器回风温度升高时,空气冷却器热负荷必然增大,制冷剂回气过热度提高,进而使膨胀阀开度加大,提高制冷剂流量,使经过空气冷却器的空气降温较大。反之,空调器回风温度下降时,经过上述一系列的反向调节,空气仅得到较小的温降。所以在夏季空调中,借助于制冷系统热力膨胀阀本身自调特性,可维持空调器一定的送风温度。而当室外气温变化剧烈,空气冷却器热负荷变化过大,或者膨胀阀自调性能不良时,均会使其控制达不到预想效果。

3. 能量调节机构控制送风温度

能量调节机构根据空气冷却器热负荷变化,控制制冷系统的能量供给,可调节送风温度。采用卸载—能量调节装置控制运行制冷压缩机数量,可自动调节空调系统的能量供给,使空调送风温度稳定在一定范围内。空调开始时,空气冷却器热负荷大,蒸发压力和温度较高,通过压缩机的能量控制阀,使卸载—能量调节机构动作,压缩机自动增缸,直到全负荷运转,以最大制冷量供给空气冷却器,空气得以快速冷却。反之,随着空气冷却器热负荷不断下降,蒸发压力和温度降低,能量控制机构使压缩机减缸运转,减少制冷量,空气得到较小的降温。这种调节方法既保证了制冷系统对空气冷却器能量的合理供给,控制了送风湿度,又保证了压缩机的经济运行。

(二)冬季取暖工况送风温度控制

冬季送风温度采用改变供入空气加热器的蒸气或热水流量来调节。若只要求送风温度基本不变,可采用普通直接作用式温度调节器;若要求送风温度随外界气温的变化进行补偿,则要采用有两个感温元件的补偿温度调节器。

图 6-6 所示为双脉冲信号送风温度调节系统。感温元件 5 和 1 分别感受新风温度 t_w 和送风温度 t_s 根据外界空气温度变化,对送风温度作出自动补偿修正。两信号同时送入控制器 2,由控制器综合调节放大,再输出调节信号给控制阀,操纵流量控制阀改变开度,由此控制空气冷却器的能量供给。双脉冲温度调节系统在室外气温降低时相应提高送风温度,室外气温升高时相应降低送风湿度,使室温变动减小,甚至保持不变。室外温度的变化是导致室内温度变化的主要扰动量,在此扰动出现而室温尚未变化时就预先作出前馈调节。前馈调节能使调节的动态偏差减小,调节过程的时间缩短,调节的动态质量指标得到改善。

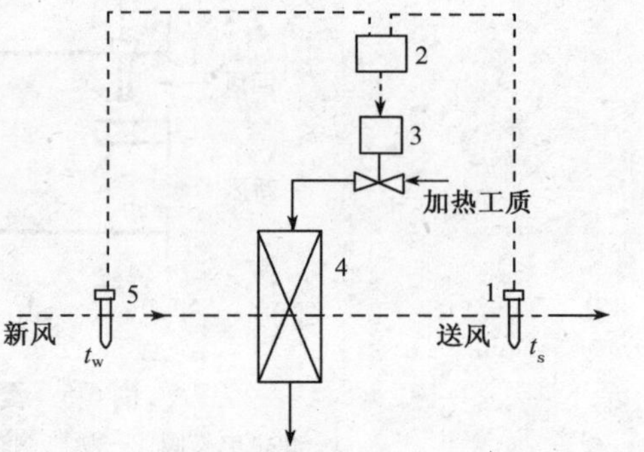

图 6-6　双脉冲信号送风温度调节系统

1—送风温度传感器;2—温度调节器;3—流量调节阀;4—空气加热器;5—新风温度传感器

二、船舶空调装置冬、夏季的相对湿度自动控制

船舶空调装置的相对湿度调节器有气动式、电动式、电子式三种。按其测量湿度的传感器种类又分为干-湿球式、毛发式和电阻式三种。船上选用的毛发式气动湿度调节器,是利用脱脂毛发束在不同湿度下的伸缩率不同,以其长度变化量作为湿度控制信号。电阻式湿度调节器则利用吸湿材料(如氯化钾)的电阻值随空气湿度变化来作为湿度控制信号。

相对湿度的控制方案有控制供风湿度和控制回风或典型舱室的湿度。图 6-7 所示为控制回风或典型舱室湿度的双位调节系统。当感湿元件 1 送到双位式湿度调节器 2 的湿度信号表明典型舱室的回风湿度降到设定湿度的下限时,调节器 2 送出信号并使加湿电磁阀 3 开启,舱内湿度增加;当感湿元件测得的湿度达上限时,调节器使电磁阀关闭,舱内湿度开始下降。这种方案调节滞后时间长,如果供风与室内空气混合不良,室内空气湿度不均匀性会较大。改用比例式调节,可改善室内湿度的均匀性。

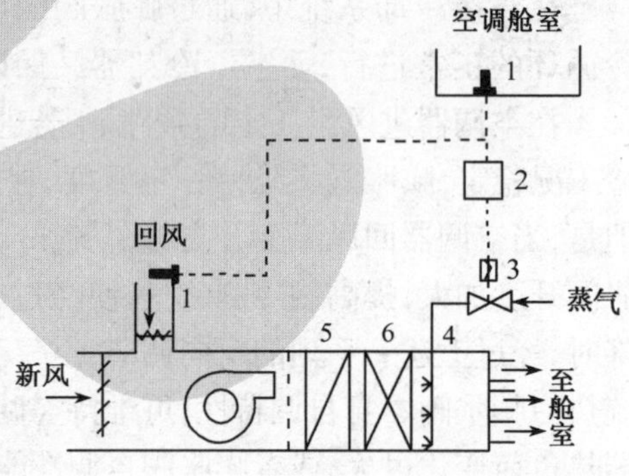

图 6-7　取暖工况的湿度调节系统

1—湿度传感器;2—比例式湿度调节器;3—加湿调节阀;4—加湿器;5—冷却器;6—加热器

第四节　空调装置的使用管理和常见故障分析与处理

通风的目的在于向空调舱室输送清洁的新鲜空气,因此空调器的回风风门应完全关闭,加热、加湿和冷却系统均停用,风机宜在低速运行,以减少耗电和噪声。

一、管理要点

当外界气温高于27℃时，空调装置应按降温工况运行，舱室与外界气温的温差以不超过6~10℃为宜，以免人进出舱室感觉骤冷骤热而易于感冒，管理要点如下：

(1)关闭空调舱室门窗和其他有关的窗门，以防止热空气的侵入，降低空调装置的热负荷。

(2)起动空调器时，应先开风机，然后再起动制冷压缩机，以免空气冷却器的热负荷大，压缩机因吸气压力过低而停机。压缩机刚起动时，温包感受的温度较高，膨胀阀几乎处于全开状态，所以吸入截止阀宜逐渐开大，以免压缩机产生液击。

(3)运行中制冷系统的监视

▲蒸发温度：制冷剂的平均蒸发温度为5~10℃，相应的蒸发压力为R22 0.48~0.57 MPa，为节能应采用较高的蒸发温度，只是在制冷量不能保证正常时，才降低蒸发温度，但不得低于-3℃，以免冷却器结霜影响热交换和空气的流动，甚至造成冷媒水结冰而使冷媒水的循环中断。

▲热力膨胀阀：膨胀阀一般不应结霜，只有当蒸发温度低至-3℃时，阀后制冷剂分配器这段不受空气吹扫的管路可能稍有薄霜，运行中应防止膨胀阀的开度调节得过大而使压缩机发生液击。若制冷剂的蒸发温度已很低，而送风湿度仍然降不下来，则往往是膨胀阀开度调得过小或发生阻塞或系统中的制冷剂不足所致。此时不要任意开启膨胀阀的旁通阀增大制冷剂的流量，以免负荷降低后，压缩机因旁通阀无自调能力而产生液击。膨胀阀的感温包未紧贴回气管，安装位置不正确，未包隔热层等均可能造成阀的开度大，蒸发压力过高。

▲压缩机：吸气压力，R22为0.48~0.57 MPa；排气压力，最高不宜超过1.13 MPa；R22为1.1~1.36 MPa，最高不宜超过1.43 MPa；润滑油压应高于吸气压力0.06~0.15 MPa，设有能量调节装置者应高出吸气压力0.15~0.3 MPa，压缩机的吸气截止阀处会凝霜和有冷感，排气温度较高，R22装置尤甚。

▲蒸发器：由于蒸发温度一般为5~10℃，蒸发器外管壁的温度高于0℃，故蒸发器内壁不会结霜，只是凝露而已。

▲根据对新风量的要求，可部分开启回风风门，而且抽风系统应不停地工作，以保证舱室空气清新。当气候过于炎热，以致舱室的温度不能降至正常值，可暂时开大回风风门。

▲空调器运行中，泄水管应不断有凝水流出，集水盘应定期清扫，泄水孔应保持畅通，以免除湿凝水积聚泛滥，损坏空调器和将水滴带入舱室中。

采用冷媒水作冷却介质时，应经常开启管系顶部的放气阀排空气，特别是冷却系统刚投入工作时，以免"气塞"而影响冷媒水的循环。

▲当外界气温降低需长期停用制冷装置时，应把制冷系统中的制冷剂收回至储液器中，防止冷剂泄漏。

二、采暖工况

起动空调器前应先供入加热介质，然后才开风机，以免外界的冷风直接吹入舱室。

当气温在5℃以下时，空气加热的同时还应加湿。此时应选择一个典型舱室，测定室内空气的湿度，高速加湿量适宜后才可正式投入使用。加湿为人工控制时，一般调节舱室的相对湿度为30%左右；加湿为自控时，若感湿元件置于空调器的空气分配室中，则相对湿度应调在10%~15%，以免舱室的湿度太大。随着外界气温的降低，应适当增大加湿量。停用空调器时,应在停风机前半分钟左右关闭加湿蒸气阀,使风机能把已加湿的空气全部吹出风管,以免风管内出现凝水,下次起动风机时,空气把水滴带入舱室。

加热器以蒸气作加热介质时,若出口的阻气器后的回水管很烫,则表明阻气器已不起作用,应修理或更换,以免浪费蒸气;若以热水做加热介质,则经常开启管路高处的放气阀排空气,以免管内形成气囊,妨碍热水的正常循环。

三、常见故障处理

(一)风量过大或过小

空调装置中,风机所提供的风压除了用以把空气输送至一定几何高度外,全部用来克服风管的阻力和保证空气以一定流速从布风器流出,所以风机的运行工况点就决定于风机的特性和风管管路特性,即风管管路特性的变化,必然会导致送风量的改变。

在有分支管的风管中,若两支管的阻力损失不同,则空气就会涌向阻力损失较小的支管的送风量增大,另一支管的送风量减小,直到两支管的阻力损失相等,分支处的压力重新平衡为止。结果,使各分支管的送风量均偏离设计要求。

1. 送风量过大的原因

(1)所配风机的风量偏大,可用关小总风门提高风机的工作压力或关小进风门的办法减小送风量。

(2)分支后各分支风管的风门开度调节不当,造成风门偏大的支管送风量过大,应重新调节各分支管的风门,使送风量合理分配至各分支管。

(3)同一分支管部分舱室负荷减小或部分布风器关闭,造成另一分支管的送风量过大,可用关小分支管前风门开度办法调节。

2. 送风量过小的原因

(1)选配风机的风量偏小,应更换风机。

(2)分支后各支管的风门调节不当,风门偏小的支管送风量就偏小,应重新调节各分支管的风门,使送风量合理分配。

(3)送风系统不严密,漏风严重,检查并消除漏风。

(4)因风机反转,转速不够、空气滤器阻塞或风门开度过小等原因,造成风机的送风量不足,查明原因及时消除。

(二)降温工况送风温度过高

(1)空调制冷设备的容量过小或热负荷过大,可增大回风量予以补救。

(2)制冷系统工作不正常,制冷量下降。若压缩机运转正常,而蒸发器不冷、冷凝器不热,则往往是由于过滤器或毛细管堵塞,又或制冷剂泄漏所致。

(3)空气为间接冷却,冷媒水的循环量过小,应注意经常排空气,检查泵的密封间隙和防止吸排管路阻塞。

(4)空气冷却器的热交换面积灰或有污垢,应定期清洁,确保空气冷却器的热交换效率。

(三)采暖工况送风温度过低

(1)空气加热器容量过小或加热蒸气或热水的温度过低,或供入流量过小,可提高加热介质的温度或流量。

(2)空气加热器的热交换面积灰尘或有污垢,应定期清除,确保良好的热交换效果。

(3)气温过低,负荷过大,可适当增大回风量补救。

（四）降温工况空调房间空气湿度过大

(1)空调器处理的新风量过多或舱室门窗不严。可适当减少新风量，增大回风量，关门窗。

(2)空气冷却器表面的温度偏高，可降低制冷剂的蒸发温度，使空气冷却器表面的温度低于空气露点。

(3)挡水板的间距过大，或折数不够，或与边框的缝隙过大，或空气的流速过高，应改进挡水板的加工和安装质量，降低空气的流速。

（五）空调器风机起动，压缩机不能起动

(1)电源线的容量不够或零线误作地线，造成起动电压下降很多，查明原因，更换电源线或纠正接线错误。

(2)电源的电压过低，提高电源的电压。

(3)压缩机过载，保护器烧断，应更换保护器消除过载因素。

(4)压缩机的电机断路，拆修电动机。

(5)温控器或压力继电器的触头断开，在调高其接通温度后压缩机仍不能起动，可短接其触头，若压缩机可以起动，则说明温控器已损坏，应更换，检查压力继电器若触头断开，则应排除故障或更换压力继电器。

(6)小型压缩机的起动电容器或运转电容器断路，或起动电容器损坏，检查电路，在消除断路情况后压缩机仍不能起动，则应检查起动电容器是否损坏。对于不分正、负极的电容器，可用万用表Ω档的×1 K或×100 K进行检查，若两表笔交换碰电容器两极，情况仍如此，则电容器是好的；若表针根本不动，则说明电容器已击穿断路；若表针向0位摆动后停止不动，则说明电容器已短路。

(7)转换开关接触不良，修理或更换开关。

（六）空调器的压缩机间断跳闸

(1)电源的电压过高或过低，调整电源电压至正常值。

(2)过载保护器失灵，保护器触头断开电流过小，若测量工作电流正常，则应调大断开电流或更换保护器。

(3)电动机的起动继电器的触头段不开，造成工作电流过大保护器切断电源，应修理或更换起动继电器。

(4)制冷系统的冷凝器的冷却水量过小或断水，或冷却风机不转，或冷凝器积满灰尘污垢，冷凝效果差，造成压缩机的排气压力过高，工作电流过大，保护器切断电源，应检查冷却水系统或风机，确保冷却介质的流量，或清洁冷凝器。

（七）空调机出现异常噪声

(1)风机的轴承缺油发出撞击声，应给风机轴承加油。

(2)风机地脚螺丝松动，压缩机未浮动于防振弹簧胶垫，紧固螺钉压得过紧、空调机放置不平、外壳螺钉松动、面板振动等发出的“嗡嗡”声，应逐一检查校正或紧固。

(3)离心式风机与风道摩擦产生的“嚓嚓”声，应校正离心式风机。

(4)轴流式冷却风机与风罩碰擦产生的“扑啦”声，应校正轴流式风机。

(5)压缩机内部轴承和运动件等过度磨损产生的金属撞击声，应修理或更换压缩机。

（八）空调系统和空调房间噪声过大的原因

(1)空调器的风机振动过大，应加强风机的减振基础，更换失效的减振器，检查和校正风机叶轮的平衡情况，更换过度磨损或损坏的轴承。

(2)风管内的风速过高,调整风量,降低风速。

(3)送风口的开度过小,送风速度过大,可开大布风器的风门,使送风口的风速低于3 m/s。

(九)船舶空调出现送风口滴水

船舶空调中,舱室送风口出现滴水或水雾,其主要原因是送风温度已经低于室内空气的“露点”;另一个原因是挡水板的过水量太大或挡水板损坏。对于直接蒸发式和水冷式表面空气冷却器,盛水盘安装不良,泄水管堵塞,或因表冷器处于负压区而未采取“u”形等而造成流水不畅,以及质量流速大于3 $kg/m^2 \cdot s$、未装挡水板等原因,都会造成送风出现滴水或水雾的现象。

排除方法:

(1)改变送风温度。

(2)堵塞挡水板漏水处。

(3)调整挡水板叶片布置。

(十)送风量不稳定

1. 送风量不足,风量供不应求

(1)风机性能有问题,表现为风机皮带轮松、打滑或因电压不足造成转速下降,风机电源线路接错而反转,风机的进、出口调节阀门位置调节不当。

(2)系统实际阻力过大,表现为风管因集尘过多而堵塞、风管连接方式不对,风管断面设计不正确偏小。

(3)风管系统漏风,表现为管间连接部位密封垫松脱,以及人工检查门装配不严密。

2. 送风量过大

送风量过大,风量供过于求,要能产生的原因是:风机的设计风量高于额定风量,送风系统的阻力小于实际阻力值,风机转速高于额定转速。

(十一)送风状态参数大于或小于设计参数

送风状态参数大于或小于设计参数,可能出现如下问题:

(1)送风湿度过大,导致空调房温度偏低且湿度增高。

(2)逆风温度过低,导致空调房温度偏高。

(3)送风温度可能低于空调房内“露点”导致空调房内引起结露、潮湿。

(4)送风中夹带有细小水珠引起空调房内潮湿。

上述诸情况,可能产生的原因是:

(1)挡水板设计不正确,引起空气中央带细小水珠造成。

(2)室外新风与回风比例不协调造成。

(3)加热成冷却器的负荷调节不当所造成。

(十二)空调室内气流速度的不稳定

(1)空调内空气流速过大,超过0.5 m/s。

(2)空调室内空气流速偏小,低于0.1 m/s。

上述情况偏离设计的允许范围,造成空调室内工作人员的不舒适感,产生这种现象的原因是:

(1)布风器内静压箱压力过大,喷口尺寸和布置不正确,出口气流速度大。

(2)调风闸门或风格栅调节门开度过大,配合不协调,送风量过大且气流组织不均匀等。

(十三)空调系统的噪声大

空调系统的噪声大,破坏宁静的环境,对工作人员和旅客身心健康极不利。可能原因是:

(1)风机技术性能不符合要求,安装工艺不符合要求,如风机转子静、动态平衡性能差,风机轴承装配不符合要求,地脚螺栓松动,风机与水泵的吸振结构差等。

(2)风机和水泵等设备的振动也将引起噪声增高。

(3)送风量或高或低引起风速的不稳定、引起噪声增高。

(4)风管结构处理不良,某些过渡段局部阻力变化急剧将引起噪声。

(5)中央空调器内与风管中的消声装置设计不良,吸声材料选用不正确等。

(十四)自动控制元件失灵

自动控制元件失灵,不能及时正确反映工况参数或不能及时调节,使工况稳定下来,这说明温度调节器、湿度调节器、静压压力调节器等有些仪器设备质量差,测量元件布置不正确,所以在空调装置投入运行后,要勤加检查和管理,严格按操作程序操作,对发现的问题和提出的解决措施都得做好记录以供检查。

第七章

船舶液压设备

船舶甲板机械主要包括舵机、起货机、锚机、绞缆机、吊艇机、舷梯升降机、舱盖板启闭装置等,在一些专用船舶上,还设有其他相应的甲板机械。甲板机械按所用动力可分为气动、蒸汽、电动、液压等多种。气动甲板机械虽然结构简单、无污染,但因漏泄多而效率低,仅用于吊艇机、舷梯升降机等小功率甲板机械。蒸汽甲板机械因散热损失大和管理不便已基本不用。液压传动的优点很多,现代吨位稍大的船舶,舵机几乎全部采用电动液压舵机,其他液压甲板机械作为电动甲板机械的主要竞争对手,应用也相当普遍。

液压传动是利用液压泵输出的高压液体的压力能来驱动液压缸或液压马达,从而带动工作机械。液压传动系统的组成部件包括:

▲动力元件——液压泵,其作用是将机械能转换为液压油的压力能;

▲执行元件——液压缸或液压马达,其作用是将液压能转换成带动工作部件运动的机械能;

▲控制元件——各种液压控制阀,其作用是控制液压系统中液压油的流向、流量和压力,以满足工作部件对运动方向、速度和输出力(力矩)的要求。

▲辅助元件——如油箱、滤油器、蓄能器、压力表、热交换器、油管及连接件、密封件等。

相对于直接以电动机通过机械传动带动工作机械的电动甲板机械,液压传动系统主要有以下优点:

(1)在同等的体积下,液压装置可以比电动装置产生出更多的动力,由于液压系统中的压力能比电枢磁场中的磁力大出 30 ~ 40 倍。在同等的功率下,液压装置的体积小、重量轻、结构紧凑。而液压马达的体积和重量只有同等功率电动机的 1/6 左右。

(2)液压装置工作比较平稳,由于重量轻、惯性小、反应快,液压装置易于实现快速起动、制动和频繁的换向。液压装置的换向频率,在实现往复回转运动时可达 500 次/min,实现往复直线运动时可达 1 000 次/min。

(3)液压装置操作性能好,能在大范围内实现无级调速(调速比可达 2 000: 1)和微速运动(1 r/min 以下),还可以在运行的过程中进行调速,频繁起停、换向,对电网冲击很小。

(4)液压装置便于带负荷起动,起动扭矩最高可以达到额定扭矩的 98%。

(5)液压传动容易实现自动化,易于对液体压力、流量或流动方向进行调节或控制。如与电气控制、电子控制或气动控制的功能相结合,整个传动装置能实现很复杂的顺序动作,接受远程控制。

(6)液压装置易于实现过载保护，液压缸和液压马达都能长期在失速状态下工作而不会过热，这点优于电气传动装置和机械传动装置。

(7)液压系统一般采用矿物油作为工作介质，相对运动面可自行润滑，使用寿命长。

另外一方面，液压传动具有以下几方面的缺点：

(1)液压传动不能保证严格的传动比，这是由液压油液具有一定的可压缩性和泄漏等原因造成的。

(2)液压传动在工作过程中常有较多的能量损失(摩擦损失、泄漏损失等)，长距离传动时更是如此。

(3)液压传动对油温变化比较敏感，它的工作稳定性很易受到温度的影响，因此它不宜在很高或很低的温度条件下工作。

(4)为了减少泄漏，液压元件在制造精度上的要求较高，因此它的造价较贵，而且对油液的污染比较敏感。

(5)由于液体流动的泄漏较大，所以效率较低。如果处理不当，一旦泄漏不仅污染场地，而且还可能引起火灾事故。

液压系统按其额定压力(亦称公称压力)通常分为：低压系统为6.3 MPa以下；中压系统为6.3～10 MPa；中高压系统为10～20 MPa；高压系统为20 MPa以上。随着制造工艺和管理水平的提高，目前船用甲板机械普遍采用高压系统。额定油压高则设备和管路的重量、尺寸较小、效率较高，但对制造和管理的要求也更高。

本章将介绍基本的液压元件和舵机以及起货机、锚机、绞缆机等被普遍应用的甲板机械。

第一节　液压元件

A. 液压控制阀

在船舶液压系统中，为了保证各执行机构按照要求正常地工作，必须对液体的压力、流量和液流方向进行调节与控制。这种对液压油进行调节和控制的液压元件统称为液压阀。

液压系统中使用的液压控制阀按其用途的不同可分为三类：

(1)方向控制阀——用于控制系统中的油流方向，包括换向阀、单向阀等；

(2)压力控制阀——用于控制系统中的油压，包括溢流阀、减压阀、顺序阀等；

(3)流量控制阀——用于控制液压系统中油的流量，包括节流阀、调速阀等。

上述三类阀又可组合成各种复合阀。

随着液压技术的发展，能用电信号对油的流向、压力、流量进行远距离控制的比例控制阀也在船舶液压甲板机械中普遍使用。近年来，液压元件集成化的程度越来越高，常将若干控制阀和截止阀组合在一个集成块中构成集成阀块，或进一步将它们和液压泵或液压马达集成为一体，使结构更紧凑。此外，某些高压、大流量的船用液压设备还使用了插装阀。

选用液压阀应注意以下参数：

(1)公称通径 D_g(mm)。阀进出油口的名义通径，表示阀规格的大小。公称通径大则允许流量也大。但阀的实际进出口直径及管路公称通径(内径)和阀的公称通径通常有差别。

(2)公称压力 P_g(MPa)。连续工作所允许的工作压力。

液压阀的连接方式除传统的螺纹连接、法兰连接或板式连接外，在集成块的基础上还发展了插装连接和板式叠加阀。

一、方向控制阀

方向控制阀是控制液压系统中液流流动方向的液压元件，用来对液压系统中各个回路的液流方向进行通、断的切换，以适应工作需求。

方向控制阀按用途可分为单向阀和换向阀两大类，具体分类如图 7-1 所示。

- 方向控制阀
  - 单向阀
    - 普通单向阀
    - 液控单向阀
  - 换向阀
    - 按通路分类：二通、三通、四通、五通……
    - 按其结构分类：滑阀、锥阀、转阀……
    - 按工作位置分类：二位、三位、四位……
    - 按控制方式分类
      - 电磁换向阀
      - 电液换向阀
      - 液控换向阀
      - 机动换向阀
      - 气动换向阀
      - 手动换向阀

图 7-1　方向控制阀的分类

(一)单向阀

1. 普通单向阀

单向阀的功用是使油只能单向流过。单向阀有直通式和直角式之分，阀芯较多采用导向性和密封性较好的锥阀，小流量的也可采用结构简单的球阀。

图 7-2(a)所示为采用直通式锥阀结构的单向阀，直通式结构的单向阀一般做成螺纹连接形式，故又称为管式。图 7-2(b)所示是一种直角式结构，其进、出油口均设置在一个面上，故又称为板式，用于集成块式连接的液压系统。

当压力油由 A 口进入时，油压力 p_1 克服弹簧 3 的张力和阀芯 2 的摩擦阻力、惯性力，使阀芯开启，油流向 B 口；而当压力油由 B 口进入时，弹簧力使阀芯迅速关闭，截断油路。单向阀的弹簧可有不同规格供选用。若仅用来控制油单向流动，可选用较软的弹簧，以减小油正向流动的压力损失(p_1-p_2)。这种单向阀的开启压力一般为 0.03 ~ 0.05 MPa，在允许流量范围内压力损失通常增加不多。

单向阀有时也装设在回油管路中作背压阀用，以使回油保持一定的压力；此外，还可与细滤器、冷却器等并联，作安全阀使用，在这些元件因脏堵而压降过大时开启旁通。在这些场合，单向阀被当成了压力控制阀使用，这时需换用较硬的弹簧。背压阀开启压力一般为 0.2 ~ 0.6 MPa，而细滤器的安全旁通阀开启压力一般不超过 0.35 MPa。

普通单向阀的阀芯也可以用钢球式的结构，其制造方便，但密封性较差，一般用于小流量的管路。

普通单向阀的主要性能参数有阀的额定流量、正向最小开启压力、正向流动时的压力损失以及反向泄漏量等。

普通单向阀的应用与注意事项：

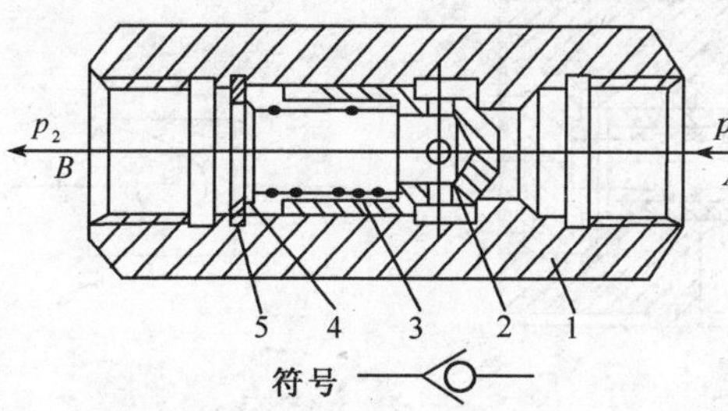

（a）直通式单向阀

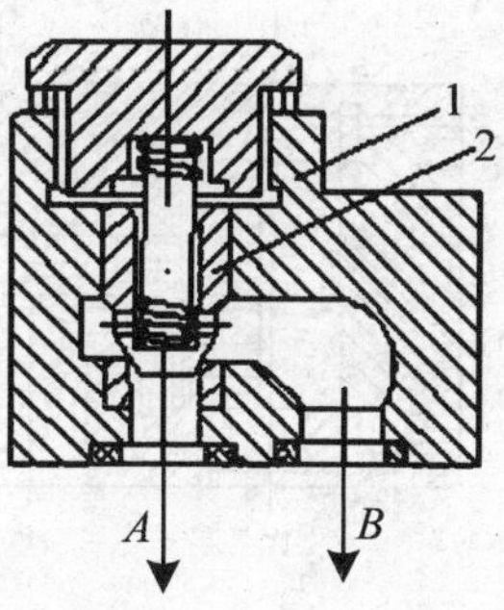

（b）直角式单向阀

图 7-2　单向阀

1—阀体；2—阀芯；3—弹簧；4、5—挡圈

（1）实现油液的单向流动。对于普通单向阀，通油方向的阻力应尽可能小，而不通油方向应有良好的密封。另外，单向阀的动作应灵敏，工作时没有撞击和噪声。单向阀的弹簧仅用于克服阀芯运动时的摩擦阻力使阀芯在阀座上就位，所以弹簧刚度一般都选得较小。

（2）单向阀常装在液压泵的出口处，防止系统中的液压冲击影响泵的工作及系统停止工作时，系统油液经泵倒流回油箱。

（3）改换刚度较大的弹簧，使阀的开启压力达到 0.2 ~ 0.6 MPa，可作背压阀使用。

（4）单向阀还可以用来分隔油路，防止油路间的相互干扰。单向阀和其他阀组合，可组成复合阀。

（5）在选用单向阀时，除了根据需要合理选择开启压力外，还应特别注意工作流量与阀的额定流量相匹配。因为当通过单向阀的流量远小于额定流量时，单向阀有时会产生振动。流量越小，开启压力越高，油中含气越多，越容易产生振动。

（6）安装时，需认清单向阀的进、出口方向，以免影响液压系统的正常工作。特别对于液压泵出口处安装的单向阀，若反向安装，可能损坏液压泵及原动机。

2. *液控单向阀*

液控单向阀除像普通单向阀那样能允许油的单向流过外，还能在控制油压作用下允许油反向流过。

图 7-3 所示为液控单向阀，由图（a）所示，当控制油口 X 无压力油供入时，该阀与普通单向阀一样，仅允许油由 A 向 B 流过；当需要油由 B 流向 A 时，则须控制油口 X 通入压力油，推动控制活塞 1，顶开主阀芯 3。

液控单向阀因控制活塞泄油液方式的不同而有内泄式和外泄式两种，上述液控单向阀的控制活塞另一侧的泄油与 A 口相通，称为内泄式，其控制油口 X 的开启压力受 A 口压力的影响；若 A 口不是直通油箱，而是串联有其他元件，回油阻力较大，则其压力 p_A 较高，采用内泄式会要求较高的控制油压，则应采用外泄式。

在高压系统中，液控单向阀反向开启前 B 口的压力很高，所以单向阀反向开启的控制压力也很高。为了减小控制压力，可以采用带卸荷阀芯的液控单向阀，如图 7-4 所示。该阀控制活塞首先顶开卸荷阀芯，使进、出油口连通，压力相等，然后再开启主阀芯，这样开启主阀芯的力就不需要太大。

液控单向阀常用于对执行元件（液压缸或液压马达）进行保压、锁紧，也用于防止立式液压缸停止时在自重作用下下滑等。

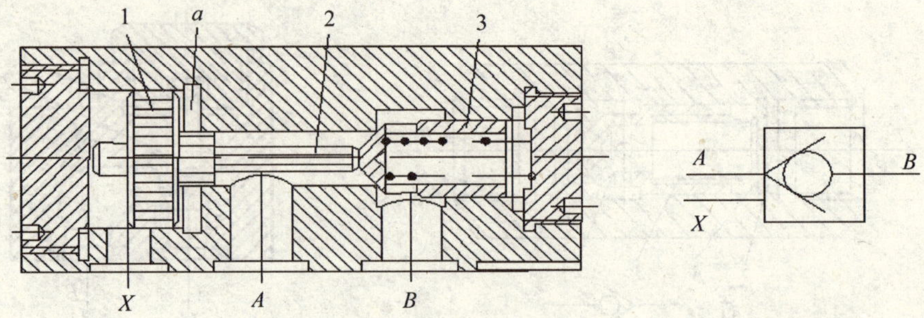

(a) 结构 (b) 职能符号

图 7-3 液控单向阀

1—控制活塞;2—顶杆;3—阀芯

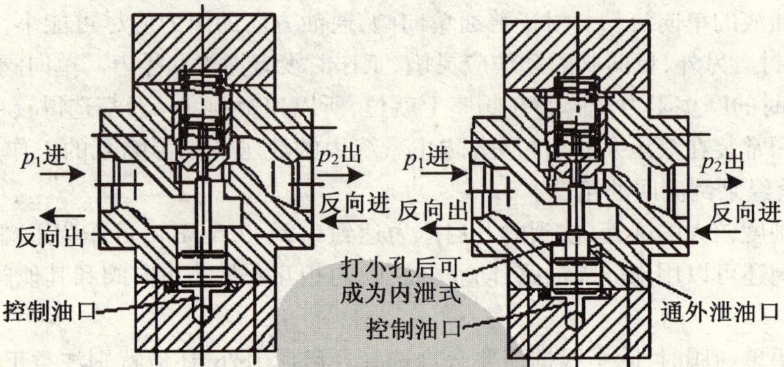

图 7-4 带卸荷阀芯的液控单向阀

液控单向阀的主要性能参数有:阀的额定流量、正向最小开启压力、正向流动时的压力损失、反向开启最小控制压力(不带卸荷阀为 0.4 ~ 0.5 p_b,带卸荷阀芯的为 0.05p_b,p_b 为主油路压力)。液控单向阀的反向流动的压力损失比正向流动的压力损失小些。

3. 液压锁

液压系统中还常使用一种布置在同一阀体中的双联液控单向阀,亦称液压锁。图 7-5 所示即为带卸荷阀芯的液压锁。在 *A* 或 *B* 口有压力油通入时,不仅能将该侧单向阀芯顶开,让油通过,而且可借控制活塞 2 先使另一侧的卸荷阀芯 3 开启,然后再使单向阀芯 4 开启,允许回油流过。当 *A*、*B* 皆无压力油进入时,两侧单向阀芯在弹簧作用下皆关闭,可使油路锁闭。

4. 单向阀的应用

普通单向阀常与某些阀组合成一体,成为组合阀或称复合阀,如单向顺序阀(平衡阀)、可调单向节流阀、单向调速阀等。为防止系统液压力冲击液压泵,常在泵的出口处安置有普通单向阀,以保护泵。为提高液压缸的运动平稳性,在液压缸的回油路上设有普通单向阀,作背压阀使用,使回油产生背压,以减小液压缸的前冲和爬行现象。

液控单向阀未通控制油时具有良好的反向密封性能,常用于保压、锁紧和平衡回路,作立式液压缸的支承阀。

(1)普通单向阀的应用。普通单向阀的应用如图 7-6 所示,图 7-6(a)为将单向阀串接于液压泵的出口,保护泵避免由于意外的外加冲击载荷而造成泵的损坏;图 7-6(b)为将单向阀串接在回油路上形成背压,以提高系统的速度刚性。

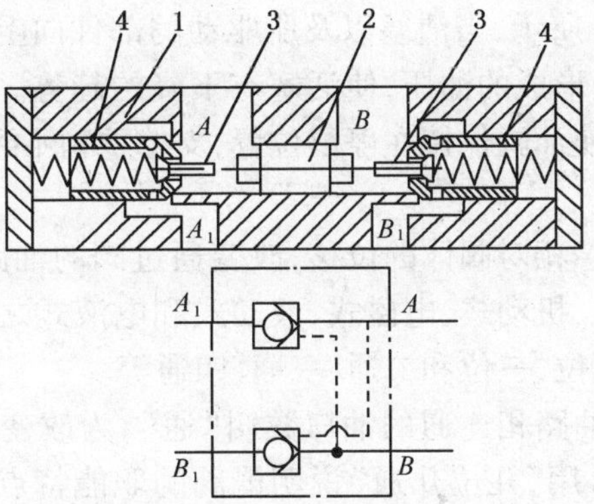

图 7-5 液压锁

1—阀体;2—控制活塞;3—卸荷阀芯;4—单向阀芯

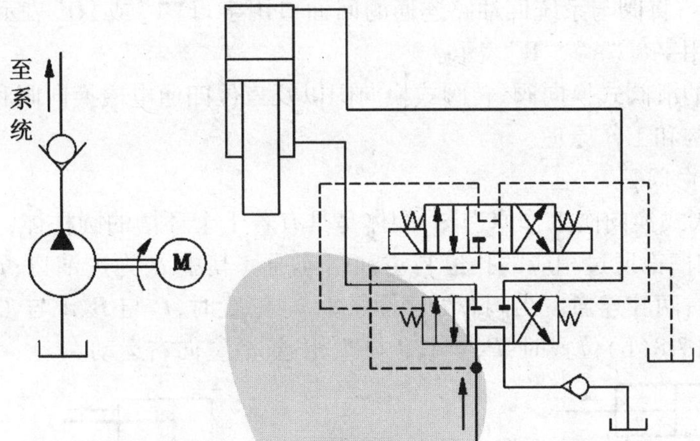

(a)单向阀保护液压泵　　(b)单向阀作背压阀用

图 7-6 单向阀的应用

(2)液控单向阀的主要应用。如图 7-7 所示,在液压系统中液控单向阀主要作用如下:

◆保压作用 如图 7-7(a)所示,当活塞向下运动完成工件的压制任务后,液压缸上腔仍需保持一定的高压,此时,液控单向阀靠其良好的单向密封性短时保持缸上腔的压力。

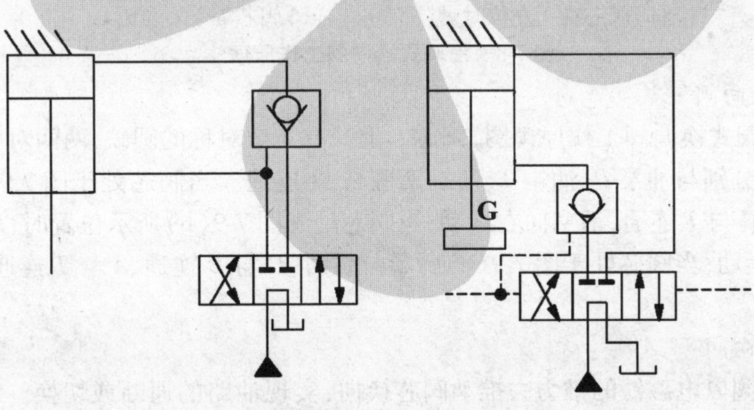

(a)保压作用　　(b)支撑作用

图 7-7 液控单向阀的应用

◆支撑作用 如图 7-7(b)所示,当活塞以及所驱动的部件向上抬起并停留时,由于重力作用,液压缸下腔承受了因重力形成的油压,使活塞有下降的趋势。此时,在油路中串一液控单向阀,以防止油缸下腔回流,使油缸保持在停留位置,支撑重物不致落下。

(二)换向阀

换向阀的功用是利用阀芯相对阀体的位移,改变通过阀的油路的沟通情况。根据控制方式的不同,换向阀可有手动式、机动式、电磁式、液动式和电液式之分;如按阀芯工作位置和控制油路的数目来分,则又有二位、三位和二通、三通、四通等。

通常将阀与液压系统中油路相连通的油口数叫"通",为改变液流方向,阀杆相对于阀体的不同工作位置数叫"位",常用"几位几通"说明滑阀的职能特点。在滑阀的职能符号中,方块的个数表示滑阀的"位"数,方块的箭头表示相应两油口连通,箭头方向为液流方向;方块内的截断符号表示相应油口在阀内被封闭。为了叙述方便,常将阀与系统供油油路连通的进油口用字母"P"表示,将阀与系统回油路连通的回油口用字母"T"或"O"表示,将阀与执行元件连通的工作油口用字母"A"、"B"表示。

下面以常用的滑阀式换向阀、转阀式换向阀以及三位四通电磁换向阀和电液换向阀为例,说明换向阀的结构和工作原理。

1. 滑阀式换向阀

图 7-8 为滑阀式换向阀工作原理图,阀体是具有若干个环槽的圆柱体,阀体孔内开有 5 个沉割槽,每个沉割槽都通过相应的孔道与主油路连通。其中 *P* 为进油口,*T* 为回油口,*A* 和 *B* 分别与油缸的左右两腔连通。当阀芯处于图 7-8(a)位置时,*P* 与 *B*、*A* 与 *T* 相通,活塞向左运动;当阀芯处于图 7-8(b)位置时,*P* 与 *A*、*B* 与 *T* 相通,活塞向右运动。

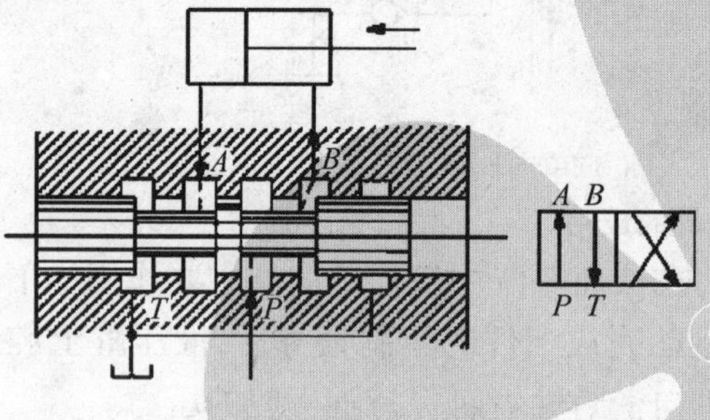

(a)阀芯处于左位时

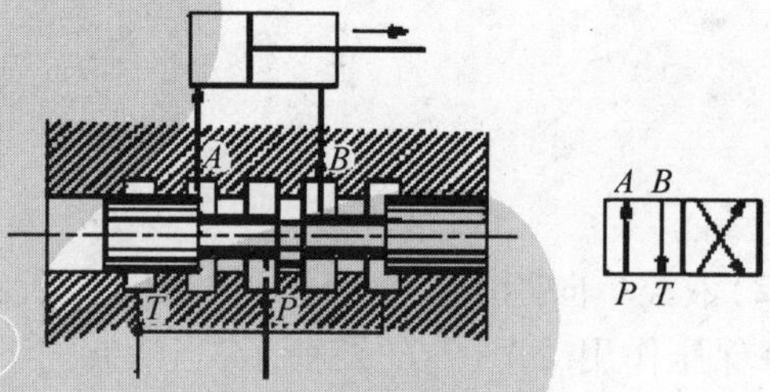

(b)阀芯处于右位时

图 7-8 滑阀式换向阀工作原理

2. 转阀式换向阀

图 7-9 为转阀式换向阀工作原理图,阀芯 1 上开有 4 个对称的圆缺,两两对应连通,阀体 2 上开有四个油口分别与油泵 *P*、油箱 *T*、油缸两腔 *A*、*B* 连通。当阀芯处于图 7-9(a)所示位置时,*P* 与 *A* 连通、*B* 与 *T* 连通,活塞向右运动;当阀芯处于图 7-9(b)所示位置时,*P*、*A*、*B*、*T* 均不连通,活塞停止运动;当阀芯处于图 7-9(c)所示位置时,*P* 与 *B* 连通、*A* 与 *T* 连通,活塞向左运动。

3. 电磁式换向阀

电磁式换向阀以电磁铁的推力去推动阀芯换向,实现油路的通断或切换。它是电气操纵液压系统的重要元件。

电磁式换向阀有很多规格品种,但它们的工作原理基本上是相同的。现以一个三位四通 *O* 形滑阀机能的电磁换向阀为例说明其工作原理。

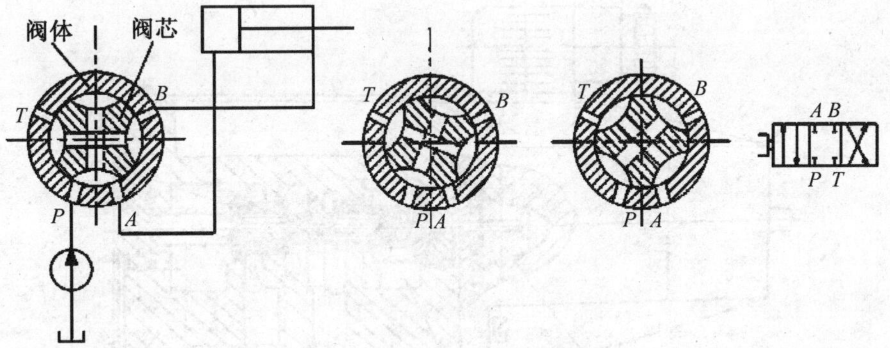

(a)活塞向右运动 (b)活塞停止运动 (c)活塞向左运动 (d)阀的职能符号

图 7-9 转阀式换向阀工作原理

如图 7-10 所示，阀体 1 内有三条沉割槽，中间为进油腔 P。与其相邻的是出油腔 A 和 B。两端还有两个互相连通的回油腔 T。阀芯 2 两端分别装有弹簧座 3、复位弹簧 4 和推杆 5，阀体两端各装一个电磁铁。

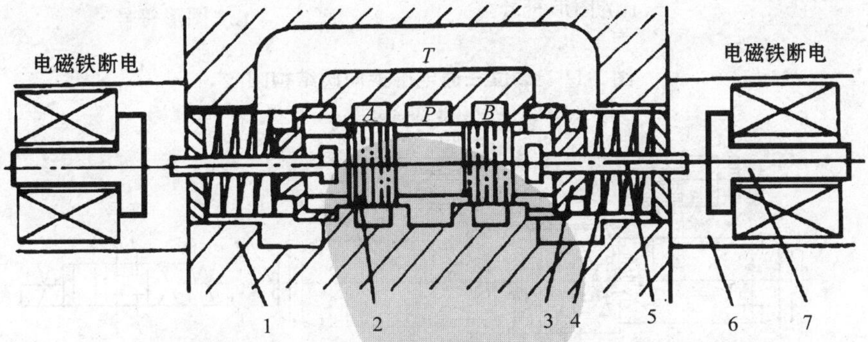

图 7-10 电磁式换向阀的工作原理

1—阀体；2—阀芯；3—弹簧座；4—弹簧；5—推杆；6—铁芯；7—衔铁

当两端电磁铁都断电时，阀芯 2 处于中间位置，使 P、A、B、T 各油腔不相通。

当左端电磁铁通电时，电磁铁力推动阀的衔铁和磁芯的吸合芯向右移动。使 P 和 B 连通，A 和 T 连通。电磁铁断电后，靠右边复位弹簧 4 的作用，可使阀芯 2 回到中间位置，恢复原来四个油腔相互封闭的状态。

当右边电磁铁通电时，衔铁通过推杆使阀芯向左移动，呈现 P 和 A 相通、B 和 T 相通的状态。电磁铁断电，在弹簧的作用下阀芯也回到初始的中间位置。

图 7-11 所示为二位三通电磁换向阀结构图。图示为断电位置，阀芯 3 被弹簧 2 推至左端位置，油口 P 和 A 相通；当电磁铁通电时，衔铁通过推杆 4 将阀芯推至右端位置，油口 P 和 A 的通道被封闭，使油口 P 和 B 接通时，实现液流换向。另一种二位三通电磁换向阀是一个进油口 P，一个工作油口 A 和一个回油口 T，如图 7-11(c)所示。二位三通电磁换向阀常用于单作用液压缸的换向和速度换接回路中。

图 7-12 是 WE 型三位四通电磁换向阀的结构图。它有三个工作位置：初始位置（中间位置），左换向位置和右换向位置。它有四个工作油口（P、A、B、T）。该图结构的滑阀机能是 O 形。

图 7-12 所示电磁阀推杆处不设密封圈，液压油可进到电磁铁内部，称为湿式电磁阀。旧

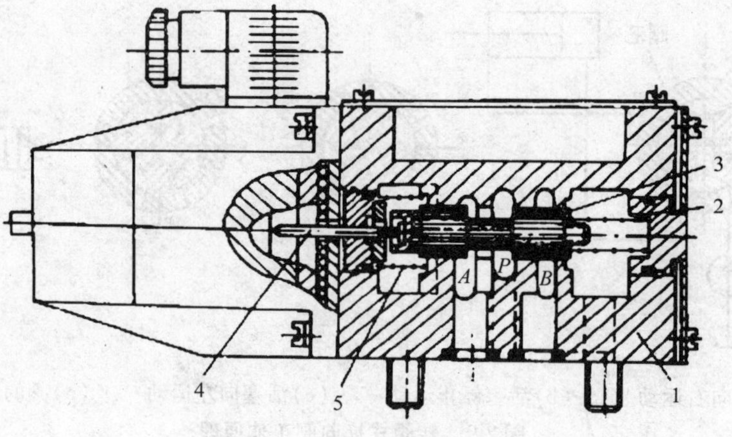

(a) 结构图

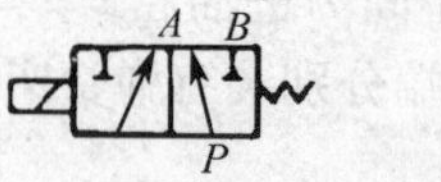

(b) 图形符号

(c) 图形符号

图 7-11　二位三通电磁换向阀结构图

1—阀体;2、5—弹簧;3—阀芯;4—推杆

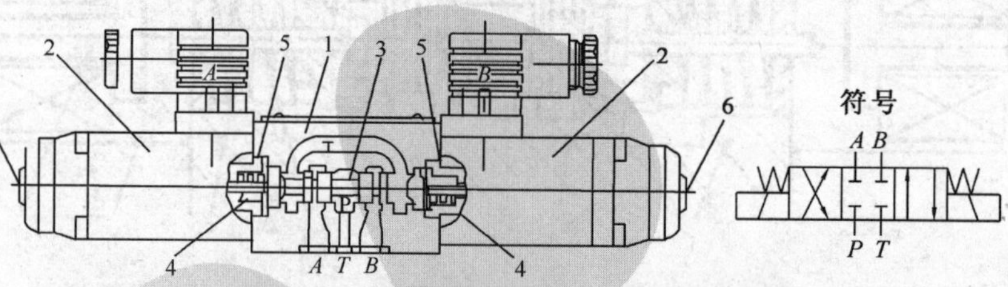

图 7-12　三位四通电磁换向阀的结构

1—阀体;2—电磁铁;3—阀芯;4—弹簧;5—推杆;6—手动应急按钮

式电磁阀在推杆通过阀体处有 O 形橡胶密封圈阻止油进入电磁铁,称为干式电磁阀。干式电磁阀有的在推杆密封外侧设漏油腔和漏油管,与回油腔分开,以免回油压力过高时密封圈摩擦阻力过大。湿式电磁阀移动时无密封圈产生的摩擦阻力,工作平稳可靠,现被广泛应用。

图 7-13(a)为某型干式电磁铁结构图,它结构简单、造价低、品种多、应用广泛。但为了保证电磁铁不进油,在阀芯推动杆 4 处设置了密封圈 10,此密封圈所产生的摩擦力,消耗了部分电磁推力,同时也限制了电磁铁的使用寿命。

图 7-13(b)所示为某型湿式电磁铁结构图。由图可知,电磁阀推杆 1 上的密封圈被取消,换向阀端的压力油直接进入衔铁 4 与导磁导套缸 3 之间的空隙处,使衔铁在充分润滑的条件下工作,工作条件得到改善。油槽 a 的作用是使衔铁两端油室既互相连通,又存在一定的阻尼,使衔铁运动更加平稳。线圈 2 安放在导磁导套缸 3 的外面,不与液压油接触,其寿命大大提高。当然,湿式电磁铁存在造价高、换向频率受限等缺点。

电磁阀所配电磁铁有交流、直流(包括自带整流装置的“本整型”)两类。电压波动范围一般不应超过额定电压的 ±10% 。交流电磁阀价格较低;其衔铁吸上前容抗低,起动电流是正常吸持电流的 4 ~ 10 倍,故初吸力大,吸、放时间很短(约 10 ms),换向冲击大;当阀芯卡死而衔铁不能吸合时,激磁线圈会因电流过大而烧坏;此外,操作频率不宜超过 30 次/min;工作寿命

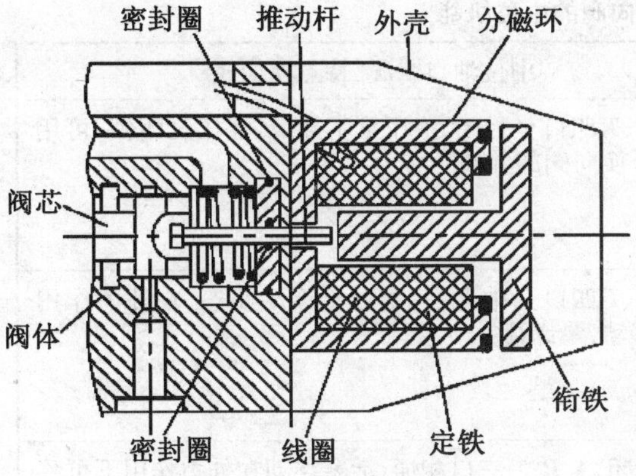

（a）干式电磁铁

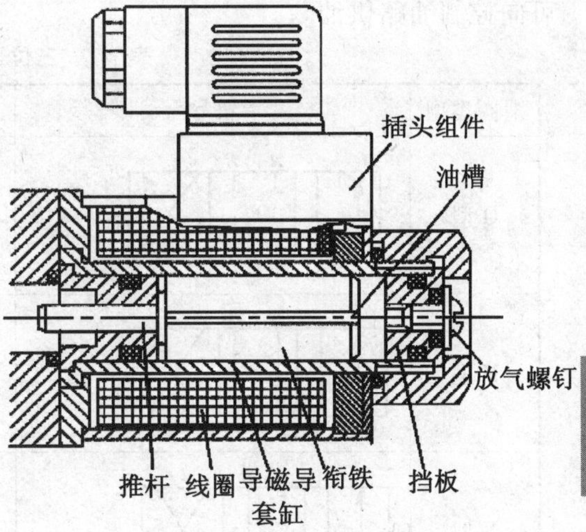

（b）湿式电磁铁

图 7-13 电磁铁结构

较短，为数十万次（干式）~数百万次（湿式）。直流电磁阀则不会因衔铁不能吸合而烧坏，工作频率可达 120 次/min 以上，吸合动作约比前者慢 10 倍，故换向平稳、工作可靠、寿命较长，可吸合数千万次以上。

理想情况下阀芯所受的液压径向力应是平衡的。但实际上阀芯和阀孔在制造时难免存在几何精度偏差，使阀芯四周的径向液压力分布不均；此外，油中有杂质附在阀芯端部或端部有毛刺时，后面的油流将产生较大的压降；这些都会使径向液压力不平衡，阀芯被压向一侧，从而摩擦阻力显著增大。阀芯在某位置停留一段时间（约 5 min）后，若在不平衡径向力作用下偏移，移动阻力便会异常增加，称之为卡紧现象。这种液压卡紧力的大小与阀芯台肩直径、长度和压降成正比。

为了减小阀芯的不平衡径向力，通常都在阀芯凸肩上开数圈环形的均压槽（一般宽 0.3 ~ 0.5 mm，深 0.8 ~1 mm）以使阀芯四周液压力大致相等。开三条均压槽即可使液压卡紧力降至不开槽时的 6% 左右。

此外，滑阀开启时由于液流径向流入阀腔，斜向流出，动量的轴向分量增加，对阀芯产生的反作用力称为液动力。换向滑阀的液动力大多是力图使阀口关闭，这会增加滑阀离开中位的阻力。尺寸既定的换向阀工作压降越大、流量越大，则液流的动量变化大，液动力也就越大。

公称通径既定的换向阀流量增大，则压力损失呈平方关系地迅速增大。一般使用范围压力损失多不超过 0.3 ~0.5 MPa，同时也是为了避免液动力过大妨碍换向，不同公称通径的换向阀都相应规定有允许的最大流量。工作压力较高时，允许的最大流量应相应减小。

换向阀的密封是靠阀芯的圆柱形台肩与阀体的配合间隙来保证的，间隙通常为 0.01 ~ 0.03 mm，对配合面的精度和光洁度要求较高。间隙密封难免有少量内漏泄，不同规格换向阀的内漏泄量约为 10 ~30 mL/min。

根据阀芯在中位的油路沟通情况，有多种不同中位机能的换向阀。我国规定的中位机能代号如表 7-1 所示。机能不同的阀在中位时作用不同。有的中位 A、B 隔断（如 O、M 型），则执行元件油路锁闭；而有的 A、B 相通（如 H、U、P、Y 型），则执行元件“浮动”——可在外力作用下随意移动。有的阀中位 P、T 相通（如 H、K、M 型），油泵卸荷；而有的中位 P、T 不通（如 O、Y、J、U、N 型），油泵不能卸荷；X 型中位油泵与回油口节流相通，仍保持一定压力（部分卸荷），可向控制油路供油。

表 7-1　三位四通换向阀的中位机能

滑阀类型	符号	中位油口状况、特点及应用
O 型	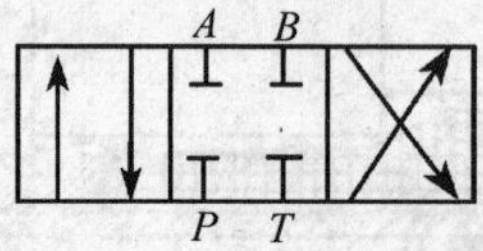	P、A、B、T 四口全封闭，液压泵不卸荷，液压缸闭锁，可用于多个换向阀的并联工作
H 型	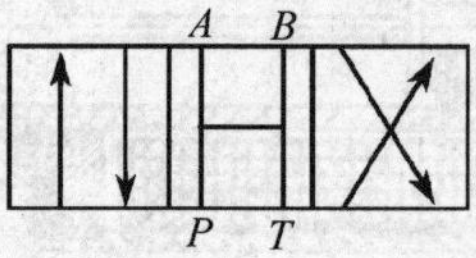	P、A、B、T 四口全中通，活塞处于浮动状态，在外力作用下可移动，泵卸荷
Y 型	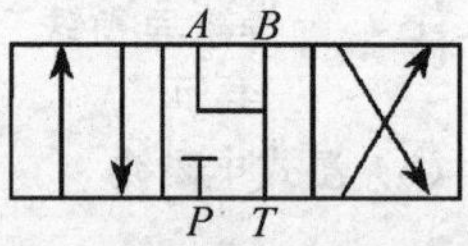	P 口封闭，A、B、T 三口相通，活塞浮动在外力作用下可移动，泵不卸荷
K 型	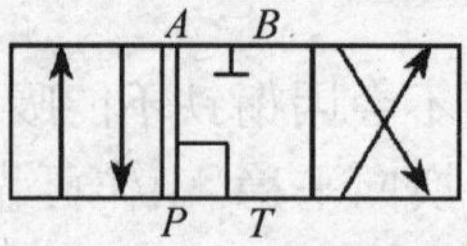	P、A、T 相通、B 口封闭，活塞处于闭锁状态，泵卸荷
M 型	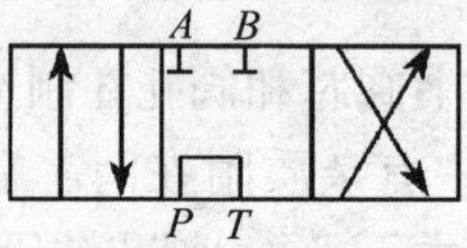	P、T 相通、A 与 B 均封闭，活塞闭锁不动，泵卸荷，也可多个 M 型换向阀的并联工作
X 型	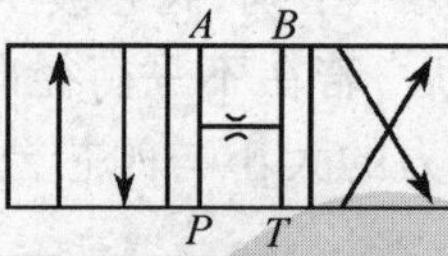	P、A、B、T 四油口处于半开启状态，泵部分卸荷，仍保持一定压力
P 型	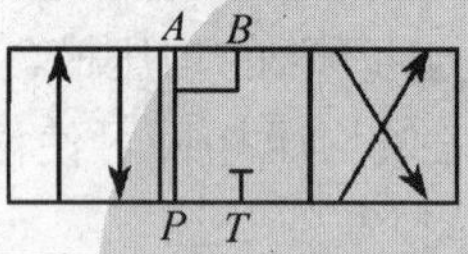	P、A、B 相通，T 封闭，泵与缸两腔相通，可组成差动回路
J 型	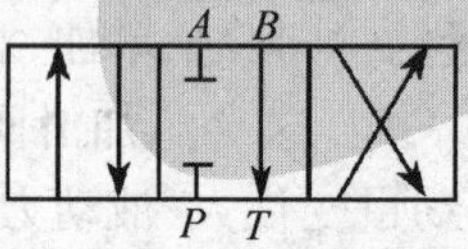	P 与 A 封闭，B 与 T 相通，活塞停止，泵不卸荷
C 型	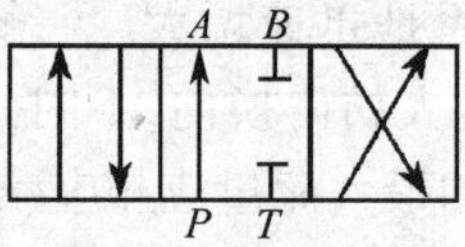	P 与 A 相通，B 与 T 皆封闭，活塞处于停止位置
N 型	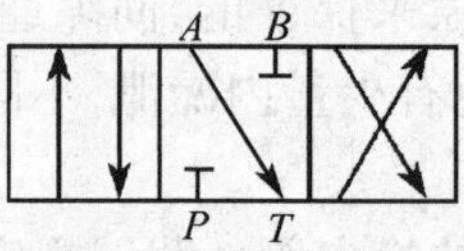	P 和 B 与皆封闭，A 与 T 相通，与 J 型机相似，只是 A 与 B 互换了，功能也类似
U 型	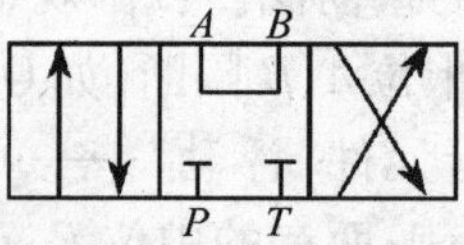	P 和 T 都封闭，A 与 B 相通，活塞处于浮动，在外力作用下可移动，泵不卸荷

电磁换向阀在安装、使用中的常见故障与排除方法如下：

(1)交流电磁铁线圈烧毁。

①线圈绝缘不良,引起匝间短路而烧毁,必须更换线圈。

②供电电压高出电磁铁额定电压,引起线圈过热而烧毁。

③电源电压太低,使电磁铁电流过大,引起过热而烧毁线圈。

④电磁铁铁芯轴线与阀芯轴线同轴度太差,衔铁吸合不了,引起过热而烧毁。此时,应将电磁铁拆下重新装配至规定精度。

⑤电磁力不能克服阀芯移动阻力,引起电流过大,使线圈过热而致烧毁,对此,一般应拆开电磁阀仔细检查并对症解决:是否由于弹簧过硬而推不动阀芯;是否阀芯被污物、杂质卡死而推不动;是否推杆弯曲而推不动;是否由于电磁阀安装在底板上、由于接触面不平或螺钉紧固不一,而使阀体变形;是否由于回油口背压过高等。

⑥推杆长度过长,推动阀芯到位后,电磁铁衔铁吸合尚有一段距离,以致电流过大、线圈过热而致烧毁。

用户自行更换电磁铁时,经常易发生上述毛病。若更换后电磁铁的安装距离比原来短,而衔铁吸合行程是符合规定要求并与原来电磁铁一致,这样,与阀装配后,就产生上述衔铁行程大于推杆推动阀芯行程的现象,将使衔铁吸合不上而产生噪声、抖动、过热甚至烧毁。

若更换的电磁铁,其安装距离较原来的长,则与阀装配后,由于与推杆的距离加大,而使推动阀芯的有效行程缩短,会使阀的开口度变小,压损增大,影响执行机构的运动速度等。因此,在使用者自行更换电磁铁时,必须认真地测量一下,推杆的伸出长度与衔铁行程是否相配,不能随意更换。

⑦换向频率过高,线圈过热而烧毁。

交流电磁铁易发生该现象,直流电磁铁不会因上述故障而烧毁。

(2)阀芯不动作、电磁铁通电不换向;电磁铁断电,不复位。

①阀芯被毛刺、毛边或杂质卡住。

②板式阀的安装底板翘曲不平,阀体紧固螺钉旋紧后,引起阀体变形而卡住阀芯。

③复位弹簧折断或卡住。

④专用泄油口的电磁阀,泄油口未接通油箱,或泄油管路背压太高而不能移位。

⑤电磁阀安装位置不正确,未使轴线处于水平状态,而是倾斜和垂直着,故由于阀芯、衔铁自重等原因,造成换向或复位不能正常到位。

⑥弹簧太硬,阀芯推移不动或推不到位,弹簧太软,在电磁铁断电后,阀芯不能自动复位。

⑦工作温度大高,阀芯受热膨胀卡住阀体孔。

⑧电磁铁损坏。

(3)换向时出现噪声。它是由于电磁铁衔铁吸合不良,主要因为:

①铁心或衔铁吸合端面被污物黏附。

②衔铁或铁心接触面凹凸不平或接触不良。

③电磁铁推杆过长或过短。

(4)板式阀安装底面漏油:

①安装底板表面应磨加工,平面度不大于 0.02 mm,不得内凸,表面粗糙度应优于 Ra = 8 μm。

②拧紧固螺钉时力量不均匀。

③螺钉材料未用热处理过的合金钢螺钉,换用普通碳钢螺钉后,因承受油压作用而受拉伸

变形、变长，造成接合面的松旷而漏油。

④电磁阀接合底面有关 O 形密封圈损坏或老化失效。

(5)电磁阀的选用型号正确，但油流通路实际上与图形符号不相吻合。

这是使用电磁阀时十分容易产生的问题，要引起注意。不仅是电磁换向阀，连手动、液动、电液动换向阀使用、安装时，也会经常发生此类问题。

在前面有关电磁换向阀的内容中，我们已介绍了电磁阀的多种阀芯结构。我们应该知道，标准性的图形符号，它仅是一种类型阀的代号，属公称性的，但不是具体阀的结构式代号，它们之间会存在差距。另外国外有些产品所用代号和国内代号并不相同，订货时需加以注意。

由于产品阀芯结构的特殊性，或是装配时阀芯已反方向安装，因而常造成同类型阀实际油流通路与设计所需图形不吻合。如果发现上述问题，二位阀通过阀芯调头或电磁铁及有关零件调头的方法来解决。对三位阀，常用换接电气线路的方法加以调整解决。如果仍无法调整过来，在工艺不复杂时，就需要调整工作油腔管路位置，或者加设过渡油板来解决。

为了避免上述现象产生，有经验的液压技术工作者，在购买液压阀时和安装前，常进行简便的不解体检验，现以板式连接阀为例介绍如下：

①用手指或其他物体暂时封堵电磁阀的所有油路出口。

②在阀的接合面上找出 A、B、T(O)、L 等腔位置，一般在各腔口附近，都打有该腔字母符号。如字迹辨认不清，则应对照产品样本后，认清有关腔口。

③先检查各类阀的初始位置的滑阀机能，是否符合使用需要。

④推动电磁铁端头的“手动应急推杆”，使电磁阀分别处于不同工作位置，再按第③点的顺序，检查油路通道是否正确。

⑤认可或调整。

4. 液动换向阀

液动换向阀是利用压力油通过控制油路来操纵阀芯运动而实现油路的换向的。由于控制油路的压力可以调节，可以形成较大的推力，因此液动换向阀可以控制较大流量的回路。

图 7-14 为三位四通液动换向阀的结构图和职能符号。如图所示，阀芯 2 上开有两个环槽，阀体 1 孔开有 5 个沉割槽。阀体的沉割槽分别与油口 P、A、B、T 相通（左右两沉割槽在阀体内有内部通道相通），阀芯两端有两个控制油口 K_1、K_2 分别与控制油路连通。当控制油口 K_1 与 K_2 均无压力油时，阀芯 2 处于中间位置，油口 P、A、B、T 互不相通；当控制油口 K_1 有压力油时，压力油推动阀芯 2 向右移动，使之处于右端位置，油口 P 与 A 连通，油口 B 与 T 连通；当控制油口 K_2 有压力油时，压力油推动阀芯 2 向左移动，使之处于左端位置，油口 P 与 B 连通，油口 A 与 T 连通。就这样液动换向阀依靠外部循环供给的压力油来推动阀芯，实现油路换向。阀芯两端的挡圈用来保持阀芯处于中间位置，并当阀芯移动时，通过它压缩对中弹簧。

除弹簧对中以外三位液动换向阀的阀芯对中方式还有液压对中。液动换向阀又可分为换向时间可调的和不可调的。对于流量大的液动换向阀，阀芯直径加大，质量增加，造成换向冲击大。常采用控制阀芯换向时间的方法来减小换向的冲击与噪音。在阀芯两端安装由单向阀与节流阀组成的阻尼器即可调整阀芯换向时间。

5. 电液换向阀

◆电液换向阀的工作原理

电液操纵式换向阀简称电液换向阀，它由一个普通的电磁阀和液动换向阀组合而成。电磁阀作为导阀，是改变控制油液流向的；液动换向阀是主阀，它在控制油液的作用下，改变阀芯

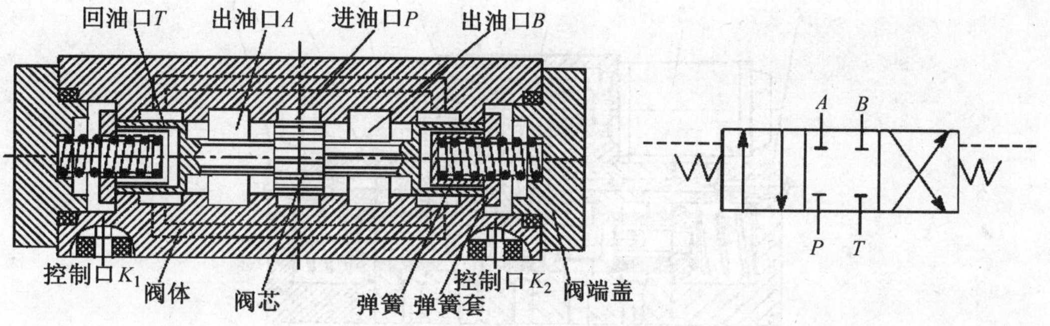

图 7-14　三位四通液动换向阀

的位置，使油路换向。由于控制油液的流量不必很大，因而可实现用小容量的电磁阀来控制大通径的液动换向阀。

图 7-15 所示为换向时间可调的三位四通电液换向阀。当导阀右端的电磁线圈 5 通电时，导阀阀芯 4 左移，控制油经阻尼器（单向节流阀）的单向阀 7 进入主阀芯 8 的右端控制油腔，而主阀左端的控制油则经节流阀（即阻尼器）2 流回油箱，于是主阀芯克服弹簧力和移阀阻力被推到左端。反之，电磁阀左端电磁线圈 3 通电时，主阀则移到右端。由于节流阀对回油形成阻尼，使主阀换向速度减慢，故调整节流阀，即可调整换向时间。

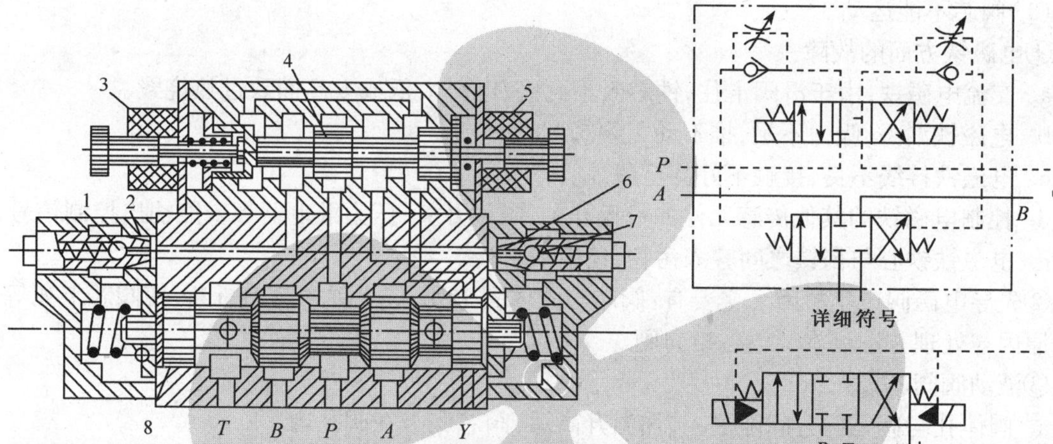

(a)结构简图　　(b)简化符号

图 7-15　带阻尼器的电液换向阀

1、7—单向阀；2、6—节流阀；3、5—电磁线圈；4—导阀阀芯；8—主阀阀芯

图 7-16 所示为电液比例换向阀的结构示意图。

当直流电信号输入电磁铁 5 时，电磁铁将电信号转换为机械位移，使双向减压阀芯 4 向右移动。这时从 P 口进入的压力为 P_b 的液压油经减压阀减至 P_1 后从油道 D 至液动换向阀芯 2 的右端，推动阀芯 2 向左移动，使 B 孔与压力油路 P 相通。在油道 D 上有反馈油孔 C，将 P_1 引至减压阀芯 4 的右端。当 P_1 作用在减压阀芯右端的力与电磁铁的电磁力相等时，减压阀即处于平衡状态。与此相对应，液动换向阀有一定的开口量。当输入电信号加至电磁铁 3 时，液动换向阀芯 2 向右移动，使 A 孔与压力油路 P 相通。因此，阀的输出流量大小和液流方向可以由输入电信号的大小及方向来控制。此外，在液动换向阀的两端盖上分别设有节流阀 1 和 6，根据需要可以调节液动换向阀的换向时间。为了避免负载变化对执行元件速度的影响，往往

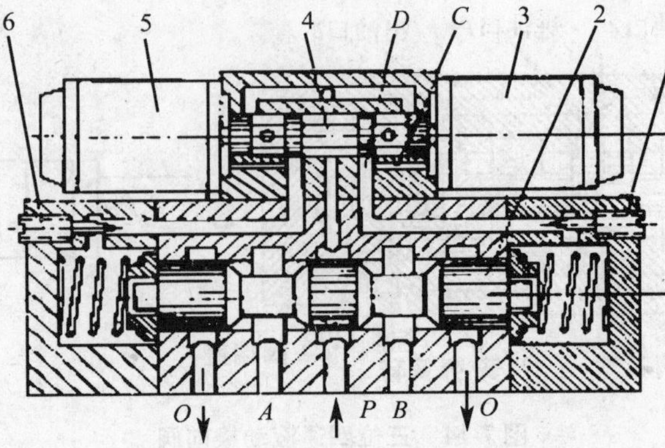

图 7-16 电液比例换向阀

1、6—节流阀;2—主阀阀芯;3、5—电磁铁;4—减压阀

将电液比例换向阀与定差减压阀或溢流阀组合在一起,成为比例复合阀。

电液比例换向阀结构比较简单、价格便宜、抗污染性能好。但响应速度比较慢。适用于对一般机械的速度、力、位置的控制,是一种用途比较广泛的电液比例控制元件。

◆电液换向阀的故障诊断与排除:

电液换向阀的常见故障主要有:

(1)阀芯不能运动。

①电磁铁方面的故障:

a. 交流电磁铁,由于滑阀卡住,铁芯吸不到底,电压太低或太高而致过热烧毁。

b. 电磁铁漏磁,吸力不足,推不动主阀阀芯。

c. 电磁铁接线不良,接触不好甚至假焊。

d. 控制电磁铁的其他传感元件如行程开关、限位开关、压力继电器等未能输出控制信号。

e. 电磁铁铁心与衔铁之间容入污物,使衔铁卡死。

②先导电磁阀产生故障。主要有:阀芯与阀体孔卡死,或者弹簧弯曲折断,使阀芯卡死等。产生原因与处理方法见本节电磁换向阀。

③液动阀阀芯卡死:

a. 阀体孔与阀芯配合间隙过小,油温升高后,阀芯胀卡在阀孔内。

b. 阀芯几何尺寸与形位公差超差,阀芯与阀孔装配轴线不重合,产生轴向液压卡死现象。

c. 阀芯表面有毛刺,或者阀芯(或阀体)被碰伤卡死。

④液动换向阀控制油路存在故障:

a. 油液控制动力源的压力不够,滑阀未被推动,故不能换向或换向不到位。

b. 电磁先导阀存在故障,未能工作。

c. 控制油路堵塞。

d. 可调节流阀调整不当,通油口过小或堵塞。

e. 滑阀两端泄油口没有接回油箱,或泄油背压太高,或泄油管堵塞。

f. 阀端盖处因螺钉松动或接触面不平等原因致泄漏严重,使控制油压不足。

⑤油液污染严重:

a. 油液污染严重,未能滤去的颗粒杂质卡死阀芯。

b. 油温长期过高,使油液变质,产生胶质物质,粘在阀芯表面而卡死。

c. 油液黏度太高,使阀芯移动困难甚至卡住不动。

⑥安装精度太差,紧固螺钉不均匀,或管道法兰接头处发生撬动使阀体变形。

⑦弹簧对中式液动阀的复位弹簧太硬、太粗,推动力需要太大;弹簧卡阻或弹簧折断,致阀芯不能对中复位。

(2)阀芯换向后,通过流量不够。造成阀芯换向后通过流量不够的主要原因是开口量不够,主要是由于:

①行程调节型主阀的螺杆调整不当。

②电磁阀由于长期使用,使推杆磨损过短,或更换电磁铁后,其安装距离较原来为大,使主阀控制油进入不够而致。

③主阀阀芯与阀孔间隙不当,几何精度差,阀芯不能在全程内顺畅移动,阀芯达不到规定位置。

④弹簧太弱,推力不足,使阀芯行程达不到规定端位。

(3)电液阀进出油口处压降太大:

①通流阀口面积太小,阻尼作用严重,主要原因仍是阀芯移动,达不到规定位置。

②通过流量过多,远远大于额定流量,此时,应选择与流量相配的电液阀。

(4)主阀换向速度不易调节。主要因电液阀换向时调节器故障:

①单向阀泄漏严重,应拆下重新研配以保证密封程度。

②节流阀芯弯曲,螺纹处碰毛,致使无法转动而失去调节功能。

③针头节流阀调节性能差或被污染物堵塞,应拆下清洗或改用三角槽式节流阀。

(5)电磁铁过热或发出嗡嗡噪声:

①电磁铁铁心与衔铁轴线不同轴度过大,衔铁吸合不良。

②电磁铁线圈绝缘不良。

③电压变动太大、太低或太高。一般电压波动值不应超过正负10%,电网上常有过大波动时,应加设稳压器。

④换向阻力太大,回油背压超高。

⑤换向操作频率太高。

(6)换向冲击与噪声:

①控制流量过大,滑阀移动速度太快,因而,产生冲击声。一般可以通过调小单向节流阀节流口的方法来减慢滑阀移动速度。

②单向节流阀阀芯与孔配合间隙太大,或者单向阀弹簧漏装,使阻尼作用失效,产生换向冲击声。

③液压系统中,压差很大的两个回路瞬时接通,而产生液压冲击,并可能使配管振动或其他元件发出噪声。

公称通径既定的换向阀流量增大,则压力损失呈平方关系地迅速增大。一般使用范围压力损失多不超过0.3~0.5 MPa,同时也是为了避免液动力过大妨碍换向,不同公称通径的换向阀都相应规定有允许的最大流量。工作压力较高时,允许的最大流量应相应减小。

6. 梭阀

梭阀又叫选择阀,根据阀芯工作时的形态结构,像只梭子,故又称梭阀。它实际上是一种二位三通式液控单向阀,可以自动地进行油路压力的选择。

梭阀的结构及图形符号如图7-17所示。这种阀有两个压力油入口和一个出口,当右边进口压力大于左边进口压力时,阀芯被两者的差力值推向左边,关闭左端压力油口,从而右端压力油通向出口。反之,当左边进口压力大于右边进口压力时,则左端压力油通向出口。

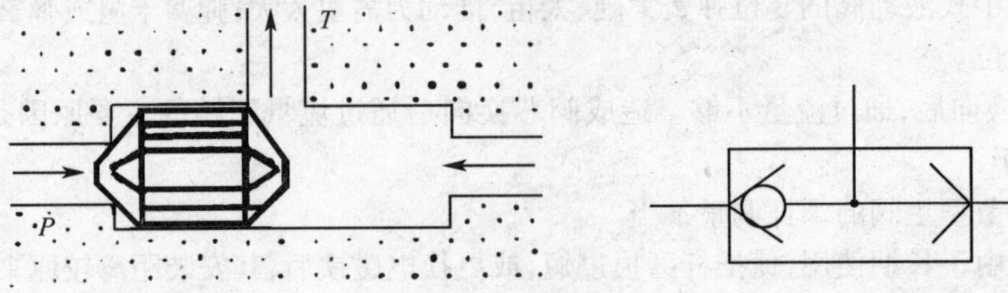

图 7-17 梭阀

二、压力控制阀

(一)溢流阀

溢流阀的作用是在系统油压超过调定值时泄放油液。根据动作原理溢流阀可分为直动型和先导型。

1. *直动型溢流阀*

图 7-18 所示为力士乐公司采用插装连接的 DBD 型锥阀式直动溢流阀,及我国规定的直动型溢流阀或溢流阀的一般图形符号。用手轮 4 可调节弹簧 5 的张力来改变调定压力。当 P 口油压超过调定值时,锥阀 2 被顶开,从 T 口溢油回油箱。锥阀外端的阻尼活塞 3 起导向和阻尼作用,可提高阀稳定性。

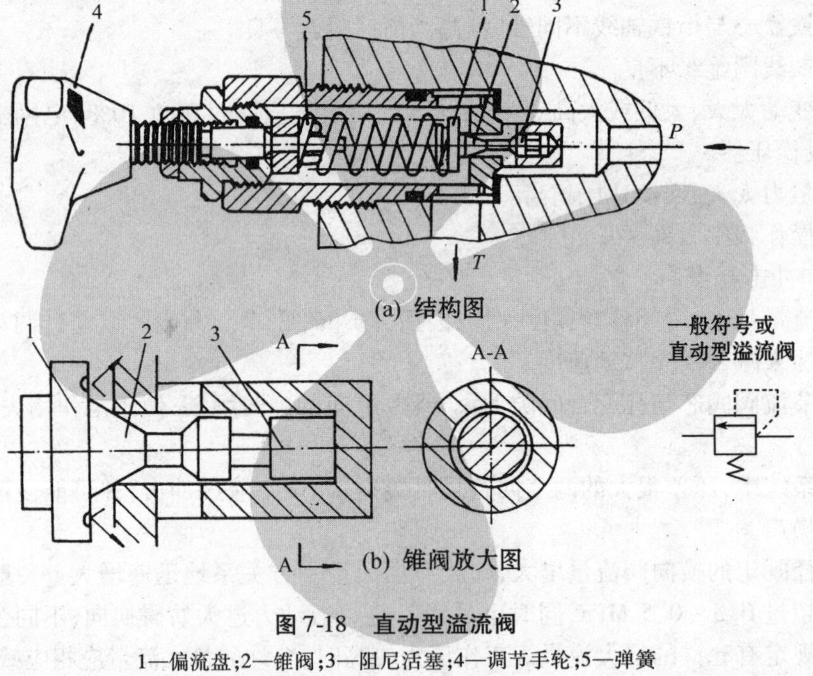

图 7-18 直动型溢流阀

1—偏流盘;2—锥阀;3—阻尼活塞;4—调节手轮;5—弹簧

直动型溢流阀大多适用较小流量。因为流量大则阀芯尺寸也大,必然需要较硬的弹簧,这样,阀芯开度变化时弹簧的张力变化大,相应的工作油压就会变化太大。但 DBD 型直动型溢流阀经过精心设计,锥阀 2 后面的偏流盘 1 不仅可充当弹簧座,而且盘上开有环形槽,可改变锥阀出口液流的方向,产生与弹簧力相反的液动力。阀开度增大时流量增大,液动力也增大,可抵消增大了的弹簧张力,使工作油压变化不大。这种阀最大工作压力可达 31.5 ~ 63 MPa,

允许的最大流量可达 330 L/min。

2. 先导型溢流阀

先导式溢流阀按其主阀的结构形式可分为二节同心式、三节同心式、滑阀式三类。

图 7-19 示出国产 Y2 型二节同心式先导溢流阀和先导型溢流阀的图形符号。这种阀由主阀和导阀组合而成。主阀芯 5 是一底部有阻尼小孔 7 的圆筒形锥阀，与阀套 6 滑动配合，用以控制进油口 P 与溢油口 T 的隔断与接通。压力油从进口 P 进入到主阀下方，经小孔 7 通至主阀上方的油腔，然后通到导阀 1 的前腔。导阀实际是一个小型直动溢流阀。当油压未达到其开启压力时，导阀关闭，阀内油不流动，主阀上下油压相等，主阀在弹簧 8 作用下关闭，溢油口被隔断。

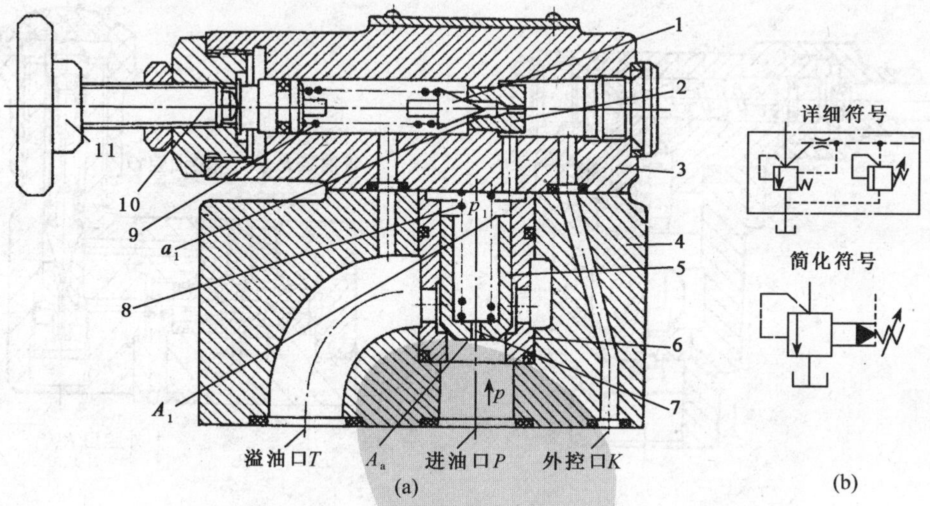

图 7-19　二节同心式先导型溢流阀

1—导阀；2—导阀座；3—阀盖；4—阀体；5—主阀芯；6—阀套；7—阻尼孔；8—主阀弹簧；9—调节螺钉；10—调压手轮轴；11—调压手轮

当系统油压超过导阀的开启压力时，导阀被顶开，少量油经导阀座 2 的孔口 a_1、阀盖 3 和阀体 4 左侧的钻孔从溢油口 T 溢出。这时由于阻尼孔 7 的节流作用，主阀下腔的油压 p 就会高于其上腔的油压 p_1。当系统油压 p 继续升高时，导阀开度及其溢流量随之增加，由于导阀弹簧较软，故压力 p_1 增加很小，主阀上下的油压差也就增大。当大到足以克服主阀重力、摩擦力和弹簧 8 的张力 F_s 时，主阀开始抬起，主阀口即开启溢油。这时，只要系统油压稍有增加，由于主阀上方油压变化不大，主阀上下的油压差就会增大，主阀的升程也就相应加大，其溢流量也增加，阀进口的系统油压就可大体保持稳定。

当主阀开度稳定时，主阀上下的作用力是平衡的，若重力和摩擦力忽略不计，则

$$
\begin{aligned}
pA_a &= p_1A_1 + F_s \\
p &= (p_1A_1 + F_s)/A_a
\end{aligned}
\tag{7-1}
$$

式中，A_a、A_1——主阀下方和上方的承压面积。

由于主阀上腔始终有油压 p_1 作用，即使系统油压较高，主阀弹簧也可选得较软，仅用来帮助主阀芯复位；又由于阻尼孔很小（孔径 0.8 ~ 1.2 mm），通过导阀的流量也很小（一般为全部溢流量的 0.5% ~ 1%），故导阀的承压面积很小，导阀弹簧也比较软，而且导阀在工作中升程变化也很小，所以导阀开启后主阀上腔油压 p_1 变化不大。这样，在主阀开度变化而改变溢流量的过程中，p_1 和 F_s 的变化都不大，故系统油压 p 也就变化不大。转动调压手轮 11，改变导

阀弹簧的初张力,即可改变溢流阀的调定压力。

图 7-20 所示为三节同心式先导型溢流阀。它的主阀芯有三处需要严格的同心:上部的小圆柱面,中部活塞处的大圆柱面,下部的锥面。与这三个部分相对应的阀体上的三个部分也要严格的同心,才能使主阀可靠地工作。因此,这种结构的阀加工要求高。由于主阀芯和锥阀座中阻尼孔的作用,使振动不易产生,工作比较稳定。但阻尼孔的作用也使阀的动作比较迟缓。

图 7-21 所示为滑阀式先导型溢流阀。它的主阀芯是圆柱滑阀形式,加工装配都比较方便。但与上面两种锥阀式主阀芯的溢流阀相比,由于主阀芯两端受压面积相等,使阀的灵敏度较低;为了减小主阀的泄漏量,阀口处有一封油段 h,使动作反应较慢。所以,滑阀式主阀芯的溢流阀动态性能差,一般用于中低压的液压系统。

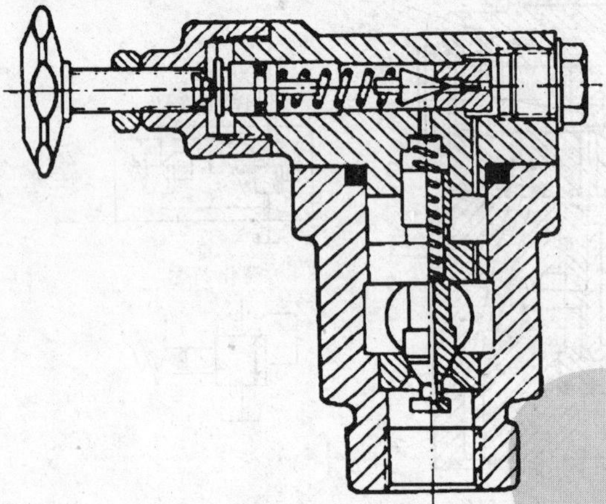

图 7-20　三节同心式先导型溢流阀

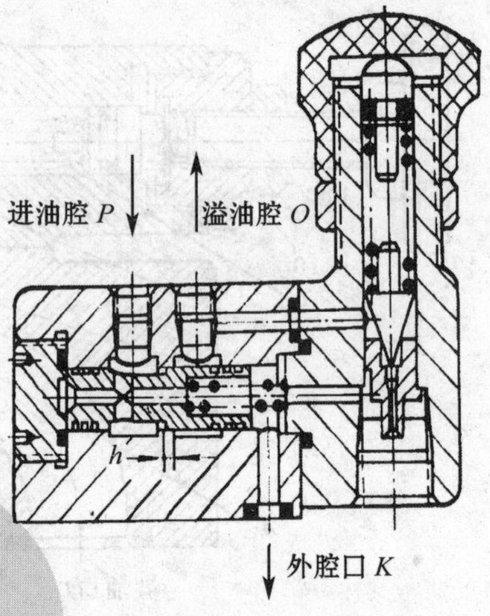

图 7-21　滑阀式溢流阀

3. 溢流阀的应用

溢流阀应用十分广泛,每一个液压系统都使用溢流阀。溢流阀在液压系统中的主要应用如下。它在系统中的功用主要有两种:一种是在系统正常工作时常闭,仅在油压超过时调定值时开启,是作安全阀使用;另一种是在系统工作时常开,靠自动调节开度改变溢流量,以保持阀前油压基本稳定,即作为定压阀使用。另外,溢流阀还可以作为背压阀或者卸荷阀使用。

(1)作溢流阀用:在图 7-22(a)所示用定量泵供油的节流调速回路中,泵的流量大于节流阀允许通过的流量,溢流阀使多余的油液流回油箱,此时泵的出口压力保持恒定。

(2)作安全阀用:在图 7-22(b)由变量泵组成的液压系统中,用溢流阀限制系统的最高压力,防止系统过载。系统在正常工作状态下,溢流阀关闭;当系统过载时,溢流阀打开,使压力油经阀流回油箱,此时溢流阀为安全阀。

(3)作背压阀用:在图 7-22(c)所示的液压回路中,溢流阀串联在回油路上,溢流阀产生背压后使运动部件运动平稳,此时溢流阀为背压阀。

(4)作卸荷阀用:在图 7-22(d)所示的液压回路中,在溢流阀的遥控口串接一小流量的电磁阀,当电磁铁通电时,溢流阀的遥控口通油箱,此时液压泵卸荷,溢流阀这时作为卸荷阀使用。

如果将先导式溢流阀和其他阀件组合,还可以用作远控。

如果如图 7-23(a)所示,将先导型溢流阀的外控油口 K 用油管接另一只直动型溢流阀,将后者安放在更便于控制的位置,即可用它远控调压。这时先导型溢流阀本身的导阀应不起作用,其调定压力必须高于远程调压的最高调定压力。

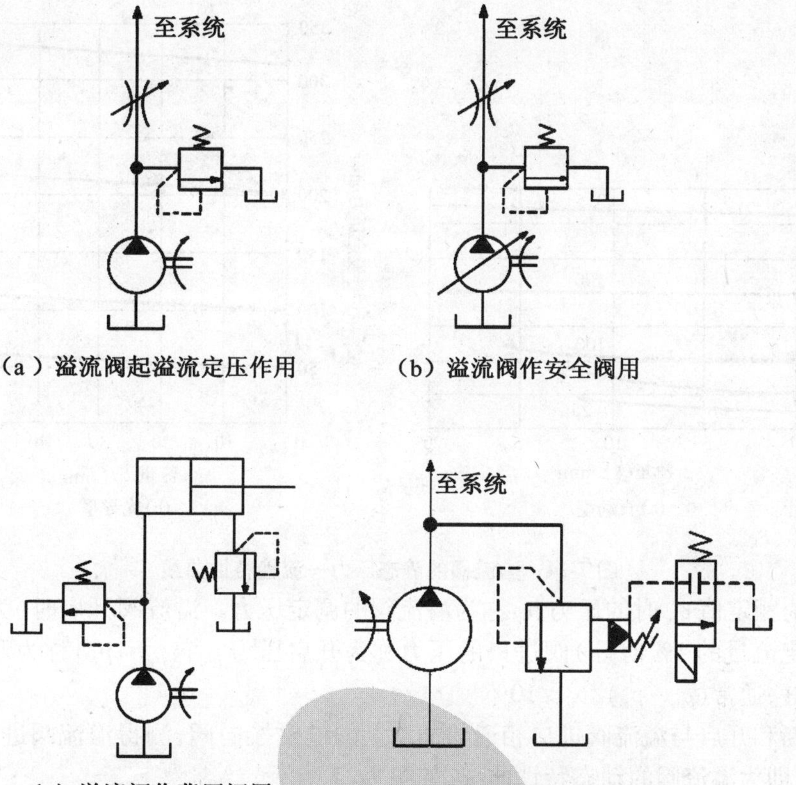

(a）溢流阀起溢流定压作用　　(b）溢流阀作安全阀用

(c）溢流阀作背压阀用　　(d）溢流阀作卸荷阀用

图 7-22　溢流阀的作用

如果如图 7-23(b)所示,通过先导型溢流阀的外控油口 K 使主阀上腔泄油,则主阀就会完全抬起,使系统泄油,这时溢流阀就被作为卸荷阀使用,其卸荷压力(额定流量下的压力损失)一般在 0.2 MPa 以下,最大不超过 0.4 MPa。

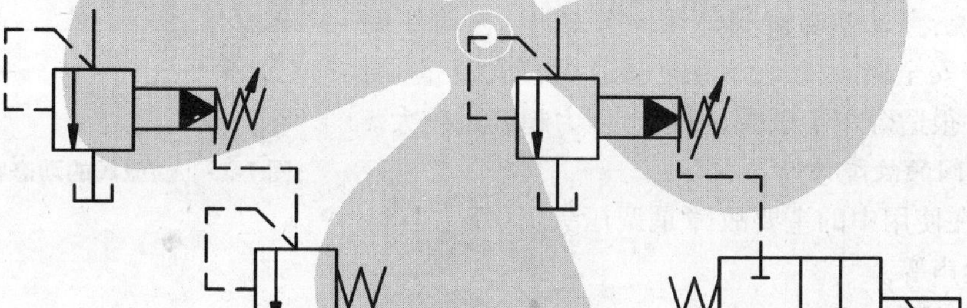

(a) 远控调压　　(b) 远控卸荷

图 7-23　先导型溢流阀的远控方式

4. 溢流阀的性能

溢流阀的工作性能包括静态性能和动态性能。最重要的静态性能是溢流阀在系统稳定工况下的压力—流量特性,它是溢流阀调定后工作稳定时阀进口实际压力 p 与溢流量 Q 的关系曲线。图 7-24 示出力士乐公司在油黏度 $\nu=41\ \mathrm{mm^2/s}$、温度 $t=50℃$ 时所测出的某直动型和先导型溢流阀的压力—流量特性曲线。

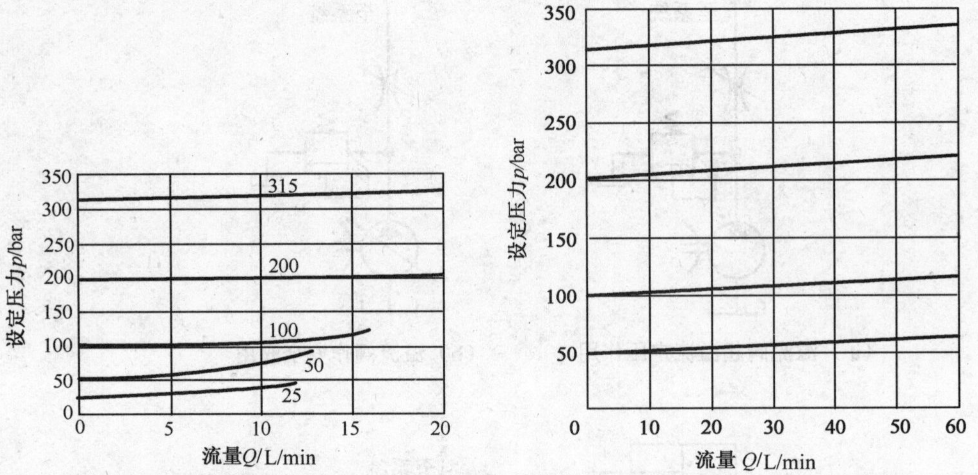

(a)直动型　　(b)先导型

图 7-24　溢流阀的静态压力—流量特性曲线

溢流量为额定值 q_n 时的压力 p_n 称为溢流阀的调定压力。溢流阀开启时(为便于测量,以溢流量为额定流量的1%时计)阀进口的压力称为开启压力 p_c,(p_n-p_c)称为调压偏差,调压偏差越小越好,通常 $(p_n-p_c)/p_n \leq 10\%$。

突然关断和开启与溢流阀进口相通的油路上的电磁换向阀,测得溢流阀进口压力与时间的关系曲线,即为溢流阀的动态特性曲线,如图7-25所示。

动态特性曲线上峰值压力 p_{max} 与调定压力 p_n 的差值称为压力超调量 Δp。溢流阀从压力上升到稳定所需时间 t_2 称为升压过渡时间。压力超调量太大可能使系统油路的压力继电器误动作,还可能损坏压力表和管路密封。

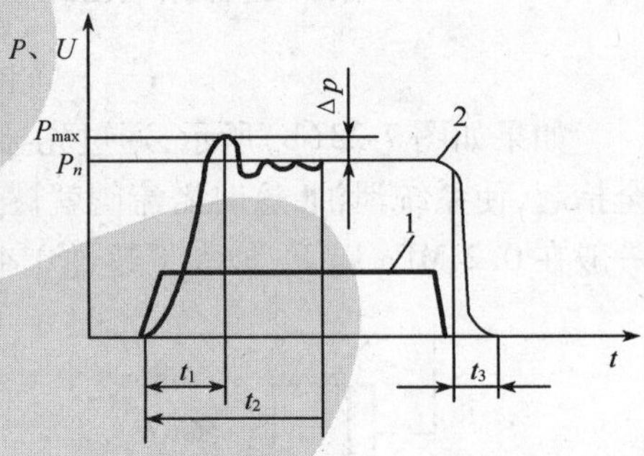

图 7-25　溢流阀的动态特性曲线

一般来说,直动型溢流阀适用流量较小,它动作灵敏,很适合作安全阀。先导型溢流阀适用较大流量,调压偏差较小,很适合作定压阀,但动态压力超调量较大。

5. 溢流阀的故障诊断与排除

溢流阀在使用中的主要故障是调压失灵、压力不稳定及振动、噪声等。

(1)调压失灵

①旋动调压手轮,压力达不到额定值,系统压力达不到额定值的主要原因,常由于调压弹簧变形、断裂或弹力太弱,选用错误,调压弹簧行程不够,先导锥阀密封不良,泄漏严重,远程遥控口泄漏,主阀芯与阀座(锥阀式)或与阀体孔(滑阀式)密封不良,泄漏严重等。采取更换、研配等方法即可进行修复。

②系统上压后,立刻失压,旋动手轮再也不能调节起压力。该故障多系主阀芯阻尼孔在使用中突然被污物堵塞所致。该阻尼孔堵塞后,系统油压直接作用于主阀芯下端面,此时,系统上压,而一旦推动主阀上腔的油液顶开先导锥阀后,主阀打开,系统立即卸压。由于主阀阻尼孔被堵,系统压力油再无法进入主阀上腔,即使系统压力下降,主阀也不能下降。主阀阀口开

度不会减小，系统油液不断被溢流，故在这种情况下，无论怎样旋动手轮，也不能使系统上压。

当主阀在全开状态时，若主阀芯被污物卡阻，也会出现上述现象。

③系统超压，甚至超高压，溢流阀不起溢流作用。当先导锥阀前的阻尼孔被堵塞后，油压纵然再高也无法作用和顶开锥阀阀芯，调压弹簧一直将锥阀关闭，先导阀不能溢流，主阀芯上、下腔压力始终相等，在主阀弹簧作用下，主阀一直关闭，不能打开，溢流阀失去限压溢流作用，系统压力随着负载的增高而增高，当执行元件终止运动，系统压力在液压泵作用下继续上升，甚至产生超高压现象。此时，很容易造成拉断螺栓、泵被打坏等恶性事故。

对上述②、③点的故障，通过拆洗阀件，疏通阻尼孔后即可排除。

(2)压力不稳定，脉动较大

①先导阀稳定性不好，锥阀与阀座同轴度不好，配合不良，或是油液污染严重，时有杂质卡夹于锥阀，使锥阀运动不规则。应该纠正阀座的安装，研修锥阀配合面，并控制油液的清洁度，清洗阀件。

②油中有气泡或油温太高。安全排除系统内的空气并采取措施降低油液温度即可。

(3)压力轻微摆动并发出异常响声

①与其他阀件发生共振。可重新调定压力，使其稍高或稍低于额定压力。最好能更换适合的弹簧，采取外部泄油形式等。

②先导阀口有磨损，或远程控制口腔内存有空气。应修复或更换先导阀并驱除系统中空气。

③流量过大。更换大规格阀，最好能采用外部泄油。

④油箱管路有背压，管件有机械振动。宜改用溢流阀的外部泄油方式。

⑤滑阀式阀芯制造时或使用后，产生鼓形面，应当修理或更换阀芯。

(4)压力调节反应迟缓

①弹簧刚度不当，或扭曲变形有卡阻现象，则更换合适弹簧。

②锥阀阻尼孔被杂质污物堵而不塞，但通流面积大为减小。应拆洗锥阀，疏通孔道。

③管路系统有空气，对执行元件进行全程运行，驱除系统内空气。

(5)噪声和振动

①先导锥阀在高压下溢流时，阀芯开口轴向位移量仅 0.03 ~ 0.06 mm，通流面积小，流速可高达 200 m/s。若锥阀及锥阀座加工时产生椭圆度、导阀阀口黏着污物及调压弹簧变形等等，均使锥阀径向力不平衡，造成振荡，产生尖叫声。对锥阀封油面圆度误差应控制在 0.005 ~ 0.01 mm，表面粗糙度应优于 Ra = 0.4 μm。

②阀体与主阀阀芯制造几何精度差，棱边有毛刺或阀体内有污物，使配合间隙增大并使阀芯偏向一边，造成主阀径向力不平衡，性能不稳定，而产生振动及噪声。应当去除毛刺，更换不合技术要求的零件。

③阀的远程控制口至电磁换向阀之间管件通径不宜太大，过大，相反会引起振动。一般取管径为 6 mm 为适宜。

④空穴噪声。当空气被吸入油液中或油液压力低于大气压时，将会出现空穴现象，此时，需检查油箱油液的高度，驱除系统中的空气。

⑤因装配或维护不当产生机械噪声，主要有：

a. 阀芯与阀孔配合过紧，阀芯移动困难，引起振动和噪声。配合过松，间隙太大，泄漏严重及液动力等也会导致振动和噪声。装配时，要严格掌握合适的间隙。

b. 调压弹簧刚度不够，产生弯曲变形。液动力能引起弹簧自振，当弹簧振动频率与系统频率相同时,即出现共振和噪声。更换适当的弹簧即可排除。

c. 调压手轮松动。压力由手轮旋转调定后,需用锁紧螺母将其锁牢。

d. 出油口油路中有空气时,将产生溢流噪声,需排净空气并防止空气进入。

e. 系统中其他元件的连接松动,若溢流阀与松动元件同步共振,将增大振幅和噪声。

6. 电磁溢流阀

电磁溢流阀是由先导型溢流阀和电磁换向阀组合而成,其电磁换向阀可以是二位二通、三位四通或三位四通。用电信号控制其中电磁换向阀,可使溢流阀主阀芯上腔油压通油箱或其他远控调压阀,即可迅速使溢流阀卸荷或改变其调定压力。

图 7-26 所示为国产某型电磁溢流阀及其图形符号。

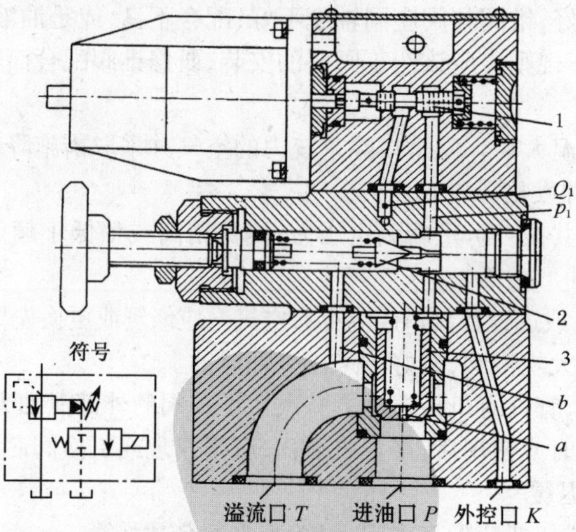

图 7-26　电磁溢流阀

1—电磁阀;2—先导阀阀芯;3—主阀芯

7. 卸荷溢流阀

卸荷溢流阀亦称单向溢流阀,它是由增加了控制活塞的先导溢流阀和单向阀组合而成。图 7-27 所示为 HY 型卸荷溢流阀。其工作原理如下:液压泵输出的压力为 p 的油从 P 口进入,顶开单向阀 15,从 A 口向系统供油,其压力 p_A 因阀 15 有压降而稍低于进油压力 p;p_A 同时又通过阀体 13 和阀盖 9 中的通道作用于控制活塞 7 的右端面。另外,油液通过主阀芯 11 下部阻尼孔和阀盖 9 的通道进入导阀 5 前腔而作用于导阀,压力为 p_1;p_1 同时又作用于控制活塞的左端面。导阀未开启时,活塞左端油压 $p_1=p$,稍大于右端油压 p_A,被推向右边。

当进口油压 p 升高到使导阀开启后,p_1 即大致保持不变,若泵的排压继续升高,则主阀上下油压差($p-p_1$)增大,主阀即开启溢流;这时因活塞右端压力 p_A 随泵的排压 p 同步升高,当大于左端压力 p_1 时,控制活塞左移,在它帮助下导阀迅速开大,主阀上腔压力 p_1 急剧下降,主阀即全开,使泵卸荷。这时单向阀 15 关闭,系统和控制活塞右端保持较高油压 p_A,从而使导阀保持全开。如果是没有控制活塞的普通先导型溢流阀,泵排压降低,导阀和主阀即会关小,P 口将在调定压力下溢流而非卸荷。

控制活塞的承压面积 A' 大于导阀的承压面积 A。当 p_A 大于导阀的弹簧预紧张力 F_S 时,导阀开启;而只有当系统油压降到 p_AA' 小于 F_S(即 p_A 降到低于 p_A/A' 时),导阀和主阀才相继关闭,排油又重新顶开单向阀进入系统。主阀关闭压力约比开启卸荷的压力低 10% ~20%。

卸荷溢流阀可用于高、低压泵并联供油系统(图 7-28(a))。开始工作时低压大流量泵 1 和高压小流量泵 2 同时向系统供油,执行元件快速运动;当负载增加、油压升到卸荷溢流阀开启压力时,泵 1 卸荷,单向阀关闭,高压小流量泵单独向系统供油,执行元件慢速运动。

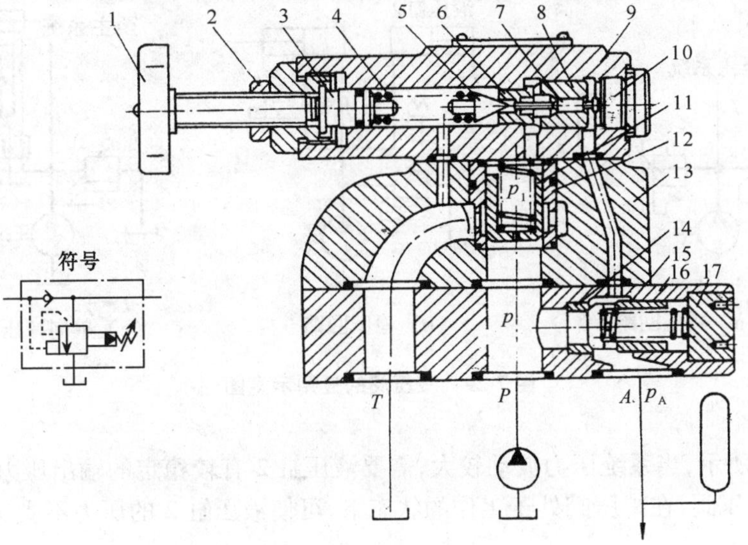

图 7-27　卸荷溢流阀

1—调压手轮;2—锁紧螺母;3—调节杆;4—调压弹簧;5—导阀;6—导阀座;7—控制活塞;8—活塞套;9—阀盖;10—螺塞;11—主阀芯;12—阀套;13—阀体;14—单向阀座;15—单向阀;16—单向阀体;17—丝堵

卸荷溢流阀也可用于向蓄能器系统供油(图 7-28(b)),当蓄能器油压达到卸荷溢流阀开启压力时,液压泵卸荷,单向阀关闭;当蓄能器油压降至卸荷溢流阀关闭压力时,主阀关闭,液压泵顶开单向阀又向蓄能器供油。

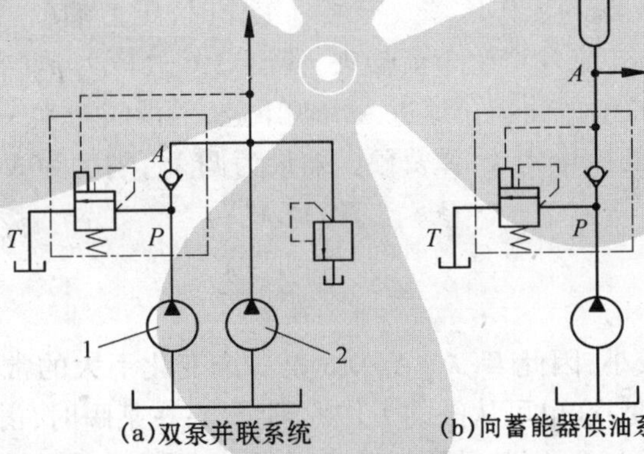

(a)双泵并联系统　　(b)向蓄能器供油系统

图 7-28　卸荷溢流阀的应用

(二)减压阀

当液压系统只有一个泵源,而不同的部分需压力不同时,则使用减压阀。例如,船舶克令吊上供起升电动机使用的主油路需要较高的压力,控制制动器和离合器的油路则需要较低的压力,这就可以从主油路接装减压阀来获得低压油路。也就是说,减压阀主要用于液压系统中的某支油路的减压、调压和稳压。

1. 减压回路

图 7-29(a)为减压回路,在主系统的支路上串-减压阀,用以降低和调节支路油缸的最大推力。

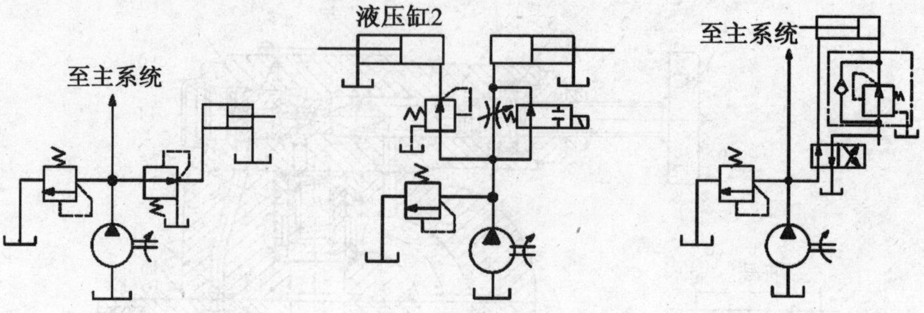

(a) 减压回路　　(b) 稳压回路　　(c) 单向减压回路

图 7-29　减压阀的应用示意图

2. 稳压回路

图 7-29(b)所示,当系统压力波动较大,需要液压缸 2 有较稳定的输出压力时,在液压缸 2 进油路上串-减压阀,在减压阀处于工作的状态下,可使液压缸 2 的压力不受溢流阀压力波动的影响。

3. 单向减压回路

当需要执行元件正反向压力不同时,可采用图 7-29(c)的单向减压回路。图中的用双点画线框起的单向减压阀是具有单向阀和减压阀功能的组合阀。

常见的减压阀有两种:一种是阀出口压力恒定的定值减压阀,一种是阀进出口压差恒定的定差减压阀。定值减压阀又叫定压减压阀,由于其在液压系统中应用广泛,因此简称为减压阀。减压阀的基本工作原理是使高压油通过阀口缝隙,以达到节流降压的目的。从结构上来看,减压阀也有直动式和先导式两种。

图 7-30 为直动式减压阀的工作原理及符号。工作时,压力油(一次压力)从 A 口进入,通过滑阀 1 和壳体 2 之间的缝隙 B 产生节流损失,使出口 C 处压力 p_2(二次压力)比一次压力 p_1 为低,即所谓减压。C 口的压力油经孔道进入滑阀下腔,对滑阀产生一个向上的力 P_2S(S 为滑阀端面面积)。若滑阀的开口量为 X,弹簧预压缩量为调 X_0,刚度为 K,则滑阀平衡式为

$$P_2S = K(X_0 + X)$$
$$P_2 = \frac{K(X_0 + X)}{S} \tag{7-2}$$

由于阀开量 X 变化较小,因此 $K(X + X_0)/S$ 是一个变化不大的常数,所以 P_2 近似为一个常数,即出口压力保持不变,这也可从阀的工作原理看出:在某瞬时,滑阀处于平衡,$P_2 < P_1$,即要求的减压。当阀进口压力 P_1 因某种原因升高,则出口压力会立即随之升高,滑阀底部油压升高使滑阀上移,关小开口 X,使节流效果增加,压差增大,从而使出口压力又降到原来压力为止;当阀的进口压力因某原因降低时,则出口压力随之降低,滑阀底部油压也降低,在弹簧作用下,滑阀下移增大开口,使节流效果减弱,压差减小,出口油压又上升到原来的值。如果阀进口压力 P_1 不变,通过流量增加时,则压差增大,使出口压力降低,滑阀底部油压也降低,滑阀下移,增大开口,减弱节流效果,使出口油压上升到原来值。反之,流量减小,则会出现相反的过程。因此,减压阀因为其开口量 X 能随出口压力的升降而自动地关小或开大,从而保证出口

压力为恒定。

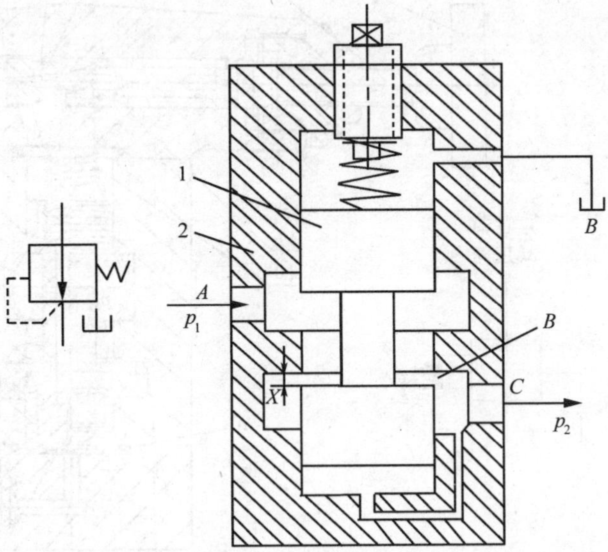

图 7-30　直动式减压阀的工作原理及符号

1—滑阀;2—壳体;A—进口;B—缝隙;C—出口

由上述分析可看出,使用压力越高,弹簧应越粗大,促使阀的尺寸增大。因此在高压系统中最常用的是先导式减压阀。

图 7-31 为国产高压先导型定值减压阀的结构及直动型、先导型定值减压阀的图形符号。它也由先导阀和主阀两部分组成。主阀中 A 为压力油进口腔,B 为减压油出口腔,从进口来的压力为 p_1 的高压油经主阀 7 的减压口节流后,压力降为 p_2,由出口流出。降压后的油经阀内通道被引到主阀下方的油腔;再通过主阀的阻尼孔 9,到达主阀上方油腔,该处油压为 p_3;然后经上盖中的通孔引至导阀 3 的前腔。正常工作时,压力 p_3 超过导阀开启压力,导阀常开,少量油液经阻尼孔 9 和导阀 3 从泄油口 L 泄油,泄油流量一般不超过 1.5 ~ 2 L/min。主阀上腔的油压 p_3 因阻尼孔 9 的节流作用,低于下腔油压 p_2。如忽略不大的主阀重力和摩擦力,当主阀开度稳定时

$$p_2 = p_3 + F_S/A \tag{7-3}$$

式中,F_S、A 为主阀的弹簧张力及液压力作用端面面积。

如果 p_2 升高,则主阀上下油压差增大,主阀就会克服弹簧 10 的张力上移,关小节流口,以阻止 p_2 增加;反之,如果 p_2 降低,则主阀就会下移,开大节流口,以阻止 p_2 降低。

由于导阀较小,移动距离短,其弹簧 11 较弱,故 p_3 的压力变化很小;主阀弹簧 10 仅需帮助主阀克服移动阻力,而无需与液压力 p_2 平衡,故刚度也不大,F_S 变化也不大。这样,依靠主阀自动调整节流口的开度,即可使出口压力 p_2 基本稳定于调定压力。转动手轮 1,改变导阀弹簧 11 的张力,即可改变减压阀的调定压力。当然,如果阀后的压力 p_2 过低,致使导阀关闭,则主阀上下腔油压相等,主阀就会在弹簧作用下下移至全开位置,这时减压阀无法再维持出口压力恒定。减压阀的泄油口须直通油箱(外泄),这与溢流阀(内泄)不同。先导型减压阀也有外控口 K,可实现远程控制。若将图中先导阀左端的堵头换接为远程调压阀,减压阀即可实现远程调压。

减压阀的主要故障分析如下:

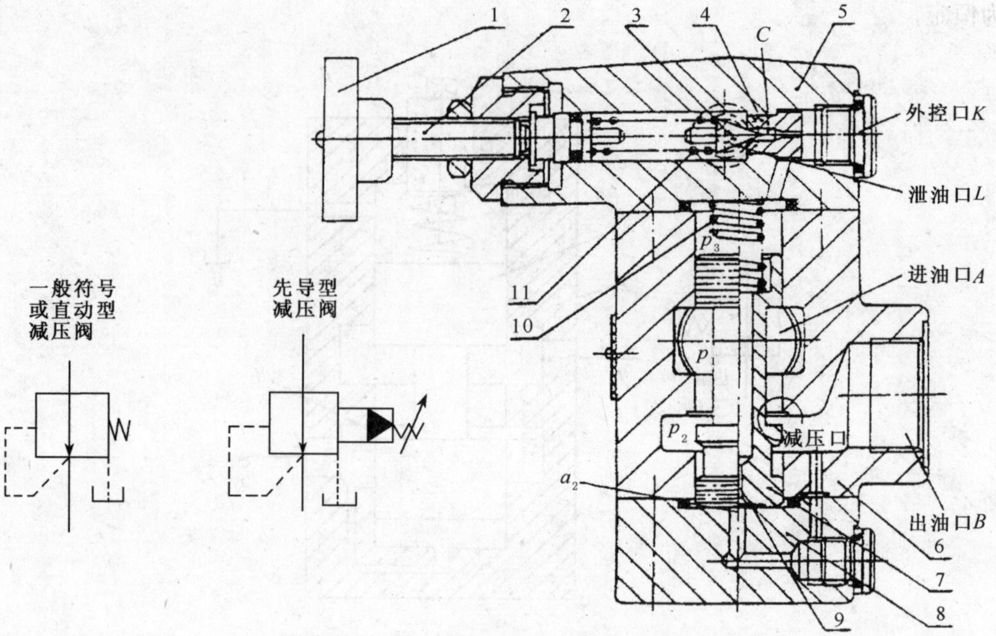

图7-31 JF型先导减压阀的结构及符号

1—调压手轮;2—调节螺钉;3—导阀;4—导阀座;5—阀盖;6—阀体;7—主阀芯;8—端盖;9—阻尼孔;10—主阀弹簧;11—调压弹簧

(1)出口无压力——如果液压源无问题,这是因主阀始终关闭造成。原因主要有:①主阀在关闭位卡死。②阻尼孔堵塞。③主阀弹簧失效。

(2)出口压力调不高——这是因主阀上方油压太低,调节导阀弹簧也无效,以致主阀开度太小。原因是:①盖板或外控口螺塞漏油。②导阀关不严或弹簧太弱。

(3)不起减压作用——这是因主阀始终全开造成。原因是:①主阀在全开位卡死。②泄油管不通或泄油阻力过大。③导阀打不开。后述两项都将使主阀阻尼孔上下油压相等,阀全开。

(4)出口压力不稳——这是因为:①主阀移动不灵敏(例如阀芯或阀孔几何精度差、弹簧太弱或弯曲受卡、阻尼孔时堵时通)。②油中有太多气体。③导阀阀口接触不良(加工差或严重磨损)或弹簧扭曲。

(三)顺序阀

顺序阀是用来控制液压系统中的执行元件进行顺序动作的压力控制阀。

顺序阀根据控制方式,分为直控式和液控式两大类。直控式又名内控式,它是直接利用顺序阀进口油路本身的压力来控制阀的动作;液控式又叫远程式或外控式,它是利用外来控制油液的压力,对阀的动作进行控制。顺序阀根据其组成结构来分,与溢流阀一样,也分为直动型和先导型两种。这两种顺序阀的结构与相应的溢流阀均十分相似。所不同的是,溢流阀出油口直接通油箱;而顺序阀的出油口一般是接着下一级执行元件。顺序阀进出油口都有压力,所以它的泄油口要单独接回油箱。此外,还要求顺序阀的阀芯和阀体间封油长度较溢流阀为长。

当顺序阀控制压力(如为内控,即为阀进口处压力)未达到调定压力之前,此阀关闭;当达到调定压力后,阀门打开,油液经过此阀进入下一级执行元件,并使其动作,从而达到顺序动作的目的。如将该阀的出油口直接与油箱接通,则可作为卸荷阀使用。此外,顺序阀与单向阀组合可构成单向顺序阀和平衡阀。

1. 直动型顺序阀的工作原理与结构

图 7-32 所示为 XF 型直动式高压顺序阀的结构。由于阀的进口腔油压较高,为避免弹簧 1 设计得过于粗硬,控制油不直接通入阀芯 2 的底部,而是作用于阀芯下端处直径较小的控制活塞 4 上,以减小油压对阀芯的作用力和与它相适应的弹簧作用力。

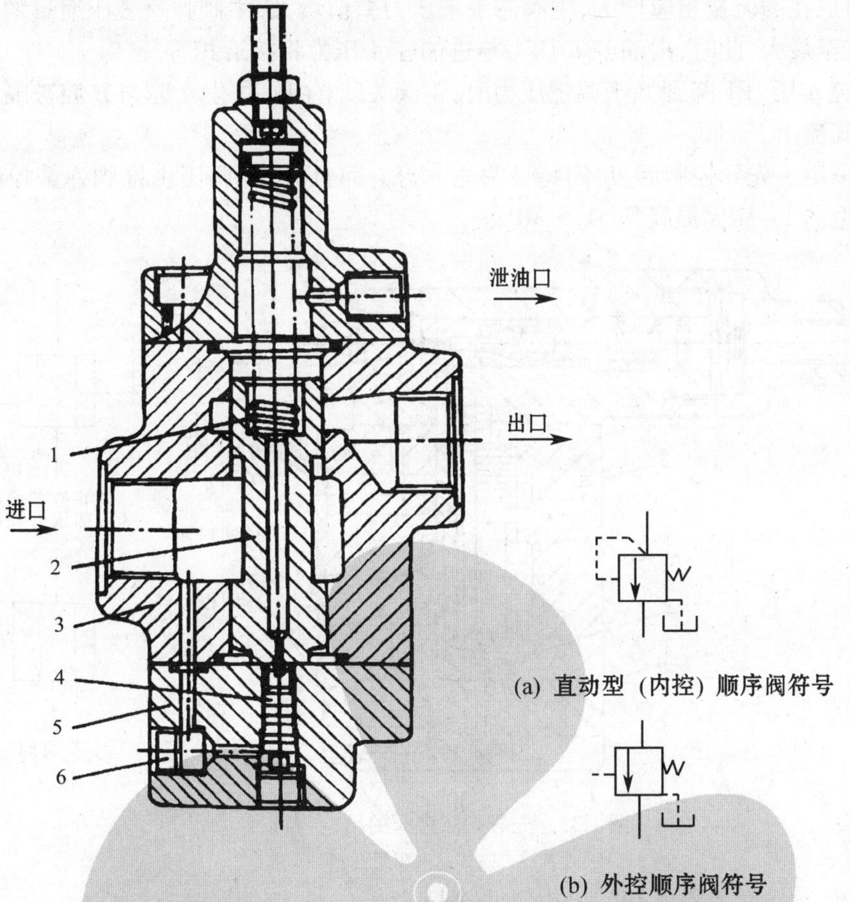

(a) 直动型（内控）顺序阀符号

(b) 外控顺序阀符号

图 7-32　XF 型直动式高压顺序阀

1—弹簧;2—阀芯;3—阀体;4—控制活塞;5—下端盖;6—螺堵

顺序阀的工作原理是:当进口油压低于顺序阀调定的压力时,控制活塞 4 下端的油压作用力小于弹簧 1 对阀芯 2 的作用力,阀芯处于图 7-32 所示最下端位置,阀口封闭,油液不能通过顺序阀。而当进口油压达到或超过顺序阀的调定压力时,阀口打开,阀的进出油口之间形成通路,此时,油液可从顺序阀出口流出。这种阀的控制方式,当下端盖 5 按图 7-32 所示的方法在阀体 3 上安装时,控制油直接取自阀的进口油腔,故称直动式内控顺序阀,图形符号如图 7-32(a)所示。

若将 7-32 所示顺序阀的下端盖 5 拆下后,相对于阀体旋转 180°或 90°后安装,则阀的进口油液被下端盖 5 堵住,通不到控制活塞 4 的下端,这时再将螺堵 6 拧下。在该处接上控制油管并通入控制油,则阀的启闭便可由外部的控制油控制,故称为外控顺序阀,其符号见图 7-32(b)所示。外控顺序阀的阀口开启与进油腔压力无直接关系,弹簧力可采用得很小,只需克服摩擦力,以保证阀芯 2 的及时复位关闭即可。所以,引入外部控制油的压力可以较低。

无论内控还是外控顺序阀,因其出口腔有压力,故弹簧腔泄油应单独接回油箱。

2. 先导型顺序阀的工作原理与结构

图 7-33 为先导型顺序阀的结构与符号。它的工作原理与先导溢流阀基本一致。

当进口腔 A 的油液压力大于先导阀调定压力时，锥阀与主阀均打开，压力油流自出油腔 B 通向执行元件，实施顺序动作。先导阀溢流油自外泄油口 L 流回油箱。若进油腔 A 压力继续上升，通过阻尼孔的流量相应增大，主阀芯上下压力差值增大，主阀弹簧被压缩量增大，阀的开口度增大，直至最大，此时，出油腔 B 压力与进油腔 A 压力将接近相等。

当进口腔 A 压力下降到低于调定压力时，锥阀关闭，主阀关闭，A 腔与 B 腔被隔断，油液不能通过顺序阀流出。

顺序阀采用了先导控制后，启闭特性明显改善。而且，由于调压由锥阀弹簧控制，使顺序压力由直动型的 14 MPa 提高到 31.5 MPa。

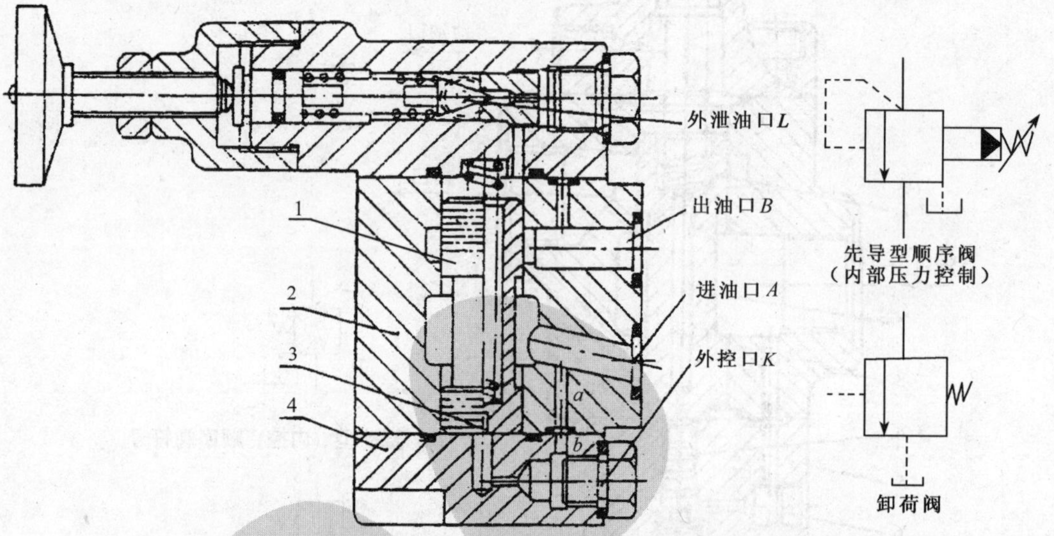

图 7-33　先导型顺序阀的结构与符号

1—阀芯；2—阀体；3—阻尼孔；4—下盖

由上可见，顺序阀与溢流阀颇为相似，区别在于：

(1)溢流阀一般出口直通油箱，故通常采用内部泄油；而顺序阀出口一般通下一级液压元件，泄油口必须外接泄油管直通油箱(外泄)。

(2)溢流阀开启溢流时进油和回油压力相差很大，可作调压阀用；而顺序阀是控制油路接通或隔断，开启后进出口压差一般小于 0.5 MPa，其主阀芯封油长度比溢流阀长。

如使外控顺序阀的出口直通油箱，则该阀就成为可用外加油压信号使系统卸荷的卸荷阀。这时泄油可改为通过阀内通道引至出口(内泄)。卸荷阀的图形符号见图 7-33。

3. 顺序阀的故障诊断与排除

在液压系统中，顺序阀产生控制失灵的主要现象，常有：

(1)设定值不稳定，或者顺序动作错乱

①主阀芯因污物或毛刺运动不畅，或卡死在某一位置。

②调压弹簧断裂或漏装。

③先导阀中的锥阀泄漏严重。

(2)顺序阀出口腔无油流

①下阀盖中，通入控制活塞腔的控制油孔道阻塞，控制活塞无推动压力，阀芯在弹簧作用

下一直处于最下端，阀口常闭，故出油腔无油流出。

②压力控制油泄油口未单独接回油箱，而是采用内部回油的安装方式，这样，主阀芯上腔(弹簧腔)具有油压，使阀无法开启。

③泄油口有时虽然采用外泄式，若泄油道过细、过长或有部分堵塞，回油背压太高，也使滑阀不能打开。

④外控压力不足，或下端盖结合处漏油严重。

⑤主阀芯在关闭状态下卡死。

以上故障的排除，一般通过采取更换、清洁、疏通或研配等针对性修理方法来进行。

(四)平衡阀

平衡阀是液压系统中使用较多的一种阀，它对改善机械设备的某些机构的使用性能起着重要的作用。例如船舶起重机的起升机构、变幅机构以及回转机构，带负载下降时，若无平衡阀，机构就会在负载的作用下产生超速下降。因此，为了实现下降平稳和微动，就需在下降的回路中安装一个限制负载下降速度的阀——平衡阀(也称限速阀)。同样，在全液压行走系统中，在下坡过程中也会产生超速下滑的现象，因此也可使用平衡阀以防止超速下滑。能起平衡作用的阀通常有三种，即内控顺序阀做平衡阀、溢流阀与单向阀并联做平衡阀以及机械液压系统中常用的平衡阀。这里介绍第三种。

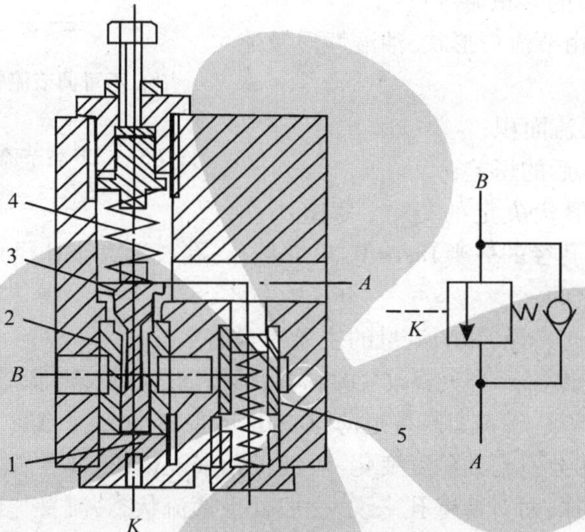

图 7-34　外控式平衡阀的原理图

1—阻尼孔;2—阀座;3—阀芯;4—调压弹簧;5—单向阀

图 7-34 为外控式平衡阀的原理图，外控油压通过下盖中阻尼孔 1 作用在阀芯 3 上，达到阀的设定压力时，阀芯才开启，缸下腔油液经 B 口至 A 口，活塞下降。阀芯为锥阀结构，泄漏量很小，执行机构能够被锁定在停止位置上。阀座的面积比阀芯的端面积稍大些，即做成差动式，当 B 口压力超过一定值时，阀芯可自动开启，起过载保护作用，所以这种阀还具有安全阀的功能，安全阀的设定压力可调。

三、流量控制阀

流量控制阀是靠改变阀的开度以改变通流面积，从而控制流量的一类控制阀。它多用在定量泵系统中,控制执行元件的运动速度。

(一)节流阀

节流阀是靠移动或转动阀芯改变阀口的通流面积,从而改变流阻的阀。它装在定压液压源后面的油路中或定量液压源的分支油路上,可起到调节流量的作用。

图 7-35 为 LF 型节流阀的结构及节流阀图形符号。压力油自 A 腔流入,经过阀芯 2 下部的节流口,从出油腔 B 流出。调节流量时,旋动调节手轮 3,使阀芯 2 做轴向移动,从而改变节流口的通流面积。

节流阀结构简单,但流量波动受该阀两端压力差影响很大,一般应用于流量调节要求不高的场合。这种阀还因为进油腔的压力油直接作用在阀芯 2 的下端承压面积上,因此,当油液压力较高时,手轮的调节就很困难,甚至无法调节,故节流阀又称为带载不可调节式节流阀。

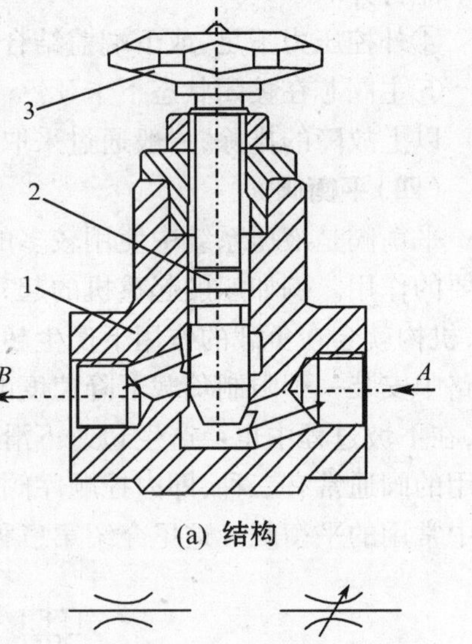

(a) 结构

(b) 不可调节流阀　(c) 可调节流阀

图 7-35　LF 型节流阀的结构及图形符号

1—阀体;2—阀芯;3—调节手轮

节流阀的流量特性可用以下特性方程来表示

$$Q = KA\Delta p^{m} \tag{7-4}$$

式中,Q—— 通过节流口的容积流量;

K—— 节流系数,由节流口形状、油液性质及流动状态决定;

A—— 节流口的通流面积;

Δp—— 节流口前、后的压差;

m—— 由节流口形状决定的指数,薄壁小孔(孔长小于孔径的一半)$m = 0.5$,细长孔(孔长远大于孔径)$m = 1$,一般节流口 m 介于两者之间。

对开度既定的节流阀来说,影响流量的主要因素有:

(1) 节流口前后的压差 Δp。当负载改变时,阀后油压随之改变,则节流阀的流量将改变,从而使执行元件的速度相应改变。节流口越接近薄壁小孔,m 值越小,Q 受 Δp 变化的影响就越小。

(2) 油温。油温变化会引起油黏度变化。对细长孔来说,节流系数 K 与动力黏度 μ 成反比,故黏度减小时流量会增加;而对薄壁孔来说,一般处于紊流状态,流量与黏度无关,只有当压差及流通截面较小,雷诺数低于临界值时,流量才受黏度影响。通常节流口多接近薄壁孔,故除非流量很小,一般情况油温对流量的影响不大。

(3) 节流口阻塞。当油液受压、受热或老化时,易产生带电的极化分子,而节流口的金属表面也带有正电荷,故油液会在节流口处形成 5 ~ 10 μm 的吸附层。该吸附层会周期性地遭到破坏,造成流量不稳定。此外,油中含有机械杂质或油氧化析出的污垢也会造成节流口阻塞。采用薄壁孔可提高抗堵塞能力。

对节流阀的主要要求是:

(1)流量调节范围宽,调速比(最大流量与最小稳定流量之比)一般要在 50 以上;

(2)调定后流量受负载(出口压力)和油温的影响尽可能小,小流量时不易堵塞;

(3)调节时流量变化均匀,微调性能好;

(4)全关而进油压力达到公称值时,通出口的漏泄量要小(一般小于 0.01 ~0.03 L/min),

全开时流过公称流量的压力损失要小(一般小于0.4 MPa)。由前面分析可知,节流口越接近薄壁孔,性能越好。

当只需单方向控制流量时,可采用单向节流阀。图7-36所示为LA型筒式单向节流阀内部结构。压力油自*A*腔进入阀内后,通过下阀芯径向小孔作用在下阀芯4下面的承压面积上,*A*腔压力油还通过阀体5内小孔通入上阀芯3上部容腔,这样阀芯两端液压几乎平衡(下端总压力略大于上端总压力),因此,调节手轮时所需力矩很小,操作轻便。工作时,*A*腔压力油向*B*腔正向流动,阀芯在复位弹簧6和上推液压力的共同作用下,下阀芯4通过上阀芯3抵在调节螺杆上,压力油通过阀口的节流口流入*B*腔。当*B*腔压力油升高,而反向向*A*腔流通时,*B*腔压力油压缩复位弹簧6,下阀芯4向下移动,阀口打开,*B*腔压力油便畅通地通过形成的单向阀流入*A*腔。

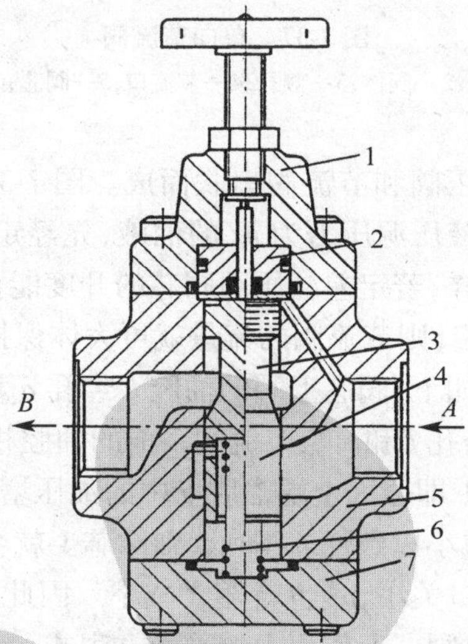

图7-36　LA型筒式单向节流阀内部结构

1—顶盖;2—导套;3—上阀芯;4—下阀芯;5—阀体;6—复位弹簧;7—底盖

图7-37所示为力士乐公司MK型单向节流阀。当油从图示右端流入时,弹簧6和油压力将阀芯5压向阀座,油经侧孔3从阀体2和阀套1之间的节流口4节流后从左端流出。旋动阀套1可调节节流口的通流面积。当油反向流入时,油压力克服弹簧力使阀芯从阀座上开启,油相当于流过单向阀,不经节流口节流,而会有部分油流经环状间隙使节流口产生自净化效应。这种阀结构紧凑,但只能在无油压时调节。

节流阀在节流口一定的条件下工作时,通过它的流量受节流阀前后油液压力差的影响,使得执行元件的运动速度随工作负载的变化而变。即随着阀前后压差变化,节流阀调定后并不能保证流量稳定。为了使流经节流阀的流量不随负载的变化而变化,就必须对节流阀前后油液压差进行补偿,以保持节流阀前后压差近似于恒定值。压力补偿通常有两种方法:一是将减压阀与节流阀串联,以保持节流阀前后压力差为恒定;另一种是将定压溢流阀与节流阀并联,以保持节流阀前后压力差为恒定。前者构成的阀为普通的调速阀,或称减压节流型调速阀;后者构成的阀叫做溢流型节流阀。二者总称为调速阀。

由于机械的负载变化大,使用调速阀时,会产生很大的能量损失。另外,船舶机械液压系统流量大、压力高,普通调速阀也无法满足它调速的要求,因此很少采用。这里只介绍其基本构成及工作原理。

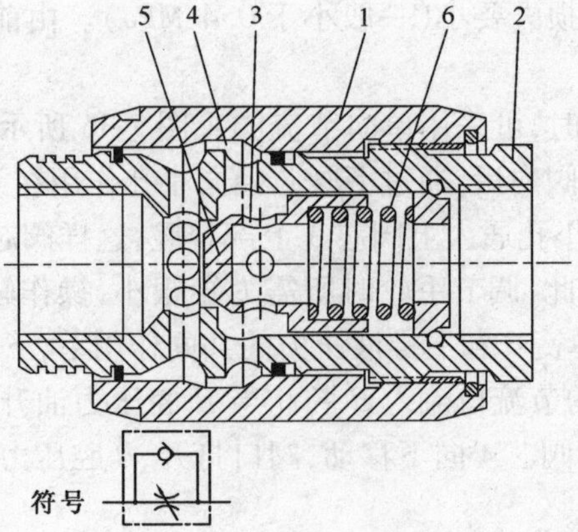

图 7-37　单向节流阀

1—阀套;2—阀体;3—侧孔;4—节流口;5—阀芯;6—弹簧

(二)调速阀

普通的调速阀是由定差减压阀和节流阀串联而成。图 7-38 所示为普通型调速阀的工作原理图及图形符号。来自定压液压源压力为 p_0 的油液,先经定差减压阀 1 降压至 p_1,然后再经节流阀 2 节流降压至 p_2。这样,若定差减压阀阀芯的开度能自动进行调节,以使节流阀前后的油压差(p_1-p_2)基本保持恒定,则节流阀的流量就可大体保持稳定。

定差减压阀 1 的工作原理如下:阀芯上端的油腔 b 经孔 a 与节流阀 2 后面的油腔相通,压力为 p_2;而油腔 c 和 d 则分别经孔 f 和 e 与节流阀 2 前的油腔相通,压力为 p_1。当载荷 R 增大以致使 p_2 升高时,减压阀阀芯 1 即会因上端油腔 b 中的油压增加而下移,使减压阀阀口开大,于是 p_1 增加;反之,如载荷 R 减小以致使 p_2 降低,则阀芯 1 就会因上方油压减小,而在 c、d 油腔油压 $p1$ 的作用下上移,将阀口关小,p_1 也就随之减小。因此,当阀芯 1 稳定时,如忽略不大的阀芯重力和摩擦力,则可写出阀芯上作用力的平衡方程式

$$p_1 - p_2 = F_S/A \tag{7-5}$$

式中,A、F_S 分别为减压阀阀芯大端面积和弹簧张力。

由于阀芯 1 的移动阻力不大,弹簧可以做得较软;而阀芯的移动量也不大,故弹簧张力 F_S 变化不大。这样,节流阀前后的压差(p_1-p_2)可基本保持不变,调节节流阀的通流面积即可调节调速阀的流量。调速阀正常工作时,一般应最少保持 0.4~0.5 MPa 油压差,其中节流阀压差 0.1~0.3 MPa。

(三)溢流节流阀

这种阀由定差溢流阀和节流阀并联而成,亦称旁通型调速阀。图 7-39 示出它的工作原理图和图形符号。

来自定量液压源压力为 p_1 的油液进入溢流节流阀后,一路绕过定差溢流阀 2,经节流阀 1 节流后供往执行元件;另一路则经溢流阀 2 控制由溢油口泄往油箱。定差溢流阀与前面讲过的定值溢流阀不同,其溢流量是由节流阀前后的油压差控制,能使(p_1-p_2)大致保持恒定。其工作原理如下:溢流阀下方的油腔 a、b 和上方油腔 c 分别与节流阀的进口和出口相通,油压分别为 p_1 和 p_2。当 p_2 因负载增加而升高时,阀芯 2 就会因上端油压升高而下移,使阀口关小,溢流量减小,p_1 便升高;反之,当 p_2 降低时,阀芯 2 会上移,使溢流量增加,p_1 也随之降低。阀芯 2 上作用力的平衡方程式仍为

$$p_1 - p_2 = F_S/A \tag{7-6}$$

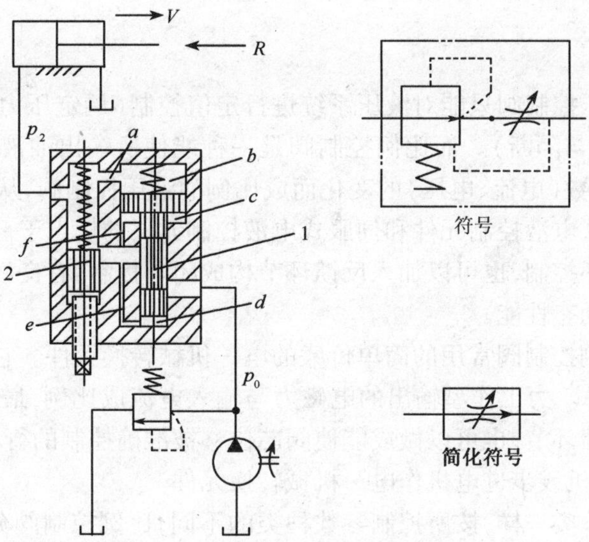

图 7-38　普通型调速阀

1—定差减压阀;2—节流阀

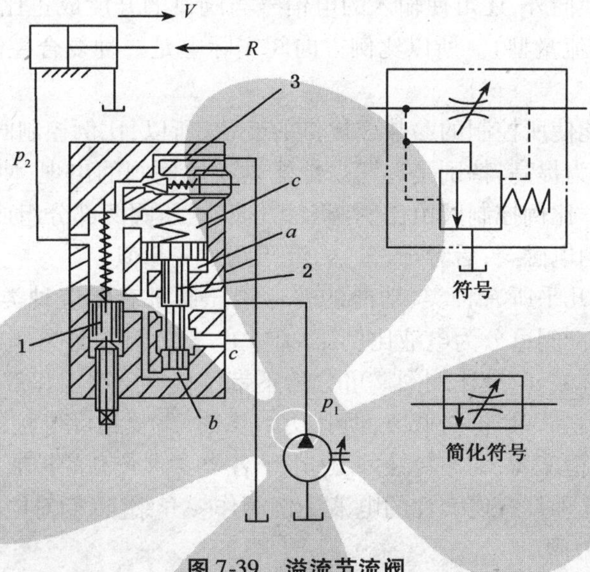

图 7-39　溢流节流阀

1—节流阀;2—定差溢流阀;3—安全阀

这里,弹簧力 F_S 和阀芯的移动量也都不大,故当阀芯处在不同位置时,(p_1-p_2) 的变化也不大。因为这种阀不是与定压液压源而是与定量液压源配合使用,为防止负载过大时 p_1、p_2 升得过高,故节流阀的出口或进口应设安全阀 3(也可设在管路上)。

采用溢流节流阀,液压泵的排出压力 p_1 随负载而变,故功率损耗较少,油液的发热程度较轻。但溢流节流阀只能设在执行元件的进口处。此外,与调速阀相比,其溢流阀阀芯比减压阀阀芯的移动阻力大,这是因为溢流阀通过的流量更大(尤其供往执行元件的流量较小时),压降也更大,因而稳态液动力更大,故弹簧张力必须大一些。由式(7-6)可见,溢流节流阀的弹簧张力 F_S 比普通型调速阀大,阀芯位置改变时压差(p_1-p_2)变动较大,故流量稳定性不如后者。

四、比例控制阀

上面讲的几类液压控制阀只能对液压系统进行定值控制(调定压力、流量或阀的开度)或开关控制(油路的接通与隔断)。而比例控制阀是一种能使所输出油液的参数(压力、流量和方向)随输入电信号参数(电流、电压)的变化而成比例的液压控制阀,从而实现连续的比例控制。它是一种集开关式电液控制元件和伺服式电液控制元件的优点于一体的新型液压控制元件。这种阀既可以开环控制,也可以加入反馈环节构成闭环控制,有良好的静态性能和能满足一般工业控制要求的动态性能。

比例电磁铁是比例控制阀常用的简单价廉的电一机械转换元件。它一般输入电压为直流24 V,最大电流800 mA。力工作型输出的电磁力与输入电流成比例,最大为65~80 N。如带有位置传感器构成反馈环节,也可以做成能使阀芯位移被准确控制的行程工作型。此外,也可使用力矩马达、伺服电机或步进电机作电一机械转换元件。

同普通液压元件分类一样,按所控制参数种类的不同,比例控制阀分为比例压力阀(如比例溢流阀、比例减压阀等)、比例流量阀(如比例节流阀、比例调速阀等)和比例方向阀。前两类阀只需将用手轮控制的调定值改为比例电磁铁或其他电一机械控制元件来控制即可。比例方向阀除能完成液流换向外,还可使输入的电信号与阀口的开度成正比(比例节流型)或与输出的流量成正比(比例流量型)。所以比例方向阀实际上是一种复合控制阀,现常用于船舶液压起货机的控制系统中。

由于比例控制阀能使所控制的参数成比例的变化,所以,比例控制阀可使液压系统大为简化,所控参数的精度大为提高,特别是近期高性能电液比例阀的出现,使比例控制阀的应用获得越来越广阔的空间。比例控制阀由比例调节机构和液压阀两部分组成,前者结构较为特殊,性能也不同于所学过的电磁阀;后者与普通的液压阀十分相似。

比例阀种类很多,几乎所有种类、功能的普通液压阀都有相应种类、功能的电液比例阀。按照功能不同,电液比例阀可分为电液比例压力阀、电液比例方向阀、电液比例流量阀以及复合功能阀等。按反馈方式,电液比例阀又可分为不带位移电反馈型和带位移电反馈型,前者配用普通比例电磁铁,控制简单、价格低廉,但其功率参数、重复精度等性能较差,用于要求不高的控制系统;后者控制精度高、动态特性好,适用于各类要求较高的控制系统。由于篇幅所限,在此从各类阀中选择几种具有代表性的电液比例阀作一介绍,以期对电液阀有一概要了解。

(一)电液比例压力阀

与普通压力阀一样,电液比例压力阀也分为直动式和先导式。在此介绍先导式电液比例溢流阀。图7-40为两种先导式比例溢流阀,图(a)为间接检测型,图(b)为直接检测型。

由图7-40(a)所示的结构可以看到:间接检测式的电液比例溢流阀与传统溢流阀相比十分相似,只是将手动机构改成了位置调节比例电磁铁。这种阀的特点是结构简单,但是作用在先导阀芯上的压力不是进口压力,而是经过阻尼孔减压后的进口压力的分压,因此所间接检测的信号只是所控信号的局部反馈,主阀芯上的各种干扰并没有得到及时的控制,其压力控制精度不高。

图7-40(b)所示为直接检测式电液比例阀的结构原理图。由图可知,阀的进口压力直接作用在先导阀的阀芯上,并直接与作用在先导阀芯另一端的电磁力相平衡,从而控制先导阀的开度;同时,再由前置液阻R_1与先导阀的开口所组成的液压半桥来控制主阀芯阀口的开度;液阻R_3构成了先导阀与主阀芯之间的动压反馈。由于上述原理上的改进,直接检测式电液比例

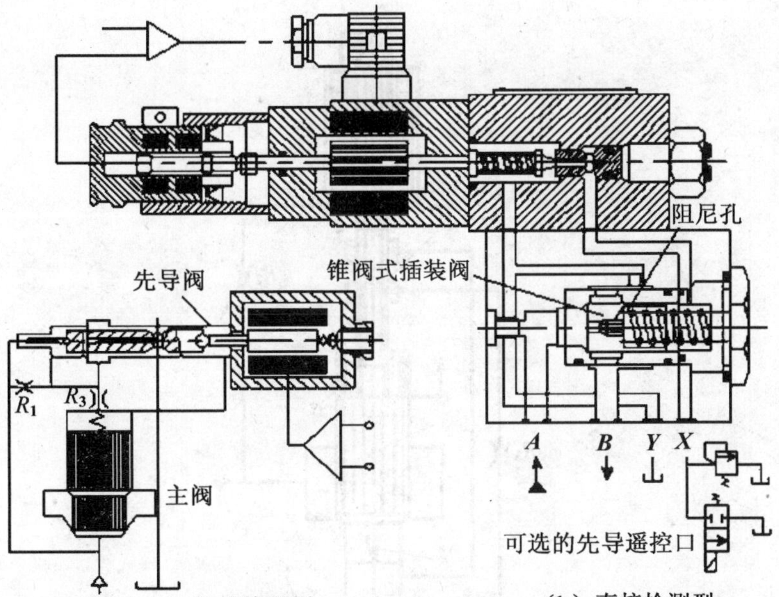

（a）间接检测型　　　　（b）直接检测型

图 7-40　电液比例溢流阀

阀动态特性及压力稳定性得到较大的提高。

由以上分析可知，若将减压阀、顺序阀等压力控制阀的先导阀或调压部分换成比例电磁铁调节方式，就可形成相应的比例压力阀。电磁比例阀可很方便地实现多级调压，因此在多级调压回路中，使用比例阀可大大简化回路，使系统简捷紧凑，效率提高。

（二）电液比例流量阀

电液比例流量阀包括比例节流阀、比例调速阀、比例旁通型调速阀等，也有直动式和先导式之分。在此仅介绍一种新型的内含流量—力反馈的比例流量阀。

图 7-41 为内含流量—力反馈的比例流量阀，其工作原理是：阀的进油口 A 与恒压油源相连接，出油口 B 与执行元件的负载腔连接。当比例电磁铁 1 中无电流通过时，先导阀 2 节流口 a 关闭，流量传感器 3 阀口在复位弹簧 6 作用下关闭，主调节器 4 节流口在复位弹簧 7 和左右面积压力差作用下关闭。当比例电磁铁 1 通电时，先导阀口 a 开启，控制油从 A 口经液阻 R_1、R_2、先导阀口 a 到达流量传感器 3 的底面，克服弹簧 6 和 5 的作用力使流量传感器 3 的阀口 b 开启。当液阻 R_1 中有油液通过时，所产生的压降使主调节器 4 节流口 c 开启，油液经主调节器 4 的开口 c 和流量传感器 3 的阀节流口 b 流向出油口 B，进入执行元件的负载腔。由于流量传感器特殊设计的阀口的补偿作用，使通过主调节器 4 的流量与其流量传感器的位移之间呈线性关系。流量传感器的位移经复位弹簧 5 作用于先导阀 2 在比例电磁铁上形成反馈。这样就形成了流量—位移—力反馈的闭环控制。若忽略先导阀液动力、摩擦力和自重等因素的影响，并假定稳态时比例电磁铁的电磁力与复位弹簧 5 的弹簧力相平衡，这时所输入的控制电流就能与通过阀的流量成正比，这样就实现了流量的比例控制。

当该阀 A、B 口的压差发生变化时，由于主调节器和流量传感器的流量转换为流量传感器阀芯位移，经复位弹簧 5 对先导阀的力反馈的闭环作用，而改变先导阀口 b 的大小，在先导阀与 R_1、R_2 所组成的液阻网络对主调节器节流面积的自动调节作用，使通过阀的流量保持恒定。

（三）电液比例方向阀

电液比例方向阀能按其输入电信号的正负及幅值大小同时实现液流的流动方向及流量的

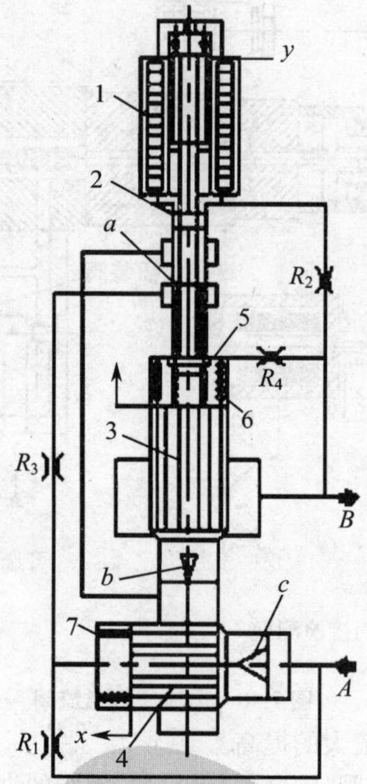

图 7-41　内含流量—力反馈的电液比例流量阀

1—比例电磁铁；2—先导阀；3—流量传感器；4—主调节器；5、6、7—复位弹簧

控制，因此又称为电液比例方向节流阀。电液比例方向阀按其对流量的控制方式可分为节流控制型和流量控制型两类；按换向方式可分为直接作用方式和先导作用方式。

图 7-42 为一种新型的位移—电反馈直接控制式电液比例方向节流阀。此阀是由阀芯 4、阀体 3、比例电磁铁 2、5 和位移传感器 1 组成。阀芯 4 在阀体内的位置是由比例电磁铁 1 或 5 所输入的电信号的大小所决定的。位移传感器 1 可测量阀芯所处的准确位置，当液动力或摩擦力的干扰使阀芯的实际位置与期望达到的位置产生误差时，位移传感器将所测得的误差反馈至比较放大器 6，经比较放大后发出信号，补偿误差，使阀芯最终达到准确位置。这样形成一闭环控制，使此比例方向节流阀的控制精度得到提高。当然，直接控制式电液比例方向节流阀只能用于较小流量的系统。

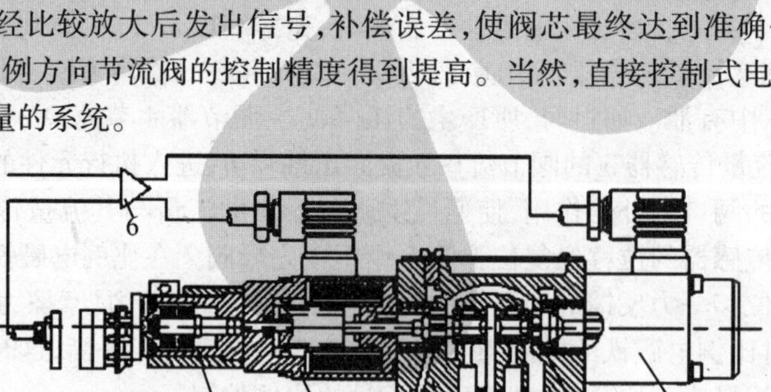

图 7-42　位移—电反馈直接控制式电液比例方向节流阀

1—位移传感器；2、5—比例电磁铁；3—阀体；4—阀芯；6—比较放大器

（四）比例阀的应用

与普通液压阀一样，比例阀在工程实际中得到了广泛的应用。在此仅就上述介绍过的几

种阀的应用举几个例子。

1. 比例压力阀的应用

采用比例阀对回路进行控制时一般有两种方式，其一是使用比例压力阀对普通压力阀进行控制；其二是采用专门设计和制造的先导式比例压力阀直接进行压力控制。前者将比例压力阀作为先导级，连接在普通压力阀的遥控口上，间接调节普通压力阀的工作压力，采用这种方式的特点是，比例阀的规格小、造价低、控制电流小、电路简化，但由于受到普通主阀性能的影响，回路控制精度不高，回路管路较多。由于后者是专门设计的阀，性能得到保证，控制精度较高，但造价较高。

图 7-43 为普通调压回路与比例调压回路的比较。图 7-43(a)为普通调压回路，它是以直动式溢流阀与安全阀并联使用的方案，此时，两直动式溢流阀的调节压力分别为 p_2、p_3，安全阀的调节压力为 p_1，其中，直动式溢流阀的调节压力 p_2、p_3 不能大于安全阀的调节压力 p_1。由图可知，此方案使用的阀较多，且系统只能实现两级压力调节。图 7-43(b)为采用电液比例阀的方案。在此方案中，将普通先导式溢流阀的遥控口上连接一电液比例溢流阀，此时，先导式溢流阀所调节的压力 p_1 为系统安全限定压力，比例阀的调节压力可在不大于 p_1 的范围内无级调节。

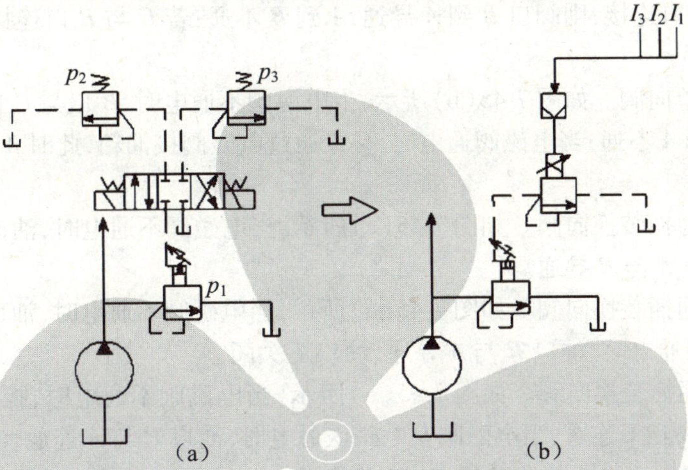

图 7-43　普通调压回路与比例调压回路的比较

2. 比例调速回路

图 7-44 为用普通流量阀与比例流量阀调速回路的比较。由图可知，要使执行元件实现多级调速，用普通流量阀时，需要较多的液压元件，系统复杂、效率低，且只能实现几级速度，而使用比例流量阀后可使系统大为简化。

五、插装阀的应用

插装阀是 20 世纪 70 年代开发的新型的液压控制阀。它以标准化的二通插装件为主体，配以各种先导式控制元件，能实现各种液压控制阀的功能。具有结构简单、通用性好、便于实现无管连接和组成集成块的优点。主阀芯大多采用锥阀(也有少数滑阀)，密封性好、流阻小、抗污能力强。特别适用于大流量(公称通径 25 mm 以上)、高压(可高达 63 MPa)液压系统。

选择适当的插装元件，连接不同的控制盖板或不同的先导控制阀，可组成各种功能的大流量插装阀。在此仅介绍几种对插装阀的常见组合应用。

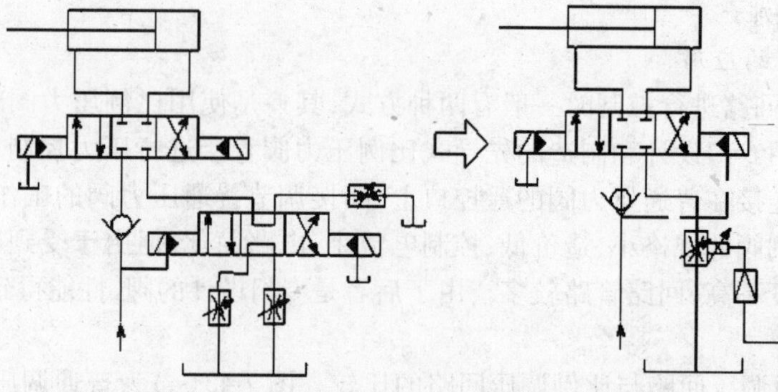

（a）采用普通流量阀的多级调速回路 （b）采用比例流量阀的多级调速回路

图 7-44 普通流量阀与比例流量阀调速回路的比较

(一)插装方向控制阀

同普通液压阀类似,插装阀与换向阀组合,可形成各种形式的插装方向阀。图 7-45 为几种插装方向阀示例。

(1)插装单向阀。如图 7-45(a)所示,将插装阀的控制油口 *C* 与 *A* 或 *B* 连接,形成插装单向阀。若 *C* 与 *A* 口连接,则阀口 *B* 到 *A* 导通,*A* 到 *B* 不通;若 *C* 与 *B* 口连接,则阀口 *A* 到 *B* 口导通,*B* 到 *A* 不通。

(2)电液控单向阀。如图 7-45(b)所示,当电磁阀不通电时,*B* 口与 *C* 口连通,此时只能从 *A* 到 *B* 导通,*B* 到 *A* 不通;当电磁阀通电时,*C* 口通过电磁阀接油箱,此时 *A* 口与 *B* 口可以两方向导通。

(3)二位二通插装换向阀。如图 7-45(c)所示,当电磁阀不通电时,油口 *A* 与 *B* 关闭;当电磁阀通电时,油口 *A* 与 *B* 导通。

(4)二位三通插装换向阀。如图 7-45(d)所示,当电磁阀不通电时,油口 *A* 与 *T* 导通,油口 *P* 关闭;当电磁阀通电时,油口 *P* 与 *A* 导通,油口 *T* 关闭。

(5)三位三通插装换向阀。如图 7-45(e)所示,当电磁阀不通电时,控制油使两个插装件关闭,油口 *P*、*T*、*A* 互不连通;当电磁阀左电磁铁通电时,油口 *P* 与 *A* 连通,油口 *T* 关闭;当电磁阀右电磁铁通电时,油口 *A* 与 *T* 连通,油口 *P* 关闭。

(6)二位四通插装换向阀。如图 7-45(f)所示,当电磁阀不通电时,油口 *P* 与 *B* 导通,油口 *A* 与 *T* 导通;当电磁阀通电时,油口 *P* 与 *A* 导通,油口 *B* 与 *T* 导通。

(7)三位四通插装换向阀。如图 7-45(g)所示,当电磁阀不通电时,控制油使四个插装件关闭,油口 *P*、*T*、*A*、*B* 互不连通;当电磁阀左电磁铁通电时,油口 *P* 与 *A* 连通,油口 *B* 与 *T* 连通;当电磁阀右电磁铁通电时,油口 *P* 与 *B* 连通,油口 *A* 与 *T* 连通。

根据需要还可以组成具有更多位置和不同机能的四通换向阀。例如一个由二位四通电磁阀控制的三通阀和一个由三位四通电磁阀控制的三通阀组成的四通阀则具有 6 种工作机能。如果用两个三位四通电磁阀来控制,则可构成一个九位的四通换向阀。

当 4 个插装件各自用一个电磁阀进行分别控制时,就可以构成一个具有 12 种工作机能的四通换向阀了,如图 7-46 所示。这种组合形式机能最全,适用范围最广,通用性最好,电磁阀品种简单划一。但是应用的电磁阀数量最多,对电气控制的要求较高,成本也高。在实际使用中,一个四通换向阀通常不需要这么多的工作机能,所以,为了减少电磁阀数量,减少故障,应该多采用只用一个或两个电磁阀集中控制的形式。

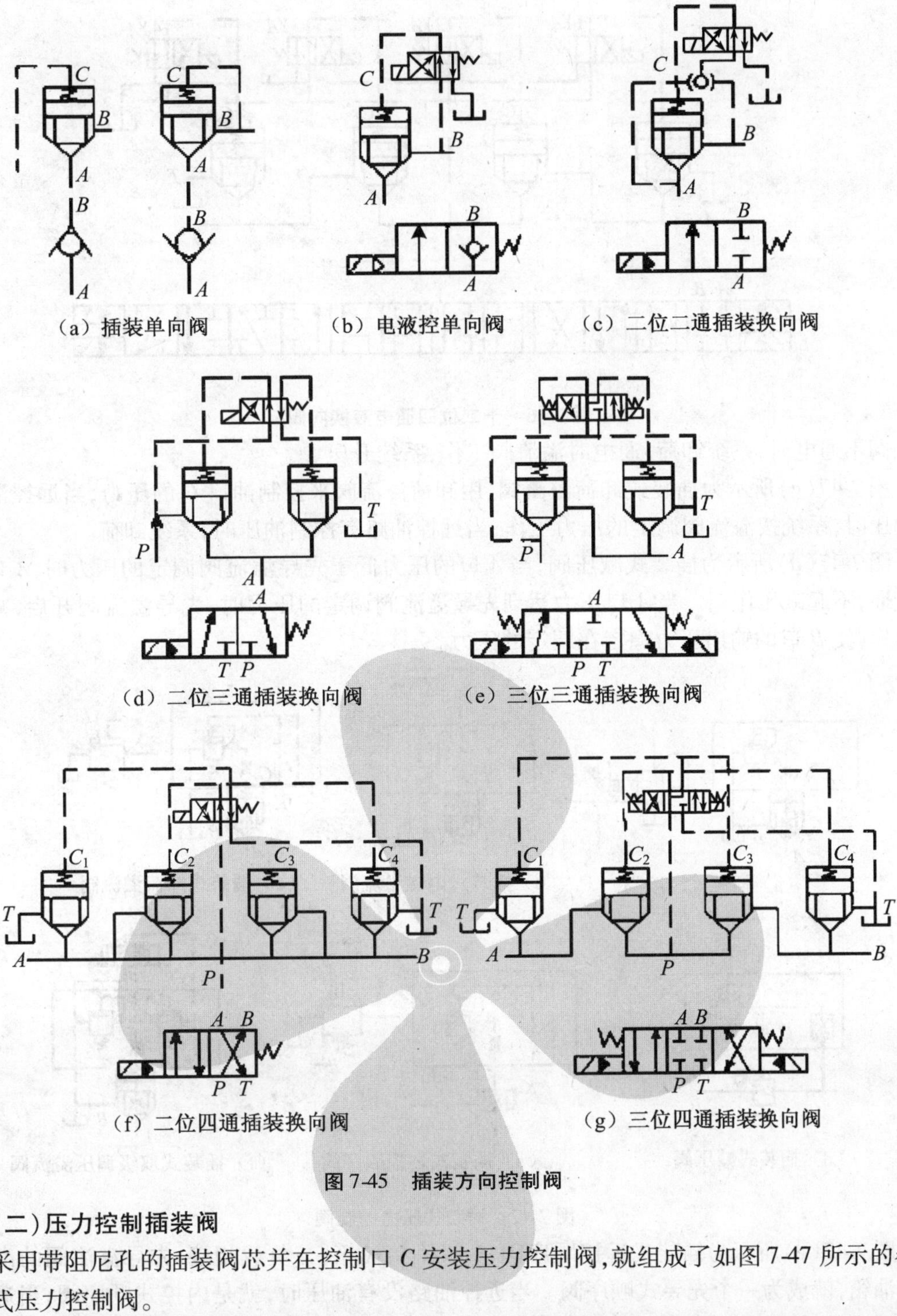

图 7-45　插装方向控制阀

(二)压力控制插装阀

采用带阻尼孔的插装阀芯并在控制口 C 安装压力控制阀，就组成了如图 7-47 所示的各种插装式压力控制阀。

图 7-47(a)所示为插装式溢流阀，用直动式溢流阀来控制油口 C 的压力，当油口 B 接油箱时，阀口 A 处的压力达到溢流阀控制口的调定值后，油液从 B 口溢流，其工作原理与传统的先导式溢流阀完全一样。

图 7-47(b)所示为插装式电磁溢流阀，溢流阀的先导回路上再加一个电磁阀来控制其卸荷，便构成一个电磁溢流阀，这种形式在二通插装阀系统中是很典型的，它的应用极其普遍。

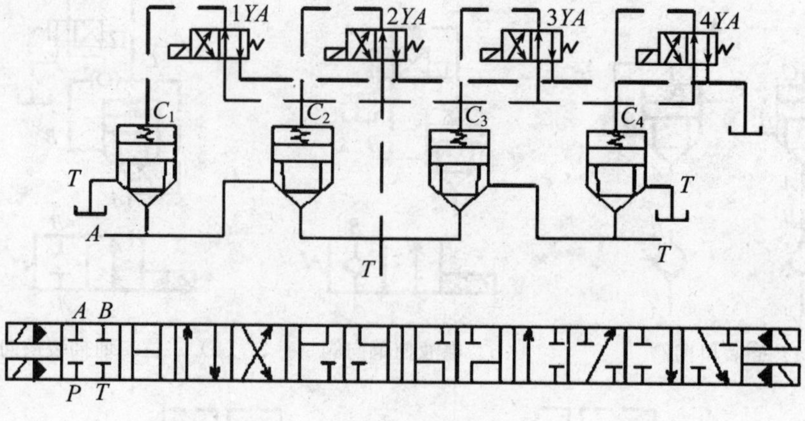

图 7-46　十二位四通电液换向阀

电磁阀不通电时，系统卸荷；通电时溢流阀工作，系统升压。

图 7-47(c)所示为插装式卸荷溢流阀，用卸荷溢流阀来控制油口 C 的压力，当远控油路没有油压时，系统按溢流阀调定的压力工作；当远控油路有控制油压时，系统卸荷。

图 7-47(d)所示为插装式减压阀，当 A 口的压力低于先导溢流阀调定的压力时，A 口与 B 口直通，不起减压作用。当 A 口压力达到先导溢流阀调定的压力时，先导溢流阀开启，减压阀芯动作，使 B 口的输出压力稳定在调定的压力。

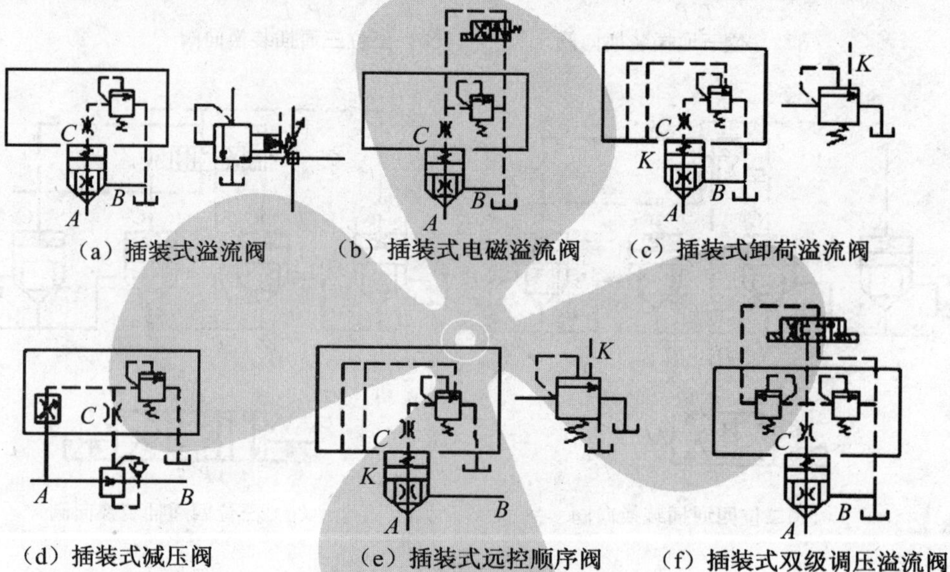

(a) 插装式溢流阀　(b) 插装式电磁溢流阀　(c) 插装式卸荷溢流阀

(d) 插装式减压阀　(e) 插装式远控顺序阀　(f) 插装式双级调压溢流阀

图 7-47　插装式压力控制阀

图 7-47(e)所示为插装式远控顺序阀，B 口不接油箱，与负载相接，先导溢流阀的出口单独接油箱，就成为一个先导式顺序阀。当远控油路没有油压时，就是内控式顺序阀；当远控油路有油压时，就是远控式顺序阀。

图 7-47(f)所示为插装式双级调压溢流阀，用两个先导溢流阀控制一个压力插装件，用一个三位四通换向阀控制两个先导阀的导通，更换不同中位机能的换向阀，就有不同的控制方式。包括卸荷功能就有三级调压阀。

B. 液压泵

在液压机械中，液压泵的作用是将原动机的机械能转变为液压油的压力能，为液压系统供给足够流量和足够压力的油液去驱动执行元件。

容积式泵能产生较高的压力，且流量受工作压力的影响较小，故适合作液压泵。常用的液压泵有齿轮泵、螺杆泵、叶片泵和柱塞泵。前两种泵在第二章中已介绍过，这里只介绍叶片式和柱塞式液压泵。液压泵的分类如表 7-2 所示。

表 7-2　液压泵分类表

- 液压泵
  - 齿轮泵
    - 按齿轮啮合形式分
      - 外啮合齿轮泵
      - 内啮合齿轮泵
    - 按工作压力分
      - 低压齿轮泵
      - 中压齿轮泵
      - 高压齿轮泵
  - 叶片泵
    - 单作用叶片泵
    - 双作用叶片泵
  - 螺杆泵
    - 单螺杆泵
    - 双螺杆泵
    - 三螺杆泵
  - 柱塞泵
    - 按柱塞排列形式分
      - 径向柱塞式
      - 轴向柱塞式
        - 倾斜轴式
        - 倾斜盘式
    - 按泵的工作特性分
      - 定量柱塞泵
      - 变量柱塞泵

叶片泵主要用于中、低压系统，其单位功率的重量是所有液压泵中最轻的。柱塞式液压泵特别适用于高压系统，容积效率可达 95% 以上，总效率可超过 90%。但结构较复杂，价格较高，对液压油的清洁程度要求也较高。

柱塞式液压泵与普通往复式柱塞泵在结构上有显著不同，即为了满足提高转速（减小体积）和供液均匀的要求，采用了多作用回转油缸，并取消了泵阀。这类泵可设变向变量机构，能在转速和转向不变的情况下改变油流的方向和流量。按照柱塞布置的方向分为径向柱塞泵和轴向柱塞泵，后者又分为斜盘泵和斜轴泵两类。径向柱塞泵因尺寸大、转速低、性能参数较差，在船用液压机械中已少有采用。这里只介绍斜盘式和斜轴式柱塞泵。

一、叶片泵

叶片泵按每转吸、排油次数可分为单作用和双作用两类。

（一）双作用叶片泵的工作原理和结构

图 7-48 示出双作用叶片泵的工作原理图。定子 2 内腔的型线是由两段长半径 R 圆弧和两段短半径 r 圆弧以及连接它们的过渡曲线组成。装在转轴上的圆柱形转子 1 与定子同心，其上开有若干叶槽，槽内装有叶片 3。当转子旋转时，叶片受离心力及液压力（叶片底部空间一般由排出腔引入压力油）作用，始终向外顶紧定子内壁；随定子内壁与转子中心距离的改变，叶片在转动的同时在叶槽内往复滑动。定子和转子的两侧紧贴着配流盘，每个配流盘上有

两对吸、排窗口。配流盘与定子的相对位置由定位销固定。这样,在定子、转子、叶片和配流盘之间就形成若干叶间腔室。当叶片由定子的短半径处转向长半径处时,叶间腔室的容积逐渐增大,其中压力降低,经配流盘吸入窗口从泵的吸入管吸油;当叶片由定子的长半径处向短半径处转动时,叶间腔室容积减小,经配流盘的排出窗口向泵的排出管排油。

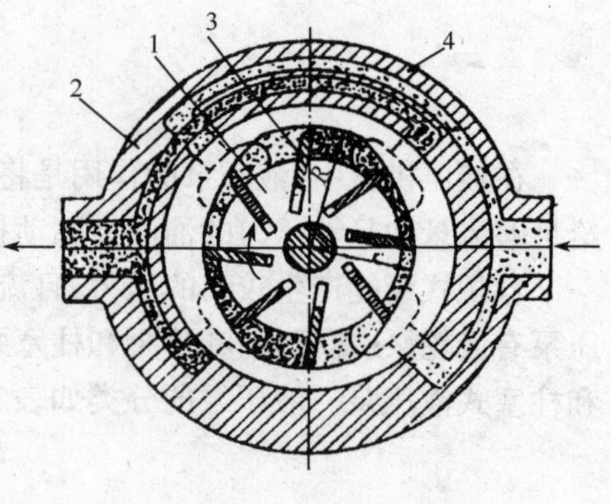

图 7-48 双作用叶片泵的工作原理图

1—转子;2—定子;3—叶片;4—泵体

当叶间腔室位于吸、排窗口之间的封油区时,与吸、排窗口都不通,这时叶片顶端与定子圆弧曲面接触,叶间腔室容积不变,不会产生困油问题。设计上应保证配流盘吸、排窗口间的密封区的圆心角 ε 与定子圆弧段的圆心角 β、两叶片间的圆心角 θ 的关系是:$\varepsilon \leqslant \beta$,以免产生困油现象;$\varepsilon \geqslant \theta$,否则会使吸、排口沟通,造成严重漏泄。

这种叶片泵每转中每个叶间腔室吸排两次,因此是双作用泵。其每次理论排量若不计及叶厚影响,相当于半径 R、r 间形成的圆环体积;考虑叶厚影响的理论流量由转速 n(r/min)和工作部件的尺寸(定子曲面大小圆弧半径 R、r,叶片宽度 B、厚度 δ、倾角 θ、叶数 z)确定,可按下式计算

$$Q_{\mathrm{T}} = 2Bn(R-r)\left[\pi(R+r) - \frac{\delta z}{\cos\theta}\right] \times 10^{6} \quad \mathrm{L/min} \tag{7-7}$$

叶片泵的轴向间隙对容积效率影响最大。转子端面和配流盘的轴向间隙通常都取 0.015 ~0.03 mm(小型泵)或 0.02 ~0.045 mm(中型泵),而叶片比转子宽度小 0.005 ~0.01 mm。当转子与配流盘接触面有擦伤时可重新研磨,但叶片和定子端面也应同时研磨,以保证合适的轴向间隙。

其次,叶片与叶槽的间隙太大也会使漏泄增加,但太小则叶片不能自由伸缩。叶片与叶槽都是经过选配的,装配间隙约为 0.015 ~0.03 mm,以在有油润滑时能靠叶片自重缓缓落入槽底为宜。工作一段时间后,各叶片与叶槽的磨损不同,拆修时不宜随便更换配合关系。

双作用叶片泵作用在定子及转子上的液压力完全平衡,属于卸荷式叶片泵。为保证转子所受的径向力平衡,双作用叶片泵的叶片数 z 应取偶数。通常取叶片数 $z=12$,理论上可使流量完全均匀;但工作压力超过 10 MPa 时,为提高转子强度,则多取 $z=10$,这时流量均匀性比前者稍差。

图 7-49 为普通双作用叶片泵的吸、排侧配流盘的结构图。吸入和排出侧的配流盘都有两个吸入口 S,使叶间腔室可在吸入区两侧同时吸入,以降低吸入流速和流阻,减少产生气穴现象的可能性。排油则仅通过排出侧配流盘的排油窗口 d。为使叶片两侧所受轴向液压力得以平衡,在吸入侧配流盘上对应排油窗口的位置开有形状相同但不通的"盲孔"d'。

配流盘端面开有环槽 c,排出侧配流盘的 c 槽有小孔与排出腔相通,将压力油通过环槽 c 引入叶槽内叶片底部空间。这样,在吸入区叶片顶部作用的是吸入油压,所以底部的排出油压可帮助离心力克服惯性力和摩擦力,使叶片迅速伸出而贴紧定子。

如图 7-50 所示,以往双作用叶片泵转子的叶槽常采用前倾角——即按转向向前倾斜 θ 角。这是为了减小排出区定子反力 N 与叶槽之间的压力角 α,从而减轻叶片所受弯曲应力和在叶槽中缩回时的摩擦阻力。这样的泵不允许反转。但实践证明,引入叶片底部的油压因配

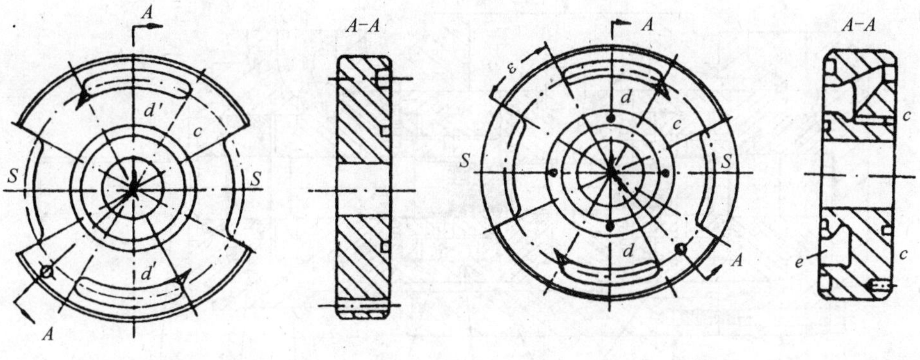

图 7-49 双作用叶片泵的配流盘

流孔道存在流阻而比叶片顶部油压低，形成的液压差在压油区可帮助叶片缩回，故目前有的叶片泵沿叶片径向安装，一样能正常工作。这样的叶片泵可以改换转向工作。

叶片顶端的一侧加工成倒角——即安装叶片时按转向看倒角朝后，这样可使叶片在从吸入区转到排出区前的密封区内时，顶端有相当一部分面积朝向吸入区，承受吸入压力，有助于叶片贴紧定子。

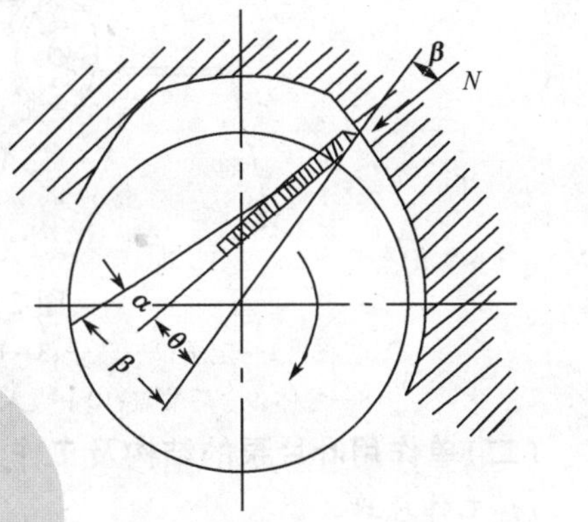

图 7-50 双作用叶片泵叶片的倾角和倒角

配流盘的排出窗口在叶片转入端处开有三角槽。它可使叶间容积从密封区转入排出区时，能逐渐地与排出窗口相通，以免压力骤然增加，造成液压冲击和噪声，并因液体高压时稍微压缩而引起流量脉动。

图 7-51 所示为 IHI 液压克令吊所用的美国丹尼逊（DENISON）公司生产的 T6EC 型双联叶片泵，其额定排压为 17.5 MPa。如图所示，吸入口 S 设在泵体 8 上，排出口 P_1、P_2 分别设在前、后端盖 5、9 上。有两个圆筒形组件由吸入侧配流盘 10、定子 1、排出侧配流盘 11、转子 2 及 10 个径向安置的叶片 3 和柱销 4 组成。配流盘和定子用四个螺栓组装在一起，彼此间有定位销精确定位。两个转子由支承在轴承 7 上的泵轴 6 驱动。叶片顶部加工成弧形槽，槽内有两个通孔使叶片顶部与底部相通，故叶片上、下端油压始终保持平衡。每个叶片底部被柱销顶住。柱销截面积约为叶片底面积的 20%，可在转子的柱销孔内滑动，与孔的配合间隙约为 0.005 mm。有油道将排出腔液压油引至柱销底部转子的环形油室中，迫使柱销将叶片顶紧在定子曲面上，又不致在吸入区顶紧叶片的液压力太大，这是高压叶片泵防止吸入区定子曲面过度磨损的方法之一。

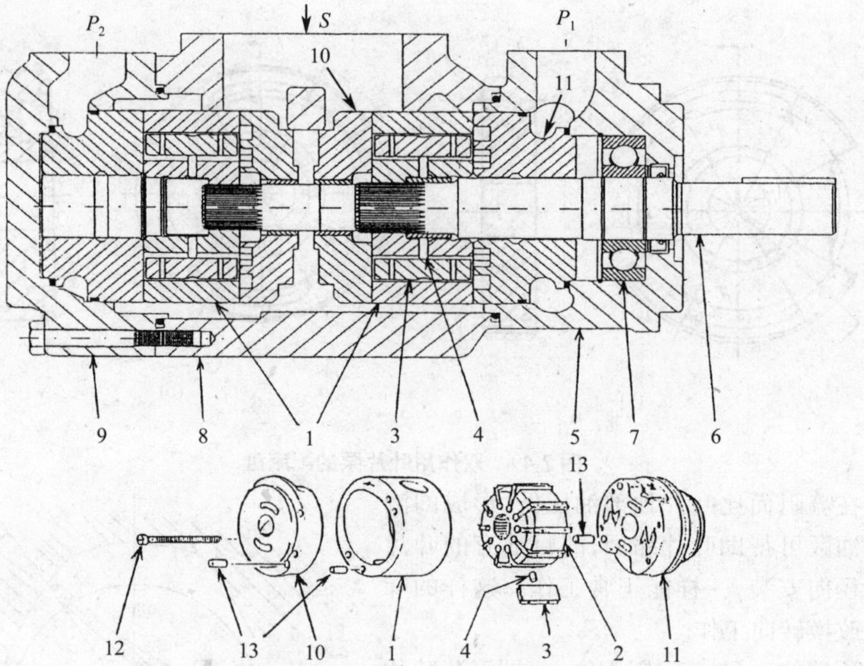

图 7-51 T6EC 型双联叶片泵

1—定子;2—转子;3—叶片;4—柱销;5—前端盖;6—泵轴;7—轴承;

8—泵体;9—后端盖;10—吸入侧配流盘;11—排出侧配流盘;12—螺栓;13—定位销

(二)单作用叶片泵的结构及工作原理

1. 工作原理

单作用叶片泵的工作原理如图 7-52 所示。它与双作用叶片泵相似,也是由转子 1,定子 2,叶片 3 以及侧面两个配油盘等零件组成。不同之处是,定子 2 的内表面是圆柱形的,且安装时与转子 1 有一个偏心距 e。当转子转动时,转子径向槽中的叶片在离心力的作用下甩出,使叶片顶部紧靠在定子内表面上,在两侧配油盘内有吸油窗口和排油窗口,分别与吸油腔和排油腔连通。在吸油窗口和排油窗口之间的区域(其夹角应等于或稍大于两个叶片间的夹角)就是封油区。它把吸油腔和排油腔隔开。处在封油区的两个叶片与转子外圆、定子内表面以及侧面两个配油盘形成左、右两个密封工作腔。当转子按图示方向旋转时,右边密封工作腔的容积逐渐增大,通过配油盘上的吸油窗口将液压油吸入,而左边密封工作腔的容积逐渐减小,通过排油窗口将液压油压出。转子每转一转、每两叶片间的密封工作腔实现一次吸油和排油,故称单作用叶片泵。

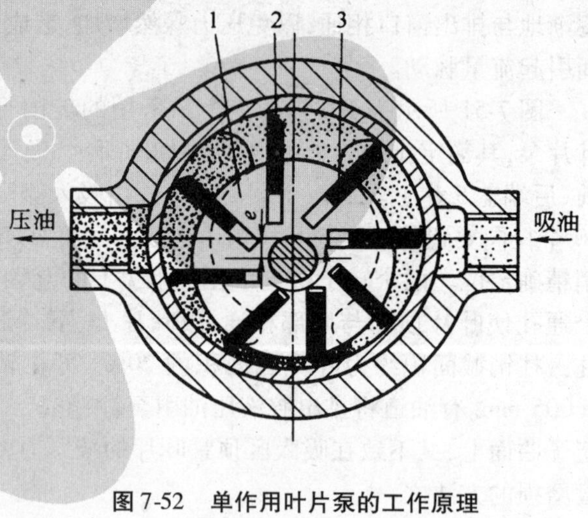

图 7-52 单作用叶片泵的工作原理

1—转子;2—定子;3—叶片

如图 7-52 所示,转子受到压油腔的单向液压作用力,使转子轴轴承承受很大的径向载荷,所以也称为非卸荷式叶片泵。通常这类泵的叶片底部通过配油盘上的通油槽与叶片所在的工作腔相连，因此叶片在压油区时，叶片底部通高压，叶片在吸油区时，叶片底部通低压，从而使叶片顶端和底端因径向运动而对流量产生的影响互相抵消，故叶片的厚度对泵的流量无影响。但由于封油区定子内表面和转子外表面不是同心圆弧，因而会产生流量脉动且倒灌现象也难以避免，故一般不宜用在高压系统中。

单作用叶片泵的优点是它的流量可以通过改变转子和定子之间的偏心距来调节。当加大 e 时，密封工作腔的容积变量增大，因而输出流量增大；随着 e 的减小，输出流量相应减小；当 e 减小到零时，转子和定子同心，密封容积不产生容积变化，因而输出流量为零。此外，还可以通过改变偏心的方向来调换单作用叶片泵的进、出油口，从而改变单作用叶片泵的输油方向。当两叶片处于最下位置时，其密封容积最小；而当两叶片达到最上位置时，其密封容积最大。

2. 限压式变量叶片泵

变量叶片泵的变量方式有手动调节和自动调节两种方式。自动调节式变量泵根据工作特性不同又可分为限压式、恒压式和恒流式三类。目前最常用的是限压式。限压式变量泵的流量，是利用该类泵工作压力的反馈作用来实现自动调节的，按反馈方式又可分为内反馈式和外反馈式两种。

(1)外反馈式限压式变量叶片泵

图 7-53 反馈式限压式变量叶片泵的工作原理图，这种泵的流量可以根据其出口压力的大小(泵出口压力的大小取决于泵的负载)自动调节。转子 1 的中心 O_1 是固定不动的，定子 2 的中心 O_2 可以左右移动，它在右边限压弹簧 3 的作用下被推向左端，与转子中心 O_1 有一个偏心距 e_0。当转子以图 7-53 所示方向旋转时，转子上半部为压油腔，下半部为吸油腔。定子在压力油的作用下压在滑块上。定子左侧装有压力反馈的柱塞小液压缸。液压缸与压油腔通过

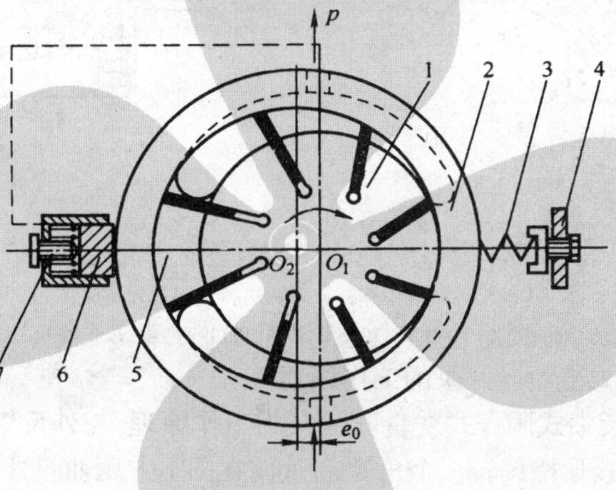

图 7-53　外反馈式限压式变量叶片泵工作原理

1—转子；2—定子；3—限压弹簧；4、7—调节螺丝；5—配油盘；6—反馈缸柱塞

泵的外部油管连通。设反馈柱塞油缸的有效面积为 A，该泵的出口压力为 p，则通过反馈缸柱塞 6 作用在定子上的反馈力为 $p\times A$。限压弹簧 3 的预紧力 F，由弹簧右端的调节螺钉 4 调整。当 $p\times A$ 小于限压弹簧的预紧力 F 时，弹簧把定子推向最左端，此时偏心距为最大值 e_0，该泵的流量最大。当 $p\times A>F$ 时，反馈力将克服弹簧的预紧力把定子向右推移，偏心距 e 减小，流量也相应减小。压力越高 e 越小、输出流量也越小。当压力增大到使泵的偏心距减小到所产生的流量只够用来补偿泄漏时，该泵的输出流量为零。这时，不管负载再怎样增大，泵的出口压力不会再升高，即泵的最大输出压力是受到限制的，故称为限压式变量叶片泵。

外反馈式限压式变量叶片泵的结构如图 7-54 所示。与双作用式叶片泵相比较，变量叶片泵的偏心距一般较小，当叶片沿定子内表面移动时，所受压力作用并不大，所产生的影响较小，所以叶片无需有向前的倾角。但考虑到处于吸油腔的叶片底部是通低压油的，为了保证叶片在吸油腔时能顺利伸出，往往将叶片槽按转子旋转方向向后倾斜一个角度（$\alpha=24°$）安放。在使用该类泵之前，一般应对其进行如下调整：先利用调节螺钉 10 调节泵的最大偏心量 e_{max}，以满足系统快进所需要的最大流量 qV_{max}；然后利用调压螺钉 3 调节调压弹簧 4 的预紧力 F，并达到由负载所决定的限定压力 p_B 的数值。

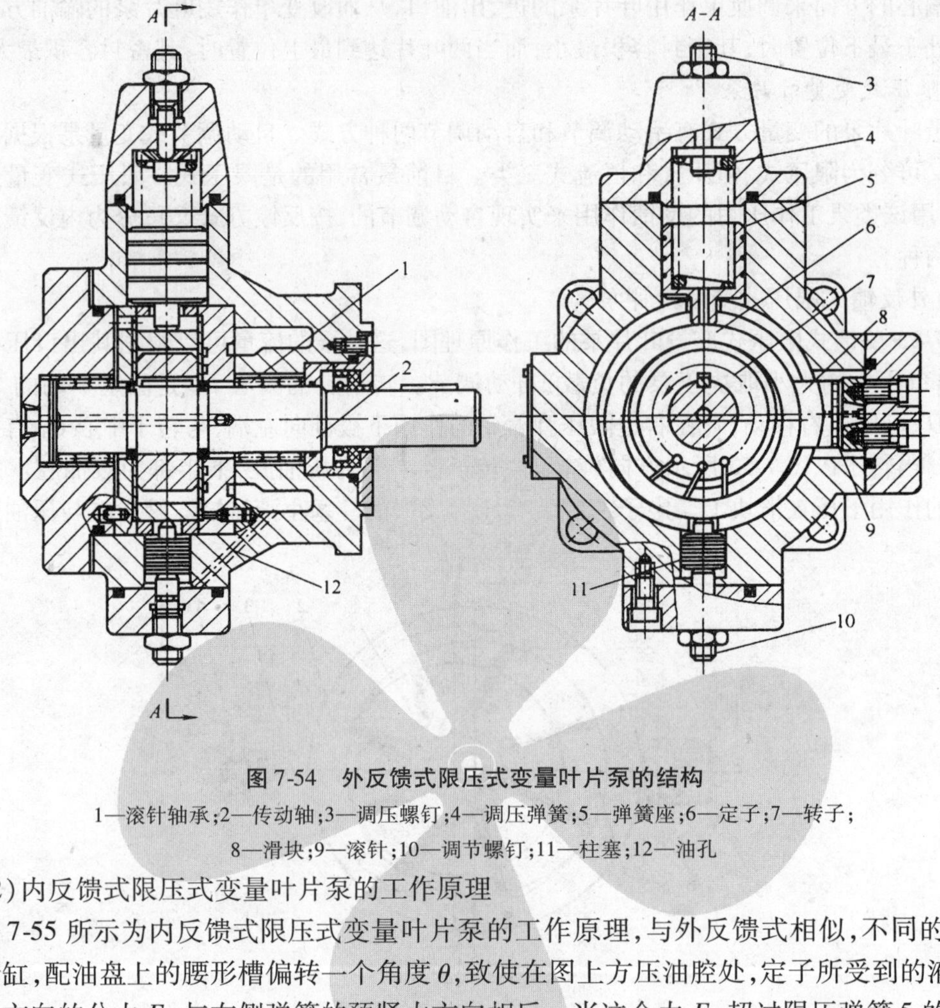

图 7-54　外反馈式限压式变量叶片泵的结构

1—滚针轴承；2—传动轴；3—调压螺钉；4—调压弹簧；5—弹簧座；6—定子；7—转子；8—滑块；9—滚针；10—调节螺钉；11—柱塞；12—油孔

（2）内反馈式限压式变量叶片泵的工作原理

图 7-55 所示为内反馈式限压式变量叶片泵的工作原理，与外反馈式相似，不同的是它没有反馈缸，配油盘上的腰形槽偏转一个角度 θ，致使在图上方压油腔处，定子所受到的液压力 F 在水平方向的分力 F_x 与右侧弹簧的预紧力方向相反。当这个力 F_x 超过限压弹簧 5 的限定压力 P_B 时，定子 3 即向右移动，使定子与转子的偏心距 e 减小，从而使泵的流量得以改变。泵的最大流量 qV_{max} 由调节螺钉 1 调节，泵的限定压力 p_B 由调节螺钉 4 调节。

（3）限压式变量叶片泵的压力—流量特性曲线

外反馈式限压式变量叶片泵的静态特性主要是指其流量和压力之间的关系，称为压力—流量特性。限压式变量叶片泵的压力—流量特性曲线可用图 7-56 的特性曲线来表示。

图 7-56 中 AB 段是这种泵的工作压力 p 小于限定压力 p_B 时，偏心量 e 最大，流量 q_v 也是最大的一段。该段为稍微向下倾斜的直线，由于此时这种泵的偏心量不变，随工作压力的升高，其泄漏量增加，而实际流量稍有减小，与定量泵的压力—流量特性相当。BC 段是这种泵的

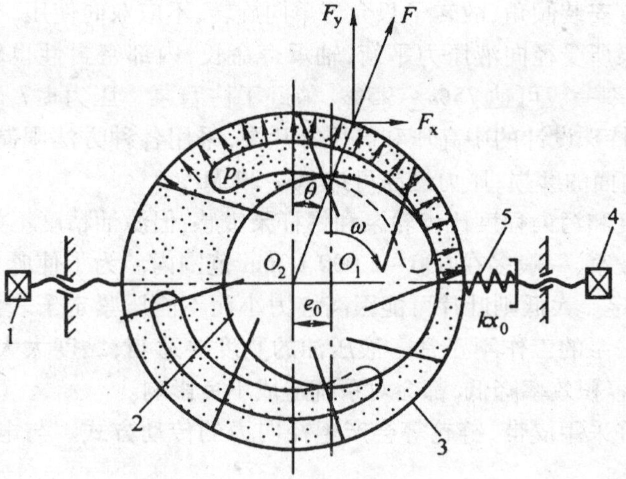

图 7-55　内反馈式限压式变量叶片泵的工作原理

1、4—调节螺钉；2—转子；3—定子；5—限压弹簧

变量段。在这一区段内，这种泵的实际流量随工作压力的升高而减小。其中 B 点为拐点，其对应的工作压力为限定压力 p_B，C 点对应的压力 p_c 为泵的极限压力 p_{max}，在该点泵的流量为零，即 $q_v=0$。

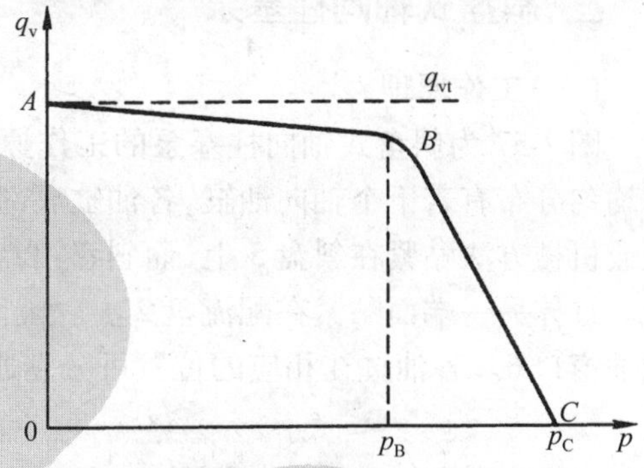

图 7-56　限压式变量叶片泵的压力—流量特性曲线

以外反馈式限压式变量叶片泵为例，调整调节螺钉 7（见图 7-53）时，可改变最大偏心量 e_{max}，从而改变最大流量 qV_{max}，此时特性曲线上的 AB 段斜线上下平移，p_B 点的位置稍有变化。调整调节螺钉 4（见图 7-52）可改变限定压力 p_B 和极限压力 p_c 的值，且特性曲线上的 BC 段左右平移。如果更换弹簧的刚度，则可改变 BC 段的斜率。弹簧越软，BC 段越陡；反之，弹簧越硬，BC 段越平缓。在应用时，可根据不同的需要，通过可调环节来获得所要求的压力—流量特性。

（4）限压式变量叶片泵的优缺点及应用

限压式变量叶片泵与双作用定量叶片泵相比，结构复杂、尺寸大，相对运动的机件多，轴上受单向径向液压力大，故泄漏大，容积效率和机械效率较低。由于流量有脉动和困油现象的存在，因而压力脉动和噪声大，工作压力的提高受到限制。国产限压式变量叶片泵的额定压力一般为 6.3 MPa，但是这种泵的流量可随负载的大小自动调节，故功率损失小，可节省能源，减少发热。由于它在低压时流量大，高压时流量小，特别适合运动部件需要实现“空载快进—慢速工进—空载快退”工作循环的金属切削机床、自动线上的组合机床等设备的液压系统中，例如在组合机床驱动动力滑台实现“快速趋近—工作进给—快速退回”的半自动循环运动等。

（三）叶片泵的特点及使用要点

（1）运转平稳、噪声低、流量均匀，以上方面在所有液压泵中仅次于螺杆泵。

（2）结构紧凑、体积小、尤其是双作用泵，在所有液压泵中单位功率重量最轻。与柱塞泵相比结构较简单，零件少得多，制造、装配、维修较方便。

(3)片泵的叶片有安装倾角,故转子只允许单向旋转,不应双向使用,否则会使叶片折断。

(4)双作用叶片泵所受径向液压力平衡,轴承寿命长,内部密封性也较好,容积效率通常为80% ~90%。总效率一般可达75% ~95%,稍逊于柱塞泵。压力≤7 MPa时,总效率常高于其他类型泵。目前特殊设计的中高压和高压叶片泵,采用各种方法限制吸入区叶片底部的油压力,以减轻定子曲面的磨损,压力最高可达20 ~30 MPa。

(5)工作油的黏度和污染程度比齿轮泵和螺杆泵敏感,但滤油精度不如柱塞泵要求高。

(6)用转速范围较窄,一般多在600 ~2 000 r/min范围内。为了使叶片泵可靠地吸油,其转速必须按照产品规定。太低则叶片可能因离心力小而不能压紧定子表面,太高则吸入时易造成泵的"吸空"现象,泵的工作不正常。液压油的黏度要适当,黏度太大,吸油阻力增大;液压油过稀,泄漏增大,容积效率降低,都会对系统造成不良影响。

(7)叶片泵不允许采用皮带、链轮等会产生径向力的传动方式。与电机直连时应保证同轴度小于0.05 mm。

单作用叶片泵因径向液压力不平衡,故泵的工作压力和寿命受到限制,容积效率要低些,一般为58% ~92%;流量均匀性也较双作用叶片泵稍差,但它易于实现无级变量。

二、斜盘式轴向柱塞泵

(一)工作原理

图7-57为斜盘式轴向柱塞泵的工作原理图。泵轴1通过键与缸体3相连。缸体上沿圆周均匀分布有若干个轴向油缸,各油缸底部有腰形配油孔。油缸中设有柱塞4,柱塞靠端部油压或机械方法贴紧在斜盘5上,而斜盘可绕O点偏转,即其轴线相对泵轴线的倾角β可以改变。缸体另一端面贴紧在配流盘2上。配流盘用定位销与泵体9固定,盘上开有两个弧形的配油窗口6。各油缸在相应的位置可分别通过配油窗口与吸排油口7或8相通。

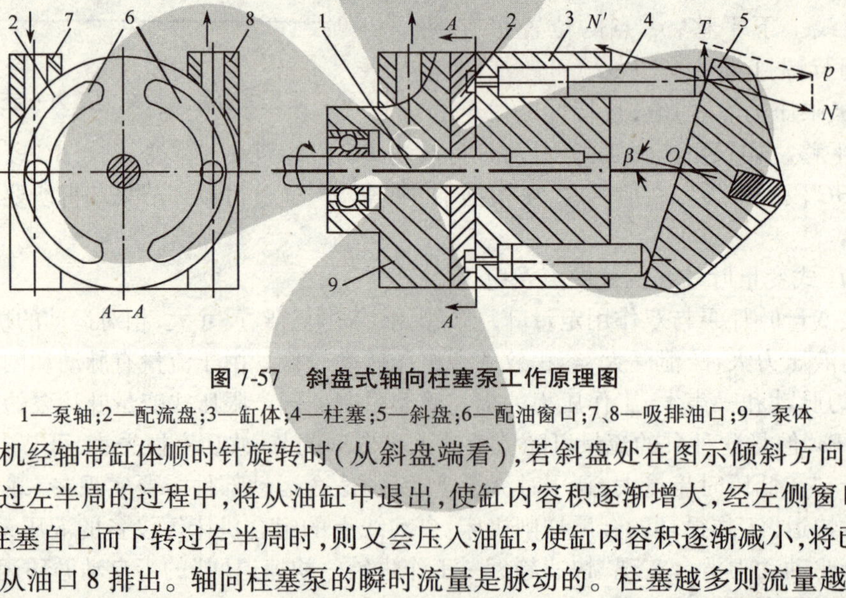

图7-57 斜盘式轴向柱塞泵工作原理图

1—泵轴;2—配流盘;3—缸体;4—柱塞;5—斜盘;6—配油窗口;7、8—吸排油口;9—泵体

当原动机经轴带缸体顺时针旋转时(从斜盘端看),若斜盘处在图示倾斜方向,则当柱塞自下而上转过左半周的过程中,将从油缸中退出,使缸内容积逐渐增大,经左侧窗口由油口7吸油;而当柱塞自上而下转过右半周时,则又会压入油缸,使缸内容积逐渐减小,将已吸入的油经右侧窗口从油口8排出。轴向柱塞泵的瞬时流量是脉动的。柱塞越多则流量越均匀,而柱塞为奇数比偶数时流量更均匀,一般常设7或9个柱塞。

作用在柱塞底部的油压力P可分解为垂直于斜盘的力N和垂直于柱塞轴线的力T。前者由斜盘产生的法向反力N'平衡,后者则使缸体受到一个倾覆力矩,必须由支承缸体的轴承来承受。分力 T 会对缸体产生扭矩。在排油区的各柱塞所产生的扭矩之和减去在吸油区的各柱塞所产生的很小的反扭矩,构成泵总的液压阻扭矩。如果泵不被原动机所驱动,而是由一个油口输入压力油,而从另一油口回油至油缸或液压泵吸口,则上述液压扭矩将驱动缸体和转轴反转,液压泵即变成了液压马达。显然,在泵尺寸和转速一定时,改变斜盘倾角 β 的大小,即可改变泵的流量,$\beta=0$ 时泵的流量为0;改变斜盘的倾斜方向,则泵的吸排方向也就改变。

泵的变量方式可以有许多种。目前,各厂家对泵变量方式的命名不尽相同,若从变量机构的控制力经液压放大与否来看,有直接控制和液压伺服控制之分,目前大多采用后者,从而无须较大控制力。若按变量机构控制信号的形式来分,又有手动控制、机械控制、液压控制、电气控制等多种。根据工作需要还设计了多种有特殊功能的自动变量泵,如恒功率式、恒压式、恒流量式等。

(二)结构实例

1. CCY14-1B 系列斜盘式变量泵

图7-58 所示为我国自行设计的 CCY14-1B 系列斜盘式轴向柱塞变量泵。其型号的第一个代号表示变量控制形式,图示为液压伺服式(代号 C)。

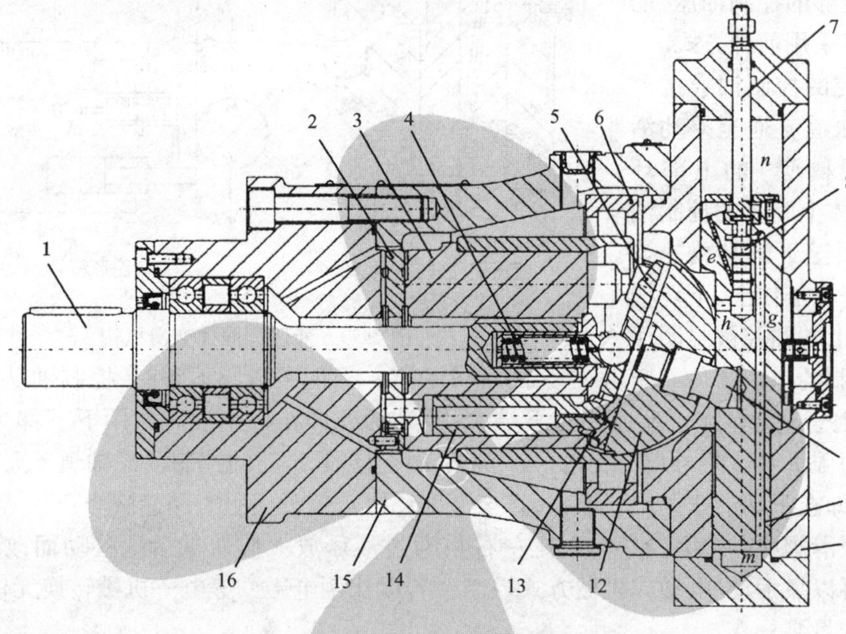

图7-58 CCY14-1B 型斜盘式变量泵

1—传动轴;2—配流盘;3—缸体;4—中心弹簧;5—回程盘;6—大轴承;7—控制杆;8—伺服滑阀;9—销轴;10—差动活塞;11—变量壳体;12—斜盘;13—滑履;14—柱塞;15—中泵体;16—外泵体

(1)本体结构

传动轴1通过花键带动缸体3旋转。中心弹簧4一方面通过弹簧外套将缸体3压向配流盘2,以保证二者间初始密封;另一方面通过弹簧内套、钢球、回程盘5将滑履13压向斜盘12(新型号在斜盘上加设了止推板)。缸体和柱塞14带动与柱塞外端铰接的滑履13,在斜盘(或止推板)上按圆周向滑动。当斜盘倾斜时,柱塞即在油缸中往复运动,油液便通过配流盘的两个油窗口和外泵体16的油通道实现吸油和排油。

泵的内部漏泄主要发生在:配流盘与缸体之间、柱塞与缸体之间、滑履与斜盘(或止推板)

之间、滑履与柱塞球头之间，柱塞球头和滑履均有小孔通油以助润滑。漏入泵体中的油除润滑轴承外，连续地从中泵体15顶部的泄油孔泄回油箱，带走泵功率损失所产生的热量。

(2)变量机构

图7-59示出液压伺服变量机构及其图形符号，可结合图7-58一起予以说明。液压伺服泵通常做成可双向变量。变量壳体11内装有差动活塞10，后者上端又装有伺服滑阀8，滑阀上端通过T形槽与控制杆7相连。控制油常由辅泵供到变量壳体下腔m，也可以由主泵本身排油通过泵壳体内的通道c由单向阀供给，但为保证泵在中位时变量机构也有足够的控制油压，船用设备通常多采用前种方式。

供入m腔的控制油通过差动活塞内的油道g通至差动活塞(或伺服滑阀套)的上部环槽；而变量壳体上腔n的控制油通过油道e通至下部环槽。当伺服滑阀正好遮盖住上、下环槽时，差动活塞上端油腔被封闭而不动，即其控制的斜盘倾角不变，于是泵的排量既定。当伺服滑阀下移时，控制油从上部环槽进入油腔n，由于差动活塞上端面积比下端大，差动活塞即在控制油压作用下下移，直至上部环槽重新被伺服滑阀遮蔽为止。反之，当伺服滑阀上移时，n腔的控制油经油道e、h泄至泵壳内，差动活塞即在下端油压作用下上移，直至下部环槽重新被伺服滑阀遮蔽为止。

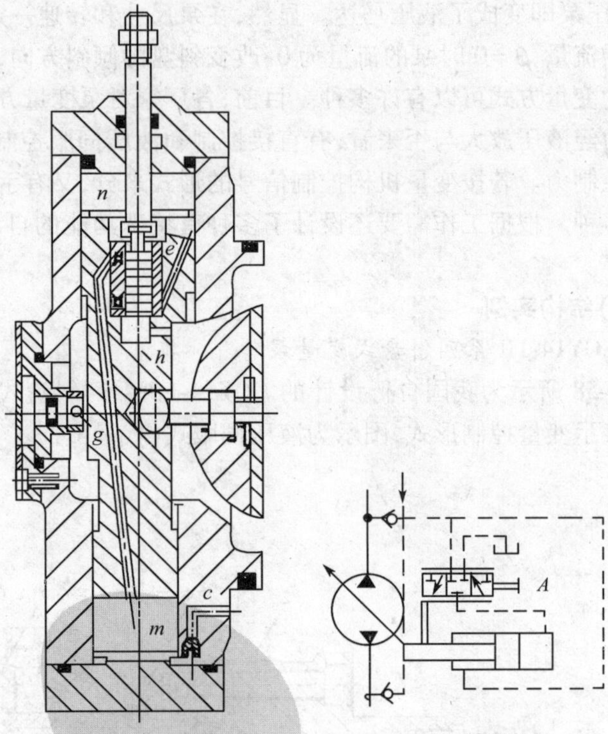

(a)液压伺服式变量机构　　(b)图形符号

图7-59　液压伺服式变量机构

移动伺服滑阀所需的力较小(10 N左右)，通过液压放大使变量活塞移动而改变泵的流量。控制杆可以靠手动、电动或机械方式控制。若以比例电磁铁等电—机械转换元件控制，则为电液比例变量泵。

(3)配流盘

图7-60示出CY14-1B型泵配流盘的结构。配流盘上两个弧形配油窗口分别与外壳体上的两个吸排油腔相通。盘上靠近外圆的环槽称为卸压槽，它与若干径向浅槽连通泵壳体泄油腔。卸压槽以外部分是辅助支承面，不起密封作用，但可增大承压面积，减轻磨损。

CY14-1B泵的配流盘采用了有阻尼孔的非对称负重叠结构。阻尼孔是指离配油窗口的油缸转入端不远处的直径约1 mm的通孔，它靠背面外泵体上的油槽可与邻近的配油窗口相通。所谓非对称，是指配流盘中线NN相对于斜盘中线MM按缸体旋转方向偏转了一个γ角。所谓负重叠，是指封油角(阻尼孔与另一油窗口间的过渡区的圆心角)α小于配油角β(油缸配油孔的圆心角)，$\alpha-\beta\approx-1°\sim0°$。由于负重叠，当油缸配油孔即将离开前一油窗口时，即与后一油窗口的阻尼孔相通，这样即可消除困油现象；由于有阻尼孔，缸中油液是先经阻尼孔与将转入的配油窗口节流相通，从而压力变化平缓，可避免液压冲击，容积效率降低也很少。为保证配流盘安装位置正确，它与外壳体间设有定位销。采用非对称配流盘的泵只能按规定的方向运转，否则需要更换配流盘（有的型号泵可将配流盘翻转），并改换定位销的位置。

配流盘的过渡区还有若干个盲孔，可起到存油润滑的作用。

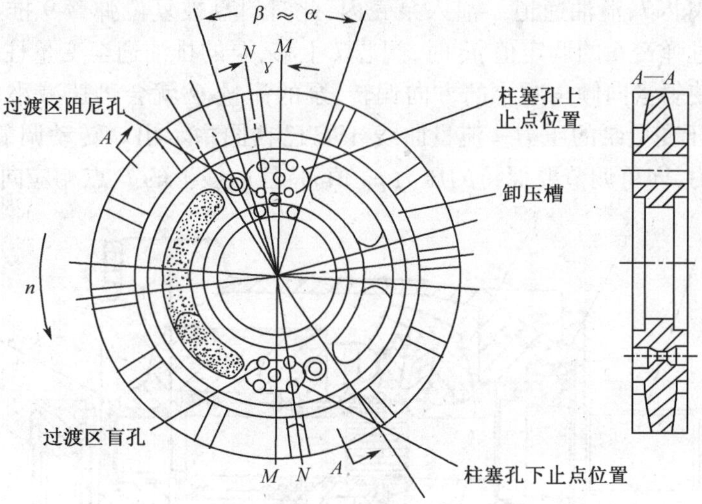

图 7-60　CY14-1B 泵的配流盘

（4）主要零件的静力平衡

图 7-61 示出柱塞与滑履的结构与受力情况。由图可见，在滑履和柱塞的中心都钻有小孔，它可使压力油经小孔通到柱塞、滑履和止推盘之间的摩擦面上，从而起到润滑和静压支承的作用。设计时只要适当选取滑履底部及其圆盘形小室的直径，即可改变滑履底部油压撑开力 P_C，将柱塞传给滑履的法向力 N 的大部分抵消（保持 N 比 P_C 大 5% ~10%），这样既可大幅度降低滑履和止推盘间的比压，使磨损和功耗减小，又可使滑履压紧止推盘，防止漏泄量太大。

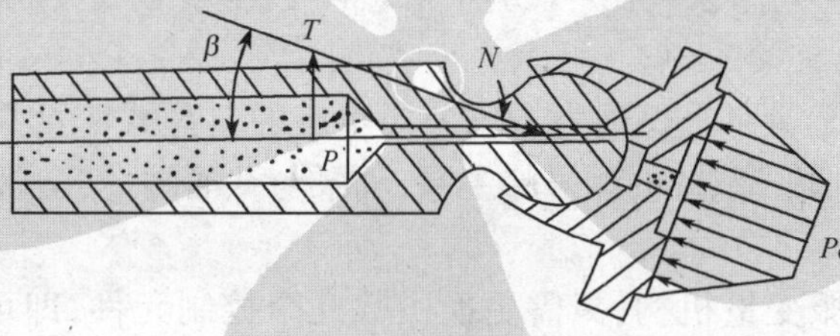

图 7-61　柱塞与滑履的静力平衡

此外，在配流盘的配油窗口及其两侧的环形密封面上，也存在着横截面呈梯形分布的油压力。只要密封面的宽度选择适当，同样可使缸体压紧配流盘的油压力比撑开力略大，既可降低摩擦损失，又不致使缸体与配流盘间的漏泄量过大。

2. 通轴式恒压斜盘泵

通轴式斜盘泵是专为中高压液压系统设计的轻型泵。工作油压为 16 MPa 的通轴式斜盘泵造价仅比性能参数相同的变量叶片泵高 15% 左右，而功耗少 5% 以上，易损件更少，使用寿命更长，变量形式也比叶片泵多。

图 7-62 所示为一种通轴式恒压斜盘泵。恒压变量泵在排出压力低时全流量工作，当排压超过调定值时流量迅速降低，可保持泵的排压恒定。由于这种泵能以小流量（仅相当于泵和

系统的漏泄量)保持执行元件进油压力不变,从而使输出的力或扭矩不变,故功率消耗可比采用定量泵加溢流阀小得多。

这种泵的压力补偿器设弹簧 6。泵的斜盘 3 的倾角由轴线与传动轴 1 平行的变量柱塞 8 控制。当液压泵的排压 p 较小时,压力补偿器的阀芯 7 在弹簧 6 的作用下处于低位,柱塞 8 右侧油腔中的油经阀芯 7、泄油通道 a 泄入泵壳内,此时斜盘被复位弹簧 9 推至最大倾角位置。当排压升高至超过弹簧 6 的调定值 p_B 时,阀芯 7 上移,泵的排油通至变量柱塞右侧油缸中,克服弹簧 9 的张力使斜盘向倾角减小的方向偏转,泵的流量 Q 就会迅速减小,从而使排压大致保持 p_B。这种恒压变量泵的压力—流量曲线 ABC 已在图中示出。转动调节螺帽 5 降低或提高弹簧 6 的预紧力,即可调节要保持的压力 p_B 值,特性曲线上的 B 点相应向左或向右平移。

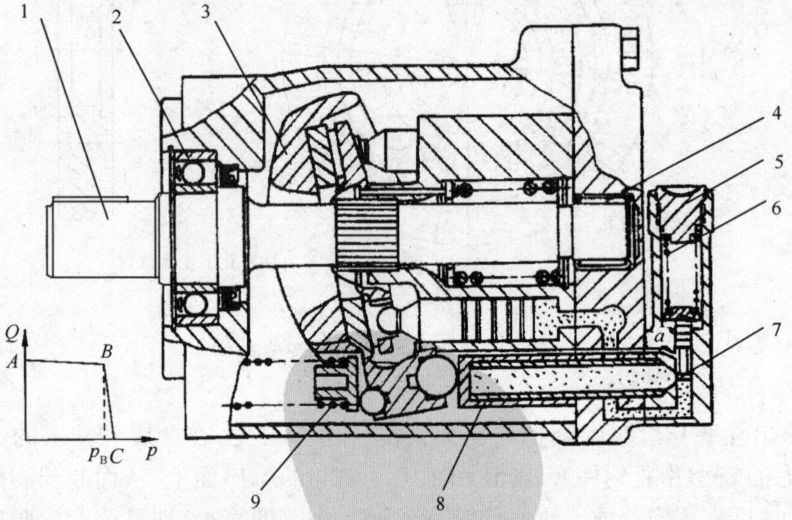

图 7-62　通轴式恒压斜盘泵

1—传动轴;2、4—轴承;3—斜盘;5—调节螺帽;

6—压力补偿弹簧;7—压力补偿阀芯;8—变量柱塞;9—复位弹簧

3. A4V 系列斜盘式变量泵

A4V 系列轴向柱塞变量泵是德国力士乐公司生产的斜盘式变量泵,公称压力 35 MPa,最高压力 40 MPa。它用于闭式系统的型号将主泵、辅泵与补油阀、安全阀等组合在一起,可使液压系统更紧凑。

这种泵采用液压伺服变量机构,只需更换少数几个控制元件,即可改换成不同的控制方式,图 7-63 所示是常用的电气控制(EL)型。由内啮合齿轮式辅泵 4 供给控制油,额定压力 2.5 MPa,最高压力 4 MPa。以比例电磁换向阀 9 作先导阀,用电流信号来控制伺服活塞 8 的位移方向和大小,活塞移动时通过反馈杆给导阀以位置反馈,同时带动斜盘 1 改变其倾角的方向和大小,以改变主泵流量的方向和大小。

主泵采用通轴结构,有九个轴线与泵轴成 5°夹角呈圆锥形分布的柱塞,可减小配流盘 3 的直径,降低缸体 2 的圆周运动线速度,减轻磨损。配流盘是球面的,能对缸体起辅助定心作用,但若产生拉毛、磨痕等,只能用专用的精密磨床才能修复。调节螺钉 11 可对配流盘的周向位置进行微调,以噪声达到最低为宜。

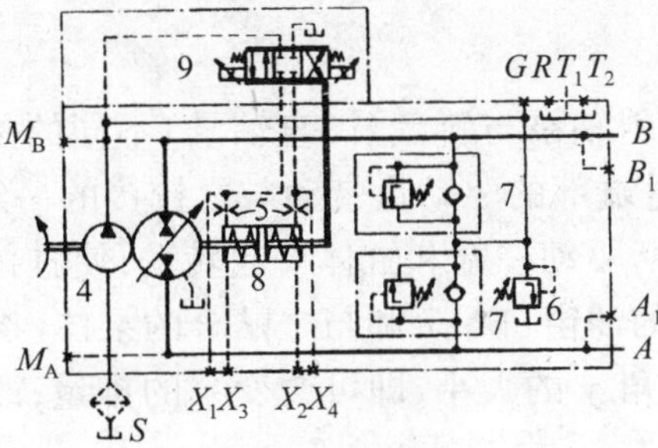

(a)图形符号

(b) 外形图

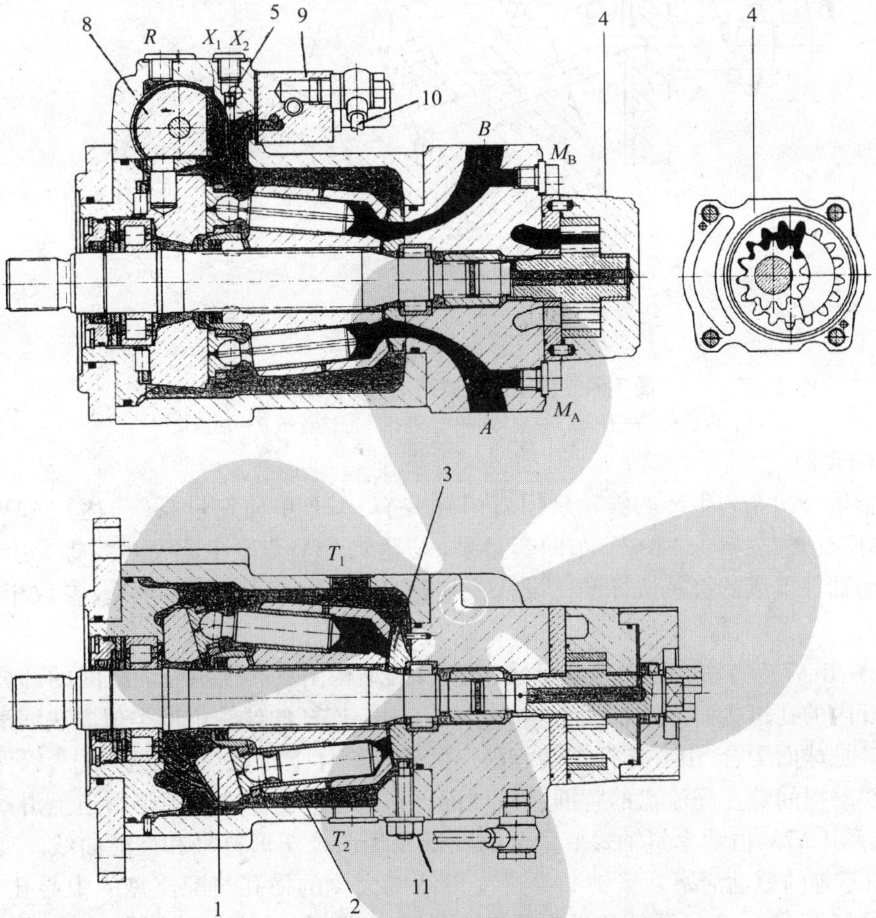

(c)结构图(下图所示结构带功率输出轴)

图 7-63　A4V(EL)斜盘式变量泵

1—斜盘;2—缸体;3—配流盘;4—辅泵;5—节流元件;6—辅泵溢流阀;

7—主油路安全阀和补油阀;8—伺服活塞;9—导阀;10—导阀供油管;11—斜盘调节螺钉

三、斜轴式轴向柱塞泵

（一）工作原理

图7-64为斜轴式轴向柱塞泵的工作原理图。斜轴泵与斜盘泵（直轴泵）不同的是传动轴5的轴线与缸体3轴线斜摆一个角度。传动轴通过端部的驱动盘带动与之铰接的一组连杆4转动，通过连杆的锥形表面与柱塞2内壁面的接触，驱动柱塞和缸体一起转动，使缸体中各油缸的容积变化，于是，通过不转的配流盘1上相应的油窗口6、7和与之贴合的泵体（图中未示出）内的油路，即可实现吸油和排油。改变缸体摆角γ的大小，即可改变泵的排量；改变摆角的方向即可改变吸、排油的方向。

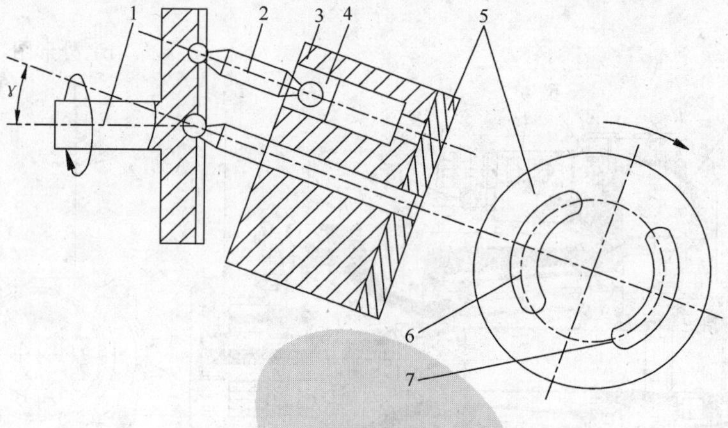

图7-64　斜轴式柱塞泵的工作原理图

1—传动轴；2—柱塞；3—缸体；4—连杆；5—配流盘；6、7—油窗口

（二）结构实例

德国力士乐公司系列生产的斜轴泵（马达）主要有：A2F单向定量泵（马达）、A2V双向变量泵、A6V单向变量马达（泵）、A7V单向变量泵（马达）、A8V双联单向变量泵等。由缸体、柱塞、连杆、传动轴等组成的机芯按标准化设计，不同型号的泵（马达）只要规格、参数相同，机芯可互换。

图7-65示出A7V斜轴式恒功率变量泵（马达）的结构图。其柱塞与油缸间的部分漏油可经柱塞和连杆内的孔道去润滑连杆大小端的球铰。中心连杆的球铰也用类似方法润滑。配流盘2与缸体1是球面配合，中心连杆左端有碟形弹簧将缸体1压紧在配流盘2上，以保持预紧力并自动补偿磨损间隙。配流盘的背面也是球面，可在变量壳体12的弧形滑道上滑动。

图7-66示出A7V恒功率斜轴式变量泵的变量原理图及图形符号和性能曲线。变量活塞4是两端面积不等的差动活塞。拨销9穿过变量活塞大端的横孔与配流盘的中心孔相配合，另一端套在导杆13上。变量活塞移动时即带动配流盘摆动，改变缸体摆角，从而改变泵（马达）的排量。

泵的排油经泵壳体内的油道引至变量活塞小端油缸a，并经节流孔15，作用在先导活塞14端面上，同时又被引至伺服滑阀8的两个台肩之间。当泵排压不高时，作用在变量活塞小端的油压使之将配流盘和缸体推至最大摆角，这时泵的排量最大，流量与排压无关，如图7-66(c)中水平线段所示。

当排压升至调定值p_A（由弹簧6调定），作用在先导活塞上的油压克服外弹簧10和调节

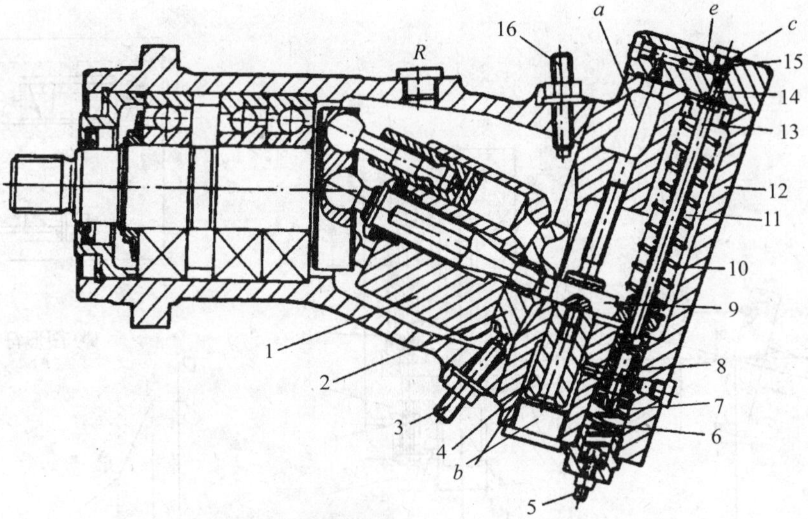

图 7-65　A7V 恒功率斜轴式变量泵(马达)

1—缸体;2—配流盘;3—最大摆角限位螺钉;4—变量活塞;5—调节螺钉;6—调节弹簧;
7—阀套;8—伺服滑阀;9—拨销;10—外弹簧;11—内弹簧;12—变量壳体;13—导杆;
14—先导活塞;15—节流孔;16—最小摆角限位螺钉

弹簧 6 的张力使滑阀 8 下移,油道 a 和 b 相通,压力油进入变量活塞 4 大端使活塞上移,靠拨销 9 带动配流盘和缸体绕 O 点转动,于是摆角和流量减小。拨销同时也给出行程反馈,压缩外弹簧 10,使之与先导活塞输入的油压信号平衡,伺服滑阀 8 复位,摆角和流量稳定于与油压成比例的位置。流量与排压的关系如图 7-66(c)中斜线 AB 所示。

当油压升高到 p_B,缸体摆角减小至外、内弹簧长度差 S_P 降为 0 时,控制活塞必须克服弹簧 6 和 10、11 的张力之和才能使滑阀 8 开启,流量随油压升高而减小的程度变缓,如图 7-66(c)中斜线 BC 所示。当油压进一步升高 p_C,缸体摆角减小至被限位螺钉 16 所限定,泵排量达到最低,流量不再改变,如图 7-66(c)中线段 CD 所示。

由上述分析可知,这种泵的流量—压力性能曲线是与双曲线近似的折线 $ABCD$,p_Q 约为定值,可近似实现恒功率控制。调节弹簧 6 的预紧力,可以使性能曲线中水平段与斜线的转折点 A 对应压力值 p_A 改变,从而使折线左右平行移动。

A7V 变量泵更换不同的变量机构,可以得到不同的变量方式。该泵有恒功率、恒压、电液比例、手动四种变量形式。变量机构能使缸体倾斜角在 18°范围内变化。若配以 9°弯角的壳体,则倾斜角可在 0°~18°范围内变化;若配以 16°弯角的壳体,则倾角可在 7°~25°范围内变化,从而实现零部件的高度通用化。

与斜盘泵相比,斜轴泵具有以下特点:

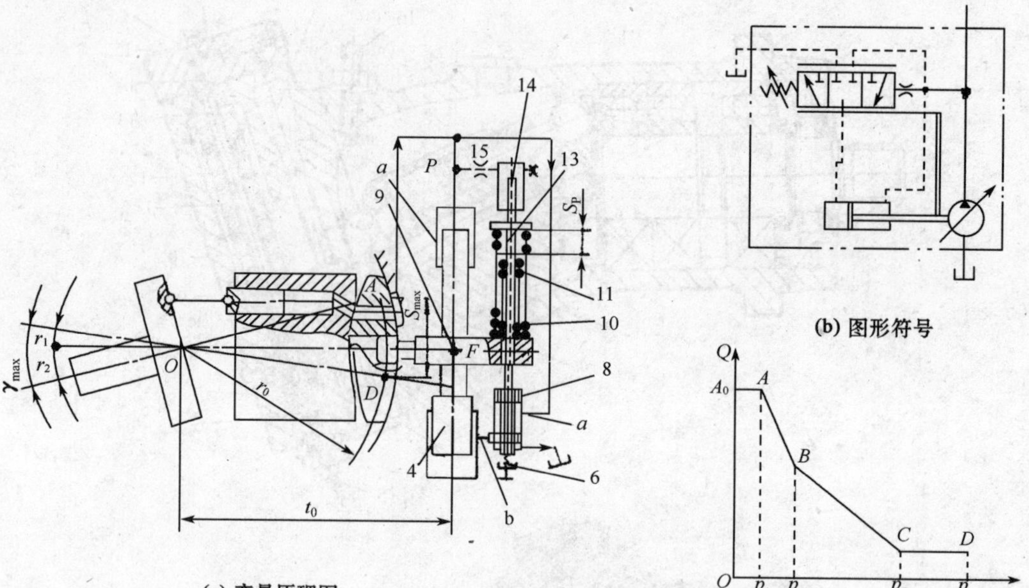

(a) 变量原理图　(b) 图形符号　(c) 性能曲线

图 7-66　A7V 恒功率变量泵变量原理图

(1)以传动盘铰接替代了斜盘泵中的滑履,结构的强度和耐冲击性能更好,自吸性能更强。

(2)斜轴泵连杆轴线与柱塞轴线的摆角不大,工作时柱塞对油缸壁面的侧压力比斜盘泵小得多,因而磨损小,缸体摆角 γ 一般为 25°,最大可达 40°;而斜盘泵的斜盘倾角一般为 15°,最大不超过 20°,故斜轴泵变量范围更大,功率质量比更高。

(3)驱动轴不穿过配流盘,缸体直径较小,因而漏泄和摩擦损失减小,转速可以更高。

(4)采用球面配油,因而间隙较大,故对油液污染的耐受能力比斜盘泵高。推荐使用 25 μm的滤油器,20 ~ 40 μm 的滤油器也可使用;斜盘泵要求为 10 ~ 15 μm。

(5)但这种泵结构和工艺比较复杂,造价比斜盘泵高,自吸能力也不及斜盘泵。

(6)轴向柱塞泵的径向尺寸小、结构紧凑、转动惯量小、易于实现变量、容积效率较高。常用于高压系统,其最高压力可达 32 MPa。但结构较复杂,对油液污染十分敏感。

A7V 泵多用于开式油路。其他类型的斜轴式泵在体积、重量、成本等方面与斜盘式泵相比处于劣势,但 A7V 泵与开式油路用的斜盘泵相比,在性能、体积、重量和成本等方面都不相上下,给斜轴泵的应用开辟了新的途径。

四、液压泵的使用和管理

正确地使用和管理液压泵对保证其工作可靠和延长其使用寿命至关重要。主要应注意以下各项:

(1)泵轴与电动机应以弹性联轴节直联,轴线同心度误差不得超过 0.05 ~ 0.1 mm,不允许采用皮带、链轮等有径向负载的传动方式。底座必须有足够的刚度。

(2)柱塞式液压泵吸入压力不允许太低。允许吸油高度一般不超过 0.5 m,进口压力不应低于 0.08 MPa(绝对),有的型号则不允许自吸。

柱塞式液压泵泵内流道阻力大,推荐采用辅泵供油,闭式系统低压侧补油压力常为 0.2 ~ 0.6 MPa。斜盘式轴向泵如果吸入压力过低,不仅容易产生“气穴现象”,使容积效率降低,而且柱塞须靠铰接端强行从缸中拉出，易造成损坏。

(3)为使泵内各轴承和润滑面得以充分润滑，初次使用或刚拆修过的泵，起动前必须向壳体内灌油。柱塞泵安装时应使壳体的泄油管向上行。若系统设计时使辅泵的油流经主泵壳体回油箱以冷却主泵，则须注意通常壳体内的油压不得大于0.1 MPa，以保证壳体的密封。

(4)变量泵不宜在零排量长时间运转。因为零排量时不产生排出压力，各摩擦面得不到漏泄油液的润滑和冷却，容易使磨损增加，并使泵壳体内的油发热。

(5)必须选用适当黏度等级的工作油。工作时，油压和油温应不超出规定。

(6)必须注意保持工作油清洁。轴向柱塞泵因采用间隙自动补偿的端面配油方式，油膜很薄，滤油精度要求较高。如果油中含有固体杂质，不仅会使磨损加剧和容积效率降低，而且还可能阻塞泵内通道(例如柱塞、滑履中的细小通孔堵塞会失去静压平衡作用导致严重磨损)，或造成卡阻以及变量机构失灵等故障。叶片泵油液受固体颗粒污染严重时会造成工作表面擦伤或叶片卡阻。

(7)泵内配合偶件精度很高，且经研配，拆装时不应用力捶击和撬拨，并应防止换错偶件。拆装时应特别注意保持清洁，装配前各零件应该用挥发性洗涤剂清洗，并用压缩空气吹干，不宜用棉纱等擦干。

C. 液压马达

液压缸输出，液压马达(亦称油马达)输出回转运动，它们都是液压装置的执行元件，其作用是将液压油的压力能转换为机械能，带动机械设备工作。就工作原理而言，任何容积泵(除结构上有吸、排单向阀者外)，如从其一根主油管输入压力油，而从另一根主油管回油至油箱或液压泵的吸口，都能被油驱动回转而成为液压马达。若液压泵结构是对称设计的，则可以反过来作液压马达用；但很多液压泵是按高速、不可逆转设计，而液压马达却一般都要求能低速、双向转动，故液压马达和液压泵结构细节上常有所不同。此外，液压泵总是尽量设计成速度高、尺寸小，直接改作为液压马达则是高速小扭矩液压马达；能直接拖动工作机械的低速大扭矩液压马达需专门设计。

液压马达的分类见表7-3。

表7-3　液压马达分类表

- 液压马达
  - 高速液压马达
    - 齿轮式液压马达
    - 螺杆式液压马达
    - 轴向柱塞式液压马达
  - 低速液压马达
    - 叶片式液压马达
    - 径向柱塞式液压马达
      - 连杆式液压马达
      - 五星轮式液压马达
      - 内曲线式液压马达

一、液压马达的性能参数

(一)转速

如供入液压马达的油流量为 Q_M(m^3/s)，液压马达排量(按其工作容腔几何尺寸计算所得的每转容积变化量)为 q_M(m^3/r)，则液压马达理论转速为

$$n_t = 60Q_M/q_M \quad r/min \tag{7-10}$$

液压马达工作时存在内部漏泄，扣除漏泄损失后的有效流量 Q_M' 与供入液压马达的油流量 Q_M 之比称为液压马达的容积效率，用 η_v 表示，即 $\eta_v = Q_M'/Q_M$，故油马达的实际转速为

$$n = 60Q_M\eta_v/q_M \quad r/min \tag{7-11}$$

（二）扭矩

液压马达的进出油压差称为工作压差，用 Δp 表示；液压马达的输入功率 $P_{MI} = \Delta pQ_M$。

若液压马达的理论输出扭矩用 M_t 表示，其理论角速度 $\omega_t = 2\pi n_t/60 = 2\pi Q_M/q_M$，则其理论输出功率 $P_{Mt} = M_t\omega_t = 2\pi Q_M M_t/q_M$。

若不考虑液压马达的任何能量损失，则 $P_{MI} = P_{Mt}$，即 $\Delta pQ_M = 2\pi Q_M M_t/q_M$，可得

$$M_t = \Delta pq_M/2\pi \tag{7-12}$$

实际上，液压马达各相对运动部件存在摩擦损失，油在液压马达内流动还存在压力损失（液力损失），因而液压马达的实际输出扭矩 M 小于理论输出扭矩 M_t，二者之比称为机械效率，用 η_m 表示，即 $\eta_m = M/M_t$，故液压马达的实际扭矩为

$$M = \Delta pq_M\eta_m/2\pi \tag{7-13}$$

（三）输出功率

同时考虑液压马达的漏泄损失、摩擦损失、液力损失，其总效率 $\eta = \eta_v\eta_m$。液压马达的实际输出功率 P_M 等于实际扭矩 M 和实际角速度 ω 之积，即

$$P_{2M} = M\omega = \frac{\Delta pq_M}{2\pi}\eta_m \cdot 2\pi\frac{Q_M}{q_M}\eta_v = \Delta pQ_M\eta \tag{7-14}$$

从上述对液压马达性能参数的分析可知：

(1) 由式(7-11)，液压马达的实际转速 n 取决于供入液压马达的流量 Q_M、马达的排量 q_M 和容积效率 η_v。因此，改变液压马达转速的方法有两类：容积调速 — 采用变量液压泵，改变其流量，或采用变量液压马达，改变其排量；也可以采用节流调速 — 用流量控制阀来改变供入液压马达的流量。

(2) 由式(7-12)，液压马达实际输出的扭矩 M 主要取决于液压马达的排量 q_M、工作压差 Δp 和机械效率 η_m。若马达出口接油箱，则可近似地把出口油压当作零，即将工作压力（进油压力）视为工作压差。当液压马达排量不变时，负载越大，马达工作压力就越高。

(3) 液压马达连续运转所允许使用的最高工作压力称为额定压力。若马达额定的扭矩、转速和功率既定，系统和马达的额定压力高，则马达的 q_M、Q_M 可以较小，液压元件和管路的尺寸也相应减小；但对元件的精度、强度、密封性和油液清洁度的要求都会更高。

(4) 若采用变量液压马达，在负载扭矩 M 增大、工作油压 p 升高时，使马达排量 q_M 增大，则工作油压升高变缓，在流量 Q_M 既定时马达转速降低。由式(7-14) 可见，这样马达的功率可受到限制，有些无级自动变量的马达可接近恒功率输出。

排量 q_M 较大的液压马达可在工作油压不变的情况下得到较大的扭矩，转速则相应较低，属低速大扭矩液压马达；反之，排量 q_M 较小的可得到较小的扭矩，转速则相应较高，属高速小扭矩马达。一般以额定转速低于 500 r/min 为低速马达，高于 500 r/min 的属于高速马达。后者用于船舶甲板机械一般要加机械减速机构。

高速液压马达主要形式有齿轮式、螺杆式、叶片式和轴向柱塞式，结构与液压泵大同小异，不再赘述。低速液压马达主要形式有径向柱塞式和叶片式。柱塞式马达密封性好，便于采用高油压；叶片式马达密封性不如柱塞式，适用于中、低压。

二、低速液压马达

(一)连杆式液压马达

连杆式马达是应用较早的一种径向柱塞式马达,国外称斯达发(Staffa)马达。

1. 结构和工作原理

图 7-67 所示为国产 CLJM 型连杆式马达的结构图。

由图可见,在星形壳体 4 上径向地设有五个油缸,每个缸中装有活塞 16,它与连杆 17 的球头铰接,以两个卡在活塞内侧环槽内的半圆形球承座 18 和弹性挡圈 19 定位。连杆大端的凹形圆弧面与曲轴 1 上的偏心轮的外圆配合,两侧各用一个抱环 5 箍住。

曲轴两侧的主轴颈分别由锥形滚珠轴承 6、7 支承,定位于壳体 4 及壳体盖 3 的座孔中。选用合适厚度的环形垫片 14,可以调整曲轴左右窜动的间隙。两只骨架油封 2 背向安装,分别防止油被甩出和污物侵入壳体。

曲轴通过十字形滑块联轴节 9 带动配流轴 11 旋转,配流轴的圆柱面上加工有 A、B、C、D、E 五个作用槽区,用六道密封环 13 分隔。其中环形槽 A、B 通过配流壳体 8 的孔道与法兰连接板 10 上的对应油口 A_1、B_1 相通,并经配流轴内的孔道分别通配流槽 D 的两侧油腔 A_2、B_2(如图 7-67 所示),然后通过壳体上的油道向各缸轮流配油。这种马达的工作原理如图 7-68 所示。

当马达的偏心轮处在图 7-68 所示位置时,若经 A_1 口输入压力油,并使 B_1 口通油箱或液压泵吸口,则压力油就要经 A_2 腔进入 1、2 号缸。油压力作用在两缸活塞上所产生的沿连杆方向的分力 F_1、F_2 传递到偏心轮上,指向偏心轮的圆心 O_1,对输出轴(中心线通过 O)形成扭矩,使其逆时针回转;而 4、5 号缸中的油则经 B_2 腔从 B_1 口回油。当进油缸的活塞被推至下止点(如 3 缸所在位置)时,由于配流轴在随同转动,该缸将与 A_2 腔错开而与 B_2 腔接通,准备回油。而当活塞到上止点时,则该缸又将与回油腔错开,接通进油腔,如图中 5 号缸即将到达的位置那样。所以,一旦曲轴和配流轴在进油油压作用下转动,各缸就会按顺序轮流进油和回油,从而使马达连续运转。连杆式马达回油背压需大于 0.2 MPa,转速越高则背压应越高,否则活塞从上止点回行的后半行程减速时,连杆的抱环 5 和球承座 18 可能因活塞惯性力过大而损坏。

如果改变进、回油方向,则图示位置压力油将从 B_2 腔进入 4、5 号缸,而 1、2 号缸中油则经 A_2 腔回油,于是马达将反转。

CLJM 型连杆式马达较早期的连杆式马达改进的主要方面如下:

(1)配流轴由早期的滚针轴承改为静压平衡。它在配流轴的配流槽 D 两侧设置了平衡槽 C、E。如图 7-68 中所示,平衡槽与配流槽的高、低压腔在圆周上的包角完全相等,只是相位相差 180°;而在对应的配流壳体上开有与配流窗口包角相等、相位也相差 180°的盲孔。只要两侧平衡槽的总宽度与配流槽宽度相等,则在配流轴转动过程中,平衡槽处产生的液压径向力 F' 始终与配流槽处产生的液压径向力 F 大小相等而方向相反,配流轴可实现静压平衡,始终处于浮动状态。这种配流轴的径向间隙较小,常温下仅 0.025 ~ 0.055 mm。

(2)改进后的连杆与曲轴的运动副也设计成静压平衡。即在柱塞和连杆中心钻孔,压力油除能强制润滑连杆球头外,还通过滤帽 20、节流器 21 进入连杆大端底部的油腔。油腔面积设计成产生的油压力能使连杆浮起,运动副金属间没有直接接触和摩擦。

(3)配流轴的密封环 13 和活塞的密封环均由过去的 O 形圈改为活塞环,由铸铁或聚四氟乙烯、尼龙 66 制成,装配压缩后的开口间隙为 0.15 ~ 0.25 mm(铸铁)或 1.3 ~ 2.5 mm(聚四氟

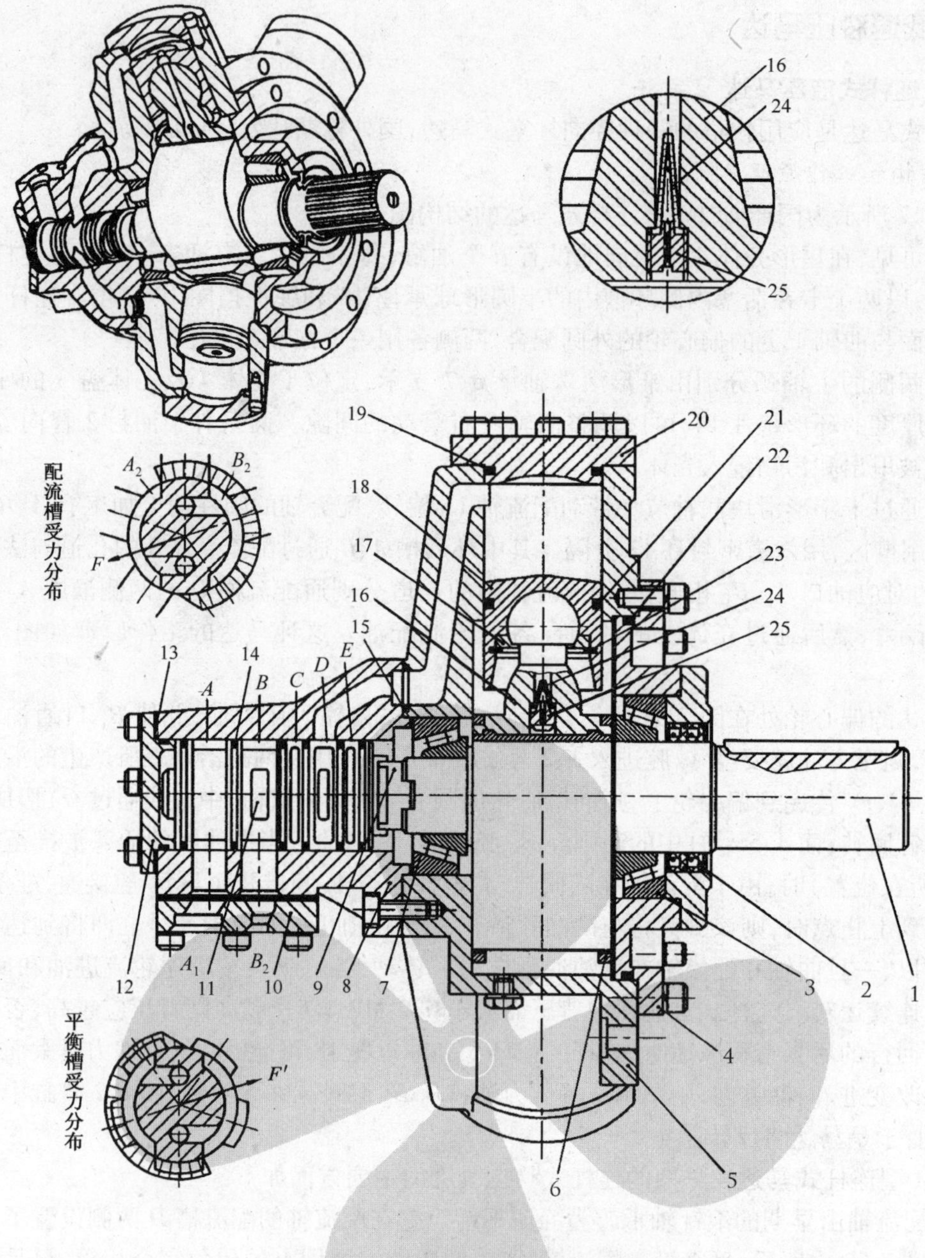

图 7-67　连杆式液压马达的结构图

1—曲轴；2—骨架油封；3—壳体盖；4—壳体；5—抱环；6、7—轴承；8—配流壳体；9—十字滑块；10—法兰连接板；11—配流轴；12—端盖；13—密封环；14—调整环垫；15—油缸盖；16—活塞；17—连杆；18—球承座；19—弹性挡圈；20—过滤帽；21—节流器；22—泄油螺塞；23—垫片；24、25—密封圈

乙烯）。马达运转时，配流轴的密封环应压在孔壁上不动，相对运动发生在密封环的侧面与环槽侧壁之间，才能防止配流壳体内壁磨出凹槽。

此外，在工作条件差，油膜不易建立，不太好实现静压平衡的连杆球头处，采用增大直径、选用合适材料、提高表面硬度等办法，消除了容易咬伤和磨损的弊病。

若把曲轴固定，进、回油管接在配流轴上，即可做成壳转式马达（亦称车轮马达），可将马达的壳体直接装在所驱动的钢索卷筒中。

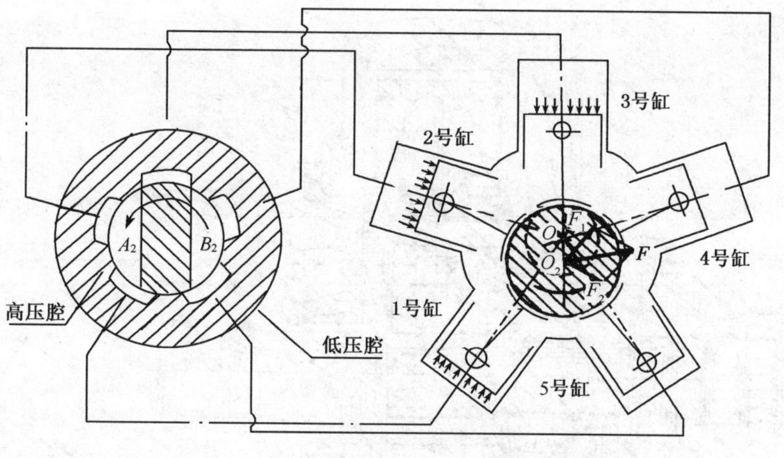

图 7-68　连杆式液压马达的工作原理图

由于偏心轮在不同的转角时,进油缸数和每个柱塞的瞬时速度在变化,因此马达的瞬时排量随转角而脉动;在工作油压既定时,瞬时扭矩也随转角脉动。按理论推算,五缸连杆式马达的扭矩脉动率 $\delta_M=(M_{max}-M_{min})/M_m=7.5\%$,式中 M_{max}、M_{min}、M_m 分别为最大、最小和平均扭矩。

由于瞬时排量是脉动的,因此当负载扭矩不变时,马达的工作油压便会脉动。而当供油流量不变,若马达转速较低、惯性较小时,转速则会脉动。液压马达在工作转速过低时出现的时快时慢,甚至时动时停的现象称为"爬行现象"。马达在额定负载下不出现爬行现象的最低工作转速即称最低稳定转速。结构改进后的连杆式马达最低稳定转速可低达 2 ~ 3 r/min。

2. 变量方法

连杆式马达曲轴每转每个工作油缸进排油一次,属于单作用液压马达。马达的排量 q 与偏心距 e、柱塞数 z 和柱塞直径 d 的平方成正比,即

$$q = 1/4\pi d^2(2e)z \tag{7-15}$$

连杆式马达也可做成偏心距可变的变量马达,如图 7-69 所示。马达轴 5 在原偏心轮位置加工出一个与轴一体、截面大致为矩形(四角有棱面)的方块。另外设置了一个偏心环 1,环中间有上下较长的矩形通孔,可套在轴上方块外面,沿该方块上下滑移,改变偏心距。上述方块上下各有一个孔径不同的控制油缸,其中分别装有大、小控制活塞 3、2。小控制油缸内还有弹簧,推动小活塞向上,将偏心环顶至偏心矩最大位置。

在集流器 7 和星形缸体 4 之间装了一个隔套 6。控制油可从隔套上的油口 X、Y 分别经马达轴内的油通道通至大、小活塞的控制油缸中。当 X 口通控制油、Y 口通回油时,控制油进入大控制油缸内,大活塞在控制油压作用下,克服小缸弹簧力,将偏心环向最小偏心方向移动;反之,当 Y 通控制油、X 通回油时,控制油压和弹簧力便推动小活塞将偏心环向最大偏心方向移动。

若控制油口 X、Y 配 O 型三位四通换向滑阀控制,可实现无级变量,也可配二位四通换向阀使偏心距只取两个极限位置,则成为两级变量马达。

(二)内曲线式液压马达

1. 结构和工作原理

内曲线式马达是一种多作用的径向柱塞式马达。这种马达有多种不同的传递扭矩的结构形式,工作原理都基本相同。图 7-70 示出一种横梁传力的内曲线式马达。

图中可见,输出轴 1 与缸体 3 用螺栓相连,并由壳体 2 和端盖 7 上的滚动轴承支承。缸体

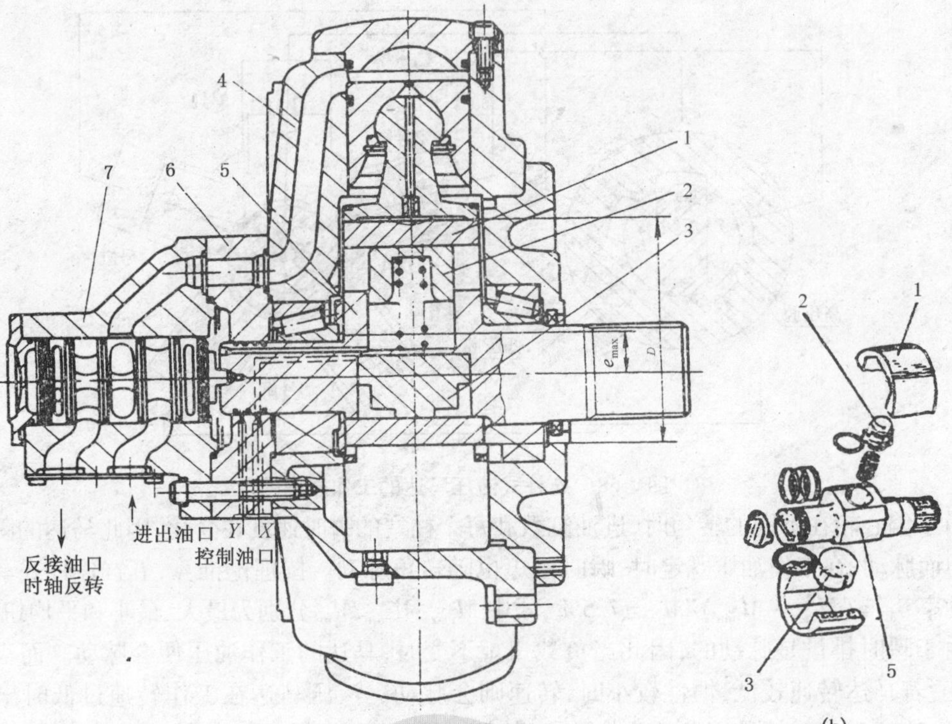

(a) (b)

图 7-69　连杆式变量马达

1—偏心环;2—小控制活塞;3—大控制活塞;4—缸体;5—马达轴;6—隔套;7—集流器

套装在固定不动的配流轴 10 上。缸体上沿径向均匀地设有若干个液压缸,每缸有一个配流孔,通到配流轴的圆周面上。每个缸中配有一个柱塞 4,柱塞头部顶在截面呈矩形的横梁 5 上,横梁可在缸体的槽内滑动。横梁两端装有带滚针轴承的滚轮 6,滚轮紧贴壳体的内工作表面,可在其上滚动。壳体的内工作表面称为导轨,由若干段形状相同的特定曲面所组成。每段导轨的曲面可分为对称的两部分,其中允许柱塞向外伸的曲面称为工作段(进油段),与其对称的可迫使柱塞向中心缩回的曲面称为回油段。在配流轴的圆周面上均匀分布着两组彼此相间的配流窗口,分别对应于导轨的工作段和回油段,它们经轴内的通道分别与外接油口 A、B 相通。工作时缸体与配流轴相对转动,每一配流窗口轮流与各缸的配流孔相通。

当马达处在图示位置时,如将压力油从油口 A 通入,则油就会从配流窗口进入对应于工作段的 1、2、6、7 号液压缸。作用在柱塞上,经横梁、滚轮传递到导轨曲面的油压力 P(准确讲是油压力与柱塞副的惯性力、摩擦力的合力)在曲面法向的分力 N 与导轨对滚轮的反作用力 N_1 平衡;而切向分力 T 则迫使缸体顺时针旋转,带动输出轴转动。与此同时,处在各回油段的 3、4、8、9 号液压缸,因正与回油窗口相通而排油。回油压力一般要求保持 0.5 ~ 1 MPa,以使处在回油段的滚轮不会与导轨脱离。回油段虽将产生阻碍转动的扭矩,但因其值很小,故不会阻碍马达转动。由上可见,只要对 A 油口连续地供入压力油,同时使 B 油口通畅地回油,马达就会按顺时针方向持续转动,并经输出轴输出扭矩。

当改换油的进排方向时,则导轨曲面的工作段和回油段互换,从而工作段切向分力 T 的方向与上述相反,使马达反转。

导轨曲面的段数 K 决定了马达每转中每个液压缸进回油的次数,即马达的作用数。

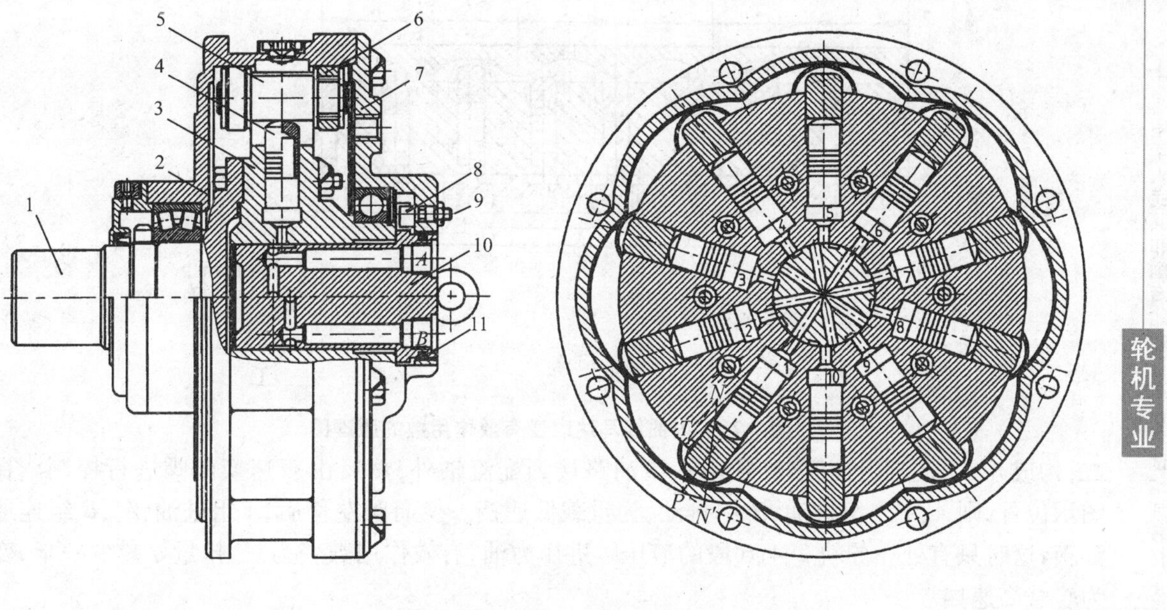

图 7-70 内曲线式液压马达

1—输出轴;2—壳体;3—缸体;4—柱塞;5—横梁;6—滚轮;
7—端盖;8—偏心销;9—锁紧螺母;10—配流轴;11—O 形密封圈

应当说明的是,为了在液压缸转过进、回油窗口之间时(参看图 7-70 中的 5、10 号液压缸位置)不会产生困油现象,导轨曲面在相应位置须有一小段圆弧形的过渡段,液压缸在转过此过渡段时(这时不与吸油和回油窗口相通)柱塞不产生往复运动。

由于配流轴圆周面上各配流窗口之间的密封段很短,该处的漏泄是内曲线马达的主要漏泄,因此,对配流轴和缸体间的配合间隙有严格的要求(见表 7-4)。

表 7-4 配流轴与油缸体间的配合间隙(mm)

配流轴直径	30 ~ 50	50 ~ 80	80 ~ 120	120 ~ 150	150 ~ 180	180 ~ 200
配合间隙	0.015 ~ 0.025	0.02 ~ 0.03	0.02 ~ 0.03	0.02 ~ 0.035	0.03 ~ 0.04	0.03 ~ 0.045
最大间隙	0.035	0.040	0.050	0.055	0.060	0.065

由于上述间隙很小,为了补偿制造和安装上的误差,故配流轴和端盖并不固接,而是设置了有弹性的 O 形密封圈 11,同时进、回油口和外接油管之间则以软管相连。安装配流轴时应注意使配流窗口之间密封段的中点对准导轨曲面过渡段的中点,否则就会产生困油现象,并因而产生振动和噪声。然而,由于加工和安装的原因,配流轴和导轨的相对位置很难保证绝对精确,故图示马达设置了偏心销 8,试车时松开锁紧螺母 9,稍稍转动偏心销,使卡在配流轴凹槽中的偏心圆头随之偏转,即可对配流轴在圆周方向的安装位置进行微调,至工作噪声最轻为宜。如不设偏心销,为补偿制造和安装误差,须将导轨曲面的过渡段放大一些。

柱塞和液压缸之间的密封间隙,一般多取为柱塞直径的 5/10 000 ~ 8/10 000。

若将轴转式内曲线马达的输出轴和缸体固定,而允许壳体和配流轴转动,则可做成壳转式马达。

2. 变量方法

用改变柱塞的有效作用数或改变多列柱塞的工作列数的方法可以改变内曲线马达的排量,则可做成有级变量马达,实现有级调速。图 7-71 是改变内曲线马达有效作用数的原理图。

这是一个六作用、八柱塞、双速内曲线马达的展开图。它将两组油窗口中的一组等分为

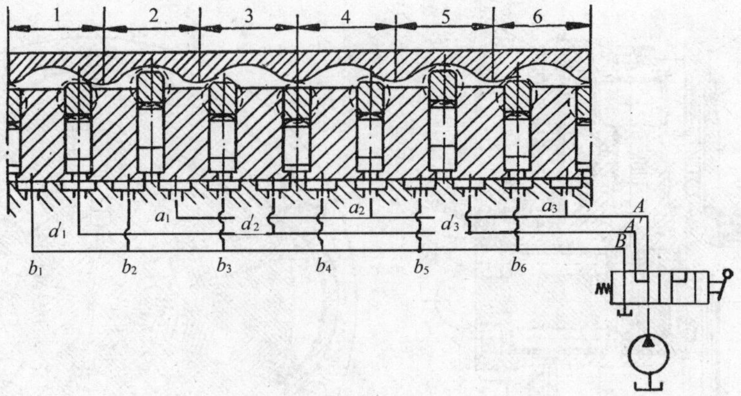

图 7-71　内曲线马达改变有效作用数的原理图

二，构成 A、A'、B 三组油窗口，各用一条油路接到配流轴外，然后由双速换向阀进行控制。在图示位置，则 A、A'二组进油，B 组排油，为重载低速挡。换向阀左移后，A 组进油，A'、B 组连通油箱，这时只有处在导轨 2、4、6 段的液压缸进压力油，有效作用数变为三，排量 q 减少一半，变为轻载高速挡。

3. 内曲线式液压马达的主要特点

(1)选用合适的导轨曲面，能使瞬时进油量保持不变，扭矩脉动率理论值为零，最低稳定转速可达 0.5 r/min 左右。

(2)只要柱塞数目 Z 和作用次数 K 的最大公约数 $m \geqslant 2$，则全部柱塞就可分为受力状态完全相同的 m 组，作用在壳体、缸体和配流轴上的径向力完全平衡，利于适用更高工作压力和提高机械效率，起动效率 η_{mo}（起动扭矩与理论扭矩之比）最高可达 98%（前两种径向柱塞马达为 83% ~90%）。

(3)每一柱塞的作用数 $K=4\sim10$，而且可做成双列或三列结构，故可得到较大的马达排量 q 和输出扭矩。

(4)零件数目较多，对工艺和材料的要求较高，尤其是内曲线部分受柱塞滚轮的较大压力，表面处理的要求高。

（三）叶片式马达

1. 结构和工作原理

叶片式马达的工作原理和叶片泵相反，是靠工作叶片两侧分别承受进、回油压力时产生的液压扭矩驱动的。

它与叶片泵结构上的主要差异是：(1)马达必须有叶片压紧机构，以保证起动前叶片能贴紧定子内表面，否则无法起动。(2)泵只需单方向转动，而马达常需正、反转。因此马达的叶片一律径向放置，叶片顶端左右对称，两个主油口口径相同。当轴承处需要泄油时，必须有单独通油箱的泄油管。

图 7-72 所示为日本石川岛播磨（IHI）公司生产的 HN、NK、HL 型三作用中低压（7 MPa）叶片式马达。它的定子（壳体）2 的内表面由三段大圆弧面和三段小圆弧面及彼此间的过渡曲面构成三个工作容腔。每一过渡曲面处皆有配油窗口与马达的外接油口 A、B、C、D、E 相通，由紧贴马达安装的控制阀来控制各油口的油路沟通状况。控制阀有两种形式：一种是手动换向节流用，马达三腔同时工作；另一种除手动换向节流外，还能根据负载大小手动和自动换挡，改变马达参加工作的腔数，实现三级变量调速，详见锚机实例二。转子 3 的叶片槽内共装有 12

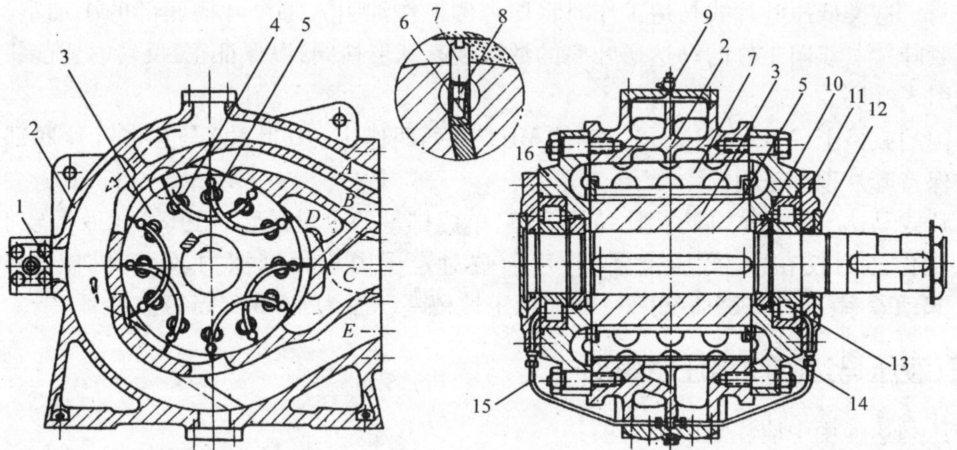

图 7-72　带弧形挺杆的三作用叶片式马达

1—安全阀;2—壳体(定子);3—转子;4、5—弧形挺杆;6—补偿弹簧;7—叶片;8—柱销;9—放气塞;10—定距环;11—轴承盖;12—轴封压盖;13—弹簧卡环;14—前端盖;15—泄油管;16—后端盖

个叶片 7,叶片与叶槽配合间隙一般为 0.02 ~ 0.03 mm,叶片顶部镶有尼龙密封条。转子两端面开有若干圆弧形的挺杆槽,弧形挺杆可在槽内滑动,两挺杆相交部分载面减半,彼此错开。挺杆两端钻有孔,内设补偿弹簧 6,将叶片压紧在定子曲面上。马达两侧端盖 14、16 内侧有油道,使叶槽底部始终与叶片顶部相通,油压保持一致。漏到两端轴承使润滑用的油可经泄油管 15 引回油箱。

2. 船用低速叶片式马达的主要形式

船用低速叶片式马达除上述采用弧形挺杆的外,IHI 公司还生产 HVB、HVN 型四作用(16 叶片、双速)和 HVK、HVLL 型六作用(24 叶片、三速)的中高压(17.5 MPa)叶片式马达,采用摇臂挺杆叶片压紧机构,如图 7-73 所示。在转子两端面的宽度为 a 的凹槽内装有摇臂 7,它两端借助于挺杆 9 和补偿弹簧 4 保持每对叶片的初始密封。

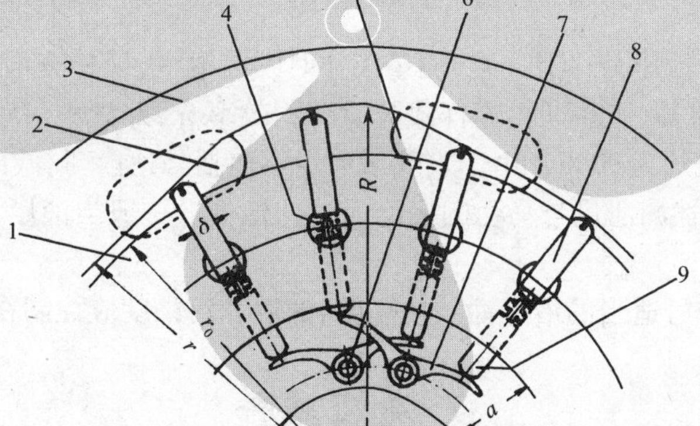

图 7-73　摇臂挺杆叶片压紧机构

1—转子;2、5—配油窗口;3—定子;4—补偿弹簧;6—柱销;7—摇臂;8—叶片;9—挺杆

日本福岛(FUKUSHIMA)公司引进挪威专利生产的低压(4.5 MPa)、三作用叶片式马达的叶片压紧机构采用直挺杆,它用两根径向穿过转子轴心的圆棍形直挺杆来保持叶片与定子曲

面的密封。这类低压叶片式马达工作时将压力侧工作油引入每个叶槽底部的小油室，来帮助向外压紧叶片。双向工作的马达通叶底的油路装有球形梭阀，以保证正、反转时皆能将压力侧工作油引入叶底。

美国的威格士（VICERS）公司生产的MHT系列四作用（10叶片）马达在叶片底部设压缩弹簧来保持叶片顶部密封。

叶片式马达与柱塞式马达相比结构简单，单位排量的重量最轻，但其容积效率较低（小于90%），工作压力仅在中、低压范围；叶片顶端对定子内表面摩擦力较大，机械效率（小于85%）、起动效率（80%～85%）较低；低速稳定性稍差（n_{min}为4～6 r/min）。

三、液压马达的使用注意事项

液压马达使用中应注意以下各项：

（1）长期连续工作时，油压应比额定压力低25%为宜；瞬时最高油压不应超过标定的最高压力；转速应在标定的范围内。

（2）输出轴所受径向负荷不应超过规定值。其与被驱动机构的同心度应保持在允许范围内，或采用挠性连接。

（3）连杆式、内曲线式马达必须使回油保持足够的背压才能正常工作，具体背压值在厂家的产品说明书中有规定。

（4）初次使用的马达壳体内应灌满工作油。柱塞式马达壳体上常有2～3个泄油接口，通常选上部的接泄油管，其余堵死。泄油管最高水平位置应高于马达，以防马达壳体中的油漏空，使马达工作时不能够得到润滑和冷却。

壳体内油压一般应保持在0.03～0.05 MPa以下，最高不应高于回油压力，大多不超过0.1 MPa，以保证轴封和壳体密封可靠。为此，泄油管应单独接回油箱，不应与主油路的回油管路连接，泄油管不宜太长，上面不宜加其他附件。

（5）试车时，先让马达以20%～30%的额定转速运转，然后逐渐加速至额定转速。在低温环境起动时，应先空载运转，待油温升高后再正常工作。空载工作压降一般不应超过0.5～1 MPa。

（6）必要时可脱开液压马达泄油管，测量工作时的漏泄量，以检查液压马达是否内部磨损严重或因部件损坏而漏油。正常时，连杆式马达容积效率η_v为96%～98%，五星轮式和内曲线式约为95%，叶片式约为90%。由于上述漏泄量不包括马达内高、低压侧之间的直接内漏，故实际的η_v值要比上述漏泄量与马达的理论流量比值低。一般当液压马达η_v低于80%时，就需要检修或更换。

（7）应选用黏度牌号适当的液压油。使用时，油温和污染度应控制在允许范围内。

D. 液压辅件

液压系统的辅助元件是指密封件、管件、压力表、滤油器、油箱、热交换器和蓄能器等液压件。从液压传动的工作原理来看，它们只起着辅助作用，然而从保证液压系统有效的传递力和运动以及提高液压系统其他工作指标来看，它们却是系统不可缺少的重要组成部分。实践证明，它们对液压系统的性能、效率、温升、噪声和寿命等的影响极大。如果选用或使用不当，会影响整个液压系统的工作性能，甚至使之无法正常工作。所以，在设计、制造和使用液压设备时,必须重视辅助元件。其中油箱可供选择的标准件较少,常常是根据液压设备和系统的要求自行设计,其他一些辅助元件则做成标准件,供设计时选用。

一、滤油器

(一)滤油器的作用

滤油器的作用是在工作中不断滤除液压油中的固体杂质,保持油的清洁度,降低液压设备的故障率,延长液压油和装置的使用寿命。

液压油中混入的各种杂质,其大致来自于以下几方面:一开始就残留在液压系统中的杂质,例如水锈、铸砂、焊渣、铁屑、油封剂、油漆皮以及清洗时残留的棉纱屑等;外界进入液压系统的杂质,例如从加油口、防尘圈等处进入的灰尘,液压油在运输过程中,从空气和输送设备中混入的杂质等;工作过程中产生的杂质,例如密封材料受液压作用形成的碎片,运动件磨损产生的金属粉末,水、空气、液压油在高温下经化学作用产生的酸类、胶状物、沥青质和炭渣等以及密封材料、橡胶软管、容器内壁涂料等在油中溶解生成的硬化杂质等。可见液压系统的油液里,是会含有很多杂质的。

但在液压系统中,不允许液压油含有超过限度的固体颗粒和其他不溶性脏物。因为这些杂质可以使间隙表面划伤,造成内部泄漏量增加,从而降低效率、增加发热;这些杂质还会使阀芯卡死、小孔或缝隙堵塞、润滑表面破坏,造成液压系统故障;胶状物和淤渣等杂质,将会引起元件的黏着;酸类还将加速运动件的腐蚀和使油液进一步劣化。据统计,液压系统的故障中有70%以上是由液压油中的杂质造成的。因此,保持油液的清洁和防止油液的污染必须给予足够的重视。

消除液压油中固体杂质的最有效办法,除利用油箱沉淀一部分大颗粒杂质外,主要是应用各种滤油器滤除各种机械杂质。油液经过滤油器的无数的微小间隙或小孔时,油液中所含的尺寸大于这些间隙或小孔的杂质便被阻隔住,而达到滤清油液的目的。

(二)滤油器的要求

针对在液压系统中的不同用途,滤油器也有多种形式,但其基本要求都是一致的,这些要求是:

(1)能满足液压系统对过滤精度的要求。

(2)能满足液压系统对过滤能力的要求。

(3)滤油器材料具有一定的机械强度,不致因液体压力作用而被破坏。

(4)在工作温度下性能稳定。

(5)有良好的抗腐蚀性。

(6)便于清洗维护,便于更换滤芯。

(7)造价便宜。

(三)滤油器的性能参数

1. 过滤精度

过滤精度是指滤油器能从油液中滤除的固体颗粒的尺寸大小,它是选择滤油器的首要参数。绝对过滤精度是指能够通过滤油器的最大球形颗粒直径(μm)。现在各国普遍采用国际标准 ISO 4572,以过滤比来评定液压滤油器的过滤精度。

过滤比 β_x 是滤油器上、下游单位容积油液中大于某一给定尺寸 x 的颗粒数 N_u、N_d 之比,即

$$\beta_x = N_u/N_d \tag{7-16}$$

当某尺寸 x 的过滤比 $\beta_x = 75$ 时，则 x 即为滤油器的绝对过滤精度。

2. 压力损失

图 7-74 示出滤油器的压降特性曲线，它是规定黏度（一般为 30 mm^2/s）的油液以公称流量通过滤油器的压力损失（Pa）随工作时间（h）变化的关系曲线。一般船用液压滤油器初始压力损失不大于 0.08～0.15 MPa。随着使用时间的增长和累积的污垢量的增加，压力损失从初始值逐渐增加，在达到饱和压降后，继续使用则压降将急剧增加，带有指示、发信装置的，此时应发出堵塞信号。滤油器带安全旁通阀时，其开启值比饱和压降约大 10%。一般来说，过滤精度高则压力损失较大。

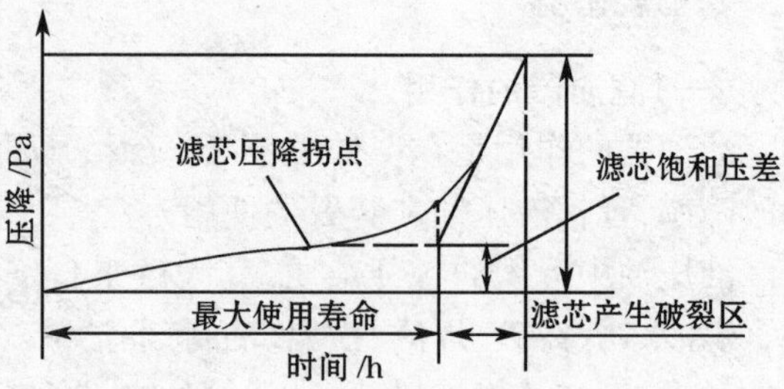

图 7-74　滤油器的压降特性曲线

滤油器的性能参数通常标出初始压力损失，有的还标出最大（饱和）压力损失。滤芯的强度应能承受饱和压力损失和可能的液压冲击，但只要不是完全堵塞，就无须承受系统最大工作压力，故强度较低的滤芯（如纸质滤芯）也可用于高压系统。

3. 公称流量和公称压力

公称流量是指滤油器在初始压降不超过标示值时所允许通过的最大流量。滤芯的有效过滤面积越大，则公称流量越大。同样尺寸的滤芯过滤精度越高，则允许通过的流量越小。

公称压力是滤油器允许的最大工作压力。它取决于滤油器外壳及其密封元件的耐压能力。

4. 纳垢量

纳垢量是指滤油器达到饱和压降时所滤出、容纳的污垢量（g）。显然，纳垢量越大，滤器的工作寿命越长。

（四）滤油器的主要类型

按工作原理分，滤油器有表面型、深度型和磁性滤油器。磁性滤油器是以高磁能永久磁铁吸附分离油中磁敏性金属颗粒，一般与前两类滤油器组合在一起用。

表面型滤油器靠介质表面的孔隙阻截液流中的杂质颗粒，常用的有金属网式和金属线隙式（金属线绕在框架上）。表面型滤油器过滤精度低、纳垢量小，但压降小，可清洗后重新使用。为便于清洗，油液都是从外向内流过过滤材料。

深度型滤油器的过滤层有一定厚度，内有无数曲折迂回的通道，杂质的滤除发生在过滤介质的纵深范围内。其特点是过滤精度高，纳垢量大，但压降较大，不易清洗。主要类型有金属粉末烧结式、不锈钢纤维型、化学纤维型等。纸质滤油器可认为是介于表面型和深度型之间的中间型，一般多将其归入深度型。它过滤精度可达 5～30 μm，通流能力大，可用于 32 MPa 高压，使用十分普遍。主要缺点是无法清洗，脏堵后必须更换滤芯。

深度型滤油器常用的结构形式主要有折叠圆筒式和圆柱筒式。前者的过滤材料可用浸树脂的木浆纤维纸或化学纤维织品。后者滤芯可采用金属粉末烧结、微孔塑料或纤维做成。

图 7-75（a）所示为折叠圆筒式纸质滤油器的结构。其滤芯由三层组成。外层 2 为粗孔钢板网，中层 3 为呈星状叠层的滤纸，里层 4 是与滤纸叠组在一起的金属丝网。滤油器顶部装有压差报警器 1，在滤芯堵塞油压差增大到一定值时接通电气开关，发出报警信号。

图 7-75（b）所示为烧结式滤油器的结构。

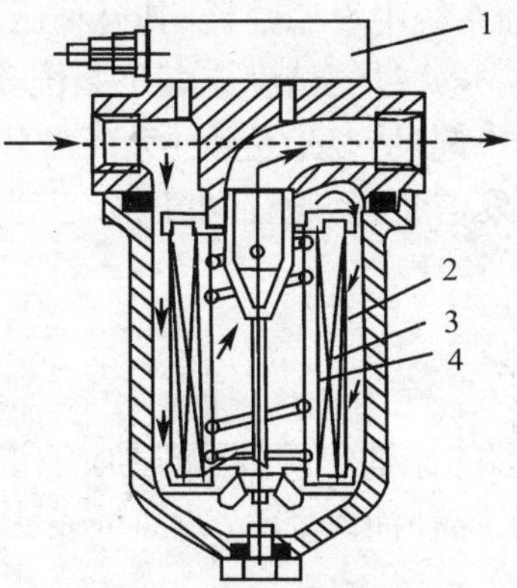

(a) 纸质滤油器

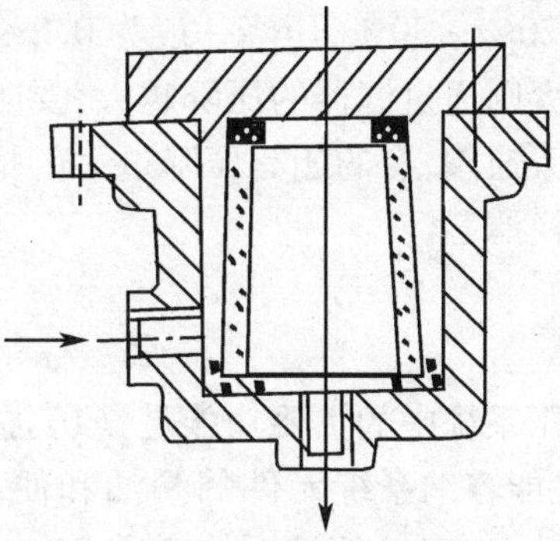

(b) 烧结式滤油器

图 7-75　纸质滤油器和烧结式滤油器

1—压差报警器;2—粗孔钢板网;3—滤纸;4—金属丝网

主要滤油器的类型和特点见表 7-5。

表 7-5　滤油器的主要类型和特点

类型		过滤精度（μm）	压降（MPa）	纳垢量	清洗性	使用情况
表面型	网式	80(200 目) 100(150 目) 180(100 目)	<0.025	小	易	吸油滤器
	线隙式	30～100	0.03～0.06	小	不易	低压滤器
深度型	纸质	5～30	0.07～0.2	中	一次性	精滤(价廉、广泛使用)
	烧结式	10～100	0.09～0.2	中	不易	精滤(强度好、耐高温)
	化学纤维	1～20	0.05～0.3	大	不易	精滤(大流量)
	不锈钢纤维	1～20	0.006～0.055	大	易	精滤(大流量)、价高、少用

(五)滤油器的选择和使用

滤油器按在液压系统中布置的位置分,有吸油滤器、压油滤器、回油滤器和辅油路滤器等。选择滤油器时应根据其在系统中的位置和所用系统的要求,选择合适的过滤精度、公称压力、公称流量和允许压力损失。

吸油滤器设在液压泵的吸入管上,保护液压泵。为防止泵吸入压力过低发生“气穴现象”,吸油滤器使用中最大压力损失应不大于 0.02 MPa,故多用 100～150 目(孔径 149～100 μm)的网式滤油器,其公称流量约取泵流量的两倍。

压油滤器设在液压泵的排油管路上,保护除液压泵外的其他液压元件。它的公称压力应高于系统最大工作压力,公称流量应大于泵的流量,过滤精度应满足系统要求,压力损失不宜超过 0.35 MPa。最好用带安全旁通阀的滤器,这时它可设在溢流阀前,同时保护溢流阀;否则应设在溢流阀之后。

回油滤器设在执行元件的回油管路上,它能滤除系统回油中的杂质,但不能直接防止杂质进入系统的液压元件。它的优点是仅承受回油背压(一般不超过 1 MPa),公称压力无需太高。其尺寸可稍取大些,以提高纳垢量。初始压降一般为 0.035～0.05 MPa,允许压降为 0.2～0.35 MPa。过滤精度应满足系统要求。

主系统的压油和回油滤器工作时压力和流量难免有波动,会降低过滤性能。

船用闭式、半闭式液压系统常在辅泵补油、泄油系统中设滤油器,其公称压力无需太高,流量为主系统的20% ~30% ,压降一般为0.2 ~0.35 MPa,过滤精度应满足系统要求。

油黏度越大则通过滤器的压降越大,要防止冷态起动时油黏度过大而压降过大。细滤器一般都有安全旁通阀,有的还有压降过大的指示或发信装置。滤油器压降达到饱和压降时,要及时清洗或更换滤芯。

二、油箱

油箱在液压系统中的主要功能是:(1)提供足够的储油空间,既能适应油液因温度变化而引起的胀缩,又能容纳系统元件的漏油和便于向系统补油;(2)帮助油散发工作中产生的热量;(3)分离油中的气体,沉淀固体杂质。

按油箱内液面是否与大气相通,可分为开式油箱和闭式油箱(充气式),还可按是否与主机结合为一体,分为整体式油箱和分离式油箱。

图7-76示出常用的开式油箱的结构图。

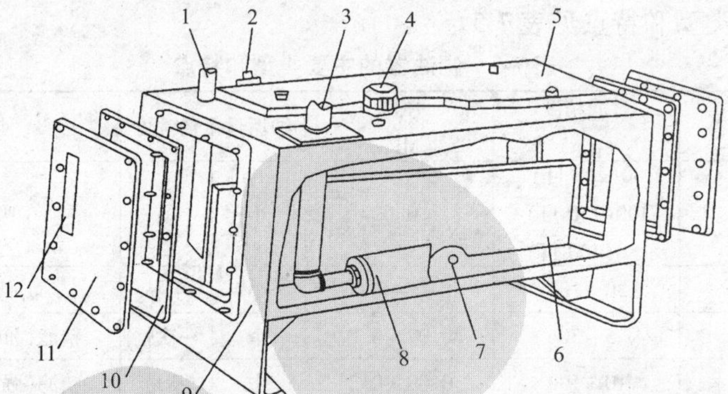

图7-76　开式油箱的结构图

1—回油管;2—泄油管;3—吸油管;4—空气滤清器;5—电机底座;6—隔板;
7—泄油口;8—滤油器;9—箱体;10—密封垫;11—侧盖板;12—液位计

开式油箱一般由钢板焊接而成,形状可依总体布置决定,但要考虑是否有利于散热。在油箱内应设一隔板,把油箱分成吸油区和回油区两部分。隔板高度一般约为油面高度的3/4。吸油区和回油区的大小可以相等,也可以把回油区做得大一些,以利于杂质的沉淀。油箱底部应有排油口,底面最好向排油口倾斜,以利于清洗和排除污物。在油箱侧壁易见处设置油位指示器。油箱上部设加油口,加油口应带滤网,平时用堵塞或盖子封闭。油箱上部应设通气孔,并装空气滤清器,进气面积要足够大,以使在任何情况下油箱内的压力均保持为大气压(指开式油箱)。必要时油箱还应装温度计以测量油温。油箱还应开设供安装、清洗、维护等用的窗口,平时将其密封堵死。

吸油管口和回油管口应尽可能离的远些,回油管口切成45°斜角,斜口面向箱壁,以利于散热。回油管口距箱底距离应大于管径的3倍,吸油管口距箱底距离应大于管径的2倍,距箱壁距离应大于管径的3倍。吸油管口要装设滤油网,以免吸入较大的固体杂质(铁屑、棉纱等),滤网要全部浸入油面之下,底面与箱底应保持一定的距离,使油液从滤网的四周都能进入网内。滤网精度要适合,并要有足够的通油能力,以免入口阻力太大,滤网通油能力应大于液压泵流量的两倍以上。油箱上还可装电接点温度表,自动控制冷却器的工作。

闭式油箱的示意图如图 7-77 所示。当液压泵吸油能力差(例如转速高于 1 800 ~ 2 000 r/min),装设补油泵不合算或不方便时,可以考虑使用闭式油箱。闭式油箱上部通以压缩空气,使油面上经常保持一定的压力,一般为$(0.5 \sim 1.5) \times 10^5$ Pa。所用压缩空气,可取自制动或控制系统用压缩空气源。如需单独设置压缩空气装置,一般是装设压力为$(7 \sim 8) \times 10^5$ Pa 的小型空压机,把压缩空气充入储气罐。压缩空气从储气罐中引出,经滤清、干燥(或吸湿)、减压后通入油箱中最高油面之上。减压阀可自动保持油箱内压力在规定范围内。不经滤清和干燥的空气会加速油液的劣化,故一般都需要装设分水滤清装置。对压缩空气的过滤、减压和干燥工作也可以采用一个复合式空气过滤减压阀来完成。

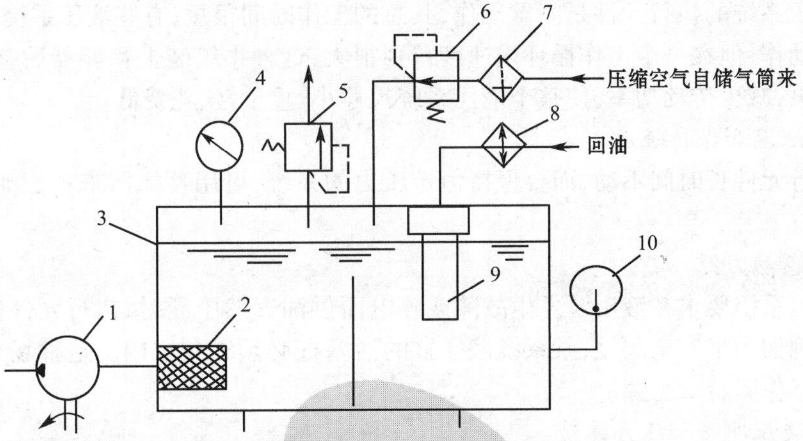

图 7-77　闭式油箱的结构图

1—减压阀;2—粗滤油器;3—压力油箱;4—电接点压力表;5—安全阀
6—减压阀;7—分水滤气器;8—冷却器;9—精滤油器;10—电接点温度表

为了确保液压系统正常工作,油箱必须满足以下要求:

(1)容积应足够大,以利于油液冷却和分离空气、杂质。容积一般取泵每分钟排油体积的 2 ~5 倍;停止工作时,油箱中的油位高度不超过油箱高度的 80%。

(2)内壁应涂有耐油防锈涂层。

(3)内设隔板将回油和吸油隔开,延长油在箱内的流动路线,以利于油散热和分离油中气体、沉淀杂质。隔板高度约为油面高度的 2/3。

(4)开式油箱应设通气孔保持箱内为大气压,通气管上带空气滤清器,以防空气中的灰尘侵入。

(5)底部应距地面 150 mm 以上,以便散热和放油。底面应做成倾斜或凹形,在最低处设置油塞。应有足够大的可拆卸侧盖板,供清洁和检修用。通常还设有油温表和油位计(或油尺)。

(6)吸油管和回油管管口应在最低油面之下适当深度,否则油会吸入空气和溅起泡沫;为避免增加液压控制阀的泄油阻力,或为避免安装高度与油箱相同的泵、马达的泄油管产生虹吸现象,泄油管出口常在油面之上。吸油管、回油管管口切成 45°斜切口,方向朝向箱壁,应与箱底、箱壁保持大于管径 3 倍的。

三、蓄能器

(一)蓄能器的功用

蓄能器又称蓄压器、储能器,它与液压管路相通,当管路油压大于蓄能器压力时,部分液压油从管路进入蓄能器,把压力油的液压能储存在耐压容器里;反之,待需要时,其中油被挤出,补入管路,将其释放出来的一种装置。它在液压系统中的主要功用是储存能量、吸收脉动压力、吸收冲击等。其用途如下:

1. 作辅助动力源

某些液压系统的执行元件是间歇动作,其总的工作时间很短,有些液压系统的执行元件虽然不是间歇动作,但在一个工作循环内速度差别很大,这种系统装上蓄能器后,就可采用一个功率很小的泵,减少传动功率,使整个液压系统尺寸小、重量轻、花费低。

2. 补充泄漏和保持恒压

对于执行元件长时间不动,而要保持恒定压力的系统,可用蓄能器来补偿泄漏,从而使压力恒定。

3. 作紧急动力源

某些液压系统要求在液压泵发生故障或停电而供油突然中断时,执行元件应继续完成必要的动作。例如为了安全起见,某系统液压缸的活塞杆必须缩到缸内。这种场合需要有适当容量的蓄能器作紧急动力源。

4. 减小液压冲击和压力脉动

由于换向阀突然换向,液压泵突然停车,执行元件的运动突然停止,甚至人为的要执行元件紧急制动等原因,都会使管路内液体流动发生急剧变化,而产生冲击压力。虽然系统中设有安全阀,但因它响应较慢,因而避免不了压力的增高,其值可能高达正常压力的几倍以上。由此,往往引起系统中的仪表、元件和密封装置发生故障甚至损坏或者管道破裂,此外,还会使系统产生强烈振动。若在控制阀或液压缸冲击源之前装设蓄能器,则可吸收和缓和这种液压冲击。

对于液压系统中采用柱塞泵其柱塞数较少(或齿轮泵的齿数较少)引起的压力脉动,若在系统中装设蓄能器,则可使脉动降低到最小限度。

(二)蓄能器的分类

蓄能器按结构可分为重力式、弹簧式和充气式三种,蓄能器的分类和特点如表7-6所示。

图7-78示出常用的气囊式蓄能器及蓄能器的图形符号。这种蓄能器内有一个耐油橡胶制成的气囊3把气体和油液隔开,壳体是一个无缝、耐高压的外壳,皮囊的原料是丁腈橡胶,囊内常充以N_2等惰性气体。下部有一个弹簧控制的菌形阀4,正常工作时常开,油排空则关闭,防止气囊被挤出。

充气阀只能在蓄能器工作前用来为皮囊充气,蓄能器工作时是始终关闭的。其特点是皮囊惯性小、反应灵敏、结构紧凑、质量轻、安装方便、维护容易;但皮囊及壳体制造较困难,且皮囊的强度不高,允许的液压波动有限,只能在一定的温度范围(-20~70℃)内工作。蓄能器内所用的皮囊有折合型和波纹型两种,前者的容量较大,可用来储蓄能量,后者则用于吸收冲击。

表 7-6　蓄能器的分类和特点

名称		结构简图	特点和说明
重力式		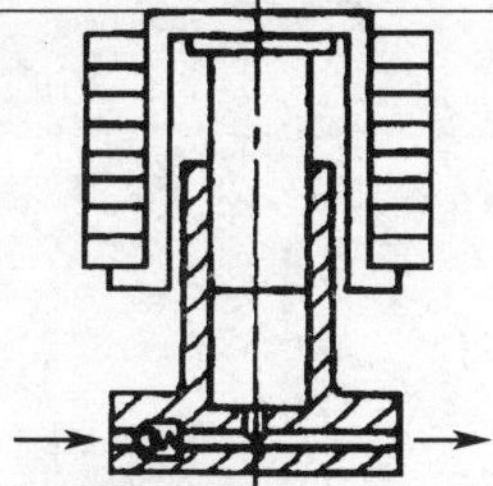	1. 利用重锤的垂直位置变化来储存、释放压力能 2. 结构简单,压力稳定;但体积庞大、笨重,运动件惯性大,反应不灵敏,密封处易漏油 3. 只供蓄能之用,常用于大型设备的液压系统
弹簧式			1. 利用弹簧的压缩和伸长来储存、释放压力能 2. 结构简单,反应灵敏,但容量小 3. 供小容量、低压($p \leqslant (10 \sim 20) \times 10^5$ Pa)回路缓冲之用,不适用于高压或高频的工作场合
充气式	气瓶式		1. 利用气体的压缩和膨胀来储存、释放压力能;气体和油液在蓄能器中直接接触 2. 容量大,惯性小,反应灵敏,轮廓尺寸小;但气体容量混入油内,影响系统工作平稳性 3. 只适用于大流量的中、低压回路
	活塞式	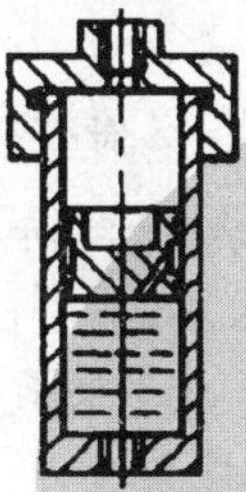	1. 利用气体的压缩和膨胀来储存、释放压力能;气体和油液在蓄能器中由活塞隔开 2. 结构简单,工作可靠,安装容易,维护方便;但活塞惯性大,活塞和缸壁间有摩擦,反应不够灵敏,密封要求较高 3. 用来储存能量,或供中、高压系统吸收压力脉动之用
	皮囊式	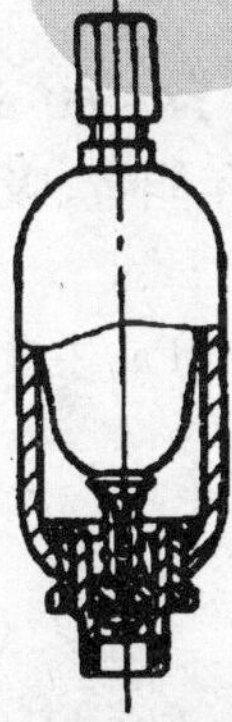	1. 利用气体的压缩和膨胀来储存、释放压力能;气体和油液在蓄能器中由皮囊隔开 2. 带弹簧的菌状进油阀使油液能进入蓄能器,但防止皮囊自油口被挤出。充气阀只在蓄能器工作前皮囊充气时打开,蓄能器工作时则关闭 3. 结构尺寸小,重量轻,安装方便,维护容易,皮囊惯性小,反应灵敏,但皮囊和壳体制造都较难 4. 折合型皮囊容量较大,可用来储存能力,波纹型皮囊适用于吸收冲击

(三)安装和使用蓄能器的注意事项

(1)以油口向下垂直安装为宜,以免其中杂质沉淀妨碍工作。

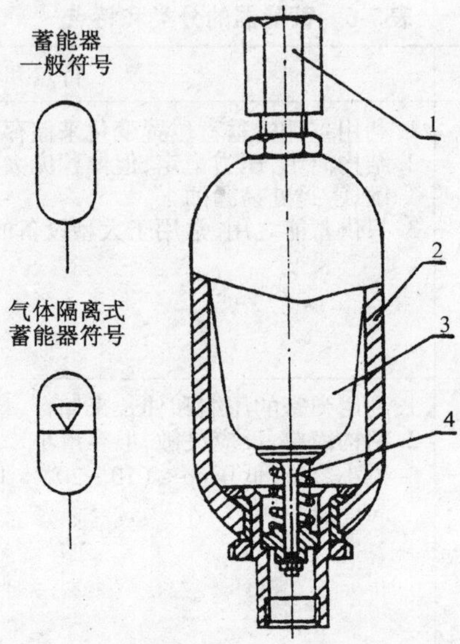

图 7-78　气囊式蓄能器

1—充气阀;2—壳体;3—气囊;4—菌形阀

(2)装在管路上的蓄能器需用支架固定,但不能用焊接固定,以免妨碍热胀冷缩。

(3)蓄能器与管路之间应安装截止阀,以便系统长期停用及充气、检修时将其切断。

(4)蓄能器与液压泵之间应安装单向阀,以防止泵停转时蓄能器内的压力油向泵倒灌。

(5)禁止充氧气或空气,以免气体漏入油中引起氧化,空气还可能带入水分。允许的最高充气压力视蓄能器的结构形式而定,例如,皮囊式蓄能器的充气压力为 3.5 ~ 32 MPa。

(6)吸收冲击压力和脉动压力的蓄能器应尽可能装在振源附近。

(7)至少每隔 6 个月检查一次压力。方法是:用泵向蓄能器充油,至附近管路上的压力表所示压力足够高后停泵。让蓄能器中压力油缓缓流出,观察油压徐徐下降,降到某值时,菌形阀关闭,则油压迅速下降,该压力即是现存气体压力,如低于设计值太多应补气。

应防止气囊式蓄能器的皮囊破裂,这可能是因漏气而将皮囊挤入充气阀孔,或是因充气太快而将皮囊挤入菌形阀座孔。

工程上常用的蓄能器产品型号有:

(1)NXQ 型囊式蓄能器,公称容积为 0.63 ~ 150 L,公称通径为 15 ~ 60 mm,额定压力为 10 MPa、20 MPa 和 31.5 MPa,连接形式有螺纹和法兰,主要用于贮存能量、吸收脉动、缓和冲击。

(2)HXQ 型活塞式蓄能器,公称容积为 1 ~ 39 L,额定压力为 17 MPa,主要用于贮存能量、稳定系统压力和吸收脉动。

四、密封装置

(一)功用与要求

在液压元件及其系统中,密封装置用来防止工作介质的泄漏及外界灰尘和异物的侵入以保证系统建立起必要的压力,使其能够正常地工作。

密封装置应能满足以下几点要求:

(1)在一定的压力、温度范围内具有良好的密封性能;

(2)密封装置和运动件之间的摩擦力要小,摩擦系数要稳定;

(3)抗腐蚀能力强,不易老化,工作寿命长,耐磨性好,磨损后能在一定程度内自动补偿;

(4)结构简单,使用、维护方便,价格低廉。

(二)种类和特点

液压系统中使用的密封装置种类很多,最常用的是密封圈。根据被密封部分的运动特性可分为固定密封和动密封。所谓固定密封,是指用于固定件之间的密封;所谓动密封是指有相对运动的零件之间的密封。密封圈既可用于固定密封,也可用于运动密封。

船舶机械液压元件及系统的常见密封装置和特点如表 7-7 所示。

表 7-7　常见密封装置及其特点

名称及结构简图	特点和说明
O形密封圈 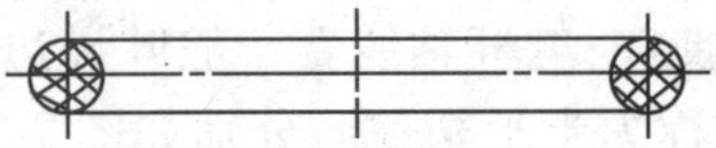	1. 一般用耐油橡胶制成,它的外侧、内侧和端面都能起密封作用 2. 结构简单、制造容易、密封性能好、摩擦力小、安装方便,所要求的沟槽尺寸亦小 3. 广泛用在工程机械液压系统中的固定件和运动件的密封上
Y形密封圈 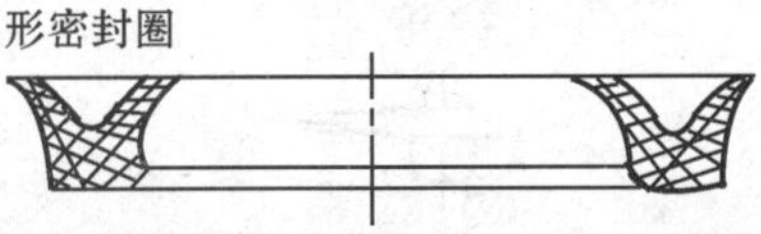	1. 用耐油橡胶制成,工作时受液压作用,两唇张开,分别贴紧在轴和孔壁上;密封能力随压力增高而加大,并能自动补偿磨损 2. 摩擦力较小,在往复运动速度较高的密封表面处亦能应用
Yx形密封圈 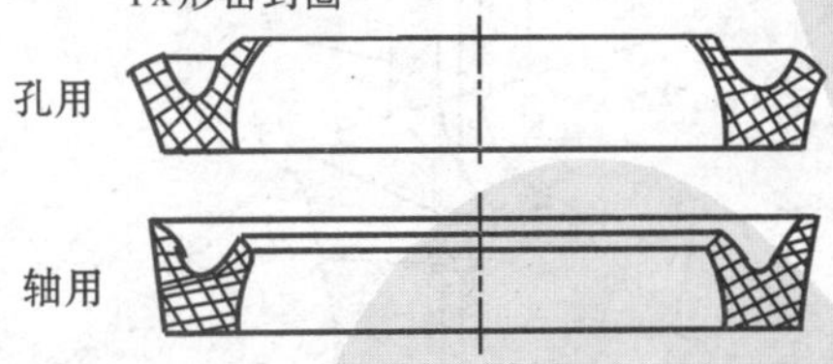	1. 用聚氯脂橡胶制成,其内外唇长短不等,固定面唇边长,增大支承,滑动面唇边短,减少摩擦,防止运动件切伤密封唇 2. 截面小,结构紧凑,密封性、耐磨性、耐油性都比 Y 形密封圈优越
V形密封圈 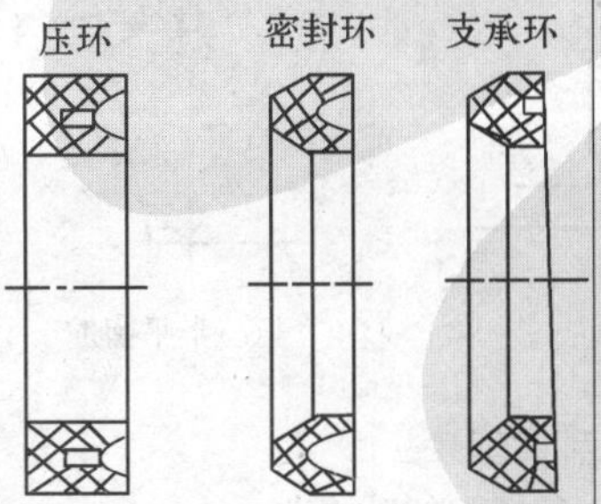	1. 由多层涂胶织物压制而成,做成支承环、密封环、压环三种形式 2. 系统工作压力小于 100×10^5 Pa 时,使用三种环各一件已足够保证密封,压力更高时可增加密封环数量 3. 接触面长,密封性好,但摩擦力大,用于往复运动速度不高的场合
J形骨架式油封 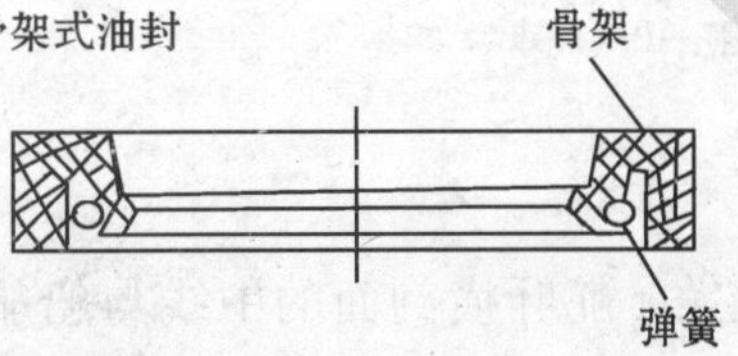	1. 用耐油橡胶制成,内部有一直角圆铁环骨架作支撑,并用一螺旋弹簧将内唇收紧在轴上进行密封 2. 用以密封回转轴,工作压力不超过 1×10^5 Pa,最大允许速度 4 ~ 8 m/s,须在有润滑情况下工作

第二节 舵机

为保持船舶的正确航向及良好的操纵性能，船上必须装备舵设备，船上习惯称为舵机。

一、舵的组成和作用原理

（一）舵的组成

舵垂直安装在螺旋桨后方。图7-79示出了海船所用的三种典型的舵。舵叶7经舵销5支承在舵托9和舵钮6上。除小船采用平板舵外，大船舵叶都采用钢板焊接的对称机翼型空心结构，称为复板舵。与舵叶相连的舵杆3穿过船尾部的舵杆套筒4，由舵机室内的上舵承2支承，有的舵在船尾支架上还增设了中间舵承10（见图7-79（b））。舵杆和舵销保持同一轴线，操舵装置通过舵柄1带动舵叶绕该轴线偏转。

舵杆轴线靠近舵叶导边（舵叶前缘）的舵，称为不平衡舵；舵杆轴线置于舵叶导边后面一定距离的舵称为平衡舵；而仅于下半部做成平衡式的舵称为半平衡舵。分别如图7-79（a）、（b）、（c）所示。后两种舵在工作时，因水流对舵叶轴线前、后叶面上的作用力矩方向相反，可减少转舵所需的扭矩。

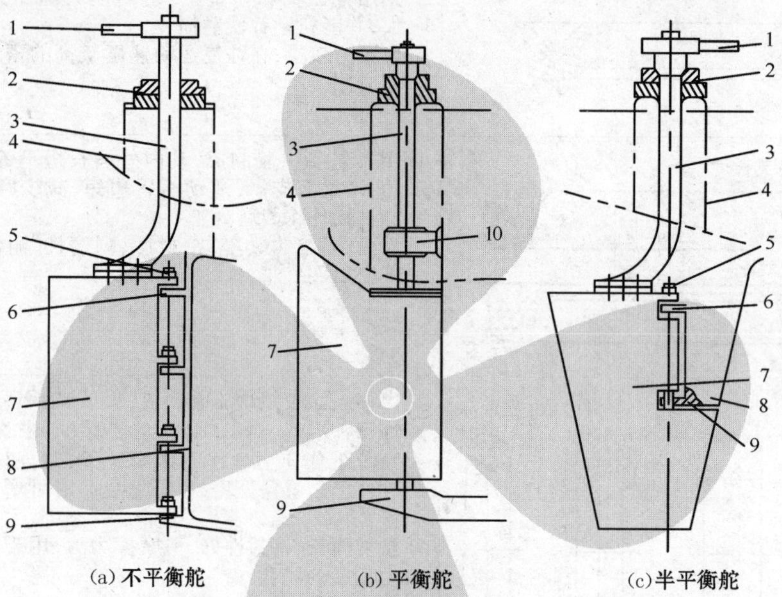

图7-79 舵的几种类型

1—舵柄；2—上舵承；3—舵杆；4—舵杆套筒；5—舵销；6—舵钮；7—舵叶；8—舵柱；9—舵托；10—舵承

（二）舵的作用原理和转舵力矩

1. 舵的水动力及其对船舶运动的影响

航行时舵叶处在船的尾流中。如在正舵位置，即舵角（舵叶横剖面的中线与船舶中纵线之间的夹角）$\alpha=0°$时，水流对舵叶两侧的作用力相同。若舵叶向一舷偏转某舵角α，如图7-80所示，则其两侧的水流状态不再对称，水流绕流舵叶时的流程在背水面大于迎水面，流速较大，故背水面上的水压力比迎水面要小，舵叶所受水压力的合力称为舵压力，用F_N表示，垂直于舵叶中线，指向背水面。舵压力在舵叶中线的作用点 O 称为舵压力中心，它与舵叶导边的距离用 x 表示。此外，水流还对舵叶产生摩擦力，其合力用 F_F 表示，平行于舵叶中线。F_N 与 F_F 的合力 F 即水流对舵叶产生的水动力。

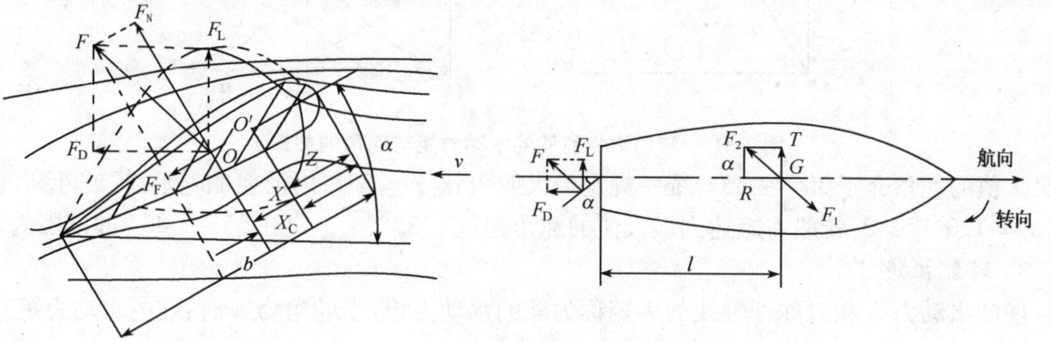

图 7-80　舵的水动力及其对船舶的影响

舵的水动力 F 对船体的作用，可运用力的平移原理，在通过船舶重心 G 的垂线与通过舵压力中心 O 的水平面的交点处，加设一对方向相反而数值均等于 F 的力 F_1、F_2 来分析。可见，舵的水动力会产生使船体转动的力矩（力 F 和 F_1 形成），即转船力矩 M_s，使船朝偏舵的一舷转动，这就是操舵转船的原理。同时，水动力还会形成横向分力 $T = F_2\cos\alpha$ 和纵向分力 $R = F_2\sin\alpha$，前者引起船向偏舵相反方向横向漂移；后者会增加航行阻力；由于水动力 F 与船舶重心 G 不在同一水平面上，还将对船产生横倾和纵倾力矩。倒航时，同样舵角产生的水动力的方向与正航时相反，形成的转船力矩使船舶向与舵偏转的同方向转向。

2. 转船力矩

舵的水动力 F 可以分解为与水流方向（船舶航向）垂直的升力 F_L 和与水流方向平行的阻力 F_D。由图 7-82，再根据机翼理论，转船力矩 M_s 可表达为

$$M_s = F_L(1 + X_c\cos\alpha) + F_D X_c \sin\alpha \approx F_L l = \frac{1}{2}C_L\rho A v^2 l \quad (\mathrm{N\cdot m}) \tag{7-17}$$

式中，l—— 船舶重心 G 至舵杆轴线的距离，m；

X_c—— 舵压力中心 O 至舵杆轴线 O' 的距离，m，正航时 $X_c = X - Z$，Z 是舵杆轴线至舵叶导边的距离；

C_L—— 舵的升力系数；

ρ—— 水的密度，kg/m³；

A—— 舵叶的单侧浸水面积，m²，设计值与船型和船舶大小有关；

v—— 舵叶处的水流速度，m/s，对处于螺旋桨尾流中的舵，一般可取航速的 1.15 ~ 1.2 倍，倒航最大航速约为正航最大航速的 0.5 倍。

由此可见，转船力矩（舵效）和舵叶的浸水面积及相对水速的平方成正比，没有相对水速就没有舵效。其他因素不变时，舵角 α 在一定范围内增大，则舵叶的升力系数 C_L 会随之增大，转船力矩 M_s 也将增大。在某一舵角时，转船力矩会出现最大值（见图7-81），之后舵角进一步增大，M_s 反而会降低。这主要是因为舵角增大到一定程度后，迎水面因水压力增大而经舵叶上下两端向背水面的绕流增加，影响舵压力的增加，使升力系数 C_L 下降。

展弦比（舵叶高度 / 舵叶平均宽度）λ 越小，舵叶上下绕流的影响就越大，舵压力随舵角增大而增加的速度较慢，达到最大转船力矩的舵角就越大。海船舵叶 $\lambda = 2.0 \sim 2.5$，转船力矩达

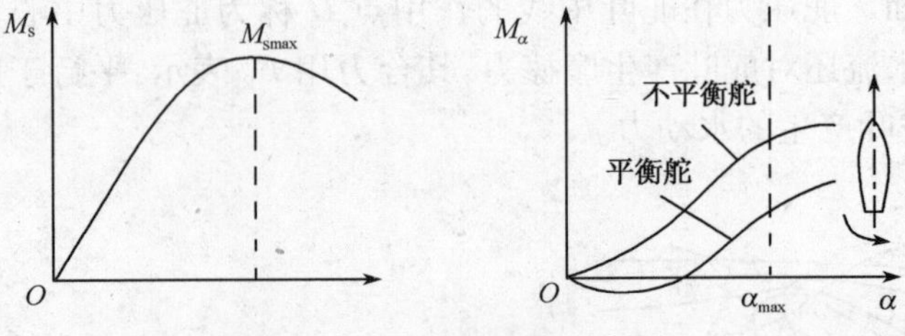

图 7-81　转船力矩和舵的水动力矩与舵角的关系

到最大值的舵角介于 30° ~ 35°，统一规定最大舵角 α_{max} = 35°；内河船舶吃水浅，舵叶高度受限，λ = 1.0 ~ 2.0，转船力矩达到最大值的舵角超过了 35°，α_{max} 定在 35° ~ 45° 的范围内。

3. 转舵扭矩

舵叶水动力 F 相对舵杆轴线的力矩称为舵的水动力矩。当舵角为 α 时，舵的水动力矩

$$M_\alpha = F_N X_c = \frac{1}{2} C_N \rho A v^2 X_c \quad (\mathrm{N \cdot m}) \tag{7-18}$$

式中，C_N—— 舵的压力系数；其余符号同式(7-17)。

舵机工作时施加于舵杆的扭矩称为转舵扭矩，用 M 表示。转舵时除需克服舵的水动力矩 M_α 外，还必须克服舵承的摩擦扭矩 M_f，通常平衡舵 M_f = (0.15 ~ 0.20)M_α，故

$$M = M_\alpha + M_f \quad (\mathrm{N \cdot m}) \tag{7-19}$$

图 7-81 也示出了水动力矩 M_α 与舵角 α 之间的关系。因平衡舵 X_c 较小，水动力矩 M_α 显著降低，可减少所需的转舵扭矩。若水动力矩 M_α 的方向阻碍转舵，则定为正值，帮助转舵，则定为负值。平衡舵在小舵角偏转时，舵压力中心会出现在舵杆轴线前方，故 M_α 会为负值，回舵时则为正值。摩擦扭矩 M_f 始终为正。转舵扭矩 M 在舵偏转过程基本为正值，回舵过程即为负值，大致随舵角 α 的增大而增大。

倒航时，由于舵叶的随边变成了导边，水压力中心至舵杆轴线的距离比正航时大，如果舵角和水流速度与正航时相同，水动力矩会比正航时大。但因实际最大倒航速度比最大正航速度小得多，倒航水动力矩不会超过正航最大水动力矩，所以舵机的额定转舵扭矩均根据正航最大水动力矩选配。

二、对舵机的基本要求

舵机是保证船舶操纵性能，确保航行安全的重要设备。所以，IMO《国际海上人命安全公约》(SOLAS 公约)和我国《钢质海船入级规范》(以下简称《海船规范》)均对舵机提出了明确的要求，其基本精神是要求舵机必须具有足够的转舵扭矩和转舵速度，并且在某一部分发生故障时能迅速采取替代措施，确保操舵能力。

1. 基本性能

应设一套主操舵装置和一套辅操舵装置，其中一套发生故障时不致引起另一套也失效。

主操舵装置和舵杆应有足够的强度，并能在船舶最大航海吃水和最大营运前进航速时进行操舵，使舵自任一舷的 35°转至另一舷的 35°，并且于相同条件下自一舷 35°转至另一舷的 30°所需时间不超过 28 s；应设计成在最大后退速度时不致损坏(不需在试航中以最大后退速度在最大舵角进行验证)。

辅操舵装置应有足够的强度和足以在可驾驶航速下操纵船舶，并能在紧急情况下迅速投入工作；应能在船舶最大航海吃水和以最大营运前进航速的一半但不小于 7 kn 时进行操舵，

使舵从一舷15°转至另一舷15°，且所需时间不超过60 s；为满足这一要求，当舵柄处的舵杆直径（不包括航行冰区的加强）大于230 mm时，应由动力操作。

如主操舵装置有两套以上相同的动力设备，则在下列条件下可不设辅操舵装置：（1）当管系或一台动力设备发生单项故障时，此缺陷能被隔离，使操舵能力能保持或迅速恢复；（2）客船当任一套动力设备不工作时，或货船所有动力设备都工作时，主操舵装置具有前述要求的操舵能力。主、辅操舵装置的动力设备应能从驾驶台控制使其投入工作；动力设备的动力源发生故障后恢复动力供应时能自动再起动。

2. 操舵控制系统

主操舵装置和动力驱动的辅操舵装置应在驾驶台和舵机室都设有控制器；主操舵装置有两套动力设备时，应设置两套独立的控制系统，且均能在驾驶台控制。若采用液压遥控系统，除1万总吨及以上的油船、化学品船和气体运输船外，不必设第二套独立的控制系统。动力驱动的辅操舵装置应有独立于主操舵装置的控制系统。

主、辅控制系统应能在驾驶台使其投入工作；在舵机室应能脱开驾驶台对正在运转的操舵装置的控制；驾驶台与舵机室之间应有通信设备。

3. 安全阀

液压系统中能被隔断的任何部分，以及由于动力源或外力作用能够产生压力的任何部分均应设置安全阀。安全阀开启压力应不小于1.25倍最大工作压力，而不大于设计压力；安全阀最小排量应不小于所有泵能通过其排放的总容量的110%，在此情况下，计及在预定外界环境温度下液压油黏度的影响后，压力的升高不应超过开启压力的10%。

4. 液压系统

应设有保持液压流体清洁的设备；每一液压系统的循环油箱应设低液位报警器；应设一个固定贮油箱，其容量至少足以使一个动力转舵系统包括循环油箱进行再充液，并应设有液位计。非双套设置的液压舵机的液压缸体上与各管路连接处应设隔离阀。液压系统必要时应设有放气装置。

5. 监测和报警

发生以下故障时，应能在位于主机处所或集控室内明显位置以及驾驶台内，给出声光报警：动力设备或控制系统的动力故障、自动舵装置故障、电路或电动机断相及过载、液压油柜油位低、液压油温度高、液压油滤油器压差大。

6. 舵角指示和限制

应能在舵机室内看到舵角的指示，并能在驾驶台显示舵角。舵角显示装置应独立于操舵装置的控制系统。

操舵装置应设有效的舵角限位器。动力转舵的操舵装置，应装设限位开关或类似设备，使舵在达到舵角限位器前停住。装设的限位开关或类似设备应与转舵机构本身同步，而不应与舵规的控制相同步。

舵装置应有保持舵位不动的制动装置。

7. 应急动力

舵柄处舵杆直径大于230 mm（不包括航行于冰区加强）的船，应设有能在45 s内向操舵装置自动提供的替代动力源，这种动力源应为应急电源或位于舵机室的独立动力源，其容量至少应能向符合辅操舵装置要求的一台动力设备及其控制系统和舵角指示器提供足够的能源，可供1万总吨及以上船舶至少连续工作30 min，而其他船舶则至少10 min。

8. 附加要求

1 万总吨及以上的油船、化学品船和液化气体运输船和 7 万总吨及以上其他船，其主操舵装置应设两台或两台以上符合第 1 项规定的相同的动力设备。

1 万总吨及以上的油船、化学品船和液化气体运输船当主操舵装置的一套动力转舵系统的任何部分(舵柄、舵扇损坏或转舵机构卡住除外)发生单项故障以致丧失操舵能力时，应能在 45 s 内重新获得操舵能力。为此，操舵装置可由两个均能满足主操舵装置要求的独立和分开的动力转舵系统组成；或至少有两套相同动力转舵系统，在正常运行中同时工作能够满足对主操舵装置的要求，任一系统中液压流体丧失时应能被发现，有缺陷的系统应能自动隔离，使其他动力转舵系统保持安全运行。

有的舵机只有一个执行体(如后面要介绍的单体式转叶油缸)，但若对设计时的应力分析，包括疲劳分析和断裂力学分析(如适合时)和对所用材料、密封装置的安装、试验、检查以及有效的维护规定等予以特别考虑，可用于 1 万总吨及以上但小于 10 万载重吨的油船、化学品船和气体运输船。这种操舵装置的管路或 1 台动力设备的任何部件发生单项故障时，应能在 45 s 内恢复操舵能力。

三、液压舵机的基本组成和工作原理

(一)阀控型液压舵机的基本组成和工作原理

阀控型液压舵机的基本组成及工作原理如图 7-82 所示。

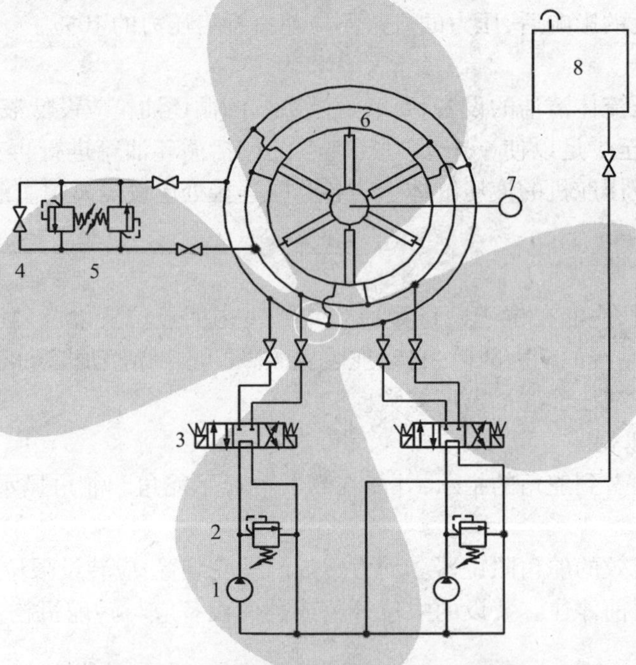

图 7-82　阀控型液压舵机的工作原理图

1—单向定量泵；2—安全阀；3—三位四通换向阀；4—旁通阀；

5—防浪阀；6—转舵油缸；7—反馈发信器；8—油柜

它使用单向定量液压泵 1 供油。工作时，泵连续运转，吸、排油方向不变，向转舵油缸 6 供油由 M 型三位四通换向阀 3 控制。当驾驶台给出与实际舵角不同的指令舵角时，换向阀某侧电磁线圈通电，阀芯偏离中位，向转舵油缸某一油路供油，油缸的另一油路则通回泵的吸入口

(闭式系统),推动舵杆和舵叶转动。由舵杆(或舵柄)带动的反馈发信器7将实际舵角信号送回电气控制系统,当舵转至实际舵角与指令舵角相同时,换向阀的电信号消失,阀芯回到中位,泵的排油经换向阀卸荷,转舵油缸的油路被封闭,舵叶停转。当指令舵角偏离实际舵角的方向相反时,换向阀的另一侧线圈通电,阀芯偏移的方向和转舵方向相反。

根据《海船规范》的要求,阀控型舵机换向阀前后的油路应各设一组安全阀,前者2可防止液压泵过载,后者5作防浪阀用。油柜8可向闭式油路补油或容纳受热膨胀的油液。

阀控型舵机也可以采用开式系统,油回至油柜,泵从油柜吸油。开式系统油散热好,但油液污染的机会要多些。

阀控型舵机采用单向定量泵,系统及其控制相对简单,造价较低。缺点是不转舵时泵仍以全流量排油,经济性稍差,油液发热要多些,适用功率比泵控型小。

(二)泵控型舵机的基本组成和工作原理

图7-83为泵控型液压舵机的基本组成及工作原理示意图。泵控型液压系统都采用双向变量液压泵和闭式系统。图中两台并联的双向变量泵1工作时由电动机14驱动,可单独或同时从某侧的转舵油缸5吸油,向另一侧油缸排油,油压差作用于柱塞6上,通过滑块7来推动端部呈叉形的舵柄8,使舵柱和舵叶转动。供油方向和流量由控制杆4控制泵的变量机构偏离中位的方向和大小来决定,实现对舵叶运动的控制。图中示出了曾广泛用于泵控型液压舵机的浮动杆式机械追随机构。浮动杆18的A点(操纵点)由舵机的控制系统(本例通过伺服油缸)控制,给出与驾驶台的指令舵角相同的操舵角(有标牌指示);在C点(控泵点)与泵的变量机构控制杆4铰接;而在B点(反馈点)通过储存弹簧12、反馈杆13与舵柄8相连,接受舵叶实际舵角的反馈信号。

当操舵角与实际舵角均为0°时,浮动杆的A、B点都处在相应于0°的中位,使C点及泵的变量机构也处于中位,泵空转不排油,封闭了转舵油缸的油路。由于油液基本上不可压缩,若不漏泄,柱塞6、舵柄8就会保持不动,舵叶就停在中位(0°舵角)。

此时,如果驾驶台给出某一左舵的指令舵角,通过控制系统使伺服油缸2的活塞右移;反馈发信器15向控制系统反馈活塞位移的信号。当活塞行至所给出的操舵角与指令舵角相同的位置时,伺服油缸进排油立即中断,操纵点A移到A_1点停住。若舵尚未转动,反馈点仍在B点位置,浮动杆绕B转动,控泵点就会从C点移动到C_1,带动泵变量机构控制杆4离开中位,泵开始从右侧油缸吸油,排到左侧油缸,推动柱塞6右移,通过滑块7、舵柄8向左转舵。随着舵叶偏转,反馈杆13拉动浮动杆的反馈端左移,此时操纵端保持在A_1不动,浮动杆绕A_1转动。当舵叶转到实际舵角与操舵角相同时,反馈端移到B_1点,控泵点又被带回到中位(C点),泵再次停止供油,封闭转舵油缸,舵就停住。

回舵时,例如从上述情况返回正舵,浮动杆的操纵端从A_1点返回并保持在A点,浮动杆绕B_1点转动,它的控泵点及泵变量机构向左离开中位,使泵从左侧油缸吸油,向右侧油缸排油,推动舵叶反向回转。当舵叶回到中位时,在反馈杆的作用下,浮动杆的反馈端重新回到B点,控泵点以及泵变量机构又返回中位,泵再次停止供油,舵就停在正舵位置。

向右转舵及回舵时的工作原理与上述类似,不再赘述。

实际工作中B点不是在A点动作完成后才动作,而是C、B连续追随A点动作。浮动杆追随机构可使转舵过程开始和结束时泵的流量逐渐增大和减小,可减轻液压冲击。为加快转舵速度,通常操舵角与实际舵角的偏差不大时泵的变量机构就移到最大排量位置,这时控制杆受限位器16的限制不能再前移,于是大舵角操舵时,在舵叶转动使浮动杆B端移动前,便会无法

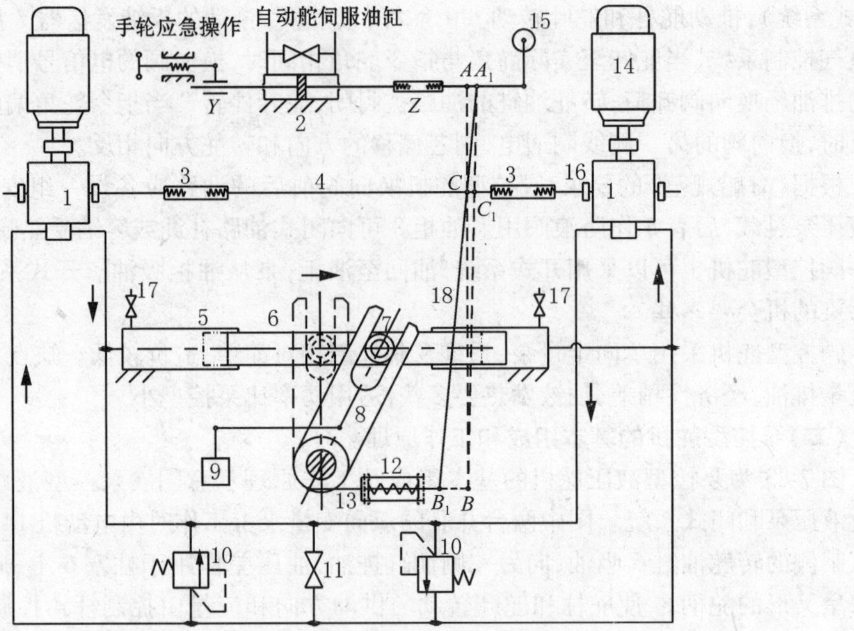

图 7-83　泵控型液压舵机工作原理示意图

1—双向变量泵;2—伺服油缸;3—调节螺套;4—油泵控制杆;5—转舵油缸;6—柱塞;7—滑块;8—舵柄;9—舵角指示器的发送器;10—安全阀;11—旁通阀;12—储存弹簧;13—舵角反馈杆;14—电机;15—反馈发信器;16—泵变量机构限位器;17—放气阀;18—浮动杆

连续进行。为解决这一问题,在舵角反馈杆 13 上设了可双向压缩的储存弹簧 12,当浮动杆 A 端的移动使点 C 的位移受限后,B 端就能压缩储存弹簧而移动,使浮动杆绕点 C 摆动,以便 A 端能继续移动,大舵角操舵得以连续完成。随后随舵叶偏转,受压缩的储存弹簧逐渐释放,待其恢复原长后,舵的偏转方会拉动浮动杆 B 端,使点 C 以及泵的控制杆返回中位停止转舵。可见,加装了储存弹簧后不但大舵角操舵得以连续进行,而且转舵时泵能较长的时间以最大流量供油,从而加快了转舵速度。

图 7-84 示出了一种储存弹簧的结构。显然,储存弹簧的刚度和预紧度必须适当。若其张力过大,浮动杆 A 端的操纵力有限,则反馈杆与刚性杆无异,大舵角操舵则无法一次连续进行;若储存弹簧张力过小,则可能泵控制杆未达最大位移时,B 点即开始压缩储存弹簧而移动,泵即不能以最大流量供油,甚至不能供油,因而不能正常转舵。储存弹簧的预紧力可借调节螺母 11、13 调节。必要时可以在 Y 处插入插销,在机旁通过手轮操舵。

这种泵控式舵机的控制系统包括两部分:控制舵机室受动元件(例如伺服油缸活塞)的电气控制系统和控制泵变量机构的浮动杆机械追随机构;反馈发信器是由舵机室受动元件带动。新型舵机为简化设备和调试,趋向于取消浮动杆,以电气控制系统直接控制泵变量机构,或直接采用电液比例变量泵,这时反馈发信器直接由舵柄或舵杆带动。

液压舵机系统中设有安全阀 10。它能在两种情况下起作用:(1)转舵时若转舵力矩过大,管路中油压就会高于安全阀的调定油压使之开启,高压侧油液便会向低压侧旁通,可避免电机过载和管路等承受过高压力。(2)舵叶停在与操舵角一致的位置时,若受大浪或其他外力冲击,安全阀也会因油压升高而开启,允许舵叶暂时偏让而"跑舵"。起后一种作用的安全阀亦称"防浪阀"。不难看出,舵叶偏离会同时带动浮动杆反馈点 B 偏离操舵角,于是控泵点 C 离开中位,使泵供油。舵叶上的冲击力减小后,舵会自动转回到与操舵角一致。可见,液压舵机

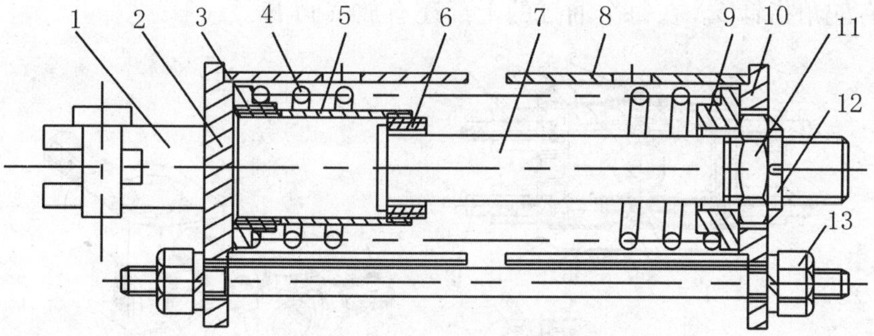

图 7-84 储存弹簧结构

1、7—连接杆;2、10—端盖;3、9—弹簧座;4—弹簧;5—导套;6—导套端盖;8—外套;11、13—调节螺母;12—锁紧螺母

能很好地适应冲击负荷。通过放气阀 17 可对系统放气,或者连接压力表监视系统的工作油压。

为了了解舵叶所处的实际舵角,便于舵机的调试和驾驶人员对船舶的操纵,除了有与舵柄或舵杆相连的指针可指示实际舵角外,还应设电动舵角指示器在驾驶台、集控室、舵机室以及轮机长、船长住舱等处显示舵角。舵角指示器通常是一对由电路相连的自整角机,两者的指针始终保持同步。图示舵柄上连接有发送舵角信号的发送器 9。

对于尺寸既定的转舵机构来说,舵机的工作油压除很小部分用于克服管路阻力外,主要取决于推动转舵机构所需的力,即取决于转舵扭矩。舵机最大工作油压就是产生公称转舵扭矩时油泵出口处的油压。舵机主泵的额定排出压力不得低于舵机最大工作油压。舵机最大工作油压选得越高,转舵机构的尺寸就越小,主泵的额定流量和管路直径也相应减小,整个装置的尺寸和重量就会变小。资料表明,当舵机最大工作油压由 10 MPa 提高到 20 MPa 时,往复式舵机的长度大约缩短 5% ~10%,重量约可减轻 20%,并使液压油用量减少约一半。但上述指标并非随工作油压进一步提高而以线性关系减小。当油压由 20 MPa 提高到 30 MPa 时,往复式舵机的长度几乎不变,重量只减轻 6% ~9%,油用量只减少 16% ~18%。而进一步提高工作油压将对液压元件及管理水平提出更高要求,故目前舵机的最大工作油压一般不超过 20 MPa。

四、液压舵机的转舵机构

液压舵机的转舵机构是指将液压泵供给的液压能转变成机械能,使舵杆和舵叶转动的转舵油缸及其传动机构。根据其运动部件的运动方式不同,分为往复式和回转式两类。前者采用往复式转舵油缸,主要有十字头式、拨叉式、滚轮式和摆缸式;后者主要是转叶式,此外还有弧形柱塞式。

(一)十字头式转舵机构

图 7-85 示出了十字头式四缸(两对)转舵机构。每个油缸 1 里有柱塞 3,每对柱塞外端的叉形头部组装在一起,以十字头轴承 6 支承十字头的一对耳轴 7。十字头把油压作用在柱塞上的力传递给可在十字头中部圆孔内滑动的舵柄 8,对舵杆 4 产生转舵力矩,使舵叶转动。舵转离中位后柱塞所受的侧向力经滑块 9 由导板 10 承受,以免柱塞与油缸间产生侧压力,从而改善油缸与柱塞的密封件的工作条件,减轻其磨损。挡块 11 作为舵角的机械限位器,能在舵角超过最大舵角 1.5° ±0.5°时,制止柱塞继续移动,这时油缸底部的空隙应不小于 10 mm。在

导板的一侧有舵角指针 5。在每个油缸的上部还有放气阀 12。

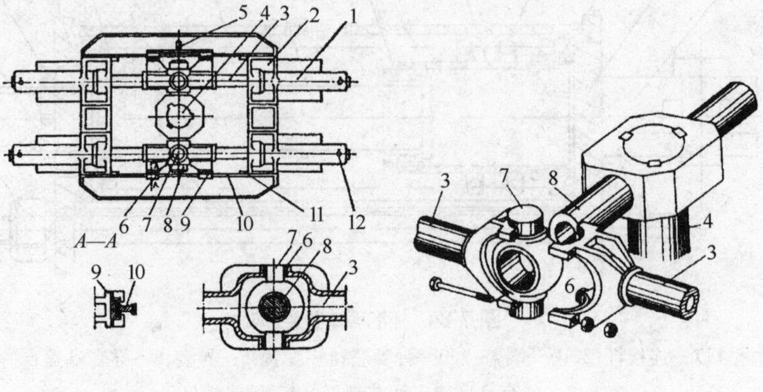

图 7-85　十字头式转舵机构

1—油缸；2—底座；3—柱塞；4—舵杆；5—舵角指针；6—十字头轴承；7—十字头耳轴；8—舵柄；9—滑块；10—导板；11—挡块；12—放气阀

若尺寸和最大工作油压既定，十字头式转舵机构能产生的转舵扭矩随舵角的增大而增加，如图 7-86 所示的扭矩特性曲线所示，十字头式转舵机构的扭矩特性与舵的水动力矩的变化趋势相符。

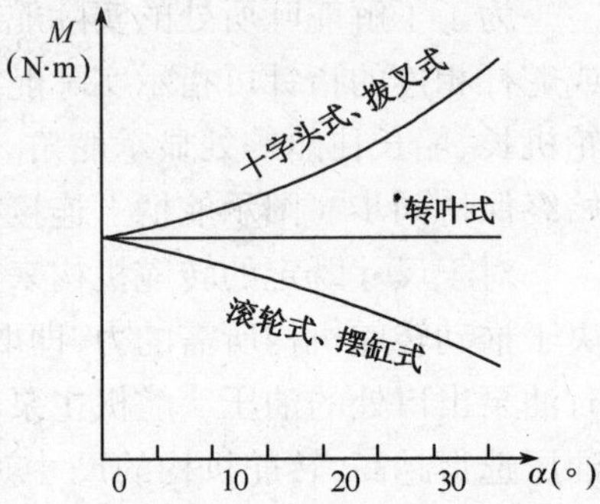

图 7-86　转舵机构的扭矩特性

实际工作中，舵机的工作油压是随转舵机构需要产生的转舵力矩 M 而变。十字头式转舵机构的工作油压，在舵角 α 增大时，尽管因 M_α 的增大而有所增加，但油压不会随舵角 α 增大而急剧增加。

综上所述，十字头式转舵机构的扭矩特性与舵的水动力矩的匹配性好，舵角增大时工作油压增加平缓，结构尺寸 D、R_0 既定时可适用较大的公称转舵扭矩；而且有导板承受侧推力，油缸与柱塞间不承受径向力，密封更可靠，故较适合大转舵扭矩和高工作油压。但十字头、导板等结构复杂，使重量、尺寸增大，加工、安装、检修也比较麻烦。

（二）拨叉式转舵机构

拨叉式转舵机构如图 7-87 所示，一对油缸使用整根柱塞，柱塞中部有圆柱销，销外套有方形或圆柱形滑块。柱塞移动时，滑块绕圆柱销转动的同时在舵柄端部的叉型滑槽内滑动。

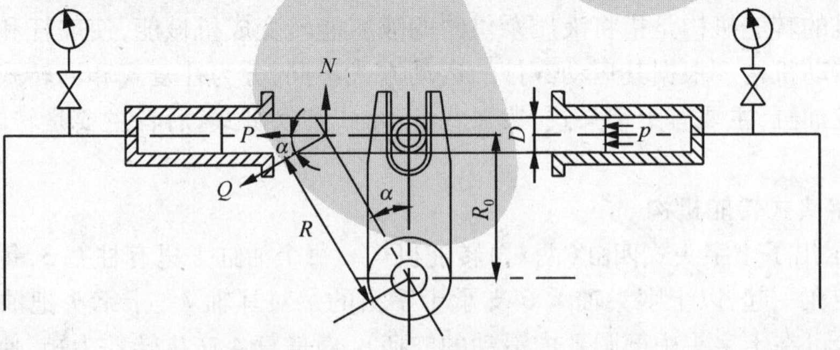

图 7-87　拨叉式转舵机构

拨叉式转舵机构与十字头式转舵机构的扭矩特性相同，两者都属于滑式转舵机构。拨叉式的柱塞侧推力直接由油缸承受，省去了十字头和导板，故结构比十字头式简单，体积减小，公称转舵扭矩和最大工作油压相同时，占地面积可减少 10% ~ 15%，重量相应减轻约 10%。但拨叉式的油缸需设承受侧向力的导向套，其承载能力会限制转舵扭矩的提高。以往，大扭矩舵机多采用十字头式转舵机构，但随着转舵油缸承受侧向力性能的改善，拨叉式转舵机构的公称扭矩大为提高，新建船舶上，拨叉式已经基本取代了十字头式。

图 7-88 示出了一种拨叉式转舵机构油缸的密封及导向承压结构。油缸 9 的开口端镶有一定长度的导向承压套 10，它承受滑块传至柱塞的侧向力，对柱塞 8 在缸内的轴向运动进行导向。油缸内壁不与柱塞接触，故无须精加工。油缸采用夹织橡胶 V 形密封圈。安装时，衬环 7、各道密封圈 6 和压环 5 必须按正确方向安放妥帖，密封圈的唇边侧朝向缸内方向，各圈搭口错开 90°安放。工作时油压加大唇边外撑力，紧贴密封面，保证密封，并能自动补偿磨损。唇边与密封面的密封预紧力，可借压盖的调节螺帽 3 加以调节，压盖 4 不可压得过紧，否则会加快密封圈的磨损。

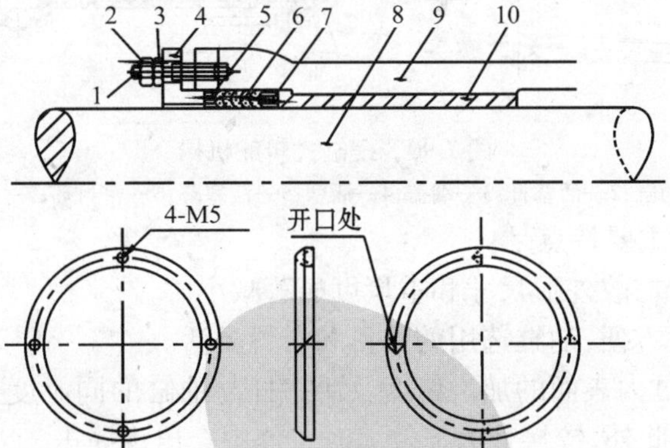

图 7-88　往复式油缸的密封及导向承压结构

1—压盖螺栓；2—锁紧螺帽；3—调节螺帽；4—填料压盖；5—压环；6—橡胶密封圈；7—衬环；8—柱塞；9—油缸壁；10—导向承压套

（三）滚轮式转舵机构

如 7-89 所示，滚轮式转舵机构用装在舵柄端部的滚轮代替滑式机构中的十字头或拨叉传递转舵动力，工作时受油压推动的柱塞以其头部端面直接顶动滚轮，迫使舵柄转动。

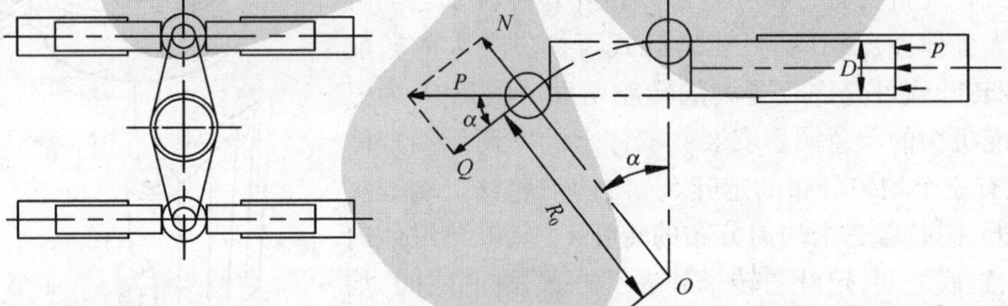

图 7-89　滚轮式转舵机构

滚轮式转舵机构具有以下特点：

（1）结构简单，布置灵活，安装、拆修比较方便。

（2）柱塞与舵柄的轮之间靠接触传动，工作时无侧推力，磨损后自动补偿，不会像滑式机构那样因轴承或滑块等磨损后间隙增大而产生撞击。

(3)扭矩特性差,大、小舵角时的工作油压相差较大;与滑式相比,要达到同样的转舵扭矩,必须采用更大的结构尺寸或更高的工作油压,故可适用的转舵扭矩不如滑式大。

(4)当舵叶在为负扭矩作用下转动过快,或稳舵时油路锁闭不严,则滚轮可能与某侧柱塞脱离而导致撞击,故某些滚轮式转舵机构在与滚轮与柱塞端部之间增设板簧拉紧机构。

(四)摆缸式转舵机构

摆缸式转舵机构如图 7-90 所示。它的转舵油缸采用与支架铰接的双作用活塞式摆动油缸,活塞杆的伸缩直接推动与其铰接的舵柄转舵。为了适应油缸的摆动,连接油缸的油管必须采用高压软管。

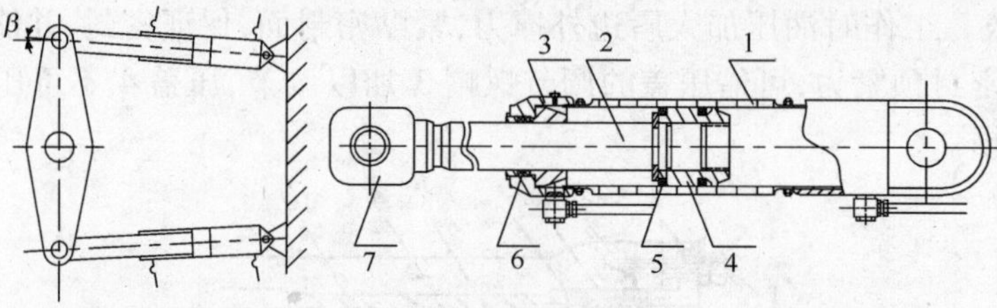

图 7-90　摆缸式转舵机构

1—油缸;2—活塞杆;3—端盖;4—活塞;5—活塞环;6—密封环;7—接头

摆缸式转舵机构的主要特点是:

(1)使用双作用油缸,故外形尺寸和重量可显著减小。

(2)结构简单,拆装方便,油缸选用的数目和布置灵活。

(3)双作用油缸对缸内表面的加工精度及活塞杆与油缸的同心度要求较高。活塞的密封磨损后内漏不易发现。此外,铰接处磨损较大时工作中会出现撞击。

(4)以奇数双作用缸工作时,油缸的进排油量显然不等;即使以图示的同侧双缸工作,两活塞的位移也略有差异,也会导致油缸进排油量不等。所以系统中必须采取相应的补油和溢油措施。

(5)扭矩特性不佳,故除个别采用四缸结构者公称扭矩较大外,一般仅见诸于功率不大的舵机。

(五)转叶式转舵机构

转叶式转舵机构有三转叶式和双转叶式两种。当油缸容积和最大工作油压相同时,三转叶式可提供更大的转舵扭矩,而双转叶式可允许有更大的转舵角度。图 7-91 为三转叶式转舵机构的示意图。安装在船体上的圆筒形油缸体 2 内,固定有三个均匀分布的定叶 5。缸内与舵杆上端键接的转子 3 上,嵌装着三个均匀分布的转叶 4。转叶与缸体内壁及缸盖、缸底之间,定叶与转子外缘及缸盖、缸底之间,均设有密封元件。这样,定叶和转叶就将油缸内分成了六个隔离腔室,它们通过油路间隔相连,分成两组。当液压泵将压力油供入一组腔室,使另一组腔室回油至油箱或泵时,作用在转叶上的油压力就会通过轮毂带动舵杆 1 转舵。

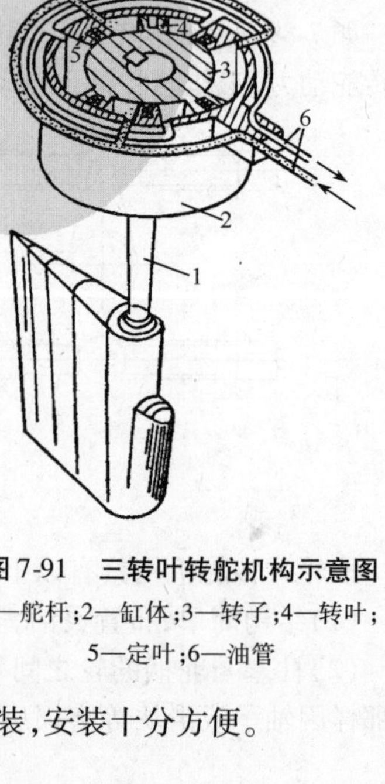

图 7-91　三转叶转舵机构示意图

1—舵杆;2—缸体;3—转子;4—转叶;5—定叶;6—油管

转叶式转舵机构的主要特点是:

(1)占地面积小,重量轻;可组装后(包括液压系统)整体吊装,安装十分方便。

(2)外部无需要润滑的部位,管理简便。

(3)扭矩特性不如滑式,但优于滚轮式和摆缸式。

(4)内部需密封的部位较多,漏泄增大不易发现,更换密封件比较麻烦。

五、液压舵机的遥控系统

舵机的遥控系统是指从驾驶台对舵机进行控制的系统,包括单动操舵系统、随动操舵系统和自动操舵系统。单动操舵系统是开环控制,转舵命令发出后,舵按指令要求方向转动,操舵者当舵转到要求舵角时,需发出停转信号,舵才停止转动;当因安全阀开启等原因跑舵后,舵不能自动返回到要求舵角。单动操舵系统主要供应急操舵和检修时用,可在舵机间操纵。随动操舵系统引入了反馈环节,在发出指令舵角信号后,控制舵按要求方向转动,当舵转到要求舵角后能自动停止;万一舵在外力作用下跑舵,舵机能自动工作使之返回指令舵角。自动操舵系统常用的是定航向自动舵。设定航向后,当船因风、水流或螺旋桨的不对称作用等偏航,能根据罗经测知船实际航向与设定航向的偏差,自动向舵机发出相应的操纵信号使之转舵,使船回到设定航向。目前,绝大多数船都采用随动操舵和自动操舵。

根据从驾驶台到舵机间传递操舵信号的方法不同,舵机遥控系统可分为机械式、液压式、电气式。机械式仅用于小船,液压式已基本淘汰,电气式是目前舵机遥控系统的主要形式。

下面介绍力矩马达式遥控系统和伺服油缸式遥控系统的工作原理。

(一)力矩马达式舵机遥控系统

图 7-92 示出了一种力矩马达式舵机电气遥控系统的原理图。

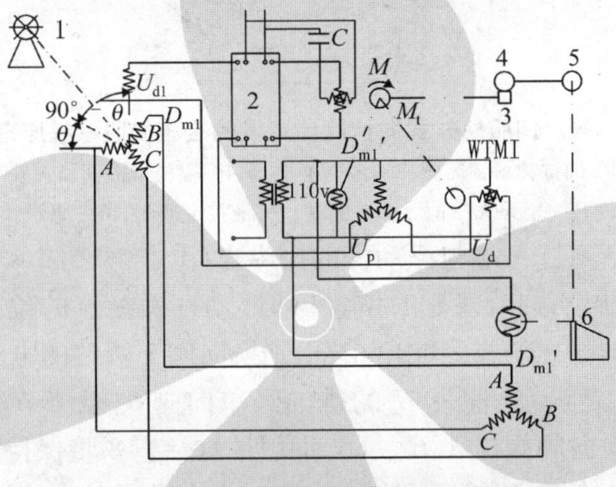

图 7-92 力矩马达式舵机遥控系统原理图

1—舵轮;2—相敏整流放大器;3—变量机构;4—双向变量泵;5—转舵机构;6—舵叶;

D_{m1}—发信自整角机;D_{m1}'—舵角反馈自整角机;M_t—力矩马达;D_{m1}''—自整角变压器;

WTMI—测速发电机

当操纵驾驶台的舵轮,带动发信自整角机 D_{m1} 的转子向某方向转到指令舵角 θ 时,若实际舵角 θ' 与指令舵角 θ 不同,则 D_{m1}' 的单相绕组会感生出一个与舵角偏差($\theta-\theta'$)的方向和大小相对应的信号电压 U_{d1}。这一信号电压经相敏整流器 2 整流放大,加在力矩马达 M_t 的控制绕组上,使马达输出轴产生大小与 U_{d1} 成比例、方向与之对应的转矩 M,克服回中弹簧的张力,使泵 4 的变量机构 3 偏离中位,泵则以相应方向供油转舵。一般不太大的舵角偏差就会使泵达到最大排量。舵转动的同时,转舵机构 5 会通过反馈杆带反馈自整角机 D_{m1} 转动。当舵角偏差减小到不太大时,力矩马达的输出转矩已经不大,回中弹簧会推动力矩马达的转子及其所控制的泵变量机构排量减小。至 $\theta' = \theta$ 时，变量泵停止供油，舵便停在指令舵角。

为了改善操舵性能，力矩马达偏转时还带动一个自整角变压器 D_{ml}'' 和一个测速发电机 WTMI。前者产生的负反馈电压 U_p 与力矩马达的偏转角成比例，偏转角大则偏转力矩减小；后者产生的负反馈电压 U_d 与力矩马达的转动角速度成正比，转速快则偏转力矩减小，从而可增加系统的稳定性。

（二）伺服油缸式舵机遥控系统

伺服油缸式舵机遥控系统用于带浮动杆机构追随机构的泵控型舵机，可使用与前例类似的电气遥控原理来传递驾驶台的操舵指令。将反映舵角偏差的电信号放大后，去控制液压伺服系统中的电磁换向阀，进而控制变量泵转舵。图 7-93 示出了它的液压伺服系统原理图。

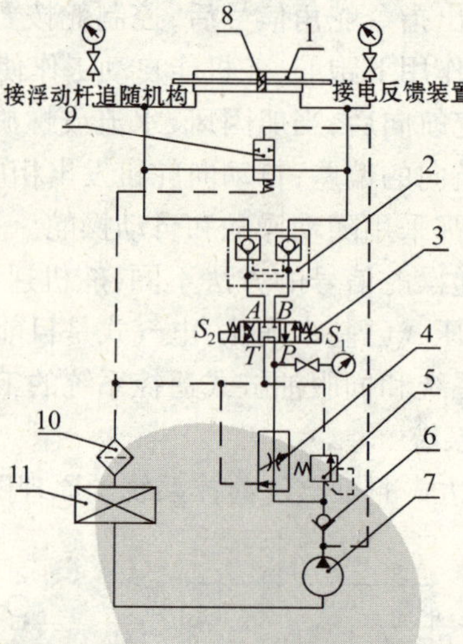

图 7-93　伺服油缸式舵机遥控系统的液压伺服系统原理图

1—伺服油缸；2—锁闭阀；3—电磁换向阀；4—溢流节流阀；5—安全阀；6—单向阀；7—辅泵；8—伺服油缸活塞；9—液控旁通阀；10—滤器；11—油箱

伺服油缸活塞 8 的活塞杆一端与浮动杆的操纵点（A 点，见图 7-83）相接，另一端接电反馈发信器。工作中，如果伺服油缸活塞 8 的位置（即浮动杆操纵点的位置）所对应的操舵角，与驾驶台舵轮带动的发送器给出的指令舵角相符，则换向阀 3 两端的电磁线圈均断电，阀处于中位。此时阀口 P、T 沟通，定量泵（辅泵）7 的排油经单向阀 6、溢流节流阀 4、换向阀 3 和滤器 10 泄回油箱 11。同时，换向阀阀口 A、B 关闭，伺服油缸活塞 8 将保持不动。

如果操舵者给出的指令舵角与伺服油缸活塞 8 的位置所对应的操舵角出现偏差，则换向阀的某端电磁线圈通电，阀即离开中位，辅泵 7 的排油就会经换向阀、油路锁闭阀 2（双联液控单向阀）的一侧供入伺服油缸 1 的某侧油腔，另侧油腔的油液则从油路锁闭阀和换向阀的另一侧，经滤器 9 返回油箱；这时，伺服油缸活塞 8 就会相应移动，电反馈发信器同步发出反馈信号。当活塞移到相应的操舵角与指令舵角相符时，换向阀即断电回中，使活塞停住。

通过浮动杆追随机构，舵机能使舵的实际舵角与活塞位置所代表的操舵角保持一致。

油路锁闭阀 2 的密封性远比换向阀好，能在换向阀 3 处于中位时锁闭伺服油缸油路，防止浮动杆传来的反力使活塞移动；此外，一般这种控制方式都具有两套互为备用的遥控系统，它们共用一个伺服油缸，所以油路锁闭阀 2 还可用于将备用系统的油路严密隔离，以免影响正在使用系统的工作。溢流节流阀 4 用于调节供入伺服油缸的流量，以使伺服油缸活塞获得合适的移动速度。安全阀 5 可防止系统油压过高，其调定压力决定伺服油缸活塞最大输出力的大小。液控旁通阀 9 在装置起动后，靠辅泵的排压（≮~0.8 MPa）推至截断位置，以保证系统正常工作。而当液压伺服系统停用时，则阀 9 在弹簧作用下回到旁通位置，使伺服油缸两侧相通，活塞便能随意移动，不会影响应急操纵机构控制浮动杆进行操舵。

六、液压舵机实例

液压舵机的品牌很多，本节通过对伺服油缸控制的泵控型川崎舵机的介绍，说明液压舵机系统的主要特点。

川崎舵机采用拨叉式转舵机构，有阀控型和泵控型两种系列，最大工作油压 24 MPa，最大转舵扭矩 4 760 kN · m。图 7-94 所示为 FM 泵控型舵机液压系统，使用有浮动杆的伺服油缸式电气遥控系统。新的型号也取消了浮动杆。

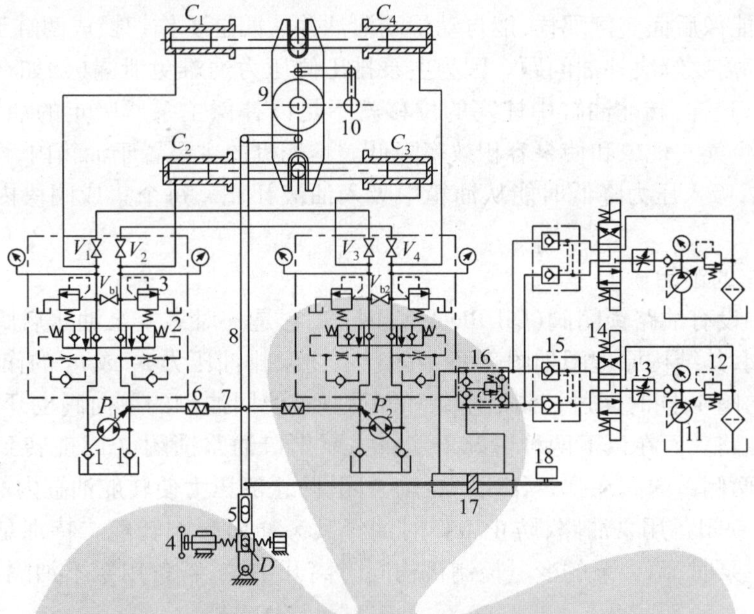

图 7-94　伺服油缸控制的泵控型川崎舵机的液压系统图

1—补油单向阀；2—主油路锁闭阀；3—主油路安全阀；4—手轮；5—手动操纵杆；6—储存弹簧；7—主泵控制杆；8—浮动杆；9—舵柄；10—舵角发送器；11—辅泵；12—辅油路安全阀；13—调速阀；14—电磁换向阀；15—辅油路锁闭阀；16—双向溢流阀；17—伺服油缸；18—反馈发信器；

D—手动操纵插销孔；P_1、P_2—主泵；V_1、V_2、V_3、V_4—连通阀；V_{b1}、V_{b2}—旁通阀

（一）主油路和工况选择

两台斜轴式双向变量柱塞主泵 P_1、P_2 与各自的集成阀块一起，分别与转舵油缸 C_1、C_2 和 C_3、C_4 组成两个可各自独立工作的闭式系统。两个集成阀块中共有四个连通阀 V_1、V_2、V_3、V_4，通常都常开，使转舵油缸 C_1、C_3 和 C_2、C_4 各成一组，分别与主泵的两条油路相通。正常航行时单用一台主泵向两组（四缸）供油转舵，其流量即能满足在 28 s 内将舵由任一舷 35°转至另一舷 30°的要求，并能达到额定转舵扭矩。进出港或窄水道航行时可双泵并联工作，扭矩不变，转舵速度可加快一倍。

集成阀块中还设有旁通阀 V_{b1}、V_{b2}。万一某缸例如 C_1 缸漏泄时，可开启 V_{b1} 使油缸 C_1、C_2 旁通，并关闭 V_1、V_2 将它们隔离，然后使用 P_2 泵组和油缸 C_3、C_4 转舵。此种应急工作方式下，舵机能产生的最大转舵扭矩将减少 50%，因此若航速未降低，必须避免大舵角操舵。这时转舵速度与单泵四缸工作相比，在安全阀 3 未开启的前提下约快一倍。本舵机的 5 种工况如表

7-8 所示。

表 7-8 川崎舵机工况选择表

使用主泵	工作场合	油缸状态		连通阀状态		旁通阀状态		说明
		C_1、C_2	C_3、C_4	V_1、V_2	V_3、V_4	V_{b1}	V_{b2}	
P_1、P_2	机动航行	使用	使用	开	开	关	关	额定转舵扭矩,转舵速度加倍
P_1	定速航行	使用	使用	开	开	关	关	额定转舵扭矩,额定转舵速度
P_2	定速航行	使用	使用	开	开	关	关	
P_1	应急操舵	使用	旁通	开	关	关	开	转舵扭矩减半,转舵速度加倍
P_2	应急操舵	旁通	使用	关	开	开	关	

可见,本舵机能够满足对舵机基本性能的要求,不需另设辅操舵装置。但手动开关连通阀和旁通阀的方法难以在 45 s 内完成,要想适用于 1 万总吨及以上的油船、化学品船和液化气体运输船,必须能像后面实例那样,能自动检测漏油并从四缸工作切换成两缸工作。

闭式系统都需要解决补油问题。因为主泵排出侧压力油难免泄漏(例如在主泵内漏入泵壳而泄回油箱),这样,转舵油缸中柱塞的位移就不足以补偿主泵所吸走的油液,主泵吸入压力便会降低,产生气穴现象和使泵容积效率降低。本舵机的主泵置于油箱内,两个油口处都设有补油单向阀 1,吸入压力降低时能从油箱中吸入油液补充。每个集成阀块内还设有一对安全阀 3。

(二)主油路的锁闭

集成阀块中设有油路锁闭阀(Oil Block Valve)2,它是一对靠主泵油压启阀的带卸荷阀的双联液控单向阀,其结构原理图如图 7-95 所示。在主泵排油压力 p_1 或 p_3 的作用下,它能自动顶开排油侧单向阀 4,同时通过控制活塞 2 和卸荷阀 3 使回油侧的单向阀也开启,沟通主泵与转舵油缸间的油路。而在以下两种情况下能将主泵出口油路锁闭:(1)舵转到指令舵角而主泵停止供油时,两侧单向阀在弹簧作用下自动关闭,防止舵压力使转舵油缸内的油液经主泵漏泄而跑舵。(2)锁闭备用泵油路,防止工作时油经其旁通而影响转舵。特别是在一套浮动杆同时控制两台主泵时,两台泵的变量控制机构同时离开中位,若备用泵不加隔离,在系统油压

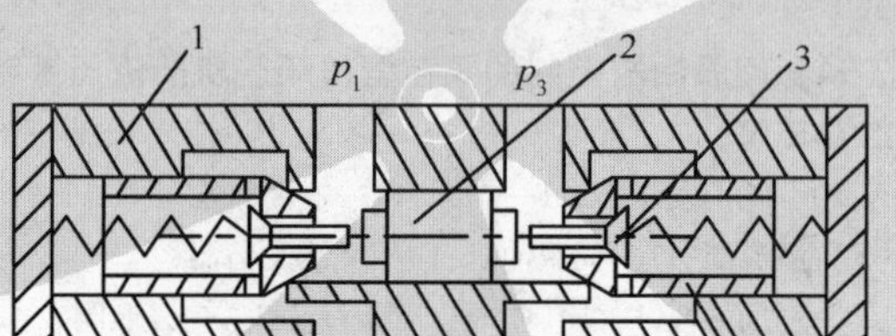

图 7-95 油路锁闭阀的结构原理图

1—阀体;2—控制活塞;3—卸荷阀;4—单向阀

作用下备用泵就会反转,造成油路旁通而无法正常转舵。如果主泵装有机械防反转装置(如防反转棘轮),也可不设主油路锁闭阀。

(三)控制系统

此舵机采用伺服油缸式电气遥控系统,两套独立的阀控开式液压伺服系统互为备用,向伺服油缸 17 供油,工作原理与图 7-94 基本相同。辅泵 11 为恒压式变量泵。伺服油缸活塞位移时反馈发信器 18 发回反馈信号,当活塞移到与指令舵角相符的位置时,Y 型三位四通换向阀 14 回中,伺服油缸的油路由辅油路锁闭阀 15 封闭;辅泵的排压升高,排量迅速减小,可减少功

率消耗和油液发热。锁闭阀 15 还能隔离备用的辅油路，不影响彼此快速切换。辅泵安全阀 12 在油泵正常时常闭。

由于储存弹簧 6 不是设在浮动杆的反馈杆上，而是在两主泵的控制杆上各设一个，因此当某台主泵变量机构卡阻时，在换用另一台主泵后浮动杆仍能进行控制。

应急操纵或舵机调试时可在孔 D 处插入插销，通过手轮 4 直接控制浮动杆 8 操舵。这时，双向溢流阀 16 可允许伺服油缸一侧产生的高压油溢流到另一侧，以便活塞能够移动，不妨碍手动操纵。溢流阀 16 的调定压力一般应比溢流阀 12 高 10% ~15%。

七、液压舵机的管理

（一）舵机液压系统的清洗、充油和调试

1. 系统的清洗和充油

与其他液压系统一样，舵机液压系统不仅在安装过程必须按要求对所有元件、管道和油箱进行彻底清洗，而且安装完毕后，充油前还必须对整个系统串油冲洗，清除污染物。使用中发现系统油液污染超标，或需要换用不相容的液压油时，除对油箱等进行清洗外，还需要对系统进行串油冲洗。清洗液压系统的注意事项如下：

（1）使用与拟用液压油和系统密封件材料相容的专用清洗油清洗，专用清洗油的黏度以较低为宜，一般选用 30 ~40℃时黏度为 $(13\sim25)\times10^{-6}\ m^2/s$ 的环烷基油，也可使用拟用的液压油作清洗油。

（2）清洗液应加热，以加强溶解和冲洗能力，水基液加热温度小于 50℃，液压油则小于 60℃。

（3）使用专用冲洗泵、油箱、回油滤器，滤器精度不应低于系统元件最高过滤要求，冲洗泵流量应能使冲洗液流呈紊流流动，也可使用系统工作油泵作冲洗泵。

（4）必须对整个系统进行串洗，大的复杂系统可分段串洗，串洗时观察返回冲洗油的污染情况，并注意及时更换滤器，直至回油无污染为止，必要时更换清洗油。

（5）清洗系统油箱时不得使用容易残留纤维的织物和容易破碎的泡沫塑料擦洗，油箱内壁也不得涂复可能脱落的油漆，可使用喷涂塑料层防锈。

系统清洗后，即可向系统充油，驱除系统内的空气。充油驱气应按说明书的要求进行，一般操作步骤如下：

（1）开启系统中除泄放阀外的所有放气阀、放气堵头、截止阀和旁通阀。

（2）经滤器将工作油加入补油箱（闭式系统）或循环油箱（开式系统），使之达到最高油位。如油泵系初次使用，也必须向液压泵内灌注干净的工作油。注意一切充油用具必须清洁。

（3）如系统设有专用加油泵，应用其向系统充油，或者使用滤油车充油，也可使用系统油泵以小流量充油。充入的新油也要经过精滤，因为即使出厂的新油，其污染度也不符合舵机和大多数液压系统的使用要求。

（4）充油时注意放气阀、放气堵头放气情况，有连续油流流出后加以关闭。

（5）使用系统主泵充油时，应关闭系统的放气阀和转舵油缸的旁通阀，在机旁操纵主油泵以小流量交替间断向两侧转舵，进行充油，并注意反复及时开启系统压力侧的放气阀放气，直至系统内空气放尽，充满油液。充油过程中要注意及时向油箱补油。

（6）油液充满后，手动操舵对舵机进行试运转，使油液在系统中循环，同时反复开启压力侧的放气阀，放出系统内残存的空气，直至舵机运转平稳，无异常噪声为止。

系统空气排尽以前，不要让系统油泵长时间运转，以免空气与油液过分混合，不利于空气的放出。

更新或修理的系统管路或元件，应在1.5倍设计压力下进行试验，而且在系统充油后，对系统进行1.25倍设计压力的密封性试验。

2. 舵机的试验和调整

(1)对舵的控制和指示的要求

《液压舵机通用技术条件》(GB/3129－82)对舵的控制、舵角指示、限位有如下要求：

①电气舵角指示器的指示舵角与实际舵角(由机械舵角指示器指示)之间的偏差应不大于±1°，而且正舵时须无偏差。

②采用随动方式操舵时，操舵仪的指示舵角与舵停住后的实际舵角之间的偏差应不大于±1°，而且正舵时须无偏差。

③无论舵处于任何位置，均不应有明显跑舵(稳舵时舵偏离所停舵角)现象。在台架试验中，当舵杆扭矩达到公称值时，往复式液压舵机的跑舵速度应不大于0.5°/min，转叶式液压舵机应不大于4°/min。

④采用机械或液压方式操纵的舵机，滞舵(舵的转动滞后于操舵动作)时间应不大于1 s，操舵手轮的空转不得超过半转，手轮上的最大操纵力应不大于0.1 kN。

⑤电气和机械的舵角限位必须可靠。实际的限位舵角与规定值($\alpha_{max}+1.5°$)之差应不大于±30′。

(2)舵机的调整

试舵时如发现实际舵角与操舵仪指令舵角偏差过大，须查明原因并予以纠正，必要时对控制系统进行调整。随动舵控制系统的调整可分为零位调节和放大比例环节(或机械传动比)的调节。

对于不设浮动杆追随机构的电气遥控系统，应首先检查和调整操舵信号发送、传递和舵角反馈系统的各个环节，使舵轮在零位时，操舵仪的输出信号为零；在实际舵角为零时，使舵角反馈信号为零；而且在舵轮、实际舵角均在零位时，操舵执行电机或电磁阀的接受信号为零。然后，如有必要，对控制、反馈信号的放大比例等环节进行调整，使在各个操舵角时，舵能停止在与操舵仪指令舵角相一致的位置。

对于有浮动杠杆的遥控系统，应首先对各个控制杆件进行调整，然后再按上述原则对电气控制系统进行调整。一般浮动杆的传动比制造时已经确定，只需对控制杆进行零位调整。对于图7-83所示的舵机控制系统，可采取以下步骤进行调整：

①停用驾驶台的遥控机构，在销孔 Y 中插入插销，用手轮在机旁操纵，使操舵角指针指在零位。

②起动一台泵，如果舵停止时不在零位，则应调节该泵控制杆上的调整螺套3，至舵能停在零位为止，锁紧调整螺套。

③换用另一台泵，调节该泵控制杆上的调整螺套，同样使舵停在零位时锁紧螺套。

④分别使用一台和两台泵工作，验证舵在各种舵角工作无误后卸下 Y 处插销。

⑤使用遥控系统操舵，并对电气控制系统的操舵信号发送、传递和伺服油缸位移反馈等环节进行适当调整，使任一台油泵工作时，舵停止的舵角与操舵仪发送的指令舵角相同。

⑥备用遥控系统也应做同样调整。

(3)舵机液压系统元件的试验和调整

舵机液压系统所用液压元件的工作参数,如溢流阀、减压阀、调速阀、换向阀等的工作参数、变量泵变量机构的最大位移及其对应的操舵信号偏差范围等,在安装前必须由厂家按设计进行试验整定。在系统安装完毕、大修后或必要时也应进行实船试验调整。

液压舵机安全阀实船调整步骤如下:

①起动一台油泵,移开舵机控制机构的舵角限制元件,机旁控制向一舷操舵。如油泵为变量泵,当舵叶接近限制舵角时,应尽量使油泵以小流量工作。

②当舵受到转舵机构上机械舵角限制器的限制时,油泵的排出压力将升高。在达到调定压力时,安全阀即应开启。此时,应使泵保持额定流量,观察压力表的读数。

③如压力表读数与安全阀的规定整定压力不符,则应松开锁紧螺帽,转动调整螺栓,将压力调整到规定数值并重新将螺帽锁紧。

④向另一舷转舵,以同样的方法调整另一侧的安全阀。

调试过程中,必须注意防止系统的油压超过耐压试验的数值,安全阀每次开启时间不宜超过 30 s。安全阀的调整应在船检人员和轮机长在场的情况下进行。

(4)舵机系泊试验和航行操舵试验

系泊试验和航行试验在安装完毕或大修后进行。系泊试验的目的是检查舵机和控制系统安装的正确性,以及舵机的空载运动性能。试验内容包括:舵角指示器指示的正确性;供电系统的效能及相互转换;手动控制、遥控系统的效能及相互转换;电器设备的工作性能及绝缘性能;动力单元的转换(人工转换应在 10 s 内完成);液压系统和转舵机构的功能及工况转换;舵角限制功能;失电、过载、压力、温度、液位等的报警和自动切换功能等。要求舵机工作平稳,不得有严重的超载、超速、振动、液压冲击、异常噪声、过大的漏泄以及滞舵、冲舵和跑舵现象。

航行试验的目的是检验舵机负载情况下的工作性能。包括:

①主操舵装置操舵试验:在船舶以最深吃水、最大营运航速前进时,分别进行正舵→右满舵、右满舵→左满舵、左满舵→右满舵、右满舵→正舵、正舵→左满舵、左满舵→正舵操舵,每次转舵后保持 10 s。试验中,交替使用各电源、机组和控制系统。转舵速度应满足要求,不得有明显跑舵现象,电机、液压系统无过热、敲击、漏油等异常现象,电压、电流、转速、油压和操舵时船舶的最大倾角要进行记录,并不超过正常值。在最大倒航速度(一般为最大正航速度的一半,但不低于 7 kn)下,使操舵角逐次增大,舵机应工作正常。

②辅助操舵装置操舵试验:在船舶以最深吃水、最大营运航速的一半(不低于 7 kn)前进时,对备用操舵装置进行正舵→右舵 15°、右舵 15°→左舵 15°、左舵 15°→右舵 15°、右舵 15°→正舵、正舵→左舵 15°、左舵 15°→正舵等操舵,每次转舵后保持 10 s,转舵速度应符合要求。

③应急电源、自动舵操舵、报警和自动切换装置应进行效用试验。

舵机试验应在验船人员和船方代表在场的情况下进行。试验结束后由厂方整理试验数据,写出试验报告。

(5)开航前的试舵

每次开航前,值班轮机员应到舵机间,会同驾驶台的值班驾驶员对舵机进行试验。试舵时,驾驶员在驾驶台遥控起动一套油泵机组,并先后从 0°起向两舷进行 5°、15°、25°、35°的遥控操舵,判断舵机及其遥控系统工作是否可靠,舵角指示器指示是否正确,然后换用另一套油泵机组做同样的试验。备用遥控系统也应进行试验。

(二)舵机日常管理注意事项

正确的日常维护管理对于工作可靠性和延长舵机的无故障寿命至关重要,必须依照使用

说明书的要求严格执行,不可因为舵机工作正常而放松对其的维护管理。除了进行定期的维护外,日常管理中应注意以下事项:

(1)舵机的工作环境——舵机间应该保持清洁、干燥和合适的温度,以防止机械、电器元件过快锈蚀、过热等造成损坏,保证设备的工作性能,并为管理人员提供有利的工作环境。冬季注意供热保温,夏季和潮湿季节应注意适当通风。

(2)连接、锁紧件的紧固与设备清洁——随时检查安装螺栓、管路连接螺栓、传动连接杆件调节锁紧螺母等的紧固情况。保持舵机设备清洁,随时清除设备表面的油污、凝水水滴和其他污渍,以便于观察设备的漏泄及过热痕迹。特别是裸露金属面,更应经常清洁并涂布润滑脂,以防锈蚀。

(3)油箱油位——液压泵工作油箱和补油箱的油位应保持在油位计的2/3高度左右。油位增高表明油中混入过多气泡或油冷却器漏水,油位降低则表明系统漏油,都应及时查明、修复。

(4)设备和液压油工作温度——泵与电机等机电设备不应有过热现象,否则应立即查明原因,予以消除。泵轴承部位的温度比油温高10~20℃为正常。最合适的工作油温是30~50℃,高于50 ℃时应使用油冷却器。工作油温一般应不超过60℃,超过70 ℃时一般应停止工作,查明原因,加以解决。

(5)工作油压——小舵角时主泵的排出侧油压远低于额定工作油压,大舵角时也不应高于额定工作油压,否则说明舵机超负荷。主泵的吸入油压应不低于由补油条件(闭式系统)或吸入条件(开式系统)所确定的正常数值。辅助油路中各处油压应符合设计要求。指示仪表应保持完好准确,不检查时可关闭压力表阀。

(6)油液的清洁与过滤——平时应注意滤器前后的压差,按要求及时清洗或更换滤芯。应注意滤出物的属性及增长情况,以判断其来源,预测系统可能出现的故障。初次使用或系统大修后的舵机,更要注意及时清洗滤器。定期取样化验系统油液污染情况,对污染严重或变质的油液一定及时更换。为使油样真实,应在油液呈充分流动的状态下取样,取样前应对采样阀门和接管进行冲洗。要保持油箱加油口或透气口处滤器的完好,充入或补入系统的新油应严格过滤,防止外界杂质进入系统。

(7)润滑——油缸柱塞或活塞杆的暴露表面应保持清洁,并浇涂适量工作油,以减少杂质经挡尘圈和密封圈进入系统的机会,降低对柱塞表面和密封圈的磨损。长期停用时,这些表面应涂布润滑脂防锈。要注意对各传动杆件的铰接点、手动操纵螺杆及其轴承、舵杆轴承、舵柄传动摩擦件(如拨叉、滚轮或滑块)和导向面等处定期加注润滑脂,保持良好润滑。如设有油杯,应及时补充润滑油(脂),油杯中的油芯绳应定期用煤油或苏打水清洗,或者换新,保持通透性。

(8)漏泄——舵杆填料不应漏水,如发现漏泄可适当均匀上紧压盖,或在船舶空载时换新填料。舵杆填料的顽固性漏泄往往由于舵杆轴承径向支承损坏所致,一有机会就应及时修复。油箱、油缸、阀件、油管及接头等处不应漏油。油缸填料处出现漏泄,若少量调紧压盖不能消除,应及时换新V形密封圈。更换时拆开压盖,用专用工具取出压环和填料,或者借用手摇泵或主油泵小排量建立一定油压,慢慢挤出密封圈。安装时,垫圈、各道密封圈和压环要安放妥帖,不得歪扭,压盖要均匀适度上紧。操作时注意不要划伤密封圈和柱塞表面。柱塞表面的划痕可用细油石或研磨膏打磨光滑,如有较深的划痕,特别是纵向划痕,应送厂修复。

(9)振动与噪声——舵机应运转平稳、安静。如有异常,应即查明原因,设法处理。

(10)电气设备——定期检查电气设备的绝缘,检查和清洁触头、换向器,检查防止各接头松动,及时更换损坏的按钮、开关等元件,保持电气设备、仪表、指示灯和照明完好。

(三)舵机常见故障分析

对于发生部位或原因不明的故障,应首先查看舵机油泵的运转情况,必要时换用备用泵试验,并通过机旁应急操舵判断故障可能存在的大体范围,然后进行认真分析和相应检查,找出故障的确实原因,及时予以排除。对于遥控系统和电气系统的故障,也应采取分段检查判断的方法,予以查找排除。下面对常见故障及可能原因予以简单介绍。

1. 舵不能转动

(1)遥控系统失灵——油泵运转正常,机旁操舵正常。若是电气遥控系统出现故障,可能是电源故障、保险丝熔断、触头或连接接触不良、电气元件(如电磁阀线圈、力矩马达、自整角机)损坏等。还可能是舵机间电气遥控系统的受动元件或机构故障,如电磁阀阀芯卡阻,传动销(轴)松脱等。

如果有液压伺服系统,也可能出现故障,如辅泵损坏、伺服油缸旁通、溢流阀不能关闭、油箱液位过低、换向阀损坏、电气元件失灵等。

(2)主泵不供油——遥控系统信号发送、传递、接受和执行元件动作正常,但操舵时无油压变化或油压变化不明显。换用备用泵一般正常(两泵同时发生故障的可能性很小)。若泵不能起动可能是转动受阻(可盘车检查),或是电路故障。

若泵转动但无油压,可能是泵损坏;阀控型开式系统也可能是油箱油位过低或吸入侧堵塞;泵控型系统可能是主泵变量机构卡阻、控制油路故障、控制电磁阀或控制电机故障、控制连接杆件松脱、储存弹簧折断或张力不足等。

(3)主油路故障——操舵时油压变化不正常。如油压高于正常值,或使安全阀开启,可能是舵机负荷过大,或主油路不通(泵阀、缸阀、锁闭阀未开)。如油压低于正常值,可能是旁通阀开启、安全阀开启压力过低或关闭不严、备用泵锁闭阀关闭不严(备用泵反转)、阀控系统换向阀控制失灵或卡在中位、卸荷阀不能关闭等。

2. 只能单向转舵

(1)遥控系统只能单向动作——改用机旁操舵则正常。这是因为电气遥控系统只能给出单向操舵信号,例如控制电磁阀一端线圈损坏,或伺服油缸单向严重漏泄。

(2)变量泵只能单向排油——换用备用泵一般正常。这往往是泵的变量机构某一方向运动受阻。

(3)主油路单方向不通或旁通。可能是主油路某侧安全阀开启压力过低,或主油路锁闭阀单向不能开启。

3. 转舵速度慢

(1)遥控系统控制不当——机旁操舵正常。例如力矩马达输出力矩不足、泵最大排量限位过小、液压伺服系统辅泵流量太小或调速阀调节得过小、伺服油缸漏油等使伺服油缸运动速度不够等。

(2)主泵流量太小。可能是过度磨损造成泵内漏泄严重,或者泵局部损坏所致;也可能是变量机构行程太短(如行程限制过度、储存弹簧太软)或泵转速不足;此外,油中混有较多气泡或油箱油位低,也会引起泵流量减少。

(3)主油路有旁通或漏泄。安全阀、旁通阀关闭不严;换向阀、锁闭阀、隔离阀内部漏泄;转叶油缸或双作用往复油缸内部漏泄等。

4. 滞舵——舵的转动明显滞后于操舵动作

(1)遥控系统响应迟滞。

例如控制杆件传动间隙大、液压伺服系统混入空气、储存弹簧张力过小、液动主换向阀控制腔的回油缓冲节流口部分堵塞或开度过小等。

(2)主油路中混有较多气体——即使机旁操舵滞舵现象也不会消除,从系统中(高于大气压力处)可放出气体。

系统内空气来源可能有:充液或检修后放气不彻底;或工作油箱液位过低或补油压力太低,以及泵吸入气体;或从系统漏泄处或油缸密封处吸入空气。

(3)泵控型系统主油路内部漏泄或旁通较严重,这样泵刚开始小流量排油时,舵便可能不动或动得很慢。

5. 冲舵——舵转过指令舵角不停

(1)电气遥控系统故障,不能及时正确传递反馈信号。如相敏整流放大环节失调,电气元件故障;反馈环节失调,连接杆件或接线松动,元件损坏等。

(2)伺服系统换向阀卡阻不能及时回中、伺服油缸活塞跑位(漏泄、锁闭不严)。

(3)泵变量机构不能及时回中。例如控制杆卡阻、连接间隙大;变量活塞或机构不能及时回中。

(4)阀控型系统中液动换向主阀不能及时回中。例如阀芯卡阻或控制腔的回油缓冲节流口部分堵塞、开度过小等。

如果上述四种故障的严重程度由“不能及时”发展为“不能”,那么,舵将转动不停,一直“冲”到顶住机械舵角限位器为止。

(5)转舵油缸锁闭不严。在转舵惯性大,特别是负扭矩时,也可能发生一定程度的冲舵。

(6)油缸内存在较多空气,停止进油后,因高压侧气体膨胀、低压侧气体压缩而冲舵。

冲舵发生后,如果舵角反馈机构最终仍能反馈舵角信号,那么舵机将产生“振荡”,使舵叶在指令舵角附近左右摇摆。

6. 舵不准——实际舵角与指令舵角不符

往往是由于遥控系统(包括传动杆件和反馈机构)调整不当造成,可参照本节舵角偏差调整所介绍的步骤予以消除。传动杆件的支撑、连接点间隙过大也会引起少量舵角偏差。另外,如果系统中存在一定程度的内部漏泄、安全阀开启压力过低,那么舵转至某一舵角,系统油压升高到一定程度时,泵的供油全部漏泄旁通,无法实现更大舵角操舵。在无锁闭阀的浮动杆控制舵机系统中,如果两泵共用一套浮动杆,常用机械防反转装置防止备用泵反转引起旁通,但如两泵变量控制调整不同步,某一方向操舵时,备用泵在油压作用下会正向转动旁通油液,不能实现大舵角操舵。

7. 跑舵——稳舵时舵偏离所停舵角

多因主油路锁闭不严引起;也可能是控制系统工作不稳定引起,如电接触不良等。

8. 舵机有异常噪声及振动

(1)液流噪声。系统内空气的压缩、膨胀或在流经节流口时产生噪声,引起振动;系统内局部低压产生气穴;或吸入滤器堵塞使泵吸入不良、油温过低等也能产生噪声。

(2)液压阀噪声。例如安全阀的敲击、油路锁闭阀或液动换向阀因调整不当而动作过快产生敲击。

(3)泵机组异常振动或噪声。可能是地脚螺栓松动、泵与电机对中不良、联轴节损坏、轴承或泵内部件损坏引起。

(4)管路或其他部件固定不牢。

(5)转舵油缸填料过紧。

(6)舵杆轴承磨损或润滑不良。

第三节 起货机、锚机和绞缆机

一、起货机、锚机和绞缆机应满足的要求

(一)对船舶起货机的基本技术要求

船舶起货机虽因构造类型,驱动方式和制造厂家的不同而种类繁多,结构各异,但从生产实际需要而言,它应满足的基本技术要求如下:

(1)能以额定的起货速度吊起额定负荷。

(2)能依操作者的要求方便灵敏地起、落货物。

(3)能依据起吊货轻重、空钩或货物着地等不同情况,在较广的范围内调节运行速度,并具有良好的加速和减速特性。

(4)不论在起货或落货的过程中,都能根据需要随时停止并握持货重。

上述各项基本要求规定了:起货机必须具有相应的足够功率;必须有换向、调速、限速的能力;并需设置制动设备和某种机械性的固锁装置,以便有效制动和锁紧。

(二)对船舶锚机的基本技术要求

锚机工作时负荷变化很大,电动锚机通常采用双速或三速交流异步电动机;而液压锚机常采用有级变压液压油马达来限制功率,也可采用恒功率液压泵或液压油马达。按《钢质海船入级规范》规定,锚机应满足如下基本要求:

(1)必须由独立的原动机或电动机驱动。对于液压锚机,其液压管路如果和其他甲板机械的管路连接时,应保证锚机的正常工作不受影响。

(2)在船上试验时,锚机应能以平均速度不小于 9 m/min(此为锚机的公称速度)将单锚从水深 82.5 m 处(3 节锚链入水)拉起至 27.5 m(1 节锚链入水处)。

(3)锚机额定拉力应不小于 41.68 d^2 N(锚链直径 $d \geq 25$ mm)或不小于 35.8 d^2 N($d < 25$ mm)。

(4)在满足公称速度和额定拉力时,应能连续工作 30 min;应能在过载拉力(不小于 1.5 倍额定拉力)作用下连续工作 2 min,此时不要求速度。

(5)所有动力操纵的锚机均应能倒转。

(6)链轮与驱动轴之间应装有离合器,离合器应有可靠的锁紧装置;链轮或卷筒应装有可靠的制动器,制动器刹紧后应能承受锚链断裂负荷 45% 的静拉力;锚链必须装设有效的制链器,制链器应能承受相当于锚链的试验负荷。

(7)液压锚机的系统和所有受压部件应进行液压试验。液压泵试验压力为 1.5 倍最大工作压力(不必超过其 6.9 MPa);系统和其他受压部件试验压力为 1.25 倍设计压力(不必超过其 6.9 MPa)。

(三)对船舶系缆机的基本技术要求

绞缆机或绞缆卷筒应能保证船舶在受到垂直于船体中心线 6 级以下的风力时,仍能系住

船舶，其拉力大小应根据船舶的尺度按《钢质海船入级规范》推荐的数值选取。绞缆速度一般为15～30 m/min，最大可达50 m/min，达到额定拉力时，速度可减小到最低值。

二、单、双吊杆起货机，锚机和绞缆机的主要设备

吊杆式起货机是船上应用最早的起货机。这种起货机结构简单、初置费较低、维护简单，迄今仍为一般船舶所广泛采用。吊杆式起货机通常按吊杆承载能力分为轻型（吊重在10 t以下）和重型（吊重在10 t以上）；如按作业所需用吊杆数又可分为双吊杆和单吊杆。

（一）双吊杆起货机

双吊杆起货机由两根吊货杆和两台起重绞车组成，结构如图7-96所示。作业时，一根吊杆3放在货舱口上方，另一根吊杆4则伸出舷外。两根吊杆上的吊货索7、8均与吊货钩相连，并各由一部起重绞车卷动。装卸货物时，吊杆的位置不动，两人配合操作两部起重绞车，相应改变两根吊货索的长度，即可从船舱或码头起卸货物。

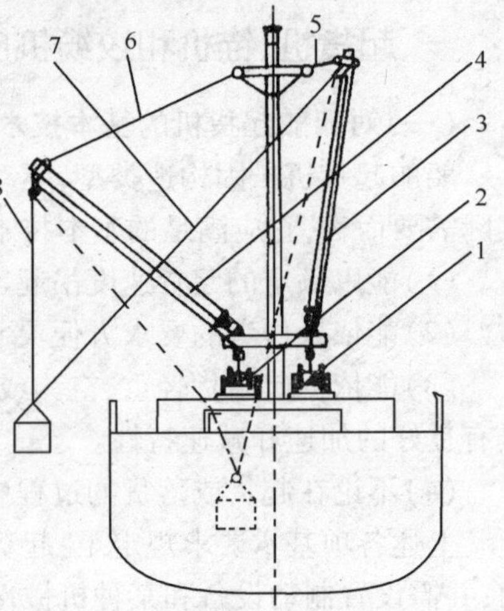

图7-96　双吊杆起货机

1、2—起重绞车；3、4—吊杆；5、6—千斤索；7、8—吊货索

（二）单吊杆起货机

单吊杆起货机的具体形式很多，归纳起来，基本上可分为用支索回转和用分离顶牵索回转两类。如图6所示为用支索回转的单吊杆式的作业情况。回转绞车2装有绕绳方向相反的两个卷筒，分别卷绕着两根牵索4，绞车转动时两根牵索分别卷起或放出，从而使吊杆5回转。吊杆的俯仰（变幅）则由变幅绞车3控制千斤索6的收放来实现。起重绞车1则收放吊货索控制吊钩升降。

（三）锚机与绞缆机的主要设备

船舶到达港口常需要在港外停泊，为能克服停泊时作用在船体上的水流力、风力和船舶纵倾、横倾时所产生的惯性力，以保持船位不变，需在船上设置锚设备。锚设备主要由锚、锚链、锚链筒、制链器和锚机等组成。锚机主要由原动机、传动机构和锚链轮等组成。根据锚机所用动力的不同，可分为蒸汽锚机、电动锚机和液压锚机；按链轮轴轴线位置的不同而分为卧式锚机和立式锚机。

船舶为停靠码头、系带浮筒、旁靠他船和进出船坞等所使用的机械设备，总称为系泊设备或系缆设备。系缆设备主要由系缆索、带缆桩、导缆孔或导缆钳、系缆机以及绳车、碰垫等组成。

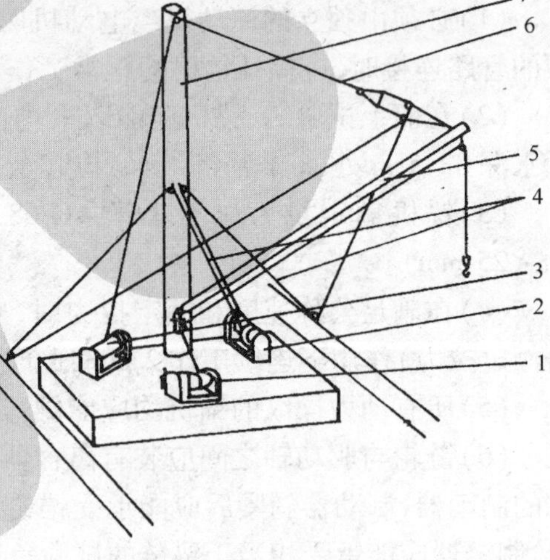

图7-97　单吊杆起货机

1—起重绞车；2—回转绞车；3—变幅绞车；4—牵索；5—吊杆；6—千斤索；7—起货柱

三、液压起货机操纵机构的主要类型和工作原理

液压起货机的操纵机构应能轻便灵敏地操纵换向滑阀或油泵的变量机构，以实现起货机的换向和调速。根据传动方式不同，液压起货机的操纵机构有机械式、液压式和电液式等几种。

（一）机械式操纵机构

机械式操纵机构由操纵手柄和一系列机械传动件组成，完全由人力操纵。机械式操纵机构虽较简单，但操纵费力，使用中必须特别注意机构的零位，各接头磨损后油泵和手柄的对中往往难以保证，故已较少采用。

（二）液压式操纵机构

液压式操纵机构可按动力不同而分为手动式和辅泵供油式两种。

1. 手动式液压操纵机构

图 7-98 即表示这类操纵机构的原理图。由图可见，这种操纵机构主要包括操纵和补偿两部分。操纵部分由主动操纵油缸 10、12 和从动操纵油缸 4、9，以及连通两者的管路组成。工作时，操动操纵台上的主动操纵油缸手柄，经齿轮齿条传动，迫使主动油缸中的活塞移位，产生的油压传至油泵旁的从动操纵油缸，使其中活塞产生相应的位移，再经机械传动带动换向节流阀或液压泵变量机构，实现换向和调速。

补偿部分主要由手摇泵 2、蓄能器 3、油箱 18 以及相应的管路系统所组成，可随时向低压管路补油，以免低压侧因漏泄出现真空和混入空气造成动作失调。使用时，打开截止阀 17，用手摇泵 2 从油箱 18 吸油，将其压入蓄能器，压缩其中的空气，使压力保持 0.4 MPa 左右，然后关闭截止阀 17。这样，当操纵系统某侧油压较低时，蓄能器的油液就会顶开相应的单向阀向系统补油。手摇泵 14 用来向新装或拆修过的系统充油。

2. 辅泵供油式液压操纵机构

功率较大的装置为了操纵轻便省力，普遍采用辅泵供油作为操纵的动力。下面介绍一种常见的由辅泵供油、手控双联比例减压阀控制的液压操纵机构。

手控双联比例减压阀实际是一对手控调压的直动式减压阀。其输出油液的方向和油压的大小由手柄扳动的方向和摆角的大小决定。图 7-99 示出力士乐公司生产的手控双联比例减压阀结构图。

静止时，手柄 3 在两侧的复位弹簧 6 作用下保持在图示的中位，这时阀的油出口 1、2 经阀芯 4 中的油孔 9，与回油口 T 相通。当操作手柄向某侧克服复位弹簧 6 和控制弹簧 5 的张力向下推动柱塞 7 时，该侧控制弹簧 R_5 便推动阀芯 4 下移，油孔 9 使油出口 1（或 2）与 T 隔断，继而与进油口 P 相通。一旦油出口压力与控制弹簧 5 张力相平衡时，阀芯 4 即上行切断油出口与 P 的通路；而出口油压力低于控制弹簧 5 的调定值时，阀芯 4 又会下移，接通 P 口向出油口补油。

由于控制弹簧 5 的张力随手柄的转角增大而增大，所以油口 1 或 2 输出的油压 p 也随手柄的转角增大而增大。这样，操动手控比例减压阀控制液动换向节流阀或双向变量油泵，即可使起货机实现起停、换向和调速。

（三）电液式操纵机构

电液式操纵机构是借电力传递控制信号，并经液压放大的一种操纵机构，由于其传递控制信号十分方便，且不受距离远近的影响，故特别适用于远距离操纵，并可通过便携式控制器在

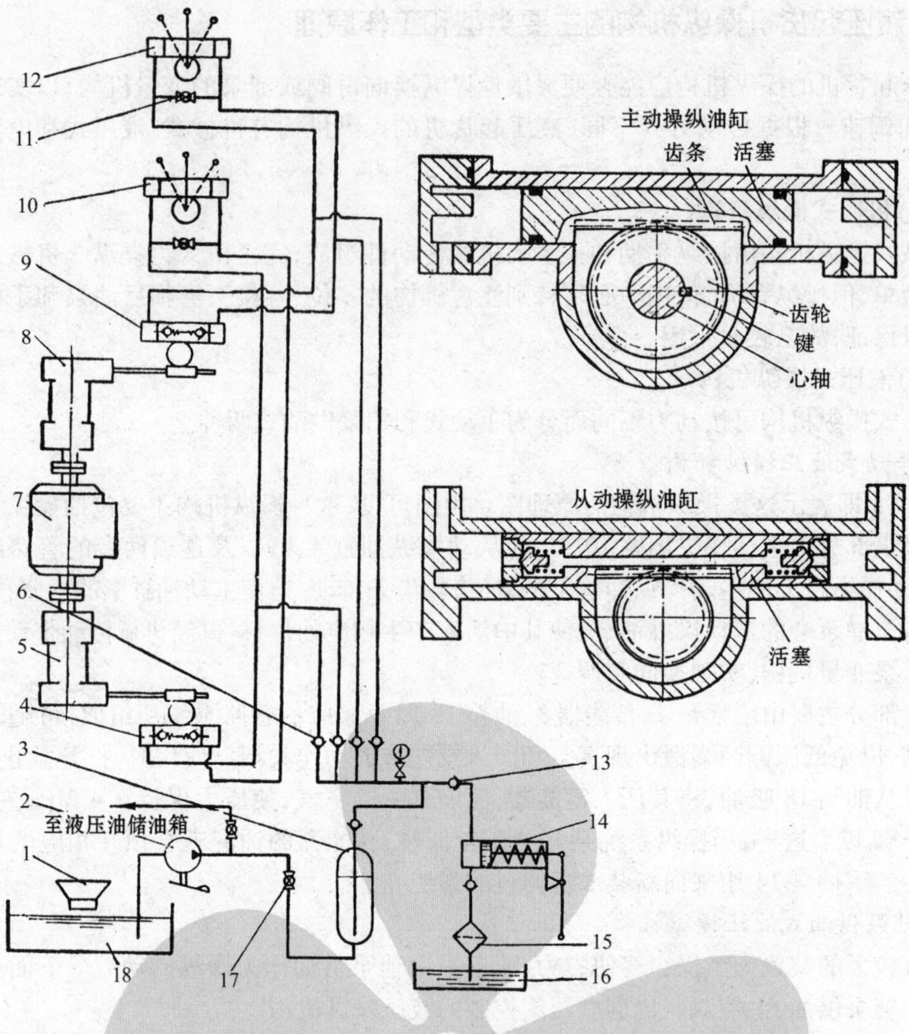

图 7-98 手动式液压操纵机构原理图

1—集中泄油漏斗;2、14—手摇泵;3—蓄能器;4、9—从动操纵油缸;5、8—双向变量泵;6、13—单向阀;7—电动机;10、12—主动操纵油缸;11—旁通阀;15—滤油器;16、18—油箱;17—截止阀

甲板及驾驶台等任意处所进行遥控。

1. 应用电磁比例换向阀的电液式操纵机构

目前应用的电液式操纵机构,常采用由比例电磁铁制成的电磁比例元件。比例电磁铁是一种直流电磁铁,它与普通电磁铁的差别在于它所产生的电磁力与输入信号的大小成比例。用比例电磁铁控制的换向阀,称为电磁比例换向阀。应用比例电磁铁还可以制成其他各种电磁式比例元件,例如电磁比例减压阀、电磁比例调速阀以及用比例电磁铁代替调节螺栓的电磁比例溢流阀等。

2. 应用电磁行程控制器的电液式操纵机构

当操纵手柄产生动作并发出电流信号时,相应的电磁行程控制器其中的一侧电磁铁就会产生大小相应的电磁力,操纵手柄的移动方向也就是相应的电流方向决定了油泵的吸排方向,操纵手柄的移动距离决定了油泵的流量大小。

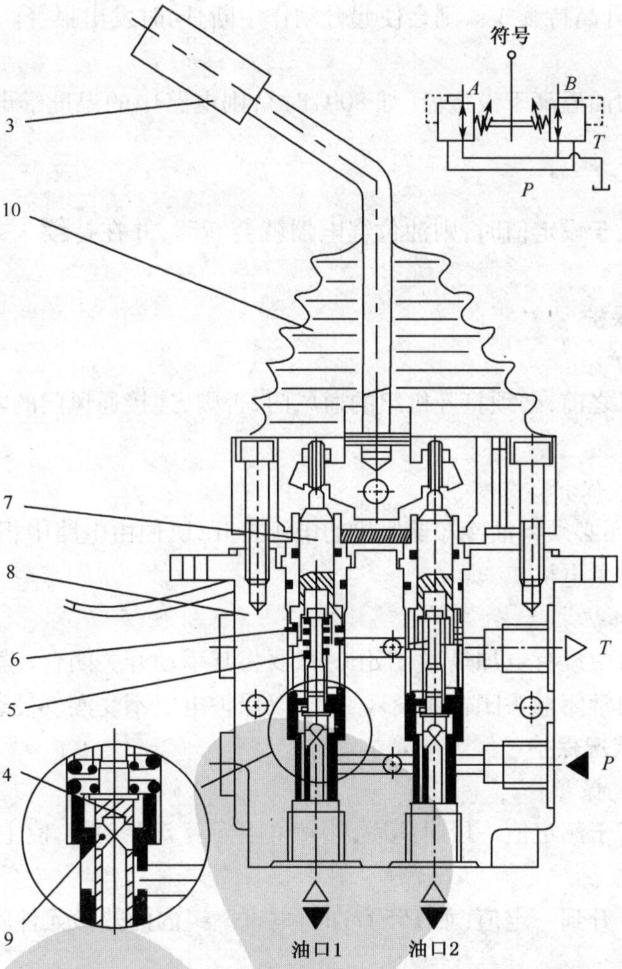

图 7-99　手控双联比例减压阀

1、2—油口；3—手柄；4—阀芯；5—控制弹簧；6—复位弹簧；7—柱塞；8—阀体；9—油孔；10—防尘罩

四、回转式起货机的安全保护装置

在液压系统和电路的设计上回转式液压起货机常考虑其安全保护措施，越是先进的起货机，各种安全保护措施也越周全，管理人员对此必须充分掌握，以便在克令吊因工作（例如某些安全保护装置卡死或移位等）而造成操纵失灵时，能迅速和及时地排除故障。起货机一般有以下安全保护装置。

（一）液压系统工作状况保护

1．补油低压保护

当补油压力低于系统设定时（当液压系统缺少液压油或系统局部脏堵等），压力继电器就会动作，使起升和回转机构无法动作，并在控制手柄一离开中位时就发出报警。

2．控制油低压保护

当控制油压低于设定值时（此时各类控制动作将会失灵），相应的压力开关就会动作，切断主电机控制电路，同时报警。

3．起升高油压保护

当起升机构超载致使高压管路中的油压升高到设定值（如 30 MPa）时，则相应的压力继电器就会动作，如压力升高持续3 s，则会使起升动作中断，同时发出报警。

4. 高油温保护

当液压油泵组的油温高于设定值（如80℃时），则电路中的温度继电器就会断电，使主电机断电并报警。

5. 低油位保护

当主油箱油位低于设定值时，则油位继电器就会断路，并在持续3 s后，使主电机断电并报警。

（二）设备连锁保护

1. 通风连锁保护

起动起货机电机之前，必须打开机组的通风门，否则，连接通风门的限位开关不能闭合，无法起动电机。

2. 油冷却器连锁保护

起动电机之前，还必须将油冷却器风机的电源打开，以便由电路中相应的温度继电器加以控制，否则，无法起动主电机。

3. 电机的自动加热

在起货机的电机中设有电加热器，工作时只要将其手动开关闭合，就会使电动机在起动以前和暂停工作期间因常闭触头闭合而投入工作，以保护电机不受潮气侵袭。

（三）电气工作状况保护

1. 主电机过电流保护

当主电机电流高于额定值一段时间后，热敏电阻元件就会动作，使主电机断电并报警。

2. 主电机高温保护

当主电机温度上升到一定值（如155℃）时，电机绕组内的热敏元件就会动作，使主电机断电而停机。

3. 电子放大器高温保护

当电子放大器温度高于一定值（如85℃）时，通过热敏电阻切断控制回路并发出报警。

4. 控制电流过高保护

当控制电流大于额定电流时，则主开关跳闸。

除上述各种安全保护外，在电气回路中还设有短路保护和过载保护。

（四）机械限位保护

1. 吊钩高位保护

在起升吊钩或降落吊臂的过程中，当吊钩接近吊臂前端时，即会使电气限位开关动作，这时相应的控制电路断开，从而，阻止吊钩的继续起升或吊臂的降落。

2. 吊货索滚筒终端保护

当吊货索滚筒在吊钩起升过程中，钢丝缆绳卷满或吊钩下降过程中钢丝绳索只剩下三圈时，都会使各自的限位开关动作，从而使起升过程或吊钩降落过程终止。

顺便指出，在采用油马达作变幅机构执行元件的起货机中，还设有吊臂的高位和低位限制，并只有在作业开始和结束时用钥匙闭合相应的手动开关，才能在最低限位角下操纵吊臂。此外，上述的限位保护也有靠在液压系统中设置顶杆式机械控制滑阀来实现的，对于这样的起货机，使用时必须注意防止顶杆和滑阀的卡阻。

五、自动绞缆机的功用和工作原理

在停泊期间，随着潮汐涨落或船舶吃水变化，普通绞缆机必须采用人工收紧或松开缆绳，避免缆绳过紧而拉断或缆绳松弛失去系缆作用，以保证船舶可靠系泊。然而，由于船舶装卸及潮汐涨落频繁，采用人工操作绞缆机不仅工作量太大，而且稍有操作不当，因受力不均会导致缆绳拉断；而且大型船舶缆绳粗重，采用人工操作非常困难。因此，目前新建船舶普遍采用自动绞缆机，它能使拉紧缆绳的张力保持在设定范围内，缆绳所受拉力过大则自动放松缆绳，而缆绳松弛时又能自动收紧。

对于采用定量油马达的绞缆机而言，作用在绞缆机上的扭矩与工作油压成正比，因此，作用在绞缆机上的载荷大小也就是系缆张力，就与作用在油马达上的工作油压成正比，只要实现对作用在油马达的工作油压进行控制，就能控制油马达的扭矩，即自动控制系缆张力。目前实现的具体方法主要有用压力调节器控制的定量泵或变量泵式，以及带压力伺服器或压力继电器和蓄压器的定量泵式或变量泵式等几种。

（一）用压力调节阀控制的定量泵式自动系缆机

如图 7-100 所示，该系统主要由定量泵 1、压力调节阀 2、油马达 3 和卷筒 4 等组成。卷筒 4 由油马达 3 驱动。油马达的动力来自油泵 1，而其输出转矩则由压力调节器 2 调定。当缆绳张力减小时，从油泵 1 输出的压力油驱动油马达旋转，使得卷筒 4 卷入，缆绳收紧，缆绳的张力增加并使得油压逐渐提高，直至达到压力调节阀 2 的设定值，油马达停转，此时，工作油停止向油马达供油，经压力调节阀 2 旁通回油箱 5。如果缆绳张力上升，并超过压力调节阀设定值时，则油马达将会在缆绳的牵动下反转，卷筒就会放出缆绳，此时，油马达就变为油泵工况，与油泵 1 的排油，同时经过压力调节阀 2 回油箱 5。

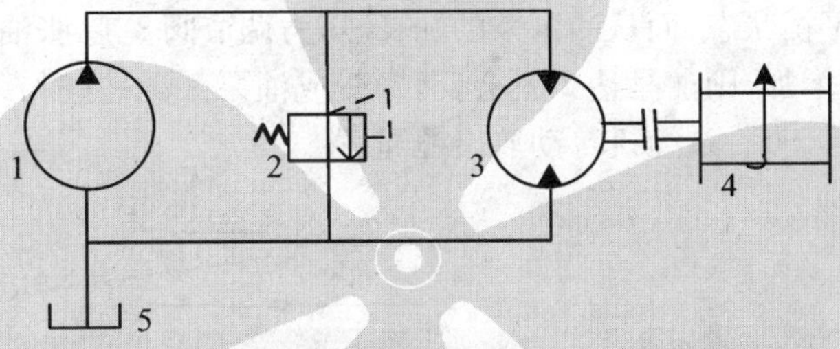

图 7-100 用压力调节阀控制的定量泵式自动绞缆机原理

1—油泵；2—压力调节阀；3—油马达；4—卷筒；5—油箱

这种自动系缆机结构简单，但工作时必须使大量的高压油液流经压力调节阀，压力骤减而温度升高，故需要充分冷却。同时，压力调节阀的工作条件不够稳定，工作时也需要给予充分注意。此外，油泵总在大流量下工作，很不经济，因此，只适用于功率较小的场合。

（二）带蓄压器的定量泵式自动系缆机

自动系缆机油泵所需的功率一般较小，但油泵的工作时间却较长，因此，在自动系缆机中就经常专门设置小容量的油泵，而在一般系缆过程中，则使用大流量泵或大小油泵同时并联使用。除此之外，还可在系统中设置蓄压器，以使油泵能间歇工作，从而减小功耗。图 7-101 中，1 是蓄压器，用以缓冲系统因负荷变化而引起的冲击，9 是压力继电器，当蓄压器 1 中的油压降低到压力继电器 9 的低压调定值时，油泵 7 起动，向蓄压器补油，直至蓄压器中的油压降低到压力继电器的高压值时，油泵又断电停止，这样利用蓄压器和压力继电器，即可实现油泵的间歇工作，从而使自动系缆机的功耗得以减小。

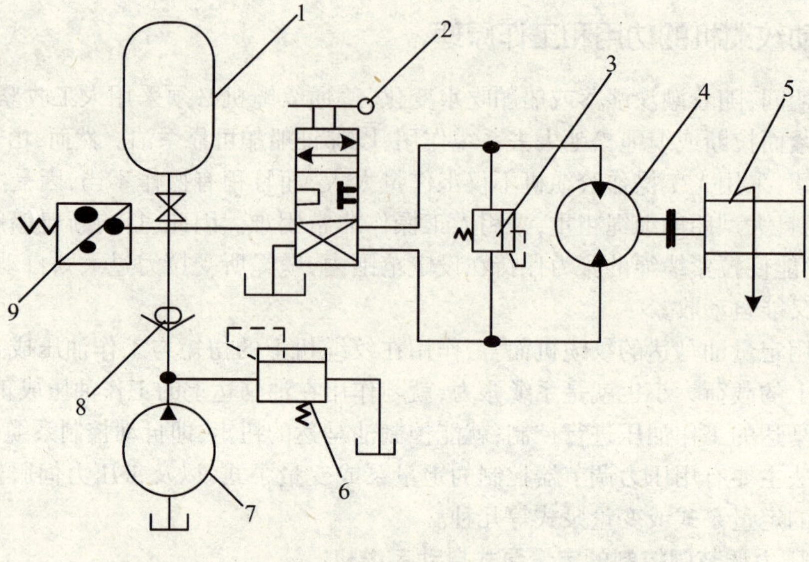

图 7-101　带蓄能器的定量泵式自动绞缆机工作原理图

1—蓄能器;2—换向阀;3—溢流阀;4—油马达;5—卷筒;
6—溢流阀;7—油泵;8—单向阀;9—压力继电器

(三)带压力继电器的变量泵式自动系缆机

如图 7-102 所示,变量泵 6 的流量由压力继电器 7 进行双位调节,当缆绳张力小于压力继电器 7 的调定值时,因系统油压较低,压力继电器 7 处于接通状态,电磁阀 4 有电,泵以最大流量工作,快速卷入缆绳。随着缆绳的卷入,张力逐渐增加,当张力增加至调定值时,压力继电器动作,使电磁阀 4 断电,变量机构油缸两侧进排油方向发生改变,泵的流量降至最低,此时,油马达停止转动,处于平衡状态,而从油泵来的油,经压力调节阀 8、膨胀油箱 10 返回油箱 3。假如缆绳的张力进一步增加,则油马达 2 就会反转,变成油泵工况,这时,系统油压升高,使压力调节阀 8 进一步开大,于是,系缆机自动放出缆绳。

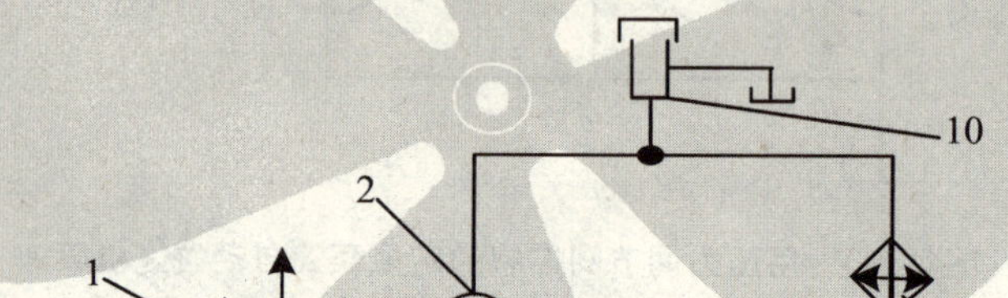

图 7-102　带压力继电器的变量泵式自动绞缆机原理图

1—卷筒;2—油马达;3—油箱;4—电磁换向阀;5—变量机构油缸;
6—油泵;7—压力继电器;8—溢流阀;9—冷却器;10—膨胀油箱

A.甲板机械的液压系统

回转式液压起货机又称克令吊(CRANE),这里重点以回转式液压起货机系统为例介绍甲板机械的液压系统。根据液压起货机的三个系统:起升系统(吊货系统)、变幅系统和回转系统的负荷特点,又分为起重机构液压系统(起升和变幅系统)及回转液压系统。

根据换向和调速的控制方式,液压系统又可分为阀控型和泵控型;前者可用开式或闭式系统,后者一般用闭式或半闭式系统。本章重点分析典型的起重机构的阀控型开式系统和泵控型闭式(半闭式)系统,回转机构液压系统相对起升系统而言相对简单,其内容与起升系统有雷同,因而不作专门介绍。

一、起重机构液压系统的负荷特点

起重机构液压系统负荷的特点是:主要工作负荷是重力负荷。无论是在重物升起、降下或停在半空时,重力负荷始终单方向存在。故执行元件的两根主油管工作中始终不变地分别承受高压和低压,以产生方向不变的液压力或扭矩与重力相抗衡。于是,起重机构液压系统具有以下特点:

(1)只有一侧油路承受高压,要求限压值较高,而另一侧限压值较低。

(2)必须能限制重物降落时的速度,防止货物在重力作用下坠落速度过快。

(3)重物停在空中时应能实现可靠地制动,以防其在重力作用下向下滑落。

(4)若重力负荷变动范围较大,则需要采取功率限制措施。

二、回转机构液压系统的负荷特点

回转机构液压系统负荷的特点是:主要工作负荷是因回转运动所引起的并与运动方向相反的阻力负荷和起停时的惯性负荷。其顺时针和逆时针方向的负荷如在货重一定并且船体不产生明显横倾时,执行元件两侧的油路所承受高压就基本相同;停止时则负荷消失(只有在船体发生倾斜时才会产生额外的负荷)。当运动部件质量较大时(如克令吊),起、停时的惯性负荷较大。这种系统的特点是:

(1)系统的两侧油路高压限压值相同。

(2)普通船舶克令吊一般无须限速措施,但若考虑恶劣海况下,即船舶倾斜时仍能工作,则双侧油路都需有限速措施。

(3)停止动作时,如考虑船体倾斜,则必须采用机械制动。

(4)负荷变化不会太大,一般无须专门的功率限制措施。

三、阀控型开式液压系统的基本组成和工作原理

图7-103所示为采用单向节流阀限速的起重机构阀控型开式液压系统的原理图,其工作情况及有关特点分析如下。

(一)换向和调速

阀控型系统一般多采用定量液压泵1,泵的排油方向不变,因此,要实现执行元件的运动方向的变化,需要设三位四通换向阀3。

由于阀控型系统通常采用的是定量泵,为使液压甲板机械操作方便,一般都采用既可换向

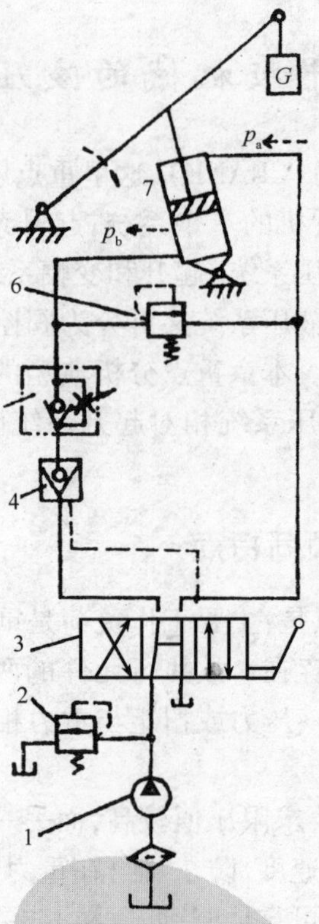

图 7-103 用单向节流阀限速的阀控型开式液压系统

1—单向定量泵；2—安全阀；3—手动换向节流阀；4—液控单向阀；5—单向节流阀；6—制动阀；7—液压缸

又可节流的换向节流阀。输入执行元件的油的流量需要由换向阀 3 在实现换向的同时，通过位移大小的变化来完成，对执行元件进行节流调速，而让多余的泵流量通过溢流阀 2 返回油箱。有的阀控型系统为限制功率，采用恒功率变量泵或变量油马达。根据所用换向节流阀结构形式的不同，主要有并联节流调速和定差节流调速两种，后者又有定差溢流式和定差减压式之分。

1. 并联节流调速

并联节流调速所用的换向节流阀的原理可如图 7-104 所示。当换向阀处于中位时，$P—T$ 相通，液压泵卸荷，执行元件不动；当阀芯从中位右移，在油路 $P—A$ 开通时，$P—T$ 并不立即隔断，而是随 $P—A$ 开大而逐渐关小。随着滑阀逐渐右移，进入执行机构油马达的流量 Q_2 相应增大，回到油箱的流量 Q_3 逐渐减小，从而实现调速。

2. 定差溢流节流调速

采用图 7-105 所示的形式，这种调速方法的工作原理采用的是溢流节流阀，可实现定差溢流节流调速，只是用手动换向节流阀代替了其中的节流阀而已。

在定差溢流式换向节流阀中，由于定差溢流阀 2 两端的油腔分别同换向节流阀 1 节流前后的油路相通，即右端通油泵的排出压力 p_1，左端则经单向选择阀（或梭阀）承受液压油马达的进油压力 p_2，因此，只要溢流阀的弹簧做得很软，其阀芯移动量又很小，则换向阀节流前后的油压差（p_1-p_2）即可像溢流节流阀那样近似保持恒定，从而使流经换向阀的流量基本上取决于阀芯位置，不受油马达载荷影响。

采用定差溢流节流调速，执行元件的进油流量与载荷无关，执行元件的速度较稳定；同时，

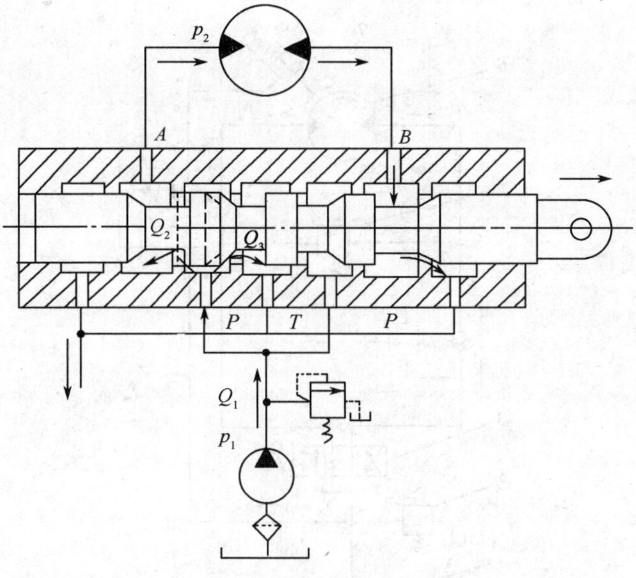

图 7-104　并联节流调速原理图

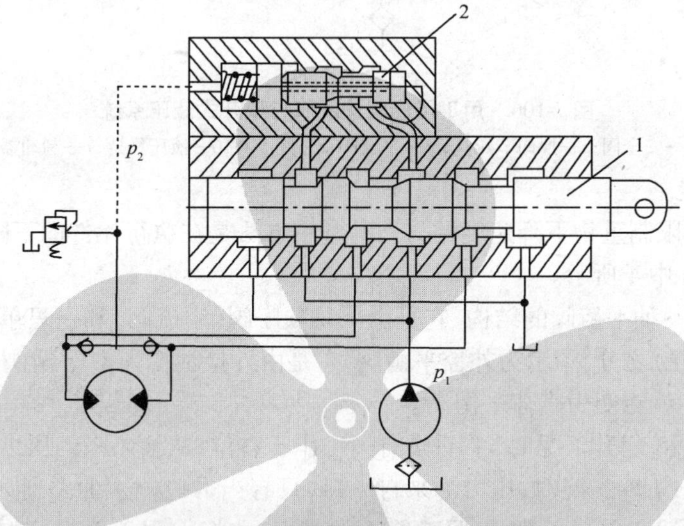

图 7-105　定差溢流节流调速原理图

1—手动换向节流阀;2—定差溢流阀

因定差溢流阀的调定压差通常不大,故执行元件的速度随滑阀位移的变化较缓,调速平稳;而且调速效率较高,轻载低速时尤为明显。除定差溢流节流外,调速还可以采用定差减压节流,即在换向节流阀前,串联定差减压阀,原理类似于普通调速阀。

（二）限速

开式液压系统如果在落货时不设法限制执行元件的回油量,那么执行元件在重力作用下仅需克服较小的摩擦阻力,重物的下降就会作加速运动,而达到危险的程度。因此,系统需采取限速措施。常见的限速措施有以下几种。

1. 单向节流阀限速

在图 7-106 中,重物降落过程中,从执行元件 7 出来的回油经过所设的单向节流阀 8,此时油流只能经节流阀一侧,由于其流量受到节流阀的限制,因此可起到限速作用。

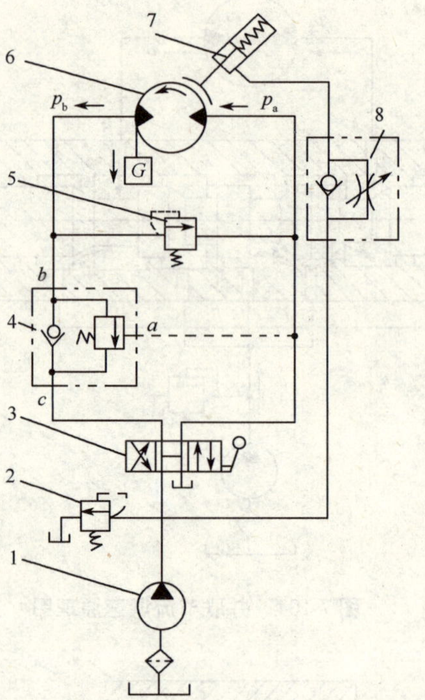

图 7-106　用平衡阀限速的阀控型开式液压系统

1—单向定量泵;2—安全阀;3—换向节流阀; 4—平衡阀;5—制动阀;6—液压马达;7—制动器;8—单向节流阀

2. 平衡阀限速

开式液压系统限制重物下降速度的另一种常用方法是在执行元件的下降排油管一侧装设平衡阀,如图 7-106 中 4 所示。

图 7-107 示出一种平衡阀的结构,它是由一只顺序阀(溢流阀)和一只单向阀组合而成的,有直控和远控(外控)之分,图示为外控平衡阀,它是由外接油口 a 对平衡阀进行控制,如果将 a 管与 b 管相连,则就转变为直控平衡阀。

如图 7-107 所示,起升工况时,手动换向阀工作于右位,从油泵来的压力油供入 c 口,顶开单向阀 5 通往 b 口;下降工况时,压力油来自 b 口,只有当另一侧主油路通入远控油口 a 的控制油压作用在控制活塞 3 的底部,克服弹簧 4 的张力,才将主阀 3 顶起,b 口的油才能经主阀通往 c 口。下降管油液的流量大小也就是落货速度的快慢,取决于主阀 3 的开口大小,其开度又取决于 a 管油压的高低,a 管油压越高,则主阀 3 的开度越大,因而落货速度加快,反之则会降低。开式系统无论采用哪种方法限制重物下降速度,都是在执行元件的下降回油管上节流,总会导致额外的节流损失,重物的位能无法回收,会转化为油的热能,故称为能耗限速。

在起重机构的开式液压系统中,执行元件下降工况的进油管路无论在何种工况下,都不会承受太高的油压;而在执行元件出口到限速阀件(单向节流阀或平衡阀)之间这段油路,在任何工况都承受较高油压。因此,平衡阀和单向节流阀等限速阀件安装时往往紧贴着执行元件的下降工况回油口,缩短高压油管的长度,减少管子爆裂的可能性,以免漏油而发生重物坠落事故。

(三)制动

液压装置的制动一般首先利用系统操纵机构停止向执行机构供油,使得执行机构停止动

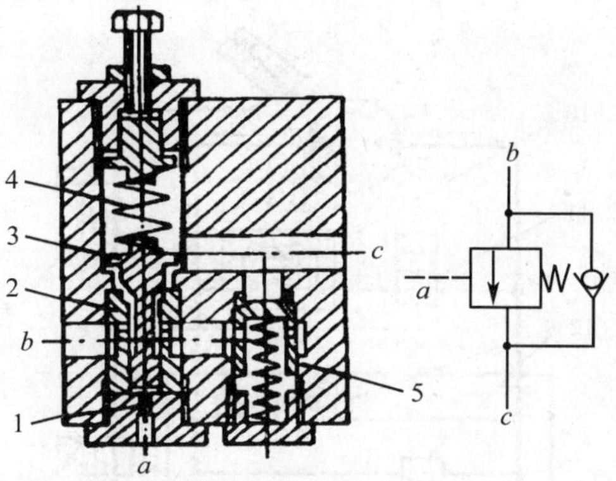

图 7-107　外控式平衡阀原理图

1—阻尼孔;2—阀座;3—阀芯;4—调压弹簧;5—单向阀

作,然后再利用机械制动器(闸)实现可靠制动。开式液压系统一般利用换向阀的回中,停止向执行机构(油缸或油马达)供油,换向阀一般采用 O 型或 M 型机能;由于换向阀存在内漏,不能实现可靠制动,即利用换向阀的回中,只能实现执行机构短暂的"停止转动或移动"。为了实现可靠的制动,在换向阀回中后,经过适当的延时,机械制动器抱闸,利用制动器实现可靠制动,如图 7-106 中的 7。

(四)限压保护

在液压系统的主油泵出口附近,一般装有安全阀,以防起升系统吊起负荷过重时液压泵排压过高,使电机过载或损坏装置,安全阀打开的设定压力就是起升机构的额定工作负荷,也即起货机的吊货的最大重量,由主油泵出口处的安全阀设定值决定。

此外,如果起重机构运动部分质量较大,在下降工况突然液压制动(如换向阀回中太快),则会产生很大的惯性力,使执行元件回油管路的压力急剧升高,有可能超过执行元件或管路的承压能力。为此,系统中设有作为制动阀用的溢流阀,制动时若回油管路的油压太高,会被开启。制动阀的调定压力一般高于与安全阀 2 的设定值,前者设定值的依据是执行机构或高压管路的承受压力能力,而后者的设定值是依据油泵电机的负荷大小。

四、泵控型闭式(半闭式)液压系统的基本组成和工作原理

图 7-108 示出起重机构的泵控型闭式(半闭式)液压系统的原理图。

(一)换向和调速

泵控型液压系统采用变向变量主泵 1 供油,执行机构的换向是通过改变主泵的吸排方向来实现,即通过改变进出液压油马达 9 的油液流动方向,改变油马达的转向。由于变向变量泵在改变排油方向时其流量随着变量泵的变量机构(斜盘或斜轴)的倾斜角的变化总是先由大变小,然后再反向由小变大,故液压冲击小,换向平稳。

泵控型系统调速是用改变主泵流量的办法,属容积调速。若忽略系统的漏泄损失,则液压泵的流量 $n_P q_P$ 等于液压油马达的流量 $n_M q_M$,油马达的转速

$$n_M = n_P q_P / q_M \tag{7-20}$$

因为泵的转速 n_P 和油马达的排量 q_M 不变,故油马达的转速将随泵的排量 q_P 成正比地改变,可以实现无级调速。容积调速没有换向节流阀的节流、回流损失,经济性比节流调速好,液压油发热少。

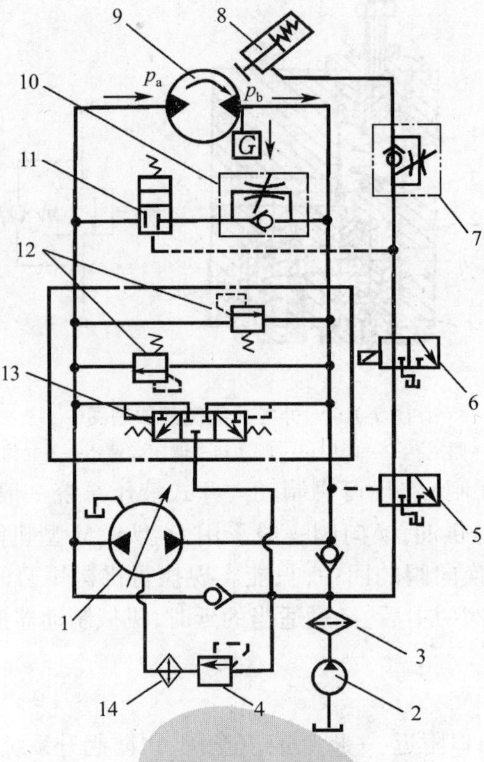

图 7-108 泵控型闭式(半闭式)系统

1—主油泵;2—辅油泵;3—细滤器;4—背压阀;5—失压保护阀;6—二位三通电磁阀;7,10—单向节流阀;8—制动器;9—油马达;11—中位阀;12—安全阀;13—低压选择阀;14—冷却器

(二)限速和制动

闭式起升液压系统对落货速度的限制与开式起升液压系统的限速方式完全不同:开式系统的限速方式采用单向节流阀或平衡阀进行限速,而对于闭式系统,当重物下降时,油马达 9 受落货的重力驱动排油,此时的油马达相当于液压泵,而主泵 1 则受油马达 9 的排油驱动,进油压力大于出油压力,主油泵 1 成了靠液压能驱动的液压油马达,帮助电动机转动,可补偿同轴其他各泵所需功率,与此同时,该主泵就会消耗油马达因重物降落产生的油液压力能,闭式系统这种能在重物下降时回收利用其位能的限速方式称为再生限速。

闭式起升系统的制动理论上是通过主泵变量机构回到中位来实现的,此时油泵的流量为零,则油马达的转速也降为零,理论上即能实现液压制动。然而,泵在实际操纵中可能出现回中误差,因而,油泵变量机构回中使得油马达暂时“停转”后,因油泵存在回中误差,导致油泵继续向油马达少量供油,致使油马达继续缓慢转动(货物降落或上升),因此,在图示系统中加设了机械制动器 8 和中位旁通阀 11。每当主泵操纵手柄回中时,刹车控制阀 6 随之断电,先使制动器 8 中的油液经单向节流阀 7 的单向阀泄油即时抱闸,然后中位旁通阀 11 在单向节流阀 10 的节流阀延时泄油后使主泵油路旁通卸荷,这样一来,以机械制动器 8 实现油马达 9 的可靠制动,同时利用中位阀将油泵不能完全回中产生的液压油旁通,不至于对油马达产生转动力矩而损坏机械制动器或使油泵排出段产生高压。当操纵手柄离开中位时,电磁阀 6 有电,控制油让中位阀隔断,同时又经阀 7 节流后进入制动器油缸,使制动器待主油路中建立起油压后再延时松闸,从而避免重物瞬间下坠。值得一提的是,由于采用中位阀,与机械制动器 8 相连的单向节流阀 7，最终实现的是延时松闸和即时抱闸的方式，以防中位阀旁通油路瞬间产生落货的可能。

电磁阀 6 还可在装置意外失电时，使制动器因迅速泄出控制油而抱闸，防止货物跌落。

（三）限压保护

为防止起货机因超载而导致系统油压过高，装设了双向溢流阀 12。通过分析起货机闭式起重液压系统的工作情况可知，无论在重物起升还是下降时，图 7-108 中起升时向油马达供油的那根主油路总是承受高压（图中右侧主管路），而起升时从油马达回油的主油路则总是承受低压。因此，保护该高压油路的安全阀的调定压力可调得比保护另一侧低压油路的安全阀要高一些。

（四）系统的补油和散热

对于工作频繁、负荷较大的闭式系统，常采用从低压油路一侧连续更换部分油液的方法，加强对系统油液的散热冷却。为此，在系统中装设置了低压选择阀 13，工作过程中，阀 13 在主泵吸排油压差的作用下被推向一端，从而使低压侧管路中部分油液能经背压阀 4、冷却器 14，继而对主油泵进行冷却后送回油箱；辅泵 2 向主油路的低压侧连续补油，以补充经低压选择阀和散热器回系统而造成的低压，以及由于液压主泵和油马达都存在油液漏泄而回到油箱的油液，低压侧油管的油压由背压阀 4 调定；另外，辅泵 2 还向系统的中位阀、制动器等提供控制油。

由于起升系统始终只有一根油管承受高压，低压选择阀也可采用二位三通阀。功率较大的闭式系统补油量可占主泵流量的 1/3 左右，这样的系统称为半闭式系统。

五、液压甲板机械限制功率的主要方法

根据油马达的工作原理可知，油马达的输出扭矩：$M=\Delta p q_M \eta_m / 2\pi$，油马达的转速：$n_M=\dfrac{60Q\cdot\eta_v}{q_M}$，油泵输出功率：$P=\Delta p Q$，如果不计系统泄漏及机械损失等，油泵的输出功率近似等于油马达的输入功率。

根据上述公式，对于定量油马达，由于油马达的每转排量 q_M 为定值，液压系统的最大工作压力由安全阀调定，此时油马达的最大输出扭矩为一定值，于是油马达的调速在 q_M 为定值的情况下，只能通过改变油泵排量 Q 来实现，这种调速方式称为恒扭矩调速。采用恒扭矩调速时，泵的最大输出功率与马达在最大负荷时的最高转速成正比。

甲板机械中，无论是锚机、绞缆机，或是起货机的起重绞车，往往负荷变化很大。如果重载时的最高速度和轻载时相同，则原动机的功率必须按重载（工作压差 Δp 最大）、高速（流量 Q 最大）来选取，因此必然很大；而轻载时，原动机的功率利用率低，效率也就不高。

事实上，甲板机械可以在重载时将执行元件的速度限制到较低水平，而在轻载时允许采用较高速度，这样就有效地降低或限制了重载时的最大输出功率，从而可降低液压泵原动机的匹配功率，并且装置的功率利用率也可以提高。下面介绍几种常用的可限制功率的液压系统。

（一）恒功率变量泵液压系统

工作过程负荷变化大的液压甲板机械，如锚绞机械，可采用恒功率变量泵作为液压系统主泵，配合定量液压油马达工作。在负荷（M）增大时，工作压力 p 升高，则泵的流量 Q 减小，定量马达的转速降低。一般这种调速过程负荷是自变量，转速是因变量，调速过程液压泵的功率 $P=\Delta p Q\approx C$（常数），称为恒功率调速。恒功率泵可以是单向变量泵（用于阀控型系统）；也可以

是双向变量泵(用于泵控型系统)。

（二）恒功率变量油马达液压系统

恒功率变量油马达配上单向定量泵可组成阀控型系统，也可以配上双向变量泵组成泵控型系统。由于采用了恒功率变量油马达，这两种系统都能实现油马达功率输出的恒功率调速，但两种情况有本质不同，阀控型系统虽然能实现输出功率的恒定调速，由于主油泵采用的定量泵，因此，主油泵的最大输出功率是恒定的。如果采用泵控型系统，并且变量泵和变量油马达同时采用油泵的输出高压或变量油马达端的高压(采用高压选择阀)进行排量控制，则才能真正实现主油泵的恒功率调节。

（三）有级变量马达液压系统

采用有级变量液压马达，可根据负荷大小，通过手动或由工作油压自动控制的换挡阀来改变马达的排量 q_M，达到限制功率的目的。这种方法可用于定量泵阀控型系统，也可用于变量泵泵控型系统。图 7-109 是变量泵——双速马达的液压系统简图。

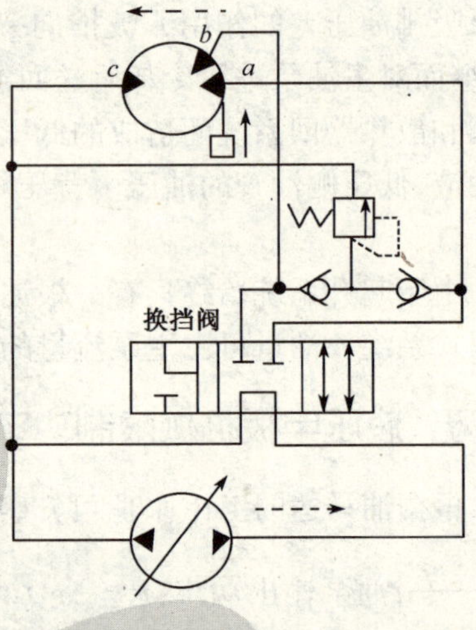

图 7-109　变量泵——双速马达液压系统简图

起升时，如果图中换挡阀在左位，马达两个油口 a、b 同时进油，油口 c 回油，油马达以全排量 q_M 工作，由式 $M=\Delta p q_M \eta_m/2\pi$ 可知，这时油马达可输出的扭矩较大；而由式 $n_M=\dfrac{60Q\cdot\eta_v}{q_M}$ 可知，此时油马达可达到的最高转速则较小，这就是重载低速档。当换挡阀移到右位时，油马达只有 a 口进油，b、c 口同时通回油，油马达排量 q_M 减小一半，故可输出的最大扭矩减至重载时的 50%，调速范围则增加至重载时的 200%，属轻载高速挡。下降时，换挡阀通常置于轻载高速挡，和轻载起升一样有较大的调速范围。

这种系统当换挡阀置于重载挡和轻载挡时，液压泵的最大输出功率相同，这是因为液压泵的最大流量和由安全阀调定的最大工作压力在重载挡时和轻载挡相同。重载挡时油马达的最大输出扭矩虽可增加将近一倍，但调速范围却被限制减小一半。

这种系统在轻载时若误用重载挡，工作速度会太慢；而重载时若误用轻载挡，则因油马达 q_M 太小，工作油压会很高而使安全阀开启，因而无法工作。为了保证及时、正确地换挡，现在大多采用自动换挡阀，在油马达负荷变化而使进油压力改变时自动换挡，即重载时自动转到低速挡，轻载时自动换到高速挡。

（四）带功率限制器的变量泵液压系统

图 7-110 示出配有功率限制器 5 的双向变量泵 1 和定量油马达 6 组成的泵控型闭式系统。远控系统通过杠杆 4 控制泵变量机构的伺服滑阀 3，使差动活塞 2 追随滑阀移动，改变泵的流量油，马达轻载时工作油压较低，受它控制的功率限制器的活塞向左的位移较小，伺服滑阀的位移所受限制小，变量泵的流量调节范围(即调速范围)较大；油马达重载时转矩增大，工作压力成正比例增加，功率限制器的活塞向左的位移大，伺服滑阀的最大位移受限，于是泵的最大流量受限，即重载时泵的功率受限。

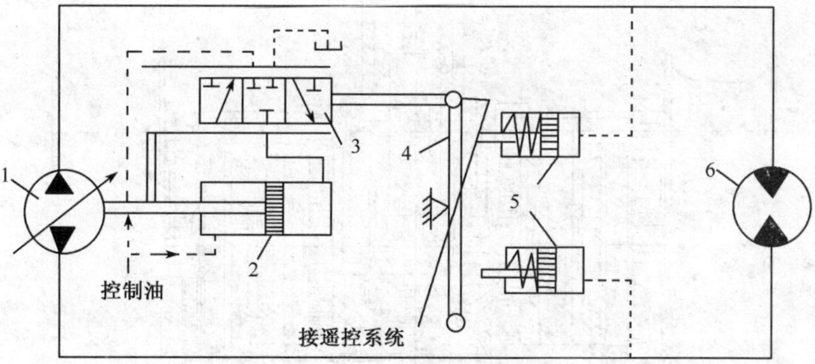

图7-110　带功率限制器的变量泵系统

1—双向变量泵;2—差动活塞;3—伺服滑阀;4—杠杆;5—功率限制器;6—定量液压油马达

六、锚机

(一)锚设备的功用和组成

船舶有时为避风或驶达港口时因等候泊位、引水及接受检疫、候潮等原因而需要抛锚,以抵御风及水流作用在船体上的力,为保持船位不变,故船舶需设置锚设备。此外,锚设备也是操纵船舶的辅助设备,如靠离码头、系离浮筒、狭水道调头或需紧急减刹船速等,都要用到锚。

锚设备在船首的布置如图7-111所示,它主要由锚1、锚链5、止链器3和锚机6所组成。锚机是用来收放锚和锚链的。根据锚机所用动力不同,目前主要有电动锚机和液压锚机;按链轮轴线布置的方向不同,又有卧式和立式之分,大船多用卧式。

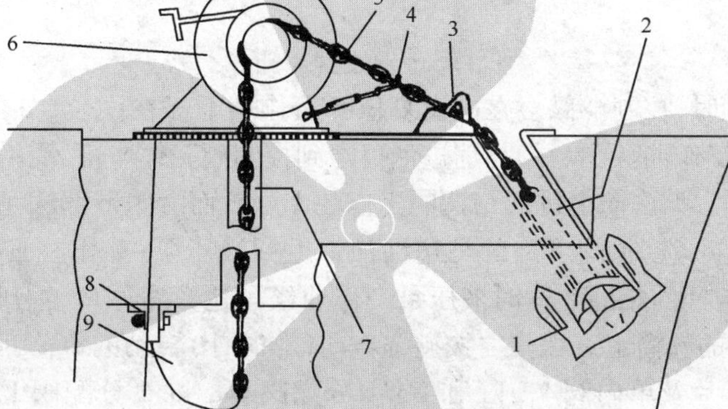

图7-111　锚设备在船首的布置

1—锚;2—锚链筒;3—止链器;4—掣链钩;5—锚链;6—锚机;7—锚链管;8—弃锚器;9—锚链舱

锚机通常同时设有绞缆卷筒,如图7-112所示。原动机1(图示为电动机)通过涡轮减速器3转动绞缆卷筒5,再通过齿轮减速转动锚链轮4。用于绞缆时,可借手柄7使锚链轮的牙嵌式离合器6脱开。浅水抛锚也可脱开离合器,靠锚链自重进行,用刹车手柄2调节刹车带松紧控制抛锚速度。深水抛锚可将离合器合上,由于涡轮减速器有自锁功能,抛锚速度由原动机转速决定。

(二)液压锚机基本组成及其工作原理

图7-113示出日本福岛(FUKUSHIMA)公司生产的低压液压锚机的液压系统原理图。这种锚机采用阀控型闭式系统,液压泵采用单作用叶片式定量泵,其出口设有单向阀3和先导型

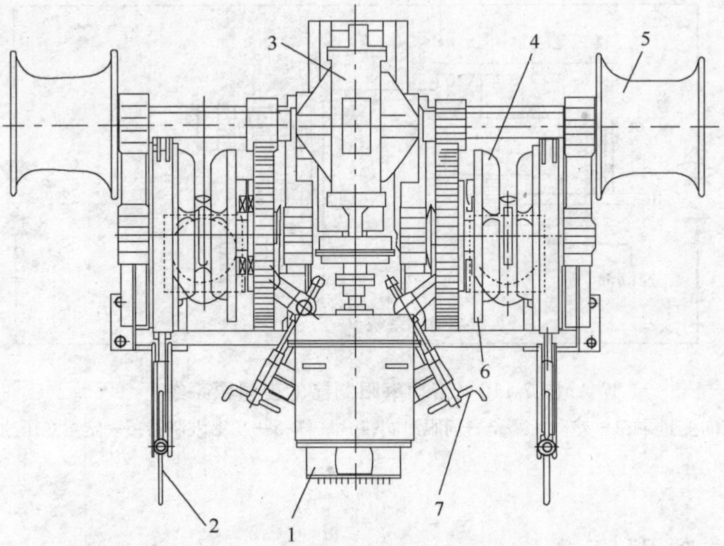

图 7-112　锚机的结构

1—电动机;2—带式刹车手柄;3—涡轮减速器;4—锚链轮;5—绞缆卷筒;6—牙嵌离合器;7—离合器手柄

溢流阀(标准调定压力 4.5 MPa)。小型锚机采用单作用叶片式定量马达 5;大、中型可采用三作用叶片式有级变量马达。这种系统的控制阀 4 采用手控的开式过渡三位四通换向节流阀,以实现阀控换向和并联节流调速。抛锚时可用控制阀实现能耗限速。手柄回中虽可以液压制动,但因叶片式马达本身有内漏泄,要使锚悬挂停住需用手控带式刹车或止链器机械制动。

图 7-114 示出配有 E12 自动变量控制阀的三作用叶片式马达的工作原理图。其工作原理说明如下。

1. 停止

当松开控制手柄时,控制滑阀会在内设复位弹簧作用下停在中位(如图 7-114(a)所示)。这时,来自液压泵的工作油从图示的马达进油口通到控制阀壳体中部,受滑阀中部开有若干均压槽的法兰 S_1 的阻挡,无法向上进入马达的工作腔Ⅰ、Ⅱ;而滑阀下部法兰 S_2 将油路 B_1 通回油的油口开启,油得以从控制阀下部的马达回油口返回液压泵;工作腔Ⅲ的两侧分别通过阀 V_5 及油通道 O_3,B_1 与回油相通。这时液压泵工作油经马达旁通循环,油压很低,约 0.1~0.2 MPa。如果这时马达的卷筒上有欲使之按抛锚方向(顺时针)转动的负荷,则因工作腔Ⅰ、Ⅱ排油侧的油液被马达叶片及单向阀 V_1、V_3 和 No.1 分配阀 V_2,No.2 分配阀 V_4 所封闭,形成与负荷成比例的高压,对马达产生液压阻转矩,与欲使之按抛锚方向转动的负荷转矩相抗衡。由于叶片和马达壳体间不可避免地存在漏泄,若无机械刹车制动,马达会慢慢按抛锚方向回转。

2. 起锚

手柄向起锚方向扳动(最大位置如图 7-114(b)所示),滑阀离开中位下移,其中部法兰 S_1 将通油道 B_1 的油口关小,供油压力升高,克服马达负荷所形成的油压,使单向阀 V_1 开启,向工作腔Ⅰ供油,马达便按起锚方向(逆时针)回转。

如果这时负荷小于额定负荷的 20%,则油压不足以开启单向阀 V_2(它控制向工作腔Ⅱ供油)及 V_4(它控制向工作腔Ⅲ供油),工作腔Ⅱ、Ⅲ的进油侧皆产生吸油作用,前者使单向阀 V_3 开启,后者则经过阀 V_5 吸入低压回油。这两个工作腔的油皆为低压循环,不能产生液压转矩。随着手柄扳动角度增大,通过 B_1 回油的工作油中部进油口关小,经 V_1 向工作腔Ⅰ供油的流量

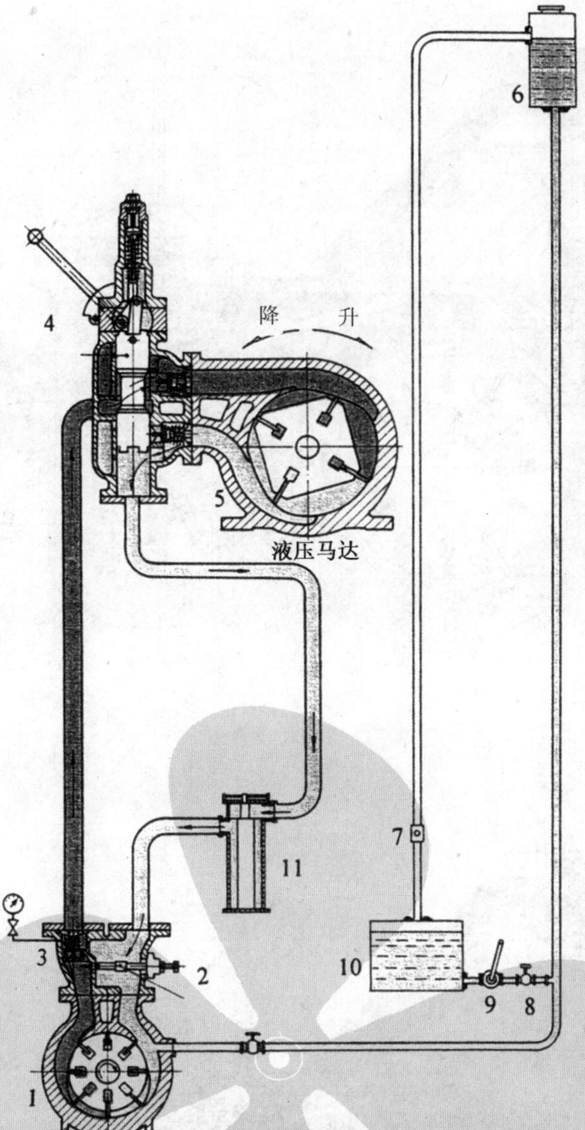

图 7-113　福岛液压锚机系统原理图

1—液压泵；2—溢流阀；3—单向阀；4—控制阀；5—液压马达；6—膨胀油柜；7—观察镜；8、12—截止阀；9—手摇泵；10—补油柜；11—回油滤器

增大，马达转速增加。当手柄扳至最大起锚角度时，通 B_1 的回油已被 S_1 完全隔断，这时起锚速度达到最大值。由于手柄离开中位后通 B_1 回油的油口是逐渐关小的，故这是开式过渡滑阀，调速方式是并联节流。

这种工况只有工作腔 I 进油，马达排量仅为最大排量的 1/3，考虑到有摩擦阻尼转矩，马达所能产生的最大转矩不足额定转矩的 1/3（实际值由 No. 1 分配阀 V_2 的调定值决定，低于 20% 额定转矩）；而转速可在 0 至 300% 的最大额定转速（指额定负荷最大转速）间无级调速，为高速挡。

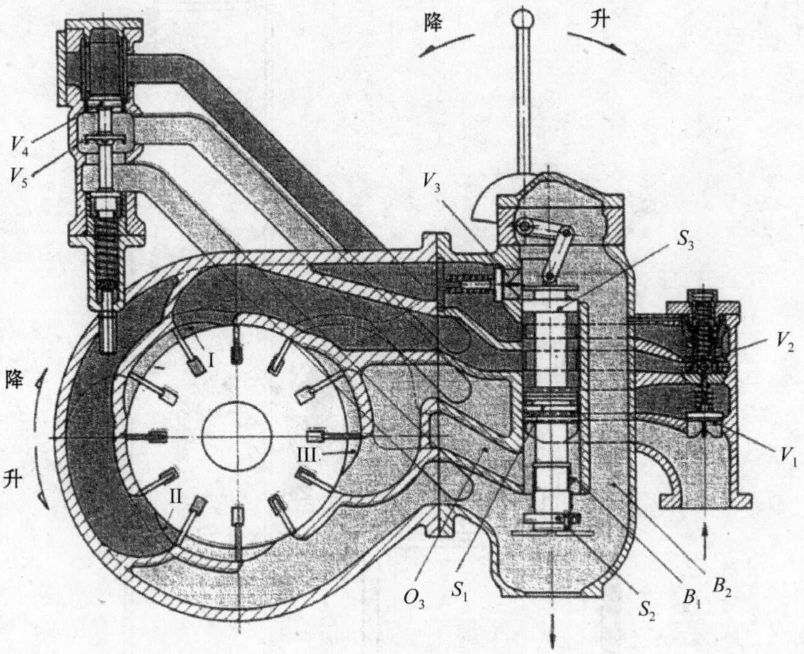
降
升
V4
V5
V3
S3
V2
V1
I
II
III
降
升
O3
S1
S2
B1
B2

(a) 中位停止

V4
V5
V3
S3
V2
V1
升
I
II
III
O3
S1
B2
B1
S2

(b) 轻载起锚

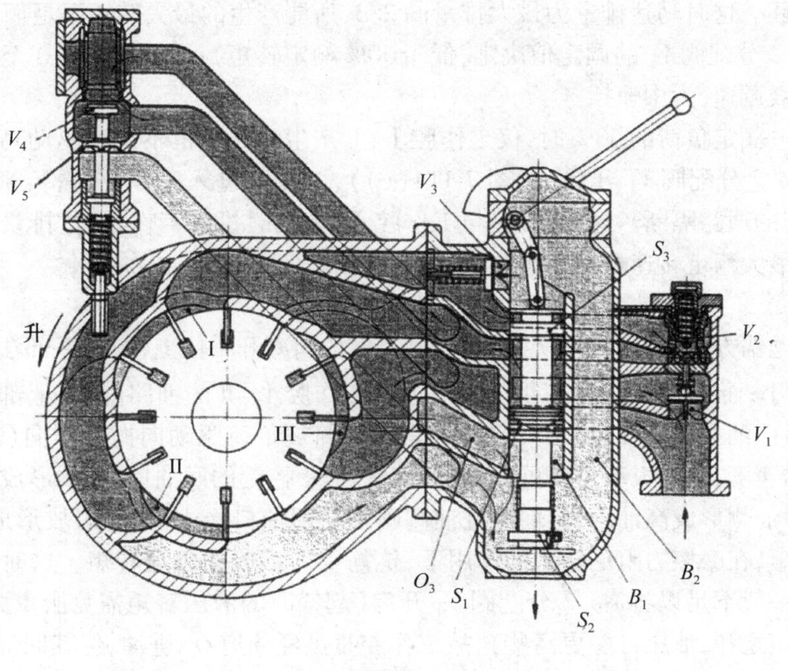

(c) 重载起锚

(d) 抛锚

图 7-114　福岛三级自动变量叶片马达工作原理图

当负荷为额定负荷的 20% ~50% 时，仅工作腔 I 产生的转矩不足以驱动马达，进油压力会升高，使单向阀 V_2 开启，油进入工作腔Ⅱ使之投入工作；但油压尚不足以开启 V_4，工作腔Ⅲ仍处于无效循环。这时马达排量为最大排量的2/3，所能产生的最大转矩不足额定转矩的2/3（实际值由No.2分配阀 V_4 的调定值决定，低于50%额定转矩）；而转速可在0至150%的最大额定转速间无级调速，为中速挡。

当负荷超过额定负荷的50%时，仅工作腔Ⅰ、Ⅱ产生的转矩也不足以驱动马达，供油压力进一步升高，No.2分配阀 V_4 开启（见图7-114(c)），工作油进入工作腔Ⅲ，V_5 将工作腔Ⅲ的进、回油侧之间的通路隔断。这时，Ⅲ腔与工作腔Ⅰ、Ⅱ同时投入工作，马达排量增至最大，转速仅可在0至最大额定转速之间无级调节，为低速挡。

3. 抛锚

手柄扳向抛锚方向扳动（如图7-114(d)所示），滑阀离开中位上移，其下部法兰 S_2 将油道 B_1 的回油口关小；而中部法兰 S_1 将供油口向上通工作腔Ⅰ、Ⅱ的油路隔断；上部法兰 S_3 则将工作腔Ⅰ、Ⅱ通回油通道 B_2 的油口开启。若马达卷筒被负荷驱动向抛锚方向（顺时针）转动时，为节制抛锚速度，手柄扳动角度可以减小，使法兰 S_3 控制的回油口关小，形成节流，于是工作腔Ⅰ、Ⅱ的回油侧形成高油压，它们的进油侧则是从回油口吸入低压油，故形成与转向相反的液压阻尼转矩，在摩擦力阻尼转矩的作用下，抗衡重力形成的驱动转矩。这时，重力负荷形成的上述油压一般不足以将No.2分配阀 V_4 开启（起锚时的液压转矩需克服重力和摩擦力所形成的阻尼转矩之和，油压可能更高些），故工作腔Ⅲ虽经油道 O_3 进油，但其回油侧经 V_5 与回油相通，并不形成阻转矩。

若马达不承受重力负荷，则工作腔Ⅰ、Ⅱ的回油侧不会形成高的回油背压，不会产生明显的液压阻转矩；而供油经油道 O_3 进入工作腔Ⅲ，油压会因需克服摩擦阻转矩而升高，驱动马达顺时针转动。抛锚工况手柄扳动角度决定了法兰 S_3 开启的回油口的大小，从而可改变马达的流量，实现无级节流调速。这时马达的排量仅为最大排量的1/3，"下放"速度可在0至300%额定转速间无级调节。

七、绞缆机

（一）自动绞缆机

普通绞缆机在停泊期间，潮汐涨落和船舶吃水变化时需人工相应松出或收紧缆绳，不仅麻烦费事，稍有疏忽还可能使缆绳松弛而失去系缆作用，或因过载而拉断。大型船舶缆绳很粗，操作更加困难。因此许多船采用了自动绞缆机，能使拉紧缆绳的张力保持在一定范围内，拉力过大则自动放缆绳，而缆绳松弛时又能自动收紧。液压绞缆机的液压马达在排量既定时，扭矩与工作油压成正比。因此，只要能自动控制马达的工作油压，就能控制马达扭矩，即自动控制系缆张力。具体实现的方法主要有以下两种。

1. 定量泵式

这种方式液压泵选用定量泵，其原理简图如图7-115所示。系缆期间溢流阀2常开，但开度较小，作定压阀用，控制液压马达3收缆进油侧的工作油压。当缆绳拉紧达到调定张力时，油压升高使溢流阀全开，泵1的流量 Q_P 除少量 Q_L 经马达漏泄外，其余的排油（Q_p-Q_L）经溢流阀溢回油箱；当缆绳张力过大时，马达所受负荷扭矩超过调定范围，将驱动马达反转松出缆绳，这时马达的排油流量 Q_M（图中虚线箭头所示）将和泵的流量 Q_P 一起经溢流阀溢流。溢流的功率损失转变为热量，会使油温升高，故需在回油管上设置油冷却器4。

为减轻功率损失和油液的发热，常设小流量的辅泵专供自动系缆工况用。也有用蓄能器

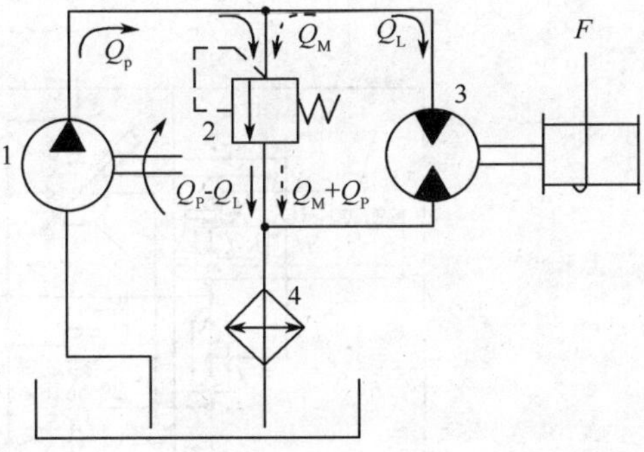

图 7-115　定量泵式液压自动绞缆机的原理简图

1—定量泵;2—溢流阀;3—液压马达;4—油冷却器

和压力继电器控制液压泵间断工作的,但液压马达漏泄量较大,这会使泵起停频繁,反而增加泵的磨损,降低工作的可靠性。

2. 变量泵式

这种方式的液压泵可选用恒功率变量泵,在缆绳拉紧后油压升高,泵的流量 Q_P 即减至很低,仅供给系统的漏泄流量 Q_L。也可选用以换向阀控制的两级变量泵,其原理简图如图 7-116 所示。当缆绳未收紧时,按图示工况,变量泵以最大排量工作,缆绳收紧工作油压达到调定值时,压力继电器 3 动作,使电磁换向阀 2 通电换位,泵排量即减至最小。其他工作原理与前述定量泵式相同。这种方式在自动系缆工况时泵流量 Q_P 很小,功率损耗低,油发热轻;但变量泵比定量泵贵,长时间运转会使其使用年限缩短。

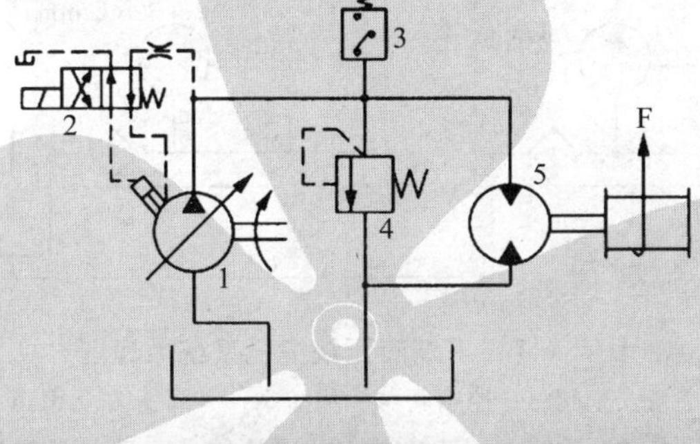

图 7-116　两级变量泵式液压自动绞缆机的原理简图

1—两级变量泵;2—电磁换向阀;3—压力继电器;4—溢流阀;5—液压马达

(二)液压绞缆机系统

图 7-117 所示为日本川崎(KAWASAKI)公司生产的液压绞缆机系统原理图。此绞缆机缆绳额定拉力 123 kN(12.5 t),空载绞缆速度 68 m/min,额定负荷绞缆速度 15 m/min。所用主泵 1 为 B60 三螺杆泵,额定排压 14 MPa,安全阀 2 调定压力 20.6 MPa,额定流量 226 L/min,所用电机 1 750 r/min,间断工作(40%)功率 88 kW;辅泵 14 为 B45 三螺杆泵,额定排压 16.7 MPa,溢流阀 13 调定压力 16.7 MPa,额定流量 78 L/min,所用电机 1 750 r/min,连续工作功率 30 kW;液压马达 6 为 HMKC200 连杆式变量马达,空载转速 272 r/min,额定工作压力 11.7 MPa。

手动绞缆时,辅泵停用,转换阀 9 置于图示左位。启动主泵,用能以手动液压操纵机构远控的控制阀 3 换向和节流调速。阀 3 在右位时收缆,主泵经平衡阀 4 的单向阀向液压马达供油;阀 3 在左位时放缆,平衡阀 4 可限制在缆绳受外力拽出时马达的转速。马达安全阀 5(调

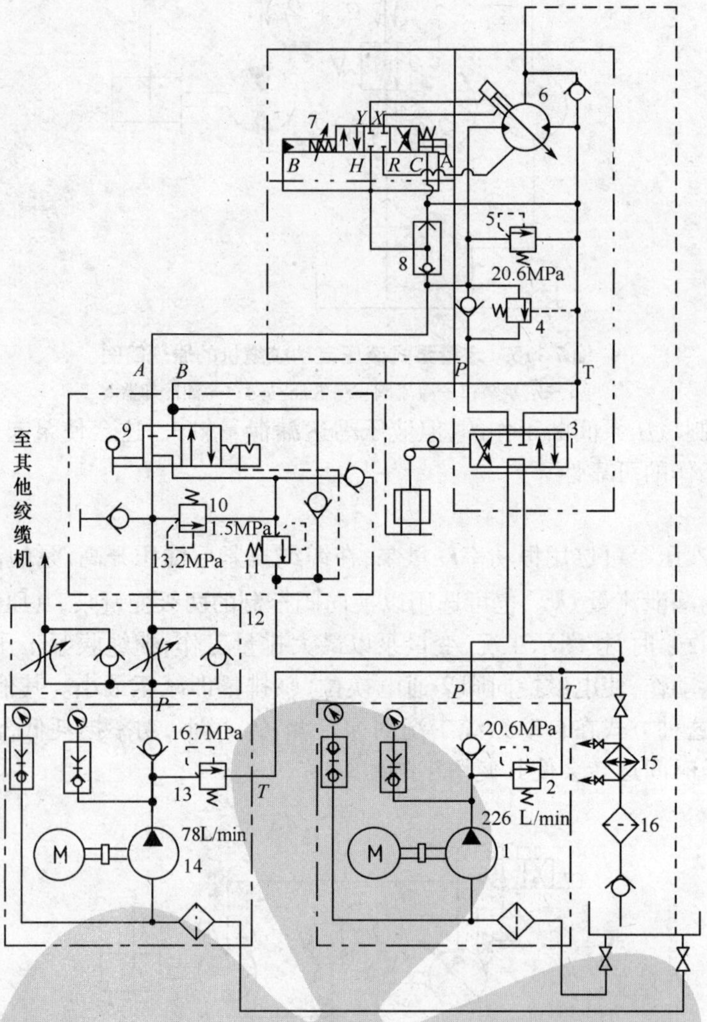

图 7-117　川崎液压绞缆机系统原理图

1—主泵;2—主泵安全阀;3—控制阀;4—平衡阀;5—马达安全阀;6—液压马达;7—恒功率调节器;8—梭阀;9—转换阀;10—溢流阀;11—背压阀;12—单向节流阀;13—辅泵溢流阀;14—辅泵;15—冷却器;16—滤油器

定压力 20.6 MPa)可在控制阀突然回中液压制动时,限制制动油压。

当系泊时需转成自动系缆工况,则停用主泵,启动辅泵,将转换阀 9 换至右位。单向节流阀 12 调在"4.5"位,相当于流量 23 L/min,辅泵其余流量经溢流阀 13 溢回油箱。若缆绳松弛,则辅泵油压较低,溢流阀 10 关闭,油经阀 9*A* 口供入液压马达,马达回油从 *B* 口经阀 9、阀 11 和冷却器 15、滤油器 16 回油箱,此时马达正转收缆。背压阀 11 可控制马达回油背压为 1.5 MPa。

起货机、锚机和绞缆机都是甲板机械,由甲板人员操纵使用,但设备和系统的维护和保养工作还是由轮机管理人员来做。轮机管理人员应像其他液压系统一样,对其进行定期的维护和保养。有些日常保养工作,如加润滑油脂等,应由甲板人员来做。

B. 液压甲板机械的管理

在液压系统中，液压油是传递动力和信号的工作介质。同时，它还起到润滑、冷却和防锈的作用。液压系统能否可靠有效地工作，在很大程度上取决于系统中所用的液压油。

一、对液压油的要求和选择

在液压装置中，液压油不仅起传递动力的作用，也起润滑、散热和防锈作用。其性能对液压装置的工作性能和使用寿命有重要影响。

（一）对液压油的要求

对液压油的主要要求是：

（1）黏度适宜，黏度指数较高。

黏度是选择液压油应考虑的首要因素。若黏度太高，则各部件的运动阻力和管路流动阻力增大，液压泵排出压力会过高，装置机械效率下降；而且泵的自吸能力降低，泵起动时会吸空。若黏度较低，则漏泄量增加，装置容积效率下降，油容易发热，执行元件运动速度降低；而且黏度过低时油膜承载能力下降，会导致磨损增加。

为防止泵严重磨损，允许的液压油最低工作黏度为 13～16 mm^2/s；我国有关资料提出的叶片泵、齿轮泵、柱塞泵能够正常运行的最高油黏度分别为 500～700 mm^2/s、2 000 mm^2/s、1 000 mm^2/s。液压油最适宜的工作黏度，各种资料对不同泵推荐的范围略有差别，大致在 17～40 mm^2/s范围内。液压油的黏度指数（V. I）应在 90 以上。天然矿物油最高黏度指数约 115，加入专门添加剂甚至可提高到 170 以上。

（2）质地纯净，水分和机械杂质含量极微。

（3）安定性好，不易因氧化、受热、水解而变质，因节流而反复受到剪切时，黏度变化小。

（4）有良好的润滑性和较高的油膜强度，以减少液压元件的磨损。

（5）防锈性好，不锈蚀金属。

（6）抗乳化和抗泡沫性好，混入水分不易乳化，混入空气后泡沫消散快。

（7）与橡胶材料相容性好，不会使密封件、软管变形、变质。

（8）开口闪点至少要高于 135℃，要能满足防火要求；倾点（在试验条件下能流动的最低温度，比凝固点高 2～3℃）至少要比最低油温低 7～8℃。

（二）液压油的品种和性能

根据我国国家标准《矿物油型和合成烃型液压油》（GB11118. 1-94），船舶液压设备适用的国产矿物型液压油的主要品种有：

L-HH（精制矿物油），质量比机械油（现名为 L-AN 全损耗系统用油）好，抗氧化和防锈性比汽轮机油差。用于简单的低压液压设备。适用环境温度为 0℃以上，最高使用温度 70℃。

L-HL（普通液压油），加入抗氧、防锈、抗泡沫等添加剂的精制矿物油，使用寿命比机械油长一倍。主要用于低压系统（但不适用于叶片泵）。适用环境温度为 0℃以上，最高使用温度 80℃。

L-HM（抗磨液压油），在 L-HL 油基础上增加了抗磨添加剂，能使摩擦面油膜强度提高，降低摩擦和磨损。适用于低、中、高压系统。倾点一般为 -9～-15℃，最高使用温度 90℃。

L-HV（低温液压油），在 L-HM 基础上加入改善黏温性的添加剂，使粘温指数提高到 130

以上。适用于环境温度变化大和工作条件恶劣的低、中、高压液压系统。倾点一般为 -21 ~ -33℃，最高使用温度95℃。另外还有 L-HR 液压油，是将 L-HL 油加入增黏剂而构成，适用于环境温度变化大的低压液压系统。

每种产品牌号后面附带的数字如 32、46、68 等为名义黏度(mm^2/s)，相当于该种液压油40℃时运动黏度变动范围的中心值。

工作压力低于 7 MPa 时，机械油可代替液压油，价格较低，但其精炼程度差、使用寿命短。透平油也可代替液压油，它酸值低、杂质少，抗乳化性和抗氧化安定性好，使用寿命比机械油长，但比机械油价格高。这两种油的凝固点都较高，仅适用于环境温度高于0℃的场合。

黏度等级 32 和 46 的液压油的密度 ρ(g/mL) 为 0.87、0.875。矿物型液压油的比热容 $C=(0.4\sim0.5)\times4\ 187$ J/kg · K，即温度每升高 1℃需吸热 1.67 ~ 2.09 kJ，不到水的一半；热胀系数 $\alpha_V=(8.5\sim9.0)\times10^{-4}$/℃，即温度每升高 10℃体积膨胀 0.85% ~ 0.90%；压缩率 $\beta=(0.5\sim0.8)\times10^{-3}$/MPa，实际因油中不可避免地会混入气体而使 β 提高，即压力每升高 10 MPa，体积可能缩小 0.71% ~ 1.42%。

(三)液压油的选择

在船舶机械液压系统中，液压油的选择通常可按下述三个步骤进行：

(1)列出液压系统对液压油性能的变化范围的要求，如黏度、密度、温度、压力、抗燃性、润滑性、空气溶解率、可压缩性和毒性等。

(2)尽可能选出符合或接近上述方面要求的工作介质。从液压件的生产厂及产品样品中获得对工作介质的推荐资料。

(3)最终综合、权衡、调整各方面的要求，决定采用合适的油液。

选择液压油时，应根据液压泵的种类、工作温度和工作压力来选用合适的品种和黏度等级。推荐的黏度范围如表 7-9 所示。

表 7-9　适用液压油的品种和运动黏度

液压泵类型	工作压力	40℃运动黏度(mm^2/s)		适用品种和黏度等级
		工作温度 0 ~ 40℃	工作温度 40 ~ 80℃	
叶片泵	<7 MPa	30 ~ 50	40 ~ 75	HM 油，32、46、68
	≥7 MPa	50 ~ 70	55 ~ 90	HM 油，46、68、100
螺杆泵		30 ~ 50	40 ~ 80	HL 油，32、46、68
齿轮泵		30 ~ 70	95 ~ 165	HL 油，32、46、68、100、150(中、高压用 HM)
径向柱塞泵		30 ~ 50	65 ~ 240	HL 油，32、46、68、100、150(高压用 HM)
轴向柱塞泵		40	70 ~ 150	HL 油，32、46、68、100、150(高压用 HM)

注：寒冷地区室外工作环境温度变化大，应选用 HV 油。

液压系统实际工作温度通常比环境温度高出 15 ~ 25℃(室内工作)、25 ~ 35℃(温带室外)、40 ~ 50℃(热带室外)，具体依工作条件和散热好坏而异。工作压力高、工作时间长、散热差，则油温比环境温度高出较多。一般来说，选用液压油时最先考虑的是它的黏度，因为对黏度的选择对液压系统影响最大。黏度太大，则流动压力损失就会加大，油液发热，会使系统效率降低，黏度太小，则泄漏过多，使容积效率降低。因此在实际使用的条件下，应选用使液压系统能正常，高效和长时期运转的液压油的黏度。

在具体选择时可按照以下两种方法进行，一种是按照液压泵的要求来确定液压油的黏度，另一种方法是考虑系统的压力、工作温度、运动速度及经济性等因素来选用合适的黏度，使液压泵和控制阀在最佳黏度范围内工作。

（1）考虑液压系统的工作压力

当液压系统工作压力过高时选用黏度较高的油，以免漏泄过多，效率过低；当工作压力较低时选用黏度较低的油，以减少压力损失。

（2）考虑液压系统的环境温度

液压油的黏度随着温度的变化较大，为保证工作温度下有适宜的黏度，就必须要考虑周围环境的温度，环境温度高时要选用黏度较高的液压油，温度低时要选用黏度较低的液压油。

（3）考虑液压系统的运动速度

当液压系统中工作部件的运动速度较高时，油液的流速也高，压力损失增大，漏油率减少，因此要选用黏度较低的液压油；当工作部件运动速度较低时，每分钟所需流量很小，漏油率增大，对系统的运动速度影响较大，所以要选用黏度较高的液压油。

一般液压装置使用说明书常推荐合适的液压油品种，可参照执行。

二、液压油质量恶化的原因和危害及控制

氧化和污染是液压油质量恶化的最主要原因。

（一）油液氧化的危害

油液温度不高（不大于40℃）并与空气接触少时，理化性质变化很慢。但温度升高则氧化速度相应加快。油温在55℃以上时，油温每升高8℃，其使用寿命约降低一半，这时金属（特别是有色金属）、水、机械杂质（磨损物等）和焦炭、沥青等都会起到催化作用。工作油压增高、大压差节流、摩擦副单位负载大，都会导致油发热，氧化过程加速；还会破坏分子结构，降低油的黏度和润滑性。

油氧化会产生有机酸和污渣沉淀物，使油的黏度增加，润滑性和抗蚀性变差。氧化产物可能造成通道堵塞和阀件卡阻，还会对氧化起催化作用。可见污染和氧化会彼此形成恶性循环。

（二）油液污染的危害

液压油污染主要包括固体杂质污染、水污染和空气污染。据统计，液压系统的故障约有70%以上是由液压油污染引起的。

固体杂质污染的主要危害是：（1）使阀件卡紧或孔口淤塞，发生故障。阀件的间隙多在7～20 μm，故5～15 μm大小的杂质最容易使其卡紧。（2）使泵和液压缸、马达运动副和密封件磨损、擦伤，漏泄增加，性能下降。据研究，使叶片泵、径向柱塞泵、轴向柱塞泵磨损的主要杂质粒径分别是20～30 μm、15～25 μm、10～15 μm。（3）堵塞滤器，使压力损失增加，吸入滤器堵塞还会发生“气穴现象”。（4）会加快油液氧化。铁、铜的催化作用分别会使油的氧化速度提高10倍和20倍。

水在液压油中的溶解度很少，仅200～300 ppm。含量稍多便呈微小的水珠悬浮在油中，或沉积在油液底部。水在油中的危害是：（1）使金属元件锈蚀。（2）使油乳化，润滑能力降低，元件磨损加快。（3）与添加剂作用产生黏性胶质，对阀芯产生黏滞和堵塞滤芯，还会促进油液氧化。（4）低压时会产生“气穴现象”。

在室温和大气压下，空气在液压油中的溶解量可高达5%～10%。溶解的空气以25～50 μm的尺度均匀分布在油中，当空气含量超过2%时，油开始变浑。液压系统中空气过多的

危害是:(1)游离态气体会在油中形成直径约 200～500 μm 的气泡,使工作介质可压缩性增大,执行机构动作迟滞,起重能力和速度不足,功率损失增大。(2)在系统低压处压力低于"空气分离压"时,大量气泡逸出会导致气蚀,并产生噪声和振动,使油压不稳,压力表指针抖动。(3)气体压缩容易发热,会加快油液氧化速度。

(三)油液污染的控制

为了适应液压系统的使用要求,保证液压系统的正常工作,提高工作的可靠性,延长使用寿命,必须采取有效的措施对工作介质进行污染控制。

1. 元件和系统在加工和装配过程中的清洗

(1)元件在加工制造过程中,每一工序必须采取净化措施,以清除加工中残留的污染物。

(2)元件装配后,必须经过严格的清洗和检验,以保证达到要求的清洁度。

(3)油箱和管道在去除毛刺、焊渣和表面氧化等污染物后,还需进行酸洗,彻底去除表面氧化物。

(4)对初装好的液压系统做循环冲洗,在清洗过程中,应每隔一定时间从系统取样液进行污染分析,以评定系统的清洁度,直至系统清洁度达到要求为止。

2. 防止污染物侵入液压系统

在液压系统工作过程中,外界环境中的污染物不断地通过各个渠道侵入液压系统,如通过油箱呼吸孔和液压缸的密封装置及注入新油带入的污染物等。因此,为了有效控制污染物的侵入,应采取下列措施:

(1)油箱要合理密封,防止污垢通过油箱侵入系统。

(2)为油箱呼吸装设高效能的空气滤清器。

(3)注入新油必须经过过滤,过滤装置可采用精过滤车或静电滤油机等装置。

(4)系统漏出的油液,未经过滤不得返回油箱。

(5)采取性能可靠的液压缸密封装置,在活塞杆端装有防尘密封装置。

(6)维修液压系统时,严格执行清洁操作规程,防止污垢侵入系统。

3. 油液的过滤与净化

滤油器是液压系统中用以控制油液污染度的重要元件,它的作用是在系统工作中不断滤除内部产生的和外界侵入的污染物,使油液的污染度控制在元件污染耐受度的限度以内。

在选择滤油器时,需要考虑以下几方面的性能要求:

(1)过滤精度应保证系统油液达到要求的污染度。

(2)流体阻力引起的压力损失尽可能小。

(3)具有足够的纳垢容量,避免频繁更换滤芯。

油的过滤是以污粒的最大颗粒度为标准的。一般分为四类:粗的($d<100$ μm)、普通的($d<10$ μm)、精的($d<5$ μm)、特精的($d<1$ μm)。

非随动系统要求的油过滤精度与压力的关系:当 $p=7$ MPa,污粒颗粒度 $d\leqslant 25\sim 70$ μm;$p\geqslant 7$ MPa,$d\leqslant 25$ μm;$p=35$ MPa,$d<10$ μm;随动系统 $p=21$ MPa,$d<5$ μm。

4. 定期更换液压油

更换新油前,必须先清洗一次整个系统。系统很脏时,可用煤油清洗,排尽后注入新油。

5. 控制液压油的工作温度

液压油工作温度过高对液压装置不利,液压油本身也会加速氧化变质,产生各种生成物,缩短它的使用期限。一般液压系统的工作温度最好控制在 65℃以下,工程机械液压系统应控制在 80℃以下。

三、液压油污染度标准

液压油污染度是指单位体积油中的固体颗粒的含量,目前有两种表示方法。

(1)质量污染度:单位容积油液中所含固体污染颗粒的质量,一般用 mg/L 来表示。

NAS1638 是美国航天工业部门在 1964 年提出的油液污染度等级标准,目前在世界各国仍广泛采用。表 7-10 示出 NAS1638 质量污染度等级标准。

表 7-10 NAS1638 油液质量污染度等级标准

等 级	100	101	102	103	104	105	106	107	108
每 100 mL 油中杂质含量 mg	0.02	0.05	0.10	0.30	0.50	0.70	1.0	2.0	4.0

(2)颗粒污染度:单位体积油液中所含各种尺寸的颗粒数。可计量若干尺寸范围的颗粒数,例如 5 ~ 15 μm、15 ~ 25 μm 等,也可以计量大于某尺寸的颗粒数,例如大于 5 μm、大于 15 μm 等。表 7-11 所示为 NAS1638 颗粒污染度分级标准(摘录)。此标准将 5μm 以上的颗粒分为 5 个尺寸范围计数,由于自然污染的颗粒数按尺寸分布通常呈指数曲线的情况(尺寸越大的颗粒数量越少),故将各尺寸范围颗粒数定为同时按等比级数递增。标准分为 00、0、1 ~ 12 共 14 个等级,相邻等级颗粒浓度比为 2。

表 7-11 NAS1638 油液颗粒污染度分级标准(摘录)

污染等级	颗粒尺寸范围(μm)					相当于
	5 ~ 15	15 ~ 25	25 ~ 50	50 ~ 100	>100	
7	32 000	5 700	1 012	180	32	ISO16/13
8	64 000	11 400	2 025	360	64	ISO17/14
9	128 000	22 800	4 050	720	128	ISO18/15
10	256 000	45 600	8 100	1 440	256	ISO19/16
11	512 000	91 200	16 200	2 880	512	ISO20/17
12	1 024 000	182 400	32 400	5 760	1 024	ISO21/18

根据经验,油液污染度不超过 NAS9 级基本不发生故障,污染度在 NAS10 ~ 11 级偶尔发生故障,而污染度达 NAS12 级以上则经常需要维修。通常工作压力在 10 MPa 以上的液压系统允许的污染度等级是 NAS8 ~ 10 级,而在 10 MPa 以下允许的等级是 NAS9 ~ 11 级。

由于过滤后的油中污染颗粒数的尺寸分布并不呈指数曲线,故测得的各尺寸范围的颗粒数往往不属于同一等级,一般取其中最高一级为油液污染度等级,这样处理不尽合理。因为 5 ~ 15 μm 固体杂质容易引起阀芯卡阻和孔道淤塞,15 ~ 25 μm 杂质则容易使泵、马达磨损,这些尺寸范围的杂质更值得重视。为此国际标准化组织于 1978 年提出了 ISO4406 油液污染度等级标准(见表 7-12)。它有 0.9、0、1 ~ 24 共 26 个等级,以斜线分隔的两个数码表示油液污染度等级,前、后数码分别表示 100 mL 油中尺寸大于 5 μm 及大于 15 μm 的颗粒数。例如污染度等级 18/13 表示油中大于 5 μm 的颗粒数的等级为 18,每 100 mL 颗粒数在 $130 \times 10^3 \sim 250 \times 10^3$;大于 15 μm 的颗粒数的等级为 13,即每 100 mL 颗粒数在 $4 \times 10^3 \sim 8 \times 10^3$。目前 ISO4406 标准已被世界各国普遍采用。我国国家标准 GB/T14039-93 与之相同。

表 7-12　ISO4406 油液污染度等级标准(摘录)

等级数码	每 100 mL 油中污染物颗粒数		等级数码	每 100 mL 油中污染物颗粒数	
	多于	上限值		多于	上限值
21	10 000	20 000	15	160	320
20	5 000	10 000	14	80	160
19	2 500	5 000	13	40	80
18	1 300	2 500	12	20	40
17	640	1 300	11	10	20
16	320	650	10	5	10

质量污染度比较容易测定,但不能反映污染物的尺寸分布,而颗粒污染物对元件和系统的危害作用与其颗粒尺寸分布及数量密切相关,因而随着颗粒计数技术(用显微镜观察或自动颗粒计数器检测)的发展,目前已普遍采用颗粒污染度表示法。

四、液压油污染的检测和换油

液压油一般每半年至一年应取样检查一次。采样时首先备妥干燥、洁净的瓶子和耐油塑料管(可用清洗剂清洗后吹干);并在回油管路的压力表接头上接上一个可与塑料管相连接的螺纹接头,以备取样。采样前应先使设备空转一段时间,待液压油已被搅匀,油温升至正常温度后才可采样。从采样管中最初流出的油液不宜留作油样。供检验用的油样通常约需 1 L,采样时可取 2 ~ 3 L。取样后,应将瓶子盖严,贴上标签,并注明采样地点、设备名称及其编号、采样部位、油的品种和牌号、液压油开始工作日期和采样日期等。

油样是否污染和变质在现场可做简易判断:用玻璃容器取油样与新油油样对比,油中如果混入太多空气会变得混浊,若静置 1 ~ 2 h 后会从底部开始变得清澈。油中如果混入水分多,会呈乳白色,静置 24 h,上部会恢复透明。如果色泽变得暗褐并有臭味,则油已氧化变质,在拆卸设备或滤器时可能会发现黏性污染物,铜合金或高速流动处的铁合金会发现腐蚀现象。尽管含水量小于 0.1%,如设备和管路中见到明显铁锈,则表明防锈剂已损耗了。与新油比较摇动后泡沫消失很慢,表明抗泡沫剂已损耗。还可以用两块透明玻璃夹住油滴试样透光观察,检查油中有否杂质。如新设备工作不足六个月,油中杂质可能是因系统清洗不彻底,而非油已变质。表 7-13 列出液压油污染变质情况的外观判断方法与处理措施,可供参考。

表 7-13　液压油污染变质的外观判断与处理措施

外观颜色	气味	状态	处理措施
透明,无变化	正常	良	照常使用
透明,但色变淡	正常	混有别种油液	检查黏度,如符合要求,可继续使用
变浑浊或发白	正常	混有空气或水	分离、除水,换一半或全部油
变深发黑	有异味	氧化变质	全部换油
透明但有小黑点	正常	混入杂质	过滤后使用或换油
透明而闪光	正常	混入金属粉末	过滤或换油

此外,也可采用滤纸滴油法,即用直径 1.8 mm 左右的金属丝将油样沾起并滴在滤纸上,看形成的滴痕。由于油在滤纸上从中心向周围渗透、扩散,将固体粒子积留在中心部位,故中心部位颜色较深,而扩散部分颜色较浅。若油未变质,滴痕的颜色就较均匀,否则会生成颜色明显有别的环形痕迹,而且环形痕迹越明显,污染的程度就越严重。如果滴痕呈现棕色或灰色,则表明油中已生成胶质、沥青或炭渣,具体的判断方法可以参见表 7-14。

表 7-14　滤纸滴油判断油液污染法

滤纸的油样滴痕	污染程度
中心部位色较浓,环形分界线清楚	大粒子多,污染程度大
中心部位扩展很宽	小粒子多,污染程度大
无明显中心,只见扩散	污染程度小

至于油中是否有水溶性酸、碱的判断,则可用少量水与油样一起搅拌、摇荡,并待其静置分层后,再用 pH 试纸验水层的酸碱性。油中是否含水还可用以下方法判断:滴油于赤热的铁块上,如有"哧哧"声,即表示油中含有水。以上都属简易的粗略判断方法,而人眼可见的最小颗粒直径约为 40 μm,许多肉眼见不到的颗粒已足以对装置造成危害。精确的理化指标只能交国家认可的油液检测中心用正规方法检测后才能确定。

表 7-15 是我国 1992 年 11 月颁布的船舶液压系统换油指标,已于 1993 年 5 月开始执行。在实际工作中,如有 1 项指标超过表 7-15 中的规定,可继续使用并加强监督;如有 3 项指标超过规定值,就应立即换新油。

经验表明,油氧化后应全部更换,如保留 10% 的旧油将使新换油寿命缩短一半。此外,液压泵、马达损坏换新后,如不彻底清洗系统和换油,寿命将不超过 6 个月。

表 7-15　船舶液压系统换油指标(GB/T 3436-92)

测定项目		理化性能变化极限指标			测定方法
		L-HV 液压油	L-HM 液压油	L-HL 液压油	
40℃时运动黏度允差 %		±10	±15	±15	GB265-88
酸值增加 mgKOH/g		0.3			GB264-83
水分 %		0.2			GB260-77
闪点(开口)下降 ℃		−8			GB268-88
污染度等级	伺服系统	18/15(ISO) 104(NAS)			计数法 质量法
	中、高压系统	20/17(ISO) 107(NAS)			计数法 质量法
	低压及一般液压系统	21/18(ISO) 108(NAS)			计数法 质量法

第八章 船舶海水淡化装置

第一节 概述

一、船舶对淡水的要求

船舶每天都要消耗相当数量的淡水,以满足船上人员和动力装置的需要。淡水通常是指含盐量小于1 000 mg/L的水。远洋船舶为增加载货吨位,减少购买淡水的费用,不宜携带过多淡水,一般都利用船舶配备的海水淡化装置(俗称造水机)生产淡水。

船上淡水主要用于柴油机和其他辅机的冷却、锅炉补给水、生活洗涤和饮用等,有时也用来冲洗甲板。机器冷却淡水和冲洗甲板只要是清洁淡水即可。洗涤用水一般要求氯离子浓度不大于200 mg/L、硬度不大于7 mg当量/L。饮用水必须不含有害健康的杂质、病菌和异味,含盐量不大于500~1 000 mg/L,氯离子浓度不大于250~500 mg/L,pH值为6.5~8.5。造水机生产的淡水几乎不含矿物质,也不能杀灭病菌,若供饮用则最好经过矿化器和紫外线杀菌器处理。航线不长的船舶,饮用水可完全由专门的饮用水舱供给,靠港口后再补充。船舶对淡水水质要求最高的是锅炉补给水,故船舶海水淡化装置对所造淡水含盐量的要求一般都以锅炉补给水标准为依据。我国船用锅炉给水标准规定补给蒸馏水的含盐量应小于10 mg/L(NaCl)。

船舶对淡水的需要量是:生活用水每人每天150~250 L;动力装置用水以主机功率计,柴油机船每千瓦每天需0.2~0.3 L,汽轮机船每千瓦每天需0.5~1.4 L。辅锅炉的补水量可按蒸发量的1%~5%计,中、高压锅炉按蒸发量的1%~3%计。对7 500 kW左右的柴油机货船舶对淡水的需要量是:生活用水每人每天150~250 L;动力装置用水以主机功率计,柴油机船每千瓦每天需0.2~0.3 L,汽轮机船每千瓦每天需0.5~1.4 L,辅锅炉的补水量可按蒸发量的1%~5%计,中、高压锅炉按蒸发量的1%~3%计。对7 500 kW左右的柴油机货船,造水机的容量大多不超过20~25 m^3/d。机舱设备采用中央淡水冷却系统、厕所采用淡水冲洗的船淡水消耗较多,造水机的容量要大一些。

二、海水淡化的方法

海水是一种含有80多种盐类的水溶液,其中含盐量超过1 mg/L的有11种。海水含盐量与所在海区的地质、降雨量、入海河流流量和海水的蒸发量等有关，各海域海水含盐量不尽相同。但各种主要盐类所占比例基本相同。当大洋中海水平均含盐量约为35 g/L时，各种主要盐类的含量如表8-1所示。海水淡化就是要大幅度降低海水的含盐量，目前所采用的方法主要有蒸馏法、电渗析法、反渗透法和冷冻法。在船上，绝大多数海水淡化装置采用蒸馏法。

表8-1　海水各种盐类的含量

盐类	NaCl	$MgCl_2$	$MgSO_4$	$CaSO_4$	K_2CO_3	$CaCO_3$	$MgBr_2$	总计
含量 g/L	27.2	3.8	1.7	1.2	0.9	0.1	0.1	35
所占比例%	77.7	10.9	4.8	3.4	2.6	0.3	0.3	100

现在的船用海水蒸馏装置一般都是在高真空条件下工作，可分为真空沸腾式和真空闪发式两种。前者海水加热和蒸发都在同一个高真空的蒸发器内进行；后者海水先在加热器内被加热，再经喷雾器减压喷洒到具有一定真空度的蒸发器内，部分海水迅速闪发汽化，产生蒸汽。真空闪发式海水淡化装置虽能显著减轻加热面结垢，但造价高，效率低(耗热量大)，船上已基本不再采用。

三、真空沸腾式海水淡化装置的工作原理

蒸馏法是根据盐分几乎不溶于低压水蒸气的原理，先加热海水使之汽化，然后再将产生的蒸汽冷凝，从而得到几乎不含盐分的蒸馏水。现今的船用真空沸腾式海水淡化装置，之所以让海水的蒸发和蒸汽的冷凝都在高真空度下进行，首先是因为真空度高则海水的沸点低，可以采用船舶柴油机缸套冷却水的余热来生产蒸馏水。例如当真空度为90%时，海水蒸发温度为45℃，可用温度不超过80℃的柴油机缸套冷却水作为海水淡化的加热工质，从而提高了船舶动力装置的经济性。另外，加热温度和蒸发温度低，则蒸发器换热面结垢慢，而且不结难于清除的硬垢。

下面以采用壳管式换热器的真空沸腾式海水淡化装置为例，说明真空沸腾式海水淡化装置的工作原理，图8-1所示为壳管结构真空沸腾式海水淡化装置的工作原理图。

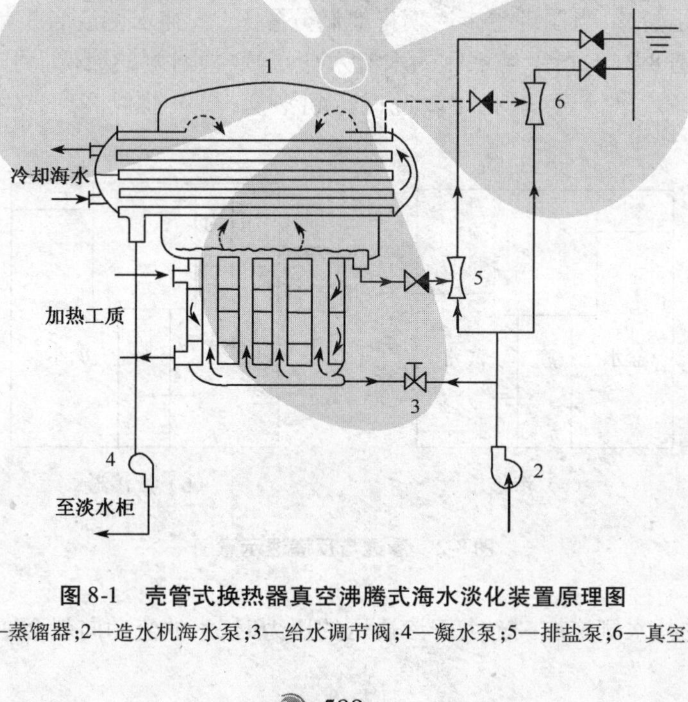

图8-1　壳管式换热器真空沸腾式海水淡化装置原理图

1—蒸馏器；2—造水机海水泵；3—给水调节阀；4—凝水泵；5—排盐泵；6—真空泵

真空沸腾式海水淡化装置本体的主要部分是蒸馏器 1，海水的加热和沸腾汽化都在下部竖管式蒸发器内进行，而蒸汽的凝结则在上部横管式冷凝器内完成。

此种结构造水机工作时，海水泵 2 首先将泵送的部分海水送入真空泵 6，作为真空泵 6 的工作流体，真空泵 6 首先将蒸馏器 1 抽真空；海水泵 2 将泵送的部分海水经给水调节阀 3 进入蒸发器的竖管内，自下向上流过。加热介质（主机缸套冷却水）在竖管外自上而下横向往复多次流过，对海水进行加热，被加热的海水达到沸点后开始汽化，产生的蒸汽（称为二次蒸汽，以区别于某些装置加热用的蒸汽）逸出后，绕过横置在蒸发器上方的汽水分离器，从冷凝器壳体上部的开口进入冷凝器。冷却用海水在冷凝器管内流过，将管外的蒸汽冷凝，凝水（淡水）集聚在冷凝器底部，由凝水泵 4 抽送至淡水舱。在蒸发器内，部分汽化后剩下的盐度相对较高的海水（又称盐水）由排盐泵 5 连续泵送至舷外。蒸馏器中真空度的建立和维持主要由真空泵 6 和冷凝器来共同完成。真空泵 6 和排盐泵 5 通常采用喷射泵，其工作水由造水机海水泵 2 提供，通常冷凝器中冷却用海水也是由海水泵 2 提供，海水泵 2 通常为离心泵。

柴油机船上，海水淡化装置一般都使用主机缸套冷却水作为加热介质，只有在主机停车而又需淡化装置工作时，才采用辅助锅炉的减压蒸汽来加热。对某些淡水耗量较大的船舶，当其动力装置的余热不足以满足装置的需要时，则也可使用低压蒸汽作为补充热源。

四、反渗透式海水淡化装置的工作原理

（一）反渗透的基本原理

1. 半透膜

半透膜是广泛存在于自然界动植物体器官上的一种选择透过性膜。严格地说，是只能透过溶剂（通常指水）而不能透过溶质的膜。工业使用的半透膜多是高分子合成的聚合物产品。

2. 渗透、渗透压

当把溶剂和溶液（或把两种不同浓度的溶液）分别置于半透膜的两侧时，溶剂将自发地穿过半透膜向溶液（或从低浓度溶液向高浓度溶液）侧流动，这种现象叫渗透，如果上述过程中溶剂是纯水，溶质是盐分，当用理想半透膜将他们分隔开时，纯水侧会自发地通过半透膜流入盐水侧，此过程如图 8-2（a）所示纯水侧的水流入盐水侧，盐水侧的液位上升，当上升到一定程度后，水通过膜的净流量等于零，此时该过程达到平衡，与该液位高度差对应的压力称为渗透压。

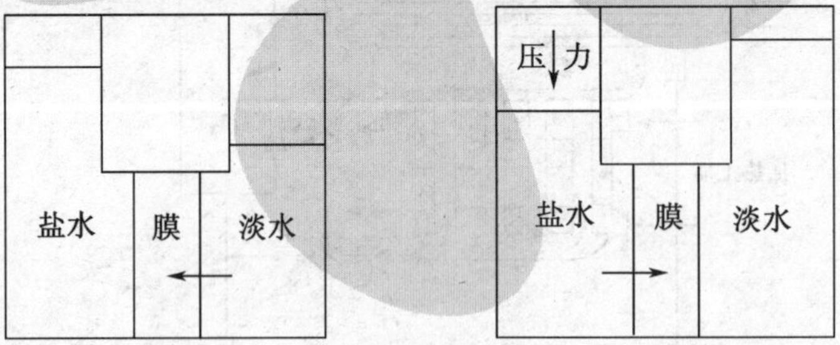

（a）渗透　　（b）反渗透

图 8-2　渗透与反渗透示意图

3. 反渗透

当在半透膜的盐水侧施加一个大于渗透压的压力时，水的流动向就会逆转，此时盐水中的

水将流入纯水侧，这种现象叫做反渗透，该过程如图 8-2(b)所示。

(二)反渗透式海水淡化装置的组成

反渗透式造水机的主要工作部件包括反渗透膜、各级粗/细滤器、供给泵和增压泵等。反渗透式海水淡化装置在制淡过程中，没有加热和相变过程发生，对能量的消耗主要来自于对海水的加压过程，即供给泵和增压泵的电功率消耗。反渗透水处理工艺基本上属于物理方法，它在诸多方面具有传统的水处理方法所没有的优异特点，与真空沸腾式造水机相比，反渗透式造水机不依赖主机缸套水的热量，布置起来比较自由；且由于没有加热环节的存在，不存在结垢的危险，工作过程中只需定期对滤器进行冲洗或对反渗透膜进行化学清洗。

(三)给水预处理

反渗透膜是反渗透式海水淡化装置的主要部件，为了保持膜组件良好的设计性能和长时间的安全经济运行，保证膜的使用寿命，必须对海水进行适当的预处理。根据水源的水质条件、膜组件的特性，选择适合的预处理方式。系统通常设有粗滤器、多媒介滤器和细滤器等多级滤器，用于保持反渗透膜的足够清洁，但在长期使用后，仍需要对反渗透膜进行化学清洗。一般情况下，当制淡水产量相对初始产量显著下降或盐分显著增加时，需对系统进行化学清洗。膜的污染、堵塞和侵蚀性因素包括：结垢、金属氧化物、悬浮物和胶体、有机物、生物污染等方面，所以主要针对这些因素采用相应的预处理方式，通常是采用过滤的方式去除，当采用多介质过滤器时，必须在反渗透之前设置 5 μm 保安过滤器等特殊的过滤措施；如果用超滤做预处理可以考虑不用 5 μm 过滤器，因为超滤的过滤精度是 0.002 ~ 0.1 μm。

在系统要长期停用或需要化学清洗时，需要用淡水对管路和反渗透膜进行冲洗，以避免系统腐蚀和反渗透膜脏污。

第二节　真空沸腾式海水淡化装置的工作分析

一、影响蒸馏器真空度的因素

真空沸腾式海水淡化装置刚启用时，真空度的建立是靠真空泵抽除装置内的空气来实现。当通入加热介质产生水蒸气后，主要是靠真空泵、盐水泵、冷凝器以及凝水泵的共同作用来维持蒸馏器内部的真空度。

真空蒸馏式海水淡化装置在工作期间，冷凝器使产生的二次蒸汽及时冷凝，并由凝水泵将凝水不断抽出，装置应保持 90% ~94% 的真空度，以使蒸发温度控制在 45 ~35℃，在一定的真空条件下，维持装置的蒸汽产生与凝结能力相当，是保证装置真空度稳定的首要条件；同时，由于海水在低压时会释放出一些原本溶入水中的气体，而且这些气体不会在冷凝中被冷凝或再次溶入水中，而会在海水淡化装置工作过程中越积越多，致使装置内真空度下降，因此，淡水泵和真空泵应连续地工作，不断排出蒸馏器中的不凝性气体、淡水、盐水，才能维持装置内部必要的真空度。另外，海水淡化装置与系统应具有良好的气密性能，避免工作过程中外界空气的渗入是保持装置真空度的必要条件。综上所述，建立和维持真空蒸馏式海水淡化装置真空度必须：

(1)装置有良好的气密性。

(2)真空泵有足够的抽真空能力。

(3)有与蒸发能力相适应的冷凝能力。

(4)淡水泵的排水能力合适。

实际工作中,真空度应维持在一个合适的范围内。若真空度过低,则蒸发温度高,蒸发器的换热温差小,产水量降低;而真空度过高,则蒸发温度降低,导致蒸发器中海水蒸发过于剧烈,使二次蒸汽携带的水滴增多,会使所产淡水的含盐量增加。

海水温度或流量的变化都会对装置的真空度产生影响,一般通过调节冷凝器的冷却水流量来控制装置的真空度。当船舶在热带航区时海水温度较高,冷凝器的传热温差减小,冷凝能力下降,此时应加大冷却水流量以使真空度维持在正常范围内,如真空度仍无法达到要求,可适当减小加热水流量,以保持装置足够的真空度;而在冬季工况时,冷却水温度较低,冷凝能力增大,而蒸发器则由于海水温度低,产汽能力下降,致使装置的真空度升高,此时应减小冷却水流量以使真空度维持在正常范围内,如真空度仍太高,可稍开真空破坏阀。

海水淡化装置在实际工作中常由于各种原因导致真空度不足(低于90%),常见原因有:

(1)装置密封性不良。

(2)真空表指示失灵。

(3)冷却水量不足。

(4)冷却管束污垢严重;。

(5)冷凝器冷却水侧有空气。

(6)产汽量大于冷凝量,致使蒸汽不能在冷凝器中全部凝结成水。

(7)凝水泵排量不足,导致冷凝器中凝水水位过高。

(8)真空泵喷嘴损坏或安装不当。

(9)真空泵工作水压过低或水温过高,致使抽吸能力不足。

(10)真空泵因通海阀未开足或止回阀过紧,致使排出背压过大。

(11)真空破坏阀关闭不严等。

二、影响蒸发器换热面结垢的因素

海水中的大部分盐类如氯化钙、氯化镁等的溶解度较高,并且溶解度随温度升高而增加,而硫酸钙、碳酸钙、氢氧化镁等盐类,本来溶解度就比较低,而且溶解度随温度升高而减小,从海水中析出,沉积、黏附于换热器表面而形成水垢。

水垢的主要成分中碳酸钙、氢氧化镁等主要呈泥渣状沉淀,大部分能随盐水一起排走,而硫酸钙成分则会在加热器表面形成难于清除的硬垢,且其热导率很小,因此蒸馏式海水淡化装置使用管理中要尽量避免和减少硫酸钙水垢的生成。加热面上水垢的生成速度与成分和蒸发温度、传热温差、盐水浓度等有关。

(一)蒸发温度

蒸馏器中的真空度越低,蒸发器中海水的蒸发温度就越高,则难溶盐的溶解度下降越多,水垢生成的速度就越快,而且,海水温度的高低还决定了水垢的成分。当水温不太高时,水垢的主要成分是呈泥状的碳酸钙,而氢氧化镁主要呈泥渣沉淀。当水温超过75℃时,氢氧化镁垢的比例就迅速增加,当水温超过83℃时,氢氧化镁垢就会取代碳酸钙而成为水垢的主要成分,因此,蒸馏装置不加防垢剂时一般不允许盐水温度超过75℃。

(二)传热温差

加热介质与盐水之间的温差越大,则加热面附近的海水就会因汽化而浓缩严重,以致结垢量增加,易生成氢氧化镁和硫酸钙水垢。因此,通常以蒸汽作为加热介质时,应先用蒸汽加热淡水，再以热的淡水作为淡化装置的加热介质。

（三）盐水浓度

盐水浓度是由给水倍率来控制的，供给海水量与所产淡水量之比称为给水倍率。在同样的蒸发温度和传热温差下，盐水的浓度越大，难溶盐的含量也就越大，生成的水垢就越多。盐水浓度大还表明给水倍率小，盐水流经加热器的时间也比较长，盐类也就更容易在加热器表面形成结垢；反之，给水倍率大，盐水流经加热器的时间短，即使有难溶盐析出也无法沉积到换热器表面形成水垢。水垢的成分与盐水的浓度有直接关系，只要在盐水的含盐浓度到海水的1.5倍时，硫酸钙才开始析出，而当盐水的含盐浓度到海水的3倍时，硫酸钙水垢才会大量生成，因此，船用真空沸腾式海水淡化装置蒸发器中盐水含盐浓度一般不允许超过海水的1.5倍。

但需要注意的是，增大给水倍率尽管可减小盐水的浓度，但同时会因排出的热盐水增多，使装置的热量损失和水泵的耗电量增大，产水量下降，因此，一般船用海水淡化装置的给水倍率控制在3~4。

三、影响淡水产量的因素

真空蒸馏式海水淡化装置所产生的淡水是来自加热盐水所产生的二次蒸汽，因此，影响真空蒸馏式海水淡化装置产水量的主要问题就是产汽量的问题，具体地说如果海水淡化装置造水量不足，就可能是以下原因所致：

(1)蒸发器换热面脏污结垢，传热系数减小。

(2)真空度不足，导致海水沸点升高。

(3)加热水流量不足或温度太低，致使加热水平均温度降低。

(4)蒸发器的给水（海水）温度太低或给水量过大，使更多的热量消耗于预热或被盐水带走。

(5)蒸发器给水量不足（例如部分海水进水通道堵塞），使换热面积减小。

(6)加热水侧气塞，妨碍换热。

(7)凝水泵出口通舱底的电磁阀或回流电磁阀关闭不严等。

在日常运行中，海水淡化装置能否生产出淡水及产水量多少，影响最大的因素：一是能否建立和保持合适的真空度；二是蒸发器加热面结垢、脏污。产水量突然减少或中断的原因往往是前者；而产水量逐渐减少则大多是因为后者。

四、影响产水含盐量的因素

干饱和水蒸气几乎不含盐分，但蒸馏器中的盐水在剧烈沸腾时会产生许多细小的水珠进入冷凝空间，其中部分比较细小的水珠被气流带到冷凝器中，使冷凝的淡水含有一定量的盐分。从管理角度来看，所产淡水含盐量过高的主要因素有：

(1)蒸发量过大，沸腾过于剧烈，可能是加热介质的流量过大、温度过高或真空度过高。

(2)竖管式蒸发器的盐水水位太高，造成汽水分离高度不足。

(3)盐水含盐量太大，以至细小水珠携盐量增加。

(4)冷凝器漏泄，冷却海水进入淡水侧。

第三节　板式换热器真空沸腾式海水淡化装置实例

板式换热器传热系数高，而且易于维修、检查和清洗，故采用板式换热器的真空沸腾式海水淡化装置逐渐取代了壳管式换热器海水淡化装置，现有远洋船舶约有三分之二装有阿法拉伐公司生产的板式换热器的海水淡化装置。

图 8-3 所示为阿法拉伐（Alfa Laval）公司生产的 JWP-26-C80 型海水淡化装置系统原理图，该产品属于典型的板式换热器的真空沸腾式海水淡化装置。这种装置的工作参数为：蒸发温度约 40℃（真空度为 93%）；加热水温度为 55～90℃；加热蒸汽压力为 0.3 MPa；每 1 m^3/h 淡水产量平均耗热量 767～814 kW；所产淡水含盐量低于 1.5 mg/L；淡水产量在 10～50 m^3/d 范围内有多种规格。下面以 JWP-26-C80 型海水淡化装置系统为例，说明板式换热器的真空沸腾式海水淡化装置的组成、使用和保养。

一、海水淡化装置本体的结构

海水淡化装置本体（蒸馏器）壳体由左右两部分构成，左侧青铜材质的壳体带有各工作系统和附件接口，右侧为不锈钢材料制作的半球面壳体，二者之间设有橡胶垫片，并用螺栓紧固在一起。本体内部被水平隔板分隔成上下两个空间，两个空间分别设有板式换热器的冷凝器和蒸发器。最下方为盐水空间，盐水水位附近设有观察镜。盐水空间上方为蒸发器，蒸发器上方是隔板，隔板上方为冷凝器。蒸发器和冷凝器均为钛合金板式换热器。隔板右侧和不锈钢壳体之间设置有不锈钢丝制作的、具有一定厚度的、丝瓜瓤状的汽水分离器。

工作时，造水机壳体内保持较高的真空度，供入蒸发器的海水受缸套水的加热而沸腾汽化，所产的水蒸气中或多或少都会带有一定量的细小水滴。由于持续的抽真空作用及冷凝器不断将水蒸气冷凝，所以含有水滴的水蒸气不断地经汽水分离器从蒸发空间流向冷凝空间，细小水滴被汽水分离器分离出聚结后滴落到造水机下部与盐水混合。水蒸气则进入冷凝器，被海水冷凝成为造水机的产物——淡水。

二、装置的系统组成

（一）海水系统

海水泵提供的海水首先进入冷凝器冷却水蒸气，海水流经冷凝器后分为两路。一路经弹簧加载阀和节流孔板后进入蒸发器，海水吸热后沸腾，部分水转变为水蒸气，剩下的海水盐度升高称为盐水。另一路供给到喷射泵作为其工作水，引射盐水和不凝性气体后一起排至舷外。

（二）加热系统

三通温控阀 CFV19 根据缸套水温度高于还是低于设定温度，自动调节主机缸套水流经蒸发器的水量，缸套水流经蒸发器的过程中对海水放热降温后，到达三通温控阀 CFV12，阀 CFV12 控制主机缸套水流经缸套水冷却器量的多少。正常航行时，如海水淡化装置停用，则温控阀 CFV19 的设定温度高于阀 CFV12 的设定温度，阀 CFV12 将缸套水温度控制在设定值附近，缸套水温度低于阀 CFV19 的动作值，阀 CFV19 全关，主机水不进入海水淡化装置的蒸发器。如要运行海水淡化装置，则温控阀 CFV19 的设定温度低于阀 CFV12 的设定温度，主机缸套水进入海水淡化装置的蒸发器，如海水淡化装置正常运行后，缸套水出口温度还高于阀

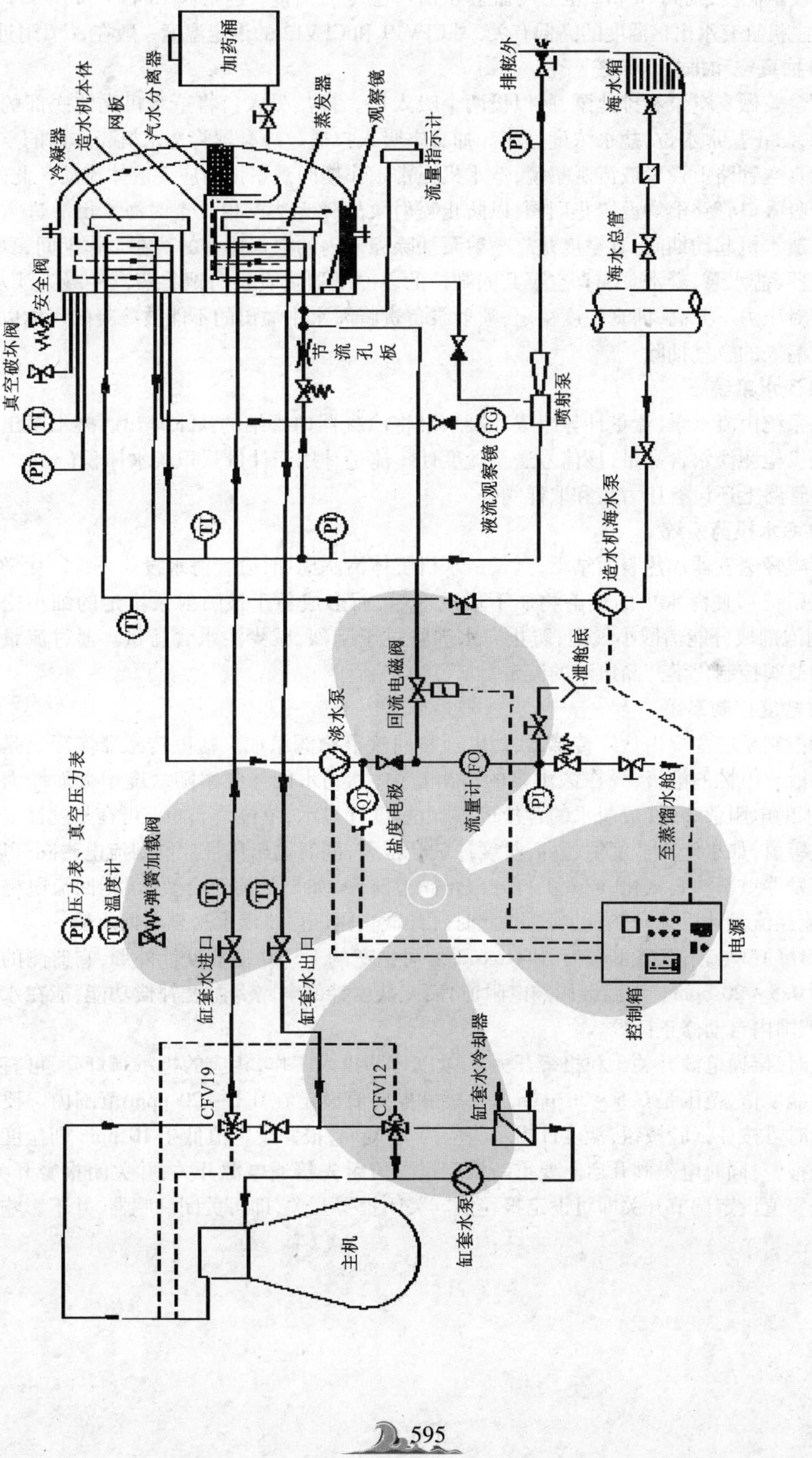

图8-3　板式换热器真空沸腾式造水机系统原理图

CFV12 的设定温度,则阀 CFV12 也参与缸套水出口温度的调整。通常阀 CFV19 和 CFV12 开度的大小与主机缸套水出口温度的高低有关,阀 CFV19 和 CFV12 的设定温度一般在 80℃附近。

(三)抽真空和排盐水系统

喷射泵兼做真空泵和排盐泵,所以设两个吸入口。排盐吸入口将造水机壳体底部的盐水及时排走,防止盐水水位、盐水浓度过高。抽真空吸入口通过冷凝器将造水机壳体内的空气排走。在抽真空管路上设置液流观察镜,造水机正常工作期间观察镜内应无液体流动。此外,喷射泵两个吸入口管路上均设置止回阀,以防止喷射泵故障无法产生真空时海水倒灌进入造水机壳体。造水机起动期间,真空度是靠喷射泵抽除壳体内的空气建立的。在工作期间,真空度是靠冷凝器、盐水泵、凝水泵和真空泵共同维持的。冷凝器负责及时地将蒸汽冷凝为淡水,保持内部绝对压力不升高,即真空度稳定;喷射泵负责将海水中溢出的不能被冷凝的气体以及经壳体等处漏入的空气抽除。

(四)淡水系统

淡水系统由凝水泵、流量计等组成。凝水泵将冷凝器内凝结的淡水排出。凝水泵出口设置盐度电极检测淡水含盐量,该信号送至盐度计。流量计用于计量累积淡水体积(m^3)。流量计之后的管路上还设有压力表和取样阀等。

(五)海水投药系统

为了减轻蒸发器加热表面结垢,延长造水机解体清洗周期,设置海水投药系统。化学药品有两个作用:(1)使海水中的难溶物质不形成水垢,而形成易于被喷射泵排走的细小松散晶体;(2)消泡剂成分能消散小气泡,防止海水沸腾过于剧烈,减少淡水含盐量。通过流量指示计上的调节阀控制化学药品溶液的流量。

(六)盐度控制系统

盐度控制系统主要由盐度传感器、盐度计和回流电磁阀组成。盐度传感器实际上是一对测量水溶液导电性的电极,设在淡水泵的排出管内,利用水的导电率随盐度增大而增大的特性,测出水的电阻值,转换成淡水的含盐量,并由盐度计显示,单位是 ppm。可在盐度计上设定盐度的报警值,如果淡水盐度值超标,盐度计就会报警,同时输出信号控制回流电磁阀开启,淡水返回蒸发器重新沸腾汽化,或人工打开截止阀泄舱底;如果盐度符合要求,则回流电磁阀关闭,淡水流经流量计后顶开弹簧加载阀,此时打开截止阀即可将淡水送至蒸馏水舱。

盐度计的型号较多,图 8-4 为 Alfa Laval 公司生产的 DS-20 型盐度计外形,它监测的含盐量范围是 0.5 ~20 ppm。水温会影响电阻值,因此盐度计的电路有温度补偿功能,能在水温为 5 ~85℃范围内自动修正读数。

使用时,接通电源开关 3 和报警开关 2,盐度计即投入工作,相应的指示绿灯亮,可直接显示淡水的盐度值,范围是 0.5 ~20 ppm。含盐量报警值设定在 0.5 ~20 ppm 范围内。要试验报警装置时可按住试验按钮,盐度计指示值应为 10 ppm,报警设定值低于 10 ppm 则盐度计会发出声光报警,同时电磁阀开启。要重新设定报警值时先接通电源开关,并关闭报警开关,然后通过报警值设定调节开关即可设定报警值。关闭报警开关,即可关闭蜂鸣器,并不影响电磁阀工作。

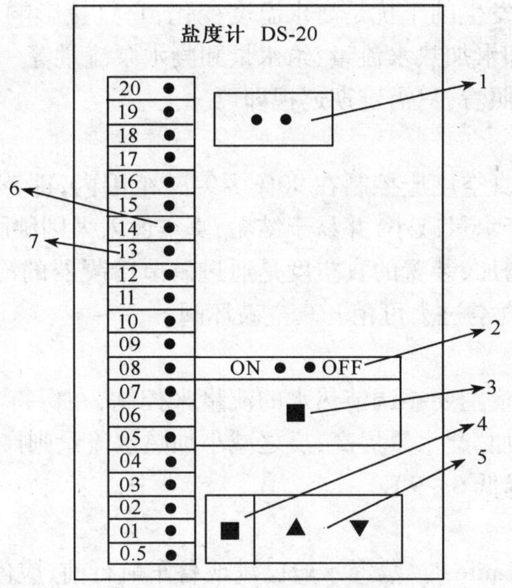

图 8-4 DS-20 型盐度计外形图

1—报警指示灯;2—报警开关;3—电源开关;4—试验按钮;5—调节开关;6—含盐量指示灯;7—盐度值

三、装置的使用

(一)启用

要使造水机工作,一般要满足两个基本条件:一是船舶定速航行;二是船舶离岸 20 n mile 以上,并不在受污染水域以保证海水的清洁。具体起动步骤如下:

(1)打开造水机海水泵的吸入、排出阀。

(2)打开喷射泵的通舷外阀。

(3)关闭造水机上的真空破坏阀。

(4)启动海水供给泵抽真空到至少 90%,喷射泵前压力应为 0.35 ~0.4 MPa。

(5)打开主机缸套冷却水至造水机的进出口阀。

(6)逐步调低集控室控制台“制淡系统温控器”的设定温度,一般不低于 78℃。

(7)打开进蒸馏水舱截止阀。

(8)打开盐度计。

(9)启动淡水泵。

(10)打开投药桶出口阀并通过流量指示计调节药液流量。

(二)运行中管理

1. 给水倍率的控制

给水倍率一般保持在 3 ~4 范围内。给水倍率太低,则盐水浓度高,易结垢;给水倍率太高,则产水量降低,盐水带走的热量增加。只要给水管路的节流孔板不堵,一般通过弹簧加载阀保证给水压力在 0.3 ~0.4 MPa 范围内,即可保持适当的给水倍率。

2. 凝水水位的控制

凝水泵通常是离心泵,正常工作时,流量随凝水水位高度变化有自调能力,不用特意调节。当然凝水泵应定期维护保养,以保证其工作良好。

造水机工作中最可能发生的干扰是海水温度变化，它直接影响真空度和产水量。只要真空度稳定，其他各项如冷却水加热水流量、给水量和凝水泵流量等一般都无须调节。故造水机工作稳定后一般不用专人照看，只需定期巡视即可。

3. 真空度的控制

船用真空蒸馏装置的真空度应控制在90% ~94%范围内，即蒸发温度在35 ~45℃，真空度太低则蒸发温度上升，产水量减小，并易于结垢，真空度太大则沸腾过于剧烈，影响二次蒸汽品质，使所产淡水含盐量增加，装置的真空度是通过调节冷凝器的冷却水流量来控制，通常冷却水的温升应在5 ~6℃，真空过大可稍开真空破坏阀。

4. 产水量的控制

海水淡化装置的产水量主要靠调节热水的流量来控制，在保持相应冷凝能力的前提下增大加热水流量则产气量增加，产水量提高；反之减小加热水流量则产气量减少，产气量下降，通常加热水的进、出口温度降低6 ~9℃。

(三)停止

当船舶离岸小于20 n mile时、蒸馏水舱已满或备车航行前，应停止造水工作，具体起动步骤如下：

(1)逐步调高集控室控制台“制淡系统温控器”的设定温度，一般高于缸套水冷却器温控器的设定温度即可。

(2)停止进蒸发器的主机缸套水，关闭进出口阀。

(3)停止淡水泵。

(4)关闭盐度计。

(5)停止造水机海水泵，关闭进出口阀。

(6)打开真空破坏阀。

(7)关闭喷射泵通舷外阀。

(8)关闭进蒸馏水舱截止阀。

四、装置的保养

(一)漏气的检查和防止

检查蒸馏装置的密封性时，可先关闭蒸馏器通外界的各阀，启动喷射泵将蒸馏器抽至93%左右的真空度，然后停止喷射泵的工作，如一小时内真空度下降的幅度超过10%，则表明装置的密封性不符合要求

蒸馏器在正常工作时可用烛火法或者线香法查漏，当用烛火或线香沿蒸馏器的结合面缓慢移动时，如发现烛火或香烟向内吸动，表明该处漏气。通常最容易漏气的地方是凝水泵轴封和阀杆填料处。对于填料箱等处的泄漏可通过加大压紧度或增加填料的办法消除，固定部件结合处的泄漏可采用涂密封胶、油漆等方法消除，有些漏缝可先塞上适当的填充物，再在外面涂以环氧树脂、沥青等来解决。

(二)漏水的检查和预防

漏水现象常发生在冷凝器中，冷凝器漏水后，海水将漏入的淡水空间而直接影响淡水质量，冷凝器漏水是造成淡水质量盐度升高的主要原因之一。检查冷凝器是否漏水时，可先关闭主机缸套水的进出口阀，关闭凝水泵出口阀，但继续向冷凝器供给冷却水，如凝水水位逐渐升高则表明冷凝器漏水，可短时间启动凝水泵用盐度计检验证实。

（三）换热器的清洁

使用日久淡水产量减少时，应及时对换热器进行清洗除垢。可打开图 8-3 中最右侧的壳体，测量并记录换热器厚度后，拆下蒸发器或冷凝器的换热板，放入足够大的容器内，用专用的化学药剂与淡水按一定的比例混合成的溶液浸泡。最里边和最外边的换热板应放好，以免装错。浸泡过的换热板上的水垢很容易清除，用软刷和不高于 50℃ 的温水刷洗即可。刷洗过程中注意防止密封垫片的脱落，若换热板的密封垫片脱落，应该用专用胶粘好。因换热板成对配合使用，所以如果个别换热板损坏而无备件，可以暂时将与其相邻的换热板一起拆除。清洁好换热板后，按正确的顺序装复，盖板上紧后，换热器厚度应符合要求或与拆前厚度一样（若拆除个别换热板，尺寸相应减少）。蒸发器和冷凝器装复后，分别打开加热热水和冷却海水的进、出口阀，启动主机缸套水泵和造水机海水泵，检验是否漏泄，确信不漏后再装好前盖。在换热器保养的同时，应检查防腐锌板的腐蚀情况，耗蚀过半应予换新。

（四）每月试验一次盐度计报警设备

传感器电极每月应拆出清洁一次，以免黏附污垢使所测电阻值不准。清洁时应在热淡水中用软布擦洗，勿用硬物刮刷，以免损坏电极表面的铂铑镀层。定期维护装置所用的水泵、喷射泵。

第九章

船用辅助锅炉

第一节　锅炉的性能参数和结构

锅炉是通过燃料燃烧将其化学能转化为热能，加热锅炉内的水变成水蒸气或热水或加热锅炉内的热油，是使之温度提高的设备。在以柴油机为主机的船上，锅炉产生的饱和蒸汽仅用于加热燃油、滑油及满足日常生活的需要，或驱动蒸汽辅机，这种锅炉称为辅锅炉。

柴油机干货船一般设一台产生压力为 0.5 ~ 1.0 MPa 的饱和蒸汽、蒸发量为 0.4 ~ 2.5 t/h 的辅锅炉。在柴油机为主机的油船上，因为加热货油、驱动货油泵等蒸汽辅机以及洗货油舱等需要大量蒸汽，一般都设两台辅锅炉，蒸发量常在 20 t/h 以上。大型客船，一般也设两台辅锅炉，以满足日常生活所需的大量蒸汽。部分船舶也采用热油作为传递热量的热油锅炉。

一、锅炉的性能参数

（一）蒸发量（产汽量）

锅炉每小时产生的蒸汽量称为蒸发量，用符号 D 表示，单位是 kg/h 或 t/h。通常标注的是在设计工况的额定蒸发量。

（二）蒸汽参数

当锅炉供应饱和蒸汽时，蒸汽参数用蒸汽的压力（单位为 MPa）来表示；当锅炉向外供应过热蒸汽时，则必须使用用蒸汽压力和蒸汽温度来表示的蒸汽参数。锅炉一般标注名义工作压力，使用的工作压力范围上限可稍超过它，但不应超过锅炉的最大许用工作压力（设计压力）。

（三）效率

在锅炉中，从给水变为蒸汽所得到的有效热量与向锅炉内所供应的热量之比叫做锅炉效率，用符号 η 表示。

$$\eta = \frac{\sum D(h_q - h_g)}{BQ_D} \tag{9-1}$$

式中，$\sum D$—— 锅炉供应的各种参数蒸汽的蒸发量，kg/h；

B —— 每小时燃料消耗量，kg/h；

Q_D—— 燃料的低热值，kJ/kg；

h_q—— 所供蒸汽的比焓,kJ/kg;

h_g—— 给水比焓,kJ/kg。

把水变为蒸汽的有效利用热量又可用向锅炉供入的热量减去各种热损失来表示,所以锅炉效率又可表示为

$$\eta = \frac{BQ_D - B(Q_1 + Q_2 + Q_3 + Q_4)}{BQ_D} = 1 - (q_1 + q_2 + q_3 + q_4) \tag{9-2}$$

式中,Q_1—— 排烟热损失,kJ/kg,是每燃烧1 kg燃料所产生的排烟所带走的热量构成的热损失。这是锅炉各种热损失中最大的一项,其值取决于排烟的数量和温度。额定工况的排烟相对热损失 $q_1 = Q_1/Q_D = 10\% \sim 20\%$。

Q_2—— 化学不完全燃烧热损失,kJ/kg,是锅炉烟气中尚存的未能完全燃烧的气体如CO、CH_4、H_2 等未能发出的热量。燃烧正常时化学不完全燃烧相对热损失 $q_2 = Q_2/Q_D = 0.3\% \sim 0.5\%$。

Q_3—— 机械不完全燃烧热损失,kJ/kg,燃油未完全燃烧时形成一些可燃的固体碳粒,其中包括油热分解后产生的炭黑及油滴燃烧后残留的焦粒等,这些可燃的固体粒子未能燃烧而构成的热损失称为机械不完全燃烧热损失。在燃烧正常时可认为机械不完全燃烧相对热损失 $q_3 = Q_3/Q_D = 0$,燃烧不良时 q_3 可达 $0.5\% \sim 1\%$。

Q_4—— 散热损失,kJ/kg,是锅炉由于温度高于周围大气而向四周环境所散失的热量。相对散热损失 $q_4 = Q_4/Q_D$ 随锅炉蒸发量的增加而减小。当 $D = 2$ t/h 时,q_4 约为 2.6%;当 $D = 100$ t/h 时,q_4 只有 0.3% 左右。

(四) 受热面积

锅炉的受热面积除蒸发受热面积(炉水被加热产生饱和蒸汽的受热面积)外,还可能包括过热器、空气预热器、经济器(预热给水)等附加设备的受热面积,单位是 m^2。辅锅炉通常没有上述附加设备,其受热面积即为蒸发受热面积。

(五) 蒸发率(产汽率)

锅炉的蒸发率表示单位蒸发受热面积每小时产生的蒸汽量,单位为 $kg/m^2 \cdot h$。蒸发率用于评价锅炉蒸发受热面的平均传热强度。蒸发率越高,锅炉结构越紧凑。

(六) 炉膛容积热负荷

炉膛容积热负荷表示每单位炉膛容积在单位时间内燃料燃烧放出的热量,用符号 q_v 表示

$$q_v = \frac{BQ_D}{3\,600V_1} \quad kw/m^3 \tag{9-3}$$

式中,V_1—— 炉膛容积,m^3。

燃油锅炉在燃油耗量和热值一定的条件下,q_v 值越大,意味着炉膛相对容积越小,因而燃油在炉膛内燃烧停留时间越短,炉膛内的烟气平均温度也越高。q_v 是影响燃烧质量、锅炉效率、工作可靠性以及锅炉尺寸和重量的一个重要参数。

选择燃油锅炉的依据主要是蒸发量和蒸汽参数;选择废气锅炉的依据则是受热面积和蒸汽工作压力。

二、锅炉的结构

(一)燃油锅炉主要结构类型和特点

锅炉按受热面的特点大致可分为烟管锅炉和水管锅炉两大类。下面即通过几种锅炉实例来介绍燃油锅炉的一般结构。

1. 立式横烟管锅炉

若锅炉的燃油燃烧产生的高温烟气在受热面管内流动,管外是炉水,则称为烟管锅炉。图9-1 所示是一种曾普遍使用的立式横烟管锅炉。不同型号的蒸发量为 1 ~4.5 t/h,最大工作汽压为 1.0 ~1.7 MPa。

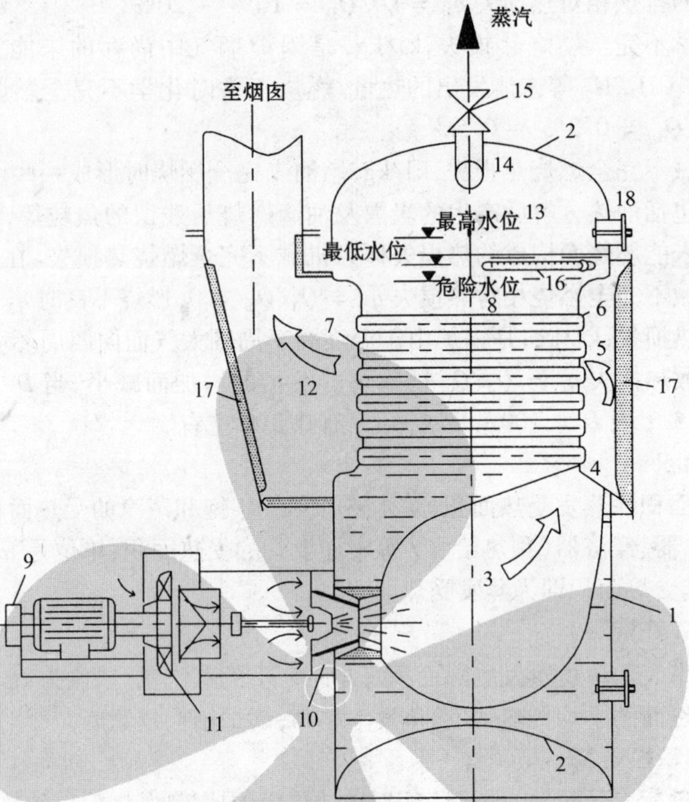

图 9-1 立式横烟管锅炉

1—锅壳;2—封头;3—炉胆;4—出烟口;5—燃烧室;6—后管板;7—前管板;8—烟管;9—电动油泵;10—燃烧器;11—鼓风机;12—烟箱;13—汽空间;14—集汽管;15—停汽阀;16—内给水管;17—检查门;18—人孔门

此锅炉有一个直立的圆筒形锅壳 1,其直径为 1 500 ~2 600 mm,由锅炉钢板(20 号或 15 号钢)卷制焊接而成。为能较好地承受内部蒸汽压力,其顶部和底部均为椭圆形封头 2。整个锅炉的高度为 3.7 ~6.3 m。

在锅壳中的下部设有由钢板压成的球形炉胆 3。炉胆顶部靠后有圆形出烟口 4,与上面的燃烧室 5 相通。燃烧室与烟箱 12 之间设有管板 6 和 7,两管板之间装有数百根水平烟管 8。管与管板可以扩接或焊接相连。锅壳内部分成两个互相隔绝的空间,炉胆和烟管里面是烟气,外面是水。

设在炉前的电动油泵 9 通过燃烧器 10 的喷油嘴向炉胆内喷油，同时由鼓风机 11 经风门将空气送入炉内助燃。油被点着后，在炉胆内燃烧，高温火焰与烟气中的热量主要通过辐射方式经炉胆壁传给炉水。未燃烧完的油和烟气经出烟口向上流至燃烧室继续燃烧。然后顺烟管流至烟箱，最后从烟囱排入大气。烟气在烟管中的流速越高和扰动越强烈，对管壁的对流放热能力就越强，因此在烟管中常设有加强烟气扰动的长条螺旋片。由上述可见，烟管锅炉中的炉胆、燃烧室和烟管都是蒸发受热面。

锅壳中水位高出蒸发受热面，在水面以上为汽空间 13。炉水由于吸热沸腾而汽化，在水中产生大量蒸汽泡。蒸汽逸出水面后聚集在汽空间中，经顶部的集汽管 14 和停汽阀 15 输出，由蒸汽管道送至各处使用。炉内的水不断蒸发成汽，致使水位降至最低工作水位时，水位自动调节器动作，起动给水泵，给水就经给水阀和内给水管 16 补入。因给水泵的给水量大于蒸发量，故给水泵起动后水位就开始上升。当水位升到最高工作水位时，调节器又发生作用，停给水泵。

在燃烧室背后和烟箱前面都有可开启的检查门 17，以便于清除积存在烟管中的烟垢，或维修损坏的烟管。在锅壳上部设有人孔门 18，以便工作人员进入锅壳内部进行维修和清扫积存的污垢。在锅炉下部则设有手孔门。为了减少锅炉的散热损失和降低周围环境温度，并防止工作人员烫伤，锅壳外面包有隔热材料层，最外面是一层薄铁皮外罩。不包隔热材料的锅炉是不允许工作的，因为冷空气吹到锅壳上会使锅炉受到损伤。

烟管锅炉受热面的布置方法，决定了它有以下特点：

(1)蒸发率和热效率低。以上述立式横烟管锅炉为例，虽然炉胆和燃烧室仅占整个锅炉的受热面的 10% 左右，这部分受热面受中心处温度约为 1 300 ~ 1 400℃ 的火焰直接照射，属于辐射受热面，蒸发率甚大。而烟管的传热方式以对流为主，属于对流受热面。烟气在烟管中流动时，其温度在进口处为 600 ~ 700℃，流入烟箱时已降为 300℃ 左右，以致烟气与炉水之间的温差不很大，又由于烟气在烟管内纵向流动，流速也小，故对流换热效果不佳。虽然烟管面积占整个锅炉受热面积约 90%，但传热量却不到一半，致使整个锅炉的受热面蒸发率不高，一般烟管锅炉蒸发率仅为 25 $kg/m^2 \cdot h$ 左右。图 9-1 所示锅炉虽使用了悬空式球形炉胆，并在烟管中嵌入螺旋条，但蒸发率也不过 40 $kg/m^2 \cdot h$ 左右。烟管锅炉排烟热损失较大，热效率只能达到 72% 左右。

(2)相对体积和重量较大，适用工作压力较低，蒸发量较小。烟管锅炉的蒸发率低，所以蒸发量既定时需要较大的受热面；又必须有厚壁的锅壳包围全部受热面，锅炉的蓄水量多，相当于蒸发量的 3 ~ 4 倍，所以比较笨重，重量(包括水量)往往达蒸发量的 6 ~ 8 倍。上述特点使烟管锅炉的工作压力和蒸发量受限，工作压力不大于 2 MPa，蒸发量不大于 10 t/h。

(3)点火和升汽的时间长；汽压和水位变动慢，容易调节；对水质要求低。虽然炉胆部分传热强度高，但其外壁的水垢容易清除；烟管间的水垢虽难除，但该处烟气温度低，传热又差，故运行时管壁温度不高；因此，烟管锅炉对炉水质量要求不如水管锅炉高。

2. D 形水管锅炉

若锅炉的受热面管内流动的是水或汽水混合物，而烟气在管外流过，则称为水管锅炉。D 形锅炉以其本体形状类似英文字母“D”而得名。图 9-2 示出了油船上用得较多的一种 D 形水管锅炉的结构简图，现将其主要部件介绍如下：

(1)水和蒸汽空间

汽包和水筒前后横置，前端均有圆形人孔。垂直布置在炉膛四周，以焊接方法连接汽包、上联箱和水筒、下联箱的密集管排称为水冷壁，是锅炉的辐射受热面，吸热约占全部受热面传递热量的1/3，同时还保护炉墙不致过热烧坏。为了防止水冷壁管子中发生汽水分层现象，水冷壁管子水平倾角应大于30°，最小不得小于15°。

沸水管也称蒸发管，布置在水冷壁5后面的炉膛出口侧，管子两端与汽包和水筒用胀管法固定。它与烟气的换热方式主要是对流。烟气横向冲刷管束，设计上应避免出现烟气冲刷不到的滞流区。前三排的管距应不小于250 mm，以防结渣堵塞烟道。沸水管束受热面积所占比例虽然较大，但平均蒸发率较低，为15～20 kg/m^2·h。

汽包、上联箱和水筒、下联箱之间还连有设在炉墙外不受热的供水管，其中的水比水冷壁和沸水管中的汽水混合物的密度要大，成为水自然循环的下降管。

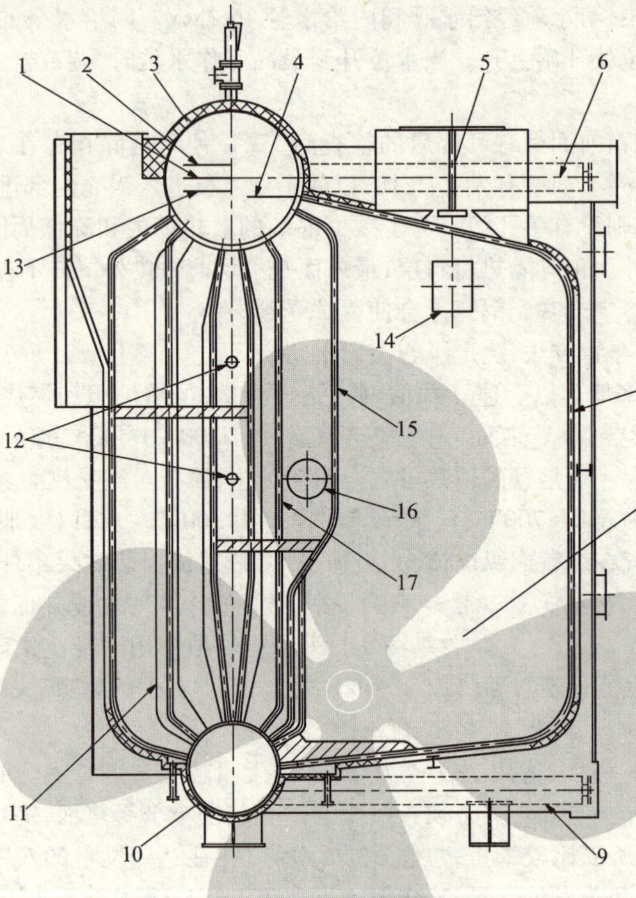

图9-2　D形水管锅炉

1—正常水位；2—高水位；3、10—上下锅筒；4—极限低水位；5—燃烧器；6、9—上下联箱；7、15—水冷壁；8—炉膛；11—下降管；12—吹灰器；13—低水位；14—检查孔；16—人孔；17—主蒸发管束

(2)燃烧和烟气空间

炉膛是燃油燃烧的场所，顶部装有燃烧器，底部和烟气出口侧设置2个泄放孔，用于水洗时泄水。锅炉前部安装两套专门给蒸发管束吹灰的手动操作蒸汽吹灰器。

烟气在炉膛内的理论燃烧温度可达到1 700℃左右。水冷壁6的下部分前后排成较疏的管束，烟气从下部离开炉膛后，从隔板分隔的流道扫过蒸发管束。炉膛出口烟气温度不宜太高，以免高于烟气中灰分的熔点温度，会使灰分融解，黏附在蒸发管束的管壁上形成积渣；同时又不能太低，以免燃烧过程进行得不充分。D形锅炉炉膛出口烟气温度为1 100℃左右。烟气在上部离开蒸发管束进入烟道处的温度约为420℃。

炉墙是炉膛和高温烟道处的锅炉外壳，要求其能耐高温和抵抗灰渣侵蚀，并有很好的隔热性能；为了防止外界空气漏入炉膛或烟气漏至炉舱，还得保持气密。炉墙由耐火层、隔热层和气密层叠加而成，如图9-3所示。

与火焰接触的耐火层通常采用耐火砖1。隔热层可用硅藻土砖2或其他耐热板3。在新式锅炉中，只设一层兼有耐火和隔热性能的矿物玻璃纤维成型板，其主要成分为氧化铝和氧化硅，这样不但重量减轻，施工也简单。最外面的密封层是薄钢板或镀锌铁板。风口等不规则造型部位可用耐火塑料或异形耐火砖砌成，前者抗灰渣侵蚀能力不及耐火砖。炉底的耐火层受灰渣侵蚀严重，一般均由耐火砖砌成，厚度可以减半。低温烟道处的锅炉外壳称为炉衣，仅由隔热层和密封层组成。密封层由3 mm厚的薄钢板制成，内设耐热纤维板或矿渣棉的隔热材料。

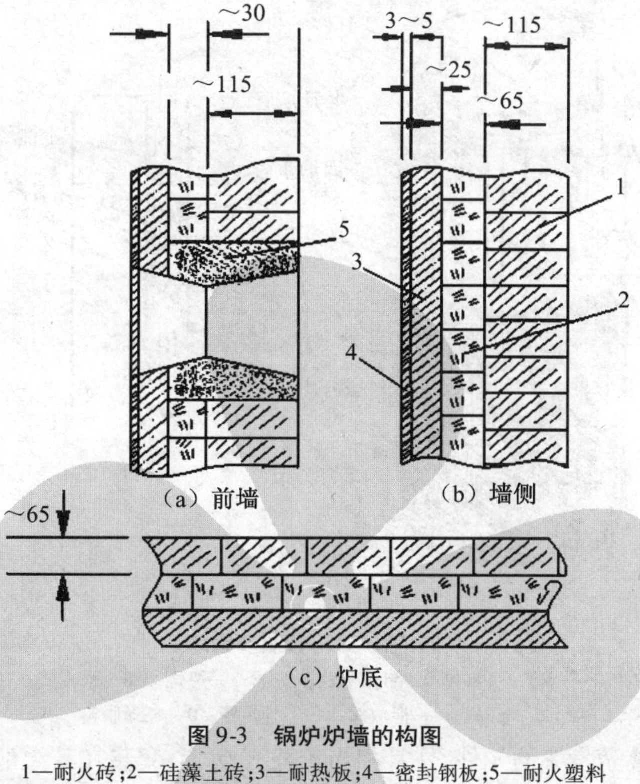

图9-3　锅炉炉墙的构图

1—耐火砖；2—硅藻土砖；3—耐热板；4—密封钢板；5—耐火塑料

我国《钢质海船入级规范》规定，炉墙和炉衣外表面温度不应大于60℃，以免烫伤工作人员，同时也可避免散热损失过大。

(3)尾部受热面

在D形水管锅炉烟道的后部，有的在蒸发受热面之后安装有经济器（加热给水）和空气预热器。由于它们能回收锅炉排烟的余热，减少排烟所带走的热量，因而使锅炉效率得以提高。研究表明锅炉效率随着排烟温度的降低而提高。由于尾部受热面使锅炉装置的尺寸、造价增加，管理工作（吹灰、防低温腐蚀等）也增加，所以一般只用于蒸发量较大、蒸汽参数较高的大中型锅炉。图9-2所示的D形锅炉未设尾部受热面。

水管锅炉相对于烟管锅炉有以下特点：一是由于水冷壁构成的辐射受热面所占比例大，而且烟气在沸水管束中是横向流动，流速较大，故蒸发率较高，一般为30~50 $kg/m^2 \cdot h$，设计紧凑的辅锅炉可超过 70 kg/m^2·h，而强制循环的水管锅炉可达 90 ~ 120 kg/m^2·h。水管锅炉的效率较高，一般辅锅炉可达 80% ~85%，有些带尾部受热面的可高达 92% 以上。二是没有又厚又大的锅壳，蓄水量小，单位蒸发量的相对体积、重量较小。蒸发量最大可达 100 t/ h，工作汽压可高达 10 MPa。三是因为水管锅炉炉水有一定的循环路线，加之蓄水量少，结构刚性又小。故点火升汽时间较短，一般为十几分钟到几十分钟。

3. 针形管燃油锅炉

图 9-4 示出一种带针形管的船用燃油辅锅炉的内部结构组成。这种锅炉的炉膛 4 呈圆筒形，炉膛上面是汽包 2，下部有一个环形联箱 10(水筒)，两者间通过围绕在炉膛周围的水冷壁 6 和若干根不受热的下降管 7 连接，形成良好的自然水循环。拱形的炉膛顶部可防止炉水中的杂质存积在汽包底部而引起局部过热。辐射热由炉膛周围的水冷壁吸收，对流换热通过汽包内一圈特殊的针形管 3 实现。

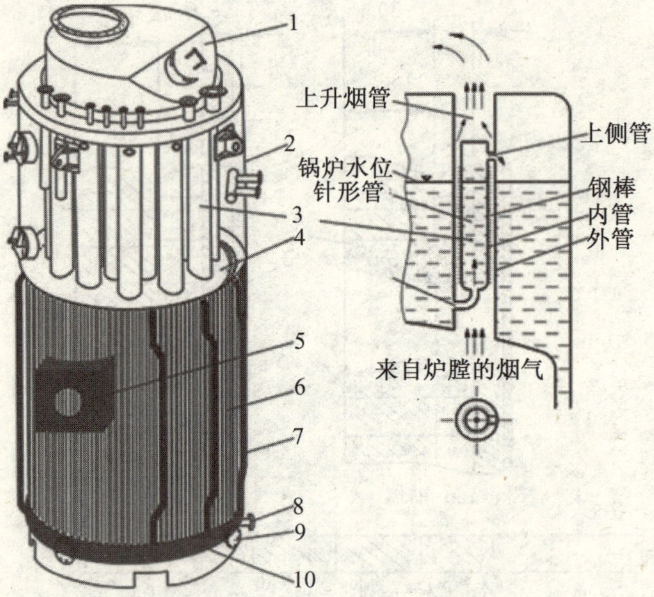

图 9-4　针形管燃油锅炉

1—烟箱；2—汽包；3—针形管；4—炉膛；5—燃烧器；6—水冷壁；
7—下降管；8—泄放阀；9—下排污管；10—环形联箱

针形管是一种高蒸发率的元件，外管相当于立式烟管，套装在其中的内管(针形管)下端和汽包的水空间相通，上端和汽包的汽空间相通。内管外壁上焊接大量钢棒。工作时来自炉膛的烟气经内、外管的夹层向上流入烟箱 1，烟气既直接加热汽包中的水，又冲刷钢棒将热量传给内管的水。内管中的炉水吸热产生蒸汽，并经上侧管进入汽包，形成良好的汽、水自然循环回路。因此，这种锅炉的效率较高，有资料表明：一个蒸发量为 1 500 kg/h，工作压力 0.7 MPa的针形管燃油锅炉，在 100% 负荷时的效率可达 82.1%。这种锅炉上部虽然有一些立式烟管，但其主要的蒸发受热面(水冷壁和针形内管)具备水管锅炉的特征。

(二)废气锅炉的主要结构类型和特点

柴油机船的大型低速二冲程柴油主机的排气温度一般为 250 ~ 380℃，四冲程中速柴油主机的排气温度可达 400℃左右。而水蒸气在压力为 0.5 MPa 时，其饱和蒸汽温度为 165℃；压力为 1.3 MPa 时也仅为 194℃。所以装设用柴油机排气余热来产生水蒸气的废气锅炉，不仅能节约燃油,还可起到柴油机排气消音器的作用。废气锅炉产生的蒸汽量在满足加热和日常生活用之外,有的船还将多余蒸汽用于驱动一台辅汽轮发电机。

1. 立式烟管废气锅炉

图 9-5 所示海船上常用的立式烟管废气锅炉的结构简图。由图可见,在圆筒形锅壳中贯穿着数百根烟管,锅筒两端的封头兼作管板。为了使封头不致变形和减少一般烟管所承受的拉力,管群中有少量厚壁管子与封头强固连接,这些管子称为牵条管。此锅炉的上下两端还装有出口和进口联箱。柴油机排气自下烟箱流经烟管,然后从上烟箱排出。当主机为双机时,一般在进口联箱中加一隔板,有两个进气口,形成双路进气。

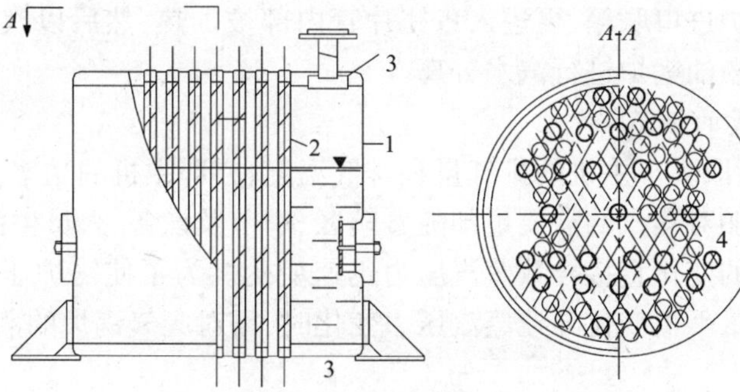

图 9-5　立式烟管废气锅炉

1—锅壳;2—烟管;3—封条;4—牵条管

2. 强制循环废气锅炉

强制循环水管废气锅炉有盘香管废气锅炉与翅片管式废气锅炉,其中翅片管式废气锅炉由于具有更高的效率,因而应用较多,如图 9-6 所示为该型废气锅炉的结构简图。

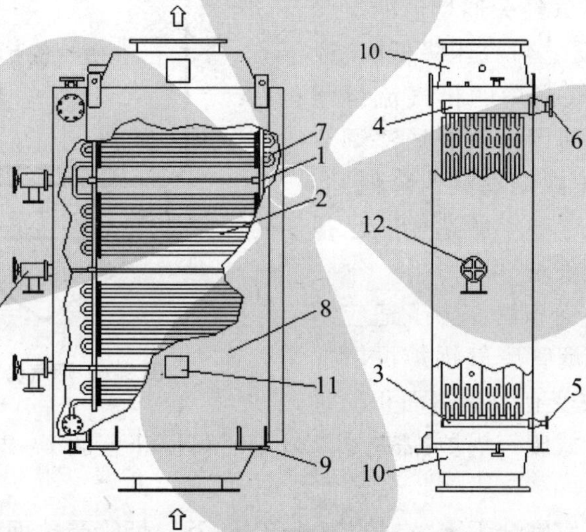

图 9-6　翅片管式废气锅炉结构图

1—本体;2—翅片管;3 —进口联箱;4—出口联箱;5—进口接头;6—出口接头;
7—弯管;8—外罩;9—钢架;10—废气烟箱;11—道门;12—蒸汽吹灰器

在废气锅炉本体 1 内,布置有多组垂直并列的翅片管 2(水管外部焊接有翅片,以提高传热效果)。

各组翅片管的进、出口分别与水平布置的进口联箱 3 和出口联箱 4 相连。两个联箱均布置在废气锅炉本体内,只有进、出口接口5和6露在外面。

在有联箱的一侧,各水管都被焊接到废气锅炉本体上,而水管的另外一端是浮动的,以便各管有热胀冷缩的余地。各组翅片管紧贴在一起,构成了废气锅炉的主体。每上、下两层水管之间由弯管7相连。

废气锅炉本体上覆盖有隔热层,并包有铁皮外罩8。整个废气锅炉坐落在钢架9上,而废气烟箱10则焊接于本体上、下两端的法兰上。本体的侧面分布有上、中、下三个检修道门11,而正面则分布有三个蒸汽吹灰器12,各检修道门与吹灰器位于同一高度,以方便检修和清洁。

在工作过程中,柴油机排气在翅片管的外侧流过,而水则由专门的循环水泵从燃油锅炉水腔吸入,压送到废气锅炉进口联箱,再进入各翅片管内部被加热,然后以汽水混合物的形式由出口联箱汇集,并送回燃油锅炉进行汽水分离。

3. 废气锅炉蒸发量的调节

废气锅炉的蒸发量取决于主机的排气量和排气温度,亦即主机的功率。在正常航行时,主机功率是稳定的,而船舶对蒸汽的需要量却随着航区、季节及设备、人员生活、时间的不同需求而变化,蒸汽供需平衡的变化直接导致蒸汽压力迅速变化。为了使锅炉压力能够稳定在一定范围,当蒸发量和用汽量平衡变化导致蒸汽压力变化时,需对废气锅炉的蒸发量或工作压力进行调节。

(1)烟气旁通法。船舶早期普遍应用的烟气旁通调节法如图9-7所示。在废气锅炉进出口间加设一个旁通烟道,并在废气锅炉入口和旁通烟道入口处安装开、闭相互联动的两个调节挡板。当汽压升高时,手动或用伺服电机转动挡板使排气经旁通烟道的流量增加,限制汽压上升;反之当汽压降低时,改变挡板开度使通过废气锅炉的排气流量增加,限制汽压下降。在使用烟气旁通法调节蒸发量时由于废气锅炉内烟气流速降低,容易引起积灰增加,所以近些年所造船舶已很少采用烟气旁通调节蒸发量。

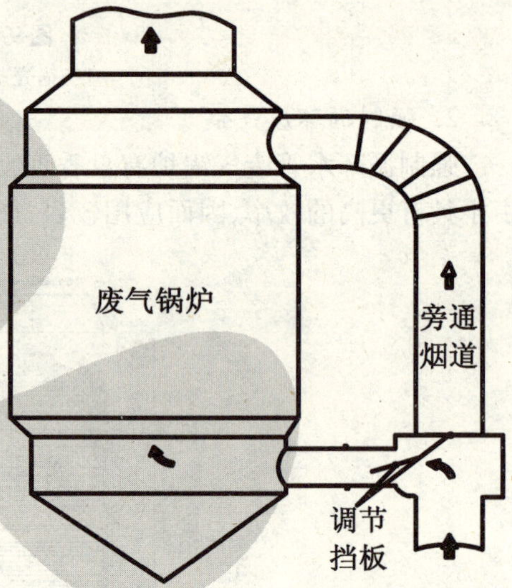

图9-7　烟气旁通调节蒸发量

(2)改变有效受热面积法。为了适应不同蒸发量的需要,立式烟管废气锅炉可以选择不同的工作水位以改变有效受热面积。对于可上下分组的盘香管式废气锅炉,需减小蒸发量时可停止上面1~2组的供水,只让下面的盘香管工作。

废气锅炉一般也不宜完全无水"空炉"工作,以防万一烟管受热面上积存的烟灰着火烧坏管子。如果给水系统故障不得已"空炉"工作,应注意以下事项:①开启废气锅炉的泄放阀和空气阀;②用吹灰器将烟管表面积灰吹除干净;③烟气温度必须低于350℃;④重新通水时应避免"热冲击",即先降低主机负荷以减小传热温差,循环水必须逐渐引入,并检查阀和接头的连接有否松动。

(3)蒸汽冷凝法。蒸汽冷凝法,并不是对废气锅炉蒸发量进行调节。而当产汽量超过蒸汽耗量使锅炉压力升高时,蒸汽压力调节阀会开启,多余蒸汽向大气冷凝器泄放,锅炉蒸汽压力不再升高。

（三）废气锅炉进口温度、出口温度对余热利用的影响以及蒸汽产生率与蒸汽压力的关系

提高船舶动力装置经济性减少油耗一直是动力装置设计的一个努力方向，近些年柴油机与锅炉设备在改进燃烧、降低油耗方面已取得较大进展。通过提高余热利用率进一步提高动力装置经济性具有广泛的前景。通过柴油机排烟加热炉水产生蒸汽来加热燃、滑油，带动汽轮发电机就是余热利用一个典型方法。

废气锅炉工作时，其热平衡方程为

$$D(h - h_{g \cdot s}) = \eta GC(t_1 - t_2) \quad \text{kJ/h} \tag{9-4}$$

式中，D——kg/h；

h——蒸汽焓；

$h_{g \cdot s}$——给水焓；

η——废气锅炉效率，约为0.98；

G——主机排气重量流量，kg/h；

C——废气锅炉中废气平均比热，kJ/kg·℃；

t_1——废气锅炉进口平均温度，℃；

t_2——废气锅炉出口平均温度，℃。

根据上面公式，可分析影响废气锅炉传热量的主要因素如下：

1. 废气锅炉出口排烟温度 t_2

t_2 越低，能够回收的热量就越多，但为了使动力装置可靠运行，通常规定 t_2 不低于160～170℃，因为：

(1)要增加传热量，降低出口排烟温度，必须增大废气锅炉传热面积和流动阻力。柴油机排气背压升高可使柴油机排烟温度升高，有效热效率降低，因此，各厂家均规定柴油机排气背压。一般二冲程柴油机排气背压不超过0.0035 MPa，设计上以不超过0.003 MPa为宜，而废气锅炉部分一般应不超过0.001～0.0015 MPa。

(2)排烟温度应不低于露点温度。如果排烟温度低于露点温度，则会对排气系统和余热利用设备产生低温腐蚀。露点温度与排烟中水蒸气分压力和燃油含硫量有关，一般在120～140℃范围，为最大限度利用余热和防止低温腐蚀，一般排烟温度应至少高于露点温度加25℃。

(3)为保证正常传热，受热面上排烟温度应高于饱和蒸汽温度40～60℃。

2. 废气锅炉进口排烟温度 t_1

t_1 越高，可回收的排气热量就越多。在四冲程柴油机动力装置中，废气锅炉进口温度一般为400℃左右，而二冲程柴油机动力装置中排烟温度一般为200～300℃，由于船舶在经济航速下运行和高效增压器的选用，会使主机排烟温度进一步降低，目前废气锅炉一般按进气温度250℃左右设计。

3. 蒸汽生产率与蒸汽压力的关系

如前所述，为充分利用余热，应尽量降低出口废气温度 t_2，而 t_2 与蒸汽温度之间必须维持一定的传热温差。在其他条件不变的情况下，适当降低蒸汽压力和饱和温度则有利于提高蒸汽生产率。一般海船的废气锅炉蒸发压力为0.5～0.7MPa，河船可取0.3 MPa，具体蒸汽产量与压力应以满足船舶使用(燃、滑油加热和生活用汽)为依据选定。

(四)废气锅炉与燃油锅炉的联系

燃油锅炉与废气锅炉之间的联系方式大致有三种。

1. 二者独立

燃油锅炉与废气锅炉有各自的给水管路,由给水泵分别从热水井供水,所产生的蒸汽由各自的蒸汽管道输出,至总蒸汽分配阀箱处才汇集一处。其系统由图 9-8(a)示出。这种方式运行管理比较方便,所以应用较多。不过当废气锅炉水位调节系统失灵时,因其位置较高,航行时的管理就比较麻烦。

2. 废气锅炉为燃油锅炉的一个附加受热面

在这种情况下给水仅送至燃油锅炉,由强制循环水泵将燃油锅炉的炉水抽送至废气锅炉使之加热蒸发,并将汽水混合物压回燃油锅炉。经汽水分离后,蒸汽由燃油锅炉的蒸汽管输出。这种废气锅炉是强制循环式,其系统由图 9-8(b)所示。当废气锅炉的蒸发量满足不了航行用汽需求时,可与燃油锅炉合作向外供汽,油船即采用此方式。这种废气锅炉的水位不需调节,但须多设至少两台热水循环泵。

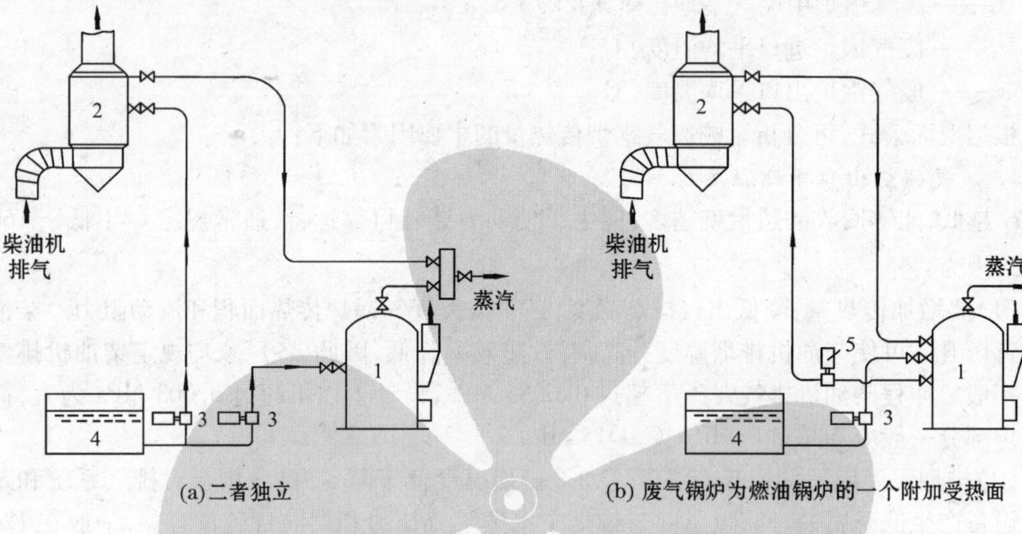

图 9-8 燃油锅炉与废气锅炉的联系

1—燃油锅炉;2—废气锅炉;3—给水泵;4—热水井;5—热水循环泵

3. 组合式锅炉

组合式锅炉是将燃油锅炉与废气锅炉合为一体,只能安放在机舱顶部,因此要求有可靠的远距离水位指示和完善的自动调节设备。这种方式目前船舶上应用最多,典型结构见图 9-9。废气锅炉侧采用光烟管,燃油锅炉侧是采用针形管作为对流换热面。航行时所需蒸汽由废气锅炉产生,若废气锅炉的产汽量不能满足需要,则燃油锅炉自动点火升汽补充。

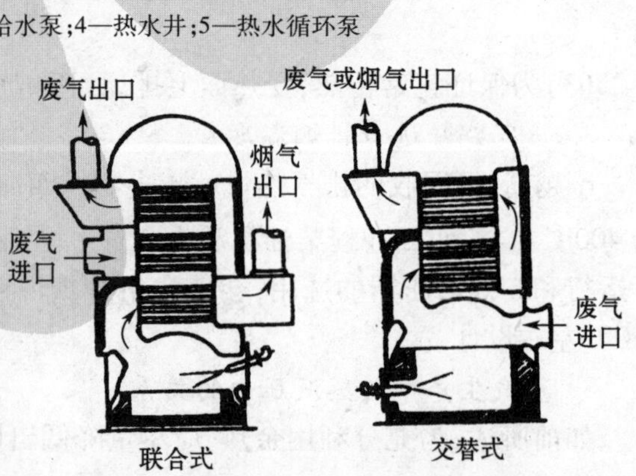

图 9-9 组合锅炉结构

三、锅炉附件

锅炉附件是保证锅炉正常工作所必需的若干阀件和装置的总称。例如,安全阀、水位计、给水阀、给水管和给水处理装置、上下排污阀、炉水化验取样装置、空气阀等。如果其中之一出现故障,就会影响锅炉安全可靠的运行,甚至发生危及人身和设备安全的事故。下面主要对水位计和安全阀给予介绍。

(一)水位计的结构及维护管理

锅炉工作时随时了解其中的水位是极为重要的。每台锅炉都规定有最高工作水位、最低工作水位和最低危险水位。正常工作时,锅炉水位应处于最高工作水位与最低工作水位之间。如水位调节失灵或给水系统发生故障,当水位降至最低水位之下的危险水位,则自动控制系统发出报警信号,并使锅炉自动熄火,以防止锅炉干烧。

根据“规范”,锅炉最低工作水位一般应符合如下规定:水管锅炉应高出最高受热面不少于100 mm;横烟管锅炉应高出燃烧室或烟管顶部不少于75 mm,多回程的可适当减少;混合式锅炉应高出热水管不少于50 mm;竖烟管锅炉应不低于1/2烟管高度。当船舶横倾4°时,最低水位仍应符合上述要求。

除小型锅炉仅设一只水位计,每台船用锅炉通常装有两只水位计,以便一只损坏时,仍能通过另一只监视水位。水位计应布置在易于接近并可清晰观察水位的地方。水位计的最低显示水位应与锅炉最低工作水位高度一致,对于水管锅炉应位于最低工作水位以下50 mm处。水管锅炉的汽、水筒,如长度超过4 m且横向布置时,水位计应位于靠近鼓筒的两端。若一只水位计损坏,应加强水位监视,并尽快修复;若两只水位计损坏,应立即熄火。

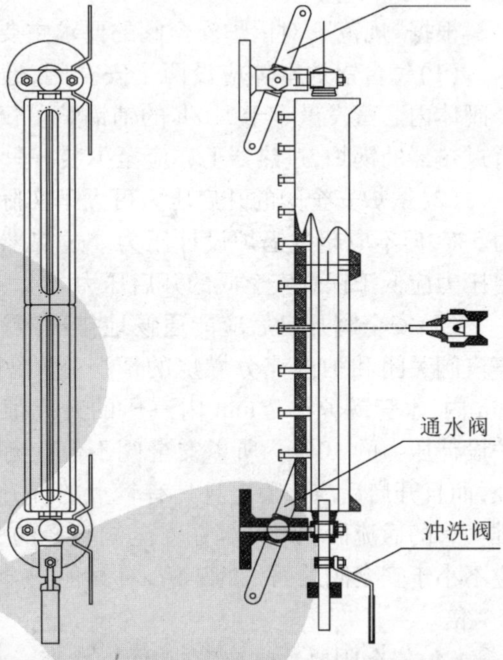

图9-10　玻璃板式水位计

为了提高水位计的承压能力,可用在金属框盒内镶嵌耐热钢化平板玻璃来代替玻璃管。设计压力等于或小于0.78 MPa的锅炉可采用玻璃管水位计,但应装设防护设施。图9-10所示为玻璃板式水位计。

为了能清晰地显示水位,平板玻璃水侧刻有沟槽,这样,有水的部分会因光的折射作用显得发暗。在装配玻璃板水位计时,玻璃板与金属框架之间的接触面应研得很平,保证充分贴合。在上紧框架螺钉时,要交叉均匀拧紧,不然玻璃板将会因挠曲变形产生较大的内应力,受热后容易碎裂。压力较高的锅炉可在平板玻璃水位计的平板玻璃靠水一侧加衬云母片,以保护平板玻璃不受炉水腐蚀。

锅炉水位计应经常冲洗,冲洗步骤如下:

(1)冲洗水通道——关通汽阀,开冲洗阀几秒钟即关,应听到有水冲出的响声。

(2)冲洗汽通道——关通水阀,开通汽阀几秒钟即关,应听到有汽吹出的响声。

(3)“叫水”——关冲洗阀,慢慢开通水阀,水位应升至水位计顶部。如无水出现,则炉水已位于水连通管以下,锅炉已严重"失水"。

(4)恢复正常——开通汽阀,水位降至水位计中段,表明情况正常。若水位在顶部不降,即表明已"满水"。

冲洗水位计时通水阀和通汽阀同时关闭的时间要尽量短,以防周围空气使玻璃冷却,随后通入汽、水时玻璃骤然变热而破裂。换新玻璃时应先稍开通汽阀,让玻璃暖一下,再开大通水阀和通汽阀。

(二)安全阀

当外界对蒸汽的需要量突然减少或炉内燃烧过于强烈时,锅炉汽压会上升,若燃烧控制环节异常而不能在蒸汽压力达到上限时及时停炉,汽压可能会超过额定工作汽压较多。为了防止压力过高造成损伤甚至发生爆炸,锅炉一定要装设安全阀,它是锅炉重要的安全附件。其动作可靠性和性能好坏直接关系到设备和人身的安全,因此对其有专门的要求。

1. 对安全阀的要求

根据"规范",对锅炉安全阀的要求主要有:

(1)每台锅炉本体应设两个安全阀,通常组装在一个阀体内。蒸发量小于 1 t/h 的辅锅炉可仅装一只。装有过热器的锅炉,过热器上亦应至少装一只安全阀。

(2)锅炉安全阀的开启压力可大于实际允许工作压力 5%,但不应超过锅炉设计压力。过热器安全阀的开启压力应低于锅炉安全阀的开启压力。

(3)安全阀开启后应能通畅地排出蒸汽,以保证在停汽阀关闭和炉内充分燃烧的情况下,烟管锅炉在 15 min 内,水管锅炉在 7 min 内汽压的升高值应不超过锅炉设计压力的 10%。所以安全阀不但应有足够大的直径,而且开启后应该稳定且具有较大的提升量。安全阀排气管的通流面积对升程在安全阀直径的 1/4 以上者,应不小于安全阀总面积的 2 倍,对其他安全阀应不小于 1.1 倍。

(4)安全阀要动作准确,并保持严密不漏。

(5)任何安全阀的直径应不大于 100 mm 但亦应不小于25 mm。

安全阀都是经过船级社调定后铅封的,除非经过船级社特许,船员不能随意重调。

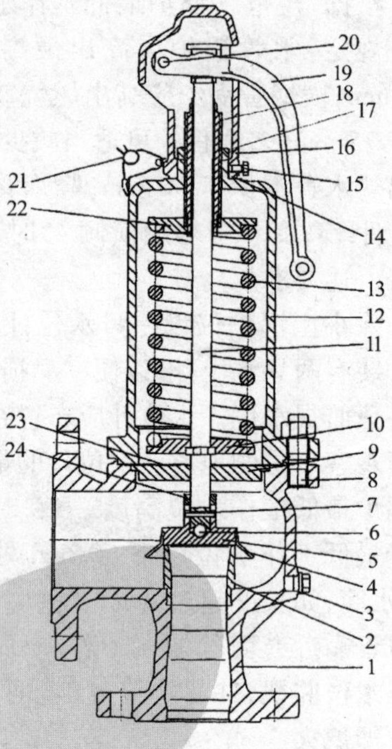

图 9-11　直接作用式安全阀

1—阀体;2—阀座;3—泄放螺塞;
4—提升盘;5—阀盘;6—钢球;7—销;
8—螺栓;9—导板;10、22—弹簧座;
11—阀杆;12—罩壳;13—弹簧;
14、23—垫片;15—螺钉;16—罩帽;
17—锁紧螺帽;18—调节螺丝;
19—手动强开杠杆;20—插销(带开口销);
21—铅封;24—升程限位环

2. 安全阀的工作原理

安全阀有直接作用式和先导式,辅锅炉一般都用直接作用式安全阀。下面以在船舶辅锅炉中使用直接作用式安全阀为例,介绍安全阀的工作原理。

图 9-11 示出船用锅炉采用的直接作用式安全阀结构。当气压达到开启压力时,作用在阀盘上的蒸汽压力克服弹簧力,顶起阀盘泄压。安全阀的阀盘外缘具有提升盘,使阀刚一开启,作用面积增加,在蒸汽压力不变的情况下安全阀开启力升高,阀迅速开大,只有锅炉气压低于开启压力一定值时,安全阀才能够关闭。

在拆除手动强开杠杆9和罩帽的情况下，可通过调节螺丝进行安全阀开启压力设定，设定工作由验船师完成，设定后进行铅封，一般不可随意改变设定压力。

安全阀顶部有手动强开杠杆，并有钢丝绳分别通至机舱底层和上甲板，必要时可强开安全阀。平时应每月检查一次安全阀阀盘是否漏泄，定期手动强开安全阀并每年升高气压做开启试验。

安全阀关闭汽压低于开启汽压的差值称为启闭压差，可根据锅炉开启压力选定，如表9-1所示。

表9-1　锅炉安全阀的启闭压差（MPa）

安全阀开启压力	0.1~0.2	0.2~0.4	0.4~0.7	0.7~1.1	>1.1
启闭压差	0.025	0.03	0.04	0.05	<7%开启压力

锅炉除水位计和安全阀以外，一般还有两个给水阀、一个蒸汽阀（亦称停汽阀）、上下排污阀、空气阀、取样器、水洗泄放阀、汽压表等附件。

第二节　锅炉燃油系统

一、燃烧设备及其管理

（一）燃油燃烧的机理及影响因素

1. 燃油在锅炉中燃烧机理

在燃油锅炉中，经雾化后喷入炉膛的燃油油滴先被加热而蒸发成油蒸气，再和空气混合直到被点燃。油燃烧实际上是油蒸汽的燃烧。在燃烧过程中，油蒸发和扩散的速度远小于燃烧的速度，若能增加蒸发和扩散速度，就可以提高燃烧速度。油滴燃烧完所需要的时间与其直径的平方成正比。雾化质量对燃烧有重要影响。燃料在炉膛内停留的时间一般为1~2 s，因此油滴过大是不适宜的。目前一般倾向于尽量改善雾化质量，将平均油滴直径减小到100 μm以下。锅炉内实际油雾的燃烧情况具有如下特点：

（1）炉膛内气流速度比较高，油滴的质量比较大，不能完全随气体分子一起脉动，与气体之间产生了相对运动，使火焰向油滴的传热加强，油滴的蒸发加快，从而加快了燃烧。气流速度越高，油滴燃烧速度也越快。

（2）炉膛内的温度和氧气浓度是不均匀的。炉膛温度高则油蒸发得快，可使燃烧加快；炉膛温度太低，则不能保证稳定燃烧，甚至可能熄火，所以要求锅炉在低负荷时炉膛出口烟气温度不低于1 000℃。而氧气浓度低则将使燃烧速度减慢，为了实现低氧燃烧，油雾和空气必须混合得很均匀。

烧重油与烧轻质油的不同是，重油蒸发速度慢，火焰内部的油滴在缺氧的条件下，会热分解产生油焦；焦壳阻碍了内部重油的蒸发，使它的温度升高，更促进了焦壳的生成。焦壳内部产生的气体最终使焦壳破裂，喷出的气体和油液很快烧完，剩余的固态焦壳和煤粉相似，燃烧速度慢，为使它能完全燃烧，应当保证火焰尾部有足够高的温度，并供给足够的氧气。

2. 空气过剩系数

1 kg燃油的可燃物质恰好与空气中的氧全部发生氧化反应，所需的理论空气量用V_0（m^3/kg）表示（以标准状况计，约为11 m^3）。实际上，燃油在炉膛内燃烧时由于与空气混合不均匀，空气中的氧分子不可能都有机会与燃油中的可燃成分接触，因此就会有部分可燃成分没有机会完全燃烧，造成化学不完全燃烧损失。为了使燃油完全燃烧，就要向炉膛内多送入一部分空气，使燃烧在有多余氧的情况下进行。平均供给 1 kg 燃油的实际空气量 V_k 与所需的理论空气量 V_0 之比称为空气过剩系数，用 α 表示，即

$$\alpha = V_K / V_0 \tag{9-5}$$

空气过剩系数 α 是保持锅炉经济运行的重要指标。α 越大则风机的耗能越多，锅炉的排烟损失也越大；但 α 太小则锅炉的不完全燃烧损失又可能太大。燃油锅炉合适的空气过剩系数一般为 1.05 ~ 1.2。

3. 燃油在炉膛中的燃烧过程

燃油在炉膛中的燃烧是以火炬的方式进行的。燃烧过程可分为两个阶段：(1)准备阶段——雾化的油滴被迅速加热、气化、与空气相混合，同时进行热分解。(2)燃烧阶段——油气与空气的混合气体的浓度达到一定数值，并被加热到一定温度，遇明火着火燃烧。

燃烧器由喷油器、配风器和点火装置等组成，一般装在锅炉前墙或顶部。喷油器将油雾化成细小油滴，并使油雾以一定的旋转速度从喷油嘴的喷孔中喷入炉内，形成有一定锥角的空心圆锥。油雾在前进中不断与空气掺混，离喷嘴越远，油雾层厚度越大，而浓度越小。

空气经配风器进入炉膛，被挡风罩或挡风板分为两部分。一部分紧贴着喷油器吹出，称为一次风(根部风)，它的作用是保证油雾一离开喷油器就有一定量的空气与之混合，以减少产生炭黑的可能性，并使喷油器得到冷却；另一部分风从外围沿炉墙喷火口进入炉膛，称为二次风，其作用主要是供给燃烧所需的大部分空气。

空气可经配风器的斜向叶片形成与油雾反向旋转的气流，以利于油的蒸发和与空气的混合。旋转气流在离心力作用下向外扩张，形成一定的扩张角。气流旋转越强烈，扩张角越大。这样气流中心便形成低压，吸引炉膛内高温烟气回流，形成回流区。也有的燃烧器采用圆环形挡风板分隔一、二次风，气流并不旋转，只靠挡风板后形成的低压区造成回流。回流区内高温烟气加速了油雾的升温、蒸发、分解和与空气混合，进而着火燃烧。

油气和空气混合形成的可燃气被点燃后形成的燃烧带称为着火前沿。它一方面要向燃烧器方向扩展，另一方面又随气流向炉膛内流动，当两者速度相等时，着火前沿便稳定在一定位置。可见，喷油器前的火炬可分为两个区域：即准备区和燃烧区。在准备区内进行油雾与空气混合物的加热、气化和分解。

4. 保证燃烧质量的主要因素

综上所述，要使燃油在炉内燃烧得好主要取决于以下因素：

(1)油的雾化质量良好。油液雾化得越细，分布均匀性越好，则油滴的蒸发速度越快，与空气混合也越好。

(2)要有适量的一次风和二次风。一次风量占总风量的 10% ~ 30%、风速在 10 ~ 40 m/s 为宜。太小则油雾在着火前就会在高温缺氧条件下裂解，产生大量炭黑，烟囱冒黑烟；太多又会因火炬根部风速过高而着火困难，甚至将火炬吹灭。二次风量大小，关系到过剩空气系数合适与否，直接影响不完全燃烧损失和排烟损失。

(3)油雾和空气应该混合均匀，着火前沿的位置和火焰长度应合适。着火前沿如离燃烧器太近，则可能使喷火口和燃烧器过热烧坏；太远又会因气流速度衰减，与油气混合的强烈程度减弱，以致火炬拖长，燃烧不良。

(4)炉膛容积热负荷要适合。太高会使油在炉膛停留时间太短来不及完全燃烧；太低又不能保证足够高的炉膛首烟气温度，也不利于完全燃烧。

燃烧器主要由喷油器、配风器及电点火器等部件组成。

(二)喷油器

燃油是通过喷油器(俗称油枪)喷进炉内的。喷油器有两个作用:一是控制喷入炉内燃油的数量,二是将燃油雾化,保证在炉膛内的燃烧质量。喷油器的形式很多。对其主要要求是:

(1)有较大的调节比(最大喷油量与最小喷油量之比),以适应不同蒸发量的需要。

(2)获得尽可能细的油滴。油雾中油滴大小是不均匀的。从有利于燃烧出发,希望直径为 50 μm 的油滴能占 85% 以上,并且不要出现 200 μm 以上的大油滴。

(3)油雾的分布要有一个适当的雾化角。油雾离开喷油器后,燃油一方面向前喷射,有轴向速度;同时还旋转,有切向速度。所以油雾离开喷油器后立即扩张,形成空心的圆锥形,其圆锥的顶角叫做雾化角。雾化角应稍大于经配风器出口空气流的扩张角,使供入的油雾能与空气均匀混合;同时雾化角也应与喷火口配合恰当,雾化角过大油雾会喷在喷火口上产生结炭,过小则从油雾锥体外漏入的空气不能与油雾很好地混合。

(4)油雾流的流量密度分布要合适。流量密度沿着圆周方向的分布应当均匀,并避免在油雾流中心部分有较大的流量密度,因为中心部分是回流区,过多的油喷入回流区对燃烧不利。

常用的喷油器有以下几种:

1. 压力式喷油器

压力式喷油器前端的喷嘴对喷油量的大小和雾化质量起着决定性的作用,如图 9-12 所示,它由喷嘴体、雾化片和喷嘴帽组成。

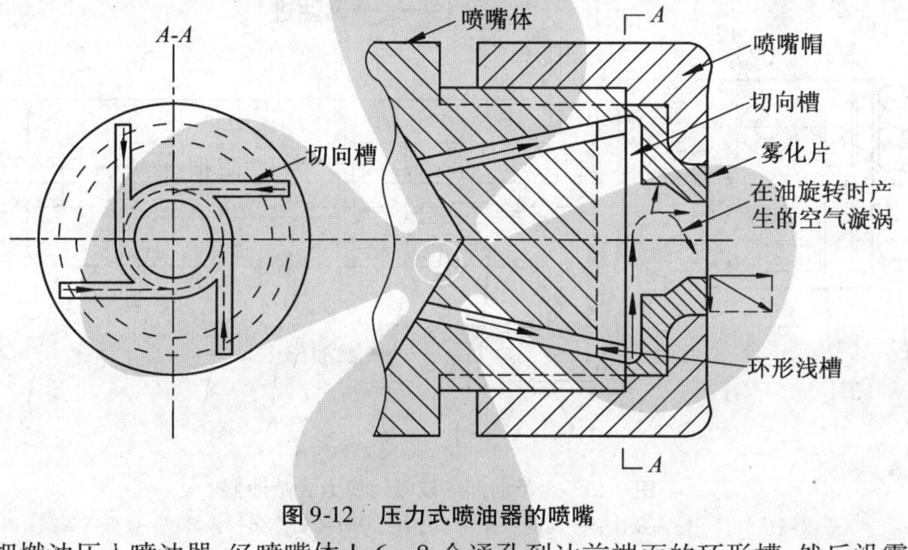

图 9-12　压力式喷油器的喷嘴

油泵把燃油压入喷油器,经喷嘴体上 6 ~ 8 个通孔到达前端面的环形槽,然后沿雾化片的 4 条切向槽进入锥形的旋涡室,产生强烈的旋转。随着旋转半径不断缩小,切向速度迅速增加,在中心处形成低压,将喷孔外的气体吸入,成为中央有气体的旋涡,最后油从前端喷孔喷出,呈空心圆锥形。旋转越强烈,则雾化角越大。

油从喷油器喷出后,由于油流本身的紊流脉动以及与空气的相互撞击,雾化成细小的油滴。影响压力式喷油器雾化质量的主要因素有:

(1)油压。油压越高,则油的喷出速度越快,紊流脉动越强烈,雾化质量就越好。但油压超过 2 MPa 后雾化质量的改善并不明显,耗能却增加,保证良好雾化的最低油压是 0.7 MPa 左右。

(2)喷孔直径。直径越小,形成的油膜越薄,雾化质量越好,故喷嘴的喷油量不宜过大。

(3)油旋转的速度。在旋涡室旋转越快,喷出的圆锥体可达到的直径就越大,能形成的油膜也越薄,同时油流中的紊流脉动也越强烈,因而有利于雾化。

(4)油的黏度。黏度越小,油流分子间的摩擦力越小,在旋涡室和雾化片内的速度衰减就小,油膜就越容易破碎,雾化质量就好。最佳黏度为 R. W. No. 1(38℃)60 s 左右(约相当于 13 mm^2/s)。

船舶对蒸汽的需要量会有很大的变化,变化幅度可从100%至10%,为了避免燃油系统频繁启停点火,要求喷油器的喷油量也能随之改变。压力式喷油器调节喷油量的方法有:

(1)改变喷油压力。压力式喷油器的喷油量与油压的平方根成正比。喷油器的油压最高为 2~3 MPa,而为了保证雾化质量,最低油压为 0.8~1.0 MPa,因此改变油压调节油量时,其调节比不宜超过2,否则不能适应锅炉负荷的变化幅度,燃烧器启停会较频繁。

(2)改变工作的喷嘴(或喷油器)数目,或换用喷孔直径不同的喷嘴(或喷油器)。压力式喷油器的喷油量与喷孔的截面积成正比。一台锅炉常配备有不同规格的雾化片,喷孔直径从 0.5~1.2 mm 分为几档,可根据燃油品种或一段时间内船舶对蒸汽量的需要而选用。也可在锅炉燃烧器中采用多喷嘴喷油器或设多个喷油器,根据锅炉负荷变换喷嘴或喷油器,属于有级调节。

新式的压力式喷油器带有喷油阀,可防止油压不足时喷油;并带有 1~3 个喷嘴,可实现分级燃烧。图 9-13 所示为双喷嘴压力式喷油器。

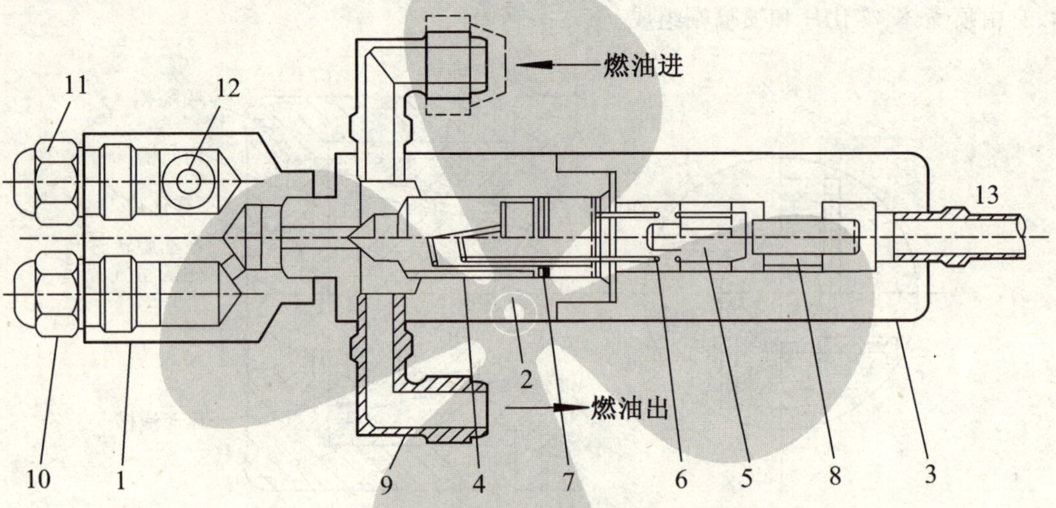

图 9-13 带喷油阀的双喷嘴压力式喷油器

1—喷嘴接头;2—喷油器体;3—喷油器盖;4—喷油阀;5—弹簧座;6—弹簧;7—O 形密封圈;8—调节螺丝;9—循环油管接头;10—1 号喷嘴;11—2 号喷嘴;12—2 号喷嘴供油管接口;13—泄油管

锅炉燃油泵所排出的燃油经过加热器后,传至喷油器的进口管接头。在喷油器的出口管上装有电磁阀,该阀开启时燃油压力较低,不能顶开喷油阀 4,燃油从出口管接头 9,回至燃油泵进口或油柜,燃油空载循环,使喷油器始终保持合适的温度。当出口电磁阀关闭时,油压迅速升高,作用在喷油阀 4 上,克服弹簧 6 的张力将阀顶开,油即经喷嘴 10 喷出。喷嘴的工作原理与图 9-12 所示类似。其内部装有旋流器(雾化片),进口端有的还装有过滤元件。O 形密封圈 7 后的漏油可通过喷油器尾部的漏油管引回油泵进口。

2. 回油式喷油器

回油式喷油器是由压力式喷油器改进而成。如图 9-14 所示为有集中回油孔和分散回油孔的喷嘴。它由喷嘴帽、雾化片和旋流片(相当于压力式的雾化片)、分油嘴、进油管和中间的回油管组成。

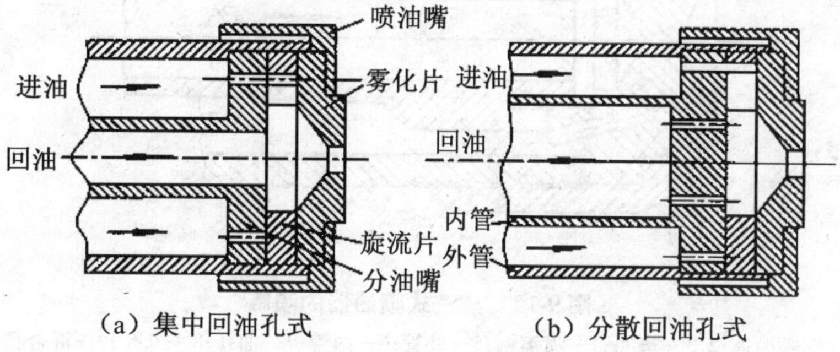

图 9-14 回油式喷油器的喷嘴

工作时,供油压力在任何负荷下基本上保持不变,使送进喷油器的油量也大致不变。但是燃油由旋流片的切向槽流至旋涡室后,一部分油从分油嘴中部的回油管经回油阀被引回油柜,实际喷入炉内的燃油仅为剩余那部分。

回油式喷油器的雾化原理和压力式喷油器相同。随着回油阀开度加大,回油背压变低,则回油量增加,喷油量减少;但是因进油量几乎不变,油在切向槽内的速度也不变,故喷油量虽然变了,但油的旋转速度不变,不影响油的雾化质量。但喷油少时回油热量增多,其调节比一般不超过 3。通常,自动化锅炉的回油阀与燃烧器风门有联动机构(风油比例调节器)控制,以保持合适的风油比例。

3. 蒸汽式喷油器

图 9-15 所示为蒸汽式喷油器的 Y 形喷油嘴,工作时 0.6 ~ 1 MPa 的蒸汽(或空气)从气孔 8 中高速喷出,被加压至 0.5 ~ 2 MPa 的燃油从油孔 7 中流出 时被“吹”碎。单个喷油器最大喷油量可高达 10 t/h,船用锅炉通常所用的为 1 ~ 1.5 t/h,油压一般为 0.5 ~ 2.0 MPa,一般每 1 kg油耗汽 0.01 ~ 0.03 kg。冷炉点火时可用压缩空气代替蒸汽帮助雾化。在清洗时要特别注意保持每个油孔和气孔畅通。这种喷油器结构简单,雾化质量较好,平均雾化粒度可达 50 μm;喷油量改变时,不影响雾化质量和雾化角,调节比可达 20;缺点是要耗汽,工作时噪声较大。

4. 转杯式喷油器

图 9-16 是采用转杯式喷油器的燃烧器的结构简图。电动机 5 通过传动装置 6 带动中央轴 2 高速旋转,转速为 3 000 ~ 8 000 r/min 或更高。燃油以较低的压力流入装在中央轴上与之一起高速旋转的圆锥形转杯中。在中央轴上还装有雾化风机的叶轮 3,它排出的雾化风(一次风)从转杯的外缘吹出。转杯有几种不同的锥度,可控制火炬的形状,以适应不同炉膛轮廓的要求。燃油在离心力的作用下在杯的内壁形成油膜,并沿转杯内壁向炉膛方向甩出,油膜被一次风撕碎成雾状。保证燃烧的二次风另有风机供给。雾化燃油的一次风量占全部风量的 15% ~ 20%,可由风门 7 调节。

这种喷油器在远洋船舶的辅锅炉中很常见。其优点是:调节方便(只需改变进油量),减少油量则转杯内油膜变薄,雾化更好,调节比可达 20 以上;油不通过喷孔之类狭窄流道,对杂质不敏感,对劣质燃油的适应性明显优于其他形式的喷油器,对雾化温度和压力要求不高。其

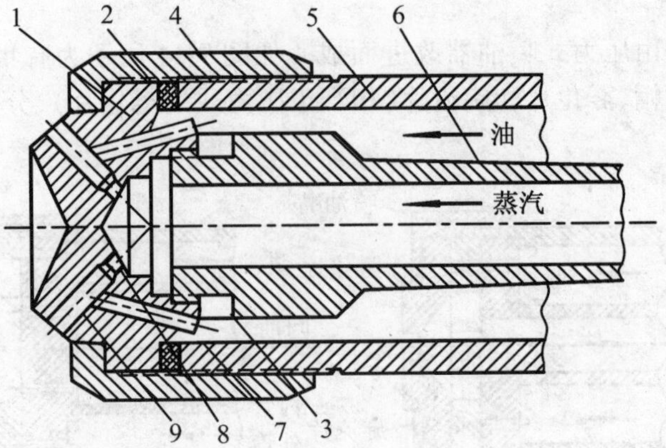

图 9-15　蒸汽式喷油器的喷嘴

1—喷嘴体;2、3—垫圈;4—喷嘴帽;5—外管;6—内管;7—油孔;8—气孔;9—混合孔

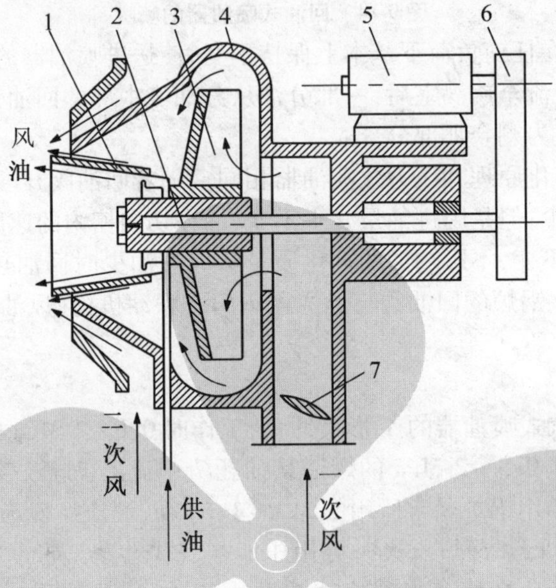

图 9-16　转杯式燃烧器结构简图

1—转杯;2—中央轴;3—雾化风机叶轮;4—外壳;5—电动机;6—传动装置;7—一次风风门

缺点是结构比较复杂,价格较高。

(三)配风器

配风器的作用是分配一次风和二次风的风量,创造条件使助燃空气与油雾充分混合,促使油雾迅速汽化和受热分解,以利于稳定和充分的燃烧。好的配风器除了能调节和分配风量外,还应具备下述能力:

(1)在燃烧器前方产生一个适当的回流区,以保证及时着火和火焰稳定。回流区与喷油器出口距离应适当。太近则容易烧坏喷火口和燃烧器,而且喷出的油雾未来得及与一次风充分混合,燃烧预备期太短,会使燃烧恶化;太远又会使着火前沿后移,同样会燃烧不良。合适的回流区要靠配风器设计合理和风速适当才能保证。

(2)油雾在燃烧器出口与空气的早期混合必须良好。离燃烧器出口约 1 m 以内是燃烧燃油最多的地方,这里氧气不足最容易发生不完全燃烧。为了使早期混合良好,要使气流扩张角小于燃油雾化角,这样空气才能以较高速度进入油雾中;还应使空气与油雾的旋转方向相反

（或空气不转）。喷油器在喷火口的位置也必须合适。如果喷油器位置太靠前，如图9-17（a）所示，由于气流一出喷火口即开始扩散，油雾在离喷火口较远时才能与空气混合，使火炬拉长；如喷油器的位置太靠后，如图9-17（c）所示，油雾会喷在喷火口上结炭；图9-17（b）所示油雾的外缘与喷火口相切才合适，这样油雾在喷火口内就与气流相交而混合，此时气流速度高，混合较充分。

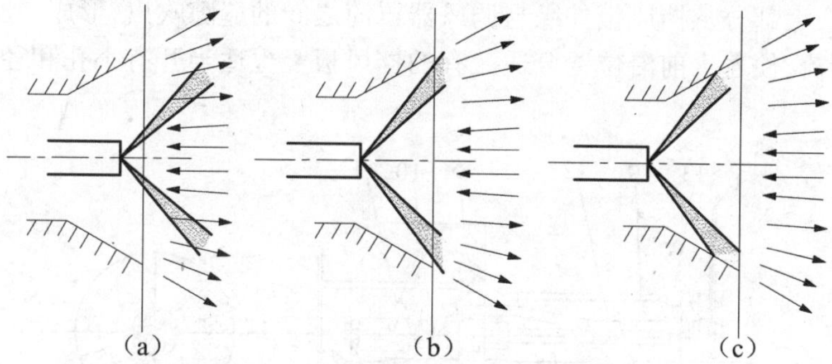

图9-17　喷油器的位置对混合的影响

（3）要有足够大的风速，使燃烧后期也有良好的混合作用。喷油器喷出的油雾集中在环形截面上，进入高温的炉膛后很快就蒸发，产生大量油气，会排挤空气。因此在喷油器出口区域油雾与空气的混合不可能很均匀，在油雾密集或大油滴集中的地方就容易缺氧而发生热分解。这就要求后期混合作用也要强烈，否则，火焰尾部区域缺氧会使未完全燃烧的气体和炭黑不能继续燃烧。

使气流旋转可以加强燃烧早期的混合，但由于气流旋转造成的扰动很快就会衰减，因此要使整个燃烧过程的混合都能加强，根本措施是提高气流轴向速度。大、中型锅炉该速度要求提高到35～60 m/s，这就需要降低配风器的阻力。提高气流速度也是提高炉膛容积热负荷和采用低过剩空气系数燃烧的需要。

配风器根据二次风旋转与否可分为旋流式和直流式（或称平流式）。直流式配风器结构简单，阻力小，便于提高二次风的轴向风速，风速提高后所需风压仍与旋流式配风器相近。

1．旋流式配风器

图9-18所示为叶片固定型旋流式配风器的结构示意图。这种配风器的特点是二次风经固定的斜向叶片1旋转供入，少量的一次风则是经挡风罩3上的风孔供入。用拉杆7移动挡风罩的轴向位置则可调节一次风的风量。

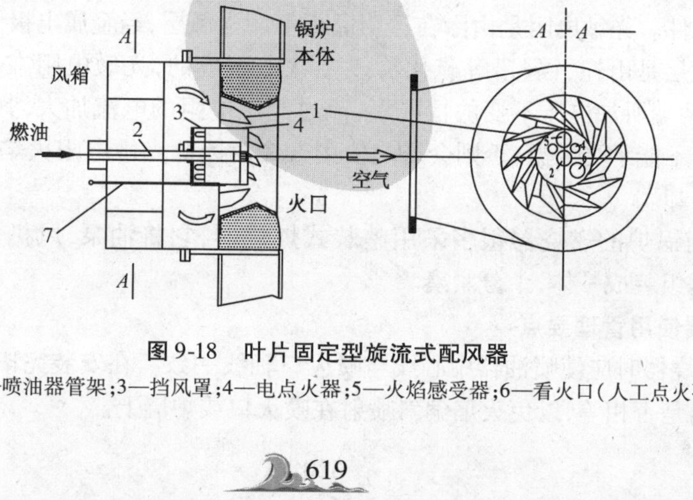

图9-18　叶片固定型旋流式配风器

1—斜向叶片；2—喷油器管架；3—挡风罩；4—电点火器；5—火焰感受器；6—看火口（人工点火孔）；7—拉杆

旋流式配风器也可设计成叶片可调式，其二次风经可调叶片切向旋转供入，调节叶片角度改变通流面积即可改变二次风量。而一次风却是经固定叶片轴向旋转供入。

2. 直流式配风器

直流式配风器的二次风不加旋转直接送入燃烧室，图 9-19 示出有两个喷油嘴，可实现二级燃烧的小型直流式配风器。由通风机送入风道的空气，少部分从挡风板 7 中央的圆孔吹出，形成一次风；其余大部分从挡风板外缘与调风器罩筒之间的缝隙吹出，形成二次风。挡风板后的低压区形成回流，使着火前沿位置合适。有的挡风板上也适当开有小孔和径向的缝隙，允许少量空气漏入。

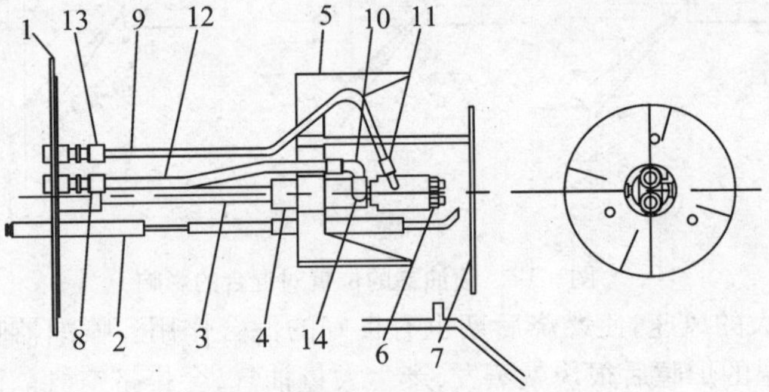

图 9-19　小型直流式配风器

1—燃烧器端板；2—点火电极；3—漏油管；4—喷油器；5—整流格栅；6—喷油嘴；

7—挡风板；8、13—直通接头；9—高压供油管；10、11—L 形接头；12—循环油管；14—弯头

有的直流式配风器在火焰根部即喷嘴出口处装有稳焰器，它是一个轴向叶轮，通过一定量的旋流风作为根部风，可改善风油的早期混合，同时产生一个大小和位置合适的回流区，以保持着火前沿稳定。

(四)电点火器与火焰感受器

电点火器是一个电火花发生器，它是由两根耐热铬镁金属丝电极组成，两电极端部距离 3.5 ~4 mm。电压越高或铬镁丝直径越细，则两电极的间距越大。由点火变压器供给 5 000 ~ 10 000 V 的高压电，电极间隙处便产生电火花，即能将油点燃。电极顶端伸至喷油器前方稍偏离中心 2 ~4 mm，应防止油雾喷到电极上，同时也应防止电火花跳到喷油器和挡风罩上。

火焰感受器是用于监视锅炉火焰的自动化原件，在锅炉点火过程或正常燃烧过程中，一旦出现点火失败或中途熄火，立即停止向锅炉喷油并发出声光报警。光敏电阻是锅炉上最常使用的火焰感受原件。光敏电阻是由涂在透明底板上的光敏层，经金属电极引出线构成的，如图 9-20 所示。光敏层是由铊、镉、铅等硫化物或硒化物制成的，光敏电阻在接受光照时阻值减小，在光敏电阻两端所加电压不变的情况下，流过光敏电阻的电流加大，其特性如图 9-20(b)所示。光敏电阻不能承受高温，否则会影响使用寿命。因此光敏电阻火焰感受器装有散热片并用空气进行冷却。

现代船用辅锅炉的燃烧器很多采用整装式燃烧器，它将油泵、风机、电加热器(有的不设)、点火装置等组装成一体，十分紧凑。

(五)燃烧器使用管理要点

(1)安装燃烧器时应使喷油器中心线与喷火口轴线一致。在安装完毕后应检查与喷火口的内周径向距离是否相等，以免火焰偏斜喷射在喷火口或炉墙上。

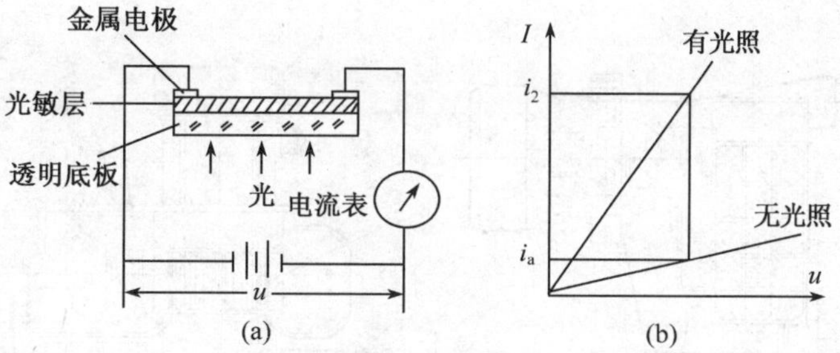

图 9-20 光敏电阻及其特性

(2)防止喷油器漏油。漏油可以从炉膛底部积油量来判断。压力式喷油器可能是因为喷油阀关闭不严,也可能是雾化片平面精度不够或喷嘴帽未拧紧,工作时部分燃油未经过雾化片而直接流出;回油式喷油器还可能是停用时回油阀漏油。转杯式燃烧器漏油是因为供油电磁阀关闭不严所造成的,需定期清洗与检查供油电磁阀。

(3)防止喷孔结焦。喷孔结焦可从燃烧火炬不对称或其中有黑色条纹来发现,这时应将喷油器取下,拆出雾化片浸在轻柴油内,待结焦泡软后用硬木片或竹片刮去。不能用刮刀、锯条、钢丝刷等工具清除雾化片上的结焦。

(4)修复或更换磨损的雾化片。喷油器使用一段时间后(一般 500 h 以上),应拆下在专门的试验台上检查其喷油量、雾化角和喷出的油雾圆锥变形否。喷油量超过额定值约 10%时,应将雾化片更换或研磨减薄,减少其切向槽的深度,使喷油量减少。若各槽磨损不均匀会使喷出的油雾圆锥形状歪斜。雾化片磨损严重时应予更换。

(5)在装备多个燃烧器时,为了使不工作的配风器导向叶片不致被炉内火焰烤坏变形,风门关闭时应留有一定的间隙(0.5 ~2 mm),以便漏入少量空气起冷却作用。

二、燃油系统组成及工作原理

锅炉燃油系统包括从日用油柜至锅炉燃烧器的管系及相关设备。使用不同形式的燃烧器、燃用种类不同的燃油,系统会略有不同。

(一)采用压力式喷油器的燃油系统

图 9-21 所示为德国索威有限公司生产的采用双喷嘴压力式喷油器(见图 9-13)的整装式燃油燃烧器。图 9-22 示出了使用双喷嘴压力式喷油器的燃油系统原理图。

现在船用辅锅炉日常工作时多使用与主柴油机相同的重油(燃料油),只有冷炉起动或准备停炉前才使用柴油。油柜底部有泄放口和承接漏斗,以便检查油柜中的水和杂质,将其泄放至污油柜。重油日用油柜 2 有预热燃油的蒸汽加热管。冷炉起动时,电动机带动燃油泵 6 和同轴的通风机运转。柴油日用油柜 1 来的油经粗滤器 3、空气分离器 5 进入油泵,再经电加热器 8 和细滤器 12、循环油管 15 进入喷油器 16。这时常开电磁阀 14(图 9-21 中 8)未通电处于开启状态,油压不足以顶开 1 号喷油器的喷油阀,燃油经阀 14 回到空气分离器 5;而常闭电磁阀 11(图 9-21 中 9)关闭,油管 17 不向 2 号喷油器供油。此时风机靠本身的抽力将燃烧器的手调小风门(图 9-21 中 5)开启,进行预扫风。

预扫风结束后,电点火器通电点火;然后常开电磁阀 14 通电关闭,1 号喷油嘴前油压升高,顶开喷油阀后喷入炉内被点着;继而风门伺服器(图 9-21 中 3)将大风门(见图 9-21 中 4)打开,常闭电磁阀 11 通电开启,2 号喷油器也投入工作。当升汽后将重油日用柜中重油预热

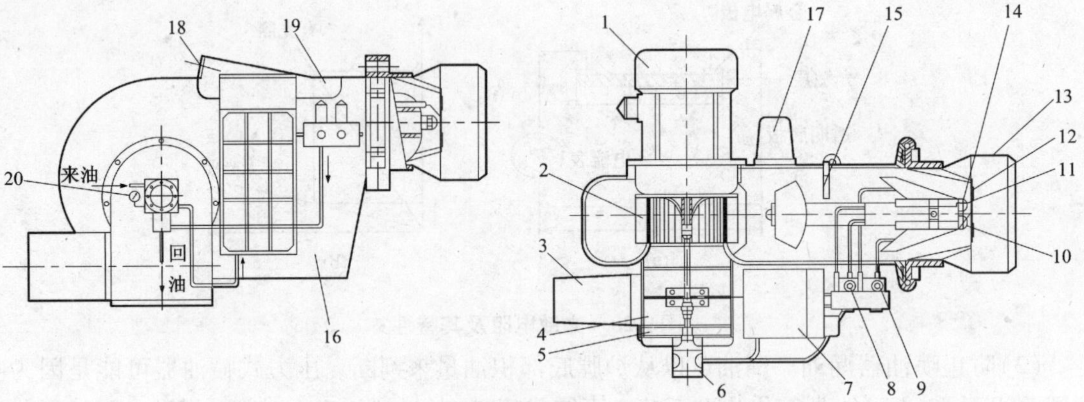

图 9-21　带双喷嘴压力式喷油器的整装式燃烧器

1—电动机;2—风机叶轮;3—风门伺服器;4—由伺服器转动的大风门;5—手调风门;6—齿轮油泵;7—电加热器;8—常开电磁阀;9—常闭电磁阀;10—二号喷油器;11—点火电极;12—挡风板;13—调风器罩;14—一号喷油器;15—火焰感受器;16—电气接线箱;17—点火变压器;18—看火孔;19—检查门;20—油压表

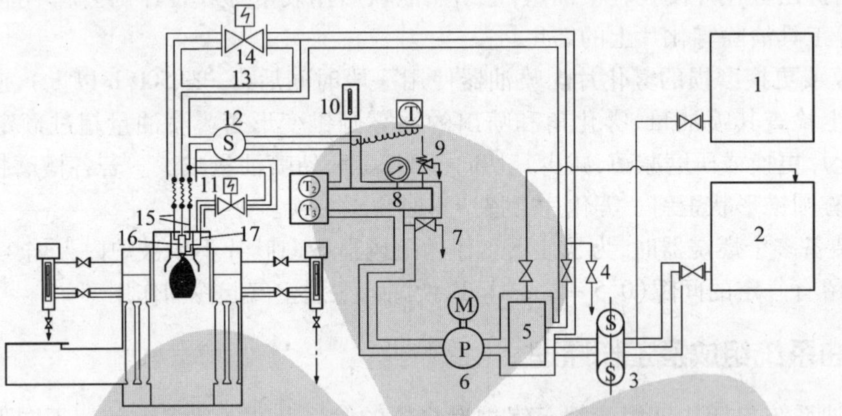

图 9-22　采用双喷嘴压力式喷油器的锅炉燃油系统图

1—柴油日用柜;2—重油日用柜;3—粗滤器;4—放气阀;5—空气分离器;6—燃油泵;7—泄放阀;8—燃油电加热器;9—安全阀;10—温度计;11—常闭电磁阀;12—细滤器;13—泄油管;14—常开电磁阀;15—循环油管;16—双喷嘴喷油器;17—油管

到要求温度时,可改烧重油。在停炉前应改烧一段时间柴油,让整个系统包括空气分离器内都充满柴油时再停炉。

锅炉工作时自动调节系统随汽压变化(例如 0.5 ~ 0.7 MPa),通过开、关常闭电磁阀使 2 号喷油器投入或停止喷油来调节锅炉的喷油量。如停用 2 号喷油器仍嫌喷油量太多,汽压上升到上限(例如 0.75 MPa)时常开电磁阀断电,1 号喷油器也停止喷油,整个燃烧器停止工作,此时两扇风门皆自动关闭,防止冷空气进入炉内。待汽压下降到下限(0.5 MPa)后,喷油器再重新点火工作。

T 为电加热器的温度继电器。T_2、T_3 分别为高油温继电器和低油温继电器,在油温过高或过低时会发出警报,并使燃油电磁阀断电停止喷油,经后扫风后整个燃烧器停止工作。

(二)采用转杯式喷油器的燃油系统

图 9-23 示出采用转杯式喷油器的锅炉燃油系统图。该系统由冷炉点火系统和正常燃烧系统组成。前者主要包括柴油柜、滤器、点火油泵、点火供油电磁阀、点火燃烧器等;后者主要

包括重油柜，流量计，滤器，供油泵，燃油加热器，燃油压力调节阀，油/气流量比例调节器，空气分离器，供油电磁阀，主燃烧器，各关键点上的油温、油压传感器或调节器。正常燃烧时，燃油从重油日用油柜经滤器，被燃油泵送至燃油加热器 5 加热。当双主电磁阀 7 断电关闭时，加热后的燃油经燃油压力调节 6 返回油泵进口或油柜。当燃油温度加热至符合要求时进行点火操作，主电磁阀 7 通电，使燃油送往转杯式喷油器燃烧。在紧急情况下可用速闭阀 8 迅速切断供油。

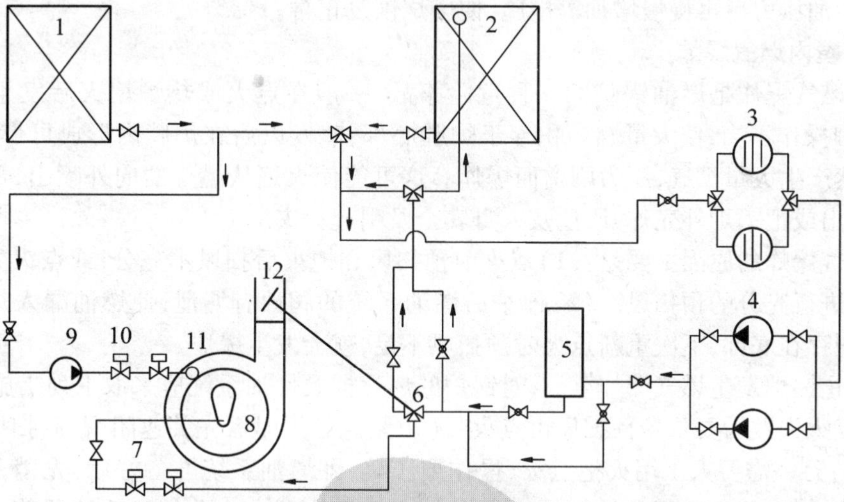

图 9-23 采用转杯式喷油器的锅炉燃油系统图

1—柴油日用柜；2—重油日用柜；3—油滤器；4—燃油泵；5—燃油加热器；6—燃油调节阀；
7—主电磁阀；8—速闭阀；9—点火油泵；10—辅电磁阀；11—点火喷油器；12—风道挡板

喷油器的喷油量可通过燃油流量调节器 6 调节，同时，油/气流量比例调节器联动操作使风道挡板，使油气比例适当，以保证过剩空气系数合适。当汽压到上限，或水位低至危险水位、油压过低、风压过低(有的锅炉包括油温过低)以及运行时突然熄火或点火时未能将油点燃，都可通过安全保护系统使主电磁阀断电，燃油即停止喷入炉内。

在冷炉点火时如燃油由蒸汽加热，则重油因无蒸汽而无法预热，这时只能燃用柴油。此时，锅炉燃油泵应与柴油日用柜接通，只有当重油预热至要求温度时才能予以转换。此外，燃用重油较长时间时在停炉之前几分钟，也需改烧柴油，以防停炉后整个燃油管系统充满重油，在管道内凝结造成下次起动困难。

四、燃烧方面的常见故障

(一) 运行中突然熄火

锅炉汽压未到上限而熄火，可能是：(1) 日用油柜燃油用完；(2) 油路被切断，例如燃油电磁阀因线圈损坏而关闭，油质太差，引起油路堵塞；(3) 燃油中有水；(4) 供风中断或风量严重不足(包括风道积灰严重堵塞)；(5) 自动保护起作用(如危险水位、低油压、低风压或火焰感受器失灵等)。

(二) 点不着火

点不着火除上述原因外，还可能是：(1) 风量过大；(2) 喷油器堵塞；(3) 电点火器发生故障(点火电极与点火变压器接触不良、点火电极表面被结炭所沾污、点火电极间距离不当、点火电极与燃烧器端部位置不当、点火变压器损坏)。

对于锅炉点不着火应注意观察是点火电极没有点火还是点火喷油器没有燃烧;是点火喷油器火焰太小还是主喷油器没有燃烧或燃烧后很快熄火。然后再锁定故障路线进行排除。

(三)燃烧不稳定

由于燃油雾化不良、油温低、油压低、风门调节不当、风压波动、油中有气或水、燃烧控制系统工作不良、配风器位置不当等引起燃烧不稳定。这时可采取调整风压、风门开度或者燃烧器位置,减小燃油压力后再慢慢增加等措施,使燃烧恢复正常。

(四)炉膛内燃气爆炸

炉膛内燃气爆炸是燃油锅炉的一种危险事故,一般在点火或热炉熄火后发生,亦称"冷爆"。这是因操作不当,使大量燃油积存于炉膛底部,蒸发以后在炉膛内形成可燃气体,一旦被点燃,突然产生大量烟气,压力剧增而爆炸。这可能使火焰从燃烧器向外喷出,严重时能使烟气挡板飞出或把锅炉外壳炸开,危及人身安全及引起火灾。

炉内燃气爆炸的原因主要是:(1)点火前预扫风和熄火后扫风不充分;或点火失败后重复点火前没再进行充分的预扫风。(2)停炉后燃油系统的阀件有漏泄,使燃油漏入炉膛又被余热点着;或积存在底部,下次重新点火时预扫风不足,就会发生爆炸。

为了防止锅炉发生燃气爆炸事故,对锅炉的燃烧器及燃油系统应采取下列措施:(1)预扫风要充分,点火失败后要重新预扫风再点火。(2)紧急停用时需先关速闭阀,后扫风结束后再停风机。(3)万一需要人工用火把点火,操作要正确,即燃油系统准备好后,先稍开风门供小量风;然后将火把(可用铁棍缠油棉纱)点着,侧身从燃烧器点火孔伸至喷油器前,开速闭阀,点着火后再将风门开大到适合的位置。(4)除操作不当外,因为停炉期间有少量燃油漏入炉膛所致,其主要原因是系统油阀尤其是主电磁阀关闭不严,除阀本身原因外,很可能是密封处积渣所致。应加强对燃油系统及燃烧自动控制装置的检查,发现漏油或其他问题及时修理。

(五)锅炉喘振(炉吼)

这主要是因为燃烧不稳定,导致炉膛内压力波动。主要原因有:(1)供油压力波动,或燃油雾化不良,大油滴滞燃;(2)风量不足或风压波动。

第三节　锅炉汽、水系统及其管理

在水管锅炉中,水和汽水混合物连续不断地通过蒸发受热面循环流动。水管锅炉的水循环可以有两种方式:一种是利用水与汽水混合物的密度差使它们经蒸发受热面循环流动,叫自然循环;另一种是利用泵使水和汽水混合物经受热面强制循环。自然循环无需专门的循环泵,设备和管理都比较简单,目前大多数船用锅炉采用自然循环。

一、炉水的自然循环

(一)自然循环的基本原理

水管锅炉的自然循环如图 9-24 所示。

上升管由水冷壁和蒸发管束组成,其中的炉水接受烟气传递给它的热量之后,变成汽水混合物,其平均密度为 ρ_s。下降管位于炉墙外或蒸发管束的后排,不受热或受热很少,其中的炉水密度为 ρ_w。在水筒(或下联箱)中,由于下降管的水产生的静压头大于上升管中汽水混合物产生的静压头,水就沿下降管向下流动,汽水混合物则沿着上升管向上流动,进入汽包,在汽包

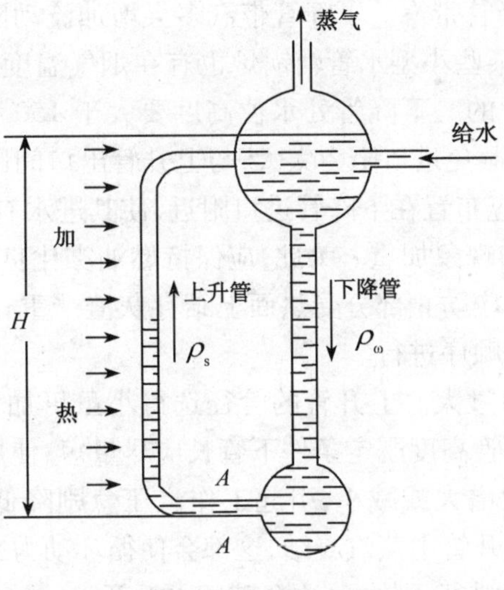

图 9-24　水管锅炉炉水自然循环示意图

内进行汽水分离，分离出来的蒸汽供应外界。同时向汽包内补充同蒸发量等量的水，补充进来的水和分离出来的水又混合在一起沿下降管流向水筒，形成自然水循环。

产生自然水循环的循环动力是下降管与上升管的水和汽水混合物的压力之差，以符号 Δp 表示

$$\Delta p = H(\rho_w - \rho_s)g \quad \text{Pa} \tag{9-6}$$

式中，H—— 从上升管出口中心到水包中心的高度，m；

ρ_w—— 下降管内水的密度，kg/m³；

ρ_s—— 上升管内汽、水混合物的平均密度，kg/m³；

g—— 重力加速度，m/s²。

（二）保证自然水循环良好的措施

为了防止蒸发受热面过热烧坏，除了避免受热面热负荷过大和结垢严重外，主要是保证水循环良好，即要求上升管有足够的循环倍率。循环倍率

$$K = G/D \tag{9-7}$$

式中，G—— 上升管入口处进水流量，kg/h；

D—— 上升管出口处蒸汽流量，kg/h。

循环倍率 K 越大，则上升管出口的蒸汽干度 $x = D/G = 1/K$ 即越小。当 $x < 0.5$ 时，管壁有完整的水膜，管内壁的放热系数较大，管壁温升较小。而当 $x \geqslant 0.5$ 时，管壁很薄的水膜随时可能被中心的气流撕破，形成细微水滴被带走，称为雾状流动。这时放热系数下降，管内壁温升高，一般船用锅炉蒸发受热面大多采用低碳钢，允许工作温度大约 450℃，为了安全起见，应保证循环倍率 $K > 4(x < 0.25)$。

不同位置的上升管热负荷是不同的。热负荷大的上升管（如水冷壁、前排沸水管）含汽量多，由式(9-6)可知，循环动力也大，故进水流量和循环流速也大，这种现象称为自然循环的自补偿能力。热负荷小的上升管循环流速也小，换热特别弱的（例如管外积灰或管内结垢严重）可能出现循环停滞（一般认为 $K = 1$ 即属循环停滞）甚至循环倒流的情况，这样的管子会因冷却不良而烧坏。

为了保证良好的水循环，在设计和管理上应注意以下几个方面：

(1)尽量减少或避免下降管带汽。下降管带汽多会增加流动阻力,减小循环动力。因此,最好采用不受热的下降管。某些小型水管辅锅炉也有在烟气温度较低处用一些管径较粗(水受热相对较少)的管作下降管的。下降管处水位高度要大于 150 ~ 200 mm(大于 4 倍管子内径);入口水速应小于 3 m/s,避免进口阻力太大;与上升管出口间距应大于 250 mm,或两者之间设隔板,防止串汽;给水管应布置在下降管进口附近,使其进水有较大的过冷度。

(2)避免上升管受热不均现象加重。为此,应保持燃油雾化良好,防止残油进入蒸发管束区后继续燃烧造成局部过热;应防止部分受热面上结存灰渣严重,要及时除灰;设多个燃烧器的炉膛,增减使用时应按规定顺序进行。

(3)避免上升管流动阻力过大。上升管的管径选得小虽可加大换热面积,但为避免流阻过大亦不宜选得太小;在上升管高度既定条件下管长应尽量短;使用中应避免结垢严重。

(4)尽量避免用汽量突然增大或减小,引起工作汽压急剧降低或升高。前者会使下降管中炉水闪发成汽,后者会使上升管中蒸汽凝结,这都会使循环动力突然降低。

(5)运行中不宜在下锅筒进行下排污,这会破坏水循环。

二、影响蒸汽带水的因素和汽水分离设备

由汽包引出的饱和蒸汽带水过多,就会使蒸汽品质下降。蒸汽携带的炉水含有的盐分,可能腐蚀汽、水管路和设备;若饱和蒸汽用于驱动蒸汽辅机,带水过多也会引起这些机械的水击;对于装有过热器的锅炉,如蒸汽所带水会在过热器中汽化,水中的盐分沉积在过热器的内壁上,会使过热器管子烧坏。

(一)影响蒸汽带水的因素

图 9-25 示为锅炉汽包的结构简图。汽包下部充满炉水,从上升管束中流出的汽要穿透这一水层进入汽包的蒸汽空间。水汽分界面到集汽设备之间的距离叫分离高度,用 H 表示。

影响蒸汽带水量的主要因素有:

(1)分离高度。分离高度越大,重力分离作用越强。然而分离高度超过 0.5 ~ 0.6 m 后,对蒸汽的干度的影响很小。

(2)锅炉负荷(蒸汽用量)。蒸汽用量增加时,需加强燃烧,汽中水的含汽量增加,蒸发平面升高,分离高度降低;同时上升管流出的汽水混合物冲击水面使炉水飞溅数量增加;再加上蒸汽流速也增大;故蒸汽带水量增加。每台锅炉都有其临界负荷,超过临界负荷时上述因素使本可分离的比较大直径水滴也被蒸汽携出,蒸汽携水量剧增。

(3)炉水含盐量。当炉水含盐量达到某一极限值时,炉水表面就会形成很厚的泡沫层,即所谓汽水共腾,这极限值称为临界含盐量。临界含盐量随锅炉工作压力升高而降低,这是因为压力升高时泡沫的体积变小,泡膜变厚,汽沫寿命得以延长,更容易产生汽水共腾。临界含盐量如表 9-2 所示。

表 9-2　锅炉的临界含盐量

锅炉工作压力/MPa	≤1	1 ~ 2.5	2.5 ~ 4.9	4.9 ~ 6
临界含盐量/(mg/L(NaCl))	1 000	700	400	350

(二)汽水分离设备

由于在汽包内借助分离高度对蒸汽携水进行重力分离有一定的局限,故需要在汽包内装设一些汽水分离设备以提高分离效果。

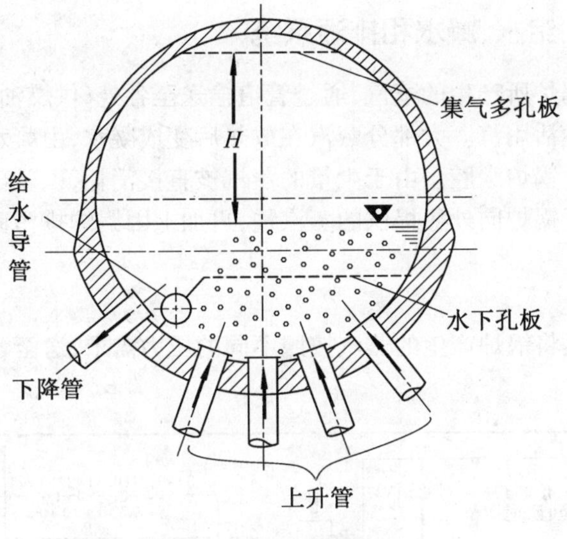

图 9-25　汽包结构简图

1. 水下孔板(参见图 9-25)

当汽水混合物由水空间引入汽包时,可利用水下孔板来均衡蒸发平面负荷。水下孔板使蒸汽在上升过程中受到一定的阻力,在孔板下形成汽垫;因而蒸汽能比较均匀地从孔板的各个小孔中穿出,并降低了汽水混合物的动能。孔板放置在汽包水空间,一般在最低水位以下 100 ~150 mm。

2. 集汽管

聚集在汽包顶部的蒸汽一般通过集汽管引出,其结构实例见图 9-26 所示。

集汽管 1 沿汽包纵向布置,顶部开有许多进汽缺口 4,两端封死。饱和蒸汽出汽口 3 可在集汽管中部或一端。为了沿汽包长度方向均匀地收集蒸汽,进汽缺口离出汽口较远处较密,近处较稀。有的集汽管两侧装有波形百叶窗式挡板 2,以增加汽水分离作用。

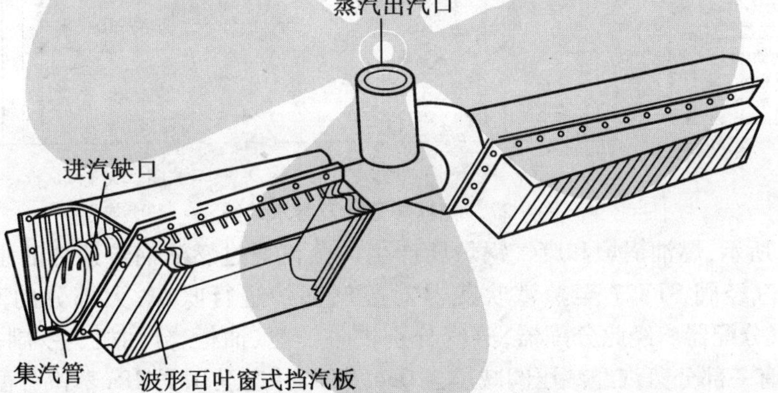

图 9-26　带波形挡板的集汽管

3. 集汽孔板(参见图 9-25)

集汽孔板结构简单,加工方便,流动阻力较小,用它代替集汽管可以距水面更高,但其分离的效果不如集汽管。

三、锅炉的蒸汽、给水、凝水和排污系统

燃油锅炉和废气锅炉所产生的蒸汽，通过管道输送至各处，供燃油、滑油的加热，以及空调装置、热水柜、厨房等生活用汽。大部分蒸汽在放热后变成凝水，由凝水系统流回热水井，再由给水泵经给水系统送至锅炉水腔。由于少量的蒸汽被直接消耗，以及部分不可避免的泄漏，流回热水井的凝水将少于锅炉向外界提供的蒸汽量，再加上因锅炉排污而损失部分炉水，所以要经常向热水井补水。

（一）蒸汽系统

蒸汽系统的任务是将锅炉产生的蒸汽按照不同的压力需求，送至各用汽设备。

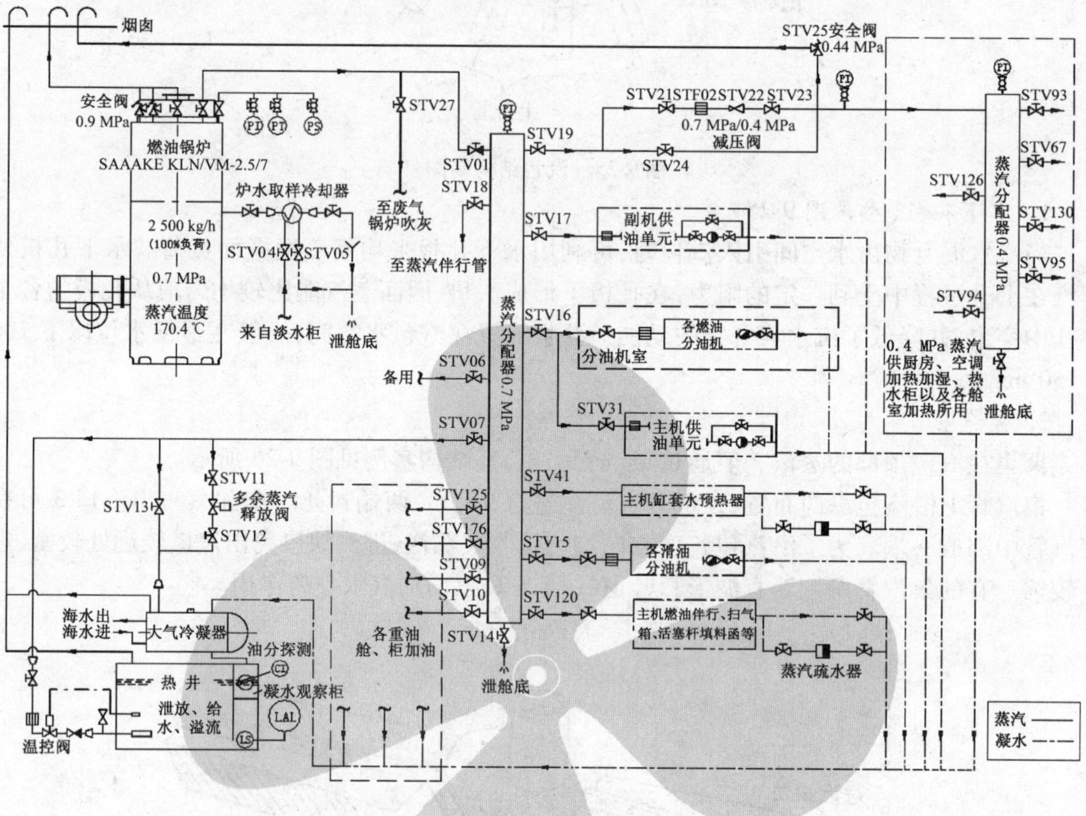

图 9-27　辅锅炉蒸汽及凝水系统

如图 9-27 所示，燃油锅炉和废气锅炉所产生的蒸汽通过燃油锅炉顶部的主蒸汽阀输出，首先有一路蒸汽经阀 STV27 至蒸汽吹灰器对废气锅炉进行吹灰；大部分的蒸汽则汇集于 0.7 MPa的蒸汽分配器。经此分配器，蒸汽分别供各油舱、油柜、分油机、主/副机燃油单元等加热使用。另有一部分蒸汽经减压阀减压至 0.4 MPa，并送至 0.4 MPa 蒸汽分配器，供各舱室加热、空调加热加湿以及厨房、热水柜等处加热使用。还有一路蒸汽经多余蒸汽释放阀（压力式）泄放至大气冷凝器，用于在废气锅炉供大于求时释放多余蒸汽。另有一路蒸汽经温控阀进入热水井，用于在冬季对热水井加温，保持 60～90℃ 的给水温度。蒸汽分配器底部有泄水管，用以在刚开始供汽暖管时放出凝结水，以避免在管道中产生水击。

锅炉蒸汽压力由压力开关 PS 来控制，工作压力一般设定在 0.50～0.70 MPa。当蒸汽压力达到 0.70 MP 时，主油路电磁阀断电，燃油锅炉会自动断油停炉；而当蒸汽压力降至

0.50 MPa时，燃油锅炉则会按照预设程序自动投入燃烧。

（二）凝水系统

凝水系统的任务是回收各处的蒸汽凝水，并防止油分进入锅炉。

如图 9-27 所示，供各处加热油、水和空气的蒸汽，在加热器中放热后大部分都会变成凝水，并经各自的蒸汽疏水器流回凝水总管。疏水器仅允许凝水通过，而蒸汽将被阻挡下来。但疏水器毕竟无法完全阻止蒸汽漏过，因此，在凝水回到热水井之前，需要先经大气冷凝器的冷却，使蒸汽完全液化，并可适当降低凝水温度。大气冷凝器为管壳式换热器，采用海水冷却。

若加热油舱、柜的蒸汽管路泄漏，可能会导致油分进入凝水系统，而油分进入锅炉则有可能导致局部过热。凝水首先进入热水井的凝水观察柜，在此可观察水中是否含油；同时，凝水观察柜内还设有油分探测器，在油分超标时会发出警报。

可通过专用的取样阀进行炉水取样。为免于人员烫伤，样水会首先经取样冷却器后方可流出。定期的取样化验是必需的，以监控炉水质量，并决定炉水处理剂的投放量。

（三）给水系统

给水系统的任务是向锅炉供给足够数量和品质符合要求的给水。为了可靠起见，每台锅炉都要有两条给水管，其中一条作为备用。每条给水管紧靠锅炉处装有一个截止阀和一个截止止回阀。截止阀必须装在锅炉与止回阀之间，以便在修理给水管路和设备时将锅炉隔断。其安装方向应注意能在必要时将其关闭更换阀杆填料，而炉水不至于溢出。不允许用此阀对给水量进行节流调节，以免阀盘遭水流冲蚀而关闭不严。装设截止止回阀的目的是为了防止给水泵不工作时，炉水沿给水管向炉外回流。

给水的温度较低，若进入锅炉后聚集在某处或直接与受热面接触，会使该处产生较大热应力。锅筒设有内给水管，它是一根位于锅炉工作水面之下，在下半圆处开有很多小孔的水平管，通过它补水可使给水分布均匀。本系统在热水井上设置水温控制器，它通过蒸汽加热，使热水井的水温基本保持不变，这样可以减少水的含氧量，并使给水温度不致过低。

锅炉给水泵从热水井吸水，通过给水管路向燃油辅锅炉供水。给水泵至少设有两台，以备使用。蒸发量较小的辅锅炉多采用电动旋涡泵间断供水；蒸发量大的锅炉可选多级离心泵节流调节，连续供水。不论采用哪种供水方式，每小时供入锅炉内的给水量和从各处流回的凝水量也常是不平衡的，所以凝水管路和给水管之间要有热水井作为缓冲的存水容器。热水井还有过滤水中固体杂质和油污、补水和投放炉水处理药剂等用途。本系统对炉水的投药处理是在给水管路进入锅炉前，设置专门的投药泵，按照一定流量连续进行。本系统在给水泵吸入口，还设置盐度计，它随时监测给水的含盐量，以防万一大气冷凝器的海水管路泄漏海水进入锅炉。

现代船舶常把热水井做成一个组合模块，它将热水井、凝水柜、大气冷凝器、锅炉给水泵及连接这些设备的管路、阀件及附件组合在一个公共底座上，出厂前对组件进行密封性试验和运转试验，装船后只要将外部接口与蒸汽凝水系统相应部分接通，便可工作。

（四）排污系统

锅炉工作一段时间之后底部可能聚集泥渣，投放除垢药物后也会产生沉淀物，因此锅炉底部设有底部排污阀。下排污可定期在投放除垢药物后过一段时间进行。通常要求在熄火半小时后或锅炉负荷较低、压力降至 0.4 ~0.5 MPa 时进行，因为此时炉水比较平静，有更多的泥渣沉积在底部。水管锅炉为防止从底部放走大量炉水破坏正常的水循环，所以不允许在锅炉正常工作时进行下排污。每次排污时间不能过长，一般阀全开时间不超过 30 s，每次排污量1/3

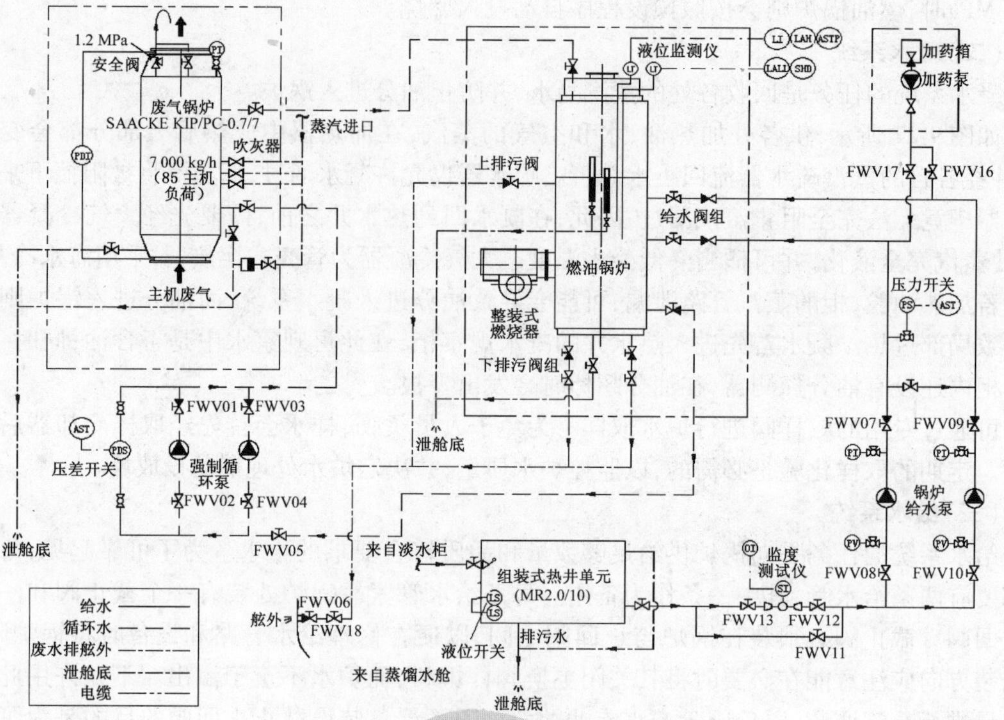

图 9-28　辅锅炉给水和排污系统

~1/2 水位表高度。

此外，若发现炉水含盐量或碱度过高，发生汽水共腾，或者大修后初次使用，漂浮在水面上的泡沫和悬浮物太多，或者炉水进油，则可通过锅筒上部的上排污阀进行上排污。上排污漏斗设在高于锅筒最低水位 25 mm 处，水经其沿内部接管和上排污阀泄出。漏斗的数目和安装位置应便于将全部液面上的污物排除。

上排污的排水量和排污次数视炉水化验结果而定，可在需要时随时进行，但一般应在投药前，以免药物在起作用前损失；24 h 内可排污 1~2 次，每次排污时间 30~60 s。上排污前应先将炉水加至接近最高水位，排污时注意水位变化，水位降至浮渣盘即停。如果认为一次排水量不够，可重复上述操作。若含盐量太高靠上排污难以降到符合要求，应停炉换水。

废气锅炉也要进行排污（强制循环水管锅炉除外）。

排污阀的通径一般为 20~40 mm。如需调节排污流量，应在管道上另装一调节阀。排污时应先打开舷旁通海阀（最后开管内会发生水击），再全开排污阀，最后开调节阀；停止排污时先关调节阀，再关排污阀和通海阀，以防它们遭水流冲蚀而密封性变差。

四、汽、水系统常见故障

除了已讲述的自然水循环故障、蒸汽携水过多以外，锅炉汽、水系统常见的故障还有：

（一）失水

锅炉水位低于最低工作水位时称为失水。失水是锅炉的一种严重事故，可能使上部受热面失去炉水冷却而烧坏。发现失水时要冷静处理，如关闭水位计上通汽阀仍能“叫水”进入水位计，则表明水位仍在水位计通水接管之上，可迅速加大给水；如“叫水”不来，千万不能向炉内补水，以防赤热的受热面突遇冷水而爆裂，甚至招致锅炉爆炸。这时应立即停炉，待冷却后进一步检查受热面损坏程度，并查明和排除给水不足的原因。

（二）满水

水位高过最高工作水位称为满水。满水会使所供蒸汽大量携水，导致水击、腐蚀管路设备等危害。发现满水应立即停止送汽，进行上排污，直到水位恢复正常；同时开启蒸汽管路和设备上的泄水阀泄水；然后查明水位自动控制系统故障，予以排除。

（三）受热面管子破裂

因结垢严重、水循环不良等导致管壁过热，或腐蚀严重，都可能引起受热面管子破裂。它会使水位、汽压迅速降低，烟囱冒“白烟”（水雾），有时能听到异常声音（往往被舱内噪声掩盖），有的锅炉结构可从烟箱的泄放阀中放出水来。

如裂缝不太严重，仅为微小渗水，可暂时监视使用，谨防裂缝扩大。如水位下降较快，应立即停炉。但除已严重失水者外，在受热面温度降低前应继续给水，保持锅炉的正常水位，以防受热面因大量失水而被烧坏。停炉待锅炉冷却后，即可将其中的水放尽，进入炉内堵管。

水管锅炉管子破裂多发生在靠炉膛近热负荷高的水管，比较容易发觉。如破裂管在中间，则较难寻找。应在锅炉尚有汽压时先观察漏水破管的大约部位，待停炉放水后，再用木塞堵住管子下端，从上端灌水寻找。

受热面管破裂如暂时不能换管，可临时堵管使用。堵塞水管锅炉水管的钢塞应具有一定锥度，涂上白铅油后，塞在破管的两端，然后用手槌敲紧，再借助于工作蒸汽的压力，即可保证一定的严密性。

如果发现针形管泄漏，应按照下面的方法进行临时性修理。首先停炉，使锅炉自然冷却并降至常压，放空炉水。然后进入锅炉烟箱在相关的针形管外管侧面切割一个透气孔，如图9-29。用钢丝刷清洁针形管外管内侧，选用和烟管等厚度的钢板，切割一块直径和针形管外管一样的圆形钢板，并把上边缘倒角30°，按图示位置焊接上密封板。然后进入炉膛，用上述同样的方法钻孔，焊接下密封板。这种临时性修理方法只允许密封泄漏针形管的数量在10%以下，否则必须要进船厂进行永久性修理。

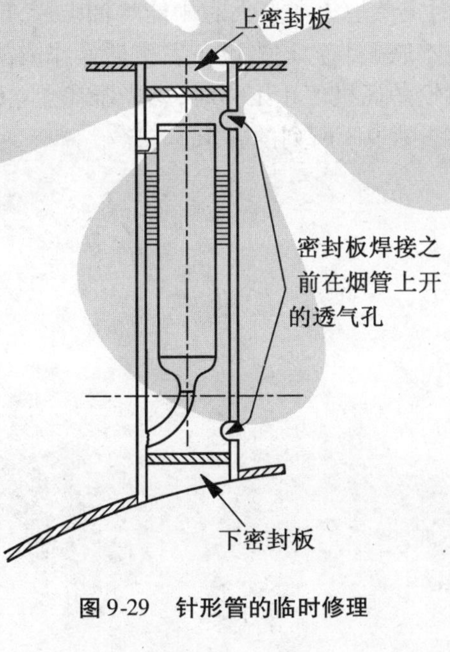

图9-29　针形管的临时修理

烟管锅炉，可用两端带螺纹和盖板的堵棒将破裂管堵死。堵管时，在堵棒的盖板和管板之间垫上密封垫，收紧螺帽即可。堵管的数目不宜过多，以免影响加热的均匀性。堵管后应进行水压试验，证实不漏后才能再点火升汽。

其他故障如给水系统进油、进海水（炉水含盐量剧增，可能是冷凝器或水舱漏泄）、排污阀漏（后面管路发烫）等均不难发现，可根据实际情况检查处理。

第四节　船用辅助锅炉的运行和维护管理

一、锅炉自动控制的内容

现代的锅炉都已实现了自动控制，主要包括以下内容：

1. 自动调节

能自动控制给水和燃烧，使锅炉水位和蒸汽压力保持在给定值或给定范围内。一般船用辅锅炉对蒸汽压力的要求不十分严格，水位和燃烧大多采用双位控制系统，而油船上的辅锅炉水位及燃烧有采用比例控制系统的。

2. 程序控制

按照预定操作程序自动完成锅炉点火启动过程和自动熄火停炉过程。“规范”对船舶自动锅炉的程序控制提出如下要求：(1)喷油器开始点火前应进行预扫风，扫风时调节风门应全开，扫风时间应足以保证炉膛4次换气。(2)点火应在预扫风后方可进行。喷油器进油阀应在点火火花出现之后方可打开。如果点火不着，点火装置和喷油器进油阀应自动关闭。进油阀从开启到关闭的时间不得大于15 s。(3)应设有火焰监测器，当故障熄火时能自动关闭喷油器的进油阀，关闭时间应不迟于熄火后6 s。

3. 安全保护和自动联锁

锅炉异常状态并影响安全运行时，例如水位低至危险水位、油压过低、风压过低（有的锅炉包括油温过低）以及运行时突然熄火或点火时未能将油点燃，能完成自动熄火停炉过程，同时发出相应的声光报警。自动联锁装置是当设备发生误操作或故障时，自动阻止有关操作继续进行，避免事故发生，例如锅炉风机停止工作时，燃烧器就会立即停止喷油。

锅炉安全保护系统应符合表9-3所列的要求。

表 9-3　自动化锅炉安全监视项目表

项目	指示或报警	安全系统动作类别
1. 燃油辅锅炉		
应急停炉开关	Y	
燃烧器运行指示	O	
控制电源	O	
锅炉水位	O	
锅炉汽压指示	O	
给水盐度指示	O	
1 号给水泵运行指示	O	
1 号给水泵运行过载	Y	
2 号给水泵运行指示	O	
2 号给水泵运行过载	Y	
1 号燃油泵运行指示	O	
1 号燃油泵运行过载	Y	
2 号燃油泵运行指示	O	
2 号燃油泵运行过载	Y	
燃烧风机运行指示	O	
燃烧风机运行过载	Y	
锅炉蒸汽压力指示、压力低、压力高	O、Y、Y	
燃油锅炉排气温度高	Y	
燃油锅炉水位指示、低位报警、低低位停炉	O 、Y、	a
燃烧器火焰故障	Y、	a
一次风压低	Y、	a
燃烧器铰链未合	Y、	a
转杯雾化器运行、过载	O 、Y	
点火油泵运行指示、过载	O 、Y	
烟道着火	Y	
燃油压力低备用泵切换	Y	c
给水泵出口压力低备用泵切换	Y	c
燃油温度指示，油温低、油温过低	O、Y	a
2. 废气锅炉		
给水泵出口压力或流量低	Y	c
1 号炉水循环泵运行、过载	O 、Y	
2 号炉水循环泵运行、过载	O 、Y	
炉水循环泵流量低备用泵切换	Y	c
废气锅炉进口主机排烟温度指示	O	
废气锅炉出口主机排烟温度指示	O	
废气管道内起火	Y	
蒸汽压力高	Y	
3. 热水井模块		
热水井水位低	Y	
热水井油分高	Y	

注：a—a 类保护动作如紧急停车停炉切断电源等；c—c 类保护动作如备用泵备用设备起动并投入运行；Y——一般故障的组合报警；O—本地或远程指示。

二、船用锅炉的冷态点火

锅炉的点火包括热态点火和冷态点火。热态点火是指锅炉在正常的压力和温度条件下的点火;冷态点火是指经过较长时间的停炉或者锅炉大修以后,锅炉处于完全冷却的条件下的点火。这里讲的点火是指锅炉的冷态点火。

(一)船用锅炉点火前的准备工作

1. 船用锅炉的内部和外部检查

(1)锅炉周围保持清洁,锅炉间的通风良好,通风孔或者通风机开启。

(2)所有的阀门均处于正确的开关状态。空气阀、给水阀、压力表和水位表阀应开启;排污阀应关闭;蒸汽阀关闭后再开启1/4圈,防止受热后咬死。确认没有异物遗留在锅炉内,所有的附件、检查孔、阀件均已装复,螺栓已经上紧。锅炉燃烧器安装合理,风机和电动机的转向正确,风门和传动装置动作灵活。

2. 船用锅炉附属设备的检查

(1)热水井及其滤网清洁,供水系统的阀门开关正确。对于可以自动切换的供水系统,两条供水管线的阀门均应处于开启状态。供水泵转向正确,试运行正常。

(2)供油系统的阀门开关正确,供油泵试运转正常,燃油加热器运行正常。检查轻、重油柜的液位及油温并进行放残。燃油管路的阀门开关正确,确保滤器清洁,如果管路中存在空气,应设法放掉空气。锅炉在冷态点火时应尽量使用轻油,检查燃烧器各部件的安装是否正确,火焰感受器玻璃是否清洁。

3. 船用锅炉的上水

在上水时,检查热水井水位、水温、水质是否正常,热水井与炉内水空间壁面温度应相近,如果两者温差超过50℃,补水应缓慢进行,避免向炉内补入大量冷水,以免产生过大的热应力,补水应清洁无油迹并按规定加入水处理剂。烟管锅炉应上水至水位计的最高水位,以便能够在升压后,通过底部排污,分数次将位于锅炉底部温度较低的炉水放掉,促使整个锅炉中的水温均匀。水管锅炉应上水至水位计的最低水位,因为在产生蒸汽后,水管锅炉的炉水中含有较多汽泡,从而使水位上涨至正常水位。对于有过热器的船用锅炉,切忌上水过高,这样会造成蒸汽大量带水,引起过热器腐蚀和损坏。

上水结束观察半小时,水位不变才能确认承压部件没有发生漏水。如果水位降低或上升应查明原因,及时消除故障。在船舶无倾斜的状态下,两只水位计的水位应在同一高度。

(二)点火升汽

确认锅炉一切正常后方可进行点火操作,锅炉冷态点火的操作应十分谨慎,为了便于控制预扫风及后扫风的时间,最好先采用手动点火。冷态点火加热速度务必不能太快,因为锅炉材料的升温快速而不均匀地升高,会产生过大的热应力。新炉启动或耐火层修理后启动锅炉,因为耐火层较湿,加热太快可能因水分迅速蒸发和膨胀而使耐火层产生裂纹。因此冷态点火应手动控制,小火燃烧,待汽压升至比工作压力低0.05 MPa时,再改用自动操作。

燃油锅炉点火前,一定要先开启风机进行预扫风,将锅炉内积存的油气彻底吹除。否则积存的油气遇明火有爆炸的危险。正常运行时的预扫风时间一般在35 s以上,冷态点火时可将预扫风的时间适当延长,以便尽可能驱除炉膛内的油气。冷态点火时由于炉膛内的温度较低,有可能产生点火失败,如果发生点火失败,再次点火时仍需进行预扫风并延长预扫风的时间。当出现多次点火失败时,应查明原因并排除故障后再点火。万一点火时发生爆炸回火,立即关闭油泵和燃油速闭阀，以免酿成火灾。

点火成功后应检查火焰的颜色、形状、稳定性。正常的火焰呈现亮橙色，轮廓清晰，火焰稳定无闪烁，排烟呈浅灰色。刚点完火开始工作时，由于炉膛内温度低影响燃油蒸发，可能造成燃烧不良，烟囱冒黑烟；但随着炉膛内的温度升高，燃烧会趋于正常。

点火后开始阶段水循环差，燃烧强度尤其不能过大。炉水沸腾产生汽泡后水循环会加强，锅炉各部分温度也渐趋均匀，方宜提高燃烧强度。因此升汽前的阶段应烧得慢些，蓄水量越大的锅炉此阶段应越长，汽压开始上升后燃烧可以加强。为了限制锅炉在点火升汽阶段炉水温度及汽压的上升速度，锅炉操作说明书一般都规定了点火升汽的时间表，应遵照执行。

若无时间表，点火可以参照如下程序进行：首次点火后第 1 h 内每烧 1 ~ 2 min 熄火 8 ~ 10 min后再点火，以后每次可以适当延长燃烧时间和减少熄火时间，直至锅炉压力达到 0.1 MPa方可连续小火燃烧。锅炉起压后，顶部的空气旋塞会有气体冒出，等到有大量的蒸汽冒出时关闭空气阀。大蒸发量 D 形水管锅炉从冷炉点火到满压所需时间正常操作一般需 2 ~ 3 h；蒸发量小的烟管锅炉约需 2 h，水管锅炉因水循环良好只需用 15 min 左右。其中从点火到产生汽压的时间约占整个点火升汽时间的 2/3。如不控制燃烧，从冷炉点火至产生汽压的时间一般烟管锅炉仅需半小时，有的水管锅炉仅需 6 min，这种快速升汽对锅炉保养十分不利。

当汽压升至 0.05 ~ 0.1 MPa 时，应检查人孔、手孔、水位计、排污阀、法兰、阀门等接头是否渗漏。当温度升高后，上述接头会伸长变松，需要重新拧紧。如有渗漏，不能处理则应停止运行。对人孔和手孔，无论渗漏和不渗漏，均需再适当拧紧螺母，并冲洗玻璃板水位计一次，防止出现假水位。冲洗水位计时，必须缓慢进行，不要正对水位计的玻璃板，以免玻璃板由于忽冷忽热而破裂伤人。操作时要戴防护手套，以免烫伤。

当汽压升至 0.1 ~ 0.2 MPa 时，对各连接处再次检查有无渗漏现象。再拧紧一次人孔、手孔螺母。操作时应侧身，用力不宜过猛，禁止使用长度超过螺栓直径 15 ~ 20 倍以上的扳手去操作，以免将螺栓拧断。在汽压继续升高后，禁止再次拧紧螺栓。

当汽压升至 0.3 MPa 时，试验给水设备及排污装置。对锅炉进行上排污可以清除锅筒表面的杂质和油脂。上排污应在锅炉高水位时进行。在排污前应向锅内上水，排污时要注意观察水位，不得低于水位计的最低安全水位线。排污完毕，应严密关闭每一排污处的两个排污阀，并检查有无漏水现象。对通风及燃烧情况进行调节，当汽压达到锅炉额定工作压力时，应校验安全阀是否灵敏可靠，然后铅封，同时再冲洗一次水位计。

（三）供汽

供汽前应对蒸汽管路进行暖管和疏水工作。其方法是将蒸汽阀稍开，供汽加热蒸汽管路，同时开启蒸汽系统中各泄水阀进行泄水。暖管的时间不宜过短，不得少于 15 ~ 20 min，否则管壁和管路上法兰及螺栓会产生较大的热应力；另外管路中存在凝水，当开大蒸汽阀正式供汽时管路中会出现"水击"现象，可能损坏阀门、管路和设备。有些锅炉规定在升汽的同时就进行主蒸汽管的暖管工作，锅炉压力升至工作压力时，暖管工作已经结束，可立即投入使用。

如果要求两台锅炉并联工作，应先使两者汽压相同后再并汽。如果升汽后的锅炉要与工作中的锅炉并汽，后投入工作的锅炉的汽压应比主蒸汽管路中的汽压高出 0.05 MPa 再并汽。

锅炉的安全阀应每个月进行一次手动强开试验。脱落的蒸汽管路绝热包扎应及时修补，盘根泄漏的阀门应及时更换盘根，关闭不严密的阀门及时进行研磨或者换新。漏汽的蒸汽管路应拆下焊补，如果暂时无法进行焊补，可以用铅皮进行临时包扎。

三、船用锅炉运行中的管理

锅炉在运行中,轮机人员应严密监视锅炉的汽压、水位、水温、油位、油温、油压、炉膛内火焰的情况及排烟的颜色。日常的维护管理主要包括:锅炉水位控制、汽压和汽温的监视和调节、燃烧质量控制、炉水处理、锅炉附件的维护、锅炉的排污和防止受热面积灰和低温腐蚀等。

(一)锅炉的水位控制

锅炉水位的控制极为重要,锅炉水位的变化会使汽压和汽温产生波动,甚至发生满水和缺水事故。对于燃油锅炉绝对不允许干烧,废气锅炉在正常条件下一般也不允许干烧。锅炉给水泵应保持良好的工作状态,给水管路的阀门特别是止回阀门应定期研磨,使其能够关闭紧密无漏泄。给水管路止回阀漏泄可以通过触摸给水管路的方法进行判断,如果给水管路的温度很高,并且越接近锅炉温度越高,则说明止回阀漏泄。水位计应经常冲洗,一般每 4 h 一次。对于周期性无人值班船舶至少每天冲洗水位计一次。通过冲洗水位计判断锅炉是“轻微缺水”还是“严重缺水”,如果锅炉属于“严重缺水”,应立即停止锅炉,严禁向锅炉补水。如果强行补水,由于温差过大会产生巨大的热应力。如果锅筒或炉胆被烧红,大量的水会突然蒸发变成蒸汽,体积剧增,压力突然升高,会造成水冷壁爆管或汽包破裂,引起锅炉的爆炸事故。注意控制热水井的温度,避免由于水温过低引起过大的热应力。

注意保持控制水泵的浮子或电极棒清洁,必要时应对浮子或电极棒进行清洗。两套供水设备应轮换使用,轮换的时间不宜过长,以免备用的设备因长时间不用而损坏。

(二)蒸汽压力的监视和调节

锅炉正常运行时,必须经常监视压力表的指示,保持汽压稳定在正常范围内,不得超过最高允许工作压力。汽压超过上限,如果锅炉不能停止燃烧,应关闭主油路速闭阀熄火,并查明原因予以纠正。如果气压超过安全阀的开启压力而安全阀未开,必须用手动强开机构开启;如果安全阀虽然自动开启,但汽压却降不下来则应立即停炉,以上情况应重新检查、调试安全阀。

锅炉在燃烧时,如果蒸汽压力始终低于工作压力下限,很长时间达不到上限,可根据锅炉补水情况大致判断是否是锅炉蒸发量过大。如果是,则应找出导致蒸发量过大的原因(是用汽量过大还是系统漏泄)。如锅炉蒸发量基本正常,则可能是燃烧调节不当或系统供油量不足,需重新调整或检查供油管路。

(三)燃烧质量控制

锅炉在运行中,必须注意火焰的颜色、火炬的形状、排烟的颜色等。燃烧良好时,火焰中心在炉膛中部,火焰均匀地充满炉膛但不触及四壁;火焰高低合适,不冲刷炉底,也不延伸到炉膛出口处;着火点距燃烧器出口处适中,以免烧化喷油嘴和炉膛出口。一般火焰中心呈麦黄色或亮黄色,火焰尾部无黑烟,整个火焰轮廓清晰,外圈无雪片状火星,火焰以外烟气透明。如果炉内火焰发白,炉膛内极透明,烟色淡得几乎看不见,则表明空气量太多。如发现火焰呈暗红色,火焰伸长跳动并带有火星,炉内模糊不清,烟色加深以至浓黑,则表明空气量太少或燃油雾化不良,与空气混合不好。如果发现锅炉冒白烟,很可能是锅炉换热面漏泄所致。经常检查锅炉的排烟颜色,因其和燃烧的好坏密切相关。在港口时尤其应引起轮机人员的重视,如果锅炉冒黑烟,可能会引起有关部门的处罚。

对燃烧设备和系统实施定期维护:注意保持燃油柜的油位和油温正常,定时开启油柜泄放阀泄放沉淀的水和污渣;保持燃油系统的油压和油温在规定范围内,加热器应及时清洁;检查燃油滤器的压差,必要时及时清洗;及时清洁和维护喷油器,使之雾化良好,检查喷油器的位置和雾化角是否合适,以免在喷火口、稳焰器和喷油器顶端结炭;风机及风道应及时清洁,风门调节机构定期注油保持活络。

(四)防止锅炉受热面积灰

锅炉积灰的机理和危害以及积灰清除与防止方法同废气锅炉管理(见本章第五节)。

(五)锅炉低温腐蚀及其防止

锅炉的低温腐蚀是指在烟气温度较低区域(约500℃以下)的受热面烟气侧的一种腐蚀。低温腐蚀是因为受热面的壁温低于烟气中硫酸蒸气的露点,管壁上结有酸露而引起的。它经常发生在空气预热器的冷端(空气进口端)和给水温度低的经济器中,或出现在蒸发受热面的末端。

酸露的形成是由于燃油中含有硫,燃烧后形成 SO_2,其中一部分进一步氧化成 SO_3,SO_3 和烟气中的水蒸气结合成为硫酸蒸气。烟气中硫酸蒸气的露点称为酸露点,它远高于烟气中水蒸气的露点。烟气中硫酸蒸气含量高,酸露点就高。这样,当受热面壁温低于酸露点时,硫酸蒸气就会在管壁上凝结,使管壁腐蚀。

据分析,当壁温比酸露点低20～40℃时,酸的凝结速度达到一定程度,腐蚀速度达到一个较大值;以后随壁温下降,腐蚀速度放慢;到壁温达到烟气中水蒸气的露点时(大约60℃),由于大量水蒸气的凝结,硫酸浓度达到腐蚀性最强的40%～50%范围,特别是烟气中大量 SO_2 直接溶解在水膜中形成亚硫酸溶液,腐蚀速度再次急剧加快。

根据产生低温腐蚀的原因,可以采取如下的预防措施:

(1)对装有空气预热器的锅炉,可以采用装设空气再循环管道的方法来提高空气入口温度,即让一部分热空气与冷空气混合后,再送入空气预热器,以提高管壁温度,使之不低于水蒸气露点温度。也可以采用旁通烟道或旁通空气道的方法,当锅炉点火升汽或处于低负荷运行时,将烟气或空气旁通,不经过空气预热器。

(2)改善燃烧,采用低过量空气的燃烧方式,它能减少 SO_2 的进一步氧化,从而减少硫酸的生成,有效地降低酸露点。如:当 $\alpha=1.15\sim1.2$ 时,烟气中 SO_2 的浓度为15～25 ppm,酸露点为150～180℃;当 $\alpha=1.1$ 时,酸露点约为130℃;当 $\alpha=1.01\sim1.02$ 时,烟气中 SO_2 的浓度为4～8 ppm,酸露点约为60℃。良好的燃烧还能使生成的 SO_3 在离开炉膛前尽量分解。

(3)要及时进行吹灰,经常保持受热面的清洁,尽量减少其对生成硫酸的催化作用。在停炉检修时,要清除受热面上的铁锈和积灰。

(4)选用含硫量低的燃油,国际公约和世界上部分排放控制区域,对船用燃油含硫量都提出越来越严格的要求,到2020年,公约要求燃油含硫量不高于0.5%,而排放控制区域规定到2015年硫含量不高于0.1%,随着低硫燃油的使用,必将减少低温腐蚀。

四、船用锅炉的停炉保养

锅炉运行时靠热力除氧和化学除氧,水中含氧很少,若保持炉水碱度合适,则钢铁的锈蚀甚微。然而,放完水的锅炉经过一昼夜就会生锈。钢铁在空气中的锈蚀是因为相对湿度较高,表面出现液膜(受表面粗糙和脏污程度影响很大),空气中的氧和其他腐蚀性气体、氯离子等溶入液体而产生。相对湿度小于30%通常不会产生锈蚀,湿度大于70%,钢铁表面会出现薄的液膜,容易腐蚀。

(一)减压保养法

减压保养法适用于停炉期限不超过一周的船用锅炉。减压保养时保持锅炉的余压在0.01

~0.1 MPa,炉水温度稍高于100℃以上,炉水中不含有氧气。由于锅内的压力高于周围环境的压力,故可以阻止外界空气进入。为了保持炉水的温度,可以定期在炉膛内生微火、间断点火或利用相邻锅炉的蒸汽加热炉水。

减压保养前应加水至最高工作水位,以免因锅炉内水冷却收缩而看不到水位。压力降低后,炉水中悬浮杂质和泥渣会沉淀,应进行下排污。排污后化验炉水,视需要加入水处理药剂。减压保养期间间断点火来保持炉内低汽压时,如果点火次数过于频繁,可以将汽压适当提高,但升压最多至工作汽压下限即熄火。若升压过高,熄火后可能因炉膛散热而使汽压继续升高顶开安全阀。

(二)满水保养法

满水保养法适用于短期(1~3个月)停用的船用锅炉。满水保养法就是将锅炉的汽水空间全部充满不含氧的碱性水,以防腐蚀。它的操作要点是彻底排除锅炉中的空气和保持炉水合适的碱度,pH值为9.5~10.5。

满水保养时,先打开锅炉上的空气阀,向锅炉泵送加了碱性药物的蒸馏水或凝结水。水加满前点燃一个燃烧器,将炉水加热至沸腾,使水中的药剂混合均匀,并且尽量减少溶解的氧气,同时利用产生的蒸汽将锅炉中的空气从空气阀驱除。待空气阀连续冒出蒸汽时熄火,用给水泵将水加满,然后关闭空气阀,在锅炉中建立0.3~0.5 MPa的压力。炉水冷却后,压力可降低至0.18~0.35 MPa,能保证空气不漏入锅筒内。

碱性药物可采用氢氧化钠和碳酸钠,保持碱度为300 mg/L(NaOH),相当于7.5 mmol/L。水垢已经清除时也可用磷酸钠。否则它将与水垢反应使磷酸根的含量下降,并使炉水中充满悬浮的泥渣。炉水中磷酸根的含量应保持100~200 mg/L。

如果满水保养已超过1个月,但仍需继续保养,必须放掉部分水再加热除氧,然后化验碱度和磷酸根的含量,决定补水时是否需要加药。

(三)干燥保养法

如果锅炉停用时间较长或需要内部检修,或环境温度可能降至冰点以下,则应采用干燥保养法。干燥保养法的要点是保持锅炉的内部干燥,防止潮气造成锅炉腐蚀。经验证明,干燥保养法对停用一年以内的锅炉防蚀是有效的。

采用干燥保养法应在锅炉汽压降至0.3~0.5 MPa(温度140~160℃)时放空炉水;保持炉膛严密,防止冷空气进入使炉膛散热太快;然后打开锅筒上的人孔盖和联箱上的手孔盖,用余热(废气锅炉可用柴油机的排气)使锅炉内水分蒸干(相对湿度小于30%),在关闭人孔盖和手孔盖之前,可以在锅筒内放置一盘燃烧的木炭,以耗尽封闭在锅炉内部的氧气。停用时间长应在锅炉内放置干燥剂(如无水氯化钙1 kg/m^3)。有的干燥剂吸湿后对钢板有腐蚀作用,应盛在开口容器内,不得与锅炉钢板直接接触。也有使锅炉内部充满氮气或专用腐蚀抑制剂来保养停用的锅炉。具体操作方法,可以根据相关的说明书进行。

五、船用锅炉水质控制

在锅炉的管理中,定期对给水和炉水进行化验与处理不可忽视。水质控制得好可显著减轻水垢的生成,防止发生腐蚀和汽水共腾,有利于锅炉安全高效运行和延长使用年限。

(一)锅炉水质控制的主要项目

低压锅炉水质控制的主要项目包括硬度、碱度和含盐量。

1．硬度

水的硬度即水中 Ca^{2+}、Mg^{2+} 离子的浓度，单位是毫克/升（mg/L）。

Ca^{2+}、Mg^{2+} 在水中常以碳酸盐、硫酸盐、硅酸盐或氢氧化镁等形式存在。它们的溶解度较小，水温升高溶解度还会降低。补给水进入锅炉后受热蒸发，可以浓缩 30～300 倍，钙镁的难溶化合物极易在受热面上浓缩而析出，形成水垢。

水垢的危害包括：(1) 导热系数很小，为钢铁的 1/30～1/50。受热面结垢后壁温度急剧增加，钢铁每毫米厚壁温升高约 6℃，而水垢每毫米厚引起的壁温升高可达 65～85℃。结垢严重还会堵塞管子或堆积在下联箱中破坏水循环，更引起受热面壁温升高。温度过高会导致钢管蠕伸变形，甚至烧裂。(2) 结垢后传热差大会使锅炉排烟温度升高，效率降低，燃料耗量增加。锅炉受热面每结 1 mm 厚的水垢，热效率可降低 5% 以上。(3) 水垢下炉水可浓缩上万倍，会促使电化学腐蚀作用加强，引起所谓"垢下腐蚀"。

为了减少水垢的生成，低压锅炉一般要求给水硬度不大于 1 mg/L。常用的方法是炉水中加入磷酸钠（$Na_3PO_4 \cdot 12H_2O$，也称磷酸三钠）或磷酸二钠（$Na_2PO_4 \cdot 12H_2O$），它们在水中离解后生成的磷酸根与 Ca^{2+}、Mg^{2+} 离子结合生成分散的胶状沉淀，当炉水 pH 值为 10～12，过剩 PO_4^{3-} 在要求范围内时，能生成松软而无附着性的泥渣，可通过下排污而除去。因此现有的炉水处理方法只测量和控制水中过剩 PO_4^{3-} 的浓度，而不再直接控制硬度。

2．碱度

水的碱度是使水带碱性的 OH^-、CO_3^{2-}、HCO_3^-、PO_4^{3-} 离子的浓度（mg/L）。炉水控制在适当的碱度范围内（pH 值 10～12），有利于抑制电化学腐蚀。如炉水碱性不足，且溶有较多 O_2、CO_2 及盐和 Cl^-，将会促进锅炉受热面发生电化学腐蚀。但是炉水的碱性太强，也会破坏金属表面氧化层保护膜，反而加剧腐蚀。在高碱度溶液和高应力的作用下，如果炉水中缺少硝酸盐、磷酸盐这些保护性盐类时，锅炉金属结晶之间产生细微裂纹，称为苛性脆化。苛性脆化通常发生在铆钉接缝处，当锅炉由焊接代替铆接后，苛性脆化已很少见，偶尔在管口扩接处尚有发生。

锅炉水处理常用磷酸钠降低炉水硬度，同时提高炉水碱度。有时为了迅速提高碱度，也使用 Na_2CO_3，它提高碱度的效果 1 kg 大约可抵 4 kg 磷酸钠。万一投药不当使碱度太大，则需上排污并补充淡水，使碱度下降。

3．含盐量

含盐量太大会引起汽水共腾，恶化蒸汽品质，加剧管路设备腐蚀。海船炉水的含盐量以氯盐居多，故通常化验氯离子浓度来反映含盐量的多少，单位用 mg/L（NaCl）或 mg/L（CL^-）。1 mg/L（NaCl）= 0.606 mg/L（CL^-）。如果加入某些水处理药，如磷酸钠、硝酸钠（用于除 O_2）太多，氯离子浓度虽不增加，含盐量会增大。当含盐量太大时应该用上排污和加强补水的办法来降低。因此，限制补给水的含盐量也是非常重要的。

蒸发量较大、工作压力较高的锅炉应每天化验一次炉水，以便控制上述各项指标在要求的范围内。蒸发量小、工作压力较低的辅助锅炉可 2～3 天化验一次。因为水中只要有足够的过剩 PO_4^{3-} 浓度就可以保证炉水的硬度和碱度合适，故现在有的炉水处理方法以测量和控制水中过剩 PO_4^{3-} 浓度来代替硬度和碱度的测量和控制。必要时也要化验港口或水舱的补给水。

2010 年实施的《船用辅锅炉水质要求》（GB/T 24947-2010）中规定的给水和炉水水质标准如表 9-4 所示。可供在船舶水质控制中参考，准确指标应参照锅炉生产厂家及船舶公司的要求与规定。

表 9-4 蒸汽锅炉水质标准

项目	给水			锅水		
额定压力/MPa	≤1.0	>1.0~1.6	>1.6~2.5	≤1.0	>1.0~1.6	>1.6~2.5
总硬度(以 Ca^{2+}、Mg^{2+} 计)/mg/L	<1	<1	<1	—	—	—
总碱度(以 OH^-、CO_3^{2-} 计)/mg/L	—	—	—	≤450	≤350	≤350
盐度(Cl^-)/mg/L	≤10	≤10	≤10	≤600	≤500	≤400
pH(25℃)	7~9	7~9	7~9	10~12	10~12	10~12
悬浮物(mg/L)	≤5	≤5	≤5	—	—	—
溶解氧(mg/L)	≤0.1	≤0.1	≤0.05	—	—	—
溶解固形物(mg/L)	—	—	—	<4 000	<3 000	<2 500
含油量(mg/L)	≤2	≤2	≤2	<20	<15	<15
含铁量(mg/L)	≤0.3	≤0.3	≤0.3	—	—	—
亚硫酸盐(SO_3^{2-})mg/L	—	—	—	10~30	10~30	10~30
磷酸盐(PO_4^{3-})mg/L	—	—	—	10~30	10~30	10~30

(二)锅炉水质的测定方法

目前,船舶辅锅炉炉水化验的实际做法是,大多数船舶采用化学药剂公司提供的简易方法进行。即每天取水样,待样品冷却后立即按照药剂公司提供的(test kit)化验说明书的方法进行化验,并将结果记录在药剂公司提供的记录表上,然后按照结果进行相应的投药作业。这种药剂一般都具有控制锅炉水的碱度、硬度和泥渣等综合性能。因此,具体操作时十分简便。

在实际操作中,请仔细阅读药剂公司提供的说明书,并按照其方法进行。

(三)锅炉水处理药剂

目前世界各船公司采用的控制标准、化验方法和处理药剂不尽相同,但大同小异。国外各化学品公司提供的船用低压锅炉水处理方法大多采用单一的混合药剂,主要成分亦多为磷酸钠,根据酚酞碱度决定投放量,可同时提高碱度、降低硬度、增加泥渣流动性而防止其生成二次水垢等作用。我国各船公司采用磷酸三钠或磷酸二钠(后者在碱度已够时使用)为主要药剂,掺配拷胶使用。拷胶外观呈黄棕色,是粉状或块状的酸性天然有机物,可溶,毒性很低,其主要成分是单宁(占 65% ~70%)。单宁可吸附和凝聚炉水中 Ca^{2+}、Mg^{2+} 离子,阻止炉水中 Ca^{2+}、Mg^{2+} 离子以水垢的形式沉析出来,使它们变成流动性好的泥渣而随下排污排出炉外。同时单宁在碱性介质中能吸附水中氧以及与过剩 PO_4^{3-},一起组成中性保护膜,防止了金属表面的腐蚀。拷胶用量按下列要求投放:初次投放量为每吨水 80 g;日常补给水投放量为每吨水100 g。

磷酸三钠的用量计算:

凡新装炉水按锅炉水容量吨数,每吨投药 0.5 kg,投药后运行 4 h 以后,取水样化验碱度,并按下列公式进行调整

$$G = V(A - B) \cdot K \tag{9-8}$$

式中,G—— 磷酸三钠用量,g;

V—— 锅炉工作水位的水容量,t;

A—— 总碱度控制值(10 mg 当量 /L);

B—— 总碱度的实测值,mg 当量 /L;

K—— 磷酸三钠的当量系数,为 127。

(四)船用锅炉汽水共腾及其防止

锅炉运行时,锅筒上部蒸发面会产生泡沫,泡沫层会因积累而不断加厚,当泡沫层达到某

一高度时,锅炉内呈现出汽水界面不分,水中带汽、汽中带水的状态,这种蒸汽携带大量水滴而使蒸汽品质显著恶化的现象称为汽水共腾。汽水共腾发生时一般会产生以下现象:水位计内的水面剧烈波动;上锅筒输出的饱和蒸汽的湿度与蒸汽含盐量均明显升高;可能引发蒸汽管道的水击事故,发出很大的敲击声。

1. 汽水共腾的原因

汽水共腾的原因先是水质不良,即炉水中碱性物质、油污、盐分过高导致炉水起沫;二是供气量突增使气压下降过快,引起水位瞬间上升;三是水位过高;四是燃烧过强。

在沸腾状态下,纯净水的水面不会形成泡沫。水中起泡物质的浓度较高时,水面上会形成泡沫层。容易引起水面起泡的物质为有机物、微小粒径的渣和悬浮物、溶解固形物与碱性物质等。一般情况下,炉水水面的起泡大多是由于溶解固形物或碱性物质的浓度过高所致,而其他起泡物质的浓度不容易达到起泡的浓度。溶解固形物浓度升高,炉水的黏度就升高,炉水的表面张力增大,汽泡不容易破裂,即汽泡的“寿命”较长,导致汽泡层变厚。导致汽泡破裂时飞溅出的水滴总量增多,且水滴群中能随蒸汽一起流动的最大直径的水滴的份额也增多,最终导致蒸汽携带水滴的总质量增多,从而引发汽水共腾。

当锅炉超负荷运行时,锅筒内蒸汽湿度会呈高次方曲线的规律急剧增加,从而导致锅筒输出的饱和蒸汽湿度及饱和蒸汽含盐量的急剧增加。

当汽水共腾发生时,水位计中显示的水位高度实际是锅内水面与汽泡层折合成液体水高度的总高度。由于汽泡的产生与消亡是动态的,所以水位计中显示的水位高度就剧烈变化,造成水位计内的水位面剧烈波动。当汽水共腾事故发生时,由于水面上泡沫层增厚,致使锅内的蒸汽空间高度降低,也导致锅内饱和蒸汽湿度急剧增高。

2. 汽水共腾事故的处理

当发生了汽水共腾,但未引发蒸汽管道水击事故时,应按以下的操作进行处理。

(1)减弱燃烧,降低锅炉的蒸发量。当锅炉蒸发量降低时,上升管内产生的汽泡数量减少,则上锅筒内的汽泡量减少。锅炉蒸发量降低后,减少了由于汽泡破裂而飞溅出的水滴的量,可以降低锅内饱和蒸汽的湿度。锅炉蒸发量降低后,锅内蒸汽上升速度降低,则水滴的飞升直径变大,即蒸汽携带的水滴的量减少。由此也可以降低饱和蒸汽的湿度。

(2)停止向锅内加药。锅炉化学药剂多含有 Na^+、K^+ 或有机物,这些物质会使炉水表面泡沫的产生量增多。故当汽水共腾事故发生时,应暂停向锅内加药,以减少水面泡沫的生成量。但对于消泡剂类的药剂,因其有助于减少炉水表面泡沫的生成量,仍需继续加入锅内。

(3)全开蒸汽管道上的手动疏水阀。此项操作的目的是将汇集于蒸汽管道内的水及时排出,防止由于管道内积水过多而引发蒸汽管道水击事故。

(4)全开表面排污阀。此项操作是为了将上锅筒水面下能引起发泡的高浓度的物质,如溶解固形物、碱性物质等,以最快速度排出,使炉水水质迅速好转,以减少由于炉水的水质差而导致的泡沫产生量,消除发生汽水共腾事故的根源。

(5)缩短炉水水质监测的间隔时间。在锅炉正常运行时,炉水水质一般较稳定,炉水水质监测的时间间隔通常为 1 ~ 2 天。当锅炉发生汽水共腾时,由于完全开启了表面排污阀,炉水水质处于不稳定状态,此时应及时判断炉水的水质是否达到合格标准。

(6)应冲洗水位表并校对锅筒上的两只水位表的水位是否相同。由于在汽水共腾时,水面泡沫层内黏附了大量的水渣、铁锈等固体杂质,这些固体杂质随泡沫流入水位表,沉积于水位表的连通管内,容易造成水位表的假水位。

六、锅炉的化学清洗

锅炉运行中即使注意保持水质良好，长时间运行后仍有可能结水垢，故须定期检查结垢情况。通常垢层厚度不大于0.5 mm不清洗；大于0.5 mm（有过热器）或大于1 mm（无过热器），且所占面积比例较大时应设法清除水垢，水垢厚度一般不应大于4 mm。清除锅炉水垢习惯称“洗炉”。早先以人工用机械除垢劳动强度大，现已很少采用，目前多用化学清洗法除垢。此外，新装和大修后的锅炉都需要清洗（碱煮），以除去金属水侧表面的油脂、焊渣和其他杂质。

1. 碱洗法

碱洗又称“碱煮”或“煮炉”，是用碱性溶液在高温下与垢层发生化学反应，使之成为松散或易溶的物质脱落；新装或大修后的锅炉须碱煮将金属表面的油脂皂化、灰尘（硅化合物等）清除，并生成磷酸铁和氧化铁钝化膜防蚀。碱煮无须让溶液强迫循环流动，不需要专用设备，安全并且较容易操作。

碱煮除垢特别适合以碳酸盐垢为主的低压小容量锅炉。碱溶液应根据水垢的成分按锅水容积来配制。若基本上是碳酸盐垢，可用氢氧化钠2～3 kg/m^3，含结晶水的磷酸三钠（下同）20～30 kg/m^3；含硅酸盐垢多需将氢氧化钠浓度提高至10～20 kg/m^3，磷酸三钠浓度降至5～10 kg/m^3，且提高清洗温度和延长清洗时间；含硫酸钙垢多可用碳酸钠10～20 kg/m^3，磷酸三钠5～10 kg/m^3。以上用药量皆是按3 mm厚水垢计，垢层厚度有出入则酌情增减。为加快碱溶液与水垢化学反应的速度，碱煮应在较高的温度下进行。根据工作气压不同，锅内气压应达表压0.5～2 MPa（相应温度158～214℃），全过程需24～48 h。

2. 酸洗法

清除水垢最彻底的办法是酸洗。酸能与各种钙、镁盐（或氢氧化物）形成的水垢发生化学反应，使之变为可溶物质。酸能渗入水垢内层起溶解反应，因此除垢很快。此外，酸洗还能使铁、铜的腐蚀产物（氧化物）经化学反应变成可溶物质，有除锈作用。

低压锅炉以碳酸盐垢为主，一般用盐酸清洗；但有时除碳酸盐垢外也可能含有靠盐酸难溶的硅酸盐、硫酸盐垢，则应先碱煮使之转换为盐酸可溶的物质，并在盐酸中添加氢氟酸或氟化氢铵等助溶剂清洗。

盐酸能使金属表面的保护膜完全溶解，对金属有腐蚀作用，故酸洗溶液中必须添加缓蚀剂。锅炉在酸洗时的腐蚀速率会超过正常运行时的上千甚至上万倍，故防垢优于除垢，碱洗能满足要求则不酸洗。

《锅炉化学清洗规则》规定酸洗的间隔不得少于两年，并只在符合下列条件之一时锅炉才考虑酸洗：(1)受热面被水垢覆盖80%以上，且平均水垢厚度大于等于1 mm（无过热器）或大于等于0.5 mm（有过热器）；(2)锅炉受热面有严重锈蚀。钢铁锈蚀的产物是高价氧化铁，在锅炉运转中成为氧的提供源，每1 kg氧化铁可提供300 g氧，可使1.05 kg钢铁腐蚀。

严重腐蚀的锅炉不能用盐酸清洗。这类锅炉往往有孔蚀甚至晶间腐蚀，氯离子进入腐蚀孔和晶间很难洗出，会进一步造成严重的腐蚀，曾有过锅炉被“洗穿”的先例。这种情况可用醋酸、羟基醋酸加甲酸等弱酸清洗。酸洗技术较复杂，须由有相关资质的专业人员进行。

酸洗工艺分静态浸泡清洗、氮气鼓泡清洗和循环清洗。静态浸泡加氮气鼓泡有较好的冲击搅动作用，使除垢速度和除垢率较单纯静态浸泡明显提高，可代替循环清洗以降低费用。若水垢以铁的氧化物为主（40%以上），则用氮气鼓泡清洗也难收到预期效果，须采用循环清洗。

酸洗前应在汽包内堵塞蒸汽引出管、仪表管等，以免酸雾侵入；并拆除锅筒内有妨碍的设备;必要时可将人孔门、排污阀等临时更换以防腐蚀;还应装入与被洗金属材质相同的腐蚀指示片。酸洗开始前先用水冲净内部积垢,然后主要的工序包括:(1)点火升温至90℃以上碱煮8h,除油,并使不溶于一般酸的硅酸盐和硫酸钙垢转型。以碳酸盐垢为主的低压小容量锅炉此项可免。(2)盐酸清洗,通常4~6 h可完成,水垢较厚的接触酸液时间一般至多不超过12 h。此阶段严禁点火加热酸液,以防过热和爆炸。(3)用碱液(药量与新炉碱煮相同,水温90~95℃)钝化处理8 h以上。经过酸洗而未被钝化的钢铁表面可能在1 h内出现锈迹。上述每项工序后均需用水冲洗。

钝化效果应达到在80%以上相对湿度的常温下至少15天无锈蚀。但如果较长时间不投入运行,尤其是暴露在高温、高湿、有盐雾的空气中,钝化膜将被破坏,锅炉难免腐蚀,应该用前述的干燥保养法或满水保养法防锈。

七、船用锅炉的检验

(一)检验间隔期

主水管锅炉(包括再热锅炉)、重要用途的所有其他锅炉和工作压力超过0.35 MPa或受热面积超过4.5 m^2的非重要用途锅炉(生活锅炉),其内部检验每5年内不少于2次,5年内2次最大间隔期应不超过3年。主烟管锅炉,在10年内锅炉内部检验每5年内不少于2次,最大间隔期应不超过3年。其后锅炉内部检验每年1次,可给予不超过6个月的锅炉内部检验展期。船舶的每次年度检验应对锅炉进行外部总体检查。检验由专职的验船师进行,但这项工作与使用管理有密切关系,所以轮机人员要熟悉。

(二)锅炉检验项目

锅炉的内部检验应包括锅炉、过热器、经济器和空气加热器及其相关的下列项目:

(1)鼓、板、管、牵条管,必要时可要求对其厚度进行测量以确定其安全工作压力。

(2)必要时,可要求压力元件进行液压试验。

(3)锅炉、过热器和经济器的附件应拆开进行检验。

(4)安全阀在蒸汽压力下进行整定,其整定压力应不大于设计压力,但废气锅炉安全阀可由轮机长在海上进行整定,并将结果报告CCS。

(5)为强制循环锅炉或经济器服务的泵应拆开进行检验。

(6)燃油燃烧系统在工作情况下进行总体检验,燃油柜的阀和管及甲板控制机构和燃油泵到燃烧器间的油管,应进行总体检验。

(7)对于那些因结构原因不能直接对锅炉壳板、汽水鼓和联箱进行内部目视检验,验船师在安全工作压力下凭借遥控、目视仪器、超声波等检验或用1.25倍工作压力的液压试验替代。

(8)仪表和自动化设备应进行检验和试验。

锅炉的外部检验应包括下列项目:

(1)锅炉底座、绝缘、附件、防撞防摇装置、管系、燃烧装置、安全保护装置包括应急切断装置等,确认其处于良好工作状态。

(2)安全阀在工作压力下进行校核。

(三)船用锅炉的内部检验

1. 内部检验前的准备

进入锅炉检查前,如果有其他并联的锅炉在使用,应隔断它联通其他锅炉的蒸汽管路和给水管路,用铁丝等将所关的截止阀绑住,并挂上告示牌,谨防万一误开造成严重人身事故。锅筒内有人工作时,锅筒外应有人照应。进入锅筒之前,一定要对内部进行充分的通风,以保证有足够的空气。锅筒内不允许用明火照明,照明用工作灯的电压不准超过 24 V。禁止在锅筒内吸烟。带入的工具和物件要清点登记,并用小盒存放,出锅筒时要逐一核对。无关用品和易燃物不准带入锅筒内。进行锅筒内部检查时,汽水分离设备、给水管、排污管等内部附件如果妨碍检查,可以暂时拆卸。

2. 锅炉内部检验的主要内容

(1)水垢和水处理状况。当炉水处理良好时,金属表面仅附有一层薄而疏松的水垢,用钢丝刷就可刷掉。如果水垢厚度超过 2 mm,呈结晶状态,并牢牢地附在金属表面上,则说明炉水硬度太高,过剩磷酸根不足,钙、镁离子没有完全转变为泥渣。如果水垢厚而不紧密,是略带半透明的大晶粒,放在淡水中 2 ~ 3 h 后极易破碎,则是易溶盐构成的,这是炉水含盐量过大所致,原因可能是排污不够或海水漏入给水系统。如果水垢坚硬光滑呈薄瓷片状,则说明炉水中含有硅盐,这种水垢的导热性很低,最危险。如果锅筒水位线附近壁上黏附有油污,则从油污区的宽度和油污层的厚度可以判断进入锅炉的油污量。如果油污量较多,应予清洗,查明原因并解决。如果在锅筒水位线以上壁面黏附有泥渣,则说明炉水可能发生了汽水共腾,应加强上排污,降低炉水的含盐量。若底部堆积泥渣很多,可能是下排污不足或下排污管布置不合理。

(2)腐蚀与裂纹以及管子变形。检查锅炉内部的腐蚀和裂纹应在水垢未清除之前进行。因为有些腐蚀裂纹能够通过水垢的表面特征显示,除垢后反而不易觉察。如有细微的裂纹存在,水垢的颜色在该处会呈深红色或深褐色的条纹,而其余地方则为均匀的淡黄色。如果是局部腐蚀,那么腐蚀区域上的水垢由于含有氧化铁成分,也会变为局部的深色。如果腐蚀是处于活化阶段,则水垢呈褐色,轻轻一敲即掉下来,在水垢的下层有黑色氧化铁;如果水垢牢固地贴附在麻点上,颜色也较淡,则是已停止腐蚀的老麻点。

检查先从锅筒的蒸汽空间开始,蒸汽空间筒壁的腐蚀比较少见,容易腐蚀的是水位波动处的壁面。人孔和安装附件的孔口边缘的内侧最容易出现裂纹。补焊的地方也容易出现腐蚀和裂纹,须用手锤敲击检查。人孔盖及其横梁上的孔的变形一般是由于过度上紧螺母所致。注意检查锅筒封头弯角处以及给水管与锅筒连接处是否有裂纹。应特别注意腐蚀的深度和范围的大小,如发现深度较大,应测量其深度。对于管端,可用电灯照射和放大镜观察来确定有无腐蚀和裂纹。发现有裂纹的管子应更换。所有检查的结果应作记号并记录。

受热面管子要检查是否有鼓包、变形和腐蚀麻点。管子的鼓包和变形可以从管外检查。腐蚀麻点可能发生在管子的内部和外部,所以除了从表面观察外,还应从锅筒管口处的腐蚀情况间接地判断管子内部的腐蚀。如果腐蚀麻点的深度达到管壁厚度的一半,就要考虑是否需要将这些管子切割一部分进行检查,以确定是否需要换管。受热面管子最容易损坏的是靠近炉膛的几排管子和水冷壁管子,这些管子的外部损坏可以在炉膛中观察到。管子变形的允许值为管子下垂量不超过管径的两倍,管距变化不超过 25% ~35%。还应检查管端扩接处有无漏泄,这可从烟气侧有无盐渍来判断。如发现有漏泄,可以再次扩管。如果漏泄严重或再扩管仍无效,则需换管。

测量局部腐蚀麻点深度的方法常用的有两种:(1)压铅法,将软铅合金压入麻点内,用手锤敲平,然后取出测量其厚度;(2)金属浇铸法,将低熔点的金属(如焊锡)熔化后注入麻点中,凝固后取出,并测量其厚度。大面积的均匀腐蚀可用测厚仪测定受热面现存的壁厚。锅筒、联箱等厚度普遍减薄超过原厚度 10% 以上时,应重新验算强度,必要时降压使用。如因腐蚀减薄量不超过原厚度 30%(弯边处不超过 20%),采用堆焊修补,但面积不允许超过 2 500 cm^2。

个别腐蚀凹坑最大直径不超过3倍厚度，相邻凹坑距离不少于120 mm。减薄量超过上述规定也可焊补，所有焊补应采取相应的工艺预热工件或焊后保温，以防骤冷硬化，增加应力。

裂纹有表面裂纹和穿透裂纹两种。除了可从水垢的颜色间接地显示裂纹的位置以外，还可用下列两种方法判断是否有裂纹。(1)煤油白粉法。先用14%的硫酸溶液浸湿需要检查处，然后用煤油浸湿，待25 min后擦干，再涂上白粉，如有裂纹，则煤油会透过白粉显示出裂纹的轮廓。(2)超声波探伤法。超声波探伤仪用来发现平行于锅筒表面的内在裂纹。因为，裂纹对应力特别敏感，因此原则上不允许有裂纹存在。如发现仅是少数几处有裂纹且未穿透筒壁，征得验船师同意后可用补焊方法修理，焊补前应将原裂缝处铲除。若多处出现裂纹而且其深度又大，或裂纹发生在管板管孔间，则应考虑予以更换。

(四)船用锅炉工作蒸汽压力下的检验

工作蒸汽压力下的检验的目的是确定蒸汽、水是否漏泄以及安全装置是否可靠运行。

(1)锅炉本体的焊缝、附件、人孔盖、手孔盖等与锅炉连接处不得有漏汽现象。

(2)锅炉给水阀、主蒸汽阀等所有阀件或旋塞的启闭应灵活可靠。

(3)燃油、调风装置工作正常，燃油总管的速闭阀能可靠地快速关闭。

(4)水位表、排污装置工作正常。

(5)炉衣绝热完好，炉衣外表温度不应超过60℃。

(6)压力表、水位表工作正常，压力表应按规定定期校验，验船师应确认其有效性。

(7)锅炉安全装置的效用试验：极限低水位、点火故障、风压低等能自动停炉并发出声光报警。

(8)报警装置的效用试验：高水位(若有)、低水位、燃油低温、燃油压力低、高温(若有)、低压(若有)、高压等报警。

(五)船用锅炉的临时检验

船用锅炉在下列情况下应申请临时检验：

(1)船用锅炉停用一年以上，需恢复使用时。

(2)船用锅炉在使用中发生重大事故，如缺水、过热、变形、裂纹等。

(3)锅炉舱失火，船用锅炉移装、移位、重装或船舶失事后船用锅炉浸水等。

(4)船用锅炉增加或减少重要设备或改变船用锅炉性能。

(5)船用锅炉改变燃烧方法。

(6)船用锅炉原缺陷有明显发展时。

(六)船用锅炉的水压试验

1. 一般规定

当船用锅炉新装船而原设计不能进行内部检验、重大修理后仅进行了部分内部检验、锅炉长期停用后重新启用时或验船师认为必要的情况下需要进行锅炉的水压试验。水压试验的目的是检查锅炉本体的结合缝是否完好、焊缝有无缺陷、管子和管板的扩接是否完好等。水压试验前，验船师根据内部检验和修理情况决定是否全部或部分拆除炉衣、炉墙。水压试验尽可能在周围高于5℃时进行，低于5℃时注意防冻。水压试验的水应保持高于周围露点的温度，以防锅炉表面结露难于检查，水温一般以30~70℃为宜。船用锅炉整体水压试验至少应装有两个经校验合格的压力表，确认连接管路畅通及阀门处于开启位置，避免压力指示不准而造成超压。

水压试验压力为1.25倍锅炉设计压力，如锅炉损坏经过重大修理后进行水压试验，试验压力为1.5倍锅炉设计压力。

2. 水压试验的程序

(1)关闭主蒸汽阀和所有的排污阀和泄放阀,安全阀要用专用夹具(不能靠压紧安全阀弹簧)锁紧,取下所有不能承受试验压力的零件和仪表。将相关的出口阀锁紧和闷堵,确认没有工具和物料遗留在炉内。

(2)打开空气阀,向锅筒内充水,确认排污阀和泄放阀无泄漏。空气阀溢水后关闭。

(3)开启压水泵缓慢升压,压力升高速度不超过0.25 MPa/min,达到工作压力后,进行各项检查。必须有专人监视压力表读数,防止超压。

(4)确认在工作压力下各项目正常、无渗漏后,继续升压至1.25(1.5)倍的工作压力,维持至少20 min,然后降压并保持在工作压力下进行全面检查,试验完毕后缓慢降压。

(5)试验中发现炉内有异常响声时,立即停止试验,查明原因并消除故障后再试验。

(6)在试验中没有发现裂纹、永久变形或者泄漏,则认为水压试验合格。

第五节 废气锅炉管理

一、典型废气锅炉系统

废气锅炉是船舶使用较早且成功利用主机排烟废热进行能量回收的设备。废气锅炉蒸汽系统可设计成许多不同的形式,有单供气压力或双供汽压力;有带给水预热器或不带给水预热器;有单一的废气锅炉或与燃油锅炉组成混合式锅炉等。由于二冲程超长行程柴油机热效率高达55%,使排烟温度下降。目前大型低速机在额定负荷下透平后的排气温度为240 ~ 270℃,降低负荷运转时将会更低些,因此可利用的排气余热减少,在废气锅炉产生的饱和蒸汽不能满足船舶加热系统的需要时,燃油辅助锅炉可作为补充。

MAN-B&W公司推出两种典型的废气锅炉系统。其一为标准的废气锅炉系统,如图9-30

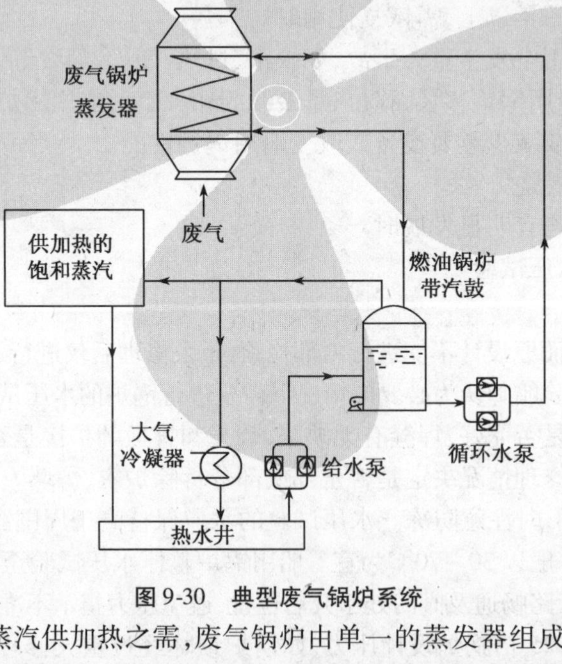

图9-30 典型废气锅炉系统

所示,它用于产生饱和蒸汽供加热之需,废气锅炉由单一的蒸发器组成,是简单的单压蒸汽系统。给水直接泵送到燃油锅炉,废气锅炉由单一的蒸发器组成,是简单的单压蒸汽系统。废气锅炉与燃油辅助锅炉之间有循环水泵并共用一个汽鼓。也可采用单独汽鼓，则一个锅炉故障时另外一个锅炉仍可运转。

该系统具有明显的简单性和低投资成本，又完全满足船舶加热所需蒸汽量的要求，因而得到广泛应用。

其二为带透平发电机的废气锅炉系统，如图9-31所示，它是带有给水预热器、蒸发器和过热器的单压蒸汽系统，其蒸汽除用于加热之外还可以用于驱动透平发电机，系统中燃油辅助锅炉的汽鼓一般也作为共用汽鼓。该废气锅炉系统将更先进些。除此之外，大型船舶还可利用柴油机废气直接带动燃气轮机发电，供全船用电和同主机共同驱动螺旋桨。

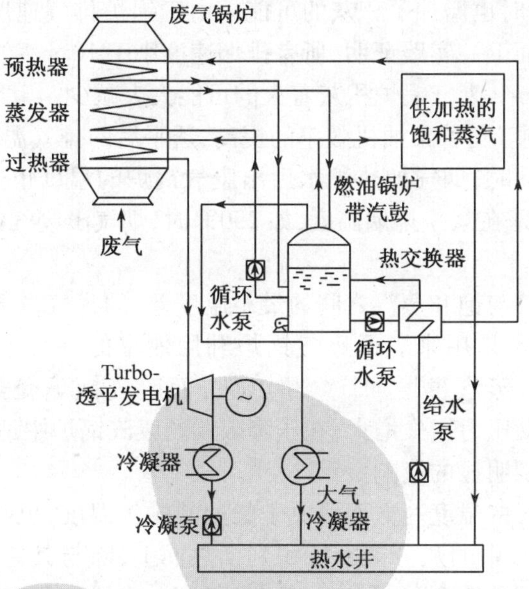

图9-31　带透平发电机的废气锅炉系统

二、废气锅炉烟灰积垢与着火的分析及预防

燃油不完全燃烧会生成炭粒、极易附着在受热面上，燃烧不良时可能占积灰的80%～90%。此外，燃油含有0.3%左右的灰分，其中含有硫、钒、钠，它们的化合物熔点很低，会在高温受热面的烟气侧形成积灰；当燃油灰分含钙时，燃烧后生成的氧化钙与SO_3作用成为硫酸钙，形成的灰渣很牢固。受热面有酸露时，管壁湿润更易沾灰。

船舶对节能和降低营运成本的要求，导致船舶主机燃用更加劣质的燃油，并用废气锅炉作为最简单、常用的废热回收装置。柴油机追求更低的油耗和更高的热效率，因此，柴油机的排烟温度进一步降低，而加热蒸汽需求量的加大必须设法提高废气锅炉的换热量，即进一步加大换热面面积、降低烟气流速；另一方面随着石油的进一步精炼，渣油中的沥青、残炭、硫分等杂质进一步增多，所有这些，都使废气锅炉的积灰有增加的趋势。如管理不善，将会导致废气锅炉发生着火事故。

废气锅炉着火原因要从燃烧三要素进行分析，即可燃物、氧气和火源。废气锅炉分为烟管锅炉与水管锅炉，烟管锅炉一般采用直立烟管，管内径为30～100 mm，通常这类锅炉烟气流速较高使其具有较大的换热量和自清洁能力。尽管烟管也有可能被积灰堵塞，也需要定期清洗，但烟管外被水包围，这类废气锅炉只要保证正常水位一般不会着火，然而水管废气锅炉积灰着火可能性要大得多。

(一)积灰形成与废气锅炉着火

1. 积灰的形成

烟气积灰的形成主要与下述三点原因有关:烟气流速、烟气温度、烟气成分。

(1)烟气流速的影响。柴油机排烟带走的废热占燃料燃烧热值的1/5～1/4,现代大型柴油机效率不断提高,对排气背压有较严格的要求,一般不大于350 mmH_2O,在设计阶段都不大于300 mmH_2O,而排烟在废气锅炉中的压降只能是全部压降中的一部分。为防止排气背压过高,一般取烟气流速不大于35 m/s,为增加换热量,近些年水管式废气锅炉均采用肋片管、针形管增加换热面积,但同时也增加了积灰的可能。由于锅炉排气速度低时,自清洁能力差,积灰比较容易沉积在换热面上。实践证明,所有排烟速度小于10 m/s的废气锅炉均有积灰着火的危险,而流速大于20 m/s废气锅炉积灰着火的可能大大减少。

(2)烟气温度的影响。随着柴油机效率的提高,透平后的排气温度降为240～270℃,而在提高废气锅炉换热量的同时,烟气加热炉水后出废气锅炉的温度也进一步减低,图9-32为某一废气锅炉的$T-Q$图,即在某一排烟温度,如250℃时,烟气出废气锅炉的温度与换热量之间的关系曲线。

废气锅炉窄点是废气与饱和蒸汽之间的最小温度差,即废气离开蒸发器时的温度和饱和蒸汽之间的温度差。窄点是用来表示废气锅炉利用效率的一个参数。当废气锅炉窄点由15℃变为10℃和5℃时,蒸汽量增加5%和10%,而废气锅炉受热面积分别增加41%和130%,因此造成废气流动压力损失增大,在压降限制的废气锅炉中适当降低烟气流速,而低废气流速对形成烟垢有特别明显的影响。

烟气离开废气锅炉时的温度一方面取决于柴油的排气温度,也与废气锅炉设计与工作时的窄点有很大关系。烟气中的灰分能否沉积到换热面上,除与其速度有关外,还与其黏性有关,如排气温度较低,特别是达到酸露点时,烟灰比较黏,容易沉积。相反当温度较高时,烟灰处于较干的状态,不太容易黏结在一起,所以相同排烟速度时比较容易被吹出炉体。

(3)烟气成分。烟气成分与积灰形成有很大关系,如果柴油机燃烧优质柴油,且燃烧充分,则烟气中能够产生沉积的灰分就很少,反之现代船舶柴油机燃用劣质燃油,使烟气中含有相对较多的硫、钒、钠等灰分,加之机动航行时由于燃烧不充分,部分未完全燃烧的燃油、气缸油随排烟排走。而就在燃烧不充分时的低负荷情况下,排气速度也较低、排气温度低,因而更加加剧积灰的形成。一项实验证实,肋片管式废气锅炉的积灰中70%为可燃成分。烟气中未燃烧的碳氢化合物,大型柴油机可达300 ppm,且与燃油喷射系统的维护管理、燃油种类、气缸油的供给量有很大关系。

2. 烟气中的氧含量

提高柴油机效率的方法中最直接有效的方法就是改善燃油燃烧,而为能使燃油充分燃烧一方面是提高雾化质量,另一方面是提高过量空气系数。因而,柴油机排烟中是含有相当比例的氧气的,而这些氧气足够提供给积灰着火所需要的氧气。典型柴油机排放气体其中氧气含量高达14%。

3. 着火温度的形成

锅炉积灰着火可能分为2～3个阶段,锅炉积灰的着火通常为有限的着火,在极端情况下可能发展为高温火焰。

(1)积灰的点燃。积灰的点燃产生于有足够的氧气,可燃积灰暴露在足够高的温度下并

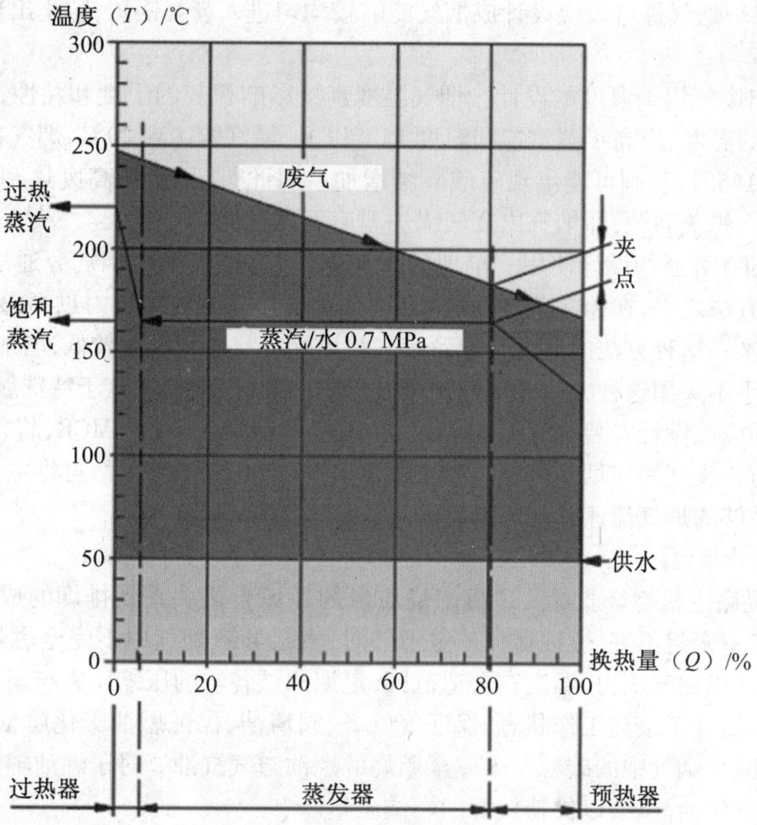

图 9-32　废气锅炉的 $T-Q$ 图

产生可燃蒸汽，可能被火花或火焰点燃。积灰点燃温度可能在 300～400℃，当积灰中存在未完全燃烧的燃油时，点燃温度可能降低到 150℃，在极端情况下可能达到 120℃，甚至在主机停车以后，因为废气锅炉中有燃烧的颗粒，都有可能发生着火。

(2)积灰的轻微着火。积灰的轻微着火基本发生在低负荷下的机动航行阶段，着火产生的热量可被循环的炉水或蒸汽带走，一般不会发生重大损害，但应密切注意。

(3)高温着火。在某些条件下，轻微着火可能发展成为大火。一旦积灰烧起来后，废气锅炉不能将燃烧热量及时排除，当温度达到 650℃，大量可燃成分燃烧。当温度达到 1 000℃时，漏入的蒸汽可能分解为氢和氧，并产生“氢燃”，在此情况下，局部温度会进一步升高到 1 100℃，而使换热面中的铁发生燃烧，称为“金属燃”，直至全部受热面烧毁。

(二)避免废气锅炉积灰着火的对策

废气锅炉积灰着火有设计原因和管理原因，因此应从设计和管理两方面避免积灰着火。

1. 设计上的对策

(1)烟气流速的设计。如前所述，保持烟气速度在 20 m/s 左右对减少积灰形成是至关重要的，因而在设计时要保证排烟在废气炉段有足够的压降，尽量减少排烟在废气炉以外管段的压降。例如，300 mmH_2O 的主机排烟压降，废气锅炉至少应占有 150 mmH_2O 以上的压降，只有这样，才能保证排烟在废气锅炉中的流速。不可为提高换热量过分增加换热面积而降低烟气流速。很多船舶废气锅炉可能会依据冬季可能会遇到的低温进行设计，而对于全球航行的船舶，要充分考虑极限气温的几率，如果时间很短，则宁肯选用换热面积小一点的废气锅炉。

另外,在废气锅炉烟气进口段应设计成烟气能够较均匀进入废气锅炉,防止出现局部烟气流速较低,积灰较多。

(2)烟气出废气锅炉温度的设计。烟气温度直接影响积灰的干度和黏性,正常情况下,烟气出废气锅炉的温度,应高于蒸汽饱和温度15℃以上,最好能达到20℃,烟气在废气锅炉出口温度应不低于165℃,否则可能出现硫酸凝结增加。因此,在尽量提高废热利用率的同时,要充分考虑换热面积灰问题,即烟气出废气锅炉温度不可过低。

(3)关于烟气旁通的设计使用。早期的废气锅炉,有很多采用烟气旁通法作为调节废气锅炉蒸发量的方法之一,在船舶蒸汽耗量较少时,为防止锅炉工作压力过高,采用将部分主机排烟旁通的方法。这种方法的危害是导致废气炉内烟气流速和温度较低,增加烟灰的沉积,因而现代船舶几乎不采用这种方法调节锅炉蒸发量。然而,如果船舶处于特殊航区,机动航行时间相对较长,则应该设计安装烟气旁通装置,在主机负荷低于40% SMCR,将主机排气经旁通管路排走,以防止废气锅炉烟灰沉积。当主机负荷高于40% SMCR时,再将主机排烟经过废气锅炉,以保证足够的烟气流速和烟气温度。

2. 管理上的措施

(1)尽量提高主机燃烧质量。主机燃烧质量的好坏直接关系到排烟的成分,尤其是在换气质量差、燃烧室密封不好、燃油雾化质量不佳时,直接导致烟气中不完全燃烧产物增多。管理上应注意柴油机扫气压力、温度在合适范围,定期测试各缸的压缩压力与爆发压力。维护增压器、空气冷却器处于最佳工作状态,保证气口、气阀清洁,保证燃油雾化质量,确保组织良好的燃烧。尽量减少烟气中的碳粒及未完全燃烧的燃油与气缸油。对于燃油辅锅炉同样应注意燃油雾化质量和风油配比,以保持较好的燃烧质量。

(2)按要求进行锅炉吹灰。燃油锅炉和废气设计时保证蒸发管束间有较高的烟气流速,因而有自清洗能力。但长期工作,尤其是燃用劣质燃油或燃烧不良,积灰是难免的。废气锅炉定期吹灰能够减少可燃积灰的堆积,从根本上防止积灰着火。同时废气锅炉吹灰还能减少柴油机排气背压,改善燃烧。在设计时可尽量采用压缩空气吹灰,因为压缩空气压力较蒸汽压力高,吹洗效果较好。

锅炉受热面积灰可用吹灰器吹除。吹灰器是若干根以压缩空气或锅炉蒸汽为工作介质的带喷嘴的吹灰管,用来吹除受热管烟气侧表面的积灰。吹灰器有控制进气的阀门和泄放凝水的泄放阀,在炉外有手轮可使吹灰管在既定范围内转动或移动,也有的吹灰器是电动的。

关于吹灰频度,主管人员应该定期检查受热面的积灰情况和吹灰效果,同时观察被吹扫的加热管的表面状况,相应调整吹灰气压和频率。吹灰过于频繁或气压和流速过高、气体中有水都可能引起管子表面刷蚀或腐蚀。对于燃油锅炉一般是在排烟温度比烟灰已清除时高10~20℃时,或风压损失明显增大时(小型锅炉增加10~20 mmH_2O)应该除灰;对于废气锅炉应观察主机定速航行时锅炉烟气进出口压差,一般应每天吹灰。

实施吹灰时应注意以下几点:

①吹灰器耗气量较大,吹灰期间应保持足够高的吹灰介质压力,如蒸汽吹灰前加强锅炉燃烧,提高蒸汽压力;压缩空气吹灰前起动两台主空压机。在换用下一个吹灰器(如果设有)前,应让压力恢复到最初水平。废气锅炉吹灰时尽量在主机处于较高负荷下进行,因为此时主机排烟速度较高,可将吹下的烟灰及时排除。对于某些船舶如因航次需要,主机使用较低负荷运行时,应定期(每天或每两天一次)短时间(如1 h)高负荷运转,并配合吹灰工作。

②蒸汽吹灰要先开进汽阀暖管并泄水,空气吹灰供气后也要开管系泄放阀泄去可能有的

凝水，用带水的气体吹灰可能损伤受热面。另外要坚持废气锅炉烟气侧投药，增加烟灰的干度，降低烟气黏度减少积灰沉积。

③按烟气流动方向逐个地开启吹灰器蒸汽阀，每个吹灰器吹扫数秒钟，可循环重复 3～4 次。力求吹扫全面，避免局部区域未被吹扫造成各受热管束传热不均，引起水循环不良。

④吹灰完后关进汽阀，开吹灰管泄放阀。吹灰器蒸汽阀要关严，避免蒸汽漏入烟道。

⑤吹灰应尽量选择甲板上的风向和风速适宜时进行，避免吹出的烟灰落在甲板上。

⑥每次开航后，经过低速的机动航行到定速航行，应及时吹灰，为确保吹灰效果，应尽量提高吹灰介质压力。

(3)定期进行锅炉水洗。尽管锅炉平时通过吹灰会减少积灰形成，但由于时间久了，换热面上还是会有部分积灰形成，而且会越积越多，以致部分换热面过热，增加积灰着火的危险性。同时，废气锅炉蒸发量会大幅下降，柴油机排气背压明显上升，燃烧效果变差，排烟温度上升，直至产生恶性事故。锅炉水洗可较为彻底清除换热面上的积灰，水洗时应注意清洁吹灰时不易吹到的部位，水洗时尽量彻底，防止湿积灰没有清除干燥后更加坚硬，下次更不容易清除。水洗后及时干燥，以防产生腐蚀。

水洗应注意以下几点：

①在燃油锅炉熄火、废气炉停，柴油机温度降至低于 110℃ 再进行。

②水洗时要开启炉膛底部的泄水阀，及时将污水泄放。从进水冲灰到污水泄出有滞后，注意别进水太快，以防泄放口堵塞。水洗时热的金属表面会产生蒸汽，应留心别被烫伤。

③冲洗可用淡水或海水，用海水冲过后必须再用淡水彻底清洗，以免金属表面沉积盐分。可用压力水柜的压力水冲洗或用增压泵适当提高水压效果会更好。

④污水对钢材有腐蚀作用，故水洗不宜持续时间太长；也不要中途停止，否则湿润的灰渣干后会变得更硬，以后更难清除。

⑤应防止弄湿附近的电气设备；炉膛的耐火砖应罩以帆布，以防吸水过多。

⑥洗完后炉膛底部须用碱水清洁，所有污水和脱落的积灰必须从炉内清除，然后可每隔 15min 交替点火和熄火，缓慢烘干耐火砖墙，否则残留的烟灰和水会产生强腐蚀性的硫酸。

(4)手工除灰。手工除灰包括用小锤、凿子、刮刀等工具来除灰，也可以用压缩空气喷枪吹除吹灰器吹扫不到的区域的浮灰。坚硬的灰渣不宜用工具用力敲击。手工清除的积灰不应随意丢弃，应收集起来以备有关部门检查。老锅炉的钢材有脆化倾向，不宜手工除灰。

(5)除灰剂除灰。除灰剂分为硝酸盐和铵盐两大类。硝酸盐除灰的机理是：①在高温下它会分解析出氧气，并能降低可燃性烟灰的着火点，促使大量烟灰氧化烧掉；②硝酸盐和灰分中的金属盐类生成低熔点共晶体，使硬质灰垢变得疏松干燥，易于脱落，使其能随废气通过烟道或由烟灰吹出过程将其消除；③硝酸盐在高温下分解出来的亚硝酸盐对钢材有一定的钝化作用，减缓锅炉的腐蚀。铵盐除灰的机理是，它在高温时会放出 NH_3，使烟气中的有害物质氧化成 N_2 和 H_2O。除灰剂中的碱金属盐类在高温下产生的碱金属阳离子，附在灰粒表面上使灰粒不凝聚，扩大烟灰氧化表面，使其完全燃烧。

锅炉除灰剂操作简便：对炉膛呈负压锅炉，可将棒状除灰剂从点火孔或前检查孔直接投入正在燃烧的炉膛内；对炉膛呈正压的锅炉或因结构因素不便投放时，可采用喷枪，利用压缩空气使粉状药剂呈雾状喷入正在燃烧的火焰中。投药时炉膛温度要高于 1 000℃，投药后应保证燃烧 20～30 min，否则达不到应有的效果。除灰剂用量为每天燃油耗量的 1/10 000，初次投药可为常用量的 2～3 倍。废气锅炉吹灰剂的投放应在每天吹灰前 0.5 h 进行。

附录 1

常用液压元件图形符号

新(GB786.1-93)与旧(GB786.1-76)对照表(部分)

一、管路及连接

名　　称	图　形　符　号	
	新(GB 786.1 －93)	旧(GB 786 －76)
工作管路	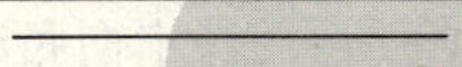	同左
控制管路	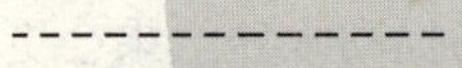	同左
泄油管路	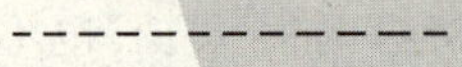	
连接管路		同左
交叉管路	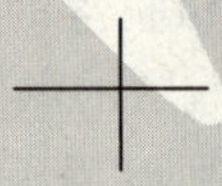	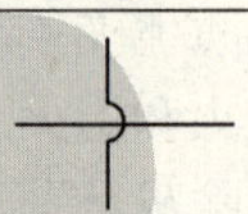
柔性管路		同左

二、动力源及执行机构

名　　称	图　形　符　号	
	新(GB 786.1 －93)	旧(GB 786 －76)
单向定量液压泵	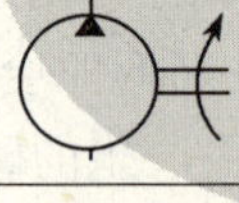	
双向定量液压泵	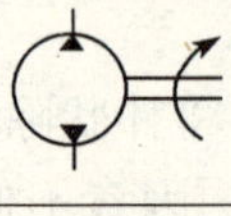	
单向变量液压泵	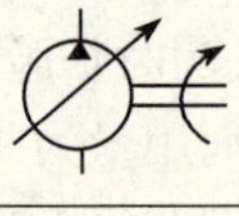	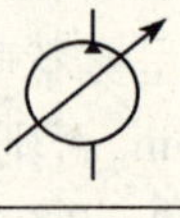

续表

名　称	图形符号 新(GB 786.1 - 93)	图形符号 旧(GB 786 - 76)
双向变量液压泵	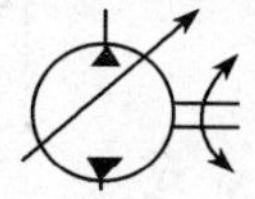	
电动机	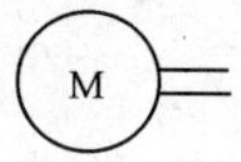	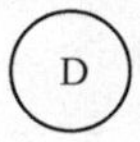
单向定量液压马达	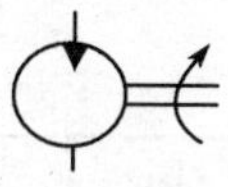	
双向定量液压马达	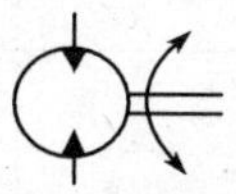	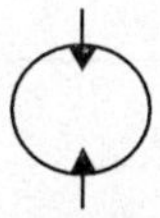
单向变量液压马达	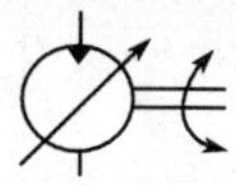	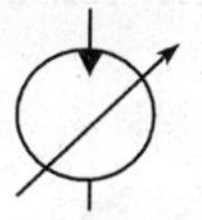
双向变量液压马达	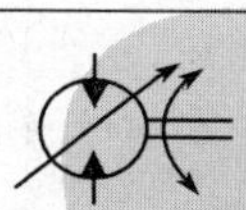	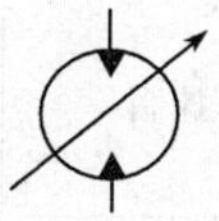
液压源		
摆动马达	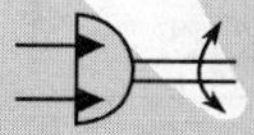	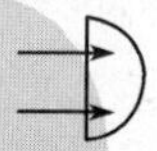
单作用单活塞杆缸	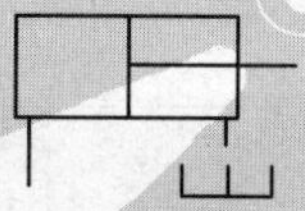	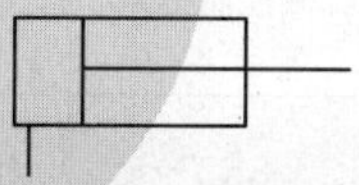
单作用弹簧复位式单活塞杆缸	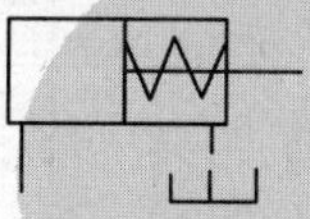	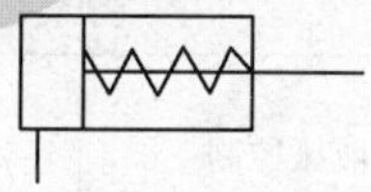
单作用伸缩缸	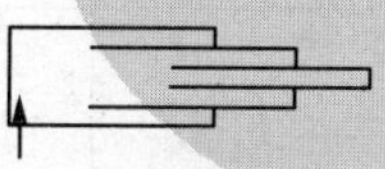	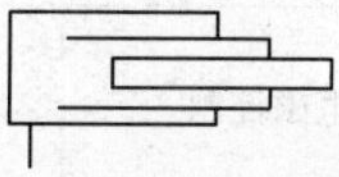
双作用单活塞杆缸	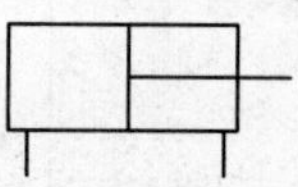	同左
双作用双活塞杆缸	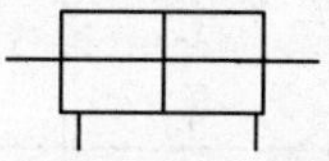	同左

续表

名　　称	图　形　符　号	
	新(GB 786.1－93)	旧(GB 786－76)
双作用可调单向缓冲缸	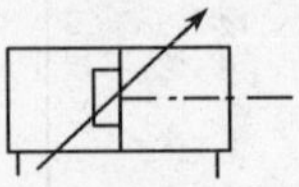	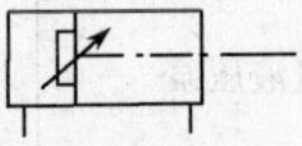
双作用伸缩缸	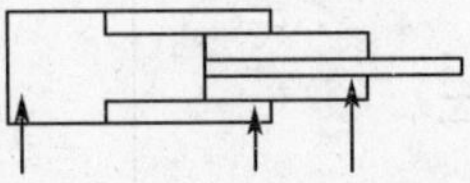	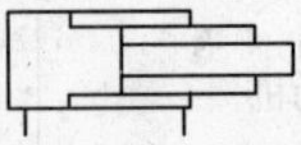

三、控制方式

名　　称	图　形　符　号	
	新(GB 786.1－93)	旧(GB 786－76)
手柄式人力控制	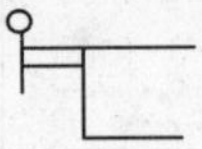	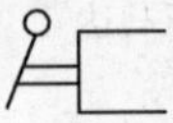
按钮式人力控制	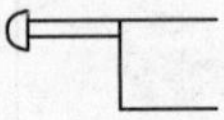	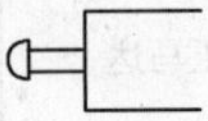
踏板式人力控制	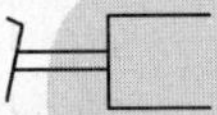	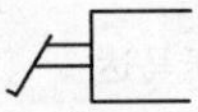
弹簧式机械控制	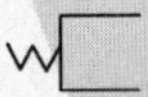	同左
顶杆式机械控制		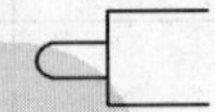
滚轮式机械控制	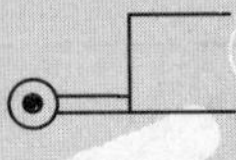	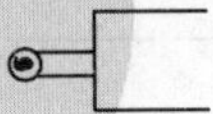
直控式液压控制	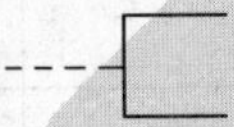	同左
先导式液压控制	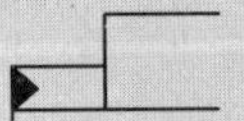	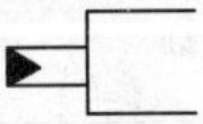
单作用电磁控制	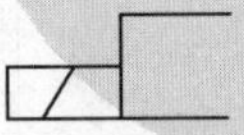	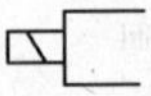
电磁—液压先导控制	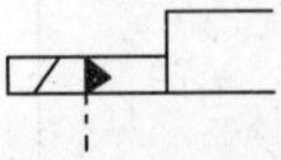	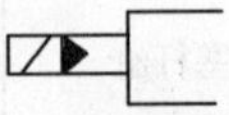
三位定位机构	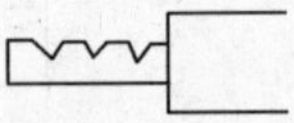	同左

四、压力控制阀

名　称	图　形　符　号	
	新(GB 786.1－93)	旧(GB 786－76)
溢流阀	一般符号或直动型溢流阀 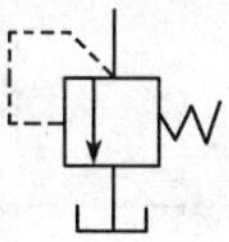	直动或先导型溢流阀 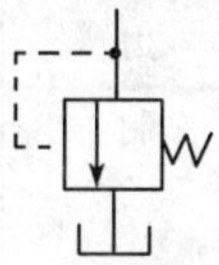
	先导型溢流阀 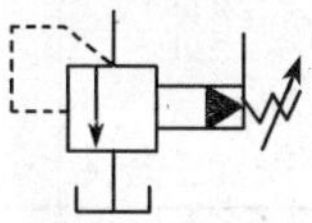	
电磁溢流阀 先导式比例	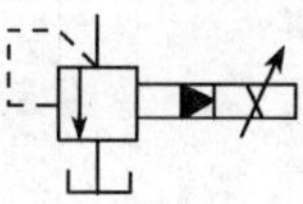	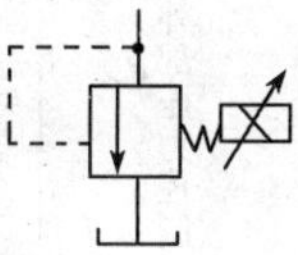
减压阀	一般符号或直动型减压阀 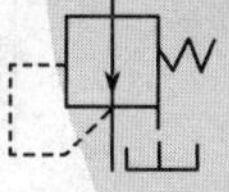	直动或先导型减压阀 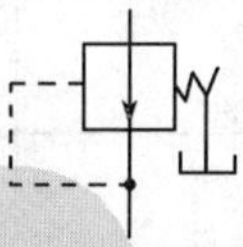
	先导型减压阀 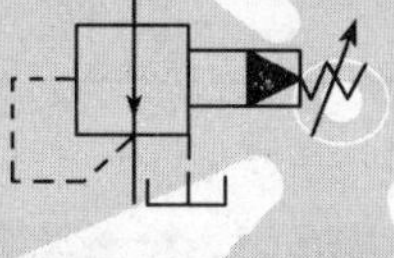	

续表

名　　称		图　形　符　号	
		新(GB 786.1－93)	旧(GB 786－76)
顺序阀	内部压力控制	一般符号或直动型顺序阀 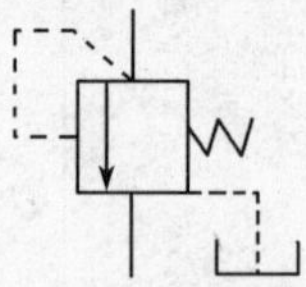	直动或先导型顺序阀 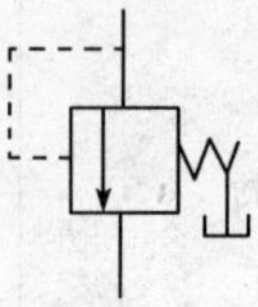
		先导型顺序阀 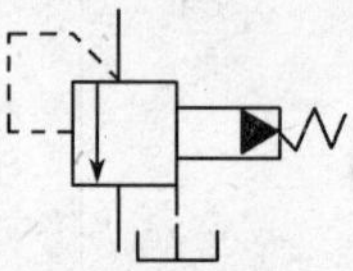	
	外部压力控制	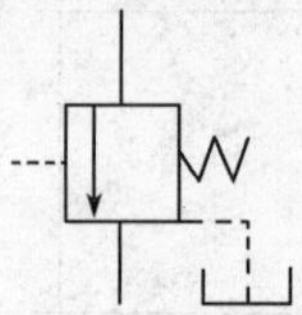	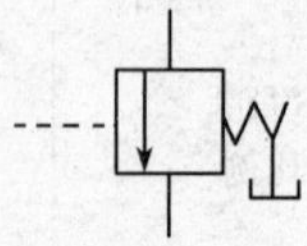
平衡阀(单向顺序阀)		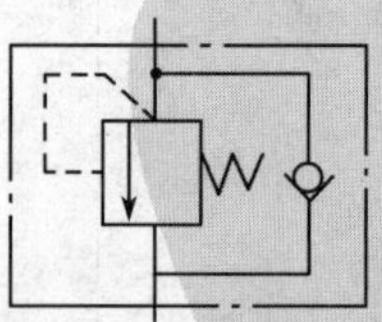	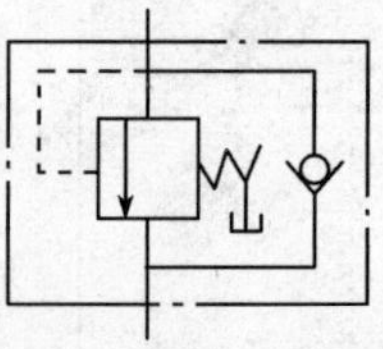
压力继电器		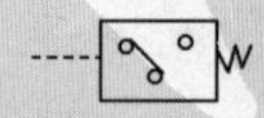	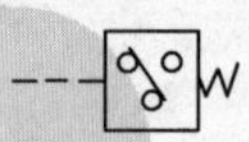

五、流量控制阀

名　　称	图　形　符　号	
	新(GB 786.1－93)	旧(GB 786－76)
不可调节流阀	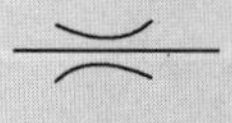	同左,又称固定节流器
可调节流阀	简化符号 	
可调单向节流阀	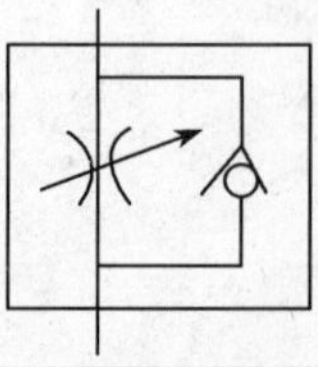	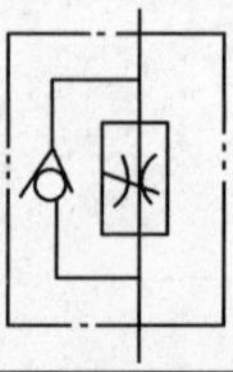

续表

名　　称	图　形　符　号	
	新(GB 786.1－93)	旧(GB 786－76)
截止阀		同左
带温度补偿的调速阀	简化符号 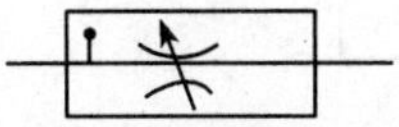	
调速阀简化符号		
单向调速阀	简化符号 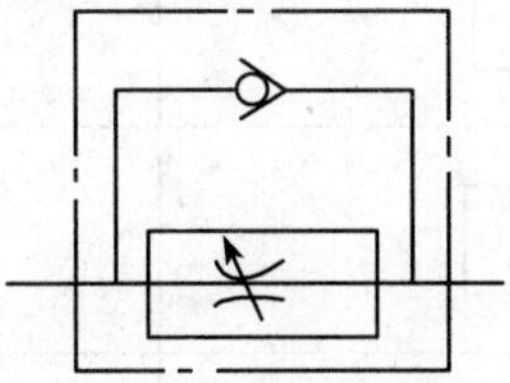	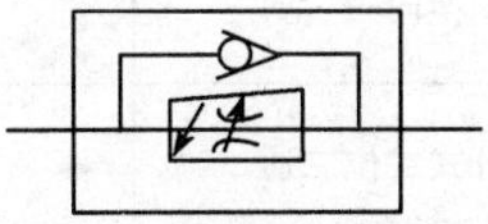
旁通型调速阀	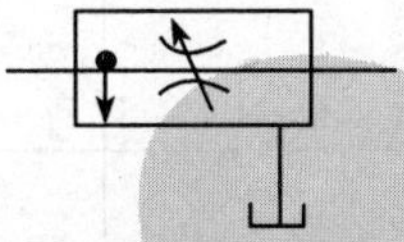	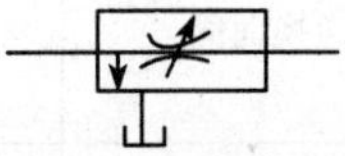 又称溢流节流阀
分流阀	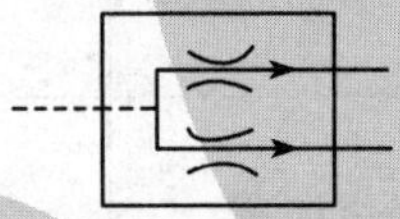	同左
集流阀	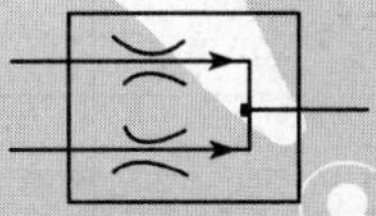	同左
分流集流阀	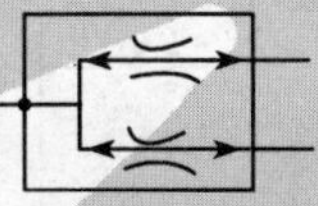	同左

六、方向控制阀

名　　称	图　形　符　号	
	新(GB 786.1－93)	旧(GB 786－76)
单向阀	可在阀芯左边加弹簧 	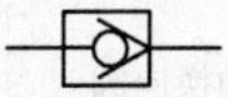
液控单向阀	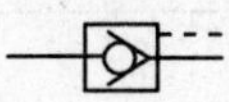	同左

续表

名　　称	图形符号	
	新(GB 786.1－93)	旧(GB 786－76)
液压锁	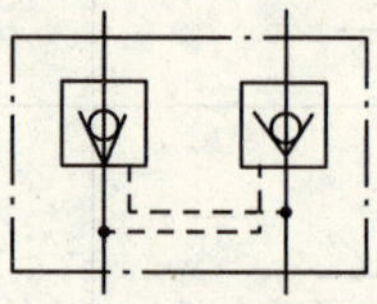	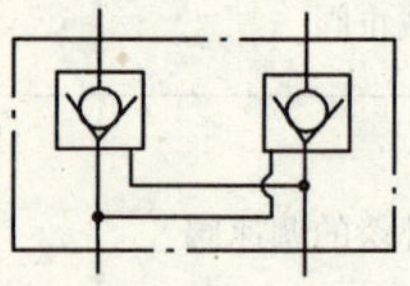
或门型梭阀	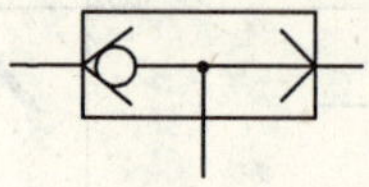	同左
常闭式二位二通换向阀	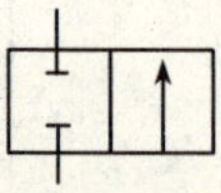	同左
常开式二位二通换向阀	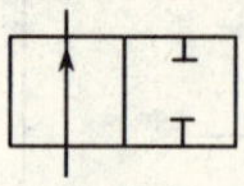	同左
二位三通换向阀	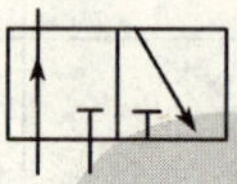	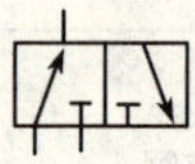
二位四通换向阀	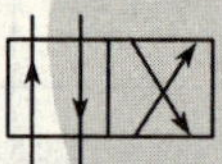	同左
二位五通换向阀	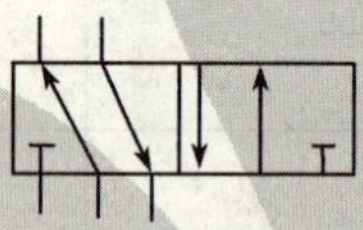	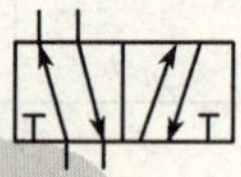
三位三通换向阀	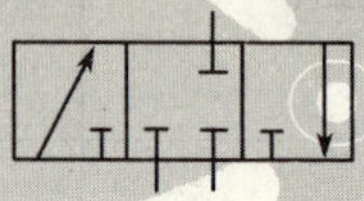	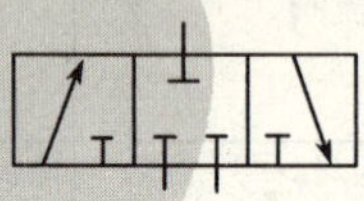
三位四通换向阀(中位机能O)	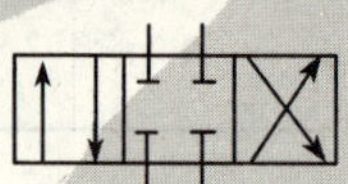	同左
三位四通手动换向阀(中位机能O)	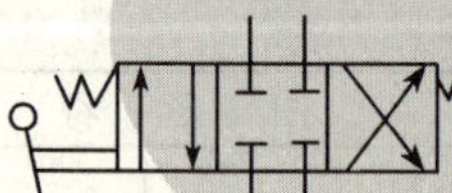	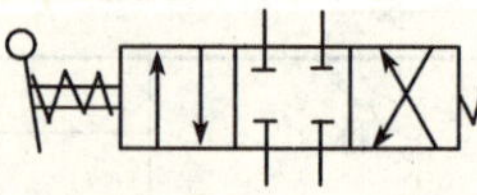
二位二通手动换向阀	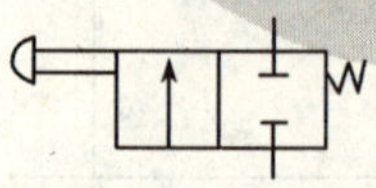	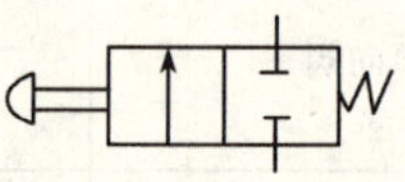

续表

名　　称	图　形　符　号	
	新(GB 786.1－93)	旧(GB 786－76)
三位四通液动换向阀 (中位机能 H)	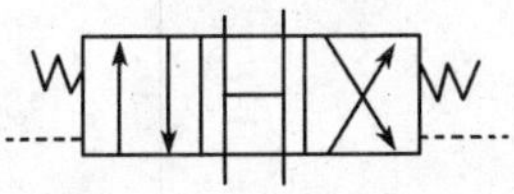	同左
三位四通电磁换向阀 (中位机能 Y)	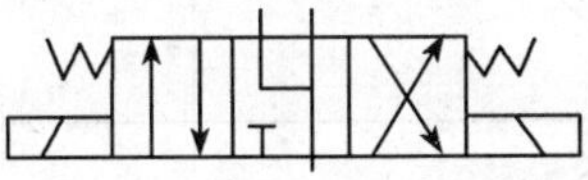	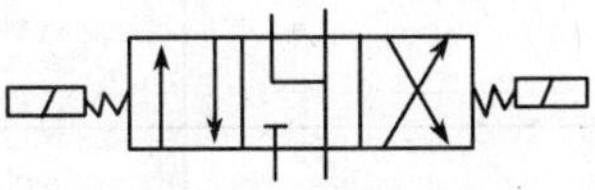
三位四通电液换向阀 (中位机能 O)	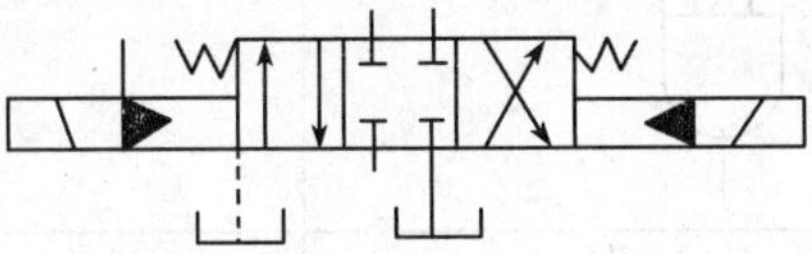	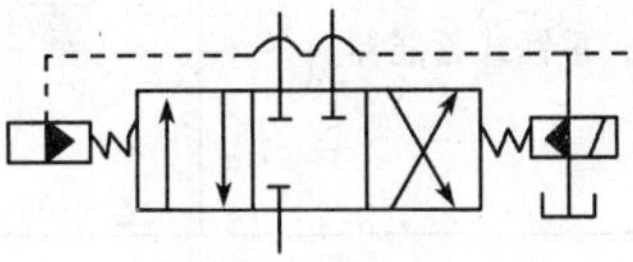
二通伺服阀	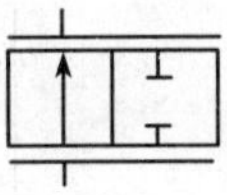	同在
三通伺服阀	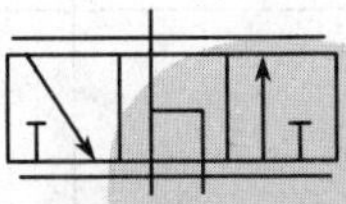	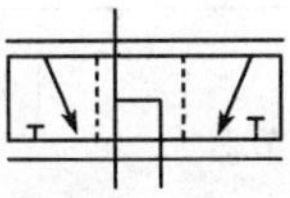
四通伺服阀	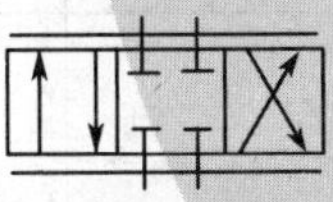	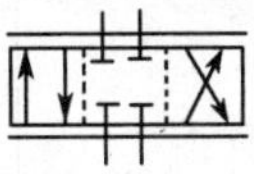

七、辅件和其他装置

名　　称	图　形　符　号	
	新(GB 786.1－93)	旧(GB 786－76)
油箱		同左
充压油箱		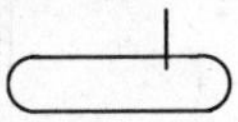
蓄能器	一般符号 	同左

续表

名　　称	图形符号	
	新(GB 786.1 －93)	旧(GB 786 －76)
弹簧式蓄能器	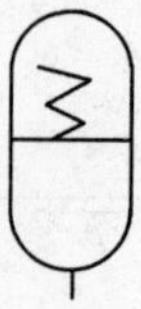	同左
重锤式蓄能器		同左
气体隔离式蓄能器	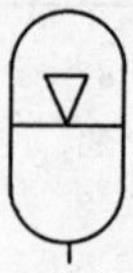	
温度调节器	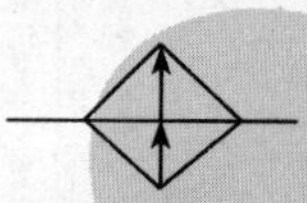	
加热器	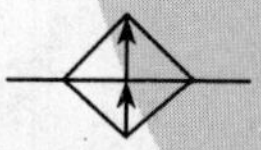	同左
冷却器	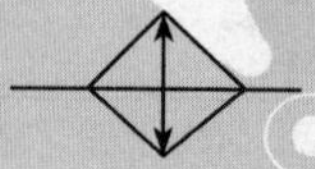	同左
滤油器	一般符号 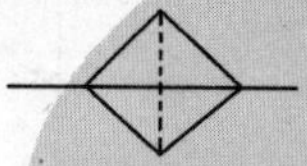 带磁性滤芯 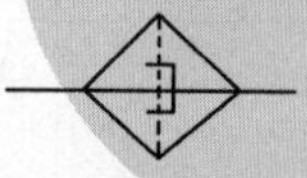 带污染指示器 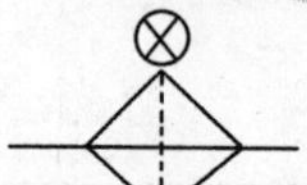	粗滤油器 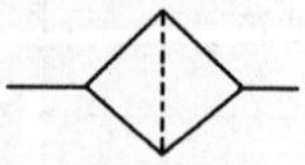 精滤油器 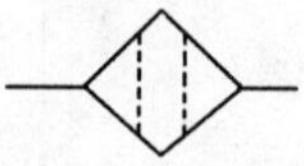

续表

名　称	图形符号 新(GB 786.1 - 93)	图形符号 旧(GB 786 - 76)
压力计		
流量计	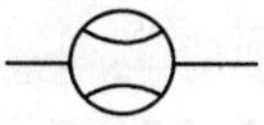	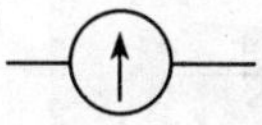
温度计		
转速仪	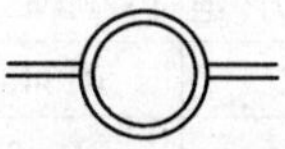	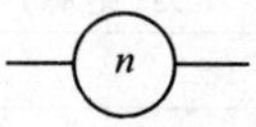

附录 2

船用制冷剂的饱和温度与压力

温度/℃	压力(绝对)/MPa		温度/℃	压力(绝对)/MPa		温度/℃	压力(绝对)/MPa	
	R22	R134a		R22	R134a		R22	R134a
-40	0.105	0.052	-5	0.421	0.243	30	1.192	0.770
-39	0.110	0.054	-4	0.436	0.253	31	1.223	0.792
-38	0.115	0.057	-3	0.451	0.262	32	1.255	0.815
-37	0.120	0.060	-2	0.466	0.272	33	1.288	0.839
-36	0.126	0/063	-1	0.482	0.282	34	1.321	0.862
-35	0.132	0.067	0	0.498	0.293	35	1.355	0.887
-34	0.138	0.070	1	0.514	0.304	36	1.389	0.912
-33	0.144	0.073	2	0.531	0.315	37	1.424	0.937
-32	0.150	0.077	3	0.548	0.326	38	1.460	0.963
-31	0.157	0.081	4	0.566	0.338	39	1.497	0.989
-30	0.163	0.085	5	0.584	0.350	40	1.534	1.016
-29	0.171	0.089	6	0.602	0.362	41	1.571	1.044
-28	0.178	0.093	7	0.621	0.375	42	1.610	1.072
-27	0.185	0.097	8	0.641	0.388	43	1.649	1.101
-26	0.193	0.102	9	0.660	0.401	44	1.689	1.130
-25	0.201	0.107	10	0.681	0.415	45	1.729	1.160
-24	0.209	0.112	11	0.701	0.429	46	1.770	1.190
-23	0.218	0.117	12	0.723	0.443	47	1.812	1.221
-22	0.226	0.122	13	0.744	0.458	48	1.855	1.253
-21	0.236	0.127	14	0.767	0.473	49	1.898	1.285
-20	0.245	0.133	15	0.789	0.488	50	1.942	1.318
-19	0.254	0.139	16	0.812	0.504	51	1.987	1.351
-18	0.264	0.145	17	0.836	0.520	52	2.033	1.385
-17	0.274	0.151	18	0.860	0.537	53	2.079	1.420
-16	0.285	0.157	19	0.885	0.554	54	2.127	1.456
-15	0.296	0.164	20	0.910	0.572	55	2.174	1.491
-14	0.307	0.171	21	0.936	0.589	56	2.223	1.528
-13	0.318	0.178	22	0.962	0.608	57	2.273	1.566
-12	0.330	0.185	23	0.989	0.627	58	2.323	1.604
-11	0.342	0.193	24	1.016	0.646	59	2.375	1.642
-10	0.354	0.201	25	1.044	0.665	60	2.427	1.682
-9	0.367	0.209	26	1.072	0.685	61		1.722
-8	0.380	0.217	27	1.101	0.706	62		1.762
-7	0.393	0.226	28	1.131	0.727	63		1.804
-6	0.407	0.234	29	1.161	0.748	64		1.846

参考文献

[1]任福安,王名涌. 轮机工程基础(上册). 大连:大连海事大学出版社,2008.
[2]任福安,王名涌. 轮机工程基础(下册). 大连:大连海事大学出版社,2008.
[3]任福安,张宏国,王宏志,等. 轮机工程基础. 北京:人民交通出版社,2002.
[4]郭祖平. 轮机工程基础. 大连:大连海事大学出版社,2000.
[5]马　麟,张淑娟,张爱荣. 画法几何与机械制图. 北京:高等教育出版社,2011.
[6]刘惠枝. 工程流体力学. 大连:大连海事大学出版社,1995.
[7]刘　超,任福安. 工程流体力学. 大连:大连海事大学出版社,2004.
[8]詹宗勉. 工程热力学和传热学. 大连:大连海事大学出版社,1995.
[9]石来德,卞永明,简小刚. 机械参数测试与分析技术. 上海:上海科学技术出版社,2009.
[10]厉彦忠,吴筱敏. 热能与动力机械测试技术. 西安:西安交通大学出版社,2007.